2024

KOREAN NATIONAL POLICE UNIVERSITY

경찰대학
기출백서

국어·영어·수학

7 개년 총정리

2017~2023

2024
경찰
대학
기출백서

국·영·수

7
총·정·리
2017~2023학년도
개년

인쇄일 2022년 11월 1일 8판 1쇄 인쇄 **발행처** 시스컴 출판사
발행일 2022년 11월 5일 8판 1쇄 발행 **발행인** 송인식
등 록 제17-269호 **지은이** 경찰대학입시연구회
판 권 시스컴2022

ISBN 979-11-6941-031-1 13350
정 가 26,000원

주소 서울시 금천구 가산디지털1로 225, 514호(가산포휴) | **홈페이지** www.nadoogong.com
E-mail siscombooks@naver.com | **전화** 02)866-9311 | **Fax** 02)866-9312

머리말

　경찰대학은 국가치안부문에 종사하는 경찰간부가 될 자에게 학술을 연마하게 하고 심신을 단련시키기 위하여 설립된 국립대학입니다. 경찰대학을 졸업하면 초급 간부인 경위로 임관하여 국가 수호의 주도적인 역할을 하게 됩니다. 즉, 경찰대학에는 졸업과 동시에 취업이 보장된다는 이점이 있기 때문에 해마다 응시 인원이 증가하고 있어 경찰대학의 높은 인기를 실감할 수 있습니다.

　그렇다면 경찰대학에 입학하려면 무엇이 가장 중요할까요?

　당연한 말이지만 바로 1차 필기시험입니다. 왜냐하면 1차 시험에서 6배수 안에 들어야 그 다음 사정에 응시할 수 있는 기회가 주어지기 때문입니다. 1차 시험을 잘 보기 위해서는 무엇보다도 기출문제를 꼼꼼하게 파악하고 풀어보는 것이 중요합니다. 그래야 실제 시험에서 긴장하지 않고 실수를 최소화할 수 있기 때문입니다. 기출문제 풀이는 모든 시험의 필수적인 요소라고 할 수 있습니다.

　이에 본서는 경찰대학 입시에 필수적인 과년도 최신 기출문제를 실어 연도별로 기출문제를 풀어볼 수 있도록 구성하였으며, 정답 및 해설에서 알기 쉽고 자세하게 풀이하였습니다.

　본서는 여러분의 합격을 응원합니다!

경찰대학 입학 전형

▌모집 정원

50명(남녀통합선발)(일반전형 44명, 특별전형 6명)

※학과는 법학과/행정학과 각 25명 정원이며 2학년 진학 시 결정

※일반/특별전형 미충원 시 다른 전형 정원으로 전환함

▌지원 자격

- 1981. 1. 1부터 2006. 12. 31까지 출생한 대한민국 국적을 가진 자

  ※군복무 기간 1년 미만은 1세, 1년 이상~2년 미만은 2세, 2년 이상은 3세 연장
- 고등학교 졸업자, 2023. 2월 졸업예정자 또는 법령에 따라 이와 같은 수준 이상의 학력이 있다고 인정된 자

  ※인문·자연계열 구분 없이 응시 가능

  ※검정고시 응시자는 2022년 9월 1일 이전에 합격하였거나 합격 예정인 사람에 한함

▌결격 사유

- 「경찰공무원법」제8조 제2항의 결격사유에 해당하는 자

  ※「국적법」제11조의2 제1항의 복수국적자는 입학 전까지 외국 국적 포기 절차가 완료되어야 함
- 경찰대학 학생모집 시험규칙으로 정한 신체기준(신체 조건과 체력 조건을 말한다)에 미달하는 자
- 위에서 지원 자격으로 제시된 학력, 연령, 국적에 해당하지 않는 자

▌1차 시험 방법

과 목		국 어	영 어	수 학
문 항 수		45문항	45문항	25문항
시험시간		60분	60분	80분
출제형태		객관식(5지 택일 형태) ※수학은 단답형 주관식 5문항 포함		
배점	전체	100점	100점	100점
	문항	2점, 3점	2점, 3점	3점, 4점, 5점
출제범위		독서, 문학	영어 I, 영어 II	수학 I, 수학 II

전형 절차

구 분		내 용	장 소
인터넷 원서접수 (11일간)		■ 대학 홈페이지에 접속하여 원서접수 (대행업체 홈페이지와 링크)	인터넷
1차 시험	시험	■ 지구(14개) : 서울 · 부산 · 대구 · 인천 · 광주 · 대전 · 경기 · 강원 · 충북 · 전북 · 경남 · 울산 · 제주 · 충남 ※ 지정장소는 원서접수 후 홈페이지 공지 ■ 수험표, 컴퓨터용 사인펜, 수정테이프, 신분증(주민등록증, 학생증, 운전면허증, 여권 등 사진 대조 가능) 휴대	응시지구 지방경찰청 지정장소
	시험문제 이의제기	홈페이지 1차 시험 이의 제기 코너에서 이의 접수	인터넷
	합격자 발표	■ 대학 홈페이지 발표 ■ 원서접수 홈페이지 성적 개별 확인	인터넷
2차 시험	구비서류 제출	미제출자 불합격 처리	인편 또는 등기우편
	자기소개서 제출	제출 기간 내 원서 접수 대행업체 "자기소개서 업로드"에 작성 완료한 자기소개서 제출(파일 업로드)	인터넷
	신체검사서 제출	경찰공무원 채용 신체검사(약물검사 포함) 가능한 국 · 공립병원 또는 종합병원에서 개별 수검(검사비용 등 수험생 부담) ※ 미제출자 불합격 처리	인편 또는 등기우편
	체력 · 적성검사, 면접시험	세부 일정은 1차 시험 후 홈페이지 공지 ※ 식비는 수험생 부담	경찰대학
최종 합격자 발표		대학 홈페이지 발표	인터넷
합격자 등록		원서접수 홈페이지에서 입학등록 및 입학등록표 출력	인터넷
1차 추가합격자 발표		원서접수 홈페이지 개별 확인	인터넷
1차 추가합격자 등록		원서접수 홈페이지에서 입학등록 및 입학등록표 출력 ※ 이후 등록포기자 발생 시 개별 통지	인터넷
청람교육 입교		본인이 직접 입교 후 합숙 예정 ※ 미입교 및 퇴교자 발생 시 추가합격 개별 통지	경찰대학

※ 2023학년도 모집요강을 바탕으로 작성되었습니다.

신체 및 체력조건

– 신체조건(남 · 여 공통)

구 분	내 용
체격	국 · 공립병원 또는 종합병원에서 실시한 경찰공무원 채용시험 신체검사 및 약물검사의 결과 건강상태가 양호하고, 직무에 적합한 신체를 가져야 함
시력	시력(교정시력 포함)은 좌 · 우 각각 0.8 이상이어야 함
색각	색각 이상(약도 색약은 제외)이 아니어야 함
청력	정상(좌우 각각 40데시벨(db) 이하의 소리를 들을 수 있는 경우를 말함)이어야 함
혈압	고혈압 또는 저혈압이 아니어야 함 • 고혈압 : 수축기 혈압이 145mmHg을 초과하거나 확장기 혈압이 90mmHg 초과 • 저혈압 : 수축기 혈압이 90mmHg 미만이거나 확장기 혈압이 60mmHg 미만
사시 (斜視)	복시(複視 : 겹보임)가 없어야 함(다만, 안과 전문의가 직무수행에 지장이 없다고 진단한 경우는 제외)
문신	내용 및 노출여부에 따라 경찰공무원의 명예를 훼손할 수 있다고 판단되는 문신이 없어야 함

– 체력검사 종목 및 평가기준

구 분		10점	9점	8점	7점	6점	5점	4점	3점	2점	1점
남자	좌우 악력(kg)	64이상	63–61	60–58	57–55	54–52	51–49	48–46	45–43	42–40	39이하
	팔굽혀펴기 (회/1분)	61이상	60–56	55–51	50–46	45–40	39–34	33–28	27–22	21–16	15이하
	윗몸일으키기 (회/1분)	58이상	57–55	54–52	51–49	48–46	45–43	42–40	39–36	35–32	31이하
	50m달리기(초)	7.00 이하	7.01– 7.21	7.22– 7.42	7.43– 7.63	7.64– 7.84	7.85– 8.05	8.06– 8.26	8.27– 8.47	8.48– 8.68	8.69 이상
	왕복오래달리기 (회)	77이상	76–72	71–67	66–62	61–57	56–52	51–47	46–41	40–35	34이하
여자	좌우 악력(kg)	44이상	43–42	41–40	39–38	37–36	35–34	33–31	30–28	27–25	24이하
	팔굽혀펴기 (회/1분)	31이상	30–28	27–25	24–22	21–19	18–16	15–13	12–10	9–7	6이하
	윗몸일으키기 (회/1분)	55이상	54–51	50–47	46–43	42–39	38–35	34–31	30–27	26–23	22이하
	50m달리기(초)	8.23 이하	8.24– 8.47	8.48– 8.71	8.72– 8.95	8.96– 9.19	9.20– 9.43	9.44– 9.67	9.68– 9.91	9.92– 10.15	10.16 이상
	왕복오래달리기 (회)	51이상	50–47	46–44	43–41	40–38	37–35	34–32	31–28	27–24	23이하

※체력검사의 평가종목 가운데 1종목이라도 1점을 받은 경우 불합격

최종 사정(1,000점 만점) 방법

- 1차 시험 성적(20%) : 환산 성적 200점 만점 → 최종사정 환산 성적 = (3과목 합계점수) × 200/300
- 체력검사 성적(5%) : 환산 성적 50점 만점 → 최종사정 환산 성적 = 20점 + [(평가 원점수) × 3/5]
- 면접시험 성적(10%) : 환산 성적 100점 만점 → 최종사정 환산 성적 = 50점 + [(평가 원점수) ÷ 2]

항 목	점수(100)	비고
적성	40	■ 평가원점수 100점 만점 기준 60점 미만 불합격
창의성·논리성	30	※ 적성 면접 평가 40점 만점 기준으로 4할(16점) 미만자는 전체 평가 원점수 60점 이상이어도 불합격
집단토론	30	■ 생활태도 평가의 감점상한은 최대 10점으로 하고, 감점하
생활태도	감점제	는 사유는 면접시험 안내 시 별도로 설명

- 학교생활기록부 성적(15%) : 교과 성적 135점, 출석 성적 15점 만점(고등학교 1학년 1학기~3학년 1학기)

교과성적 산출방법	■ 이수단위와 석차등급(9등급)이 기재된 전 과목 반영 ■ 산출공식 = 135점 − (5 − 환산평균) × 5 　− 환산평균 = (환산총점) ÷ (이수단위 합계) 　− 환산총점 = (과목별 단위 수 × 석차등급 환산점수)의 합계 　− 학교생활기록부 석차등급 환산점수

석차등급	1등급	2등급	3등급	4등급	5등급	6등급	7등급	8등급	9등급
점 수	5점	4.5점	4점	3.5점	3점	2.5점	2점	1.5점	1점

※ 예체능 교과(우수, 보통, 미흡 3등급 평가) 제외

출석성적 산출방법	1·2학년 및 3학년 1학기까지 결석일수를 5개 등급으로 구분

결석일수	1일 미만	1~2일	3~5일	6~9일	10일 이상
점 수	15점	14점	13점	12점	11점

- 무단지각, 조퇴, 결과는 합산하여 3회를 결석 1일로 계산
- 질병 및 기타 인정사항으로 인한 결석, 지각, 조퇴, 결과는 결석일수 계산에서 제외
　※ 학교생활기록부 출결사항에서 사고(무단)의 경우만 산정

학생부 비적용 대상자	대학수학능력시험 성적에 따라 유사한 성적군의 학교생활기록부 성적과 비교하여 산출한 비교내신 반영 − 고등학교 졸업학력 검정고시 출신인 사람 − 고등학교에서 조기졸업을 하였거나 상급학교 조기입학 자격을 갖춘 사람 − 외국 소재 고등학교에서 과정의 1개 학기 이상을 이수하여 고등학교 1학년 1학기부터 3학년 1학기까지 1개 학기 이상의 학교생활기록부가 없는 사람 − 그 밖에 위에 나열한 사람에 준하는 사유로 고등학교 1학년 1학기부터 3학년 1학기까지 1개 학기 이상의 학교생활기록이 없는 사람 − 석차등급(9등급제)을 적용받지 않은 사람

- 대학수학능력시험 성적(50%) : 국어·수학·영어 및 탐구 2과목 필수(계열 구분없이 사회·과학탐구 영역 중 2과목 선택), 한국사 필수

영 역	합계	국어·수학	영어	탐 구	한국사
점 수	500점	각 140점	등급별 환산점수	80점	수능 환산 점수에서 등급별 감점

※ 탐구영역에서 제2외국어·직업탐구는 제외(사회탐구·과학탐구 대체 불가)

※한국사 : 수능 환산점수에서 등급에 따라 감점 적용

등 급	1	2	3	4	5	6	7	8	9
반영점수	0	−0.5	−1	−1.5	−2	−2.5	−3	−3.5	−4

구비 서류

1차 시험	■ 대상 : 응시자 전원 ■ 홈페이지에서 대행업체 웹사이트 접속하여 응시원서 접수(수수료 : 25,000원) ■ 인터넷에 게시된 양식에 따라 응시원서 작성 ■ 컬러사진 3.5cm×4.5cm(온라인 응시원서 작성 시 첨부파일로 첨부)
2차 시험	■ 대상 : 1차 시험 합격자 ■ 신원진술서 2부 ■ 개인정보제공동의서 2부 ■ 기본증명서(상세) 1부 ■ 가족관계증명서(상세) 1부 ■ 고등학교 학교생활기록부 2부 　(비적용 대상자는 졸업증서나 검정고시 합격증 사본 등을 제출하되 원본은 면접시험 시 지참) ■ 고등학교 개인별 출결 현황 1부(해당자만) 　※3학년 기간 중 결석, 지각, 조퇴, 결과 기록이 있는 경우 발생한 학기의 증명을 위해 제출

응시자 유의사항

− 응시자는 경찰대학 홈페이지의 입학안내 게시사항을 확인하고 안내에 따라야 함
− 다음에 해당하는 응시자는 불합격(합격 및 입학 취소) 처리됨
　1. 제출기간 내 구비서류 미제출자
　2. 1차 시험 또는 2차 시험에 결시한 자
　3. 원서 접수 후 지원자격에 부합하지 않은 사실이 확인된 자
　4. 부정행위, 서류의 허위 기재, 위조, 변조, 기타 부정한 방법으로 지원한 자
　5. 신체검사, 체력검사, 면접시험 등 기준 미달자
　6. 국내 또는 외국 소재 고등학교 졸업(예정)자로서 최종 합격한 자 중 2022학년도 학기 개시일 이전 졸업 증명서를 제출하지 않은 자
　7. 사회적 물의 야기 등으로 경찰대학 대학운영위원회에서 합격취소 결정한 자
− 제출한 서류는 반환하지 않음

 모집 요강은 추후 변동될 수 있으므로 반드시 경찰대학 홈페이지에서 확인하시기 바랍니다.

경찰대학 졸업 후 진로

근무개관

대학을 졸업한 경찰대학생은 남자의 경우, 병역의무 이수 및 순환보직을 거쳐 본인의 능력과 희망에 따라 경찰의 다양한 경과에서 근무하게 됩니다. 여학생의 경우에는 졸업 후 경찰교육원에서 전술지휘과정 이수 후 순환보직근무를 시작합니다.

인사관리

- 병역의무를 마친 후 경찰서에서 2년 6개월간 순환보직을 실시합니다.
  * 지구대 또는 파출소 6개월, 경찰서 수사부서(경제팀) 2년
  * 여학생은 졸업 후 전술지휘과정 이수 후 순환보직 실시
- 순환보직을 마친 후 적성, 희망, 능력 등을 고려하여 인사배치 됩니다.

의무복무

경찰대학을 졸업한 사람은 6년간(병역기간 포함) 의무적으로 경찰로 복무해야 합니다. 의무복무를 이행하지 않을 경우 소정의 학비를 상환해야 합니다.

승진

승진은 시험승진과 심사승진으로 이루어지며, 일정한 기간 이상의 승진 소요 연수가 경과한 후에 승진할 수 있습니다. 경정까지는 시험승진과 심사승진이 병행되며, 총경부터는 심사승진만 이루어집니다.
※ 승진 소요 연수 : 경감 – 2년(병역의무기간 제외), 경정 – 3년

해외유학

경찰대학을 졸업하고 일정기간 경과 후(3~4년) 행정안전부에서 실시하는 국비장기유학 시험 등에 합격하는 경우에는 장기 2년 이상, 단기 6월 이하의 해외유학을 할 수 있습니다. 유학자는 교육파견 발령을 받게 되며 유학기간 중 필요한 학비와 생활비 전액을 지원받게 됩니다.

경찰대학 Q&A

Q1 경찰대학의 학과에는 무엇이 있나요?

법학과, 행정학과 총 2개의 학과가 있습니다.

Q2 학과별로 모집하나요?

학과 구분 없이 50명을 모집하며, 2학년 진학 시 학생의 희망에 따라 각 학과별 25명씩 학과를 선택합니다. 특정 학과 지원자가 많을 경우 1학년 성적에 의하여 강제로 나뉠 수 있습니다.

Q3 특성화 고등학교, 검정고시 합격자도 지원할 수 있나요?

특성화 고등학교, 검정고시 합격자 모두 아무 제한 없이 지원할 수 있습니다. 다만, 경찰대학에서 요구하는 대학수학능력시험의 영역을 응시해야 합니다.

Q4 편입학제도가 있나요? 타 대학 수시합격자도 지원할 수 있나요?

2023학년도부터 편입학제도가 실시됩니다.(일반 대학생 25명, 재직경찰관 25명)
※ 경찰대학은 특별법에 의해 설립된 대학으로 복수지원 금지규정에 해당되지 않습니다.

Q5 외국어 특기, 경시대회 입상, 학생회 활동, 봉사활동, 무도 단증 등에 대한 가산점이 있나요?

어떤 종류에 대해서도 가산점을 부여하지 않고 있으며, 아울러 차별이나 감점도 없습니다.

Q6 아버지, 친척 등이 전과자인데, 응시에 제한을 받나요?

연좌제는 법으로 금지되고 있으므로 부모, 형제, 친척의 전과 등으로 인해 본인에게 영향은 없습니다.

Q7 1차 시험은 어디에서 보나요?

1차 시험은 수험생 응시지구의 관할 지방경찰청이 지정하는 장소에서 실시되며 보통 해당 지방 경찰청 소재지 내 지정학교에서 시행됩니다. 장소는 원서접수 후 홈페이지에 별도로 공지합니다.

Q8 **1차 시험은 어떤 과목을 보나요?**

1차 시험 과목은 국어, 영어, 수학입니다. 각각 100점 만점 기준 고득점자 순으로 모집정원(50명)의 6배수를 선발합니다. 커트라인 동점자는 모두 합격처리합니다.

Q9 **1차 시험의 시험시간, 출제형태, 난이도 등은 어떻게 되나요?**

1차 시험의 시험시간은 국어 60분(45문항), 수학 80분(25문항), 영어 60분(45문항)이고, 객관식(5지 택일 형)이며 수학 과목만 단답형 주관식 5문항이 포함되어 있습니다. 말하기, 듣기 평가는 제외됩니다. 문제의 난이도는 응시자의 수준을 고려하여 출제하므로 일반적인 시험보다 어렵다고 느끼는 학생들이 있으며, 문제 형식은 가급적 수능시험 형태를 유지하는 것을 기본으로 합니다.

Q10 **수학능력시험은 최종에 어떤 방법으로 반영하나요?**

국어, 수학, 영어 및 탐구 2과목(계열 구분없이 사회 · 과학탐구 영역 중 2과목) 표준점수를 총 500점 만점으로 반영합니다. 국어, 수학은 각 140점 만점으로 반영하고, 영어는 등급별 환산점수로, 탐구는 80점 만점으로 반영합니다. 최종사정 1,000점 만점 중 500점을 반영하므로 50% 반영하는 것입니다.

Q11 **내신은 어떤 방법으로 산출 하나요?**

내신성적 산출은 학교생활기록부에 기재된 과목별 석차등급(1~9등급)을 반영하여 산출하게 되며 1학년 1학기부터 3학년 1학기까지 5학기를 적용하고 학기별 배점비율은 동일합니다.

Q12 **수능시험만 잘 봐도 합격이 가능한가요?**

최종합격생 선발 시, 대학수학능력시험 성적은 50%가 반영되므로 수능만 잘 본다고 해서 반드시 합격하는 것은 아닙니다.

이 책의 구성과 특징

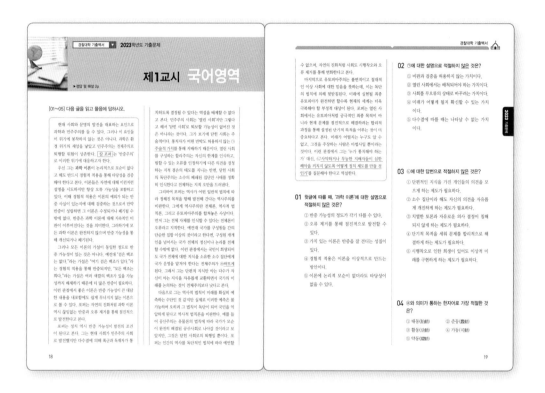

경찰대학 연도별 최신 7개년 기출문제

■ 경찰대학 1차 시험 국어, 영어, 수학, 세 과목의 기출문제를 2023학년도부터 2017학년도까지 연도별로 정리하여 수록함으로써 연도별 기출 경향과 출제 방향을 파악할 수 있도록 구성하였습니다.

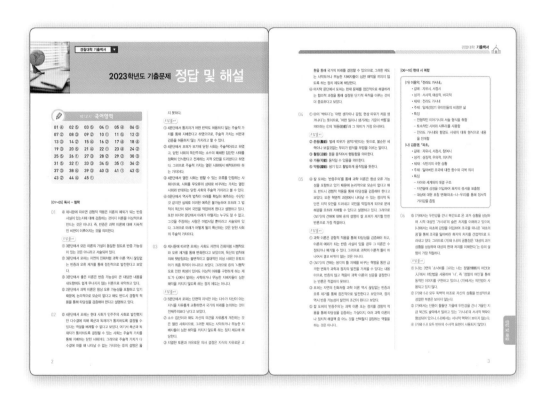

정답 및 해설

- **해설** : 각 문항별로 자세하고 알기 쉽게 풀이하여 수험생들이 쉽게 이해할 수 있도록 구성하였습니다.

- **오답풀이** : 정답을 아는 것에서 나아가 오답이 오답인 이유를 명백히 이해할 수 있도록 오답에 대한 해설도
  함께 수록하였습니다.

- **TIP** : 문제와 관련된 내용을 TIP으로 정리하여 배경지식을 넓힐 수 있도록 구성하였습니다.

- **어휘** : 본문에 제시된 주요 어휘를 정리하여 단어를 쉽게 익힐 수 있도록 구성하였습니다.

- **해석** : 본문 해석을 함께 수록하여 문제를 좀 더 쉽게 이해할 수 있도록 구성하였습니다.

목차

경찰대학 스터디 플랜

날 짜	연 도	과 목	내 용	학습시간
Day 1~3	2023학년도	• 국어영역 기출문제 • 영어영역 기출문제 • 수학영역 기출문제		
Day 4~6	2022학년도	• 국어영역 기출문제 • 영어영역 기출문제 • 수학영역 기출문제		
Day 7~9	2021학년도	• 국어영역 기출문제 • 영어영역 기출문제 • 수학영역 기출문제		
Day 10~12	2020학년도	• 국어영역 기출문제 • 영어영역 기출문제 • 수학영역 기출문제		
Day 13~15	2019학년도	• 국어영역 기출문제 • 영어영역 기출문제 • 수학영역 기출문제		
Day 16~18	2018학년도	• 국어영역 기출문제 • 영어영역 기출문제 • 수학영역 기출문제		
Day 19~21	2017학년도	• 국어영역 기출문제 • 영어영역 기출문제 • 수학영역 기출문제		

2024
경찰대학

기출백서

제1교시 국어영역

[01~05] 다음 글을 읽고 물음에 답하시오.

현대 사회와 문명의 발전을 대표하는 요인으로 과학과 민주주의를 들 수 있다. 그러나 이 요인들이 위기에 봉착하지 않는 것은 아니다. 과학은 환경 위기의 재앙을 낳았고 민주주의는 전체주의로 퇴행할 위험이 상존한다. 칼 포퍼 는 '반증주의'로 이러한 위기에 대응하고자 한다.

우선 그는 **과학 이론**이 논리적으로 모순이 없다고 해도 반드시 경험적 적용을 통해 타당성을 검증해야 한다고 본다. 이론들은 자연에 대해 이런저런 설명을 시도하지만 항상 오류 가능성을 포함하고 있다. 이때 경험적 적용은 이론의 예외가 되는 반증 사실이 있는지에 대해 검증하는 것으로서 만약 반증이 성립하면 그 이론은 수정되거나 폐기될 수밖에 없다. 반증은 과학 이론에 대해 지속적인 비판이 이루어진다는 것을 의미한다. 그러하기에 모든 과학 이론은 완전하지 않으며 반증 가능성을 통해 개선되거나 폐기된다.

그러나 모든 이론의 가설이 동일한 정도로 반증 가능성이 있는 것은 아니다. 예컨대 "검은 백조는 없다."라는 가설은 "여기 검은 백조가 있다."라는 경험적 적용을 통해 반증되지만, "모든 백조는 희다."라는 가설은 여러 색깔의 백조가 있을 가능성까지 배제하기 때문에 더 많은 반증이 필요하다. 이런 관점에서 좋은 이론은 반증 가능성이 큰 대담한 내용을 내포함에도 쉽게 무너지지 않는 이론으로 볼 수 있다. 포퍼는 자연의 진화처럼 과학 이론 역시 끊임없는 반증과 오류 제거를 통해 점진적으로 발전한다고 본다.

포퍼는 정치 역시 반증 가능성이 발전의 조건이 된다고 본다. 그는 현대 사회가 민주주의 사회로 발전했지만 다수결에 의해 폭군과 독재자가 통치하도록 결정될 수 있다는 역설을 배제할 수 없다고 본다. 민주주의 사회는 '열린 사회'지만 그렇다고 해서 '닫힌 사회'로 퇴보할 가능성이 없어진 것은 아니라는 것이다. 그가 보기에 닫힌 사회는 주술적이다. 통치자가 어떤 반박도 허용하지 않는 ㉠주술적 가치를 통해 지배하기 때문이다. 열린 사회를 구성하는 합리주의는 자신의 한계를 인식하고, 범할 수 있는 오류를 인정하기에 다른 의견을 경청하는 지적 겸손의 태도를 지니는 반면, 닫힌 사회의 독단주의는 소수의 폐쇄된 집단만 사태를 정확히 인식한다고 전제하는 지적 오만을 드러낸다.

그리하여 포퍼는 역사가 어떤 일반적 법칙에 따라 정해진 목적을 향해 발전해 간다는 역사주의를 비판한다. 그에게 역사주의란 전체론, 역사적 법칙론, 그리고 유토피아주의를 합쳐놓은 사상이다. 먼저 그는 전체 자체를 인식할 수 있다는 전체론이 오류라고 지적한다. 예컨대 국가를 구성원들 간의 단순한 집합 이상의 것이라고 한다면, 구성원 개개인을 넘어서는 국가 전체의 정신이나 논리를 전제할 수밖에 없다. 이런 관점에서는 국민이 희생되어도 국가 전체에 대한 지식을 소유한 소수 집단에게 국가 운영을 맡겨야 한다는 전체주의가 ⓐ싹트게 된다. 그래서 그는 단편적 지식만 아는 다수가 자신이 아는 지식을 자유롭게 교환하면서 국가의 미래를 논의하는 것이 전체주의보다 낫다고 본다.

다음으로 그는 역사적 법칙이 미래를 확실히 예측하는 수단인 것 같지만 실제로 이러한 예측은 불가능하며 오히려 그 법칙이 독단이 되어 국민을 억압하게 된다고 역사적 법칙론을 비판한다. 예를 들어 공산주의는 유물론의 법칙에 따라 국가가 모순이 완전히 해결된 공산사회로 나아갈 것이라고 보았지만, 그것은 닫힌 사회로의 퇴행일 뿐이다. 포퍼는 인간의 역사를 독단적인 법칙에 따라 예언할 수 없으며, 자연의 진화처럼 사회도 시행착오와 오류 제거를 통해 변화한다고 본다.

마지막으로 유토피아주의는 불변적이고 절대적인 이상 사회에 대한 믿음을 뜻하는데, 이는 독단의 법칙에 의해 뒷받침된다. 미래에 실현될 최종 유토피아가 완전하면 할수록 현재의 세계는 더욱 극복해야 할 부정적 대상이 된다. 포퍼는 열린 사회에서는 유토피아처럼 궁극적인 최종 목적이 아니라 현재 문제를 점진적으로 해결하려는 합리적 과정을 통해 설정된 단기적 목적을 이루는 것이 더 중요하다고 본다. 미래가 어떨지는 누구도 알 수 없고, 그것을 주장하는 사람은 마법사일 뿐이라는 것이다. 이런 관점에서 그는 '누가 통치해야 하는가' 대신, ㉡'사악하거나 무능한 지배자들이 심한 해악을 끼치지 않도록 어떻게 정치 제도를 만들 것인가'를 질문해야 한다고 역설한다.

01 윗글에 따를 때, '과학 이론'에 대한 설명으로 적절하지 <u>않은</u> 것은?

① 반증 가능성의 정도가 각기 다를 수 있다.

② 오류 제거를 통해 점진적으로 발전할 수 있다.

③ 가치 있는 이론은 반증을 잘 견디는 성질이 있다.

④ 경험적 적용은 이론을 이상적으로 만드는 방안이다.

⑤ 이론에 논리적 모순이 없더라도 타당성이 없을 수 있다.

02 ㉠에 대한 설명으로 적절하지 <u>않은</u> 것은?

① 비판과 검증을 허용하지 않는 가치이다.

② 열린 사회에서는 배척되어야 하는 가치이다.

③ 사회를 무오류의 상태로 바꾸려는 가치이다.

④ 미래가 어떻게 될지 확신할 수 있는 가치이다.

⑤ 다수결에 따를 때는 나타날 수 없는 가치이다.

03 ㉡에 대한 답변으로 적절하지 <u>않은</u> 것은?

① 단편적인 지식을 가진 개인들의 의견을 모으게 하는 제도가 필요하다.

② 소수 집단이라 해도 자신의 의견을 자유롭게 개진하게 하는 제도가 필요하다.

③ 치열한 토론과 자유로운 의사 결정이 침해되지 않게 하는 제도가 필요하다.

④ 단기적 목적을 세워 문제를 합리적으로 해결하게 하는 제도가 필요하다.

⑤ 시행착오로 인한 희생이 있어도 이상적 미래를 구현하게 하는 제도가 필요하다.

04 ⓐ와 의미가 통하는 한자어로 가장 적절한 것은?

① 태동(胎動)　　② 준동(蠢動)

③ 활동(活動)　　④ 가동(可動)

⑤ 약동(躍動)

05 〈보기〉의 견해에 대해 칼 포퍼가 제기할 만한 반론으로 가장 적절한 것은? [3점]

──〈보기〉──

　어떤 시각 장애인이 코끼리 다리를 만지고 "코끼리는 원기둥 모양이다."라는 가설을 세웠다고 하자. 이후 많은 시각 장애인이 똑같이 그렇게 하여 같은 결론을 내린다면, 그 가설은 반증이 소용없다는 것을 뜻하는 것이 아닌가? 오히려 "우리가 만진 것은 코끼리 전체가 아닌 일부분이 아닐까?"라고 생각의 틀 자체를 바꾸는 발상이 필요하다. 과학의 발전은 한 이론적 틀에서 다른 틀로 급격히 전환되는 과정을 거쳐야만 이루어진다. 정치 역시 마찬가지다. 당면한 문제에 대한 방안은 치열한 토론으로 마련할 수도 있지만, 그것으로는 작은 과제들만 겨우 해결할 수 있다. 현대 정치가 부딪친 문제들은 작은 과제들이 아닌 전반적인 사회 구조에 의해 생기며, 따라서 정치는 사회 구조가 혁명적 과정을 통해 변해야만 발전할 수 있다.

① 과학의 이론적 틀은 하나여서 결코 바뀌지 않으며, 모든 정치적 문제는 작은 문제부터 해결하는 것이 출발점이 되어야 한다.

② 많은 반증이 제시된다고 해서 과학의 이론적 틀이 무너지는 것은 아니며, 사회 구조가 급격히 바뀐다고 해서 정치가 발전하는 것도 아니다.

③ 이전의 과학적 틀에 따른 가설들이 새로운 가설로 바뀌는 과정은 급격하며, 정치적 문제를 해결하는 방안들도 혁명 후에는 급격하게 바뀔 것이다.

④ 과학의 이론적 틀이 바뀌어도 반증을 통한 검증은 여전히 필요하며, 혁명적 과정에서 나타날 수 있는 정치적 독단은 문제 해결을 오히려 저해할 수 있다.

⑤ 과학의 이론적 틀은 여럿이기 때문에 어떤 틀을 택하는지가 중요하며, 정치적 문제의 해결책도 여럿이기 때문에 어떤 해결책을 택하는지가 중요하다.

[06~10] 다음 글을 읽고 물음에 답하시오.

(가)
알룩조개에 입맞추며 자랐나
눈이 바다처럼 푸를 뿐더러 까무스레한 네 얼굴
가시내 야
나는 발을 얼구며
무쇠다리를 건너온 함경도 사내

바람소리도 호개*도 인전 무섭지 않다만
어두운 등불 밑 안개처럼 자욱한 시름을 달게 마시련다만
어디서 흉참한 기별이 뛰어들 것만 같애
두터운 벽도 이웃도 못 미더운 북간도 술막

온갖 방자의 말을 품고 왔다
눈포래를 뚫고 왔다
가시내야
너의 가슴 그늘진 숲속을 기어간 오솔길을 나는 ㉠헤매이자
술을 부어 남실남실 술을 따르어
가난한 이야기에 고히 잠거다오

네 두만강을 건너왔다는 석 달 전이면
단풍이 물들어 천리 천리 또 천리 산마다 불탔을 겐데
그래두 외로워서 슬퍼서 초마폭으로 얼굴을 가렸더냐
두 낮 두 밤을 두리미처럼 울어 울어
불술기* 구름 속을 달리는 양 유리창이 흐리더냐

차알삭 부서지는 파도소리에 취한 듯

때로 싸늘한 웃음이 소리 없이 새기는 보조개
가시내야
울 듯 울 듯 울지 않는 전라도 가시내야
두어 마디 너의 사투리로 때아닌 봄을 불러 줄게
손때 수집은 분홍 댕기 휘 휘 날리며
잠깐 너의 나라로 돌아가거라

이윽고 얼음길이 밝으면
나는 눈포래 휘감아치는 벌판에 우줄우줄 나설 게다
노래도 없이 사라질 게다
자욱도 없이 사라질 게다

— 이용악, 「전라도 가시내」

*호개 : '승냥이'의 방언
*불술기 : '기차'의 방언

(나)
조국(祖國)을 언제 떠났노,
파초(芭蕉)의 꿈은 가련하다.

남국(南國)을 향한 │불타는│ 향수(鄕愁),
너의 넋은 수녀(修女)보다도 더욱 외롭구나.

소낙비를 그리는 너는 정열(情熱)의 여인(女人),
나는 샘물을 길어 네 발등에 붓는다.

이제 밤이 차다,
나는 또 너를 내 머리맡에 있게 하마.

나는 즐겨 너를 위해 종이 되리니,
네의 그 드리운 치마자락으로 우리의 겨울을 ⓛ가
리우자.

— 김동명, 「파초」

06 (가), (나)의 공통점으로 가장 적절한 것은?

① 대상을 의인화하여 동적인 이미지를 구현
한다.
② 독백적 어조로 자신의 상황을 반성적으로
성찰한다.
③ 장면을 시간순으로 배열하여 서사적 맥락을
형성한다.
④ 반어의 수사적 표현으로 대상의 부정적 면
모를 부각한다.
⑤ 대상의 과거 상황을 상상하여 대상의 현재
처지를 이해한다.

07 (가), (나)의 화자가 시적 대상에 대해 가지고
있는 태도로 가장 적절한 것은?

① (가), (나) : 관조적 태도
② (가), (나) : 공감적 태도
③ (가), (나) : 반성적 태도
④ (가) : 풍자적 태도, (나) : 숭배적 태도
⑤ (가) : 비관적 태도, (나) : 낙관적 태도

08 │가시내│에 대한 이해로 적절하지 않은 것은?

① 고향을 그리워하고 있다.
② 가을 무렵 두만강을 건넜다.
③ 봄이 오면 술막을 떠날 예정이다.
④ 자신의 처지에 냉소적이기도 하다.
⑤ 먼 길을 떠나 현재의 장소에 오게 되었다.

09 맥락에 따라 시어 불타는 을 읽은 내용으로 적절하지 <u>않은</u> 것은? [3점]

① '불타는'과 '정열(情熱)'은 모두 뜨거움의 의미를 갖는데 이는 '남국'의 특성이므로, '너'가 '남국'을 그리워하는 까닭을 알 수 있군.

② 뜨거움을 뜻하는 '불타는'이 '밤이 차다', '우리의 겨울'과 대립적이므로, '너'는 '밤'과 '겨울'에 저항하는 능동적인 존재임을 알 수 있군.

③ '향수(鄕愁)'를 '불타는' 것으로 설정한 데서 갈증이 연상되는데 '샘물'은 이를 해소해 줄 수 있으니, '너'가 '나'를 필요로 하는 까닭을 알 수 있군.

④ '불타는'은 '향수(鄕愁)'를 낮게 하기 위한 수단이 '소낙비'임을 암시하므로, '샘물'을 발등에 붓는 '나'의 행동이 '너'에 대한 배려를 뜻함을 알 수 있군.

⑤ '불타는'의 '불'은 '정열(情熱)'과 함께 상승적 이미지를 갖는데 이는 긍정적 가치로 볼 수 있으므로, '너'라는 시적 대상이 긍정적인 가치를 갖는 존재임을 알 수 있군.

10 ㉠, ㉡에 대한 설명으로 가장 적절한 것은?

① ㉠의 행위 주체는 화자이지만, ㉡의 행위 주체는 청자이다.

② 화자와 청자의 심리적 거리는 ㉠의 행위로는 멀어지지만, ㉡의 행위로는 가까워진다.

③ ㉠, ㉡ 모두 청자에게 행위의 동참을 요구하고 있다.

④ ㉠, ㉡ 모두 불확실한 미래에 대한 걱정을 바탕으로 한다.

⑤ ㉠, ㉡ 모두 행위가 실현되면 현실의 고난에서 벗어날 수 있다는 믿음이 담겨 있다.

[11~15] 다음 글을 읽고 물음에 답하시오.

여기에는 여러 가지 이유가 있는 것이다. 그러나 ㉠이러한 사실도 그중의 중요한 원인들이 되었을 것이다. ―조선 사람은 외국인에게 대해서 아무 것도 보여 준 것은 없으나, 다만 날만 새면 자릿속에서부터 담배를 피워 문다는 것, 아침부터 술집이 번창한다는 것, 부모를 쳐들어서 내가 네 애비니 네가 내 손자니 하며 놋지거리로 세월을 보낸다는 것, 겨우 입을 떼어 놓은 어린애가 엇먹는 말부터 배운다는 것, 주먹 없는 입씨름에 밤을 새고 이튿날에는 대낮에야 일어난다는 것…… 그 대신에 과학지식이라고는 소댕 뚜껑이 무거워야 밥이 잘 무른다는 것조차 모른다는 것을, ㉡외국 사람에게 실물로 교육을 하였다는 것이다. 하기 때문에 그들이 조선에 오래 있다는 것은 그들이 우리를 경멸할 수 있는 사실을 골고루 보고 많이 안다는 의미밖에 아니 되는 것이다.

"담바구야 담바구야…… 노이구곤 오데기루네……."

입을 이상하게 뾰족이 내밀었다 오므렸다 하고, 젓가락으로 화롯전을 두들겨 가며 장단을 맞춰서 콧노래를 하다가 뚝 그치더니,

"얘가 제일 잘 해요. 우리는 온 지가 삼사 년밖에 아니 되었지만……."

하며 벙벙히 앉았는 화롯불 가져온 아이 를 가리킨다.

"웅! 그래? 너는 얼마나 있었길래?"

말담도 별로 없이 조용히 앉았는 것이 어디로 보아도 건너온 지 얼마 안 되는 숫보기로만 생각하였던 것이, 조선 소리를 잘 한다니 조선애가 아닌가도 싶다.

"예서 아주 자라났답니다. 제 어머니가 조선 사람인데요."

하며 담바고타령을 하던 계집애가 이때까지 하고 싶던 이야기를 겨우 하게 되었다는 듯이 입이 재게 즉시 대답하고 나서,

"그렇지!"

하며 당자에게 얼굴을 들이댄다. 그 소리가 너무도

커닿기 때문에 조소하는 것같이 들리었다. 일인 애비와 조선인 에미를 가졌다는 계집애는 히스테리컬하게 얼굴이 주홍빛이 되고 눈초리가 샐룩하여졌다. 어쩐지 조선 사람 어머니를 가진 것이 앞이 굽는다는 모양이다.

"정말 그래? 그럼 어머니는 어디 있기에?"

나는 호기심이 생겨서 물었다.

"대구에 있어요."

고개를 숙이고 앉았다가 간신히 쳐들면서 대답을 한다.

"그래 어째 여기 와서 있니? 소식은 듣니?"

왜 여기까지 와서 있느냐고 묻는 것은 우스운 수작이지만 나는 정색으로 이렇게 물었다.

그 계집애는 생글생글하며 나를 쳐다보더니,

"글쎄 그러지 않아두 누가 대구 가시는 이나 있으면 좀 부탁을 해서 알아보고 싶어두 그것도 안되구……천생 언문으로 편지를 쓸 줄 알아야죠."

하며 이번에는 자기 신세를 조소하듯이 마음 놓고 커닿게 웃는다.

"그럼 아버지하군 지금 헤져서 사는 모양이구나?"

"그야 벌써 헤졌죠. 내가 열 살 적인가, 아홉 살 적에 장기(長崎)로 갔답니다."

"그래 그 후에는 소식은 있니?"

"한참 동안은 있었는데 지금은 어떻게 되었는지……? 하지만 이 설이나 쇠고 나건 찾아가 볼 테에요."

하며 흑흑 느끼듯이 또 한 번 어색하게 웃는다. 그 웃음은 어느 때든지 자기의 기이한 운명을 스스로 조소하면서도 하는 수 없다는 단념에서 나오는, 말하자면 큰일을 저지르고 하도 깃구멍이 막혀서 나오는 웃음 같았다.

"아무리 조선 사람이라두 길러낸 어머니가 정다울 테지? 너의 아버지란 사람이 어떤 사람인지는 모르겠다마는, 지금 찾아간대야 그리 반가워는 아니 할걸?"

조선 사람 어머니에게 길리어 자라면서도 조선말보다는 일본말을 하고, 조선옷보다는 일본옷을 입고, 딸자식으로 태어났으면서도 조선 사람인 어머니보다는 일본 사람인 아버지를 찾아가겠다는 것은, 부모에 대한 자식의 정리를 지나서 ⓒ어떠한 이해관계나 일종의 추세라는 타산이 앞을 서기 때문에 이별한 지가 벌써 칠팔 년이나 된다는 애비를 정처도 없이 찾아간다는 것이라고 생각할 제, 이 계집애의 팔자가 가엾은 것보다도 ⓓ그 에미가 한층 더 가엾다고 생각지 않을 수 없었다.

(중략)

젊은 사람들의 얼굴까지 시든 배춧잎 같고 주눅이 들어서 멀거니 앉았거나, 그렇지 않으면 빌붙는 듯한 천한 웃음이나 '헤에' 하고 싱겁게 웃는 그 표정을 보면 가엾기도 하고, 분이 치밀어 올라와서 소리라도 버럭 질렀으면 시원할 것 같다.

(가)
┌ '이게 산다는 꼴인가? 모두 뒈져 버려라!'
│   찻간 안으로 들어오며 나는 혼자 속으로 외쳤다.
└ '무덤이다! 구더기가 끓는 무덤이다!'

나는 모자를 벗어서 앉았던 자리 위에 던지고 난로 앞으로 가서 몸을 녹이며 섰었다. 난로는 꽤 달았다. 뱀의 혀 같은 빨간 불길이 난로 문틈으로 날름날름 내다보인다. 찻간 안의 공기는 담배 연기와 석탄재의 먼지로 흐릿하면서도 쌀쌀하다. ⓔ우중충한 남폿불은 웅크리고 자는 사람들의 머리 위를 지키는 것 같으나 묵직하고도 고요한 압력으로 지그시 내리누르는 것 같다.

– 염상섭, 「만세전」

11 윗글의 서술 방식으로 가장 적절한 것은?

① 인과 관계가 약한 사건들을 병치하여 우연성을 강조하고 있다.

② 서술자는 이야기 속 이야기를 통해 인물의 과거를 소개하고 있다.

③ 상징적 소재를 통해 중심 갈등이 해소되는 과정을 서술하고 있다.

④ 인물의 내적 독백을 통해 인물들의 긍정적인 면모를 부각하고 있다.

⑤ 등장인물인 서술자가 다른 인물들을 관찰하며 논평하고 있다.

12 (가)에 드러난 태도로 가장 적절한 것은? [3점]

① 실의에 빠진 대상을 포용하면서도 절망적인 상황에 좌절하는 태도

② 어떤 기대도 더 이상 할 수 없는 대상을 일방적으로 저주하는 태도

③ 한심한 모습의 대상에 대한 안타까움과 분노를 같이 드러내는 태도

④ 큰 소리로 말하고 싶지만 대상이 잘 받아들이지 않을 것을 염려하는 태도

⑤ 무기력한 대상을 구원하려던 시도가 좌절되었을 때의 실망한 태도

13 화롯불 가져온 아이 에 대한 설명으로 적절하지 <u>않은</u> 것은?

① 조선에서 태어나고 자랐다.

② 자신이 혼혈인 것이 드러나는 것을 꺼린다.

③ 자신을 얕보는 동료에게 무례한 행위를 한다.

④ 어머니와 헤어진 상태이다.

⑤ 한글로 편지를 쓸 줄 모른다.

14 ㉠~㉤의 문맥적 의미를 해석한 것으로 적절하지 <u>않은</u> 것은?

① ㉠: 조선인들이 일본인에게 천대를 받는 것은 조선인들에게 원인이 있다는 사실

② ㉡: 외국 사람에게 조선인들이 실제 물건들을 사용하여 교육하는 것

③ ㉢: 일본인 아버지에게 기대어 사는 것이 더 이롭다는 계산

④ ㉣: 그 어머니는 남편과 딸에게 모두 버림받았기 때문에 더 가엾다고 생각함

⑤ ㉤: 무덤 같은 찻간의 분위기를 더욱 무겁게 만드는 흐리고 침침한 램프 불빛

15 <보기>를 참조하여 윗글에 드러난 '나'의 생각을 비판한 것으로 가장 적절한 것은?

─〈보기〉─

「만세전」의 제목에 쓰인 '만세'는 3·1운동을 가리킨다. 이 작품은 3·1운동 직전인 1918년 12월 일본 동경에서 식민지 수도 서울로의 여행을 통해 일본에서 유학하던 주인공이 본 당시 식민지 조선의 상황을 그려내고 있다. 그 다음 해에 일어난 3·1운동은 일제강점기가 시작된 이후 펼쳐진 조선총독부의 억압적인 무단통치에 온 민족이 들고일어나 독립 만세를 외친 역사적 사건이다. 이 운동을 통해 우리 민족은 일제가 아니라 우리가 우리의 운명을 결정한다는 자주성을 높이 드러내었다.

① '나'는 무덤 같은 환경에 지배받았던 당시 조선인들의 삶을 그들이 자주적으로 선택한 삶이라 보고 있어.

② 일제 총독부의 무단통치가 낳은 폐해를 목격하면서도 '나'는 일본에 기대어야 한다는 생각을 벗어나지 못한 거야.

③ '나'는 구습에 젖은 당시 조선인들에게서도 희망을 발견하려는 자신이 우월하다는 생각에 갇혀 있어.

④ 당시 조선인들을 무덤 속 구더기로 보는 '나'의 관점으로는 조선에서 왜 자주적인 만세 운동이 일어났는지 이해할 수 없을 거야.

⑤ 시대에 뒤떨어졌다고 해서 조선인들을 경멸하는 것은 일본인들의 잘못이기에 '나'는 일본인들이 잘못을 깨달으면 상황이 나아질 것이라고만 보고 있어.

[16~19] 다음 글을 읽고 물음에 답하시오.

생물학에서 유전 물질 간의 전이는 DNA가 전사를 통해 RNA가 되며 이 RNA가 번역을 통해 단백질을 형성하는 과정을 거친다. 이 과정의 마지막 단계에서 형성된 단백질은 세포나 조직의 구조를 이루거나, 기능상 혹은 조절상 중요한 역할을 한다. 그 때문에 적절한 시점에 정상적으로 단백질이 발현되지 않으면 질병으로 이어지게 된다. 근본적인 유전 물질인 DNA의 변이가 질병의 원인일 경우 RNA와 단백질에도 문제가 생기게 되므로 유전자의 변이를 고칠 수 있다면 단백질 이상 발현이 생길 가능성이 현저히 줄어들 것이다. 이처럼 근본적인 원인이 되는 비정상 유전자를 고치는 것을 유전자 치료라고 하는데, 그중 현재 가장 발전한 것이 ㉠3세대 유전자 가위, 크리스퍼 시스템이다.

세균과 고세균에서만 발견되는 특이한 반복서열을 사용하였다고 하여 이름 붙여진 크리스퍼 시스템은 면역 반응을 이용하여 바이러스 유전체의 염기서열을 조작하는 유전자 치료 방법으로, 2012년 엠마뉴엘 샤펜티어 교수와 제니퍼 다우드나 교수 연구팀에 의해 제안되었다. 이 시스템은 기술적으로 비교적 다루기 쉽고 비용이 적게 든다는 장점이 있어 〈사이언스〉에서 가장 혁신적인 기술로 선정되기도 했다. 앞서 2000년대 초반 징크핑거 뉴클레아제가 1세대 유전자 가위로 등장했고 이후 2세대 유전자 가위로 탈렌이 등장한 바 있었으나, 기술적으로 다루기 어렵고 비용이 많이 든다는 단점이 있었다.

자연계에는 세균의 후천성 면역 작동 기제의 한 종류로 크리스퍼 시스템이 존재한다. 1987년 일본에서 박테리아의 유전체 분석 과정 중에 특이하게 반복되는 서열이 발견되었다. 이 서열은 일정한 간격(스페이서)을 두고 반복되었는데, 당시로는 그것이 갖는 중요성이 충분히 인지되지 못했다. 2000년대 초반에 염기서열 분석 기술이 비약적으로 발전하자 저렴한 가격으로 더 빠르게 유전체 분석을 할 수 있게 되었고, 지난 10여 년 동안 잊혔던 반복서열이 주목받기에 이르렀다. 2002년에 세균과 고세균에서만 발견되던 이 반복서열은 크리스퍼(CRISPR)라고 명명되었다. 크리스퍼 근처에 자리잡고 있으면서 그 기능에 중요한 역할을 할 것이라고 예상되는 유전자도 발견되었으며, 이 유전자는 카스(Cas: CRISPR associated protein)라고 이름 붙여졌다.

이렇게 세균에서 구조적인 특징이 발견되자, 연구자들은 이 시스템의 기능 연구에 몰두하게 되었는데 2005년에 스페이서 서열이 세균을 숙주로 하는 바이러스의 유전체와 일부 동일하다는 여러 논문이 나왔다. 이 사실을 바탕으로 크리스퍼 시스템은 적응 면역과 관련 있을 가능성이 제시되었으며, 2007년 실험적으로 증명되어 〈사이언스〉에 발표되었다. 이 연구에서 크리스퍼 시스템은 다음과 같이 정리되었다. 우선 세균 내에서 크리스퍼의 반복서열을 인식하는 트랜스활성화RNA와, 스페이서 서열과 반복서열을 포함한 크리스퍼RNA를 만든다. 만약 이전에 감염된 적이 있는 바이러스의 유전체 서열 정보가 스페이서 서열에 포함되어 있다면, 다시 그 바이러스가 침입한 경우 이를 크리스퍼RNA가 인식하고, 이 반응에 맞춰 트랜스활성화RNA와 카스 단백질은 바이러스의 유전체를 공격해 절단한다. 또한 2012년에는 앞에서 언급한 엠마뉴엘 샤펜티어 교수와 제니퍼 다우드나 교수의 연구를 통해 세균 내에 따로 존재하는 트랜스활성화RNA와 크리스퍼RNA를 하나로 이어 만든 가이드RNA에 카스 단백질을 넣으면 세균의 크리스퍼 시스템의 모사가 가능하다는 사실이 밝혀지기도

했다. 또한 세균 내 스페이서 서열이 바이러스를 인식하는 것과 비슷하게 스페이서 서열 대신 우리가 원하는 표적의 서열을 넣으면 원하는 유전체를 자를 수 있다는 것도 증명되었다. 이듬해에는 인간을 포함한 고등생물에서도 이 크리스퍼 시스템이 사용될 수 있다는 것이 증명되기도 했다.

크리스퍼 시스템은 생명과학 분야에서 유전자 교정을 통해 동식물의 생산량과 안정성을 조절하는 데 기여할 수 있을 것으로 예상된다. 또한 유전자 드라이브, 곧 인간이 아닌 생물의 유전자를 변형시켜 유전자 구성을 바꾸는 과정을 통해 바이러스 매개체인 야생 모기 등을 멸종시키는 것도 가능할 것이다. 그리고 생명 윤리의 문제를 해결한다면 유전자 치료를 통해 유전질환을 치료하는 데에도 활용될 수 있을 것으로 기대된다. 하지만 크리스퍼 시스템은 아직까지는 기술적 정확성 면에서 한계가 있고 유전자 변이를 완벽히 통제하지 못하고 있다는 제약을 가지고 있다. 나아가 미래 생명 과학이 우생학적 편견 같은 잘못된 가치관과 만났을 때의 문제를 보여준 영화 〈가타카〉(1997)에서 알 수 있듯이 유전자 편집의 경계 기준이 단지 기술적인 차원에서뿐 아니라 생명 윤리의 차원에서 다루어질 필요도 있다는 점을 간과해서는 안 된다.

16 윗글의 서술 방식으로 가장 적절한 것은?

① 대상의 속성들을 나열한 후, 그것을 통일된 구조로 종합하고 있다.

② 대상을 정의한 후, 그와 관련된 사항들을 구체적으로 설명하고 있다.

③ 권위 있는 의견을 제시한 후, 대상이 그것에 부합함을 설득하고 있다.

④ 대상의 세부적인 요소를 분석한 후, 그 전체적인 외양을 묘사하고 있다.

⑤ 대상에 관한 다양한 사례를 제시한 후, 그것을 하나의 개념으로 요약하고 있다.

17 윗글에서 밝힌 사건의 순서를 바르게 파악한 것은?

〈보기〉

ⓐ 세균의 유전자에 존재하는 특정한 반복 염기서열을 크리스퍼로 명명

ⓑ 크리스퍼 시스템과 적응 면역의 관련 가능성을 실험적으로 증명

ⓒ 박테리아 유전체에서 일정한 스페이서를 둔 서열 발견

ⓓ 인간의 유전자에 크리스퍼 시스템을 사용할 수 있음을 확인

① ⓐ − ⓑ − ⓒ − ⓓ

② ⓐ − ⓒ − ⓓ − ⓑ

③ ⓒ − ⓐ − ⓓ − ⓑ

④ ⓒ − ⓐ − ⓑ − ⓓ

⑤ ⓓ − ⓐ − ⓑ − ⓒ

18 윗글에 따를 때, '크리스퍼 시스템'의 핵심적인 작동 기제는? [3점]

① 크리스퍼RNA와 트랜스활성화RNA의 결합

② 가이드RNA에 의한 스페이서 서열의 절단

③ 트랜스활성화RNA에 의한 크리스퍼RNA의 복제

④ 가이드RNA와 카스에 의한 표적 염기서열 절단

⑤ 트랜스활성화RNA와 크리스퍼RNA에 의한 표적 염기서열의 복제

19 ㉠의 의의를 진술한 것으로 적절하지 <u>않은</u> 것은?

① 비용이 비교적 적게 드는 처리 방법이다.

② 고등생물을 대상으로 사용할 수 있다고 증명된 방법이다.

③ 생명 윤리 차원에서 우생학적 편견을 안고 있는 방법이다.

④ 식량 증산을 위한 산업적 활용의 가능성이 있는 방법이다.

⑤ 현재까지는 기술적으로 가장 발전한 유전자 치료 방법이다.

[20~23] 다음 글을 읽고 물음에 답하시오.

국어사전에 따르면, '구독'은 '책이나 신문, 잡지 따위를 구입하여 읽음'으로 풀이되어 있다. 몇 년 전까지만 해도 무엇인가 '구독'한다고 할 때에는 주로 이 뜻을 떠올렸다. 하지만 요즈음 사전에서는 '정기적으로 내는 기부금, 가입, 모금, (서비스) 사용'으로도 정의한다. 영어로는 서브스크립션(subscription)이라고 하는데, 여기에는 '이용'한다는 의미가 담겨 있다. 실제로 구독 서비스는 소유보다는 이용에 초점을 두고 있으며, 이 때문에 구독 경제가 소유에서 이용으로 경제 패러다임을 전환시켰다는 평가를 받기도 한다. ㉠

1913년 자동차 대량생산을 위해 '포드 시스템'이 도입된 이래, 지난 백여 년간 우리의 주된 소비 방식은 구매하고 소유하는 것이었다. 소비자들에게는 선택권이 많지 않았고 기업과 소비자 사이에서 이루어지는 거래는 단순했다. 기업은 소비자의 수요를 고려하여 싸고 질좋은 제품을 판매하고 소비자는 합당한 가격을 지불하고 구매하여 소유하는 것이 당연한 일이었다. 경제 성장으로 노동자들의 수입이 증가하고 가처분 소득이 늘면서 소유가 주는 의미는 각별해졌다. 큰 집, 고급 승용차, 고가의 보석, 그리고 더 많은 물건을 내 것으로 만들어 자신이 거둔 성공을 과시하는 것이 소비의 목적 중 하나가 되었다. 지금도 소유는 어느 정도 그런 의미를 내포한다. 하지만 소유는 소비의 유일한 목적이 아니다. ㉡

책을 예로 들면, 소장 자체를 목적으로 책을 사는 소비자들도 있지만, 대개는 책을 읽으면서 지식을 넓히고 정서적 풍요를 누리며 무료한 시간을 즐겁게 보내려고 한다. 이 때문에 굳이 비싼 비용과 긴 시간의 기다림과 추가적인 보관 공간의 부담 없이도 이용할 수 있는 전자책 구독 서비스가 활성화되는 바탕이 마련된다. 소유를 하지 않더라도 구독을 통해 책을 읽는 각자의 목적이 충족될뿐더러 새로운 서비스로 인해 책과 관련된 경험이 여전히 풍부하고 즐거울 수 있는 것이다. 구독 서비스는 이렇게 소비자의 다양한 소비 목적 달성과 그 과정에서 얻게 되는 경험에 주목하는 경제 모델이다. 판매자와 소비자의 관계에서도 판매는 판매자가 상품을 소비자에게 건네주고 소비자가 그에 맞는 비용을 지불함으로써 그 관계가 일단 완성되는 반면, 구독은 소비자가 비용을 지불한 이후에도 계약 기간 동안 그 관계가 지속된다. ㉢

오늘날 구독 경제가 하나의 주요한 경제 모델로서 확산된 데에는 판매자와 소비자가 직접 연결될 수 있게 한 기술적 발전의 기여가 크다. 판매에서는 판매자와 소비자 사이에 계층화된 영업소와 영업사원이 있다. 이 전통적인 유통 채널은 일방향성이라는 소통적 특성과 시간적 지연으로 인해 소비자의 욕구와 불만을 후속 판매에 반영하는 데 제약이 있다. 소유를 전제로 한 이러한 경제 모델은 미래에도 존재할 것이다. 하지만 모바일 기술이나 콜드 체인 기술 같은 발전된 기술로 인해 판매자와 소비자가 직접 연결될 수 있게 되었고, 구독 서비스의 등장을 통해 기업이나 판매자가 소비자와 쌍방향적으로 직접 소통하며 소비자의 요구에 따라 특화되거나 개별화된 상품을 신속하게 제공하는 것이 가능하게 되었다. 기술적 발전 외에도 1인 세대가 증가한 것이 주요 원인이 되기도 했으며, 이른바 가성비를 중시하는, 혹은 이와는 달리 가격과 관계없이 높은 만족감을 주는 상품을 중시하는 가치 소비 세대로서 밀레니얼 세대가 새로운 소비 주체로 등장하게 된 것도 구독 경제의 규모를 키우는 주요한 요인이 되었다고 평가된다. ㉣

구독 경제는 소비 주체가 충성 고객이 될 수 있는지 여부에 항상 촉각을 곤두세운다. 충성 고객을 많이 확보할수록 판매자는 발전할 수 있고 구독 경제 또한 성장한다. 그렇기에 판매자인 유통 회사들은 자신들의 정체성을 판매업에서 서비스업으로 변화시키는 혁신에 나선다. 구독 경제에서 충성 고객이 되는 소비자들은 흔히 '최우수 고객'으로 불린다. 그들에게는 여느 고객이 누리는 혜택에 더하여 배타적이고 고객 특화적인 추가 혜택이 주어지며 무료 혜택이 함께 부여되기도 한다. 그런 만큼 이러한 자격을 갖게 된 소비자는 구독료가 비싸더라도 구독 서비스에 충성한다. 판매자 또한 충성도 높은 소비자를 확보하기 위해 구독료에 비해 훨씬 비싼 구독 서비스를 제공하는 비용 지출을 감수할 수 있다. 그것은 소비자의 반복된 구독에 의해 생산되는 구독 정보를 구독 서비스의 비용 절감을 위한 평가 및 예측 정보로 활용할 수 있고 나아가 상품이나 서비스와 직접 관련이 없는 소비자 정보까지도 빅데이터로 활용하여 새로운 사업 진출에 중요한 판단 근거로 활용할 수 있기 때문이다. ㉤

20 윗글의 내용과 일치하지 <u>않는</u> 것은?

① 구독 서비스는 비용을 지불한 서비스의 계약 기간을 조건으로 한다.

② 구독 경제에서는 상품을 위한 비용 지불 이후에도 판매자와 소비자의 관계가 지속된다.

③ 모바일 기술 발전으로 판매자와 소비자가 직접 연결됨으로써 판매자는 특정 소비자에 특화 상품 및 서비스를 제공할 수 있게 된다.

④ 밀레니얼 세대의 가치 소비 경향은 구독 경제를 지탱하는 주요한 요인 중 하나이다.

⑤ 충성도 높은 소비자를 유지하기 위해 구독 서비스가 선택하는 일반적인 전략은 값싼 구독료를 유지하는 것이다.

21 윗글에 따를 때, 판매와 비교하여 구독 서비스가 갖는 특징으로 가장 적절한 것은?

① 상품의 독점적 사용

② 상품의 저렴한 가격

③ 상품의 높은 품질과 명성

④ 유통 채널의 직접성과 쌍방향성

⑤ 소비 수요를 고려한 상품 생산과 제공

22 윗글의 맥락을 고려하여 이해한 내용으로 적절하지 <u>않은</u> 것은?

① 미래에는 소유를 목적으로 한 소비는 사라질 것이다.

② 구독 경제는 오늘날 경제에서 규모를 키워가고 있다.

③ 구독 서비스의 활성화는 세대 구성의 변화와 밀접한 관련이 있다.

④ 구독 서비스에서는 소비자가 상품 생산에 직접적인 영향을 끼치기도 한다.

⑤ 소비자의 구독 정보는 해당 구독 서비스 외의 목적을 위해서도 활용될 수 있다.

23 윗글의 주요 내용을 구체화하기 위해 〈보기〉의 사례를 추가한다고 할 때, 가장 적절한 위치는? [3점]

---〈보기〉---

○○는 꽃 구독 서비스이다. 2주 단위로 그 시기에 가장 아름다운 꽃을 주제로 꽃다발이나 꽃바구니를 꾸며 제공한다. 가격대별로 여러 방식으로 제공되는 서비스가 있으며 여기에는 꽃꽂이 강좌 구독 같은 병행 서비스도 포함된다. 기존의 꽃 배달 서비스가 상품인 꽃을 일회적으로 판매하는 것인 데 반해, 꽃 구독 서비스는 꽃의 선별과 장식, 그리고 정보 제공 등을 서비스의 대상으로 삼아 자기 자신을 위해 주문하는 소비자에게 주기적으로 제공한다. 꽃 구독 서비스는 자주 꽃을 사서 직접 장식하기에는 시간과 노력의 부담이 있지만 집을 아름답고 생기 있게 꾸미고자 하는 젊은 가치 소비 세대에게 특히 호응을 얻고 있다.

① ㉠   ② ㉡
③ ㉢   ④ ㉣
⑤ ㉤

[24~27] 다음 글을 읽고 물음에 답하시오.

'가스라이팅'은 1944년 조지 쿠커가 감독한 영화 〈가스등(Gaslight)〉에서 유래한 용어이다. 이 영화에서 남편 그레고리는 계속 상황을 조작하여 아내 폴라의 판단과 기억력에 영향을 줌으로써 그녀가 왜곡된 현실 감각으로 자신을 미쳤다고 의심하도록 정신적으로 조종한다. 영화에서처럼 현실의 인간관계에서도 정서적 학대를 동반하는 심리적 지배나 억압의 사례들이 많이 발견되는데, 이에 착안하여 가스라이팅이라는 용어가 생겼다. 이 용어는 이제 널리 퍼져서, 반복적인 강요나 압박, 두려움에 의한 복종 같은 것들과 혼동되기도 한다. 하지만 이런 것들과 달리 가스라이팅은 지속적인 심리 조작으로 피해자가 자기 불신과 가해자에 대한 자발적 순종 또는 의존을 하게 만드는 심리적 억압 기제를 갖는다. 여기에 반드시 범죄적 의도나 폭력적 강제가 동반되는 것은 아니다.

흔히 가스라이팅은 불평등한 남녀 관계와 관련하여 많이 주목되지만, 개인과 집단의 관계, 더 나아가 사회 제도와의 관계에서도 구조적으로 발생한다. 이 때문에 가스라이팅은 사회적 불평등에 뿌리를 둔 사회학적 현상이라고 주장되기도 한다. ㉠집단 내 가스라이팅은 특히 억압적 질서와 과잉된 친밀함을 제도화하고 있는 집단에서 강한 권력관계에 의한 불평등한 위계질서를 바탕으로 나타나며, 편견과 차별을 강화하는 방향으로 심화된다. 이러한 집단 내에서 구성원들에게 친밀감이나 정서적인 일체감을 강요하는 것은 일상적이다. 이때 발생하는 정서적 억압은 집단 내에 있지 않을 때 자신을 미약하고 무의미한 존재일 뿐이라고 여기게 하고 집단 내에 있어야 자신이 보호받을 수 있다고 생각하게 만듦으로써 자발적 복종에 이르게 한다.

집단 내의 가스라이팅은 강한 권력 관계를 바탕으로 주로 서열상 말단이나 하위에 있는 사람들을 피해자로 만든다. 권력 관계는 집단 구성원들이 불평등을 받아들이는 정도인 '권력 거리(power distance)'를 만드는데, 권력 관계가 강할수록 서열의 경계가 뚜렷해지고 상급자와 하급자가 분리되는 가운데 권력 거리도 커지는 공고한 위계질서가 생기게 된다. 권력 거리가 커질수록 피지배적 지위에 있는 하급자가 권력을 가진 상급자에게 자신의 의견을 나타낸다거나 저항, 도전, 항거 따위를 하기는 어렵다. 그리고 집단의 권력 관계가 강해지면, 더 커지는 권력 거리를 은폐하기 위해 집단 내 친밀성은 더 강하게 요구된다. 하지만 더 커진 권력 거리로 인해 피해자가 가스라이터의 거짓된 친밀함을 자각할 가능성도 커진다. ㉡아이러니한 것은, 가해자와의 더 큰 권력 거리로 인해 피해자는 더 큰 무력감을 느끼게 되고 자신이 겪는 고통도 해결할 수 없기에 심지어 가스라이팅을 자신의 무지와 무능 때문에 받는 처벌처럼 받아들여 가해자에게 의존할 가능성도 더 커진다는 것이다. 권력을 가진 상급자는 이러한 조직 특성을 악용하여 하급자에 대한 가스라이팅을 일상화한다.

집단 내 가스라이팅은 상급자에 의해 저질러지는 위계에 의한 성폭력 즉 권력형 성범죄를 포함하여 조직 내 괴롭힘의 형태인 폭력, 갑질, 업무 과중, 따돌림 등의 다양한 형태로 표현된다. 그래서 가스라이팅을 자각하는 경우라 하더라도 피해자는 여전히 가해자에 의한 과다한 업무 부여나 업무 배제로 인해 압박감을 느끼고, 승진 배제나 징계 등으로 좌절감을 느끼며, 집단 내 따돌림으로 인해 고립감을 겪게 될 수 있다. 피해자의 동료들이 도움이 될 수도 있지만, 이들이 만약 피해자와 비슷한 처지에 있다면 서로에게 느끼는 연민과 공감의 감정에도 불구하고 가해자에게 저항하기란 쉽지 않다. 개인 간 가스라이팅에 비해 집단 내 가스라이팅은 훨씬 공공연하고, 피해자와 동료 모두가 가해자가 지닌 권력의 통제권 내에 있기 때문이다. 집단 내 가스라이팅이 그 집단의 조직 문화인 것처럼 치부될 수 있는 것은, 피해자의 동료들이 침묵으로 가스라이팅의 방관자가 되고 무력감으로 인해 피해자와 동료들 모두가 순응하게 됨으로써 집단에 속한 다수나 전체, 더 나아가 집단 자체가 가학적이든 자학적이든 가스라이팅에 참여하게 되기 때문이다.

집단 내 가스라이팅은 사회적이며 구조적인 사태이기 때문에, 한 개인의 용기나 저항으로 해결되기는 쉽지 않다. 가스라이터는 자기 주관이 약하고 의존적인 심리를 갖는 사람을 표적으로 삼는다. 가스라이팅을 당하지 않거나 거기서 벗어나기 위해서 집단의 구성원은 자신의 목소리를 낼 수 있어야 할 뿐 아니라 그 목소리를 키우기 위해 같은 처지의 구성원들과 연대해야 한다. 가스라이팅은 권력에 의해 지배받지 않으려는 자유의지를 가진 구성원에게는 작동하지 않기 때문이다.

24 윗글을 통해 답할 수 있는 질문으로 적절하지 **않은** 것은?

① 가스라이팅이라는 용어는 어디서 비롯되었는가?

② 개인적 차원의 가스라이팅이 일어나는 까닭은 무엇인가?

③ 가스라이팅이 일어나는 집단은 어떤 특징을 지니는가?

④ 집단 내 가스라이팅은 어떤 방식으로 이루어지는가?

⑤ 가스라이팅을 극복하기 위한 방법은 무엇인가?

25 윗글의 중심 내용을 뒷받침할 사례로 가장 적절한 것은? [3점]

① 조금만 실수를 해도 "내가 없어서 그래."라고 하면서 자신의 중요성을 강조하는 친구

② TV 토론에 나와 사회의 급격한 인구 감소 원인이 시민들이 자신의 삶만을 중시하는 이기적인 태도 때문이라고 주장하는 토론자

③ 전투에 앞서 부대원들에게 조국이 있어야 내가 있고 조국과 나는 한몸이라며 목숨을 내던져서라도 조국을 지켜야 한다고 연설하는 부대장

④ 학교의 유구한 전통과 진학 성과를 강조하면서 학생들에게 자랑스러운 학교의 구성원으로서 명문대에 합격해 줄 것을 믿는다고 매주 훈시하는 교장

⑤ 심판의 날이 다가왔다면서 신도들로 하여금 지옥에 떨어지지 않기 위해 모든 재산을 헌납하고 종교활동에만 몰두하도록 지속적으로 세뇌하는 신흥 종교의 교주

26 ㉠에 대한 설명으로 적절하지 <u>않은</u> 것은?

① 자기 주관이 강한 사람이 주로 가스라이팅
의 표적이 된다.

② 피해자는 자신의 무지와 무능력 때문에 가
스라이팅을 당한다고 자책한다.

③ 강한 권력 관계로 인해 불평등한 위계질서
가 뚜렷한 조직에서 주로 나타난다.

④ 가해자는 친밀함으로 위장된 권력 관계를
이용하여 하급자에 대한 가스라이팅을 시
도한다.

⑤ 피해자의 동료들이 침묵의 방관자가 되거
나, 심지어는 가스라이팅의 동조자가 되기
도 한다.

27 ㉡의 문맥적 의미에 대한 이해로 가장 적절한
것은?

① 친밀감이 커지면서 권력 거리도 커지는 것

② 가스라이팅이 지속될수록 가스라이팅의 정
체가 드러나는 것

③ 가스라이팅의 고통에서 벗어나려고 가스라
이터에게 더 의존하는 것

④ 문제 상황에 대한 인식이 분명해질수록 문
제 해결의 의지가 커지는 것

⑤ 피해자와의 서열의 경계가 뚜렷해져서 가스
라이팅을 하기가 더 어려워지는 것

[28~32] 다음 글을 읽고 물음에 답하시오.

(가)

㉠뎨 가는 뎌 각시 본 듯도 흔뎌이고
텬샹(天上) 빅옥경(白玉京)을 엇디흐야 니별(離別)
흐고
힌 다 뎌 져믄 날의 눌을 보라 가시는고
어와 네여이고 이내 스셜 드러 보오
내 얼굴 이 거동이 님 괴얌즉 흔가마는
엇던디 날 보시고 네로다 녀기실식
나도 님을 미더 군뜨디 젼혀 업서
ⓐ이리야 교틱야 어즈러이 흐돗뻔디
반기시는 눗비치 녜와 엇디 다른신고
누어 싱각흐고 니러 안자 혜여흐니
내 몸의 지은 죄 뫼フ티 싸혀시니
하늘히라 원망흐며 사름이라 허믈흐랴
셜워 플텨 혜니 조믈(造物)의 타시로다
글란 싱각 마오 밋친 일이 이셔이다
ⓑ님을 뫼셔 이셔 님의 일을 내 알거니
믈 フ튼 얼굴이 편흐실 적 몃 날일고
츈한 고열(春寒苦熱)은 엇디흐야 디내시며
츄일 동텬(秋日冬天)은 뉘라셔 뫼셧는고
쥭조반(粥早飯) 죠셕(朝夕) 뫼 녜와 フ티 셰시는가
기나긴 밤의 줌은 엇디 자시는고

– 정철, 「속미인곡」

(나)

어화 긔 뉘신고 염치(廉恥) 업산 닉옵노라
초경(初更)도 거읜되 긔 엇지 와 겨신고
연년(年年)에 이러흐기 구차(苟且)흔 줄 알건만는
쇼 업순 궁가(窮家)애 혜염 만하 왓삽노라
공흐나 갑사나 주엄즉도 흐다마는
다만 어제 밤의 거넨 집 져 사람이
목 불근 수기치(雉)을 옥지(玉脂) 읍(泣)게 꾸어 닉
고
간 이근 삼해주(三亥酒)을 취(醉)토록 권(勸)흐거든
이러한 은혜(恩惠)을 어이 아니 갑흘넌고
내일(來日)로 주마 흐고 큰 언약(言約) 흐야거든
ⓒ실약(失約)이 미편(未便)흐니 사셜이 어려왜라

실위(實爲) 그러ᄒ면 혈마 어이할고

　　　　　　　　　－ 박인로, 「누항사」

(다)
형님 온다 형님 온다 분고개로 형님 온다
형님 마중 누가 갈까 형님 동생 내가 가지
ⓛ형님 형님 사촌 형님 시집살이 어떱뎁까
이애 이애 그 말 마라 시집살이 개집살이
앞밭에는 당추 심고 뒷밭에는 고추 심어
고추 당추 맵다 해도 시집살이 더 맵더라
둥글둥글 수박 식기(食器) 밥 담기도 어렵더라
도리도리 도리소반 수저 놓기 더 어렵더라
오 리(五里) 물을 길어다가 십 리(十里) 방아 찧어다가
아홉 솥에 불을 때고 열두 방에 자리 걷고
외나무다리 어렵대야 시아버니같이 어려우랴
ⓓ나뭇잎이 푸르대야 시어머니보다 더 푸르랴
시아버니 호랑새요 시어머니 꾸중새요
동세 하나 할림새요 시누 하나 뽀족새요
시아지비 뽀중새요 남편 하나 미련새요
ⓔ자식 하난 우는 새요 나 하나만 썩는 샐세

　　　　　　　　　－ 작자 미상, 「시집살이 노래」

28 (가), (나), (다)에 대한 설명으로 적절하지 않은 것은?

① (가), (나), (다) 모두 대화체를 통해 주제를 표현하고 있다.

② (가)와 (나)는 억울한 일을 당한 원통함의 정서가 공통된다.

③ (가)와 (다)는 여성 화자를 등장시켜 주제를 선명히 하고 있다.

④ (가)에 비해 (나)는 화자의 경제적 궁핍이 구체적으로 그려져 있다.

⑤ (가)에 비해 (다)는 화자가 일상에서 겪는 실제적인 어려움이 나타나 있다.

29 〈보기〉와 (가)를 비교한 내용으로 가장 적절한 것은?

〈보기〉

엇그제 님을 뫼셔 광한뎐(廣寒殿)의 올낫더니
그 더딘 엇디ᄒ야 하계(下界)에 ᄂ려오니
올 적의 비슨 머리 얼킈연 디 삼 년(三年)이라
연지분(臙脂粉) 잇ᄂ마는 눌 위ᄒ야 고이 홀고
ᄆᆞᄋᆞᆷ의 미친 실음 텹텹(疊疊)이 빠혀 이셔
짓ᄂ니 한숨이오 디ᄂ니 눈물이라

　　　　　　　　　－ 정철, 「사미인곡」

① (가)는 '님'과의 이별을, 〈보기〉는 '님'과의 재회를 그려낸다.

② (가)는 '님'에 대한 걱정을, 〈보기〉는 화자의 현재 처지를 나타낸다.

③ (가)는 슬픔과 자책의 감정을, 〈보기〉는 분노와 절망의 감정을 드러낸다.

④ (가)는 정중하고 우아한 태도를, 〈보기〉는 경박하고 소심한 태도를 보인다.

⑤ (가)는 고유어와 고사성어를, 〈보기〉는 한자어와 한시구를 주로 사용한다.

30 (나), (다)에 대해 비교하여 설명한 것으로 가장 적절한 것은?

① (나)는 낭만적인 분위기가, (다)는 고상한 취향이 나타나 있다.

② (나)는 시간의 역전을 통해, (다)는 공간의 배치를 통해 시상을 전개하였다.

③ (나)는 당시의 음식이 소재로 쓰였고, (다)는 가사노동의 양상이 반영되어 있다.

④ (나)는 상징적, 역설적인 표현을, (다)는 감각적, 직설적인 표현을 주로 사용하였다.

⑤ (나)는 대상을 풍자하기 위해, (다)는 주제를 드러내기 위해 서사적인 상황을 설정하였다.

31 ㉠, ㉡의 기능에 대한 설명으로 가장 적절한 것은? [3점]

① 화자의 내면적 욕망을 드러내는 기능을 한다.
② 상대의 생각과 태도를 비판하는 기능을 한다.
③ 상대와의 친밀한 관계를 깨뜨리는 기능을 한다.
④ 시적인 상황에 대해 자세히 묘사하는 기능을 한다.
⑤ 상대의 발화를 이끌어내어 주제가 드러나게 하는 기능을 한다.

32 ⓐ~ⓔ에 대한 이해로 적절하지 않은 것은?

① ⓐ: 자기의 행동에 대한 자부심과 만족감이 드러나 있다.
② ⓑ: 화자가 예전에 '님'을 모신 적이 있음이 나타나 있다.
③ ⓒ: 부탁을 들어주기 어렵다는 거절의 뜻을 완곡하게 전달하고 있다.
④ ⓓ: 화자를 힘들게 하는 시어머니에 대해 말하고 있다.
⑤ ⓔ: 자녀 양육과 시집살이로 인한 마음의 고통을 나타내고 있다.

[33~37] 다음 글을 읽고 물음에 답하시오.

(가)

초란이 말했다.

"듣자 하니 특재라는 자객이 사람 죽이는 것을 주머니 속에서 물건 꺼내듯 한다고 하옵니다. 그에게 많은 돈을 주어 밤에 들어가 길동을 해하게 하면, 상공이 아신다 하더라도 어찌할 수 없사오리니 부인은 다시 생각하소서."

부인과 좌랑이 눈물을 흘리며 말했다.

"이는 차마 못 할 바이나, 첫째는 나라를 위함이요, 둘째는 상공을 위함이요, 셋째는 가문을 보존하기 위함이라. 너의 계교대로 행하라."

초란이 크게 기뻐하며 다시 특재를 불러 이 말을 자세히 이르고 오늘 밤으로 급히 행하라 하니, 특재가 응낙하고 밤이 깊어지기만을 기다렸다.

한편, 길동은 그 원통한 일을 생각하면 잠시도 머물지 못할 일이지만 상공의 엄명이 중하므로 어찌할 길이 없어 밤마다 잠을 이루지 못했다. 그날 밤 촛불을 밝히고 「주역」을 보며 깊이 생각하다가 문득 들으니 까마귀가 세 번 울고 가는 것이었다. 길동이 괴이하게 여겨 혼자 말하기를,

"이 짐승은 본디 밤을 꺼리거늘 지금 울고 가니 심히 불길하도다."

하고, 잠깐 팔괘를 벌여 점을 쳐 보고는 크게 놀라 책상을 물리고 둔갑법을 행하여 동정을 살피고 있었다. 사경쯤 되자 한 사람이 비수를 들고 천천히 방문을 열고 들어왔다. 길동이 급히 몸을 감추고 진언을 외우니, 홀연 한바탕 음산한 바람이 일어나며 집은 간데없고 ⓐ첩첩산중(疊疊山中)에 풍경이 거룩했다. 특재가 크게 놀라 길동의 조화가 신기함을 알고 비수를 감추고 피하고자 하니, 갑자기 길이 끊어지고 층암절벽이 앞을 가리니 ⓑ진퇴유곡(進退維谷)이었다. 사방으로 방황하고 있을 때 문득 피리 소리가 들렸다. 정신을 차려 살펴보니 한 소년이 나귀를 타고 오며 피리 불기를 그치고 꾸짖었다.

"네 무슨 일로 나를 죽이려 하느냐? 죄 없는 사람을 해하면 어찌 하늘의 재앙이 없으리오?"

소년이 진언을 외우니 홀연 한바탕 검은 구름이 일어나며 큰비가 퍼붓듯이 쏟아지고 모래와 돌이 날렸다. 특재가 정신을 수습하고 살펴보니 길동이었다. 비록 그 재주를 신기하게 여기나 '어찌 나를 대적하리오?' 하고 달려들며 큰소리로 말했다.

㉠"너는 죽어도 나를 원망하지 말라. 초란이가 무녀, 관상녀와 함께 상공과 의논하고 너를 죽이려 한 것이니 어찌 나를 원망하리오?"

특재가 칼을 들고 달려드니 길동이 분한 마음을 참지 못해 요술로 특재의 칼을 빼앗아 들고 크게 꾸짖었다.

"네 재물을 탐하여 사람 죽이는 것을 좋아하니 너같이 무도한 놈을 죽여 후환을 없애리라."

길동이 한번 칼을 드니 특재의 머리가 방 가운데로 떨어졌다. 길동이 분한 마음을 이기지 못해 그날 밤 바로 관상녀를 잡아 특재가 죽은 방에 들이밀고 꾸짖기를,

"네 나와 무슨 원수를 졌기에 초란과 더불어 나를 죽이려 했느냐?"하고 칼로 베니, 어찌 가련하지 않으리오.

　　　　　　　　　　　　　　　　　　　－ 허균, 「홍길동전」

(나)

일귀 왈,

"적실히 그러하면 유심의 집을 함몰하여 후환이 없게 함이 옳을까 하노라."

한담이 옳다 하고, 그 날 삼경에 가만히 승상부에 나와 나졸 십여 명을 차출하여 유심의 집을 둘러싸고 화약 염초를 갖추어 그 집 사방에 묻어 놓고 화심에 불붙여 일시에 불을 놓으라고 약속을 정하니라.

이때에 장 부인이 유 주부를 이별하고 충렬을 데리고 한숨으로 세월을 보내더니, 이날 밤 삼경에 홀연히 곤하여 침석에 졸더니 어떠한 한 노인이 홍선(紅扇) 일 병을 가지고 와서 부인을 주며 왈,

"이날 밤 삼경에 대변이 있을 것이니 이 부채를 가졌다가 화광이 일어나거든 부채를 흔들면서 후원 담장 밑에 은신하였다가 충렬만 데리고 인적이

그친 후에 남천(南天)을 바라보고 가없이 도망하라. 만일 그렇지 아니하면 옥황께서 주신 아들이 화광 중에 고혼이 되리라."하고 문득 간데없거늘 놀라 깨어 보니 ㉢남가일몽(南柯一夢)이라.

충렬이 잠이 깊이 들어 있고 과연 홍선 한 자루 금침 위에 놓였거늘 부채를 손에 들고 충렬을 깨워 앉고 안절부절하며 잠도 못 자던 차에, 삼경이 당하매 ㉣일진광풍(一陣狂風)이 일어나며 난데없는 천불이 사면으로 일어나니 웅장한 고루거각이 일시에 무너지고 전후에 쌓인 세간 ㉤추풍낙엽(秋風落葉) 되었도다. 부인이 창황 중에 충렬의 손을 잡고 홍선을 흔들면서 담장 밑에 은신하니, 화광이 충천하고 재만 땅에 가득하니 구산(丘山)같이 쌓인 기물 화광에 소멸하였으니 어찌 아니 망극하랴.

사경이 당하매 인적이 고요하고 다만 중문 밖에 두 군사가 지키거늘 문으로 못 가고 담장 밑에 배회하더니, 어슴푸레한 달빛 속으로 두루 살펴보니 중중(重重)한 담장 안에 나갈 길이 없었다. 다만 물 가는 수챗구멍이 보이거늘 충렬의 옷을 잡고 그 구멍에 머리를 넣고 복지(伏地)하여 나올 제, ㉡겹겹이 싸인 담장 수채로 다 지나 중문 밖에 나서니 충렬이며 부인의 몸이 모진 돌에 긁히어서 백옥 같은 몸에 유혈이 낭자하고 월색같이 고운 얼굴 진흙빛이 되었으니, 불쌍하고 가련함은 천지도 슬퍼하고 강산도 비감한다.

　　　　　　　　　　　　　　　　　　－ 작자 미상, 「유충렬전」

33 (가), (나)를 비교하여 설명한 것으로 가장 적절한 것은?

① (가)와 (나)는 모두 적대자 측이 주인공의 부모 상봉을 방해한다.

② (가)와 (나)는 모두 주인공 측이 위기에 빠졌을 때 구원자가 나타난다.

③ (가)와 (나)는 모두 주인공 측과 적대자 측의 갈등이 심각한 양상으로 나타난다.

④ (가)는 주인공의 내면적 고뇌, (나)는 주인공의 행동과 태도가 중점적으로 드러난다.

⑤ (가)는 적대자 측의 주인공 측에 대한 공격, (나)는 주인공 측의 적대자 측에 대한 포용이 나타난다.

34 〈보기〉를 참조하여 (가), (나)의 사건에 대해 설명한 것으로 가장 적절한 것은? [3점]

〈보기〉

영웅 소설은 영웅의 일대기 구조로 이루어진 소설들을 말한다. '고귀한 혈통—비정상적인 출생—비범한 능력—어릴 때 버려짐—구출 및 양육자의 도움—성장 후의 위기—승리와 성공'의 서사적 구조로 짜여 있다.

① 영웅이 애초에 고귀한 혈통으로 이 세상에 태어났다는 점을 강조하는 내용이다.

② 영웅이 당하는 고난의 동기가 비정상적인 출생에 있음을 보여주는 내용이다.

③ 비범한 능력의 영웅이 고난 중에 그 능력을 전혀 발휘하지 못하는 과정이다.

④ 영웅과 협력 관계를 맺고 있는 보조 인물들에 의해 도움을 받는 과정이다.

⑤ 최종의 성공에 이르기 위해 영웅이 역경에 처하여 고난을 겪는 과정이다.

35 ㉠에 대해 이해한 것으로 적절하지 <u>않은</u> 것은?

① 길동이 특재의 재물 욕심을 꾸짖는 이유가 되었다.

② 특재는 자신에게 잘못이 없다는 이유를 댄 것이다.

③ 특재가 이전의 상황에 거짓을 덧붙여 말한 것이다.

④ 특재와 길동이 날카롭게 대립하는 중에 나온 말이다.

⑤ 이후에 길동이 하는 행동을 촉발하는 계기로 작용하였다.

36 ㉡에 대한 설명으로 적절하지 <u>않은</u> 것은?

① 인물이 당하는 고난의 과정을 강조하여 그리고 있다.

② 사건 전개상 이후의 사건을 암시하는 복선이 들어 있다.

③ 인물과 사건에 대한 서술자의 직접적인 개입이 나타나 있다.

④ 평상시의 모습에 대조하여 인물의 현재 모습을 부각하고 있다.

⑤ 독자의 동정심을 유발하기 위해 감정을 자극하는 표현을 쓰고 있다.

37 ⓐ~ⓔ의 뜻풀이로 적절하지 <u>않은</u> 것은?

① ⓐ: 여러 산이 겹치고 겹친 산속

② ⓑ: 이러지도 저러지도 못하고 꼼짝할 수 없는 궁지

③ ⓒ: 꿈속에서 꿈 이야기를 하듯이 종잡을 수 없는 말

④ ⓓ: 한바탕 몰아치는 사나운 바람

⑤ ⓔ: 가을바람에 떨어지는 낙엽

[38~41] 다음 글을 읽고 물음에 답하시오.

장애가 오로지 의료나 복지의 문제로만 취급되는 것에 반대하면서, 이를 사회적 억압의 한 형태로 재공식화하는 작업은 1970년대 영국에서 시작되었다. 장애인과 장애 단체들은 여러 문제 중에서도 특히 거주 시설로의 수용, 노동 시장에서의 배제, 강요된 빈곤 등에 저항하기 위해 조직화하여 운동하였다. 이러한 ⓐ장애인 운동은 다시 장애에 대한 급진적이고 새로운 개념을 낳았다. 장애는 손상을 지닌 사람들을 고려하지 않고 사회 활동의 주류로부터 배제하는, 당대의 사회 조직에 의한 불이익이나 활동의 제한이라는 것이다. 이러한 재정의로 인해 장애인이 경험하는 활동의 제한과 수많은 불리함이 손상 자체에서 야기된 것보다는 손상을 지닌 사람들과 그렇지 않은 사람들 간의 사회적 관계의 결과로 간주되어 사회의 책임으로 돌려질 가능성이 열렸다. 의료적, 복지주의적 담론들 내의 장애 개념에 대해 ㉠반박할 수 있게 된 것이다.

장애가 사회 제도의 결과라는 ⓑ사회적 모델론의 개념은 장애학의 중심 사상이 되었다. 사회적 모델은 장애인 운동에 공감하는 장애 단체들을 불러 모으는 호각(號角)이었다. 장애인들이 사회적 모델을 접했을 때 그 효과는 계시적이고 해방적이었으며, 그들이 겪는 대부분의 어려움이 사회적으로 초래된 것임을 인식할 수 있게 해 주었다. 주거, 교육, 고용, 교통, 문화·여가 활동, 보건·복지 서비스, 시민적·정치적 권리 등 사회생활의 모든 영역에서 장애를 만들어 내는 장벽들이 시야에 들어와 장애인 운동이 다면화되었다.

당대의 사회 구조와 관행에 의해 부과된 활동의 제한으로서 장애는 어떻게 발생했는가? 그 답은 산업 자본주의의 등장에 있다. 영국에서 18세기 말부터 임노동 관계가 점점 더 대규모 산업과 연결되면서, 손상을 지닌 사람들은 경제 활동으로부터 체계적으로 배제되기 시작했다. 공장의 장시간 노동에 표준화된 숙련도·속도·강도가 요구되는 상황에서 그들 중 다수는 노동력을 팔 수 없었다. 그들은 사회적으로 점점 더 의존적인 존재로 자리매김

되고 일반화된 상품 생산 경제에서 배제되었다. 19세기 동안 대규모 산업이 소규모 매뉴팩처와 소상품 생산을 잠식함에 따라 그들의 의존성은 공고화되었다. 20세기에 장애인들이 경험했던 배제와 의존성은 자본주의의 초기에 손상을 지닌 사람들이 '비생산적'이고 의존적인 존재로 강등되었던 사실에서 기원을 찾을 수 있다.

사회적 모델론은 장애가 초역사적이고 어디에나 존재하는 사회 현상이 아니며, 특정한 역사적 시점의 사회적 관계들과 밀접히 관련되어 있음을 주장한다. 장애란 언제나 어떤 유형의 '제한된 활동'을 발생시킨다는 개념을 넘어서 공간적, 시간적, 경제적으로 의미가 다르게 자리매김된다. 이러한 의의에도 불구하고 사회적 모델론은 자본주의 경제 체제 내에서 일어나고 있는 현대의 변화된 양상들을 다룰 수 있도록 이론적 분석을 새롭게 할 필요성이 있다. 지구적 자본주의 또는 초자본주의로 특징지어지는 현재의 경제 제도들이 손상을 지닌 사람들의 사회적 위상을 어떻게 변화시키고 있는지를 검토해야 한다.

근래에 들어 사회적 모델론은 그 자신이 비판의 대상이 되었다. 코커는 사회적 모델이 견지하는 유물론에서는 인간의 행위 주체성이 누락되고, 담론은 사회 구조의 부수적 효과로 간주되기 때문에, 행위 주체성도 담론도 사회 변화를 위한 초점이 될 수 없다고 비판한다. 그보다 ㉡손상을 지닌 사람들에 관한 부정적인 사회 문화적 인식들이 장애를 구성하는 역할을 하고 있다는 것을 강조한다. 이러한 인식들은 혐오스러운 것으로 속성화된 신체적·행동적 차이를 지닌 사람들을 제약하고, 무력하고 의존적인 상태에 위치시키며, 그들의 자존감과 정체성을 심각하게 훼손한다.

사회적 모델론자들은 손상을 지닌 삶에 대한 개인적 경험은 장애학의 관심사가 아니며, 지적이고 정치적인 에너지는 장애의 좀 더 넓은 사회적 원인들을 다루는 데 집중되어야 한다고 주장한다. 그러나 손상 자체에 주의를 기울여야 한다는 주장도 제기된다. 첫째, 사회적 모델이 손상을 '사적이고 개

인적인 것'의 영역으로 격하한 것은, 공적·사회적인 것과 개인적·사적인 것을 분할한 것이라고 주장한다. 손상의 경험은 장애의 정치와 장애학 내에서 논의되고 공유되어야 한다는 것이다. 둘째, 장애와 손상 간의 구별이 본질주의적·이원론적 사고의 산물이라는 주장이다. 이러한 관점에서는 손상과 장애는 모두 담론적으로 구성된 사회적 범주이고, 그중 손상은 생물학적 실재와 아무런 관련성을 갖지 않는 그 자체로 또 하나의 구성 개념이다. 셋째, 몸을 자체적 동력이 없는 물질적인 대상, 자아와 분리된 것으로 다룸으로써 손상을 생물학적 영역으로 격하해서는 안 된다는 주장이다. 손상에 대한 체험의 중요성을 강조하는 손상의 사회학, 몸의 사회학을 추구한다.

38 윗글에 대한 이해로 적절하지 <u>않은</u> 것은?

① 1970년대 이전에는 장애를 의료와 복지의 문제로 취급하였다.

② 사회적 모델론은 손상의 체험이 지닌 중요성이 간과되었다고 비판받았다.

③ 사회적 모델론은 인간의 행위 주체성이 누락되었다는 이유에서 비판받았다.

④ 사회적 모델론은 초기 자본주의가 장애에 끼친 영향을 다루지 못한 한계를 지닌다.

⑤ 지구적 자본주의 경제 제도에서 손상을 지닌 사람들의 사회적 위상에 대한 이론적 분석의 필요성이 제기된다.

39 〈보기〉의 관점에 대한 ㉠의 내용으로 적절하지 <u>않은</u> 것은?

〈보기〉

의료적 모델의 관점은 장애를 손상과 동일한 것으로 본다. 그래서 손상을 치료하거나 개선하여 정상적인 기능을 회복하도록 하는 것을 과제로 삼는다. 장애는 개인적 문제로 간주되고, 장애인이 사회 제도에 적응할 수 있도록 하는 것이 목표가 된다. 지식과 기술을 지닌 전문가에게 권한과 영향력이 부여된다.

① 장애는 손상과 구분되는 개념이다.

② 장애는 사회 제도에 의한 제약이다.

③ 장애는 손상 자체로부터 야기된 것이다.

④ 장애는 사회적 관계로부터 나타난 결과이다.

⑤ 장애에 대한 해결책을 전문가에게만 맡길 일은 아니다.

40 〈보기〉를 ㉡과 관련지어 이해한 것으로 적절하지 <u>않은</u> 것은? [3점]

〈보기〉

장애 보조 기술이나 보조 장치에는 장애를 두드러져 보이게 하는 것들이 많다. 시각 장애는 흰 지팡이를 사용할 때 더 드러난다. 발달장애 혹은 자폐가 있는 사람이 사진이나 그림, 스마트폰 앱을 이용한 '보완 대체 의사소통'을 쓴다면 장애는 더 드러날 것이다. 이처럼 기술이나 장치의 사용으로 숨겨져 있던 장애를 드러내고, 이를 통해 장애의 낙인 효과를 발생시키는 것을 '보조 기술 낙인'이라고 한다. 이 때문에 장애인들이 보조 기술 사용을 꺼리거나 아예 거부하기도 한다.

① 장애를 구성하는 데 사회 문화적 인식들이 역할을 하고 있다.

② 신체적 · 행동적 차이가 드러나기에 사회적 제약을 받을 수 있다.

③ 기술의 발달은 장애인을 사회적 의존 상태에서 벗어나게 한다.

④ 보조 기술 낙인은 장애에 대한 일종의 사회 문화적 인식이라 할 수 있다.

⑤ 보조 기술 낙인으로 인해 장애인의 자존감과 정체성이 훼손될 수 있다.

41 ⓐ와 ⓑ의 관계로 가장 적절한 것은?

① 서로 영향을 주고받는 상호 계기적 관계이다.

② 양쪽의 논리가 충돌하는 상호 모순적 관계이다.

③ 지향하는 목적이 상반되는 상호 대척적 관계이다.

④ 각각의 결점을 서로 채워주는 상호 보완적 관계이다.

⑤ 서로의 개념과 활동을 한정하는 상호 규정적 관계이다.

[42~45] 다음 글을 읽고 물음에 답하시오.

동굴 입구가 무너져 두 사람이 갇혔는데 산소가 모자란다. 당신이라면 어떻게 하겠는가? 가능한 방안은 1) 다른 사람을 희생시키거나, 2) 그냥 있거나, 3) 다른 사람을 위해 당신이 기꺼이 희생하는 것이다. 이 세 방안은 다른 윤리적 입장을 드러낸다. 2)는 피동적으로 운명에 맡기는 운명주

의 입장이지만, 사람들은 대개 적극적으로 1)이나 3)을 시도할 것이다. 이때 1)은 ㉠윤리적 이기주의로, 3)은 ㉡윤리적 이타주의로 부른다.

윤리적 이타주의는 타인의 이익을 위해 행동해야 한다는 입장이다. 몸으로 수류탄을 덮어 부하를 구한 경우가 전형적 사례이다. 이는 성인(聖人)의 경지라고 하겠지만, 가족을 위할 때나 익명으로 기부할 때처럼 평범한 이들도 이러한 행위를 할 수 있다. 그러나 윤리적 이타주의를 모두가 행할 수는 없으며, 설혹 타인을 위하려 해도 어려운 점이 있다. 무엇이 타인을 위한 행위가 되는지 모를 수 있고, 적절한 행위가 떠오른다고 해도 그것을 실제로 행할 능력이 없을 수도 있다. 실현성에서 윤리적 이타주의는 큰 난점이 있는 것이다.

반면에 윤리적 이기주의는 인간이 본능적인 이기심을 가진다는 사실과 부합한다. 인간은 무엇이 자신에게 이익이 될까 생각하고 실제로 그렇게 행동하기 때문이다. 이처럼 인간은 '오로지' 자기 이익을 위해서만 행동하도록 동기 부여된 존재이며 타인을 위한 동기를 갖지 않는다고 보는 것을 ㉢심리적 이기주의라고 한다. 윤리적 이기주의자들은 자신의 입장이 심리적 이기주의를 기반으로 성립한다고 주장한다. 심리적 이기주의가 타당하다면 인간은 자기 이익을 위해 행동하는 것이 마땅하다는 윤리 규범도 성립한다는 것이다.

(가) '이기심'이라는 용어에 대해 인간의 심리적 동기를 기준으로 살펴보면, 일반적으로 인간의 모든 심리적 동기는 여섯 유형으로 구분된다. 이는 1) 타인에게 해를 끼치는 악의적 동기, 2) 오로지 자신의 이익만 추구하는 이기적 동기, 3) 자신과 타인의 이익을 같이 고려하는 합리적 동기, 4) 타인의 이익만을 고려하는 이타적 동기, 5) 자신과 타인의 이익 대신 오로지 도덕적으로 옳은 것만을 고려하는 의무적 동기, 6) 마음의 유덕한 성품에서 저절로 우러 나오는 유덕한 동기이다.

심리적 이기주의는 이 가운데 2)만 인정할 수밖에 없다. 그래서 일단 1)과 3)은 2)의 변형이며, 특

히 3)에 대해서는 자신의 이익이 우선일 것으로 본다. 여기에 4), 5), 6)까지 불가능해야 심리적 이기주의가 타당하게 될 것인데, 5)와 6)에 대해서는 그 이면에 자기 이익이라는 동기가 반드시 숨어 있을 것이므로 2)와 같다고 보며, 4)에 대해서는 이에 따른 행위가 불가능하다고 본다. 그러나 4)에 따른 행위가 실제로 있다는 반박에 대해 또 다른 해명을 시도한다. 4)는 겉으로는 이타적일지 몰라도 속으로는 심리적 자기만족이라는 동기가 숨어 있기에 결국 2)가 된다는 것이다. 그러나 이에 대해 또 다른 반박이 가능하다. 그러한 해명은 타인을 속이거나 무시하여 정당한 몫 이상의 이익을 추구한다는 이기적이라는 말의 뜻을 '고상한 욕구 만족'이라는 뜻으로 슬쩍 대체하여 4)를 2)인 것처럼 보이게 한 궤변이라는 것이다.

이로 볼 때 심리적 이기주의를 기반으로 윤리적 이기주의가 성립한다는 주장은 근거가 빈약하게 된다. 그러나 윤리적 이타주의로 되돌아가도 인간의 모든 행위를 포괄할 수 없다면, 실현성 있는 윤리적 이기주의를 좀 더 가다듬을 필요가 있다.

'죄수의 딜레마'로 불리는 실험이 있다. 이는 공범 관계의 두 혐의자에게 범죄를 먼저 자백한 사람은 바로 석방하지만 남은 사람에게는 5년의 형량을 부과하며, 모두 자백하지 않으면 3년을 부과한다고 제안하는 사고 실험이다. 이때 두 사람 각각에게 가장 이익이 되는 것은 동료를 배신하고 먼저 자백하는 것인데, 이는 부도덕하다는 비난을 받기 쉽겠지만 윤리적 이기주의의 입장에서는 타당한 것이 된다. 그러나 배신의 선택이 가장 나을까? 플러드와 드레셔는 이 같은 유형의 실험을 반복하는 연구를 수행한 결과, 배신하지 않을 확률이 높아진다고 보고하였다. 이는 이기심이 맹목적으로 지금 당장 자신만 위하게끔 하는 경향 외에 무엇이 자신에게 장기적으로 더 이익이 될 것인지 고려하면서 타인과 협력하거나 상호부조를 하게끔 하는 합리적인 경향으로도 나타날 수 있음을 시사한다.

이에 따라 윤리적 이기주의는 좀 더 큰 안목의 합리적인 경향으로 이기심을 드러내어야 한다는 규범을 마련할 수 있다. 이를 ㉣'합리적인 윤리적 이기주의'라고 한다면, 이는 이기심을 긍정하는 윤리의 출발점이 될 것이다.

42 윗글에 대한 이해로 적절하지 **않은** 것은?

① 윤리 규범은 인간의 심리적 사실을 기반으로 성립한다.
② 인간은 이기심을 통하여 타인과 상호부조를 할 수 있다.
③ 이기심으로 인간의 모든 행위를 포괄하여 설명하기 어렵다.
④ 어떤 행위를 해야 타인의 이익이 될 것인지 모를 때가 있다.
⑤ 성인이 아닌 평범한 사람은 타인을 위한 행위를 할 수 없다.

43 〈보기〉의 관점에서 ㉠이 ㉡을 평가하는 말로 가장 적절한 것은? [3점]

〈보기〉

칸트는 윤리 규범이 성립하기 위하여 요구되는 원칙으로 '당위 가능 원칙'을 들었다. 이 원칙에서 '당위'는 마땅히 해야 할 것을 뜻하며, '가능'은 실천에 옮길 수 있다는 것을 뜻한다. 곧 마땅히 해야 할 것이라 해도 실천할 수 있어야 규범이 될 수 있다는 것이다.

① 이타적인 행위를 정확히 정의할 수 없다면 ㉡은 규범으로 성립할 수 없다.
② 이타적인 행위가 아무리 옳다고 해도 실천할 수 없기에 ㉡은 규범으로 성립할 수 없다.
③ 이기적인 행위에도 이타적인 동기가 개입될 수 있으므로 ㉡은 규범으로 성립할 수 없다.

④ 이기적인 행위든 이타적인 행위든 모두 인간의 자연스러운 행위이기에 ⓒ처럼 규범으로 정할 필요가 없다.

⑤ 이타적인 행위는 이기적인 행위와 관계없이 인간이 당연히 행해야 할 덕목이므로 ⓒ처럼 규범으로 정할 필요가 없다.

44 〈보기〉는 (가)에 제시된 동기들의 사례를 든 것이다. 이에 대한 ⓒ의 해석으로 적절하지 <u>않은</u> 것은?

—— 〈보기〉 ——

ⓐ 악의적 동기: 재판에서 피고인을 곤경에 빠뜨리려고 거짓 증언을 함

ⓑ 합리적 동기: 친구와 즐거운 시간을 보내려고 놀이 공원에 가고자 함

ⓒ 이타적 동기: 연인과 헤어진 동료에게 위로차 식사를 대접하고자 함

ⓓ 의무적 동기: 말기 암 환자에게 암에 걸린 사실을 알려주고자 함

ⓔ 유덕한 동기: 길거리에 쓰러진 할머니를 측은하게 여기는 마음으로 돕고자 함

① ⓐ: 피고인을 곤경에 빠뜨림으로써 얻는 유형무형의 이익이 반드시 있을 것이다.

② ⓑ: 자신의 즐거움이라는 이익을 보려 한 것이 우선일 것이며, 친구의 즐거움은 부수적일 것이다.

③ ⓒ: 동료에게 자신이 인간적임을 드러내는 만족감을 느끼려 했을 것이다.

④ ⓓ: 진실을 알려줌으로써 환자에게 죽음에 대비할 시간을 주려고 했을 것이다.

⑤ ⓔ: 할머니를 돕는 데 드는 노력과 시간보다 할머니를 외면함으로써 받을 도덕적 비

난을 받지 않는 것이 더 낫다고 보았을 것이다.

45 ⓔ의 입장에서 〈보기〉의 '그'에게 할 수 있는 말로 가장 적절한 것은?

—— 〈보기〉 ——

그는 고속도로로 차를 운전하며, 다른 사람들도 차를 운전한다. 그는 운전 중에 다른 운전자들을 의식하지 않고, 안전하게 교통 규칙을 지키면서도 목적지에 빠르게 도착하는 데에 관심을 쏟으면서 운전한다. 결국 그는 목적지에 빠르고 안전하게 도착한다.

① '그'를 포함한 모든 운전자들이 교통 규칙을 지키는 것이 더 이익이 된다고 믿었으니까 목적지에 빠르고 안전하게 도착하게 된 거야.

② 원래부터 목적지에 빠르고 안전하게 도착하게끔 예정된 운명이었으니까 '그'가 다른 운전자들을 의식하지 않아도 괜찮았던 거야.

③ '그'가 목적지에 빠르고 안전하게 도착하기만 하면 된다고 생각하면서 운전한 것이 의도치 않게 다른 운전자들에게도 이익이 된 거야.

④ 다른 운전자들을 의식하더라도 사정이 그다지 바뀌는 것은 없기에 '그'만 조심해서 안전하게 운전하는 것이 가장 큰 이익이야.

⑤ '그'는 다른 운전자들에게 폐가 될까 걱정해서 안전하게 운전했으니까 사고가 난 것보다 빠르게 목적지에 도착하는 이익을 거둔 거야.

[01~05] 밑줄 친 단어의 뜻으로 가장 적절한 것을 고르시오.

01

When I was a trainee doctor, one of my first patients was an old man with a persistent cough.

① fatal
② occasional
③ irregular
④ chronic
⑤ infectious

02

During the televised court case, the witness statements contradicted each other.

① agreed
② opposed
③ confirmed
④ duplicated
⑤ appreciated

03

As many as two billion people might not exist now if it hadn't been for the advent of agribusiness.

① emergence   ② transformation
③ collapse   ④ manipulation
⑤ supplement

04

Promotion in the first year is only given in exceptional circumstances.

① adverse   ② suspicious
③ customary   ④ profitable
⑤ unusual

05

When a nurse holds a bias toward her patients, she may provide substandard care.

① sophisticated   ② considerate
③ temporary   ④ conventional
⑤ insufficient

[06~07] 다음 대화의 빈칸에 들어갈 말로 가장 적절한 것을 고르시오.

06

A: Hey, Mom. Do you know where my favorite red shirt is?

B: Did you check the top drawer in your room?

A: Yes. But it wasn't there.

B: Take a look inside the dryer, then.

A: Oh, here it is. But it's still wet.

B: _____.

A: Oh, no! The school bus is going to be here any minute.

B: Well, you're just going to have to wear a different shirt then.

① You can buy a new shirt instead

② Then you can wear it right away

③ Just put it in the washing machine

④ I hope you find your favorite shirt soon

⑤ It's going to take at least twenty more minutes

07

A: Congratulations on getting the Medal of Honor, Sergeant Park.

B: I don't know if I deserve it, Commissioner.

A: Of course you do. What you did to save that young man's life was very brave.

B: _____.

A: That's very modest of you. It's people like you that make our department proud.

B: Thank you. I'm just glad the young man is doing well.

A: Thanks to you, our city's streets are a little safer and warmer.

B: I will cherish this moment forever.

① I've never been afraid of anything

② I've always considered myself to be a hero

③ I'm sure anyone else would have done the same

④ I'm not sure if you're the right person for this medal

⑤ I think arresting criminals should come before everything

[08~09] 밑줄 친 부분 중, 어법상 틀린 것을 고르시오.

08 The most common theory points to the fact that men are stronger than women, and that they have used their greater physical power to force women into submission. A more subtle version of this claim argues that their strength allows men to monopolise tasks that demand hard manual labour, such as ploughing and harvesting. This gives them control of food production, which in turn ① translate into political power. However, the statement that 'men are stronger than women' is true only on average, and only with regard to certain types of strength. Women are generally more resistant to hunger, disease and fatigue than men. There are also many women who can run faster and ② lift heavier weights than many men. Furthermore, and most problematically for this theory, women have, throughout history, ③ been excluded mainly from jobs that require little physical effort such as the priesthood, law and politics, while ④ engaging in hard manual labour in the fields, in crafts and in the household. If social power ⑤ were divided in direct relation to physical strength, women should have got far more of it. [3점]

09 Hugs play a role in physical intimacy and health. Researchers examined the interplay between exposure to illness, social support, and daily hugs. In the name of science (and possibly a hundred bucks), 404 healthy adults agreed to inhale nasal drops that exposed ① them to the common cold. First, the researchers drew blood samples to confirm ② that the volunteers were not immune. Then they surveyed the participants over fourteen consecutive days, ③ asked about hugs received. Finally, they exposed volunteers to the cold virus and ④ monitored symptoms, such as mucus production, in quarantine for five days. Those who got daily hugs ⑤ were 32 percent less likely to get sick. Hugs don't make you impervious to a cold, it turns out. But the huggers who did get sick didn't get as sick. They had less severe symptoms and got better faster.

[10~12] (A), (B), (C)의 각 네모 안에서 문맥에 맞는 낱말로 가장 적절한 것을 고르시오.

10
Are hybrid cars really environmentally friendly? It depends on how they're used. They're great for city drivers, when a hybrid can rely almost fully on its electric motor, which is quiet, doesn't create any emissions, will turn off completely when the car is stationary and, crucially, gives (A) poor / superb fuel economy. Drive out onto the highway, though, and the hybrid will have to fall back on its petrol engine because the electric motor simply doesn't have the power to drive the car at (B) higher / lower speeds, nor the energy to run for long distances. In such cases the hybrid will act just like a comparable conventional petrol-powered car, offering similar fuel economy and the same emissions. You should also take into account that the manufacturing of batteries for a hybrid car requires a lot of energy. Then, after they have reached the end of their life—which may be after just a few years—more energy is required to decommission and recycle them. This and the development impact actually make hybrid cars (C) less / more environmentally friendly than the manufacturers would like you to believe.

	(A)		(B)		(C)
①	poor	······	lower	······	less
②	poor	······	lower	······	more
③	poor	······	higher	······	less
④	superb	······	higher	······	more
⑤	superb	······	higher	······	less

11

Given the diversity of American society, it has been impossible to insulate the schools from pressures that result from differences and tensions among groups. When people differ about basic values, sooner or later those (A) agreements / disagreements turn up in battles about how schools are organized or what the schools should teach. Sometimes these battles remove a terrible injustice, like racial segregation. Sometimes, however, interest groups (B) retain / politicize the curriculum and attempt to impose their views on teachers, school officials, and textbook publishers. Across the country, even now, interest groups are pressuring local school boards to remove myths and fables and other imaginative literature from children's readers and to inject the teaching of creationism in biology. When groups cross the line into extremism, advancing their own agenda without regard to reason or

to others, they threaten public education itself, making it difficult to teach any issues honestly and making the entire curriculum (C) invulnerable / vulnerable to political campaigns.

	(A)	(B)	(C)
①	agreements	retain	invulnerable
②	agreements	politicize	vulnerable
③	disagreements	retain	invulnerable
④	disagreements	politicize	vulnerable
⑤	disagreements	retain	vulnerable

12

As the largest predatory fish on Earth, great white sharks are already impressive, armed with up to 300 sharp teeth and weighing up to 5,000 pounds. Now, new research adds more intrigue to the oceanic beasts, suggesting that the animals can change color—perhaps as a (A) camouflage / cluster strategy to sneak up on prey. In new experiments off South Africa, researchers dragged a seal decoy behind a boat to (B) dispel / entice several sharks to leap out of the water near a specially designed color board with white, gray, and black panels. The team photographed the sharks each time they jumped, repeating the experiment throughout the day. One shark, easily (C) concealable / identifiable because of a mark on its jaw, appeared as both dark gray and much lighter gray at different times of day. The scientists verified this using computer software to correct for variables such as weather, light levels, and camera settings.

	(A)	(B)	(C)
①	camouflage	dispel	identifiable
②	camouflage	entice	identifiable
③	camouflage	entice	concealable
④	cluster	entice	concealable
⑤	cluster	dispel	identifiable

[13~14] 밑줄 친 부분 중, 문맥상 낱말의 쓰임이 적절하지 않은 것을 고르시오.

13 Left to their own devices, most children won't hesitate to, say, lick a doorknob or wipe snot with their sleeve. But is there any truth to the idea that their ① distaste for getting dirty can be beneficial to their health? That theory dates to the 1800s, when European doctors realized that farmers suffered fewer allergies than city slickers. However, it didn't gain widespread attention until 1989, when British epidemiologist David Strachan discovered that youngsters with older siblings were less susceptible than other kids to hay fever and eczema. Strachan suggested that early childhood infections "transmitted by unhygienic contact" helped ② foster a robust immune system. His theory, called the hygiene hypothesis, provides a ③ convenient explanation for why allergies and asthma, as well as autoimmune disorders like multiple sclerosis and Crohn's disease, have increased 300 percent or more in the U.S. since the 1950s. Maybe Western societies have become too clean for their own good, and parents too ④ fearful of a little dirt. "Whatever it is that's happening in the modern world, it's causing the immune system to be ⑤ active when it doesn't need to be," says microbiologist Graham Rook of University College London. [3점]

14 Age is much more than the number of birthdays you've ① clocked. Stress, sleep, and diet all influence how our organs cope with the wear and tear of everyday life. Factors like these might make you age faster or slower than people born on the same day. That means your biological age could be quite different from your chronological age—the number of years you've been alive. Your biological age is likely a better ② reflection of your physical health and even your own mortality than your chronological age. But calculating it isn't nearly as ③ straightforward. Scientists have spent the last decade developing tools called aging clocks that assess markers in your body to ④ veil your biological age. The big idea behind aging clocks is that they'll essentially indicate how much your organs have ⑤ degraded, and thus predict how many healthy years you have left.

15 Porcelain Tower에 관한 다음 글의 내용과 일치하는 것은?

In early 15th-century China, the Yongle Emperor of the Ming dynasty ordered the construction of a towering monument to honor his mother. The Porcelain Tower was a grand pagoda built in the city of Nanjing—the imperial capital at the time—as part of the grand Bao'en Buddhist Temple complex. The tower was constructed from white porcelain bricks, which would have glistened in the sunlight, and adorned with vibrant glazed designs of animals, lowers and landscapes in greens, yellows and browns. Historians studying the remnants suggest that the glazed porcelain bricks were made by highly skilled workers, but sadly the methods used to make them have been lost to history. Some of the largest bricks were more than 50 centimeters thick and weighed as much as 150 kilograms each, with the colored glazes staying bright for centuries. Nowadays, workers trying to replicate these porcelain slabs struggle to make anything larger than five centimeters thick and their colors fade after just a decade.

① Its bricks were all the same size.

② It stood in a temple of a rural area.

③ It was built to honor the Emperor's mother.

④ It was decorated with the shapes of the sun.

⑤ Its porcelain slabs have been successfully replicated today.

16 Nadine Gordimer에 관한 다음 글의 내용과 일치하는 것은?

The South African novelist Nadine Gordimer was awarded the Nobel Prize for Literature in 1991 not only for her excellent literary skills but also for her consistent and courageous criticism of apartheid, which was a system of strictly segregating the blacks from the whites in all spheres of life. Her attack on apartheid was not primarily a political gesture. As a novelist, she was more interested in the human aspect of apartheid and racism. She knew, for one thing, that she herself, as a white middle-class intellectual living in South Africa, benefited from the system. She also knew that the whites responsible for keeping up the racist system suffered in their own ways from it. Her novels and short stories, therefore, concentrate on the moral dilemmas imposed on the individuals by the social relations of South Africa. Although as an intellectual she is capable of making unambiguous political statements on delicate social issues, as a novelist she is more interested in the less clear aspects of humans living in a society based on inequality and injustice.

① Her novels neglected the ethical problems faced by the whites.

② Her fight against apartheid was mainly driven by political ambition.

③ Her growth as a writer was attributed to her middle-class black parents.

④ She was acknowledged for her strong stance against racial discrimination.

⑤ She was praised for her ability to avoid delicate issues on South African politics.

[17~23] 다음 글의 빈칸에 들어갈 말로 가장 적절한 것을 고르시오.

17

Imagine you jump into a river to save a drowning child. This would probably seem to most people a good thing to do. For Kant, however, it is only a good thing to do if you jumped into the river to save the drowning child because you knew it was your moral duty to do so. If you jumped into the river to save the child because you thought it might make you look good, would impress your friends and get you on television or even because you cared for the child, then, from a Kantian perspective, it

is no longer a moral act. For Kant, it is not essential that you actually save the drowning child. What counts is the will or intention to save them. Where the consequentialist, obviously, would be primarily focused on the outcome, Kant is concerned with choice and _____. [3점]

① repression   ② decision

③ intuition   ④ satisfaction

⑤ motivation

18

The ability to record information is one of the lines of demarcation between primitive and advanced societies. Basic counting and measurement of length and weight were among the oldest conceptual tools of early civilizations. By the third millennium B.C. the idea of recorded information had advanced significantly in the Indus Valley, Egypt, and Mesopotamia. Accuracy increased, as did the use of measurement in everyday life. The evolution of script in Mesopotamia provided a precise method of keeping track of production and business transactions. Written language enabled early civilizations to measure reality, record it, and retrieve it later. Together, measuring and recording _____ the creation of data. They are the earliest foundations of datafication.

① complicated   ② reversed

③ imitated   ④ hindered

⑤ facilitated

① subjective opinion

② racy headlines

③ boring truth

④ online etiquette

⑤ exaggerated ads

19

The news is not what it used to be. These days most consumers get most of their bulletins online. Since online publishing is cheap, a profusion of new sources have sprung up. Websites run by established newspapers compete with newer, online-only outlets and professional (or amateur) blogs, not to mention the mix of articles, digital chain-letters and comments curated by the algorithms of social-media sites such as Facebook and Twitter. Established media have struggled. Much of the advertising that used to pay journalists' salaries has gone to Facebook and Google, the two big technology firms that dominate the market for online advertising. Print circulation has collapsed. Local papers have been particularly hard hit, with many going bust. Social-media algorithms prioritise attention-grabbing clickbait over _____, which helps propel nonsense around the world. Collins, a dictionary-publisher, declared "fake news" its 2017 neologism of the year.

20

Since the 1990s, businesses and police have teamed up to pump classical music onto crime-ridden streets, parking lots, and malls. Why? Because there's evidence that a little bit of Bach may deter crime. In 2005, the London Underground started piping classical music at certain Tube stations, and within a year, robberies and vandalism were sliced by a third. Light-rail stations in Portland, Oregon—and other transit hubs like New York's Port Authority bus terminal—have also reported drops in vagrancy thanks to the crime-stopping powers of Baroque maestros like Vivaldi. The logic? For one, classical music can be calming. But more importantly, the people who loiter and vandalize—often teenagers—usually don't enjoy orchestral music. And if an environment's soundscape annoys you, then chances are you won't _____. Apparently, this works on animals too. At Gloucestershire Airport in Staverton, England, airport chiefs learned the best way to scare away birds was to drive a van blaring Tina Turner's biggest hits. [3점]

*vagrancy: 방랑, 부랑죄

① get emotionally stable

② want to loaf around there

③ be in the mood for classical music

④ commit a serious crime on the spot

⑤ pay attention to the music any more

① felt the need to free themselves to succeed

② were burdened with expectations from their elders

③ internalized the social values of their environment

④ learned how to avoid oppressive norms and conventions

⑤ had the desire to develop and realize their own potential

21

African American psychologists Kenneth and Mamie Phipps Clark used sets of toy babies—some with white skin, some with brown—to understand how black children living under segregation in the 1940s developed their sense of self. Black kids presented with both options preferred the pale doll; some even cried when asked which looked like them. The Clarks took this as evidence that youths _____ : They saw themselves as inferior because of their skin color. The tests impressed attorneys in the famous *Brown v. Board of Education* lawsuit, where Kenneth testified that segregation led to self-hatred. The Supreme Court's 1954 ruling on that case finally integrated schools and spurred a growing movement for civil rights.

22

Astrology contends that which constellation the planets are in at the moment of your birth profoundly influences your future. A few thousand years ago, the idea developed that the motions of the planets determined the fates of kings, dynasties, and empires. Astrologers studied the motions of the planets and asked themselves what had happened the last time that, say, Venus was rising in the Constellation of the Goat; perhaps something similar would happen this time as well. It was a subtle and risky business. Astrologers came to be employed only by the State. In many countries it was a capital offense for anyone but the official astrologer to read the signs in the skies: a good way to overthrow a regime was to predict its downfall. Chinese court astrologers who made inaccurate predictions were executed. Others simply doctored the records so that afterward _____. Astrology developed into a strange combination of observations, mathematics and careful record-keeping with fuzzy thinking and fraud. [3점]

① a more cautious position would be adopted

② they were in perfect conformity with events

③ people would pay close attention to the stars

④ descendants could learn from their ancestors

⑤ observations of the planets could be encouraged

23

Why don't teens talk to their parents? "Basically, they don't think their parents will understand," says a noted psychologist. "When they are constantly reprimanded or instructed, they may feel that a parent doesn't care how they feel. Silence for a teenager is a weapon. It's their way of saying, "You can't control me anymore." But that doesn't mean you need to spend the next few years in suspended animation. It does mean you have to establish an atmosphere of trust, understanding and flexibility. Here is how: _____. If your daughter tells you her best friend said her new outfit was awful, refrain from saying, "Why should you care what Jennifer says?" Teenagers care very much what their peers think, and the wise parent accepts that as normal. Try instead, "That must have made you feel terrible. It hurts when people we care about say mean things."

① Resist the temptation to control and keep silent

② Acknowledge and legitimize a teenager's feelings

③ Encourage teens to accept criticism from others

④ Maintain family rituals as a way of staying in touch

⑤ Take adolescent mood swings and silences personally

[24~26] 다음 글의 제목으로 가장 적절한 것을 고르시오.

24

It wasn't unusual in Victorian London to see children digging through junkyards, looking for anything they could resell: scraps of metal, rags, bones—which could be used to make buttons and soap—and even dead cats, which they sold to furriers. But the most prized find? Coal dust. Brickmakers, who mixed it with clay to make blocks, paid a pretty penny for it. It's not that coal dust was scarce. In fact, because of open-hearth fires, ash was everywhere, and would have clogged the city's streets were it not for the dustmen who lugged it from dustbins to the city's outskirts. The scene resembled a regular Dickensian recycling operation: women, men, and children working thigh-deep in dust. Their bosses got filthy rich, but as London's dust supply outstripped demand, profits declined. By the late 19th century, prospects had already tarnished for these once "Golden Dustmen."

① When Victorians Got Rich on Dust

② A Foolproof Recipe for Brickmaking

③ How Bad Is Working in a Coal Mine?

④ Child Labor During the Industrial Revolution

⑤ Air Pollution: Why London Struggled to Breathe

25

The company formerly known as Facebook is so convinced that the metaverse is the future of the internet that last year it changed its name to Meta. Meta and its boss Mark Zuckerberg think that eventually many of us will work, play, and shop in the metaverse. Or at least our avatars will. While for many people this all sounds fanciful, a growing number of companies are buying up space in the metaverse so that they can set up shop there. These firms include the likes of Adidas, Burberry, Gucci, Tommy Hilfiger, Nike, Samsung, Louis Vuitton, and even banks HSBC and JP Morgan. The question for such businesses, though, is what location they pick. There are now some 50 or so different providers of worlds within the metaverse, with the most popular ones including The Sandbox, Decentraland, Voxels, and Somnium Space, plus Meta's own Horizon Worlds. Retailers and other investors are having to gamble on which of these will go on to become the dominant force in the metaverse, gaining the most visits from our avatars. And which other worlds may fade away into obscurity. Further, within the winning ecosystems, firms have to try to pick what will be the most popular areas.

① Setting up Shop in the Metaverse
② Opening Electronic Bank Branches
③ Building Virtual Eco-friendly Environments
④ Climbing the Social Ladder in the Metaverse
⑤ Dominating the Shopping Space with Avatars

26

A new study tests the common belief that the angrier people appear after a service failure, the more compensation they'll get—and shows that often the reverse is true. The effect of intense anger on service reps, the researchers found, varies according to a cultural trait known as *power distance*, or PD: a person's level of acceptance of power differences and hierarchy. Across four experiments involving simulated service interactions, participants with high PD—those who accepted power differences as natural or inevitable—gave more compensation to mildly angry customers than to intensely angry ones, while participants with low PD did just the opposite. Why? The high-PD subjects saw displays of intense anger as inappropriate and punished them, while the low-PD subjects saw the displays as threatening and rewarded them. But when the perception of threat was mitigated (participants were told that customers couldn't harm them), low-PD people, too, gave more compensation to mildly angry customers.

① Does Time Really Fly When You're Having Fun?
② Does the Squeaky Wheel Get the Most Oil?
③ Can a Rolling Stone Gather Any Moss?
④ Can Too Many Chefs Spoil the Broth?
⑤ Can a Stitch in Time Save Nine?

[27~28] 다음 글의 주제로 가장 적절한 것을 고르시오.

27

After the go-go 1990s and 2000s, the pace of economic integration stalled in the 2010s, as firms struggled with the aftershocks of a financial crisis, a populist revolt against open borders and President Donald Trump's trade war. The flow of goods and capital stagnated. Many bosses postponed big decisions on investing abroad: just-in-time gave way to wait-and-see. No one knew if globalisation faced a blip or extinction. Now the waiting is over, as the pandemic and war in Ukraine have triggered a once-in-a-generation reimagining of global capitalism in boardrooms and governments. Everywhere you look, supply chains are being transformed, from the $9 trillion in inventories, stockpiled as insurance against shortages and inflation, to the fight for workers as global firms shift from China into Vietnam. This new kind of globalisation prioritises doing business with people you can rely on, in countries your government is friendly with. It could descend into protectionism, big government and worsening inflation.

① the era of globalisation ushered in by new businesses

② the promotion of globalisation through cost efficiency

③ the switch to a security−first model of globalisation

④ the disruption of globalisation caused by war

⑤ the threat of globalisation to workers' rights

28

Members of the Lost Generation viewed the idea of the "American Dream" as a grand deception. This becomes a prominent theme in F. S. Fitzgerald's *The Great Gatsby* as the story's narrator Nick Carraway comes to realize that Gatsby's vast fortune had been paid for with great misery. To Fitzgerald, the traditional vision of the American Dream−that hard work led to success−had become corrupted. To the Lost Generation, "living the dream" was no longer about simply building a self-sufficient life, but about getting stunningly rich by any means necessary. The term "American Dream" refers to the belief that everyone has the right and freedom to seek prosperity and happiness, regardless of where or into what social class they were born. A key element of the American Dream is the assumption that through hard work, perseverance, and risk-taking, anyone can rise "from rags to riches," to attain their own version of success in becoming financially prosperous and socially upwardly mobile. Since the 1920s, the American Dream has been questioned and often criticized by researchers and social scientists as being a misplaced belief that contradicts reality in the modern United States.

① the repentance of self−reliance through hard work

② the fallacy of the great American Dream

③ the revision of the American Dream

④ the criticism of material success in America

⑤ the realization of the Lost Generation's ideals

[29~30] 다음 글의 요지로 가장 적절한 것을 고르시오.

29

Caitlin Mooney is 24 years old and passionate about technology that dates to the age of Sputnik. Mooney, a recent New Jersey Institute of Technology graduate in computer science, is a fan of technologies that were hot a half-century ago, including computer mainframes and software called COBOL that powers them. That stuff won't win any cool points in Silicon Valley, but it is essential technology at big banks, insurance companies, government agencies and other large institutions. During Mooney's job hunt, potential employers saw her expertise and wanted to talk about more senior positions than she was seeking. "They would get really excited," Mooney said. She's now trying to decide between multiple job offers. The resilience of decades-old computing technologies and the people who specialize in them shows that new technologies are often built on lots of old tech.

① Old technology can still be of great use.

② Keep up with the changing times in the tech world.

③ The best job is one that makes full use of your abilities.

④ Silicon Valley is always in the market for new technology.

⑤ The future of digital technology lies within academic institutions.

30

It's tempting to assume that past successes are a sign of good judgment, and in some cases they may be. The multigenerational success of some German midsize companies and the sheer longevity of Warren Buffett's investment performance are frequently cited examples. But success can have other parents. Luck, the characteristic that Napoleon famously required of his generals, is often the unacknowledged architect of success. Those in sports can attest to the importance of luck as well as skill. Grant Simmer, navigator and designer in four America's Cup yachting victories, has acknowledged the help of luck in the form of mistakes made by his competitors. Sometimes, what looks like sustained success may conceal trickery. Before the Enron scandal broke, in 2001, CEO Jeff Skilling was hailed as a highly successful leader. Toshiba's well-regarded boss, Hisao Tanaka, resigned in disgrace in 2015 after a $1.2 billion profit overstatement covering seven years was unearthed. [3점]

① A watched pot never boils.

② All that glitters is not gold.

③ Time and tide wait for no man.

④ Birds of a feather flock together.

⑤ Don't put all your eggs in one basket.

[31~32] 다음 글에서 전체 흐름과 관계 없는 문장을 고르시오.

31 For centuries, natives of the New Hebrides islands considered a head full of lice a sign of good health. "Observation over the centuries had taught them that people in good health usually had lice and sick people very often did not. The observation itself was accurate and sound," writes Darrell Huff in *How to Lie with Statistics*. ① But the correlation didn't mean lice are the key to good health—it's the other way around. ② Healthy people had lice because their body was just the right temperature, a perfect home for bugs. ③ Thus the proliferation of lice was a key determinant in promoting health in the human body. ④ But when people ran a high fever, their flesh became hot, sending the lice scattering. ⑤ Lice didn't cause good health—they preyed on it.

32 Cryptocurrencies have been around since 2009, and in all this time they have never come to play a major role in real-world transactions—El Salvador's much-hyped attempt to make bitcoin its national currency has become a disaster. ① Suppose, for example, that you use a digital payments app like Venmo, which has amply demonstrated its usefulness for real-world transactions. ② So how did cryptocurrencies come to be worth almost $3 trillion at their peak? ③ Why was nothing done to rein in "stablecoins," which were supposedly pegged to the U.S. dollar but were clearly subject to all the risks of unregulated banking, and are now experiencing a cascading series of collapses reminiscent of the wave of bank failures that helped make the Great Depression great? ④ My answer is that while the crypto industry has never managed to come up with products that are of much use in the real economy, it has been spectacularly successful at marketing itself, creating an image of being both cutting edge and respectable. ⑤ It has done so, in particular, by cultivating prominent people and institutions. [3점]

*cryptocurrency: 암호화폐

[33~34] 글의 흐름으로 보아, 주어진 문장이 들어가기에 가장 적절한 곳을 고르시오.

33

> But newly analyzed fossils including wing bones, presented today in the journal *Royal Society Open Science*, have changed the story.

In ancient Flores, an island in eastern Indonesia, "hobbit"-size humans shared the landscape with an immense bird. (①) At more than five feet tall, the Ice Age stork *Leptoptilos robustus* would have towered over the three-foot-tall Homo floresiensis, who lived more than 60,000 years ago. (②) Paleontologists previously thought the big bird was a flightless species that had adapted to live in an isolated island ecosystem. (③) Despite the stork's size, its 12-foot wingspan likely would have allowed it to soar overhead. (④) This new realization prompted paleontologists to revise what they previously thought about the anatomy and behavior of *L. robustus*. (⑤) Rather than a hunter of small prey, the new study suggests the bird was probably a scavenger like other prehistoric, flying storks that are known to have relied on dead animals for their meals.

*paleontologist: 고생물학자

34

> Lead ions—while still toxic in other ways—also helped produce nitric oxide, a free radical that killed bacteria before they could infect the eyes.

Egyptians famously rimmed their eyes with black makeup. The makeover wasn't just for humans—cows led into ritual slaughter also got the face paint, as shown in art from 2500 B.C.E. (①) Manuscripts from the era claimed that the eyeliner protected wearers from eye infections, but modern-day scientists were skeptical. (②) After all, the most common formula contained lead. (③) But in 2009, a team of chemists led by a researcher from the University of Pierre and Marie Curie in Paris analyzed samples scraped from tombs and found the ancients were onto something. (④) Further, some of the compounds in the eyeliner aren't native to Egypt, leading researchers to believe that the makeup wasn't just used because it was on hand—it was deliberately manufactured. (⑤) The study's authors dubbed the eyeliner the first large-scale chemical manufacturing process known to us.

35 다음 글의 내용을 한 문장으로 요약할 때, 빈칸 (A), (B)에 들어갈 말로 가장 적절한 것은?

Ancient Greek democracy allowed the public to participate directly in the affairs of government, choosing policies and making governing decisions. In this sense, the people were the state. In contrast, the Roman Empire laid out the concept of republicanism, which emphasized the separation of powers within a state and the representation of the public through elected officials. Thus, while Greece gives us the idea of popular sovereignty, it is from Rome that we derive the notion of legislative bodies like a senate. In their earliest forms, neither Greek democracy nor Roman republicanism would be defined as liberal democracies by today's standards. Both emphasized certain democratic elements but restricted them in fundamental ways. As political rights and institutions have expanded over the centuries, republicanism and democracy have become intertwined to produce the modern liberal democratic regime we know today.

⬇

Although the forms of government in ancient Greece and Rome were (A)____, together they provided the (B)____ for modern democracy.

	(A)		(B)
①	primitive	……	deficiencies
②	interchangeable	……	inspiration
③	ideal	……	riddles
④	dissimilar	……	foundation
⑤	groundbreaking	……	groundwork

36 다음 글의 빈칸 (A), (B)에 들어갈 말로 가장 적절한 것은?

How we look at purpose is often connected to perceived importance. ____(A)____, we say that the purpose of the bee is to pollinate the flower if we see the flower as the object of primary concern; but if we are, say, beekeepers, we would be more likely to say that the purpose of the bee is to produce honey to feed the hive. Here purpose can be seen to be relative to a larger context—carrying seeds for flowers, or producing honey for the hive—and is connected with exploiting or using something for certain ends. ____(B)____, in nature it is often not quite clear who is using who. Is the small bird that eats ticks from the hide of the rhinoceros using the rhino as a large all-you-can-eat buffet, or is the rhino using the bird as a means of ridding itself of annoying ticks? They both need each other. So purpose is relative, then, and relates to something's or someone's relative importance.

	(A)		(B)
①	For instance	......	Otherwise
②	In contrast	......	Moreover
③	For instance	......	Yet
④	In contrast	......	Thus
⑤	Furthermore	......	However

[37~38] 주어진 글 다음에 이어질 글의 순서로 가장 적절한 것을 고르시오.

37

The women's movement since the sixties has developed in a way that exactly mirrors traditional male attitudes. It is as if we have a pattern burned into our brains and we can't move outside it. I've been thinking recently about why on the whole the women's movement has not fulfilled its potential.

(A) In today's Japan there are very few women in public life, much fewer than anywhere in the West, and when they are, it's nearly always in cultural things. So, all the great explosion of energy has ended up with a very narrow section of the female population doing better than it did before.

(B) They have good jobs, usually in cultural things like television and radio, newspapers, and so on. This is also true in countries where women have an extremely bad time, like Japan.

(C) It burst on the scene with enormous energy all over Europe and in America. Yet the energy dissipated, and what has actually been achieved is this: that in all the European countries and America and Canada middle-class women who were probably young in the sixties and are now middle-aged have done rather well.

① (A)-(C)-(B) ② (B)-(A)-(C)
③ (B)-(C)-(A) ④ (C)-(A)-(B)
⑤ (C)-(B)-(A)

38

Ever more scholars see cultures as a kind of mental infection or parasite, with humans as its unwitting host. Organic parasites, such as viruses, live inside the body of their hosts.

(A) The human dies, but the idea spreads. According to this approach, cultures are not conspiracies made up by some people in order to take advantage of others. Rather, cultures are mental parasites that emerge accidentally, and thereafter take advantage of all people infected by them.

(B) In just this fashion, cultural ideas live inside the minds of humans. They multiply and spread from one host to another, occasionally weakening the hosts and sometimes even killing them. A cultural idea can compel a human to dedicate his or her life to spreading that idea, even at the price of death.

(C) These parasites multiply and spread from one host to the other, feeding off their hosts, weakening them, and sometimes even killing them. As long as the hosts live long enough to pass along the parasite, it cares little about the conditions of its host. [3점]

① (A)–(C)–(B) ② (B)–(A)–(C)
③ (B)–(C)–(A) ④ (C)–(A)–(B)
⑤ (C)–(B)–(A)

[39~40] 다음 글을 읽고, 물음에 답하시오.

To many Americans, Cinco de Mayo is a day for eating Mexican food and drinking liberally. But the real history is far more _____.

It started in the 1860s. France wanted to expand its empire into Mexico, and Napoleon III ordered his troops to head toward Mexico City to overthrow Mexico's democratically elected President Benito Juárez, while Abraham Lincoln was preoccupied with the Civil War. The hyperorganized French forces were widely expected to triumph, leading to a new Mexican monarchy that would side with the Confederacy.

But then, on May 5, 1862, the Mexican forces defeated the French in the Battle of Puebla. That surprise victory brought together Latinos who had come north during the gold rush, leading to spontaneous celebrations, says David E. Hayes-Bautista, author of *El Cinco de Mayo: An American Tradition*. (The first took place in Tuolumne County in California.) Soon they started a network of organizations to support the fight against slavery both in Mexico and the U.S.

But in the 1930s, though, as the Civil War became a more distant memory, Cinco de Mayo's significance as a civil rights holiday started to fall by the wayside. By the 1980s and 1990s the number of Hispanic consumers had risen dramatically, and marketers—especially within the spirits industry—seized the moment. They made the holiday ubiquitous by turning it into a general celebration of Mexican-American culture, and the parties rage on today.

39 윗글의 빈칸에 들어갈 말로 가장 적절한 것은? [3점]

① geographically driven
② politically charged
③ conspiracy ridden
④ culturally distorted
⑤ economically balanced

40 윗글의 제목으로 가장 적절한 것은?

① The Surprising Evolution of Cinco de Mayo

② The Political Significance of Mexican Cuisine

③ Revisiting the History of Mexican Immigration

④ All Against Slavery: Struggles of the Confederacy

⑤ The Restoration of Civil Rights Through Cinco de Mayo

[41~42] 다음 글을 읽고, 물음에 답하시오.

Have you ever looked at the nighttime horizon and gasped at the sight of a spectacularly large moonrise? Typically, if you glance up at the sky hours later, the moon will seem to have shrunk. Dubbed the moon illusion, this phenomenon has been witnessed for thousands of years, a visual trickery that takes place all in the mind. And, even after so long, scientists still disagree on what exactly is happening in our brains. To test it, you can snap a picture of the rising moon on the horizon and compare it to an image taken later that night. The size will remain consistent, even if your eyes deceive in the moment. _____(A)_____,

during a supermoon, when the date of the full moon coincides with the point closest to Earth in the lunar orbit and the moon appears roughly 7 percent bigger, the naked eye can barely see the increase—even if you convince yourself otherwise.

One common explanation for the illusion is that when the moon is near the horizon, trees or buildings juxtaposed against the sky fool your brain into perceiving the moon as closer to Earth, and therefore extra big. _____(B)_____, astronauts in orbit also witness the moon illusion without foreground objects, so this doesn't quite solve the problem. While other hypotheses abound, the moon illusion still holds some intrigue for scientists—and anyone who takes the time to sit back and savor this lunar mystery.

*juxtapose: 나란히 놓다

41 윗글의 제목으로 가장 적절한 것은?

① Traveling to the Moon Made Easy

② Lunar Eclipse During Supermoons

③ The Breathtaking View from Outer Space

④ The Optical Illusion of the Size of the Moon

⑤ The Shrinking Universe: A Cause for Worry?

42 윗글의 빈칸 (A), (B)에 들어갈 말로 가장 적절한 것은?

	(A)		(B)
①	Similarly	......	Moreover
②	For example	......	On one hand
③	Similarly	......	However
④	For example	......	Likewise
⑤	On the contrary	......	Therefore

[43~45] 다음 글을 읽고, 물음에 답하시오.

(A)

It was 1948, and Eleanor Abbott was bored. The retired schoolteacher was stuck in a San Diego hospital surrounded by young children who, like her, were suffering from polio. The kids were lonely and sad, and Abbott, with nothing else to do, decided that a cheerful board game could be the perfect antidote. So she supposedly grabbed a piece of butcher paper and started sketching plans.

(B)

While Milton Bradley kept that origin story under wraps for decades, the game's connection to the disease didn't stop there. It's possible that polio helped make *Candy Land* famous. In the early 1950s, a polio epidemic swept the country. The best way to stay healthy was to avoid people. Public swimming pools, playgrounds, and bowling alleys

were shuttered. Moviegoers were encouraged to sit far from each other at the theater. Wary parents wouldn't even let their kids outside to play. Healthy or sick, everybody needed entertainment to help pass the time. That, coupled with the fact that postwar Americans had more money and leisure time than ever, provided ideal conditions for making a child's board game popular. Plus, it was about candy!

(C)

Today, polio has practically been eradicated from the globe. *Candy Land*, however, keeps on giving. It's sold more than 40 million copies and was inducted into the National Toy Hall of Fame in 2005. But Abbott kept a humble low profile for the rest of her life. According to Nicolas Ricketts of The Strong—a museum in Rochester, New York, devoted to the history and exploration of play—when Abbott received her first royalty check, she gave much of the money right back to the children she met in the ward. How sweet!

(D)

The end result was perfect for young children. No counting. No reading. Players simply needed to grasp colors and follow instructions on the cards to travel around the board, stopping at various delicious-sounding locations along the way. She shared it with the children in the polio ward, and they loved it. One year later, Milton Bradley bought the game—and it became a surprise hit: *Candy Land*.

43 주어진 글 (A)에 이어질 내용을 순서에 맞게 배열한 것으로 가장 적절한 것은? [3점]

① (B)−(D)−(C)

② (C)−(B)−(D)

③ (C)−(D)−(B)

④ (D)−(B)−(C)

⑤ (D)−(C)−(B)

44 윗글의 제목으로 가장 적절한 것은?

① How to Play *Candy Land* with Kids

② The Bittersweet History of *Candy Land*

③ Using *Candy Land* as an Educational Tool

④ *Candy Land*: Boosting Children's Confidence

⑤ The Decline of the Popularity of *Candy Land*

45 윗글의 내용과 일치하지 <u>않는</u> 것은?

① *Candy Land* requires basic arithmetic skills.

② America was struck with an epidemic in the 1950s.

③ Eleanor Abbott made *Candy Land* while hospitalized.

④ Eleanor Abbott shared her first royalty check with others.

⑤ At first, Milton Bradley did not reveal the origin story of *Candy Land*.

제3교시 수학영역

▶정답 및 해설 36p

[01~20] 각 문항의 답을 하나만 고르시오.

01 넓이가 $5\sqrt{2}$인 예각삼각형 ABC에 대하여 $\overline{AB}=3$, $\overline{AC}=5$일 때, 삼각형 ABC의 외접원의 반지름의 길이는? [3점]

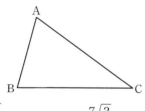

① $\dfrac{3\sqrt{3}}{2}$　　② $\dfrac{7\sqrt{3}}{4}$

③ $2\sqrt{3}$　　④ $\dfrac{9\sqrt{3}}{4}$

⑤ $\dfrac{5\sqrt{3}}{2}$

02 시각 $t=0$일 때 동시에 원점을 출발하여 수직선 위를 움직이는 두 점 P, Q의 시각 $t(t\geq0)$에서의 속도가 각각
$$v_P(t)=3t^2+2t-4,\ v_Q(t)=6t^2-6t$$
이다. 출발한 후 두 점 P, Q가 처음으로 만나는 위치는? [3점]

① 1　　② 2

③ 3　　④ 4

⑤ 5

03 직선 $x=a$와 세 함수
$$f(x)=4^x,\ g(x)=2^x,\ h(x)=-\left(\frac{1}{2}\right)^{x-1}$$
의 그래프가 만나는 점을 각각 P, Q, R라 하자. $\overline{PQ}:\overline{QR}=8:3$일 때, 상수 a의 값은? [3점]

① 1　　② $\dfrac{3}{2}$

③ 2　　④ $\dfrac{5}{2}$

⑤ 3

04 자연수 $k(k\geq2)$에 대하여 집합
$A=\{(a,\ b)\,|\,a,\ b$는 자연수, $2\leq a\leq k$, $\log_a b\leq2\}$의 원소의 개수가 54일 때, 집합 A의 원소 $(a,\ b)$에 대하여 $a+b+k$의 최댓값은? [3점]

① 27　　② 29

③ 31　　④ 33

⑤ 35

05 사차함수 $f(x)$는 $x=1$에서 극값 2를 갖고, $f(x)$가 x^3으로 나누어떨어질 때, $\int_0^2 f(x-1)dx$의 값은? [4점]

① $-\dfrac{12}{5}$ 　　② $-\dfrac{7}{5}$

③ $-\dfrac{2}{5}$ 　　④ $\dfrac{3}{5}$

⑤ $\dfrac{8}{5}$

06 두 정수 a, b에 대하여
$$a^2+b^2\leq 13,\ \cos\frac{(a-b)\pi}{2}=0$$
을 만족시키는 모든 순서쌍 (a, b)의 개수는? [4점]

① 16 　　② 20

③ 24 　　④ 28

⑤ 32

07 최고차항의 계수가 1인 삼차함수 $f(x)$는 $x=1$과 $x=-1$에서 극한값을 갖는다. $\{x|f(x)\leq 9x+9\}=(-\infty, a]$를 만족시키는 양수 a의 최솟값은? [4점]

① 1 　　② 2

③ 3 　　④ 4

⑤ 5

08 원 $x^2+y^2=r^2$ 위의 점 (a, b)에 대하여 $\log_r|ab|$의 최댓값을 $f(r)$라 할 때, $f(64)$의 값은? (단, r는 1보다 큰 실수이고, $ab\neq 0$이다.) [4점]

① $\dfrac{7}{6}$ 　　② $\dfrac{4}{3}$

③ $\dfrac{3}{2}$ 　　④ $\dfrac{5}{3}$

⑤ $\dfrac{11}{6}$

09 집합 $A=\{1, 2, 3, 4, 5\}$에서 A로의 함수 중에서 다음 조건을 만족시키는 함수 $f(x)$의 개수는? [4점]

> (가) $\log f(x)$는 일대일함수가 <u>아니다</u>.
> (나) $\log\{f(1)+f(2)+f(3)\}$
> $=2\log 2+\log 3$
> (다) $\log f(4)+\log f(5)\leq 1$

① 134   ② 140

③ 146   ④ 152

⑤ 158

10 함수
$$f(x)=\begin{cases}(x+2)^2 & (x\leq 0)\\ -(x-2)^2+8 & (x>0)\end{cases}$$
이 있다. 실수 $m(m<4)$에 대하여 곡선 $y=f(x)$와 직선 $y=mx+4$로 둘러싸인 부분의 넓이를 $h(m)$이라 할 때, $h(-2)+h(1)$의 값은? [4점]

① 75   ② 78

③ 81   ④ 84

⑤ 87

11 수열 $\{a_n\}$의 일반항이
$$a_n=\frac{\sqrt{9n^2-3n-2}+6n-1}{\sqrt{3n+1}+\sqrt{3n-2}}$$
일 때, $\displaystyle\sum_{n=1}^{16}a_n$의 값은? [4점]

① 110   ② 114

③ 118   ④ 122

⑤ 126

12 좌표평면에서 점 $(18, -1)$을 지나는 원 C가 곡선 $y=x^2-1$과 만나도록 하는 원 C의 반지름의 길이의 최솟값은? [4점]

① $\dfrac{\sqrt{17}}{2}$ ② $\sqrt{17}$

③ $\dfrac{3\sqrt{17}}{2}$ ④ $2\sqrt{17}$

⑤ $\dfrac{5\sqrt{17}}{2}$

13 좌표평면 위의 점 (a, b)에서 곡선 $y = x^2$에 그은 두 접선이 서로 수직이고 $a^2 + b^2 \leq \dfrac{37}{16}$ 일 때, $a + b$의 최댓값을 p, 최솟값을 q라 하자. pq의 값은? [4점]

① $-\dfrac{33}{16}$　　② $-\dfrac{35}{16}$

③ $-\dfrac{37}{16}$　　④ $-\dfrac{39}{16}$

⑤ $-\dfrac{41}{16}$

14 두 다항함수 $f(x), g(x)$에 대하여 $f(1) = 2, g(1) = 0, f'(1) = 3, g'(1) = 2$ 일 때, $\displaystyle\lim_{x \to \infty} \sum_{k=1}^{4} \left\{ xf\left(1 + \dfrac{3^k}{x}\right) g\left(1 + \dfrac{3^k}{x}\right) \right\}$ 의 값은? [4점]

① 400　　② 440

③ 480　　④ 520

⑤ 560

15 좌표평면에서 정삼각형 ABC에 내접하는 반지름의 길이가 1인 원 S가 있다. 실수 $t\,(0 \leq t \leq 1)$에 대하여 삼각형 ABC 위의 점 P와 원 S의 거리가 t인 점 P의 개수를 $f(t)$라 하자. 함수 $f(t)$가 $t = k$에서 불연속인 k의 개수를 a, $\displaystyle\lim_{t \to 1-} f(t) = b$라 할 때, $a + b$의 값은? (여기서, 점 P와 원 S의 거리는 점 P와 원 S 위의 점 X에 대하여 선분 PX의 길이의 최솟값이다.) [4점]

① 6　　② 7

③ 8　　④ 9

⑤ 10

16 좌표평면에 네 점 $A(0, 0)$, $B(1, 0)$, $C(1, 1)$, $D(0, 1)$이 있다. 자연수 n에 대하여 집합 X_n은 다음 조건을 만족시키는 모든 점 (a, b)를 원소로 하는 집합이다.

(가) 점 (a, b)는 정사각형 $ABCD$의 내부에 있다.
(나) 정사각형 $ABCD$의 변 위를 움직이는 점 P와 점 (a, b) 사이의 거리의 최솟값은 $\dfrac{1}{2^n}$이다.
(다) $a = \dfrac{1}{2^k}$이고 $b = \dfrac{1}{2^m}$인 자연수 k, m이 존재한다.

집합 X_n의 원소의 개수를 a_n이라 할 때, $\displaystyle\sum_{n=1}^{10} a_n$의 값은? [4점]

① 100 ② 120
③ 140 ④ 160
⑤ 180

17 두 자연수 a, b에 대하여 함수
$$f(x) = \sin(a\pi x) + 2b\,(0 \le x \le 1)$$
이 있다. 집합 $\{x \,|\, \log_2 f(x)$는 정수$\}$의 원소의 개수가 8이 되도록 하는 서로 다른 모든 a의 값의 합은? [5점]

① 12 ② 15
③ 18 ④ 21
⑤ 24

18 함수 $f(x) = \begin{cases} 1+x & (-1 \le x < 0) \\ 1-x & (0 \le x \le 1) \\ 0 & (|x| > 1) \end{cases}$
에 대하여 함수 $g(x)$를
$$g(x) = \int_{-1}^{x} f(t)\{2x - f(t)\}\,dt$$
라 할 때, 함수 $g(x)$의 최솟값은? [5점]

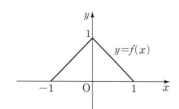

① $-\dfrac{1}{4}$ ② $-\dfrac{1}{3}$
③ $-\dfrac{5}{12}$ ④ $-\dfrac{1}{2}$
⑤ $-\dfrac{7}{12}$

19 최고차항의 계수가 양수인 다항함수 $f(x)$와 함수 $y=f(x)$의 그래프를 y축에 대하여 대칭이동한 그래프를 나타내는 함수 $g(x)$가 다음 조건을 만족시킨다.

> (가) $\lim\limits_{x \to 1} \dfrac{f(x)}{x-1}$의 값이 존재한다.
>
> (나) $\lim\limits_{x \to 3} \dfrac{f(x)}{(x-3)g(x)}=k$ (k는 0이 아닌 상수)
>
> (다) $\lim\limits_{x \to -3+} \dfrac{1}{g'(x)}=\infty$

$f(x)$의 차수의 최솟값이 m이다. $f(x)$의 차수가 최소일 때, $m+k$의 값은? [5점]

① $\dfrac{10}{3}$ ② $\dfrac{43}{12}$

③ $\dfrac{23}{6}$ ④ $\dfrac{49}{12}$

⑤ $\dfrac{13}{3}$

20 곡선 $y=x^3-x^2$ 위의 제1사분면에 있는 점 A에서의 접선의 기울기가 8이다. 점 $(0,\,2)$를 중심으로 하는 원 S가 있다. 두 점 $B(0,\,4)$와 원 S 위의 점 X에 대하여 두 직선 OA와 BX가 이루는 예각의 크기를 θ라 할 때, $\overline{BX}\sin\theta$의 최댓값이 $\dfrac{6\sqrt{5}}{5}$가 되도록 하는 원 S의 반지름의 길이는? (단, O는 원점이다.) [5점]

① $\dfrac{3\sqrt{5}}{4}$ ② $\dfrac{4\sqrt{5}}{5}$

③ $\dfrac{17\sqrt{5}}{20}$ ④ $\dfrac{9\sqrt{5}}{10}$

⑤ $\dfrac{19\sqrt{5}}{20}$

[21~25] 각 문항의 답을 답안지에 기재하시오.

21 수열 $\{a_n\}$이 모든 자연수 n에 대하여
$$\sum_{k=1}^{n} \frac{a_k}{2k-1}=2^n$$
을 만족시킬 때, a_1+a_5의 값을 구하시오.

[3점]

22 실수 a, b, c가
$$\log \frac{ab}{2}=(\log a)(\log b),$$
$$\log \frac{bc}{2}=(\log b)(\log c),$$
$$\log(ca)=(\log c)(\log a),$$
를 만족시킬 때, $a+b+c$의 값을 구하시오. (단, a, b, c는 모두 10보다 크다.) [4점]

23 최고차항의 계수가 1인 이차함수 $f(x)$에 대하여 함수 $g(x)$를

$$g(x) = \begin{cases} -x^2+2x+2 & (x<1) \\ f(x) & (x \geq 1) \end{cases}$$

이라 하자. 함수 $g(x)$가 $x=1$에서 연속이고 실수 전체의 집합에서 증가하도록 하는 모든 함수 $f(x)$에 대하여 $f(3)$의 최솟값을 구하시오. [4점]

24 모든 실수 x에 대하여 부등식

$$(a\sin^2 x - 4)\cos x + 4 \geq 0$$

을 만족시키는 실수 a의 최댓값과 최솟값의 합을 구하시오. [4점]

25 세 집합 A, B, C는

$$A = \left\{ (2+2\cos\theta, \, 2+2\sin\theta) \,\middle|\, -\frac{\pi}{3} \leq \theta \leq \frac{\pi}{3} \right\},$$

$$B = \left\{ (-2+2\cos\theta, \, 2+2\sin\theta) \,\middle|\, \frac{2\pi}{3} \leq \theta \leq \frac{4\pi}{3} \right\},$$

$$C = \{ (a, b) \,|\, -3 \leq a \leq 3, \, b = 2 \pm \sqrt{3} \}$$

이다. 좌표평면에서 집합 $A \cup B \cup C$의 모든 원소가 나타내는 도형을 X라 하고, 도형 X와 곡선 $y = -\sqrt{3}x^2 + 2$가 만나는 점의 y좌표를 c라 하자. 집합 X로 둘러싸인 부분의 넓이를 α, 곡선 $y = -\sqrt{3}x^2 + 2$와 직선 $y = c$로 둘러싸인 부분의 넓이를 β라 하자. $\alpha - \beta = \dfrac{p\pi + q\sqrt{3}}{3}$일 때, $p+q$의 값을 구하시오. (단, p, q는 정수이다.) [5점]

If you would thoroughly know anything, teach it to others.
어떤 것을 완전히 알려거든 그것을 다른 이에게 가르쳐라.

– 트라이언 에드워즈(Tryon Edwards)

2024
경찰대학
기출백서

제1교시 국어영역

▶정답 및 해설 45p

[01~05] 다음 글을 읽고 물음에 답하시오.

한국에 사는 외국인들의 한국어 구사 능력은 적응 정도에 따라 차이가 나지만, 그들이 구사하는 한국어는 한국어를 모국어로 배운 사람들의 한국어와는 꽤 다르다. 그들의 모국어가 새로 익힌 한국어에 간섭하고 있기 때문이다. 이것은 한국인이 외국어를 배울 때도 생기는 일이다.

한국어는 음운 구조나 통사 구조가 주류 언어들과 크게 달라서, 외국인들이 쓰는 한국어에는 이들의 모국어가 행사하는 간섭의 흔적이 짙어 보일 수밖에 없다. 많은 외국어에서 조음부가 같은 자음들을 성대 울림 유무(유성/무성)로 변별하는 데 견주어, 한국어는 조음부가 공기의 흐름을 어떻게 ㉠방해하는지에 따라 이 자음들을 변별한다. 그래서 한국인들에게는 너무 쉬운 /ㄱ/ /ㅋ/ /ㄲ/, /ㄷ/ /ㅌ/ /ㄸ/, /ㅂ/ /ㅍ/ /ㅃ/의 구별이 어떤 외국인들에게는 ㉡넘지 못할 산이다.

한국어에서 유성 자음은 /ㄴ/ /ㄹ/ /ㅁ/ /ㅇ/ 소리 말고는 유성음(이들 네 자음과 모음) 사이의 동화로만 실현된다. 예컨대 '가구'의 첫 음절과 둘째 음절은 둘 다 'ㄱ'으로 시작하지만, 음성 수준에선 각각 [k]와 [g]로 실현된다. 그래서 '가구'는 [kaːgu]로 발음된다. 둘째 음절의 무성 평자음 'ㄱ'이 그것을 둘러싼 두 모음의 영향을 받아 유성음으로 변하는 것이다. 한국인들은 어려서부터 이런 규칙을 깊이 내면화하고 있어서 그걸 깨닫지도 못한 채 실현하지만, 자신들의 모국어에 이런 규칙이 없는 외국인들에게는 이것이 쉽지 않다.

[A] 무성 평자음이 두 유성음 사이에서 유성 자음으로 변한다는 규칙을 비롯해 한국어는 복잡한 음운 규칙들을 많이 지니고 있다. 예컨대 '독립문'을 글자 그대로 [독립문]으로 읽지 않고 [동님문]으로 읽어야 하고, '실내'를 [실내]로 읽지 않고 [실래]로 읽어야 한다. 또 '낮을', '낮을', '낯을'을 발음할 땐 첫 음절 마지막 음운이 글자대로 [ㅊ], [ㅈ], [ㅅ]으로 실현되는 데 비해, 앞의 명사들이 홀로 남아 '낯', '낮', '낫'이 되면 그 마지막 소리가 왜 하나 같이 [ㄷ]으로 실현되는지 한국어를 배우기 시작한 외국인들은 알 도리가 없다.

사실 그 정확한 이유는 대다수 한국인들도 모른다. 그들은 다만 그 규칙을 내면화하고 있을 뿐이다. 그런데 그 내면화가 자신들의 모국어에 이런 규칙이 없는 외국인들에겐 매우 어려운 일이다. 예컨대 /ㅡ/나 /ㅢ/ 같은 모음을 지닌 언어는 매우 드물어서, 외국인들이 이 소리를 제대로 익히는 일도 쉽지 않다.

통사 수준의 어려움은 이보다 훨씬 더하다. 통사 구조가 한국어와 꽤 엇비슷한 일본어 화자가 아닌 경우에, 한국어 초보자 외국인들은 단어들을 똑바른 순서로 배열하는 데 적잖은 어려움을 느낀다. 또한 주격 조사 '이', '가와 보조사 '은', '는'의 구별은 이들에게 ㉢악몽이다. 구별은커녕 많은 외국인들이 자신들의 모국어에 없는 조사라는 ㉣괴물을 아예 생략해 버린다. 통사 구조를 익히는 것으로 마무리될 일도 아니다. 한국인들도 더러 헷갈려할 만큼 복잡한 경어 체계가 그 뒤에 기다리고 있다. 방송 프로그램에 나와서 유창하게 한국어를 구사하는 외국인들은 이 모든 ㉤어려움을 이겨낸 예외적인 사람들이다.

01 윗글의 내용과 일치하는 것은?

① 한국어와 일본어는 어순이 비슷하다.

② 한국어를 배우려는 외국인이 늘고 있다.

③ 한국어의 음운 구조는 통사 구조와 달리 체계적이다.

④ 한국어 음운 규칙의 이유를 한국인들은 잘 이해하고 있다.

⑤ 한국어의 조음부가 같은 자음은 성대 울림 유무로 변별된다.

02 [A]에 대한 이해로 적절하지 <u>않은</u> 것은?

① 무성 평자음이 두 유성음 사이에서 유성 자음으로 변한 사례로는 '논리[놀리]'가 있다.

② '독립문[동님문]'의 음운 규칙에 해당하는 사례로는 '섭리[섬니]'가 있다.

③ '실내[실래]'의 음운 규칙에 해당하는 사례로는 '칼날[칼랄]'이 있다.

④ '낫을', '낯을'의 음운 규칙에 해당하는 사례로는 '옷이', '옻이'가 있다.

⑤ '낫', '낯'의 음운 규칙에 해당하는 사례로는 '갓', '갗'이 있다.

03 윗글을 읽고 추론한 내용으로 적절하지 <u>않은</u> 것은?

① 어떤 외국인들은 '의사'를 정확하게 발음하기가 어렵겠군.

② 복잡한 음운 규칙을 내면화한 한국인이 외국어를 발음하기는 어렵지 않겠군.

③ 외국인들이 가끔 실수로 반말하는 것은 한국어의 경어 체계에 익숙하지 못하기 때문이겠군.

④ 외국인들이 "아이 학교 가요."라고 불분명하게 말하는 것은 조사선택에 어려움을 느꼈기 때문이겠군.

⑤ 영어 초보자 한국인이 "Marry me."라고 하지 않고 "Marry with me."라고 실수하는 것은 모국어인 한국어가 영어에 간섭한 것이겠군.

04 〈보기〉를 참고해 윗글을 이해한 내용으로 적절하지 <u>않은</u> 것은? [3점]

〈보기〉

음성은 사람의 입을 통해 나오는 소리 가운데 말할 때에 사용되는 소리를 가리킨다. 머릿속에서 추상적으로 인식하는 소리인 음운과 달리 음성은 물리적으로 귀에 들리는 구체적인 소리로, 의미변별의 기준이 되지 못한다. 반면에 음운은 의미 변별에 관여하는 최소의 말소리이다.

---

① 외국인에게는 '가구'의 'ㄱ'들이 서로 다르게 들릴 수 있겠군.

② '가구[kaːgu]'의 'k'와 'g'는 한국어에서 음운이 아닌 음성이겠군.

③ '가구'에서 둘째 음절의 'ㄱ'이 유성음이 됨으로써 의미 변별이 되는군.

④ 한국어에서는 성대 울림 유무만으로 단어의 뜻이 변별되는 경우는 없겠군.

⑤ 한국어에서는 음운으로서의 자격을 가지는 자음과 모음만 다른 글자로 표기하는군.

05 ㉠~㉤ 중 문맥상 의미가 다른 하나는?

① ㉠   ② ㉡   ③ ㉢   ④ ㉣   ⑤ ㉤

[06~08] 다음 글을 읽고 물음에 답하시오.

빌렘 플루서는 디지털 시대에 들어서서 글쓰기에 중요한 변화가 나타났다고 주장한다. 특히 그는 디지털이라는 형식이 긍정적이든 부정적이든 인간 행동, 의식, 지각에 커다란 영향을 끼친다는 점을 눈여겨보았다. 따라서 그는 ㉠ 패러다임 변화에 발맞추어 새로운 글쓰기 방식을 실험하고 구성해야 한다고 주장한다. 디지털 글쓰기 장(場)에서는 저자로부터 독자로 향하는 일방적 의미 전달 관계가 저자와 독자의 상호 대화적 관계로 변화할 수 있다. 이러한 소통방식은 글쓰기에 있어서 새로운 도전 영역이다. 우리는 이러한 방식을 어떻게 활용할 것인가에 대해 따져 보아야 한다.

[A]
디지털 시대는 글쓰기 조건, 지식 전달 방식, 지식 분배 방식을 변화시킨다. 디지털 글쓰기는 대화 구조에서 사용되는 양방향적 채널을 통해 지식을 확대·재생산한다. 이뿐만 아니라 과거 일방적 전달 방식이 구조화한 지식의 특징까지 비판적으로 수용할 수 있다.

디지털 시대 이전의 저자는 머릿속에 떠오른 이미지를 문자와 개념으로 바꿔 독자에게 의미를 전달하는 사람이었다. 하지만 ㉡ 디지털 시대의 저자는 문자와 개념을 디지털 이미지로 만들어 수용자와 주고받는 사람이다. 여기서 한 걸음 더 나아가면 만들어진 이미지를 개념으로 재구조화해 새로운 의미를 생산할 수도 있다.

플루서는 기술적 발전과 대중 매체 확산에 따른 대중문화 현상들이 인간과 세계를 의미화하는 강력한 방식으로 대두되었으므로 이에 대한 깊이 있는 인식이 절실하다고 강조한다. 그가 디지털 시대의 주도적 소통방식으로 명명한 ㉢ 기술적 형상은 이전 시대의 주도적 소통방식이었던 문자의 개념적 의미를 이미지로 펼쳐 보여준다. 하지만 쉽고 빠르게 수용자에게 전달되는 디지털 이미지는 그 안에 담긴 상징적 의미를 은폐하거나 왜곡할 가능성을 갖고 있다.

플루서는 디지털 이미지가 갖는 현실 은폐와 기만의 작용을 간파해야 한다고 강조한다. 그에 따르면 우리는 아직 기술적 형상이라는 새로운 소통 방식에 어울리는 의식을 갖추지 못한 채 쉽고 간단한 이미지에 만족해 메시지를 주고받는 것에만 집중한다. 대중이 비판의 필요성을 간과하거나 무시할 때 권력과 자본은 기술적 형상을 장악하고 대중 매체를 이용해 정보 수용자들을 탈정치화, 탈윤리화, 탈가치화할 수 있다. 이에 저항하려면 기술적 형상을 이해하고 기술을 이용해 상상과 개념을 종합하는 새로운 능력이 절실하다. 플루서는 이를 ㉣ 기술적 상상력이라고 이름 짓는다. 또한 기술적 상상력을 갖춘 사람을 기술적 상상가라고 부른다. 디지털 시대의 기술적 상상가, ㉤ 정보 유희자가 되려면 만인을 위한 커뮤니케이션 매체가 기만의 도구로 오용될 위험을 간파해야 한다.

06 문맥상 ㉠~㉤의 의미로 가장 적절한 것은?

① ㉠ : 글쓰기의 조건과 방식, 도구, 정보 전달 방향 등을 포함한 일체의 변화

② ㉡ : 이미지와 상징을 문자로 표현하는 사람

③ ㉢ : 디지털 도구나 기계를 이용해 만든 대화 구조

④ ㉣ : 문자가 개념화한 의미를 선형적으로 배열하는 능력

⑤ ㉤ : 디지털 이미지가 갖는 정보를 일방향적으로 전달하는 사람

07 [A]에 해당하는 사례로 적절하지 <u>않은</u> 것은?

① 바둑, 장기, 체스 경기 이해에 필요한 기본 규칙

② 폐쇄 회로 카메라와 얼굴 인식 기능의 영상 접속 프로그램

③ 누구나 글을 올리고 수정할 수 있는 소프트웨어 미디어 위키

④ 이용자 정보를 활용해 새로운 정보를 추천하는 SNS 알고리즘

⑤ 모든 것이 검색되고 저장되는 스마트 기기, 트위터, 구글, 페이스북

08 윗글의 논지를 지지하는 근거로 적절하지 <u>않은</u> 것은? [3점]

① 대중 매체와 대중문화 현상은 디지털 사회와 깊은 연관성을 갖고 있다.

② 기술적 발전은 의미의 해독과 생산을 방해해 수용자들을 탈정치화한다.

③ 상호 작용성, 지식 개방과 공유, 참여와 협력 등 디지털 글쓰기의 가능성을 개발해야 한다.

④ 디지털 글쓰기 주체들은 협력적으로 지식을 생산, 공유해 탈정치화에 저항할 수 있다.

⑤ 디지털 사회의 통제 위험성에서 벗어나기 위해 새로운 소통방식에 어울리는 의식을 갖추어야 한다.

[09~13] 다음 글을 읽고 물음에 답하시오.

(가)
바다는 뿔뿔이
달아나려고 했다.

푸른 도마뱀 떼같이
재재발렀다.

꼬리가 이루
잡히지 않았다.

흰 발톱에 찢긴
산호(珊瑚)보다 붉고 슬픈 생채기!

가까스로 몰아다 부치고
변죽을 둘러 손질하여 물기를 씻었다.

이 애쓴 해도(海圖)에
손을 씻고 떼었다.

찰찰 넘치도록
돌돌 구르도록

휘동그란히 받쳐 들었다!
지구(地球)는 연(蓮)잎인 양 오므라들고…… 펴고…….

– 정지용, 「바다2」

(나)
막차는 좀처럼 오지 않았다
대합실 밖에는 밤새 송이 눈이 쌓이고
흰 보라 수수꽃 눈 시린 유리창마다
톱밥 난로가 지펴지고 있었다
그믐처럼 몇은 졸고
몇은 감기에 쿨럭이고
그리웠던 순간들을 생각하며 나는
한 줌의 톱밥을 불빛 속에 던져 주었다
내면 깊숙이 할 말들은 가득해도
청색의 손바닥을 불빛 속에 적셔 두고

모두들 아무 말도 하지 않았다
산다는 것이 때론 술에 취한 듯
한 두름의 굴비 한 광주리의 사과를
만지작거리며 귀향하는 기분으로
침묵해야 한다는 것을
모두들 알고 있었다
오래 앓은 기침 소리와
쓴 약 같은 입술 담배 연기 속에서
싸륵싸륵 눈꽃은 쌓이고
그래 지금은 모두들
눈꽃의 화음에 귀를 적신다
자정 넘으면
낯설음도 뼈아픔도 다 설원인데
ⓐ 단풍잎 같은 몇 잎의 차창을 달고
밤 열차는 또 어디로 흘러가는지
그리웠던 순간들을 호명하며 나는
한 줌의 눈물을 불빛 속에 던져 주었다

– 곽재구, 「사평역에서」

(다)
마른 잎사귀에 도토리 알 얼굴 부비는 소리 후두
둑 뛰어내려 저마다 멍드는 소리 멍석 위에 나란히
잠든 반들거리는 몸 위로 살짝살짝 늦가을 햇볕 발
디디는 소리 먼길 날아 온 늙은 잠자리 채머리 떠
는 소리 맷돌 속에서 껍질 타지며 가슴 동당거리는
소리 사그락사그락 고운 뼛가루 저희끼리 소근대
며 어루만져 주는 소리 보드랍고 찰진 것들 물속에
가라앉으며 안녕 안녕 가벼운 것들에게 이별 인사
하는 소리 아궁이 불 위에서 가슴이 확 열리며 저
희끼리 다시 엉기는 소리 식어 가며 단단해지며 서
로 핥아주는 소리

도마 위에 다갈빛 도토리묵 한 모

모든 소리들이 흘러 들어간 뒤에 비로소 생겨난 저
고요
저토록 시끄러운, 저토록 단단한,

– 김선우, 「단단한 고요」

09 (가)~(다)에 대한 설명으로 가장 적절한 것은?

① (가)와 (나)는 이국적인 소재를 시어로 활용해 신선한 느낌을 주었다.
② (가)와 (다)는 대상을 살아 있는 것으로 비유하여 생동감을 드러내고 있다.
③ (나)와 (다)의 지배적 정서는 삶에 대한 슬픔과 회한이다.
④ (가)~(다)는 시제 변화를 통해 화자와 독자 사이 거리를 조절한다.
⑤ (가)~(다)는 화자의 시선 이동에 따른 공간 변화를 활용해 정서의 변화를 이루었다.

10 (가)의 표현상 특징으로 적절하지 <u>않은</u> 것은?

① 다양한 비유와 선명한 이미지를 사용했다.
② 색채 대비를 통해 파도치는 해변을 형상화했다.
③ 음성 상징어를 사용해 바다의 움직임을 제시했다.
④ 반어적 표현을 활용해 파도의 흔적을 구체화했다.
⑤ 전반부는 관찰을, 후반부는 상상을 중심으로 시상을 전개했다.

11 〈보기〉를 참고해 (나)를 감상한 내용으로 적절하지 <u>않은</u> 것은?

> ─────〈보기〉─────
>
> 「사평역에서」는 소박하고 일상적인 소재, 냉온 감각 등을 도입해 막차를 기다리는 사람들의 풍경을 그리고 있다. 고단한 삶을 사는 사람들에 대한 화자의 연민과 애정 어린 시선이 따뜻한 공감을 불러일으킨다.

① '대합실'은 다양한 서민 군상들이 모여 있어 애환이 느껴지는 공간이군.

② '톱밥 난로'는 막차를 기다리는 사람들을 위로해 주는 소재로 사용되었군.

③ '그믐처럼 몇은 졸고'는 사람들의 지친 모습을 나타내고 있군.

④ '모두들 아무 말도 하지 않았다'는 서로를 믿지 않는다는 점을 암시하는군.

⑤ '한 줌의 눈물을 불빛 속에 던져 주었다'는 고달픈 삶에 대한 화자의 연민을 보여 주는군.

12 〈보기〉를 참고할 때, 원관념과 보조 관념의 관계가 ⓐ와 유사한 것은? [3점]

> ─────〈보기〉─────
>
> 비유는 원관념과 보조 관념 각각의 구상성과 추상성에 따라 의미와 효과가 달라진다. ⓐ의 경우 원관념과 보조 관념이 모두 구상성을 지니고 있다.

① 사랑은 숭고한 정념

② 내 마음같이 푸른 모래밭

③ 추억인 양 내리는 물안개

④ 푸른 건반인 듯 주름진 계단

⑤ 해바라기처럼 타오르는 기도

13 (다)에 대한 설명으로 적절하지 <u>않은</u> 것은?

① 유사한 시구를 반복하여 리듬감을 조성했다.

② 역설법과 도치법을 통해 대상의 이미지를 강조했다.

③ 정서를 배제하고 대상의 회화적 이미지를 만들었다.

④ 다양한 감각을 활용해 대상의 변화 과정을 나타냈다.

⑤ 시적 대상이 만들어지는 단계에 따라 시상을 전개했다.

[14~17] 다음 글을 읽고 물음에 답하시오.

> 플라톤의 사유는 가짜 정치가들로부터 진짜 정치가를, 소피스트들로부터 진짜 철학자를 가려내기 위한 '진품 가려내기'의 철학이라고 할 수 있다. 그래서 플라톤의 철학은 일반적으로 가짜들 속에서 진짜를 가려내기 위한 철학이라고 본다.
>
> 플라톤에게 '진짜'와 '가짜'의 구분은 대단히 중요한 주제이다. 기만적 현실에 대한 의구심과 환멸에서 출발했기 때문에 그의 사유에는 가짜, 허상, 이미지 등에 대한 강한 저항 의식이 배어있다. 이러한 측면에서 그에게 진짜와 가짜의 구분은 본질적 문제였다. 여기에서 그의 사유 전체를 관류하는 기본적인 주제들 중 하나가 성립한다. 만일 진짜가 존재하고 우리가 그것을 알 수 있다면, 다른 모든 것들은 진짜에 대한 모방의 성공 정도에 입각해 존재론적으로 파악할 수 있다는 것이다. 물론 그의 이런 생각에는 현실 세계가 제작된 것으로 보는 관점이 맞물려 있으며, 이는 곧 현실 세계가 이데아 세계를 모방하도록 창조되었다는 의미이기도 하다.
>
> 이데아 모방론을 전제할 때 자연스럽게 따라 나오는 결론 중 하나는 인공물에 대한 자연물의 존재

론적 우위에 관한 것이다. 자연은 이데아를 모방한 산물이지만 인공물은 자연물을 다시 모방한 산물이기 때문이다. 나아가 인공물 중에서도 실물과 그것을 그린 회화 사이에는 다시 존재론적 위계가 설정된다. 가령, '인공물로서의 의자' 그리고 '의자를 그린 그림'은 존재론적 위계에서 차이가 난다. 현실 세계의 의자는 의자의 이데아를 모방한 인공물이다. 의자를 그린 그림은 이 현실 세계의 의자를 다시 모방한 것으로 이데아로부터 두 단계나 떨어져 있다. 플라톤에게 있어 이데아의 세계와 현실 세계의 관계에서 후자의 폄하는 현실 세계와 인위적 세계의 관계에서 후자에 대한 폄하이다. 이러한 존재론적 위계는 플라톤의 사유 전체를 떠받치고 있다.

플라톤의 가치관이 압축적으로 담겨 있는 저서로『소피스트』를 들 수 있다. 여기에서 플라톤은 '모상술(模像術)'을 '사상술(寫像術)'과 '허상술(虛像術)'로 위계화한다. 『소피스트』에서 플라톤은 이데아의 세계와 현실 세계를 구분하는 것 못지않게, 아니 그 이상으로 이데아와 유사한 것, 이데아로부터 아예 멀어진 것을 구분하는 것이 중요하다고 역설한다.

존재론을 우선시하는 일반적 해석과 달리, 플라톤이 이데아론을 체계화한 목적이 사실은 현실 세계 사물들 사이의 위계를 세우기 위함이었음을 추측해 볼 수 있다. 이데아는 바로 이 구분과 위계를 설명하는 기준이 된다. 즉, 이데아는 허상으로부터 직선을 긋고 그 선을 계속 연장할 때 도달하게 되는 가장 진실한 극점이다. 역으로 이데아라는 극점에서 직선을 긋고 그 직선을 계속 연장했을 때 도달하는 반대 극점은 허상이다. 이렇게 생각해 보면 이데아론은 애초부터 순수 존재론적 맥락에서가 아니라 오히려 가치론적 맥락에서 착상되지 않았을까 하고 추측해 볼 수 있다.

14 윗글에 대한 설명으로 가장 적절한 것은?

① 특정 이론의 견해를 구성하는 핵심 개념을 정의한 후 주장의 특징을 열거하고 있다.

② 특정 이론의 견해에 대한 통념을 제시하고 통념과는 다른 해석 관점을 설명하고 있다.

③ 특정 이론의 견해가 지닌 한계점을 지적한 후 이를 보완할 수 있는 새로운 견해를 주장하고 있다.

④ 특정 이론의 일반적 견해에 대한 상반된 평가 내용을 비교한 후 그 이론의 의의를 소개하고 있다.

⑤ 특정 이론의 견해가 등장한 역사적 배경을 설명하고 시대적 흐름에 따른 수용 양상을 제시하고 있다.

15 윗글의 내용과 일치하지 않는 것은?

① 일상생활에서 사용하는 의자는 실물과 유사하게 그린 의자 그림보다 이데아에 더 가깝다.

② 이데아론은 진짜와 가짜를 구분할 뿐 아니라 모방물 사이의 가치를 구분하는 기준이 된다.

③ 이데아 모방론에서는 자연물의 존재론적 가치와 인공물의 존재론적 가치를 다르게 평가한다.

④ 현실 세계의 존재들은 이데아로부터 얼마나 가까운가 떨어져 있는가를 기준으로 위계를 갖는다.

⑤ 현실 세계는 이데아의 세계보다 존재론적으로 가치가 있지만, 인위적 세계의 가치는 이데아에 대한 모방의 성공 정도에 따라 다르다.

16 윗글을 읽은 학생의 반응으로 적절하지 <u>않은</u> 것은?

① 아름 : 실제의 남자 철수와 실제의 여자 순이는 현실 세계에 존재하지만 남자의 이데아와 여자의 이데아는 현실 세계에 존재하지 않아.

② 다운 : 비슷한 맥락으로 볼 때 인간은 신을 모방한 창조물이라는 주장으로 나아갈 수 있겠네.

③ 우리 : 성공한 케이팝 아이돌의 이미지가 팬에게 힘을 발휘하기만 한다면 그 아이돌의 이미지는 이데아인 거야.

④ 강산 : 그림 그릴 때 활용하는 원근법, 명암, 투시법은 가짜를 진짜처럼 보이게 하는 방법이지.

⑤ 만세 : 여러 개의 의자 그림에 대해 가치를 매기려면 우선 의자의 이데아가 어떤 건지 알아야 하겠군.

17 윗글을 참고해 〈보기〉의 내용을 이해한 것으로 가장 적절한 것은? [3점]

〈보기〉

아리스토텔레스는 '서사시가 역사보다 위대하다.'고 보았다. 모방 대상의 본질을 꿰뚫은 허구는 이데아에 가깝기 때문이다. 이러한 진실을 '시적 진실'이라고 한다.

① '시적 진실'은 현실을 모방한 가짜의 극점이다.

② '시적 진실'은 '역사'보다 이데아로부터 떨어져 있다.

③ 모방 대상의 본질을 꿰뚫은 '서사시'는 '역사'보다 가치론적으로 우위에 있다.

④ '서사시'의 허구적 가치는 허상들의 위계를 명확히 구분하는가에 달려 있다.

⑤ '서사시가 역사보다 위대하다.'는 견해는 현실 세계에 대한 폄하가 반영되어 있다.

[18~20] 다음 글을 읽고 물음에 답하시오.

우리는 잠자리에서 몸을 보호하거나 장식하던 옷을 벗어 놓고 보다 편안한 상태가 되려 한다. 이어서 잠이 들 때는 마치 옷을 벗어 놓는 행위처럼 의식도 벗어서 한쪽 구석에 치워 둔다. 정신적 측면에서 볼 때 잠드는 일은 판단과 책임으로부터 자유로운 태아 상태로 돌아가는 것과 비슷하다. 정신분석학에서는 자궁 속 태아, 말 배우기 이전의 유아처럼 스스로의 행동을 책임지지 않아도 되는 상태로 되돌아가 자아를 보호하려는 방어 기제를 ⓐ'퇴행'이라고 부른다. 실제로 많은 사람들은 잠을 잘 때 자궁 속 태아와 같은 자세를 취한다. 그리고 잠자는 사람의 정신 상태는 의식의 세계에서 거의 완전히 물러나 있으며, 외부에 대한 관심도 정지되는 것처럼 보인다.

하지만 잠자는 동안 꿈을 통해 정신 활동은 계속 이루어지고 있다. 꿈을 자세히 관찰하면 수면 중 인간의 정신적 상태에 대해 많은 내용을 알 수 있다. 그동안 이루어진 여러 연구들은 꿈이 철저하게 자기중심적이라는 점, 꿈에서 주도적인 역할을 하는 주체는 항상 꿈꾸는 사람 자신이라는 점 등을 밝혀 주었다. 꿈의 이러한 특징을 '수면 상태의 나르시시즘'이라고 부르는데, 이는 정신의 작용 방향이 외부 세계에서 자기 자신으로 바뀌면서 나타나는 현상이다.

또한 꿈속에서는 모든 감각이 크게 과장되어 있어 깨어 있을 때보다 더 빨리, 더 분명하게 정신적, 신체적 이상 증상을 감지할 수 있다. 이러한 감각의 과장을 '꿈의 과장성'이라 부르는데 이 역시 수면 상태의 나르시시즘처럼 꿈꾸는 사람이 외부 세계로 향하던 정신적 에너지를 자아로 되돌려 집중하기 때문에 가능하다.

꿈이 중요한 또 다른 이유로 꿈꾸는 사람 자신이 깨닫지 못하는 무의식의 세계를 구체적 형태로 바꾸어서 보여 준다는 점을 들 수 있다. 꿈은 꿈을 꾼 사람이 미처 인식하지 못하지만 마음에 방해가 되는 어떤 사건을 암시해 주고 그 사건에 어떻게 대처하면 좋을지도 암시해 준다. 꿈속에서는 정신적 에너지를 외부 세계가 아닌 내면세계로 집중하므로 평소에 억누르고 있던 내적 욕구나 콤플렉스를 민감하게 느낄 수 있다. 정신 분석학에서는 무의식의 세계를 외적 형태로 구체화하는 꿈의 역할을 '투사'로 설명하기도 한다. 예를 들어 전쟁터에서 살아 돌아온 사람이 몇 달 동안 계속해서 죽은 동료의 꿈을 꾸는 경우, 이는 꿈꾸는 사람 내면에 잠재한, 그러나 깨어 있을 때는 인정하고 싶지 않은 죄책감이 구체화되어 나타난 투사로 볼 수 있다.

깨어 있을 때는 꿈이 알려 주는 문제를 쉽사리 알아내기가 어렵다. 따뜻하고 화려한 옷이 상처나 결점을 가려 주는 것처럼 깨어 있는 의식은 내면세계를 가리거나 보호해 내면의 관찰을 방해하기 때문이다. 우리는 정신이 옷을 벗기를 기다려 비로소 한 사람의 내면세계로 들어갈 수 있다.

18 윗글을 이해한 내용으로 적절하지 않은 것은?

① 꿈은 인간의 내면세계를 들여다볼 수 있게 해 주는 기제이다.

② 수면 상태에서는 외부로 향하는 정신 에너지가 더욱 강해진다.

③ 꿈을 꿀 때 정신의 작용은 외부 세계가 아니라 꿈꾸는 사람의 내면으로 집중된다.

④ 깨어 있는 사람의 정신 상태는 꿈이 알려 주는 문제를 가리거나 발견을 어렵게 한다.

⑤ 깨어 있을 때보다 꿈을 통해서 신체적 이상 징후를 더 신속하고 정확하게 알 수 있다.

19 ⓐ에 해당하는 사례로 가장 적절한 것은?

① 알코올 중독 치료 후 금주 강연을 다니는 사람

② 엄격한 부친을 두려워하지만 닮고자 하는 남자

③ 외모 콤플렉스로 인해 자신을 비하하는 청소년

④ 외과 수술에 거부 반응이나 두려움이 없는 의료진

⑤ 동생이 태어난 후 대소변을 제대로 못 가리는 아이

20 〈보기〉를 참고해 윗글을 이해한 내용으로 가장 적절한 것은? [3점]

───〈보기〉───

정신 분석학자 프로이트가 제시한 정신의 세 가지 영역은 꿈에도 영향을 준다.
○ 이드(id) : 즉각적인 쾌락을 추구하는 무의식. 쾌락 원칙을 따른다.
○ 자아(ego) : 현실을 고려하여 욕구를 억제하는 의식. 현실 원칙을 따른다.
○ 초자아(superego) : 성장 과정에서 규범과 가치를 내면화한 의식. 도덕 원칙을 따른다.

① 꿈은 '이드'를 의식 세계와 연결하는 역할을 한다.

② 꿈은 '자아'의 표현이므로 쾌락 원칙으로 해석해야 한다.

③ '꿈의 과장성'은 '초자아'가 무의식에 관여하기 때문이다.

④ 꿈에서 '이드'는 정신 작용의 방향을 외부 세계로 돌린다.

⑤ 꿈은 외부 세계에 대한 관심이므로 도덕 원칙으로 해석해야 한다.

[21~25] 다음 글을 읽고 물음에 답하시오.

내가 지금까지 상상한 바로는, 도시란 결코 그처럼 가까운 곳에 있는 것이 아니었다. ㉠ 도시란 보다 더 멀고 아득한 곳에 있어야만 했다. 그래서 그곳에 닿기 위해서는 철로 위를 바람처럼 내달리는 급행열차로도 하루 낮 하루 밤은 꼬박 걸려야만 했다. 그런데 우리가 타고 온 것은 털털거리는 짐차였다. 그것으로도 고작 두세 시간밖에 걸리지 않다니…… 그처럼 가까운 곳에 있다는 사실이 무슨 결함처럼 내게는 느껴졌다.

녀석들은 지금도 그 교실에 앉아 있을 것이었다. 사철나무가 병사들처럼 늘어서 있는 남향 창으로는 풋풋한 햇살이 온종일 들이치고, 방아깨비 선생의 낮고 부드러운 목소리가 간단없이 흘러나오는 그 4학년 우리 반 교실에 말이다. 유일하게 나의 자리는 비어 있을 게다. 창 쪽으로 둘째 줄 여섯 번째 책상…… 거기 내가 남긴 흠집과 낙서를 누군가 눈여겨보고 있을지도 모른다. 그리고는 도회지로 전학 간 나를 조금은 부러워할 게다. 하지만 작정만 한다면 누구나 쉽게 우리 뒤를 쫓아올 수 있으리라고 나는 생각했다. 도시란 생각보다 훨씬 가까운 곳에 있기 때문이었다. 그래서 ㉡ 나는 조금 자존심이 상했다.

아버지는 물 대신 나에게 돈을 주셨다. 그것은 단풍잎처럼 작고 빨간 1원짜리 종이돈이었다. 나는 곧장 한길가로 뛰어나갔다. 딸딸이 위에다 어항보다 큰 유리 항아리를 올려놓은 물장수가 거기 있었다. 항아리 속엔 온갖 과일 조각들이 얼음 덩어리와 함께 채워져 있었다.

나는 꼭 쥐고 있던 돈을 한 잔의 물과 맞바꾸었다. 유리컵 속에 든 물은 짙은 오렌지 빛이었다. 손바닥에 닿는 냉기가 갈증을 더 자극했다. 그러나 ㉢ 나는 마시지 않았다. 이 도시와 그 생활이 주는 어떤 경이와 흥분 때문에 실상은 목구멍보다도 가슴이 더 타고 있었다. 나는 유리컵을 조심스럽게 받쳐 든 채 천천히 돌아섰다. 그리고는 두어 걸음을 떼어 놓았다. 물론 나의 그 어리석은 짓은 용납되지 않았다. 나는 금세 제지를 받았던 것이다.

"이봐, 너 어디로 가져가는 거냐?"

나를 불러 세운 물장수가 그렇게 물었다. 나는 금방 얼굴을 붉히었다. 무언가 잘못을 저지르고 있다고 판단되었기 때문이다.

㉣ 나는 아무런 대답도 하지 못했다. 그러자 물장수가 다시 말했다.

"잔은 두고 가야지, 너, 시골서 온 모양이로구나. 그렇지?"

나는 단숨에 잔을 비웠다. 숨이 찼다. ㉤ 콧날이 찡해지고 가슴이 꽉 막혔다. 그러나 ⓐ 그 자리에 더 어정거리고 있을 수는 없었다. 내던지듯 잔을 돌려준 나는 숨을 헐떡거리면서 가족이 있는 곳으로 되돌아왔다.

우리 세간살이들이 골목에 잔뜩 쌓여 있었다. 시골집 안방 윗목을 언제나 차지하고 있던 옛날식 옷장, 사랑채 시렁 위에 올려두던 낡은 고리짝, 나무로 만든 쌀 뒤주와 조롱박, 크고 작은 질그릇 등. 판잣집들이 촘촘히 들어서 있는 그 골목길 위에 아무렇게나 부려 놓은 세간살이들은 왠지 이물스런 느낌을 주었다. 그것들은 지금까지 흔히 보고 느껴 오던 바와는 사뭇 다른 모양이요, 빛깔이었다. 아마도 이웃인 듯한, 낯선 사람 몇이 아버지와 어머니의 바쁜 일손을 거들고 있었다.

나는 판자벽을 기대고 웅크려 앉았다. 물맛이 어떠했던가를 생각해 보려 했지만 도무지 기억에 남아 있지 않았다. 가슴이 답답하고 머리가 어지러웠다. 속이 메스껍기도 했다. 눈앞의 사물들이 자꾸만 이물스레 출렁거렸다. 이사를 왔다, 하고 나는 막연한 기분으로 중얼댔다. 그래. 도시로 이사를 왔다. 아주 맥 풀린 하품을 토해 내며 새삼 주위를 두리번거렸다. 촘촘히 들어앉은 판잣집들, 깡통 조각과 루핑이 덮인 나지막한 지붕들, 이마를 비비대며 길 쪽으로 늘어서 있는 추녀들, 좁고 어둡고 질척한 그 많은 골목들, 타고 남은 코크스 덩어리와 검은 탄가루가 낭자하게 흩어져 있는 길바닥들, 온갖 말씨와 형형색색의 입성을 어지러이 드러내고 있는 주민들, 얼굴도 손도 발도 죄다 까맣게 탄 아이들…… ⓑ 나는 자꾸만 어지럼증을 탔고, 급기야는 속엣것을 울컥 토해 놓고 말았다. 딱 한 잔 분량의, 오렌지 빛 토사물이었다.

　세간살이들을 대충 들여놓은 다음에 우리 가족은 이른 저녁을 먹었다. 아니 그것은 때늦은 점심이기도 했다. 어쨌거나 우리 가족이 도시에서 가진 첫 식사였다.

　밥은 오렌지 물을 들이기라도 한 것처럼 노란 빛깔이었다. 물이 나쁜 탓일 거라고 아버지가 말했다. 공동 펌프장에서 길어 온 그 물은 역할 정도로 악취가 심했다.

　"시궁창 바닥에다가 한 자 깊이도 안 되게 박아 놓은 펌프 물이니 오죽할라구요……."

　어머니는 아예 숟갈을 잡을 생각조차 없는 듯 조그만 목소리로 중얼대기만 했다.

　"내다 버린 구싯물을 다시 퍼마시는 거나 다름없지 뭐예요."

　하지만 나는 심한 허기에 시달리고 있던 판이었다. 게다가 어쨌든 귀한 이밥이었다. 식구들 중에서 제일 먼저 한 술을 떠 넣었다. 그러고는 생전 처음 입에 넣어 보는 음식처럼 조심스레 씹었다. 쇳내 같은, 아니 쇠의 녹 냄새 같은 게 혀끝에서 달착지근하게 느껴졌다. 다시 한 숟갈을 퍼 넣었다. 그러자 저 오렌지 빛의 물을 마시고 났을 때처럼 속이 다시 출렁거리기 시작했다.

– 이동하, 「장난감 도시」

21 윗글의 서술 방식에 대한 설명으로 가장 적절한 것은?

① 언어유희를 통해 당시의 세태를 희화화하고 있다.

② 인물이 서술자가 되어 자신의 경험을 서술하고 있다.

③ 요약적 서술을 통해 사건을 긴박감 있게 전개하고 있다.

④ 동시에 벌어지는 사건을 병치하여 주제를 강화하고 있다.

⑤ 공간적 배경의 변화를 통해 인물의 갈등이 해소되는 과정을 보여주고 있다.

22 ㉠～㉤에 대해 이해한 내용으로 적절하지 않은 것은?

① ㉠ : '나'에게 도시는 아무나 쉽게 갈 수 없는 곳으로 막연한 이상과 동경이 투영된 곳이었다.

② ㉡ : 도시가 '나'의 상상보다 실제로는 가까이 있었음을 그동안 미처 알지 못한 것이 스스로 부끄럽게 생각되었다.

③ ㉢ : '나'는 도시에서의 경이로운 체험이 주는 즐거운 흥분을 오래도록 느끼고자 한다.

④ ㉣ : '나'는 뭔가 잘못하였지만 그것이 구체적으로 무엇인지 알지 못해 당혹해 한다.

⑤ ㉤ : 도시의 낯선 생활에 대한 '나'의 실수로 인해 시골 출신이라고 무안당한 '나'의 심리가 나타난다.

23 ⓐ에서의 '나'의 상황에 어울리는 말로 가장 적절한 것은?

① 간에 기별도 안 간다.

② 도랑 치고 가재 잡는다.

③ 바늘 도둑이 소도둑 된다.

④ 쥐구멍에라도 들어가고 싶다.

⑤ 여우를 피하려다 호랑이를 만난다.

24 ⓑ의 이유로 가장 적절한 것은?

① 가족 간 갈등의 조짐이 보이기 시작했기 때문이다.

② 낯선 도시 생활에 대한 적응이 어려웠기 때문이다.

③ 도시의 물과 주변 환경이 비위생적이었기 때문이다.

④ 도시의 위치를 제대로 몰랐던 것을 알게 되었기 때문이다.

⑤ 도시를 두려워해 피하기만 한 자신이 부끄러웠기 때문이다.

25 〈보기〉를 참고해 윗글을 이해한 내용으로 적절하지 <u>않은</u> 것은? [3점]

─── 〈보기〉 ───

「장난감 도시」는 시골에서 도시로 이사 온 소년의 이야기이다. 이 작품에는 이주 초기에 소년 '나'가 여러 가지 사건을 겪으면서 도시에 대해 갖는 인상과 감정이 시골에서의 추억과 대비되거나, 어떤 사건을 경험하기 전과 후의 심리 변화가 다채롭게 표현되어 있다.

① 시골집에서는 아무렇지도 않게 생각되던 세간살이들이 이사 와서 보니 촌스럽고 보잘 것없게 느껴졌다.

② 도시에 와서 첫 끼니로 시골에서는 귀했던 이밥을 지었으나 시골과 달리 나쁜 물 때문에 밥은 노란색을 띠고 녹 냄새가 났다.

③ 물장수로부터 핀잔을 듣기 전에는 새로운 도시 생활에 신기해졌지만, 핀잔을 들은 후에는 가슴이 답답하고 머리가 어지럽고 속이 메스껍게 되었다.

④ 도시는 급행열차로 하루 낮과 하루 밤이 걸려 닿을 수 있을 것으로 예상했던 것과 달리 털털거리는 짐차로 두세 시간 만에 도착한 사실에 실망했다.

⑤ 시골 교실은 풋풋한 햇살이 비치고 선생님의 낮고 부드러운 목소리가 들리는 곳인 반면, 도시의 판잣집들 주변은 좁고 어둡고 질척한 곳으로 묘사된다.

[26~30] 다음 글을 읽고 물음에 답하시오.

계약을 이행하는 데 드는 비용이 계약 이행으로 당사자들이 얻는 편익보다 더 큰 경우에는 계약을 이행하지 않는 쪽이 더 효율적이다. 다시 말해 계약을 이행하지 않음으로써 사회적 순편익을 더 크게 만드는 경우가 있는데, 이를 '효율적 계약불이행'이라고 한다.

먼저 (가) 사례를 보자. 큰 레스토랑을 개업하려는 A는 한빛조명이란 회사에 2천만 원짜리 샹들리에를 주문하고 한 달 안에 공급받기로 계약을 체결했다. 그는 이 샹들리에에 대해 2천 5백만 원의 가치를 부여하고 있으며, 한빛조명이 이를 생산하는 데 드는 비용은 1천 7백만 원이다. 단, 이 사례에 등장하는 모든 경제주체는 위험 부담에 대해 중립적이라고 가정한다.

A는 계약 이행을 믿고 개업 전단지를 돌렸다. 이 광고에 2백만 원의 비용이 들었는데, 이 비용은 한빛조명이 계약을 이행하지 않아 A가 정한 날에 개업하지 못하면 전혀 쓸모없는 지출이 되고 만다. 그 광고비는 계약이 이행될 것을 믿고 행한 투자라는 의미에서 ㉠ <u>신뢰투자</u>라고 부른다.

만약 한빛조명이 계약을 지켜 정해진 날짜까지 샹들리에를 갖다 주면 A는 이 계약으로부터 3백만 원에 해당하는 순편익을 얻게 된다. 한편 한빛조명은 이 거래로부터 3백만 원의 이윤을 얻을 것이므로, 계약이 이행되었을 경우의 사회적 순편익은 이 둘을 합친 6백만 원이 된다.

그런데 이 둘 사이의 계약 관계에 건축업자 B라는 인물이 끼어들었다. 그는 샹들리에를 급하게 구하고 있어, 최고 2천 8백만 원까지 지불해도 좋으니 구하기만 하면 다행이라고 생각했다. 그는 A에게 배달될 예정인 샹들리에를 발견하고 2천 4백만 원을 줄 테니 그것을 자신에게 팔라고 한빛조명에 제의했다. 만약 한빛조명이 이 제의를 받아들이면 그 회사의 이윤은 7백만 원으로 늘게 된다. 문제는 계약을 위반할 때 A에게 어느 정도의 손해배상을 해 주어야 하느냐에 있다. 그 회사는 계약 위반에서 생기는 추가적인 이윤이 손해 배상액보다 더 크다고 판단되는 경우에만 계약을 위반하려 할 것이기 때문이다.

(가) 사례의 경우, 사회적인 관점에서 볼 때는 원래의 계약이 파기되는 것이 더 효율적이라고 말할 수 있다. A가 아닌 B가 그 샹들리에를 공급받을 때 사회적 순편익이 더 크기 때문이다. 이를 표로 정리하면 다음과 같다.

	구입자의 순편익	한빛조명의 이윤	사회적 순편익
계약 이행 시	A : 300만 원	300만 원	600만 원
계약 불이행 시	A : −200만 원 (신뢰투자분) B : 400만 원	700만 원	900만 원

그렇다면 계약법에 손해 배상의 규칙을 어떻게 정해 놓을 때 이와 같은 효율적 계약불이행이 나타날 수 있을까? 다시 말해 효율적 계약불이행을 가져오기 위해서는 계약 위반 시의 구제 방법을 어떻게 만들어 놓아야 할까? 일반적으로 계약 위반이 일어났을 때 다음 두 가지 원칙 중 하나의 구제 방법이 채택되는 것이 보통이다.

ⓐ 기대손실의 원칙은 계약을 위반한 측이 이로 인해 손해를 본 측에게 만일 계약이 이행되었더라면 누렸을 효용 수준과 동일한 수준의 효용을 보장하는 금액을 배상할 것을 요구한다. 이때 신뢰투자

로 지출한 것은 계약이 이행되어야만 의미를 갖기 때문에 이 부분도 보상을 해 주어야 한다는 점에 유의해야 한다. 반면에 ⓑ 신뢰손실의 원칙은 계약을 위반한 측이 이로 인해 손해를 본 측에게 애당초 그 계약이 맺어지지 않았더라면 누렸을 효용 수준과 똑같은 수준의 효용을 보장할 수 있는 금액을 보상해 줄 것을 요구한다.

계약을 위반하는 측인 한빛조명은 요구되는 손해 배상액이 계약불이행으로 말미암아 회사가 얻게 된 추가적 이윤보다 작으면 계약을 파기할 가능성이 크다. (가) 사례에서 계약을 위반함으로써 한빛조명의 이윤은 4백만 원만큼 증가하게 된다. 만약 요구되는 손해 배상액이 이보다 작으면 한빛조명은 계약을 이행하지 않는 선택을 하게 될 것이다. 따라서 (가) 사례의 경우는 신뢰손실의 원칙이 효율적 계약불이행을 유발한다고 볼 수 있는 반면에, 기대손실의 원칙하에서는 계약이 이행되는 비효율적 결과가 나타난다.

하지만 이 사례만 보고 신뢰손실의 원칙이 언제나 효율적인 계약불이행을 가져다주고, 기대손실의 원칙은 언제나 비효율적인 결과를 유발한다고 속단해서는 안 된다. (가) 사례의 내용 중 약간만 달리하여 (나) 사례를 상정해 보자. 즉 B가 그 샹들리에의 가치를 2천 4백만 원으로 평가하고 있으며, 한빛조명에게 2천 3백만 원을 제의한 것으로 바꾸면, 이번에는 신뢰손실의 원칙이 비효율적인 결과를 가져오게 된다.

(나) 사례에서는 한빛조명이 그 샹들리에를 B에게 팔면 6백만 원의 이윤을 얻는데 이는 계약을 이행했을 때 얻을 수 있는 이윤보다 3백만 원이 증가한 금액이다. 이 경우의 사회적 순편익은 B의 순편익 1백만 원에 한빛조명의 이윤 6백만 원을 더한 것에서 A의 신뢰투자 지출액 2백만 원을 빼어 구한 5백만 원이 된다. 그런데 계약 이행 시의 사회적 순편익은 (가)와 마찬가지로 6백만 원이 된다. 따라서 이와 같은 상황에서는 계약을 이행하는 것이 더 효율적이다.

그런데 한빛조명은 기대손실의 원칙하에서 손

해 배상액이 계약파기로 증가하는 이익보다 크므로 계약을 그대로 이행하기로 결정한다. 그러나 신뢰손실의 원칙하에서는 손해 배상액이 계약 파기로 증가하는 이익보다 작으므로 계약을 이행하지 않는 비효율적 결과가 나타난다. 즉 이제는 기대손실의 원칙이 효율적인 결과를 가져오는 상황으로 반전된 것이다.

26 윗글의 내용 전개 방식으로 가장 적절한 것은?

① 통계 자료를 활용하여 논지의 신뢰성을 강화하고 있다.

② 다양한 추론과 해석을 통해 문제의 원인을 규명하고 있다.

③ 가설 검증을 통해 기존의 권위 있는 학설을 비판하고 있다.

④ 서로 다른 주장과 사례를 비교해 근거의 타당성을 평가하고 있다.

⑤ 개념 정의와 예시를 통해 이해를 돕고 질문을 통해 설명의 범위를 확장하고 있다.

27 ㉠에 해당하는 사례로 가장 적절한 것은?

① 백혈병 환우 돕기 캠페인에 참여하여 헌혈하는 경우

② 유동 인구가 많은 곳에 편의점을 임대하고 점포세를 받는 경우

③ 땅값이 오르고 있다는 지인의 조언을 듣고 부동산을 매입하는 경우

④ 조카에게 게임기를 사 주겠다며 친구와 사이좋게 지내라고 당부하는 경우

⑤ 방학 동안 해외에 있는 친구의 집을 빌려 쓰기로 하고 비행기표를 미리 구입하는 경우

28 윗글에서 계약 위반 시의 구제 방법으로 ⓐ와 ⓑ를 채택했을 때, '한빛조명'이 'A'에게 보상해 주어야 할 금액은? [3점]

	ⓐ	ⓑ
①	5백만 원	2백만 원
②	5백만 원	3백만 원
③	7백만 원	2백만 원
④	7백만 원	3백만 원
⑤	7백만 원	5백만 원

29 (가) 사례에 대한 이해로 적절하지 <u>않은</u> 것은?

① 효율적 계약불이행이 일어날 수 있는 사례가 된다.

② 계약불이행 시의 사회적 순편익은 B의 순편익과 한빛조명의 이윤을 더한 값이다.

③ 계약이 이행되었을 때의 사회적 순편익인 6백만 원보다 계약 불이행 시의 사회적 순편익이 더 크다.

④ 계약불이행 시의 한빛조명의 이윤은 B가 제안한 2천 4백만 원에서 샹들리에 제작비 1천 7백만 원을 뺀 것이다.

⑤ 계약불이행 시 B의 순편익은 샹들리에 구입에 지불할 용의가 있었던 2천 8백만 원에 샹들리에 구입을 제안한 금액인 2천 4백만 원을 뺀 것이다.

30 윗글을 읽고 추론한 내용으로 적절하지 <u>않은</u> 것은?

① 두 손해 배상 원칙 모두 과다한 신뢰투자를 유발할 수 있다는 문제점이 있다.

② 기대손실의 원칙하에서는 계약의 불이행이 효율적인데도 이행하게 되는 경향이 있다.

③ 어떤 손해 배상의 원칙이 효율적인 결과를 가져오는지는 주변여건에 따라 달라지지 않는다.

④ 신뢰손실의 원칙하에서는 과다한 계약 파기 혹은 과소한 계약이행의 문제가 발생할 수 있다.

⑤ 계약의 모든 당사자들은 위험 부담에 대해 선호하거나 기피하지 않고 화폐액의 기대치만을 기준으로 계약을 진행하고 있다.

[31~35] 다음 글을 읽고 물음에 답하시오.

(가)

어름 우희 댓닙 자리 보와 님과 나와 어러 주글만뎡
어름 우희 댓닙 자리 보와 님과 나와 어러 주글만뎡
정(情)둔 오놄 밤 더듸 새오시라 더듸 새오시라

경경(耿耿) 고침샹(孤枕上)애 어느 ᄌ미 오리오
셔창(西窓)을 여러ᄒ니 도화(桃花) ㅣ 발(發)ᄒ두다
도화는 시름업서 쇼츈풍(笑春風)ᄒᄂ다 쇼츈풍ᄒᄂ다

넉시라도 님을 ᄒ듸 녀닛 경(景) 너기더니
넉시라도 님을 ᄒ듸 녀닛 경(景) 너기더니
벼기더시니 뉘러시니잇가 뉘러시니잇가

올하 올하 아련 비올하
여흘란 어듸 두고 소해 자라 온다
소콧 얼면 여흘도 됴ᄒ니 여흘도 됴ᄒ니

남산(南山)애 자리 보와 옥산(玉山)을 벼여 누어
금슈산(錦繡山) 니블 안해 샤향(麝香) 각시를 아나 누어
남산애 자리 보와 옥산을 벼여 누어
금슈산 니블 안해 샤향 각시를 아나 누어
약(藥)든 ᄀᄉᄆ을 맛초ᄋᆸ사이다 맛초ᄋᆸ사이다

아소 님하 원딕평싱(遠代平生)에 여힐ᄉᆞᆯ 모르ᄋᆸ새

— 작자 미상, 「만전춘별사」

(나)

[A]
┌ 이화우(梨花雨) 흩날릴 제 울며 잡고 이별한 님
│ 추풍낙엽(秋風落葉)에 저도 나를 생각는가
└ 천 리(千里)에 외로운 꿈만 오락가락 하괘라

— 매창

[B]
┌ 뫼ㅅ버들 가려 걲어 보내노라 님의손대
│ 자시는 창 밖에 심어두고 보소서
└ 밤비에 새 잎 곧 나거든 나인가도 여기소서

— 홍랑

(다)

인간 이별 만사 중에 독수공방(獨守空房)이 더욱 섧다
㉠ 상사불견(相思不見) 이내 진정(眞情)을 제 뉘라셔 알리
매친 시름 이렁저렁이라 흐트러진 근심 다 후리쳐
던져두고 자나 깨나 깨나 자나 임을 못 보니 가슴이 답답
어린 양자(樣姿)* 고운 소리 눈에 암암(黯黯) 귀에 쟁쟁(錚錚)
보고지고 임의 얼굴 듣고지고 임의 소리
비나이다 하느님께 임 생기라 비나이다
전생차생(前生此生) 무슨 죄로 우리 둘이 생겨나서
죽지 마자 하고 백년기약
만첩청산을 들어간들 어느 우리 낭군이 날 찾으리
㉡ 산은 첩첩하여 고개 되고 물은 충충 흘러 소(沼)

가 된다

오동추야(梧桐秋夜) 밝은 달에 임 생각이 새로 난다

한번 이별하고 돌아가면 다시 오기 어려워라

ⓒ 천금주옥(千金珠玉) 귀 밖이요 세사(世事) 일부

(一富) 관계하랴

…(중략)…

일조(一朝) 낭군 이별 후에 소식조차 돈절(頓絶)하니

오늘이나 들어올까 내일이나 기별 올까

일월무정(日月無情) 절로 가니 옥안운빈공로(玉顔

雲鬢空老)*로다.

이내 상사(相思) 알으시면 임도 나를 그리리라

ⓔ 적적(寂寂) 심야(深夜) 혼자 앉아 다만 한숨 내

벗이라

일촌간장(一寸肝腸) 구비 썩어 피어나니 가슴 답답

ⓜ 우는 눈물 받아내면 배도 타고 아니 가랴

피는 불이 일러나면 임의 옷에 당기리라

사랑겨워 울던 울음 생각하면 목이 멘다

– 작자 미상, 「상사별곡」

*양자 : 앳된 얼굴.

*옥안운빈공로 : 고운 얼굴과 머리술 풍성하던 젊은 여인이 헛되이

늙음.

31 (가)~(다)의 공통점으로 적절하지 <u>않은</u> 것은?

① 임과의 이별 상황에서 임을 향한 애절한 목

소리가 담겨 있다.

② 화자와 임 사이의 정서적 또는 물리적 거리

감이 드러나 있다.

③ 임 소식이 없어 답답해하는 화자의 일방향

적인 감정이 드러나 있다.

④ 상심에서 벗어나 사태를 객관적으로 파악하

려는 화자의 태도가 나타나 있다.

⑤ 임에 대한 추억 또는 원망의 감정이 가장 고

조되는 시간을 '밤'으로 설정하고 있다.

32 (가)~(다)의 표현상 특징으로 가장 적절한 것은?

① (가)의 '어러 주글만뎡'과 (나)의 '천 리(千里)

에'는 과장적 표현을 반복하여 화자의 심정

을 고조하고 있다.

② (가)의 '아련 비올하'와 (다)의 '피는 불이 일

러나면'은 풍자적 기법을 활용하여 교훈의

효과를 높이고 있다.

③ (나)의 '보내노라 님의손대'와 (다)의 '듣고

지고 임의 소리'는 어순 도치를 통해 화자의

가치관을 강조하고 있다.

④ (나)의 '추풍낙엽'과 (다)의 '오동추야'는 시

간과 자연물을 활용하여 화자의 심정을 드

러내고 있다.

⑤ (나)의 '새 잎 곧 나거든'과 (다)의 '일촌간장

구비 썩어'는 과거와 현재를 대비하여 화자

의 처지를 부각하고 있다.

33 (가)와 (나)를 이해한 것으로 적절하지 <u>않은</u> 것은?

① (가)의 2연에서 '도화'는 화자와 대비되어 화

자의 마음을 아프게하는 객관적 상관물이다.

② (가)의 3연에서 '넉시라도 님을 흔딕' 는 이

별 전에 임과 화자가 함께 약속한 것이다.

③ (가)의 5연에서 '옥산'과 '금슈산'은 임과의

만남을 기대하며 상상해 낸 공간이다.

④ (나)의 [A]에서 '외로운 꿈'과 '오락가락'은

임과의 재회가 어려울 것이라는 화자의 심

리를 드러내고 있다.

⑤ (나)의 [B]에서 '뫼ㅅ버들 가려 겪어'는 임에 대

한 화자의 원망을 행동으로 보여 주고 있다.

34 (다)의 ㉠~㉤을 이해한 것으로 적절하지 않은 것은? [3점]

① ㉠ : 작품 전체의 내용과 주제를 압축적으로 제시해 놓고 있다.

② ㉡ : 산과 물의 속성을 활용해 화자의 고립감을 부각하고 있다.

③ ㉢ : 화자가 임과 이별하게 된 이유를 간접적으로 드러내고 있다.

④ ㉣ : '적적', '혼자'는 '한숨'의 의미와 이유를 강조하고 있다.

⑤ ㉤ : 임을 향한 화자의 연정을 과장되게 나타내고 있다.

35 〈보기〉를 참고해 (가)의 형식상 특징을 설명한 것으로 적절하지 않은 것은?

〈보기〉

「만전춘별사」는 신라와 고려 시대 시가 갈래의 형식에 영향을 받아 만들어졌다고 보기도 한다. 기존 시가 갈래로는 분연체이면서 '위~경(景) 긔 엇더ᄒᆞ 니잇고'가 반복되는 경기체가, 감탄사나 3단 구성이 보이는 10구체 향가, 시조, 향가계 고려 속요, 그리고 분연체와 후렴구가 두드러진 고려 속요 등이 있다. 향가계 고려 속요에는 「정과정」과 「도이장가」 2편이 있는데, 이중 '넉시라도 님은 ᄒᆞᆫ딩 녀겨라 아으' 표현으로 대표되는 「정과정」은 충신연주지사의 시초이다.

① 제2연과 제5연에는 시조의 4음보 율격이 드러나 있다.

② 제2연과, 반복되는 부분을 뺀 제5연은 시조의 3단 구성과 유사하다.

③ 제3연의 '넉시라도 님을 ᄒᆞᆫ딩'는 향가계 고려 속요에도 등장한다.

④ 제3연에서 '녀닛 경(景) 너기더니'는 경기체가의 양식적 특징과 유사하다.

⑤ 제6연의 '아소 님하'는 고려 속요에서 연과 연 사이에 발견되는 후렴구이다.

[36~40] 다음 글을 읽고 물음에 답하시오.

21세기에 인간은 자연 선택의 법칙을 깨면서 스스로의 한계를 초월하는 중이다. 40억 년에 걸쳐 이어져 온 자연 선택이라는 구(舊) 체제가 오늘날 완전히 다른 종류의 도전에 직면하고 있다. 전 세계의 실험실에서 과학자들은 살아 있는 개체의 유전자를 조작해 원래 해당 종에게 없던 특성을 제공하는 ㉠ 생명 공학을 통해 자연선택의 법칙을 위반하는 중이다. 이외에도 자연 선택을 지적 설계로 대체하는 기술로는 사이보그 공학, 비유기물 공학 등이 있다.

사이보그 공학에서 말하는 사이보그는 생물과 무생물을 부분적으로 합친 존재로, 생체 공학적 의수(義手)를 지닌 인간이 그 하나의 예이다. 어떤 의미에서 우리는 거의 모두가 생체 공학적 존재이다. 타고난 감각과 기능을 안경, 심장 박동기, 의료 보장구, 그리고 ㉡ 컴퓨터와 스마트폰으로 보완하고 있기 때문이다. 우리는 지금 진정한 사이보그가 되려는 경계선에 아슬아슬하게 발을 걸치고 있다. 이 선을 넘으면 우리는 신체에서 이러한 보완기를 떼어낼 수 없으며 우리의 능력, 욕구, 성격, 정체성이 달라지게 하는 비유기물적 속성을 갖게 될 것이다.

인간 역시 사이보그로 변하는 중이다. '망막 임플란트'라는 회사는 시각 장애인이 부분적으로라도 볼 수 있도록 망막에 삽입하는 장치를 개발 중이다. 환자의 눈에 작은 마이크로칩을 삽입하는 게 핵심이다. 마이크로칩을 활용해 광세포의 역할을 보완할 수 있기 때문이다. 광세포는 감각 수용체로서, 눈에 비치는 빛을 흡수해 이를 전기 신호로 바꾸는 역할을 한다. 이 전기 신호는 망막의 손상되지 않은 신경 세포로 전달되고, 이 신호는 뇌로 전송된다. 뇌는 이 전기 신호를 번역해 무엇이 보이는지를 파악한다. 현재 이 기술은 환자들이 방향을 정하고 문자를 식별하며 심지어 얼굴을 인식하게 해 줄 정도로 발전했다. 한편, 현재 진행되는 프로젝트 중에 가장 혁명적인 것은 뇌와 컴퓨터를 직접 연결하는 방법을 고안하려는 시도다. 컴퓨터가 인간 뇌의 전기 신호를 읽어내는 동시에 뇌가 읽을 수 있는 신호를 내보내는 것이 목표다. 이런 인터페이스가 뇌와 컴퓨터를 직접 연결한다면, 혹은 여러 개의 뇌를 직접 연결한다면 어떻게 될까? 그렇게 해서 일종의 뇌 인터넷을 만들어 낸다면? 만일 뇌가 집단적인 기억 은행에 직접 접속할 수 있게 된다면 인간의 기억, 의식, 정체성에는 어떤 일이 일어날까? 그런 상황이 되면 가령 한 사이보그가 다른 사이보그의 기억을 검색할 수 있을 것이다. 그러면 마치 자신의 것인 양 기억하게 된다. 뇌가 집단으로 연결되면 자아나 성 정체성 같은 개념은 어떻게 될까? 어떻게 스스로를 알고 자신의 꿈을 좇을까? 그 꿈이 자신의 기억 속이 아니라 모종의 집단 기억 저장소에 존재한다면 말이다.

그리고 자연 선택의 법칙을 바꾸는 또 다른 방법은 완전히 무생물적 존재를 제작하는 것이다. 유전적 프로그래밍은 컴퓨터 과학에서 가장 흥미로운 분야인데, 유전자의 진화를 모방하려 노력하고 있다. 많은 프로그래머가 창조자에게서 완전히 독립한 상태로 학습, 진화할 능력을 갖춘 프로그램을 창조하는 꿈을 꾼다.

이 경우 프로그래머는 원동력이자 최초로 움직인 자가 되겠지만, 그 피조물의 진화는 아무 방향으로나 자유롭게 이뤄질 것이다. 프로그램 작성자를 포함해 어느 누가 마음속에 그렸던 방향과도 전혀 상관없이 말이다.

이런 프로그램의 원형은 이미 존재한다. 바로 컴퓨터 바이러스다. 컴퓨터 바이러스는 포식자인 백신 프로그램에 쫓기는 한편, 사이버 공간 내의 자리를 놓고 다른 바이러스들과 경쟁하면서 스스로를 수없이 복제하며 인터넷을 통해 퍼져 나간다. 그 복제 과정에서 어느 날 실수가 일어나면, 컴퓨터화한 돌연변이가 된다. 어쩌면 애초에 인간 엔지니어가 무작위적 복제 실수가 일어나도록 프로그램을 ⓐ 짰기 때문일 수도 있고, 아니면 무작위적 오류 탓일 수도 있다. 우연히 이 변종 바이러스가 다른 컴퓨터에 침범하는 능력을 잃지 않으면서 백신 프로그램까지 피하는 능력이 더 우수하다면, 그것은 더 잘 살아남고 번식하게 될 것이다.

미래에 사이버 공간은 새 바이러스들로 가득 찰 것이다. 그렇다면 아무도 일부러 설계하지 않았지만, 무기물로서 스스로 진화를 거친 개체들은 과연 살아 있는 피조물일까? 그 답은 '살아 있는 피조물'을 어떻게 정의하느냐에 달렸다. 이 바이러스가 유기체 진화의 법칙과 한계와는 전혀 무관한 새로운 진화 과정에 의해 만들어진 것임은 분명한 사실이다.

36 윗글의 내용과 일치하는 것은? [3점]

① 컴퓨터 바이러스는 백신 프로그램을 무력화할 수 있도록 만들어졌다.

② 인간은 성격과 정체성을 바꾸는 비유기물적 속성을 선천적으로 갖고 있다.

③ 컴퓨터는 뇌의 전기 신호를 읽어낼 뿐, 스스로 복제할 수 있는 능력이 없다.

④ 망막의 신경 세포는 외부의 빛을 전기 신호로 바꾸어 뇌에 전기 신호를 보낸다.

⑤ 자연 선택을 지적 설계로 대체한 결과, 인간의 뇌와 컴퓨터를 직접 연결하는 방법이 시도되고 있다.

37 윗글로 미루어 볼 때, ㉠의 예로 적절하지 <u>않</u>은 것은?

① 곰팡이 유전자를 변형해 인슐린을 생성한다.

② 대장균 유전자를 조작해 바이오 연료를 생산한다.

③ 뇌의 신경망을 모방한 컴퓨터 전기 회로를 컴퓨터 안에 심는다.

④ 메머드에서 복원한 DNA를 코끼리 DNA를 제거한 코끼리 수정란에 삽입해 자궁에 넣는다.

⑤ 벌레에서 추출한 유전 물질을 돼지에 삽입해 해로운 지방산을 건강에 이로운 지방산으로 바꿔 준다.

38 윗글로 미루어 볼 때, ㉡을 사이보그 공학의 일부로 보는 이유로 가장 적절한 것은?

① 인간의 생리 기능과 면역계, 수명에 영향을 미치기 때문이다.

② 인간이 자연 선택의 결과로 갖게 된 물리적 힘을 보여 주기 때문이다.

③ 인간의 뇌가 담당해야 하는 자료 저장, 처리의 부담을 덜어 주기 때문이다.

④ 전기적 명령을 해석할 수 있는 생체 공학용 팔의 원시적 형태물이기 때문이다.

⑤ 인간의 뇌가 일상생활에서 데이터를 처리하는 능력의 한계를 알 수 있기 때문이다.

39 윗글을 참고할 때, 〈보기〉의 ㉮에 들어갈 말로 가장 적절한 것은?

〈보기〉

완전히 무생물적 존재를 만들어 내는 비유기물 공학에서 주요하게 연구하는 대상은 독립적인 진화가 가능한 (㉮)이다.

① 전기 신호

② 신경 세포

③ 뇌 인터넷

④ 컴퓨터 프로그램

⑤ 컴퓨터 전자 회로

40 문맥상 ⓐ와 바꿔 쓸 수 있는 말로 적절하지 <u>않</u>은 것은?

① 제작(製作)했기

② 구성(構成)했기

③ 조직(組織)했기

④ 개발(開發)했기

⑤ 활용(活用)했기

[41~45] 다음 글을 읽고 물음에 답하시오.

[앞부분 줄거리] 전라도 남원에 양생이라는 노총각은 일찍이 부모를 여의고 만복사에서 외롭게 지냈다. 젊은 남녀가 절에 와서 소원을 비는 날, 양생은 법당에서 자신에게 좋은 배필을 달라고 소원을 빌며 부처와 저포 놀이 시합을 하여 이긴다. 양생은 외로운 신세를 한탄하며 배필을 얻게 해 달라는 내용의 축원문을 읽던 아름다운 처녀를 만나 절에서 하룻밤을 보낸다.

이때 달이 서산에 걸리며 인적 드문 마을에 닭 울음소리가 들렸다. 절에서 종소리가 울리기 시작하며 새벽빛이 밝아 왔다. 여인이 말했다.

"애야, 자리를 거둬 돌아가려무나."

여종은 "네." 하고 대답하자마자 자취 없이 사라졌다.

여인이 말했다.

"인연이 이미 정해졌으니 제 손을 잡고 함께 가셔요."

양생이 여인의 손을 잡고 마을을 지나갔다. ㉠ 울타리에서 개들이 짖어 댔고 길에는 사람들이 다니고 있었다. 그런데 지나가던 이들은 양생이 여인과 함께 가는 것을 알지 못한 채 다만 이렇게 묻는 것이었다.

"이렇게 일찍 어딜 가시나?"

양생이 대답했다.

"술에 취해 만복사에 누워 있다가 친구 집에 가는 길입니다."

아침이 되었다. 여인이 이끄는 대로 풀숲까지 따라와 보니, 이슬이 흥건한 것이 사람들 다니는 길이 아니었다. 양생이 물었다.

"어찌 이런 곳에 사시오?"

여인이 대답했다.

"혼자 사는 여자가 사는 곳이 본래 이렇지요, 뭐." 여인은 이렇게 우스갯소리를 건넸다.

[A]

이슬 젖은 길 / 아침저녁으로 다니고 싶건만
옷자락 적실까 나설 수 없네.

양생 역시 장난으로 이런 한시(漢詩)를 읊었다.

여우가 짝을 찾아 어슬렁거리니
저 기수(淇水)의 돌다리에 짝이 있도다.
노(魯)나라 길 확 트여 / 문강(文姜)이 쏜살같이 달려가네.

한시를 읊조리고 나서 껄껄 웃었다. 두 사람은 마침내 개녕동에 도착했다. ㉡ 쑥이 들판을 뒤덮었고, 가시나무가 하늘을 가렸다. 그 속에 집 한 채가 있는데, 크기는 작지만 매우 화려했다. …(중략)… 술자리가 끝나고 헤어질 때가 되었다. ㉢ 여인이 양생에게 은그릇을 하나 내주며 이렇게 말했다.

"내일 저희 부모님이 보련사에서 제게 밥을 주

실 거예요. 길가에서 기다리고 계시다가 함께 절에 가서 부모님께 인사를 드렸으면 하는데, 괜찮으시겠어요?"

양생은 그렇게 하겠다고 대답했다.

이튿날 양생은 여인의 말대로 은그릇을 들고 길가에서 기다리고 있었다. 잠시 후, 과연 명문가 여인의 대상(大祥)*을 위한 행차가 보였다. 이들 일행의 수레와 말이 길을 가득 메운 채 보련사에 올라가다가 선비 하나가 그릇을 들고 서 있는 것을 보고는 하인 하나가 이렇게 말했다.

"㉣ 아씨와 함께 묻은 물건을 누가 훔쳐서 갖고 있사옵니다."

주인이 말했다.

"뭐라고?"

하인이 말했다.

"이 선비가 아씨의 그릇을 가지고 있사옵니다."

주인이 말을 멈추고 사정을 묻자, 양생은 앞서 여인과 약속했던 일을 그대로 말했다. 여인의 부모가 놀라 한참을 어리둥절해하더니 이렇게 말했다.

"우리 외동딸이 노략질하던 왜구의 손에 죽었는데 아직 장례를 치르지 못하고 임시로 개녕사 골짜기에 매장했구려. 차일피일 하다 지금껏 장사를 지내지 못한 채 오늘에 이르게 되었소이다. 오늘이 벌써 세상을 뜬 지 두 돌이 되는 날이라 절에서 재(齋)를 베풀어 저승 가는 길을 배웅하려는 참이라오. 청컨대 딸아이와 약속했던 대로 여기서 기다렸다가 함께 절로 와 주셨으면 하오. 부디 놀라지 말아 주었으면 하오."

그렇게 말하고는 먼저 절로 갔다.

양생은 우두커니 서서 여인을 기다렸다. 약속 시간이 되자 ㉤ 여자 한 사람이 여종과 함께 사뿐히 걸어오고 있었다. 과연 기다리던 그 여인이었다. 양생과 여인은 기쁘게 손을 잡고 절로 향했다.

여인은 절에 들어가 부처님께 절하고 하얀 장막 안으로 들어갔다. 여인의 친척들과 절의 승려들은 모두 여인의 존재를 믿지 않았다. 오직 양생의 눈에만 여인이 보였기 때문이다. 여인이 양생에게 말했다.

"음식을 함께 드시지요."

양생이 여인의 부모에게 그 말을 전하자, 부모는 시험해 볼 생각으로 그렇게 해 보라고 했다. 수저 소리만 들릴 따름이었지만, 그 소리는 사람들이 밥 먹을 때와 똑같았다. 부모는 깜짝 놀라 마침내 양생더러 장막에서 함께 자라고 권유했다.

한밤중에 말소리가 낭랑하게 들렸는데, 다른 사람들이 자세히 엿들어 보려 하면 그때마다 말소리가 뚝 그쳤다. 여인의 말은 다음과 같았다.

[B]

"제가 규범을 어겼다는 건 저 역시 잘 알지요. 어려서 『시경』과 『서경』을 읽어 예의범절을 조금은 알고 있사오니, 「건상(褰裳)」*과 「상서(相鼠)」*가 부끄러워할 만한 것인 줄 모르지 않아요. 하오나 오랜 세월 쑥대밭 너른 들판에 버려진 채 살다 보니 마음속에 있던 정이 한번 일어나자 끝내 다잡을 수 없었어요. 며칠 전 절에서 소원을 빌고 불전(佛殿)에 향을 사르며 제 기구한 일생을 한탄하던 중에 문득 삼세의 인연을 이루게 되었지요. 서방님의 아내가 되어 나무 비녀를 꽂고 백 년 동안 시부모님을 모시며 음식 시중에 옷 시중으로 평생 아내의 도리를 다하고 싶었어요. 하지만 한스럽게도 정해진 운명은 피할 수 없고, 이승과 저승의 경계는 넘을 수 없군요. 기쁨이 아직 다하지 않았는데 슬픈 이별이 눈앞에 이르렀어요. 지금 이별하고 나면 다시 만나긴 어렵겠지요. 이별할 때가 되니 너무도 서글퍼 무슨 말을 해야 할지 모르겠어요."

이윽고 여인의 영혼을 떠나보내는데 여인의 울음소리가 끊이지 않았다.

– 김시습, 「만복사저포기」

*대상 : 2년 상을 마치고 탈상(脫喪)하는 제사.
*「건상(褰裳)」: 『시경』에 실린, 자유분방한 여인의 마음을 읊은 노래.
*「상서(相鼠)」: 『시경』에 실린, 예의를 모르는 사람을 풍자한 노래.

41 윗글에 대한 이해로 가장 적절한 것은?

① 여인은 양생의 아내가 되어 함께 살다가 죽음을 맞이했다.

② 여인은 양생에게 자신의 거처를 소개하는 것이 부끄러웠다.

③ 부모는 양생을 만나기 위해 일행을 이끌고 보련사로 향했다.

④ 양생은 아침 일찍 지나가는 이들의 질문에 마지못해 대답했다.

⑤ 양생은 이별의 날에야 여인이 장례 후 저승으로 간다는 사실을 알았다.

42 〈보기〉를 참고해 [A]의 역할을 이해한 것으로 가장 적절한 것은?

〈 보기 〉

애정 전기(傳奇) 소설은 서사와 서정의 교직(交織)이 다른 갈래보다 더 두드러진다. 작품에 한시(漢詩)가 다수 등장하는데, 이때 한시는 여러 서사적 기능을 담당한다. 분위기 조성, 감정 전달, 사상 전달, 대상 묘사는 물론, 등장인물 간 대화를 대신하거나 남녀 간 만남의 매개 역할을 한다.

① 등장인물 간 대화를 대신하고 있다.

② 남녀 주인공의 감정을 위로하고 있다.

③ 남녀 주인공의 첫 만남을 매개하고 있다.

④ 경물을 묘사하여 사건의 결말을 암시하고 있다.

⑤ 이별의 슬픔을 표현하여 주제 의식을 드러내고 있다.

43 윗글의 등장인물에 대한 이해로 적절하지 **않**은 것은?

① 양생이 혼자 살며 부처와 저포 놀이까지 한 것으로 보아 양생의 외로움은 여인과 만나기 위한 필요조건이다.

② 여인의 부모가 양생이 딸과 함께 절로 와 주기를 청한 것으로 보아 그들은 딸이 살아 돌아오기를 소망하고 있다.

③ 여인의 부모는 수저 소리를 듣고 양생을 믿게 되어 그에게 장막에 머물 것을 권했다.

④ 여인이 어릴 적부터 『시경』과 『서경』을 읽었다는 것으로 보아 여인은 명문가 규수로서 소양을 갖춘 인물이다.

⑤ 이승과 저승의 경계를 넘을 수 없어 저승으로 가야 한다는 것으로 보아 여인은 운명론적 세계관을 지니고 있다.

44 ㉠∼㉤에 대해 설명한 내용으로 가장 적절한 것은?

① ㉠은 사건을 이해하는 데 필요한 대상의 특징을 묘사하고 있다.

② ㉡은 공간 묘사를 통해 여인이 처하게 되는 위기 상황을 나타내고 있다.

③ ㉢은 소재를 활용하여 이어지는 사건 전개의 필연성을 강화하고 있다.

④ ㉣은 하인의 말을 통해 양생의 비범한 능력을 부각하고 있다.

⑤ ㉤은 등장인물이 이승의 존재가 아님을 직설적으로 드러내고 있다.

45 [B]를 참고해 윗글을 이해한 것으로 적절하지 **않**은 것은? [3점]

① 명혼(冥婚) 이야기를 통해 결핍 상태인 현실 세계에서 벗어나고픈 남녀 주인공의 욕망을 형상화하고 있다.

② 양생이 간절히 바라던 배필이 귀신이었다는 사실은 양생의 고독이 이 세상에서 해소될 수 없음을 의미한다.

③ 인간적 욕망으로 원통한 죽음을 넘어서고자 하나 실현하지 못하는 데에서 비극적 아이러니를 드러내고 있다.

④ 여인이 규범을 어기면서까지 양생과의 결연을 시도한 것은 현실세계에서의 고달픈 삶을 긍정하는 민중 의식을 보여 준다.

⑤ 양생과 죽은 여인 간에 삼세의 인연이 맺어진 것은 배필을 원했던 여인의 발원이 부처의 도움으로 이루어졌음을 의미한다.

제2교시 영어영역

▶정답 및 해설 56p

[01~05] 밑줄 친 단어의 뜻으로 가장 적절한 것을 고르시오.

01

Tracking stray dogs may soon be easier thanks to the ubiquitous microchip.

① vociferous ② equivocal
③ omnipresent ④ inexorable
⑤ complimentary

02

Through public education, political advocacy, and protests, we also sought to protect open spaces and forests from unscrupulous developers.

① prudent ② abnormal
③ industrious ④ indifferent
⑤ dishonest

03

Individuals who took such action risked being ostracized by their fellow workers.

① bewildered ② rectified
③ inundated ④ permeated
⑤ excluded

04

Stuttering was an embarrassing nemesis that Timothy struggled with throughout his childhood.

① adversary ② catalyst
③ convention ④ prodigy
⑤ zenith

05

As I exchanged banal congratulations with the climbers filing past, inwardly I was frantic with worry.

① affectionate ② aversive
③ ordinary ④ apprehensive
⑤ exaggerated

[06~07] 다음 대화의 빈칸에 들어갈 말로 가장 적절한 것을 고르시오.

06

A : Hey, you know what? Last night, I saw the International Space Station with my own eyes!

B : Really? That's amazing! Is it really possible to see the ISS from Earth?

A : Yes. It looked like a bright star moving across the sky.

B : _____?

A : It moved very quickly, so I could easily tell the difference between it and the stars around it. You can check the location of the ISS on the NASA website if you want to see it.

B : That sounds really neat. I'll try that.

① Would you explain the difference between the ISS and the NASA

② Can you see the star in the center of the clouds

③ What was the purpose of watching the ISS

④ How did you know that it was the ISS

⑤ How far is it from Earth

07

A : What are you doing?

B : I'm looking through a blog about some interesting things.

A : What is so interesting?

B : According to this blog, a monster called Nessie lives in a lake in Scotland.

A : Oh, that's quite interesting, but you'd better not believe it. These kinds of things are not proven.

B : _____.

A : The photos could have been modified. I think it is important to approach things with reasonable suspicion rather than just believing everything that you see.

B : Okay, I'll try to keep that in mind.

① Scientists believed its existence, really

② However, that seems to be my mistake

③ The monster disturbs the order of nature

④ There are lots of photos of Nessie, though

⑤ Yes, they are completely proven to be authentic

2022 기출문제

08 밑줄 친 부분 중, 어법상 틀린 것은?

Mental illness in many ways remains a mystery to us. Some scientists think that it is hereditary. Others think it is caused by a chemical imbalance in the body. Other factors ① considering are a person's environment or perhaps an injury to the brain. Experts have differing opinions as to ② what causes mental illness and different ideas on how to treat it. One method is to place mentally ill people in hospitals and even prisons ③ to separate them from society. Another method is to give medications under the supervision of a psychiatrist to modify behavior. Mentally ill persons under medication often ④ live in supervised housing. Another method of treatment pioneered by Sigmund Freud is psychoanalysis, ⑤ whereby the patient receives many hours of counseling and talk therapy at a psychiatrist's office. The above treatments are often combined.

[09~11] (A), (B), (C)의 각 네모 안에서 문맥에 맞는 낱말로 가장 적절한 것을 고르시오.

09

Some people get (A) nervous/relaxed living placidly and safely. They run as surely toward danger as most people run away from it. They bungee jump, or skid down gravel roads on mountain bikes, or hang by their fingertips from minuscule cracks in the face of cliff, or even quit secure jobs in order to take a chance on some risky venture. They are risk-takers, and scientists have long wondered why they deliberately (B) court/evade loss, injury, or even death. Answers to that question involve a complex interplay of psychological and physiological factors. The key ingredient in the body's physiological response to danger is adrenaline. The body produces this chemical in the center of the adrenal glands atop the kidneys. When a physically or mentally stressful situation (C) arises/disappears, a flood of adrenaline into the blood stream prepares the body to act swiftly and forcefully to protect itself.

	(A)	(B)	(C)
①	nervous	court	arises
②	nervous	evade	disappears
③	relaxed	court	arises
④	relaxed	court	disappears
⑤	relaxed	evade	arises

10

(A) Fleeing/Hunting has been perfected to a fine art, inspiring mythic levels of speed, endurance, and agility in prey species. Plain animals, such as antelopes, gazelles, and zebras, have also learned to measure their attackers' talents against their own. Knowing that lions, leopards, and cheetahs are capable of only short bursts of speed, the hoofed residents rarely (B) idle/panic at the sight of a cat as long as they have running room and a head start. The important thing is to keep an eye out so the predator doesn't "steal the bases" and get close enough for a deadly sprint. Against hunting dogs and wolves, however, prey animals know they can't depend on their endurance alone. Canines are not as fast as cats, but they can run for a long time, long enough to (C) exhaust/invigorate weak, old, or sick prey.

	(A)	(B)	(C)
①	Fleeing	idle	exhaust
②	Fleeing	panic	invigorate
③	Fleeing	panic	exhaust
④	Hunting	panic	invigorate
⑤	Hunting	idle	invigorate

11

If you're thinking your way through a melodic and harmonic combination and you're struggling a little, often the best combinations of these two elements work in (A) contrary/parallel motion. In other words, as your melody rises up, try to make the bass note of the chord progression you're accompanying it with fall. Equally, when your melody line falls, bring the bass notes (and their chords) upwards. This doesn't have to be true for every single melody note and every single chord but, as a rule, (B) implanting/separating the movement between these two parts and imagining a mirror between them—so that movement in one direction prompts movement the other way in the other part—often works well. The reason for this is that the listener likes to hear one part as a melody and the other part as (C) discord/harmony, so that a single line can be identified as carrying 'the tune'. Somehow, this is often easier for the brain if the supporting line is as different as possible from the part playing the melody. [3점]

	(A)	(B)	(C)
①	contrary	separating	harmony
②	contrary	implanting	discord
③	contrary	implanting	harmony
④	parallel	implanting	discord
⑤	parallel	separating	harmony

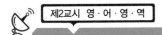
[12~13] 밑줄 친 부분 중, 문맥상 낱말의 쓰임이 적절하지 <u>않은</u> 것을 고르시오.

12   Running a farm in the Middle West today is likely to be a very expensive operation. This is particularly true in the Corn Belt, where the corn that ① <u>fattens</u> the bulk of the country's livestock is grown. The heart of the Corn Belt is in Iowa, Illinois, and Indiana. The soil is extremely ② <u>futile</u>, the rainfall is abundant, and there is a long, warm growing season. All this makes the land extremely valuable. When one adds to the cost of the land the cost of livestock, seed, machinery, fuel, and fertilizer, farming becomes a very expensive operation. Therefore many farmers are ③ <u>tenants</u> and much of the land is owned by banks, insurance companies, or wealthy business people. These owners rent the land out to farmers, who generally provide machinery and labor. Some farms operate on contract to milling companies. The companies buy up farms, put in managers to run them, provide the machinery to farm them, and take the ④ <u>produce</u> for their own use. Machinery is often equipped with electric lighting to ⑤ <u>permit</u> round-the-clock operation.

13   Digital information plays a part in the increasing uncertainty of knowledge. First, the infinitude of information now accessible through the Internet ① <u>dwarfs</u> any attempt to master a subject—it is simply no longer possible to know what is to be known in any area. The response is to focus on ever narrower or more esoteric disciplines or interests, or to admit that all that can be done is to ② <u>sample</u> the field. Second, the stature of knowledge is challenged, because the quality of what can be accessed is often ③ <u>unknown</u>. In the printed book, the signs of quality—publisher, author affiliation, and so on—are usually clearly marked. But the quality of information on the Internet is not always so obvious, sometimes deliberately ④ <u>unveiled</u>, sometimes simplistic but loud. Even the encyclopedic is not guaranteed : Wikipedia bills itself as 'the free encyclopedia that anyone can edit'. Despite the theory that correct material will usually overcome incorrect, there is nevertheless a caveat that knowledge is always ⑤ <u>relative</u>.

14 Songbird House에 관한 다음 글의 내용과 일치하는 것은?

Songbird House opened July 23, 2012 and is located in an historic house built in 1904. While our focus is coffee and tea, you will love our house-made pastries and breakfast sandwiches. We are proud to have a low staff turn-over so that we all personally get to know our customers and in turn, our customers are assured of consistent quality. Sixty percent of the faces we welcome are our regulars, but we have fun meeting a beautiful variety of people from all walks of life every day. No matter who you are, who you love, or where you are in life. Come on in! Business people, students, creatives, nursing mothers—I want you to feel comfortable. Songbird is an extension of your living room.

① Songbird House was a well-known historical site in 1904.

② Breakfast is not offered in Songbird House.

③ New staff members are frequently employed.

④ More than half of the customers visit this cafe regularly.

⑤ Songbird House is a company which renovates living rooms.

15 cobra lily에 관한 다음 글의 내용과 일치하지 않는 것은?

The cobra lily is a unique and eye-catching plant thanks to its dramatic leaves that resemble the heads of cobra snakes. Its curling leaves rise from the base of the plant and round out into hooded foliage. Along with its almost startling appearance, these carnivorous plants feed on insects as well as small vertebrates. Native to North America, the cobra lily is often found growing in distinct groupings in boggy areas that are devoid of nutrition. Their hooded leaves secrete an aroma that attracts insects and then allows the plant to gather fuel from trapping and digesting their prey. Once inside, it's difficult for insects to escape, and the plant will also secrete digestive enzymes to help break down the animal matter. Unlike many other pitcher plants, however, cobra lily plants are not able to collect rainwater to trap prey.

① Its leaves take after the heads of cobra snakes.

② It is eaten by small animals with a backbone.

③ It is often found in marshlands.

④ It attracts insects by secreting a pleasant smell.

⑤ It does not trap prey by gathering rainwater.

[16~17] 다음 글의 제목으로 가장 적절한 것을 고르시오.

16

Its unmistakable smell permeates Seoul subway carriages during the rush hour, and admirers claim it is the healthiest food on the planet. Once valued as a source of vitamin C before the arrival of refrigerators, kimchi now crops up on menus far from its birthplace on the Korean peninsula. The spicy, garlicky cabbage dish is to be found as a pizza topping and taco filling in the UK, Australia and the US. Kimjang, the traditionally communal act of making kimchi, was recently awarded world cultural heritage status by UNESCO. But despite its growing popularity in restaurants from Los Angeles to London, Korea's national dish is in crisis in its country of origin. To kimchi's basic ingredients of napa cabbage, garlic, seasoning and copious amounts of chilli power, we can now add a trade war with China and fears of lasting damage to Korean cultural identity.

① Kimchi : Soaring in Popularity

② How does Kimchi Impact Health?

③ Korea Wins a Trade War Against China

④ Kimjang : Put Forward for UNESCO Award

⑤ Popularity and Crisis of Korea's National Dish

17

Innovative solutions—to prevent, monitor and clean (PMC) marine litter—are necessary to restore healthy oceans and maintain their well-being over time. And again, little is known about how many of these solutions have been developed and implemented, and to what extent they have been effective as information is scattered across platforms and not easily accessible. In a global analysis by Bellou and colleagues, also in *Nature Sustainability*, the researchers identify 177 PMC solutions and find that 106 of them address monitoring; 33 address prevention (mostly via wastewater treatment); only 30 address cleaning. They also find an inconsistent use of litter size terms across the various developers, which required a harmonization effort to assess the type of litter addressed—results show that 137 of the solutions targeted macrolitter. Overall, only few solutions reached technical readiness and no solution was validated for efficiency and environmental impacts. [3점]

① Saving Marine Animals : Target the Microlitter

② A Passive Journey to the Marine Discovery

③ Oceanic Threats to Human Race

④ Want to Heal the Ocean? More Work Needed

⑤ Questioning the Utility of Sea Wastes Recycling

[18~19] 다음 글의 주제로 가장 적절한 것을 고르시오.

18

After observing the "care" given the aged in the United States, I can only conclude that personalization in that culture involves not only the acquisition of certain symbols and statuses, but also the achievement of a series of successes. By that token, an individual who fails or who has lost the capacity to succeed is considered less a person, because he or she has withdrawn from the success mechanism. Old people in the United States, because they have withdrawn or have been displaced from the occupational system, are deprived of the ability to succeed or fail; they are seen as scarcely persons at all—unless they can still symbolize their past success by continued consumption capability. In this way an individual's retention of consumption capability, even after he or she has withdrawn from the success machinery, is taken as an adequate substitute for success, because, through this consumption, an indispensable service is rendered to the economy.

① various strategies of personalization

② a typical misconception about old people

③ problems of aged care in the United States

④ one aspect of personalization in the United States

⑤ contribution of consumption to the United States economy

19

It is simply unclear just how technologies can be inevitable, at least from an ethical perspective, and how they can be autonomous. Some individuals elect to use a given technology; others do not. For any technology, it could be the case that all individuals elect not to use it. A competitor could arise, or moral argument may appear and convince a critical number of people no longer to use a technology. That technology then ceases to be implemented because of individuals' decisions. The technology, or at least its implementation, is thus not inevitable. Insofar as it depends upon individuals' electing to maintain it, it is not autonomous. An effort to fashion an ethics of technology based upon technologies' inevitability and autonomy would not reflect the way that people make choices, much less ethical decisions, nor reflect the entire relationship between individuals and technologies.

① technical critiques against autonomy

② the impact of ethics on the innovative technology

③ how to understand and utilize an ethical technology

④ reasons why people have to publicize their favorite technology

⑤ the destiny of a technology determined by individual choices

[20~22] 다음 글의 요지로 가장 적절한 것을 고르시오.

20

The flood of people—foreign-born and native-born, white and black—fit no single profile. A minority were professionals : businessmen and teachers, doctors and lawyers, priests, ministers, and rabbis. Most were working people who filled the factories, built the homes, scrubbed the floors, and nursed the babies of the well-to-do. These new residents brought more than brawn to the cities, though. They brought their religions, their politics, their institutions, and their art. They jammed the streets on the feast days of their village saints and they emptied them on the Day of Atonement. They opened tiny storefront churches and substantial fraternal lodges. They rushed to vaudeville theaters, where Jewish entertainers honed their craft, and to the ghetto dancehalls, where ragtime bands pushed the boundaries of American music. And they elbowed their way into the cities' public life.

① American frontiers overcame unexpected troubles.

② The perilous damage was begot by the new people.

③ Diverse immigrants engendered the political renaissance.

④ Minor cultures are transformed so as to fit into American public life.

⑤ The immigrants released their own cultures into the American mainstream.

21

The power of apologies as a display of caring lies at the heart of the veritable avalanche of them that we are now seeing in the public sphere. Government, for instance, can demonstrate that they care about a group that was wronged, such as when the United States apologized in 1997 to African-American men who were denied treatment for syphilis as part of a medical experiment. Offering an apology to another country is an effective way to lay the ground work for future cooperation. In the late 1990s, the Czech Republic remained the only European nation with which Germany had not reached a settlement providing restitution for Nazi persecution during World War II. Germany refused to pay Czech victims until the Czechs formally apologized for their postwar expulsion of ethnic

Germans from the Sudetenland. In the interest of receiving both reparations and Germany's support for inclusion in NATO, the Czech government offered the apology in 1997. Germany responded by setting up a philanthropic fund for the benefit of the Czechs, and both NATO and the European Union have invited the Czech republic to join their ranks. [3점]

① Germany did not pay Czech victims until the Czechs expressed apologies for their postwar behavior.

② Apologies help people repair schisms between the rich and the poor countries.

③ Apologies restore equilibrium in domestic and international relations.

④ Apologies are often manipulated to suggest that people let bygones be bygones.

⑤ The United States apologized to African-American men who were denied treatment for syphilis.

22

Nothing is more jarring to the nervous system than repeated interruptions when you're in the midst of concentrating on an important problem. One of the worst mistakes is to get into the habit of taking every phone call no matter what you're doing. A good way to handle the telephone is to concentrate your calls in one time segment, say between nine and ten in the morning or four and five in the afternoon. During that time you take all calls, and call people back who called you. You aren't being rude to refuse a call because you are busy. You are being wise. If you are a victim of the telephone, telephone screening can change your work life.

① Consciously project ease and enjoyment.

② Beware of any lingering fears of success.

③ Become aware of your natural optimum work cycles.

④ Think of success as a process, not a final destination.

⑤ Insulate yourself as much as possible from interruption.

[23~30] 다음 글의 빈칸에 들어갈 말로 가장 적절한 것을 고르시오.

23

You can buy a television at the store so you can watch television at home, but the television you buy isn't the television you watch, and the television you watch isn't the television you buy. Expressed that way, it seems confusing, but in daily life it isn't confusing at all, because we never have to think too hard about what television is, and we use the word *television* to talk about all the various different parts of the bundle : industry, content, and appliance. Language lets us work at the right level of _____ ; if we had to think about every detail of every system in our lives all the time, we'd faint from overexposure. This bundling of object and industry, of product and service and business model, isn't unique to television. People who collect and preserve rare first editions of books, and people who buy mass-market romance novels, wreck the spines, and give them away the next week, can all legitimately lay claim to the label book lover.

① consistency ② literacy
③ ambiguity   ④ discretion
⑤ popularity

24

The situations into which the product of mechanical reproduction can be brought may not touch the actual work of art, yet the quality of its presence is always depreciated. This holds not only for the art work but also, for instance, for a landscape which passes in review before the spectator in a movie. In the case of the art object, a most sensitive nucleus—namely, its authenticity—is interfered with whereas no natural object is vulnerable on that score. The authenticity of a thing is the essence of all that is transmissible from its beginning, ranging from its substantive duration to its testimony to the history which it has experienced. Since the historical testimony rests on the authenticity, the former, too, is jeopardized by reproduction when substantive duration ceases to matter. And what is really jeopardized when the historical testimony is affected is the _____ of the object. [3점]

① authority   ② negativity
③ promotion   ④ performance
⑤ limitation

25

Remember those electrons that are orbiting the nucleus of an atom. Well those electrons contain energy; however, this energy is not always stable. The stability depends on the number of electrons that are within an atom. Atoms are more stable when their electrons orbit in pairs. An atom with an odd number of electrons must have an unpaired electron. When oxygen has one unpaired electron it is known as superoxide. Atoms and molecules such as superoxide that have unpaired electrons are called free radicals. The unpaired electron in free radicals makes the atom or molecule unstable. Electrons in atoms "hate" not existing in pairs. An atom with an unpaired electron wants to become stable again, so it quickly seeks out _____ to "steal" from another atom or molecule. The instability of free radicals is what poses a threat to macromolecules such as DNA, RNA, proteins, and fatty acids.

① other cells   ② powerful energy

③ a stable nucleus   ④ another electron

⑤ nutritious proteins

26

Underlying the issues about the role of self-esteem in language learning are the fundamental concepts of attribution and self-efficacy. Attribution theory focuses on how people explain the causes of their own success and failures. Bernard Weiner describes attribution theory in terms of four explanations for success and/or failure in achieving a personal objective : ability, effort, perceived difficulty of a task, and luck. Two of those four factors are internal to the learner : ability and effort; and two are attributable to external circumstances outside of the learners : task difficulty and luck. According to Weiner, learners tend to explain, that is, to attribute, their success on a task on these four dimensions. Depending on the individual, a number of causal determinants might be cited. Thus, failure to get a high grade on a final exam in a language class might for some be judged to be a consequence of their poor ability or effort, and by others to difficulty of exam, and perhaps others to _____.

① just plain old bad luck

② previous learning experiences

③ excessive self-esteem in language learning

④ using inappropriate teaching methods

⑤ the lack of self-efficacy

27

Black and Hispanic New Yorkers represent 51% of the city's population, yet account for 62% of Covid-19 deaths. They have twice the rate of death compared with whites, when adjusted for age. This disparity likely is the result of several factors. Co-morbid conditions, such as hypertension and diabetes, are strongly associated with death from Covid-19 and are more common in black and Hispanic communities. But what causes high rates of poorly controlled hypertension and diabetes? Lack of appropriate health care. People who cannot easily find good health care for reasons of money, time, location, or trust may be more likely to stay at home undiagnosed and spread the virus— as well as experience potentially fatal delays in diagnosis and treatment. The explanation is the same for New York City as for Italy, New Orleans and probably Iran : _____ in health and health care.

① doctors are reluctant to carry out their roles

② minorities develop an appropriate policy

③ the virus exploits weaknesses

④ we have understood the urgency

⑤ treatments for the variants of Covid-19 require education

28

The sociocultural approach begins by attacking the heart of the problem : What is creativity? To explain creativity, we _____, and this turns out to be surprisingly difficult. All of the social sciences face the task of defining concepts that seem everyday and familiar. Psychologists argue over the definitions of intelligence, emotion, and memory; sociologists argue over the definitions of group, social movement, and institution. But defining creativity may be one of the most difficult tasks facing the social sciences, because everybody wants to believe he's creative. People typically use "creativity" as a complimentary term of praise. It turns out that what gets called creative has varied according to the historical and cultural period. Psychologists have sometimes wondered if we'll ever reach a consensus about creativity, and even whether it is a useful subject for scientific study at all. [3점]

① should establish a set of rules

② first need to agree on what it is

③ must do an extensive research on the word

④ examine the psychological implication of the term

⑤ mostly concentrate on the essence of its meaning

29

Every new tool shapes the way we think, as well as what we think about. The printed word helped make our cognition linear and abstract, along with vastly enlarging our stores of knowledge. Newspapers shrank the world; then the telegraph shrank it even more dramatically. With every innovation, cultural prophets bickered over whether we were facing a technological apocalypse or a utopia. Depending on which Victorian-age pundit you asked, the telegraph was either going usher in an era of world peace or drown us in a Sargasso of idiotic trivia. Neither prediction was quite right, of course, yet neither was quite wrong. The one thing that both apocalyptics and utopians understand and agree upon is that every new technology pushes us toward new forms of behavior while nudging us away from older, familiar ones. Living with new technologies means understanding _____. [3점]

① why they were ignored in the past

② how the telegraph functions properly

③ what innovations should be made in the future

④ what causes technological innovations

⑤ how they bias everyday life

30

A moral argument is often stopped in its tracks when someone refuses to consider a position by saying that '_____'. The implication is that anybody's judgement is as good as anyone else's, and that no one has a right to tell others what to do. The fact that I do not like bananas may be a fact about me, but it has no bearing on what you may enjoy. Similarly, it is implied, if I disapprove of something, that may tell you about me, but it has no relevance to what you should do. The confusion in all this is displayed by the idea that we have no 'right' to tell others what to do. We seem at the same moment to be denying that moral claims can tie everyone down, and asserting that there is at least one moral claim that we should all respect, namely that we ought not to impose our views on others. [3점]

① action speaks louder than words

② I can't agree with you more

③ that is just your opinion

④ we are on the same boat

⑤ never judge a book by its cover

31 다음 글의 빈칸 (A), (B)에 들어갈 말로 가장 적절한 것은?

The nature of the initial attachments we make in life is crucial to our later development and social and emotional experiences. These attachments have a strong influence on any later attachments that we might make. So,   (A) , if an initial attachment has been ambivalent, flicking about between feeling secure and feeling insecure, then such might also be a person's commitment to a group. A person might join an interest group reluctantly, become enthusiastic for a time but constantly be on the alert for social slights or loss of status perceived as brought about by other members of the group. This would lead to a tendency to withdraw.   (B) , a person whose initial attachments were secure might well be attracted in a straightforward way to joining groups and to be reasonably steadfast in membership.

	(A)		(B)
①	for example	······	In comparison
②	for example	······	Hence
③	in fact	······	Nevertheless
④	in addition	······	Therefore
⑤	in addition	······	On the other hand

[32~33] 다음 글에서 전체 흐름과 관계 <u>없는</u> 문장을 고르시오.

32 It is time for a deeper probe in a different setting, entered at a different angle, to a greater depth, and exploring a deeper causation. Why have the creative arts so dominated the human mind, everywhere and throughout history? We will not find the answer in the finest art galleries and symphony halls. ① The innovations of jazz and rock, arising more directly from human experience, will probably give us a better idea of where to excavate. ② Nevertheless, Hollywood composers began experimenting in the vocabularies of jazz and the structuring model of rock. ③ Because the creative arts entail a universal, genetic trait, the answer to the question lies in evolutionary biology. ④ Bear in mind that Homo sapiens has been around about 100,000 years but literate culture has existed for less than a tenth of that time. ⑤ So the mystery of why there are universal creative arts comes down to the question of what human beings were doing during the first nine-tenths of their existence. [3점]

33 To keep from breaking glass, all movement near and on the glass must be parallel (don't put any pressure on the glass when scraping), and always use a pull-type scraper. ① That way if you slip, all the force is away from the glass and it won't break. ② To remove glazing points, hook the sharp edge of the pull-type scraper into their soft metal points and pull them out along with the putty. ③ The glass manufacture corporations have begun to move their factories to some of East Asian countries to reduce the production cost. ④ Double-check to make sure all of the glazing points are removed, and that old putty beside and under the edge of the glass is loose. ⑤ If not, you need another round of heat.

[34~35] 주어진 글 다음에 이어질 글의 순서로 가장 적절한 것을 고르시오.

34

Psychologists and behaviour ecologists think that the ability to learn should be favoured over the genetic transmission of fixed trait when the environment in which an animal lives changes often, but not too often.

(A) In such a case, the environment is stable enough to favour learning, but not so stable as to favour genetic transmission. David Stephens, while agreeing with the above, has challenged the assumptions about environmental stability saying that various types of stability need to be separated.

(B) Information is best passed on by genetic transmission when the environment rarely changes, because such a means of transmission avoids the cost of learning and the environment the offspring encounters is similar to that of their parents. However, if the environment is constantly changing, there is nothing worth learning as what is learnt is completely irrelevant in the next situation.

(C) Past experience, thus, is of no predictive value. Therefore, genetic transmission of a fixed response, rather than a learned response, is favoured. Somewhere, in between an environment that never changes and one that always does, learning is favoured over genetic transmission of a fixed response as it is worth paying the cost of learning. [3점]

① (A) − (C) − (B)　② (B) − (A) − (C)
③ (B) − (C) − (A)　④ (C) − (A) − (B)
⑤ (C) − (B) − (A)

35

One of the more recent theories of creativity is *psychoeconomics*. This may not sound like it applies directly to education, but actually it does help to clarify what needs to be done in the classroom and why there are problems designing education that supports creativity.

(A) Consider, for example, the idea of educational objectives. Educators have only so much time in the school day, and just so many resources, and there is a great deal of accountability in today's schools, at least in the United States.

(B) Additionally, creative thinking is original, so by definition an educator will not know what the result will be if he or she presents an open-ended task that in fact does allow creative thinking. The problem, then, is that the benefits are uncertain and it is difficult to justify the costs (i.e., the investment of time).

(C) This all means that the curriculum must have a clear payoff. Creativity does not. It is often dependent on a student's intrinsic motivation and the self-expression of an individual student.

① (A) − (C) − (B) ② (B) − (A) − (C)

③ (B) − (C) − (A) ④ (C) − (A) − (B)

⑤ (C) − (B) − (A)

36 글의 흐름으로 보아, 주어진 문장이 들어가기에 가장 적절한 곳은?

However, some businesses (for example, small retailers) do not usually find it practical to match each sale to a particular cost of sales figure as the accounting period progresses.

The cost of sales (or cost of goods sold) figure for a period can be identified in different ways. (①) In some businesses, the cost of sales is identified at the time a sale has been made. (②) Sales are closely matched with the cost of those sales and so identifying the cost of sales figure for inclusion in the income statement is not a problem. (③) Many large retailers (for example, supermarkets) have point-of-sale (checkout) devices that not only record each sale but also simultaneously pick up the cost of the goods that are the subject of the particular sale. (④) Other businesses that sell a relatively small number of high-value items also tend to match sales revenue with the cost of the goods sold at the time of the sale. (⑤) They find it easier to identify the cost of sales figure at the end of the accounting period.

[37~38] 다음 글을 읽고, 물음에 답하시오.

On June 23, 1970, I had just been mustered out of the Army after completing my one-year tour of duty in Vietnam. I was a 23-year-old Army veteran on a plane from Oakland, Calif., returning home to Dallas, Texas.

I had been warned about the hostility many of our fellow countrymen felt toward returning Nam vets at that time. There were no hometown parades for us when we came home from that unpopular war. Like tens of thousands of others, I was just trying to get home without incident.

I sat, in uniform, in a window seat, chain-smoking and avoiding eye contact with my fellow passengers. No one was sitting in the seat next to me, which added to my isolation. A young girl, not more than 10 years old, suddenly appeared in the aisle. She smiled and, without a word, timidly handed me a magazine. I accepted her offering, her quiet "welcome home." All I could say was, "Thank you." I do not know where she sat down or who she was with because right after accepting the magazine from her, I turned to the window and wept. Her small gesture of compassion was the first I had experienced in a long time.

That young girl undoubtedly has no memory of what happened years ago. I like to think of her as having grown up, continuing to touch others and teaching her children to do the same. I know she might have been told to give me the "gift" by her mother. Her father might still have been in Vietnam at that point or maybe he had not survived the war. It doesn't matter why she gave me the magazine. The important thing is she did.

Since then, I have followed her example and tried, in different ways for different people, to do the same for them. Like me on that long ago plane ride, they will never know why a stranger took the time to extend a hand. But I know that my attempts since then are all because of that little girl. Her offer of a magazine to a tired, scared andlonely soldier has echoed throughout my life.

37 윗글의 제목으로 가장 적절한 것은?

① Can We Beat the Combat?

② A Small Act of Kindness Matters

③ The Triumph of a Courageous Soldier

④ Pain in the Mind of War Veterans

⑤ In Search of the Little Girl

38 윗글의 내용과 일치하는 것은?

① The narrator has to return to Vietnam in a month.

② The narrator had been one of the military personnel.

③ The narrator was emotionally hurt by the young girl.

④ The young girl had been a good friend of the narrator.

⑤ The young girl followed the narrator's footsteps in her life.

[39~40] 다음 글을 읽고, 물음에 답하시오.

The twentysomething age group is often referred to as the period of emerging adulthood. Some say that being 30 is now equivalent to being age 21 a generation ago. The term *quarterlife crisis* was coined to describe the problems and issues facing twentysomethings. According to recent college graduates, the quarterlife crisis is a "response to overwhelming instability, constant change, too many choices, and a panicked sense of helplessness." Indecision and apprehension are common companions during this period. On leaving the protective spheres of family and college, twentysomethings encounter disorientation and confusion regarding identity, career choices, living arrangements, establishing independence, discovering and harnessing a life passion, and creating new social networks. Having little experience at making major life decisions and accepting responsibility for them places twentysomethings in a transition zone of trying to find guideposts on what to do, where to go, and who to be. It is a time of _____, making premature resolutions, and sometimes paralysis due to indecision.

39 윗글의 제목으로 가장 적절한 것은?

① Twentysomethings in Their Heyday

② The Hot−blooded Youth of the Twenties

③ Challenges : What the Emerging Adult Faces

④ Infinite Possibilities of Twentysomethings

⑤ A Mind of Steel in the Twenties

40 윗글의 빈칸에 들어갈 말로 가장 적절한 것은?

① body and soul   ② cause and effect

③ pride and joy   ④ pros and cons

⑤ trial and error

[41~42] 다음 글을 읽고, 물음에 답하시오.

The response to mother figure is called filial imprinting. The range of objects which can elicit approach and attachment in young birds (a) are very large. Stimuli for imprinting may be visual, auditory or olfactory. There seems to be no limit to the range of visual stimuli. Movements help to catch attention like flashing lights. A stationary object will attract young birds (b) provided it is contrasting with its background.

Auditory stimuli are found to be attractive to many young birds. For example, in mallard ducklings, sound is very important to induce following the mother figure. Wood-ducks nest in holes in trees. The call of the mother from the water outside the nest hole induces the young ones (c) to approach the mother in spite of the fact that they have not seen her properly.

An example of odor stimuli is provided by the 5 to 14 day old baby shrews. These baby shrews become imprinted on the odor of the individual mother that is nursing them. Young shrews form a caravan early in life, having learned the odor of their mother, (d) <u>which</u> they will follow. When 5 or 6 day old shrews are provided with a substitute mother of another species, the odor of this caretaker mother becomes imprinted upon them.

Later, when the shrews are 15 days old, they are returned back to their real mother. It was seen that these siblings do not follow her and do not form the caravan like chain on any siblings that (e) <u>were left</u> with the real mother. However, they followed a piece of cloth impregnated with the odor of their caretaker mother, a response that demonstrates that young shrews become imprinted with the

_____.

41 밑줄 친 (a)~(e) 중에서 어법상 틀린 것은?

① (a)   ② (b)

③ (c)   ④ (d)

⑤ (e)

42 윗글의 빈칸에 들어갈 말로 가장 적절한 것은? [3점]

① time spent in following their caretaker mother

② odor of whoever nurses them when they are young

③ call of their caretaker mother before they leave their nest

④ amount of visual attention paid to their real mother

⑤ care of their real mother when they grow up

[43~45] 다음 글을 읽고, 물음에 답하시오.

(A) "Are you carrying any fruit or handguns?"

"Sure, I've got three kilos of kiwis in the trunk, and she has a .44 magnum in her purse."

No, that's not what I say to the border guard. It's best not to joke with these guys. They don't have much of a sense of humor, and they like to tear cars apart. Border guards make me nervous. I feel better as soon as I'm beyond those expressionless eyes and frozen faces.

(B) The rain slashes sideways, driving me back inside under an awning I try to use for cover. The ferry is starting to sway. Margaret tells a story of a ferry ride she once took from Sicily to Malta when she got seasick from diesel fumes and waves. Some kids are running toy cars up and down the plastic seats. Through rain mottle windows the mountaintops are obscured in mist. Soon we're pulling into the dock on the far side. Cars file off the ferry, and we heard the last nine miles to the hot springs. Admission is $4.00 Canadian.

(C) It winds along Kootenai Lake for fifty miles with only about three spots for cars to pass the whole way. We're the last car to board. Nautical looking workers in navy blue direct us to a parking space on the lower deck. We climb steep stairs to the passenger level. The wind and rain gain intensity as the ferry pulls away from the dock and heads across the lake. I step outside on the deck, but only for a minute.

(D) But a trip to Ainsworth is worth facing a hundred border guards. Ainsworth Hot Springs. I've been wanting to go for years now. Everyone I know has been there. It's gotten to the point where I feel deprived whenever anyone starts talking about Ainsworth. So off my friend Margaret and I go on a cold, rainy November Tuesday—not a bad day for hot spring. A few miles into Canada the road changes.

(E) There aren't any locker; each of us gets a plastic bag to put our clothes in, which we check with a clerk who gives out velcro wristbands with claim numbers on them. Mine is 38. Rain dots my body as I head out to the pool. The big pool is warm—a good place to get psyched-up for the hotter pool above and the caves. The caves! That's what makes Ainsworth so unique. We paddle back into the mountainside following the hot water to its source. Dim lights reveal an incredible scene.

43 주어진 글 (A)에 이어질 내용을 순서에 맞게 배열한 것으로 가장 적절한 것은?

① (B) − (D) − (C) − (E)

② (B) − (D) − (E) − (C)

③ (D) − (C) − (B) − (E)

④ (D) − (C) − (E) − (B)

⑤ (E) − (C) − (D) − (B)

44 윗글에 나타난 Ainsworth에 대한 화자의 심경 변화로 가장 적절한 것은?

① relieved → tensed

② determined → excited

③ frightened → amazed

④ regretful → committed

⑤ dejected → uninterested

45 윗글의 내용과 일치하지 않는 것은?

① The narrator did not have a casual talk with the border guard.

② Ainsworth was nine miles away from the Canadian border.

③ The travelers faced heavy rain and wind on the ferry.

④ Margaret went to the trip with the narrator.

⑤ The cave was the point that made Ainsworth distinctive from other hot springs.

제3교시 수학영역

[01~20] 각 문항의 답을 하나만 고르시오.

01 두 양수 a, b가

$$\log_b a + \log_a b = \frac{26}{5}, \ ab = 27$$

을 만족시킬 때, $a^2 + b^2$의 값은? (단, $a \neq 1$, $b \neq 1$) [3점]

① 240   ② 242

③ 244   ④ 246

⑤ 248

02 삼각형 ABC에서 선분 BC의 길이가 3이고

$$4\cos^2 A - 5\sin A + 2 = 0$$

일 때, 삼각형 ABC의 외접원의 반지름의 길이는? [3점]

① $\frac{3}{2}$ ② 2

③ $\frac{5}{2}$ ④ 3

⑤ $\frac{7}{2}$

03 수직선 위를 움직이는 점 P의 시각 $t(t \geq 0)$에서의 속도 $v(t)$가

$$v(t) = at^2 + bt \ (a, b는 상수)$$

이다. 시각 $t=1$, $t=2$일 때, 점 P의 속도가 각각 15, 20이다.
시각 $t=1$에서 $t=5$까지 점 P가 움직인 거리는? [3점]

① $\frac{166}{3}$ ② 56

③ $\frac{170}{3}$ ④ $\frac{172}{3}$

⑤ 58

04 다항함수 $f(x)$가 다음 조건을 만족시킬 때, $f(2)$의 값은? (단, a는 0이 아닌 상수이다.) [3점]

> (가) $\displaystyle\lim_{x \to \infty} \frac{f(x) - ax^2}{2x^2 + 1} = \frac{1}{2}$
>
> (나) $\displaystyle\lim_{x \to 0} \frac{f(x)}{x^2 - ax} = 2$

① 1   ② 2

③ 3   ④ 4

⑤ 5

05 두 양수 a, b에 대하여
$0 \leq \log_2 a \leq 2$, $0 \leq \log_2 b \leq 2$이고
$\log_2(a+b)$가 정수일 때, 두 점 $(4, 2)$와
(a, b)사이의 거리의 최솟값을 m, 최댓값을
M이라 하자. $m^2 + M^2$의 값은? [4점]

① 12   ② 14

③ 16   ④ 18

⑤ 20

06 모든 항이 양수인 등비수열 $\{a_n\}$에 대하여
$$a_1 = 2a_4, \ a_3^{\log_2 3} = 27$$
일 때, 집합 $\left\{ n \ \middle| \ \log_4 a_n - \log_2 \dfrac{1}{a_n} \text{은 자연수} \right\}$
의 모든 원소의 개수는? [4점]

① 4   ② 5

③ 6   ④ 7

⑤ 8

07 실수 k에 대하여 함수
$$f(x) = x^3 + kx^2 + (2k-1)x + k + 3$$의
그래프가 k의 값에 관계없이 항상 점 P를 지
난다.
곡선 $y = f(x)$ 위의 점 P에서의 접선이 곡
선 $y = f(x)$와 오직 한 점에서 만난다고 할
때, k의 값은? [4점]

① 1   ② 2

③ 3   ④ 4

⑤ 5

08 자연수 n과 $\lim\limits_{x \to \infty} \dfrac{f(x) - x^3}{x^2} = 2$인 다항함수
$f(x)$에 대하여 함수 $g(x)$가
$$g(x) = \begin{cases} \dfrac{x-1}{f(x)} & (f(x) \neq 0) \\ \dfrac{1}{n} & (f(x) = 0) \end{cases}$$
이다. $g(x)$가 실수 전체의 집합에서 연속이
되도록 하는 n의 최솟값은? [4점]

① 7   ② 8

③ 9   ④ 10

⑤ 11

09 삼차함수 $f(x)=x^3+x^2$의 그래프 위의 두 점 $(t, f(t))$와 $(t+1, f(t+1))$에서의 접선의 y절편을 각각 $g_1(t)$와 $g_2(t)$라 하자. 함수 $h(t)=|g_1(t)-g_2(t)|$의 최솟값은? [4점]

① $\dfrac{1}{3}$ ② $\dfrac{2}{3}$

③ 1 ④ $\dfrac{4}{3}$

⑤ $\dfrac{5}{3}$

10 두 수열 $\{a_n\}$, $\{b_n\}$이

$$a_n=\sum_{k=1}^{n} k,$$

$$b_1=1, \, b_n=b_{n-1}\times\frac{a_n}{a_n-1}(n\geq2)$$

를 만족시킬 때, b_{100}의 값은? [4점]

① $\dfrac{44}{17}$ ② $\dfrac{46}{17}$

③ $\dfrac{48}{17}$ ④ $\dfrac{50}{17}$

⑤ $\dfrac{52}{17}$

11 그림과 같이 원에 내접하는 삼각형 ABC가 있다. 호 AB, 호 BC, 호 CA의 길이가 각각 3, 4, 5이고 삼각형 ABC의 넓이가 S일 때, $\dfrac{\pi^2 S}{9}$의 값은? [4점]

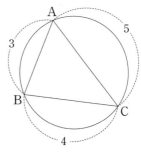

① $2-\sqrt{3}$ ② $\sqrt{3}$

③ $1+\sqrt{3}$ ④ $2+\sqrt{3}$

⑤ $3+\sqrt{3}$

12 다항함수 $f(x)$가 다음 조건을 만족시킬 때, 상수 a의 값은? [4점]

> (가) 모든 실수 x에 대하여
> $$\frac{d}{dx}\left\{\int_1^x (f(t)+t^2+2at-3)dt\right\}$$
> $$=\int_1^x \left\{\frac{d}{dt}(2f(t)-3t+7)\right\}dt$$
> (나) $\displaystyle\lim_{h\to0}\frac{f(3+h)-f(3-h)}{h}=6$

① -1 ② -2

③ -3 ④ -4

⑤ -5

13 실수 $r = \dfrac{3}{\sqrt[3]{4} - \sqrt[3]{2} + 1}$에 대하여

$$r + r^2 + r^3 = a\sqrt[3]{4} + b\sqrt[3]{2} + c$$

일 때, $a+b+c$의 값은? (단, a, b, c는 유리수이다.) [4점]

① 7   ② 9

③ 11   ④ 13

⑤ 15

14 삼각형 ABC에서 $\angle A = \dfrac{2\pi}{3}$이고 $\overline{AB} = 6$이다. $\overline{AC}$와 $\overline{BC}$의 합이 24일 때, $\cos B$의 값은? [4점]

① $\dfrac{19}{28}$ ② $\dfrac{5}{7}$

③ $\dfrac{21}{28}$ ④ $\dfrac{11}{14}$

⑤ $\dfrac{23}{28}$

15 실수 p에 대하여 곡선 $y = x^3 - x^2$과 직선 $y = px - 1$의 교점의 x좌표 중 가장 작은 값을 m이라 하자. $m < a < b$인 모든 실수 a, b에 대하여

$$\int_a^b (x^3 - x^2 - px + 1)\,dx > 0$$

이 되도록 하는 m의 최솟값은? [4점]

① $-\dfrac{1}{2}$ ② -1

③ $-\dfrac{3}{2}$ ④ -2

⑤ $-\dfrac{5}{2}$

16 자연수 n에 대하여 곡선

$$y = n\sin(n\pi x) \quad (0 \le x \le 1)$$

위의 점 중 y좌표가 자연수인 점의 개수를 a_n이라 할 때, $\displaystyle\sum_{n=1}^{10} a_n$의 값은?

[4점]

① 340   ② 350

③ 360   ④ 370

⑤ 380

17 자연수 n에 대하여 함수
$$f(x)=|x^2-4|(x^2+n)$$
이 $x=a$에서 극값을 갖는 a의 개수가 4이상일 때, $f(x)$의 모든 극값의 합이 최대가 되도록 하는 n의 값은? [5점]

① 1   ② 2

③ 3   ④ 4

⑤ 5

18 실수 $t(0<t<3)$에 대하여 삼차함수
$$f(x)=2x^3-(t+3)x^2+2tx$$
가 $x=a$에서 극댓값을 가질 때, 세 점 $(0, 0)$, $(a, 0)$, $(a, f(a))$를 꼭짓점으로 하는 삼각형의 넓이를 $g(t)$라 하자.
$$\lim_{t\to0}\frac{1}{g(t)}\int_0^a f(x)dx$$의 값은? [5점]

① 1   ② $\dfrac{13}{12}$

③ $\dfrac{7}{6}$ ④ $\dfrac{5}{4}$

⑤ $\dfrac{4}{3}$

19 두 함수 $f(x)$와 $g(x)$가
$$f(x)=\begin{cases}\cos x & (\cos x\geq\sin x)\\ \sin x & (\cos x<\sin x)\end{cases},$$
$$g(x)=\cos ax \ (a>0\text{인 상수})$$
이다.

닫힌구간 $\left[0, \dfrac{\pi}{4}\right]$에서 두 곡선 $y=f(x)$와 $y=g(x)$의 교점의 개수가 3이 되도록 하는 a의 최솟값을 p라 하자.

닫힌구간 $\left[0, \dfrac{11}{12}\pi\right]$에서 두 곡선 $y=f(x)$와 $y=\cos px$의 교점의 개수를 q라 할 때, $p+q$의 값은? [5점]

① 16   ② 17

③ 18   ④ 19

⑤ 20

20 최고차항의 계수가 1인 두 이차다항식
$P(x)$, $Q(x)$에 대하여 두 함수
$f(x)=(x+4)P(x)$, $g(x)=(x-4)Q(x)$가 다음 조건을 만족시킨다.

> (가) $f'(-4)\neq0$, $f(4)\neq0$, $g(-4)\neq0$
> (나) 방정식 $f(x)g(x)=0$의 서로 다른 모든 해를 크기순으로 나열한 -4, a_1, a_2, a_3, 4는 등차수열을 이룬다.
> (다) $f'(a_i)=0$인 $i\in\{1, 2, 3\}$은 하나만 존재하고 모든 $i\in\{1, 2, 3\}$에 대하여 $g'(a_i)\neq0$이다.

두 곡선 $y=f(x)$와 $y=g(x)$가 서로 다른 두 점에서 만날 때, 두 교점의 x좌표의 합은? [5점]

① $-\dfrac{1}{2}$ ② $-\dfrac{1}{4}$

③ 0 ④ $\dfrac{1}{4}$

⑤ $\dfrac{1}{2}$

[21~25] 각 문항의 답을 답안지에 기재하시오.

21 방정식 $\log_2(x+4)+\log_{\frac{1}{2}}(x-4)=1$을 만족시키는 실수 x의 값을 구하시오. [3점]

22 이차방정식 $x^2-x-1=0$의 두 근을 α, β라 하자. 수열 $\{a_n\}$이 모든 자연수 n에 대하여

$$a_n=\frac{1}{2}(\alpha^n+\beta^n)$$

을 만족시킬 때, $\displaystyle\sum_{k=1}^{3}a_{3k}$의 값을 구하시오. [4점]

23 최고차항의 계수가 1인 이차함수 $f(x)$에 대하여 함수 $g(x)$는

$$g(x) = \int_{-1}^{x} f(t)dt$$

이다. $\lim\limits_{x \to 1} \dfrac{g(x)}{x-1} = 2$일 때, $f(4)$의 값을 구하시오. [4점]

24 좌표평면 위에 원점을 중심으로 하고 반지름의 길이가 1인 원 C와 두 점 A(3, 3), B(0, −1)이 있다. 실수 $t(0 < t \leq 4)$에 대하여 $f(t)$를 집합 {X | X는 원 C 위의 점이고, 삼각형 ABX의 넓이는 t}의 원소의 개수라 하자. 함수 $f(t)$가 연속하지 않은 모든 t의 값의 합을 구하시오. [4점]

25 두 집합 X, Y를

$X = \{ \{a_n\} \mid \{a_n\}$은 모든 항이 자연수인 수열이고, $\log a_n + \log a_{n+1} = 2n \}$,

$Y = \{ a_4 \mid \{a_n\} \in X \}$

라 하자. 집합 Y의 모든 원소의 합이 $p \times 100$일 때, p의 값을 구하시오. [5점]

If you would thoroughly know anything, teach it to others.
어떤 것을 완전히 알려거든 그것을 다른 이에게 가르쳐라.

– 트라이언 에드워즈(Tryon Edwards)

2024
경찰대학 기출백서

제1교시 국어영역

▶정답 및 해설 84p

01 밑줄 친 ㉠, ㉡의 사례가 올바르게 짝지어진 것은?

〈보기〉

한글 맞춤법의 기본 원리로는 소리대로 적는 ㉠ 표음주의와 어법에 맞도록 적는 ㉡ 표의주의가 있다. 표음주의는 표기가 소리를 그대로 반영하도록 적는 원리이다. 반면 표의주의는 형태를 밝혀 적는 것으로서, 간단히 말하면 동일한 형태소를 고정해서 적는 원리를 말한다.

	㉠	㉡
①	쇠붙이	무르팍
②	쓰레기	달맞이
③	달맞이	쇠붙이
④	코끼리	쓰레기
⑤	무르팍	코끼리

02 〈보기〉를 참고하여 탐구한 내용으로 적절하지 **않은** 것은?

〈보기〉

'의'의 표준 발음

– 'ㅢ'는 이중 모음으로 발음한다.
– 다만(1), 자음을 첫소리로 가진 'ㅢ'는 [ㅣ]로 발음한다. 예 희망[히망]
– 다만(2), 단어의 첫 음절 이외의 '의'는 [ㅣ], 조사 '의'는 [ㅔ]로 발음하는 것도 허용한다. 예 주의[주의/주이], 협의[혀비/혀비], 우리의[우리의/우리에]

① '의식'을 [의식]으로 발음하면 표준 발음이군.
② '너희'를 [너희]로 발음하면 표준 발음이 아니군.
③ '논의'를 [노늬]로 발음하면 표준 발음이 아니군.
④ '의의'를 [으이]로 발음하면 표준 발음이 아니군.
⑤ '너의 (집)'를 [너에]로 발음하면 표준 발음이군.

03 밑줄 친 ㉠의 사례로 적절하지 <u>않은</u> 것은?

───〈보기〉───

　　모음과 모음이 결합할 때에는 여러 가지 음운 변동이 일어날 수 있다. ㉠ 모음 중 하나가 탈락할 수도 있고, 두 모음이 합쳐져 하나의 이중 모음으로 바뀔 수도 있다. 둘 중 어느 변동이 일어나든 모음과 모음이 직접 결합하는 것을 막아 준다.

① 비+어서 → [벼:서]

② 펴+어서 → [펴서]

③ 서+어서 → [서서]

④ 쓰+어서 → [써서]

⑤ 크+어서 → [커서]

04 다음 문장들의 공통점에 대한 설명으로 적절하지 <u>않은</u> 것은?

───〈보기〉───

• 나는 정성껏 만든 선물을 몰래 엄마에게 드렸다.

• 나는 예전에 존경하던 선생님께 편지를 보냈다.

① 세 자리 서술어가 쓰였다.

② 부사가 부사어로 나타난다.

③ 객체를 높이는 형태소가 쓰였다.

④ 관형어로 기능하는 안긴문장이 있다.

⑤ 문법적 관계를 나타내는 품사가 나타난다.

05 ㉠에 속하는 예로 적절한 것은?

───〈보기〉───

　　어근과 어근으로 이루어진 복합어를 합성어라고 한다. 그런데 접사가 포함되어 있는데도 합성어로 분석되는 특이한 경우도 있다. '금목걸이'가 대표적이다. 이 단어에는 접사 '-이'가 결합되어 있지만 '금목걸이'는 파생어가 아닌 합성어이다. '금목걸이'를 둘로 쪼개면 '금'과 '목걸이'가 되는데, 이 둘은 모두 어근 또는 어근의 자격을 지니므로 '금목걸이'에 접사가 포함되어 있지만 파생어가 될 수는 없다. 이처럼 ㉠ 접사가 포함되어 있어도 합성어로 분석되는 경우는 더 존재한다.

① 나뭇가지　　② 병따개

③ 손가락질　　④ 아침밥

⑤ 비웃음

06 〈보기〉에서 설명하는 사례에 속하지 <u>않는</u> 것은?

───〈보기〉───

한글 맞춤법 제18항. 다음과 같은 용언들은 어미가 바뀔 경우, 그 어간이나 어미가 원칙에 벗어나면 벗어나는 대로 적는다.

1. 어간의 끝 'ㄹ'이 줄어질 적

㉑ 갈다 : 가니 간 갑니다 가시다 가오

2. 어간의 끝 'ㅅ'이 줄어질 적

㉑ 긋다 : 그어 그으니 그었다

3. 어간의 끝 'ㅎ'이 줄어질 적

㉑ 그렇다 : 그러니 그럴 그러면 그러오

…

① (가방에) 넣다　　② (울음을) 울다

③ (젓가락을) 젓다　　④ (색깔이) 벌겋다

⑤ (사이를) 잇다

07 밑줄 친 ㉠의 예로 가장 적절한 것은? [3점]

> ──〈보기〉──
>
> 동사 중에 목적어를 필요로 하는 것을 타동사, 그렇지 않은 것을 자동사라고 한다. 하나의 동사는 타동사 또는 자동사로만 쓰이는 것이 일반적이다. 그런데 때로는 ㉠ 동일한 동사가 타동사와 자동사로 모두 쓰이기도 한다. 예컨대 '움직이다'의 경우 '환자가 팔을 움직였다.'에서는 타동사, '환자의 팔이 움직였다.'에서는 자동사로 쓰이고 있다.

① ┌ 그는 사람들에게 천사로 불렸다.
　 └ 그는 갖은 방법으로 재산을 불렸다.

② ┌ 그는 수배 중에 경찰에게 잡혔다.
　 └ 그는 자기 집도 저당으로 잡혔다.

③ ┌ 그가 접은 배가 물에 잘 떴다.
　 └ 그는 집에 가기 위해 자리를 떴다.

④ ┌ 그가 부르던 노랫소리가 그쳤다.
　 └ 그는 하던 일을 갑자기 그쳤다.

⑤ ┌ 그는 품행이 매우 발랐다.
　 └ 그는 손에 연고만 발랐다.

08 빈칸 ㉠에 들어갈 예문으로 적절한 것은?

> ──〈보기〉──
>
> 타다² [타다]
> 활용 타[타], 타니[타니]
> 「동사」
> 1. 【…에】【…을】
> 　탈것이나 짐승의 등 따위에 몸을 얹다.
> 　(예문) 비행기에 타다.
> 2. 【…을】
> 　「1」 도로, 줄, 산, 나무, 바위 따위를 밟고 오르거나 그것을 따라 지나가다.
> 　(예문) 원숭이는 나무를 잘 탄다.
> 　「2」 어떤 조건이나 시간, 기회 등을 이용하다.
> 　(예문) [㉠]
> 　　　　　…

① 썰매를 타려면 장갑을 꼭 끼어야 한다.

② 그는 따뜻한 차를 타서 천천히 마셨다.

③ 사람들은 틈을 타서 도주하려고 했다.

④ 아이들이 놀이 기구를 타러 가고 있다.

⑤ 연이 바람을 타고 하늘로 올라간다.

09 다음 설명을 참고하여 탐구한 결과로 적절하지 않은 것은?

> ──〈보기〉──
>
> 한글 자모 24자 중 모음을 나타내는 글자는 10개(ㅏ, ㅑ, ㅓ, ㅕ, ㅗ, ㅛ, ㅜ, ㅠ, ㅡ, ㅣ)이다. 이것은 훈민정음의 중성자 11자 중 'ㆍ'가 없어진 결과이다. 이 글자들을 제외한 나머지는 10개의 글자들이 합쳐져서 만들어진 복합적인 글자이다. 가령 'ㅐ'는 'ㅏ'와 'ㅣ'의 두 글자가 합쳐진 것이고 'ㅞ'는 'ㅜ, ㅓ, ㅣ'의 세 글자가 합쳐진 것이다.

① 'ᅱ'는 'ᅮ'와 'ㅣ'의 두 글자가 합쳐진 글자이다.

② 'ㅐ'은 'ㅣ'와 'ㅕ'의 두 글자가 합쳐진 글자이다.

③ 'ᅪ'는 'ㅗ'와 'ㅏ'의 두 글자가 합쳐진 글자이다.

④ 'ᅯ'는 'ᅮ'와 'ㅓ'의 두 글자가 합쳐진 글자이다.

⑤ 'ᅫ'는 'ㅗ, ㅏ, ㅣ'의 세 글자가 합쳐진 글자이다.

10 ⊙~⑩ 중 '선혜'를 높이는 말이 <u>아닌</u> 것은? [3점]

〈보기〉

善慧(선혜) 精誠(정성)이 ⊙ 至極(지극)ᄒ
실씩 고지 소사나거늘 조차 블러 사아지라 ⓛ
ᄒ신대 俱夷(구이) 니ᄅ샤ᄃㅣ 大闕(대궐)에 ⓒ
보내ᅀᄫᅡ 부텻긔 받ᄌᄫᆞᆯ 고지라 몯ᄒ리라
善慧(선혜) 니ᄅ샤ᄃㅣ 五百(오백) 銀(은) 도ᄂ
로 다숫 줄기ᄅᆞᆯ 사아지라 俱夷(구이) ⓔ 묻ᄌ
ᄫᆞ샤ᄃㅣ 므스게 ⓜ 쓰시리

[현대역] 선혜가 정성이 지극하시므로 꽃이 솟아나거늘 좇아서 불러 사고 싶다고 하시니, 구이가 이르시되 대궐에 보내어 부처께 바칠 꽃이라 못하리라. 선혜가 이르시되 오백 은 돈으로 다섯 줄기를 사고 싶다. 구이가 물으시되 무엇에 쓰시리?

① ⊙ ② ⓛ

③ ⓒ ④ ⓔ

⑤ ⓜ

[11~14] 다음 글을 읽고 물음에 답하시오.

2018년 미국 크리스티 경매에서 인공 지능 화가 '오비어스'가 그린 「에드몽 드 벨라미(Edmond de Belamy)」라는 초상화가 43만 2천 달러(약 5억 원)에 낙찰되었다. 이 사건은 해묵은 논쟁을 다시 불러일으켰다. 인공 지능이 그린 그림을 예술품이라고 할 수 있을까? 적어도 누군가 돈을 주고 샀으니 예술품인 걸까? 우선 인공 지능이 그린 그림이 팔렸다는 사실 자체는 예술품인지 여부를 판단하는 중요한 근거가 아니라는 것을 말해 두고 싶다. 5억 원이라는 엄청난 액수조차 문제의 핵심은 아니다.

예술의 가치를 돈으로 평가하는 것 자체에 거부감이 있는 사람도 있으리라. 예술에 특별한 의미를 부여하는 사람들에게는 특히 그럴 것이다. 하지만 예술품이 일단 시장에 나오면 그것의 가치는 예술이 아니라 시장이 결정한다. 따라서 인공 지능의 그림이 경매에서 5억 원에 팔렸다는 사실 자체는 뉴스가 아니다. 누군가 이 그림이 앞으로 더 비싼 값에 팔릴 가능성이 있다고 믿었다는 것에 불과하다. 거래에 있어 그림이 진짜 예술품인지 여부는 중요하지 않다. 인공 지능이 만든 작품이 예술품인지 여부는 다른 관점에서 생각해야 한다.

E. H.곰브리치의 『서양미술사』는 이런 문장으로 시작된다. "미술(art)이라는 것은 사실상 존재하지 않는다. 다만 미술가들이 있을 뿐이다." 미술가가 하는 일이 미술이라는 말인데, 그렇다면 미술가는 누구인가? 미술 하는 사람이 미술가니까 결국 자기 참조의 오류에 빠진 것이 아닌가? 곰브리치의 말에는 심오한 의미가 있다고 생각한다. 어떤 결과물이 미술품인지 판단하는 근거는 결과물이 아니라 그 결과물을 만든 주체에 있다는 것이다.

미술가는 반드시 인간이어야 할까? 2005년 '콩고'라는 침팬지가 그린 그림들이 약 2,500달러(약 250만 원)에 팔렸다. 콩고는 1964년에 죽었는데, 살아 있는 동안 수백여 점의 그림을 그렸다고 한다. 앞서 이야기했듯이 콩고가 그린 것이 예술품이냐는 문제에 있어 그림이 팔렸다는 것은 중요하지 않다. 인간이 만든 것만이 예술품이라면, 콩고의 작품은 예술품이 아니다. 하지만 작품은 언제나 작가에 의해 만들어질까?

앤디 워홀은 그의 작품을 직접 제작하지 않았다. 앤디 워홀의 작품이 예술품이라면 기획이나 지시만으로도 예술품이 되는 것은 가능하다. 인간이 주체라면 의도만으로 예술품을 만들 수 있지만, 동물은 자신이 기획하고 직접 제작하더라도 예술품을 만들 수 없다. 동물은 자신이 그린 그림의 지적 재산권도 가질 수 없다. 동물은 인간이 아니기 때문이다.

결과물에 대한 법적 권리가 예술품인지 여부를 판단하는 데 중요한 기준이 될까? 법인(法人)은 인간이 아니지만 인간의 법적 권리를 가질 수 있다. 재단 법인은 소송, 소유, 계약에서 재물(財物)이 인간의 권리를 갖는 것인데, 인간의 모든 권리를 갖는 것은 아니다. 적어도 재단 법인이 그린 미술품은 없다. 하지만 인간은 필요하다면 자신의 권리 일부를 법인이라는 비인간에게 줄 수 있다.

미술가를 인간으로 국한하더라도 인공 지능이 그린 그림은 예술품이 될 수 있다. 인간이 의도를 가지고 인공 지능을 이용하여 작품을 만들면 된다. 아니면 작품이 만들어지는 과정에 인간이 조금이라도 개입하면 된다. 인공 지능은 침팬지와는 비교도 안 되는 수준으로 인간을 흉내 낼 수 있다. 아니, 기술적으로는 웬만한 인간의 수준을 뛰어넘는다. 인공 지능의 작품이 예술품이 되지 못하도록 막는 것은 어쩌면 예술은 인간만이 할 수 있다는 근거 없는 믿음뿐이다. 결국 인공 지능이 그린 그림이 예술품이냐는 질문은 논리나 예술이 아니라 정치적인 문제인지도 모르겠다. 법인과 같이 인간이 자신이 가진 예술적 권리의 일부를 인공 지능에 양도하기로 결정한다면, 그때부터 인공 지능은 예술가가 될 것이다.

11 윗글의 설명 방식으로 가장 적절한 것은?

① 다양한 질문을 제시하여 쟁점 사항을 구체화하는 방식으로 전개하고 있다.

② 대상의 개념을 구체적으로 설명하여 논쟁의 이유를 분명하게 밝히고 있다.

③ 인과 관계를 논리적으로 서술하여 사회적 쟁점에 대한 해결책을 찾아가고 있다.

④ 다양한 가설을 명시적으로 드러냄으로써 충돌되는 견해의 유사점을 강조하고 있다.

⑤ 적절한 예시를 활용하여 서로 다른 주장에 내포된 공통점을 부각하여 설명하고 있다.

12 윗글에 대한 이해로 가장 적절한 것은?

① 침팬지의 그림이 팔렸다는 데서 침팬지도 그림의 지적 재산권을 가진다는 것을 알 수 있다.

② 인간만이 예술품을 창작할 수 있다는 믿음은 인공 지능이 예술 작품을 창작하는 근본 바탕이 된다.

③ 예술품 여부에 대한 반난 기준에 의거하여 인공 지능의 그림이 경매에서 거래되었다고 할 수 있다.

④ 재단 법인은 인간에게 소송, 소유, 계약의 권리를 부여받더라도 예술품에 대한 법적 권리를 가질 수 없다.

⑤ 예술을 특별한 것으로 여기는 사람 가운데 그림의 가치가 시장에서 결정되는 것에 거부감이 있는 사람도 있다.

13 하는 과 문맥적 의미가 가장 가까운 것은?

① 엄마가 갑자기 무서운 얼굴을 했다.

② 내 친구는 건강한 삶을 목표로 했다.

③ 오늘은 가족들이 점심으로 냉면을 했다.

④ 범인은 그 사건을 자신이 저질렀다고 했다.

⑤ 그는 대학에 다니면서 여러 가지 전공을 했다.

14 〈보기〉를 참고하여 윗글을 이해한 것으로 가장 적절한 것은? [3점]

〈보기〉

2009년 소더비 경매에서 앤디 워홀의 작품 「200개의 1달러 지폐」는 4,380만 달러(약 500억 원)에 팔렸다. 인공 지능 화가 오비어스가 그린 그림의 100배 가격이다. 앤디 워홀의 작품은 제목 그대로 1달러 지폐 200장이 가로 열 개, 세로 스무 개로 열을 맞춰 늘어서 있다. 1달러 지폐는 전문 판화가가 제작한 것이다. 앤디 워홀이 직접 한 일은 판화를 200번 찍은 것뿐이 아닐까 생각되지만, 그마저도 다른 사람이 했을지 모른다. 이런 작품이 500억 원에 팔렸다는 것은 놀라운 일이다.

① 앤디 워홀은 오비어스보다 그림을 창작하는 데 있어서 더 많은 공력을 들였다.

② 앤디 워홀은 미술품을 직접 제작했지만 오비어스는 작품 제작을 직접 하지 않았다.

③ 앤디 워홀의 기획과 지시는 인간의 의도가 반영된 인공 지능의 창작과 크게 다를 바 없다.

④ 콩고가 그린 그림이 매매되었다는 것과 오비어스가 그린 그림이 매매되었다는 것은 전혀 다른 문제이다.

⑤ 오비어스가 그린 그림보다 콩고가 그린 그림이 앤디 워홀의 그림 수준에 더욱 가까이 다가갔다고 할 수 있다.

[15~19] 다음 글을 읽고 물음에 답하시오.

(가)

거울속에는소리가없소
저렇게까지조용한세상은참없을것이오

거울속에도내게귀가있소
내말을못알아듣는딱한귀가두개나있소

거울속의나는왼손잡이오
내악수를받을줄모르는—악수를모르는왼손잡이오

거울때문에나는거울속의나를만져보지를못하는구려마는
거울이아니었던들내가어찌거울속의나를만나보기만이라도했겠소

나는지금거울을안가졌소마는거울속에는늘거울속의내가있소
잘은모르지만외로된사업에골몰할게요

거울속의나는참나와는반대요마는
또꽤닮았소
나 는거울속의나를근심하고진찰할수없으니퍽섭섭하오

– 이상, 「거울」

(나)

산모퉁이를 돌아 논 가 외딴 우물을 홀로 찾아
가선 가만히 들여다봅니다.
[A]
우물 속에는 달이 밝고 구름이 흐르고 하늘이
펼치고 파아란 바람이 불고 가을이 있습니다.

그리고 한 사나이가 있습니다.
[B]
어쩐지 그 사나이가 미워져 돌아갑니다.

┌ 돌아가다 생각하니 그 사나이가 가엾어집니다.
[C]
└ 도로 가 들여다보니 사나이는 그대로 있습니다.

┌ 다시 그 사나이가 미워져 돌아갑니다.
[D]
└ 돌아가다 생각하니 그 사나이가 그리워집니다.

┌ 우물 속에는 달이 밝고 구름이 흐르고 하늘이
[E] 펼치고 파아란 바람이 불고 가을이 있고 추억
└ 처럼 사나이가 있습니다.

– 윤동주, 「자화상」

(다)
새벽 시내버스는
차창에 웬 ㉠ 찬란한 치장을 하고 달린다
㉡ 엄동 혹한일수록
선연히 피는 성에꽃
어제 이 버스를 탔던
처녀 총각 아이 어른
미용사 외판원 파출부 실업자의
입김과 숨결이
간밤에 은밀히 만나 피워 낸
㉢ 번뜩이는 기막힌 아름다움
나는 무슨 전람회에 온 듯
자리를 옮겨 다니며 보고
다시 꽃 이파리 하나, 섬세하고도
차가운 아름다움에 취한다
어느 누구의 ㉣ 막막한 한숨이던가
어떤 더운 가슴이 토해 낸 ㉤ 정열의 숨결이던가
일없이 정성스레 입김으로 손가락으로
성에꽃 한 잎 지우고
이마를 대고 본다
덜컹거리는 창에 어리는 푸석한 얼굴
오랫동안 함께 길을 걸었으나
지금은 면회마저 금지된 친구여.

– 최두석, 「성에꽃」

15 (가)~(다)에 대한 설명으로 적절하지 **않은**
것은?

① (가)는 시의 표현 기법과 상식적 질서를 거
부하는 방식으로 자의식의 세계를 표출하
고 있다.

② (나)는 병렬적 표현을 사용하여 화자의 현실
적 상황과 대비되는 세계를 표현하고 있다.

③ (다)는 은유적 표현을 활용하여 시적 대상의
아름다움을 감각적으로 형상화하고 있다.

④ (가)와 (나)는 현실적 자아와 이상적 자아의
대립과 갈등을 직접적으로 표면화하고 있다.

⑤ (나)와 (다)는 시적 대상에 대한 연민의 정서
를 드러내고 있다.

16 (가)의 | 나 |에 대한 이해로 적절하지 **않은**
것은?

① 거울 속에도 세상이 있지만, 아무 소리도 들
리지 않는다고 느낀다.

② 거울 속의 자신과 악수를 시도하지만, 거울
속의 자신은 악수를 받을 수 없다고 여긴다.

③ 거울 속의 자신에게 대화를 시도하지만, 거
울 속의 자신은 귀가 있으면서도 듣지 못한
다고 생각한다.

④ 거울 속의 자신과 단절되었다고 생각하면서
도, 거울이 있기에 거울 속의 자신을 만날
수 있다고 생각한다.

⑤ 거울을 안 쳐다볼 때도 거울 속에 자신의 모
습이 있다고 생각하면서, 거울 속의 자신과
늘 함께 행동하고 있다고 판단한다.

17 [A]~[E]를 이해한 것으로 가장 적절한 것은?

① [A] : 화자는 우물 속의 평화로운 풍경을 보면서 현실에 비판적인 자신에 대한 부끄러움을 드러낸다.

② [B] : 화자는 현실 초월적인 자신의 모습에 슬픔을 느끼고 정서적으로 공감하는 태도를 드러낸다.

③ [C] : 화자는 현재 상황과 비판적 거리를 둠으로써 미래에 대한 동경의 자세를 드러낸다.

④ [D] : 화자는 자신에 대한 애증을 반복함으로써 현실에 대한 타협적 태도를 드러낸다.

⑤ [E] : 화자는 아름답고 평화로운 자연의 모습을 통해 과거의 자신을 추억하는 그리움의 정서를 드러낸다.

18 ㉠~㉤에서 의미하는 시적 대상이 다른 것은?

① ㉠
② ㉡
③ ㉢
④ ㉣
⑤ ㉤

19 '거울', '우물', '차창'에 대한 이해로 가장 적절한 것은? [3점]

① '거울'은 사회를 반영하는 대상으로 현실 비판의 매개체로 작용한다.

② '우물'은 바라봄과 드러남의 양면성을 통해 현대인의 불안 의식을 강조하는 기능을 한다.

③ '차창'은 시적 대상을 감각적으로 느끼게 함으로써 세상을 이해하고 바라보는 통로가 된다.

④ '거울'과 '차창'은 밖과 안의 대비를 통해 단절된 자아의 모습을 상징적으로 부각한다.

⑤ '우물'과 '차창'은 자기 자신을 긍정의 대상으로 심화할 수 있는 물건이라는 점에서 동질적인 의미를 내포한다.

[20~23] 다음 글을 읽고 물음에 답하시오.

저작권은 표현에 미치고, 표현의 바탕이 되는 아이디어에는 미치지 않는다. 저작물의 보호 요건인 창작성의 판단 역시 표현에만 적용된다. 비록 아이디어가 진부하다 할지라도 그 표현이 ㉠ 어떤 것을 모방하지 않은 독자적 성격을 띤다면 문제 될 것이 없다. 이러한 기준을 '아이디어/표현의 이분법'이라 한다. 저작권법에서 이렇게 표현과 아이디어를 구별하여 표현만 보호하는 이유는 ㉡ 어떤 아이디어를 특정 사회 구성원의 소유로 하는 것이 문화와 사회의 발전을 위해 바람직하지 않기 때문이다. 아이디어는 제한 없이 공유되고 소통되어야 한다. 누군가가 먼저 착안했다는 이유만으로 그에게 아이디어를 독점할 수 있는 권리를 부여하면, 자칫 헌법적 권리인 사상과 표현의 자유가 제약되고 민주주의의 토대가 되는 자유로운 토론이 제약되는 결과로 이어질 수 있다. 여기에 '아이디어/표현의 이분법'의 의의가 있다. 기술과 산업 분야에서 착상(conception)이 특허법 등 다른 법률에 의해 보호되는 것과 대비되는 대목이다.

하지만 실제 저작물에서 아이디어와 표현을 분리하는 것은 그리 쉽지 않다. 소설을 예로 들자면, 개별적 사건에 관한 서술은 표현에 가깝겠지만 그 사건을 구성하는 등장인물의 성격이나 작품의 전체적인 줄거리 등은 표현과 아이디어의 성격을 모두 지닌다. 즉, 그것이 얼마나 구체적인가에 따라 표현에 가까워졌다가 다시 아이디어에 가까워지고는 한다. 저작권 침해 사건을 심리할 때 이 문제가 종종 심각하게 거론되는 이유가 여기에 있다. 이

2021 기출문제

같은 경우에는 현재의 창작자와 미래의 창작자 양쪽의 이익을 균형 있게 보호하는 선에서 판단이 이루어져야 한다. 즉, 표현으로 보호하는 범위를 너무 좁게 함으로써 현재의 창작자의 창작 의욕을 꺾는다거나, 반대로 그 범위를 너무 넓게 인정함으로써 미래의 창작자가 창작 활동에 제한을 받는 일이 없어야 한다는 것이다.

한편, 저작권법으로 보호될 수 있는 요건을 갖춘 표현이라 할지라도 특정한 아이디어를 효과적으로 표현할 수 있는 방법이 논리적으로든 사실적으로든 매우 제한된 경우에는 저작권 보호가 부인되기도 한다. 크게 다음의 세 가지 기준을 적용하는데, 이들 중 ⓒ 어떤 기준을 적용하여 판단하느냐는 사안에 따라 다르다.

먼저 '합체의 원칙'이다. 특정 아이디어를 표현하는 방법이 당초 지극히 제한되어 있어 오직 그 방법을 통하지 않고서는 달리 효과적으로 표현할 수 없는 경우에는 해당 표현에 대하여는 저작권 보호가 부인된다. 만일 그러한 표현마저 저작권으로 보호하면 그와 합체되어 있는 아이디어까지 보호하는 결과로 이어져 필연적으로 아이디어에 대해 독점권 내지 배타적 이용권을 부여하게 되기 때문이다.

다음으로 '사실상의 표준'이다. 처음 창작을 할 당시에는 아이디어를 표현하는 방법이 많이 있었으나, 시간이 흐르면서 ⓓ 어떤 표현 방법이 업계의 표준으로 굳어져 통용되는 경우가 있다. 이런 경우 그와 같은 표현을 저작권으로 보호하면 후발 업자는 경쟁에서 매우 불리한 입장에 놓이게 되어 경쟁이 제한되는 부작용을 초래하게 된다. 사실상의 표준은 사후적인 합체에 해당하므로 최초 창작자의 권리가 충분히 보호받지 못하는 일이 발생하지 않도록 그 판단에 신중을 기해야 한다.

끝으로 '필수 장면'이다. 합체의 원칙이 주로 기능적인 저작물에 적용된다면, 필수 장면은 예술적 저작물에 주로 적용된다. ⓔ 어떤 아이디어를 표현하기 위해 당연히 도입해야만 하는 사건 또는 장면이나 전형적으로 등장하는 인물의 유형과 같은 요소들은 설사 그것이 창작적 표현에 해당하더라도 저작권으로 보호하지 않는다. 이러한 경우에까지 저작권을 적용한다면, 장래의 다른 창작자가 창작을 할 수 있는 기회를 박탈함으로써 문화의 향상 및 발전을 추구하는 저작권법의 목적을 오히려 저해할 수 있기 때문이다.

20 윗글의 서술상 특징에 대한 설명으로 가장 적절한 것은?

① 저작권에 대한 이론의 변천 과정을 서술하고 있다.

② 저작권의 개념과 그 유래를 비교하여 제시하고 있다.

③ 저작권에 대한 상반된 견해를 자세히 정리하고 있다.

④ 저작권에 관한 심화 내용을 구체화하여 설명하고 있다.

⑤ 저작권에 관해 쟁점이 된 사건을 유형별로 검토하고 있다.

21 윗글을 읽고 추론한 내용으로 적절하지 않은 것은?

① 아이디어와 착상은 법적으로 서로 다르다.

② 저작권으로 보호받을 수 있는 표현이 보호받지 못하는 경우도 있다.

③ 아이디어와 표현을 구별하는 것은 판단하는 이에 따라 다를 수 있다.

④ 최초 창작자의 이익 보호는 특허법의 소관 사항이어서 저작권과는 무관하다.

⑤ 사상과 표현의 자유는 저작권의 보호 범위를 판단할 때 중요한 고려 대상이 된다.

22 윗글을 바탕으로 판단한 내용으로 적절하지 **않은** 것은? [3점]

① 유명 작가의 그림을 베껴 그리면 저작권 침해이지만 미대생의 습작을 베껴서 판매하면 저작권 침해가 되지 않는데, 이는 가치가 인정된 표현에만 저작권이 적용되기 때문이다.

② 요리책을 복사해서 판매하면 저작권 침해이지만 책에 소개된 요리 방법을 따라서 요리하면 저작권 침해가 되지 않는데, 이는 요리 방법이 아이디어에 해당하기 때문이다.

③ 가위바위보의 승패 규칙을 설명하는 출판물을 제작할 때 그 설명 방식이 기존 출판물의 것과 같더라도 저작권 침해가 되지 않는데, 이는 '합체의 원칙'이 적용되기 때문이다.

④ 시판되고 있는 것과 동일한 배열로 컴퓨터 자판을 제작하여 판매하더라도 저작권 침해가 되지 않는데, 이는 '사실상의 표준'이 적용되기 때문이다.

⑤ 황량한 들판에서 이루어지는 두 총잡이의 결투 장면을 새로 제작하는 서부 영화에 삽입하더라도 저작권 침해가 되지 않는데, 이는 '필수 장면'이 적용되기 때문이다.

23 ㉠~㉤ 중 문맥적 의미가 <u>다른</u> 하나는?

① ㉠　　　　　② ㉡

③ ㉢　　　　　④ ㉣

⑤ ㉤

[24~28] 다음 글을 읽고 물음에 답하시오.

[앞부분의 줄거리] 왜군이 조선을 침범하여 의주로 피란을 간 상(上)은 명나라에 원군(援軍)을 청한다. 이에 제독 이여송이 원군을 이끌고 조선에 들어온다.

차설. 제독이 의주에 사람을 보내어 상을 청하거늘, 상이 즉시 의주를 떠나 경성에 이르러 이여송을 보사 공로를 치사하시고 설연관대하실새, 천자가 사자를 보내어 왕상을 위로하시고, 용포(龍袍) 일령을 사송(賜送)하시며 제독에게 식물(食物)을 사급(賜給)하사, '호군(犒軍)하라.' 하시니, 상과 제독이 북향사배한 후 다시 술을 나누어 서로 권하시더니, 계수나무 버러지 삼십 개를 내어 놓으며 왈,

"이것을 서축 해조국에서 제공하나니, 하나의 값이 삼천 냥이라. 사람이 먹으면 더디 늙기로 이제 조선왕을 대접하사 보내시나이다."

하고, 저를 들어 버러지 허리를 집으니 발을 허위며 괴이한 소리를 지르니, 부리 검고 빛은 오색을 겸하였으니 보기 가장 황홀한지라. 상이 처음으로 보시매 차마 진어치 못하사 주저하시니, 제독이 소왈,

"세상에 희귀한 진미를 어찌 진어치 아니하시나뇨?"

하며, 그것을 집어먹으니 보는 자 눈썹을 찡그리더라. 상이 무료하사 안색을 변하시니, 이항복이 생낙지 칠 개를 담아 드리거늘, 상이 저로 진어하실새 낙지 발이 저에 감기며 수염에 부딪치는지라. 상이 제독에게 권하신대, 제독이 낙지 거동을 보고 눈썹을 찡그리며 능히 먹지 못하니, 상이 소왈,

㉠"대국 계충(桂蟲)과 소국 낙지를 서로 비하매 어떠하뇨?"

㉡제독이 웃고 다른 말 하더라.

[중략]

[A]　　　남원이 이미 함몰하매 전주로부터 망풍와해(望風瓦解)하니, 이로 인하여 양원호 북주(北走)하니라. 이때, 적이 승승장구하여 각읍 수령이 다 도망하되, 오직 의병장 곽재우만이 화왕산성에 올라 굳게 지키더니, 적이 이르러 본즉 산세가 험한지라. 감히 치지 못하고 물러가거늘, 재우가 군사를 몰아 도적의 뒤를 엄살하니 적이 패주하다가 황석산성을 치거늘, 김해 부사 백사림과 안의 현감 곽준과 함양 군수 조종도가 성중에 있다가 불의지변을 만나매, 인심이 소동하여 사산분주하니 곽준이 싸우다가 죽으니라.

　　곽준의 여자가 그 지아비 유문호로 더불어 한가지로 아비를 좇아 성중에 피란하였더니, 그 아비와 오라비 이미 죽고 그 지아비 또한 도적에게 잡힘을 듣고 탄식 왈,

　　"이제 아비와 지아비를 잃었으니 내 홀로 살아 무엇하리오?"

　　하고, 목매어 죽으니라.

　각설. 순신이 전선 수십 척을 거느려 진도 벽파정 아래 결진하였더니, 적장 마득시가 전선 이백여 척을 거느려 오거늘, 순신이 배에 대포를 싣고 순풍을 좇아 나오며 어지러이 놓으니 적장이 당치 못하여 달아나거늘, 순신이 뒤를 따라 일진을 짓치고 적장 마안둔을 베어다가 군정에 대진한지라. 드디어 고금도에 결진하니 군사가 이미 팔천여 인이요, 남녘 백성이 피란하여 오는 자가 수만이라.

　무술 칠월에 천주 수군 도독 진인이 경성에서 장차 고금도에 나아가 순신으로 더불어 적을 치려 하여 발행할새, 상이 강두(江頭)에서 전송한지라. 진인의 천성이 본디 강포하매 두려워하는 자가 많은 고로, 진인의 군사가 수령을 욕매(辱罵)하여 조금도 기탄함이 없고, 찰방 이상규를 무수 난타하여 유혈이 낭자한지라. 상이 근심하사 순신에게 전지(傳旨)하여,

　　"진인을 후례(厚禮)로 대접하여 촉노(觸怒)함이 없게 하라."

　　하시다. 이순신이 진인의 일을 듣고 주육을 준

비하여 진인을 맞아 예필하고, 일변 잔치를 배설하여 진인을 관대하고, 일변 천병을 공궤(供饋)하니, 군사가 서로 일러 왈,

　　"과연 양장(良將)이라." 하고, 진인이 또한 기꺼하더라.

　일일은 도적 수백 척이 나오거늘, 순신과 진인이 각각 수군을 거느려 녹도에 이르니 적이 아군을 바라보고 짐짓 뒤로 물러가며 아군을 유인하니, 순신이 따르지 아니하고 돌아올새, 진인이 수십여 척을 머물러 싸움을 돕게 하니라. 진인이 순신으로 술을 먹더니 진인의 휘하 천총(千摠)이 전라도로부터 돌아와 가로되,

　　"오늘 아침에 도적을 만나 조선 군사는 도적 백여 명을 죽이되, 천병은 풍세가 불리하여 하나도 잡지 못하였다."

　　하니, 진인이 대로하여 천총을 등 밀어 내치고 잡았던 술잔을 땅에 던지니, 순신이 그 뜻을 알고 가로되,

　　"ⓒ 노야(老爺)는 천조 대야(大爺)로 이곳에 이르렀으니 우리 승첩은 곧 노야의 승첩이라. 진중에 이른 지 불구에 첩서를 천조(天朝)에 보하니 어찌 아름답지 아니하리오?"

　　진인이 대희하여 순신의 손을 잡고 왈,

　　"내 일찍 그대의 성명을 우레같이 들었더니 과연이로다."

　　하고, 다시 술을 내와 즐기니라. 이로부터 진인이 순신의 진에 있어 그 호령이 엄정함을 탄복할 뿐 아니라, 저의 전선이 도적 막기에 불편하매, 매양 진을 임하여 아국 판옥선(板屋船)을 타고 순신의 지휘를 좇으며 ② 반드시 '이야(李爺)'라 일컫고, 인하여 천조에 주문(奏聞)하되,

　　"통제사 이순신이 경천위지지재(經天緯地之才)를 품었고 보천욕일지공(補天浴日之功)이 있다." 하더라.

　천병이 비록 순신의 위엄을 기탄(忌憚)하나 민간의 작폐가 가장 많으니, 일일은 순신이 하령하여 도중의 대소 여사(旅舍)를 불 지르고 자기 의금(衣衾)을 수습하여 배에 내리치더니, 진인이 이 소식

을 듣고 급히 가정을 보내어 연고를 물은대, 순신왈,

"소국 군민이 천병 믿기를 저의 부모같이 하거늘, 천병이 노략함을 힘쓰니 사람이 괴로움을 견디지 못하는지라. 내 이제 대장이 되어 무슨 낯으로 이곳에 머물리오? 이러므로 다른 곳으로 가고자 하노라."

하니, 가정이 돌아가 그대로 고하니, 진인이 대경하여 전도에 이르러 순신의 손을 잡고 만류하며 ⓜ 사람을 성중에 보내어 그 의금을 수운하여 드리고 간청하니,

순신 왈, "대인이 내 말을 들으면 어찌 서로 떠나리오?"

진인 왈, "내 어찌 공의 말을 듣지 아니하리오?"

순신 왈, "천병이 아국으로써 배신이라 하여 조금도 기탄함이 없으니, 만일 대인이 나로 하여금 제어케 하면 다른 염려가 없을까 하나이다."

진인 왈, "이 일이 무엇이 어려우리오? 만일 죄를 범하는 자가 있거든 공이 임의로 처치하라."

하니, 순신이 허락받은 후에 천병 중의 위령자(違令者)를 용서함이 없으니 천병이 두려워하기를 진인에게 지나더라.

– 작자 미상, 「임진록」

24 윗글의 서술상 특징에 대한 설명으로 가장 적절한 것은?

① 여러 삽화들을 제시하여 전체 사건의 여러 면모를 보여 주고 있다.

② 우의적 수법을 동원하여 현실의 문제를 비판적으로 형상화하고 있다.

③ 서술자의 개입을 통한 주관적 논평을 중심으로 서술의 밀도를 높이고 있다.

④ 인물들의 성격이 변화하는 과정을 추적하여 다양한 주제를 이끌어 내고 있다.

⑤ 이원적 세계를 설정하여 천상계의 갈등이 지상계로 이어진다는 점을 보여 주고 있다.

25 윗글의 내용에 대한 이해로 가장 적절한 것은?

① '이항복'이 '생낙지 칠 개'를 담아 올린 것은 '이여송'이 '생낙지'를 좋아하리라 예상했기 때문이다.

② '진인'의 군사가 조선의 관리를 거리낌 없이 모욕하고 구타한 것은 '진인'의 위세를 빙자하였기 때문이다.

③ '진인'이 전선 '수십여 척'을 머물러 지키게 한 것은 왜군과의 싸움에서 공을 세울 의향이 없었기 때문이다.

④ '진인'이 '천총'을 내친 것은 '천총'이 자신에게 실제 상황과는 다르게 전황을 보고하였기 때문이다.

⑤ '이순신'이 '여사'에 불을 지르고 '의금'을 수습한 것은 당장은 승산이 없다고 여겨 장차 진을 옮기려 하였기 때문이다.

26 ㉠~㉤에 대한 설명으로 적절하지 <u>않은</u> 것은?

① ㉠ : 상대방의 무례한 행위를 넌지시 일깨우려는 뜻이 담긴 발화이다.

② ㉡ : 상대방의 질책에 반응하여 잘못을 멋쩍게 인정하는 뜻이 담긴 행동이다.

③ ㉢ : 상대방의 능력을 칭송하며 그에 대해 감탄하는 뜻이 담긴 발화이다.

④ ㉣ : 상대방을 특별히 공경하고 우대하는 뜻이 담긴 행동이다.

⑤ ㉤ : 상대방의 결정이 번복되기를 바라는 뜻이 담긴 조치이다.

2021 기출문제

27 [A]를 통해 작품 속 상황을 추론한 내용으로 적절하지 **않은** 것은?

① 전세의 변화에 따라 적의 행로나 목적지가 바뀌기도 하였다.

② 적의 세력이 강하다는 풍문 때문에 싸우지도 않고 도망을 치기도 하였다.

③ 집안 남성들의 상황에 따라 여성이 취할 수 있는 선택이 영향을 받았다.

④ 전란 중에 많은 수령들이 싸움을 회피했지만 끝까지 항전한 수령도 있었다.

⑤ 산성을 지키면서 적의 공격에 대비하는 것은 의병장과 일부 수령의 공통된 전략이었다.

28 〈보기〉를 참고하여 윗글을 감상한 내용으로 적절하지 **않은** 것은? [3점]

─〈보기〉─

「임진록」에는 민족적 자긍심과 울분을 부각하려는 의도가 담겨 있다. 이는 조선에 뛰어난 인물이 존재한다는 점을 강조하거나 외세에 대한 반감을 표출하는 방식으로 흔히 구현되는데, 특히 외세에 대한 반감은 왜군뿐 아니라 원군으로 조선에 온 명군에 대해서도 나타나고 있다. 또한 작품에는 민중의 생각과 정서가 깊숙이 반영되어 있다. 작품 속 인물들이 백성을 위한 행동을 취하는 것은 그와 같은 이유 때문이다.

① '이여송'과 '진인'이 부정적인 모습으로 등장하는 것을 보면 왜군뿐 아니라 명군에 대해서도 반감이 나타난다는 점을 알 수 있겠군.

② '상'이 '천자'의 위로를 받고 '용포'를 하사받는 내용은 백성을 위한 뛰어난 인물이 조선을 다스린다는 점을 강조하기 위해 삽입한 것이겠군.

③ '곽준'의 가족들이 죽는 장면이 제시된 것은 왜군에 대한 분노가 반영된 결과이겠군.

④ '진인'이 '이순신'의 역량을 인정하여 그 사실을 명나라 조정에까지 보고한 대목은 조선에 뛰어난 인물이 존재한다는 점을 드러내려는 의도와 연관되겠군.

⑤ 명군의 노략질을 막지 못한 책임을 통감하는 '이순신'의 모습을 통해 백성을 위한 인물의 형상을 확인할 수 있겠군.

[29~32] 다음 글을 읽고 물음에 답하시오.

유럽이나 북미의 서구인들은 발달된 산업 사회에서 많은 과학적 성과의 혜택을 누리고 있다. 반면 아프리카나 오세아니아 지역의 원주민들은 21세기에도 여전히 수백 년 전의 전통적 방식에서 벗어나지 못하고 있다. 이러한 불평등은 인류 역사의 발달에 크나큰 영향을 미쳤다. 약탈과 정복의 역사는 바로 여기에서 비롯되었던 것이다.

언뜻 생각하기에 이러한 불평등은 지역마다 서로 다른 역사가 진행되었기 때문이라고 할 수도 있다. 이것은 너무나 당연한 말이기는 한데, 우리에게 새로운 것을 알려 주는 바가 거의 없다. 지역마다 다른 역사가 왜 나타나게 되었는지에 대한 구체적인 사실들을 해명할 필요가 있다.

이에 대한 유력한 주장 중 하나는 발전된 과학 기술이나 사회 제도의 출현 여부와 결부 짓는 것이다. 발달된 문명을 가진 지역의 경우에는 과학이 발달해 있고, 정치 체제를 비롯한 사회 구조도 체계적으로 갖추어져 있다. 반면 낮은 수준의 문명을 가진 지역은 그렇지 못하다. 이것은 확실히 틀린 주장은 아니다. 그런데 이것만으로는 여전히 근본적인 의문에 대한 해답을 주지 못한다. 과연 지역에 따라 과학 기술이나 사회 제도의 발달이 차이를 보이게 된 이유는 무엇일까?

이 질문에 대한 해답으로 다소 관점이 다른 두 가지 견해가 존재한다. 하나는 ㉠ 생물학적 관점이라고 부를 수 있는 견해로, 각 지역별 인종의 능력 차이가 문명 발달의 차이를 일으켰다고 보는 것이다. 즉, 각 지역에 거주하는 사람들의 선천적 능력 때문에 어떤 지역은 높은 문명을 발달시키고 어떤 지역은 그렇지 못하다는 것이다. 그러나 이것은 공식적으로 금기시하는 인종주의를 추구하는 견해에 다름 아니다. 사실 낮은 문명을 가지고 있는 사람들이라고 하더라도 교육에 의해 얼마든지 과학 기술을 숙지하고 사회 제도도 갖출 수 있다. 특히 그들이 거주하는 지역에서의 삶을 기준으로 하면 오히려 낮은 문명의 사람들이 높은 문명의 사람들보다 훨씬 뛰어난 정신적, 신체적 능력을 보여 준다. 그런 점에서 생물학적 관점은 타당한 견해로 수용할 수 없다.

다른 하나는 ㉡ 환경적 관점으로, 각각의 지역이 처한 생태 환경적 요인으로 인하여 문명 발달의 차이가 나타났다고 설명한다. 특히 농업의 발달과 이로 인한 잉여 생산물의 축적이 가능한 자연환경이 중요하다. 이러한 조건이 갖추어진 지역은 사람들의 역할 분담을 통한 전문인의 배출이 가능하고, 유산자와 무산자의 구분과 이에 동반되는 사회 구조의 정립 등이 뒤따르면서 결국 현재와 같은 문명이 발달할 수 있었다. 반면 농업 발달이 어려운 척박한 환경에 처한 사람들은 문명 발달도 지연되었고 그러한 상태가 오늘날까지 이어지게 되었다. 예전에는 이러한 견해가 환경 결정론의 일환으로 간주되어 그 중요성이 무시되기도 하였다. 그러나 최근 자연 과학, 유전학, 분자 생물학, 생태 지리학, 고고학 등의 여러 분야에서 성과들이 쏟아져 나오면서 지금은 생물학적 관점의 단점을 극복할 수 있는 대안으로서 새로운 평가를 받고 있다.

29 윗글의 내용과 일치하지 <u>않는</u> 것은?

① 문명의 발달은 지역에 따라 차등적으로 이루어졌다.

② 문명 발달의 차이는 정복이나 약탈로 이어지기도 했다.

③ 문명이 발달하기 위해서는 환경적 제약의 극복이 중요하다.

④ 문명의 발달을 인종 사이의 능력 차이와 결부 짓기는 어렵다.

⑤ 문명이 발달한 지역은 과학 기술이나 사회 제도가 발달해 있다.

30 윗글의 서술상 특징으로 가장 적절한 것은?

① 의문을 해소하기 위해 특정한 구절을 인용하고 있다.

② 통계 자료를 인용하여 주장에 대한 근거로 삼고 있다.

③ 같은 질문에 대한 이견을 소개하며 판단을 유도하고 있다.

④ 다양한 사례를 들어 견해의 공통점과 차이점을 설명하고 있다.

⑤ 쟁점에 대한 근본적 원인을 분석하여 일관된 해결책을 정립하고 있다.

31 (a)와 (b)의 활용방안으로 가장 적절한 것은?

〈보기〉

(a) 폴리네시아의 여러 섬 중에서 자연환경이 좋고 토지가 비옥한 지역이 그렇지 않은 지역보다 경제 규모도 더 크고 계급 분화 등의 사회적 복잡성도 더 다양하게 나타났다.

(b) 가뭄이 빈번하고 토양이 척박한 오스트레일리아의 토러스 해협 인근 지역과 영구적인 큰 강이 많고 화산 활동 등으로 토양이 비옥한 뉴기니는 거리상으로 멀지 않지만 문화적으로는 적지 않은 차이를 보이고 있다.

① (a)는 ㉠의 사례로, (b)는 ㉡의 사례로 활용한다.

② (a)는 ㉠의 사례로, (b)는 ㉡의 반례로 활용한다.

③ (a)와 (b)를 모두 ㉠의 사례로 활용한다.

④ (a)와 (b)를 모두 ㉡의 반례로 활용한다.

⑤ (a)와 (b)를 모두 ㉡의 사례로 활용한다.

32 윗글의 관점에서 〈보기〉의 상황을 비판한 내용으로 가장 적절한 것은? [3점]

〈보기〉

세계사의 서술 범위는 대체로 문자가 쓰이고 이를 통한 역사 서술이 이루어진 약 5,000년 동안의 시기에 집중되며, 서술의 대상은 이집트나 중국 등 발전된 문명을 가진 경우가 중심이 되는 경향이 있다.

① 세계사의 서술 범위가 좁아져서 모든 문명의 발달 과정을 다루지 못한다.

② 문명 발달 자체가 불평등하게 일어나게 된 근본적인 이유를 설명하지 못한다.

③ 문명 발달의 요인을 비윤리적인 측면에서 찾음으로써 도덕적 문제를 야기한다.

④ 특정 지역의 문명에만 가치를 두게 되어 문명들 사이의 우열을 가리기 어렵다.

⑤ 미시적이고 주변적인 측면을 강조하게 되어 문제 해결의 핵심에서 벗어나게 된다.

[33~37] 다음 글을 읽고 물음에 답하시오.

ⓐ 인간 세상 사람들 아 이내 말씀 들어 보소
인간 만물 생긴 후에 금수 초목 짝이 있다
인간에 생긴 남자 부귀 자손 같건마는
이내 팔자 험궂을손 날 같은 이 또 있든가
백 년을 다 살아야 삼만 육천 날이로다
㉠ 혼자 살면 천년 살며 정녀(貞女) 되면 만년 살까
답답한 우리 부모 가난한 좀 양반이
㉡ 양반인 체 도를 차려 처사가 불민(不敏)하여
괴망을 일삼으며 다만 한 딸 늙어 간다
적막한 빈방 안에 적료하게 홀로 앉아
전전반측 잠 못 이뤄 혼자 사설 들어 보소
노망한 우리 부모 날 길러 무엇 하리
죽도록 날 길러서 잡아 쓸까 구워 쓸까
인황씨 적 생긴 남녀 복희씨 적 지은 가취(嫁娶)
인간 배필 혼취(婚娶)함은 예로부터 있건마는
ⓑ 어떤 처녀 팔자 좋아 이십 전에 시집간다
남녀 자손 시집 장가 떳떳한 일이건만
이내 팔자 기험(奇險)하야 사십까지 처녀로다
이런 줄을 알았으면 처음 아니 나올 것을
월명 사창 긴긴 밤에 침불안석 잠 못 들어
적막한 빈방 안에 오락가락 다니면서
장래사 생각하니 더욱 답답 민망하다
㉢ 부친 하나 반편(半偏)이요 모친 하나 숙맥불변
(菽麥不辨)
날이 새면 내일이요 세가 쇠면 내년이라
혼인 사설 전폐하고 가난 사설뿐이로다
어디서 손님 오면 행여나 중매신가

아이 불러 힐문한 즉 ⓔ 풍헌(風憲) 약정(約正) 환
자(還子) 재촉
어디서 편지 왔네 행여나 청혼선가
아이더러 물어보니 외삼촌의 부음이라
애고애고 설운지고 이내 간장 어이할꼬
앞집에 아모 아기 벌써 자손 보단 말가
ⓒ 동편 집 용골녀 는 금명간에 시집가네
그동안에 무정 세월 시집가서 풀련마는
친구 없고 혈족 없어 위로할 이 전혀 없고
우리 부모 무정하여 내 생각 전혀 없다
ⓓ 부귀빈천 생각 말고 인물 풍채 마땅커든
처녀 사십 나이 적소 혼인 거동 차려 주오
ⓓ 김동(金童)이 도 상처(喪妻)하고 이동(李童)이
도 기처(棄妻)로다
중매 할미 전혀 없네 날 찾을 이 어이 없노

[A]
— 감정 암소 살쪄 있고 봉사 전답 같건마는
   사족 가문 가리면서 이대도록 늙히노니
   연지분도 있건마는 성적 단장(成赤丹粧) 전폐
   하고
   감정 치마 흰 저고리 화경 거울 앞에 놓고
   원산 같은 푸른 눈썹 세류 같은 가는 허리
   아름답다 나의 자태 묘하도다 나의 거동
   흐르는 이 세월에 아까울손 나의 거동
   거울더러 하는 말이 어화 답답 내 팔자여
— 갈데없다 나도 나도 쓸데없다 너도 너도

우리 부친 병조 판서 할아버지 호조 판서
우리 문벌 이러하니 풍속 좇기 어려워라
아연듯 춘절 되니 초목 군생 다 즐기네
두견화 만발하고 잔디 잎 속잎 난다
삭은 바자 쟁쟁하고 종달새 도루 뜬다
춘풍 야월 세우 시에 독수공방 어이할꼬
ⓔ 원수의 아이들 아 그런 말 하지 마라
앞집에는 신랑 오고 뒷집에는 신부 가네
내 귀에 듣는 바는 느낄 일도 하도 많다
녹양방초 저문 날에 해는 어이 수이 가노
초로 같은 우리 인생 표연히 늙어 가니
머리채는 옆에 끼고 다만 한숨뿐이로다
긴 밤에 짝이 없고 긴 날에 벗이 없다

앉았다가 누웠다가 다시금 생각하니
아마도 모진 목숨 죽지 못해 원수로다

— 작자 미상, 「노처녀가」

33 윗글에 대한 설명으로 가장 적절한 것은?

① 화자가 겪고 있는 문제적 상황을 반복적으
로 제시하면서 한탄하고 있다.

② 시간의 흐름에 따라 달라지는 화자의 정서
를 순차적으로 드러내고 있다.

③ 의지적 어조를 통해 미래의 상황에 대한 긍
정적 전망을 강조하고 있다.

④ 상징적 시어를 활용하여 화자의 내면 심리
를 추상적 대상으로 제시하고 있다.

⑤ 과거와 현재를 대비하면서 화자가 겪어 온
갈등의 양상을 상세화하고 있다.

34 ⓐ~ⓔ를 이해한 내용으로 가장 적절한 것은?

① ⓐ : 화자의 사연을 듣도록 설정된 청자로
서 화자의 고민을 해결해 주는 존재이다.

② ⓑ : 화자가 선망하는 대상으로서 화자는 행복
한 삶을 살게 된 그의 앞날을 축복하고 있다.

③ ⓒ : 화자와 아픔을 공유해 왔던 친구로서
화자는 자신을 버리고 떠난 친구를 비난하
고 있다.

④ ⓓ : 화자가 자신의 배필이 될 수도 있다고
여기는 대상으로서 화자는 그를 긍정적으
로 인식하고 있다.

⑤ ⓔ : 화자가 듣고 싶어 하지 않는 소식들을
전해 주는 존재로서 화자는 그들과의 화해
를 시도하고 있다.

35 [A]에 대한 이해로 적절하지 <u>않은</u> 것은?

① 화자는 시간의 흐름을 안타까워하는 표현을 하고 있다.

② 화자는 시집을 가고 싶지만 상황이 여의치 않다고 판단하고 있다.

③ 화자는 단장할 도구는 지니고 있지만 시름에 싸여 있어서 단장을 하지는 않는다.

④ 화자는 '거울'에 비친 자신의 모습을 대구로 표현하면서 자부심을 느끼고 있다.

⑤ 화자는 사물에 인격을 부여하여 대화를 주고받음으로써 다소간 위안을 얻고 있다.

36 〈보기〉를 참고할 때, ㉠~㉤에 대한 설명으로 적절하지 <u>않은</u> 것은?

<보기>

「노처녀가」에 나타나는 갈등은 개인적 차원을 넘어 사회적 차원으로 확대될 수 있다. 「노처녀가」에는 부모의 절대적 권위에 대한 반발, 양반 계층의 허위의식에 대한 비판, 본성의 억제를 당연시하는 재래적 관념에 대한 거부, 개인의 행복보다 집단의 안위를 중시하는 폭압에 대한 저항 등이 발견된다.

① ㉠ : 본성이 억제된 삶의 모습에 대한 부정적인 시각을 표출하고 있다.

② ㉡ : 양반이라는 지위에 집착하여 상황을 제대로 파악하지 못하는 허위의식을 폭로하고 있다.

③ ㉢ : 부친과 모친의 어리석음을 직접적인 어휘로 표출함으로써 부모의 절대적 권위에 반발하고 있다.

④ ㉣ : 끊임없는 수탈을 고발함으로써 개인의 행복보다 집단의 안위를 앞세우는 폭압에 저항하고 있다.

⑤ ㉤ : 집단의 요구를 따르는 것보다 개인의 행복을 추구하는 것이 더 중요하다는 가치 판단을 드러내고 있다.

37 〈보기〉의 설명을 바탕으로 [B]를 감상한 내용으로 적절하지 <u>않은</u> 것은? [3점]

<보기>

「노처녀가」의 이본은 단형과 장형의 두 계열로 나뉘는데, 윗글은 단형 계열의 작품이다. 장형은 전반적인 내용은 단형과 유사하지만 묘사가 더 자세하고 해학적인 측면이 강화되어 있다. 또한 인물의 적극적인 행동이 부각되며 화자의 처지에 대한 동정적 시선이 발견된다. 장형 계열의 종결부에서는 '노처녀'가 평소 연모해 왔던 '김 도령'과 가상으로 혼례를 치르는 장면 등이 다음과 같이 제시된다.

[B]

남이 알까 부끄러우나 안 슬픈 일 하여 보자
홍두깨에 자를 매어 갓 씌우고 옷 입히니
사람 모양 거의 같다 쓰다듬어 세워 놓고
새 저고리 긴 치마를 호기 있게 떨쳐 입고
머리 위에 팔을 들어 제법으로 절을 하니
눈물이 종행하여 입은 치마 다 적시고
한숨이 복발(復發)하여 곡성이 날 듯하다
마음을 강잉(强仍)하여 가만히 헤아려 보니
가련하고 불쌍하다 이런 모양 이 거동을
신령은 알 것이니 지성이면 감천이라
부모들도 의논하고 동생들도 의논하여
김 도령과 의혼(議婚)하니 첫마디에 되는구나
혼인 택일 가까우니 엉덩춤이 절로 난다

① [B]에서 화자가 가상으로 혼례를 치른 것은 자신의 적극적 행동을 스스로 자랑스럽게 여겼기 때문이겠군.

② [B]에서 '김 도령'과의 혼사가 결정된 결말을 설정한 것으로 보아 화자의 처지에 대한 동정적 시선을 확인할 수 있겠군.

③ [B]에서 '홍두깨'를 '김 도령'처럼 꾸미는 장면을 설정한 것은 해학적인 측면이 강화된 장형 계열의 특성과 연관되겠군.

④ [B]에 윗글에는 없는 장면이 포함된 것을 보면 작품이 장형화된 이유 중 하나로 새로운 내용의 삽입을 들 수 있겠군.

⑤ [B]에서 혼례를 치르기 위해 준비한 의복과 혼례의 상황까지 제시된 것은 장형 계열에 나타나는 구체적 묘사를 보여 주는 사례이겠군.

[38~40] 다음 글을 읽고 물음에 답하시오.

원자들은 서로 다른 방식으로 결합되어 생명의 분자를 구성한다. 그러려면 기본 뼈대가 있어야 한다. 생명의 원소 뼈대는 '…탄소–탄소–탄소–…'이다. 뼈대를 담당하는 원소는 오로지 탄소 하나뿐이다. 탄소에게는 꼬리에 꼬리를 물고 기다랗게 연결되는 능력이 있다. 도대체 이 능력은 어디에서 온 것일까?

생명의 분자를 이루는 원자들이 결합되는 데는 조건이 있다. 바로 전자를 공유하는 것이다. 서로 결합하려면 먼저 함께 나눌 전자를 내놓아야 한다. 물론 아무 전자나 공유할 수 있는 것은 아니다. 전자는 핵을 둘러싼 여러 껍질에 나누어 분포하는데 가장 바깥 껍질에 있는 전자만 공유할 수 있다. 하긴 안쪽 껍질에 있는 전자는 보이지도 않는데 어떻게 결합하겠는가?

수소는 한 개의 전자를 내놓을 수 있다. H· 또는 ·H라고 표현한다. 잡을 수 있는 손이 하나이다. 산소는 전자를 두 개 내놓아 ·O· 가 된다. 잡

을 수 있는 양손이 있는 셈이다. 결합이란 손과 손이 맞잡는 것이다. 이를 '공유 결합'이라 한다. 수소는 손이 하나뿐이니 결합을 하나만 할 수 있지만 산소는 손이 둘이니 두 개의 수소와 결합할 수 있다. H:O:H처럼 말이다. 이걸 우리는 간단하게 'H_2O'라고 쓰고 '물'이라 읽는다.

수소처럼 손이 하나 있거나 산소처럼 손이 두 개만 있어 가지고는 뼈대를 이룰 수 없다. 손이 앞뒤 좌우에 네 개는 있어야 한다. 그래야 위와 아래에 있는 손으로는 뼈대를 이루고 양쪽에 있는 손으로 다른 원자와 결합할 수 있다. 탄소는 손이 네 개다. 덕분에 생명의 뼈대를 이룰 수 있다.

그런데 비밀이 하나 있다. 사실 탄소보다 산소가 바깥 껍질에 더 많은 전자를 가지고 있다는 것이다. 탄소는 네 개뿐이지만 산소는 여섯 개나 된다. 손이 여섯 개가 있는 셈이다. 그런데 양쪽 손을 제외한 네 개의 손은 다른 원자에게 손을 내미는 게 아니라 자기 안에서 두 개씩 손을 잡고 있다. 그래서 뼈대를 이루지 못한다.

산소가 공유하는 정신이 부족해서 그런 게 아니다. 산소의 바깥 껍질에는 전자들이 들어가는 방이 각각 네 개씩 있다. 산소는 네 개의 방을 여섯 개의 전자가 나눠서 써야 한다. 어떻게 나눠 쓸 수 있을까? 일단 앞뒤 좌우 네 개의 방에 전자가 하나씩 들어간다. 전자가 아직 두 개 남았는데 이젠 빈 방이 없다. 어쩔 수 없다. 앞방과 뒷방에 전자가 하나씩 더 들어가야 한다. 같은 방에 둘이 있으니 손을 꼭 잡고 잘 수밖에. 앞쪽 방 전자들만 다른 원자의 전자들에게 손을 내밀 수 있다.

탄소 역시 가장 바깥 껍질에는 방이 네 개 있다. 탄소는 네 개의 전자들이 방을 하나씩 쓰면 된다. 앞뒤 좌우 방 네 개를 차지한 전자들은 외롭다. 누군가에게는 손을 내밀어야 한다. 덕분에 탄소는 뼈대를 이룰 수 있는 것이다.

만약 탄소의 전자들이 각방을 쓰지 않고 한 방에 두 개씩 들어가면 어떻게 될까? 그런 행위는 원자 호텔에서는 금지되어 있다. 원자 호텔은 일단 각자 방을 하나씩 배정하고 빈방이 없을 때만 한

방에 전자 하나씩 더 들어가게 해 놓았다. 그것도 같은 성질의 전자여서는 안 된다. 하나는 위쪽에 베개를 두고 자는 전자라면 다른 하나는 아래쪽에 베개를 두고 자는 전자여야 한다.

원자의 호텔방을 과학자들은 '오비탈'이라고 한다. 그리고 먼저 각방을 채운 다음에 합방을 시키되 결코 같은 성질의 전자가 같은 방을 써서는 안 되는 규칙을 '파울리의 배타 원리'라고 한다. 파울리는 그 규칙을 발견한 사람의 이름이다.

배타 원리는 인간 사회에도 적용된다. 자기 사람으로 방을 채우면 결합은 이뤄지지 않는다. 방을 비워 놓고 생각이 다른 사람과 공유해야 무너지지 않는 세상의 뼈대가 생긴다.

38 윗글의 내용과 일치하는 것은?

① 산소는 여섯 개의 전자와 결합하여야만 생명의 뼈대를 이룰 수 있다.

② 산소와 수소가 각각 두 개의 공유 결합을 하여 이루어진 것이 '물'이다.

③ 원자들은 안쪽 껍질의 전자를 공유하는 방식으로 생명의 분자를 구성한다.

④ 탄소의 전자들은 같은 성질을 가진 네 개의 전자들이 두 개씩 어우러져 한 개의 오비탈을 구성하고 있다.

⑤ 오비탈은 각각의 전자로 모든 방을 완전히 채운 다음에 다른 성질의 전자를 각각의 방에 들어가는 것을 허용한다.

39 윗글의 설명 방식으로 적절하지 않은 것은?

① 설명하려는 내용과 관련된 용어를 제시하고 있다.

② 의인화와 같은 비유를 동원하여 설명의 효과를 높이고 있다.

③ 유추의 방식을 통해 새로운 이론을 정립하여 그 의의를 설명하고 있다.

④ 설명하려는 내용을 물음의 형식으로 제시한 후 그에 대한 답을 하고 있다.

⑤ 과학적 현상을 구체적 사례를 들어 설명하여 독자들의 이해를 돕고 있다.

40 윗글에 근거하여 〈보기〉의 A, B에 대해 추론한 것으로 적절하지 않은 것은? [3점]

〈보기〉

가상의 원자 A와 B가 존재한다. A는 가장 바깥 껍질에 5개의 전자가 있고 방이 5개 있다. B는 가장 바깥 껍질에 7개의 전자가 있고 방이 4개 있다. A와 B는 전자를 공유할 수 있다.

① A의 바깥 껍질에 있는 전자들은 모두 각방을 사용한다.

② A가 다른 원자와 공유할 수 있는 전자의 수는 5개이다.

③ B가 다른 원자와 공유할 수 있는 전자의 수는 1개이다.

④ B의 바깥 껍질에 있는 전자 중 각방을 사용하는 것은 1개이다.

⑤ A와 B가 결합하여 A_5B와 같은 분자가 만들어질 수 있다.

[41~45] 다음 글을 읽고 물음에 답하시오.

태연스럽게 그러한 얘기들을 나누던 유생들도, 오봉 선생의 관이 땅속으로 들어가자, 상가 가족들 못지않게 비통한 표정들을 하였다. 오봉 선생의 옥중 동지였던 한 선비는 일부러 가야 부인을 찾아와서 흐느끼는 부인의 어깨를 두드리며 위로까지 하였다. ⓐ (그는 재판정에서 그녀의 얼굴을 기억했던 것이다.)

㉠ "오, 효부였더군! 내 까막소에서 오봉으로부터 잘 들었소. 친정이 김해라 했지요? 나는 창원이요. 창원 김 진사라면 다 아요."

이러고는 다시,

"억울하지! 만약 우리 오봉과 가야 부인 같은 이들만 이 땅에 살았더람……."

이렇게 혼잣말처럼 중얼거리면서 선비들이 모여 앉은 잔디밭께로 돌아갔다. 위엄이 있는 말씨라든가, 자가 넘게 자란 흰 수염을 바람에 날리며 돌아가는 모습이 과연 기백이 대단한 어른같이 보였다. 결국 이 창원 김 진사란 선비가 그냥 있지를 않았다. 평토제가 끝나고 해반과 아울러 으레 있는 식사와 주찬이 나돌 무렵이었다. 술도 얼마 돌지 않았을 땐데, 별안간 선비들이 모여 앉은 자리에서 호통 소리가 일어났다.

"이놈, 개 같은 놈!"

소리의 주인공은 아까 그 창원 김 진사란 늙은 선비였다. 그는 계속 수염을 부들부들 떨며,

㉡ "오봉은 바로 네 자식이 쥑있단 말여! 알겠나, 이 개 같은 놈아? 알았음 썩 물러가거라! 뻔뻔스럽게……."

"이놈이 무슨 소릴 대에놓고 ⓑ (함부로) 하노?"

상대방은 역시 이와모도 참봉이었다. 이와모도 같이 수염을 떨어 댔다. 얼굴이 넓적해 그런지 꼭 삽살개가 으르대는 것 같았다. ㉢ 아무래도 그는 처음부터 자릴 잘못 잡았던 것이다. 애당초 그런 데 온 것부터가 그렇고…….

그러나 그도 지기는 싫었다. 지다니!

"이놈아, 안 가라 캐도 갈 끼닷! 버릇없는 니놈과 자리를 같이하다니……."

이와모도 참봉은 벌써 자리에서 일어서 있었다. 상주들이 달려와 말리었으나, 이와모도 참봉은 들을 리 만무했다. 그는 화를 머리끝까지 올려 가지고 어기적어기적 산을 내려갔다.

"저런!"

상가측에서 백관 한 사람이 급히 그를 뒤따라갔다.

[중략]

죽은 이와모도 참봉의 아들 이와모도 경부보 같은 위인들이 목에 핏대를 올려 가며 그들의 '제국'이 단박 이길 듯 떠들어 대던 소위 대동아 전쟁이 얼른 끝장이 나긴커녕, 해가 갈수록 무슨 공출이다, 보국대다, 징용이다 해서 온갖 영장들만 내려, 식민지 백성들을 도리어 들볶기만 했다. 그리고 그것은 '제국'의 빛나는 승리를 위해서 불가피한 일이라고들 했다.

몰강스런 식량 공출을 위시하여 유기 제기의 강제 공출, 송탄유와 조선(造船) 목재 헌납을 위한 각종 부역과 근로 징용은 그래도 좋았다. 조상 때부터 길러 오던 안산 바깥산들의 소나무들까지 마구 찍혀 쓰러진 다음엔 사람 공출이 시작되었다. '전력 증강'이란 이유로 영장 받은 남정들은 탄광과 전장으로, 처녀들은 공장과 위안부로 사정없이 끌려 나갔다. 그러한 오봉산 발치 열두 부락의 가난한 집 처녀 총각과 젊은 사내들은 이마를 히노마루 ⓒ (일본 국기)에 동여매인 채, 울고불고하는 가족들의 손에서 떨어져, 태고나루에서 짐덩이처럼 떼를 지어 짐배에 실렸다. ⓓ (물금까지 나가면 기차편도 있었지만 차는 위데에서 오는 그러한 사람들로 항상 만원이었다.) ㉣ 손자녀를, 자식을, 남편을, 딸을 그렇게 빼앗긴 할머니, 어머니, 아버지, 안내 들은 태고나루에서 눈물을 짓다 가까운 미륵당을 찾기가 일쑤였다. "명천 하느님요!" 하고 땅을 치던 그들은 말 없는 미륵불 앞에 엎드리어 떠난 아들딸들이 무사히 살아 돌아오기를 빌고 또 비는 것이었다.

"시줏돈을랑 그만두이소! 내가 대신 다 내놓았임데이……."

ⓜ 돌아간 시할아버지와 시아버지, 그리고 만세 통에 총 맞아 죽은 시숙과 딸의 영가를 거기에 모셔 둔 가야 부인은 오면가면 그러한 분들을 위로하기에 바빴다.

"억울한 말이싸 우째 다 하겠능기요. 나도 이렇게 안 살아 있능기요."

흐느끼는 아낙네들의 손을 잡아 주며 조용히 '관세음보살'을 염하는 것이었다. 먼데서 온 분은 기어이 재워 보내기도 했다. 그것은 가야 부인 자신에게도 필요한 공덕이었다.

– 김정한, 「수라도」

41 윗글의 서술 방식에 대한 진술로 가장 적절한 것은?

① 서술자가 인물의 말과 행동에 내재된 심리를 서술하고 있다.

② 인물의 내적 독백을 사용하여 사건을 요약적으로 제시하고 있다.

③ 작가가 외부 관찰자의 입장에서 사건을 객관적으로 서술하고 있다.

④ 특정 인물의 반어적 어조를 통해 인물 간의 대립과 갈등을 강조하고 있다.

⑤ 공간의 이동과 변화를 중심으로 인물이 처한 현실적 상황을 상징적으로 부각하고 있다.

42 윗글의 등장인물에 대해 추론한 것으로 적절하지 않은 것은?

① '가야 부인'은 시대의 아픔과 상처를 짊어지고 살아가는 사람들의 마음을 위무하는 삶을 살아가고자 했던 것으로 보인다.

② '김 진사'는 기개와 위엄을 갖춘 꼿꼿한 선비로 시대와 현실에 비판적인 태도를 지녔을 것으로 여겨진다.

③ '이와모도 참봉'은 자식의 잘못을 지적하며 자신을 비난하는 것에 대해 불편한 심정을 가진 것으로 판단된다.

④ '오봉 선생'과 '가야 부인'은 유교를 신봉해 유생들로부터 존경받는 위인이었던 것으로 짐작된다.

⑤ '오봉 선생'과 '김 진사'는 나라를 걱정하는 유생으로 함께 옥살이를 한 경험이 있는 것으로 생각된다.

43 ㉠~ⓜ에 대한 설명으로 적절하지 않은 것은?

① ㉠ : 시아버지와의 인연과 가까운 지역 사람임을 구체적으로 언급함으로써 '가야 부인'과의 친밀감을 표출하고 있다.

② ㉡ : '오봉 선생'의 죽음에 대한 원인을 직접적으로 부각함으로써 인물 간의 대립과 갈등을 강화하고 있다.

③ ㉢ : '이와모도 참봉'이 상가에 오면 안 되는 이유가 있음을 짐작하게 함으로써 '김 진사'와 '이와모도 참봉'의 갈등에 개연성을 더하고 있다.

④ ㉣ : 가족을 잃은 슬픔을 종교에 의탁해 해소하려는 사람들을 통해 현실을 벗어난 초월의식에 기대는 세태를 비판하고 있다.

⑤ ⓜ : 여러 대에 걸쳐 힘든 삶을 이어온 집안의 내력을 설명함으로써 '가야 부인'의 이웃들에 대한 동병상련의 마음을 보여 주고 있다.

44 ⓐ~ⓓ에 대한 설명으로 가장 적절한 것은?

① ⓐ와 ⓑ는 인물의 말과 행동에 담긴 의도를 명시하여 독자의 궁금증을 유발하고 있다.

② ⓑ와 ⓒ는 방언과 표준어를 병렬하여 독자에게 어휘의 의미를 분명하게 전달하고 있다.

③ ⓒ와 ⓓ는 낱말과 문장의 내포적 의미를 상세하게 풀이하여 독자의 의문을 해소하고 있다.

④ ⓐ와 ⓓ는 인물의 행위나 사건에 관한 이유를 덧붙여 설명하여 서사의 개연성을 보충하고 있다.

⑤ ⓑ와 ⓓ는 인물의 행동과 사건의 진행을 직접적으로 지시하여 이야기의 심층을 표면화하고 있다.

45 〈보기〉를 바탕으로 윗글을 감상한 것으로 적절하지 <u>않은</u> 것은? [3점]

―――〈보기〉―――
「수라도」는 일제 말 낙동강 변의 한 마을을 배경으로 일본의 태평양 전쟁에 동원된 조선인의 현실을 증언한 작품이다. 항일 독립운동 내력을 가진 오봉 선생 집안과 친일 협력으로 권세를 얻은 이와모도 집안의 선명한 대비를 통해, 일본 경찰로 탈바꿈하여 일본인보다 더욱 악랄하게 조선인을 탄압하는 또 다른 우리 민족의 모습을 극명하게 대조했다. 특히 일제 말 창씨개명과 내선일체에 동조하고 대동아 전쟁에 적극 협력했던 이와모도의 큰아들이, 일제 치하에서는 도경 고등계 경부보로 있다가 해방 이후에는 국회의원이 되었다는 데서, 해방 이후에도 식민지 권력이 처단되기는커녕 오히려 그 권력이 유지되었던 국가적 모순을 비판하고자 했다.

① "억울하지! 만약 우리 오봉과 가야 부인 같은 이들만 이 땅에 살았더람……."이라는 데서, '일본인보다 더욱 악랄하게 조선인을 탄압하는 또 다른 우리 민족의 모습'에 대해 한탄하고 있음을 알겠군.

② "죽은 이와모도 참봉의 아들 이와모도 경부보 같은 위인들"을 제시한 데서, '해방 이후에도 식민지 권력이 처단되기는커녕 오히려 그 권력이 유지되었던 국가적 모순'의 근거로 삼고자 했음을 알겠군.

③ '보국대'와 '징용'이 "'제국'의 빛나는 승리를 위해 불가피한 일"이라고 말한 데서, '내선일체에 동조하고 대동아 전쟁에 적극 협력했던 이와모도의 큰아들'을 비판하고 있음을 알겠군.

④ "'전력 증강'이란 이유로 영장 받은 남정들은 탄광과 전장으로, 처녀들은 공장과 위안부로 사정없이 끌려 나갔다."라는 데서, '일본의 태평양 전쟁에 동원된 조선인의 현실을 증언'하고자 했음을 알겠군.

⑤ "그들은 말없는 미륵불 앞에 엎드리어 떠난 아들딸들이 무사히 살아 돌아오기를 빌고 또 비는 것이었다."라는 데서, '항일 독립운동 내력을 가진 오봉 선생 집안'의 모습을 보여 주고 있음을 알겠군.

[01~05] 밑줄 친 단어의 뜻으로 가장 적절한 것을 고르시오.

01

The news of the rock star's <u>tawdry</u> affair sent shockwaves across his fans all over the world.

① legal   ② immoral

③ passionate   ④ unexpected

⑤ weird

02

Joanne moved to a house in the suburbs because she was easily <u>irked</u> by her apartment neighbors.

① ousted   ② tricked

③ annoyed   ④ disappointed

⑤ persuaded

03

After the philanthropist passed away, close relatives revealed that he was <u>parsimonious</u> when it came to his own lifestyle.

① apathetic   ② stingy

③ distant   ④ objective

⑤ considerate

04

Mr. Brown's favorite pastime was to sit on his porch on <u>languid</u> summer afternoons.

① tardy   ② humid

③ peaceful   ④ capricious

⑤ charming

05

Marley's cheesecakes are very popular among New Yorkers, and their recipe has been <u>arcane</u> for generations.

① identical   ② improved

③ inherited   ④ secretive

⑤ diversified

[06~07] 다음 대화의 빈칸에 들어갈 말로 가장 적절한 것을 고르시오.

06

A : Excuse me. Do you know the way to Dan's Department Store?

B : Sure. But it's a good half-hour walk from here.

A : That's pretty far. Is there another way besides walking?

B : You can also take the M11 Bus two blocks from here.

A : _____

B : The Houston Street Stop. Dan's isn't far from there.

A : I'll ask someone for directions when I get off. Thanks a lot.

B : No problem. Good luck.

① How long will it take by bus?

② What if I decided to walk?

③ Where do I get off?

④ Can you lead the way to Dan's?

⑤ Do you know what time they open?

07

A : Congratulations, Cadet Lee.

B : Thank you, Sergeant Louis.

A : After the graduation ceremony today, you will officially be a police officer in the Tonawanda Police Department.

B : Yeah. I can't believe it myself.

A : You deserve it. You've worked really hard.

B : Thank you. Do you have any parting words of wisdom?

A : _____

B : I won't. I will always work for the citizens of our city.

A : I'm sure you will make us proud.

① Take advantage of the perks of being an officer of the law.

② If you work hard, you will make a great police officer.

③ Always be suspicious since anyone can be a criminal.

④ Just let me know if this line of work isn't for you.

⑤ Never forget our motto, "to serve and to protect."

[08~09] 밑줄 친 부분 중, 어법상 틀린 것을 고르시오.

08

Doctors are known for using complicated words that make them sound either extremely intelligent or really out of touch with ① which most people can understand. The medical word for hiccups, singultus, is a perfect example of ② when physicians sound ridiculous. Hiccups are caused when the diaphragm becomes irritated and pushes air rapidly up in such a way that it makes an irregular sound. Some things that irritate the diaphragm and cause hiccups ③ <u>are</u> distension of the stomach from food, alcohol, or air, sudden changes in gastric temperature, or use of alcohol and/or tobacco in excess. Hiccups also can be caused by excitement or stress. While most cases of the hiccups last only ④ <u>a few</u> minutes, some cases of the hiccups can last for days or weeks. This is very unusual, though, and it's usually a sign of ⑤ <u>another</u> medical problem.

09 Tim Richardson's mom, Doris Bohannon, says he's been riding bikes since he ① <u>had been</u> three years old and wrenching since not long after that. And she should know. She's ② <u>the one</u> who taught him how to fix bikes—by bringing home trashed bikes from the dump for her kids ③ <u>to tinker</u> with. "Mom's the mechanic in the family," says Richardson, who grew up in Odd, West Virginia, population 832. "④ <u>Being</u> in a rural area, you either learned how to fix your bike yourself, or you didn't ride." That ethos has carried over to his bike shop, Shenandoah Bicycle Company, in Harrisonburg, Virginia, ⑤ <u>where</u> customers are encouraged to figure out their own bike dilemmas.

[10~11] (A), (B), (C)의 각 네모 안에서 문맥에 맞는 낱말로 가장 적절한 것을 고르시오.

10

Anyone who's crossed a parking lot in August knows that blacktop soaks up a lot of (A) heat/moisture . It turns out, rethinking the color of the surfaces around us could help cool the planet. Roofs and pavements cover 60 percent of urban areas. Scientists calculate that lightening their color worldwide could have the same effect on global warming as keeping 48.5 billion tons of CO_2 out of the atmosphere. That's roughly the equivalent of taking every car in the world off the road for 18 years. This elegantly simple solution works because of increased albedo—the degree to which (B) abrasive/reflective surfaces bounce back the sun's energy. Closer to home, color-consciousness does more than fight climate change. Choosing roofing material that (C) absorbs/repels less heat can mean substantial energy savings. Studies show a "cool roof" can cut air-conditioning bills by 20 percent or more.

	(A)	(B)	(C)
①	moisture	reflective	absorbs
②	moisture	abrasive	repels
③	heat	reflective	absorbs
④	heat	reflective	repels
⑤	heat	abrasive	absorbs

11

Seven billion people have seven billion agendas, and thinking about the big picture is a relatively rare (A) frugality/luxury . A single mother struggling to raise two children in a Mumbai slum is focused on the next meal; (B) refugees/vacationers in a boat in the middle of the Mediterranean scan the horizon for any sign of land; and a dying man in an overcrowded London hospital gathers all his remaining strength to take in one more breath. They all have far more (C) trivial/urgent problems than global warming or the crisis of liberal democracy.

	(A)		(B)		(C)
①	frugality	……	refugees	……	trivial
②	frugality	……	vacationers	……	trivial
③	luxury	……	refugees	……	trivial
④	luxury	……	vacationers	……	urgent
⑤	luxury	……	refugees	……	urgent

[12~13] 밑줄 친 부분 중, 문맥상 낱말의 쓰임이 적절하지 않은 것을 고르시오.

12
Ocean plastic is estimated to kill millions of marine animals every year. Nearly 700 species, including ① <u>endangered</u> ones, are known to have been affected by it. Some are harmed ② <u>visibly</u>—strangled by abandoned fishing nets or discarded six-pack rings. Many more are probably harmed invisibly. Marine species of all ③ <u>sizes</u>, from zooplankton to whales, now eat microplastics, the bits smaller than one-fifth of an inch across. On Hawaii's Big Island, on a beach that seemingly should have been ④ <u>tainted</u>—no paved road leads to it—I walked ankle-deep through microplastics. They crunched like Rice Krispies under my feet. After that, I could understand why some people see ocean plastic as a looming ⑤ <u>catastrophe</u>, worth mentioning in the same breath as climate change.

13
A factor that's important in coping with a crisis, and that differs from person to person, is something that psychologists call "ego strength." That includes self-confidence, but it's much ① <u>broader</u>. Ego strength means having a sense of yourself, having a sense of purpose, and ② <u>accepting</u> yourself for who you are, as a proud independent person not dependent on other people for ③ <u>approval</u> or for your survival. Ego strength includes being able to ④ <u>tolerate</u> strong emotions, to keep focused under stress, to express yourself freely, to perceive reality accurately, and to make sound decisions. Those linked qualities are essential for exploring new solutions and ⑤ <u>reinforcing</u> the paralyzing fear that often arises in a crisis. [3점]

14 San Marcos Café에 관한 다음 글의 내용과 일치하는 것은?

Expect quite a greeting when you visit San Marcos Café. A mismatched flock of peacocks and peahens, wild turkeys and roosters all cavort around the front and back of the restaurant. The poultry are not allowed in the dining area, but there was one very famous leghorn rooster named Buddy about 15 years ago who served long tenure as unofficial maitre d' of the restaurant. Dressed in black tie, Buddy cheerfully greeted guests at the door and crowed through the breakfast hour. Wandering chickens notwithstanding, San Marcos Café is a real find. A cozy, charming ranchhouse decorated in country-kitchen style, it serves one of the best cinnamon rolls.

① Various poultry can be spotted around the café.

② A few roosters are allowed to enter the dining area.

③ A rooster served as waiter starting 10 years ago.

④ Buddy's costume consisted of a red tie.

⑤ They no longer serve cinnamon rolls.

15 Thomas Eisner에 관한 다음 글의 내용과 일치하지 <u>않는</u> 것은?

Thomas Eisner, an ecologist and evolutionary biologist at Cornell University, died last week at age 81 of complications from Parkinson's disease. In hundreds of journal articles on topics ranging from spider webs to bombardier beetles, Eisner explored how insects and arthropods defend themselves, capture prey, and attract mates in sometimes complex ways. With Cornell collaborator Jerrold Meinwald, he helped found the field of chemical ecology—the study of how animals and plants use chemicals to communicate. An outspoken conservationist, Eisner promoted the idea of allowing companies to "bioprospect" in the rainforest for useful chemicals in order to raise money to protect biodiversity. Eisner was also a pianist, a popular science writer, and—with his wife, Maria—a nature photographer whose images of larval hooks, beetle hairs, and other minute wonders graced many pages and covers of *Science*.

① He died at age 81 from Parkinson's disease complications.

② He was interested in how insects catch their prey.

③ His wife founded the field of chemical ecology.

④ His agendas included protecting rainforest biodiversity.

⑤ His works of photography appeared in *Science*.

④ The Butterfly Effect of a Faltering European Economy

⑤ Economic Outlook for the Average Joe: Cloudy with Rain

[16~17] 다음 글의 제목으로 가장 적절한 것을 고르시오.

16

Since 1967, median household income in the United States, adjusted for inflation, has stagnated for the bottom 60 percent of the population, even as wealth and income for the richest Americans have soared. Changes in Europe, although less stark, point in the same direction. Corporate profits are at their highest levels since the 1960s, yet corporations are increasingly choosing to save those profits rather than invest them, further hurting productivity and wages. And recently, these changes have been accompanied by a hollowing out of democracy and its replacement with technocratic rule by globalized elites. [3점]

① Inflation: A Huge Hurdle for the Economy

② Public Demand for Corporate Transparency

③ If a Technocrat Sneezes, Do Banks Catch a Cold?

17

I am lying here in my private sick bay on the east side of town between Second and Third avenues, watching starlings from the vantage point of bed. Three Democrats are in bed with me: Harry Truman (in a stale copy of the *Times*), Adlai Stevenson (in *Harper's*), and Dean Acheson (in a book called *A Democrat Looks at His Party*). I take Democrats to bed with me for lack of a dachshund, although as a matter of fact on occasions like this I am almost certain to be visited by the ghost of Fred, my dash-hound everlasting, dead these many years. In life, Fred always attended the sick, climbing right into bed with the patient like some lecherous old physician, and making a bad situation worse. All this dark morning, I have reluctantly entertained him upon the rumpled blanket, felt his oppressive weight, and heard his fraudulent report. He was an uncomfortable bedmate when alive; death has worked little improvement—I still feel crowded, still wonder why I put up with his natural rudeness and his pretensions.

① Books Versus Pets: Who Makes a Better Companion?

② Reminiscing About a Bedfellow on a Dark Morning

③ A Message of Hope from My Beloved Dash-hound

④ Unexpected Arrival of a Dog: A New Beginning

⑤ The Truth Behind the Politics of Medical Care

[18~19] 다음 글의 주제로 가장 적절한 것을 고르시오.

18

The inherent fragility of the economic system does not mean that it cannot be made safer. A lot can be done, has been done, and can still be done. But in designing reforms, it's important to choose the objective carefully. The goal should not be to eliminate the risk of the failure of individual banks or large institutions. Failure has its merits. It's important for creating the right incentives, spurring innovation, and promoting efficiency. Rather, policymakers should strive to enhance the resilience of the broader financial system. Even when the system is under extreme stress, it needs to remain able

to perform its basic functions of providing payment, clearing, and settlement services; offering credit; and transferring risk. In other words, policymakers should try to build a system in which an idiosyncratic event does not turn into a systemic crisis. This means seeking not only to reduce the probability of financial distress but also to increase the probability that the real economy remains insulated from it. [3점]

① drafting economic policies based on statistics

② building an economy based on idiosyncratic events

③ putting the needs of people ahead of corporations

④ predicting potential problems in the economic system

⑤ reforming an economic system to withstand distress

19

After language had evolved as the principal communication system of modern humans, people were left with the question of who to communicate with through music. Music is, after all, a derivative of 'Hmmmmm,' which itself evolved as a means of communication, so the communicative function could not easily be dropped; there remained a compulsion among modern humans to communicate with music, as there still is today. How could this be fulfilled? Communication with other humans was now far better achieved by language than by music, other than for prelinguistic infants. But in the minds of modern humans there was now another type of entity with whom they could and should communicate: supernatural beings. So the human propensity to communicate through music came to focus on the supernatural—whether by beating the shaman's drum or through the compositions of Bach.

① effects of music on our views on the supernatural

② functional diversity of music compared to language

③ music as a means to communicate with the supernatural

④ advantages of language as a medium of communication

⑤ influence of music on the development of language

[20~22] 다음 글의 요지로 가장 적절한 것을 고르시오.

20

The EU, with its 512 million citizens, has, until recently, led the charge into a zero-emission green economy. The People's Republic of China, with its nearly 1.4 billion people, has roared onto the field in recent years with its plan to transition into a postcarbon era. And now the United States, with its 325 million citizens, is poised to join the herd. Without all three elephants marching in sync, sharing best practices, establishing common codes, regulations, standards, and incentives, and reaching out together to bring the rest of humanity into the fold, the race to a zero-carbon civilization in less than twenty years will be lost.

① Population problems need to be addressed before racing to a postcarbon era.

② With all three elephants marching in sync, no competitor will win the race.

③ China's participation is an optimistic sign for the zero-emission economy.

④ Cooperation among the key members is essential for a zero-carbon world.

⑤ A zero-carbon civilization is destined to backfire within twenty years.

21

Traditionally, research has treated goal pursuit as a solitary endeavor. But everyday experiences show that our relationships can either foster or impede our progress. If you want to wake up earlier each morning, you're better off with a spouse who shuts off his bedside lamp at 10 p.m. If you want to become a vegetarian, your spouse's feelings on tofu versus steak will probably have an impact.

Now researchers are examining that influence. A Washington University study found that being married to a spouse who is highly conscientious—that is, organized and reliable—predicts future job satisfaction and higher income. Research by Wilhelm Hofmann at the University of Cologne in Germany indicates that high relationship satisfaction positively affects feelings of control over goal pursuit. Hofmann posits that the stability of happy relationships makes it easier to focus. According to Hofmann, "When people's everyday life feels stable and predictable, they feel more in control of their ability to pursue their goals."

① The chances of achieving your goals hinge on your spouse.

② Psychological stability is the main indicator of your wellbeing.

③ Setting a realistic goal is heavily influenced by your partner.

④ Personal feelings are directly related to pursuing your goals.

⑤ The conscientiousness of your spouse leads to a successful marriage.

22

In the U.S., windmills have been estimated to kill at least 45,000 birds and bats each year. That sounds like a lot of birds and bats. To place that number in perspective, consider that pet cats that are allowed to wander in and out of their owners' houses have been measured to kill an average of more than 300 birds per year per cat. If the U.S. population of outdoor cats is estimated at about 100 million, then cats can be calculated to kill at least 30 billion birds per year in the U.S., compared to the mere 45,000 birds and bats killed per year by windmills. That windmill toll is equivalent to the work of just 150 cats.

① Policies on birds and bats should be based on statistics.

② Cat owners are advised not to let their cats roam free outdoors.

③ Windmills need to be regulated to meet environmental standards.

④ Windmills do not threaten avian wildlife as much as outdoor cats.

⑤ The outdoor cat population must be curbed for ecological balance.

[23~30] 다음 글의 빈칸에 들어갈 말로 가장 적절한 것을 고르시오.

23

We tend to think of statistical sampling as some sort of _____ bedrock, like the principles of geometry or the laws of gravity. But the concept is less than a century old, and it was developed to solve a particular problem at a particular moment in time under specific technological constraints. Those constraints no longer exist to the same extent. Reaching for a random sample in the age of big data is like clutching at a horse whip in the era of the motor car. We can still use sampling in certain contexts, but it need not—and will not—be the predominant way we analyze large datasets. Increasingly, we will aim to go for it all.

① impertinent　　② immutable

③ immature　　④ imminent

⑤ impartial

24

The human fetus, until recently, was a largely invisible and voiceless member of society. Technological innovations over the past few decades have given the fetus greater physical reality and new claims to legal rights while at the same time offering women more grounds for preventing, redefining, and even terminating pregnancy. Conflicts associated with expanded technological options for contraception and abortion offer one vantage point on these issues. Another set of disputes concerns the gradual uncoupling of biological reproduction from social parenting through technological means such as artificial insemination, *in vitro* fertilization, and embryo implantation. Intersecting with the reconfigurations of the family through adoption and divorce, these unconventional reproductive pathways have begun to _____ the accepted meanings of "mother," "father," "child," and "family." [3점]

① undermine　　② duplicate

③ summarize　　④ consolidate

⑤ simplify

25

When we look in the mirror, we see some of the "instruments" necessary for choice. Our eyes, nose, ears, and mouth gather information from our environment, while our arms and legs enable us to act on it. We depend on these capabilities to effectively negotiate between hunger and satiation, safety and vulnerability, even between life and death. Yet our ability to choose involves more than simply _____. Your knee may twitch if hit in the right place by a doctor's rubber mallet, but no one would consider this reflex to be a choice. To be able to truly choose, we must evaluate all available options and select the best one, making the mind as vital to choice as the body.

① reacting to sensory information

② giving into your utmost desires

③ selecting what is most beneficial

④ searching for instant gratification

⑤ suppressing your natural instincts

and business software, gain an edge from the experience that comes with a founder's age. According to research by a tech entrepreneur, the average age of successful start-up founders in these and other high growth industries was 40. It goes to show that if you have the financial resources, the right network and, most important, a great idea, _____. [3점]

① inner success is the reward

② age is nothing but a number

③ it all comes down to who you know

④ the last piece of the puzzle is capital

⑤ youth will always find a way to prevail

26

There is no question that starting a business is easier when you are younger. The fewer nonwork responsibilities you have, the more likely you are to pour your blood, sweat and tears into a new venture. But that does not mean you should leave school or your job to start a company just because you are young. Venture capitalists often favor fresh meat. Michael Moritz of Sequoia Capital, one of Silicon Valley's biggest VC firms, has gushed about how entrepreneurs in their mid to late 20s "see no boundaries, see no limits, see no obstacle that they cannot hurdle." Still, start-ups in some industries, such as biotech

27

Professor Wilhelm Roentgen of the Bavarian University of Wurzburg first made the discovery of x-rays public in December 1895. The notion of a new kind of ray, unrefractable and indifferent to electromagnetic fields, befuddled the scientific world and precipitated feverish research into their nature and implications for the long-standing theories of light and matter. _____. The notion of a "dark light" that could penetrate flesh as easily as glass and produce photographic images of the skeleton was intoxicating. Overnight, the mysterious rays became popular icons constantly encountered in advertisements, prose, songs, and cartoons. More than one thousand articles and fifty books were published on the subject in 1896 alone.

① Popular culture was equally mesmerized
② Advertisers and politicians followed suit
③ This discovery was challenged by many
④ The financial sector was taken aback
⑤ Rarely did it reflect the public craze

28

For a threat to be effectual, its utterer must have the means to carry it out and want the addressee to act otherwise than would be the case without the prompting of the utterance. Then, once a speaker is seen by the target to be in such a position of power, any utterance forecasting _____, even if not framed explicitly as involving the utterer's own behavior, can be reasonably understood as a threat. This is how we make sense of remarks that contain no overtly threatening material. For example, when a Mafia boss in a movie says, "Tonight you sleep with the fishes," it is not taken as an invitation to sleep over at the speaker's house in the room with the aquarium, but as a chilling message of imminent doom. [3점]

① a cordial invitation to an aquarium
② explicit withdrawal of a future action
③ the maintenance of the present status
④ an unspoken agreement of cooperation
⑤ negative consequences to the addressee

29

The volume of Neanderthal brains ranged from 1,200 to 1,750 cc, about the same (1,200 to 1,700 cc) range as that of early and present specimens of modern *Homo sapiens*. This doesn't mean that they were as clever as modern human beings, since brain size _____. People who live in colder climates tend to have larger brains, and Neanderthals lived in Eurasia during a cold period. Neanderthal skeletal bones also show that they were massive. They had short, stocky bodies; males probably weighed about 145 pounds and stood less than five feet seven inches tall. Brain volume also is correlated with heavier massive muscles and body weight in closely related species. Heinz Stephan, a German neuroanatomist, has been studying the sizes of the brains and their various parts in many species over the past forty years. His detailed measurements show that bigger muscles require bigger brains, independent of intelligence. [3점]

① inevitably determines intelligence and body weight

② is a compensation for muscle loss and malnutrition

③ is also related to muscularity and climatic conditions

④ indicates the habitat and the surrounding environment

⑤ has long been noted as a vessel of intellect for mankind

30

The world of business is one area in which _____.
Many people now work alone at home. With access to a large central computer, employees such as secretaries, insurance agents, and accountants do their jobs at display terminals in their own homes. They no longer have to actually see the people they're dealing with. In addition, employees are often paid in an impersonal way. Workers' salaries are automatically credited to their bank accounts, eliminating the need for paychecks. Fewer people stand in line with their coworkers to receive their pay or cash their checks. Finally, personal banking is becoming a detached process. Customers interact with machines rather than people to deposit or withdraw money from their accounts. Even some bank loans

are approved or rejected, not in an interview with a loan officer, but by a computer program.

① technology is isolating us

② employees are being overworked

③ artificial intelligence benefits humans

④ managing finances is the top priority

⑤ human resources are evenly allocated

31 다음 글의 빈칸 (A), (B)에 들어갈 말로 가장 적절한 것은?

Many people, including many scientists, tend to confuse the mind with the brain, but they are really very different things. The brain is a material network of neurons, synapses, and biochemicals. The mind is a flow of subjective experiences, such as pain, pleasure, anger and love. Biologists assume that the brain somehow produces the mind, and that biochemical reactions in billions of neurons somehow produce experiences such as pain and love.   (A) , so far we have absolutely no explanation for how the mind emerges from the brain. How come when billions of neurons are firing electrical signals in a particular pattern, I feel pain, and when the neurons fire in a different pattern, I feel love? We haven't got a clue. ___(B)___, even if the mind indeed emerges from the brain, at least for now studying the mind is a different undertaking than studying the brain.

	(A)		(B)
①	In addition	……	For example
②	However	……	Hence
③	In addition	……	Hence
④	However	……	Nevertheless
⑤	Therefore	……	For example

revenue and increase productivity, such as acoustic offshore oilfield sensors that analyze activity through pipelines to maximize output and help identify new resource pools.

[32~33] 다음 글에서 전체 흐름과 관계 없는 문장을 고르시오.

32 The Internet of Things (IoT) can revolutionize the business and consumer landscape by bridging digital and material worlds. ① Any industry reliant on making, moving or selling objects that were previously not connected to the internet stands to benefit. ② Many industries, however, do not have the infrastructure with 5G broadband connection that can mobilize their IoT. ③ The specific benefits IoT can bring to a business depend on how the technology is used. ④ For example, sensors can be used to reduce waste by optimizing lighting or heating based on occupancy levels, or reduce spoilage of products in transit by monitoring temperatures. ⑤ IoT can also generate

33 Students of criminology, as well as the average citizen, are often unaware that criminalization of drugs is a twentieth-century American creation. Earlier, what we now construe as "drugs" were not dealt with differently than the vast array of other substances that arguably hold some potential for damaging (or enhancing) health. ① What we now think of as "hard drugs" were once readily available as medicines and even food additives. ② Coca-Cola once lived up to the advertisement jingle dubbing it the "real thing" by including cocaine as a stimulating ingredient, later replaced by caffeine. ③ The past 40 years have witnessed a "drug war" based on the idea that law enforcement should aggressively seek to eliminate specified drugs. ④ Our contemporary view of drugs was launched when Congress passed the Harrison Act in 1914, effectively criminalizing the sale and possession of opiates. ⑤ Legislation criminalizing marijuana was in place in 16 states by 1930, and in all states by 1937.

[3점]

34 글의 흐름으로 보아, 주어진 문장이 들어가기에 가장 적절한 곳은?

> When the researchers opened the boxes, they found that nearly all the caterpillars, with or without vision, had changed their body colors to match the sticks in their box.

Peppered moths are masters of camouflage. (①) In the larval stage, they can change the color of their skin to blend into their settings— even without seeing those surroundings, a new study found. (②) After raising more than 300 peppered moth larvae, U.K. researchers obscured the vision of some with black paint. (③) The larvae were placed in boxes containing white, green, brown, or black sticks, and given time to adapt. (④) The researchers then moved the caterpillars into new boxes containing sticks of two different colors, and about 80 percent of the insects chose to rest on sticks that matched their body color. (⑤) The researchers say their findings provide strong evidence that peppered moth larvae are capable of dermal photoreception—seeing with their skin.

[35~36] 주어진 글 다음에 이어질 글의 순서로 가장 적절한 것을 고르시오.

35

> Urban America was electrified between 1900 and the onset of the Great Depression in 1929, and rural America followed suit between 1936 and 1949. The electrification of factories made way for the era of mass-produced goods, with the automobile as the kingpin.

(A) Without electricity, Henry Ford would not have had available electric power tools to bring the work to the workers and manufacture an affordable automobile for millions of Americans. The mass production of the gasoline-powered Model T car altered the temporal and spatial orientation of society.

(B) Concrete highways were laid out over vast stretches of America, culminating in the US Interstate Highway System—the largest public works project in world history— creating a seamless coast-to-coast road system. The interstate highways were the impetus for a mass exodus of millions of families from urban areas to the newly emerging suburbs popping up off the highway exits.

(C) Millions of people began to trade in their horses and buggies for automobiles. To meet the increased demand for fuel, the nascent oil industry revved up exploration and drilling, built oil pipelines across the country, and set up thousands of gasoline stations to power the millions of automobiles coming off the assembly lines. [3점]

① (A) – (C) – (B) ② (B) – (A) – (C)
③ (B) – (C) – (A) ④ (C) – (A) – (B)
⑤ (C) – (B) – (A)

36

Not everyone is aware of the way their emotions impact others in their lives. Even when emotions are appropriate, their intensity may lead to problems. Some feelings, of course, are inappropriate.

(A) Such messages tend to confuse the recipient of that emotion and can lead to problems. When people express emotions, they may facilitate relationships or derail them. Understanding the impact of emotional expression is the core of psychotherapy.

(B) When they are congruent, the emotion fits with the message that is being sent. Some people may indicate one emotion with their words and another with their tone of voice. Sometimes this is referred to as the difference between verbal and nonverbal behavior.

(C) Whether or not an emotion is considered appropriate is related to the context in which it is displayed as well as the people involved.

Emotions may also be either congruent or incongruent.

① (A) – (C) – (B) ② (B) – (A) – (C)
③ (B) – (C) – (A) ④ (C) – (A) – (B)
⑤ (C) – (B) – (A)

[37~38] 다음 글을 읽고, 물음에 답하시오.

One morning, when I awoke, the temperature was barely five degrees and the wind was blowing fiercely. Daddy and the other cowboys went about their chores regardless, but my mama held me back. "Why don't you and I make a chocolate cake today?" she said.

Mama told me the ingredients I needed to find and began spooning flour and sugar into a bowl. "How do you know how much to use?" I asked. I'd never seen her look at a recipe to cook anything.

"It's about finding the right balance. You'll make mistakes at first, but that's how you learn," she said.

Soon the house was filled with the sweet aroma of rich, velvety chocolate. The heat from the oven was warm and welcoming.

"You know what comes next?" Mama asked me.

"Eating!" I said.

Mama laughed. "First comes cleaning up," she said, filling the sink with hot soapy water. Hmm, even fun jobs required hard work. "The joy of cooking isn't about the eating. It's about seeing the smiles on people's faces."

I didn't quite see how a smile could beat a piece of chocolate cake until I was a few years older. I was 15, and Daddy, my brother and I were pitching in at a friend's ranch, an annual custom called neighboring up. Around midday, I heard an old man, sweat running down his face, say, "We better get paid well today." *Wow, we're getting cash money*, I thought. Then I looked up to see car after car coming down the driveway, people bringing platters of fried chicken, breaded pork chops, salads of all kinds, cakes and pies. The cowboys were grinning from ear to ear. To this day, I remember how good that food tasted after a morning of hard work. That afternoon, the cowboys worked twice as hard, laughing and cutting up. I thought about what Mama had said about why she liked to cook. To be able to give folks that much pleasure, well, that seemed pretty special.

37 윗글의 제목으로 가장 적절한 것은?

① Old Habits Die Hard

② You Are What You Eat

③ Are You a Good Neighbor?

④ Wide Variety of Cowboy Cuisine

⑤ A Lesson on the Joy of Cooking

38 윗글의 내용과 일치하는 것은?

① When Mama cooked, she followed the recipe faithfully.

② Mama said the most important thing about cooking was the taste.

③ The neighboring up custom was practiced every month.

④ What the old man meant by payment was the food.

⑤ The cowboys were not happy about working in the afternoon.

[39~40] 다음 글을 읽고, 물음에 답하시오.

It is sometimes proposed that direct brain-computer interfaces, particularly implants, could enable humans to exploit the fortes of digital computing—perfect recall, speedy and accurate arithmetic calculation, and high-bandwidth data transmission—enabling the resulting hybrid system to radically outperform the unaugmented brain. But although the possibility of direct connections between human brains and computers has been demonstrated, it seems unlikely that such interfaces will be widely used as enhancements any time soon.

To begin with, there are significant risks of medical complications—including infections, electrode displacement, hemorrhage, and cognitive decline—when implanting electrodes in the brain. Perhaps the most vivid illustration to date of the benefits that can be obtained through brain stimulation is the treatment of patients with Parkinson's disease. The Parkinson's implant is relatively simple: it does not really communicate with the brain but simply supplies a stimulating electric current to the subthalamic nucleus. A demonstration video shows a subject slumped in a chair, completely immobilized by the disease, then suddenly springing to life when the current is switched on: the subject now moves his arms, stands up and walks across the room, turns around and performs a pirouette. Yet even behind this especially simple and almost miraculously successful procedure, there lurk negatives. One study of Parkinson patients who had received deep brain implants showed reductions in verbal fluency, selective attention, color naming, and verbal memory compared with controls. Treated subjects also reported more cognitive complaints. Such risks and side effects might be tolerable if the procedure is used to alleviate severe disability. But in order for healthy subjects to volunteer themselves for neurosurgery, there would have to be some very _____ of normal functionality to be gained.

39 윗글의 제목으로 가장 적절한 것은?

① Full Functionality Gained Via Brain-Computer Interface

② A Breakthrough in Parkinson's Disease Treatment

③ How Best to Augment Brain Power with Implants

④ Direct Brain-Computer Interfaces: Pros and Cons

⑤ Hopes for Success Dwindle Away in Neuroscience

40 윗글의 빈칸에 들어갈 말로 가장 적절한 것은?

① substantial enhancement

② universal application

③ complicated achievements

④ complete deprivation

⑤ authoritative establishments

[41~42] 다음 글을 읽고, 물음에 답하시오.

For centuries, it was believed that disabled people like me were living under a curse that was inflicted by God. Well, I suppose it's possible that I've (A) ⏐upset/pleased⏐ someone up there, but I prefer to think that everything can be explained another way; by the laws of nature. If you believe in science, like I do, you believe that there are certain laws that are always obeyed. If you like, you can say the laws are the work of God, but that is more a definition of God than a proof of his existence. In about 300 BCE, a philosopher called Aristarchus was fascinated by eclipses, especially eclipses of the Moon. He was (B) ⏐brave/obedient⏐ enough to question whether they really were caused by gods. Aristarchus was a true scientific pioneer. He studied the heavens carefully and reached a bold conclusion: he realised the eclipse was really the shadow of the Earth passing over the Moon, and not a (C) ⏐natural/divine⏐ event. Liberated by this discovery, he was able to work out what was really going on above his head, and draw diagrams that showed the true relationship of the Sun, the Earth and the Moon. From there he reached even more remarkable conclusions. He deduced that the Earth was not the centre of the universe, as everyone had thought, but that it instead orbits the Sun. In fact, understanding this arrangement explains all eclipses. When the Moon casts its shadow on the Earth, that's a solar eclipse. And when the Earth shades the Moon, that's a lunar eclipse. But Aristarchus took it even further. He suggested that stars were not chinks in the floor of heaven, as his contemporaries believed, but that stars were other suns, like ours, only a very long way away. What a stunning realisation it must have been. The universe is a machine governed by principles or laws—laws that _____.

41 (A), (B), (C)의 각 네모 안에서 문맥에 맞는 낱말로 가장 적절한 것은?

	(A)	(B)	(C)
①	upset	obedient	natural
②	upset	obedient	divine
③	upset	brave	divine
④	pleased	obedient	natural
⑤	pleased	brave	divine

42 윗글의 빈칸에 들어갈 말로 가장 적절한 것은? [3점]

① decipher God's secret codes

② reveal the existence of God

③ transcend human scientific capacity

④ can be understood by the human mind

⑤ strengthen the bond between God and nature

[43~45] 다음 글을 읽고 물음에 답하시오.

I actually knew about Stravinsky very early on in my life. I was about twelve. I was taking piano lessons from Denise, a nice, frizzy-haired, thirty-something bachelorette who would come to our apartment to teach me *Für Elise*, Bach's variations, and, to keep me interested, the theme from *Star Wars*. Despite the minor point that I showed no musical talent whatsoever, I somehow decided I needed to take it to the next level. I needed to become a composer.

So one week, I spent hours every afternoon plonking around on the piano in our foyer, scribbling down notes, erasing, scribbling some more. Finally, on Friday, Denise came, and I played my opus for her. It sounded like a combination of a traffic jam on Madison Avenue, a fax machine, and weasels in heat.

"Good for you, A.J.," she said. "You're experimenting in atonal compositions."

"Yes, I'm very interested in atonal compositions." Of course, I had no idea what atonal compositions were; in fact, I was trying desperately to write tonal compositions. It's just that (A) my ear was 100 percent tin.

"It reminds me of Stravinsky," she said.

"Ah, yes, Stravinsky," I replied, nodding my head. Denise was being exceedingly nice. She didn't want to discourage me, but the only way it could have reminded her of Stravinsky is if Stravinsky had accidentally sat on the keyboard.

That's how I first learned of the Russian master. Then, in college, I expanded my knowledge of Stravinsky by four words: *The Rites of Spring*. An atonal composer who wrote *The Rites of Spring*. So that's about where I stood.

From the *Britannica*, I learned two important things. First, it's *The Rite of Spring*. Only one rite. So I'd been sounding like a jackass all these years when I made the occasional allusion to Stravinsky. Second, *The Rite of Spring* was enough to cause an "opening-night riot" when it debuted at the Théâtre de Champs Elysées on May 29, 1913.

Stravinsky's score—with its "scandalous dissonances and rhythmic brutality"—caused an uproar among the chic Paris audience. The commotion was so loud, the ballet dancers couldn't hear the orchestra in the nearby pit. But the dancers kept dancing anyway, urged on by the choreographer, who stood on a chair in the wings, shouting and miming the rhythm.

I love this. I can't believe that less than a century ago, a ballet with some discordant notes could cause an actual riot. Nowadays, audience members at the ballet rarely riot. They are often too busy falling asleep. Or if they are really upset, they leave after the first act to get a nice pasta dinner somewhere.

43 윗글에 나타난 필자의 태도로 가장 적절한 것은?

① optimistic and jubilant

② objective and impartial

③ amusing and candid

④ annoyed and critical

⑤ calm and reserved

44 밑줄 친 (A)가 의미하는 바로 가장 적절한 것은?

① I lacked the keyboard dexterity expected of a composer.

② I suffered from a strong blow to my ear by Denise.

③ I had a knack for composing atonal and tonal music.

④ I could not hear the differences between musical notes.

⑤ My composition skills were overshadowed by my playing.

45 'I'에 관한 윗글의 내용과 일치하지 않는 것은?

① My piano teacher was unmarried and in her thirties.

② I once learned the *Star Wars* theme on the piano.

③ I gained a comprehensive understanding of Stravinsky in college.

④ The *Britannica* helped me realize my misunderstanding about Stravinsky.

⑤ I was surprised that discordant notes caused a riot.

제3교시 수학영역

[01~20] 각 문항의 답을 하나만 고르시오.

01 $\log_3(\log_{27} x) = \log_{27}(\log_3 x)$가 성립할 때, $(\log_3 x)^2$의 값은? [3점]

① $\dfrac{1}{9}$ ② $\dfrac{1}{27}$

③ 3 ④ 9

⑤ 27

02 $x = \dfrac{1+\sqrt{2}+\sqrt{3}}{1-\sqrt{2}+\sqrt{3}}$일 때, $x(x-\sqrt{2})(x-\sqrt{3})$의 값은? [3점]

① $2\sqrt{2}+3\sqrt{3}$ ② $3\sqrt{2}+2\sqrt{3}$

③ $2(\sqrt{2}+\sqrt{3})$ ④ $3\sqrt{2}+\sqrt{6}$

⑤ $\sqrt{6}+2\sqrt{3}$

03 어느 대학에서 신입생 50명을 모집하는데 5000명이 지원하였다. 지원자 5000명의 입학 시험점수는 평균이 63.7점이고 표준편차가 10점인 정규분포를 따르며, 94.6점 이상인 학생들을 대상으로 장학금을 지급한다고 한다. 아래 표준정규분포표를 이용하여 구한 이 대학에 입학하기 위한 최저 점수를 a라 하고, 장학금을 받는 학생 수를 b라 할 때, $a+b$의 값은? [3점]

z	$P(0 \leq Z \leq z)$
1.96	0.475
2.33	0.490
2.75	0.497
3.09	0.499

① 92 ② 94

③ 96 ④ 98

⑤ 100

04 $\lim\limits_{x \to 2} \dfrac{f(x)}{x-2} = 4$, $\lim\limits_{x \to 4} \dfrac{f(x)}{x-4} = 2$를 만족시키는 다항함수 $f(x)$에 대하여 방정식 $f(x) = 0$이 구간 $[2, 4]$에서 적어도 m개의 서로 다른 실근을 갖는다. m의 값은? [3점]

① 1   ② 2

③ 3   ④ 4

⑤ 5

05 곡선 $y = x^2 - 1$ 위의 점 $(t, t^2 - 1)$에서의 접선을 l이라 하자. 곡선 $y = x^2 - 1$과 직선 l 및 두 직선 $x = 0$, $x = 1$로 둘러싸인 도형의 넓이의 최솟값은? (단, $0 < t < 1$) [4점]

① $\dfrac{1}{21}$ ② $\dfrac{1}{18}$

③ $\dfrac{1}{15}$ ④ $\dfrac{1}{12}$

⑤ $\dfrac{1}{9}$

06 어느 대학은 방문자가 있을 때 코로나19 발열 검사를 실시하고 그 결과가 정상이면 그날 지정된 색의 종이 밴드를 손목에 채워 들여보낸다. 종이 밴드는 빨간색 밴드, 주황색 밴드, 노란색 밴드, 초록색 밴드, 파란색 밴드가 있고, 그날 사용할 밴드는 전날 사용한 밴드의 색과 다른 한 색을 임의로 선택하여 그 색의 밴드를 사용한다. 첫날 파란색 밴드를 사용하였을 때, 다섯째 날 파란색 밴드를 사용할 확률은? (단, 각각의 밴드의 개수는 충분히 많다.) [4점]

① $\dfrac{13}{64}$ ② $\dfrac{17}{64}$

③ $\dfrac{21}{64}$ ④ $\dfrac{25}{64}$

⑤ $\dfrac{29}{64}$

07 모든 항이 양수이고 공비가 서로 같은 두 등비수열 $\{a_n\}$, $\{b_n\}$이 모든 자연수 n에 대하여

$$a_n b_n = \frac{(a_{n+1})^2 + 4(b_{n+1})^2}{5}$$

를 만족시킬 때, 공비의 최댓값은? [4점]

① $\dfrac{5\sqrt{5}}{2}$ ② $\dfrac{5}{2}$

③ $\dfrac{\sqrt{5}}{2}$ ④ $\sqrt{5}$

⑤ 1

08 모든 자리의 수의 합이 10인 다섯 자리 자연수 중 숫자 1, 2, 3을 각각 한 번 이상 사용하는 자연수의 개수는? [4점]

① 120   ② 132

③ 146   ④ 158

⑤ 170

09 $a_1 = 1$인 수열 $\{a_n\}$이 모든 자연수 n에 대하여

$$(4 - a_{n+1})(2 + a_n) = 8$$

을 만족시킬 때, $\displaystyle\sum_{k=1}^{9} \frac{8}{a_k}$의 정수 부분은? [4점]

① 43   ② 44

③ 45   ④ 46

⑤ 47

10 n쌍의 부부로 구성된 어느 모임의 모든 사람에게 1, 2, 3 중의 한 숫자가 적힌 카드를 한 장씩 임의로 나누어준 후, 카드를 받은 사람들이 1, 2, 3 중의 한 숫자를 임의로 적도록 한다. 남편이 적은 수가 아내가 받은 카드에 적힌 수와 일치하고, 아내가 적은 수가 남편이 받은 카드에 적힌 수와 일치하는 부부에게만 상품을 주기로 한다. 상품을 받는 부부가 2쌍 이하일 확률이 $\dfrac{57}{32}\left(\dfrac{8}{9}\right)^n$일 때, 자연수 n의 값은? [4점]

① 4   ② 5

③ 6   ④ 7

⑤ 8

11 함수 $g(x)$와 수열 $\{a_n\}$이 음이 아닌 모든 정수 k와 모든 자연수 m에 대하여

$$a_1=1, \ a_2=3,$$
$$a_{2k+1}+2a_m=g(m+k)$$

를 만족시킬 때, $\sum\limits_{k=1}^{10} g(k)$의 값은? [4점]

① 170 ② 180

③ 190 ④ 200

⑤ 210

12 $a>1$인 실수 a에 대하여

함수 $f(x)=a^{2x}+4a^x-2$가 구간 $[-1, 1]$에서 최댓값 10을 갖는다. 구간 $[-1, 1]$에서 함수 $f(x)$의 최솟값은? [4점]

① $\dfrac{1}{4}$ ② $-\dfrac{1}{4}$

③ $\dfrac{1}{2}$ ④ $-\dfrac{1}{2}$

⑤ 1

13 곡선 $y=x^3+1$ 위의 점 $(1, 2)$에서의 접선을 l이라 하자. 중심이 y축 위에 있는 원이 점 $(1, 2)$에서 직선 l에 접할 때, 이 원의 넓이는? [4점]

① $\dfrac{5}{9}\pi$ ② $\dfrac{8}{9}\pi$

③ π ④ $\dfrac{10}{9}\pi$

⑤ $\dfrac{13}{9}\pi$

14 $(x-y+1)^{n+2}$의 전개식에서 $x^n y^2$의 계수를 $f(n)$이라 할 때,

$$\frac{1}{f(1)}+\frac{1}{f(2)}+\frac{1}{f(3)}+\cdots+\frac{1}{f(2020)}=\frac{a}{b}$$

이다. $a+b$의 값은? (단, a, b는 서로소인 자연수이다.) [4점]

① 2019 ② 2020

③ 2021 ④ 2022

⑤ 2023

15 함수 $y=2^x-\sqrt{2}$의 그래프 위의 점 P를 지나고 기울기가 -1인 직선이 x축과 만나는 점을 Q라 하자. 자연수 n에 대하여 $\overline{PQ}=n$일 때, 점 P의 x좌표를 a_n이라 하자. $\sum\limits_{n=1}^{6} a_n$의 정수 부분은? (단, 점 P는 제1사분면에 있다.) [4점]

① 10   ② 11

③ 12   ④ 13

⑤ 14

16 점 $A(1, 0)$과 곡선 $y=2-x^2$ 위의 점 P에 대하여 선분 AP의 길이를 k라 하자. k^2의 최솟값은? [4점]

① $\dfrac{5-3\sqrt{3}}{2}$ ② $\dfrac{6+\sqrt{3}}{2}$

③ $\dfrac{11-6\sqrt{3}}{4}$ ④ $\dfrac{5+3\sqrt{3}}{4}$

⑤ $\dfrac{12-5\sqrt{3}}{4}$

17 $n\geq 2$인 자연수 n에 대하여 직선 $x=n$이 함수 $y=\log_{\frac{1}{2}}(2x-m)$의 그래프와 한 점에서 만나고, 직선 $y=n$이 함수 $y=|2^{-x}-m|$의 그래프와 두 점에서 만나도록 하는 모든 자연수 m의 값의 합을 a_n이라 하자. $\sum\limits_{n=5}^{10} \dfrac{1}{a_n}$의 값은? [5점]

① $\dfrac{1}{10}$ ② $\dfrac{1}{20}$

③ $\dfrac{1}{30}$ ④ $\dfrac{1}{40}$

⑤ $\dfrac{1}{50}$

18 두 함수
$$f(x)=x^4(x-a), \quad g(x)=k(x-1)(x-b)$$
의 그래프가 직선 $y=x-1$에 접한다. 함수 $f(x)$의 그래프와 x축으로 둘러싸인 부분의 넓이가 함수 $g(x)$의 그래프와 x축으로 둘러싸인 부분의 넓이와 같을 때, 세 상수 a, b, k에 대하여 abk의 값은? (단, $b>1$) [5점]

① $-2-\sqrt{5}$ ② $-1-\sqrt{5}$

③ $-\sqrt{5}$ ④ $1-\sqrt{5}$

⑤ $2-\sqrt{5}$

19 최고차항의 계수가 1인 삼차함수 $f(x)$의 도함수 $f'(x)$는 $x=-1$에서 최솟값을 갖는다. 방정식

$$|f(x)-f(-3)|=k$$

가 서로 다른 네 실근을 갖도록 하는 실수 k의 값의 범위는 $0<k<m$이다. 실수 m의 최댓값은? [5점]

① 8   ② 16

③ 24   ④ 32

⑤ 40

20 $\overline{AB}=5$, $\overline{BC}=7$, $\overline{AC}=6$인 삼각형 ABC가 있다. 두 선분 AB, AC 위에 삼각형 ADE의 외접원이 선분 BC에 접하도록 점 D, E를 각각 잡을 때, 선분 DE의 길이의 최솟값은? [5점]

① $\dfrac{64}{15}$ ② $\dfrac{81}{20}$

③ 4   ④ $\dfrac{121}{30}$

⑤ $\dfrac{144}{35}$

[21~25] 각 문항의 답을 답안지에 기재하시오.

21 자연수 n에 대하여 $0\le x\le 2\pi$에서 방정식 $|\sin nx|=\dfrac{2}{3}$의 서로 다른 실근의 개수를 a_n, 서로 다른 모든 실근의 합을 b_n이라 할 때, $a_5 b_6=k\pi$이다. 자연수 k의 값을 구하시오. [3점]

22 두 함수 $f(x)=-x^2+4x$, $g(x)=2x-a$에 대하여 함수

$$h(x)=\frac{1}{2}\{f(x)+g(x)+|f(x)-g(x)|\}$$

가 극솟값 3을 가질 때, $\displaystyle\int_0^4 h(x)dx$의 값을 구하시오. (단, a는 상수이다.) [4점]

172

23 $\log_a b = \dfrac{3}{2}$, $\log_c d = \dfrac{3}{4}$을 만족시키는 자연수 a, b, c, d에 대하여 $a-c=19$일 때, $b-d$의 값을 구하시오. [4점]

24 다음 조건을 만족시키는 자연수 a, b, c, d, e의 모든 순서쌍 (a, b, c, d, e)의 개수를 구하시오. [4점]

> (가) $ab(c+d+e)=12$
> (나) a, b, c, d, e 중에서 적어도 2개는 짝수이다.

25 좌표평면 위에 5개의 점 $\mathrm{P}_1(-2, 1)$, $\mathrm{P}_2(-1, 2)$, $\mathrm{P}_3(0, 3)$, $\mathrm{P}_4(1, 2)$, $\mathrm{P}_5(2, 4)$가 있다. 점 $\mathrm{P}_i(i=1, 2, 3, 4, 5)$의 x좌표를 x_i, y좌표를 y_i라 할 때, $\sum\limits_{i=1}^{5}(ax_i+b-y_i)^2$의 값이 최소가 되도록 하는 두 실수 a, b에 대하여 $a+b$의 값을 구하시오. [5점]

It is only with the heart that one can see rightly;

what is essential is invisible to the eye.

사람은 오로지 가슴으로만 올바로 볼 수 있다. 본질적인 것은 눈에 보이지 않는다.

– 앙투안 드 생–텍쥐페리(Antoine de Saint–Exupery)

2024
경찰대학

기출백서

2020학년도 기출문제 | 제1교시 국어영역

제2교시 영어영역

제3교시 수학영역

제1교시 국어영역

▶정답 및 해설 122p

01 〈보기〉의 문장을 어법에 맞게 고쳐쓸 때 공통적으로 고려해야 할 내용으로 가장 적절한 것은?

─〈보기〉─
- 인간은 자연의 위대한 힘과 맞설 때도 있었지만 대개는 굴복하면서 살아왔다.
- 대도시의 수도관이 낡고 녹슬어서 녹이 섞이거나, 물이 새는 일이 적지 않다.

① 생략된 조사를 적절하게 보충한다.
② 잘못 쓰인 관형어를 적절하게 수정한다.
③ 연결 어미가 의미에 맞도록 적절하게 수정한다.
④ 불필요하게 쓰인 피동 표현을 적절하게 수정한다.
⑤ 서술어가 필요로 하는 부사어를 적절하게 보충한다.

02 밑줄 친 부분이 어문 규범에 맞지 <u>않는</u> 것은? [3점]

① 이 나무는 밤나무가 <u>아니에요.</u>
② 위조품은 진품을 <u>본따서</u> 만든다.
③ 마당에 핀 장미꽃이 정말 <u>빨갛네.</u>
④ 가을이 오자 들판의 곡식이 <u>누레졌다.</u>
⑤ 하산길은 경사가 <u>가팔라서</u> 무척 위험하다.

03 〈보기〉의 음운 변동에 대한 이해로 적절한 것은?

─〈보기〉─
- 열여섯 → 열녀섯 → [열려섣]
  　　　　ㄱ　　　ㄴ

① ㉠ : 첨가와 교체가 일어난다.
② ㉠ : 교체와 축약이 일어난다.
③ ㉠ : 교체가 두 번 일어난다.
④ ㉡ : 첨가가 일어난다.
⑤ ㉡ : 축약이 일어난다.

04 ㉠~㉤의 로마자 표기로 적절하지 <u>않은</u> 것은?

─〈보기〉─
1. 자음 사이에서 동화 작용이 일어나는 경우
   (보기) 백마 Baengma　㉠ 신라 ＿＿＿＿＿
2. 'ㄴ, ㄹ'이 덧나는 경우
   (보기) 학여울 Hangnyeoul
   ㉡ 알약 ＿＿＿＿＿
3. 구개음화가 되는 경우
   (보기) 해돋이 haedoji　㉢ 같이 ＿＿＿＿＿
4. 'ㄱ, ㄷ, ㅂ, ㅈ'이 'ㅎ'과 합하여 거센소리로 소리 나는 경우
   (보기) 좋고 joko　㉣ 놓다 ＿＿＿＿＿
   다만, 체언에서 'ㄱ, ㄷ, ㅂ' 뒤에 'ㅎ'이 따를 때에는 'ㅎ'을 밝혀 적는다.
   (보기) 묵호 Mukho　㉤ 집현전 ＿＿＿＿＿

① ㉠ : silla   ② ㉡ : allyak

③ ㉢ : gachi   ④ ㉣ : nota

⑤ ㉤ : Jipyeonjeon

---

05 ㉠~㉢의 형태소 분석으로 적절한 것은?

〈 보기 〉

용언의 활용형 '가는'은 다음 세 가지 의미로 쓰인다.

㉠ 학교에 가는 학생 (등교하는)

㉡ 칼을 가는 사람 (연마하는)

㉢ 손목이 가는 사람 (얇은)

① ㉠ : 갈- + -는

② ㉡ : 가늘- + -는

③ ㉡ : 갈- + -는

④ ㉢ : 가- + -는

⑤ ㉢ : 갈- + -는

---

06 ㉠의 예로 적절한 것은?

〈 보기 〉

국어에서 접미사 '-적(的)'이 결합한 말은 명사와 관형사로 쓰이는 것이 보통이지만 부사로 쓰이는 경우도 있다.

• **명사** : 백화점은 **일반적**으로 시장보다 값이 비싸다.

• **관형사** : **일방적** 의견만 제시하는 것은 토론이 아니다.

• **부사** : ㉠ _____

---

① 이번 일은 <u>비교적</u> 쉽다.

② 이런 태도는 <u>비상식적</u>이다.

③ 이 제품은 <u>기술적</u> 결함이 있다.

④ 오늘은 <u>전국적</u>으로 비가 내린다.

⑤ 갈등을 <u>평화적</u> 방법으로 해결하자.

---

07 밑줄 친 말이 ㉠의 예로 적절한 것은?

〈 보기 〉

국어의 조사나 어미 가운데에는 하나의 형태소가 음운론적 환경에 따라 둘 이상의 모습으로 나타나는 경우가 있다. 예를 들어 목적격 조사는 환경에 따라 '을'과 '를'로 나타나는데, 이 때 '을'과 '를'을 ㉠ <u>이형태 관계</u>에 있다고 한다.

① ┌ 학교 앞 공원<u>에서</u> 내일 만나자.
　└ 봄이 오니 거리<u>에</u> 꽃이 가득하다.

② ┌ 친구<u>로서</u> 간곡하게 부탁한다.
　└ 이것<u>으로써</u> 결혼식을 마치겠습니다.

③ ┌ 젊은이<u>여</u>, 내일의 희망을 간직하<u>라</u>.
　└ 젊은이<u>여</u>, 내일의 희망을 간직해<u>라</u>.

④ ┌ 심심한데 어디<u>라도</u> 나가 볼까?
　└ 작은 관심<u>이라도</u> 큰 도움이 됩니다.

⑤ ┌ 소풍을 어디로 가<u>니</u>?
　└ 밥을 먹<u>으니</u> 배가 부르다.

08 〈보기〉는 국어사전의 문형 정보와 용례이다. ㉠~㉤의 예로 적절하지 <u>않은</u> 것은?

─── 〈보기〉 ───

설득─하다(說得──) 「동사」 상대편이 이쪽 편의 이야기를 따르도록 여러 가지로 깨우쳐 말하다.

【…을】　　　㉠ _____
【…에게 …을】　㉡ _____
【…에게 ─기를】　㉢ _____
【…에게 ─도록】　㉣ _____
【…에게 ─고】　㉤ _____

① ㉠ : 경찰은 용의자를 <u>설득하여</u> 자수하게 했다.

② ㉡ : 선생님은 학생들에게 용기를 낼 것을 <u>설득하였다</u>.

③ ㉢ : 경찰은 범인에게 투항하기를 <u>설득하였다</u>.

④ ㉣ : 나는 동생에게 누나를 <u>설득하도록</u> 했지만 소용없었다.

⑤ ㉤ : 나는 두 사람에게 그만 화해하라고 <u>설득하였다</u>.

09 밑줄 친 관용 표현의 의미를 나타낸 것으로 적절하지 <u>않은</u> 것은?

① 그는 사업에서 <u>손을 뗀</u> 지 이미 오래다.(→ 그만두다)

② 그런 이상한 말은 <u>머리에 털 나고</u> 처음 들어 본다.(→ 어른이 되다)

③ 내 월급으로는 <u>입에 풀칠하기도</u> 어렵다.(→ 근근이 살아가다)

④ 내 <u>눈에 흙이 들어가기</u> 전에는 어림없다.(→ 죽어 땅에 묻히다)

⑤ 선생은 '독립' 두 글자를 <u>가슴에 새기고</u> 살았다고 한다.(→ 잊지 않고 기억하다)

10 ㉠~㉤의 예로 적절하지 <u>않은</u> 것은?

─── 〈보기〉 ───

문장에서 청유형 어미가 쓰이면 화자와 청자가 어떤 행동을 함께 수행한다는 의미가 나타나는 것이 보통이지만 경우에 따라 화자나 청자 단독으로 행동을 수행한다는 의미가 나타나기도 한다.

행동 수행 주체 / 청유형 어미	화자, 청자	화자 단독	청자 단독
─자	㉠		㉡
─ㅂ시다		㉢	㉣
─세		㉤	

① ㉠ : (회의를 끝내며) 이 문제는 내일 다시 논의하자.

② ㉡ : (아기에게 밥을 먹이며) 아기야, 밥 먹자.

③ ㉢ : (도서관에서 떠드는 사람에게) 거, 조용히 좀 합시다.

④ ㉣ : (길을 막고 있는 사람에게) 길 좀 비킵시다.

⑤ ㉤ : (책을 읽고 있는 사람에게) 나, 그 책 좀 보세.

11 〈보기〉의 대화문에 대한 이해로 적절하지 <u>않</u>은 것은? [3점]

> ─────〈 보기 〉─────
>
> ㉠ 須達이* 닐오디 니르샨 양으로 호리이다
> ㉡ 太子ㅣ 닐오디 내 롱담ᄒ다라
> ㉢ 須達이 닐오디 太子ㅅ 法은 거즛마를 아니 ᄒ시ᄂ 거시니
>
> *須達(수달) : 사람 이름

① ㉠ : '호리이다'에는 선어말 어미 '-오-'가 들어 있겠군.

② ㉡ : '내 롱담ᄒ다라'를 보니 화자가 청자보다 상위자로군.

③ ㉡ : '太子ㅣ'가 주어인 걸 보니 'ㅣ'는 주격 조사이겠군.

④ ㉢ : '太子ㅅ 法'은 '法'이 무정물이므로 관형격 조사 'ㅅ'이 쓰였군.

⑤ ㉢ : '아니'가 부사로 쓰이고 있군.

12 ㉠이 적용된 사례로 적절하지 <u>않</u>은 것은? [3점]

> ─────〈 보기 〉─────
>
> 국어에서 ㉠ 동일 모음 탈락은 '가- + -아 → 가', '만나- + -아 → 만나', '건너- + -어 → 건너'와 같이 어간의 모음과 어미의 모음이 동일할 때 나타난다.

① 많이 <u>자도</u> 졸리다.

② 집에 <u>가다가</u> 친구를 만났다.

③ 이제는 정말로 <u>떠나야</u> 한다.

④ 여기 <u>서서</u> 잠시 기다리고 있으렴.

⑤ 애들아, 밤이 너무 늦었으니 어서 <u>자</u>.

[13~17] 다음 글을 읽고 물음에 답하시오.

우리는 일상적인 대화에서 종종 다른 사람이 웃으면 자신도 따라 웃게 되는 경험을 한다. TV 시트콤에서 재미있을 만한 장면에 녹음된 웃음소리를 삽입하는 것도 이를 통해 시청자들의 웃음을 유도하기 위해서다.

이와 관련해 신경과학자들은 타인이 웃으면 따라 웃게되는 것은 우리의 뇌에 웃음소리에만 반응하는 웃음 감지 영역(laughter detector)이 있기 때문이라고 주장한다. 그들은 청각 신호를 담당하는 뇌 영역 어딘가에 이러한 부분이 있을 것으로 추정하면서, 다른 사람이 하품할 때 덩달아 하품하게 되는 것도 뇌의 시각 영역 어딘가에 하품하는 모습에 반응하는 부분이 존재하기 때문이라고 주장한다. 그들의 가설에 따르면, 다른 사람의 웃음소리를 들으면 웃음 감지 영역이 흥분하게 되고, 이 신호가 웃음 발생 영역(laughter generator)으로 전달돼 결국따라서 웃게 된다는 것이다.

실제로 이츠하크 프리드(Itzhak Fried) 박사와 그의 동료 신경외과 의사들은 ⓐ <u>인간의 웃음을 유발하는 뇌의 영역이 존재하며, 그 곳에 자극을 가하면 웃음을 유발한다</u>는 사실을 『네이처』지에 발표했다. 또 로체스터 의대 신경방사선과에 있던 딘 시바타(Dean K. Shibata) 교수 연구팀은 2000년 학회에서 핵자기공명영상(MRI)을 이용해 뇌의 어떤 부분이 웃음에 관여하는지 촬영했다. 연구 팀은 13명의 피실험자들에게 우스운 만화를 보여주었을 때, 그리고 다른 사람의 웃음소리를 녹음한 테이프를 들려주었을 때 뇌가 어떤 반응을 보이는지 촬영했다. 그 결과 웃을 때 오른쪽 이마 뒤쪽에 있는 뇌의 '전두엽 하단'이 활발하게 활동한다는 사실이 밝혀졌다. 실제로 뇌출혈 등으로 이 영역이 손상된 사람들은 유머를 이해하고 웃는 능력을 잃어버렸다고 한다.

그들의 연구에서 공통적으로 웃음 유발 영역으로 지목된 '전두엽(Frontal lobe)'은 사회적 행동이나 감정적 판단, 의사소통 등을 관장하는 영역이

다. 고등동물일수록 이 영역이 발달된다. 시바타 박사에 따르면, 우울증 환자들은 전두엽 하단이 정상적으로 반응하지 않는다고 한다.

그렇지만 메릴랜드 주립대학교 심리학과 및 신경과학과 로버트 프로빈(Robert R. Provine) 교수는 『웃음, 그에 관한 과학적 탐구』라는 책에서 웃음은 그저 유머에 대한 생리적인 반응이 아니라, 인간관계를 돈독하게 해 주는 사회적 신호 중 하나라고 주장했다.

그는 메릴랜드 주립대학교 광장과 근처의 거리에서 웃고 떠드는 사람들 1,200명의 대화 내용을 분석해 몇 가지 흥미로운 사실을 발견했다. 사람들이 대화 도중 농담이나 재미있는 이야기 때문에 웃는 경우는 10~20퍼센트에 불과했다. 대부분은 '그동안 어디 있었니?' 혹은 '만나서 반가워요.' 같은 일상적인 대화를 나눌 때 가장 많이 웃는다는 것이다. 게다가 농담을 듣는 사람보다 농담을 하는 사람이 1.5배 이상 더 많이 웃는다는 사실도 발견했다. 결국 대화 상대에게 친밀감이나 호감을 느끼기 때문에 대화를 나누는 것 자체가 즐거워 웃는 것이지, 농담을 주고 받아야만 웃음이 넘치는 건 아니라는 얘기다.

웃음이 인간관계를 위한 사회적 신호라는 사실은 웃음의 성격이나 빈도가 이성과 함께 있느냐, 혹은 동성 친구와 함께 있느냐에 따라 현격히 달라진다는 데서도 확인할 수 있다. 프로빈 교수는 남성과 여성이 대화를 나눌 때, 여성이 남성보다 1.3배 더 많이 웃는다는 사실을 발견했다. 그는 이것을 "이성과 대화할 때 남성은 여성을 웃기려는 경향이 있으며, 따라서 여성이 더 많이 웃게 되는 것 같다."라고 해석했다.

[A] 웃음이 남녀 인간관계에 어떤 영향을 미치는지 조사한 조-앤 바호로프스키(Jo-Anne Bachorowski) 교수는 더 자세한 실험을 했다. 피실험자들을 이성이나 동성 친구, 혹은 낯선 사람과 한방에 들어가게 한 다음 로맨틱 코미디의 클라이맥스 장면을 보여주었다. 이 실험에서 여자들은 같은 여자와 함께 영화를

볼 때보다 남자와 함께볼 때 더 많이 웃었다. 재미있는 것은 여성들은 전혀 알지 못하는 남성과 함께 영화를 볼 때 더 크게 웃는다는 것이었다. 반면 여자가 혼자 영화를 보거나 여자들과 영화를 볼 때는 웃음소리가 점점 잦아들었다. 남자들은 여자들과 많이 달랐다. 남자들은 남자 동료들과 함께 있을 때 가장 크게 웃었으며, 여성과 함께 있거나 낯선 사람과 있을 때 웃음소리가 더 작았다.

13 윗글의 제목으로 가장 적절한 것은?

① 대화 속 웃음의 증상
② 웃음에 관한 다양한 이해
③ 남녀 간 웃음 반응의 차이
④ 웃음 유발과 웃음 감지의 상관성
⑤ 웃음을 통한 우울증 치료의 현주소

14 윗글에서 사용한 설명 방식으로 가장 적절한 것은?

① 녹음된 웃음소리의 효과를 유형별로 나눠 설명하고 있다.
② 뇌의 웃음 발생 영역을 개념 정의의 방법으로 설명하고 있다.
③ 전문가의 견해를 통해 웃음에 대한 과학적 논의를 설명하고 있다.
④ 웃음이 남녀 인간관계에 미치는 영향을 정반합의 논리로 설명하고 있다.
⑤ 가설을 설정하여 대화 상대에 따라 웃는 정도가 다름을 설명하고 있다.

15 윗글과 〈보기〉를 참고해 이해한 것으로 가장 적절한 것은?

〈보기〉

미국 캘리포니아 의대에 있는 폴 에크먼(Paul Ekman) 박사는 입 꼬리를 위로 올리고 억지로라도 웃는 시늉을 하면 기분이 좋아질 수 있다는 것을 실험적으로 보여 주었다. 그가 주장하는 대로라면, 인위적으로 특정한 감정을 만들어 내면 몸도 거기에 따른 생리적 변화를 보인다. 일례로, 슬픈 역할을 오랫동안 맡은 배우는 실제로도 우울증에 걸릴 위험이 높다. 니체가 "세상에서 가장 심하게 고통받는 동물이 웃음을 발명했다."라고 말한 것과도 일맥상통한다.

① 웃음은 타인에 대한 동정심을 유발하는 효과가 있다.

② 웃음소리는 상대방에 대한 호감도에 영향을 미친다.

③ 재미없는 농담이라도 옆 사람이 웃으면 따라 웃는 것이 좋다.

④ 인간은 행복해서 웃기도 하지만 웃는 행위를 통해서 행복해질 수도 있다.

⑤ 사회적 유대감을 높이기 위해서는 무의식적으로 웃는 것이 필요하다.

16 [A]에 나타난 실험 결과를 바탕으로 추론한 내용으로 적절하지 않은 것은? [3점]

① 혼자 개그 프로그램을 시청하는 여성은 남성과 함께 볼 때보다 크게 웃겠군.

② 여성이 여성들과 개그 프로그램을 본다면 남성과 볼 때보다 조용히 시청하겠군.

③ 남성이 낯선 여성과 개그 프로그램을 시청한다면 남성 동료와 시청할 때보다 조용하겠군.

④ 여성이 낯선 남성과 개그 프로그램을 시청한다면 아는 남성과 시청할 때보다 크게 웃겠군.

⑤ 남성들은 동료 남성과 개그 프로그램을 시청할 때 낯선 남성과 시청할 때보다 더 크게 웃겠군.

17 윗글을 읽고 ⓐ에 관해 이해한 것으로 적절하지 않은 것은?

① 인간의 뇌는 다른 동물에 비해 감정적 판단과 의사소통을 관장하는 영역이 발달했다.

② 우울증 환자들은 웃음을 유발하는 뇌의 특정 부분이 정상적으로 반응하지 않을 수 있다.

③ 웃음소리를 들으면 뇌의 웃음 발생 영역이 자극을 받아 웃음 감지 영역으로 신호가 전달된다.

④ 웃음소리를 들려주고 핵자기공명영상(MRI)을 이용해 뇌를 촬영하면 뇌의 웃음 유발 부분을 알아낼 수 있다.

⑤ 대화할 때 재미있는 이야기나 농담을 말하는 사람이 그것을 듣는 사람보다 뇌의 전두엽 하단이 더 활성화된다.

[18~21] 다음 글을 읽고 물음에 답하시오.

잭 케루악(Jack Kerouac)은 미국 문학사조 면에서 대체로 '비트 세대(beat generation)' 작가 군으로 분류된다. 비트 세대 작가들은 제2차 세계대전 이후 1950~60년대 미국의 지배적인 정치, 경제, 문화 상황에 저항하면서 소위 반문화(counter culture)를 형성한 작가들이다.

얼핏 풍요롭고 평온하게 보이던 이 당시 미국 사회에서 케루악을 비롯한 비트 세대 작가들은 당대의 미국 사회가 순응, 일치, 동질화, 물질주의, 검열, 규범, 획일성 등에 의해 지배되고 있다고 판단했다. 풍요와 평온 밑에 은닉된 이러한 속성들은 정치적, 심리적 억압에서 비롯된 것이었다.

미국 시인 로버트 로웰(Robert Lowell)은 이 시기의 미국 사회를 '진정제 맞은 1950년대'라고 규정했다. 로웰의 지적처럼 이 당시 미국 사회는 순응과 획일성을 강요받아 마치 진정제를 맞은 환자처럼 그저 평온한 사회였다. 로웰과 비트 세대 작가들은 문학사조 면에서는 공통점이 없지만, 그들이 진단한 미국 사회의 모습은 비슷했다.

이들은 위에서 언급한 미국 사회의 속성들을 미국적 가치로 신봉하던 중산층 계급의 허위 의식을 비판하였다. 즉 청교도라는 전통적 배경과 냉전 시대의 이데올로기가 함께 작용하여 사회 구성원들에게 자아 검열을 강요하고 개인들의 의식과 무의식을 통한 결과, 개인성과 자율성이 억압되었다는 것이다.

비트 세대 작가들은 그 당시 미국이 풍요와 평온을 가장한 공포의 사회이고, 사회 구성원들은 서로 단절되고 분열되었으며, 개인은 소외되었다는 생각을 공유하였다. 거의 모든 미국 시민들이 무의식적으로 사회에 순응하고 적응할 때, 그들은 자본주의의 물질주의와 국가 권력이 조절하는 규범화된 삶을 거부하고 저항적인 반문화를 형성하였다.

개인의 자율성과 개인성을 강조하는 미국의 개인주의는 제2차 세계대전 후 냉전 시기에 소위 '미국주의'의 대두로 그 존립 근거를 상실하기 시작했

다. 자본주의적 경제와 통치의 효율성을 위하여 개인의 사적인 경험, 자율적인 판단, 자유는 억압되거나 유보되었고 개인은 소비로 불안감을 대신하고 대중문화나 매체에 의하여 쉽게 선동되어 스스로 결정을 하지 못하는 소위 일차원적 인간 이 되어 버렸다. 당시에 미국은 일차원적 인간으로 이루어진 전체 국가로 나아가고 있었다. 비트 세대 작가들은 전체 국가와 일차원적 인간을 형성하는 보이지 않는 중심과 그것이 작동하는 메커니즘을 폭로하고 이에 정면으로 저항하였다.

비트 세대 작가들의 저항과 대안 추구는 다양한 방식으로 나타났다. 앨런 긴즈버그(Allen Ginsberg)의 대표작 「절규」는 미국의 지배적 주류 문화에 대한 '울부짖음'이었다. 이처럼 절망과 분노를 직접 표출하는 것 외에도 이들은 다양한 방식으로 기존의 가치 체계에 저항하면서 새로운 대안을 제시하였다. 이러한 방식들은 당시 대다수 미국인들에게 생소하거나 비도덕적 행위로 비난받았지만 기존의 가치 체계를 넘어서서 미국 사회에 새로운 시각을 제공하였다.

비트 세대 작가들에게 가장 많이 나타나는 개인의 모습은 방랑자이다. 보통 여행의 이미지에서 가장 많이 연상되는 덕목은 자유의 추구이다. 이처럼 미국 대륙을 여행하는 방랑자로서 이들 작가들은 그들의 여행을 통하여 모든 억압으로부터 해방이라는 자유를 추구하고 만끽한다. 하지만 이들의 여행은 기차에 몰래 타거나 지나가는 자동차를 얻어 타기도 하고 마치 불교의 수도승처럼 남루한 모습으로 아무 곳에서나 잠을 자는 등 탈규범적인 행위였다. 비트 작가인 윌리엄 버로스(William Burroughs)에 따르면 케루악의 방랑은 '정신적 소외, 불안감, 불만'에서 시작된 것이었고, 비트 세대 작가들 중 대표적인 방랑자였던 게리 스나이더(Gary Snyder)는 방랑의 시작이 '1950년대 미국의 정신적, 정치적 외로움'이었다고 ㉠밝혔다.

대부분의 비트 세대 작가들은 선불교 사상 수용, 새로운 생태 의식, 비윤리적 행위, 탈규범적 행동을 공유하였고 이를 바탕으로 자신들의 반문

화를 형성하여 주류 문화에 저항하였다. 이들이 여기에서 추구한 가치는 비순응성, 자율성, 직접성, 단순성 등이었다.

이러한 가치들은 위에 언급한 주류 사회가 강요한 가치들과는 극명하게 대조된다. 또한 이러한 비트 세대 작가들의 행위는 수동적인 삶에서 벗어난 각 개인들의 직접적이고 구체적인 행동이었다. 이는 다시 말하면 억압된 개인성의 회복이며 닫힌 세계가 강요하는 자아 억제에서 벗어나 자아 표현으로 나아가고자 한 것이다.

18 윗글의 논지 전개 방식으로 적절하지 <u>않은</u> 것은?

① 대상의 개념을 밝혀 정확한 이해를 돕고 있다.

② 적절한 예를 제시하여 중심 내용을 구체화하고 있다.

③ 다양한 가설을 세워 서로 다른 논리들을 비교하고 있다.

④ 여러 사람의 견해를 인용하여 설명을 뒷받침하고 있다.

⑤ 원인과 결과를 밝혀 사회적인 현상에 대해 설명하고 있다.

19 윗글을 이해한 내용으로 가장 적절한 것은?

① 1950년대 미국 사회는 진정제가 필요한 정신적 질병을 앓는 환자가 많았다.

② 제2차 세계대전 이후 미국 사회는 개인주의와 반문화주의의 조화를 추구했다.

③ 케루악의 정신적 소외나 스나이더의 외로움은 그들의 방랑의 원천이었다.

④ 비트 세대 작가들은 선불교 사상을 수용하여 주류 문화를 강화하고자 했다.

⑤ 비트 세대 작가들은 내면적으로는 미국의 주류 문화에 대한 긍정을 추구했다.

20 일차원적 인간 에 대한 설명으로 가장 적절한 것은?

① 자신의 주체적 판단에 따라 행동한다.

② 공익보다 자신의 자유를 먼저 중시한다.

③ 자신의 존재적 불안을 사회적 기여로 극복하고자 한다.

④ 사회적 현안에 대해 자신의 관점을 갖지 못하는 경향이 있다.

⑤ 타인과 구별되는 생활 방식을 유지하는 데 관심을 기울인다.

21 ㉠과 문맥적 의미가 가장 가까운 것은?

① 조명이 경기장을 환하게 <u>밝혔다</u>.

② 회사에서 새로운 사업 계획을 <u>밝혔다</u>.

③ 옛날에는 등잔불을 <u>밝히고</u> 책을 읽었다.

④ 인생에서 돈만 <u>밝혀서는</u> 행복하기 어렵다.

⑤ 자식 걱정에 어머니는 뜬눈으로 밤을 <u>밝히셨다</u>.

[22~27] 다음 글을 읽고 물음에 답하시오.

아파트는 그 내부의 면적이 어떠하거나 같은 높이의 단일한 평면을 나누어 사용하게 되어 있다. 보통 집, 아니 다시 내 아내의 표현을 빌면 땅집은 아무리 그 면적이 적더라도 단일한 평면을 분할하게 되어 있지 않다. 다락방이나 지하실은 거실이나 안방과 같은 높이의 평면 위에 있지 않다. 그것들은 거실이나 안방보다 ㉠ 높거나 낮다. 그런데 아파트는 모든 방의 높이가 같다. 다만 분할된 곳의 크기가 다를 뿐이다. 그렇기 때문에 아파트에서의 삶은 입체감을 갖고 있지 않다. 아파트에서는 부엌이나 안방이나 화장실이나 거실이 다 같은 높이의 평면 위에 있다. 그것보다 밑에 또는 위에 있는 것은 다른 사람의 아파트이다. 좀 심한 표현을 쓴다면 아파트에서는 모든 것이 평면적이다. 깊이가 없는 것이다. 사물은 아파트에서 그 부피를 잃고 평면 위에 선으로 존재하는 그림과 같이 되어 버린다. 모든 것은 한 평면 위에 나열되어 있다. 그래서 한눈에 들어오게 되어 있다. 아파트에는 사람이나 물건이나 다 같이 자신을 숨길 데가 없다. 모든 것이 열려 있다. 그러나 그 열림은 깊이 있는 열림이 아니라 표피적인 열림이다. 한눈에 드러난다는 것, 또는 한눈에 드러난 것으로 여겨지는 것은, 깊이를 가진 인간에게는 상당한 형벌이다. 요즈음에 읽은 한 소설가의 소설 속에는, 아파트 단지에서 몸을 숨길 곳을 찾지 못한 아이들이 옥상 위의 물탱크 속에 들어가 숨음으로써 자신들을 죽음으로 이끌고 간 끔찍한 사건이 기술되어 있었다. 물탱크는 밖에서는 열 수 있으나 안에서는 열 수가 없게 되어 있었던 것이다. 같은 평면 위에서 대번에 그 정체를 드러내는 사물과 인간은 두께나 깊이를 가질 수 없다. 두께나 깊이는 차원이 다른 것이 겹쳐서 생기기 때문이다.

땅집에서는 사정이 전혀 딴판이다. 땅집에서는 모든 것이 자기 나름의 두께와 깊이를 가지고 있다. 같은 물건이라도 그것이 다락방에 있을 때와 안방에 있을 때와 부엌에 있을 때는 거의 다르다.

아니 집 자체가 인간과 마찬가지의 두께와 깊이를 갖고 있다. 내가 좋아한 한 철학자는 집이 아름다운 것은 그것이 인간을 닮았기 때문이라고 말했다. 다락방은 의식이며, 지하실은 무의식이다. 땅집의 지하실이나 다락방은 우리를 얼마나 즐겁게 해 주는 것인지. 그곳은 자연과는 또 다른 매력을 갖고 있다. 다락방과 지하실에서는 하찮은 것들이라도 굉장한 신비를 간직한 것으로 나타난다. 그것들은 쓸모가 없는, 또는 쓰임새가 줄어든 것들이어서, 쓰임새 있는 것에만 둘러싸여 살던 우리를 쓰임새의 세계에서 안 쓰임새의 세계로 인도해 간다. 화가 나서, 주위의 사람들이 미워서, 어렸을 때에 다락방이나 지하실에 혼자 들어가, 낯설지만 흥미로운 것들을 한두 시간 매만지면서 나 혼자만의 세계에 잠겨 있었을 때에 정말로 내가 얼마나 행복했던고!

화는 어느새 풀리고, 주위 사람들에 대한 증오도 사라져, 이윽고 밖으로 나와 때로는 이미 전기가 들어와 바깥은 컴컴하나 안은 눈처럼 밝은 것을 볼 때에, 때로는 황혼이 느리게 내려 모든 것이 있음과 없음의 그 미묘한 중간에 있는 것을 보고 느낄 때에 세계는 언제나 팔을 활짝 열고 나를 자기 속으로 깊숙이 이끌어 들이는 것이었다. 그래서 다 자란 뒤에도 다락방이나 지하실을 쓸데없는 것들이 잔뜩 들어 있는 쓰레기 창고로서가 아니라 내가 끝내 간직해야 될 신비를 담고 있는 신비로운 사물함으로 자꾸만 인식하게 된다. 나도 내가 사랑한, 그리고 지금도 사랑하고 있는 그 철학자처럼 다락방과 지하실 때문에 땅집을 사랑하는 것인지 모른다. 그 지하실과 다락방 말고도 내가 좋아하는 것은 한식집의 부엌이다. 내가 태어난 시골의 내 외갓집 부엌은, 그 집이 제법 부유했기 때문에 꽤 넓었다. 그 부엌에는 언제나 내가 좋아하는 아낙네들이 가득 차 있었고 그 부엌을 건너 질러가면, 외할아버지가 친손자들에게만 주려고 외손자들에겐 접근을 막은 단감나무, 대추나무들이 있었다. 사람이 없을 때에 그 부엌에 들어가 보면, 부엌 바닥은 한없이 깊고 컴컴했고, 누룽지를 넣어 둔 찬장은 한없이 높고 높았다. 그 부엌을 나는 한 한 달 전에 두 사람의 시인과 함께 놀러 간 어떤 절에서 다시 보았다. 그때의 그 즐거움!

땅집이 아름다운 것은 그것이 많은 것을 숨기고 있기 때문이다. 어린 왕자에 대한 아름다운 산문을 남긴 생텍쥐페리는 사막이 아름다운 것은 어디엔가 우물이 있기 때문이라고 말한 적이 있다.

과연 그렇다. 땅집이 아름다운 것은 곳곳에 우물과 같은 비밀스러운 것들이 있기 때문이다. 아파트에는 그 비밀이 있을 수 없다. 5분 안에 찾아낼 수 없는 것은 아파트에는 없다. 거기에는 모든 것이 노출되어 있다. 스물두 평 서른두 평의 평면 위에 무엇을 숨길 수가 있을 것인가.

— 김현, 「두꺼운 삶과 얇은 삶」

22 윗글의 서술상의 특징으로 적절하지 <u>않은</u> 것은?

① 원인과 결과를 밝혀 서술하고 있다.

② 대상을 하위 유형으로 나누어 서술하고 있다.

③ 다른 사람의 견해로 자신의 견해를 뒷받침하고 있다.

④ 사물의 속성을 비유적 표현을 사용하여 드러내고 있다.

⑤ 허구적인 상황을 설정하여 서술의 초점을 이동하고 있다.

23 윗글에서 아파트 와 땅집 에 관해 설명한 것으로 적절하지 <u>않은</u> 것은?

① '나'는 아파트가 삶을 효율적으로 만들기 때문에 비밀을 가질 수 없다고 생각한다.

② 아파트에서는 삶이 입체적이지 않은 반면, 땅집에서는 삶이 입체적이다.

③ 아파트는 한 눈에 모든 것이 드러나는 곳이지만, 땅집은 많은 것을 숨길 수 있는 곳이다.

④ 땅집이 아파트에 비해 아름다운 것은 두께와 깊이를 가지고 있기 때문이다.

⑤ '나'는 땅집의 매력을 직접 경험한 과거의 기억을 가지고 있다.

24 글쓴이가 느끼는 '땅집의 삶'의 매력으로 적절하지 <u>않은</u> 것은?

① 낯설지만 흥미로운 것을 매만지며 시간을 보낼 수 있다.

② 익숙한 쓰임새의 세상에서 벗어나는 체험을 할 수 있다.

③ 해질 녘에 있음과 없음의 중간에 있는 것을 보고 느낄 수 있다.

④ 하찮은 것들 가운데 쓸모 있는 것과 쓸데없는 것을 구분하게 해 준다.

⑤ 컴컴한 바깥의 어둠과 전깃불로 눈처럼 환한 안쪽을 모두 체험할 수 있다.

25 〈보기〉를 참조할 때 단어의 구조가 땅집 과 <u>다른</u> 것은?

─〈보기〉─

'땅집'은 '장소+대상'의 의미 구조를 지닌다. 따라서 '땅에 지은 집'이라는 뜻이다.

① 은수저　　　② 산돼지
③ 가로등　　　④ 북극곰
⑤ 섬마을

26 윗글의 글쓴이가 〈보기〉의 글에 대해 보일 수 있는 반응으로 가장 적절한 것은?

──〈보기〉──

　　1970년대에 접어들면서 한국의 주거 문화는 큰 변화를 겪었다. 마당이 있는 집이 있고 그 집들 옆에 골목길이 있는 단독주택들을 대신해서 복도와 계단이 있는 아파트 단지들이 우후죽순 생겨난 것이다. 이와 함께 골목길의 공간적 성격도 달라졌다. 자동차 대수가 엄청나게 증가하면서 자동차들이 사람들이 느리게 사용하던 골목길을 점령하기 시작했다. 사람들의 추억이 깃들어 있던 골목길은 삶 속에서 점차 사라져 갔다.

① 빠른 자동차 세상에도 출구 없는 골목길은 어디엔가 있기 마련이야.

② 외국의 큰길들에 비해 한국의 골목길은 너무 좁아. 이제는 우리 길도 더 넓어져야 할 때가 왔어.

③ 골목길도 사라지고 주거 문화도 변하고 있군. 우리는 과거에 대한 그리움을 품고 미래로 나아갈 수 있어야 해.

④ 비좁은 골목길은 자동차 시대를 가로막는 장애물 중의 하나야. 단독주택들과 골목길은 한시바삐 사라져야 해.

⑤ 동네 주민들이 일하고 이야기 나누던 골목길은 자동차들이 다니기에는 너무 좁았지만 각별한 의미가 있는 곳이야.

27 〈보기〉를 참조할 때 반의어의 유형이 ㉠과 다른 것은?

──〈보기〉──

　　국어의 등급 반의어는 중간 상태가 있기 때문에 두 단어를 동시에 부정할 수 있다. 예를 들어 '운동장이 넓지도 좁지도 않다.'가 가능하다. 이에 비해 상보 반의어는 동시에 부정하는 것이 불가능하다.

① 살다 – 죽다　　② 춥다 – 덥다
③ 좋다 – 싫다　　④ 크다 – 작다
⑤ 빠르다 – 느리다

[28~32] 다음 글을 읽고 물음에 답하시오.

[이전 줄거리] 수성궁 옛터에서 풍류를 즐기려던 유영은 술을 마시고 잠이 들었는데 우연히 운영과 김 진사를 만나 그들의 비극적인 사랑 이야기를 듣게 된다. 수성궁에서 안평 대군과 궁녀들이 시를 짓고 있을 때 김 진사가 찾아오는데, 궁녀인 운영은 김 진사의 재주와 용모에 마음이 끌려 그를 사랑하게 되고, 김 진사 역시 운영을 마음에 품게 된다. 그러나 두 사람의 관계를 눈치챈 안평 대군이 진노하여 운영을 죽이려 하지만, 다른 궁녀들이 이를 만류한다.

　　자란이 초사(招辭)*를 올려 말했습니다.

　　"오늘의 일은 죄가 헤아릴 수 없을 정도로 크니, 마음속에 품은 생각을 어떻게 차마 속이겠습니까? 저희들은 모두 항간(巷間)의 천한 여자로 아버지가 순(舜)임금도 아니며 어머니는 아황(娥皇)과 여영(女英)도 아닙니다. 그러니 남녀의 정욕이 어찌 유독 저희들에게만 없겠습니까? 천자인 목왕도 매번 요대의 즐거움을 생각했고, 영웅인 항우도 휘장 속에서 눈물을 금하지 못했는데, 주군께서는 어찌 운영만이 유독 운우지정(雲雨之情)이 없다 하십니까? 김생은 곧 우리 세대에서 가장 단아한 선비입니다. ⓐ 그를 내당(內堂)으로 끌어들인 것은 주군의 일이었으며, 운영에게 벼루를 받들라 한 것은 주군의 명이었습니다. 운영은 오래도록 깊은 궁궐에 갇히어 가을달과 봄꽃에 매번 성정(性情)을 잃었고, 오동잎에 떨어지는 밤비에는 애가 끊는 듯 고통스러웠습니다. 그러다가 호남(豪男)을 한 번 보고서 심성(心性)을 잃어버렸으며, 마침내 병이 골수에 사무쳐 비록 불사약이나 월인(越人) 명의(名醫)의 재주라 할지라도 효험을 보기 어렵게 되었습니다. 운영이 하루 저녁에 아침 이슬처럼 스러진다면, 주군께서 비록 측은한 마음을 두시더라도 돌이켜 보건대 어떤 이익이 있겠습니까? 저의 어리석은 생각으로는, 김생으로 하여금 운영을 만나게 하여 두 사람에게 맺힌 원한을 풀어주신다면, 주군의 적선(積善)이 이보다 큰 것이 없을 것입니다. 지난날 운영이 훼절(毁節)한 것은 죄가 저에게 있지 운영에게 있지 않습니다. 저의 이 한마디 말은 위로는 주군을 속이지 않고 아래로는 동료를 저버리지 않았으니, 오늘의 제 죽음 또한 영광스러울 것입니다. 엎드려 바라건대, 주군께서는 운영의 목숨을 잇게 해 주십시오."

옥녀가 초사를 올려 말했습니다.

"서궁(西宮)의 영광을 제가 이미 함께 했는데, 서궁의 재난을 저만 홀로 면하겠습니까? 곤강(崑崗)에 불이 나서 옥석구분(玉石俱焚)**하였으니, 오늘의 죽음은 제가 마땅히 죽을 곳을 얻은 것입니다."

제가 초사를 올려 말했습니다.

"주군의 은혜는 산과 같고 바다와 같습니다. 그런데도 능히 정절을 고수하지 못한 것이 저의 첫 번째 죄입니다. 지난날 제가 지은 시가 주군께 의심을 받게 되었는데도 끝내 사실대로 아뢰지 못한 것이 저의 두 번째 죄입니다. 죄 없는 서궁 사람들이 저 때문에 함께 죄를 입게 된 것이 저의 세 번째 죄입니다. 이처럼 세 가지 큰 죄를 짓고서 무슨 면목으로 살겠습니까? 만약 죽음을 늦춰 주실지라도 저는 마땅히 자결할 것입니다. 처분만 기다립니다."

대군은 우리들의 초사를 다 보고 나서, 또다시 자란의 초사를 펼쳐놓고 보더니 점차 노기(怒氣)가 풀리었습니다.

이때 소옥이 무릎을 꿇고 울면서 아뢰었습니다.

"지난날 중추절에 빨래하기를 성내(城內)에서 하지 말자고 한 것은 제 의견이었습니다. 자란이 밤에 남궁에 와서 매우 간절하게 요청하기에, 제가 그 마음을 불쌍히 여겨 여러 사람의 의견을 배척하고 따랐던 것입니다. 그러니 운영의 훼절은 죄가 제 몸에 있지 운영에게 있지 않습니다. 엎드려 바라건대, 주군께서는 제 몸으로써 운영의 목숨을 이어 주십시오."

대군의 분노가 점차 풀어져서 저를 별당에 가두고, 그 나머지 사람은 모두 풀어주었습니다. 그날 밤 저는 비단 수건에 목을 매어 자결하였습니다.

[A]
진사가 붓을 들고 운영이 옛일을 술회한 대로 기록하니, 그 내용이 매우 상세하였다. 두 사람은 서로 마주보면서 슬픔을 억제하지 못하였다. 한참 후 운영이 진사에게 말했다.

"이 이하는 낭군께서 말씀하십시오."

이에 진사가 운영의 뒤를 이어서 이야기를 시작했다.

운영이 자결한 이후 궁중 사람들 가운데 어머니를 잃은 것처럼 통곡하지 않은 사람이 없었습니다. 통곡 소리가 궁문 밖까지 들렸으며, 저 역시 그 소리를 듣고 오랫동안 기절하고 말았습니다.

[중략]

ⓑ 김 진사는 쓰기를 마치고 붓을 던졌다. 그리고 나서 두 사람은 서로 마주 보고 슬픈 울음을 억제하지 못하였다. 이에 유영이 위로하여 말했다.

"두 분이 다시 만나서 바라던 뜻이 이루어졌고, 원수인 노비 특도 이미 제거되어 분통함을 씻었습니다. 그런데 어찌하여 이렇게 비통함을 그치지 아니하십니까? 인간 세상에 다시 태어나지 못함을 한탄하는 것입니까?"

김 진사는 눈물을 흘리며 사례하여 말했다.

"ⓒ 우리 두 사람 다 원한을 품고 죽었습니다. 저승의 관리는 죄 없이 죽은 우리를 불쌍히 여겨 인간 세상에 다시 태어나게 하려 했습니다. 그러나 지하의 즐거움도 인간 세상보다 덜하지 않은데, 하물며 천상의 즐거움이야 어떻겠습니까? 그래서 세상에 나가는 것을 원하지 않습니다. 다만 오늘 저녁에 우리가 슬퍼하는 것은 대군이 한 번 패배한 이후로 고궁(古宮)에는 주인이 없으며, 까마귀와 참새가 슬피 울고 인적이 이르지 않아 슬픔이 극에 달한 때문입니다. 게다가 새로 병화(兵火)를 겪은 뒤에 화려했던 집들은 재가 되고 회칠한 담장은 모두 무너졌는데, 오로지 섬돌의 꽃은 향기롭고 뜰의 풀들만 무성합니다. 이렇듯 봄빛은 옛날의 정경을 바꾸지 않았으나 인사(人事)는 변하여 이처럼 바뀌었습니다. 다시 이곳에 와서 옛일을 회상하니, 어찌 슬프지 아니하겠습니까?"

유영이 말했다.

"그렇다면 당신들은 모두 천상의 사람이 되었습니까?"

김 진사가 말했다.

"우리 두 사람은 본래 천상의 선인(仙人)으로 오래도록 옥황상제를 모시고 있었습니다. 그러던 어느 날 옥황께서 태청궁(太淸宮)에 납시어 저에게 옥원(玉園)의 과실을 따오라고 명하셨습니다. 저는 ⓓ 반도와 보배를 취해 사사로이 운영에게 주었다가 발각되었습니다. 그래서 옥황께서 속세에 적강시켜 인간 세상의 괴로움을 두루 겪게 했던 것입니다. 이제는 옥황께서 이미 전날의 잘못을 용서하고 삼청궁에 올라 다시 향안전(香案前)을 모시도록 하셨는데, 잠시 틈을 내어 폭풍 수레를 타고 옛날에 노닐던 속세를 다시 찾은 것뿐입니다."

[중략]

ⓔ 유영이 취하여 깜빡 잠이 들었다. 잠시 뒤 산새 울음소리에 깨어 보니, 안개가 땅에 가득하고 새벽빛이 어둑어둑하며 사방에는 아무도 보이지 않는데 다만 김 진사가 기록한 책 한 권이 남아 있을 뿐이었다. 유영은 서글프고 하릴없어 책을 소매에 넣고 집으로 돌아왔다. 상자 속에 간직해 두고 때때로 열어 보며 망연자실하더니 침식을 모두 폐하기에 이르렀다. 그 후 명산을 두루 유람하였는데, 그 뒤로 어찌 되었는지 알 수 없다.

– 작자 미상, 「운영전」

*초사 : 조선 시대에 죄인이 범죄 사실을 진술하던 말 또는 글.
**옥석구분 : 옥과 돌이 모두 불에 탄다는 뜻으로, 선악 구별 없이 함께 화를 당함을 의미한다.

28 윗글에 나타난 인물들의 태도로 적절하지 <u>않</u>은 것은?

① 자란은 본성을 근거로 운영의 사랑을 옹호하고 있다.

② 운영은 모든 잘못을 자기 탓으로 돌리며 자책하고 있다.

③ 옥녀는 뚜렷한 자기 소신을 갖고 의리를 지키고자 한다.

④ 유영은 세속적 삶의 의욕을 잃고 다른 곳으로 떠나간다.

⑤ 대군은 김 진사와의 의리 때문에 궁녀들을 용서하고 있다.

29 [A]와 〈보기〉를 참고하여 윗글의 내용을 이해한 것으로 적절하지 <u>않</u>은 것은? [3점]

〈보기〉

이 작품은 일명 '수성궁몽유록'으로 불린다. 몽유록은 흔히 '입몽 – 토론 – 각몽'이라는 정형화된 서술 구조를 가지고 있다. 주인공이 우연히 꿈을 꾸게 되고, 꿈속에서 여러 가지 체험을 한 후 현실로 돌아오는 것으로 끝난다. 운영과 김 진사가 들려주는 사랑 이야기는 몽유록 서술 구조에서 '토론'에 해당한다. 이 작품은 복잡한 방식으로 이야기가 전개되는바, 여러 이야기 장면으로 나눌 수 있다.

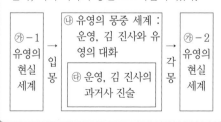

① ㉮ - 2로 돌아온 유영은 꿈꾸기 전과는 삶의 태도가 달라졌다.

② ㉯에서 언급된 안평 대군은 ㉲의 운영, 김 진사와 마찬가지로 현실에서 좌절한 인물이다.

③ ㉲의 과거사에서 김 진사와 노비 특은 갈등을 겪었을 것이다.

④ ㉲의 이야기는 운영과 김 진사라는 일인칭 서술자의 입을 통해 진술된 것이다.

⑤ ㉲에 운영과 김 진사가 안평 대군이 몰락한 일로 비통해하는 이유가 나타나 있다.

30 윗글을 감상한 내용으로 적절하지 <u>않은</u> 것은?

① 운영은 고민과 갈등 끝에 결론을 내리고 행동으로 옮기는 여성이군.

② 궁녀들은 대군에게 자신들의 죽음이 초래할 결과에 대해 일깨워 주고 있군.

③ 자란은 역사적 인물들의 고사를 제시하여 자신의 주장에 설득력을 더하고 있군.

④ 평생을 궁에 갇혀 지내는 궁녀라는 설정은 운영과 김 진사의 사랑에 비극성을 부여하고 있군.

⑤ 죽은 뒤 천상에서 복을 누리게 된 운영과 김 진사는 인간 세상에 다시 태어나는 것을 원치 않는군.

31 ⓐ~ⓔ 중 사건 전개상 가장 앞서 일어난 것은?

① ⓐ
② ⓑ
③ ⓒ
④ ⓓ
⑤ ⓔ

32 윗글에 나타난 유영의 정서와 가장 가까운 것은? [3점]

① 얼굴 씻으매 눈물이 물을 이루고 / 거문고 타매 한스러움 현(絃)을 울리네 / 가슴속 원망 끝이 없어서 / 고개 들고 하늘에 하소연하네

② 가느다란 푸른 연기 멀리 바라보다 / 미인은 깁 짜는 걸 그만 두누나 / 바람 맞으며 홀로 설워하나니 / 날아가 무산(巫山)에 떨어지누나

③ 옛 궁궐의 버드나무와 꽃은 새봄을 띠었고 / 천 년의 호사 자주 꿈에 보이네 / 오늘 밤 놀러 와 옛 자취 찾노니 / 눈물이 수건 적심 금치 못하네

④ 서리 가득한 외로운 성에 군대 머무니 / 지는 달빛 아래 뿔피리 소리 군막에 울리네 / 등불 앞에서 괴로이 강남의 밤 생각하노라니 / 기러기는 울며 초나라로 돌아가누나

⑤ 베개 베도 호접몽(胡蝶夢) 이루지 못하고 / 눈 빠지게 기다리나 소식이 없네 / 그대 얼굴 눈앞에 어른거리건만 왜 말이 없는지? / 수풀에 꾀꼬리 우니 눈물이 옷을 적시네

[33～37] 다음 글을 읽고 물음에 답하시오.

(가)

내 님을 그리슨와 우니다니
ⓐ 산(山) 접동새 난 이슷ᄒ요이다
아니시며 거츠르신 둘 아으
잔월효성(殘月曉星)이 아ᄅ 시리이다
넉시라도 님은 ᄒ디 녀져라 아으
벼기더시니 뉘러시니잇가
과(過)도 허믈도 천만(千萬) 업소이다
믈힛 마리신뎌*
슬웃 븐 뎌** 아으
니미 나ᄅᆯ ᄒ마 니즈시 니잇가
아소 님하 도람 드르샤 괴오쇼셔

　　　　　　　　　　　　　　– 정서, 「정과정」

*믈힛 마리신뎌 : 뭇 사람들의 참소하는 말입니다
**슬웃 븐뎌 : 슬프구나

(나)

천상(天上) 백옥경(白玉京) 십이루(十二樓) 어듸매
오/ 오색운 깁픈 곳의 자청전(紫淸殿)이 ᄀ려시니/
천문(天門) 구만 (九萬) 리(里)를 ᄭᅮᆷ이라도 갈동말
동/ 츠라리 ᄉ여지여 억만번 변화ᄒ여/ 남산 늦즌
봄의 두견(杜鵑)의 넉시 되어/ 이화(梨花) 가디 우
희 밤낫즐 못 울거든/ 삼청 동리(三淸洞裏)의 졈은
ᄒ널 구름 되어/ ᄇ람의 흘리 ᄂ라 자미궁(紫微宮)
의 ᄂ라 올라/ 옥황 향안전(香案前)의 지척의 나
아 안자/ 흉중의 ᄊ인 말슴 쓸커시 ᄉ로리라/ 어
와 이내 몸이 천지간의 ᄂ저 나니/ ⓑ 황하수(黃河
水) 믈 다만ᄂ 초객(楚客)*의 후신(後身)인가/ 상심
(傷心)도 ᄀ이 업고/ 가태부(賈太傅)**의 넉시런
가 한숨은 무스 일고

　　　　　　　　　　　　　　– 조위, 「만분가」

*초객 : 중국 전국 시대 초나라의 시인 굴원. 간신들의 모함으로 누
　명을 쓰고 귀양을 가 멱라수에 몸을 던졌다.
**가태부 : 중국 전한(前漢) 시대의 문인 가의(賈誼). 모함을 받아 좌
　천되자 자신을 굴원(초객)에 비유한 시를 써 억울함을 드러냈다.

(다)

님다히 쇼식(消息)을 아므려나 아쟈 ᄒ니 / 오늘
도 거의로다 닉일이나 사름 올가/ 내 ᄆ음 둘 디
업다 어드러로 가쟛 말고/ 잡거니 밀거니 높픈 뫼
히 올라가니/ 구름은카니와 안개는 므사 일고/ 산
천(山川)이 어둡거니 일월(日月)을 엇디 보며/ 지
쳑(咫尺)을 모르거든 천리(千里)랄 ᄇ라 보랴/ 출
하리 믈긔 가 비 길히나 보랴 ᄒ니/ ᄇ람이야 믈
결이야 어둥졍 된뎌이고/ 샤공은 어듸 가고 ⓒ 븬
빈만 걸렷ᄂ고 / 강텬(江川)의 혼쟈 셔셔 디ᄂ 히
ᄅᆯ 구버보니/ 님다히 쇼식이 더옥 아득ᄒ뎌이고/
ⓓ 모쳠(茅簷) ᄎᆫ 자리의 밤듕만 도라오니/ ⓔ 반
벽쳥등(半壁靑燈)은 눌 위ᄒ야 불갓ᄂ고/ 오ᄅ며
ᄂ리며 헤쓰며 바니니/ 져근덧 녁진(力盡)ᄒ야 픗
ᄌᆷ을 잠간 드니/ 졍셩(精誠)이 지극ᄒ야 ᄭᅮᆷ의 님을
보니/ 옥 ᄀᄐᆫ 얼구리 반(半)이나마 늘거셰라/ ᄆ
음의 머근 말슴 ᄒ장 슙쟈 ᄒ니/ 눈믈이 바라
나니 말슴인들 어이ᄒ며/ 졍(情)을 못다 ᄒ야 목
이조차 메여ᄒ니/ 오뎐된 계셩(鷄聲)의 ᄌᆷ은 엇디
ᄭᅵᆺ돗던고/ 어와 허ᄉ로다 이 님이 어듸 간고/ 결
의 니러 안자 창을 열고 ᄇ라보니/ 어엿븐 그림재
날 조출 ᄲᅵ로이다/ ⓖ 출ᄒ리 ᄉ여디여 낙월(落
月)이나 되야이셔/ 님 겨신 창(窓) 안히 번드시 비
최리라/ 각시님 ᄃᆲ이야ᄏ니와 구즌비나 되쇼셔

　　　　　　　　　　　　　　– 정철, 「속미인곡」

33 (가)～(다)에 나타난 공통점으로 적절한 것은? [3점]

① 4음보의 율격으로 화자의 정서를 표출하고
　있다.

② 감탄사를 활용하여 시상을 집약하며 마무리
　하고 있다.

③ 결핍 상태의 현실에서 벗어나고픈 화자의
　욕망을 노래하고 있다.

④ 화자가 현재 상황에 처하게 된 원인이 구체적으로 제시되어 있다.

⑤ 화자는 대상(임)과 같은 공간에 놓여 있지만, 가까이하지 못해 안타까워하고 있다.

34 (가)~(다)의 시어에 대한 설명으로 적절하지 <u>않은</u> 것은?

① (가)의 '산(山) 접동새'와 (나)의 '가태부(賈太傅)의 넋'은 화자 자신을 비유한다.

② (가)의 '괴오쇼셔'와 (다)의 '꿈'은 소망의 간절함을 담고 있다.

③ (나)의 '천상(天上) 백옥경(白玉京)'과 (다)의 '높픈 뫼'는 탈속적 공간을 의미한다.

④ (나)의 '구름'과 (다)의 '빅 길'은 화자의 소망을 성취할 수 있는 통로이다.

⑤ (다)의 '구롬'과 '빅람'과 '믈결'은 화자의 소망을 방해하는 장애물이다.

35 〈보기〉를 참고해 (가)를 이해한 것으로 적절하지 <u>않은</u> 것은?

─〈보기〉─

작자인 정서(鄭敍)가 역모에 가담했다는 죄명으로 귀양을 가게 되자, 의종(毅宗)은 "오늘은 어쩔 수 없으나, 가 있으면 다시 부르겠다."라고 하였다. 그러나 아무리 기다려도 왕의 소식이 없자, 정서는 왕에게 자신의 결백을 드러내고 자신에게 한 약속을 상기시키고자 이 작품을 지었다. 이 작품은 왕에 대한 원망과 그리움을 사랑하는 이와 헤어진 여성 화자의 마음에 빗대어 표현한 '충신연주지사(忠臣戀主之詞)'의 시초다.

① 1, 2행에서 접동새의 울음은 님에 대한 그리움과 억울함을 표상한다.

② 4행에서 잔월효성(殘月曉星)은 화자의 결백을 알고 있는 초월적 존재에 해당한다.

③ 5행에서 화자는 자신의 소망을 직접적 진술로 드러내고 있다.

④ 7행은 왕을 모시고 싶다는 화자의 충정을 드러내고 있다.

⑤ 10, 11행에는 원망과 그리움이라는 두 가지 정서가 교차되어 있다.

36 〈보기〉를 참고해 (다)의 ㉠을 이해한 것으로 적절하지 <u>않은</u> 것은?

─〈보기〉─

정철의 「속미인곡」은 전체적으로 대화체로 구성되어 있는데, 본사는 주로 주 화자의 진술로 이루어져 있다. 서사에서 등장했던 보조 화자는 결사 부분에서 다시 나온다. 「속미인곡」에서 보조 화자가 말하는 부분은 얼마 되지 않지만 그 역할이 적지 않다.

① 보조 화자의 발화는 작품을 종결짓는 역할을 한다.

② 주 화자는 죽음을 감수할 정도로 절박한 심경에 놓여 있다.

③ 주 화자와 보조 화자는 작가의 목소리를 대변하는 역할을 한다.

④ 보조 화자는 임을 그리워하는 주 화자의 마음에 공감하고 있다.

⑤ 보조 화자는 주 화자에게 사랑의 표현을 좀 더 완곡하게 할 것을 조언하고 있다.

37 ⓐ～ⓔ 중 화자의 외로움을 심화시키는 대상으로 적절하지 <u>않은</u> 것은?

① ⓐ ② ⓑ
③ ⓒ ④ ⓓ
⑤ ⓔ

[38～41] 다음 글을 읽고 물음에 답하시오.

(가)
사랑한다는 것은

열매가 맺지 않는 과목은 뿌리째 뽑고
그 뿌리를 썩힌 흙 속의 해충은 모조리 잡고
그리고 새 묘목을 심기 위해서
깊이 파헤쳐 내 두 손의 땀을 섞은 흙
그 흙을 깨끗하게 실하게 하는 일이다.

그리고
아무리 모진 비바람이 삼킨 어둠이어도
바위 속보다 어두운 밤이어도
그 어둠 그 밤을 새워서 지키는 일이다.
훤한 새벽 햇살이 퍼질 때까지
그 햇살을 뚫고 마침내 새 과목이
샘물 같은 그런 빛 뿌리면서 솟을 때까지
지키는 일이다. 지켜보는 일이다.

사랑한다는 것은.

– 전봉건, 「사랑」

(나)
㉠ 푸른 하늘에 닿을 듯이
세월에 불타고 우뚝 남아 서서
차라리 봄도 꽃 피진 말아라
㉡ 낡은 거미집 휘두르고
㉢ 끝없는 꿈길에 혼자 설레이는

마음은 아예 뉘우침 아니라
㉣ 검은 그림자 쓸쓸하면
마침내 호수 속 깊이 거꾸러져
차마 ㉤ 바람도 흔들진 못해라

– 이육사, 「교목」

(다)
내 가슴에 독을 찬 지 오래로다
아직 아무도 해한 일 없는 새로 뽑은 독
벗은 그 무서운 독 그만 흩어 버리라 한다
나는 그 독이 선뜻 벗도 해할지 모른다 위협하고
독 안 차고 살아도 머지않아 너 나 마저 가 버리면
억만(億萬) 세대가 그 뒤로 잠자코 흘러가고
나중에 땅덩이 모지라져 모래알이 될 것임을
"허무한듸!" 독은 차서 무엇 하느냐고?

아! 내 세상에 태어났음을 원망 않고 보낸
어느 하루가 있었던가 "허무한듸!" 하나
앞뒤로 덤비는 이리 승냥이 바야흐로 내 마음을 노리매
내 산 채 짐승의 밥이 되어 찢기우고 할퀴우라 내 맡긴 신세임을

나는 독을 품고 선선히 가리라
막음 날 내 외로운 혼(魂) 건지기 위하여

– 김영랑, 「독을 차고」

38 (가)～(다)의 화자의 공통점에 대한 설명으로 가장 적절한 것은?

① 자신의 마음속에 소중한 가치를 간직하고 있다.
② 자신의 주장을 논리적으로 설득하고자 한다.
③ 윤리적 고민을 딛고 새로운 삶을 창조하고자 한다.

④ 개인적 차원의 사랑이 인생에서 가장 중요 하다고 믿는다.

⑤ 자신의 정서와 감정을 직접적으로 호소하는 양상을 보인다.

39 (가)의 표현상 특징에 대한 설명으로 가장 적절한 것은?

① 화자의 정서를 애상적 어조로 드러내고 있다.

② 상반된 함축적 의미를 가진 시어들을 활용하고 있다.

③ 공감각적 표현으로 생생한 느낌을 자아내고 있다.

④ 계절의 변화를 드러내는 시어들을 적극 활용하고 있다.

⑤ 점층적 표현을 통하여 주제를 효과적으로 강조하고 있다.

40 (나)의 ㉠~㉤에 관한 설명으로 적절하지 않은 것은? [3점]

① ㉠은 '이상적인 세계'를 뜻한다.

② ㉡은 '바람직하지 않은 현실'을 가리킨다.

③ ㉢은 '마음속의 이상'을 가리킨다.

④ ㉣은 '부정적인 자아'를 가리킨다.

⑤ ㉤은 '시련'의 의미를 갖는다.

41 (다)에서 독 에 대한 이해로 적절하지 않은 것은?

① 누구라도 해칠 수 있는 '내' 안의 부정적 성향을 가리킨다.

② '나'로 하여금 부끄럽지 않은 삶을 살아갈 수 있게 해 준다.

③ 부정적 현실로 인해 '내'가 간직해야 했던 삶의 태도를 가리킨다.

④ 부정적 현실 속에서 '나'를 지킬 수 있는 힘의 원천을 의미한다.

⑤ '나'로 하여금 허무주의적인 삶의 태도를 가진 사람들과 갈등을 겪게 한다.

[42~45] 다음 글을 읽고 물음에 답하시오.

악몽과 같은 전쟁이 끝났다.

진영 은 아들 문수의 손을 잡고 황폐한 서울로 돌아왔다. 집터는 쑥대밭이 되어 축대조차 찾아볼 수 없었다. 진영은 무심한 아이의 눈동자를 멍하니 언제까지나 바라보고 있었다.

문수가 자라서 아홉 살이 된 초여름, 진영은 내장이 터져서 파리가 엉겨 붙은 소년병을 꿈에 보았다. 마치 죽음의 예고처럼 다음 날 문수는 죽어버린 것이다. 비가 내리는 밤이었다.

일찍부터 홀로 되어 외동딸인 진영에게 의지하며 살아온 어머니는 '내가 죽을 거로.'하며 문지방에 머리를 부딪치는 것이었으나 진영은 허공만 바라보고 있었다.

아이는 앓다가 죽은 것이 아니었다. 길에서 넘어지고 병원에서 죽은 것이다. 그러나 그것뿐이라면 진영으로서는 전쟁이 빚어낸 하나의 악몽처럼 차차 잊어버릴 수 있는 일이었는지도 모른다. 그러나 그것이 아니었다. 의사의 무관심이 아이를 거의 생죽음을 시킨 것이다. 의사는 중대한 뇌수술을 엑스레이를 찍어보지 않고, 심지어는 약 준비도 없이 시작했던 것이다. ㉠ 마취도 안한 아이는 도수장(屠獸場)* 속의 망아지처럼 죽어간 것이다. 그렇게 해서 아이를 갖다 버린 진영이었다.

바깥 거리 위에는 쏴아 하며 밤비가 내리고 있었다.

누워서 멀거니 천장을 바라보고 있는 진영의 눈동자가 이따금 불빛에 번득인다. 창백한 볼이 불그스름해진다. 폐결핵에서 오는 발열이다.

바깥의 빗소리가 줄기차온다.

아이가 죽은 지 겨우 한 달, 그러나 천 년이나 된 듯한 긴 나날들이었다. ㉡ 눈을 감은 진영의 귀에 조수(潮水)처럼 밀려오는 것은 수술실 속의 아이의 울음소리였다.

[중략]

아주머니가 가버린 뒤 진영은 자리에 쓰러졌다. 솜처럼 몸이 풀어진다.

진영은 방속에 피운 구멍탄 스토브에서 가스가 분명히 지금 방에 새고 있는 것이라고 생각한다. 방 안에 가득히 가스가 차면 나는 죽어버리는 것이라고 생각한다.

어느새 진영은 괴로운 잠이 드는 것이었다.

㉢ 내장이 터진 소년병이 꿈에 나타났다. 진영은 꿈을 깨려고 무척 애를 썼다.

"모레가 명절인데 절에도 돈 천 환이나 보내야겠는데……"

어렴풋이 들려오는 어머니의 말소리다. 진영은 몸을 들치며 눈을 떴다.

"귀신이나 사람이나 매한가진데…… 남들은 다 제 몫을 먹는데 우리 문수는 손가락을 물고 에미를 기다릴 거다."

잠이 완전히 깬 진영은 벌떡 자리에서 일어났다. 진영은 외투와 목도리를 안고 마루에 나와 그것을 몸에 감았다.

진영은 부엌에서 성냥 한 갑을 외투 주머니에 넣고 집을 나갔다.

오랫동안 마음속에서만 벼르던 일을 오늘이야말로 해치울 작정인 것이다.

진영은 눈이 사박사박 밟히는 비탈길을 걸어 올라간다.

㉣ 진영은 고슴도치처럼 바싹 털이 솟은 자신을 느낀다.

목도리와 외투자락이 바람에 나부낀다. 그러면은 잡나무 가지위에 앉은 눈이 외투 깃에 날아 내리는 것이었다.

진영은 절로 가는 것이다.

진영이 절 마당에 들어갔을 때 "당신네들 같으면 중이 먹고 살갔수."하던 늙은 중이 막 승방에서 나오는 도중이었다. 절은 괴괴하니 다른 인기척은 없었다.

진영은 얼굴의 근육이 경련하는 것을 의식하며 중 옆으로 다가선다.

"저 말이지요. 저희들이 이번에 시골로 가는데 아이 사진과 위패를 가지고 가고 싶어요."

고개를 푹 숙인 채 진영은 나지막하게 말한다. 허옇게 풀어진 눈으로 진영을 쳐다보던 중이 겨우 생각이 난 모양으로,

"이사를 하신다고요? 그럼 어떠우. 그냥 두구려. 명절에 우편으로라도 잊어버리지 않으면 되지."

진영은 숙인 고개를 발딱 세우더니 옆으로 홱 돌리며,

"참견할 것 없어요. 사진이나 빨리 주세요!"

쏘아붙인다. 중은 좀 어리둥절하더니 무엇인지 모르게 중얼중얼 씨부렁거리며 법당으로 간다.

이윽고 중이 문수의 사진과 위패를 가지고 나오자 진영은 그것을 빼앗듯이 받아 들고 인사말 한마디 없이 절 문 밖으로 걸어 나간다.

화가 난 중은 진영의 뒷모습을 겨누어보다가 중얼중얼 씨부렁거리며 뒷간으로 간다.

진영은 중에게 화를 낸 것은 아니었다. 다만 진영으로서는 빨리 사진을 받아 가지고 절 문 밖으로 나가고 싶었던 것이다. 그래서 초조했던 것이다.

진영은 비탈길을 돌아 산으로 올라간다. 올라가면서 진영은 이리저리 기웃거린다. 어느 커다란 바

위 뒤에 눈이 없는 마른 잔디 옆에 이르자 진영은 그 자리에 주저앉는다. 그리하여 문수의 사진과 위패를 놓고 물끄러미 한동안 내려다본다.

ⓜ 한참 만에 그는 호주머니 속에서 성냥을 꺼내어 사진에다 불을 그어댄다. 위패는 이내 살라졌다. 그러나 사진은 타다 말고 불꽃이 잦아진다. 진영은 호주머니 속에서 휴지를 꺼내어 타다 마는 사진 위에 찢어서 놓는다. 다시 불이 붙기 시작한다. 사진이 말끔히 타버렸다. 노르스름한 연기가 차차 가늘어진다.

[A]
진영은 연기가 바람에 날려 없어지는 것을 언제까지나 쳐다보고 있었다.

"내게는 다만 쓰라린 추억이 남아 있을 뿐이다. 무참히 죽어버린 추억이 남아 있을 뿐이다!"

진영의 깎은 듯 고요한 얼굴 위에 두 줄기 눈물이 흘러내리고 있었다.

겨울하늘은 매몰스럽게도 맑다. 잡목 가지에 얹힌 눈이 바람을 타고 진영의 외투 깃에 날아 내리고 있었다.

"그렇지. 내게는 아직 생명이 남아 있었다. 항거할 수 있는 생명이!"

진영은 중얼거리며 잡나무를 휘어잡고 눈 쌓인 언덕을 내려오는 것이다.

– 박경리, 「불신시대」

*도수장 : 도살장

42 윗글의 서술상의 특징으로 가장 적절한 것은? [3점]

① 사건의 전개 과정이 우화적인 의미를 갖도록 서술하고 있다.
② 사건의 인과 관계가 느슨한 여러 개의 삽화를 연결하여 서술하고 있다.
③ 특정 인물의 시각을 중심으로 사건을 제시하는 방식으로 서술하고 있다.
④ 사건의 실제적 전개보다 인물의 의식의 흐름을 중심으로 서술하고 있다.
⑤ 여러 인물들의 회상을 통하여 사건의 의미가 입체적으로 드러날 수 있도록 서술하고 있다.

43 진영에 대한 이해로 적절한 것은?

① 전쟁 중에 의사의 실수로 아들을 잃고 만다.
② 어머니와 어려서부터 사이가 좋지 않다.
③ 건강을 위협하는 병에 걸려 있다.
④ 연탄가스가 새는 집을 떠나고 싶어 한다.
⑤ 절의 늙은 중을 정성껏 응대하고 있다.

44 ⓐ~ⓜ에 대한 설명으로 적절하지 않은 것은? [3점]

① ⓐ : '도수장(屠獸場) 속의 망아지'는 죽어간 아들의 끔찍한 모습을 실감나게 느낄 수 있게 한다.
② ⓑ : '밀려오는' '조수'는 인물이 아이의 죽음을 잊지 못하고 있음을 알려준다.
③ ⓒ : 꿈에 나타난 '내장이 터진 소년병'은 인물이 겪고 있는 심리적 고통을 효과적으로 드러낸다.
④ ⓓ : '고슴도치처럼 바싹' '솟은' '털'은 인물이 앞으로 있을 싸움을 앞두고 몹시 화가 나 있음을 의미한다.
⑤ ⓜ : '사진'을 태우는 행위에는 아들의 죽음을 딛고 새로운 삶을 살아가고자 하는 인물의 의지가 담겨 있다.

45 [A]를 중심으로 윗글을 감상한 것으로 적절하지 **않은** 것은?

① 주인공은 자신에게는 근본적인 생명력이 있다고 믿고 있는 것 같아.

② 주인공은 자신이 처한 사회적 현실을 부정적으로 생각하고 있음에 틀림없어.

③ 주인공의 경우처럼 전쟁을 겪고 살아남은 사람들도 시련을 겪게 되는 것 같아.

④ 주인공처럼 사람은 아무리 어려운 상황에 처하더라도 살아가고자 하는 의지를 버리면 안 되겠어.

⑤ 주인공이 고통스러운 상황에 빠진 데에는 종교적 믿음이 부족한 것도 한몫을 했다고 할 수 있어.

제2교시 영어영역

▶정답 및 해설 132p

[01~06] 밑줄 친 단어의 뜻으로 가장 적절한 것을 고르시오.

01

> Procrastination becomes a major problem in your work life when important tasks or responsibilities are left undone or are completed in a slipshod manner because inadequate time was left to complete the task properly.

① hastiness ② postponement

③ spontaneity ④ concern

⑤ exaggeration

02

> A worldwide financial crisis began in the last half of 1997, when the currencies of several Asian economies plummeted in value.

① boomed suddenly

② bounced back

③ got stuck

④ made a difference

⑤ dropped sharply

03

> If you can't weave quotations deftly into the fabric of your prose, abjure them altogether and paraphrase instead.

① abandon ② compose

③ revise ④ brainstorm

⑤ elaborate

04

> The increasing power of the personal computer is making it possible to develop applications that are smarter and more responsive to the user. Anyone who has used a spelling or a grammar checker has experienced this type of application at a very rudimentary level.

① basic ② deep

③ optimal ④ conscious

⑤ abstract

05

One reason to think that written languages will look more or less like they do now is the fact that so far they have proved extremely tenacious. The Chinese system has changed little in more than 3,000 years, and Modern Greek is written with an alphabet that has been used for almost as long.

① arbitrary   ② reliable

③ useful   ④ graphic

⑤ persistent

06

Lacking a clear formula for making decisions, we get reactive and fall back on familiar, comfortable ways to decide what to do. As a result, we haphazardly select approaches that don't support our goals.

① covertly   ② invariably

③ explicitly   ④ randomly

⑤ precisely

[07~09] 밑줄 친 부분 중, 어법상 <u>틀린</u> 것을 고르시오.

07 As with the question of the date ① <u>at which</u> European antiquarianism was superseded by archaeology, it is not easy to suggest a specific date when the writings of 'early travellers' and the collecting of Egyptian antiquities ② <u>became transformed</u> into something approaching the modern discipline of Egyptology. Most histories of Egyptian archaeology, however, see the Napoleonic expedition at the beginning of the 19th century as the first systematic attempt to record and describe the standing remains of pharaonic Egypt. The importance of the *Description del'Egyptek*, which was the multi-volume publication that ③ <u>resulted from</u> the expedition, lay not only in its high standards of accuracy but also in the fact that ④ <u>they</u> constituted a continuous and internally consistent appraisal by a group of scholars, thus ⑤ <u>providing</u> the first real assessment of ancient Egypt in its entirety.

*antiquarianism : 골동품 연구

08 Fire destroys about 350 ① <u>million</u> ha (1,350 mi^2) of forest every year. Some fires are set by humans to cover up illegal logging or land clearing. Others are started by natural causes. The greatest fire hazard in the world is in sub-Saharan Africa, which accounts for about ② <u>half</u> the global total. Uncontrolled fires tend to be ③ <u>worst</u>

in countries with corrupt or ineffective governments and high levels of poverty, civil unrest, and internal refugees. ④ As global climate change brings drought and insect infestations to many parts of the world, there's a worry ⑤ which forest fires may increase catastrophically.

09 If contemporary experience ① has taught us anything, surely it is the need for a president to hit the ground running. The difference between Reagan's quick start and Clinton's stumble put one on the path toward ② a succession of legislative triumphs and the other on the road to a debacle in health care and a loss of Congress. Had Clinton not been as agile as he was in recovering in late 1993 and then again in 1995, he ③ would be a one-term president. As it was, he never became the transformational figure he had hoped. In most institutions, the power of a leader grows over time. A CEO, a university president, the head of a union, acquire stature through the quality of their long-term performance. The presidency is ④ just the opposite: power tends to evaporate quickly. It's not that a president must rival Franklin Roosevelt in his First Hundred Days, but his first months in office are usually the widest window of opportunity he will have, ⑤ even if he serves two full terms. That's why he has to move fast.

[10~11] 다음 글의 밑줄 친 부분 중, 문맥상 낱말의 쓰임이 가장 적절하지 않은 것을 고르시오.

10 The book, "Superforecasting: Arts and Science of Prediction," opens with a discussion of Archie Cochrane, a Scottish doctor born in 1909, who did more than perhaps anyone else to transform medicine from a black art into a ① fully fledged science. His insight—deeply controversial half a century ago—was that a doctor's qualifications, eminence and confidence are ② irrelevant and that the only test of a treatment's effectiveness was whether it could be shown, statistically and rigorously, to work. Mr. Tetlock, the author of the book, hopes to bring about a similar rigor to how people ③ analyze forecasts of the future. That will be an ④ easy struggle. Prediction, like medicine in the early 20th century, is still mostly based on ⑤ eminence rather than evidence. [3점]

11 Polling is like Internet dating. There is a little wiggle room in the ① veracity of information provided. We know that people ② shade the truth, particularly when the question asked are embarrassing or sensitive. Respondents may overstate their income. They may not ③ deny that they do not vote. They may hesitate to express views that are unpopular or socially unacceptable. For all these reasons, even the most carefully designed poll is dependent on the ④ integrity of

199

the respondents' answers. Election polls depend crucially on ⑤ sorting those who will vote on Election Day from those who will not. Individuals often say they are going to vote because they think that is what pollsters want to hear. Studies that have compared self-reported voting behavior to election records consistently find that one-quarter to one-third of respondents say they voted when in fact they did not.

of the same species, sharing the same DNA pool. They will happily mate and their puppies will grow up to pair off with other dogs and produce more puppies.

	(A)	(B)	(C)
①	fertile	sterile	similar
②	fertile	fertile	similar
③	fertile	sterile	separate
④	sterile	fertile	separate
⑤	sterile	fertile	similar

[12~13] (A), (B), (C)의 각 네모 안에서 문맥에 맞는 낱말로 가장 적절한 것을 고르시오.

12

Biologists classify organisms into species. Animals are said to belong to the same species if they tend to mate with each other, giving birth to (A) fertile/sterile offspring. Horses and donkeys have a recent common ancestor and share many physical traits. But they show little sexual interest in one another. They will mate if induced to do so — but their offspring are (B) fertile/sterile. Mutations in donkey DNA can therefore never cross over to horses, or vice versa. The two types of animals are consequently considered two distinct species, moving along (C) separate/similar evolutionary paths. By contrast, a bulldog and a spaniel may look very different, but they are members

13

Big data has its drawbacks. The flood of information — some of it useful, some not — can (A) overwhelm/maximize one's ability to quickly and efficiently process data and take appropriate action. If we fail to create and utilize methodologies and tools for effectively using big data, we may continue to (B) evolve/drown in it. In the context of national security, lacking adequate big data tools could have profound, even deadly, consequences. However, there are steps that we can take now — steps that are already being taken in many cases — to ensure that we successfully (C) harness/renounce the power of big data. [3점]

	(A)	(B)	(C)
①	overwhelm	…… drown	…… harness
②	overwhelm	…… evolve	…… renounce
③	overwhelm	…… drown	…… renounce
④	maximize	…… evolve	…… harness
⑤	maximize	…… drown	…… renounce

[14~15] 다음 글에서 전체 흐름과 관계 없는 문장을 고르시오.

14 America is not actually a "melting pot" in the sense that people from different backgrounds somehow all become the same. America has always included a great diversity of ideas, attitudes, and behaviors. ① For example, the constitutional separation of church and state, a fundamental principle present since early days in the United States, guarantees that people of all religion have the same freedoms and rights for worship and religious behavior. ② People of diverse religious backgrounds are not expected to "melt" together into one religion. ③ Conflicts simply occur among people, whether of the same or different background. ④ Other laws guarantee the equal rights of all people regardless of skin color, gender, and age. ⑤ The United States does not even have an official national language — and many government and other publications in various geographical areas are offered in a variety of languages as well. In short, America as a nation has always recognized the realities and benefits of diversity.

15 No one questions that machines displace individual workers from certain jobs and that in the short run this often creates difficult problems. ① For example, the use of diesel engines and electric power by railroads has made obsolete the position of fireman — the employee who shoveled coal into the locomotive boiler that produced the steam for the train's steam engine — but because of union support, railroads had to fill this position for many years after steam power ceased being used by trains. ② However, such problems are temporary. ③ Ultimately, advances in machine technology tend to reduce costs and prices or to hold them down, and by enabling people to buy more goods, they create new employment opportunities. ④ Machines reduce the need for human skills. ⑤ If some industries employ fewer workers, others employ more. At the same time, new products are introduced and new industries are established. [3점]

[16~23] 다음 글의 빈칸에 들어갈 말로 가장 적절한 것을 고르시오.

16

It is a principle in many legal systems that a competent adult has a right to refuse any, even lifesaving, treatment. This principle applies to the treatment of physical illness. It does not apply however in many countries to those with mental illness. Take the case of England, where it is the Mental Health Act that governs the _____ treatment of patients with mental disorder.

① alternative ② compulsory
③ adjunctive ④ incremental
⑤ preventive

17

A social-conflict analysis begins by pointing out that sports are closely linked to social inequality. Some sports — including tennis, swimming, golf, and skiing — are expensive, so participation is largely limited to the well-to-do. Football, baseball, and basketball, however, are accessible to people of all income levels. In short, the games people play are not simply a matter of choice but also reflect social _____.

① bonds ② needs
③ trends ④ standing
⑤ preference

18

What should the effect of success on motivation be? Should it necessarily increase motivation? The argument earlier suggests that if learners realize that successful performance in some activity leads toward their goal, then expectancies are likely to rise. This would appear to say that success will tend to increase motivation, but matters are not that simple. This argument considers potential motivation and ignores motivational arousal. Motivational arousal is based on a person's assumption of how much effort is needed to perform an activity correctly. Studies indicate that motivational arousal is greatest for tasks that are assumed to be of moderate difficulty. If success rate is considered very high or very low, motivational arousal is _____. In other words, we try hardest for things we consider challenging but not nearly impossible.

① weakened ② mobilized
③ fluctuated ④ stabilized
⑤ alternated

19

For historians of Africa identity can be a tricky intellectual issue. Africans are, like people everywhere, compilations of numerous identities, some of which are personally or collectively claimed, others of which are imposed by outsiders. If people are asked who the most famous living African is, the usual answer is 'Nelson Mandela.' But as we write this in the aftermath of the 2006 World Cup, there is a good case for saying that the most famous living African is Zinédene Zidane. Let's consider this one individual. Who, or what, is Zidane? He's a Frenchman, born and raised in Marseilles. But he's also a North African, whose parents emigrated from Algeria; and a Berber, with family roots in the Kabyle mountains and reportedly fiercely proud of his ancestral village. He also describes himself as a Muslim. And he is, of course, a footballer. Whichever of these labels Zidane himself chooses to use would depend both on where he is and how he's thinking at the time. Identity, in other words, is as _____ as it is multifaceted.

[3점]

① unique   ② ethnic
③ political   ④ indigenous
⑤ fluid

20

Picasso's oeuvre includes more than 1,800 paintings, 1,200 sculptures, 2,800 ceramics, and 12,000 drawings, not to mention prints, rugs, and tapestries — only a fraction of which have garnered acclaim. In poetry, when we recite Maya Angelou's classic poem "Still I Rise," we tend to forget that she wrote 165 others; we remember her moving memoir *I Know Why the Caged Bird Sings* and pay less attention to her other 6 autobiographies. In science, Einstein wrote papers on general and special relativity that transformed physics, but many of his 248 publications had minimal impact. If you want to be original, "the most important possible thing you could do," says Ira Glass, the producer of *This American Life* and the podcast *Serial*, "is _____."

*oeuvre : 일생의 작품

① do a lot of work
② reject the default
③ take radical risks
④ gain new insights
⑤ explore better options

21

Lightner Witmer received his doctorate in psychology in 1892 in Germany under Wilhelm Wundt, who many view as the founder of experimental psychology. He also studied under James McKeen Cattell, another pioneer of experimental psychology. At the time Witmer received his doctorate, psychology was essentially an academic discipline, a field of research. It had almost none of the applied functions that characterize the field today. In short, in the late 1800s, _____.

① the field of experimental psychology was not popular

② psychologists didn't practice psychology, but studied it

③ Lightner Witmer was a leading psychologist in Germany

④ it took much effort to receive a doctoral degree in psychology

⑤ Wilhelm Wundt set the stage for the birth of clinical psychology

22

When Adam Smith lectured at the University of Glasgow in the 1760s, he introduced the study of demand by posing a puzzle. Common sense, he said, suggests that the price of a commodity must somehow depend on what that good is worth to consumers — on the amount of *utility* that the commodity offers. Yet, Smith pointed out, some cases suggest that _____. Smith cited diamonds and water as examples. He noted that water has enormous value to most consumers; indeed, its availability can be a matter of life and death. Yet water generally either is free or sells at a very low price, whereas diamonds sell for very high prices even though few people would consider them necessities.

① a good's price may depend on its availability

② a good's price may be intertwined with its value

③ a good's utility may have little influence on its price

④ a good's utility may depend on its supply and demand

⑤ a good's quantity demanded may not depend on its price

23

While to-do lists serve as a useful collection of our best intentions, they also tyrannize us with trivial, unimportant stuff that we feel obligated to get done — because it's on our list. Which is why most of us have a love-hate relationship with our to-do lists. If allowed, they set our priorities the same way an inbox can dictate our day. Most inboxes overflow with unimportant e-mails masquerading as priorities. Tackling these tasks in the order we receive them is behaving as if the squeaky wheel immediately deserves the grease. But, as Australian prime minister Bob Hawke duly noted, "The things which are most important _____."

[3점]

① can easily lead you astray

② don't always scream the loudest

③ sometimes undermine our success

④ are just first things we thought of

⑤ must be at the mercy of things which matter least

24 다음 글의 빈칸에 공통으로 들어갈 말로 가장 적절한 것은?

A blockchain is used in bitcoin to prevent the double-spend problem. Before bitcoin, the issue with a digital currency was that someone could spend the same unit of digital currency in multiple places at the same time. A blockchain solves this problem by providing a shared ledger, which ensures that everyone knows and agrees on how much of the digital currency has transacted among users at any point in time. It is thought that blockchains might provide an effective tool in detecting and preventing corrupt or fraudulent activities. This thinking is premised on the _____ of a blockchain. The _____ prevents any one party from altering past entries, as one might be able to do with paper or digital records.

① availability

② innovation

③ multiplicity

④ flexibility

⑤ immutability

25 다음 글의 빈칸 (A), (B)에 들어갈 말로 가장 적절한 것은?

Former Congresswoman Patricia Schroeder pinpointed one of the most important reasons for women to enter the workforce when she argued that the primary reason they do so in such unprecedented numbers is that they have to maintain their families. Many family women work because they must work. For others, although families have become smaller, wants have become larger. ____(A)____, for these family women, work is not an actual necessity but it is a social need: It is the only way the family can meet its desires. ____(B)____, for black and other minority females, work has been a necessity for much longer than for white females. Women in the workforce as a percentage of total women of working age rose from 32 percent in 1972 to over 70 percent in the early 2000s. Analysts who study such trends say that the percentage of working women with children is expected to continue to grow even through some very high-income women may choose to stop working and stay home with their children.

[3점]

	(A)		(B)
①	Therefore	......	However
②	Otherwise	......	In addition
③	Thus	......	Nevertheless
④	Moreover	......	Therefore
⑤	For example	......	On the other hand

[26~27] 다음 글을 읽고 물음에 답하시오.

Convinced that human actions derived their emotional energy from the 'heart', which could only be addressed and activated by judiciously selected symbols, Gandhi evolved a powerful cluster of culturally (1) evocative symbols including the spinning wheel, the cow, and the 'Gandhi cap' (a white cotton cap popularized by him). The spinning wheel, for example, which Gandhi asked everyone to ply, served several symbolic purposes. It was a way of gently (2) rebelling against modern technological civilization and (3) denouncing the dignity of India's rural way of life. (a) It united the cities and the villages and the Westernized elite and the masses, and was an 'emblem of their fellowship.' The spinning wheel also established the dignity of manual labor and those engaged in (b) it and (4) challenged the traditional Indian culture which despised both. (c) It symbolized social compassion, for those who did not need the proceeds of (d) its products were urged to give away those products to the needy, an infinitely superior moral act to the (5) patronizing donation of money. And (e) <u>it</u> also forced the individual to be alone with himself and observe silence for at least some time. Gandhi not only evolved countless symbols of this kind but also became one himself.

*ply : 연장을 부지런히 쓰다
**proceeds : 수입, 매상

26 밑줄 친 (1)~(5) 중에서 문맥상 낱말의 쓰임이 가장 적절하지 <u>않은</u> 것은? [3점]

① (1)   ② (2)
③ (3)   ④ (4)
⑤ (5)

27 밑줄 친 (a)~(e) 중에서 의미하는 바가 나머지 넷과 <u>다른</u> 것은?

① (a)   ② (b)
③ (c)   ④ (d)
⑤ (e)

28 다음 글에 나타난 Annemarie의 심경 변화로 가장 적절한 것은?

The train started again. The door at the end of their car opened and two German soldiers appeared. Annemarie tensed. Not here, on the train, too? They were everywhere. Together the soldiers strolled through the car, glancing at passengers, stopping here and there to ask a question. One of them had something stuck in his teeth; he probed with his tongue and distorted his own face. Annemarie watched with a kind of frightened fascination as the pair approached. One of the soldiers looked down with a bored expression on his face. "Where are you going?" he asked. "Gilleleje," Mama replied calmly. "My brother lives there. We are going to visit him." The soldier turned away and Annemarie relaxed. Then, without warning, he turned back. "Are you visiting your brother for the New Year?" he asked suddenly. Mama stared at him with a puzzled look. "New Year?" she asked "It is only October." "And guess what!" Kirsti exclaimed suddenly, in a loud voice, looking at the soldier. Annemarie's heart sank and she looked at her mother. Mama's eyes were frightened. "Shhh, Kirsti," Mama said. "Don't chatter so." But Kirsti paid no attention to Mama, as usual. She looked cheerfully at the soldier, and Annemarie knew what she was about to say: This is our friend Ellen and it's her New Year! But she didn't. Instead, Kirsti pointed at her feet. "I'm going to visit my Uncle Henrik," she chirped, "and I'm wearing my brand-new shiny black shoes!" The soldier chuckled and moved on. Annemarie gazed through the window again.

The trees, the Baltic Sea, and the cloudy October sky passed in a blur as they continued north along the coast.

① hopeful → disappointed

② terrified → relieved

③ excited → offended

④ surprised → upset

⑤ miserable → ashamed

29 다음 글의 내용과 일치하지 <u>않는</u> 것은?

Millions of years ago, a dozen or so genetic changes took place in the ancestor of all of today's felids, which have locked them into eating meat ever since. All cats require a large amount of animal protein in their diet — protein from plants lacks certain amino acids such as taurine that cats need but other mammals (including ourselves) do not. Cats can't make their own prostaglandins — hormones essential to reproduction — and so need to get these from meat. Compared to other mammals, all cats need large amounts of several vitamins, such as niacin, thiamine and retinol, which are more easily extracted from meat than from plants. And because they don't need to tell the difference between ripe and unripe fruit, they've lost the ability to taste sugars. They have adapted their 'sweet' taste buds for distinguishing between different flavors in meat — which is why pet cats sometimes walk away from food that seems fine to their owners. This knowledge has only come to light in the past 40 years, benefiting not only pet cats but also the captive breeding of endangered felids such as the clouded leopard.

*felids : 고양이과 동물

① 고양이의 조상은 수백만 년 전에 유전적 변이를 겪었다.

② 고양이는 많은 양의 동물성 단백질을 필요로 한다.

③ 고양이는 번식에 필수적인 호르몬을 만들 수 없다.

④ 고양이는 설탕 맛을 느끼지 못한다.

⑤ 고양이는 고기의 다른 맛을 구별하지 못한다.

30 Philip에 관한 다음 글의 내용과 일치하지 <u>않는</u> 것은?

As soon as he came to the throne, Philip began transforming the Macedonian military into a more successful image of what he had seen at Thebes. Philip further lengthened the already longer spears used by the Thebans, creating the Macedonian sarissa, a spear of about eighteen feet in length, double that of the traditional Greek hoplite spear. He retained the Theban wedge formation but also added heavy cavalry to the line, thus incorporating the Macedonians' strongest element into the phalanx. The results spoke for themselves, as over the next twenty years, Philip systematically conquered all of mainland Greece, with the exception of Sparta, which he chose to leave alone. Philip's final great victory was at the Battle of Chaeronea (338 B.C.), in which the Macedonian armies defeated the combined forces of Athens and Thebes. Philip's conquest of the entire mainland was the end of an era, as for the first time, the entire territory was united under the rule of a king.

*phalanx : (고대 그리스의) 방진(方陣)

① 창의 길이를 약 18피트로 늘렸다.

② 기병을 전선에 추가하였다.

③ Sparta를 정복했다.

④ Athens와 Thebes의 연합군을 격퇴했다.

⑤ 그리스 본토를 통합했다.

31 The Code of Hammurabi에 관한 다음 글의 내용과 일치하지 <u>않는</u> 것은?

The Babylonian emperor Hammurabi, who ruled Mesopotamia from about 1792 to about 1750 B.C., is best known for the code of laws that bears his name, one of the earliest law codes yet discovered. His main concern was to maintain order in his empire through authority, which answered the needs of his people. To that effect, he gave his subjects a complex law code. Its 282 decrees, collectively termed the Code of Hammurabi, were inscribed on stone stelae or columns and erected in many places. One was discovered in Persian Susa in the nineteenth century and is now in the Louvre in Paris.

The code dealt primarily civil affairs such as marriage and inheritance, family relations, property rights, and business practices. Criminal offenses were punished with varying degrees of severity, depending on the social status of the offender and the victim. There were clear distinctions between the rights of the upper classes and those of commoners. Payments are generally allowed as restitution for damage done to commoners by nobles. A commoner who causes damage to a noble, however, might have to pay with his head. Trial by ordeal, retribution by retaliatory action, and capital punishment were common practices. But judges distinguished between intentional and unintentional injuries, and monetary fines were normally used as punishment where no malicious intent was manifested. The "eye for an eye" morality often associated with Hammurabi's code was relatively restricted in application and applied only to crimes committed by and against social equals.

① 법전이 새겨진 비석이 19세기에 발견되었다.

② 법전은 형법을 주로 다루었다.

③ 신분에 따라 동일 범죄에 대한 처벌이 달랐다.

④ 사형제도가 포함되었다.

⑤ 재판관들은 상해의 고의성 여부를 구별하였다.

32 다음 글의 제목으로 가장 적절한 것은?

People can actually do two or more things at once, such as walk and talk, or chew gum and read a map; but, like computers, what we can't do is focus on two things at once. Our attention bounces back and forth. This is fine for computers, but it has serious repercussions in humans. Two airliners are cleared to land on the same runway. A patient is given the wrong medicine. A toddler is left unattended in the bathtub. What all these potential tragedies share is that people are trying to do too many things at once and forget to do something they should do. When you try to do two things at once, you either can't or won't do either well. If you think multitasking is an effective way to get more done, you've got it backward. It's an effective way to get less done.

① Fallacy of Multitasking

② The ABCs of Multitasking

③ Multitasking: Why and How

④ Coping Strategies for Multitasking Demands

⑤ Simple Truth behind Great Results: Multitasking

33 다음 글의 주제로 가장 적절한 것은?

Divorce statistics are often used as a measure of family disorganization, and the present high divorce rate is cited as proof that the U.S. family is in serious trouble. However, higher divorce rates today than in the past are not entirely the result of more family unhappiness. In earlier generations, many couples avoided divorce even though their married life was unhappy. They avoided it because it meant social ostracism or, in the case of women, poverty because there were few opportunities for them to earn a good living. As the possibilities for divorced people increased and it became easier to get divorces, more unhappy couples have chosen this route.

① uses of divorce statistics

② collection of divorce statistics

③ reasons why people get divorced

④ cautious interpretation of divorce statistics

⑤ coping with divorce and family breakdown

34 다음 글의 요지로 가장 적절한 것은?

When infant mortality rates are high, as they are in much of the developing world, parents tend to have high numbers of children to ensure that some will survive to adulthood. There has never been a sustained drop in birth rates that was not first preceded by a sustained drop in infant mortality. One of the most important distinctions in our demographically divided world is the high infant mortality rates in the less-developed countries. Better nutrition, improved health care, simple oral rehydration therapy, and immunization against infectious diseases have brought about dramatic reductions in infant mortality rates, which have been accompanied in most regions by falling birth rates. It has been estimated that saving 5 million children each year from easily preventable communicable diseases would avoid 20 or 30 million extra births.

① Infant mortality rates affect birth rates.

② Infant mortality around the world is declining very rapidly.

③ Disparities of wealth are reflected in infant mortality rates.

④ A primary cause of infant mortality is poor quality of water.

⑤ Good prenatal care has been linked to reduced infant mortality.

[35~36] 글의 흐름으로 보아 주어진 문장이 들어
가기에 가장 적절한 곳을 고르시오.

35

> Yet, despite its ubiquity,
> astronomers have no real idea what
> constitutes dark matter.

Dark matter is measurable; it is just
not visible. (①) It is invisible because
it is 'dark.' (②) Astronomers infer
the presence of dark matter because it
explains how galaxies manage to hold
themselves together, how gravitational
lenses work and the observed temperature
distribution of hot gas seen in galaxy
clusters. (③) The conclusion is that over
80 per cent of the mass of the Universe is
in a form we simply can't see. (④) It may
include subatomic particles such as heavy
neutrinos or other hypothetical particles
like axions. (⑤) Some of it may be locked
up in objects that simply elude detection.
Currently, astronomers believe most
dark matter consists of new elementary
particles called weakly interacting massive
particles (WIMPs), which apparently do
not interact with electromagnetic radiation
or atoms. They are therefore invisible to
conventional means of detection. [3점]

36

> Burned-out workers sometimes
> depersonalize the people they
> need to help, thinking about them
> as objects or things rather than as
> feeling human beings.

Burnout is a special kind of psychological
consequence of stress that afflicts some
employees who experience high levels
of work stress day in and day out for an
extended period of time. It is especially likely
to occur when employees are responsible for
helping, protecting, or taking care of other
people. Nurses, doctors, social workers,
teachers, lawyers, and police officers are
at risk for developing burnout due to the
nature of their jobs. (①) Three key signs
of burnout are feelings of low personal
accomplishment, emotional exhaustion,
and depersonalization. (②) Burned-out
workers often feel that they are not helping
others or accomplishing as much as they
should be. (③) Emotionally they are worn
out from the constant stress of dealing with
people who are sometimes in desperate
need of assistance. (④) A burned-out
social worker, for example, may think
about a foster child in need of a new one
as a case number rather than as a very
scared 12-year-old. (⑤) This psychological
consequence may lead to a behavioral
consequence when the burned-out social
worker treats the child in a cold and distant
manner.

[37~38] 주어진 글 다음에 이어질 글의 순서로 가장 적절한 것을 고르시오.

37

Historically, rational analytic approaches are often seen as providing superior outcomes compared with intuition, although this decision-making process is much slower.

(A) These types of tasks are common in human resource management, strategic, aesthetic, and investment decisions. In short, intuition is most effective when experts are performing judgmental and holistic tasks.

(B) Hence, some talk about a speed versus effectiveness trade-off in decision making. Intuitions, however, can yield better outcomes than rational models depending on the level of the experience of the decision maker and the nature of the task at hand.

(C) Put simply, individuals who have a lot of experience (i.e., experts) in a particular area are primed to be more effective with intuition than rational decision making depending on the type of task they face. Experts, in general, are most effective in their use of intuitive decision making when the task at hand is one where there is more than one right answer or where the task cannot easily be subdivided into smaller chunks.

① (A) − (B) − (C)   ② (B) − (A) − (C)

③ (B) − (C) − (A)   ④ (C) − (B) − (A)

⑤ (C) − (A) − (B)

38

Today, we are all aware that the ability of airline cabin crew, pilots, flight attendants, and so on to communicate effectively with each other and with passengers is vital to prevent crises.

(A) Because of this, and other dangerous incidents that resulted from poor communication, Federal Aviation Administration made assertiveness and sensitivity training for all airline crew members mandatory to ensure they have the ability to communicate effectively.

(B) Federal Aviation Administration investigators determined that the crash resulted in part because the copilot failed to tell the pilot about problems with engine power readings that were caused by ice on the engine sensors.

(C) A tragic example that demonstrated the way effective communication is so important on an airliner occurred when an Air Florida 737 plane crashed into a bridge over the Potomac River after taking off from National Airport in Washington, D.C.

① (A) − (C) − (B)　② (B) − (C) − (A)

③ (B) − (A) − (C)　④ (C) − (A) − (B)

⑤ (C) − (B) − (A)

[39~40] 다음 글을 읽고 물음에 답하시오.

From childhood on, social interactions, whether within the family or with other groups, provide the context within which the majority of food experiences occur, and hence by which learning of food likes is (a) facilitated. The pleasure associated with such interactions — the festivity of a meal shared with friends, for example — may represent just as positive a conditioning stimulus for a new food flavor as sweetness. Thus, it may be that our estimation of the food at a restaurant has as much to do with the (b) social environment as it does with the chef's skills. In children, pairing foods with the presence of friends, a liked celebrity, or attention by adults all increase liking for those foods, no doubt reflecting the positive value of each of these groups to the child. This process is strongly evident in the (c) relative impact of different social interactions on the food preferences of children. Surprisingly, despite the enormous opportunities in a family for exposing children to the foods eaten by the parents, parental preferences are (d) strong predictors of child food preferences; in fact, they are no better predictors than the preferences of other adults. This suggests that the extent to which these sets of preferences are related has more to do with the wider culture than with any specific food habits within the family. A child's food likes and dislikes are much more likely to be associated with those of peers, especially specific friends, than those of its parents. The ultimate impact of social facilitation of food choice is that the liking eventually becomes (e) internalized. That is, foods chosen because others do so become liked for their own sensory properties.

39 윗글의 제목으로 가장 적절한 것은?

① Cravings for Sweets

② Yum!: Innate Reponses to Food

③ Conditioning Stimulus for New Flavors

④ Judicious Food Choice for Child Rearing

⑤ How is Food Preference Socially Constructed?

40 밑줄 친 (a)~(e) 중에서 문맥상 낱말의 쓰임이 가장 적절하지 않은 것은? [3점]

① (a)　　　　② (b)

③ (c)　　　　④ (d)

⑤ (e)

[41~42] 다음 글을 읽고 물음에 답하시오.

(A) Meerkats might not be the biggest animals on the African plains, nor appear to boast any particularly formidable weapons, like the rhino's horn, or impressive skills, like the cheetah's speed.

(B) Some of these subterranean networks can play host to up to 50 or so individuals, though an average colony is about half this size, with two or three families living together communally. A type of mongoose, they are equipped with sharp, curved claws used for digging and self-defence, as well as acute vision, which comes in very handy for spotting danger. In fact, when they do venture out of their burrows to search for food, there will always be at least one meerkat that stands sentry — often on a rock or in a bush — primarily looking to the skies for their number-one enemy: birds of prey.

(C) As soon as any threat is detected, the lookout will give a shrill warning bark and the others will immediately make a dash for a nearby bolthole or other cover. It's thought that meerkats have dozens of different calls to signify a range of threats. As well as hunting together over a territorial range, meerkats also share childcare duties. Typically, only the colony's alpha pair will mate, but all the others pitch in to babysit, rooming and feeding the pups, as well as demonstrating valuable life skills, like where to find food, play-fighting and which parts of a scorpion to eat.

(D) Nevertheless, through a combination of hardy biology, smart tricks and a unique community spirit, these mammals have adapted perfectly to their harsh environment. They escape the most extreme temperatures of southern Africa — as well as the vast majority of predators who'd like to make a meal of them — by living in underground burrows.

*sentry: 보초, 감시자

41 주어진 글 (A)에 이어질 내용을 순서에 맞게 배열한 것으로 가장 적절한 것은?

① (B) – (C) – (D) ② (C) – (D) – (B)
③ (C) – (B) – (D) ④ (D) – (C) – (B)
⑤ (D) – (B) – (C)

42 윗글의 내용과 일치하지 <u>않는</u> 것은?

① 미어캣은 몽구스의 한 종류이다.
② 미어캣은 일반적으로 독립적인 생활을 한다.
③ 미어캣은 땅을 파거나 자기방어를 위한 뾰족한 발톱이 있다.
④ 미어캣은 우두머리만 짝짓기를 한다.
⑤ 미어캣은 위협이 있을 경우 보초가 즉시 동료에게 알린다.

[43~45] 다음 글을 읽고 물음에 답하시오.

[가] Two researchers reported that after college students listened to a Mozart piano sonata they scored higher on a spacial reasoning test. Soon after this observation made the news, doting parents were playing Mozart for their babies around the clock. Obviously, they hoped that, like the college students, their babies would become smarter. However, parents should be suspicious of any practice that claims to offer such magical benefits.

[나] What does the evidence suggest? A few studies have found small increases in spatial intelligence following exposure to Mozart's music. However, most researchers have been unable to _____(A)_____ the effect.

[다] A major _____(B)_____ with the "Mozart effect" is that the original experiment was done with adults; it tells us nothing about infants. Also, the study didn't test other styles of music. Why not use the music of Bach or Schubert for that matter? An even more important question is, Does the Mozart effect actually exist?

[라] Why do some studies support the effect and others disconfirm it? Most studies have compared students who heard music to students who rested in silence. However, two psychologists found that listening to a narrated story also improves test scores. This is especially true for students who like listening to stories.

Thus, students who scored higher after listening to Mozart were just more alert or in a better mood.

43 주어진 글 [가]에 이어질 내용을 순서에 맞게 배열한 것으로 가장 적절한 것은? [3점]

① [나] – [라] – [다]　② [다] – [나] – [라]

③ [다] – [라] – [나]　④ [라] – [나] – [다]

⑤ [라] – [다] – [나]

44 윗글의 제목으로 가장 적절한 것은?

① Mozart Effect: Nothing Magical

② Mozart: The Making of a Prodigy

③ Why is Classical Music Good for Babies?

④ Mozart's Sonatas: The Highest Musical Fidelity

⑤ Mozart's Music and Its Pedagogical Implications

45 윗글의 빈 칸 (A), (B)에 들어갈 말로 가장 적절한 것은?

	(A)		(B)
①	support	……	concern
②	duplicate	……	benefit
③	duplicate	……	problem
④	disconfirm	……	benefit
⑤	disconfirm	……	problem

제3교시 수학영역

▶정답 및 해설 152p

[01~20] 각 문항의 답을 하나만 고르시오.

01 실수 x에 대하여 $2^{3x}=9$일 때, $3^{\frac{2}{x}}$의 값은?

[3점]

① 4   ② 8

③ 16   ④ 32

⑤ 64

02 $x>1$일 때, $\log_x 1000+\log_{100} x^4$이 $x=a$ 에서 최솟값 m을 갖는다. $\log_{10} a^m$의 값은?

[3점]

① 6   ② 7

③ 8   ④ 9

⑤ 10

03 실수 x에 대하여

$$f(x)=\lim_{n\to\infty}\frac{x^{2n+1}-2x^{2n}+1}{x^{2n+2}+x^{2n}+1}$$일 때,

$$\lim_{x\to-1-}f(x)=a,\ \lim_{x\to1-}f(x)=b$$라 하자.

$\dfrac{b}{a+2}$의 값은? [3점]

① $-\dfrac{1}{4}$ ② $-\dfrac{1}{2}$

③ $\dfrac{1}{2}$ ④ 2

⑤ 4

04 $\sum\limits_{k=308}^{400} {}_{400}C_k\left(\dfrac{4}{5}\right)^k\left(\dfrac{1}{5}\right)^{400-k}$의 값을 아래 표준

정규분포표를 이용하여 구한 것은? [3점]

z	$P(0 \le Z \le z)$
0.5	0.1915
1.0	0.3413
1.5	0.4332
2.0	0.4772

① 0.6826   ② 0.7745

③ 0.8664   ④ 0.9332

⑤ 0.9772

05 자연수 k에 대하여 $a_k = \lim\limits_{n \to \infty} \dfrac{5^{n+1}}{5^n k + 4k^{n+1}}$

이라 할 때, $\sum\limits_{k=1}^{10} ka_k$의 값은? [4점]

① 16   ② 20

③ 21   ④ 25

⑤ 50

06 집합 $A=\{1, 2, 3, 4, 5\}$에서 A로의 함수 중에서 $f(1)-1=f(2)-2=f(3)-3$을 만족하는 함수 f의 개수는? [4점]

① 25   ② 50

③ 75   ④ 100

⑤ 125

07 실수 t에 대하여 $f(x)=x+t$라 할 때, 직선 $y=f(x)$가 곡선 $y=|x^2-4|$와 만나는 점의 개수를 $g(t)$라 하자. 함수 $g(x)$의 그래프와 직선 $y=\dfrac{x}{2}+2$가 만나는 점의 개수는?

[4점]

① 1   ② 2

③ 3   ④ 4

⑤ 5

08 전체집합 $U=\{1,\ 2,\ 3,\ 4,\ 5\}$의 두 부분집합 $A,\ B$에 대하여 $A-B=\{1\}$을 만족하는 모든 순서쌍 $(A,\ B)$의 개수는? [4점]

① 81   ② 87

③ 93   ④ 99

⑤ 105

09 다항함수 $f(x)$가 모든 실수 x에 대하여
$$\int_0^x (x-t)^2 f'(t)dt = \frac{3}{4}x^4 - 2x^3$$
을 만족한다. $f(0)=1$일 때, $\int_0^1 f(x)dx$의 값은? [4점]

① 1   ② 2

③ 3   ④ $-\frac{1}{2}$

⑤ $-\frac{1}{3}$

10 네 정수 $a,\ b,\ c,\ d$에 대하여 $a^2+b^2+c^2+d^2=17$을 만족하는 $a,\ b,\ c,\ d$의 모든 순서쌍 $(a,\ b,\ c,\ d)$의 개수는? [4점]

① 124   ② 144

③ 164   ④ 184

⑤ 204

11 삼차함수 $P(x)=ax^3+bx^2+cx+d$가 $0\leq x\leq 1$인 모든 실수 x에 대하여 $|P'(x)|\leq 1$을 만족할 때, a의 최댓값은?(단, $a,\ b,\ c,\ d$는 실수이다.) [4점]

① $\frac{4}{3}$ ② $\frac{5}{3}$

③ 2   ④ $\frac{7}{3}$

⑤ $\frac{8}{3}$

12 두 실수 a, b와 최고차항의 계수가 1인 삼차함수 $f(x)$에 대하여 함수 $g(x)$를
$$g(x) = \begin{cases} a & (x < -1) \\ |f(x)| & (-1 \le x \le 5) \\ b & (x > 5) \end{cases}$$
라 하자. $g(x)$가 $x=-1$, $x=5$에서 미분 가능할 때, 〈보기〉에서 옳은 것만을 있는 대로 고른 것은? [4점]

――――〈보기〉――――
ㄱ. $f(x)$는 $x=-1$에서 극댓값을 갖는다.
ㄴ. $f(9)=0$이면 $a>b$이다.
ㄷ. $a=b$이면 $f(0)=46$이다.

① ㄱ 　　　　② ㄴ

③ ㄱ, ㄷ 　　④ ㄴ, ㄷ

⑤ ㄱ, ㄴ, ㄷ

13 한 개의 주사위를 세 번 던질 때, 나온 눈의 수를 차례로 a, b, c라 하고, 함수 $f(x)$를
$$f(x) = (a-3)(x^2 + 2bx + c)$$
로 정의한다. 함수 $g(x) = \begin{cases} 1 & (x>0) \\ 0 & (x \le 0) \end{cases}$ 에 대하여 합성함수 $(g \circ f)(x)$가 실수 전체의 집합에서 연속일 확률은? [4점]

① $\dfrac{17}{72}$ 　　　　② $\dfrac{7}{24}$

③ $\dfrac{25}{72}$ 　　　　④ $\dfrac{29}{72}$

⑤ $\dfrac{11}{24}$

14 최고차항의 계수가 1인 삼차함수 $f(x)$와 양수 a가 다음 조건을 만족할 때, a의 값은? [4점]

(가) 모든 실수 t에 대하여 $\displaystyle\int_{a-t}^{a+t} f(x)\,dx = 0$ 이다.

(나) $f(a) = f(0)$

(다) $\displaystyle\int_0^a f(x)\,dx = 144$

① $2\sqrt{6}$ 　　　　② $3\sqrt{6}$

③ $4\sqrt{6}$ 　　　　④ $5\sqrt{6}$

⑤ $6\sqrt{6}$

15 두 곡선 $y = x^3 + 4x^2 - 6x + 5$, $y = x^3 + 5x^2 - 9x + 6$이 만나는 점의 x좌표를 α, $\beta(\alpha < \beta)$라 할 때, 곡선 $y = 6x^5 + 4x^3 + 1$과 두 직선 $x = \alpha$, $x = \beta$와 x축으로 둘러싸인 부분의 넓이는 a이다. 자연수 $a\sqrt{5}$의 값은? [4점]

① 160   ② 162
③ 164   ④ 166
⑤ 168

16 사차함수
$$f(x) = k(x-1)(x-a)(x-a+1)(x-a+2)(k > 0)$$
이 다음 조건을 만족시킨다.

> (가) 사차방정식 $f(x) = 0$은 서로 다른 세 실근을 갖는다.
> (나) 함수 $f(x)$의 두 극솟값의 곱은 25이다.

두 상수 a, k에 대하여 ak의 값은? [4점]

① 30   ② 40
③ 45   ④ 50
⑤ 60

17 임의의 두 실수 x, y에 대하여
$$f(x-y) = f(x) - f(y) + 3xy(x-y)$$
를 만족시키는 다항함수 $f(x)$가 $x = 2$에서 극댓값 a를 가진다. $f'(0) = b$일 때, $a - b$의 값은? [5점]

① 2   ② 4
③ 6   ④ 8
⑤ 10

18 1부터 12까지의 모든 자연수를 임의로 나열하여 $a_1, a_2, a_3, \cdots, a_{12}$라 할 때,
$$|a_1 - a_2| + |a_2 - a_3| + |a_3 - a_4| + \cdots + |a_{11} - a_{12}|$$
의 최댓값은? [5점]

① 67   ② 68
③ 69   ④ 70
⑤ 71

19 두 실수 x, y가
$$\log_2(x+\sqrt{2}y)+\log_2(x-\sqrt{2}y)=2$$
를 만족할 때, $|x|-|y|$의 최솟값은? [5점]

① $\dfrac{\sqrt{2}}{4}$ 　　　② $\dfrac{1}{2}$

③ $\dfrac{\sqrt{2}}{2}$ 　　　④ 1

⑤ $\sqrt{2}$

20 두 양수 a, b가
$$\frac{1}{a}+\frac{1}{b}\leq 4,\ (a-b)^2=16(ab)^3$$
을 만족할 때, $a+b$의 값은? [5점]

① 1 　　　② $\sqrt{2}$

③ 2 　　　④ $2\sqrt{2}$

⑤ 4

[21~25] 각 문항의 답을 답안지에 기재하시오.

21 삼차방정식 $x^3+ax-1=0\,(a>0)$의 실근을 r이라 하자. $\displaystyle\sum_{n=1}^{\infty} r^{3n-2}=\frac{1}{2}$일 때, 양수 a의 값을 구하시오. [3점]

22 상자 A에 검은 공 2개와 흰 공 2개가 들어 있고, 상자 B에 검은 공 1개와 흰 공 3개가 들어 있다. 두 상자 A, B 중 임의로 선택한 하나의 상자에서 공을 1개 꺼냈더니 검은 공이 나왔을 때, 그 상자에 남은 공이 모두 흰 공일 확률을 $\dfrac{q}{p}$라 하자. $p+q$의 값을 구하시오. (단, 모든 공의 크기와 모양은 같고, p와 q는 서로소인 자연수이다.) [4점]

23 자연수 n에 대하여 $\left| n - \sqrt{m - \dfrac{1}{2}} \right| < 1$을 만족하는 자연수 m의 개수를 a_n이라 하자. $\dfrac{1}{100} \sum\limits_{n=1}^{100} a_n$의 값을 구하시오. [4점]

24 자연수 n에 대하여 $S_n = \sum\limits_{k=1}^{n} \dfrac{1}{\sqrt{2k+1}}$이라 할 때, S_{180}의 정수 부분을 구하시오. [4점]

25 함수 $f(x)$를
$$f(x) = \begin{cases} \dfrac{[x]^2 + x}{[x]} & (1 \le x < 3) \\ \dfrac{7}{2} & (x \ge 3) \end{cases}$$
이라 하자. 함수 $f(x)$와 $a \ge 3$인 실수 a에 대하여
$$g(a) = \lim_{n \to \infty} \frac{f(a) + f\left(a - \dfrac{2}{n}\right) + f\left(a - \dfrac{4}{n}\right) + \cdots + f\left(a - \dfrac{2(n-1)}{n}\right)}{n}$$
이라 할 때, $8 \times g(3)$의 값을 구하시오. (단, $[x]$는 x보다 크지 않은 최대 정수이다.)

[5점]

A discovery is said to be an accident meeting a prepared mind.
발견은 준비된 사람이 맞닥뜨린 우연이다.

– 알버트 센트 디외르디(Albert Szent-Gyorgyi)

2024
경찰대학  기출백서

제1교시 국어영역

▶ 정답 및 해설 158p

01 다음 중 어법에 맞고 가장 자연스러운 것은?

① 영수는 웃으면서 다가오는 다희의 손을 잡았다.

② 이 샴푸는 두피 건강과 비듬에 좋은 제품입니다.

③ 동일 하자로 고장 발생 시 3회까지는 무료로 수리해 드립니다.

④ 체중 관리를 위해 주중에는 헬스를, 주말에는 북한산에 오른다.

⑤ 서울을 떠나 대전을 경유한 열차가 곧 우리역에 도착되겠습니다.

③ 대통령하고 사무총장이랑 만나서 비밀리에 의제를 상정했다.

→ 대통령하고 사무총장이 만나서 비밀리에 의제를 상정했다.

④ 끼니때가 되면 식탐이 많은 그는 늘 자기가 먼저 먹을라고 했다.

→ 끼니때가 되면 식탐이 많은 그는 늘 자기가 먼저 먹을려고 했다.

⑤ 김 과장은 최 대리보고 점심시간 전까지 보고서를 내라고 지시했다.

→ 김 과장은 최 대리에게 점심시간 전까지 보고서를 내라고 지시했다.

02 구어체를 문어체로 수정한 것으로 가장 적절한 것은?

① 가족과 함께 지낼 수 있었단 게 가장 큰 기쁨이었다.

→ 가족과 함께 지낼 수 있었다는 게 가장 큰 기쁨이었다.

② 수많은 군중들이 뭘 해야 할지 몰라 우왕좌왕하고 있다.

→ 수많은 군중들이 무얼 해야 할지 몰라 우왕좌왕하고 있다.

03 〈보기〉를 바탕으로 모음 변동을 이해한 내용으로 적절한 것은?

〈보기〉

[국어의 단모음 분류표]

	전설 모음		후설 모음	
	평순 모음	원순 모음	평순 모음	원순 모음
고모음	ㅣ	ㅟ	ㅡ	ㅜ
중모음	ㅔ	ㅚ	ㅓ	ㅗ
저모음	ㅐ		ㅏ	

① '그리고〉그리구'에서의 모음 변동은 입술 모양만 달라지는 변동이군.

② '지팡이〉지팽이'에서의 모음 변동은 혀의 전후 위치만 달라지는 변동이군.

③ '블〉불'에서의 모음 변동은 혀의 전후 위치와 입술 모양이 달라지는 변동이군.

④ '거죽〉가죽'에서의 모음 변동은 혀의 높낮이와 입술 모양이 달라지는 변동이군.

⑤ '윗어른〉웃어른'에서의 모음 변동은 혀의 전후 위치와 입술 모양이 달라지는 변동이군.

04 〈보기〉의 ⓐ~ⓕ에 대한 설명으로 적절한 것은? [3점]

―〈보기〉―

제2절 구개음화

제6항 'ㄷ, ㅌ' 받침 뒤에 ⓐ <u>종속적 관계를 가진 '(-)이(-)'나 '-히-'가 올 적에는</u> 그 'ㄷ, ㅌ'이 'ㅈ, ㅊ'으로 소리 나더라도 'ㄷ, ㅌ'으로 적는다. (ㄱ을 취하고, ㄴ을 버림.)

ㄱ	ㄴ	ㄱ	ㄴ
ⓑ 맏이	마지	ⓒ	할치다
해돋이	해도지	걷히다	거치다
굳이	구지	닫히다	다치다
ⓓ 같이	가치	묻히다	무치다
ⓔ 끝이	끄치	ⓕ	홅치다

① ⓐ는 모두 단어가 될 수 없는 형태소에 해당하는군.

② ⓑ와 ⓒ는 어근이 ⓐ와 결합하여 모두 새로운 품사로 바뀐 것이군.

③ ⓒ에 들어갈 어형은 접미사 '-이-'가 결합해 생긴 것이군.

④ ⓓ, ⓔ를 보니 선행 음절의 받침이 같아도 구개음은 다르게 실현되는군.

⑤ ⓕ에 들어갈 어형으로는 '훑히다'가 있군.

05 〈보기〉의 ㉠~㉢에 해당하는 것으로 적절한 것은?

―〈보기〉―

어떤 형태소가 그 주위 환경에 따라 음상(音相)이 달라지는 현상을 교체(交替)라고 하며, 교체를 통해 원래의 모습과 다르게 나타나는 형식들 각각을 그 형태소의 이형태(異形態)라고 한다. 가령, '믿다'의 '믿-'의 경우, '믿고, 믿어'에서는 [믿-]으로 나타나나 '믿는다'에서는 [민-]으로 나타난다. 즉, '믿-'은 {믿-}과 {민-}을 그 이형태로 갖는 것이다. 마찬가지로, '값이, 값도, 값만'과 같은 경우의 '값'은 각각 {㉠}, {㉡}, {㉢}의 이형태를 갖는다.

	㉠	㉡	㉢
①	갑	갑	갑
②	갑	갑	감
③	갑	값	감
④	값	갑	감
⑤	값	감	갑

06 〈보기〉의 ㉠~㉢에 대한 설명으로 적절하지 <u>않은</u> 것은? [3점]

―――〈 보기 〉―――

㉠ 빨랫줄[빨래쭐/빨랟쭐]
㉡ 빨래집게[빨래집께]
㉢ 빨래터[빨래터]

※ [ ]는 표준 발음법에 따른 발음임.

① ㉠, ㉡, ㉢은 모두 복합어에 속한다.

② ㉠, ㉡, ㉢은 모두 직접 구성 요소 중 앞의 요소가 뒤의 요소를 꾸민다.

③ ㉠, ㉡에는 사잇소리 현상으로 인한 경음화 가 존재한다.

④ ㉠, ㉢을 이루는 각각의 직접 구성 요소들은 모두 어근이다.

⑤ ㉡을 이루는 구성 요소의 총수는 세 개다.

07 〈보기〉의 ㉠에 해당하는 단어가 쓰인 문장이 <u>아닌</u> 것은?

―――〈 보기 〉―――

우리말의 명사형 어미 '-ㅁ/음'과 '-기'는 용언 어간에 붙어 그 용언이 문장에서 명사와 같은 역할을 하게 만든다. 그런데 파생 접미 사 중에도 '-ㅁ/음'과 '-기'가 있어서 ㉠ <u>용언 의 명사형과 파생명사가 같은 모양이 되어 그 둘을 혼동하기 쉽다.</u>

① 자신을 <u>믿음</u>으로써만이 흔들리지 않고 나아 갈 수 있다.

② 중임을 <u>맡기</u>에는 아직 그가 <u>젊음</u>도 고려 해야만 한다.

③ 영수는 선하게 <u>웃음</u>으로써 자신을 비난하는 이들을 멋쩍게 했다.

④ 과묵한 그는 상대의 약점을 잘 <u>앎</u>에도 불구 하고 절대 내색하지 않았다.

⑤ 남에게 진 신세에 대하여 적절한 <u>갚음</u>을 하 는 것은 매우 어려운 일이다

08 〈보기〉의 특성을 가진 단어가 사용된 문장만으로 짝지은 것은?

─〈보기〉─

가. 선행 용언과 연결되어 그 뜻을 보충한다.

나. 선행 용언의 어미는 대체로 '-아/어, -게, -지, -고'로 한정되나 '-ㄴ/은가, -ㄹ/을까, -(으)면' 등이 오기도 한다.

① ┌ 밖의 날씨가 매우 더운가 보다.
  └ 이 부분을 소리 내어 읽어 보렴.

② ┌ 공을 차다 장독을 깨 먹었다.
  └ 여름철에는 음식물을 잘 익혀 먹자.

③ ┌ 막내 동생이 참 예쁘게 생겼다.
  └ 한겨울에 길바닥에 나앉게 생겼구나.

④ ┌ 이것 말고 저것을 주시오.
  └ 최선을 다해서 좋은 성적을 얻고 말겠다.

⑤ ┌ 이것 좀 너희 아버지께 가져다 드리렴.
  └ 나는 주말마다 어머니 일을 거들어 드린다.

09 〈보기〉의 설명을 바탕으로, ㉠과 ㉡에 해당하는 〈자료〉의 용례들을 바르게 짝지은 것은?

─〈보기〉─

우리는 어떤 대상을, 그것의 속성과 밀접한 관계가 있는 다른 말을 빌려서 표현하기도 한다. 가령, '손이 모자라다.'의 '손'은 ㉠ 대상의 일부로 그 전체를 나타낸 것이며, 우리 민족을 '흰옷'으로 표현한 것은 ㉡ 대상과 관련된 속성으로 그 대상 자체를 나타낸 것이다.

─〈자료〉─

가. 주전자가 끓는다.

나. 그 친구를 전화번호부 속에서 찾아냈다.

다. 그 대학에는 훌륭한 두뇌들이 모여 있다.

라. 이번 전국 대회에서는 우리 학교가 우승했다.

마. 당시 청년들은 군홧발에 짓밟히면서도 자유를 외쳤다.

	㉠	㉡
①	가, 나	다, 라
②	나, 다	마
③	다	마
④	다, 마	가
⑤	라	나, 마

10 〈보기〉를 참고할 때 ⊙과 같은 것으로 적절하지 <u>않은</u> 것은?

──〈보기〉──

　무더운 여름날 선생님께서 창문이 닫혀 있는 교실에 들어오셔서 학생들에게 "덥구나."라고 하셨다. 이때 발화된 문장은 실제로 '방이 덥다'는 평서문의 의미뿐만 아니라 '창문을 열라'는 '명령'의 의미로도 해석된다. 따라서 이 발화를 들은 누군가가 창문을 열 수도 있다. 이렇듯 ⊙ 담화 상황에서는 발화된 문장의 유형과 그 발화의 의도가 일치하지 않는 경우가 있다.

① ┌ 상황 : 실수를 저지른 신입 사원에게 상사가
　 └ 발화 : 다음번에는 잘 해.

② ┌ 상황 : 친구와 놀다가 늦게 들어온 아이에게 어머니가
　 └ 발화 : 도대체 지금 몇 시니

③ ┌ 상황 : 비 오는 날 어머니께서 현관문에 둔 우산을 가리키며
　 └ 발화 : 비가 많이 오는구나.

④ ┌ 상황 : 계산대 앞에서 주머니를 뒤적이며 친구에게
　 └ 발화 : 어, 지갑을 깜먹고 안 가지고 왔네.

⑤ ┌ 상황 : 밤늦게 음악을 크게 틀어 놓고 있는 룸메이트에게
　 └ 발화 : 잠 좀 자자.

11 〈보기〉의 ⊙~⑩에 나타난 중세 국어의 특징을 파악한 내용으로 적절한 것은?

──〈보기〉──

• ⊙곶 ⓒ됴코 여름 하느니 (제2장)
• 내히 이러 ⓒ바르래 가느니 (제2장)
• ㉣狄人ㅅ서리예 ⑩가샤 (제4장)

– 「용비어천가(龍飛御天歌)」

① ⊙은 팔종성법이 철저하게 지켜진 예이다.
② ⓒ은 축약을 통한 음절 수 감소가 발생한 예이다.
③ ⓒ은 분철 표기가 준수된 예이다.
④ ㉣은 주격 조사로 'ㅅ'이 실현된 예이다.
⑤ ⑩은 동사 어간에 주체 높임 선어말어미 '-시-'가 결합한 것이다.

[12~14] 다음 글을 읽고 물음에 답하시오.

　내가 좋아하는 사람의 취향이 어느 순간 나의 취향이 되어서 그가 좋아하는 물건을 좋아하거나 즐겨 부르는 노래를 따라 부르는 자신을 발견할 때가 있다. 중요한 물건을 살 때 인터넷에서 타인의 경험담을 참조하거나 그 분야에 능통한 주변인을 곁눈질하는 경우도 많다. 이처럼 우리의 모든 행동에는 눈에 보이지는 않지만 항상 타인이 개입되어 있다. 다시 말해 우리는 늘 타인을 모방함으로써 자신의 욕망을 채운다.
　이렇듯 타인의 욕망에 대한 모방에서 우리의 욕망이 생겨난다는 점을 주목한 이가 르네 지라르(René Girard)이다. 그는 ⊙ 인간이 갖는 욕구와 욕망을 철저하게 분리하였는데, 그에게 욕구는 본능적으로 실제 대상을 향하는 실질적인 것인 반면,

욕망은 실제 대상 그 자체보다는 그 대상과 관련된 것을 향하는 관념적인 것이다. 이러한 구분에 입각하여 지라르가 전개한 모방 이론은 욕망의 구조에 대한 새로운 시각을 열어 줌으로써 인간 내면에 대한 새로운 지평을 개척했다. 특히 이 이론은 인간 내면을 탐구하는 심리학에도 지대한 영향을 끼쳤는데, 강력한 영향력을 행사해 온 프로이트의 심리학과는 전혀 다른 시각을 보인다. 즉 욕망이 주체의 타고난 본능에서 나온다거나, 욕망을 대상에서 나오는 자연 발생적인 것으로 보는 프로이트의 시각이 주된 비판의 대상이 된다.

무엇보다 중요한 차이는 프로이트가 욕망의 주체 내부에서 나오는 리비도를 중시했던 반면, 지라르는 욕망하는 이의 모방 행위 그 자체를 중시한다는 것이다. 이러한 차이에 입각하여 지라르는 어떤 이가 주체적으로 특정 대상을 욕망한다고 믿는, 즉 '자발적 욕망'이라는 환상을 믿는 것은 바로 프로이트의 '낭만적 거짓'에 현혹되었기 때문이라고 보았다. 지라르는 대상을 소유하거나 밀접하게 관련을 맺는 ⓛ 중개자를 통해서만이 욕망의 주체가 대상을 욕망할 수 있다고 보는 '비자발적 욕망'을 강조한 것이다.

또한 지라르는 프로이트 심리학에서 벗어나 '모방'을 중심으로 인간 내면을 분석하는 '새로운 심리학'의 필요성을 역설한다. 이러한 주장은 자연스럽게 '개인'과 '자아'의 개념을 수정하는 데에 이른다. 즉, "심층적으로 보면 나의 비밀과 타인의 비밀 사이의 차이는 없다. 한 사람의 심층적 자아는 보편적 자아라고 할 수 있다."라고 언급한다.

이러한 지라르의 모방 이론을 임상에 적용해 큰 효과를 입증한 정신의학자 장-미셸 우구를리엥(Jean-Michel Oughourlian)은 고정된 것으로 간주되던 과거의 '자아' 개념을 수정한다. 그는 "진정한 심리학적 사실은 한 개인에게 있는 것이 아니라 두 사람 사이의 관계에 있으며, 주변 사람들과의 대칭적 교환과 만남의 한가운데에서 일어나는 지속적 창조 행위의 결과가 우리의 자아"라고 주장한다.

그가 생각하는 인간은 타인과의 만남에 영향을 받는 존재다. 이 영향을 구체적으로 말하면 바로 '모방'이다. 심리를 변화시키는 움직임을 욕망이라고 보는 그는, 타인과의 관계에서 발생하는 모방적 욕망의 집결체가 바로 우리의 '자아'라고 인식한 것이다. 그런데 알다시피 인간 욕망은 새롭게 갱신되는 가변체이다. 그러므로 욕망에 의해 만들어지는 존재인 자아도 고정된 것이 아니다. 자아는 궁극적으로 유동적이고 가변적인 운동 상태에 있다. 자아는 출생 시부터 결정된 것이 아니다. 기존 심리학과 갈라서게 되는 결정적 지점이 바로 이곳이다.

자아가 더 이상 고정 불변의 존재가 아니라는 생각은 한 사람에게 하나의 자아만이 존재한다는 통념도 수정하게 한다. 다시 말해 우리의 욕망과 마찬가지로 욕망의 산물인 자아도 타인과의 관계에서 매번 새롭게 주조되기에 인간에게는 여러 개의 자아가 있다고 볼 수도 있다. 아울러 우리가 어쩌면 통념적으로 '자아'라 칭하는 것은 습관적으로 그렇게 느끼는 것일 뿐 '실체가 없는 것'이라고도 생각할 수 있다.

12 윗글을 이해한 내용으로 적절하지 않은 것은?

① 지라르는 개인의 자아가 심층적 차원에서는 보편성을 띨 수 있다고 주장했다.

② 우구를리엥은 사회적 관계를 통해서 인간이 자아를 형성할 수 있다고 주장했다.

③ 주체적으로 특정 대상을 욕망한다고 믿는 것은 프로이트의 이론에 기댄 것이다.

④ 지라르는 주체와 욕망하는 대상의 직접 상호작용을 통해 욕망이 발생한다고 주장했다.

⑤ 우구를리엥은 자아가 모방을 통해 고정불변의 것이 아닌 유동적인 것이 된다고 보았다.

13 ㉠을 사례를 통해 이해한 것으로 가장 적절한 것은?

① 갈증을 해소하기 위해 물을 찾는 것은 욕망에 기인한 것이다.

② 식사 시간에 메뉴를 꼼꼼히 선택하는 행위는 욕구에 기인한 것이다.

③ 칸트를 흠모하는 철학도가 매일 규칙적으로 생활하는 것은 욕망에 기인한 것이다.

④ 유년 시절의 농촌 생활을 추억하기 위해 전원주택에 살고자 하는 것은 욕구에 기인한 것이다.

⑤ 텔레비전에서 좋아하는 연예인이 입은 옷을 보고 그것을 구매하려는 것은 욕구에 기인한 것이다.

14 〈보기〉를 바탕으로 ㉡에 대해 추론한 것으로 가장 적절한 것은? [3점]

─〈보기〉─

욕망의 중개자는 영화의 주인공일 수도 있고 예술이거나 가치와 종교 혹은 정치적 신념 같은 것일 수도 있다. 중개자를 스승이나 영감을 주는 멘토로 인정할 때 우리는 중개자에 대해 존경하는 마음을 갖는다. 그런데 욕망의 중개자와 주체와의 거리가 가까워짐에 따라 중개자가 주체의 일상 안에 들어온 경우에는 존경의 마음이 약화된다. 특히 중개자를 통해 욕망하던 대상이 제한적일 경우, 주체는 중개자를 존경의 대상이 아닌 경쟁자나 적으로 인식하기도 한다.

① 주체가 ㉡의 절대적인 권위를 인정할 때 자신의 모방 행위를 중단하겠군.

② 욕망하는 주체와 ㉡의 심리적 거리감은 둘의 관계에 영향을 미치지 않겠군.

③ ㉡이 주체의 일상 안에 들어온 경우 욕망의 주체는 대상이 희소성을 띨수록 ㉡과 갈등 관계에 놓일 가능성이 높겠군.

④ ㉡과의 거리가 가까워질수록 욕망하던 대상에 대해 주체가 갖는 욕망은 점점 감소하겠군.

⑤ 주체가 ㉡을 자신에게 영감을 주는 대상으로 인식하면 ㉡과 경쟁 관계를 형성하겠군.

[15~19] 다음 글을 읽고 물음에 답하시오.

(가)
노주인(老主人)의 장벽(腸壁)에
무시(無時)로 ㉠ 인동(忍冬) 삼긴 물이 나린다.

㉡ 자작나무 덩그럭 불이
도로 피어 붉고,

구석에 그늘 지어
㉢ 무가 순 돋아 파릇하고,

㉣ 흙냄새 훈훈히 김도 사리다가
바깥 풍설(風雪) 소리에 잠착하다.

산중(山中)에 책력(冊曆)도 없이
㉤ 삼동(三冬)이 하이얗다.

　　　　　　　　　　　　－ 정지용, 「인동차(忍冬茶)」

(나)
누룩 한 덩이가
뜨는 까닭을 알겠느냐
지 혼자 무력(無力)함에 부대끼고 부대끼다가
어디 한군데로 나자빠져 있다가
알맞은 바람 만나
살며시 더운 가슴
그 사랑을 알겠느냐

오가는 발길들 여기 멈추어
밤새도록 우는 울음을 들었느냐
지 혼자서 찾는 길이
여럿이서도 찾는 길임을
엄동설한 칼별은 알고 있나니
무르팍 으깨져도 꽃피는 가슴
그 가슴 울림 들었느냐

속 깊이 쌓이는 기다림
삭고 삭아 부서지는 일 보았느냐

지가 죽어 썩어 문드러져
우리 고향 좋은 물 만나면
덩달아서 함께 끓는 마음을 알겠느냐
춤도 되고 기쁨도 되고
해 솟는 얼굴도 되는 죽음을 알겠느냐

아 지금 감춰 둔 누룩 뜨나니
냄새 퍼지나니

　　　　　　　　　　　　－ 이성부, 「누룩」

(다)
소나무에 호박넝쿨이 올랐다
씨앗 묻은 일도 모종한 일도 없는 호박이다

장정 셋의 하루 품을 빌려 이른 봄에 옮겨온 소나무,
뜬금없이 올라온 호박넝쿨이 솔가지를 덮쳐갔다
일개 호박넝쿨에게 소나무를 내줄 수는 없는 일
줄기를 걷어내려 보니 애호박 하나가 곧 익겠다

싫어, 애호박 하나만 따고 걷어내기로 맘먹었다.
마침맞은 애호박 따려다 보니 넝쿨은 또 애호박을 낳고
고놈만 따내고 걷으려니 애호박은 또 애호박을 내놓는다
소나무조차 솔잎 대신 호박잎을 내다는가, 싶더니
애호

호박넝쿨은 기어이 소나무를 잡아먹고 호박나무가 되었다

　　　　　　　　　　　　－ 박성우, 「애호」

15 (가)~(다)에 대한 설명으로 적절하지 <u>않은</u> 것은?

① (가)는 초연한 자세로 현실을 견뎌 내고자 하는 삶의 모습을 보여 주고 있다.

② (나)는 자기희생과 타자와의 연대를 통해, 힘든 현실을 이겨 나가려는 삶의 태도를 드러내고 있다.

③ (다)는 이질적인 대상 사이의 관계를 통해, 경계에 길들여진 인간의 의식을 반성하게 하고 있다.

④ (가)와 (나)는 자연의 생명력에 빗대어, 시련과 고통에 대응하는 삶의 자세를 상징적으로 보여 주고 있다.

⑤ (가)와 (다)는 자연의 변화가 눈앞의 현실과 지향하는 현실 사이의 대립을 초래하고 있음을 비판하고 있다.

16 시적 맥락을 고려할 때, ㉠~㉤ 중 의미가 가장 이질적인 것은?

① ㉠   ② ㉡

③ ㉢   ④ ㉣

⑤ ㉤

17 (나), (다)에 대한 설명으로 가장 적절한 것은?

① (나)와 (다)는 계절의 변화에 따른 자연의 의미를 담아내고 있다.

② (나)와 (다)는 두 개의 대상 사이의 대립을 통해 시상을 전개하고 있다.

③ (나)와 (다)는 대상의 외적 모습에서 화자의 내적 변화를 이끌어 내고 있다.

④ (나)와 달리 (다)는 반복적인 구조를 통해 주제 의식을 심화하고 있다.

⑤ (다)와 달리 (나)는 대상의 변화를 비판하는 화자의 태도를 드러내고 있다.

18 (나)의 표현상 특징으로 적절하지 <u>않은</u> 것은?

① 의문형 진술을 통하여 제재의 특징과 의미를 환기하고 있다.

② 다가올 상황을 가정하여 제재의 부정적 속성을 강조하고 있다.

③ 역설적 표현을 사용하여 주제 의식을 상징적으로 부각하고 있다.

④ 유사한 통사 구조를 반복적으로 사용하여 운율감을 형성하고 있다.

⑤ 대상을 의인화하여 현실에 대한 알레고리적 기능을 드러내고 있다.

19 〈보기〉를 바탕으로 (다)를 감상한 것으로 적절하지 <u>않은</u> 것은? [3점]

〈보기〉

박성우의 시는 자연과 생명의 공동체적 가치에 깊은 애착을 드러낸다. 이러한 공동체에 대한 탐구는 자본과 문명에 순응하는 인간 중심의 문화를 근본적으로 성찰하는 문제의식으로 심화된다. 즉 자연과 우주의 섭리 앞에서 모든 인간적 시점을 뒤로한 채 자연 그 자체를 주체로 세움으로써 인간과 자연의 경계를 넘어선 본연의 생명성을 보여 주고자 하는 것이다.

① "뜬금없이 올라온 호박넝쿨이 솔가지를 덮쳐갔다"는 데서, 자연 그 자체를 주체로 세움으로써 인간적 시점을 성찰하려는 화자의 태도를 보여 주는군.

② "일개 호박넝쿨에게 소나무를 내줄 수는 없는 일"이라고 생각하는 데서, 인간 중심의 문화에 대한 화자의 초월적 태도를 보여주는군.

③ "애호박 하나만 따고 걷어내기로 맘먹"어 보지만, "애호박은 또 애호박을 내놓는다"에서, 인간의 마음으로는 거스르기 힘든 것이 자연의 섭리라는 화자의 생각을 보여 주는군.

④ "소나무조차 솔잎 대신 호박잎을 내다는가, 싶더니"에서, 자연이 공동체의 가치를 지향한다는 화자의 생각을 보여주는군.

⑤ "호박넝쿨은 기어이 소나무를 잡아먹고 호박나무가 되었다"는 데서, 화자는 자연 본연의 생명성이 경계와 대립을 넘어선다는 사실을 보여 주고 있군.

[20~23] 다음 글을 읽고 물음에 답하시오.

법과 도덕은 인간의 올바른 행위를 위한 규범이다. 양자는 개념상 구별이 가능하지만 서로 합치되는 부분이 많으며 상호 밀접한 관련이 있다. 도덕은 법의 타당성의 근거인 동시에 목적으로 작용한다. 이처럼 법질서는 도덕적 가치와 불가분의 관계를 맺는데, 이 문제에 대해서는 이미 몇 가지 이론이 제시된 바 있다.

우선 법과 도덕은 상호 보완 관계를 지녀야만 바람직하다는 견해가 있다. 실제로 법적 가치와 도덕적 가치는 일치하는 경우가 많으며 그 공통된 부분을 우리는 흔히 '윤리'나 '예(禮)'라고 지칭하곤 한다. "도덕이 결여된 법은 공허하다."라는 말이 있듯이 법은 도덕을 바탕으로 할 때 강력한 규범성

을 갖는다. 반대로 도덕적 ⓐ 지지를 받지 못하는 법은 법으로서의 가치와 타당성이 적어 그 존립의 기초 또한 약해진다. 사회가 일반적으로 인정하는 도덕에 저촉되는 법이 제정될 때 갈등이 일어나는 이유가 여기에 있다. 그러나 모든 도덕이 법제화될 수는 없고, 모든 도덕을 법으로 강제하는 것 역시 온당하지 않다.

그래서 ⊙ 옐리네크(G. Jellinek)는 법과 도덕을 포함 관계로 설정하였다. 그는 법은 도덕 가운데에서 특별히 그 실현을 강제할 필요가 있는 경우에 한하여 성립한다고 보아, 법은 '도덕의 최소한(ethisches Minimum)'이라는 말을 남겼다. 이와 달리 ⓒ 슈몰러(G. Schmoller)는 법의 효력을 중시하여, 법에는 강제력이 있으므로 도덕보다는 실효성이 확고하다고 보았다. 따라서 도덕적 가치의 실현이 법을 통해 가능하다는 의미에서 법은 '도덕의 최대한(ethisches Maximum)'이라 하였다. 법과 도덕의 관계를 바라보는 측면에 따라 이렇듯 상이한 견해가 나온 것이다.

그러나 슈몰러의 견해와 같이 법을 통해 도덕이 실현될 가능성이 있다고 하더라도 모든 경우에 그러한 것은 아니다. 오히려 법 ⓑ 자체가 도덕을 해칠 경우도 있기 때문이다. 예를 들어 "이웃을 사랑하라."라는 도덕적 요구를 법으로 시행하여 그 목적을 달성할 수 있을지라도 이는 자발적인 행위가 아니므로 참된 이웃 사랑이 실현되었다고 보기는 어렵다. 때로는 그 법 때문에 이웃 간에 위선과 역겨움이 야기될 수도 있다. 1794년에 제정된 프로이센의 '일반란트법(Allgemeines Landrecht)' 제179조에서는 부부가 서로를 존중해야 한다는 점까지 법제화하였으나 강제규범으로 효력이 있는지는 의문시된다. 이렇듯 도덕적 영역에 속하는 사항을 법제화한다고 해서 그 법이 모두 본래의 목적을 달성하기는 어려운 것이다. 그러므로 ⓒ 라드브루흐(G. Radbruch)는 "법은 도덕을 실현할 가능성과 동시에 부도덕을 실현할 가능성도 지닌다."라고 지적하였다. 1919년에 제정된 미국의 '금주법(Prohibition Act)'은 도덕적 ⓒ 차원의 문제를 법의

강제력으로 실현하려 하였으나 법으로서의 규범적 기능을 상실하여 사문화된 대표적 사례이다. 물론, 그렇다고 하여 위법이 아니기 때문에 그것이 반드시 도덕적 ⓓ 허용 대상이 된다고 할 수도 없다.

결국 법과 도덕은 각각 고유의 영역이 있기 때문에 완전히 동일시할 수는 없다는 결론에 이르게 된다. 다만, 라드브루흐가 지적했듯이 "법의 도덕적 세계로의 귀화"를 추진하는 동시에 "도덕규범의 법의 세계로의 귀화"를 동시에 지향하여 법과 도덕이 서로 보완 관계를 지닐 수 있도록 모색함으로써 강력한 규범성을 확보할 수는 있다. 도덕은 법의 목적이 되는 동시에 법에 의무를 주는 효력의 ⓔ 기초가 되는 까닭이다. 다시 말하면, 법의 효력은 국가의 강제력에 의해 보장되는 것이지만, 법은 도덕적으로 승인될 때 더욱 강력한 규범이 될 수 있다. 법과 도덕의 개념은 각각 구별되더라도 양자는 사회 규범으로서 공공질서와 선량한 풍속을 유지한다는 공통의 목적과 사명을 갖고 있으므로, 상호 의존하고 보완하여 올바른 사회적 가치와 법규범의 실현에 이바지하여야 할 필요성이 있는 것이다.

20 윗글의 논지 전개 방식으로 가장 적절한 것은?

① 이론들을 제시하고 각각의 이론이 지닌 장단점을 비교하고 있다.

② 이론들을 설명하면서 각각의 이론에 관련된 사례들을 소개하고 있다.

③ 각각의 이론이 등장한 시대적 배경과 연관 지어 이론들을 개관하고 있다.

④ 이론들을 검토한 후 특정 이론을 바탕으로 필자 자신의 입장을 정리하고 있다.

⑤ 이론들 사이의 관계를 분석하여 이전 이론이 후대 이론으로 대치되는 경과를 서술하고 있다.

21 ㉠~㉢의 견해에 대한 이해로 적절하지 않은 것은?

① ㉠은 ㉡에 비해 법 규범의 제정에 보다 신중한 자세를 취할 것이다.

② ㉡은 ㉢에 비해 법 규범의 효과에 대해 확신하는 태도를 보일 것이다.

③ ㉢은 ㉠과 달리 법과 도덕의 영역을 포함 관계로만 생각하지는 않는다.

④ ㉠은 ㉡과 달리 법이 도덕에 비해 강제성과 실효성이 높다는 데에 회의적이다.

⑤ ㉠, ㉡, ㉢은 모두 법과 도덕이 적절한 관계를 유지해야 한다는 데에 동의한다.

22 윗글을 바탕으로 〈보기〉를 이해한 내용으로 적절하지 않은 것은? [3점]

〈보기〉

㉮ 프랑스 형법 제63조는 "자기가 위험에 빠지지 아니함에도 위험에 처해 있는 자를 구조하지 아니한 자는 징역형 또는 벌금형에 처한다."라고 규정하고 있다. 강도를 만나 죽을 위기에 처한 낯선 사람을 한 사마리아인이 돌보아 주었던 일화에 착안하여 이 법을 '착한 사마리아인의 법'이라 부르기도 한다. 한편 우리 헌법 재판소는 2015. 2. 26. ㉯ 간통죄 위헌 결정에서 "배우자가 있는 자가 간통한 때에는 2년 이하의 징역에 처한다."라고 규정한 형법 제241조를 위헌이라 결정한 바 있다. 헌법 재판소는 부부 간의 정조 의무를 위반한 행위가 비도덕적이기는 하나 법으로 처벌할 사항은 아니라고 판시하였다.

① ㉮는 도덕적 가치의 실현이 법을 통해 가능하다는 전제를 바탕으로 하는군.

② ㉮는 프로이센 '일반란트법'의 제179조나 미국의 '금주법'과 그 취지가 상통하는군.

③ ㉯는 도덕의 영역이 법의 영역보다 기본적으로 더 크다는 전제를 바탕으로 하는군.

④ ㉯는 도덕적으로 허용되지 않는 행위는 반드시 위법한 행위가 된다고 보는 취지이군.

⑤ ㉮와 ㉯는 모두 도덕과 법이 공통의 목적과 사명을 띠고 있다는 전제를 바탕으로 하는군.

23 ⓐ~ⓔ의 문맥적 의미와 일치하는 것은?

① ⓐ : 붕괴 위험에 처한 건물의 <u>지지</u>를 위해서 인부들이 철골콘크리트로 구조물을 구축하고 있다.

② ⓑ : 그 <u>자체</u>는 특이한 것이었지만 현실성이 없었다.

③ ⓒ : 기하학에서는 3차원인 입체 도형을 넘어서는 무한 <u>차원</u>까지가 고려된다.

④ ⓓ : 우리 팀은 선제골의 <u>허용</u>에도 굴하지 않고 전열을 정비해 반격에 나섰다.

⑤ ⓔ : 헌법의 <u>기초</u>는 제헌 국회의 가장 중요한 첫 임무였다.

[24~28] 다음 글을 읽고 물음에 답하시오.

〈아니리〉

한 군사 나서며,

〈중모리〉

"여봐라, 군사들아, 이내 설움을 들어라. 너내 이 설움을 들어 봐라. 나는 남의 오대 독신으로 어려서 장가들어 근 오십이 장근(將近)토록 슬하에 일점혈육이 없어 매월 부부 한탄어따 우리 집 마누라가 온갖 공을 다 들일 제, 명산대찰 성황신당, 고묘총사, 석불 보살 미륵 노구맞이 집짓기와 칠성 불공, 나한 불공, 백일산제, 신중맞이, 가사시주, 연등시주, 다리 권선 길닦기며, 집에 들어 있는 날은 성조 조왕, 당산천룡, 중천군웅 지신제를 지극 정성 드리니, 공든 탑이 무너지며 심든 남기가 꺾어지랴. 그달부터 태기(胎氣)가 있어 석부정부좌(席不正不坐)하고 할부정불식(割不正不食)하고 이불청음성(耳不聽淫聲) 목불시악색(目不視惡色), 십 삭(十朔)이 절절 찬 연후에 하루는 해복 기미가 있던가 보더라. 아이고, 배 [A] 야. 아이고, 허리야. 아이고, 다리야. 혼미(昏迷) 중 탄생하니 딸이라도 반가울데 아들을 낳었구나. 열 손에다 떠받들어 땅에 누일 날 전혀 없어 삼칠일(三七日)이 지나고 오륙 삭이 넘어 발바닥에 살이 올라 터덕터덕 노는 모양, 방긋방긋 웃는 모양, 엄마 아빠 도리도리, 쥐암잘강 섬마둥둥, 내 아들 옷고름에 돈을 채여 감을사 껍질 벗겨 손에 주며 주야 사랑 애정한 게 자식밖에 또 있느냐. 뜻밖에 이 한 난리, '위국땅 백성들아, 적벽으로 싸움 가자. 나오너라.' 외는 소리, 아니 올 수 없더구나. 사당문 열어 놓고 통곡재배 하즉한 후 간간한 어린 자식 유정한 가족 얼굴 안고 누워 등치며, 부디 이 자식을 잘 길러 나의 후사(後嗣)를 전해 주오. 생이별 하직하고 전장에를 나왔으나 언제 내가 다시 돌아가 그립던 자식을 품에 안고 '아가 응아' 업어 볼거나. 아이고, 내 일이야."

〈아니리〉

　이렇듯이 설리 우니 여러 군사 꾸짖어 왈, "어라, ㉠ 이놈 자식 두고 생각는 정 졸장부의 말이로다. 전장에 너 죽어도 후사는 전하겠으니 네 설움은 가소롭다." 또 한 군사 가 나서면서,

〈중모리〉

　"이내 설움 들어 봐라. 나는 부모 일찍 조실(早失)하고 일가친척 바이 없어 혈혈단신(孑孑單身) 이내 몸이, 이성지합(二姓之合) 우리 아내 얼굴도 어여쁘고 행실도 조촐하야 종가대사(宗家大事) 탁신안정(托身安定) 떠날 뜻이 바이 없어 철 가는 줄 모를 적에, 불화병 외는 소리 '위국 땅 백성들아, 적벽으로 싸움 가자.' 웨는 소리 나를 끌어내어 아니 올 수 있든가. 군복 입고 전립 쓰고 창을 끌고 나올 적에, ㉡ 우리 아내 내 거동을 보더니 버선발로 우루루루 달려들어 나를 안고 엎드지며, '날 죽이고 가오, 살려 두고는 못 가리다. 이팔홍안 젊은 년을 나 혼자만 떼어 놓고 전장을 가랴시오.' 내 마음이 어찌 되것느냐. 우리 마누라를 달래랄제, '허허 마누라 우지 마오. 장부가 세상을 태어나서 전장출세(戰場出世)를 못하고 죽으면 장부 절개가 아니라고 하니 우지 말라면 우지 마오.' 달래어도 아니 듣고 화를 내도 아니 듣더구나. ㉢ 잡았던 손길을 에후리쳐 떨치고 전장을 나왔으나, 일부지전장 불식이라. 살아가기 꾀를 낸들 동서남북으로 수직(守直)을 허니, 함정에 든 범이 되고 그물에 걸린 내가 고기로구나. 어느 때나 고국을 갈지, 무주공산 해골이 될지, 생사(生死)가 조석(朝夕)이라. 어서 수이 고향을 가서 그립던 마누라 손길을 부여잡고 만단정회(萬端情懷) 풀어 볼거나. 아이고, 아이고, 내 일이야."

（중략）

〈아니리〉

　창황분주 도망을 갈 제 새만 푸루루루 날아도 복병인가 의심하고, 낙엽만 퍼뜩 떨어져도 추병(追兵)인가 의심하여, ㉣ 엎어지고 자빠지며 오림산 험한 산을 반생반사 도망을 간다. 조조 가다 목을 움쑥움쑥하니 정욱이 여짜오되,

　"승상님 무게 많은 중에, 말 허리에 목을 어찌 그리 움치시나이까?"

　"야야, 화살이 귀에서 앵앵하며 칼날이 눈에서 번뜻번뜻하는구나."

　"이제는 아무것도 없사오니 목을 늘여 사면을 살펴보옵소서."

　"야야, 진정으로 조용하냐?"

[B]
　조조가 목을 막 늘여 좌우 산천을 살펴보려 할 제, 의외에 말 굽통 머리에서 메추리 표루루루 하고 날아 나니 조조 깜짝 놀라,

　"아이고 정욱아. 내 목 떨어졌다. 목 있나 봐라."

　"눈치 밝소. 조그만한 메추리를 보고 놀랄진대 큰 장끼를 보았으면 기절할 뻔하였소그려."

　조조 속없이,

　"야 그게 메추리냐? 그놈 비록 자그마한 놈이지만 냄비에다 물 붓고 갖은 양념하여 보글보글 볶아 놓으면 술안주 몇 점 참 맛있느니라만."

　㉤ "입맛은 이 통에라도 안 변하였소그려."

– 작자 미상, 「적벽가」

24 [A]의 표현상 특징에 대한 설명으로 적절하지 않은 것은?

① 설의적 표현을 통해 발화자의 판단을 강조하고 있다.

② 고사를 활용하여 발화자의 행위를 구체적으로 묘사하고 있다.

③ 의태어를 활용하여 인물의 행동에 대한 애정을 드러내고 있다.

④ 청자들을 호명하여 주의를 끌면서 발화의 내용을 예고하고 있다.

⑤ 발화 속에 등장하는 인물들의 말을 직접 인용하여 생동감을 높이고 있다.

25 윗글의 인물에 대한 이해로 가장 적절한 것은?

① '한 군사'는 자신의 처지가 다른 군사들에 비해 낮다고 생각한다.

② '또 한 군사'는 전장에서 공을 세울 수 있다는 확신을 지니고 있다.

③ '아내'는 국가에 대한 책무보다 자신과 가족의 소중함을 앞세우고 있다.

④ '조조'는 전쟁에서의 일시적인 패배를 만회할 수 있다는 기대를 품고 있다.

⑤ '정욱'은 '조조'에 대한 적대감을 직설적으로 표출하여 '조조'와 갈등을 빚고 있다.

④ 징발되어 가는 백성들이 적국에 대한 적개심을 드러내는 것을 보니, 외세에 대한 비판 의식이 팽배해 있었겠군.

⑤ 군사들은 걱정하지 않고 자신의 안위만을 생각하는 '승상'의 행태가 묘사된 것을 보니, 위정자에 대한 백성들의 반감이 높았겠군.

26 〈보기〉를 바탕으로 윗글에 나타난 시대상을 추론한 내용으로 적절하지 <u>않은</u> 것은?

─〈보기〉─

공연 예술로 연행되는 「적벽가」는 조선 후기 청중들의 선호에 민감할 수밖에 없었다. 따라서 청중들이 쉽게 공감할 수 있는 내용을 포함시키기 마련이었으며, 이 과정에서 작품 속 인물과 사건이 조선 후기의 시대적 상황과 밀접하게 연관되는 결과가 나타났다.

① 자식을 얻기 위해 정성을 다하는 모습이 열거된 것을 보니, 다양한 기자(祈子) 풍속이 존재했겠군.

② 자식을 길러 후사를 잇도록 해 달라고 부탁하는 모습을 보니, 가문의 대를 잇는 일이 중요하게 여겨졌겠군.

③ 백성들을 갑자기 싸움터로 징발해 가는 것을 보니, 백성들을 국가적 사업에 동원하는 일이 수시로 있었겠군.

27 ㉠~㉤에 대한 설명으로 가장 적절한 것은?

① ㉠ : 개인의 일에 얽매어 공동의 목표를 등한시하는 상대의 태도에 동조하고 있다.

② ㉡ : 인물의 행동을 과장되게 묘사하여 행동에 포함된 허위를 드러내고 있다.

③ ㉢ : 과거의 일을 떠올리며 현재의 부정적 상황에 대한 한탄을 표출하고 있다.

④ ㉣ : 인물이 처한 급박한 상황을 객관적으로 묘사하여 사건 전개에 개연성을 부여하고 있다.

⑤ ㉤ : 상황에 대해 집약적으로 논평하여 상대의 처지에 공감하는 뜻을 나타내고 있다.

28 [B]와 〈보기〉에 대한 감상으로 적절하지 않은 것은? [3점]

〈보기〉

무 음이 어린 후(後)니 ᄒᆞ는 일이 다 어리다
만중(萬重) 운산(雲山)에 어늬 님 오리마는
지는 닙 부는 ᄇᆞ람에 힝혀 건가 ᄒᆞ노라

– 서경덕

① [B]와 〈보기〉에서는 모두 감각적 자극이 인물의 반응을 일으키는군.
② [B]와 〈보기〉에서는 모두 자신이 착각했다는 사실을 깨닫게 되는군.
③ [B]에는 두려움의 정서가, 〈보기〉에는 그리움의 정서가 바탕에 깔려 있군.
④ [B]에서는 상황의 유발 원인이, 〈보기〉에서는 상황에 대한 해석이 먼저 제시되는군.
⑤ [B]에는 상황을 수습하려는 태도가, 〈보기〉에는 상황의 책임을 전가하는 태도가 나타나는군.

[29~31] 다음 글을 읽고 물음에 답하시오.

고려 시대 문학사에서 하나의 지평을 열었다는 이규보가 만약 조선 시대에 다시 태어나 조선백자를 보았다면 뭐라고 했을까? 아마도 무엇이든 하고 싶은 대로 해도 법도에 어긋나지 않는다는 '종심소욕 불유구(從心所欲不踰矩)'란 말을 떠올리지 않았을까. 그는 고려청자의 아름다움을 하늘의 조화를 빌려 빚은 '천공술(天工術)'이라고 극찬한 바 있다.

사실 동아시아의 도자 문화사를 들여다보면 ⊙ 고려청자의 위치는 '월드 챔피언' 급에 해당된다. 고려청자는 명성만큼이나 화려하다. 융성했던 고려의 귀족 문화를 그대로 반영한 듯 모양이나 상감된 문양에는 섬세함과 유려함, 거기에 기기묘묘함까지 깃들어 있다.

그런데 알고 보면 ⓒ 조선백자도 고려청자에 전혀 밀리지 않을 만큼 아름답고 가치가 높다. 단지, 청자처럼 화려함이 덜해 단번에 눈길을 끌지 못할 뿐이다. 기실, 나뿐만 아니라 조선백자를 고려청자보다 훨씬 높게 평가하는 사람은 주변에 많다. 고미술품의 가격이란 것이 미적 가치와 항상 정비례하는 것은 아니나 역대 크리스티 경매에서 세계의 모든 도자기를 제치고 가장 비싸게 팔린 도자기는 다름 아닌 조선백자였다.

기술력도 고려청자에 필적할 만큼 뛰어나다. 안으로 착 가라앉은 듯 순하고 부드러운 빛깔은 아무나 흉내 낼 수 있는 성질의 기술이 아니다. 또한 조선백자가 품고 있는 내용, 즉 예술성은 어떤 의미에선 고려청자보다 훨씬 높은 경지에 있다고 할 수 있겠다. 단지 내용이 너무 깊다 보니 아름다움을 이해하기가 조금 어렵다는 점이 흠 아닌 흠이다.

조선 도자기는 보고 있지 않아도 말없이 옆에서 조용히 기다린다. 성품이 조용하고 점잖기 때문에 부담 없이 같이 옆에서 지낼 수 있어서 좋다. 조선 도자기는 왜 그토록 수수한 맛이 날까? 물론 이유야 많겠으나 그중에 가장 두드러지는 것은 평범하게 느껴지는 모양 때문이 아닌가 한다. 그것에는 어떤 정교함도, 치밀함도 없다. 복잡하고 화려한 형태의 회화적인 요소가 전혀 없다. 형태는 단순하고 빛깔은 소박하고 그림은 간단하다. 간단하면서도 짜임새가 있는 경지에 이른 것이 조선 도자기가 지닌 특성 중의 특성이라 할 만하다. 말하자면 군더더기가 하나도 없는데, 그 아름다움을 '단순미'로 정의한다면 아마도 살아 있는 설명이 될 것이다.

그러나 우리가 그 단순미를 이해하기 위해서는 꼭 알아 두어야 할 것이 있다. 조선은 아름다움을 표현하는 데 있어 남들이 가 본 적이 없는 길을 걸었다. 즉 단순미를 지향하는 방식이 의외로 특별하다. 평범함이란 무엇인가. 꾸밈이나 거짓이 없고 단순하고 쉬워서 보는 이가 전혀 부담감을 느끼지 않는 것이 아닌가. 이 개념에 따르면 조선 도자기는 평범함 그 자체가 훌륭한 아름다움이다. 세상에는 나라도 많고 민족도 많으나 이 같은 표현은 다른 데서는 찾아보기 어렵다. 다른 것을 모방하지 않고, 또 다른 것의 추종을 허락하지 않는 독보적인 세계가 거기에 펼쳐져 있다.

나는 그런 조선 예술을 생각할 때마다 항상 가슴 한 켠이 답답해진다. 우리 중에는 조선 예술에 대해 명확한 개념을 가지고 보는 이가 적지 않다는 사실 때문이다. 우리는 어찌 된 일인지, 오히려 그 평범한 점을 들어 미적 요소가 부족한 것으로 스스로 인식한다. 아예 거기에는 아무것도 없는 것으로 생각하고 경멸하는 듯한 제스처를 취하기까지 한다. 이런 경멸의 태도는 정교하고 섬세한 아름다움을 숭배하는 사람들 사이에서 일반화되어 있다. 이는 실로 유감스러운 일이 아닐 수 없다. 그런 생각은 참으로 독단에 지나지 않는, 아름다움에 대한 이해가 부족한 사람의 그릇된 견해에 불과하다. 오랜 세월의 담금질 속에 숙성된 미적 직관을 내면화한 선조들이 빚은 도자기에 어째서 인정할 만한 아름다움이 없다고 생각하는가.

29 윗글에 대한 설명으로 적절하지 <u>않은</u> 것은?

① 제재를 유형별로 세분화하여 종류와 특징을 구체적으로 나열하고 있다.

② 스스로 묻고 답하는 형식을 활용하여 제재의 특성에 대하여 설명하고 있다.

③ 다른 대상과의 비교, 대조의 방식으로 제재가 지닌 미학적 특성을 서술하고 있다.

④ 글쓴이의 감상과 주관적 논평을 통해 제재에 대한 일반화된 통념을 비판하고 있다.

⑤ 특정한 인물의 생각을 추측하는 방식으로 제재에 대한 독자의 관심을 유도하고 있다.

30 ㉠과 ㉡을 비교하여 설명한 것으로 적절하지 <u>않은</u> 것은?

① ㉠은 기기묘묘하고 유려하여 하늘의 조화를 빌려 빚은 '천공술'로 불리었다.

② ㉡은 단순미와 평범함을 미학적 자질로 삼는 개성적인 아름다움의 세계를 담고 있다.

③ ㉠은 ㉡과 달리 귀족 문화를 반영한 섬세함과 화려함이 있어 기술력의 차이가 두드러지게 드러난다.

④ ㉡은 ㉠과 달리 순하고 부드러운 빛깔을 지니고 있고, 예술성의 측면에서 훨씬 높은 경지에 있다고도 볼 수 있다.

⑤ ㉠과 ㉡은 모두 동아시아 도자 문화사에서 기술력이 아주 뛰어난 예술로 손꼽힌다.

31 〈보기〉는 글쓴이의 글 일부분이다. 〈보기〉를 바탕으로 윗글에 나타난 예술관을 추론한 것으로 가장 적절한 것은? [3점]

—〈보기〉—

나는 조선의 정치와 예술이 서로 간에 어떤 관계에 놓여있었는지에 대해서는 알지 못한다. 그러나 조선의 도자기는 그 기술이 본능으로까지 성숙해 있다는 것은 알고 있다. 그것에 재현된 평범함은 생래적인 아름다움이다. 인류가 지향하는 기초적 본질을 거기에서도 찾을 수 있다는 것이 정말 신기하다. 거기에 내가 무슨 말을 더 보탤까. 평범한 사람이 평범하게 그릇을 빚었고 평범한 사람이 평범하게 그릇을 보고 평범하게 사용하는 방법을 알고 있는데, 여기에 내가 무슨 말을 더 보탤까. 내가 여기에 말을 보탠다면 자연으로 다시 돌아온 듯한 단순한 미적 가치는 오히려 퇴색하고 만다.

① 아무나 흉내 낼 수 없는 성질의 기술력을 발휘하여 단순한 미적 가치를 지양해야 한다.

② 사람들의 일상을 담은 평범함의 미학은 다른 것을 모방하는 데에서 실현될 수 있어야 한다.

③ 복잡하고 화려한 형태의 회화적 요소와 단순한 빛깔이 조화를 이루는 미학적 요인을 지니고 있어야 한다.

④ 소박한 그림에 담긴 내용의 깊이가 정치와 예술의 직접적인 연관에서 비롯된 표현 방식이라는 사실을 밝혀내야 한다.

⑤ 오랜 세월을 거쳐 온 미적 직관의 세계가 보여 주는 단순함에 가장 뛰어난 미적 가치가 내재되어 있음을 이해해야 한다.

[32~36] 다음 글을 읽고 물음에 답하시오.

(가)

인간(人間)을 써나와도 내 몸이 겨를 업다
니것도 보려 ᄒ고 져것도 드르려코
ᄇ람도 혀려 ᄒ고 돌도 마즈려코
밤으란 언제 줍고 고기란 언제 낙고
시비(柴扉)란 뉘 다드며 딘 곳츠란 뉘 쓸려뇨
아춤이 낫브거니 나조히라 슬흘소냐
오늘리 부족(不足)거니 내일(來日)리라 유여(有餘)ᄒ랴
이 뫼ᄒ히 안ᄌ 보고 져 뫼ᄒ히 거러 보니
번로(煩勞)ᄒ 무음의 ᄇ릴 일리 아조 업다
쉴 ᄉ이 업거든 길히나 젼ᄒ리야
다만 ᄒ 청려장(靑藜杖)이 다 뫼되여 가노미라
술리 닉어거니 벗지라 업슬소냐
블너며 ᄐ이며 혀이며 이아며
온가짓 소ᄅ로 취흥(醉興)을 빈야거니
근심이라 이시며 시름이라 브트시랴
누으락 안즈락 구부락 져츠락
을프락 ᄑ람ᄒ락 노혜로 노거니
천지(天地)도 넙고 넙고 일월(日月)도 ᄒ가ᄒ다
희황(羲皇)을 모을너니 니젹이야 그로고야
신선(神仙)이 엇더턴지 이 몸이야 그로고야
강산풍월(江山風月) 거늘리고 내 백 년(百年)을 다 누리면
악양루(岳陽樓) 상(上)의 이태백(李太白)이 사라오다
호탕(浩蕩) 정회(情懷)야 이예셔 더ᄒ소냐
이 몸이 이렁 굼도 역군은(亦君恩)이샷다

– 송순, 「면앙정가」

(나)

산중의 벗이 업서 한기(漢紀)를 싸하 두고
만고 인물을 거스리 혜여ᄒ니
성현도 만ᄏ니와 호걸도 하도 할샤
엇디ᄒ 시운(時運)이 일락 배락 ᄒ얏는고
모를 일도 하거니와 ㉠ 애들옴도 그지업다
기산(箕山)의 늘근 고불 귀는 엇디 싯돗던고

일표(一瓢)를 썰틴 후의 ㉡ 조장이 ㄱ장 높다
인심이 ㄴㅊ ㄱ투야 보도록 새롭거늘
㉢ 세사(世事)는 구롬이라 머흐도 머흘시고
엇그제 비즌 술이 어도록 니겅느니
잡거니 밀거니 슬ㅋ장 거후로니
ㅁ음의 미친 시름 겨그나 ㅎ리느다
거믄고 시욹 언저 풍입송(風入松) 이야고야
손인동 주인인동 ㉣ 다 니저 브려셔라
장공(長空)의 쎳는 학이 이 골의 진선(眞仙)이라
요대(瑤臺) 월하(月下)의 ㉤ 힝혀 아니 만나신가
손이셔 주인ㄷ려 닐오디 그디 권가 ㅎ노라

　　　　　　　　　　－ 정철, 「성산별곡」

(다)
백사장(白沙場) 홍료변(紅蓼邊)에 굽니러 먹는 져 빅노(白鷺)야
흔 닙에 두셋 물고 무엇 낫짜 굽니느냐
우리도 구복(口腹)이 웬슈라 굽니러 먹네

　　　　　　　　　　－ 작자 미상

32 (가)~(다)의 표현상 특징으로 적절하지 않은 것은?

① (가)에서는 옛 인물을 떠올려 화자 자신과 견주고 있다.

② (나)에서는 동일한 어미와 대구를 활용하여 운율감을 조성하고 있다.

③ (가)와 (나)에서는 계절감을 지닌 소재들을 활용하여 계절의 변화를 묘사하고 있다.

④ (가)와 (다)에서는 자연물에 감정을 이입하여 화자의 정서를 드러내고 있다.

⑤ (나)와 (다)에서는 청자를 명시적으로 나타내어 청자에게 말을 건네고 있다.

33 (가), (나)의 시어를 대비한 내용으로 가장 적절한 것은?

① (가)에서는 '술'을 통해 기쁨을 누리는 반면, (나)에서는 '술'을 통해 근심이 심화된다.

② (가)에서는 '벗'의 존재를 번거롭게 여기는 반면, (나)에서는 '벗'의 부재를 아쉬워한다.

③ (가)의 '시름'은 그 원인이 제시된 반면, (나)의 '시름'은 그 원인이 나타나지 않는다.

④ (가)의 '누으락 안즈락'에는 화자의 흥취가 투영된 반면, (나)의 '일락 배락'에는 세상사의 흥망성쇠에 대한 화자의 인식이 투영되어 있다.

⑤ (가)의 '신선'은 화자가 일체감을 느끼는 대상인 반면, (나)의 '진선'은 화자의 불우한 처지를 더욱 부각하는 대상이다.

2019 기출문제

34 (가)와 〈보기〉의 화자를 비교한 것으로 적절하지 **않은** 것은?

〈보기〉

빈천(貧賤)을 픨랴 ㅎ고 권문(權門)에 드러가니
침 업슨 흥졍을 뉘 몬져 ㅎ쟈 ㅎ리
강산(江山)과 풍월(風月)을 달나 ㅎ니 그는 그리 못ㅎ리

– 조찬한

① (가)와 달리 〈보기〉는 자신의 세계관을 타인과 공유하고자 한다.

② 〈보기〉와 달리 (가)는 삶의 공간에서 누리는 즐거움을 구체적으로 나열하고 있다.

③ 〈보기〉와 달리 (가)는 자신의 만족스러운 삶이 임금의 은혜 덕분이라 진술하고 있다.

④ (가)와 〈보기〉는 모두 자연에 대한 선호를 표출하고 있다.

⑤ (가)와 〈보기〉는 모두 자신의 삶에 대한 자부심을 지니고 있다.

35 ㉠~㉤에 대한 설명으로 적절하지 **않은** 것은?

① ㉠ : 역사적 인물과 사건들에 대한 회한을 표출하고 있다.

② ㉡ : 대상의 행위에 대한 긍정적 평가를 보이고 있다.

③ ㉢ : 세상의 일에 대한 회의적 시선을 내비치고 있다.

④ ㉣ : 상대방과 어우러져 일체화된 심경을 드러내고 있다.

⑤ ㉤ : 대상과 재회하고자 하는 기대감을 나타내고 있다.

36 〈보기〉를 바탕으로 (다)를 감상한 내용으로 적절하지 **않은** 것은? [3점]

〈보기〉

조선 후기에 들어 시조의 향유층이 확대되면서 작품의 분위기나 표현이 양반 작자층 위주의 조선 전기와는 많은 차이를 보이게 되었다. 일상생활을 담은 표현이 빈번히 쓰였고, 관습적인 의미를 띠었던 소재에 새로운 의미가 부여되기도 하였다. 또한 작품의 내용이 삶의 체험을 다루는 쪽으로 조절되는 양상이 두드러지게 나타났다. 조선 후기 가집에 수록된 (다)와 같은 작품을 그 대표적인 사례로 제시할 수 있다.

① '백사장 홍료변'은 고결하고 청정한 공간이기보다는 일상생활 공간으로서의 의미를 지니는군.

② '굽니러 먹는 져 빅노'는 하루하루를 살아가기 위해 분투하는 생활인의 모습을 띠고 있군.

③ '흔 닙에 두셋 물고'는 일상적으로 자행되던 탐욕에 대한 묘사이며 당시 세태를 비판하기 위한 표현이군.

④ '우리도'는 대상과 자신의 처지를 동일시함으로써 일상적 삶에 대한 화자의 성찰을 집약하는 표현이군.

⑤ '구복이 웬슈'는 일상생활에서 통용되던 말로 당시 삶의 고달픔을 강조하기 위한 표현이군.

[37~40] 다음 글을 읽고 물음에 답하시오.

빙하는 여러 형태로 존재하는데, 가령 남극 지방과 그린란드에는 얼음층인 빙상이 있고 알프스 산맥에는 빙하 계곡이 있다. 빙하의 99퍼센트는 남극 지방과 그린란드에 모여 있으며 빙하에 저장되어 있는 담수는 지구 전체 민물의 4분의 3을 차지할 정도이다. 이러한 빙하를 구성하는 기본적인 물질은 쌓인 눈이다. 본래 눈에는 다량의 기포가 들어 있는데 눈이 계속해서 쌓이면서 기포가 줄어들고 쌓인 눈 내부의 압력은 증가한다. 이때 주변 기온이 영하로 내려가면 눈은 완전한 얼음으로 변한다. 이러한 변화를 눈의 재결정 작용이라 ⓐ 이른다. 눈을 구성하고 있던 물 분자가 압력을 받으면서 협소해진 공간 안에 있던 물의 분자 구조가 재배치되고 그렇게 재결정을 이룬 얼음 입자들이 모여 거대한 얼음층을 형성하면 빙하가 만들어지는 것이다. 흐르는 물에서는 물의 분자 구조가 재배치되기 어려워 빙하가 잘 만들어지지 않으며, 더욱이 유속이 빠를수록 빙하가 생성될 가능성은 더 낮아진다.

빙하는 한 번 생기면 영원히 그 모습이 유지될 것 같지만 실제로는 그렇지 않다. 빙하는 끊임없이 변화하는데, 눈이 얼음 결정을 이루면서 새 빙하가 생성되는 시기를 집적대, 얼음 결정이 기화 또는 액화되면서 빙하의 규모가 줄어드는 시기를 소모대라 한다. 보통 기후 조건에 따라 빙하의 변동 폭에 차이가 생기며 소모대에 비해 집적대가 확장될 경우 빙하는 성장한다. 반대로 소모대가 더 확장되면 빙하의 규모는 자연히 줄어든다. 오늘날 지구 표면을 덮고 있는 빙하는 전체 대륙의 10퍼센트를 차지하고 있지만, 150만 년 전에는 그 비율이 지금보다 2배 이상 높았다고 한다. 이후 확장과 축소를 20번 넘게 반복하였으나, 빙하의 전체적인 규모는 점차 줄어들었다.

빙하의 변화를 촉진하는 또 다른 요인은 빙하의 이동이다. 빙하의 무게로 발생하는 압력이 높아지면 빙하의 표면과 지면 사이에 충돌이 격화되고 그 결과 빙하가 이동하게 된다. 빙하는 평균적으로는 1년에 약 10미터씩 서서히 이동하지만 빙하 밑면과 지면 사이의 마찰력에 따라 그 이동 속도가 달라진다. 물을 가득 채운 물병을 냉동실에 넣으면 곧 터질 것처럼 부풀어 오른다. 마찬가지로 얼음 결정으로 부피가 커진 빙하는 내부에 강한 압력을 받게 되고 압력을 버티지 못해 다시 액화되는 부분이 생기기 마련인데 빙하 하단에서 이러한 현상이 빈번하게 일어난다. 그 같은 액화 현상이 빙하와 지면 사이의 마찰을 줄이면서 빙하의 이동을 가속화하는 결정적인 원인이 된다. 아울러 빙하뿐만 아니라 지면에서도 마찰력을 줄이는 원인이 제공될 수 있다. 가령 빙하 하단에 습기가 많은 연암 퇴적층이 발달해 있다면 빙하의 이동 속도는 빨라진다.

이렇듯이 빙하가 이동하는 과정에서 빙하가 갈라져 내부에 깊고 좁은 틈이 생기는데, 그러한 균열을 '크레바스(crevasse)'라고 한다. 또 빙하가 붕괴하는 동안 형성되는 탑처럼 생긴 얼음 덩어리를 '빙탑'이라고 부른다. 빙하 내부의 긴장 상태가 최고치에 달하면 빙하는 더 큰 붕괴를 일으키게 된다. 한편 빙하의 이동은 빙하 외부에도 흔적을 남기는데, 빙하는 이동하는 동안 주변 환경을 바꾸는 침식 작용을 한다. 빙하에 의한 침식은 다시 두 가지 형태로 나누어 볼 수 있다. 먼저 빙하가 이동하면서 기반암을 밀어낸다. 그때 이 거대한 암석 덩어리에 분열이 일어나면서 암석 파편들이 빙하와 합쳐지고 암석 퇴적물이 차곡차곡 쌓이는 퇴석이 일어나는데 가끔 집채만 한 퇴석이 발견되는 경우도 있다. 또 빙하가 운반하는 크고 작은 암석 퇴적물이 빙하 아래의 기반암을 사포로 긁어내듯 갈아내는 마식 작용을 한다. 마식 작용을 활발하게 일으키는 빙하는 기반암 위를 이동하는 동안 기반암 표면에 입자가 고른 모래, 즉 석분을 만들며 얼음이 녹아 물이 된 빙하가 이 석분을 먼 곳까지 운반한다. 빙하가 녹은 물이 보통 우유처럼 뿌옇게 흐린 것은 바로 이 석분이 함유되어 있기 때문이다.

37 윗글의 서술상 특징으로 적절하지 <u>않은</u> 것은?

① 용어의 개념을 소개하여 이해를 돕고 있다.

② 특정 현상의 세부적 내용을 구분하여 소개하고 있다.

③ 현상이 발생하는 원인을 유추의 방식으로 설명하고 있다.

④ 동일한 현상을 설명하는 상반된 이론의 특징을 대비하고 있다.

⑤ 구체적 수치를 제시하여 현상을 설명하기 위한 자료로 활용하고 있다.

38 윗글의 내용과 일치하지 <u>않는</u> 것은?

① 지난 150만 년 동안 집적대보다 소모대가 항상 우세하였다.

② 기후 조건에 의해 빙하의 규모가 커지기도 하고 작아지기도 한다.

③ 빙하의 무게가 커져서 압력이 증가하면 빙하가 이동할 확률이 더 높아진다.

④ 빙하의 액화 현상은 마찰력에 변화를 주어 빙하의 이동 속도에 영향을 미친다.

⑤ 빙하의 침식 작용은 암석 덩어리를 파편화시키는 것과 기반암을 갈아 내는 것이 있다.

39 윗글과 〈보기〉를 바탕으로 추론한 내용으로 적절하지 <u>않은</u> 것은? [3점]

〈보기〉

　바닷물이 얼어서 빙하가 만들어지는 경우도 있지만 이 경우에는 육지에서 눈으로 빙하가 만들어질 때보다 생성 조건이 좀 더 까다롭다. 무엇보다도 바닷물은 그 속에 포함된 염분 때문에 민물에 비해 어는점이 낮다. 같은 바닷물이라도 염분이 높을수록 어는점은 더 낮아진다. 또한 수온이 내려가면 밀도가 높아져 물이 아래로 움직이는 대류 현상이 일어나는데, 대류의 규모는 수위와 비례한다.

① 다른 조건들이 모두 같다면 수위가 낮은 바닷물보다는 높은 바닷물에서 빙하가 생성되기가 좀 더 쉽겠군.

② 얼음 입자들이 생겨야만 빙하가 생성되는데, 바닷물은 어는점이 낮아서 얼음 입자들이 생기는 데 불리하겠군.

③ 다른 조건들이 모두 같다면 염분이 높은 바닷물보다는 낮은 바닷물에서 빙하가 생성되기가 좀 더 쉽겠군.

④ 눈으로 빙하가 생성될 때에는 눈의 무게가 유리한 조건으로 작용하는데, 바다에서는 그러한 눈의 무게가 없어 빙하의 생성이 어렵겠군.

⑤ 물 분자가 압력을 받아 분자 구조가 재배치되어야만 빙하가 생성되는데, 바다에서는 대류 현상 때문에 물 분자가 압력을 받는 데 불리하겠군.

40 윗글의 ⓐ와 문맥적 의미가 같은 것은?

① 한때 도루묵을 달리 <u>이르게</u> 된 사연이 있었다.

② 형은 동생의 잘못을 <u>이르겠다고</u> 엄포를 놓았다.

③ 길산은 전생이에게 같이 떠날 것을 <u>이르고</u> 있었다.

④ 따끔하게 <u>이르면</u> 다시는 그런 짓을 반복하지 않겠지.

⑤ 옛말에 <u>이르기</u>를 부자는 망해도 삼 년은 간다고 했다.

[41~45] 다음 글을 읽고 물음에 답하시오.

타작마당 돌가루 바닥같이 딱딱하게 말라붙은 뜰 한가운데, 어디서 기어들었는지 난데없는 지렁이 가 한 마리 만신에 흙고물 칠을 해 가지고 바동바동 굴고 있다. 새까만 개미떼 가 물어 뗄 때마다 지렁이는 한층 더 모질게 발버둥질을 한다. 또 어디선지 죽다 남은 듯한 쥐 한 마리가 뛰어나오더니 종종걸음으로 마당 복판을 질러서 돌담 구멍으로 쏙 들어가 버린다.

군데군데 좀구멍이 나서 썩어 가는 기둥이 비뚤어지고, 중풍 든 사람의 입처럼 문조차 돌아가서 ─ ㉠ 북쪽으로 사정없이 넘어가는 오막살이 앞에는, 다행히 키는 낮아도 해묵은 감나무가 한 주 서 있다. 그러나 그게라야, 모를 낸 이후 비 같은 비 한 방울 구경 못한 무서운 가물에 시달려 그렇지 않아도 쪼그라졌던 ㉡ 고목 잎이 볼모양 없이 배배 틀려서 잘못하면 돌배나무로 알려질 판이다. 그래도 그것이 구십 도가 넘게 쩌 내리는 팔월의 태양을 가리어, 누더기 같으나마 밑둥치에는 제법 넓은 그늘을 지었다. 그걸 다행으로 깔아 둔 낡은 삿자리 위에는 발가벗은 어린애가 파리똥 앉은 얼굴에 땟물을 조르르 흘리며 울어 댄다.

(중략)

노인은 물 불은 콩껍질같이 쪼그라진 눈에 괸 눈물을 뼈다귀 손으로 썩 씻었다. 곁에 누운 손자 놈은 땀국에 쪽 젖어 있다. 노인은 손자 놈의 입이며 콧구멍에 벌떼처럼 모여드는 파리떼를 쫓아 버리면서, 말라붙은 고추를 어루만진다.

"웅, 그래, 울지 말아. 자장 자장 우리 애기 …… 네 에미는 왜 여태 오잖을까? 입안이 이렇게 바싹 말랐고나. 그놈의 집에서는 무슨 일을 끼니때도 모르고 시킬꼬 온! 에헴, 에헴……"

노인은 억지힘을 내 가지고, 어린 걸 움켜 안고는 게다리처럼 엉거주춤 번디디고 일어섰다. 그럴 때, 마침 아들이 볕살에 얼굴을 벌겋게 구어 가지고 들어왔다. 들어서면서부터 퉁명스럽게,

"다들 어딜 갔어요?"

"일 나갔지."

"무슨 일요?"

"진수네 무명밭 매러 간다고 했지, 아마."

들깨는 잠자코 윗통을 훨쩍 벗어서 감나무 가지에 걸쳐놓고는 늙은 아버지로부터 어린것을 받아 안았다. 치삼 노인은 뽕나무 잎이 반이나 넘게 섞인 담배를 장죽에 한 대 피워 물면서 아들을 위로하듯이 ─ 그러나 ㉢ 대답을 두려워하며 물었다.

"논은 어떻게 돼 가니?"

"어떻게라니요. 인젠 다 틀렸어요. 풀래야 풀물도 없고, 병아리 오줌만한 봇물도 중들이 죄다 가로막아 넣고, 제에기 ……."

"꼭 기사년 모양 나겠군 그래."

"기사년은 그래도 냇물은 조금 안 있었나요."

"그랬지. ㉣ 지금은 그놈의 수돗바람에 ……"

"그것도 원래 약속을 할 때는 농사철에는 냇물은 아니 막아 가기로 했다는데, 제에기, 면장 녀석은 색주가 갈보 놀릴 줄이나 알았지, 어디 백성 죽는 건 알아야죠."

들깨는 열을 바짝 더 냈다.

"할 수 없이 이곳엔 인제 사람 못 살 거여."

"참 아니꼽지요. 더군다나 전과 달라 중놈들까지 덤비는 꼴을 보면 ……."

아들의 불퉁스러운 어조에는, 거칠 대로 거칠어진 농민의 성미가 뚜렷이 엿보였다. 가물은 그들의 신경을 더욱 날카롭게 하였던 것이다.

치삼 노인은 '중놈'이란 바람에 가슴이 섬뜩하였다. ─ 그것은, 자기들이 부치고 있는 절논 중에서 제일 물길 좋은 두 마지기가, 자기가 젊었을 때, ⓜ 자손 대대로 복 많이 받고 또 극락 가리라는 중의 꾐에 속아서 그만 불전에 아니 보광사(普光寺)에 시주한 것이기 때문이다. 멀쩡한 자기 논을 괜히 중에게 주어 놓고 꿍꿍 소작을 하게 되고 보니, 싱겁기도 짝이 없거니와, 딱한 살림에 아들 보기에 여간 미안스러운 일이 아니었다.

─ 김정한, 「사하촌」

41 윗글의 서술 방식에 대한 설명으로 적절하지 않은 것은?

① 현실에 대한 불평을 토로하는 장면에서 간접적으로 인물의 성격이 드러나고 있다.

② 서술자가 인물의 말과 행동에 내재된 심리적 상태를 논평하여 서술하고 있다.

③ 인물 간의 대화를 통해 대립과 갈등의 현실적 상황을 직접적으로 제시하고 있다.

④ 공간적 배경을 세밀하게 묘사함으로써 인물이 처한 상황을 상징적으로 드러내고 있다.

⑤ 서술자가 현실의 문제를 객관적으로 관찰하고 보고하는 형식으로 상황을 설명하고 있다.

42 윗글의 등장인물에 대한 이해로 가장 적절한 것은?

① 치삼 노인은 일터로 나가 끼니때가 되어도 돌아오지 않는 며느리의 행동을 이해하지 못하고 있다.

② 치삼 노인은 자신의 과거 행동으로 인해 지금의 상황을 초래한데 대한 미안함을 가지고 있다.

③ 들깨는 농사를 짓기 어려운 현실적 상황에 담담히 순응하려는 긍정적인 태도를 지니고 있다.

④ 들깨는 치삼 노인의 물음에 퉁명스럽게 답을 하면서 아버지에 대한 불만을 우회적으로 드러내고 있다.

⑤ 치삼 노인과 들깨는 면장이나 중을 현실의 위기를 타개해 나가는 조력자로 보고 도움을 요청하려 하고 있다.

43 ㉠~㉤에 대한 설명으로 적절하지 <u>않은</u> 것은?

① ㉠ : 치삼 노인의 가계가 몹시 궁핍한 생활로 기울어져 가고 있음을 간접적으로 보여 주고 있다.

② ㉡ : 극심한 가뭄으로 고통 받고 있는 현실적 상황을 자연의 모습에 빗대어 표현하고 있다.

③ ㉢ : 아들에 대한 두려움으로 쉽게 말을 꺼내지 못하는 아버지의 심리를 직접적으로 설명하고 있다.

④ ㉣ : 가뭄이라는 자연적 재해 이외의 또 다른 갈등 요인이 있음을 암시하고 있다.

⑤ ㉤ : 자손들이 평안하게 살기를 소원하는 인물의 심리를 악용한 행태를 비판적으로 제시하고 있다.

44 지렁이 와 개미떼 의 상징성을 인물에 적용한 것으로 가장 적절한 것은?

	지렁이	개미떼
①	들깨	보광사 중
②	보광사 중	면장
③	면장	치삼 노인
④	보광사 중	들깨
⑤	치삼 노인	들깨

45 〈보기〉를 바탕으로 윗글을 감상한 것으로 적절하지 <u>않은</u> 것은? [3점]

〈보기〉

「사하촌」은 지독한 가뭄에 농사지을 물길이 막혀 버린 성동리 농민들의 애타는 심정과 그런 사정을 알면서도 저수지 물길을 막아 제 살 길만을 찾는 보광리 사람들의 대립을 쟁점화한 작품이다. 친일 계급을 등에 업은 사찰과 이를 비호하며 마을 사람들의 어려움을 외면하는 면장과 같은 관리의 행태를 통해, 민중들의 삶의 터전인 농토의 소유와 경작에 대한 갈등이 첨예화된 식민지 현실을 비판적으로 서사화한 것이다.

① "인젠 다 틀렸어요. 풀래야 풀물도 없고"에서 지독한 가뭄에 농사지을 물길이 막혀 버린 농민들의 애타는 심정이 잘 드러나고 있군.

② "기사년은 그래도 냇물은 조금 안 있었나요."에서 농민들 간의 대립이 첨예화된 현재의 원인과 당시의 상황이 발생한 원인이 같다고 생각하고 있군.

③ "원래 약속을 할 때는 농사철에는 냇물은 아니 막아 가기로 했다는데"서 민중들의 삶터와 생활을 근본적으로 위협하는 대립이 발생하고 있음을 알 수 있군.

④ "더군다나 전과 달라 중놈들까지 덤비는 꼴을 보면 ……"에서 친일 계급을 등에 업은 사찰의 횡포를 짐작할 수 있군.

⑤ "멀쩡한 자기 논을 괜히 중에게 주어 놓고 꿍꿍 소작을 하게 되고 보니"에서 농토의 소유와 경작에 대한 갈등이 초래된 현실을 안타까워하고 있군.

[01~03] 밑줄 친 단어의 뜻으로 가장 적절한 것을 고르시오.

01

Nothing could be firmer than the tone of this letter, in spite of its pensive gentleness.

① overt
② excessive
③ pervasive
④ thoughtful
⑤ optimistic

02

The doctor asserted that his lifelong research on the human genome was by no means exhaustive.

① rewarding
② revolutionary
③ lenient
④ independent
⑤ thorough

03

This conundrum was like no other that the police officers had faced before.

① instrument
② robbery
③ criminal
④ puzzle
⑤ demonstration

[04~05] 다음 대화의 빈칸에 들어갈 말로 가장 적절한 것을 고르시오.

04

A : How did the meeting go yesterday?
B : It couldn't have been worse.
A : What happened?
B : I said something I shouldn't have and now Jack won't talk to me.
A : _____.
B : Now I need to gather every ounce of courage to do so.

① It's never too late to apologize
② You can't please everyone all the time
③ Sometimes a quarrel is good for the team
④ Just like everything else, time heals all wounds
⑤ That's why you have to think before you speak

05

A : Detective Mills, I think this is the guy we are looking for.

B : Do his prints match the ones from the scene of the crime, Officer Flaherty?

A : The results haven't come in yet, but two witnesses say they saw someone with his descriptions.

B : That won't be enough for an arrest warrant.

A : But, I'm sure this is the perpetrator.

B : _____.

A : Okay. Then we'll just have to wait for the results from the lab.

① I'll ask for a warrant right away

② We move on evidence, not feelings

③ I think we already have all the proof we need

④ Let's concentrate on the statements of the witnesses

⑤ Our main duty is to ensure the safety of the civilians

[06~07] 밑줄 친 부분 중, 어법상 틀린 것을 고르시오.

06 A recurrent issue for courts is whose viewpoint to adopt in deciding how much should be disclosed to patients about ① their medical treatment. The majority of states favor the experts, holding that physicians are responsible for disclosing only as much as ② would be considered reasonable by a "reasonable medical practitioner" in the same community and the same specialty. This approach is grounded in the so-called therapeutic privilege, ③ which recognizes the physician's preeminent right to withhold any information that might harm the patient. The less deferential minority rule holds that the adequacy of disclosure should be judged from the standpoint of the "reasonable patient," not from ④ those of the "reasonable physician." Although these general rules are well settled, questions about the adequacy of disclosure still ⑤ arise.

07 Raku is a popular low-temperature, fast-firing process that yields exciting, ① chance surface effects on ceramic ware. From a simple white crackle glaze to a surprising spectrum of color, from humble tea bowls to sculptural forms abstract or figurative, the range of possibility and innovation ② that resides in raku practice keeps it always young and vibrant. The modern Western practice of this ancient process, as well as ③ its purpose, differs from its Eastern roots, but the results of raku are still infinite in their variety, energy, and beauty. Japanese and Western raku offer the ceramist the possibility ④ of experiencing the final results of the firing in a relatively short time, and it is this very quality that makes the practice of raku ⑤ so satisfied. [3점]

[08~09] (A), (B), (C)에 들어갈 말로 가장 적절한 것을 고르시오.

08

Crabs, birds, and manta rays regularly try to crush sea horses for dinner, but a sea horse has some unusual protective armor. Its tail can be (A) [compressed/expanded] to half its normal size without lasting damage, researchers at the University of California, San Diego, recently found. The tail's (B) [resilience/rigidity] comes from its structure: approximately 36 square segments, each made of four bony plates. The plates connect to the spinal column's vertebrae with collagen and can glide past one another, keeping the spine (C) [safe/vulnerable]. Ultimately, the researchers would like to build a robotic arm out of 3-D-printed plates that mimic the seahorse's flexible and tough tail and use it for underwater excursions or to detonate bombs.

	(A)	(B)	(C)
①	compressed	resilience	vulnerable
②	compressed	rigidity	safe
③	compressed	resilience	safe
④	expanded	rigidity	safe
⑤	expanded	resilience	vulnerable

09

Studies of priming effects have yielded discoveries that (A) [confirm/threaten] our self-image as conscious and autonomous authors of our judgments and our choices. For instance, most of us think of voting as a deliberate act that reflects our values and our assessments of policies and is not influenced by (B) [consensus/irrelevancies]. Our vote should not be affected by the location of the polling station, for example, but it is. A study of voting patterns in precincts of Arizona in 2000 showed that the support for propositions to increase the funding of schools was significantly greater when the polling station was in a school than when it was in a nearby location. A separate experiment showed that exposing people to images of classrooms and school lockers also (C) [increased/minimized] the tendency of participants to support a school initiative. The effect of the images was larger than the difference between parents and other voters.

[3점]

	(A)	(B)	(C)
①	confirm	consensus	minimized
②	confirm	consensus	increased
③	confirm	irrelevancies	minimized
④	threaten	irrelevancies	increased
⑤	threaten	irrelevancies	minimized

[10~12] 밑줄 친 부분 중, 문맥상 낱말의 쓰임이 적절하지 <u>않은</u> 것을 고르시오.

10 Think of a "discovery" as an act that moves the arrival of information from a later point in time to an earlier time. The discovery's value does not ① <u>equal</u> the value of the information discovered but rather the value of having the information available earlier than it otherwise would have been. A scientist or a mathematician may show great skill by being the first to find a solution that has ② <u>eluded</u> many others; yet if the problem would soon have been solved anyway, then the work probably has not much ③ <u>benefited</u> the world. There *are* cases in which having a solution even slightly sooner is immensely valuable, but this is most plausible when the solution is immediately put to use, either being ④ <u>deployed</u> for some practical end or serving as a foundation to further theoretical work. And in the latter case, where a solution is immediately used only in the sense of serving as a building block for further theorizing, there is great value in obtaining a solution slightly ⑤ <u>later</u> only if the further work it enables is itself both important and urgent.

11 We are committed to reason. If we are asking a question, evaluating possible answers, and trying to persuade others of the value of those answers, then we are reasoning, and therefore have tacitly signed on to the ① <u>validity</u> of reason. We are also committed to whatever conclusions follow from the careful application of reason, such as the theorems of mathematics and logic. Though we cannot logically ② <u>prove</u> anything about the physical world, we are entitled to have confidence in certain beliefs about it. The application of reason and observation to discover ③ <u>steadfast</u> generalizations about the world is what we call science. The progress of science, with its dazzling success at explaining and manipulating the world, shows that knowledge of the universe is ④ <u>possible</u>, albeit always probabilistic and subject to revision. Science is thus a paradigm for how we ought to gain knowledge—not the particular methods or institutions of science but its value system, namely to seek to explain the world, to evaluate candidate explanations ⑤ <u>objectively</u>, and to be cognizant of the tentativeness and uncertainty of our understanding at any time.

12 On a boat off Costa Rica, a biologist uses pliers from a Swiss army knife to try to extract a plastic straw from a sea turtle's nostril. The turtle ① writhes in agony, bleeding profusely. For eight painful minutes the YouTube video ticks on; it has ② logged more than 20 million views, even though it's so hard to watch. At the end the increasingly desperate biologists finally manage to ③ dislodge a four-inch-long straw from the creature's nose. Raw scenes like this, which lay ④ bare the toll of plastic on wildlife, have become familiar: The dead albatross, its stomach bursting with refuse. The turtle stuck in a six-pack ring, its shell ⑤ unscathed from years of straining against the tough plastic. The seal snared in a discarded fishing net. Who is to blame? Take a good look in the mirror. [3점]

13 다음 글의 제목으로 가장 적절한 것은?

Do we live on a rare earth? One so exceptional that it is pretty much alone in hosting a rich diversity of life, with almost all other planets being home to simple microbes at best? Or are we in a universe teeming with living things as complex as those here, meaning that we exist as part of a vast, cosmic zoo? Debate on this rages on, but we say it is time to accept that the latter is very likely. To date we know of at least 3,700 exoplanets and there are likely to be trillions of other potentially habitable exoplanets and exomoons in our galaxy and beyond. We do not know how commonly life arises on them, but many scientists think that it may well emerge from the chemical and physical properties of any suitable planet.

① Earth, the Extraordinary Home
② The Intergalactic Superhighway
③ Are Microbes Our True Ancestors?
④ The Cosmic Zoo: The Big Hoax
⑤ Is Anybody Out There?

14 Frank O'Connor에 관한 다음 글의 내용과 일치하는 것은?

Frank O'Connor was born in Cork, Ireland, of a family too poor to give him a university education. During Ireland's struggle for independence he was briefly a member of the Irish Republican Army. Then he worked as a librarian in Cork and Dublin and for a time was director of the Abbey Theatre before he was established as a writer of short stories. From 1931 on he published regularly in American magazines and taught for some years at Harvard and Northwestern Universities. His declared objective was to find the natural rhythms and stresses of the storyteller's voice in shaping his material. He was indeed a prolific historian of Irish manners and the Irish character.

① He is an Irish playwright holding a Harvard degree.

② He was a member of the stage crew at the Abbey Theatre.

③ His writing career in the US took off in the early 1930s.

④ He tried to blur the rhythms of the storyteller's voice.

⑤ His stories are concerned with early American manners.

15 baiji에 관한 다음 글의 내용과 일치하지 <u>않는</u> 것은?

The baiji is a functionally extinct species of freshwater dolphin formerly found only in the Yangtze River in China. It is also called the Chinese river dolphin. It is not to be confused with the Chinese white dolphin. The baiji population declined drastically in decades as China industrialized and made heavy use of the river for fishing, transportation, and hydroelectricity. The baiji could be the first dolphin species in history that humans have driven to extinction. Efforts were made to conserve the species, but a late 2006 expedition failed to find any baiji in the river. In August 2007, a Chinese man reportedly videotaped a large white animal swimming in the Yangtze, believed to be a baiji. The World Wildlife Fund is calling for the preservation of any possible baiji habitat, in case the species is located and can be revived.

① Its sole habitat was the Yangtze River.

② It should not be mistaken for the Chinese white dolphin.

③ Industrialization played a role in its decline in population.

④ It did not turn up during the 2006 expedition.

⑤ The World Wildlife Fund has given up all hope in reviving the species.

16 다음 글의 목적으로 가장 적절한 것은?

　　Please let me take this opportunity to introduce myself and to welcome you to the neighborhood. My wife, Monica, and I live at #19, just up the road from your new home. We have lived on Meadow Street for the past twenty years. Most likely because I'm older than everyone else around here, I am often addressed as the unofficial "mayor" of the neighborhood.

　　I have been asked by several of our neighbors to communicate their wishes about a problem that has arisen since you moved in. We all love music, and most of us have had, or will have, teenagers. We would, though, appreciate it if you would ask your teens to turn down the volume.

　　We all look forward to meeting and greeting you properly after you have the chance to settle in.

① to solicit donations for needy neighbors

② to invite a neighbor to a block party

③ to offer best wishes to a leaving family

④ to request an exchange for a better stereo

⑤ to complain about a neighbor's loud music

17 다음 글의 요지로 가장 적절한 것은?

　　Laughter is one clue to compatibility. It tells you how much you will enjoy each other's company over the long term. If your laughter together is good and healthy, and not at the expense of others, then you have a healthy relationship to the world. Laughter is the child of surprise. If you can make each other laugh, you can always surprise each other. If you can always surprise each other, you can always keep the world around you new. Beware of a relationship in which there is no laughter. Even the most intimate relationships based only on seriousness have a tendency to turn dour. Over time, sharing a common serious viewpoint on the world tends to turn you against those who do not share the same viewpoint, and your relationship can become based on being critical together.

① A key to a healthy relationship is laughing together.

② "No action, talk only" is the seed of relationship failures.

③ Serious talk leads to endless criticism of one another.

④ The element of surprise brings laughter into your relationship.

⑤ Laugh a lot, and you will end up with new relationships.

[18~24] 다음 글의 빈칸에 들어갈 말로 가장 적절한 것을 고르시오.

18

Good reductionism consists not of replacing one field of knowledge with another but of connecting or unifying them. The building blocks used by one field are put under a microscope by another. A geographer might explain why the coastline of Africa fits into the coastline of the Americas by saying that the landmasses were once adjacent but sat on different plates, which drifted apart. The question of why the plates move gets passed on to the geologists, who appeal to an upwelling of magma that pushes them apart. As for how the magma got so hot, they call in the physicists to explain the reactions in the Earth's core and mantle. None of the scientists is _____.

① innocent   ② dispensable

③ meticulous   ④ qualified

⑤ connected

19

Even small differences in annual economic growth rates, if sustained for decades or centuries, eventually lead to huge differences in the levels of economic well-being. The per capita gross national product of the United States, for example, grew at an annual rate of around 1.7 percent per year during the period 1820 to 1998. This led to a twenty-five-fold increase in living standards, with per capita incomes rising from around $1,200 per person in 1820 to around $30,000 today (in 1990 dollars). The key for the United States to become the world's richest major economy was not spectacularly fast growth, such as China's recent achievement of 8 percent growth per year. The key was _____, the fact that the United States maintained that income growth rate for almost two centuries.

① velocity   ② originality

③ transparency   ④ liquidity

⑤ consistency

20

Believing-for-a-reason _____. I may believe that my neighbor has few friends because no one ever visits him. I may never have made this reasoning explicit, either to myself or to anyone else. Still, if asked the question "Why do you think he has few friends?" I can reply, without any introspection or self-observation: "Because no one ever visits him." That a subject is in the relevant state does not necessarily manifest itself in conscious review of the reasoning but does necessarily include the ability to express it both in the form of a demonstration and an expressive self-explanation, i.e., a rational explanation of one's own belief that one can just give. [3점]

① often results from the state of mutual contradictions

② need not be the result of any conscious process at all

③ may lie in the subject's ability to review a conclusion

④ seldom denies the existence of premise and conclusion

⑤ ought to be constantly mediated by connecting principles

21

We know that blind evolutionary processes can produce human-level general intelligence, since they have already done so at least once. Evolutionary processes with foresight — that is, genetic programs designed and guided by an intelligent human programmer — should be able to achieve a similar outcome with far greater efficiency. This observation has been used by some philosophers and scientists to argue that human-level AI is not only theoretically possible but feasible within this century. The idea is that we can estimate the relative capabilities of evolution and human engineering to produce intelligence, and find that human engineering is already vastly superior to evolution in some areas and is likely to become superior in the remaining areas before too long. The fact that evolution produced intelligence therefore indicates that human engineering will _____.

① compete against superintelligence

② lag far behind evolutionary processes

③ disguise itself as human−level AI

④ soon be able to do the same

⑤ repeat similar mistakes

22

The number of electric cars in the world passed the 2 million mark last year and the International Energy Agency estimates there will be 140 million electric cars globally by 2030 if countries meet Paris climate agreement targets. This electric vehicle boom could leave 11 million tons of spent lithium-ion batteries in need of recycling between now and 2030. However, in the EU as few as 5% of lithium-ion batteries are recycled. _____.

Not only do the batteries carry a risk of giving off toxic gases if damaged, but core ingredients such as lithium and cobalt are finite and extraction can lead to water pollution and depletion among other environmental consequences.

① This has an environmental cost

② It is prohibited to take further steps

③ It has identified the cause

④ This ratifies the Paris climate agreement

⑤ This supports current energy policies

23

The electromagnetic field is everywhere, and every single electron that exists in the universe not only belongs to it, but also is exactly identical to any other electron, anywhere and anywhen. Interchange two of them, and the universe won't notice. Because of that, because of the quantum field they are an expression of, electrons cannot be described as one would describe a macroscopic object. They belong to the field. They are part of it, like a drop of water in the vast ocean, or a gust of wind in the night air, a drop or a gust you cannot localize. As long as one does not look, drops and gusts are just like the ocean itself, like the wind. Mingled into an entity much vaster than themselves, _____.

[3점]

① they provide vectors to the core of the universe

② they create a ripple effect in the quantum field

③ they have no identity of their own

④ they fail to achieve their full potential

⑤ they serve as catalysts for many reactions

24

Cost of production concepts are not very useful to the understanding of the economics of agriculture, just as cost of production of pizza is not very useful to understanding the pizza industry. A more appropriate comparison, given the nature of joint production in agriculture, is the relation of cost of production of pizza to the structural understanding of the restaurant industry. Too great a reliance on cost of production is a danger because of the inherent weaknesses of analyses that follow, the resources devoted to cost of production which would be better used elsewhere, and the limited focus of issues which can result from its emphasis. Cost of production seems, on the surface, to be a useful and basic element to economic analysis. Further, noneconomists relate well to the concept of cost of production, while supply functions, input demand functions, length-of-run and other important issues are less obvious concepts. As a result, cost of production often becomes considered as _____.

① an instrumental source of agricultural investment decision

② an end rather than a tool with limited analytic capability

③ one of the weakest indices of long-term market growth

④ a test of inter-industry collaboration assessment

⑤ an obscure measurement of market assets

[25~26] 다음 글의 주제로 가장 적절한 것을 고르시오.

25

In the U.S. the proportion of infants who were nursed at all by their mothers, and the age at which those nursed infants were weaned, decreased through much of the 20th century. For example, by the 1970s only 5% of American children were being nursed at the age of six months. In contrast, among hunter-gatherers not in contact with farmers and without access to farmed foods, infants are nursed far beyond six months, because the only suitable infant food available to them is mother's milk: they have no access to cow's milk, baby formula, or soft food replacements. The age of weaning averaged over seven hunter-gatherer groups is about three years old, an age at which children finally become capable of fully nourishing themselves by chewing enough firm food.

① relationship between the age of weaning and available food

② necessity of early weaning in hunter—gatherer societies

③ controversy over the role of weaning in children's health

④ agricultural motivations for early weaning in children

⑤ demographic contrasts between farmers and hunter—gatherers

③ the critical need for governmental intervention in China

④ the unwarranted concern about China's bond market

⑤ the doomed future of China's accumulating debt

[27~28] 다음 글의 빈칸 (A), (B)에 들어갈 말로 가장 적절한 것을 고르시오.

26

Never has China's bond market had such a stormy spring. It has already set a record for defaults in the second quarter. The cost of credit for firms has shot up. Even the state-owned companies that invest in infrastructure, previously sacrosanct, are seen as risks. What has gone wrong? The answer is nothing at all. Defaults are progress for China, which needs to clear a backlog of accumulated debt. This year's casualties amount to a mere 0.1% of the bond market. But that is still an improvement on the recent past, when investors assumed that the government would rescue any big firm in trouble. [3점]

① the hidden pitfalls of China's economy

② the risky investments on China's infrastructure

27

Deficiencies of innate ability may be compensated for through persistent hard work and concentration. One might say that work substitutes for talent, or better yet that it __(A)__ talent. He who firmly determines to improve his capacity will do so, provided that education does not begin too late, during a period when the plasticity of nerve cells is greatly reduced. Do not forget that reading and thinking about masterpieces allows one to assimilate much of the skill that created them, providing of course that one extends beyond conclusions to the author's insights, guiding principles, and even style. What we refer to as a great and special talent usually implies superiority that is expeditious rather than qualitative. In scientific undertakings, however, the slow prove to be as useful as the fast because scientists like artists are judged by the quality of what they produce, not by the (B) of production.

	(A)		(B)
①	creates	······	power
②	creates	······	speed
③	suppresses	······	quantity
④	suppresses	······	speed
⑤	encourages	······	power

28

Professions embody expertise, prestige, autonomy, dignity, and formal learning, values that often are incompatible with politics. The historic struggles of public professions to purge themselves of politics — for example, the city manager *versus* party hacks; the librarian *versus* ignorant censors; the environmental scientist *versus* political ideologues — all reflect this (A) . Nor do professionals like bureaucracy, which they often view as an impediment to the free exercise of their specializations. Certain kinds of specialized professionals, such as scientists and engineers, working for the federal government express much less satisfaction with their work

than federal executives. Put bluntly, professionals who choose the public service often must overcome their (B) for its two major features: politics and bureaucracy.

[3점]

	(A)		(B)
①	resistance	······	antipathy
②	congruence	······	affinity
③	resistance	······	affinity
④	congruence	······	antipathy
⑤	incompatibility	······	aspiration

[29~30] 주어진 글 다음에 이어질 글의 순서로 가장 적절한 것을 고르시오.

29

For most of Western history, curiosity has been regarded as at best a distraction, at worst a poison, corrosive to the soul and to society. There's a reason for this. Curiosity is unruly.

(A) In short, curiosity is deviant. Pursuing it is liable to bring you into conflict with authority at some point, as everyone from Galileo to Charles Darwin to Steve Jobs could have attested. A society that values order above all else will seek to suppress curiosity.

(B) It doesn't like rules, or, at least, it assumes that all rules are provisional, subject to the laceration of a smart question nobody has yet thought to ask. It disdains the approved pathways, preferring diversions, unplanned excursions, impulsive left turns.

(C) But a society that believes in progress, innovation, and creativity will cultivate it, recognizing that the inquiring minds of its people constitute its most valuable asset. By the time of the Enlightenment, European societies started to see that their future lay with the curious and encouraged probing questions rather than stamping on them.

① (A) − (C) − (B)   ② (B) − (A) − (C)

③ (B) − (C) − (A)   ④ (C) − (A) − (B)

⑤ (C) − (B) − (A)

30

Most existing drones need to be flown by an experienced operator. Indeed, the law often requires this. Drones also need technical support and maintenance.

(A) The drone may fly autonomously, according to a preprogrammed schedule, find its way automatically to a point it is ordered to visit, or be piloted remotely by an operative

of the company that supplies the system, from a control centre anywhere on the planet.

(B) This is a term being applied to the offerings of several firms that aspire to sell the advantages of drones without the associated worries. The box in question is a base station that houses the drone, recharges it and transfers the data it has collected to the customer.

(C) And the people operating them would be well advised to have an understanding of the legal and safety implications of what they are up to. Hence the appeal of the "drone-in-a-box."

① (A) − (C) − (B)   ② (B) − (A) − (C)

③ (B) − (C) − (A)   ④ (C) − (A) − (B)

⑤ (C) − (B) − (A)

31 다음 글에서 전체 흐름과 관계 없는 문장은?

Many animals cooperate effectively, and a few even give loans. The most famous lenders in nature are vampire bats. These bats congregate in their thousands inside caves and every night fly out to look for prey. When they find a sleeping bird or careless mammal, they make a small incision in its skin, and suck its blood. ① But not all vampire bats find a victim every night. ② In order to cope with the uncertainty of their life, the vampires loan blood to each other. ③ Vampires, however, don't give loans in order to alleviate their evolutionary pressure. ④ A vampire that fails to find prey will come home and ask a more fortunate friend to regurgitate some stolen blood. ⑤ Vampires remember very well to whom they loaned blood, so at a later date if the friend returns home hungry, he will approach his debtor, who will reciprocate the favour.

32 글의 흐름으로 보아 주어진 문장이 들어가기에 가장 적절한 곳은? [3점]

> When you see grass as *green*, the green is no more a property of grass than rustish is a property of water.

Imagine that you are a piece of iron. So there you are, sitting around doing nothing, as usual, when along comes a drop of water. What will be your perception of the water? Yes, of course, a bar of iron doesn't have a brain, and it wouldn't have any perception at all. But let's ignore that inconvenient fact and imagine what it would be like if a bar of iron could perceive the water. From the standpoint of a piece of iron, water is above all *rustish*. (①) Now return to your perspective as a human. (②) You know that rustishness is not really a property of water itself but of how it reacts with iron. (③) The same is true of human perception. (④) Green is the experience that results when the light bouncing off grass reacts with the neurons in your brain. (⑤) Greenness is in us—just as rust is in the piece of iron.

33 다음 글에 나타난 "I"의 심경 변화로 가장 적절한 것은?

> I left for Brussels by train in April 1939. Leaving my parents behind when I was only nine years old was deeply distressing. As I reached the border between Germany and Belgium, the train stopped for a brief time and German customs officials came on board. They demanded to see any jewelry or other valuables I might have. I had been forewarned of this request by a young woman who was traveling with me. I had therefore hidden in my pocket a small gold ring with my initials on it, which I had been given as a present on my seventh birthday. My anxiety in the presence of Nazi officers reached almost unbearable heights as they boarded the train, and I feared that they would discover the ring. Fortunately, they paid little attention to me and allowed me to go undisturbed. As

their footsteps grew fainter, a quiet sigh escaped my lips.

① nervous → relieved

② joyous → discouraged

③ indifferent → outraged

④ irritated → terrified

⑤ surprised → disappointed

[34~35] 다음 글을 읽고 물음에 답하시오.

People who learn to extract the key ideas from new material and organize them into a mental model and connect that model to _____ show an advantage in learning complex mastery. A mental model is a mental representation of some external reality. Think of a baseball batter waiting for a pitch. He has less than an instant to decipher whether it's a curveball, a changeup, or something else. How does he do it? There are a few subtle signals that help: the way the pitcher winds up, the way he throws, the spin of the ball's seams. A great batter winnows out all the extraneous perceptual distractions, seeing only these variations in pitches, and through practice he forms distinct mental models based on a different set of cues for each kind of pitch. He connects these models to what he knows about batting stance, strike zone, and swinging so as to stay on top of the ball. These he connects to mental models of player positions: if he's got guys on first and second, maybe he'll sacrifice to move the runners ahead. Because he has culled out all but the most important elements for identifying and responding to each kind of pitch, constructed mental models out of that learning, and connected those models to his mastery of the other essential elements of this complex game, an expert player has a better chance of scoring runs than a less experienced one who cannot make sense of the vast and changeable information he faces every time he steps up to the plate.

34 위 글의 제목으로 가장 적절한 것은?

① Split-Second Decisions Made Easy

② When Baseball Players Go Wild

③ Baseball 101: Choose the Right Bat

④ The Anatomy of a Baseball Pitcher

⑤ How Far Can a Batter Hit the Ball?

35 위 글의 빈칸에 들어갈 말로 가장 적절한 것은? [3점]

① future course of events

② athletic endowment

③ prior knowledge

④ de facto principles

⑤ controlled motivation

[36~37] 다음 글을 읽고 물음에 답하시오.

In the region of western New York State in which I was brought up, as indeed in a huge part of the English – speaking regions of the world, the form *doesn't* (a) scarcely exists in vernacular speech. Where I come from, almost everyone says *It don't matter and He don't need that.*

Naturally, my high school English teacher, Mrs. Breck, took strong exception to this usage, and she relentlessly (b) waged her own little war upon it. I well remember sitting in class one day when her campaign was in full swing. Having heard my classmate Norman say, for the seven hundredth time that day, something like "He don't know that," she decided to strike: "He *doesn't* know that, Norman." "Yeah, that's right," replied Norman, "he *don't.*" "Not *don't,* Norman," reiterated Mrs. Breck, her face turning an interesting colour, "say 'He DOESN'T know that.'" "But... but..." A look of (c) contentment appeared on Norman's face. "But it don't *sound* right!"

This little episode encapsulates very neatly the (d) contrast between the very special position of one particular form of English, which we call standard English, and all the other varieties of English that there are, which we may collectively term non-standard English. The great majority of English-speakers grow up learning and speaking the (e) local vernacular form of English, which is almost always significantly different from standard English, and is sometimes spectacularly different.

36 위 글의 제목으로 가장 적절한 것은?

① Good Old Days: Reflections on My English Teacher
② Avoid Dialect Extinction for Diversity's Sake
③ Sounding Right: A Dilemma for Policy-Makers
④ Standard vs. Non-standard English: Don't It Matter?
⑤ Vernacular vs. Prestige English: End the War

37 위 글의 밑줄 친 부분 중, 문맥상 낱말의 쓰임이 적절하지 <u>않은</u> 것은?

① (a)　　② (b)
③ (c)　　④ (d)
⑤ (e)

[38~39] 다음 글을 읽고 물음에 답하시오.

That music can increase cooperation and helpfulness by inducing good moods has been demonstrated experimentally. Rona Fried and Leonard Berkowitz undertook a study with their students at the University of Wisconsin. They divided them into four groups and induced different moods in three of them by playing them different pieces of music. Two selections from Mendelssohn's 'Songs Without Words' were chosen to instill a soothing mood in one group; Duke Ellington's 'One O'Clock Jump' was played to create feelings of excitement in another; and John Coltrane's 'Meditations' was used to instill negative emotions, of sadness and despondency, in the third group. The fourth, control group simply sat in silence for the seven-minute duration of the musical recordings. The students had to complete a mood questionnaire both before and after listening to the music, and this confirmed that the music had made a significant difference to their feelings.

Just before they were dismissed, the experimenter asked for volunteers to help with another, quite unrelated experiment which would require anywhere between fifteen minutes and two hours of their time. They were requested to complete a form to specify whether they were prepared to help, and if so for what amount of time. This, of course, was the test of helpfulness — the experimenter wanted to discover whether the four groups varied in their willingness to help according to the type of music to which they had been listening.

This _____. Those who had listened to the Mendelssohn pieces turned out to be the most helpful, as measured by their willingness to help with the second experiment and the length of time they were prepared to offer. On both measures, the students who had listened to Coltrane's music, leading to adverse moods, were the least willing to be helpful.

38 위 글의 요지로 가장 적절한 것은?

① Cooperative groups tended to prefer Mendelssohn's music.
② Classical music instilled soothing moods in people.
③ Cooperation and helpfulness were affected by musical talents.
④ Types of music influenced people's willingness to help.
⑤ Excited moods led people to offer more assistance.

39 위 글의 빈칸에 들어갈 말로 가장 적절한 것은?

① had been tested before
② proved to be the case
③ was challenged by many
④ contradicted earlier findings
⑤ needed further support

[40~42] 다음 글을 읽고 물음에 답하시오.

According to most definitions of intelligence, a million years ago humans were already the most intelligent animals around, as well as the world's champion toolmakers, yet they remained insignificant creatures with little impact on the surrounding ecosystem. They were obviously lacking some key feature other than intelligence and toolmaking.

Perhaps humankind eventually came to dominate the planet not because of some elusive third key ingredient, but due simply to the evolution of even higher intelligence and even better toolmaking abilities? It doesn't seem so, because when we examine the historical record, we don't see a direct correlation between the intelligence and toolmaking abilities of individual humans and the power of our species as a whole. Twenty thousand years ago, the average Sapiens probably had higher intelligence and better toolmaking skills than the average Sapiens of today. Modern schools and employers may test our aptitudes from time to time but, no matter how badly we do, the welfare state always guarantees our basic needs. In the Stone Age natural selection tested you every single moment of every single day, and if you flunked any of its numerous tests you (A) <u>were pushing up the daisies in no time</u>. Yet despite the superior toolmaking abilities of our Stone Age ancestors, and despite their sharper minds and far more acute senses, 20,000 years ago humankind was much weaker than it is today.

Over those 20,000 years humankind moved from hunting mammoth with stone-tipped spears to exploring the solar system with spaceships not thanks to the evolution of more dexterous hands or bigger brains. Instead, the crucial factor in our conquest of the world was our ability to connect many humans to one another. Humans nowadays completely dominate the planet not because the individual human is far smarter and more nimble-fingered than the individual chimp or wolf, but because *Homo sapiens* is the only species on earth capable of cooperating flexibly in large numbers. Intelligence and toolmaking were obviously very important as well. But if humans had not learned to cooperate flexibly in large numbers, our crafty brains and deft hands would still be _____ (B) _____.

40 위 글의 밑줄 친 (A)가 의미하는 바로 가장 적절한 것은?

① might prosper eternally

② would die soon

③ sharpened tools slowly

④ could pick flowers quickly

⑤ became a farmer eventually

41 위 글의 빈칸 (B)에 들어갈 말로 가장 적절한 것은? [3점]

① developing far more acute senses

② significantly impacting the ecosystem

③ overcoming numerous hurdles in the wild

④ searching for easy prey in groups

⑤ splitting flint stones rather than uranium atoms

42 위 글의 내용을 한 문장으로 나타낼 때, 빈칸 (C)와 (D)에 들어갈 말로 가장 적절한 것은?

> It is not higher intelligence or better __(C)__, but largescale, flexible cooperation abilities which played a key role in Homo sapiens' __(D)__ of the world.

	(C)		(D)
①	dexterity	⋯⋯	domination
②	dexterity	⋯⋯	exploration
③	evolution	⋯⋯	cultivation
④	welfare	⋯⋯	domination
⑤	welfare	⋯⋯	exploration

[43~45] 다음 글을 읽고 물음에 답하시오.

(A) Do you know a childlike view of the world can frequently put adult life in perspective? The innocent view of children can help adults to not be so weighed down by their problems. Nancy Craver, director of a day-care center, relates the following story of how a child's perspective helped (a) her turn a big problem into a small one. It was the center's annual multicultural dinner, created as a chance for parents, children, and staff to celebrate both their diversity and their ability to work well together.

(B) As (b) she instinctively reached out her arms, she not only caught the little one but also caught her laughter and excitement. Immediately, those first terrible images melted away. Swinging (c) her around, Nancy was reminded by the child's enthusiasm that this was a celebration. Her laughter and play did not fix things, but it did change Nancy's perspective. And the evening continued better for her and for those around her.

(C) The previous year's celebration had been quite challenging for Nancy, as she had just been hired as the new director. This year (d) she planned things out early so that she could relax and participate in the dinner — or so she thought. At first just minor things went wrong. Then, someone dropped the slide projector that was to be used for an after-dinner presentation. When the dinner itself was over, the woman who had been hired to take the children to another place to play did not show up. The kids became restless and began running about.

(D) In the midst of all this commotion, an elderly man insisted on someone moving the car that was blocking his in the parking lot. With her tension — and temperature — rising, Nancy went to help him get out of the lot. Just as (e) she started back into the building, one of the young children came charging down the stairs and threw herself at her. The images that flashed across Nancy's mind as the child was flying through the air included an injured child, shocked parents, and people saying, "You see, she cannot control or even protect our children!"

43 주어진 글 (A)에 이어질 내용을 순서에 맞게 배열한 것으로 가장 적절한 것은?

① (B) − (D) − (C)   ② (C) − (B) − (D)

③ (C) − (D) − (B)   ④ (D) − (B) − (C)

⑤ (D) − (C) − (B)

44 밑줄 친 (a)~(e) 중에서 가리키는 대상이 나머지와 다른 것은?

① (a)   ② (b)

③ (c)   ④ (d)

⑤ (e)

45 위 글의 Nancy에 관한 내용과 일치하지 않는 것은?

① She was in charge of a day−care center.

② She caught a child in mid−air.

③ She became the director three years ago.

④ She planned for this year's dinner in advance.

⑤ She helped out with a parking problem.

제3교시 수학영역

▶정답 및 해설 186p

[01~20] 각 문항의 답을 하나만 고르시오.

01 등차수열 $\{a_n\}$에 대하여
$a_1+a_3=10$, $a_6+a_8=40$일 때,
$a_{10}+a_{12}+a_{14}+a_{16}$의 값은? [3점]

① 149   ② 152

③ 155   ④ 158

⑤ 161

02 세 정수 a, b, c에 대하여
$1 \leq a \leq |b| \leq |c| \leq 7$을 만족시키는 모든
순서쌍 (a, b, c)의 개수는? [3점]

① 300   ② 312

③ 324   ④ 336

⑤ 348

03 명제 '$x^2-x-6 \leq 0$인 어떤 실수 x에 대하여 $x^2-2x+k \leq 0$이다.'가 거짓일 때, 정수 k의 최솟값은? [3점]

① -2 ② -1

③ 0   ④ 1

⑤ 2

04 양의 실수 x, y가 $\dfrac{x^2}{4}+\dfrac{y^2}{9}=1$을 만족시킬 때, $(3x+2y)^2$의 최댓값은? [3점]

① 36   ② 48

③ 60   ④ 72

⑤ 84

05 전체집합 $U=\{1,\ 2,\ 3,\ 4,\ 5\}$의 두 부분집합 A, B에 대하여 $A=\{1,\ 2,\ 3\}$일 때, $n(A\cap B)\leq2$를 만족시키는 집합 B의 개수는? [4점]

① 22   ② 24

③ 26   ④ 28

⑤ 30

06 세 양수 a, b, c에 대하여

$$\begin{cases} \log_{ab}3+\log_{bc}9=4 \\ \log_{bc}3+\log_{ca}9=5 \\ \log_{ca}3+\log_{ab}9=6 \end{cases}$$

이 성립할 때, abc의 값은? [4점]

① 1   ② $\sqrt{3}$

③ 3   ④ $3\sqrt{3}$

⑤ 9

07 이차함수 $f(x)=x^2-4x+7$의 그래프 위의 두 점 A$(1,\ 4)$, B$(6,\ 19)$가 있다. 직선 AB와 평행하고 포물선 $y=f(x)$에 접하는 직선이 두 직선 $x=1$, $x=6$과 만나는 점을 각각 D, C라 할 때, 평행사변형 ABCD의 넓이는? [4점]

① 30   ② $\dfrac{125}{4}$

③ $\dfrac{65}{2}$ ④ $\dfrac{135}{4}$

⑤ 35

08 주머니 A에는 1, 2, 3, 4의 숫자가 각각 하나씩 적힌 4장의 카드가 들어있고 주머니 B에는 1, 2, 3, 4, 5의 숫자가 각각 하나씩 적힌 5개의 공이 들어있다. 주머니 A에서 임의로 한 장의 카드를 꺼내고 주머니 B에서 임의로 하나의 공을 꺼낼 때 나오는 두 자연수 중 작지 않은 수를 확률변수 X라 하자. 이때, E(X)의 값은? [4점]

① $\dfrac{13}{4}$ ② $\dfrac{7}{2}$

③ $\dfrac{15}{4}$ ④ 4

⑤ $\dfrac{17}{4}$

09 함수 $f(x)=(x-1)^3+(x-1)$의 역함수를 $g(x)$라 할 때, $\int_2^{10} g(x)dx$의 값은?

[4점]

① $\dfrac{51}{4}$ ② $\dfrac{59}{4}$

③ $\dfrac{67}{4}$ ④ $\dfrac{75}{4}$

⑤ $\dfrac{83}{4}$

10 곡선 $y=x^2-8x+17$ 위의 점 $\mathrm{P}(t, t^2-8t+17)$에서의 접선이 y축과 만나는 점을 Q, 점 P를 지나고 x축에 평행한 직선이 y축과 만나는 점을 R라 하고 삼각형 PQR의 넓이를 $S(t)$라 하자. $1 \le t \le 3$일 때, $S(t)$가 최대가 되는 t의 값은? [4점]

① $\dfrac{4}{3}$ ② $\dfrac{5}{3}$

③ 2 ④ $\dfrac{7}{3}$

⑤ $\dfrac{8}{3}$

11 백인 80%, 흑인 10%, 동양인 10%의 세 인종의 주민으로 구성된 지역에서 범죄 사건이 일어났다. 목격자는 '범인은 동양인'이라고 진술하였지만 가까이서 정확히 범인의 얼굴을 본 것은 아니고 CCTV도 없었다. 어두워지기 시작하는 저녁 무렵에 벌어진 사건임을 감안하여 수사관은 목격자 진술의 신빙성을 알아볼 필요가 있다고 판단하여 비슷한 조건에서 많은 테스트를 해 보았다. 그 결과 목격자가 인종을 옳게 판단할 확률은 모든 인종에 대해 동일하게 0.9였고, 인종을 잘못 판단하는 경우에는 백인을 동양인으로, 흑인을 동양인으로 판단하였다고 한다. 목격자가 동양인이라고 진술한 범인이 실제로 동양인일 확률은? [4점]

① $\dfrac{1}{2}$ ② $\dfrac{2}{3}$

③ $\dfrac{3}{4}$ ④ $\dfrac{4}{5}$

⑤ $\dfrac{5}{6}$

12 함수 $f(x)=\dfrac{ax+b}{x+c}\ (b-ac\neq0,\ c<0)$ 의 그래프와 직선 $y=x+1$의 두 교점이 $P(0,1)$, $Q(3,4)$이다. 두 점 P, Q와 곡선 $y=f(x)$ 위의 다른 두 점 R, S를 꼭짓점으로 하는 직사각형 PQRS의 넓이가 30일 때, $f(-2)$의 값은? [4점]

① $\dfrac{1}{6}$ ② $\dfrac{1}{3}$

③ $\dfrac{1}{2}$ ④ $\dfrac{2}{3}$

⑤ $\dfrac{5}{6}$

13 자연수 p에 대하여 수열 $\{a_n\}$의 일반항이 $a_n=\dfrac{(n!)^4}{(pn)!}$이다. $\displaystyle\lim_{n\to\infty}\dfrac{a_n}{a_{n+1}}=\alpha\ (\alpha$는 0이 아닌 상수)일 때, $\log_2\alpha$의 값은? [4점]

① 0 ② 2

③ 4 ④ 6

⑤ 8

14 원 위에 일정한 간격으로 8개의 점이 놓여있다. 이 중 세 개의 점을 연결하여 삼각형을 만들 때, 이 삼각형이 둔각삼각형일 확률은? [4점]

① $\dfrac{2}{7}$ ② $\dfrac{5}{14}$

③ $\dfrac{3}{7}$ ④ $\dfrac{1}{2}$

⑤ $\dfrac{4}{7}$

15 1부터 9까지의 자연수가 각각 하나씩 적힌 9개의 공이 들어 있는 주머니가 있다. 이 주머니에서 임의로 4개의 공을 동시에 꺼낼 때, 꺼낸 공에 적혀 있는 수 a, b, c, d가 다음 조건을 만족시킬 확률은? [4점]

> (가) $a+b+c+d$는 홀수이다.
> (나) $a\times b\times c\times d$는 15의 배수이다.

① $\dfrac{4}{21}$ ② $\dfrac{3}{14}$

③ $\dfrac{5}{21}$ ④ $\dfrac{11}{42}$

⑤ $\dfrac{2}{7}$

16 양의 실수 t에 대하여 한 변의 길이가 1인 정사각형 ABCD 위의 점 P_0, P_1, P_2, P_3, $\cdots$은 다음과 같은 규칙을 따라 정해진다.

(규칙1) $P_0 = A$

(규칙2) 자연수 n에 대해 점 P_{n-1}에서 점 P_n까지 정사각형 ABCD의 변을 반시계방향으로 따라 가는 경로의 길이는 t^{n-1}이다.

다음을 만족시키는 실수 k의 최솟값은? [4점]

$k < t < \dfrac{39}{40}$인 t에 의해 정해지는 점 P_0, P_1, P_2, P_3, $\cdots$ 중에서 무수히 많은 점들이 변 DA 위에 있다.

① $\dfrac{30}{31}$ ② $\dfrac{32}{33}$

③ $\dfrac{34}{35}$ ④ $\dfrac{36}{37}$

⑤ $\dfrac{38}{39}$

17 곡선 $y = x^3 + 1$에 대하여 곡선 밖의 점 (a, b)에서 곡선에 그은 접선의 개수가 3일 때, 점 (a, b)가 나타내는 영역의 넓이는? (단, $0 \leq a \leq 1$) [5점]

① $\dfrac{1}{4}$ ② $\dfrac{1}{3}$

③ $\dfrac{1}{2}$ ④ $\dfrac{2}{3}$

⑤ $\dfrac{3}{4}$

18 함수 $f(x) = [4x] - [6x] + \left[\dfrac{x}{2}\right] - \left[\dfrac{x}{4}\right]$가 $x = a$에서 불연속이 되는 실수 $a(0 < a < 5)$의 개수는? (단, $[x]$는 x보다 크지 않은 최대의 정수이다.) [5점]

① 30   ② 31

③ 32   ④ 33

⑤ 34

19 함수

$$f(x) = \begin{cases} \lim\limits_{n \to \infty} \dfrac{x(x^{2n} - x^{-2n})}{x^{2n} + x^{-2n}} & (x \neq 0) \\ 0 & (x = 0) \end{cases}$$

에 대하여 방정식 $f(x) = (x-k)^2$의 서로 다른 실근의 개수가 3인 실수 k의 범위는 $a < k < b$이다. 상수 a, b에 대하여 $a+b$의 값은? [5점]

① $\dfrac{1}{4}$ ② $\dfrac{1}{3}$

③ $\dfrac{1}{2}$ ④ $\dfrac{2}{3}$

⑤ $\dfrac{3}{4}$

20 집합 $X = \{1, 2, 3, 4, 5\}$에 대하여 X에서 X로의 함수 중에서 다음 조건을 만족시키는 함수 f의 개수는? [5점]

$$\{(f \circ f)(x) \,|\, x \in X\} \cup \{4, 5\} = X$$

① 402   ② 424

③ 438   ④ 456

⑤ 480

[21~25] 각 문항의 답을 답안지에 기재하시오.

21 $\lim\limits_{n \to \infty} \dfrac{1}{n^3}\{(n+3)^2 + (n+6)^2 + \cdots + (n+3n)^2\}$ 의 값을 구하시오. [3점]

22 각 항이 양수인 수열 $\{a_n\}$의 첫째항부터 제n항까지의 합을 S_n이라 할 때, $S_n + S_{n+1} = (a_{n+1})^2$이 성립한다. $a_1 = 10$일 때, a_{10}의 값을 구하시오. [4점]

23 부등식 $10^{10} \leq 2^x 5^y$을 만족시키는 양의 실수 x, y에 대하여 $x^2 + y^2$의 최솟값을 m이라 할 때, m의 정수부분을 구하시오. (단, $\log 2 = 0.3$, $\log 5 = 0.7$로 계산한다.) [4점]

24 다항함수 $g(x)$와 자연수 k에 대하여 함수 $f(x)$가 다음과 같다.

$$f(x) = \begin{cases} x+1 & (x \leq 0) \\ g(x) & (0 < x < 2) \\ k(x-2)+1 & (x \geq 2) \end{cases}$$

함수 $f(x)$가 모든 실수 x에 대하여 미분가능하도록 하는 가장 낮은 차수의 다항함수 $g(x)$에 대하여 $\dfrac{1}{4} < g(1) < \dfrac{3}{4}$일 때, k의 값을 구하시오. [4점]

25 그림과 같이 인접한 교차로 사이의 거리가 모두 1인 바둑판 모양의 도로가 있다. A지점에서 B지점까지의 최단 경로 중에서 가로 또는 세로의 길이가 3 이상인 직선 구간을 포함하는 경로의 개수를 구하시오. [5점]

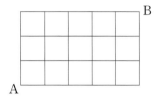

2019 기출문제

Life is like riding a bicycle.
To keep your balance
you must keep moving.
인생은 자전거를 타는 것과 같다.
균형을 잡으려면 움직여야 한다.

– 알버트 아인슈타인(Albert Einstein)

2024
경찰대학
기출백서

제1교시 국어영역

▶ 정답 및 해설 194p

01 밑줄 친 부분의 표기가 한글맞춤법에 <u>어긋난</u> 것은?

① 오늘 저녁에는 생선으로 <u>졸임</u>을 만들었다.

② 좌수(坐睡)는 '앉아서 <u>졺</u>'을 뜻하는 말이다.

③ <u>만듦새</u>를 보니, 정성을 들인 것이 분명하다.

④ 진정한 봉사는 다른 사람의 <u>알음</u>을 바라지 않는다.

⑤ 눈이 내리고 땅이 <u>얾</u>으로 말미암아 길 떠날 생각을 접었다.

02 〈보기〉의 한글맞춤법 규정에 따라 표기된 것은? [3점]

― 〈보기〉 ―

제23항 '-하다'나 '-거리다'가 붙는 어근에 '-이'가 붙어서 명사가 된 것은 그 원형을 밝히어 적는다.

[붙임] '-하다'나 '-거리다'가 붙을 수 없는 어근에 '-이'나 또는 다른 모음으로 시작되는 접미사가 붙어서 명사가 된 것은 그 원형을 밝히어 적지 아니한다.

① 오뚜기, 개구리

② 더펄이, 꽹과리

③ 깔쭈기, 깍두기

④ 홀쭉이, 얼룩이

⑤ 삐주기, 누덕이

03 국어 생활과 관련된 질문에 대한 답으로 적절한 것은?

① 문 : '부끄러워 않다'가 맞는 말인가요, '부끄러워하지 않다'가 맞는 말인가요?

답 : 보조 용언 '않다'는 형용사, 동사 뒤에서 부정 표현에 쓰이므로, 형용사인 '부끄럽다'의 부정은 '부끄러워 않다'와 '부끄러워하지 않다'를 둘 다 쓸 수 있습니다.

② 문 : "안녕히 계세요.", "안녕히 가세요."를 발음할 때 [안녕히]와 [안녕이] 중 어느 쪽이 맞는 건가요?

답 : 한자어나 복합어에서 모음과 'ㅎ' 또는 'ㄴ, ㅁ, ㅇ, ㄹ'과 'ㅎ'이 결합된 경우에는 '전화[저놔]'에서와 같이 'ㅎ'이 탈락한 대로 발음합니다. 이에 따라 '안녕히'는 [안녕이]로 발음합니다.

③ 문 : "벌에 쏘였다."가 맞습니까, "벌에 쐬었다."가 맞습니까?

답 : 피동사 '쏘이다'의 어간 '쏘이-' 뒤에 어미 '-었-'이 붙으면, 줄여서 '쏘였-'으로 써야 합니다. 그래서 '쏘이었다'의 준말로 '쏘였다'만이 가능합니다.

④ 문 : '시래기죽'이 맞나요, '시래깃죽'이 맞나요?

답 : '시래기'와 '죽'이 결합하여 만들어진 이 말이 [시래기쭉/시래긷쭉]으로 소리 나므로, 사이시옷 규정에 따라 사이시옷을 받치어 '시래깃죽'과 같이 적습니다.

⑤ 문 : "도움이 되었기를 바랍니다."라는 표현은 예의가 없어 보이는데, "도움이 되셨기를 바랍니다."라는 표현이 맞는지요?

답 : '이 정보가 누구에게 도움이 되다.'와 같은 문장에서의 주체인 '이 정보'는 높일 대상이 아니어서 서술어에 주체 높임을 나타내는 '-시-'를 붙이는 것은 적절하지 않습니다. 따라서 "도움이 되었기를 바랍니다."가 맞습니다.

04 부사의 사용이 적절하지 않은 것은?

① 이런 일은 결코 어제오늘의 일이 아니다.

② 잠을 깬 사람은 절대로 나만이 아니었다.

③ 그가 남긴 작품은 비단 이 그림 한 가지뿐이었다.

④ 석이는 오직 고개를 저을 뿐 아무 말이 없었다.

⑤ 오늘 경기는 반드시 이겨야 결승에 진출할 수 있다.

05 타동사 '벗다'의 반의어가 아닌 것은?

① 신다　　② 붙다

③ 지다　　④ 쓰다

⑤ 끼다

06 〈보기〉의 예를 이해한 내용으로 가장 적절한 것은?

─〈보기〉─

가. 우리 {나중에 / 다음에} 또 봅시다.

나. 그들은 {나중을 / *다음을} 위하여 저축을 한다.

다. 이 {다음은 / *나중은} 노래할 순서이다.

라. 20 페이지 {다음은 / *나중은} 21 페이지이다.

마. 우리 집 {다음 / *나중} 집은 커다란 이층집이다.

*표는 비문법적임을 뜻함.

① '가'를 보니 '나중'과 '다음'은 전혀 다른 의미 영역을 가지고 있군.

② '나'를 보니 '나중'은 '알지 못하는 동안에 어느덧'의 의미로 쓰이네.

③ '다'를 보니 '다음'은 '이번 차례의 바로 뒤'의 의미로 쓰이네.

④ '라'를 보니 '나중'은 '다음'과는 달리 순서를 전제로 하고 있군.

⑤ '마'를 보니 '다음'은 '나란히 있는 사물의 맨 마지막 것'을 뜻하네.

07 '신입생의 성공적인 대학 생활을 위하여'라는 주제로 글을 쓰려고 한다. 내용을 적절히 정리하여 구체화할 방안으로 가장 거리가 먼 것은?

① 먼저 예상 독자를 정해야지. 예비 대학생과 대학 신입생이 주된 독자가 되겠는걸.

② 어떤 내용을 담을까? 대학 생활에 대해 쓰는 것이니 먼저 대학의 재정 상태, 대학의 학과별 인원 등을 중요하게 다루어야겠지.

③ 글을 쓰기 위한 글감을 조사해야지. 전공별 교과 과정, 학교 편람, 대학생 동아리 안내, 장학 안내 등을 알아보아야겠군.

④ 어떻게 내용을 풀어 갈까? 고등학교와의 공부 방식의 차이, 전공별 특성 그리고 자기 주도적인 시간 활용 방법 등도 써야겠어.

⑤ 어떻게 글을 마무리할까? 전문인으로서의 능력뿐만 아니라 교양인으로서의 소양을 함께 갖추기 위한 대학 생활 전략이 있어야 함을 강조해야지.

08 〈보기〉의 (가)는 《월인석보》의 앞부분에 실린 《훈민정음》 언해본이며, (나)는 《월인석보》 권10의 일부이다. 〈보기〉에 대한 이해로 적절하지 않은 것은? [3점]

〈보기〉

(가)
중국 소리에서의 잇소리는 치두음과 정치음이 구분됨이 있으니
ᅎᅔᅏ ᄼ ᄽ 글자는 치두의 소리에 쓰고
ᅐᅕᅑ ᄉ ᄊ 글자는 정치의 소리에 쓰니 어금니와 혀와 입술과 목소리의 글자는 중국 소리에 통하여 쓴다.

– 《훈민정음》 언해본(현대어 역)

(나)
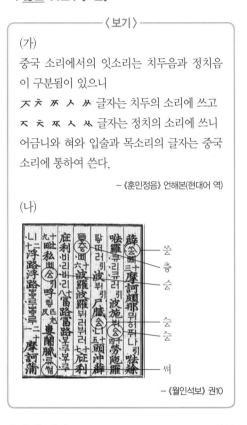

– 《월인석보》 권10

① (가)의 'ᅎᅔᅏ ᄼ ᄽ ᅐᅕᅑ ᄉ ᄊ'와 같은 글자를 만든 것을 보니 현대 국어에는 없는 발음이 중세 국어에는 있었군.

② (나)로 미루어 보니, 《월인석보》에 (가)가 들어간 것은 《월인석보》에 사용된 글자를 소개하기 위한 것이었군.

③ 중국어의 잇소리는 중세 국어의 잇소리와 달리 두 종류로 나뉘었군.

④ 'ᅐᅕᅑ ᄉ ᄊ ᅐᅕᅑ ᄉ ᄊ'와 같은 글자는 우리말을 적기 위한 글자는 아니었군.

⑤ 창제 당시의 훈민정음은 글자의 모양을 바꿀 수 있는 가능성도 열려 있었군.

09 〈보기〉의 밑줄 친 부분에 부합하는 내용으로 적절하지 <u>않은</u> 것은?

〈보기〉

그동안 비표준어로 간주되었던 '짜장면'이 표준어가 됐다는 소식을 접하였다. 일반 대중에게 열렬한 환영을 받은 '짜장면'의 표준어 결정 앞에는 수많은 과제가 놓여 있다. 여전히 표준어로 인정받지 못하고 있으나 언중이 선호하는 말과 표준어 규정 안에 있으나 잘 쓰이지 않는 어휘들은 앞으로의 표준어 정책 방향에 대한 해답을 요구하고 있다. 물론 어문 규정이 존재하고 있는 한 어문 규범의 현실화는 쉽지 않다. 현재로서는 규정의 현실화가 어문 규정의 개정을 통해서만 이루어질 수 있기 때문이다. 따라서 당분간 규정 개정의 논의에서 벗어나 우리말의 다양성을 살리고 국어 생활을 더 풍요롭게 하기 위해 <u>표준어 확대 작업에 속도를 낼 필요가 있다.</u>

① '서럽다'와 '섧다'를 모두 표준어로 인정하였다.
② '광주리'와 '광우리'를 모두 표준어로 인정하였다.
③ '가엾다'와 '가엽다'를 모두 표준어로 인정하였다.
④ '모쪼록'과 '아무쪼록'을 모두 표준어로 인정하였다.
⑤ '거슴츠레하다'와 '게슴츠레하다'를 모두 표준어로 인정하였다.

10 다음 문장 중 어법에 맞고 자연스러운 것은?

① 지도를 사용하면 비록 초행길일지라도 쉽게 찾아갈 수 있다.
② 항상 가슴에 명심하여야 할 것은 열심히 공부해야 한다.
③ 하굣길에 삼촌 집에 들러서 물건을 받아 오너라.
④ 춥더라도 자주 창문을 열어 공기를 환기해야 해.
⑤ 그림을 그리던지 책을 읽던지 마음대로 해도 돼.

11 〈보기〉는 받침의 발음에 관한 표준발음법의 규정이다. 밑줄 친 발음이 규정에 맞는 것은?

〈보기〉

제10항 겹받침 'ㄳ', 'ㄵ', 'ㄼ, ㄽ, ㄾ', 'ㅄ'은 어말 또는 자음 앞에서 각각 [ㄱ, ㄴ, ㄹ, ㅂ]으로 발음한다.
다만, '밟-'은 자음 앞에서 [밥]으로 발음하고, '넓-'은 다음과 같은 경우에 [넙]으로 발음한다.

① 넓죽하다[널쭈카다]
② 외곬[외곧]
③ 없다[엄:따]
④ 여덟[여덥]
⑤ 핥다[할따]

12 〈보기〉의 글에서 잘못되거나 어색한 부분을 수정한 것으로 가장 적절한 것은? [3점]

〈보기〉

　관현악을 위한 베토벤의 작품 중에서 교향곡 ㉠ 못지않게 중요한 위치를 차지하는 것이 서곡이다. ㉡ 사실 베토벤의 교향곡에 대한 현대의 평가는 '위대하다'라는 평범한 말로 담을 수 없을 정도로 높다. 베토벤은 오페라를 위한 서곡, 희곡 상연을 위한 서곡, 특별한 목적을 위한 연주회용 서곡 등 총 11곡의 서곡을 작곡했다. 그중에서도 〈에그몬트〉, 〈코리올란〉, 〈레오노레 제3번〉, 〈휘델리오〉 이 4곡은 고금의 명곡으로서, 희곡이나 오페라의 내용과 정신을 정확하게 ㉢ 표현하고 있는 중에도 음악적으로도 매우 훌륭하다.

　그중에서 〈에그몬트〉 서곡은 괴테가 쓴 5막의 비극 〈에그몬트〉에 붙은 부수 음악이다. ㉣ 그렇지만 이 음악은 베토벤이 40세가 되던 1810년 5월에 완성되었다. 이 부수 음악은 서곡을 포함해서 전 10곡으로 되어 있는데 특히 서곡이 뛰어나므로 오늘날에 와서는 이 서곡만이 곧잘 연주회의 프로그램에 오른다. 이 곡은 비극적인 서주를 지닌 소나타 형식이며, 강인한 모습 속에 따뜻한 애정을 간직한 에그몬트 백작의 성격을 절묘하게 ㉤ 나타나게 되었다.

① ㉠은 띄어쓰기가 잘못되었으므로 띄어 써야 한다.

② ㉡은 내용이 자연스럽게 연결되도록 바로 뒤의 문장과 위치를 바꾼다.

③ ㉢은 뒷부분의 의미와 자연스럽게 연결되도록 '표현할 뿐 아니라'로 바꾼다.

④ ㉣은 문맥을 고려하여 '그래서'로 바꾼다.

⑤ ㉤은 문장의 호응관계를 고려하여 '나타내게 하였다.'로 수정한다.

[13~16] 다음 글을 읽고 물음에 답하시오.

　2004년 초 미국항공우주국(NASA)은 혜성 '빌트2'에서 나온 우주 먼지를 포획하는 임무에 성공했다고 발표했다. 초속 50km로 움직이는 미세한 우주 먼지를 원형 그대로 붙잡기 위해서는 특별한 고안이 필요했다. 딱딱한 도구로 우주 먼지를 붙잡으려 하면 우주 먼지가 으스러져 버릴 것이기 때문이다. 그래서 선택된 것은 거품 형태의 물질이었다. '실리카에어로젤'이라 불리는 이 물질은 1cm3 안에 수십 억 개의 자잘한 그물망이 거품 모양으로 엉켜 있어서 빠른 속도로 움직이는 우주 먼지들을 낱낱이 거품 속으로 파고들게 해서 붙잡는 일을 성공적으로 수행했다.

　이 실리카에어로젤은 어떻게 만들어졌을까. 이 물질의 출발점은 젤리였다. 1930년대 사무엘 키스틀러는 젤라틴에 과즙 따위의 액체를 넣어 만든 젤리가 찰랑거리면서도 형체를 유지하는 것에 관심을 가졌다. 그는 액체가 젤라틴으로 된 아주 가는 그물망 속에 가두어져 있다고 생각했다. 젤라틴은 원래 고체이지만 물 같은 액체에 닿으면 분자 결합이 느슨하게 풀려서 그물을 이루고 그 안에 물을 가두게 된다. 그물 안의 액체는 표면장력 때문에 바깥으로 새지 않는데, 이 상태에서 부드럽게 흔들면 젤리 전체가 찰랑거리게 된다.

　그러나 키스틀러는 이 정도의 결론에 머무르지 않았다. 그는 다소 엉뚱한 상상을 했는데, 액체를 빼서 젤라틴 그물망만 남기기를 원했던 것이다. 그렇지만 문제는 액체가 증발하는 미약한 힘에도 젤라틴 그물망이 쉽게 쪼그라들어 버린다는 데 있었다. 이를 해결하기 위해 그는 물보다 쉽게 기화하는 알코올을 넣은 젤리를 압력 용기에 넣고 용기를 가열하여 끓는점을 넘도록 해서 젤리 속 액체가 그대로 기체가 되게 했다. 이는 기체와 액체가 같은 밀도와 구조를 이루어 서로 차이가 없어지는 온도, 곧 '임계온도'를 넘으면 액체가 영구기체(아무리 온도를 내리고 압력을 높여도 액체가 되지 않는 기체)가 되는 현상을 이용한 것이다. 이후 젤리에서 천천히 기체가 빠져나오게 하면 젤라틴 그물은 젤리였을 때의 모양대로 유지된다. 이로써 키스틀러는 ㉠ 젤라틴 젤을 만드는 데 성공했다.

더 나아가 그는 젤라틴이 아니라 다른 물질로도 젤을 만들고 싶어 했다. 그는 같은 원리를 이용하여 산화 알루미늄, 니트로셀룰로오스, 달걀의 알부민 등으로 젤을 만들었는데, 가장 대표적인 것은 유리의 주재료인 이산화규소(실리카)로 만든 젤이었다. 이 ㉡ 실리카에어로젤은 젤라틴 젤보다 단단하고 가벼웠다. 공기가 전체 부피의 99.8%를 차지하는, 세상에서 가장 가벼운 고체였다.

실리카에어로젤을 보면 아주 이상하게 느껴진다. 빛이 약한 곳에 두면 푸른 빛으로 보이고 밝은 곳에서는 거의 보이지 않는다. 이 젤이 푸른 빛으로 보이는 것은 빛이 공기에 부딪혀 꺾이는 '레일리 산란' 현상 때문이다. 이 현상은 하늘에서 볼 수 있는데, 파장이 짧은 푸른 빛이 노랑이나 빨강 빛보다 더 많이 꺾이기 때문에 하늘이 푸르게 보이는 것이다. 물론 레일리 산란 현상을 보려면 하늘처럼 엄청난 양의 공기가 필요하다. 하지만 적은 양의 공기가 천문학적인 수의 작은 내부 표면을 지닌 투명한 물질에 갇히게 되면 레일리 산란이 상대적으로 많이 일어나 빛의 색이 변할 수 있다. 이것이 실리카에어로젤이 푸르게 보이는 이유이다.

키스틀러는 실리카에어로젤의 쓰임새를 단열재로 보았다. 이 젤이 많은 겹의 유리층과 공기를 지니고 있기 때문이다. 이는 유리창을 약간씩 띄워서 겹겹이 배치하면 단열이 되는 것과 같은 이치이다. 물론 실제 유리창을 그렇게 배치하면 무겁고 거대해져서 별 효용이 없는 반면, 실리카에어로젤은 작고 가벼우면서도 단열을 효율적으로 할 수 있다. 그러나 1930년대는 아직 단열에 관심이 없는 시대였고, 만드는 비용도 비쌌기에 실리카에어로젤은 곧 잊히고 말았다.

그러나 키스틀러가 죽은 지 한참 뒤인 1990년대 후반에 우주선 단열재로 이 젤이 선택되었다. 매우 가볍고 단열 효과는 최고이기에, 무게를 줄여야 하고 극단적으로 높고 낮은 외부 온도에도 견뎌야 하

는 우주선에 딱 들어맞는 소재였던 것이다. 그 다음의 쓰임새가 우주 먼지 포획이었다. 이후 과학자들은 실리카에어로젤이 포획한 혜성의 우주 먼지를 분석하여 태양계 형성의 비밀을 파헤치고 있다.

13 윗글의 내용과 일치하지 <u>않는</u> 것은?

① 우주선은 부피가 작고 고온에 잘 견디게 만든다.
② 표면장력이 젤리의 형태 유지에 중요한 역할을 한다.
③ 비용 문제로 실리카에어로젤은 건축에서 외면당했다.
④ 혜성의 우주 먼지는 태양계 형성 연구의 재료가 된다.
⑤ 키스틀러는 자신의 발명품이 실용적 용도가 있다고 보았다.

14 ㉠에 대한 진술로 적절하지 <u>않은</u> 것은?

① 견고하지 않아서 충격에 약하다.
② 전체적으로 커다란 거품의 모양이다.
③ 속에 든 액체를 빼는 과정을 거쳐 만든다.
④ 적절한 열과 압력을 이용하여 만들어진다.
⑤ 액체에 닿아서 분자 결합이 변화한 결과이다.

15 ⓒ의 특징으로 적절하지 <u>않은</u> 것은? [3점]

① 유리 성분이 주원료이므로 젤라틴 젤보다 형태 보존성이 좋다.

② 액체가 임계온도를 넘기면 기체로 변하는 현상을 이용하여 만들었다.

③ 빠른 속도로 움직이는 물체들을 한곳으로 모아서 원형 그대로 붙잡을 수 있다.

④ 고체 형태보다 그 속에 포함된 기체의 부피가 훨씬 커서 보기보다 매우 가볍게 느껴진다.

⑤ 유리창을 일정한 간격을 두고 겹겹이 배치할 때와 같은 단열 효과를 효율적으로 낼 수 있다.

16 윗글의 내용을 바탕으로 추론한 것으로 적절하지 <u>않은</u> 것은?

① 과일 젤리를 가열하면 세밀한 그물망이 쭈그러들게 될 것이다.

② 알코올을 임계온도에 다다르게 하는 것은 물의 경우보다 쉬울 것이다.

③ 알부민으로 젤을 만들면 거품들이 뭉쳐진 모양으로 그물망이 형성될 것이다.

④ 상온에서도 실리카에어로젤 안에 들어 있던 영구기체는 액화되지 않을 것이다.

⑤ 빛을 세게 쪼이면 빛의 꺾임 현상이 젤 안에서 크게 일어나 푸르게 보일 것이다.

[17~21] 다음 글을 읽고 물음에 답하시오.

(가)
나의 무덤 앞에는 그 차가운 비(碑)ㅅ돌을 세우지 말라.
나의 무덤 주위에는 그 ㉠ 노오란 해바라기를 심어 달라.
그리고 해바라기의 긴 줄거리 사이로 끝없는 보리밭을 보여 달라.
노오란 해바라기는 늘 태양같이 태양같이 하던 화려한 나의 사랑이라고 생각하라.
푸른 보리밭 사이로 ㉡ 하늘을 쏘는 노고지리가 있거든 아직도 날아오르는 나의 꿈이라고 생각하라.

– 함형수, 「해바라기의 비명 – 청년 화가 L을 위하여」

(나)
나의 지식이 독한 회의(懷疑)를 구(救)하지 못하고
내 또한 삶의 애증(愛憎)을 다 짐 지지 못하여
병든 나무처럼 생명이 부대낄 때
ⓐ 저 머나먼 아라비아의 사막(沙漠)으로 나는 가자.

거기는 한번 뜬 백일(白日)이 불사신같이 작열하고
일체가 모래 속에 사멸한 영겁(永劫)의 허적(虛寂)에
오직 알라의 신(神)만이
밤마다 고민하고 방황하는 열사(熱沙)의 끝.

그 열렬한 고독(孤獨) 가운데
옷자락을 나부끼고 호올로 서면
운명처럼 반드시 '나'와 대면(對面)케 될지니
하여 '나'란, 나의 생명이란
ⓒ 그 원시의 본연한 자태를 다시 배우지 못하거든
차라리 나는 어느 사구(沙丘)에 회한 없는 백골(白骨)을 쪼리라.

– 유치환, 「생명의 서」

(다)
어느 사이에 나는 아내도 없고, 또,
아내와 같이 살던 집도 없어지고,

그리고 살뜰한 부모며 동생들과도 멀리 떨어져서,
그 어느 바람 세인 쓸쓸한 거리 끝에 헤매었다.
바로 날도 저물어서,
바람은 더욱 세게 불고, 추위는 점점 더해 오는데,
나는 어느 목수(木手)네 집 헌 삿을 깐,
한 방에 들어서 쥔을 붙이었다.
이리하여 나는 ⓑ <u>이 습내 나는 춥고, 누긋한 방</u>에서,
낮이나 밤이나 나는 나 혼자도 너무 많은 것같이 생각하며,
딜옹배기에 북덕불이라도 담겨 오면,
이것을 안고 손을 쬐며 재 위에 뜻 없이 글자를 쓰기도 하며,
또 문 밖에 나가지두 않구 자리에 누워서,
머리에 손깍지 베개를 하고 굴기도 하면서,
나는 내 슬픔이며 어리석음이며를 소처럼 연하여 쌔김질하는 것이었다.
내 가슴이 꽉 메어 올 적이며,
내 눈에 뜨거운 것이 핑 괴일 적이며,
또 내 스스로 화끈 낯이 붉도록 부끄러울 적이며,
나는 내 슬픔과 어리석음에 눌리어 죽을 수밖에 없는 것을 느끼는 것이었다.
그러나 잠시 뒤에 나는 고개를 들어,
허연 문창을 바라보든가 또 눈을 떠서 높은 천정을 쳐다보는 것인데,
이때 나는 내 뜻이며 힘으로, 나를 이끌어 가는 것이 힘든 일인 것을 생각하고,
이것들보다 ⓓ <u>더 크고, 높은 것이 있어서,</u> 나를 마음대로 굴려 가는 것을 생각하는 것인데,
이렇게 하여 여러 날이 지나는 동안에,
내 어지러운 마음에는 슬픔이며, 한탄이며, 가라앉을 것은 차츰 앙금이 되어 가라앉고,
외로운 생각만이 드는 때쯤 해서는,
더러 나줏손에 쌀랑쌀랑 싸락눈이 와서 문창을 치기도 하는 때도 있는데,
나는 이런 저녁에는 화로를 더욱 다가 끼며, 무릎을 꿇어 보며,
어느 먼 산 뒷옆에 바위섶에 따로 외로이 서서,

어두워 오는데 하이야니 눈을 맞을, 그 마른 잎새에는,
쌀랑쌀랑 소리도 나며 눈을 맞을,
그 드물다는 ⓔ <u>굳고 정한 갈매나무라는 나무</u>를 생각하는 것이었다.

– 백석, 「남신의주 유동 박시봉방」

17 (가)~(다)의 시적 화자가 자신의 삶을 대하는 태도를 비교한 것으로 적절하지 <u>않은</u> 것은?

① (가)는 삶을 사랑과 꿈으로 채우려 하는 반면, (나)는 시련과 고뇌로 채우려 한다.
② (가)는 삶에 대한 희망적 태도를 보여 주는 반면, (다)는 삶에 대한 절망적인 관점을 벗어나지 못하고 있다.
③ (나)는 (다)와 달리 삶에서 겪는 고난을 능동적으로 받아들이는 태도를 드러내고 있다.
④ (다)는 (가)와 달리 자신의 꿈을 실현하려는 의지를 명시적으로 드러내지 못하고 있다.
⑤ (가), (나), (다) 모두 삶을 보다 의미 있게 하려면 어떻게 하는 것이 좋은지 모색하고 있다.

18 (가)~(다)의 시적 표현에 대한 설명으로 적절하지 <u>않은</u> 것은?

① (가)는 강렬한 색채 심상을 통해 시적 화자의 소망을 말하고 있다.

② (나)는 시적 허용의 수법으로 시적 화자의 단호한 의지를 강조하고 있다.

③ (다)는 호흡이 긴 문장으로 시적 화자의 내면을 보여 주고 있다.

④ (가)와 (나)는 슬프고도 장엄한 어조로, (다)는 사색적인 어조로 말하고 있다.

⑤ (가), (나), (다) 모두 직유를 사용하여 시상을 전개하고 있다.

19 시적 맥락을 고려할 때, ㉠~㉤ 중 의미가 가장 이질적인 것은?

① ㉠   ② ㉡

③ ㉢   ④ ㉣

⑤ ㉤

20 ⓐ와 ⓑ에 대한 설명으로 적절하지 <u>않은</u> 것은?

① ⓐ는 비현실성을 띠는 공간이다.

② ⓐ는 자아의 본질을 제대로 탐색하기 위한 전제가 된다.

③ ⓑ는 시적 화자의 처지를 상징하는 공간이다.

④ ⓑ는 시대적 불의에 항거하는 원동력이 된다.

⑤ ⓐ와 ⓑ 모두 정신적인 재탄생이 이루어지는 공간이다.

21 (다)의 시상 전개에 대한 설명으로 가장 적절한 것은? [3점]

① 대립적인 상징을 통해 사회적인 갈등을 내면화하여 성찰하고 있다.

② 편지 형식으로 자신의 삶을 반추함으로써 주어진 운명에 항거하고 있다.

③ 시적 화자가 겪은 사건을 구체화하여 예전의 상황을 상세하게 보여 주고 있다.

④ 수미상관의 방식으로 시적 화자가 처음 상태로 회귀하는 상황을 드러내고 있다.

⑤ 시적 화자의 신체적 자세 변화를 통해 현실을 대하는 정신적 변화를 보여 주고 있다.

[22~24] 다음 글을 읽고 물음에 답하시오.

종묘는 역대 국왕과 왕비의 신주(神主)를 봉안하고 제사를 지내는 사당이다. 사직은 토지의 신인 사(社)와 곡식의 신인 직(稷)에게 국가의 안녕과 농사의 풍요를 기원하는 제사를 올리는 곳이다. 따라서 종묘와 사직은 모두 국가에서 주관하는 제사를 시행하던 공간이라는 공통점이 있다. 조선 시대에는 국가에서 시행하는 여러 제사들을 제사 대상의 격에 따라 대사(大祀), 중사(中祀), 소사(小祀)로 등급을 나누었는데, 종묘와 사직에서 지내는 제사는 모두 대사로 규정되었다.

종묘와 사직이 조선에만 있었던 제도는 아니다. 유교 경전의 하나인 『주례(周禮)』에는 종묘와 사직에 관한 규정이 수록되어 있다. 수도를 건설할 때 "종묘는 궁궐의 왼쪽에 세우고 사직은 궁궐의 오른쪽에 세운다."라는 조항이 바로 그것이다. 동아시아의 전통 시대에는 군주가 궁궐 안에서 남쪽을 향해 앉아서 정치를 한다는 관념이 있었는데 이를 '남면(南面)'이라고 한다. 『주례』에서 말하는 '궁궐의 왼쪽과 오른쪽'은 곧 궁궐 안의 국왕이 남쪽을 바라보고 앉아 있는 상황을 기준으로 할 때의 왼쪽과 오른쪽을 말한다. 따라서 지금 우리가 서울의 옛 지도를 볼 때 생각하는 좌우 개념과는 반대가 된다. 『주례』의 이 조항은 종묘와 사직의 건설에 관한 가장 대표적인 규정이라고 할 수 있는데, 이처럼 유교 경전에 종묘와 사직에 관한 규정이 수록되어 있다는 것은 종묘와 사직이 전통 시대 동아시아의 유교 문화권 국가들에서 공통적으로 나타나는 제도였음을 보여 준다.

종묘와 사직은 유교 문화의 핵심이 고스란히 농축되어 있는 제도라고 할 수 있다. 전통 시대 유교 문화에서 가장 중요한 것은 윤리, 즉 사람이 가정과 사회에서 반드시 지켜야 하는 도리를 잘 준수하는 것이었다. 유교 윤리의 핵심은 '삼강(三綱)'과 '오륜(五倫)'으로 집약될 수 있는데, 이 삼강오륜 중에서 가장 중요한 것이 바로 '효(孝)'와 '충(忠)'이다. 그리고 ㉠ 부모에 대한 효가 사회 국가적 차원으로 확장된 것이 충이라는 점에서 가장 궁극적인 유교 윤리의 정수는 바로 '효'라고 할 수 있다.

부모에 대한 효를 실천하는 방법은 여러 가지가 있는데, 전통 시대에 매우 중시되었던 효의 실천 방법 중 하나가 바로 '제사'였다. 돌아가신 부모와 선조에 대해 살아 계실 때에 정성을 쏟았던 것과 같이 정성을 다해 제사를 올림으로써 효를 실천한다는 것이다. 이 점에 비추어 볼 때 종묘 제사는 국왕이 자신의 선조인 역대 국왕과 왕비에 대한 효를 실천하는 통로였다. 따라서 종묘는 제사를 통해 효 윤리가 실현되었던 유교적 문화 공간이라고 할 수 있다.

사직은 유교 문화의 경제적 기반이었던 농업과 밀접한 관련이 있는 곳이다. 국가는 백성, 즉 사람을 근본으로 하는데, 사람은 토지가 없으면 살 곳이 없고 곡식이 없으면 먹을 수가 없다. 따라서 전통 시대에 토지와 곡식은 국가 경제의 근간이었다. 이에 나라를 다스리는 국왕은 반드시 토지의 신과 곡식의 신에게 제사를 올려 백성들이 깃들어 살 수 있게 해주고 먹을 수 있도록 해 주는 토지와 곡식의 공덕에 보답해야 할 책임이 있었다.

나라 안의 토지는 광활하기 때문에 모든 땅에 대해 공경을 표할 수 없고, 곡식은 종류가 많아서 모든 곡식에 두루 제사를 올릴 수 없었다. 그래서 대신 흙을 쌓아, '사단(社壇)'을 만들어서 토지의 공에 보답하고 '직단(稷壇)'을 세워 곡식의 공에 감사했던 것이다. 이것이 전통 시대 유교 문화권의 여러 나라들이 사직단을 조성했던 이유이다. 사직은 전통 시대 국가에서 농업이 갖는 중요성과 경제적 민생 안정을 위한 국왕의 책무를 상징적으로 보여 주는 공간이었다고 할 수 있다.

㉡ 종묘와 사직에서의 제사는 엄정한 의식 절차에 따라 진행되었으며, 제사를 거행할 때는 반드시 음악이 연주되었다. 즉, '예(禮)'와 '악(樂)'이라는 유교 문화의 원칙에 따라 제사가 거행되었던 것이다. 국왕이 직접 주관하는 친제(親祭)는 말할 것도 없고 왕세자나 신하가 대신 거행하는 경우라 하더라도 제사의 주체는 원칙적으로 국왕이었다. 특히 종묘 제사는 국왕과 혈연관계가 있는 역대 국왕과 왕비에 대한 제사라는 점에서 왕실 의례의 성격이 강하다. 그러므로 종묘와 사직의 제사 의례에는 왕실 문화의 모습도 담겨 있다. 이처럼 종묘와 사직은 동아시아의 유교 문화와 왕실 문화 그리고 농업 사회적 특징이 종합적으로 깃들어 있는 문화 공간이었다.

동아시아의 각 나라들은 농업 경제에 기초한 유교 문화권이라는 점을 기본적으로 공유하면서 한편으로는 각국의 현실적인 조건에 따라 각기 다른 개성을 가진 문화를 발전시켜 나갔다. 따라서 조선의 종묘와 사직은 동아시아의 보편적 문화와 더불어 조선만의 독특한 유교 문화, 왕실 문화, 농경문화가 집약되어 있는 곳이라고 할 수 있다. 이에 조선의 종묘와 사직은 조선의 문화를 이해하기 위한 관문이 될 수 있다.

22 윗글의 내용과 일치하지 <u>않는</u> 것은?

① 삼강오륜이라는 유교의 핵심적인 윤리는 종묘에서 구현되었다.

② 종묘와 사직은 동아시아의 보편성과 조선의 특수성을 아울러 지니고 있다.

③ 종묘와 사직은 국가적 차원의 제사를 시행하던 공간으로서의 의미를 갖는다.

④ 남면하여 정치하는 국왕의 입장에서 왼쪽에 종묘를, 오른쪽에 사직을 두었다.

⑤ 왕실 문화에 기초한 사직은 제사를 유교 윤리의 실현에 맞게 개편한 것이다.

23 ㉠이 성립하기 위한 조건으로 적절하지 <u>않은</u> 것은?

① 부모는 자식에게, 국왕은 백성에게 은혜를 베푸는 존재이다.

② 자식은 부모의 혈육이기도 하지만 나라의 백성이기도 하다.

③ 부모와 자식의 관계는 국왕과 백성의 관계로 치환될 수 있다.

④ 부모는 자식에 대해, 국왕은 백성에 대해 군림하는 존재이다.

⑤ 부모에 대한 소임을 다하는 자식처럼 국왕에 대해 백성도 그렇게 할 수 있다.

24 ㉡과 〈보기〉를 통해 알 수 있는 것으로 가장 적절한 것은?

〈보기〉

종묘 제례악은 종묘에서 제사를 지낼 때 기악, 노래, 춤을 갖추고 종묘 제례 의식에 맞추어 연행하는 음악이다. 제례가 진행되는 동안 절차에 따라 〈보태평〉과 〈정대업〉이 연주된다. 음악이 연주되는 동안 문무(文舞)와 무무(武舞)가 곁들여진다. 문무는 역대 선왕의 문덕을 기리는 춤이고 무무는 선왕들의 무공을 칭송하는 춤이다. 이 음악은 편종, 편경 등 타악기의 선율에 당피리, 대금 등 관현악기의 장식적인 선율이 더해진 것이다. 또한 장구, 징, 태평소 등의 악기가 다양한 가락을 구사하여 특유의 중후함과 화려함을 준다. 중간 중간에 울리는 박(拍) 소리는 종묘 제례의 분위기를 고조시킨다.

① 종묘에서 연주하는 음악은 시대에 따라 변화가 있다.

② 종묘의 음악은 선왕들의 학문과 예술을 형상화한 것이다.

③ 음악의 감동을 극대화하기 위해 예악 사상이 도입되었다.

④ 종묘의 음악을 올바로 연주하려면 예의 관념이 투철해야 한다.

⑤ 종묘 음악은 다양한 악기를 사용하여 유교 문화의 원칙을 충실히 구현한다.

[25~29] 다음 글을 읽고 물음에 답하시오.

(가)

生死路(생사로)는
㉠ 예 이샤매 저히고
나는 가ᄂᆞ다 말ㅅ도
몯다 닏고 가ᄂᆞ닛고
어느 ᄀᆞ슬 이른 ᄇᆞᄅᆞ매
이에 저에 ᄠᅥ딜 ㉡ 닙다이
ᄒᆞᄃᆞᆫ 가재 나고
가논 곧 모ᄃᆞ온뎌
아으 彌陀刹(미타찰)애 맛보올 내
道(도) 닷가 기드리고다

— 월명, 「제망매가」(양주동 해독)

(나)

이 몸이 죽어 가셔 무어시 될고 ᄒᆞ니
蓬萊山(봉래산) 第一峰(제일봉)에 ㉢ 落落長松(낙
락장송) 되야 이셔
白雪(백설)이 滿乾坤(만건곤)홀 졔 獨也靑靑(독야
청청)ᄒᆞ리라

— 성삼문의 시조

(다)

양전(兩殿)마마가 한날한시에 몽사(夢事)를 얻으시니
대명전 들보에서 여섯 청의동자가 날아와서 일시
에 읍하거늘,
"네가 사람이냐 귀신이냐?
나는 새도 들어오지 못하는 곳인데 어찌하여 들어
왔느냐?"
"인간 사람도 아니옵고 귀신도 아니옵고
하늘의 청의동자로서 옥황상제의 명령으로
국왕 전하의 명패를 풍도 섬에 가두러 왔나이다."
"그는 어찌하여 그러하냐?
신하 중에 원책이 있다더냐? 만민 중에 원민이 있
다더냐?"
"원책, 원민이 아니오라, 하늘이 아는 아기를 내다
버리신 죄로

ⓐ 한날한시에 문안 드시면은 한날한시에 승하하
시리다."
"그러면 내 어찌 회춘(回春)하리오?"
"버린 아기를 찾아 들여, 삼신산 불사약 무상신(無
上神) 약령수(藥靈水) 동해 용왕 비례주(珠) 봉래산
가얌초(草) 안아산 수리취를 구해다 잡수시면 회춘
하시리다."
깜짝 놀라 깨니 남가일몽(南柯一夢)이라.

(중략)

대왕마마 병환이 위중하옵시니
"만조백관, 시녀, 백성들아, 무상신 약령수를 얻어
다가 국가 보존할쏘냐?"
"이승 약이 아니온데 어찌 얻을 수 있사오리까?"

(중략)

버려졌던 칠 공주 불러내어,
"부모 소양[효양(孝養)] 가려느냐?"
ⓑ "국가에 은혜와 신세는 안 졌지마는
어마마마 배 안에 열 달 들어 있던 공으로 소녀 가
오리다."
"거둥 시위(侍衛)로 하여 주랴? 구슬 덩, 사(紗) 덩
을 주랴?"
"필마단기(匹馬單騎)로 가겠나이다."
사승포(四升布) 고의적삼, 오승포 두루마기 짓고
쌍상투 짜고, 세(細)패랭이 닷 죽, 무쇠 주령 짚으
시고 은 지게에 금줄 걸어 메이시고
ⓒ 양전마마 수결(手決) 받아 바지 끈에 매이시고
"여섯 형님이여, 삼천 궁녀들아,
대왕 양마마님께서 한날한시에 승하하실지라도
나 돌아올 때까지 기다려서 인산(因山) 거둥 내지
마라."

(중략)

아기[칠 공주]가 한곳을 바라보니
동에는 청 유리 장문이 서 있고 서에는 백 유리 장
문이 서 있고
남에는 홍 유리 장문이 서 있고 북에는 흑 유리 장
문이 서 있고
한가운데는 정렬문이 서 있는데 무상 신선(無上神
仙)이 서 계시다.

ⓓ 키는 하늘에 닿은 듯하고 얼굴은 쟁반만 하고 눈은 등잔만 하고 코는 질병 매달린 것 같고 손은 소댕만 하고 발은 석자 세 치라.

하도 무서웁고 끔찍하여 물러나 삼배를 드리니 무상 신선 하는 말이,

"그대가 사람이뇨? 귀신이뇨?

날짐승 길버러지도 못 들어오는 곳에

어떻게 들어왔으며 어디서 왔느뇨?"

"나는 국왕마마의 세자로서 부모 봉양 왔나이다."

"부모 봉양 왔으면 물값 가지고 왔소? 나무값 가지고 왔소?"

"총망 길에 잊었나이다."

ⓔ "물 삼 년 길어 주소. 불 삼 년 때어 주소. 나무 삼 년 베어 주소."

– 작자 미상, 「바리공주」

25 (가)~(다)의 공통점으로 가장 적절한 것은?

① 극적인 전환을 통해 미적 쾌감을 불러일으킨다.

② 인물과 배경이 설정되어 사건 전개가 이루어지고 있다.

③ 각 행의 율격이 일정하여 편안하고 안정된 느낌을 준다.

④ 이승의 삶 이후 상황을 상정하고 주제를 형상화하고 있다.

⑤ 밝고 동적인 이미지와 어둡고 정적인 이미지가 대비되어 있다.

26 (나)와 〈보기〉의 시적 화자의 태도를 비교한 것으로 가장 적절한 것은? [3점]

〈보기〉

내 님믈 그리ᄉᆞ와 우니다니

山(산)졉동새 난 이슷ᄒᆞ요이다

아니시며 거츠르신ᄃᆞᆯ 아으

殘月曉星(잔월효성)이 아ᄅᆞ시리이다

넉시라도 님은 ᄒᆞᆫ듸 녀져라 아으

벼기더시니 뉘러시니잇가

過(과)도 허믈도 千萬(천만) 업소이다

ᄆᆞᆯ힛마러신뎌 ᄉᆞᆯ읏븐뎌 아으

니미 나ᄅᆞᆯ ᄒᆞ마 니ᄌᆞ시니잇가

아소 님하 도람 드르샤 괴오쇼셔

– 정서, 「정과정」

① (나)는 미래에 대한 희망과 자신감이 넘치는 데 비해, 〈보기〉는 미래를 우울하게 관망하고 있다.

② (나)는 자신의 의지를 실제로 구현하고자 하는 데 비해, 〈보기〉는 자신의 감정을 절제하여 표현하고 있다.

③ (나)는 자신의 현실에 의연하게 대처하는 데 비해, 〈보기〉는 시적 대상에게 자신의 억울함을 호소하고 있다.

④ (나)는 자연의 좋은 풍광 속에서 위안을 얻는 데 비해, 〈보기〉는 자연 속에서 물아일체의 삶을 동경하고 있다.

⑤ (나)는 구속에서 벗어나 자유로운 세상을 추구하는 데 비해, 〈보기〉는 문제를 해결한 후 지위의 상승을 추구하고 있다.

27 〈보기〉의 설명을 참조하여 ㉠에 대해 이해한 것으로 적절하지 <u>않은</u> 것은?

〈보기〉

㉠의 향찰 원문은 '此矣有阿米次肹伊遣'이다. 이에 대한 해독에서 학자 사이에 이견이 있다. 양주동은 '예 이샤매 저히고'로, 김완진은 '이에 이샤매 머믓그리고'로 해독하였다. 한자의 음과 훈을 빌려와 우리말을 기록한 향찰에 대해 음독과 훈독의 선택에 따라 서로 다른 해독이 나왔다.

① ㉠은 향찰에 대한 해독자의 관점이 반영되어 나온 것이다.
② ㉠은 차자(借字) 표기인 향찰로 기록된 것을 우리말로 해독한 것이다.
③ ㉠의 '예'는 '이에'와 같이 두 음절로도 해독할 수 있다.
④ ㉠의 '이샤매'는 이론의 여지가 많지 않은 해독이다.
⑤ ㉠의 '저히고'는 '머믓그리고'로 달리 해독되기도 하지만 뜻은 같다.

28 문맥상 ㉡과 ㉢을 비교하여 설명한 것으로 적절하지 <u>않은</u> 것은?

① ㉡과 ㉢ 모두 식물적인 이미지를 표현한 것이다.
② ㉡과 ㉢ 모두 원관념에 대한 보조 관념에 해당한다.
③ ㉡에는 ㉢에 비해 더 능동적인 의지가 반영되어 있다.
④ ㉡에는 ㉢에 비해 사물의 동적인 성격이 두드러지게 나타난다.

⑤ ㉢은 ㉡에 비해 사물의 색채 이미지가 시상 전개에 중요한 역할을 한다.

29 ⓐ~ⓔ에 대한 설명으로 적절하지 <u>않은</u> 것은?

① ⓐ : 하늘이 내리신 아기를 버린 죄로 양전마마가 동시에 죽게 된다는 뜻이다.
② ⓑ : 부모에게 버림받은 원망을 묻어 둔 채 효행의 길을 나서겠다는 뜻이다.
③ ⓒ : 왕과 왕비의 명령과 결정에 의한 행동이라는 점을 증명하는 말이다.
④ ⓓ : 사람에게 두려우면서도 친근한 느낌을 주는 겉모습을 형용한 말이다.
⑤ ⓔ : 부모 봉양을 위해 희생해야 할 시간과 노력이 필요하다는 뜻이다.

[30~32] 다음 글을 읽고 물음에 답하시오.

㉠ 맹자가 말씀하였다.
"우산(牛山)의 나무가 일찍이 아름다웠는데 대국의 교외이기 때문에 도끼와 자귀로 매일 나무를 베어 가니 재목이 아름다울 수 있겠는가. 낮과 밤에 자라남과 우로(雨露)가 적셔 줌으로 싹이 나오는 것이 없지 않지마는 또 소와 양이 뒤이어 방목됨으로써 저와 같이 헐벗게 되었다. 사람들은 우산이 헐벗은 것을 보고 그곳에는 일찍이 훌륭한 재목이 있지 않았다고 여기니, 이것이 어찌 우산의 본성이겠는가.
사람에게 보존되어 있는 것으로서 어찌 인의(仁義)의 마음이 없으리오. 그렇지만 그 양심을 잃어버리는 것이 도끼와 자귀로 아침마다 나무를 베어 가는 것과 같으니, 이렇게 하고서도 아름다울 수 있겠는가. 낮과 밤에 자라남과 새벽녘의 기운을 받음에 선을 좋아하고 악을 미워함이 사람들 사

293

이에 근접한 것이 얼마 되지 않는데, 낮에 하는 소행이 이것조차 질곡(桎梏)하여 없어지게 하는 것이다. 질곡하여 이랬다저랬다 반복하면 밤의 기운이 보존될 수 없고 그렇게 되면 금수(禽獸)와의 거리가 멀지 않으리라. 사람들은 그 금수 같은 것을 보고 일찍이 훌륭한 재질(材質)이 있지 않았다고 여기니, 이것이 어찌 사람의 실정이겠는가.

그러므로 만약 잘 기를 수 있으면 사물마다 자라나지 않는 것이 없고, 만약 기르지 않으면 사물마다 없어지지 않는 것이 없다. 공자가 말씀하기를, '잡으면 보존되고 놓아 버리면 없어져서 나가고 들어옴이 일정한 때가 없어 방향을 알 수 없는 것이 오직 사람의 마음이라 할 것이다.'라고 하였다."

주자가 말씀하였다.

"'양심'이란 본연의 선한 마음이니 곧 이른바 인의지심(仁義之心)이란 것이다. '새벽녘의 기운'이란 사물과 접하지 않았을 때의 청명한 기운을 이른다. '선을 좋아하고 악을 미워함이 사람들 사이에 근접한다.'는 것은 사람들의 마음에 똑같이 옳게 여기는 바를 말한다. '얼마 되지 않음'은 많지 않다는 것이다. '질곡'은 형틀이다. '이랬다저랬다 반복함'은 말이나 행동을 이랬다저랬다 하며 자꾸 되풀이함이다.

사람의 양심이 이미 방실(放失)되었으나 낮과 밤의 때에 또한 반드시 자라나는 것이 있다. 그러므로 새벽녘에 사물과 접하지 않아서 그 기운이 청명할 때에는 이 양심이 반드시 발현되는 것이 있다. 다만 그 발현됨이 지극히 미미한데 낮에 행하는 불선(不善)이 잇따라서 질곡하여 없어지게 하니, 이것은 마치 산의 나무를 이미 베어 갔으나 오히려 싹이 돋아났는데 또 소와 양이 뒤미처 방목되는 것과 같다. 낮에 하는 소행이 불길같이 성하게 일어나면 반드시 밤에 자라나는 바를 해치고, 밤에 자라나는 바가 적어지면 또 낮에 하는 나쁜 행위를 이기지 못한다. 이 때문에 이랬다저랬다 반복하며 서로 해쳐서 새벽녘의 기운도 청명하지 못해서 인의의 양심을 보존할 수 없는 데에 이른다."

또 말씀하였다.

"공자가 말씀하기를, '마음을 잡으면 여기에 있고 놓으면 잃어버려서, 나가고 들어옴이 일정한 때가 없고 또한 정처(定處)가 없다.'고 하였다. 맹자가 이를 인용하여 마음이 신명(神明)하고 측량할 수 없어 위태롭게 움직여 편안하기 어려움이 이와 같으니, 잠시라도 기르지 않아서는 안 됨을 밝힌 것이다."

정자(程子)가 말씀하였다.

"마음이 어찌 나가고 들어옴이 있겠는가. 잡음과 놓음을 가지고 말씀하였을 뿐이니, 마음을 잡는 방법은 공경하여 그것을 곧게 하는 것일 따름이다."

스승에게 들으니 다음과 같이 말씀하였다.

"이 장의 뜻이 가장 요긴하고 절실하니 배우는 자들은 마땅히 익숙하게 음미하고 깊이 살펴야 할 것이다."

[부주(附註)]

범순부의 딸이 『맹자』의 「조존장(操存章)」을 읽고 말하기를, "맹자는 마음을 모르셨다. 마음이 어찌 나가고 들어옴이 있겠는가."라고 했는데, 이천(伊川) 선생은 그 말을 듣고 말씀하기를, "이 여자가 비록 맹자는 몰랐으나 도리어 마음은 알았다."라고 하였다.

30 윗글에 나온 인물들의 발언 내용으로 적절하지 <u>않은</u> 것은? [3점]

① 공자 : 사람의 마음은 잡아 두지 않으면 어느 방향으로 나아갈지 모른다.

② 맹자 : 사람이 낮 동안에 행하는 행위가 마음의 본성을 잃도록 만든다.

③ 주자 : 청명한 기운으로 양심이 일어나면 나쁜 행위는 저절로 사라진다.

④ 정자 : 공경하여 마음을 곧게 하는 것이 마음을 잡는 방법이다.

⑤ 범순부의 딸 : 마음은 나가고 들어오는 것이 아니다.

31 ㉠의 말하기 방식에 대한 설명으로 가장 적절한 것은?

① 주장에 상응하는 비유를 사용하여 설득하고 있다.

② 여러 사람의 말을 인용하여 주장을 구체화하고 있다.

③ 조목별로 제시한 근거들을 종합하여 결론을 내고 있다.

④ 주장을 실천하는 방안에 대해 집중적으로 거론하고 있다.

⑤ 주장을 먼저 내세운 다음, 그 근거에 대해 설명하고 있다.

32 윗글의 내용을 실천한 옛 선비들의 사례로 적절하지 <u>않은</u> 것은?

① 마음에서 일어나는 감정을 솔직하게 인정하고 실행에 옮기고자 하였다.

② 본래의 마음을 찾고자 하는 노력을 스스로 포기하지 않으려 하였다.

③ 자신의 마음 상태를 점검하면서 항상 의식이 깨어 있고자 하였다.

④ 모든 일에 대해 공경하는 자세로 마음을 바르게 갖고자 하였다.

⑤ 혼자 있을 때에도 자신의 마음과 행동을 조심하고 삼갔다.

[33~37] 다음 글을 읽고 물음에 답하시오.

유 한림은 입궐하고 집이 고요한데 사 부인이 홀로 책상을 의지하여 고서(古書)를 보더니, 시비 춘낭이 아뢰었다.

"화원의 작은 정자에 모란꽃이 성히 피었사오니 한번 구경하소서."

부인이 즉시 책을 덮고 시비 5, 6인을 데리고 정자에 이르렀다. 버드나무 그늘은 난간을 가리고 꽃향기는 옷에 스미니 짐짓 아름다운 경치였다. 사 부인이 시비를 명하여 교씨를 청하여 봄 경치를 구경하고자 하더니, 문득 바람결에 거문고 타는 소리가 들렸다. 소리가 맑고 처절하여 진주가 옥쟁반에 구르는 듯하여 사람의 마음을 요동하였다. 좌우에게 물었다.

"이 거문고를 누가 타느냐?"

시비가 대답하였다.

"교 낭자의 재주로소이다."

"교씨가 음률을 알더냐?"

"백자당이 정당과 거리가 멀어 부인은 모르시려니와 저희는 종종 낭자의 거문고 타고 노래 부르는 소리를 들었나이다."

이렇게 말할 즈음에 거문고 소리 그치고 고운 소리로 노래를 부르거늘, 부인이 고개를 숙이고 듣다가 한참 후 시비 춘낭에게 말을 전하도록 하였다.

"마침 일이 없어 화원에 이르러 풍경을 구경하더니 낭자는 한걸음을 아끼지 말라."

교씨가 놀라 즉시 왔다. 부인이 자리를 주고 함께 꽃을 구경하며 차를 마셨다. 부인이 교씨에게 말했다.

"낭자가 재주 많은 줄은 알았거니와 음률에 정통함은 몰랐더니, 아까 거문고 소리를 들으니 족히 채문희로 하여금 홀로 아름답다 하지 못하리로다."

교씨가 대답하였다.

"천한 재주에 무엇을 잘하리까마는 심심하였으므로 혼자 즐기더니, 부인이 들어 계시니 황공하옵니다."

"내가 낭자로 더불어 정이 가슴속에 있고 의는 붕우(朋友)라. 한마디를 하고자 하나니 어떠한가?"

"부인의 가르치심이 있사오면 천첩의 다행일까 하나이다."

[A] "낭자가 탄 곡조는 당나라 시절 〈예상우의곡〉이라. 이 곡조를 요즘 사람이 많이 타나 실은 당 현종이 서촉(西蜀) 지방으로 도망하고 양 귀비가 마외의 역에서 죽어 비웃음이 후세에 그치지 않았으니, 이는 망국의 음악이라 본디 취할 것이 아니네. 또 그대의 거문고 소리와 노랫소를 원근 사람이 들으면 여자의 도리에 합당하지 못할 것이네. 그대가 어질므로 도리를 행하여 남편을 섬기고 자식을 엄히 가르치며 하인을 은혜로 다스리면, 이 반드시 여자의 덕행이니 남자라도 거문고를 타는 것은 바르지 못한 사람이 하는 바이라. 그대가 어진 도리로 잠시의 과실을 깨닫지 못한 것이매 내가 그대의 어짊을 아름다이 여겨 이르나니 너무 허물하지 말게나."

㉠소첩이 배운 것이 적어 잘못함을 깨닫지 못하였더니, 부인께서 이르시니 가슴에 새겨 잊지 않으리다."

부인이 또 교씨를 위로하여 말하였다.

"내가 낭자를 사랑하는 까닭에 심곡(心曲)을 감추지 못한 것이니 이후에 나의 허물이 있거든 또한 일러 깨닫게 하게."

그러고는 종일토록 담소하다가 자리를 파하였다.

유 한림이 조정의 일을 마친 후 백자당에 이르렀다. 술이 취하여 자지 못하고 난간에 기대어 주위를 완상하니 달빛은 낮과 같고 꽃 그림자가 하늘거렸다. 호탕한 흥이 일어나 교씨를 명하여 노래를 부르라고 하였다. ㉡교씨가 말하였다.

"찬바람에 몸이 아파 부르지 못하나이다."

"여자의 도리는 남편의 명을 따르는 것이거늘, 내가 노래를 부르라 하였더니 핑계를 대니 여자의 도리 아니라."

"아까 심심하기로 노래를 불렀더니 부인이 듣고 불러 책망하되, '네가 요괴로운 노래로 집안을 어지럽히고 한림을 미혹하게 하는구나. 이후에 또 부르면 내게 혀를 끊는 칼도 있고 벙어리 되는 약도 있으니 이후로는 삼가고 조심하라.' 하셨나이다. 첩이 본래 빈한한 계집으로 상공의 은혜를 입어 부귀영화가 이와 같으니 비록 죽으나 한이 없을 것이로되, 다만 상공의 청덕이 첩으로 인하여 흠사(欠事)가 될까 하나이다."

한림이 크게 경아(驚訝)하여 마음속으로 생각하되,

㉢'저가 항상 투기를 않노라 하고 교씨 대접하기를 후하게 하여 교씨의 단점을 이른 적이 없더니, 이제 교씨의 말을 들으니 집안에 무슨 연고가 있도다.'

– 김만중, 「사씨남정기」

33 윗글에 나오는 인물 간의 관계를 설명한 것으로 적절하지 <u>않은</u> 것은?

① 사 부인과 교씨는 유 한림에게 처와 첩인 관계이다.

② 사 부인과 교씨는 서로에게 말하는 어투에 차이가 있는 관계이다.

③ 교씨는 유 한림과 사 부인 앞에서 공손하게 대하는 관계에 있다.

④ 유 한림은 사 부인에게 친근하고 교씨와 거리를 두는 관계에 있다.

⑤ 춘낭은 사 부인과 교씨 중에서 사 부인을 주인으로 모시는 관계에 있다.

34 [A]에 나타난 사 부인의 음악에 대한 생각으로 가장 적절한 것은?

① 요즘 사람들은 대부분 음악의 유래를 알고 즐긴다.

② 음악에 심취하는 것은 여자의 도리에 합당하지 않다.

③ 사람의 감정을 숨김없이 표현한 음악이 좋은 음악이다.

④ 혼자서 조용하게 음악을 감상하는 것이 올바른 태도이다.

⑤ 아내로서 남편의 즐거움을 위해 음악을 연주하는 것은 필요하다.

35 문맥상 ㉠과 〈보기〉에 대한 설명으로 가장 적절한 것은? [3점]

---〈보기〉---

靑山裏(청산리) 碧溪水(벽계수)ㅣ야 수이 감을 자랑 마라
一到滄海(일도 창해)ᄒ면 다시 오기 어려오니
明月(명월)이 滿空山(만공산)ᄒ니 수여 간들 엇더리

– 황진이의 시조

① ㉠은 〈보기〉에 비해 감정의 노출이 더욱 강하게 표현되었다.

② ㉠은 〈보기〉에 비해 화자의 의도가 더욱 분명하게 드러나 있다.

③ 〈보기〉는 ㉠에 비해 인물의 형상화에 더욱 초점을 맞추고 있다.

④ ㉠과 〈보기〉는 문면에 나타난 의미 외에 숨겨진 의미가 담겨 있다.

⑤ ㉠과 〈보기〉는 상대나 청자에 대해 같은 등급의 경어가 사용되었다.

36 ㉡을 비판하는 한자 성어로 가장 거리가 먼 것은?

① 연목구어(緣木求魚)

② 적반하장(賊反荷杖)

③ 교언영색(巧言令色)

④ 침소봉대(針小棒大)

⑤ 표리부동(表裏不同)

37 ㉢에 나타난 인물의 심리에 대한 설명으로 가장 적절한 것은?

① 유 한림은 교씨의 말을 사 부인에 대한 모함이라고 생각하고 있다.

② 유 한림은 교씨의 말과 태도에 대해 불신하면서도 화를 참고 있다.

③ 유 한림은 사 부인의 마음이 변한 것이라고 단정하고 노여워하고 있다.

④ 유 한림은 사 부인의 예전의 행동과 말에 대해 의심스럽게 여기게 되었다.

⑤ 유 한림은 교씨의 말과 사 부인의 말을 견주어 보아 진상을 알아차리게 되었다.

[38~40] 다음 글을 읽고 물음에 답하시오.

ⓐ 숙의* 민주주의라는 용어는 민주주의의 질을 개선하려는 정치적 접근법의 특징을 드러낸다. 참여 그 자체를 위해 정치 참여를 증대시키는 것이 아니라 정치 참여의 본질과 방식을 제고하는 것이 과제이다. 흔히 현대 민주주의가 대중적 유명 인사 정치, 사운드 바이트* 식 논쟁, 사적 이익과 야망의 추구 등으로 전락해 버린 데 대해, 그 주창자들은 계몽된 논쟁, 이성의 공적 사용, 진리의 불편부당한 추구 등을 지지한다.

그들이 중시하는 것은 정제되고 사려 깊은 선호이다. ㉠ 오페와 프로이스는 '합리적인' 정치적 의사나 판단은 세 가지 기준, 즉 '사실'을 중시하고 '미래'를 중시하고 '타인을 중시'하는 것이어야 한다고 하였다. 정치적 판단에 결함이 있다면, 대개 이런 기준 중 어느 하나에서, 가령 무지하거나 근시안적이거나 이기적인 판단을 하였기 때문이라는 것이다. 여기에서 다음과 같은 쟁점이 제기된다. 민주주의 이론은 일상생활에서 발견되는 여러 정치적인 선호를, 확고하게 형성된 것 또는 합리적인 것으로 간주해야 하는가, 아니면 정치적 의사의 본질이 어떠해야 하는지 의문을 제기하도록 이끌어야 하는가. 만일 후자라면 정치적 의사는 불편부당함의 기준에 부합할 경우에만 정당하다고 해야 하는가.

이런 논점은 사려 깊은 선호에 대한 관심이 엘리트주의적인 것인가, 아니면 민주주의의 작동에 혁신적인 사고를 가져올 것인가와 관련된다. 달리 말해, 민주적인 공공선 개념은 개인들이 지닌 선호의 취합물일 뿐인가, 아니면 진지한 공적 논쟁이나 숙의를 통해 표출될 수 있는가의 문제이다. 오페와 프로이스는 '참여가 증가하는 만큼 합리성도 증가하는 것은 아니다.'라고 한다. 정치 참여의 범주를 확대하는 문제나 민주주의 확산의 영역들을 재고하는 것은 더 이상 민주주의 이론의 과제가 아니다. 현재 과제는 '숙고를 거친, 사회적으로 입증되고 정당화될 수 있는 선호가 형성되도록 장려하는 ⓑ 제도나 절차의 도입'에 관한 것이라고 한다.

현대 정치의 문제점은 숙의 민주주의자들에게 많은 생각을 하게 하였다. ㉡ 피시킨은 대규모 유권자 속에서 발견되는 공적 생활에 대한 무관심, 정당 및 통치 집단의 엘리트주의 등을 비판하였다. 현대 민주주의는 '정치적으로 평등하지만 상대적으로 무능한 대중과 정치적으로 불평등하지만 상대적으로 유능한 엘리트 사이의 선택을 강요하고 있다.' 배제된 집단의 선거권 확보같이 더 큰 평등을 향한 역사적 추세는 대규모의 불참 및 무관심을 동반하였다. 투표권이 확대되었어도 투표율은 하락해 왔고 민주적 토론은 대개 피상적이며 그 결론은 지식 정보의 부족하에 경솔하게 이루어진다. 유권자들은 소외, 이탈, 자기만족 등을 겪으면서 정치 과정에서의 단절감을 드러낸다. 정책보다 정치인에 대한 강조가 미디어에 젖은 선거판을 지배하고 사운드 바이트가 논쟁을 대신하며 유명 인사의 인기가 신념에 입각한 정치 주장을 대체한다고 한다.

피시킨은 미국과 유럽을 지배하는 엘리트들이 광범위한 정치 논쟁 과정이나 문제들로부터 점점 분리된다고 한다. 정책의 원칙을 탐구하거나 정책 방향을 숙의하기보다는 기존 견해나 이해관계에 정책을 맞추려는 여론조사나 표적 집단 면접 등과 같은 마케팅 기법이 정책 과정을 엄습한다. 엘리트들은 유권자를 예측하려는 시도를 통해 정치를 운영한다. 민주주의 이론들에서 발견되는 이성, 논쟁, 불편부당성에 근거한 공적 영역의 이상은 엘리트와 정당이 여론조사에 의존하면서 붕괴되고 있다는 것이다.

넓은 의미에서 숙의 민주주의란 '자유롭고 평등한 시민들의 공적 숙의가 정당한 정치적 의사 결정이나 자치의 핵심이라고 생각하는 일군의 견해'로 정의된다. 숙의 민주주의자들은 정치적 정통성이 투표 결과에 달려 있다기보다는 공적 결정에 대해 옹호 가능한 이유와 설명을 제시하는 데 있다고 본다. 이들의 목표는 숙의 과정을 통해 사적인 선호를 공적인 조사나 검증에 견딜 수 있는 입장으로 전환시키는 것이다.

㉢ 코헨은, 민주적 결사체란 '결사를 맺는 계약 조건의 정당화가 공적인 논쟁과 논증을 통해 이루

어지는' 것이며, 그 속에서 시민들은 '자유로운 공적 숙의의 틀을 자신들이 제정할 수 있는 한에서 그 제도를 정당한 것으로 간주한다.'고 하였다. 숙의는 어떤 우월적 규범이나 권위에 의해 제약되지 않을 때 자유로울 수 있다. 시민들은 자신의 선호를 공개적으로 정당화할 준비 없이 단순히 선호만을 표명할 수 없다. 이런 이상이 실현되려면 권력, 부, 교육 등 자원의 불평등에 따른 왜곡에 의해서가 아니라 합리적 동기에 의한 합의가 필요하다. 이런 정치 모델은 시민들이 형식과 실질 양면에서 평등을 누릴 것을 요구한다. 평등한 시민들 사이의 자유로운 숙의를 통해 정치적 정당화가 이루어질 수 있도록 하는 제도를 설치, 조정해야 한다고 한다.

*숙의(熟議) : 깊이 생각하여 의논을 거듭함.
*사운드 바이트 : 정치인의 연설 중에서 뉴스 프로그램에 방송되는 짧은 한마디 문장이나 구절.

38 ㉠~㉢의 주장과 일치하지 <u>않는</u> 것은?

① ㉠ : 정치적 판단이 사실에 대해 무지하거나 장래의 일까지 생각하지 못한다면 결함이 있는 것이다.

② ㉠ : 참여가 많을수록 합리성이 증가하지는 않기 때문에 숙고를 거쳐 사회적으로 정당화될 선호가 형성되도록 해야 한다.

③ ㉡ : 오늘날 유권자들은 정치 과정에서의 단절감을 극복하기 위해 자기만족을 추구한다.

④ ㉡ : 현대 정치는 유권자들이 정치 과정에서 소외되고 논쟁다운 논쟁 없이 정책보다 정치인의 인기도가 정치적 주장을 대체하고 있다.

⑤ ㉢ : 정책 수립에는 어떤 규범이나 권위에 의해 제약되지 않는 숙의 과정을 통해 합리적 동기에 따른 합의가 요구된다.

39 ⓐ를 지지하는 견해로 가장 적절한 것은?

[3점]

① 독특한 사회 관습이나 규칙, 관습적인 인간관계의 방식 등에 따라서 논쟁과 논증의 관행은 얼마든지 다를 수 있다.

② 공적 선택을 둘러싼 갈등은 인간사에서 제거될 수 없으며 이기적인 정치 행위자가 숙의를 통해 이타적 인간으로 바뀔 수 없다.

③ 어떤 사실을 적절한 것으로 간주할지는 이전의 개념 선택에 의해 좌우될 것이기 때문에 사실에 호소하는 것이 문제 해결의 방법이 되지 못한다.

④ 불편부당함의 기준을 두고 토론하면서 좀더 나은 결론을 추구하게 되면, 토론의 상대방이 가진 충분한 이유와 근거를 인정할 수 없게 된다.

⑤ 다수파의 견해란 어느 특정 선거 시점에서 논의의 균형이 어디에 위치하는지 보여 주는 지표일 따름이기 때문에 논의가 계속되어야 함을 인정하는 것이 합리적이다.

40 ⓑ에 해당하는 것으로 적절하지 <u>않은</u> 것은?

① 일정한 날을 잡아 무작위로 뽑힌 시민들이 학교나 공회당에 모여 후보 선택에 대해 논의를 한다.

② 시민들에게 공적 논증과 정치적 선택에 필요한 능력을 계발하는 데 기여할 수 있는 교육을 실시한다.

③ 인터넷을 활용하여 일반 시민들에 의해 제기되고 검증된 혁신 방안을 정부 차원에서 제도화하고자 한다.

④ 육아 설비 실태를 재검토하여 남성뿐만 아니라 여성도 공적 생활에 참여할 수 있는 기회를 가질 수 있게 한다.

⑤ 쟁점에 대해 전문가의 견해를 참조하고 참가자들 간의 토의 후에 나온 의견을 묻는 방식으로 여론 조사를 한다.

[41~45] 다음 글을 읽고 물음에 답하시오.

그동안 무얼 하며 지내느냐는 원구의 물음에 동욱은 끼고 온 보자기를 끄르고 스크랩북을 펴 보이는 것이었다. 몇 장 벌컥벌컥 뒤지는데 보니, 서양 여자랑 아이들의 초상화가 드문드문 붙어 있었다. 그 견본을 가지고 미군 부대를 찾아다니며, 초상화의 주문을 맡는다는 것이었다. ⊙ 대학에서 영문과를 전공한 것이 아주 헛일은 아니었다고 하며 동욱은 닝글닝글 웃었다. 동욱의 그 닝글닝글한 웃음을 원구는 이전부터 몹시 꺼렸다. 상대방을 조롱하는 것 같은, 그러면서도 자조적이요, 어쩐지 친애감조차 느껴지는 그 닝글닝글한 웃음은, 원구에게 어떤 운명적인 중압을 암시하여 감당할 수 없

이 마음이 무거워지는 것이었다. 대체 그림은 누가 그리느냐니까, 지금 여동생 동옥이와 둘이 지내는데, 동옥은 어려서부터 그림을 좋아하더니 초상화를 곧잘 그린다는 것이다. 동옥이란 원구의 귀에도 익은 이름이었다. 소학교 시절에 동욱이네 집에 놀러 가면 그때 대여섯 살밖에 안 되는 동옥이가 귀찮게 졸졸 따라다니던 기억이 새로웠다. 동옥은 그 당시 아이들 사이에 한창 유행되었던, '중중 때때중 바랑 메고 어디 가나'를 부르고 다녔다. 그 사이 이십 년이라는 세월이 흐르고 보니 동옥의 모습은 전연 기억도 남지 않았다. 동옥의 말에 의하면 지난번 1·4후퇴 당시 데리고 왔는데, 요새 와서는 짐스러워 후회될 때가 있다는 것이었다. 그의 남편은 못 넘어왔느냐니까, 뭘 입때 처년데, 했다. 지금 몇 살인데 미혼이냐고 묻고 싶었지만, 원구는 혼기가 지난 동옥이나 자기 자신도 아직 독신인 걸 생각하고, 여자도 그럴 수가 있을 거라고 속으로 주억거리며 그는 입을 다물었다. 동옥의 나이가 지금 이십오륙 세가 아닐까 하고 원구는 지나간 세월과 자기 나이에 비추어 속어림으로 따져 보는 것이었다. 술에 취한 동욱은 다자꾸 원구의 어깨를 한 손으로 투덕거리며, 동옥이년이 정말 가엾어, 암만 생각해도, 그 총기며 인물이 아까워, 그런 말을 되풀이하는 것이었다. 그러고는 다시 잔을 비우고 나서, 할 수 있나 모두가 운명인 걸 하고 고개를 흔드는 것이었다. 동욱은 머리를 떨어뜨린 채, ⓒ <u>내가 자네람 주저 없이 동옥이와 결혼할 테야, 암 장담하구말구</u>, 혼잣말처럼 그렇게도 중얼거리는 것이었다. 종잡을 수 없는 동욱의 그런 말에 원구는 무슨 영문인지도 모르면서, 암 그럴 테지, 하며 ⓒ <u>동욱의 손을 쥐어 흔드는 것이었다.</u>

동욱은 음식집을 나와 헤어질 무렵에 두 손을 원구의 양 어깨에 얹고 자기는 꼭 목사가 되겠노라고, 했다. 그것이 자기의 갈 길인 것 같다고 하며 이제 새 학기에는 신학교에 들어가겠다는 것이었다. 어깨가 축 늘어져서 걸어가는 동욱의 초라한 뒷모양을 바라보고 서서 원구는 또다시 동욱의 과거와 그 집안을 그려 보며, ② <u>목사가 되겠노라고</u>

하면서도 술을 사랑하는 동욱을 아껴 줘야겠다고 생각하는 것이었다.

(중략)

비 오는 날인데다가 창문까지 거적때기로 가리어서 방 안은 굴속같이 침침했다. 다다미 여덟 장 깔리는 방 안은, 다다미 위에다 시멘트 종이로 장판 바르듯 한 것이었다. 한켠 천장에서는 쉴 사이 없이 빗물이 떨어졌다. 빗물 떨어지는 자리에는 바께쓰가 놓여 있었다. 촐랑촐랑 쪼르륵 촐랑, 빗물은 이와 같은 연속적인 음향을 남기며 바께쓰 안에 가 떨어지는 것이었다. ⓐ 무덤 속 같은 이 방 안의 어둠을 조금이라도 구해 주는 것은 그래도 빗물 소리뿐이었다. 그러나 그 빗물 소리마저, 바께쓰에 차츰 물이 늘어 갈수록 우울한 음향으로 변해 가는 것이었다. 동욱은 별로 원구와 동옥을 인사시키거나 소개하려 하지 않았다.

(중략)

그 뒤로는 비가 와서 가게를 벌일 수 없는 날이면 원구는 자주 동욱이네 집을 찾아가는 것이었다. 불구인 그 신체와 같이, 불구적인 성격으로 대해 주는 동욱의 태도가 결코 대견할 리 없으면서도, ⓑ 어느 얄궂은 힘에 조종당하듯이, 원구는 또다시 찾아가지 아니할 수 없는 것이었다. 침침한 방안에 빗물 떨어지는 소리가 듣고 싶어서일까? 동옥의 가늘고 짧은 한쪽 다리가 지니고 있는 슬픔에 중독된 탓일까? 이도 저도 아니면, 찾아갈 적마다 차츰 정상적인 데로 돌아오는 동옥의 태도에 색다른 매력을 발견한 탓일까? 정말 동옥의 태도는 원구가 찾아가는 횟수에 따라 현저히 부드러워지는 것이었다. 두 번째 찾아갔을 때 동옥은 원구를 보자 얼굴을 붉히었다. 그리고는 고개를 숙였다. 세 번째 찾아갔을 때는 원구를 보자 동옥은 해죽이 웃어 보인 것이었다. 그러나 그것은 우울한 미소였다. 찾아갈 때마다 달라지는 동옥의 태도가 원구에게는 꽤 반가운 것이었다. 인사불성에 빠졌던 환자가 제정신으로 돌아온 때처럼 고마웠다. 첫 번 불렀을 때는 눈을 감은 채 아무런 반응도 없던 환자가, 두 번째 부르자 눈을 간신히 떴고, 세 번째 불

렀을 때는 제법 완전히 눈을 떠서 좌우를 둘러보다가 물 좀, 하고 입을 열었을 경우와 같은 반가움을 원구는 동옥에게서 경험하는 것이었다.

– 손창섭, 「비 오는 날」

41 윗글의 서술 방식에 대한 진술로 가장 적절한 것은?

① 이야기 속의 이야기를 통해 인물의 과거를 폭로하고 있다.

② 서술자는 한 인물의 시각을 중심으로 작중 상황을 보여주고 있다.

③ 서술자의 논평을 통해 인물에 대한 독자의 판단을 이끌어 내고 있다.

④ 인물 간의 대화를 직접 제시하여 인물이 처한 상황을 드러내고 있다.

⑤ 서술자는 극한적 상황에 처한 인물들의 반응을 반어적으로 묘사하고 있다.

42 윗글의 등장인물에 대한 설명으로 가장 적절한 것은?

① 동욱은 극도의 무력감에 빠져 생활고를 해결하려 하지 않고 있다.

② 원구와 동욱은 굳건한 사랑으로 삶의 어려움을 극복해 나가고자 한다.

③ 동욱과 동옥은 서로에게 책임을 미루는 방관적인 태도를 드러내고 있다.

④ 동욱은 참담한 상황에서도 밝은 웃음을 잃지 않고 낙관적으로 살고자 한다.

⑤ 원구는 동욱에게 마음에 안 드는 점이 있어도 그를 인간적으로 배려하고 있다.

43 ⊙~⑩의 문맥적 의미를 설명한 것으로 적절하지 않은 것은?

① ⊙ : 동욱은 자신이 하는 일을 마음에 들지 않아 함을 드러낸다.

② ⓒ : 동옥이 뛰어남을 내세워 원구에게 결혼을 강요하려는 의도가 드러난다.

③ ⓒ : 동욱의 처지를 동정하여 무슨 말이든 일단 동조해 주는 태도가 드러난다.

④ ⓒ : 동욱의 모순된 태도가 현실에서의 삶의 어려움에 기인한 것임을 암시한다.

⑤ ⑩ : 원구도 자신이 왜 그러는지 명확히 깨닫지 못한 상태임이 드러난다.

44 ⓐ에 대한 진술로 가장 적절한 것은?

① 인물들이 삶의 안정감 없이 살아야 하는 비참한 상황을 상징한다.

② 무기력하게 살아가는 인물들에 대한 도덕적인 동정심을 의미한다.

③ 부조리한 상황에 처한 인물들이 지향하고 있는 삶의 목표를 상징한다.

④ 고단한 피난 생활에서도 빗물 소리를 통해 위안받을 수 있음을 의미한다.

⑤ 물질적인 면과 정신적인 면이 모두 충족되어야 행복할 수 있음을 의미한다.

45 〈보기〉에 견주어 윗글을 이해한 것으로 가장 적절한 것은? [3점]

〈보기〉

우리가 눈발이라면
허공에다 쭈빗쭈빗 흩날리는 진눈깨비는 되지 말자.
세상이 바람 불고 춥고 어둡다 해도
사람이 사는 마을
가장 낮은 곳으로
따뜻한 함박눈이 되어 내리자.
우리가 눈발이라면
잠 못 든 이의 창문가에서는 편지가 되고
그이의 길고 붉은 상처 위에 돋는
새 살이 되자.

– 안도현, 「우리가 눈발이라면」

① 동욱이 동옥을 떠나가려고 하는 것은 그녀가 '흩날리는 진눈깨비'처럼 고통을 주고 있기 때문이야.

② '바람 불고 춥고 어두운' '세상'에서 동옥은 동욱에게 정신적인 의지처가 되고 있어.

③ '낮은 곳'에 있던 동옥에게 원구가 '함박눈'처럼 다가왔음을 그녀의 태도 변화를 통해 알 수 있어.

④ 동옥이 그림을 그리는 것은 '잠 못 든 이'에게 온 '편지'와 같이 동욱에게 위안을 주는 행위였어.

⑤ 원구는 신학교에 가고자 하는 동욱에게 '상처 위에 돋는 새 살'처럼 살아갈 용기를 주는 존재야.

제**2**교시 영어영역

[01~05] 밑줄 친 단어의 뜻으로 가장 적절한 것을 고르시오.

01

The students in the movement were deceived into thinking they were in the vanguard of a revolution.

① turmoil ② forefront
③ protection ④ opposition
⑤ preparation

02

The government concluded that the manufacturers colluded to sell their products to minors.

① collaborated ② proposed
③ pretended ④ intended
⑤ intervened

03

His penchant for the finer things in life led to the demise of his family fortune.

① obsession ② aptitude
③ reproach ④ inclination
⑤ extravagance

04

Rawls's sternest critics often tried to cabin him as "relevant only for American or at most Anglo-American audiences."

① confine ② rebuke
③ introduce ④ safeguard
⑤ exemplify

05

Questions about the pending lawsuit were met with circumlocutory replies by the pharmaceutical company representative.

① unequivocal ② succinct
③ unfounded ④ roundabout
⑤ conciliatory

[06~08] 밑줄 친 부분 중, 어법상 틀린 것을 고르시오.

06   I was greeted immediately by a member of the White House's legislative staff and led into the Gold Room, ① <u>where</u> most of the incoming House and Senate members had already gathered. At sixteen hundred hours on the dot, President Bush ② <u>announced</u> and walked to the podium, looking vigorous and fit, with that jaunty, determined walk ③ <u>that</u> suggests he's on a schedule and wants to keep detours to a minimum. For ten or so minutes he spoke to the room, ④ <u>making</u> a few jokes, calling for the country to come together, before inviting us to ⑤ <u>the other</u> end of the White House for refreshments and a picture with him and the First Lady.

07   San Francisco Giants pitcher Ryan Vogelsong and his wife, Nicole, watched the Fourth of July fireworks from their apartment's rooftop deck, which ① <u>offers</u> breathtaking views of landmarks such as the Bay Bridge, Alcatraz Island and Coit Tower. It was also there ② <u>where</u> they toasted with champagne his selection to the National League's All-Star team, the improbable high point — at least so far — of an itinerant career. The *San Francisco Chronicle* recently named him ③ <u>as a</u> candidate for the Cy Young Award. It ④ <u>has been</u> that kind of fairy-tale season for Vogelsong, 34, who has an 8-1 record and a 2.23 ERA for the defending World Series champs. Though his accomplishments this year overshadow anything Vogelsong has done before in baseball, they would not ⑤ <u>be</u> possible without the toils of an odyssey that has included stops in 10 minor league cities, plus San Francisco, Pittsburgh, Japan and Venezuela.

08   The absence of comparisons from the state of nature is crucial to Rousseau. By insisting that creatures who lived apart from sustained relationships could not yet ① <u>have evolved</u> the mind it takes to rank persons, Rousseau draws two great conclusions. First, natural inequalities — greater physical strength, better singing voice, or higher intelligence — come to matter only when a quality we happen to possess ② <u>wins</u> us respect, praise, worth, or value in the eyes of others. The second conclusion is ③ <u>that</u> natural man — and natural man alone — is honest. In society we are always concerned with ④ <u>what</u> others think of us; we are motivated to do what will win us honor and the respect of others. It gets to the point where my sense of myself is derived from the impressions other people ⑤ <u>have</u> <u>me</u>.

[09~10] (A), (B), (C)에 들어갈 말로 가장 적절한 것을 고르시오.

09

The realization that the universe consists of atoms and void and nothing else, that the world was not made for us by a providential creator, that we are not the center of the universe, that our emotional lives are no more (A) [distinct / indistinct] than our physical lives from those of all other creatures, that our souls are as material and as mortal as our bodies — all these things are not the cause for (B) [despair / hope]. On the contrary, grasping the way things really are is the crucial step toward the possibility of happiness. It is possible for human beings to live happy lives, but not because they think that they are the center of the universe. Unappeasable desire and the fear of death are the principal (C) [paths / obstacles] to human happiness, but they can be surmounted through the exercise of reason.

	(A)	(B)	(C)
①	distinct	despair	paths
②	distinct	despair	obstacles
③	distinct	hope	obstacles
④	indistinct	hope	obstacles
⑤	indistinct	despair	paths

10

Music therapy as an explicit set of practices first developed in the West during the twentieth century — especially during the First World War, when doctors and nurses witnessed the effect that music had on the psychological, physiological, cognitive and emotional states of the wounded. The first major academic study of music's (A) [aesthetic / medicinal] properties was published in 1948, partly as a response to the continued use of music therapy in military hospitals and in factories during the Second World War. Music therapy is now (B) [rarely / widely] used for those with mental and/or physical disabilities or illnesses. One of its most significant functions is to relax patients who are preparing for, undergoing or recovering from surgery, notably dental, burns and coronary treatments. It is now well attested that music with slow, steady tempos, legato passages, gentle rhythms, predictable change, and simple sustained melodies is (C) [detrimental / conducive] to relaxation.

	(A)	(B)	(C)
①	aesthetic	rarely	detrimental
②	aesthetic	widely	detrimental
③	medicinal	widely	detrimental
④	medicinal	widely	conducive
⑤	medicinal	rarely	conducive

[11~13] 밑줄 친 부분 중, 문맥상 낱말의 쓰임이 적절하지 <u>않은</u> 것을 고르시오.

11 The spiritual dimension is a complex, and controversial area, and is often overlooked within holistic approaches, although it is increasingly being identified as a ① <u>vital</u> element which can have a large influence on the physical, mental and emotional aspects of work. Unfortunately the majority of studies that explore spirituality and resilience treat spirituality as a single entity which is ② <u>easily</u> measured and controlled. Spirituality is in reality a complex, ③ <u>multi-dimensional</u> phenomenon. Hence research which ④ <u>excludes</u> a broad interpretation of spirituality is important in order to expand our understanding. There are some who interpret spirituality using just a religious definition. This ⑤ <u>narrow</u> religious interpretation of spirituality, often seen in America and the UK as a Christian interpretation, is not appropriate for the government agencies that pride themselves on their anti-discriminatory practices.

12 According to one theory, within certain limits the more similar the communicators are, the more effective their communication will be. One limiting condition is that if the similarities between people are so ① <u>pervasive</u> that they have the same attitudes and beliefs about every subject, there is no need for communication. For example, the conversation might be ② <u>lively</u> at a party in which every person was in agreement about every subject from movies to politics. On the other hand, people who are ③ <u>dissimilar</u> in almost every respect lack a common ground, a base from which to share experiences and exchange ideas. According to this theory, the ideal situation is one in which people have many similarities but are dissimilar enough in their attitudes about the subject at hand to interact and perhaps to influence one another's attitudes. Similarity clearly ④ <u>prevails</u>, however. After all, the goal of attitude influence is to change the other person's attitude so that it more closely ⑤ <u>resembles</u> your own.

13 The fourth industrial revolution will affect the scale of conflict as well as its character. The distinctions between war and peace and who is a combatant and noncombatant are becoming uncomfortably ① <u>clarified</u>. Similarly, the battlefield is increasingly both local and global. Organizations such as ISIS operate ② <u>principally</u> in defined areas in the Middle East but they also recruit fighters from more than a hundred countries, largely through social media, while related terrorist attacks can occur anywhere on the planet. Modern conflicts are increasingly ③ <u>hybrid</u> in nature, combining traditional battlefield techniques with elements that were previously mostly associated with armed non-state actors.

However, with technologies ④ <u>fusing</u> in increasingly unpredictable ways and with state and armed non-state actors learning from each other, the potential magnitude of change is not yet widely ⑤ <u>appreciated</u>.

[3점]

14 ger에 관한 다음 글의 내용과 일치하는 것은?

The large, white felt tent, known as a *ger* and seen all over Mongolia, is probably the most identifiable symbol of the country. (The word "yurt" is a Turkic word introduced to the west by the Russians. If you don't want to offend the nationalistic sensibilities of the Mongolians, use the word "ger.") Most Mongolians still live in gers, even in the suburbs of Ulaan Baatar. And it's not hard to understand why: wood and bricks are scarce and expensive, especially out on the steppes, and animal hides are cheap and readily available. Nomadic people obviously have to be flexible and mobile and gers can be moved easily — depending on the size, a ger can be assembled in one to three hours. If the opportunity arises, an invitation to visit or stay in a ger is one that should not be missed.

① Most Mongolians prefer to call it a "yurt."

② You can only find it in urban areas of Ulaan Baatar.

③ It is made of wood and bricks.

④ It can be built in three hours or less.

⑤ It is not recommended for the modern traveler.

15 Yellowstone National Park에 관한 다음 글의 내용과 일치하지 <u>않는</u> 것은?

Yellowstone National Park was created in 1872 to protect its geyser basins. But the 2-million-acre park put the government in the wildlife business, and unfortunately scientific wildlife management did not begin until more than half a century later. No detailed records exist of the area's animal population and feeding behavior at the time the park was established. Early rangers fed elk and bison as one would feed cattle and began killing wolves. By 1926, following a federal directive, the last wolves had been eliminated. Then elk overpopulated the park, eating through grass, brush, and any part of a tree they could reach. So in 1934 the rangers began shooting them, too; records show that in 1962 alone, 4,619 were killed. In 1967 public distaste forced the Park Service to stop the shooting. But the park did not recover.

① The wildlife began to be managed scientifically in the 1900s.

② The exact animal population in 1872 is not known.

③ Elks flourished after the elimination of their natural predator.

④ A total of 4,619 elks were killed in 1962.

⑤ Public opinion halted the shooting of wolves.

① majestic ② fleeting

③ catastrophic ④ universal

⑤ counterintuitive

[16~21] 다음 글의 빈칸에 들어갈 말로 가장 적절한 것을 고르시오.

16

A good rocket launch site has a few important characteristics. An unpopulated patch of land near an ocean is preferable, so no one gets showered with wayward bits of flaming metal. It's also nice if it's on the equator — like all spheres rotating on an axis, the Earth spins fastest in the middle, which provides rocket boosters with extra oomph. In other words, the best sites tend to be in remote, tropical locations. That such places are also often among the world's poorest gives many launches a _____ feel: billions of dollars in futuristic machinery rising up over rainforests and shantytowns. [3점]

17

_____. It is not uncommon to find analysts failing to distinguish between facts and inferences or operating on the assumption that an inference was a fact. It is not unusual to hear an analyst state that his conclusions followed "logically" from the evidence, even though generalizations arrived at inductively are not subject to logical proof. That different types of inquiry are subject to different types of "proof" is an alien concept to many researchers. And the common misuse of *infer* and *imply* reflects not only a lack of knowledge of terminology but also an unfamiliarity with underlying concepts of logic as well. [3점]

① Terminological confusion further aggravates flawed logic

② Logical thinking is a precursor to scientific research

③ Examples of the inability to reason well abound

④ Generalizations are subject to rigorous testing

⑤ Inductive logic prevails in academia

18

The doublespeak flows in the government, whether people in government are talking to the public or to each other. The Bureau of Land Management issued a press release in 1986 which began, "In a move to add administrative procedures regarding compliance with statutory requirements, the Department of the Interior's Bureau of Land Management (BLM) today published a rulemaking concerning federal coal leasee qualifications." This doublespeak simply means that the BLM intends to crack down on coal leases. An official in the Department of Commerce who had requested an increase in salary was told that "Because of the fluctuational predisposition of your position's productive capacity as juxtaposed to government standards, it would be monetarily injudicious to advocate an increment." In other words, _____.

① the pink slip

② all petitions suspended

③ no pay raise

④ no new openings

⑤ an early retirement

19

_____. We've found a hormone that can rejuvenate the muscles of elderly mice. Osteocalcin —a hormone secreted by bone— boosts the ability of muscles to burn fuel and generate energy, researchers at Columbia University discovered. When the team injected the hormone into old mice, the animals were able to run just as far as their younger counterparts, despite being up to a year older—a long time in mouse years. Old mice that did not receive the hormone ran about half as far. Osteocalcin levels decline with age in both mice and humans, and the team now plans to test whether the hormone can improve muscle function in people too. [3점]

① Wind back the clock

② A stitch in time saves nine

③ Time waits for no man

④ Give the elderly their due

⑤ Speed up the sands of time

20

Like the iron cage of capitalism in which human needs are sacrificed to the exigencies of production, there is a sense in which science in the modern world has also become _____ : Within the domain of institutionalized science and academic scholarship, creativity and innovation must be accommodated to the specialized criteria of achievement that govern the various professional disciplines.

① a torchlight shining on intellectual avenues

② emancipated from bureaucratic demands

③ a fortress impregnable to any attack

④ vulnerable to moral issues at hand

⑤ the prison house of the mind

21

During the late nineteenth and early twentieth century, the Frenchman Joseph Pujol was famous for his ability to fart _____ by drawing air into his anus. He put on a stage show, calling himself Le Pétomane, which is French for "The Fartiste." Dressed formally, he would open with a rumble of cannon-fire farting. Various routines followed, most spectacularly an imitation of the 1906 San Francisco earthquake. He could rectally project a jet of water a distance of 15 feet (4.5 m) and to close, he sang a rhyme about a farm, punctuated with farts that sounded like different animal noises.

① at will   ② silently

③ intermittently   ④ to no avail

⑤ inadvertently

[22~23] 빈칸 (A)와 (B)에 들어갈 말로 가장 적절한 것을 고르시오.

22

For most of your past life experiences, you would probably agree that you need to reconstruct the memories. For example, if someone asked you how you celebrated your birthday three years ago, you'd likely count backwards and try to reconstruct the context. __(A)__ , there are some circumstances in which people believe that their memories remain completely faithful to the original events. These types of memories — which are called flashbulb memories — arise when people experience emotionally charged events: People's memories are so vivid that they seem almost to be photographs of the original incident. The first research on flashbulb memories focused on people's recollections of public events. (B) , the researchers asked participants if they had specific memories of how they first learned about the assassination of President John F. Kennedy. All but one of the 80 participants reported vivid recollections.

	(A)		(B)
①	As a result	……	Consequently
②	As a result	……	For example
③	Moreover	……	However
④	Moreover	……	Consequently
⑤	However	……	For example

23

In order to promote social engagements among my students, I began encouraging them to bring food and drinks, as well as mats and cushions, to class. With these items, the classroom space is (A) in terms of form and function as it gains a "social" aspect. During the reflection exercises, I observed how some students brought not just mats and cushions, but also pillows and stuffed toys as though they were attending a slumber party! When mats and cushions are not in use, students are seated in chairs strategically arranged around the tables, eating and drinking, as they discuss or review each other's

drafts. As food and drinks are vital to any sociocultural discourse, they help enhance the social atmosphere, (B) communal bonds, and heighten the students' shared identity.

	(A)		(B)
①	altered	……	cement
②	preserved	……	dissolve
③	altered	……	weaken
④	preserved	……	solidify
⑤	modified	……	loosen

[24~25] 다음 글의 제목으로 가장 적절한 것을 고르시오.

24

The center of mining and armor technology was Augsburg, in Germany, and that was no coincidence. Augsburg was near one of Europe's major deposits of iron ore, and the demand for metal from feudal states building forces of armored knights soon created a booming mining industry and an equally flourishing armorer business. To the annoyance of their customers throughout feudal Europe, the Germans charged sky-high prices, aware that those customers had no alternative: German armor was the best in the world, and if a customer didn't like the prices, he could sally forth on his next war with sticks and stones. Underwritten by these lavish profits, the German armorers could afford an extensive research and development effort. It resulted in stronger armor, for example, steel helmets with movable visors that covered the entire head.

① Farewell to Arms and Armors

② Past and Future of Armor Business

③ Stones vs. Steel: The Obvious Choice

④ Germany, the Hub of Armor Technology

⑤ High Quality and Low Prices: A Double-Edged Sword

25

Hate to haggle? You're not alone. A national survey found that just 48 percent of shoppers tried bargaining for a better deal on everyday goods and services in the past three years, down from 61 percent in 2007. But if you're chicken, you lose. Eighty-nine percent of those who haggled were rewarded at least once. Successful furniture hagglers saved $300 on average, as did those who questioned a health-related charge. Those who challenged their cell-phone plans saved $80. Clearly, people who don't haggle are leaving money on the table. [3점]

① Can't Hurt to Ask

② ABCs of Haggling Better

③ Furniture Haggling Made Easy

④ Shopping Around: Reap the Rewards

⑤ Does Haggling Actually Inflate Prices?

[26~27] 다음 글의 주제로 가장 적절한 것을 고르시오.

26

Catholicism held that the only God-given vocation was priesthood, but Protestants thought that people could be called to any of the secular crafts and trades. The belief that they were serving God encouraged them to work with religious fervor, leading them to produce more goods and make more money. Weber believed that the Protestant faith led inevitably to a capitalist economic society because it gave believers the chance to view the pursuit of profit as evidence of devotion, rather than of morally suspect motives such as greed and ambition. The idea of predestination also meant that believers need not worry about social inequalities and poverty, because material wealth was a sign of spiritual wealth.

① role of religion in creating social equality

② reasons for the rise of the Protestant faith

③ influence of Protestantism on economic ideals

④ importance of morality in economic activities

⑤ differences between Protestants and Catholics

① economic motivations behind the invention of the mirror

② outstanding achievements of German chemists

③ development of commercial glass mirror technology

④ human desires hidden in commercial glass mirrors

⑤ commonalities of ancient mirror technology in Europe

27

Whether out of curiosity, vanity, or a motive as yet unexplored, people throughout the ages have wanted to see their own reflection. As early as 2500 B.C. the Egyptians had mirrors of highly polished metal, usually of bronze, occasionally of silver or gold. The first commercial glass mirrors were made in Venice in 1564; these were made of blown glass that was flattened and coated with an amalgam of mercury and tin. The Venetians proceeded to supply Europe with mirrors for centuries. It wasn't until 1840 that a German chemist named Justus Liebig came up with the method of silvering that we use today. By this technique, silver-ammonia compounds are subjected to the chemical action of a reducing agent, such as invert sugar, Rochelle salt, or formaldehyde, and the resulting metallic silver is spread evenly over the back of a smooth pane of plate glass.

28 다음 글의 목적으로 가장 적절한 것은?

What could be more comforting than seeing your dog or cat curled up in blissful sleep? Both species spend almost half their day engaged in some form of sleep. But not all find it restful: older animals, those with muscular or joint issues, or very active dogs will often pace or relocate frequently. If your companion fits into one of these categories, he might benefit from a therapeutic bed. These specialized products offer support and comfort unlike regular beds or an impromptu sleeping spot. Regardless of age and health, a good bed promotes muscular-skeletal health and offers additional rejuvenating and healing benefits.

① to prevent domestic animal abuse

② to promote specialized pet furniture

③ to explain the benefits of good sleep

④ to inform pet owners of furniture hazards

⑤ to warn pet owners of poor pet sleep habits

② Catch the happiness virus in your local community.

③ Do not force your happy ways on your neighbors.

④ Exercise self-contentment to achieve mental well-being.

⑤ Find happiness by helping the needy around you.

29 다음 글의 요지로 가장 적절한 것은? [3점]

You cannot buy happiness. You cannot go to the nearest grocery store and order a pound of happiness as you would a pound of butter. But, since happiness comes from within, you can secure a measure of happiness by your own acts. You can find that feeling of contentment by helping your less fortunate fellowmen. You can help those who, because of ill-fate, will not have a happy Christmas unless we share with them. During this season of peace and good will, let us not force those in need to look at happiness through our eyes. Rather, let us help them to see and find happiness through their own eyes. Let us not fail the less fortunate of the community.

① Measure your true happiness level by acts of good will.

30 다음 글에 나타난 "I"의 심경으로 가장 적절한 것은?

Taking a deep breath, I began sprinting again, counting my strokes, telling myself that I wouldn't look up again until I'd swum one thousand strokes. Slowly I gained a foot, then a few hundred yards. Now I realized why the English Channel was the Mount Everest of swimming: though everyone's goal is to get to the top, the summit is where the air grows thinner, where everything becomes challenging. *Don't look up for five hundred strokes. Go as fast as you can go. Push it. Pull your arms with everything you have. Kick. Yes. Kick those legs. Pull deeper. Faster. Come on. Pull.*

① frustrated but resilient

② determined and persistent

③ daunted and disappointed

④ surprised but exhilarated

⑤ overwhelmed and discouraged

[31~32] 다음 글에서 전체 흐름과 관계 <u>없는</u> 문장을 고르시오.

31 As a rule, physicians should not be considered altruistic when acting in their patients' best interests because they do not have the choices in acting that we ordinarily associate with altruism. Doctors have professional duties to patients that they cannot discharge as a matter of choice. To be sure, becoming a doctor and thereby entering into a professional relationship with patients is an optional act. ① Once a doctor enters into this relationship, however, he or she cannot choose obligations. ② A doctor can choose not to treat a particular patient in a particular situation if doing so would compromise personal and professional integrity. ③ Thus there arises a potential conflict for a physician who sees patients as individuals needing therapeutic treatments. ④ But the doctor must ensure that the patient's care is transferred to another physician. ⑤ Once one becomes a physician, one promises to promote the best medical interests of one's patients. This is not optional, but obligatory. [3점]

32 Unlike other climate issues, the science of sea level rise is fairly simple. ① Ocean levels are increasing mostly because of what heat does to water, in all its various states. ② To combat the rise in ocean levels, it is of utmost importance to understand the molecular structure of water. ③ As global temperature rises, most of the extra heat in the atmosphere—about 90 percent—sinks into the ocean. ④ As the water warms, it expands like mercury in a thermometer. ⑤ This thermal expansion accounts for one-third of sea level rise. The other two-thirds comes from melting mountain glaciers and ice sheets in Greenland and Antarctica.

33 다음 글의 내용을 한 문장으로 나타낼 때, 빈칸 (A)와 (B)에 들어갈 말로 가장 적절한 것은?

In some cases, researchers simply observe animals in nature as a function of different times of day, different seasons of the year, changes in diet, and so forth. These procedures raise no ethical problems. In other studies, however, animals have been subjected to brain damage, electrode implantation, injections of drugs or hormones, and other procedures that are clearly not for their own benefit. Anyone with a conscience (including scientists) is bothered by this fact. Nevertheless, experimentation with animals has been critical to the medical research that led to methods for the prevention or treatment of polio, diabetes, measles, smallpox, massive burns, heart disease, and other serious conditions. Most Nobel prizes in physiology or medicine have been awarded for research conducted on nonhuman animals. The hope of finding methods to treat or prevent AIDS, Alzheimer's disease, stroke, and many other disorders depends largely on animal research. In many areas of medicine and biological psychology, research would progress slowly or not at all without animals.

Though some __(A)__ studies conducted on animals, unlike simple observational research, raise ethical issues, they are __(B)__ in making progress in various medical fields.

	(A)		(B)
①	experimental	⋯⋯	instrumental
②	statistical	⋯⋯	successful
③	field	⋯⋯	critical
④	developmental	⋯⋯	plausible
⑤	laboratory	⋯⋯	negligible

34 글의 흐름으로 보아, 주어진 문장이 들어가기에 가장 적절한 곳은?

It preserves, and sometimes further simplifies, the relevant information.

Generally speaking, a model is a simplified representation of reality created to serve a purpose. (①) It is simplified based on some assumptions about what is and is not important for the specific purpose, or sometimes based on constraints on information or tractability. (②) For example, a map is a model of the physical world. (③) It abstracts away a tremendous amount of information that the mapmaker deemed irrelevant for its purpose. (④) For example, a road map keeps and highlights the roads, their basic topology, their relationships to places one would want to travel, and other relevant information. (⑤) Various professions have well-known model types: an architectural blueprint, an engineering prototype, and so on. Each of these abstracts away details that are not relevant to their main purpose and keeps those that are.

[35~36] 주어진 글 다음에 이어질 글의 순서로 가장 적절한 것을 고르시오.

35

Common law is otherwise known as case law, which is the law developed by the judges in their judgments (or rulings) on particular cases. The judges are guided by the theory and rules of precedent, which means they are bound by previous rulings that set "precedents."

(A) Equally, judges must sometimes interpret laws that Parliament has passed. One such example involved the Abortion Act 1967. A secretary declined to type a referral letter for a termination, claiming that the right to conscientiously object to participation in an abortion protected her refusal.

(B) This essentially means that they must take into account similar cases decided in the past, particularly those decided in the highest courts. This area of judge-made law is important because there will be situations where Parliament has not enacted a law and it falls to the judges to plug the gap.

(C) The judges looked at the word "participation" and decided that the secretary was not covered, as she was not sufficiently involved in the procedure. [3점]

① (A) – (C) – (B)　　② (B) – (A) – (C)
③ (B) – (C) – (A)　　④ (C) – (A) – (B)
⑤ (C) – (B) – (A)

36

As robotics starts to spread, the degree to which countries can succeed in the robot era will depend in part on culture—on how readily people accept robots into their lives.

(A) As a result, Japanese culture tends to be more accepting of robot companions as actual companions than is Western culture, which views robots as soulless machines.

(B) The ancient Shinto religion, practiced by 80 percent of Japanese, includes a belief in animism, which holds that both objects and human beings have spirits.

(C) Western and Eastern cultures are highly differentiated in how they view robots. Not only does Japan have an economic need and the technological know-how for robots, but it also has a cultural predisposition.

① (A) – (C) – (B)　　② (B) – (A) – (C)
③ (B) – (C) – (A)　　④ (C) – (A) – (B)
⑤ (C) – (B) – (A)

[37~38] 다음 글을 읽고 물음에 답하시오.

We've come back to the United States, but Julie's mind is still in Italy. She's yearning for some more of that pizza. She decides to make it herself, with me as her sous chef.

I chop my eggplant and zucchini. We're both quiet, focused on our chores. Next up, the onion chopping. I peel my onion, take it to the sink, turn on the faucet, and start slicing it under the flow.

"What are you doing?"

"I'm cutting the onion underwater."

"Why?"

"It says in the *Britannica* it stops you from crying."

This was an Heloise-style hint from the *Britannica* — one of those rare useful ones — and I was quite excited to be putting it into practice.

"Nope, too dangerous."

"But it's in the *Britannica*."

"Nope, I'm the executive chef. You're the sous chef."

Here I'm confronted with an unfortunate situation: the *Britannica* versus my wife. Two big sources of authority. Which do I choose? Well, the *Britannica* is pretty trustworthy. However, as far as I know, it can't carry my child or ignore me for several days or throw out the T-shirts that it hates.

So I decide Julie wins this one. _____.

37 윗글의 제목으로 가장 적절한 것은?

① Peel Onions Underwater to Avoid Tears
② Battle of Genders Ending in a Draw
③ Aftermath of an Italian Cooking Tip
④ Real Boss in My Home
⑤ Sous Chefs in the *Britannica*

38 윗글의 빈칸에 들어가기에 가장 적절한 것은?

① Which attests to how strong working women are
② I might have to call the *Britannica* for corrections
③ The onion will be cut without water and I will cry
④ I will ignore her for the next few days
⑤ But I'll be the executive chef tomorrow

[39~40] 다음 글을 읽고 물음에 답하시오.

We have long known that ravens are no birdbrains. They have been spotted caching food for later, gathering string to pull up hanging food and even trying to deceive one another. A study published today in *Science* adds an especially impressive twist: Ravens can _____ that they never encounter in nature.

The new study was led by cognitive zoologists in Sweden, who replicated a series of experiments previously used to (a) testing apes' planning abilities, this time using ravens. The ravens were first taught to use a stone to knock a food pellet out of a puzzle box. The next day, without the box present, the birds were (b) offered a choice between the stone tool and "distracter" objects — toys too light or bulky to use as tools. The box (c) would then be brought back 15 minutes after the selection. Despite the delay, the ravens chose the correct tool nearly 80 percent of the time, and successfully used the tools they selected 86 percent of the time. The birds performed almost (d) as well when they had to give an experimenter a bottle cap in exchange for a piece of food. The birds almost always selected the bottle cap over distracters, even though they would have (e) to wait 15 minutes to barter with it. The preference for soon-to-be-useful items persisted when the ravens had to pass up a smaller treat in favor of either the tool or the bartering token — and even when they could use each item only after a 17-hour delay.

39 윗글의 밑줄 친 부분 중 어법상 틀린 것은?

① (a)   ② (b)

③ (c)   ④ (d)

⑤ (e)

40 윗글의 빈칸에 들어가기에 가장 적절한 것은?

[3점]

① preserve tools for emergencies

② work in groups for situations

③ predict events yet to happen

④ trick potential competitors

⑤ plan for future needs

[41~42] 다음 글을 읽고 물음에 답하시오.

I had decided to go and I would go, and I had to be there by my mother's birthday. This was extremely important. I believed that if there was any chance to bring my mother back home it would happen on her birthday. If I had said this aloud to my father or to my grandparents, they would have said that I might as well try to catch a fish in the air, so I did not say it aloud. But I believed it. (A) My father says I lean on broken reeds and will get a face full of swamp mud one day.

When at last Gram and Gramps Hiddle and I set out that first day of the trip, I prayed for the first thirty minutes solid. I prayed that we would not be in an accident (I was terrified of cars and buses) and that we would get there by my mother's birthday — seven days away — and that we would bring her home. Over and over, I prayed the same thing. I prayed to trees. This was easier than praying directly to God. There was nearly always a tree nearby. As we pulled onto the Ohio Turnpike, which is the flattest, straightest piece of road in God's whole creation, Gram interrupted my prayers. "Salamanca —" (B)

I should explain right off that my real name is Salamanca Tree Hiddle. Salamanca, my parents thought, was the name of the Indian tribe to which my great-great-grandmother belonged. (C) My parents were mistaken. The name of the tribe was Seneca, but since my parents did not discover their error until after I was born and they were, by then, used to my name, it remained Salamanca. (D) My middle name, Tree, comes from your basic tree, a thing of such beauty to my mother that she made it part of my name. She wanted to be more specific and use Sugar Maple Tree, her very favorite, but Salamanca Sugar Maple Tree Hiddle was a bit much even for her. (E) My mother used to call me Salamanca, but after she left, only my grandparents Hiddle called me Salamanca (when they were not calling me chickabiddy). To most other people, I was Sal, and to a few boys who thought they were especially amusing, I was Salamander.

41 윗글의 'I'에 관한 내용과 일치하지 않는 것은?

① The purpose of her trip was to bring her mother home.

② Her grandparents accompanied her on the trip.

③ She found it easier to pray to trees than to God.

④ Her parents had a misunderstanding when they named her.

⑤ Most people called her Salamanca or Salamander.

42 다음 문장이 들어가기에 가장 적절한 곳은?

> Sometimes I am as ornery and stubborn as an old donkey.

① (A) ② (B)

③ (C) ④ (D)

⑤ (E)

[43~45] 다음 글을 읽고 물음에 답하시오.

> On disembarking at Amsterdam's Schipol Airport, I am struck, only a few steps inside the terminal, by the appearance of a sign hanging from the ceiling, which shows the way to the arrivals hall, the exit and the transfer desks. It is a bright-yellow sign, one meter high and two meters across, simple in design, a plastic fascia in an illuminated aluminum box suspended on steel struts from a ceiling webbed with cables and air-conditioning ducts. Despite its simplicity, even its mundanity, the sign delights me, a delight for which the adjective *exotic*, though unusual,

seems apt. The exoticism is located in particular areas: in the double *a* of *Aankomst*, in the neighborliness of the *u* and the *i* in *Uitgang*, in the use of English subtitles, in the word for "desk," *balies*, and in the choice of practical, modernist fonts, Frutiger or Univers.

If the sign provokes in me genuine pleasure, it is in part because it offers the first conclusive evidence of my having arrived elsewhere. It is a symbol of being abroad. Although it may not seem distinctive to the casual eye, such a sign would never exist in precisely this form in my own country. There it would be less yellow, the typeface would be softer and more nostalgic, there would — out of greater indifference to the _____ of foreigners — be no subtitles, and the language would contain no double *as*, a repetition in which I sense, confusedly, the presence of another history and mind-set.

That a sign could be different in different places is evidence of a simple but pleasing idea: countries are diverse, and practices variable across borders. Yet difference alone would not be enough to elicit pleasure, or not for long. The difference has to seem like an improvement on what my own country is capable of. If I call the Schipol sign exotic, it is because it succeeds in suggesting, vaguely but intensely, that the country that made it and that lies beyond the *uitgang* may in critical ways prove more congenial than my own to my temperament and concerns. The sign is a promise of happiness.

43 윗글의 제목으로 가장 적절한 것은?

① At Once Exotic and Nostalgic
② Too Esoteric a Sign Kills Curiosity
③ Sweet Bewilderment: Am I Elsewhere?
④ Various Languages on the Same Platter
⑤ Across the Border: The Pioneering Traveler

44 윗글의 빈칸에 들어가기에 가장 적절한 것은?

① talent ② excitement
③ confusion ④ intimacy
⑤ number

45 Schipol Airport의 표지판에 관한 윗글의 내용과 일치하지 <u>않는</u> 것은? [3점]

① Its length is twice its height.
② It is written in two languages.
③ Its simplicity is the main reason for its exoticism.
④ It gives proof of arriving in another country.
⑤ The writer could not find a sign like it back home.

[01~20] 각 문항의 답을 하나만 고르시오.

01 $\dfrac{1}{2\sqrt{1}+\sqrt{2}}+\dfrac{1}{3\sqrt{2}+2\sqrt{3}}+\cdots$

$+\dfrac{1}{121\sqrt{120}+120\sqrt{121}}$의 값은? [3점]

① $\dfrac{9}{10}$ ② $\dfrac{10}{11}$

③ $\dfrac{11}{10}$ ④ $\dfrac{12}{11}$

⑤ $\dfrac{6}{5}$

02 $a^2+b^2=4$인 복소수 $z=a+bi$에 대하여 $\dfrac{i}{z-1}$가 양의 실수일 때, z^2의 값은? (단, a, b는 실수이다.) [3점]

① $-2+2\sqrt{3}i$ ② $2+2\sqrt{3}i$

③ $2-2\sqrt{3}i$ ④ $2\sqrt{3}+2i$

⑤ $2\sqrt{3}-2i$

03 입학정원이 35명인 A학과는 올해 대학수학능력시험 4개 영역 표준점수의 총합을 기준으로 하여 성적순에 의하여 신입생을 선발한다. 올해 A학과에 지원한 수험생이 500명이고 이들의 성적은 평균 500점, 표준편차 30점인 정규분포를 따른다고 할 때, A학과에 합격하기 위한 최저점수를 아래 표준정규분포표를 이용하여 구한 것은? [3점]

z	$P(0 \leq Z \leq z)$
0.5	0.19
1.0	0.34
1.5	0.43
2.0	0.48
2.5	0.49

① 530   ② 535

③ 540   ④ 545

⑤ 550

04 직선 $y=\dfrac{1}{2}(x+1)$ 위의 두 점 $A(-1,\,0)$ 과 $P\left(t,\,\dfrac{t+1}{2}\right)$이 있다. 점 P를 지나고 직선 $y=\dfrac{1}{2}(x+1)$에 수직인 직선이 y축과 만나는 점을 Q라 할 때, $\displaystyle\lim_{t\to\infty}\dfrac{\overline{AQ}}{\overline{AP}}$의 값은?

[3점]

① $\sqrt{3}$ ② 2

③ $\sqrt{5}$ ④ $\sqrt{6}$

⑤ $\sqrt{7}$

05 10 이하인 세 자연수 $a,\,b,\,c$에 대하여 $\displaystyle\lim_{n\to\infty}\dfrac{c^n+b^n}{a^{2n}+b^{2n}}=1$을 만족시키는 순서쌍 $(a,\,b,\,c)$의 개수는? [4점]

① 5 ② 7

③ 9 ④ 12

⑤ 15

06 양수 $a,\,b$가 $ab+a+2b=7$을 만족시킬 때, ab의 최댓값은? [4점]

① $6-2\sqrt{2}$ ② $8-2\sqrt{2}$

③ $9-4\sqrt{2}$ ④ $11-6\sqrt{2}$

⑤ $13-8\sqrt{2}$

07 다항식 $x^{10}+x^5+3$을 x^2+x+1, x^2-x+1, $(x^2+x+1)(x^2-x+1)$로 나눈 나머지를 각각 $r_1(x),\,r_2(x),\,r_3(x)$라 할 때, $r_1(x)r_2(x)r_3(x)$를 $x-1$로 나눈 나머지는? [4점]

① -4 ② -2

③ 2 ④ 4

⑤ 6

2018 기출문제

08 두 점 $O(0, 0)$, $A(3, 0)$에 대하여 점 P가 곡선 $y=2x^2$ 위를 움직일 때, $\overline{OP}^2+\overline{AP}^2$ 의 최솟값은? [4점]

① 7 　　　② $\dfrac{15}{2}$

③ 8 　　　④ $\dfrac{17}{2}$

⑤ 9

09 함수 $y=\dfrac{1}{x+1}$의 그래프와 직선 $y=mx+n$ $(m<0)$이 한 점에서 만나고, 그 만나는 점은 제 1사분면에 있다. 직선 $y=mx+n$이 x축과 만나는 점을 A, y축과 만나는 점을 B라 할 때, 삼각형 OAB의 넓이가 1이다. $m+n$의 값은? (단, m, n은 상수이고, O는 원점이다.) [4점]

① $2(3-4\sqrt{2})$ 　　② $2(3\sqrt{2}-4)$

③ $2(4\sqrt{2}-3)$ 　　④ $3\sqrt{2}-4$

⑤ $4\sqrt{2}-3$

10 실수 p에 대하여 이차방정식 $x^2-2px+p-1=0$의 두 실근을 α, β $(\alpha<\beta)$라 할 때, $\displaystyle\int_{\alpha}^{\beta}|x-p|\,dx$의 최솟값은? [4점]

① $\dfrac{1}{4}$ 　　　② $\dfrac{1}{3}$

③ $\dfrac{1}{2}$ 　　　④ $\dfrac{2}{3}$

⑤ $\dfrac{3}{4}$

11 두 점 $A(0, -4)$, $B(3, 0)$과 연립부등식 $\begin{cases} y\leq 1-x^2 \\ y\geq x^2-1 \end{cases}$의 영역에 속하는 점 $P(x, y)$에 대하여 삼각형 ABP의 넓이의 최댓값을 M, 최솟값을 m이라 하자. $M-m$의 값은? [4점]

① 3 　　　② $\dfrac{11}{3}$

③ $\dfrac{13}{3}$ 　　④ 5

⑤ $\dfrac{17}{3}$

12 720의 모든 양의 약수를 a_1, a_2, a_3, $\cdots$, a_{30} 이라고 할 때, $\sum\limits_{k=1}^{30} \log_2 a_k$의 값은?

(단, $\log_{10} 2 = 0.30$, $\log_{10} 3 = 0.48$로 계산한다.) [4점]

① 140   ② 143

③ 146   ④ 149

⑤ 152

14 홀수의 눈이 나올 때까지 주사위를 던지는 시행을 반복한다. 10회 이하에서 1의 눈이 나와 시행을 멈출 확률은? [4점]

① $\dfrac{335}{1024}$ ② $\dfrac{337}{1024}$

③ $\dfrac{339}{1024}$ ④ $\dfrac{341}{1024}$

⑤ $\dfrac{343}{1024}$

13 1, 2, 3, 4, 5의 숫자가 각각 적힌 5개의 공을 모두 3개의 상자 A, B, C에 넣으려고 한다. 각 상자에 넣어진 공에 적힌 수의 합이 11 이하가 되도록 공을 상자에 넣는 방법의 수는? (단, 빈 상자의 경우에는 넣어진 공에 적힌 수의 합을 0으로 생각한다.) [4점]

① 190   ② 195

③ 200   ④ 205

⑤ 210

15 방정식 $2x^2 = x + 3[x]$의 실근의 개수를 p, 모든 실근의 합을 q라 할 때, pq의 값은? (단, $[x]$는 x를 넘지 않는 최대 정수이다.)

[4점]

① 12   ② 13

③ 14   ④ 15

⑤ 16

16 그림과 같이 한 변의 길이가 1인 흰색 정사각형 R_0을 사등분하여 오른쪽 위의 한 정사각형을 검은색으로 칠한 전체 도형을 R_1이라 하고, R_1의 검은 부분의 넓이를 S_1이라 하자. R_1의 각 정사각형을 사등분하여 얻은 도형이 ▨이면 ▧으로, ▩이면 ▦으로 모두 바꾼 후 얻은 전체 도형을 R_2라 하고, R_2의 검은 부분의 넓이를 S_2라 하자.

이와 같은 과정을 계속하여 n번째 얻은 전체 도형 R_n의 검은 부분의 넓이를 S_n이라 할 때, S_{10}의 값은? [4점]

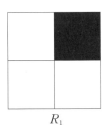

R_0 R_1

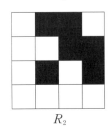
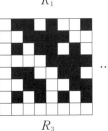

R_2 R_3 ...

① $\dfrac{257}{512}$ ② $\dfrac{511}{1024}$

③ $\dfrac{513}{1024}$ ④ $\dfrac{1023}{2048}$

⑤ $\dfrac{1025}{2048}$

17 음이 아닌 정수 n에 대하여 최고차항의 계수가 1인 n차 다항함수 $P_n(x)$는 다음 조건을 만족시킨다.

> (가) $P_0(x)=1$, $P_1(x)=x$
> (나) 음이 아닌 서로 다른 정수 m, n에 대하여
> $$\int_{-1}^{1} P_m(x)P_n(x)\,dx=0$$

$\displaystyle\int_0^1 P_3(x)\,dx$의 값은? [5점]

① $-\dfrac{1}{20}$ ② $-\dfrac{1}{10}$

③ $\dfrac{1}{5}$ ④ $\dfrac{1}{10}$

⑤ $\dfrac{1}{20}$

18 함수

$$f(x)=[x]+\left[x+\frac{1}{100}\right]+\left[x+\frac{2}{100}\right]$$
$$+\cdots+\left[x+\frac{99}{100}\right]$$

에 대하여 옳은 것만을 〈보기〉에서 있는 대로 고른 것은? (단, $[x]$는 x를 넘지 않는 최대 정수이다.) [5점]

> ─── 〈보기〉 ───
>
> ㄱ. $f\left(\dfrac{4}{3}\right)=133$
>
> ㄴ. 자연수 n에 대하여
> $$f\left(x+\frac{n}{2}\right)=f(x)+50n$$
>
> ㄷ. 자연수 n에 대하여 $\dfrac{n}{100}\leq x<\dfrac{n+1}{100}$일 때, $f(f(x)-1)=nf(x)-1$을 만족시키는 자연수 n의 개수는 1이다.

① ㄴ   ② ㄷ

③ ㄱ, ㄴ   ④ ㄱ, ㄷ

⑤ ㄱ, ㄴ, ㄷ

19 첫째항이 1이고 공비가 $r\ (r>0)$인 등비수열 $\{a_n\}$에 대하여 함수 $f(x)=\sum\limits_{n=1}^{17}|x-a_n|$ 은 $x=16$에서 최솟값을 갖는다. 그 최솟값을 m이라 할 때, rm의 값은? [5점]

① $15(30+31\sqrt{2})$

② $15(31+30\sqrt{2})$

③ $15(31-15\sqrt{2})$

④ $30(31-15\sqrt{2})$

⑤ $30(31+15\sqrt{2})$

20 미분가능한 함수 $f(x), g(x)$가

$$f(x+y)=f(x)g(y)+f(y)g(x),$$
$$f(1)=1$$
$$g(x+y)=g(x)g(y)+f(x)f(y),$$
$$\lim_{x \to 0}\frac{g(x)-1}{x}=0$$

을 만족시킬 때, 옳은 것만을 〈보기〉에서 있는 대로 고른 것은? [5점]

───〈 보기 〉───
ㄱ. $f'(x)=f'(0)g(x)$
ㄴ. $g(x)$는 $x=0$에서 극솟값 1을 갖는다.
ㄷ. $\{g(x)\}^2-\{f(x)\}^2=1$

① ㄴ   ② ㄷ
③ ㄱ, ㄴ   ④ ㄱ, ㄷ
⑤ ㄱ, ㄴ, ㄷ

[21~25] 각 문항의 답을 답안지에 기재하시오.

21 $\log_m 2=\dfrac{n}{100}$을 만족시키는 자연수의 순서쌍 (m, n)의 개수를 구하시오. [3점]

22 수열 $\{a_n\}$이

$$a_1=1,\ a_{n+1}=\frac{a_n}{a_n+1}\ (n \geq 1)$$을 만족시킬

때, $A=\sum_{k=1}^{9}a_k a_{k+1}$, $B=\sum_{k=1}^{9}\dfrac{1}{a_k a_{k+1}}$이라

하자. AB의 값을 구하시오. [4점]

23 집합 $X = \{1, 2, 3, 4, 5, 6\}$에서 집합 X로의 함수 $f(x)$가 $(f \circ f \circ f)(x) = x$를 만족시킬 때, 함수 f의 개수를 구하시오. [4점]

25 함수 $f(x) = (x-1)^4(x+1)$에 대하여 이차함수 $g(x)$, $h(x)$가
$$f(x) = g(x) + \int_0^x (x-t)^2 h(t) dt$$
를 만족시킬 때, $g(2) + h(2)$의 값을 구하시오. [5점]

24 $1 \le k < l < m \le 10$인 세 자연수 k, l, m에 대하여 함수 $f(x)$의 도함수 $f'(x)$가 $f'(x) = (x+1)^k x^l (x-1)^m$일 때, $x = 0$에서 $f(x)$가 극댓값을 갖도록 하는 순서쌍 (k, l, m)의 개수를 구하시오. [4점]

There is nothing like a dream to create the future.
미래를 창조하기 위해서 꿈만한 것은 없다.

– 빅토르 위고(Victor Hugo)

2024
경찰대학
기출백서

제1교시 국어영역

▶정답 및 해설 232p

01 다음 중 어법에 맞고 가장 자연스러운 것은?

① 우리 선수가 드디어 종전 최고 기록을 경신했다.

② 나는 너에게 영원히 잊혀지지 않는 친구가 되고 싶다.

③ 이번 사건으로 우리는 큰 정신적 충격과 물질적 피해를 보았다.

④ 아무리 주의를 기울이더라도 다가올 미래의 위험을 미리 예측하기는 쉽지 않다.

⑤ 자신의 진로를 스스로 결정하기 어려울 때는 반드시 의논을 하는 것이 좋다.

02 〈보기〉의 ㉠~㉤에 대한 설명으로 적절하지 **않은** 것은? [3점]

─〈보기〉─

다리를 ㉠ 다쳐서 걷지도 못하고 ㉡ 기어 다니던 강아지가 주인의 보살핌을 받은 후 통통하게 살이 ㉢ 쩌 꽤 보기 좋은 모습이 되었다. 다친 발이 아직은 완전히 회복이 안 ㉣ 되어 밖에 나가지는 못하지만 머지않아 산책을 나가 바람을 ㉤ 쐬어도 될 것 같다.

① ㉠ : 용언의 활용형에 '쳐'가 나타나므로 [다쳐서]로 발음한다.

② ㉡ : [기어]로 발음함을 원칙으로 하되 [기여]로 발음함도 허용한다.

③ ㉢ : '찌어'가 한 음절로 축약되어 '쩌'가 되었기 때문에 [쩌:]와 같이 긴소리로 발음한다.

④ ㉣ : 한 음절로 축약되면 '돼'로 쓰고 [돼:]와 같이 긴소리로 발음한다.

⑤ ㉤ : 두 음절로 축약되면 '쐐도'로 쓰고 [쐐:도]와 같이 긴 소리로 발음한다.

03 〈보기〉의 음운 변동에 대한 설명으로 적절하지 **않은** 것은?

─〈보기〉─

ㄱ. '부엌, 밖'은 각각 [부억], [박]으로 발음된다.

ㄴ. '낫, 낮, 낯, 낱'은 모두 [낟]으로 발음된다.

ㄷ. '먹는, 입는, 듣는'은 각각 [멍는], [임는], [든는]으로 발음된다.

ㄹ. '신라, 설날'은 각각 [실라], [설랄]로 발음된다.

ㅁ. '몫, 값'은 각각 [목], [갑]으로 발음된다.

① ㄱ, ㄴ, ㅁ은 음절의 끝에서 나타나는 현상이다.

② ㄴ은 원래의 자음과 같은 조음 위치의 예삿소리로 바뀌는 현상이다.

③ ㄷ은 조음 방법은 바뀌되 조음 위치는 바뀌지 않는 현상이다.

④ ㄷ, ㄹ은 인접한 소리에 의해 닮아 가는 현상이다.

⑤ ㅁ은 음절의 끝에서는 하나의 자음만 발음될 수 있기 때문에 나타나는 현상이다.

04 〈보기〉의 ㉠~㉤에 대한 설명으로 적절한 것은?

─────〈보기〉─────

오늘은 왠지 풍경화가 ㉠ <u>생각만큼</u> 잘 안 그려진다. 멋지게 그리고 싶어도 풍경화를 ㉡ <u>그리는데</u> 꼭 필요한 구도가 안 떠오른다. 눈에 ㉢ <u>보이는대로</u> 그린다고 멋진 풍경화가 되는 것은 아니다. 그래서 선생님께서는 그리면 ㉣ <u>그릴수록</u> 어려운 것이 풍경화라고 하셨나 보다. 그래도 멋지게 그려 내고 싶은 나의 마음을 ㉤ <u>모르시는지</u> 선생님께서는 빨리 내라고 재촉하신다.

① ㉠ : '생각한 만큼'이 줄어든 것이므로 '생각 만큼'과 같이 띄어 써야 한다.

② ㉡ : '데'가 관형어 '그리는'의 수식을 받으므로 '그리는 데'와 같이 띄어 써야 한다.

③ ㉢ : '대로'가 조사이므로 현재와 같이 붙여 써야 한다.

④ ㉣ : '수록'이 의존 명사이므로 '그릴 수록'과 같이 띄어 써야 한다.

⑤ ㉤ : '지'가 의존 명사이므로 '모르시는 지'와 같이 띄어 써야 한다.

05 〈보기〉의 맞춤법 규정과 그 용례에 대한 이해로 적절하지 <u>않은</u> 것은?

─────〈보기〉─────

【한글 맞춤법 규정】
제21항 명사나 혹은 용언의 어간 뒤에 자음으로 시작된 접미사가 붙어서 된 말은 그 명사나 어간의 원형을 밝히어 적는다.
ㄱ. 값지다, 넋두리
ㄴ. 넓적하다
ㄷ. 옆댕이, 잎사귀, 덮개
ㄹ. 굵다랗다

다만, 다음과 같은 말은 소리대로 적는다.
a. 널따랗다, 널찍하다
b. 얄따랗다, 짤따랗다

① ㄱ, ㄴ, ㄹ은 자음과 자음이 만날 때 나타나는 음운의 변동과 관련이 있다.

② ㄴ, ㄹ과 a, b에서 어간의 겹받침은 모두 발음되기도 하고 일부만 발음되기도 함을 알 수 있다.

③ ㄴ과 a에서 겹받침의 발음에 따라 어간의 표기가 달라짐을 알 수 있다.

④ ㄷ에서 음절의 끝소리규칙이 적용되더라도 원형을 밝히어 적음을 알 수 있다.

⑤ ㄹ과 b에서 어간의 표기에 따라 접미사의 표기도 달라짐을 알 수 있다.

06 〈보기〉의 밑줄 친 부분에 대한 설명으로 적절하지 않은 것은? [3점]

> ─〈보기〉─
>
> 걷어 올린 외투 깃 속에 방한모 쓴 대가리를 푹 파묻고 좌우 주머니에 두 손을 찌른 양이 푸근한 눈치다.
>
> "㉠ 여보게, 그 외투 벗어서 ⓐ 이 양반 ㉡ 드리게."
>
> "㉢ 왜요?" 하고 ⓑ 아범은 놀란다.
>
> "왜든 벗어 ㉣ 드려! 이 어른 거야." 하고 ⓒ 사랑사람은 두 사람을 다 조롱하듯이 웃는다.
>
> "아니, ㉤ 영감께서 저더러 입으라고 ㉥ 내주셨는뎁쇼?"
>
> 그래도 아범은 벗기가 아까운 모양이다.
>
> "아따, 잔소리 퍽두 하네. 자네 팔자에 외투가 당한가! 하루쯤 입어 봤으면 그만이지." 하고 껄껄 웃는다.
>
> ─ 염상섭, 「삼대」

① ㉠의 호칭과 ㉡의 어미는 경어법상 잘 어울린다.

② ㉡으로 보아 ⓒ는 ⓐ와 ⓑ를 동등한 정도로 높이고 있다.

③ ㉡과 ㉣을 비교해 볼 때 ⓑ에 대해 쓴 ⓒ의 경어법에 변화가 나타난다.

④ ㉤의 '-께서'와 ㉥의 '-시-'는 경어법상 잘 어울린다.

⑤ ㉢과 ㉥을 비교해 볼 때 ⓒ에 대해 쓴 ⓑ의 경어법에 변화가 나타난다.

07 〈보기〉의 '다의어'를 설명하기에 가장 적절하게 짝지은 것은?

> ─〈보기〉─
>
> 낱말의 형태가 같더라도 그 의미에 따라 다의어와 동음이의어를 구분할 수 있다. 전자는 하나의 낱말이 여러 의미를 가진 경우로 의미 간의 연관성이 있는 데 반해, 후자는 서로 다른 두 개 이상의 낱말이 우연히 소리만 같은 경우로 의미 간의 연관성이 없다.

① 버스에 타는 시간이 길어 늘 피곤하다.
　매스컴을 자주 타는 집이 꼭 맛있는 집은 아니다.

② 명인이 가야금을 직접 타니 멋진 소리가 난다.
　왼쪽으로 가르마를 타니 다른 사람처럼 보인다.

③ 흥부가 이 박을 타고 나면 부자가 될 것이다.
　그는 무슨 복을 타고 났는지 사업마다 실패를 모른다.

④ 소년상의 코는 손을 많이 타서 반들반들해졌다.
　이 천은 먼지가 쉽게 타서 옷감으로는 부적합하다.

⑤ 콩을 맷돌에 타서 만든 콩국수라서 맛이 일품이다.
　소화가 안 될 때 매실 진액을 물에 타서 마시면 좋다.

08 〈보기〉에 쓰인 '-겠-'의 의미와 가장 가까운 것은?

───〈보기〉───

어떤 시련이 닥쳐와도 내 힘으로 반드시 이겨 내겠다.

① 동생은 혼자 정상에 오르겠다고 떼를 쓴다.
② 오래 살다 보니 별 이상한 일을 다 보겠다.
③ 밤이 늦었으니 이제 그만 돌아가 주시겠어요?
④ 이 정도 문제는 고등학생이라면 누구나 풀 겠다.
⑤ 지금쯤 내가 살던 고향에서는 벌써 추수를 끝냈겠다.

09 〈보기〉의 ㉠~㉡에 대한 설명으로 적절하지 않은 것은?

───〈보기〉───

옥련의 얼굴은 옥을 깎아서 ㉠ 연지분으로 단장한 것 같다. ㉡ 옥련의 부모가 옥련의 이름을 지을 때에 옥련의 ㉢ 모양과 ㉣ 같이 ㉤ 아름다운 이름을 짓고자 하여 ㉥ 내외 공론이 무수하였더라.

– 이인직, 「혈의 누」

① ㉠은 용언을 수식하는 역할을 한다.
② ㉡, ㉢은 모두 체언에 조사가 결합된 것이다.
③ ㉡, ㉤은 모두 체언을 수식하는 역할을 한다.
④ ㉣은 용언의 어간에 어미가 결합된 것이다.
⑤ ㉥은 생략된 조사에 따라 관형어도 될 수 있고 부사어도 될 수 있다.

10 다음 글을 고쳐 쓰기 위한 의견으로 적절하지 않은 것은?

1880년 프랑스 신부들이 펴낸 〈한불자전〉을 보면 한글이 얼마나 훌륭한 글자인가 하는 것을 확인할 수 있다. ㉠ 〈한불자전〉은 한글 표제어 다음에 알파벳 발음이다. 사전 편찬자들은 조선어를 배우려는 프랑스인들을 염두에 두고 만든 이 사전의 표제어를 프랑스어 알파벳이 아니라 생소한 한글로 적은 데 불만을 품은 사용자가 있을지 모르겠지만 그것은 하나만 알고 둘은 모르는 일이라고 지적한다. 한글 자모는 워낙 합리적이고 조직적으로 만들어진 글자라서 유럽인 입장에서도 ㉡ 같은 소리글자인 히브리어, 그리스어, 아랍어, 러시아어보다 훨씬 쉽게 읽힐 수 있다고 말한다. ㉢ 또 일본에서는 '가나'가 철저하게 한자의 보조적 지위에 있지만 조선에서는 한자가 우대받기는 하지만 민간에서는 한자보다 한글이 중요한 위치에 있다고 평가한다. 한글만 익히면 책을 술술 읽을 수 있다는 것이다. 이는 한글이 다양한 음을 정확하고 체계적으로 나타낼 수 있는 소리글자여서 누구나 쉽게 익힐 수 있다는 사실을 프랑스 신부들도 일찌감치 알고 있었음을 ㉣ 방증한다. ㉤ 조선에서 기독교가 중국이나 일본과 달리 무서운 속도로 퍼진 것은 한글 덕분이라는 설이 있다.

① ㉠은 자연스럽지 않은 문장이므로 주어와 서술어가 호응이 되도록 고쳐 써야 한다.
② ㉡에서 '글자'와 '히브리어, 그리스어……'가 호응이 되지 않으므로 문자의 이름으로 바꾸어 써야 한다.
③ ㉢은 한 문장 안에 '-지만'이 두 번 쓰여 어색하므로 '하지만'을 '해도'로 고쳐 써야 한다.
④ ㉣은 맥락에 맞게 '반증'으로 대체해야 한다.
⑤ ㉤은 단락의 주제와 관련이 적어 통일성을 해치므로 삭제해야 한다.

11 문장의 중의성이 상황에 맞게 해소되지 <u>않은</u> 것은? [3점]

①

수정 전	나는 울며 떠나는 그녀에게 인사했다.
상황	그녀는 아무렇지도 않은데 나만 슬프다.
수정 후	나는 떠나는 그녀에게 울며 인사했다.

②

수정 전	네가 나보다 그녀를 더 좋아한다는 것이 싫다.
상황	나는 그 누구보다도 그녀를 좋아한다고 믿는다.
수정 후	내가 그녀를 좋아하는 것보다 네가 그녀를 더 좋아한다는 것이 싫다.

③

수정 전	신병들은 지금 새로 받은 군복을 입고 있다.
상황	신병들은 빨리 새 군복으로 갈아입어야 한다.
수정 후	신병들은 지금 새로 받은 군복을 입는 중이다.

④

수정 전	새로운 친구의 집은 우리 집에서 매우 가깝다.
상황	친구가 새 집으로 이사했다.
수정 후	친구의 새로운 집은 우리 집에서 매우 가깝다.

⑤

수정 전	선생님은 모든 학생과 인사하지 못한 게 아쉬웠다.
상황	선생님이 작별 인사를 하는 날 못 온 학생이 있다.
수정 후	선생님은 학생과 모두 인사하지 못한 게 아쉬웠다.

12 〈보기〉는 '세대 간 갈등의 해결 방안'에 관한 글을 쓰기 위해 작성한 개요와 각 부분의 소제목이다. 이에 대한 수정 및 보완 방안으로 적절하지 <u>않은</u> 것은?

─〈보기〉─

Ⅰ. 서론
 – 세대 간 갈등의 사례

Ⅱ. 세대 간 갈등의 실태
 – 신세대의 불만 : 나는 늙어도 저러지 않을 거야
 – 구세대의 불만 : ㉠_____
 – ㉡_____ : _____

Ⅲ. 세대 간 갈등의 원인
 – 이해의 부족 : 눈 못 뜬 올챙이
 – ㉢ 연결 고리의 부재 : 게으른 통신 비둘기
 – ㉣ 배려의 부족 : 과거를 잊은 개구리

Ⅳ. 세대 간 갈등의 해결책
 – 신세대의 태도 : 우러러보기
 – 구세대의 태도 : 눈높이 맞추기
 – 중간세대의 역할 : ㉤_____

Ⅴ. 결론 : 세대에 따른 올바른 태도와 역할의 강조

① Ⅰ이 서론의 역할을 분명히 할 수 있도록 문제 제기 내용을 추가한다.

② 다른 부분의 소제목을 감안하여 ㉠에 '저 나이 때 나는 안 그랬는데'라는 소제목을 쓴다.

③ Ⅱ가 다른 부분과 균형이 맞도록 ㉡에 '중간세대'에 해당하는 내용을 추가한다.

④ Ⅲ이 다른 부분과 대응하도록 ㉢과 ㉣의 순서를 맞바꾼다.

⑤ 전체적인 글의 흐름을 감안해 ㉤에 '눈치 보기와 비위 맞추기'라는 소제목을 쓴다.

13 '올림픽 선수단을 위한 응원문 공모'에 응모하기 위해 문장을 만들어 보았다. 〈보기〉의 조건을 모두 반영한 것으로 가장 적절한 것은?

─〈보기〉─
• 공모의 취지에 맞도록 문장을 작성할 것.
• 모두의 참여와 단합의 중요성을 강조할 것.
• 연쇄적 표현을 사용할 것.
• 대구적 표현을 사용할 것.

① 선수는 열띤 경기장에서, 당신은 뜨거운 응원의 장에서 함께할 때 우리는 올림픽으로 하나가 될 수 있습니다.

② 선수의 뜨거운 땀은 메달로 돌아오고, 메달로써 땀 흘린 노력이 보상받을 때 우리의 자부심도 더 커집니다.

③ 뜨거운 응원이 메달의 등급을 높이고, 높아진 등급이 응원의 열기를 돋울 때 우리 모두의 올림픽이 됩니다.

④ 스마트폰 속의 나만의 올림픽, TV 앞의 가족만의 올림픽은 이제 그만. 만나자! 응원의 광장에서.

⑤ 나, 너, 우리, 나라, 세계! 모두가 참여하여 만든 올림픽의 오륜은 지구촌을 하나로 만듭니다.

[14~16] 다음 글을 읽고 물음에 답하시오.

포유동물의 신체가 그러하듯이 포유동물의 뇌도 공통적인 보편 설계를 따른다. 인간과 유인원은 물론 포유강 전체에 걸쳐 동일한 세포 형태, 화학 물질, 세포 조직, 하부 기관, 간이역, 경로들이 많이 발견된다. 그런데 이들 간의 뚜렷하고 큰 차이는 부분들의 ⊙ 팽창이나 ⓒ 축소에서 발견된다. 영장류는 시각 영역, 시각 영역들의 상호 연결, 시각 영역과 전두엽의 운동 영역 및 결정 영역과의 접속 등의 수에 있어 다른 포유동물과 차이를 보인다.

한 동물이 특출한 재능을 갖고 있으면 뇌 전체의 구조에 반영되는 데 때로는 육안으로 보일 정도다. 원숭이의 뇌에서 시각 영역이 차지하는 비율은 약 절반 정도인데, 이는 깊이, 색, 운동 등에 민감한 습성을 반영한다. 음파탐지기에 의존하는 박쥐는 초음파 청력을 전담하는 특별한 뇌 영역을 갖고 있으며, 씨앗을 저장하는 사막생쥐는 먹이를 은닉하지 않는 가까운 친척들보다 인지적 지도가 있는 부위를 더 크게 갖고 태어난다.

인간의 뇌도 진화 이야기를 갖고 있다. 나란히 놓고 비교해 보면 영장류의 뇌가 크게 개량되어 결국 인간의 뇌가 되었음을 알 수 있다. 인간의 뇌는 신체 크기를 기준으로 볼 때 일반적인 원숭이나 유인원보다 약 세 배가량 크다. 인간의 뇌는 태아기의 뇌 성장이 출생 후 1년 동안 연장됨으로써 폭발적으로 성장한다. 만일 그 시기에 우리의 몸이 뇌와 나란히 성장한다면 우리는 키 3미터에 몸무게 0.5톤이 될 것이다.

뇌의 주요한 부위들도 저마다 개량을 거쳤다. 후각을 담당하는 부위는 영장류 평균 크기의 3분의 1로 줄어들었고, 시각과 운동을 위한 주요 피질 부위들도 그 정도 비율로 축소되었다. 시각 기관에서 최초의 정보 정류장인 1차 시각 피질은 뇌 전체에서 더 낮은 비율을 차지한다. 반면 복잡한 형식을 처리하는 이후의 영역들은 시각 정보를 언어와 개념 영역들로 돌리는 영역들처럼 크기가 확대되었다. 청각을 위한 영역들, 특히 말을 이해하는 영역들도 크기가 확대되었고, 신중한 사고와 계획 수립의 영역이 있는 전전두엽은 영장류 조상보다 두 배나 확대되었다.

영장류의 뇌 영역들이 새로운 기능으로 전환되는 일도 발생했다. 인간과 원숭이의 뇌를 관찰해 보면 인간의 뇌에서 말에 관여하는 브로카 영역과 진화상 대응하는 상동기관이 원숭이의 뇌에도 있다. 그러나 원숭이의 이 부위는 말에는 분명히 사용되지 않으며, 심지어 날카로운 비명이나 고함, 그 밖의 부르는 소리들을 내는 데에도 사용되지 않는 것으로 여겨진다. 또한 원숭이와 유인원의 뇌는 좌우가 약간 비대칭인 데 반해 인간의 뇌는 특히 언어를 담당하는 영역들에서 균형이 크게 기울어 두반구가 형태만으로 구별이 가능해졌다.

이런 차이들도 흥미롭긴 하지만 인간의 뇌는 외관상 완벽한 축소판으로 보이는 유인원의 뇌와 뉴런들의 연결 패턴이 다르다는 점이 중요하다. 이것은 컴퓨터 프로그램, 마이크로칩, 책, 비디오테이프에서 서로 간의 차이가 전체적인 형태에 있는 것이 아니라 작은 성분들의 조합과 배열에 있는 것과 같다.

인간의 뇌에서 기능하는 미세 회로에 대해서는 알려진 바가 거의 전무하다. 죽기 전에 자신의 뇌를 과학 연구에 바치겠다는 자원자가 매우 드물기 때문이다. 만일 어떤 방법으로든 인간과 유인원의 성장하는 신경 회로를 보면서 그 유전 암호를 읽을 수 있다면 틀림없이 상당한 차이가 발견될 것이다.

14 윗글의 내용과 일치하지 않는 것은?

① 인간의 뇌는 축소하면 유인원의 뇌와 형태와 기능 면에서 유사하다.

② 출생 후에 인간의 뇌는 신체의 다른 부분보다 훨씬 빠르게 성장한다.

③ 포유동물 사이에 나타나는 뇌의 가장 큰 차이는 각 부위의 비율의 차이이다.

④ 포유동물은 신체 전반적인 특징은 물론 뇌의 구조도 어느 정도 공통점이 있다.

⑤ 인간의 뇌는 정보의 수집을 위한 부위보다 정보의 처리를 위한 부위가 더 발달하였다.

15 윗글에 쓰인 서술 방식으로 적절하지 않은 것은?

① 과정을 통해 변화의 단계를 제시하였다.

② 예시를 통해 핵심적 진술을 뒷받침하였다.

③ 대조를 통해 대상 간의 차이점을 제시하였다.

④ 비교를 통해 동일 부류의 공통점을 제시하였다.

⑤ 유추를 통해 어려운 내용을 쉽게 이해하게 하였다.

16 〈보기〉에서 ㉠, ㉡에 해당하는 사례를 바르게 묶은 것은?

┌─────〈보기〉─────┐
ㄱ. 원숭이 – 시각 영역
ㄴ. 사막생쥐 – 인지적 지도가 있는 부위
ㄷ. 인간 – 후각 영역
ㄹ. 인간 – 청각 영역
ㅁ. 인간 – 전전두엽
└──────────────┘

	㉠	㉡
①	ㄱ, ㄴ, ㄷ, ㅁ	ㄹ
②	ㄱ, ㄴ, ㄹ, ㅁ	ㄷ
③	ㄱ, ㄷ, ㄹ, ㅁ	ㄴ
④	ㄱ, ㄷ, ㄹ	ㄴ, ㅁ
⑤	ㄴ, ㄹ, ㅁ	ㄱ, ㄷ

[17~21] 다음 글을 읽고 물음에 답하시오.

(가)

산듕(山中)을 미양 보랴 동ᄒᆡ(東海)로 가쟈스라
남여완보(籃輿緩步)ᄒᆞ야 산영누(山映樓)의 올나
ᄒᆞ니
녕농(玲瓏) 벽계(碧溪)와 수셩(數聲) 뎨됴(啼鳥)ᄂᆞᆫ
니별(離別)을 원(怨)ᄒᆞᄂᆞᆫ 듯
졍긔(旌旗)를 ᄯᅵᆯ티니 오식(五色)이 넘노ᄂᆞᆫ 듯
고각(鼓角)을 섯부니 히운(海雲)이 다 것ᄂᆞᆫ 듯
[A] ┌ 명사(鳴沙)길 니근 ᄆᆞᆯ이 취션(醉仙)을 빗기 시러
  │ 바다ᄒᆞᆯ 겻ᄐᆡ 두고 ᄒᆡ당화(海棠花)로 드러가니
  └ ᄇᆡᆨ구(白鷗)야 ᄂᆞ디 마라 네 버던 줄 엇디 아ᄂᆞᆫ
금난굴(金幱窟) 도라드러 ㉠ 총셕뎡(叢石亭) 올라
ᄒᆞ니
ᄇᆡᆨ옥누(白玉樓) 남은 기동 다만 네히 셔 잇고야
공슈(工倕)의 셩녕인가 ㉡ 귀부(鬼斧)로 다ᄃᆞ문가
구ᄐᆞ야 뉵면(六面)은 므어슬 샹(象)톳던고
고셩(高城)을란 뎌만 두고 삼일포(三日浦)를 ᄎᆞ자
가니
㉢ 단셔(丹書)ᄂᆞᆫ 완연(宛然)ᄒᆞ되 ᄉᆞ션(四仙)은 어
딘 가니
예 사흘 머믄 후(後)의 어ᄃᆡ 가 ᄯᅩ 머믈고
션유담(仙遊潭) 영낭호(永郎湖) 거긔나 가 잇ᄂᆞᆫ가
쳥간뎡(淸澗亭) 만경ᄃᆡ(萬景臺) 몃 고ᄃᆡ 안돗던고
니화(梨花)ᄂᆞᆫ 볼셔 디고 졉동새 슬피 울 제
낙산(洛山) 동반(東畔)으로 의샹ᄃᆡ(義相臺)예 올라
안자
일츌(日出)을 보리라 밤듕만 니러ᄒᆞ니
샹운(祥雲)이 집픠는 동 ㉣ 뉵뇽(六龍)이 바퇴는 동
바다히 ᄯᅥ날 제는 만국(萬國)이 일위더니
텬듕(天中)의 티ᄯᅳ니 호발(毫髮)을 혜리로다
아마도 녈구름 근쳐의 머믈셰라
㉤ 시션(詩仙)은 어ᄃᆡ 가고 히타(咳唾)만 나맛ᄂᆞ니
텬디간(天地間) 장(壯)ᄒᆞᆫ 긔별 ᄌᆞ셔히도 ᄒᆞᆯ셔이고

– 졍쳘, 「관동별곡」

(나)

강원도는 함경도와 경상도 사이에 있다. 서북쪽으로 황해도 곡산, 토산 등 고을과 이웃하였고 서남쪽으로는 경기도, 충청도와 서로 맞닿았다. 철령(鐵嶺)에서 남쪽으로 태백산까지는 영(嶺)등성이가 가로 뻗쳐서 하늘과 구름에 닿은 듯하며 영 동쪽에는 아홉 고을이 있다. 북쪽으로 함경도 안변과 경계가 닿은 흡곡, 통천, 고성, 간성, 양양, 옛 예맥의 도읍이었던 강릉, 삼척, 울진, 남쪽으로 경상도 영해부와 경계가 맞닿은 평해이다. 이 아홉 고을이 모두 동해 가에 있어 남북으로는 거리가 거의 천 리나 되지만 동서는 함경도와 같이 백 리도 못 된다. 서북쪽은 영 등성이에 막혔고 동남쪽은 멀리 바다와 통한다. 높고 큰 산 밑이어서 지세는 비록 비좁으나 산야(山野)가 나지막하고 평평하여 명랑 수려하다. 동해는 조수(潮水)가 없는 까닭에 물이 탁하지 않아서 벽해(碧海)라 부른다. 항구와 섬 따위가 앞을 가리는 것이 없어 큰 못가에 임한 듯 넓고 아득한 기상이 자못 굉장하다. 또 이 지역에는 이름난 호수와 기이한 바위가 많다. 높은 데 오르면 푸른 바다가 망망하고 골짜기에 들어가면 물과 돌이 아늑하여 경치가 나라 안에서 실상 제일이다. 누대(樓臺)와 정자(亭子) 등 훌륭한 경치가 많아, 흡곡 시중대, 통천 총석정, 고성 삼일포, 간성 청간정, 양양 청초호, 강릉 경포대, 삼척 죽서루, 울진 망양정을 사람들이 관동 팔경이라 부른다. 아홉 고을의 서쪽에는 금강산, 설악산, 두타산, 태백산 등 산이 있는데 산과 바다 사이에 기이하고 훌륭한 경치가 많다. 골짜기가 그윽하고 깊숙하며 물과 돌이 맑고 조촐하다. 간혹 ⓐ 선인(仙人)의 이상한 유적이 전해 온다.

이 지방 사람은 놀이하는 것을 좋아한다. 노인들이 기악(妓樂)과 술, 고기를 싣고 호수와 산 사이에서 흥겹게 놀며 이것을 큰일로 여긴다. 그러므로 그들의 자제(子弟)도 놀이하는 것이 버릇이 되어 문학에 힘쓰는 자가 적다.

– 이중환, 「택리지」

2017 기출문제

17 (가)와 (나)에 대한 설명으로 가장 적절한 것은?

① (가)와 (나)는 모두 관동 지방의 풍물과 관습에 대해 말하고 있다.

② (가)와 (나)는 모두 관동 지방을 여행하는 모습이 나타나 있다.

③ (가)는 (나)와 달리 작가의 체험을 생동감 있게 그리고 있다.

④ (나)는 (가)와 달리 열거한 대상의 일부를 부각하여 설명하고 있다.

⑤ (나)는 (가)에 비해 비유적인 표현을 많이 사용하고 있다.

18 (가)의 화자에 대한 설명으로 적절하지 **않은** 것은?

① 경치를 감상하며 유유자적하게 유람하고 있다.

② 옛 자취를 찾아 과거의 인물을 회상하고 있다.

③ 일출 광경을 보며 옛 시인의 말을 떠올리고 있다.

④ 신선 사상을 바탕으로 인물과 사물을 그리고 있다.

⑤ 웅장한 자연 속에서 인간의 왜소함을 인식하고 있다.

19 (나)의 서술 방식에 대한 설명으로 가장 적절한 것은?

① 대상에 대해 지리적 위치, 소속 고을, 자연 경치, 민풍 순으로 서술하였다.

② 대상을 사회 제도, 역사, 문화적 배경과의 관련 속에서 서술하였다.

③ 대상에 속한 사물과 인물을 상호 대비적 관점에서 서술하였다.

④ 대상의 과거, 현재, 미래의 변화상을 순차적으로 서술하였다.

⑤ 대상의 주요한 속성을 분류와 구분의 방법으로 서술하였다.

20 [A]와 〈보기〉를 비교한 내용으로 적절하지 **않은** 것은? [3점]

〈 보기 〉

환해(宦海)*에 놀란 물셜 임천(林泉)에 밋츨 쏜가
갑 업슨 강산(江山)에 말 업시 누엇시니
백구(白鷗)도 뉘 쯧을 아는지 오락가락 ᄒᆞ드라

– 이정보

*환해(宦海) : 관리의 사회

① [A]와 〈보기〉는 모두 자연 친화적인 관점을 드러내고 있다.

② [A]와 〈보기〉는 모두 눈에 띄는 대상에 감정 이입을 하고 있다.

③ [A]는 바닷가를, 〈보기〉는 일반적인 자연을 배경으로 하고 있다.

④ [A]는 돈호법을, 〈보기〉는 설의법을 사용하여 뜻을 강조하고 있다.

⑤ [A]에는 스스로에 대한 자긍심이, 〈보기〉에는 임금에 대한 걱정이 나타나 있다.

21 (가)의 ㉠~㉤ 중 (나)의 ⓐ로 볼 수 있는 것은?

① ㉠

② ㉡

③ ㉢

④ ㉣

⑤ ㉤

[22~24] 다음 글을 읽고 물음에 답하시오.

출근 시 일반 근로자 사망 사건에 대해 대법원은 산업 재해로 인정할 수 없다는 판결을 내렸다. 출퇴근 재해의 산재 인정 문제는 사회 보장 수급권에 속하는 것으로서, 국민의 인간다운 생활을 실현하기 위한 사회권적 기본권에 관한 것이다.

대법원의 ㉠ 다수 의견은 사회권적 기본권을 실현하는 데 최소한의 수준을 넘는 사회 복지와 사회 보장은 이에 필요한 국가의 재정 능력, 국민 소득과 생활수준, 전체적인 사회 보장 수준과 제도적 특성 등 여러 가지 요소를 고려한 입법을 통해 해결할 사항이라고 보았다. 우리 헌법 제34조 제1항이 보장하는 '인간다운 생활을 할 권리'는 최소한의 물질적 생존 보장을 요구할 권리일 뿐 그 이상의 구체적 권리를 직접 도출할 수 있는 성질의 것은 아니라는 사회권적 기본권에 대한 일반적인 견해를 참조한 것이다. 그에 따라 다수 의견은 출퇴근 재해의 산재 인정 문제를 포함한 산재 보험 수급권 역시 그 필요성에 앞서 국가의 경제적 수준에 따른 재원 확보 가능성을 먼저 고려해야 한다고 주장했다. 한편, 공무원은 통상적인 출퇴근 중에 사고가 발생한 경우 공무원연금법 등에 따라 공무상 재해로 인정받는 점에서 일반 근로자와의 형평성 문제가 제기되었다. 이에 대한 다수 의견은 보충의견을 통해, 공무원과 일반 근로자에 대한 재해 보상이 법적으로 다른 것은 재정적 부담 규모의 현격한 차이, 보험 주체의 차이와 기여금의 불입 등을 고려한 입법 정책의 차이로 보아야 한다는 입장을 취했다.

이에 대해 ㉡ 반대 의견은 이 문제는 입법적 해결이 가장 바람직하다는 점을 전제하면서 업무상 재해란 '어떤 사람이 근로자라는 처지에 있었기 때문에 당할 수밖에 없었던 재해'라는 근본적인 사실을 강조했다. 또한 출퇴근 재해에 대한 외국의 입법 사례와 함께 그것을 산재에 포함하도록 한 국제 노동기구(ILO)의 협약을 상기시키며 경제 수준을 감안하더라도 이 문제에서 우리나라가 지나치게 뒤처져 있는 데는 법률의 취지를 곡해해 일반 근로자와 공무원의 출퇴근 재해를 달리 판단해 온 대법원의 기존 해석도 한 원인이 되었을 것이라고 지적했다.

이 판결은 특이하게도 다수 의견과 반대 의견 모두 현재 입법부와 행정부가 출퇴근 재해를 업무상 재해에 포함하려는 절차를 진행하고 있는 점을 높이 평가하고 기대한다는 뜻을 명시적으로 담고 있다. 다수 의견은 사회권적 기본권은 원칙적으로 입법 재량에 의해 그 보호 범위가 정해지므로 출퇴근 재해를 보상 범위에 포함할 때 소요될 막대한 재정과 이해관계 조정 등의 문제를 국회와 행정부에 맡겨야 한다는 주장이고, 반대 의견은 이 사건은 공무원과 일반 근로자를 불합리하게 차별하는 것이므로 입법 재량에 맡겨 둘 영역이 아니지만 다수 의견을 형성하지 못한 입장에서는 국회와 행정부의 긍정적인 조치를 기대한다는 것이다.

당시 노동부는 출퇴근 재해의 산재 인정에 따르는 보험료 분담에 대해 손해 보험 단체와 협정이 이루어지면 2007년도 이후에는 도입이 가능하다는 의견이었다. 그러나 대법원의 이 판결이 나온 후 ⓐ 국회와 행정부는 대법원의 기대와 달리 출퇴근 재해에 대해 종전의 입장을 고수하는 데 머물렀을 뿐 아니라 오히려 다수 의견의 판결문을 인용해 법률을 개정했다. 당시 산재보험법에 출퇴근 재해에 대한 명시적인 규정이 없던 것을 제37조에서 '사업주가 제공한 교통수단이나 그에 준하는 교통수단을 이용하는 등 사업주의 지배 관리하에서 출퇴근 중 발생한 사고'를 업무상 재해로 본다고 규정한 것이다.

대법원 판결이 불러일으킨 가장 큰 문제는 국회에서 개정 논의 중인 법률에 대한 해석을 전원 합의로 선언함으로써 결과적으로 국회의 법 개정 방향을 좌우하게 된 것이다. 다수 의견과 반대 의견 모두 국회의 진전된 논의를 기대한다는 뜻을 표명한 점은 같았지만, 다수 의견은 그 입법에 혼란을 초래할까 보아 종래의 해석을 유지한다는 입장을 취한 것에 반해, 반대 의견은 입법에 도움을 주기 위해 새로운 해석을 내놓았다. 그러나 결국 국회는 종래의 해석을 답습한 다수 의견을 그대로 받아들여 좀 더 진전된 해석을 간단히 폐기하고 말았다. 입법 재량을 존중해야 한다면서 새로운 해석을 꺼린 다수 의견이 결국 입법에 영향을 미친 셈이다. 이런 결과를 어떻게 이해해야 할까. 원래 사법 자제는 사법 소극주의와 연결되지만 이 경우는 사법 자제에 의한 사법 적극주의의 실현이라고 해야 하지 않을까.

출근 시 근로자 사망 사건에서 다수 의견이 취한 태도는 사법 자제를 내세운 것이어서 언뜻 사법 소극주의적 태도를 4표방한 것으로 보인다. 그러나 그것은 어떤 적극적 태도를 취했을 때보다 더 적극적인 결과를 가져오고 말았다. 사법부의 판결은 이처럼 본래의 의도와 다르게 이용될 수도 있으므로 책임감을 더 무겁게 갖고 성찰해야 할 것이다.

22 윗글의 중심 화제로 가장 적절한 것은?

① 사법권을 기반으로 한 입법권과 행정권 사이의 갈등과 조정
② 대법원의 판례 적용을 둘러싼 찬반 의견의 대립과 해소 방향
③ 판례를 통한 사법적 적극주의의 효용성에 대한 비판과 대안 제시
④ 사회권적 기본권에 대한 판결의 내용과 그것이 입법에 끼친 영향
⑤ 출퇴근 재해의 산재 인정에 대한 사회적 논란과 복지 국가의 당위성

23 〈보기〉에서 ㉠과 ㉡ 간의 쟁점에 해당하는 것만을 모두 고른 것은? [3점]

─〈보기〉─

ㄱ. 사안과 연관된 국가의 경제적 수준의 중요도를 판단하는 문제
ㄴ. 일반 근로자와 공무원의 산재 인정 범위를 서로 다르게 판단하는 문제
ㄷ. 출퇴근 사고를 근로자의 처지에서 당할 수밖에 없는 재해라고 판단하는 문제

① ㄱ
② ㄱ, ㄴ
③ ㄱ, ㄷ
④ ㄴ, ㄷ
⑤ ㄱ, ㄴ, ㄷ

24 ⓐ의 입장을 추론한 것으로 가장 적절한 것은?

① 대법원의 판결에 담긴 기대의 뜻을 수용하여 근로자에게 유리한 쪽으로 법을 개정하고자 하였다.

② 대법원의 판결에 근거하여 이제껏 애매했던 산재 범위를 분명히 정함으로써 분쟁을 막고자 하였다.

③ 대법원의 다수 의견이 입법 재량에 맡기고자 한 취지에 따라 행정부의 재량권을 확대하고자 하였다.

④ 대법원의 다수 의견과 소수 의견이 서로 합의하지 못한 부분에 대해 법을 개정하여 보완하고자 하였다.

⑤ 대법원의 반대 의견이 일반 근로자의 출퇴근 재해를 산재로 인정한 취지를 법조문에 반영하고자 하였다.

[25~29] 다음 글을 읽고 물음에 답하시오.

(가)

어사또 행장을 차리는데 모양 보소. 숱 사람을 속이려고 모자 없는 헌 파립(破笠)에 벌이줄 총총 매어 초사(草紗) 갓끈 달아 쓰고 당만 남은 헌 망건에 갓풀관자 ㉠ 노끈 당줄 달아 쓰고 의뭉하게 헌 도복에 무명실 띠를 흉중에 둘러매고 살만 남은 헌 부채에 ㉡ 솔방울 선추(扇錘) 달아 일광을 가리고 내려올 제,

(중략)

"저 농부 말 좀 물어 보면 좋겠구먼." "무슨 말?" "이 골 춘향이가 본관(本官)에 수청(守廳) 들어 뇌물을 많이 먹고 민정에 작폐한단 말이 옳은지?" 저 농부 열을 내어 "게가 어디 사나?" "아무 데 살든지." "'아무 데 살든지.'라니. 게는 눈 콩알 귀 콩알

이 없나? 지금 춘향이가 수청 아니 든다 하고 형장 맞고 갇혔으니 창가(娼家)에 그런 열녀 세상에 드문지라. 옥결 같은 춘향 몸에 자네 같은 동냥치가 누설(陋說)을 시키다간 빌어먹도 못하고 굶어 뒤어지리. 올라간 이 도령인지 삼 도령인지 그놈의 자식은 일거후(一去後) 무소식(無消息) 하니 인사(人事) 그리고는 벼슬은커녕 내 좆도 못 하제." "어, 그게 무슨 말인고?" "왜, 어찌 되나?" "되기야 어찌 되련마는 남의 말로 구습(口習)을 너무 고약히 하는고." "자네가 철모르는 말을 하매 그렇제." 수작을 파하고 돌아서며 "㉓ 허허, 망신이로고. 자, 농부네들 일하오." "예."

(중략)

"그 안에 뉘 있나?" "뉘시오?" "내로세." "내라니 뉘신가?" 어사 들어가며 "이 서방일세." "이 서방이라니. 옳제, 이 풍헌 아들 이 서방인가?" "허허, 장모 망령이로세. 나를 몰라, 나를 몰라?" "자네가 뉘기여?" "사위는 백년지객(百年之客)이라 하였으니 어찌 나를 모르는가?" ⓐ 춘향의 모(母) 반겨하여 "애고 애고, 이게 웬일인고. 어디 갔다 인제 와. 풍세(風勢) 대작(大作)터니 바람결에 풍겨 온가? 봉운기봉(峰雲奇峰)터니 구름 속에 싸여 온가? 춘향의 소식 듣고 살리려고 와 계신가? 어서 어서 들어가세."

손을 잡고 들어가서 촛불 앞에 앉혀 놓고 자세히 살펴보니 걸인 중에도 상걸인 되었구나. 춘향의 모 기가 막혀 "이게 웬일이오?" "양반이 그릇되매 형언할 수 없네. 그때 올라가서 벼슬길 끊어지고 탕진가산(蕩盡家産)하여 부친께서는 학장(學長)질 가시고 모친은 친가로 가시고 다 각기 갈리어서 나는 춘향에게 내려와서 돈천이나 얻어 갈까 하였더니, 와서 보니 양가(兩家) 이력 말이 아닐세." 춘향의 모 이 말 듣고 기가 막혀 "무정한 이 사람아, 일차 이별 후로 소식이 없었으니 그런 인사가 어디 있으며, 후기(後期)인지 바랐더니 이리 잘 되었소. 쏘아 논 살이 되고 엎질러진 물이 되어 수원수구(誰怨誰咎)를 할까마는 내 딸 춘향 어쩔남나."

– 작자 미상, 「춘향전」

(나)

　관찰사는 평양감사 직을 마치고 대사헌이 되어 조정으로 복귀하였고, 생도 부모님을 따라 서울로 돌아오게 되었다. 그런데 점점 자신이 자란을 그리워하고 있다는 사실을 깨닫게 되었다. 그러나 감히 말이나 얼굴엔 드러낼 수 없었다. 이럴 즈음, 감시과(監試科)를 본다는 방이 나붙었다. 아버지의 명대로 생은 친구 두셋과 함께 산사로 들어가 과업(科業)을 준비하게 되었다.

　산사에 있던 어느 날 밤, 친구들은 모두 잠자리에 들었을 때다. 생도 잠자리에 들었지만 잠을 이룰 수 없었다. 그는 홀로 일어나 뜰 앞을 서성였다. 때는 한겨울이고 눈 내린 밤 달빛이 눈부시게 환한 데다 깊은 산속의 고요한 밤이라 온갖 소리마저 잦아들었다. 생은 달을 바라보며 자란을 그리워하다가 구슬픈 마음이 절로 일었다. 얼굴 한번 봤으면 하는 마음을 누를 수 없어 정신을 잃고 미쳐 버릴 것만 같았다. 그러나 밤은 아직 반이나 남아 있었다.

　급기야 그는 서 있던 뜰에서 곧장 평양을 향해 길을 떠났다. ⓒ 털모자에 명주옷을 입고 가죽신을 신고서 걸어서 길을 떠난 것이다. 그러니 채 10여 리도 못 가서 발이 부어 더는 걸어갈 수가 없었다. 어느 촌가에 들어가 가죽신을 ⓓ 짚신으로 바꿔 신고, 쓰고 있던 털모자를 버리고 옆이 찢어져 다 해진 ⓔ 패랭이를 얻어 썼다. 여행길에 구걸도 하였으나 굶주리는 경우가 대부분이었고 여관에 기숙했지만 밤새도록 추위에 얼기 일쑤였다.

　부귀한 집안의 자제로 기름진 밥을 먹으며 비단옷을 입고 자란 터라 문밖으로는 몇 걸음도 나가 본 적이 없던 그였다. 그런데 이렇게 갑자기 천 리 길을 걸어서 가다 보니 비틀거리다가 엎어지기도 하고 기기까지 하였다. 게다가 굶주리고 추위에 떨며 고생이란 고생은 다 겪어 옷은 찢어질 대로 찢어져 너덜너덜해지고 얼굴은 검고 수척해진 게 거의 귀신의 몰골이었다. 험한 고비를 넘기며 조금씩 걸어서 한 달 남짓 만에 비로소 평양 땅에 도착할 수 있었다.

　곧장 자란의 집으로 찾아갔으나 자란은 보이지 않고 ⓑ 그 어미 혼자만 남아 있을 뿐이었다. 어미는 생을 보고도 알아보지 못했다. 생은 앞으로 다가가 직접 이야기를 하였다. "나는 전 사또의 아들이라네. 자네 딸을 잊지 못해 이렇게 천 리 길을 걸어서 왔다네. 딸은 어딜 갔길래 안 보이는가?" 어미는 그의 말을 듣고도 기뻐하는 기색이 없었다. "우리 딸은 새로 오신 사또의 자제한테 사랑을 입어 밤낮없이 산정(山亭)에서 함께 머물고 있지 뭡니까. 그 도련님이 밖으로 나가는 것을 잠시도 허락지 않아 우리 애가 집에 오지 못한 지도 이미 몇 달이 됩니다. 도련님께서 이렇게 먼 길을 오셨으나 만날 길이 막연하니 참 딱하게도 되었구려." 그러면서 먼 곳만 바라볼 뿐 영접할 의사가 없었다.

　　　　　　　　　　　　　　　－ 임방, 「천예록」

25 (가)와 (나)의 공통점으로 적절하지 <u>않은</u> 것은?

① 공간적 배경의 변화가 나타나 있다.

② 시간의 순차적 진행에 따라 사건이 서술되고 있다.

③ 재치 있는 표현 속에서 해학적 분위기가 느껴진다.

④ 남녀의 사랑이라는 주제를 중심으로 사건이 전개된다.

⑤ 서술자가 주인공에 초점을 맞추어 사건을 진행하고 있다.

26 (가)의 서술 방식에 대한 설명으로 적절하지 <u>않은</u> 것은?

① 문장이 리듬감 있게 구성되어 있다.

② 인물의 외양에 대한 묘사가 나타나 있다.

③ 인물의 말 속에 비속어가 사용되고 있다.

④ 대화를 통해 인물의 심리가 드러나고 있다.

⑤ 극적인 반전을 통해 사건이 마무리되고 있다.

27 ㉮에 대한 이해로 가장 적절한 것은? [3점]

① 농부의 말이 모두 사리에 맞으므로 반박할 수 없어 애태우고 있다.

② 농부에게서 춘향의 상황을 듣고 지레 본관 사또의 위세에 눌리고 있다.

③ 암행어사인 자신이 하찮은 신분의 농부에게 멸시를 당했다고 분노하고 있다.

④ 춘향에 대한 여론에 안도하는 한편 자신은 염치없게 되었음을 멋쩍어 하고 있다.

⑤ 춘향과의 관계를 들키지 않으려는 의도로 짐짓 딴소리를 하여 상황을 모면하고 있다.

28 ⓐ와 ⓑ에 대한 설명으로 가장 적절한 것은?

① ⓐ와 ⓑ는 모두 상대방에 대한 태도에 변화를 보이고 있다.

② ⓐ와 ⓑ는 모두 인물 사이의 갈등을 해소하는 역할을 하고 있다.

③ ⓐ와 ⓑ는 모두 딸과의 관계를 염두에 두고 상대방을 대하고 있다.

④ ⓐ는 상대방에 대한 기대가 낮고, ⓑ는 상대방에 대한 기대가 높다.

⑤ ⓐ는 자신의 신세를 한탄하고 있고, ⓑ는 자신의 상황을 회피하고 있다.

29 글의 문맥상 ㉠~㉤ 중 성격이 다른 하나는?

① ㉠ ② ㉡

③ ㉢ ④ ㉣

⑤ ㉤

[30~32] 다음 글을 읽고 물음에 답하시오.

ⓐ '더 좋은 세상에서'(In a Better World, 2012)는 폭력에 관한 영화이다. 이 영화는 폭력의 근원과 양상, 그리고 결과에 대한 보고서라고도 할 수 있다. 폭력의 모습을 보여 주기 위해 영화는 크게 두 세계를 소재로 삼는다. 하나는 엘리아스와 크리스티안이라는 아이들의 세계이고, 다른 하나는 엘리아스의 아버지인 안톤의 세계이다. 감독 수잔 비에르는 이 두 세계의 모습을 교차시키면서 폭력의 시작(과거)과 과정(현재)을 보여 준 다음, 두 세계가 결합하는 순간을 제시하여 폭력의 결과(미래)가 어떻게 될지 확인하도록 만들었다.

먼저 아이들의 세계를 보자. 몸이 약하고 수줍은 엘리아스는 학교에서 따돌림을 당하지만 누구에게도 고통을 말하지 못한다. 엘리아스가 괴롭힘을 당하는 모습을 새로 전학 온 크리스티안이 보게 되는데 둘은 곧 친해지게 된다. 그러나 엘리아스를 향하던 폭력이 그에게까지 확대되자, 크리스티안은 정당방위라는 명목으로 강력하게 응징한다. 그는 폭력에 대한 응징만이 자신들에게 가해질 폭력을 줄이는 유일한 방법이라 생각했던 것이다. 일단 크리스티안의 방식은 승리를 거둔 것처럼 보인다. 둘에게 가해지던 폭력이 멈추었기 때문이다. 그러나 영화는 이러한 승리가 과연 타당한지를 묻는다. 오히려 폭력에 대응하는 강력한 폭력이 더 큰 폭력을 부르는 원천이 아닌지 의문을 제기한다.

다음으로 안톤의 세계를 보자. 그는 폭력에 제대로 응수하는 것은 비폭력밖에 없다고 믿는다. 사실 엘리아스가 괴롭힘에 변변히 대처를 못한 것은 안톤의 비폭력적인 가정교육에도 원인이 있었던 것이다. 그러나 안톤은 비폭력에 대한 소신에 ㉠회의를 가져오는 사건을 겪게 된다. 의사인 그는 아프리카에서 자선의료 사업을 하는데, 어느 날 그의 의료 캠프로 다친 임신부가 실려 온다. 지역 군벌의 우두머리가 태아의 성별을 알려고 배를 갈랐기 때문이다. 이러한 폭력은 비폭력주의자인 안톤마저 당혹스럽게 만든다. 얼마 후 같은 방식으로

2017 기출문제

상처를 입은 또 다른 임신부가 실려 오지만 안톤에게는 딱히 대책이 없다. 그러던 중 내전이 일어나고 그 우두머리는 부상을 당해 안톤을 찾아온다. 선택의 기로에 선 안톤은 치료할 것인가 말 것인가 번민하지만, 결국 소신대로 우두머리를 치료한다. 그러나 치료가 끝나자 안톤은 우두머리를 분노한 군중들 속으로 쫓아낸다.

엘리아스의 학교가 폭력의 과거이고 안톤의 아프리카가 폭력의 현재라면, 영화 후반부에 제시되는 크리스티안의 폭력은 폭력의 미래가 될 것이다. 아프리카에서 돌아온 안톤은 엘리아스와 크리스티안을 불러 즐거운 시간을 보내지만, 엘리아스의 동생이 또래 아이와 사소한 시비가 붙게 되고, 이어 또래 아이의 아버지가 등장해 말리는 안톤을 모욕하면서 폭력을 휘두른다. 안톤은 폭력에 폭력으로 대응하면 안 된다는 것을 보여 주려 했지만, 아이들은 안톤을 나약한 사람으로 생각하고 자신들이 복수를 하겠다고 다짐한다. 크리스티안의 지휘 아래 아이들은 또래 아이 아버지의 차를 폭파하겠다는 계획을 세우지만, 오히려 엘리아스가 생명이 위독할 정도로 다치게 된다. 이후 안톤은, 심한 자책 때문에 자살을 하려는 크리스티안을 저지하고 그 누구의 책임도 아니라고 하면서 크리스티안을 포용한다.

이렇게 영화는 안톤의 생각이 올바름을 암시하면서 끝나지만 문제는 남는다. 학교 폭력으로 인한 엘리아스의 비참함, 아프리카의 군벌을 보면서 들었던 안톤의 무력감, 얻어맞는 안톤을 보는 아이들의 울분을 과연 현실에서 참아 낼 수 있을까. '눈에는 눈, 이에는 이'여야 할까, '오른뺨을 때리면 왼뺨도 내주어라'여야 할까. 아니, 그것보다도 폭력에 대해 사회는, 특히 사회의 제도는 무엇을 해야 하는 것일까. 하지만 제도로 폭력을 징치하는 것 역시 폭력이 아닌가 하는 의문이 선결되어야 할 과제일 것이다.

30 ⓐ에 대한 설명으로 적절하지 <u>않은</u> 것은?

① 폭력의 시작과 결과를 보여 주고 있다.
② 갈등이 완전히 해소되지 않는 결말을 제시하고 있다.
③ 사소한 시비가 더 큰 폭력을 불러오는 과정을 제시하고 있다.
④ 문제 상황에 대한 인물들의 상반된 대처 방식을 보여 주고 있다.
⑤ 폭력적 세계와 비폭력적 세계를 번갈아 가면서 보여 주고 있다.

31 ㉠의 내용을 추론한 것으로 적절하지 <u>않은</u> 것은?

① 폭력적 사태로 인한 피해자를 방관하는 것이 과연 타당한 대처일까?
② 폭력이 가져온 끔찍한 비극을 보면서도 응징의 필요성을 부정할 수 있을까?
③ 비폭력을 말한다고 해서 폭력을 당한 이들의 비참한 마음을 달랠 수 있을까?
④ 비폭력을 내세우는 것이 폭력을 행사하는 이로 하여금 폭력을 멈추게 할 수 있을까?
⑤ 폭력이 세상을 나쁘게 만든다고 해서 비폭력이 반드시 세상을 좋게 만드는 방법이 될 수 있을까?

32 윗글을 읽고 토론한 것으로 적절하지 <u>않은</u> 것은? [3점]

① 수철 : 엘리아스는 따돌림으로 괴로움을 당했지만 오히려 그런 경험을 통해 비폭력의 중요성을 점차 깨닫게 되었다고 생각해.

② 영수 : 크리스티안이 학생들에게 복수한 것은 당연한 면이 있어 보이지만, 그 때문에 그는 폭력에 대해 잘못 생각하게 된 것으로 보여.

③ 소영 : '눈에는 눈, 이에는 이'라는 방식은 폭력을 휘두른 자나 복수하는 자 모두에게 파멸을 불러온다는 점에서 우리가 지양해야 할 대처 방식이야.

④ 진구 : 이 영화는 폭력에 대해 개인 차원의 대처 방식만 말하기 때문에, 사회나 제도 차원에서 폭력을 어떻게 방지할 것인지에 대해 보다 심도 있는 논의가 있어야 한다고 생각해.

⑤ 미영 : 이 영화는 안톤이 크리스티안을 마지막에 포용하는 결말을 통해 비폭력이 모든 문제를 해결하지는 못하지만 그래도 그 방향으로 나아가야 한다는 것을 보여 주려 했다고 생각해.

[33~37] 다음 글을 읽고 물음에 답하시오.

(가)
애비는 종이었다. ㉠밤이 깊어도 오지 않았다.
파뿌리같이 늙은 할머니와 대추 꽃이
한 주 서 있을 뿐이었다.
어매는 달을 두고 ㉡풋살구가 꼭 하나만 먹고 싶다 하였으나……. 흙으로 바람벽 한 호롱불 밑에
손톱이 까만 에미의 아들.
갑오년(甲午年)이라든가 ㉢바다에 나가서는 돌아오지 않는다하는 외할아버지의 숱 많은 머리털과
그 커다란 눈이 나는 닮았다 한다.

스물세 해 동안 나를 키운 건 팔 할(八割)이 ⓐ바람이다.
㉣세상은 가도 가도 부끄럽기만 하더라.
어떤 이는 내 눈에서 죄인(罪人)을 읽고 가고
어떤 이는 내 입에서 천치(天痴)를 읽고 가나
나는 아무것도 뉘우치진 않으련다.

찬란히 틔어 오는 어느 아침에도
이마 위에 얹힌 시(詩)의 이슬에는
몇 방울의 피가 언제나 섞여 있어
㉤볕이거나 그늘이거나 혓바닥 늘어뜨린
병든 수캐마냥 헐떡거리며 나는 왔다.

— 서정주, 「자화상」

(나)
창 밖에 밤비가 속살거려
육첩방(六疊房)은 남의 나라,

시인이란 슬픈 천명인 줄 알면서도
한 줄 시(詩)를 적어 볼까,

땀내와 사랑내 포근히 품긴
보내 주신 학비 봉투를 받아

대학 노트를 끼고
늙은 교수의 강의를 들으러 간다.

생각해 보면 어린 때 동무를
하나, 둘, 죄다 잃어버리고

나는 무얼 바라
나는 다만 홀로 침전하는 것일까?

인생은 살기 어렵다는데
시가 이렇게 쉽게 씌어지는 것은
부끄러운 일이다.

육첩방은 남의 나라
창 밖에 밤비가 속살거리는데,

ⓑ 등불을 밝혀 어둠을 조금 내몰고,
시대처럼 올 아침을 기다리는 최후의 나,

나는 나에게 작은 손을 내밀어
눈물과 위안으로 잡는 최초의 악수.

– 윤동주, 「쉽게 씌어진 시」

(다)
시(詩)를 믿고 어떻게 살아가나
서른 먹은 사내가 하나 잠을 못 잔다.
먼―기적 소리 처마를 스쳐 가고
잠들은 아내와 어린것의 베개 맡에
밤눈이 내려 쌓이나 보다.
무수한 손에 뺨을 얻어맞으며
항시 곤두박질해 온 생활의 노래
지나는 돌팔매에도 이제는 피곤하다.
먹고 산다는 것,
너는 언제까지 나를 쫓아오느냐.

등불을 켜고 일어나 앉는다.
담배를 피워 문다.
쓸쓸한 것이 오장(五臟)을 씻어 내린다.
노신(魯迅)이여
이런 밤이면 그대가 생각난다.
온―세계가 눈물에 젖어 있는 밤

상해(上海) 호마로(胡馬路) 어느 뒷골목에서
쓸쓸히 앉아 지키던 등불
등불이 나에게 속삭거린다.
여기 하나의 상심(傷心)한 사람이 있다.
여기 하나의 굳세게 살아온 인생이 있다.

– 김광균, 「노신」

33 (가)~(다)의 표현 방법에 대한 설명으로 적절하지 <u>않은</u> 것은?

① (가)는 상징과 직유법으로 자신의 모습을 그리고 있다.

② (나)는 의문의 형식으로 자신의 고뇌를 토로하고 있다.

③ (다)는 돈호법과 의인법으로 시적 감정을 드러내고 있다.

④ (가)는 단정적인 어조를, (나)는 차분한 어조를 쓰고 있다.

⑤ (나)와 (다)는 모두 대구적 표현을 통해 시인의 처지를 드러내고 있다.

34 (가)~(다)에 드러난 시적 상황에 대한 설명으로 가장 적절한 것은? [3점]

① (가)와 (나)는 현실에 대한 무력감이 있는 반면, (다)는 그렇지 않다.

② (가)와 (다)는 믿고 따를 대상이 제시되지만, (나)는 그렇지 않다.

③ (가)와 (다)는 자신이 속한 현실을 초월하려 하나, (나)는 그렇지 않다.

④ (나)와 (다)는 시에 대한 의구심을 바탕으로 시상을 전개하지만, (가)는 그렇지 않다.

⑤ (가), (나), (다) 모두 자신에 대한 확신으로 현실을 극복하려는 태도를 드러낸다.

35 〈보기〉를 참조하여 (다)를 감상한 것으로 적절하지 <u>않은</u> 것은?

---〈보기〉---

노신(루쉰)은 중국의 근대 문학을 이끈 작가로, 항일 투쟁에 나섰다가 일본에 쫓기는 삶을 살았다. 중일전쟁 직전인 1936년 상하이 조계지에서 폐결핵으로 사망하였다.

① 시적 화자는 노신의 삶을 생각하면서 흔들리는 마음을 다잡고 있어.

② 절망 속에서도 굳센 결심으로 견뎌 내는 자세를 지녀야 한다는 것을 말하고 있어.

③ 노신의 '등불'은 시적 화자에게 굳건한 태도를 상기시켜 주는 존재로 그려지고 있어.

④ 경제적 무능함에 대한 비난을 받던 화자는 결국은 노신을 본받아 생활고에서 벗어나려 하고 있어.

⑤ 시적 화자의 고난은 개인적 삶에서 나오지만, 노신의 경우는 사회에 대한 이상과 관련이 있어.

36 ⓐ의 함축적 의미를 '인물이 처한 환경'이라고 볼 때, 함축적 의미가 ⓐ와 가장 <u>이질적인</u> 것은?

① ㉠　　　　　② ㉡

③ ㉢　　　　　④ ㉣

⑤ ㉤

37 ⓑ를 이해한 내용으로 가장 적절한 것은?

① 부정적인 현실이 절정에 달한 상태에서 슬픔과 외로움을 감내하고 있다.

② 불의와 맞서 온 자신의 과거를 떠올리면서 최후의 노력을 기울이고 있다.

③ 미래에도 희망이 실현되지 못할 것이라는 회의감을 벗어나지 못하고 있다.

④ 그동안 추구해 온 이상향이 실현되리라는 믿음으로 구원의 가능성을 확신하고 있다.

⑤ 어두운 시대에 적극적으로 맞서지는 못하지만 희망을 간직하는 태도를 드러내고 있다.

[38~41] 다음 글을 읽고 물음에 답하시오.

가치가 일종의 '실재(reality)'라는 생각은 다분히 플라톤적이다. 고대 그리스의 플라톤은 현상계의 감각적인 모든 것뿐만 아니라 심지어 우리 생각에 떠오르는 것들, 대표적으로 가치에도 존재성을 부여하려고 했으며, 나아가 가치의 존재성을 위해 가치의 객관성을 입증하려 했다. 물론 그는 일상에서 경험하는 현상계에 그러한 객관성이 존재하지 않는다는 것을 누구보다도 잘 알았기에 현상계를 넘어서는 새로운 세계, 곧 관념이 실재하는 이데아의 세계를 구상하게 된다. 그런 점에서 가치의 존재성은 플라톤적인 철학적 열망이 만들어 낸 거대한 신화이다. 이후 수많은 철학자들이 플라톤의 시도에 매료되었으며, 이로써 형이상학적 사유는 서양 철학사에서 지배적인 흐름을 형성했다.

그러나 이러한 가치의 실재론적 철학은 20세기에 들어와 반박된다. 대표적으로 비트겐슈타인은 "선하거나 악한 것은 근본적으로 나이며 실재 세계가 아니다."라는 말로 가치에 관한 실재론을 부정한다. 이와 같은 가치의 실재성에 대한 거부는 기본적으로 경험주의에 바탕을 두고 있다. 경험주의자들은 사실과 가치를 엄격히 구분하는 데서 논의를 시작한다. 그동안의 도덕 이론이 '이다/아니다'와 같은 사실 명제에서 '해야 한다/하지 않아야 한다'는 당위 명제로 바로 이행하는 오류를 벗어나지 못했다고 지적했던 흄을 이어받아 경험주의자 특히 논리실증주의자들은 '가치 문장이 사실 문장에서 직접 추론될 수 없다'는 논제로 정형화한다. 곧 사실에서 가치가 직접 검증되거나 추론될 수 없다고 밝힘으로써 가치의 존재성을 부정했던 것이다.

이에 대해 퍼트남은 논리실증주의가 흄의 주장을 극단화하였다고 비판하였다. 논리실증주의는 가치에 대한 주장이 사실상 화자의 정서나 태도를 표출하는 '정서주의'에 지나지 않는다고 보았던 반면, 퍼트남은 그렇게 된다면 가치에 대한 논의가 불가능해지기에 '회의주의'를 벗어날 수 없다고 비판했던 것이다. 이에 더하여 그는 "가치와 규범을 벗어나서는 어떤 사실에 대한 판단도 불가능하다."라고 말하면서 '사실의 가치 의존성'이라는 명제를 제시한다.

한편, 존 설은 "가치 명제를 보조 전제로 도입해야만 사실 명제에서 가치 명제를 도출할 수 있다."라는 논리실증주의자들의 주장을 비판했다. 사실과 가치 사이에 어떤 차이가 있는 것은 너무나도 명백하지만, 그렇다고 해서 사실과 가치 사이에 아무런 상관이 없다는 결론이 따라 나오는 것은 아니라는 것이다. 그리하여 존설은 가치 평가와 관련된 진술이나 도덕적 원리가 개입하지 않고서도 사실 명제에서 가치 명제가 나오는 ㉠한 사례를 논리실증주의의 반례로 제시하였다.

그러나 우리는 여기서 존 설보다 좀 더 깊은 차원에서 질문을 할 필요가 있다. 먼저 사실 명제와 가치 명제가 명확히 구별된다는 기본 가정이 과연 타당한가 하는 것이다. 가령 "내 방에 갈색 탁자가 하나 있다."라는 문장은 전형적으로 명확하게 사실 명제에 해당하겠지만, 문제는 상황에 따라 이 문장도 가치 명제로 이해될 수 있다는 것이다. 예를 들어, 탁자가 두 개 필요하다면 이 문장은 매우 부정적인 가치 평가를 함축할 것이기 때문이다. 따라서 우리는 사실 명제와 가치 명제를 판단하는 것

이 문장 자체로만 이루어질 수 없으며, 그 문장을 둘러싼 상황과 맥락, 나아가 그 문장의 사용자가 지닌 목적과 의도 등을 포괄할 수밖에 없다는 점을 이해할 수 있다. 그런 점에서 처음부터 부적절한 가정에 의존하고 있었던 논리실증주의나 그에 대한 비판론자들의 관점을 넘어 가치의 실재성을 ㉡새로운 관점으로 논할 필요가 있다.

38 윗글의 내용과 일치하지 <u>않는</u> 것은?

① 플라톤은 가치가 실재함을 입증하기 위해 이데아의 세계를 구상했다.

② 비트겐슈타인은 실재 세계는 가치가 있어야 존재할 수 있다고 보았다.

③ 논리실증주의자들은 사실과 가치의 절대적인 분리가 필요함을 주장했다.

④ 퍼트남은 사실이란 가치와 규범에 의존하여 판단될 수밖에 없다고 보았다.

⑤ 존 설은 사실과 가치 사이의 상관성을 부정하는 견해를 논박하였다.

39 윗글의 서술 방식으로 가장 적절한 것은?

① 여러 사실을 종합하는 귀납적인 방법으로 필자의 주장을 제시하고 있다.

② 그동안의 이론들을 긍정적으로 검토하고 최종적인 결론을 제시하고 있다.

③ 논제에 대한 여러 이론들을 반론과 그에 대한 재반론 식으로 제시하고 있다.

④ 논제에 대한 기본 개념을 정의하고 논의의 흐름을 연대순으로 소개하고 있다.

⑤ 논제를 논하는 큰 원칙을 먼저 제시하고 이에 따라 세부 사항들을 분석하고 있다.

40 〈보기〉는 ㉠으로 작성된 것이다. 이에 대한 설명으로 가장 적절한 것은? [3점]

> ─〈보기〉─
>
> ㄱ. 존스는 "나는 이렇게 스미스 너에게 5달러를 지불할 것을 약속한다."라고 말했다.
> ㄴ. 존스는 스미스에게 5달러를 지불하겠다고 약속했다.
> ㄷ. 존스는 스미스에게 5달러를 지불할 의무를 졌다.
> ㄹ. 존스는 스미스에게 5달러를 지불할 의무가 있다.
> ㅁ. 존스는 스미스에게 5달러를 지불해야 한다.

① ㄱ은 존스가 말한 내용의 가치를 중하게 여기는 가치 명제이다.

② ㄱ~ㄷ은 사실 명제를 긍정적으로 판단하면 가치 명제로 바뀐다는 것을 보여 준다.

③ ㄱ~ㅁ은 평가적 진술 없이 사실 명제에서 가치 명제가 도출되는 과정을 보여 준다.

④ ㄷ은 사실 명제에서 직접 추론되지 않은 독립적인 가치 명제이다.

⑤ ㄷ~ㅁ은 경험주의자의 논리에 따르면 가치 명제가 사실 명제로 전환된 것이다.

41 ㉡의 내용으로 가장 적절한 것은?

① 사실 명제로 일단 판단되면 그 명제는 가치 명제가 될 수 없다.

② 문장 자체의 차원을 넘어서기 위해 논리실증주의의 관점을 계승해야 한다.

③ 문장 사용자의 의도는 경우에 따라 다르므로 가치를 판단하는 준거가 될 수 없다.

④ 사실 명제와 가치 명제의 분류 기준을 준수하면서 그 한계를 넘어설 방안을 찾아야 한다.

⑤ 상황과 맥락을 고려하여 명제를 파악해야 문장만으로 판단할 때의 오류를 벗어날 수 있다.

[42~45] 다음 글을 읽고 물음에 답하시오.

[앞부분 줄거리] 1970년대에 앉은뱅이와 꼽추는 살던 집이 도시 재개발 계획으로 헐리게 되자 사나이에게 입주권을 헐값에 팔게 된다. 속은 것을 알아차린 꼽추와 앉은뱅이는 사나이에게서 돈을 빼앗기로 한다.

앉은뱅이의 목소리는 여전히 작았다.
"당신은 나에게 이십만 원을 더 줘야 돼."
"뭐라구?"
"아무것도 모른다고 그럴 수가 있어? 삼십팔만 원짜리를 십육만 원에 사다 이십이만 원씩이나 더 받고 넘긴다는 건 말이 안 돼. 나에게 이십만 원을 줘도 이만 원의 이익을 보는 것 아냐? 더구나 당신은 우리 동네 입주권을 몰아 사버렸지?"
"비켜!"
사나이가 몸을 일으켰다.
"비키지 않으면 집어던질 테야."
"마음대로 해."
아주 짧은 순간 앉은뱅이는 정신을 잃었었다. 사나이의 구둣발이 그의 가슴을 차버렸던 것이다. 앉은뱅이는 거듭 들어오는 사나이의 구둣발을 정신없이 잡고 늘어졌다. 앉은뱅이는 너무 약했다. 사나이는 앉은뱅이의 얼굴을 큰 주먹으로 몇 번 쥐어박더니 번쩍 들어 풀숲으로 내던졌다.
그는 거꾸로 처박히듯 내던져진 앉은뱅이가 길 위로 기어 나오려고 꼼지락거리는 것을 확인하고 돌아섰다. 방해물이 기어 나오기 전에 빨리 지나가야 했다.

그는 승용차 안으로 들어가기 위해 몸을 굽혔다. 순간, 검은 그림자가 그의 명치 밑을 힘껏 차 왔다. 사나이의 큰 몸이 힘없이 나가떨어졌다. 콩밭에 숨어 있던 꼽추가 차 안으로 들어가 있다 죽을힘을 다해 사나이를 차버렸던 것이다.

(중략)

'돈을 줄게!'

사나이는 말을 하고 싶었다. 그러나 그는 말을 할 수가 없었다. 꼽추가 그의 입에 큰 반창고를 붙인 뒤였다. 몸도 움직일 수가 없었다. 그의 몸은 전깃줄로 꽁꽁 묶여 있었다.

꼽추가 차 안으로 들어가 밤하늘을 일직선으로 가르며 켜지던 두 줄기의 불을 꺼버렸다. 엔진도 껐다. 그는 운전석 밑에서 검정색 가방을 찾았다.

밖에서는 앉은뱅이가 사나이의 등을 받쳐 밀어 앉혔다. 꼽추가 나와 허리를 껴안아 일으켰다. 두 친구는 사나이의 몸을 떠받치듯 밀어 운전석으로 올려 앉혔다.

"나를 저자 옆에 앉혀 줘."

앉은뱅이가 말했다. 꼽추가 그를 안아 바른쪽 좌석에 앉혀 주었다. 자신은 뒤쪽으로 들어가 검정색 가방을 열었다. 사나이는 보기만 했다.

"돈과 서류야."

꼽추가 말했다.

"보여 줘."

앉은뱅이가 말했다. 사나이는 앉은뱅이와 꼽추가 자기의 모든 것을 갖고 있다는 것을 알았다.

"우리 건 벌써 팔아 버렸어."

앉은뱅이가 가방 안을 뒤적이면서 말했다. 사나이는 두 눈만 껌벅거렸다.

"잘 봐."

㉠ "우리 이름이 이 공책에 적혀 있어. 그런데 연필로 그어 버린 거야. 이건 팔았다는 뜻이야."

앉은뱅이가 쳐다보자 사나이가 고개만 끄덕였다.

"삼십팔만 원에?"

사나이가 다시 고개를 끄덕였다.

"돈을 세어 봐."

꼽추가 말했다. 앉은뱅이가 돈을 세기 시작했다. 그는 꼭 이십만 원씩 두 뭉치의 돈만 꺼냈다.

"이건 우리 돈야."

앉은뱅이가 말했다. 사나이는 다시 고개만 끄덕였다. 그는 앉은뱅이가 뒷좌석의 친구에게 한 뭉치의 돈을 넘겨주는 것을 보았다. 앉은뱅이의 손이 부들부들 떨렸다. 꼽추의 손도 마찬가지로 떨렸다. 두 친구의 가슴은 더 떨렸다.

앉은뱅이는 앞가슴을 풀어헤쳐 돈뭉치를 넣더니 단추를 잠그고 옷깃을 여몄다. 꼽추는 윗옷 바른쪽 주머니에 넣었다. 꼽추의 옷에는 안주머니가 없었다.

돈을 챙겨 넣자 내일 할 일들이 머리에 떠올랐다. 앉은뱅이의 머리에도 내일 할 일들이 떠올랐다. 아이들은 천막 안에서 잠을 자고 있었다.

"통을 가져와."

앉은뱅이가 말했다. 그의 손에는 마지막 전깃줄이 들려 있었다. 밖으로 나온 꼽추는 콩밭에서 플라스틱 통을 찾았다.

(중략)

차에서 폭발 소리가 들려 왔을 때는 앉은뱅이도 놀랐다. 그러나 그것도 잠깐뿐이었다. 불길도 자고 폭발 소리도 자버렸다. 어둠과 침묵이 두 사람을 싸고 있었다. 꼽추가 앞서 걸었다. 앉은뱅이가 그 뒤를 따랐다.

㉡ "살 게 많아."

그가 말했다.

"모터가 달린 자전거와 리어카를 사야 돼. 그 다음에 강냉이 기계를 사야지. 자네는 운전만 하면 돼. 내가 기어 다니는 꼴을 보지 않게 될 거야."

앉은뱅이는 친구의 반응을 기다렸다. 꼽추는 말이 없었다.

"왜 그래?"

앉은뱅이는 급히 따라가 꼽추의 바짓가랑이를 잡았다.

"이봐, 왜 그래?"

"아무것도 아냐."

꼽추가 말했다.

ⓒ "겁이 나서 그래?"

앉은뱅이가 물었다.

"아무렇지도 않아."

꼽추가 말했다.

"묘해. 이런 기분은 처음야."

"그럼 잘됐어."

ⓔ "잘된 게 아냐."

앉은뱅이는 이렇게 차분한 친구의 목소리를 처음 들었다.

"나는 자네와 가지 않겠어."

"뭐!"

"자네와 가지 않겠다구."

꼽추는 이렇게 말하고 한마디 덧붙였다.

(중략)

"내가 ⓐ 무서워하는 것은 자네의 마음야."

"그러니까, 알겠네."

앉은뱅이가 말했다.

ⓜ "가. 막지 않겠어. 나는 아무도 죽이지 않았어."

– 조세희, 「뫼비우스의 띠」

---

42 윗글의 서술 방식에 대한 설명으로 가장 적절한 것은?

① 작중 인물의 시각으로 그가 겪은 사건을 진술하고 있다.

② 인물의 심리 변화를 세밀히 서술하여 갈등 상황을 부각하고 있다.

③ 비유와 상징을 통해 사건의 기본적인 정황을 압축적으로 서술하고 있다.

④ 인물의 행위와 대화를 짧은 문장으로 서술하여 사건을 보여 주고 있다.

⑤ 편집자적 논평을 이용하여 독자들에게 인물의 선악 판단을 유도하고 있다.

---

43 ㉠~㉤ 중 말하는 인물이 다른 것은? [3점]

① ㉠　　　　② ㉡

③ ㉢　　　　④ ㉣

⑤ ㉤

---

44 윗글의 인물에 대한 설명으로 적절하지 <u>않은</u> 것은?

① 앉은뱅이는 꼽추와의 동료 의식을 드러내고 있다.

② 앉은뱅이는 미래의 계획을 구체적으로 세워 놓고 있다.

③ 사나이는 자신의 이익을 위해 비도덕적인 행위를 한다.

④ 꼽추는 앉은뱅이가 생각하지 않은 면에 대해 고려한다.

⑤ 꼽추는 앉은뱅이보다 주도적으로 중심 사건을 이끌고 있다.

45 〈보기〉를 근거로, ⓐ의 이유를 추론한 것으로 가장 적절한 것은?

〈보기〉

　조세희의 「뫼비우스의 띠」 첫 부분에는 굴뚝에 들어간 두 아이에 대해 묻는 교사가 나온다. 교사는 두 아이 중 얼굴이 깨끗한 아이와 더러운 아이가 있다면 누가 얼굴을 씻겠는지 묻지만, 마지막에는 사실 그 질문이 잘못되었다면서 "한 아이의 얼굴이 깨끗한데 다른 한 아이의 얼굴은 더럽다는 일은 있을 수가 없다."라고 한다. 곧 어떤 문제 상황에서 처음에 한쪽이 잘못을 저지른다고 하더라도 다른 한쪽이 아예 잘못이 없는 경우는 없다는 것이다. 이는 이 소설의 제목을 안팎의 구분이 없는 '뫼비우스의 띠'로 삼은 이유이기도 하다.

① 앉은뱅이가 자신 몰래 사나이의 돈을 더 챙긴 것을 보고 그에 대한 신뢰감이 사라졌기 때문이다.

② 앉은뱅이가 자전거와 리어카를 사면서 자신에게는 어떤 고려도 하지 않는 이기적인 인물임을 깨달았기 때문이다.

③ 앉은뱅이가 돈을 주겠다는 사나이의 애원을 무시하고 강탈하는 무자비한 마음씨를 가졌음을 알아차렸기 때문이다.

④ 앉은뱅이가 범죄를 저질렀지만 돈을 되찾기 위한 일이었다고 여기면서 죄책감을 전혀 느끼지 않는다고 생각했기 때문이다.

⑤ 앉은뱅이가 내일 할 일에만 관심이 있고 사나이에게 다친 자신을 배려하지 않는 것을 보면서 지나치게 냉정하다고 생각했기 때문이다.

[01~05] 밑줄 친 단어의 뜻으로 가장 적절한 것을 고르시오.

01

It was time to devise a new plan of action as the attorneys categorically rejected our offer.

① unequivocally ② typically

③ impolitely ④ reluctantly

⑤ maliciously

02

After emerging victorious in his long-fought bout against cancer, the media tycoon tried to turn over a new leaf by denouncing his opulent way of life.

① immoral ② proud

③ luxurious ④ unhealthy

⑤ incompetent

03

Sanctions against the country are expected to be among the most contentious issues.

① controversial ② complex

③ elusive ④ secretive

⑤ fruitless

04

That the days of capitalism were numbered, and that the capitalist era must now give way to socialism: these were assumptions widely held by intellectuals on both sides of the Atlantic.

① limited ② prolonged

③ preserved ④ accelerated

⑤ overlapped

05

Many politicians viewed that nation's economic hegemony as presumptuous.

① attentive and alert

② accurate and precise

③ assiduous and diligent

④ achievable and pragmatic

⑤ arrogant and disrespectful

[06~08] 밑줄 친 부분 중, 어법상 틀린 것을 고르시오.

06 An important interruption in the usual flow of energy apparently occurred millions of years ago when the growth of land plants and marine organisms ① exceeded the ability of decomposers to recycle them. The ② accumulating layers of energy-rich organic material were gradually turned into coal and oil by the pressure of the overlying earth. The energy stored in their molecular structure we can now ③ release by burning. And our modern civilization depends on immense amounts of energy from such fossil fuels ④ recovering from the earth. By burning fossil fuels, we are finally passing most of the stored energy on to the environment as heat. We are also passing back to the atmosphere — in a relatively very short time — large amounts of carbon dioxide that ⑤ had been removed from it slowly over millions of years.

07 The earth has many resources of great importance to human life. Some are ① readily renewable, some are renewable only at great cost, and some are not renewable at all. The earth comprises a great variety of minerals, whose properties depend on the history of how they were formed as well as on the elements ② which they are composed. Their abundance ranges from rare to almost unlimited. But the difficulty of ③ extracting them from the environment is as important an issue as their abundance. A wide variety of minerals ④ are sources for essential industrial materials, such as iron, aluminum, magnesium, and copper. Many of the best sources are being depleted, making it more and more difficult and expensive ⑤ to obtain those minerals.

08 On the European continent, Kant rejected the utilitarian defense of liberalism but put forward a compatible case for the autonomy that comes only to the person ① free to choose his own conception of the good life. J.S. Mill himself took inspiration from other German liberals, ② being noted in the frontispiece to *On Liberty* the work of a contemporary, Wilhelm von Humboldt. But this moment of convergence of German and Anglo-American liberalism was soon ③ to pass. With Hegel, and then Marx, German intellectual thought centrally explored the deficiencies in the ethic of individualism ④ held to characterize liberal societies. The transmission of ideas from Kant to Hegel to Marx is so dramatic as ⑤ to rival the initial flow of thought from Plato to Aristotle to Augustine. [3점]

[09~10] (A), (B), (C)에 들어갈 말로 가장 적절한 것을 고르시오.

09

Many of us take broadband Internet for granted, but nearly 1 in 5 Americans lacks access to it, says the Federal Communications Commission (FCC). In rural areas, telecom companies balk at the cost of wiring far-flung homes, while low-income families can find the fees (A) [prohibitive/affordable]. Closing the broadband gap is about more than being able to stream the latest TV dramas. High-speed Internet is a critical tool of modern life, (B) [constraining/enabling] kids to learn digitally and adults to work via the cloud. The FCC recently approved a small broadband subsidy, but the real solution may lie in (C) [increased/decreased] competition for a notoriously consolidated industry. [3점]

	(A)	(B)	(C)
①	prohibitive	enabling	increased
②	prohibitive	enabling	decreased
③	prohibitive	constraining	decreased
④	affordable	constraining	increased
⑤	affordable	enabling	decreased

10

As evolutionary scholar Henry Plotkin says, gaining knowledge of the world across countless generations of organisms, evolution conserves knowledge selectively relative to criteria of need, and that collective knowledge is then held within the gene pool of species. Such collective knowledge is doled out to individuals, who come into the world with (A) [innate/acquired] ideas and predispositions to learn only certain things in specific ways. In other words, whether you're hunting on the savannah or choosing between millions of videos on YouTube, your brain is programmed to (B) [adopt/ignore] almost everything and home in only on what is most important or interesting. Otherwise, you'd be pointing your spear at every tree and rock or, just as annoyingly, you'd be lost in an infinite trail of video links, hoping in vain to find something worthwhile. With an understanding of the (C) [discriminating/integrating] nature of our genes, we can begin to construct the basis for stories that grab our attention and stay in our memory.

	(A)	(B)	(C)
①	acquired	ignore	integrating
②	acquired	ignore	discriminating
③	innate	ignore	discriminating
④	innate	adopt	integrating
⑤	innate	adopt	discriminating

[11~13] 다음 글의 밑줄 친 부분 중, 문맥상 낱말의 쓰임이 적절하지 <u>않은</u> 것을 고르시오.

11 Sea level rise along any given stretch of coast depends on how far away it is from the globe's two big ice buckets: Greenland and Antarctica. While it's easy to think the closest countries will see the biggest rise as the ice melts, it's not so ① <u>simple</u>. Greenland and Antarctica's massive ice sheets ② <u>exert</u> a strong gravitational pull on the waters around them, but as they melt, the attraction weakens, causing nearby sea levels to fall. In addition, without the burden of weight from the ice, the land uplifts, ③ <u>rising</u> slightly more above the water. The effect diminishes with distance, so it's actually the places farther away from the melting ice that will see the biggest ④ <u>drop</u> in sea level. Ocean currents help push the meltwater around the globe. "It's really an amazing and somewhat ⑤ <u>counterintuitive</u> result, but that's the reality," says Jerry Mitrovica, a geophysicist at Harvard University. [3점]

12 Four little heads pop up simultaneously in a pool of blue−black water surrounded by ice as far as the eye can see. They seem to hesitate, reluctant to leave the watery world through which they swim as ① <u>effortlessly</u> as fish. They are Adelie penguins, and the ice ② <u>endangers</u> their existence. The birds leap about excitedly in tight circles, going in and out of the water, perfectly at ease in this ③ <u>frigid</u> sea that surrounds the shores of Antarctica. Their food is tied, literally, to the frozen ocean. Within layers of sea ice, microscopic algae bloom in profusion as sunlight floods in from above. When the sea ice melts with the beginning of summer, the ice algae escape into the water, where they are ④ <u>grazed</u> on by dense swarms of krill — a type of shrimplike crustacean. The krill, ⑤ <u>in turn</u>, are the Adelie penguins' primary food source.

13 The human genome contains an ① <u>enormous</u> amount of information to guide the construction of a complex organism. In a growing number of cases, particular genes can be tied to aspects of cognition, language, and personality. When psychological traits vary, much of the variation comes from ② <u>differences</u> in genes: identical twins are more similar than fraternal twins, and biological siblings are more similar than adoptive siblings, whether ③ <u>raised</u> together or apart. A person's temperament and personality emerge early in life and remain fairly ④ <u>unpredictable</u> throughout the lifespan. And both personality and intelligence show few or no effects of children's particular home environments within their culture: children reared in the same family are similar mainly because of their ⑤ <u>shared</u> genes. Furthermore, neuroscience is showing that the brain's basic architecture develops under genetic control. [3점]

14 Walter Reed에 관한 다음 글의 내용과 일치하는 것은?

Walter Reed, medical doctor, was a U.S. Army physician who in 1901 found that yellow fever is transmitted by a particular mosquito species. He was born in Virginia and completed the M.D. degree in 1869 at the University of Virginia. Reed obtained his second M.D. in 1870 at New York University's Bellevue Hospital Medical College. Reed joined the U.S. Army as a medical doctor. Then, he got married in 1876. The couple had a son and a daughter, and they adopted a Native American girl later. He also served as the curator of the Army Medical Museum, which later became the National Museum of Health and Medicine. He was stationed to Cuba to study yellow fever, which killed thousands of soldiers. With the help

of other doctors, Reed confirmed that the disease is transmitted by mosquitoes. This finding saved countless lives. To commemorate his achievements, many U.S. hospitals were named after Reed.

① yellow fever의 백신을 개발했다.
② medical doctor 학위를 두 번 취득했다.
③ 두 아이의 아버지가 된 후에 중국 아이를 입양했다.
④ 버지니아 의대 박물관 curator를 역임했다.
⑤ 쿠바에 자신의 이름을 딴 병원을 설립했다.

15 Lewis와 Clark의 탐사에 관한 다음 글의 내용과 일치하는 것은?

In 1803, the U.S. government purchased the entire area of Louisiana from France. The territory stretched from the Mississippi River to the middle of the Rocky Mountains, but no one was really sure where the Mississippi River started or where exactly the Rocky Mountains were located. President Thomas Jefferson commissioned an expedition in this area. It comprised a selected group of U.S. Army volunteers under the command of Captain Meriwether Lewis and Second Lieutenant William Clark. Their perilous journey lasted from

May 1804 to September 1806. Their primary objective was to explore and to map the newly acquired territory, and to find a practical route across the western half of the continent. Lewis and Clark departed with forty-three men and supplies for two years. They became acquainted with a sixteen-year-old Native American woman named Sacajawea, which means Bird Woman. With her help, Lewis and Clark obtained horses from the Indians and passed the Indian territory without much trouble.

① 미국은 영국으로부터 Louisiana 지역을 매입했다.
② 탐사는 이미 알려진 Mississippi 강의 시작점에서 출발했다.
③ 탐사 대원들은 육군의 추천을 통해 선발됐다.
④ 모든 탐사를 마치기까지 4년 이상의 기간이 걸렸다.
⑤ 탐사 중에 원주민 여성의 도움을 받았다.

brown on the top side with an off-white underbelly and has very small scales invisible to the naked eye embedded in its skin. At birth, it has an eye on each side of the head. After six months, one eye migrates to the other side. Halibut is often boiled, deep-fried or grilled while fresh. Smoking is more difficult with halibut meat than it is with salmon, due to its ultra-low fat content. Currently, the Atlantic population is so depleted through overfishing that it may be declared an endangered species.

① 북대서양과 북태평양에 서식하는 넙치과 생선이다.
② 육안으로 볼 수 없는 비늘을 가지고 있다.
③ 부화 후 6개월까지는 눈이 머리 양쪽에 있다.
④ 지방 함유량이 낮기 때문에, 연어보다 훈제하기가 어렵다.
⑤ 태평양 지역에서 멸종위기 종으로 공표되었다.

16 halibut에 관한 다음 글의 내용과 일치하지 않는 것은?

Halibut is a common name principally applied to the two flatfish from the family of right-eye flounders in the North Atlantic and the North Pacific. Halibut is dark

17 alien species에 관한 다음 글의 내용과 일치하지 않는 것은?

Ecologists generally define an alien species as one that people, inadvertently or deliberately, carried to its new location. "Only a small percentage of alien species cause problems in their new habitats," says a professor of ecology and evolutionary biology. Yet appearances can deceive, ecologists caution, and many of these exotics may be considered acceptable only because no one has documented their harmful effects. What is more, non-native species can appear innocuous for decades, then turn invasive. Faced with such uncertainty, many ecologists argue for strong steps to be taken. Their approach is to remove exotics from natural ecosystems. But a number of experts question the scientific wisdom of trying to roll back ecosystems to a time when they were more natural. Even many ecologists who would like to rid ecosystems of all exotics admit that this goal is impractical. Further, Professor Rosenzweig at the University of Arizona challenges the prevailing view that invasive alien species reduce biodiversity. The exotics increase the number of species in the environment. Even if alien species cause extinctions, the extinction phase will eventually end, and new species may then begin to evolve, he explains.

① 새 환경에서 거의 문제를 일으키지 않는다고 생각하는 것은 잘못된 관측일 수 있다.
② 새 환경에서 수 십 년간 무해했으나, 그 이후 환경을 해치는 경우도 있다.
③ alien species가 제거된 생태계를 선호하는 생태학자들이 있다.
④ Rosenzweig 교수는 alien species가 생태 다양성을 저해한다는 견해를 반박한다.
⑤ 다른 species의 멸종을 초래하기 시작하면 그 현상은 멈추지 않는다.

[18~23] 다음 글의 빈칸에 들어갈 말로 가장 적절한 것을 고르시오.

18

Judges read statutes and the Constitution for help in devising or refining a rule of conduct that may have a significant impact on the welfare of the community. The community is not always willing to allow its choices to be controlled by what people who lived two centuries ago wrote into the Constitution. The procedure for amending the Constitution is, however, so cumbersome that the judges are under great pressure to use the interpretive process to keep the original document _____.

① obsolete ② translated
③ concise ④ flexible
⑤ judgmental

19

I go to the Grand Canyon, for instance. I take great pleasure in the views, and I write to you, my good friend, a postcard with the simple message "Wish you were here." What do I mean by this familiar saying? I mean that my pleasure in seeing the Grand Canyon would be greater if I could share it with you. I sense that, as good as it is to be at the Grand Canyon even by myself, it would be that much better if I could share the experience with you. In other words, my postcard is saying that friends share a common good in the special sense that our pleasure in seeing the Grand Canyon together _____ my pleasure and your pleasure in seeing the canyon on separate days.

① can be divided into

② is more than the sum of

③ equals the combined amount of

④ can last in memory longer than

⑤ does not have to take into consideration

20

The coyote is a long, slim, sick and sorry-looking skeleton, with a gray wolf-skin stretched over it, a tolerably bushy tail that forever sags down, a furtive and evil eye, and a long, sharp face, with slightly lifted lip and exposed teeth. He has a general slinking expression all over.

The coyote is a living, breathing _____. He is always hungry. He is always poor, out of luck, and friendless. The meanest creatures despise him, and even the fleas would desert him in a blink of an eye. [3점]

① epitome of wrath

② analogy of sadism

③ allegory of want

④ symbol of efficiency

⑤ metaphor of dominance

21

When I was young I was very impressed by how food producers could fill jars with whole walnuts. Somehow they could crack the shells while leaving the nuts intact. Most of the times I tried it, I ended up with mixed pieces of shell and nut, managing to get the nut out whole only once every ten times or so. Later, however, I learned that although the manufacturers had a better success rate than I did, they often ended up with mixed shell and nut pieces, too. But I also learned that they did something else: they _____.
On those occasions when they were successful, they'd take the whole nuts and stick them in a jar labeled "Whole Walnuts." And on the other occasions, they'd separate the nut

pieces from the shell and stick them in a jar labeled "Walnut Pieces."

① selected their results
② bred special kinds of nuts
③ used brand new equipment
④ mixed up their nuts for sale
⑤ learned the lesson the hard way

22

In Hobbes's special vocabulary, "natural rights" are what we have already in the state of nature: a right to do anything that protects our vital motions. Hobbes derives the first law of nature from the fear of death in the state of nature. He derives the second law from the first: I should be willing to surrender my natural right to wage war against you, to the extent that you are reciprocally willing to surrender your natural right to wage war against me. _____. Each individually seeks "some Good to himself" in agreeing to surrender the rights of war, and this Good is "nothing else but the security of a man's person." [3점]

① This mutual disarming is in each person's self-interest
② This shared indifference promotes the peace of the society
③ This reciprocal surrender of rights means fostering animosity
④ This social compromise is conducive to reinforcing the law of nature
⑤ This restraint of waging wars does do good to the weaker of the parties

23

Social learning in the form of stimulus or local enhancement plays an indispensable role in human development, as it does in the cognitive development of many social species. In some cases, however, human beings learn from one another in a qualitatively different way. Human beings sometimes engage in what we call cultural learning. In cultural learning, learners do not just direct their attention to the location of another individual's activity; rather, _____. It is learning in which the learner is attempting to learn not from another, but through another.

① they rely on their own insight to understand others
② they extensively enhance the overall cultural flexibility
③ they attempt to see a situation the way the other sees it
④ they learn to second-guess the hidden agenda of others
⑤ they empower themselves to engage in autonomous learning

24 빈칸 (A)와 (B)에 들어갈 말로 가장 적절한 것은?

One basic criterion for comparing countries is their levels of economic development. The most common tool that economists use to measure economic development is gross domestic product (GDP). GDP provides a basic benchmark for the average per capita income in a country.   (A) , GDP statistics can be quite misleading. For one thing, people may earn far more in some countries than they do in others, but those raw figures do not take into account the relative costs of living in those countries.   (B) , as exchange rates between national currencies rise or fall, countries can look richer or poorer than they are.

	(A)	(B)
①	In contrast	However
②	In contrast	For example
③	Moreover	Therefore
④	However	Moreover
⑤	However	In contrast

[25~26] 다음 글의 제목으로 가장 적절한 것을 고르시오.

25

When you're carrying extra pounds, the extra expenses add up, starting with health care. In a 2013 Duke study, researchers tracked health care spending by body mass index (BMI) levels. The average annual cost for a person with a low BMI of 19 was $2,541. With a BMI of 25 — considered overweight — it was $2,893. At a BMI of 33, what's deemed obese, the costs topped $3,439. "The risk of illness starts increasing already from the lower end of 'normal weight,'" says lead researcher Truls Ostbye. The add-ons don't end at the doctor's office. A 2010 McKinsey study estimated that obese Americans spend an aggregate of $30 billion extra on clothes. It is also estimated that a 40-year-old obese man will pay twice as much for life insurance.

① Increasing Costs of Health Care

② Lose Weight, Lower Risk of Illness

③ The Price You Pay for Extra Pounds

④ Do Obese People Spend More on Clothes?

⑤ BMI: Not an Accurate Indicator of Weight

26

Climbing the automobile ladder was hard work, and staying on top was even harder. Each year, employing the practice of perceived obsolescence, Chevrolet would roll out an entirely redesigned, and usually larger, model. A car that had been the height of fashion yesterday would look small, embarrassing, and worn-out tomorrow. As you would imagine, all of this provoked a good deal of anxiety from the bottom to the top of American society. Then in 1959, seemingly out of nowhere, simple full-page newspaper ads began to appear with an unadorned image of the Volkswagen Beetle and the headline "Think Small." The ad didn't say much more, except that the car was modest and efficient — it even called the Beetle a "flivver," contemporary slang for a piece of junk. People found the ads shockingly honest and hilarious, allowing them to publicly express an unnamed anxiety that marketers had been instilling in them for years. Will I make it to the top of the ladder? Who Cares? [3점]

① Hard Economic Times: Think Small
② At the Top of the Automobile Ladder
③ New Ad: Step Down From Your Ladders
④ Does Your Car Represent Your Social Status?
⑤ International Automobile Warfare: Size Matters

[27~28] 다음 글의 주제로 가장 적절한 것을 고르시오.

27

The emotional reaction of disgust is often associated with the obdurate refusal of young children to consume certain vegetables. While such disgust may seem absurd to parents determined to supply their children with nutritious foods, scientists interested in hygienic behavior have a rational explanation. This theory contends that people have developed disgust as a protective mechanism against unfamiliar and possibly harmful objects. A recent study shows that disgust not only deters the ingestion of dangerous substances, but also dissuades people from entering potentially contagious situations. For instance, subjects of the study declared crowded railcars to be more disgusting than empty ones and lice more disgusting than wasps.

① the role of disgust in keeping people safe
② the advantages of getting proper nutrition
③ the difference between danger and contagion
④ the importance of avoiding harmful substances
⑤ the necessity of practicing good hygienic behavior

28

Success as a scientist is not simply a function of the quality of the ideas we hold in our heads, or of the data we hold in our hands, but also of the language we use to describe them. We all understand that "publish or perish" is real and dominates our professional lives. But "publish or perish" is about surviving, not succeeding. You don't succeed as a scientist by getting papers published. You succeed as a scientist by getting them cited. Having your work matter, matters. Success is defined not by the number of pages you have in print but by their influence. You succeed when your peers understand your work and use it to motivate their own.

① the enduring belief of 'the more writing, the better'

② the importance of influencing others in scientific writing

③ the necessity for pursuing research in unexplored areas

④ the favorable peer reviews needed for journal acceptance

⑤ the working ethics and strict quality control in publications

29 다음 글의 요지로 가장 적절한 것은?

You don't have to go vegan, pledge allegiance to an exercise cult or become a full-time meditator to get the longevity benefits of healthy habits. The latest science is showing quite the opposite, in fact: that extending healthy life is attainable for many of us with just a few small changes that aren't especially hard to do — and won't make you miserable. Researchers have learned that logging hours at the gym cannot counteract the negative effects of sitting for long periods, for instance — but something as simple as fidgeting can. They've also discovered that cutting down on how much you eat doesn't have to be excruciating — and it can improve your chance for a longer life.

① Living a healthy lifestyle is easier said than done.

② Key changes in your diet can help you live longer.

③ Exercising is important for people with sedentary lifestyles.

④ Physical and mental well-being can be achieved with hard work.

⑤ Achieving longevity is not as difficult as one might imagine.

30 다음 글에 나타난 David의 심경으로 가장 적절한 것은?

When the elevator began its descent, a broad smile began to form on David's face. The spinning and nausea were gone. The pressure on his chest vanished. He was doing it. He was leaving the job and saying farewell to a nightmare. He found the spine to walk away that gloomy morning. He was standing in the empty elevator, watching with a wide grin as the floor numbers went down in bright red digital numbers. The elevator rocked gently as it fell through the center of the building. When it stopped, David got off and darted to the descending escalators. Somebody called out, "Hey, David, where are you going?" David smiled and waved in the general direction of the voice, as if everything was under control. He went outside, and the air that had seemed so wet and dreary earlier now held the promise of a new beginning.

① sad and agitated

② relieved and hopeful

③ bored and indifferent

④ nervous and confused

⑤ empty and abandoned

[31~32] 다음 글에서 전체 흐름과 관계없는 문장을 고르시오.

31 Pasta's ethnic roots have been long debated. ① Many theories have been put forward, some notably far-fetched. ② An enduring myth, based on the writings of the 13th-century explorer Marco Polo, that pasta was brought to Italy from China, rose from a misinterpretation of a famous passage in Polo's *Travels*. ③ In it, Polo mentions a tree from which something like pasta was made. ④ It was probably the sago palm, which produces a starchy food that resembles, but is not pasta. ⑤ This tree, native to Asia, provided undeniable evidence that Pasta originated in China.

32 Another difference in the concept of justice lies in various societies' ideas of what laws are. In the West, people consider "laws" quite different from "customs." There is also a great contrast between "sins" (breaking religious laws) and "crimes" (breaking laws of the government). ① In many non-Western cultures, however, there is little separation of customs, laws, and religious beliefs; in other cultures, these three may be quite separate from one another, but still very much different from those in the West. ② For these reasons, an action may be considered a crime in one country but be socially acceptable in others. ③ For instance, although a thief is viewed as a criminal in much of the world, in a small village where there is considerable communal living and sharing of objects, the word thief may have little meaning. ④ In small villages, everyone, in a sense, becomes a judge; in such societies, social disapproval of people's activities can serve both as powerful punishment for and as strong deterrent to crime. ⑤ Someone who has taken something without asking is simply considered an impolite person. [3점]

33 글의 흐름으로 보아, 주어진 문장이 들어가기에 가장 적절한 곳은? [3점]

> Humans also automatically adjust their behavior to blend with the people around them.

When you interact with other people, you are quite likely to find yourself mimicking them in certain ways. (①) You may, for example, unconsciously match your friends' speech patterns and accents. (②) Social psychologists labeled this type of mimicry the chameleon effect. (③) Chameleons automatically change their color to blend in with their environment. (④) It is speculated that this form of mimicry functions as a type of "social glue." (⑤) By producing identical motor gestures, people make themselves more similar to the other individuals around them.

34 다음 글의 내용을 한 문장으로 나타낼 때, 빈칸 (A)와 (B)에 들어갈 말로 가장 적절한 것은?

> Just thinking that a particular brand's products are especially effective may have a kind of placebo effect, researchers have found. In a series of studies, participants received nearly identical tools for skill tests in golf and math. The only difference: Half of the putters bore Nike labels, while half of the earplug sets given to test takers were said to have been made by 3M. Those who thought they were using a Nike putter indeed needed fewer putts, on average, to sink a ball, and participants who thought they had 3M earplugs during the math test answered more questions correctly. It was also found that those with the lowest initial confidence in their abilities seemed to gain the most from the subtle upgrade.

> Studies showed that, on average, the performance of participants on tests was ___(A)___ when they believed they were using more ___(B)___ brands.

	(A)	(B)
①	enhanced	generic
②	enhanced	athletic
③	enhanced	prominent
④	diminished	popular
⑤	diminished	ordinary

① [A] − [C] − [B] ② [B] − [A] − [C]

③ [B] − [C] − [A] ④ [C] − [A] − [B]

⑤ [C] − [B] − [A]

35 주어진 글 다음에 이어질 글의 순서로 가장 적절한 것은?

From all the meals you've shared with family and friends, you are probably aware that people have very different taste preferences.

[A] The group of individuals who have considerably more than an average number of taste buds are called supertasters. The variations in the density of taste buds on different people's tongues appear to be genetic. Women are much more likely than men to be supertasters.

[B] In fact, the foods mothers eat change the flavor of amniotic fluid, so some food preferences may be shaped in utero. However, people also show remarkable differences in the numbers of taste buds they possess.

[C] Some people love spicy food, for example, whereas others shudder at the thought of a hot pepper. Some preferences are explained by differences in the flavors people experience quite early in life.

*in utero : 자궁 내에

[36~37] 다음 글을 읽고 물음에 답하시오.

So effective was the mass conversion to the new engineering values that even when the depression hit in 1929, Americans continued to defend the technological vision. (A) They chose instead to vent their anger and fear against greedy businessmen who, in their mind, had undermined and thwarted the lofty aims and goals of the nation's new heroes — the engineers. (B) Quite a few Americans agreed with the earlier criticism of economist and social theorist Thorstein Veblen. He contended in 1921 that only by entrusting the nation's economy to the professional engineers — whose noble standards stood above pecuniary and parochial concerns — could the economy be saved and the country transformed into a new Eden. (C) Internal bickering among its leaders led to a splintering of the movement into warring factions. (D) Then too, Hitler's meteoric rise to power and the Third Reich's fanatical obsession with technological efficiency gave many social thinkers second thoughts about the Technocrats' call for a technological dictatorship in the United States. (E) The technological world view suffered an even more critical setback in 1945 when U.S. airplanes dropped atomic bombs on Japanese cities: the entire world was abruptly forced to look at the dark side of the techno-utopian vision. The postwar generation was the first to live with the constant reminder of modern technology's awesome power to destroy as well as create the future.

36 윗글의 흐름으로 보아, 주어진 문장이 들어가기에 가장 적절한 곳은?

But the success of technocracy was to be short-lived.

① (A)   ② (B)

③ (C)   ④ (D)

⑤ (E)

37 윗글의 주제로 가장 적절한 것을 고르시오.

① the technocratic vision and its downfall

② the brief honeymoon for democracy and technology

③ the inevitable arrival of the technological world view

④ the belligerent approach of Technocrats for a better society

⑤ the imbalance between the bright and dark sides of technocracy

[38~39] 다음 글을 읽고 물음에 답하시오.

Even before there is a nation or other organized community to take over from the victims of aggression and their families the responsibility for catching and punishing aggressors, customs evolve that alleviate some of the problems of revenge practices. Among these is the principle of retribution, that is, exact retaliation for a wrong — an eye for an eye. Rather than being bloodthirsty, which is the modern connotation of the word, retribution reduces the likelihood of overreactions (your life for my eye) that are likely to engender feuds. Another __(A)__ principle is "composition" (blood money), whereby the victim or the victim's family is required, or at least encouraged, to accept payment in compensation for an injury, discharging the injurer's liability. A transfer of money or goods is less costly to society as a whole than an act of violence, which besides inflicting a net social loss rather than merely transferring wealth from one person to another may provoke further violence. Another __(B)__ institution is bilateral kinship. Icelanders reckoned kinship through both the father and the mother (many societies reckon it only through the father and some only through the mother). This not only increased the credibility of revenge as a deterrent to aggression by strengthening the family; it made it more likely that a disputant would have kin on both sides of the dispute. The *Iliad* hints at the further possibility that pity and empathy might limit the savagery of revenge.

38 윗글의 빈칸 (A)와 (B)에 공통으로 들어갈 말로 가장 적절한 것은? [3점]

① modifying　　② penalizing

③ conflicting　　④ moderating

⑤ captivating

39 윗글의 내용과 일치하는 것은?

① 국가가 가해자를 처벌할 책임을 맡기 전 보복은 주로 폭력으로 이루어졌다.

② '눈에는 눈' 원칙은 피해자의 과잉대응 가능성을 줄였다.

③ 피해자에 대한 물질적인 보상은 공동체가 담당했다.

④ 부모는 가족 구성원의 폭력에 대한 책임을 질 필요가 없었다.

⑤ 연민이나 공감은 보복의 가능성을 줄이는 데 도움이 되지 않았다.

[40~42] 다음 글을 읽고 물음에 답하시오.

[A] Many states have laws requiring individuals to wear a helmet while riding a motorcycle. These laws are frequently challenged, on the grounds that their sole purpose is to protect cyclists from injuring themselves.

[B] In college I had a motorcycle-riding friend who steadfastly refused to wear a helmet. He had been ridiculed so often by the rest of us for his foolishness that (a) he developed a rather eloquent defense that went something like this: "Look, I'm tired of this bourgeois life; I'm out for a little adventure, that's why I ride a bike in the first place. I want it to be dangerous; the thrill is the risk. And the more I risk, the bigger the thrill."

[C] It would seem from the episode that the helmet–free motorcyclist is engaged in other–regarding conduct after all. It is not that the public cares much about what happens to the motorcyclist; we care about the costs to the rest of us that flow from daredevil behavior. Not everyone's lifestyle is equal in terms of the burden or tax (b) he places on public resources. My reckless pal seems a particularly extreme example of an egoist asking the public to support his choice, not just leave (c) him alone.

[D] Was my friend's decision to ride without a helmet a decision that affected only himself? Stones or other objects might fly up from the road, causing (d) him to swerve into others. Even were he to injure only himself, that injury might involve head trauma that could have been avoided by wearing a helmet. My friend would then expect not to be left alone but to be ministered to by ambulance drivers, medics, and EMTs. Valuable time and money would be expended to subsidize his thrill seeking. The medics might not get to another victim in time because they were busy working to stuff brain tissue back inside (e) his cracked skull. Hospital space and resources would also be taxed, doctors called upon, and medical and auto insurance rates pushed upward for all of us.

40 윗글의 [A]에 이어질 내용을 순서에 맞게 배열한 것으로 가장 적절한 것은?

① [B] − [C] − [D] ② [B] − [D] − [C]

③ [C] − [B] − [D] ④ [C] − [D] − [B]

⑤ [D] − [C] − [B]

41 윗글의 주제로 가장 적절한 것은?

① the psyche of a helmetless biker

② a recipe for an accident−free society

③ lifestyles of risk and non−risk takers

④ personal freedom at the expense of others

⑤ a controversial regulation for traffic violators

42 밑줄 친 (a)~(e) 중에서 지칭하는 대상이 나머지와 다른 것은?

① (a) ② (b)

③ (c) ④ (d)

⑤ (e)

[43~45] 다음 글을 읽고 물음에 답하시오.

I have always had an interest in the art of magic. By the time I was ten, I could make handkerchiefs vanish and shuffle a deck of cards thoroughly without altering their order. In my early teens I joined one of the world's best-known magic societies in London. By my early twenties I had been invited to the U.S. to perform several times at prestigious shows.

My love for the world of fascinating tricks and illusion had started with a chance encounter. When I was eight I was asked to complete a school project on the history of chess. Being a diligent young student, I decided to pay a visit to my local library to find books on the topic. I was directed to the wrong shelf and came across some books on magic. I was curious, and started to read all about the secrets that magicians use to achieve the impossible. I have no idea what might have happened if I had been directed to the correct shelf and found the chess books.

Many people have reported how

chance meetings and unplanned encounters with strangers frequently led to a significant shift in career directions. Each one of us could tell stories of how crucial, unplanned events have had a major career impact and how untold thousands of minor unplanned events have had at least a small impact. Influential unplanned events _____; they are everyday occurrences. Serendipity is not serendipitous. Serendipity is ubiquitous.

Take Joseph Pulitzer as an example. He was born in Hungary. As a young man Pulitzer suffered from both poor health and extremely bad eyesight. When he was seventeen, he came to America for a better life. However, he could not find a job there. Pulitzer spent a great deal of time playing chess in his local library. On one such visit he happened to meet an editor of a local newspaper. This unexpected meeting resulted in Pulitzer being offered a job as a junior reporter. He was quite successful in his newspaper career, and became an editor, and eventually owner of two of the best-known newspapers of his day.

43 윗글의 제목으로 가장 적절할 것은?

① Diligence Always Pays Off

② Chances Are It's a Great Chance

③ Joseph Pulitzer: Untold Anecdotes

④ Prestige and Your Career Choices

⑤ Magical Moments Long Remembered

44 윗글의 빈칸에 들어가기에 가장 적절한 것은?

① are preconceived

② are not welcome

③ are not uncommon

④ can predict the future

⑤ can lose their influence

45 윗글에서 Joseph Pulitzer에 관한 내용과 일치하지 않는 것은?

① Hungary에서 출생했다.

② 시력이 나빠서 고생했다.

③ 열일곱 살 때 미국에 갔다.

④ 프로 chess 기사가 됐다.

⑤ 두 개의 신문사를 소유했다.

제3교시 수학영역

[01~20] 각 문항의 답을 하나만 고르시오.

01 다음을 만족시키는 정수 a, b의 순서쌍 (a, b)의 개수는? [3점]

$$\log a = 3 - \log(a+b)$$

① 4   ② 8

③ 12   ④ 16

⑤ 32

02 좌표평면에 세 점 $O(0, 0)$, $A(1, 0)$, $B(0, 1)$와 선분 AB 위의 점 P에 대하여 삼각형 OAP의 무게중심을 G라 하자.

$\triangle OAG = \dfrac{1}{4}\triangle OAB$일 때, 점 P의 x좌표는? [3점]

① $\dfrac{1}{2}$ ② $\dfrac{1}{3}$

③ $\dfrac{1}{4}$ ④ $\dfrac{1}{6}$

⑤ $\dfrac{1}{12}$

03 한 개의 주사위를 72번 던질 때, 3의 배수의 눈이 30번 이상 36번 이하로 나올 확률을 아래 표준정규분포표를 이용하여 구한 것은? [3점]

z	$P(0 \le Z \le z)$
1.0	0.3413
1.5	0.4332
2.0	0.4772
2.5	0.4938
3.0	0.4987

① 0.0215   ② 0.0655

③ 0.1359   ④ 0.1525

⑤ 0.1574

04 한 개의 주사위를 두 번 던져 나오는 눈의 수를 차례로 a, b라 하고 복소수 z를 $z = a + 2bi$라 할 때, $z + \dfrac{z}{i}$가 실수일 확률은? [3점]

① $\dfrac{1}{6}$ ② $\dfrac{1}{9}$

③ $\dfrac{1}{12}$ ④ $\dfrac{1}{15}$

⑤ $\dfrac{1}{18}$

06 함수

$$f(x) = \begin{cases} \dfrac{x^2 - a}{\sqrt{x^2 + b} - \sqrt{c^2 + b}} & (x \neq c) \\ 4c & (x = c) \end{cases}$$

가 $x = c$에서 연속이 되도록 하는 실수 a, b, c에 대하여, $a + b + c$의 최솟값은? [4점]

① 0 ② $-\dfrac{1}{8}$

③ $-\dfrac{1}{4}$ ④ $-\dfrac{1}{2}$

⑤ -1

05 양수 k에 대하여

$A = \{(x, y) \mid x \geq 0, y \geq kx, x + y \leq k\}$
$B = \{(x, y) \mid x^2 + (y - k)^2 \leq k^2\}$

이라 하자. $A \cup B = B$를 만족시키는 k의 최솟값은? [4점]

① $2 - \sqrt{3}$ ② $\sqrt{2} - 1$

③ $\sqrt{3} - 1$ ④ $1 + \sqrt{2}$

⑤ $1 + \sqrt{3}$

07 집합 $A = \{1, 2, 3\}$, $B = \{1, 2, 3, 4\}$, $C = \{a, b, c\}$에 대하여 두 함수 $f : A \to B$, $g : B \to C$의 합성합수 $g \circ f : A \to C$가 역함수를 갖도록 하는 순서쌍 (f, g)의 개수는? [4점]

① 108 ② 144

③ 216 ④ 432

⑤ 864

08 1부터 1000까지의 자연수가 하나씩 적힌 카드 1000장 중에서 한 장을 뽑을 때, 적힌 수가 다음 세 조건을 만족하는 경우의 수는? [4점]

> (가) 적힌 수는 홀수이다.
> (나) 각 자리의 수의 합은 3의 배수가 아니다.
> (다) 적힌 수는 5의 배수가 아니다.

① 256   ② 266

③ 276   ④ 286

⑤ 296

09 아래 그림은 어느 도시의 도로를 선으로 나타낸 것이다. 교차로 P에서는 좌회전을 할 수 없고, 교차로 Q는 공사중이어서 지나갈 수 없다고 한다. A를 출발하여 B에 도달하는 최단 경로의 개수는? [4점]

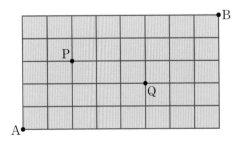

① 818   ② 825

③ 832   ④ 839

⑤ 846

10 좌표평면에서 직선 $y=nx$(n은 자연수)와 원 $x^2+y^2=1$이 만나는 점을 A_n, B_n이라 하자. 원점 O와 A_n의 중점을 P_n이라 하고, $\overline{A_nP_n}=\overline{B_nQ_n}$을 만족시키는 직선 $y=nx$ 위의 점을 Q_n이라 하자. (단, Q_n은 원 외부에 있다.) 점 Q_n의 좌표를 (a_n, b_n)이라 할 때, $\lim\limits_{n\to\infty}|na_n+b_n|$의 값은? [4점]

① 1   ② 2

③ 3   ④ 4

⑤ 5

11 최고차항의 계수가 양수인 이차함수 $f(x)$에 대하여 함수 $g(x)$를

$g(x)=\int_0^x |f(t)-2t|\,dt$로 정의하자. 다음 조건을 만족시키는 이차함수 f 중에서 $f(1)$의 최솟값은? [4점]

> $g'(x)$는 실수 전체의 집합에서 미분가능하다.

① 1   ② 2

③ 3   ④ 4

⑤ 5

12 함수

$$f(x)=x+(x-1)(x-2)(x-3)(x-4)$$

에 대하여 $\{f(x)\}^2-x^2f(x)$를 $f(x)-x$ 로 나눈 나머지를 $r(x)$라 하자. 함수 $y=r(x)$의 극댓값과 극솟값의 합은? [4점]

① $\dfrac{3}{8}$ ② $\dfrac{4}{9}$

③ $\dfrac{5}{12}$ ④ $\dfrac{3}{16}$

⑤ $\dfrac{4}{27}$

13 서로 다른 6개의 물건을 남김없이 서로 다른 3개의 상자에 임으로 분배할 때, 빈 상자가 없도록 분배할 확률은? [4점]

① $\dfrac{2}{3}$ ② $\dfrac{19}{27}$

③ $\dfrac{20}{27}$ ④ $\dfrac{7}{9}$

⑤ $\dfrac{22}{27}$

14 두 곡선 $y=2x^2+6$, $y=-x^2$에 모두 접하고 기울기가 양수인 직선 l이 있다. 직선 l과 곡선 $y=2x^2+6$의 접점을 P, 직선 l과 곡선 $y=-x^2$의 접점을 Q라 할 때, 선분 PQ의 길이는? [4점]

① $2\sqrt{31}$ ② $8\sqrt{2}$

③ 12 ④ $5\sqrt{6}$

⑤ $3\sqrt{17}$

15 방정식 $|x^2-2x-6|=|x-k|+2$가 서로 다른 세 실근을 갖도록 하는 모든 실수 k의 값의 합은? [4점]

① 1 ② 2

③ 3 ④ 4

⑤ 5

16 좌표평면에서 원 $x^2+y^2=1$과 직선 $y=-\dfrac{1}{2}$이 만나는 점을 A, B라 하자. 점 $\mathrm{P}\left(0,\,t\right)\left(t\neq-\dfrac{1}{2}\right)$에 대하여 다음 조건을 만족시키는 점 C의 개수를 $f(t)$라 하자.

> (가) C는 A나 B가 아닌 원 위의 점이다.
> (나) A, B, C를 꼭짓점으로 하는 삼각형의 넓이는 A, B, P를 꼭짓점으로 하는 삼각형의 넓이와 같다.

$f(a)+\lim\limits_{t\to a-}f(t)=5$이고 $\lim\limits_{t\to 0-}f(t)=b$일 때, $a+b$의 값은? [4점]

① 1 ② 2
③ 3 ④ 4
⑤ 5

17 $a_1=\dfrac{9}{8}$이고 자연수 n에 대하여
$$a_{n+1}=\dfrac{9}{8}\left(\dfrac{9}{8}+9\right)\left(\dfrac{9}{8}+9+9^2\right)\cdots$$
$$\left(\dfrac{9}{8}+9+9^2+\cdots+9^n\right)$$이라 하자.

$\displaystyle\sum_{k=1}^{10}\dfrac{\log a_k}{k}=\log A$일 때, A의 값은? [5점]

① $\dfrac{3^{65}}{2^{30}}$ ② $\dfrac{3^{60}}{2^{25}}$

③ $\dfrac{2^{65}}{3^{30}}$ ④ $\dfrac{2^{60}}{3^{25}}$

⑤ $\dfrac{3^{60}}{2^{30}}$

18 실수 $x,\,y$에 대하여
$$\sqrt{4+y^2}+\sqrt{x^2+y^2-4x-4y+8}$$
$$+\sqrt{x^2-10x+29}$$의 최솟값은? [5점]

① $\sqrt{29}$ ② $\sqrt{33}$
③ $\sqrt{37}$ ④ $\sqrt{41}$
⑤ $3\sqrt{5}$

19 함수 $f(x) = x^4 - 6x^3 + 12x^2 - 8x + 1$과 이차함수 $g(x)$는 어떤 실수 α에 대하여 다음 조건을 만족시킨다.

> (가) $f(\alpha) = g(\alpha)$, $f'(\alpha) = g'(\alpha)$
> (나) $f(\alpha+1) = g(\alpha+1)$,
> $f'(\alpha+1) = g'(\alpha+1)$

두 곡선 $y = f(x)$와 $y = g(x)$로 둘러싸인 영역의 넓이를 S_1, 곡선 $y = g(x)$와 x축으로 둘러싸인 영역의 넓이를 S_2라 할 때, $\dfrac{S_2}{S_1}$의 값은? [5점]

① 20   ② 25

③ 30   ④ 35

⑤ 40

20 두 수 a, b가

$$a = \sum_{k=1}^{100} \frac{1}{2k(2k-1)}$$

$$b = \sum_{k=1}^{100} \frac{1}{(100+k)(201-k)}$$

일 때, $\left[\dfrac{a}{b}\right]$의 값은? (단, $[x]$는 x보다 크지 않은 최대의 정수이다.) [5점]

① 150   ② 152

③ 154   ④ 156

⑤ 158

[21~25] 각 문항의 답을 답안지에 기재하시오.

21 $60^a = 5$, $60^b = 6$일 때, $12^{\frac{2a+b}{1-a}}$의 값을 구하시오. [3점]

22 실수 x, y, z가
$x+y+z=5$, $x^2+y^2+z^2=15$, $xyz=-3$
을 만족시킬 때, $x^5+y^5+z^5$의 값을 구하시오. [4점]

23 다음 조건을 만족시키며 6일 동안 친구 A, B, C를 초대하는 방법의 수를 구하시오.

[4점]

> (가) 매일 A, B, C 중 1명을 초대한다.
> (나) 어떤 친구도 3번 넘겨 초대하지 않는다.

24 좌표평면에서 직선 $2x+y=k\,(k>0)$를 따라 거울 l, x축을 따라 거울 m이 놓여 있다. 점 A$(0,\,1)$에서 거울 l을 향해 쏜 빛은 l과 m에 차례로 반사되어 점 A로 되돌아 왔다. 빛이 이동한 거리가 $\sqrt{5}$일 때, $10k$의 값을 구하시오. [4점]

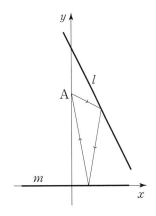

25 정수 d는 다음 조건을 만족시키는 등차수열 $\{a_n\}$의 공차이다.

> (가) $a_1=-2016$
> (나) $\sum\limits_{k=n}^{2n} a_k=0$인 자연수 n이 존재한다.

모든 d의 합을 k라 할 때, k를 1000으로 나눈 나머지를 구하시오. [5점]

MEMO

MEMO

MEMO

MEMO

경찰대학 기출문제 풀이의 지침서

경찰대학
기출백서

국어·영어·수학

책 속의 책
정답 및 해설

7

2017~2023
개념 총정리

시스컴
SISCOM

2024

KOREAN NATIONAL POLICE UNIVERSITY

경찰대학 기출백서

국어·영어·수학

7 개년 총정리

2017~2023

정답 및 해설

2023학년도 기출문제 정답 및 해설

제1교시 국어영역

01 ④	02 ⑤	03 ⑤	04 ①	05 ④	06 ⑤
07 ②	08 ③	09 ②	10 ①	11 ⑤	12 ③
13 ③	14 ②	15 ④	16 ②	17 ④	18 ④
19 ③	20 ⑤	21 ④	22 ①	23 ④	24 ②
25 ⑤	26 ①	27 ③	28 ②	29 ②	30 ③
31 ⑤	32 ①	33 ③	34 ⑤	35 ①	36 ②
37 ③	38 ④	39 ③	40 ③	41 ①	42 ⑤
43 ②	44 ④	45 ①			

[01~05] 독서 – 철학

01 ④ 제시문에 따르면 경험적 적용은 이론의 예외가 되는 반증 사실이 있는지에 대해 검증하는 것이지 이론을 이상적으로 만드는 것은 아니다. 즉, 반증은 과학 이론에 대해 지속적인 비판이 이루어지는 것을 의미한다.

오답풀이

① 3문단에서 모든 이론의 가설이 동일한 정도로 반증 가능성이 있는 것은 아니라고 서술되어 있다.

② 3문단에서 포퍼는 자연의 진화처럼 과학 이론 역시 끊임없는 반증과 오류 제거를 통해 점진적으로 발전한다고 보았다.

③ 3문단에서 좋은 이론은 반증 가능성이 큰 대담한 내용을 내포함에도 쉽게 무너지지 않는 이론으로 파악하고 있다.

⑤ 2문단에서 과학 이론은 항상 오류 가능성을 포함하고 있기 때문에, 논리적으로 모순이 없다고 해도 반드시 경험적 적용을 통해 타당성을 검증해야 한다고 설명하고 있다.

02 ⑤ 4문단에서 포퍼는 현대 사회가 민주주의 사회로 발전했지만 다수결에 의해 폭군과 독재자가 통치하도록 결정될 수 있다는 역설을 배제할 수 없다고 보았다. 여기서 폭군과 독재자가 통치하도록 결정될 수 있는 사회는 주술적 가치를 통해 지배하는 닫힌 사회이다. 그러므로 주술적 가치가 다수결에 따를 때 나타날 수 없는 가치라는 ⑤의 설명은 옳

지 못하다.

오답풀이

① 4문단에서 통치자가 어떤 반박도 허용하지 않는 주술적 가치를 통해 지배한다고 하였으므로, 주술적 가치는 비판과 검증을 허용하지 않는 가치라고 할 수 있다.

② 4문단에서 포퍼가 보기에 닫힌 사회는 주술적이라고 하였고, 닫힌 사회의 독단주의는 소수의 폐쇄된 집단만 사태를 정확히 인식한다고 전제하는 지적 오만을 드러낸다고 하였다. 그러므로 주술적 가치는 열린 사회에서 배척되어야 하는 가치이다.

③ 4문단에서 열린 사회는 범할 수 있는 오류를 인정하는 사회이므로, 사회를 무오류의 상태로 바꾸려는 가치는 열린 사회와 반대되는 닫힌 사회의 주술적 가치라고 볼 수 있다.

④ 6문단에서 역사적 법칙이 미래를 확실히 예측하는 수단인 것 같지만 실제로 이러한 예측은 불가능하며 오히려 그 법칙이 독단이 되어 국민을 억압하게 된다고 설명하고 있다. 또한 마지막 문단에서 미래가 어떨지는 누구도 알 수 없고, 그것을 주장하는 사람은 마법사일 뿐이라고 서술되어 있다. 그러므로 미래가 어떻게 될지 확신하는 것은 닫힌 사회의 주술적 가치이다.

03 ⑤ 제시문에 따르면 포퍼는 사회도 자연의 진화처럼 시행착오와 오류 제거를 통해 변화한다고 보았으며, 독단의 법칙에 의해 뒷받침되는 불변적이고 절대적인 이상 사회인 유토피아가 최종 목적이 아니라고 보았다. 그러므로 ⑤의 '시행착오로 인한 희생이 있어도 이상적 미래를 구현하게 하는 제도'가 ⓒ에서 말하는 사학하거나 무능한 지배자들이 심한 해악을 끼치지 않도록 하는 정치 제도는 아니다.

오답풀이

① 5문단에서 포퍼는 단편적 지식만 아는 다수가 자신이 아는 지식을 자유롭게 교환하면서 국가의 미래를 논의하는 것이 전체주의보다 낫다고 보았다.

② 소수 집단이라 해도 자신의 의견을 자유롭게 개진하는 것은 열린 사회이므로, 그러한 제도는 사악하거나 무능한 지배자들이 심한 해악을 끼치지 않도록 하는 정치 제도에 해당한다.

③ 치열한 토론과 자유로운 의사 결정은 지식의 자유로운 교

환을 통해 국가의 미래를 결정할 수 있으므로, 그러한 제도는 사악하거나 무능한 지배자들이 심한 해악을 끼치지 않도록 하는 정치 제도에 해당한다.

④ 마지막 문단에서 포퍼는 현재 문제를 점진적으로 해결하려는 합리적 과정을 통해 설정된 단기적 목적을 이루는 것이 더 중요하다고 보았다.

04 ① ⓐ의 '싹트다'는 '어떤 생각이나 감정, 현상 따위가 처음 생겨나다'는 뜻이므로, '어떤 일이나 생기려는 기운이 싹틈'을 의미하는 ①의 '태동(胎動)'과 그 의미가 가장 유사하다.

오답풀이

② 준동(蠢動): 벌레 따위가 꿈적거린다는 뜻으로, 불순한 세력이나 보잘것없는 무리가 법석을 부림을 이르는 말이다.

③ 활동(活動): 몸을 움직여서 행동함을 의미한다.

④ 가동(可動): 움직일 수 있음을 의미한다.

⑤ 약동(躍動): 생기 있고 활발하게 움직임을 뜻한다.

05 ④ 칼 포퍼는 '반증주의'를 통해 과학 이론은 항상 오류 가능성을 포함하고 있기 때문에 논리적으로 모순이 없다고 해도 반드시 경험적 적용을 통해 타당성을 검증해야 한다고 보았다. 또한 혁명적 과정에서 나타날 수 있는 정치적 독단은 지적 오만을 드러내고 국민을 억압하게 되므로 문제 해결을 오히려 저해할 수 있다고 설명하고 있다. 그러므로 〈보기〉의 견해에 대해 ④의 설명이 칼 포퍼가 제기할 만한 반론으로 가장 적절하다.

오답풀이

① 과학 이론은 경험적 적용을 통해 타당성을 검증해야 하고, 이론의 예외가 되는 반증 사실이 있을 경우 그 이론은 수정되거나 폐기될 수 있다. 그러므로 과학의 이론적 틀이 하나여서 결코 바뀌지 않는 것은 아니다.

② 〈보기〉의 견해는 생각의 틀 자체를 바꾸는 혁명을 통한 급격한 변화가 과학과 정치의 발전을 가져올 수 있다는 내용이므로, 반증의 많고 적음이 과학 이론의 성공을 결정한다는 반론은 적절하지 못하다.

③ 포퍼는 자연의 진화처럼 과학 이론 역시 끊임없는 반증과 오류 제거를 통해 점진적으로 발전한다고 보았으며, 정치 역시 반증 가능성이 발전의 조건이 된다고 보았다.

⑤ 칼 포퍼의 '반증주의'는 과학 이론 또는 정치를 경험적 적용을 통해 타당성을 검증하는 가설이지, 여러 과학 이론이나 정치적 해결책 중 어느 것을 선택할지 결정하는 역할을 하는 것은 아니다.

[06~10] 현대 시 복합

(가) 이용악, 「전라도 가시내」
- 갈래 : 자유시, 서정시
- 성격 : 서사적, 애상적, 비극적
- 제재 : 전라도 가시내
- 주제 : 일제강점기 유이민들의 비참한 삶
- 특징
  - 전형적인 이야기시의 서술 형식을 취함
  - 토속적인 시어와 사투리를 사용함
  - 전라도 가시내와 함경도 사내의 대화 형식으로 내용을 전개함

(나) 김동명, 「파초」
- 갈래 : 자유시, 서정시, 참여시
- 성격 : 상징적, 우의적, 의지적
- 제재 : 식민지의 극한 상황
- 주제 : 잃어버린 조국에 대한 항수와 극복 의지
- 특징
  - 자아와 세계와의 대결 구조
  - 자연물에 감정을 이입하여 화자의 정서를 표출함
  - 대상에 대한 호칭 변화(파초-너-우리)를 통해 정서적 거리감을 좁힘

06 ⑤ (가)에서는 두만강을 건너 북간도로 온 과거 상황을 상상하여 시적 대상인 '가시내'의 슬픈 처지를 이해하고 있으며, (나)에서는 파초에 감정을 이입하여 조국을 떠나온 '파초의 꿈'을 통해 조국을 잃어버린 화자의 처지를 간접적으로 드러내고 있다. 그러므로 (가)와 (나)의 공통점은 '대상의 과거 상황을 상상하여 대상의 현재 처지를 이해한다.'는 ⑤의 설명이 가장 적절하다.

오답풀이

① (나)는 3연의 '소낙비를 그리는 너는 정열(情熱)의 여인(女人)'에서 의인법을 사용하여 '너', 즉 '정열의 여인'을 통해 동적인 이미지를 구현하고 있으나, (가)에서는 의인법이 사용되고 있지 않다.

② (가)와 (나) 모두 독백적 어조로 자신의 상황을 반성적으로 성찰한 부분은 보이지 않는다.

③ (가)에서는 단풍이 물들던 가을에 두만강을 건너 겨울인 지금 북간도 술막에서 일하고 있는 '가시내'의 서사적 맥락이 형성되어 있으나, (나)에서는 서사적 맥락이 보이지 않는다.

④ (가)와 (나) 모두 반어의 수사적 표현이 사용되지 않았다.

07 ② (가)에서는 시적 화자인 '함경도 사내'가 북간도 술막에서 일하고 있는 시적 대상인 '전라도 가시내'의 슬픔에 공감과 위로를 보내고 있으며, (나)에서는 시적 화자가 시적 대상인 파초에 감정을 이입하여 조국을 잃어버린 자신의 처지에 공감하고 있다. 그러므로 (가), (나)의 화자가 시적 대상에 대해 가지고 있는 태도는 '공감적' 태도이다.

08 ③ (가)의 5연에서 '잠깐 너의 나라로 돌아가거라'라고 말한 것은 시적 화자인 '함경도 사내'가 '가시내'를 위로하기 위한 말이며, 실제로 '가시내'가 언제 떠날 수 있을 지는 기약이 없다. 오히려 봄이 되면 노래도 없이 자욱도 없이 사라지는 것은 시적 화자인 '함경도 사내'이다. 그러므로 '봄이 오면 술막을 떠날 예정이다.'라는 ③의 설명은 옳지 못하다.

오답풀이

① 북간도 술막에서 만난 함경도 사내와의 대화를 통해 '가시내'가 고향을 그리워하고 있음을 알 수 있다.

② 3연에서 석 달 전 단풍이 물들 때 두만강을 건너왔다고 하였으므로, '가시내'가 가을 무렵 두만강을 건너왔고 석 달 이후인 지금은 겨울임을 알 수 있다.

④ 5연의 '때로 싸늘한 웃음이 소리 없이 새기는 보조개'에서 술집 작부로 전락한 자신의 처지에 대한 냉소적 태도를 엿볼 수 있다.

⑤ 전라도 사람인 '가시내'가 먼 길을 떠나 현재의 장소인 북간도까지 오게 된 서사적 과정이 묘사되어 있다.

09 ② '불타는'은 파초의 고향인 남국의 특성이자 잃어버린 조국을 그리워하는 시적 화자의 열정적 마음의 표현이며, '밤'과 '겨울'은 일제 치하의 어두운 현실로 서로 대립적 관계에 있다고 볼 수는 없다. 또한 시적 대상인 '너'는 시적 화자인 '나'가 동반자적 애정과 일체감을 보이는 감정 이입의 대상이지 '밤'과 '겨울' 즉, 일제 치하의 어두운 현실에 저항하는 능동적인 존재는 아니다.

오답풀이

① '불타는'과 '정열(情熱)'은 모두 파초의 고향인 남국의 특성으로, 파초가 뜨거운 고향인 남국을 그리워하듯 시적 화자 또한 감정 이입을 통해 잃어버린 조국을 열렬히 그리워하고 있음을 나타낸다.

③ 조국에 대한 그리움에 불타 갈증을 느끼는 것에 대해, '샘물'이 그리움이라는 갈증을 해소시켜주는 수단으로 사용되었다.

④ 조국에 대한 불타는 향수를 치유할 '소낙비'는 그리움의 대상이지만, '소낙비'가 내리지 않아 발등에 '샘물'을 길어 부음으로써 이를 대신하는 것이다.

⑤ '불'과 '정열(情熱)'의 타오르는 모습은 상승적 이미지를 연

상시키며, 시적 화자인 '나'는 감정 이입의 대상인 파초 즉, '너'를 긍정적 가치를 지닌 존재로 파악한다.

10 ① ㉠의 '헤매이자'는 '가시내'의 어두운 옛 이야기를 듣는 나의 모습을 나타낸 것으로 행위 주체는 화자이지만, ㉡의 '가리우자'는 일제 치하의 암울한 현실을 파초와 함께 이겨내자며 청자에게 청유하고 있는 것으로 행위 주체는 청자이다.

오답풀이

② ㉠의 '헤매이자'는 '가시내'의 어두운 옛 이야기에 빠져드는 화자의 모습에서, ㉡의 '가리우자'는 어두운 현실을 함께 극복하자는 청유에서 화자와 청자의 심리적 거리가 가까워지고 있다.

③ ㉡의 '가리우자'는 암울한 현실을 이겨내자고 청자에게 행위의 동참을 요구하고 있지만, ㉠은 그렇지 않다.

④ ㉠의 '헤매이자'는 '함경도 사내'가 '가시내'의 어두운 옛 이야기에 빠져드는 모습으로, 불확실한 미래에 대한 걱정을 바탕으로 한 것은 아니다. ㉡의 '가리우자'도 현실 극복에 대한 의지를 나타낸 것으로 불확실한 미래를 걱정하고 있지는 않다.

⑤ ㉡의 '가리우자'는 암울한 현실을 극복하면 현실의 고난에서 벗어날 수 있다는 믿음이 담겨 있지만, ㉠에서는 그런 모습을 볼 수 없다.

[11~15] 현대 소설

- 갈래 : 현대 소설, 중편 소설, 사실주의 소설
- 성격 : 사실적, 비판적, 자조적
- 시점 : 1인칭 주인공 시점
- 배경
  - 시간 : 3·1 만세 운동 전
  - 공간 : 일본에서 조선으로 돌아오는 여정
- 주제 : 지식인의 눈으로 바라본 일제 강점기의 암울한 조선의 현실
- 특징
  - 일본에서 조선(부산–김천–서울)으로 돌아오는 여정을 중심으로 전개되는 여로형 소설임
  - 상세한 묘사와 함께 세태를 사실적으로 묘사함

11 ⑤ 이 글은 1인칭 주인공 시점으로 등장인물인 서술자, 즉 작품 속의 주인공인 '나'가 다른 인물들을 관찰하며 그들의 삶과 내면 심리를 논평하고 있다.

① 위 작품은 인과 관계가 약한 사건들을 병치하여 우연성을 강조하기 보다는 생기를 잃고 무기력하게 살아가는 조선인의 비참한 삶을 있는 그대로 보여주고 있는 사실주의 소설이다.

② 이야기 속 이야기는 외부 이야기가 내부 이야기를 액자처럼 포함하고 있는 소설 기법인데, 위의 작품에서는 이야기 속 이야기가 아니라 대화와 관찰을 통해 인물의 과거를 소개하고 있다.

③ 위 작품은 '무덤'이라는 상징적 소재를 통해 일제 강점기 조선의 식민지 상황을 냉담하게 비판하고 있으나, 중심 갈등이 해소되는 과정은 서술되어 있지 않다.

④ 인물의 내적 독백을 통해 인물들의 긍정적인 면모가 아니라 일제 강점기 조선인들의 암울한 삶에 대한 부정적인 면모를 부각하고 있다.

12 ③ (가)에서 '무덤'은 일제 강점기 식민지 조선의 참담한 모습을 상징하고, '구더기'는 그런 암울한 현실에서 비참하게 살아가는 조선 민중의 모습을 상징한다. 서술자이자 주인공인 '나'가 "이게 산다는 꼴인가? 모두 뒈져 버려라"고 말한 혼잣말 속에서 한심하게 살아가는 조선 민중에 대한 안타까움과 분노의 태도를 엿볼 수 있다.

① 실의에 빠진 대상을 포용하는 것이 아니라 절망적인 상황을 냉소적인 시선으로 비판하는 태도를 보이고 있다.

② 일방적으로 저주하는 태도가 아니라 조선인의 무기력한 삶의 모습에 안타까움과 분노의 태도를 보이고 있다.

④ 일본인들에게 굴종적인 모습을 보이는 조선인들을 마음의 소리로 표현한 것이지, 큰 소리로 말하고 싶은데 대상이 잘 받아들이지 않을 것을 염려하여 혼잣말로 외친 것은 아니다.

⑤ 무기력한 대상을 구원하려던 시도는 보이지 않으며, 극복 방안 없이 냉소적인 시선으로 비판만 하는 지식인의 한계를 드러내고 있다.

13 ③ "예서 아주 자라났답니다. 제 어머니가 조선 사람인데요." 라는 변론하는 듯한 말과 "그렇지!" 하며 얼굴을 들이대는 동료에 대해 '화롯불 가져온 아이'는 싫은 내색을 하거나 언짢아하는 모습을 보이지 않았다.

① "예서 아주 자라났답니다. 제 어머니가 조선 사람인데요." 라고 말하는 동무 계집애의 말을 통해 '화롯불 가져온 아이'는 조선에서 태어나고 자랐음을 알 수 있다.

② 조선애가 아닌가도 싶다고 추측하는 '나'의 시선에 "예서 아주 자라났답니다. 제 어머니가 조선 사람인데요."라고

'화롯불 가져온 아이'를 변론하는 듯한 동무 계집애의 말로 보아 '화롯불 가져온 아이'가 자신이 혼혈인 것이 드러나는 것을 꺼린다는 사실을 알 수 있다.

④ 어머니가 대구에 있으며, 대구에 가는 인편을 통해 알아보고 싶다는 말을 통해 어머니와 헤어진 상태임을 알 수 있다.

⑤ "천생 언문으로 편지를 쓸 줄 알아야죠."라는 말을 통해 '화롯불 가져온 아이'가 한글로 편지를 쓸 줄 모른다는 사실을 알 수 있다.

14 ② ⓒ은 조선 사람들에 대한 비판적 내용 중 '소댕 뚜껑이 무거워야 밥이 잘 무른다'는 지식을 예로 들어 조선 사람의 무식함을 외국 사람에게 직접 눈으로 확인시켜 주었다는 비아냥거림을 담고 있다. 그러므로 외국 사람에게 조선인들이 실제 물건들을 사용하여 교육하는 것을 의미하는 것은 아니다.

① ㉠ 다음의 문장에서 조선 사람은 외국인에게 대해서 아무 것도 보여 준 것이 없다며 조선 사람들에 대한 비판적 내용을 열거한 것으로 보아, ㉠의 '이러한 사실'은 문맥상 조선인들이 일본인에게 천대를 받는 것은 조선인들에게 원인이 있다는 사실을 의미한다.

③ 딸자식으로 태어났으면서도 조선 사람인 어머니보다는 일본 사람인 아버지를 찾아가겠다는 것은 부모에 대한 자식의 정리를 지나서 타산이 앞을 서기 때문이라는 것으로 보아, ⓒ의 '어떠한 이해관계'는 일본인 아버지에게 기대어 사는 것이 더 이롭다는 계산을 의미한다.

④ ⓔ은 딸아이가 아버지와 헤어진 조선인 어머니가 아니라 어떠한 이해관계 때문에 일본인 아버지를 찾아간다는 것은 그 어머니가 남편과 딸에게 모두 버림받았기 때문에 더 가엾다고 생각된다는 의미이다.

⑤ ⓜ의 '우중충한 남폿불'은 찻간 사람들의 머리 위를 밝히는 등불이 아니라 무덤 같은 찻간의 분위기를 더욱 무겁게 만드는 흐리고 침침한 램프 불빛을 의미한다.

15 ④ 작품 속 '무덤'은 일제 강점기 식민지 조선의 참담한 모습을 상징하고, '구더기'는 그런 암울한 현실에서 비참하게 살아가는 조선 민중의 모습을 상징한다. 그러므로 당시 조선인들을 무덤 속 구더기로 보는 '나'의 관점에서는 희망도 미래도 없는 무기력한 조선에서 민족의 자주성을 드높이는 만세 운동이 일어난 것은 이해할 수 없는 사건이다.

① 작품 속 주인공인 '나'는 무덤 같은 일제 치하의 환경 속에서 구더기처럼 비굴하게 살고 있는 당시 조선인들의 삶을 비난하고 있지만, 그들이 자주적으로 선택한 삶이라고 보

고 있지는 않다.

② 작품의 서술자인 '나'는 일제 치하에서 구더기처럼 굴종하며 살아가는 조선인들을 비난하고 있다. 그러므로 일본에 기대어야 한다는 생각을 벗어나지 못한 것은 아니다.

③ 작품 속 일본 유학생인 '나'는 구습에 젖은 당시 조선인들의 삶에서 희망을 찾거나 극복 방안을 제시함이 없이 비난만 하는 지식인의 한계를 드러내고 있다. 그러므로 '나'가 희망을 발견하려는 자신이 우월하다는 생각은 찾을 수 없다.

⑤ 작품 속 주인공인 '나'는 시대에 뒤떨어진 조선 민중의 삶에 안타까움과 분노의 태도를 보이며 자조하고 있지, '나'가 일본인들의 잘못을 비난하는 모습은 보이지 않는다.

[16~19] 독서 - 과학

16 ② 1문단에서 유전자 치료 중 현재 가장 발전한 것이 3세대 유전자 가위인 크리스퍼 시스템이라고 정의한 후, '일정한 스페이서를 둔 서열의 발견', '크리스퍼 시스템과 적응 면역의 관련 가능성', '인간의 유전자에 크리스퍼 시스템의 적용' 등 그와 관련된 사항들을 구체적으로 설명하고 있다. 그러므로 "대상을 정의한 후, 그와 관련된 사항들을 구체적으로 설명하고 있다"는 ②의 내용이 제시문의 서술 방식으로 가장 적절하다.

17 ④ ⓒ 박테리아 유전체에서 일정한 스페이서를 둔 서열이 발견된 것은 1987년이다.

ⓐ 세균의 유전자에 존재하는 특정한 반복 염기서열을 크리스퍼로 명명한 것은 2002년이다.

ⓑ 크리스퍼 시스템과 적응 면역의 관련 가능성을 실험적으로 증명한 것은 2007년이다.

ⓓ 인간의 유전자에 크리스퍼 시스템을 사용할 수 있음을 확인한 것은 이듬해인 2008년이다.

18 ④ 제시문에 따르면 근본적인 원인이 되는 비정상 유전자를 고치는 것을 유전자 치료라고 하는데, 이것은 질병의 원인이 되는 표적 염기서열을 절단하는 것이다. 그래서 1세대의 징크핑거 뉴클레아제, 2세대의 탈렌에 이어 크리스퍼 시스템을 3세대 유전자 '가위'라고 한다. 그러므로 ④의 '가이드 RNA와 카스에 의한 표적 염기서열 절단'이 크리스퍼 시스템의 핵심적인 작동 기제라고 볼 수 있다.

19 ③ 5문단의 말미에 크리스퍼 시스템이 아직까지는 기술적 정확성 면에서 한계가 있고 유전자 변이를 완벽히 통제하지 못하고 있다는 제약을 가지고 있으므로, 우생학적 편견 같은 잘못된 가치관을 만났을 때 잘못 이용되지 않도록 유전

자 편집의 경계 기준을 기술적인 차원에서뿐 아니라 생명 윤리 차원에서도 다루어질 필요가 있다고 당부하고 있다. 이것은 크리스퍼 시스템이 ③에서처럼 생명 윤리 차원에서 우생학적 편견을 안고 있는 방법이라고 단정하고 있는 것은 아니다.

오답풀이

① 2문단에서 크리스퍼 시스템은 기술적으로 비교적 다루기 쉽고 비용이 적게 든다는 장점이 있어 〈사이언스〉에서 가장 혁신적인 기술로 선정되었다고 서술되어 있다.

② 4문단의 마지막 문장에 인간을 포함한 고등생물에서도 이 크리스퍼 시스템이 사용될 수 있다는 것이 증명되었다고 서술되어 있다.

④ 5문단의 첫 번째 문장에 크리스퍼 시스템은 생명과학 분야에서 유전자 교정을 통해 동식물의 생산량과 안정성을 조절하는 데 기여할 수 있다고 서술되어 있다.

⑤ 1문단의 마지막 문장에 3세대 유전자 가위인 크리스퍼 시스템이 현재까지는 기술적으로 가장 발전한 유전자 치료 방법이라고 서술되어 있다.

[20~23] 독서 - 경제

20 ⑤ 5문단에서 여느 고객이 누리는 혜택에 더하여 배타적이고 고객 특화적인 추가 혜택이 주어지며 무료 혜택이 함께 부여되는 소비자는 구독료가 비싸더라도 구독 서비스에 충성한다고 하였다. 그러므로 구독 서비스가 충성도 높은 소비자를 유지하기 위해 반드시 값싼 구독료를 유지하는 일반적인 전략을 선택하는 것은 아니다.

오답풀이

① 1문단에서 구독은 '정기적으로 내는 기부금, 가입, 모금, (서비스) 사용'으로 정의되며, 3문단에서 구독은 소비자가 비용을 지불한 이후에도 계약 기간 동안 그 관계가 지속된다고 하였다. 그러므로 구독 서비스는 비용을 지불한 서비스의 계약 기간을 조건으로 한다고 볼 수 있다.

② 3문단에 따르면 기존의 판매는 판매자가 상품을 소비자에게 건네주고 소비자가 그에 맞는 비용을 지불함으로써 그 관계가 일단 완성되는 반면, 구독은 소비자가 비용을 지불한 이후에도 계약 기간 동안 그 관계가 지속된다고 설명하고 있다.

③ 4문단에 모바일 기술이나 콜드 체인 기술 같은 발전된 기술로 인해 판매자와 소비자가 직접 연결될 수 있게 되었고, 소비자의 요구에 따라 특화되거나 개별화된 상품을 신속하게 제공하는 것이 가능하게 되었다고 서술되어 있다.

④ 4문단에 기술적 발전 외에도 가치 소비 세대로서 밀레니얼

세대가 새로운 소비 주체로 등장하게 된 것도 구독 경제의 규모를 키우는 주요한 요인이 되었다고 서술되어 있다

21 ④ 4문단에서 전통적인 유통 채널은 일방향성이라는 소통적 특성과 시간적 지연이 있는 반면에, 구독 서비스는 모바일 기술이나 콜드 체인 기술 같은 발전된 기술로 인해 판매자와 소비자가 직접 연결될 수 있게 되었고, 기업이나 판매자가 소비자와 쌍방향적으로 직접 소통하며 소비자의 요구에 따라 특화되거나 개별화된 상품을 신속하게 제공하는 것이 가능하게 되었다고 서술되어 있다. 그러므로 ④의 '유통 채널의 직접성과 쌍방향성'이 판매와 비교하여 구독 서비스가 갖는 특징으로 가장 적절하다.

오답풀이

① 소비자는 소유에 의한 독점적 이용도 가능하므로, '상품의 독점적 사용'이 구독 서비스만의 특징은 아니다.

② 기업이 소비자의 수요를 고려하여 싸고 질좋은 제품을 판매하는 것은 기본이므로, '상품의 저렴한 가격'이 구독 서비스만의 특징은 아니다.

③ '상품의 높은 품질과 명성'은 충성 고객을 유도하기 위해 전통적인 판매자와 구독 서비스 모두 필요로 하는 특징이다.

⑤ 기업이 소비자의 수요를 고려하여 싸고 질좋은 제품을 판매하는 것은 전통적인 판매의 특징이다.

22 ① 4문단에서 전통적인 유통 채널은 일방향성이라는 소통적 특성과 시간적 지연으로 인해 소비자의 욕구와 불만을 후속 판매에 반영하는 데 제약이 있다고 설명하면서, 소유를 전제로 한 이러한 경제 모델은 미래에도 존재할 것이라고 단서를 달고 있다. 그러므로 미래에는 소유를 목적으로 한 소비는 사라질 것이라는 ①의 설명은 윗글의 맥락과 일치하지 않는다.

오답풀이

② 4문단에서 기술적 발전, 1인 세대의 증가, 새로운 소비 주체로 밀레니얼 세대의 등장 등이 구독 경제의 규모를 키우는 주요한 요인이라고 설명하고 있다. 그러므로 구독 경제가 오늘날 경제에서 규모를 키워가고 있음을 알 수 있다.

③ 4문단에서 기술적 발전 외에 1인 세대가 증가한 것 그리고 가치 소비 세대로서 밀레니얼 세대가 새로운 소비 주체로 등장하게 된 것도 구독 경제의 규모를 키우는 주요한 요인이 되었다고 서술되어 있다. 그러므로 구독 서비스의 활성화는 세대 구성의 변화와 밀접한 관련이 있다고 볼 수 있다.

④ 4문단에서 구독 서비스의 등장을 통해 기업이나 판매자가 소비자와 쌍방향적으로 직접 소통하며 소비자의 요구에 따라 특화되거나 개별화된 상품을 신속하게 제공하는 것이 가능하게 되었다고 설명하고 있다. 그러므로 구독 서비스

에서는 소비자가 상품 생산에 직접적인 영향을 끼치기도 한다는 설명은 타당하다.

⑤ 5문단에서 소비자의 반복된 구독에 의해 생산되는 구독 정보를 구독 서비스의 비용 절감을 위한 평가 및 예측 정보로 활용할 수 있고 나아가 상품이나 서비스와 직접 관련이 없는 소비자 정보까지도 빅데이터로 활용하여 새로운 사업 진출에 중요한 판단 근거로 활용할 수 있다고 하였다. 그러므로 소비자의 구독 정보는 해당 구독 서비스 외의 목적을 위해서도 활용될 수 있다.

23 ④ 〈보기〉의 사례는 꽃 구독 서비스이다. 〈보기〉의 마지막 문장에서 꽃 구독 서비스는 자주 꽃을 사서 직접 장식하기에는 시간과 노력의 부담이 있지만 집을 아름답고 생기 있게 꾸미고자 하는 젊은 가치 소비 세대에게 특히 호응을 얻고 있다고 설명하고 있다. 그러므로 새로운 소비 주체로써 가치 소비 세대인 밀레니얼 세대의 등장을 언급한 4문단 다음(ⓔ)에 들어가는 것이 가장 적절하다.

[24~27] 독서 – 사회

24 ② 제시문에는 집단 내 가스라이팅 방식과 그 극복 방안 등에 대해 설명하고 있으나, 개인적 차원의 가스라이팅이 발생하는 원인이나 발생 방식 등에 대한 설명은 제시되어 있지 않다.

오답풀이

① 1문단에 '가스라이팅'이란 용어는 1944년 조지 쿠커가 감독한 영화 〈가스등(Gaslight)〉에서 유래했다고 제시되어 있다.

③ 2문단에 집단 내 가스라이팅은 특히 억압적 질서와 과잉된 친밀함을 제도화하고 있는 집단에서 강한 권력관계에 의한 불평등한 위계질서를 바탕으로 나타난다고 서술되어 있다. 그러므로 가스라이팅이 일어나는 집단은 억압적 질서와 과잉된 친밀함을 제도화하고 있다는 특징을 보인다.

④ 4문단에서 집단 내 가스라이팅은 상급자에 의해 저질러지는 위계에 의한 성폭력 즉 권력형 성범죄를 포함하여 조직 내 괴롭힘의 형태인 폭력, 갑질, 업무 과중, 따돌림 등의 다양한 방식으로 이루어진다고 서술되어 있다.

⑤ 5문단에 가스라이팅을 당하지 않거나 거기서 벗어나기 위해서 집단의 구성원은 자신의 목소리를 낼 수 있어야 할 뿐 아니라 그 목소리를 키우기 위해 같은 처지의 구성원들과 연대해야 한다고 그 극복 방법을 제시하고 있다.

25 ⑤ 제시문에 따르면 가스라이팅은 지속적인 심리 조작으로 피해자가 자기 불신과 가해자에 대한 자발적 순종 또는 의존을 하게 만드는 심리적 억압 기제를 갖는다고 하였다. 그러

므로 심판의 날이 다가왔다며 종말에 대한 지속적인 심리 조작으로, 신도들 스스로 지옥에 떨어질 수 있다는 불신을 조장하고, 모든 재산을 헌납하고 종교활동에만 몰두하도록 지속적으로 세뇌하는 가해자인 신흥 종교의 교주에게 자발적으로 순종 또는 의존하게 만드는 것은 가스라이팅에 대한 가장 적절한 사례로 볼 수 있다.

오답풀이

① "내가 없어서 그래."라는 말은 친구의 자기 확신이며, 가스라이팅의 요소인 피해자의 자기 불신에 대한 태도가 아니므로 가스라이팅의 적절한 사례로 볼 수 없다.

② 사회의 급격한 인구 감소는 사회 현상에 해당하고, 토론자의 주장은 심리적 억압 기제가 아니므로 가스라이팅의 적절한 사례로 볼 수 없다.

③ 목숨을 바쳐 조국을 지키는 것은 가스라이팅의 요소인 심리적 억압 기제나 불신의 대상이 아니며, 보편적 가치를 지닌 숭고한 정신이다.

④ 학생들에게 명문대에 합격해 줄 것을 부탁하는 교장의 훈시는 당부이자 격려이지, 가스라이팅의 요소인 심리적 억압 기제가 아니다.

26 ① 5문단에서 가스라이터는 자기 주관이 약하고 의존적인 심리를 갖는 사람을 표적으로 삼는다고 하였으므로, 자기 주관이 강한 사람이 주로 가스라이팅의 표적이 된다는 ①의 설명은 옳지 못하다.

오답풀이

② 3문단에서 심지어 가스라이팅을 자신의 무지와 무능 때문에 받는 처벌처럼 받아들이며 피해자가 자책하는 경우도 있다고 설명하고 있다.

③ 2문단에서 '집단 내 가스라이팅'은 억압적 질서와 과잉된 친밀함을 제도화하고 있는 집단에서 강한 권력관계에 의한 불평등한 위계질서를 바탕으로 나타난다고 서술되어 있다.

④ 3문단에 따르면, 집단의 권력 관계가 강해지면 더 커지는 권력 거리를 은폐하기 위해 집단 내 친밀성은 더 강하게 요구되며, 가해자는 친밀함으로 위장된 권력 관계를 이용하여 하급자에 대한 가스라이팅을 일상화한다.

⑤ 4문단에서 피해자의 동료들이 침묵으로 가스라이팅의 방관자가 되고 무력감으로 인해 피해자와 동료들 모두가 순응하게 됨으로써 가스라이팅에 참여하게 된다고 설명하고 있다.

27 ③ 3문단에서 '집단 내 가스라이팅'으로 인해 피해자는 가스라이팅을 심지어 자신의 무지와 무능 때문이라며 자책하게 되고, 자신이 겪는 고통도 해결할 수 없기에 가해자에게 의존할 가능성도 더 커진다고 하였다. 즉, ⓒ의 '아이러니한

것'은 가스라이팅의 고통에서 벗어나려고 가해자인 가스라이터에게 더 의존하는 것을 의미한다.

[28~32] 고전 시가 복합

> **(가) 정철, 「속미인곡」**
> • 갈래 : 양반 가사, 서정 가사, 정격 가사
> • 성격 : 서정적, 충신연주지사
> • 제재 : 임에 대한 그리움
> • 주제 : 연군의 정
> • 특징
> – 대화 형식으로 내용을 전개함
> – 여성 화자의 목소리로 노래함
> – 세련되고 뛰어난 우리말 표현을 구사함
>
> **(나) 박인로, 「누항사」**
> • 갈래 : 양반 가사, 은일 가사, 정격 가사
> • 성격 : 고백적, 사실적, 전원적, 사색적
> • 제재 : 안분지족의 생활
> • 주제 : 누항에 묻혀 사는 선비의 곤궁한 삶과 안빈낙도의 추구
> • 특징
> – 운명론적인 인생관이 나타남
> – 농촌의 일상생활과 관련된 어휘들과 어려운 한자어가 많이 쓰임
> – 자연에 은밀하면서도 현실의 어려움을 직시하는 삶을 사실적으로 드러냄
>
> **(다) 작자 미상, 「시집살이 노래」**
> • 갈래 : 민요, 부요(婦謠)
> • 성격 : 여성적, 서민적, 풍자적, 해학적
> • 제재 : 당대 여성의 고통과 애환
> • 주제 : 시집살이의 어려움과 한(恨)
> • 특징
> – 언어 유희를 통해 가사에 재미를 줌
> – 시집살이 상황을 해학적으로 그려 냄
> – 대화와 문답의 형식으로 주제 의식을 강화함
> – 대구, 대조, 반복, 열거 등 다양한 표현법을 사용함

28 ② (가)는 을녀가 갑녀와의 대화를 통해 임과 이별한 사연을 서술하고 있지만 그것을 자신과 조물주의 탓으로 돌리고 있으므로, 억울한 일을 당한 원통함의 정서라고 볼 수는 없다. (나) 또한 선비의 궁핍한 농촌 생활을 묘사하고 있지만 억울한 일을 당한 원통함의 정서는 보이지 않는다.

오답풀이

① (가)는 화자와 보조 화자인 '갑녀'와의 대화를 통해 연군의 마음을 전달하고 있고, (나)는 대화체와 일상 언어로 화자의 궁핍한 삶을 묘사하고 있으며, (다)는 대화와 문답 형식으로 시집살이라는 주제 의식을 표현하고 있다.

③ (가)는 여성 화자의 목소리로 연군지정을 노래하고 있고, (다)는 화자인 여성 아낙을 등장시켜 시집살이의 어려움과 애환을 표현하고 있다.

④ (가)에 비해 (나)는 농사를 지을 소가 없어 소를 빌리러 간 데서 화자의 경제적 궁핍이 구체적으로 그려져 있다.

⑤ (가)에 비해 (다)는 밭에 당추와 고추 심기, 밥상 차리기, 물 긷기와 방아 찧기, 아홉 솥에 불 때기, 열두 방에 자리 걷기 등 화자가 시집살이를 통해 겪는 실제적인 어려움이 나타나 있다.

29 ② (가)는 날씨, 식사, 수면 등 건강과 관련하여 '님'에 대한 화자의 걱정을 드러내고 있는 반면에, 〈보기〉는 '님'과의 이별로 인해 한숨짓고 눈물 흘리는 화자의 현재 처지를 나타내고 있다.

오답풀이

① (가)와 (나) 모두 '님'과의 이별을 소재로 시상을 그려내고 있다.

③ (가)는 '님'과의 이별을 자신의 탓으로 돌리는 슬픔과 자책의 감정을 보이고 있으며, 〈보기〉 또한 '님'과의 이별로 분노와 절망이 아닌 슬픔과 눈물을 표현하고 있다.

④ (가)와 (나)의 화자 모두 '님'과의 이별로 인한 슬픔에 경박하고 소심한 태도가 아니라 정중하고 우아한 태도를 보이고 있다.

⑤ (가)는 '빅옥경(白玉京)'과 같은 고유어의 사용은 보이나 고사성어를 사용한 시구는 보이지 않는다. 〈보기〉는 '광한뎐(廣寒殿)', '연지분(臙脂粉)' 등의 한자어의 사용은 보이나 한시구의 사용은 보이지 않는다.

30 ③ (나)는 당시의 음식인 기름에 튀긴 수평 음식과 삼해주가 소재로 쓰였고, (다)는 밥상 차리기, 물 긷기와 방아 찧기, 아홉 솥에 불 때기, 열두 방에 자리 걷기 등 시집살이를 통한 가사노동의 양상이 반영되어 있다.

오답풀이

① (나)는 농촌의 일상을 사실적으로 묘사하고 있으며, (다)는 아낙네의 가사노동을 통한 혹독한 시집살이가 묘사되어 있다.

② (나)는 화자가 이른 저녁인 초경(初更)에 소를 빌리러 가고 있지만, 시간의 역전을 통한 시상 전개는 보이지 않는다. (다)는 밭, 부엌, 우물, 방앗간 등의 공간 배치를 통해 가사

노동의 시상을 전개하고 있다.

④ (나)는 농촌 생활의 어려움을 직시하는 삶을 사실적으로 묘사하고 있으나 상징적이고 역설적인 표현은 보이지 않는다. (다)는 언어 유희를 통해 가사에 재미를 주고 시집살이 상황을 해학적으로 그려내고 있다.

⑤ (나)는 농사의 현실적 어려움을 대화를 통해 사실적으로 묘사하고 있으나 대상을 풍자하고 있지는 않다. (다)는 서사적인 상황이 아니라 대화와 문답을 통해 혹독한 시집살이라는 주제 의식을 강화하고 있다.

31 ⑤ (가)의 ㉠은 백옥경을 떠나 '님'과 어떻게 이별하게 되었는지 묻는 갑(甲)녀의 질문에 을(乙)녀인 화자의 발화를 유도하여 '님'과의 이별이라는 주제를 드러내고 있다. (다)의 ㉡은 화자가 형님에게 시집살이가 어떻냐고 물음으로써 형님의 발화를 통해 문답 형식으로 시집살이라는 주제를 이끌어내고 있다.

32 ① 화자는 임을 믿어 아무 생각 없이 한 ⓐ의 행동으로 반기시는 얼굴빛이 옛날과 다르다고 하였고, 이로 인한 '님'과의 이별을 자신의 탓으로 돌리고 있다. 그러므로 ⓐ의 행동은 자기의 행동에 대한 자부심과 만족감이 아니라 후회와 자책감이 드러난 것이라 볼 수 있다.

오답풀이

② 물같이 연약하여 몸이 편한 적이 없었다고 '님'의 건강을 염려하는 모습에서 ⓑ을 통해 화자가 예전에 '님'을 모신 적이 있음을 드러내고 있다.

③ 화자가 소를 빌리러 갔으나 건넛집 사람에게 소를 빌려주기로 되어 있어, 소 주인이 부탁을 들어주기 어렵다는 거절의 뜻을 ⓒ를 통해 완곡하게 전달하고 있다.

④ '푸르다'는 세력이 당당함을 비유한 말로 ⓓ의 비교를 통해 화자를 힘들게 하는 시어머니의 시집살이가 혹독함을 나타낸다.

⑤ 식구들의 시집살이도 힘든데 우는 아이로 인한 자녀 양육이 화자를 더욱 힘들게 하는 마음의 고통을 ⓔ를 통해 나타내고 있다.

[33~37] 고전 소설

> **(가)** 허균, 「홍길동전」
> • 갈래 : 고전 소설, 한글 소설, 영웅 소설
> • 성격 : 현실 비판적, 영웅적, 전기적
> • 시점 : 전지적 작가 시점

- 배경
  - 시간 : 조선 시대
  - 공간 : 조선국과 율도국
- 제재 : 적서 차별
- 주제 : 모순된 사회 제도의 개혁과 이상 사회의 건설
- 특징
  - 우리나라 최초의 국문 소설임
  - 사회 제도의 불합리성을 비판함
  - 영웅의 일대기 구조가 드러나며 전기적 요소가 강함
  - 불합리한 사회 제도에 대한 저항 정신이 반영된 현실 참여 문학임

(나) 작자 미상, 「유충렬전」
- 갈래 : 국문 소설, 영웅 소설, 군담 소설
- 성격 : 영웅적, 전기적, 비현실적
- 시점 : 전지적 작가 시점
- 배경 : 중국 명나라
- 주제 : 유충렬의 고난과 영웅적 행적
- 특징
  - 천상계와 지상계의 이원적 공간 설정
  - 유교, 불교, 도교 사상이 작품에 반영됨
  - 전형적인 영웅 일대기 구조 속에서 사건이 전개됨

33 ③ (가)에서는 첫 번째 첩 초란이 길동의 비범한 재주가 장차 화근이 될까 두려워 특재라는 자객을 고용하여 길동이를 해하려 한다. (나)에서는 정한담이 충렬의 아버지인 유심을 모함하여 귀양을 보내게 한 후 유심의 집에 불을 놓아 충렬 모자마저 살해하려고 한다. 즉, (가)와 (나)는 모두 주인공 측과 적대자 측의 갈등이 심각한 양상으로 나타난다.

오답풀이

① (가)에서는 서자로 태어난 길동이가 적대자 측의 공격을 방어한 후 아버지에게 인사를 드리고 집을 떠나게 되며, (나)에서는 충렬 모자가 적대자 측의 공격을 피해 목숨을 부지한다. 그러므로 (가)와 (나) 모두 적대자 측이 주인공의 부모 상봉을 방해하는 것은 아니다.

② (가)에서는 길동이 위기에 빠질 것을 스스로 직감하고 대처한 반면에, (나)에서는 꿈속에 나타난 한 노인의 구원 덕택에 위기를 모면하고 목숨을 구한다.

④ (가)와 (나) 모두 전기적 요소가 강한 영웅의 일대기를 그린 작품으로 주인공의 내면적 고뇌보다는 행동과 태도가 중점적으로 나타난다.

⑤ (가)에서는 초란이 자객 특재를 고용하여 길동이를 죽이려 하고, (나)에서는 정한담이 유심의 집에 불을 놓아 충렬 모자마저 살해하려고 한다. 즉, (나)에서도 적대자 측에 대한

주인공 측의 포용은 보이지 않는다.

34 ⑤ (가)에서는 길동이가 자객의 습격에 죽음을 모면한 후 집을 나와 활빈당을 세우고 율도국의 왕이 된다. (나)에서는 정한담의 습격을 가까스로 모면한 충렬이 후에 도술을 연마하여 반란을 꾀한 정한담을 물리치고 위기에 빠진 나라를 구한다. 그러므로 (가), (나) 모두 최종의 성공에 이르기 위해 영웅이 역경에 처하여 고난을 겪는 과정을 묘사하고 있다.

오답풀이

① (나)의 충렬은 개국 공신의 후예인 유심의 아들로써 고귀한 혈통으로 태어났지만, (가)의 길동은 첩의 아들인 서자 출신으로 태어났다.

② (나)에서는 '옥황께서 주신 아들'이라는 장 부인의 꿈속에 나타난 노인의 말을 통해 영웅이 당하는 고난의 동기가 비정상적인 출생에 있음을 보여주고 있으나, (가)에서는 길동의 비범한 출생이 보이지 않는다.

③ (가)에서는 길동이 비범한 능력을 발휘하여 초란의 사주를 받은 자객 특재의 공격을 물리치지만, (나)의 충렬 모자는 한담의 공격에 가까스로 도망하여 살아남는다.

④ (가)에서는 길동이 위기에 빠질 것을 스스로 직감하고 대처한 반면에, (나)에서는 꿈속에 나타난 한 노인의 구원 덕택에 위기를 모면하고 목숨을 구한다.

35 ① 자객 특재가 길동과 대면하며 한 ⊙의 말에는 길동을 죽이려고 하는 이유를 설명하고 있으나, 초란으로부터 돈을 받았다는 내용은 직접적으로 언급되어 있지 않다. 그러므로 ⊙의 말이 길동이 특재의 재물 욕심을 꾸짖는 이유가 된 것은 아니다.

오답풀이

② 자객 특재가 초란의 사주를 받아 길동을 죽이려 한 것이므로 길동에게 개인적인 원한은 없다는 것이다. 그러므로 ⊙은 특재가 자신에게 잘못이 없다는 이유를 댄 것이다.

③ 초란이 무녀인 관상녀와 함께 길동이를 죽일 계획을 세운 것은 맞으나 길동의 아버지인 상공과 의논한 것은 아니다. 즉, ⊙은 특재가 이전의 상황에 거짓을 덧붙여 말한 것이다.

④ 초란의 사주를 받은 특재가 길동을 죽이기 위해 밤에 길동의 거처를 습격하였으나, 길동이 이를 눈치 채고 둔갑술로 피한 후 특재와 대면한다. 그러므로 ⊙은 특재와 길동이 날카롭게 대립하는 중에 나온 말이다.

⑤ 길동은 ⊙의 말을 통해 특재가 자신을 죽이려는 이유를 알고는 분한 마음을 이기지 못하고 그날 밤 바로 관상녀를 찾아가 그녀를 죽인다. 그러므로 ⊙은 관상녀를 죽이는 길

동의 행동을 촉발하는 계기로 작용하였다.

36 ② ⓒ에는 정한담의 습격을 피해 도망하는 충렬 모자의 고난
의 과정이 작가의 시선으로 잘 묘사되어 있을 뿐, 사건 전
개상 이후의 사건을 암시하는 복선은 나타나 있지는 않다.

오답풀이

① ⓒ에는 자신들을 죽이려는 정한담의 습격을 피해 도망하는
충렬 모자의 고난의 과정이 잘 묘사되어 있다.
③ (나)는 전지적 작가 시점으로, ⓒ에서 알 수 있는 것처럼 인
물과 사건에 대한 서술자의 직접적인 개입이 나타나 있다.
④ ⓒ에서 '백옥 같은 몸에 유혈이 낭자하고 월색같이 고운 얼
굴 진흙빛이 되었으니'라는 표현을 통해, 평상시의 고귀한
모습과 대조하여 고난의 현재 모습을 부각하고 있음을 알
수 있다.
⑤ ⓒ에서 '불쌍하고 가련함은 천지도 슬퍼하고 강산도 비감
한다'는 표현을 통해, 독자의 동정심을 유발하기 위해 감정
을 자극하는 표현을 쓰고 있음을 확인할 수 있다.

37 ③ ⓒ의 '남가일몽(南柯一夢)'은 '덧없는 꿈'을 의미하는 것으
로, 충렬의 어머니인 장 부인이 꾼 꿈을 말한다. 즉, 장 부
인의 꿈속에서 한 노인이 나타나 곧 위험이 닥치니 충렬을
데리고 피하라는 내용이다.

오답풀이

① ⓐ의 '첩첩산중(疊疊山中)'은 '여러 산이 겹치고 겹친 산속'
을 뜻하며, 현실 속 배경이 아닌 길동의 진언으로 나타난
환상 속 배경이다.
② ⓑ의 '진퇴유곡(進退維谷)'은 '이러지도 저러지도 못하는
꼼짝할 수 없는 궁지'로, 길동을 죽이러 온 특재가 길동이
도술로 만든 조화 속에 갇힌 상황을 묘사하고 있다.
④ ⓓ의 '일진광풍(一陣狂風)'은 '한바탕 몰아치는 사나운 바
람'을 뜻하며, 한담의 나졸들이 충렬 모자를 죽이기 위해
묻은 화약 염초가 폭발했음을 의미한다.
⑤ ⓔ의 '추풍낙엽(秋風落葉)'은 '가을바람에 떨어지는 낙엽'을
뜻하며, 화약 염초의 폭발로 충렬의 집과 세간이 무너진 것
을 묘사한 것이다.

[38~41] 독서 – 사회

38 ④ 3문단에서 20세기에 장애인들이 경험했던 배제와 의존성
은 자본주의의 초기에 손상을 지닌 사람들이 '비생산적'이
고 의존적인 존재로 강등되었던 사실에서 기원을 찾을 수
있다며, 사회적 모델론이 초기 자본주의가 장애에 끼친 영
향을 다루고 있음을 밝히고 있다.

오답풀이

① 1문단에서 장애가 오로지 의료나 복지의 문제로만 취급되
는 것에 반대하면서, 이를 사회적 억압의 한 형태로 재공식
화하는 작업은 1970년대 영국에서 시작되었다고 서술되어
있다. 그러므로 1970년대 이전에는 장애를 의료와 복지의
문제로 취급하였음을 알 수 있다.
② 마지막 문단에 따르면 사회적 모델론자들은 손상을 지닌
삶에 대한 개인적 경험은 장애학의 관심사가 아니라며 이
의 중요성을 간과하였고, 이에 대한 비판으로 손상에 대한
체험의 중요성을 강조하는 손상의 사회학과 몸의 사회학이
제기되었다.
③ 5문단에서 코커는 사회적 모델이 견지하는 유물론에서는
인간의 행위 주체성이 누락되고, 담론은 사회 구조의 부수
적 효과로 간주되기 때문에, 행위 주체성도 담론도 사회 변
화를 위한 초점이 될 수 없다고 비판하였다.
⑤ 4문단의 마지막 문장에서 지구적 자본주의 또는 초자본주
의로 특징지어지는 현재의 경제 제도들이 손상을 지닌 사
람들의 사회적 위상을 어떻게 변화시키고 있는지를 검토해
야 한다고 서술되어 있다.

39 ③ 의료적 모델과 사회적 모델은 그 접근 방법과 해결책을 달
리하지만, 장애가 손상 자체로부터 야기된다는 사실은 의
료적 모델이든 사회적 모델이든 장애의 공통적 원인이므로
그러한 원인이 의료적 모델에 대한 사회적 모델의 반박 근
거는 되지 못한다.

오답풀이

① 장애를 손상과 동일한 것으로 보는 의료적 모델에 대해 사
회적 모델은 장애를 사회적 억압의 측면에서 손상과 구분
되는 개념으로 이해하고 있다.
② 장애를 신체적인 손상으로 보고 이를 치료하여 회복하려는
의료적 모델에 대해 사회적 모델은 장애를 노동 시장에서
의 배제나 강요된 빈곤 등 사회 제도에 의한 제약으로 이
해하고 있다.
④ 장애를 개인적은 문제로 간주하는 의료적 모델에 대해 사
회적 모델은 장애를 손상을 지닌 사람들과 그렇지 않은 사
람들 간의 사회적 관계의 결과로 이해하고 있다.
⑤ 의료적 모델이 장애에 대한 해결책을 지식과 기술을 지닌
전문가에게 맡기는 것과 달리, 사회적 모델은 장애에 대한
해결책이 사회의 책임 하에 있으며 '장애인 운동'과 같은
하나의 사회적 양상으로 나타난다.

40 ③ 기술의 발달은 장애인을 사회적 의존 상태에서 벗어나게
하는 것이 아니라 장애 보조 기술이나 보조 장치 등 기술
의존도를 심화시키므로 점점 더 의존적인 존재로 만든다.

① ⓒ에서 손상을 지닌 사람들에 관한 부정적인 사회 문화적 인식들이 장애를 구성하는 역할을 하고 있다고 하였으므로, 장애 보조 기술이나 보조 장치 또한 장애를 두드러져 보이게 하므로 장애를 구성하는 데 사회 문화적 인식들이 역할을 하고 있다고 볼 수 있다.

② ⓒ에서 혐오스러운 것으로 속성화된 신체적·행동적 차이를 지닌 사람들을 제약한다고 하였으므로, 장애 보조 기술이나 보조 장치의 사용 또한 신체적·행동적 차이가 드러나기에 사회적 제약을 받을 수 있다.

④ ⓒ에서 손상을 지닌 사람들에 관한 부정적인 사회 문화적 인식들이 장애를 구성하는 역할을 하고 있다고 하였으므로, 기술이나 장치의 사용으로 숨겨져 있던 장애를 드러내고 이를 통해 장애의 낙인 효과를 발생시키는 '보조 기술 낙인' 또한 장애에 대한 일종의 사회 문화적 인식이라 할 수 있다.

⑤ ⓒ에서 손상을 지닌 사람들에 관한 부정적인 사회 문화적 인식들이 장애인들의 자존감과 정체성을 심각하게 훼손한다고 하였으므로, 장애의 낙인 효과를 발생시키는 '보조 기술 낙인' 또한 장애인의 자존감과 정체성을 훼손시킬 수 있다.

41 ① 제시문에 따르면 장애인 운동을 계기로 의료나 복지 문제로만 취급하던 장애를 사회 문제로 취급하는 사회적 모델론이 제시되었다. 또한 장애학의 중심 사상이 된 사회적 모델론은 장애인 운동에 공감하는 장애 단체들을 불러 모아 사회생활의 모든 영역에서 장애인 운동을 다면화시키는 계기가 되었다. 그러므로 ⓐ의 '장애인 운동'과 ⓑ의 '사회적 모델론'은 서로 영향을 주고받는 상호 계기적 관계라고 볼 수 있다.

[42~45] 독서 – 윤리

42 ⑤ 2문단에서 윤리적 이타주의는 타인의 이익을 위해 행동해야 한다는 입장으로 이는 성인(聖人)의 경지라고 하겠지만, 가족을 위할 때나 익명으로 기부할 때처럼 평범한 이들도 이러한 행위를 할 수 있다고 서술되어 있다. 그러므로 "성인이 아닌 평범한 사람은 타인을 위한 행위를 할 수 없다."는 ⑤의 설명은 적절하지 못하다.

① 3문단에서 윤리적 이기주의자들은 자신의 입장이 심리적 이기주의를 기반으로 성립한다고 주장하고 있으며, 심리적 이기주의가 타당하다면 인간은 자기 이익을 위해 행동하는 것이 마땅하다는 윤리 규범도 성립하는 것으로 설명하고 있다.

② 7문단의 마지막 문장에 이기심이 맹목적으로 지금 당장 자신만 위하게끔 하는 경향 외에 무엇이 자신에게 장기적으로 더 이익이 될 것인지 고려하면서 타인과 협력하거나 상호부조를 하게끔 하는 합리적인 경향으로도 나타날 수 있다고 서술되어 있다.

③ 6문단에서 심리적 이기주의를 기반으로 윤리적 이기주의가 성립한다는 주장은 근거가 빈약할뿐더러 윤리적 이타주의로 되돌아가도 인간의 모든 행위를 포괄할 수 없다고 설명하고 있다.

④ 2문단에서 타인의 이익을 위해 행동해야 한다는 입장인 윤리적 이타주의는 무엇이 타인을 위한 행위가 되는지 모를 수 있다고 설명하고 있다.

43 ② 2문단에서 윤리적 이타주의를 행하는데 있어 무엇이 타인을 위한 행위가 되는지 모를 수 있고, 적절한 행위가 떠오른다고 해도 그것을 실제로 행할 능력이 없을 수도 있다고 하였다. 또한 〈보기〉에서 칸트는 마땅히 해야 할 것이라 해도 실천할 수 있어야 규범이 될 수 있다고 설명하고 있다. 그러므로 이타적인 행위가 아무리 옳다고 해도 실천할 수 없다면 ⓒ의 '윤리적 이타주의'는 규범으로 성립할 수 없다.

44 ④ 5문단에서 자신과 타인의 이익 대신 오로지 도덕적으로 옳은 것만을 고려하는 의무적 동기에는 그 이면에 자기 이익이라는 동기가 반드시 숨어 있을 것이라고 하였다. 그러므로 말기 암 환자에게 암에 걸린 사실을 알려주고자 한 ⓓ의 행위가 진실을 알려줌으로써 환자에게 죽음에 대비할 시간을 주려고 했을 것이라는 해석에는 자기 이익이라는 동기가 숨어 있지 않으므로 바른 해석으로 볼 수 없다.

① 타인에게 해를 끼치는 악의적 동기는 오로지 자신의 이익만 추구하는 이기적 동기의 변형으로, 그 이면에 자기 이익이라는 동기가 반드시 숨어 있을 것이다. 그러므로 재판에서 피고인을 빠뜨리려고 거짓 증언을 하는 ⓐ의 행위에는 그로 인해 얻는 유형무형의 이익이 반드시 있을 것이다.

② 자신과 타인의 이익을 같이 고려하는 합리적 동기는 자신의 이익을 우선으로 여기므로, 친구와 즐거운 시간을 보내려고 놀이공원에 가고자 하는 ⓑ의 행위는 자신의 즐거움이라는 이익을 보려 한 것이 우선일 것이며, 친구의 즐거움은 부수적일 것이다.

③ 타인의 이익만을 고려하는 이타적 동기는 겉으로는 이타적일지 몰라도 속으로는 심리적 자기만족이라는 동기가 숨어 있다. 그러므로 연인과 헤어진 동료에게 위로차 식사를 대접하고자 하는 ⓒ의 행위는 동료에게 자신이 인간적임을

드러내는 만족감을 느끼려 한 것이다.

⑤ 마음의 유덕한 성품에서 저절로 우러나오는 유덕한 동기는 그 이면에 자기 이익이라는 동기가 반드시 숨어 있을 것이다. 그러므로 길거리에 쓰러진 할머니를 측은하게 여기는 마음으로 돕고자 한 ⓔ의 행위는 할머니를 돕는 데 드는 노력과 시간보다 할머니를 외면함으로써 받을 도덕적 비난을 받지 않는 것이 더 낫다는 자기 이익의 동기가 숨어 있다.

45 ① 7문단에서 '합리적인 윤리적 이기주의'는 이기심이 맹목적으로 지금 당장 자신만 위하게끔 하는 경향 외에 무엇이 자신에게 장기적으로 더 이익이 될 것인지 고려하면서 타인과 협력하거나 상호부조를 하게끔 하는 합리적인 경향으로도 나타날 수 있음을 시사한다고 하였다. 즉, '합리적인 윤리적 이기주의'는 타인과 협력하거나 상호부조를 하게끔 하는 이기심이므로 〈보기〉의 사례에서 '그'를 포함한 모든 운전자들이 교통 규칙을 지키는 것이 더 이익이 된다고 믿었으니까 목적지에 빠르고 안전하게 도착하게 된 거라고 '그'에게 말할 수 있다.

2023학년도 기출문제 정답 및 해설

01 ④	02 ②	03 ①	04 ⑤	05 ⑤	06 ⑤
07 ③	08 ①	09 ③	10 ⑤	11 ④	12 ②
13 ①	14 ④	15 ③	16 ④	17 ⑤	18 ⑤
19 ③	20 ②	21 ③	22 ②	23 ②	24 ①
25 ①	26 ②	27 ②	28 ②	29 ①	30 ②
31 ③	32 ①	33 ③	34 ④	35 ④	36 ③
37 ⑤	38 ⑤	39 ②	40 ⑤	41 ④	42 ②
43 ④	44 ②	45 ①			

---

01 ④ 'persistent'는 '끊임없이 지속[반복]되는'의 의미로 'chronic(만성의, 고질적인)'과 의미가 가장 유사하다.

어휘

• trainee doctor : 수련의, 견습 의사
• persistent : 끊임없이 지속[반복]되는
• fatal : 죽음을 초래하는, 치명적인
• occasional : 가끔의, 간헐적인
• irregular : 불규칙적인, 비정규의
• infectious : 전염되는, 병을 옮길 수 있는

오답풀이

① fatal → 치명적인
② occasional → 가끔의
③ irregular → 불규칙적인
⑤ infectious → 전염되는

해석

내가 수련의였을 때, 첫 환자들 중 한 명은 <u>만성</u> 기침 이 있는 노인이었다.

02 ② 'contradicted'는 '상충되다, 엇갈리다'라는 의미로 'opposed (반대하다, 맞서다)'와 그 의미가 가장 유사하다.

어휘

• televised : TV로 방송되는, TV로 중계된
• court case : 법정 사건
• witness statements : 목격자[증인] 진술

• contradict : 모순되다, 상충되다, 엇갈리다
• confirm : 확인하다, 확정하다
• duplicate : 복사[복제]하다, 사본을 만들다
• appreciate : 인정하다, 고마워하다, 감상하다

오답풀이

① agreed → 동의하다
③ confirmed → 확인하다
④ duplicated → 복사하다
⑤ appreciated → 인정하다

해석

그 법정 사건이 TV로 중계되는 동안, 목격자 진술이 서로 <u>엇 갈렸다.</u>

03 ① 'advent'는 '도래, 출현'의 의미로 'emergence(출현, 나타 남)'와 그 의미가 가장 유사하다.

어휘

• advent : 도래, 출현
• agribusiness : 기업식 농업[영농]
• emergence : 출현, 나타남
• transformation : 변신, 변형, 탈바꿈
• collapse : 붕괴, 실패
• manipulation : 조작, 처리
• supplement : 보충, 보완

오답풀이

② transformation → 변형
③ collapse → 붕괴
④ manipulation → 조작
⑤ supplement → 보충

해석

농업의 <u>출현</u>이 없었더라면 무려 20억이나 되는 사람들이 지 금 존재하지 않았을지도 모른다.

04 ⑤ 'exceptional'은 '예외적인, 이례적인'의 의미로 'unusual(특 이한, 드문)'과 그 의미가 가장 유사하다.

어휘

• promotion : 승진, 승격

- exceptional : 예외적인, 이례적인
- circumstances : 사정, 상황
- adverse : 부정적인, 불리한
- suspicious : 의심스러운, 의혹을 갖는
- customary : 관례적인, 습관적인
- profitable : 이익이 되는, 유리한
- unusual : 특이한, 드문

오답풀이

① adverse → 부정적인
② suspicious → 의심스러운
③ customary → 관례적인
④ profitable → 이익이 되는

해석

첫 해 승진은 이례적인 일이다.

05 ⑤ 'substandard'는 '수준 이하의, 열악한'의 의미로 'insufficient (부족한, 불충분한)'와 그 의미가 가장 유사하다.

어휘

- bias : 편견, 편향
- substandard : 수준 이하의, 열악한
- sophisticated : 세련된, 정교한
- considerate : 사려 깊은, 배려하는
- temporary : 일시적인, 임시의
- conventional : 관습적인, 전통적인
- insufficient : 부족한, 불충분한

오답풀이

① sophisticated → 세련된
② considerate → 사려 깊은
③ temporary → 일시적인
④ conventional → 관습적인

해석

간호사가 환자에게 편견을 가질 때, 수준 이하의 치료를 제공한다.

06 ⑤ A가 빨간 셔츠를 건조기에서 찾았지만 아직 마르지 않았다고 하였고, 빈칸의 다음 대화에서 통학 버스가 금방 올 것을 염려하고 있다. 그러므로 빈칸에는 대화의 흐름상 ⑤의 "It's going to take at least twenty more minutes.(적어도 20분 이상은 걸릴 거야.)"가 들어갈 말로 적절하다.

어휘

- top drawer : 맨 위 서랍
- any minute : 금방, 금세
- at least : 적어도

오답풀이

① You can buy a new shirt instead.(대신 새 셔츠를 살 수 있어.)
② Then you can wear it right away.(지금 바로 입을 수 있어.)
③ Just put it in the washing machine.(그냥 세탁기에 넣어.)
④ I hope you find your favorite shirt soon.(네가 제일 좋아하는 셔츠를 빨리 찾길 바래.)

해석

A : 엄마. 내가 제일 좋아하는 빨간 셔츠가 어디 있는지 알아요?
B : 네 방의 맨 위 서랍은 확인해봤니?
A : 네. 하지만 거기엔 없었어요.
B : 그럼 건조기 안을 한 번 보렴.
A : 아, 여기 있네요. 근데 아직 마르지 않았어요.
B : 적어도 20분 이상 걸릴 거야.
A : 이런! 통학 버스가 금방 올 거예요.
B : 음, 그러면 그냥 다른 셔츠를 입어야 해.

07 ③ B가 명예 훈장을 받은 것에 대해 A가 빈칸 다음에서 겸손하다고 하였으므로, 빈칸에는 B가 자신이 한 일에 대해 겸손함을 드러내는 표현이 들어가야 한다. 그러므로 빈칸에는 글의 흐름상 ③의 "I'm sure anyone else would have done the same.(다른 사람들도 그와 똑같이 했을 겁니다.)"가 들어갈 말로 적절하다.

어휘

- the Medal of Honor : 명예 훈장
- Sergeant : 병장, 하사, 경사
- deserve : ~을 받을 만하다, ~할 가치가 있다
- Commissioner : 위원, 경찰청장
- modest : 겸손한
- department : 부서, 학과
- be doing well : 회복 중이다, 건강하다
- cherish : 소중히 여기다, 간직하다
- right person : 적임자
- criminal : 범인, 범죄자

오답풀이

① I've never been afraid of anything.(저는 아무런 걱정도 없습니다.)
② I've always considered myself to be a hero.(전 항상 스스로를 영웅이라고 생각했습니다.)
④ I'm not sure if you're the right person for this medal.(당신이 이 훈장의 적임자인지 잘 모르겠네요.)
⑤ I think arresting criminals should come before everything.(저는 무엇보다도 범인들을 검거하는 것이 우선이라고 생각합니다.)

정답 및 해설

해석

A: 명예 훈장을 수여한 것을 축하합니다. 박 경사님.

B: 제가 그럴 자격이 있는지 모르겠네요, 청장님.

A: 물론 그럴 자격이 있습니다. 그 젊은이의 생명을 구한 것은 매우 용감했습니다.

B: 다른 사람들도 그와 똑같이 했을 겁니다.

A: 정말 겸손하네요. 당신은 우리 부서의 자랑입니다.

B: 감사합니다. 그 젊은이가 건강하다니 기쁠 뿐입니다.

A: 덕분에 우리 도시의 거리가 좀 더 안전하고 따뜻해졌습니다.

B: 이 순간을 영원히 간직하겠습니다.

08 ① 'translate'가 포함된 문장에서 관계대명사 'which'의 선행사는 'control of food production'이다. 이때 관계대명사 'which'가 이끄는 종속절의 수와 시제는 앞의 선행사에 일치시켜야 하므로, ①의 'translate'는 3인칭 단수 현재 시제인 'translates'로 고쳐 써야 옳다.

어휘

- common theory : 통설
- physical power : 육체적인 힘, 물리력, 체력
- force into submission : 복종[굴복]시키다
- subtle : 미묘한, 예민한
- version : 설명, 생각, 견해
- claim : 주장, 요청, 권리
- monopolise : 독점하다, 독차지하다
- manual labour : 육체노동
- ploughing : 쟁기질
- in turn : 차례대로, 교대로, 번갈아
- translate : 번역[통역]하다, 바뀌다, 전환되다
- with regard to : ～과 관련하여
- resistant to : ～에 대해 저항하는
- fatigue : 피로, 피곤
- problematically : 문제가 많게, 의심스럽게
- exclude : 제외하다, 거부하다, 배제하다
- priesthood : 사제직, 성직
- craft : 공예, 기술, 기교

해석

남성이 여성보다 강하며, 남성이 여성을 복종시키기 위해 더 큰 물리력을 사용해 왔다고 보는 것이 통설이다. 이 주장에 대한 더 미묘한 견해는 그들의 힘이 쟁기질이나 수확과 같은 힘든 육체노동을 필요로 하는 일들을 남성들이 독점하게 한다고 주장한다. 이것은 그들이 식량 생산을 통제하게 하고, 이는 다시 정치권력으로 전환된다. 그러나 '남성이 여성보다 강하다'는 말은 평균적이거나 특정 형태의 힘에 대해서만 타당하다.

여성은 일반적으로 남성보다 배고픔, 질병 그리고 피로에 더 저항력이 강하다. 또한 대다수 남성들보다 더 빨리 달리고 더 무거운 것을 들 수 있는 여성들도 많다. 게다가, 이 이론에서 가장 문제가 되는 것은 여성들은 역사를 통틀어 현장에서, 작업장에서 그리고 가정에서 힘든 육체 노동에 종사하는 반면, 주로 성직, 법률, 정치와 같은 육체적 노력을 거의 필요로 하지 않은 직업에서 배제되어 왔다는 것이다. 만약 사회 권력이 체력과 직접적 연관성이 있는 분야로 나뉘었다면, 여성들은 훨씬 더 많은 것을 얻었어야 했다.

09 ③ 글의 문맥상 동시동작의 부대상황을 나타나는 분사구문으로 '～while they asked about hugs received.'의 의미이다. 그러므로 ③의 'asked'는 'asking'으로 고쳐 써야 옳다.

어휘

- play a role in : ～에서 역할을 하다
- physical intimacy : 신체적 친밀감
- interplay : 상호 작용
- social support : 사회적 지원, 사회 복지
- exposure : 노출, 폭로
- buck : 달러, 루피
- inhale : 들이마시다, 흡입하다
- nasal drops : 콧물
- draw blood : 피를 뽑다, 혈액을 채취하다
- confirm : 확인해 주다, 사실임을 보여주다
- volunteer : 자원 봉사자, 지원자
- immune : 면역성이 있는
- survey : (설문) 조사하다
- consecutive : 연이은, 순차적인
- symptom : 증상, 징후
- mucus : 점액, 콧물
- quarantine : 격리, 차단
- impervious : 영향받지 않는, 통과시키지 않는

해석

포옹은 신체적 친밀감과 건강 사이에서 어떤 역할을 담당한다. 연구원들이 질병에 대한 노출, 사회 복지, 그리고 매일의 포옹 사이의 상호 작용을 조사했다. 과학이라는 미명하에 (아마 백 달러의 비용을 받고), 404명의 건강한 성인들이 일반적인 감기에 걸리도록 콧물을 들이마시는 것에 동의했다. 우선 연구원들은 지원자들이 면역력이 없다는 것을 확인시키기 위해 혈액 샘플을 채취했다. 그리고 나서 14일 동안 연이어 참가자들을 조사했고, 받은 포옹에 대해 물었다. 마지막으로, 그들은 지원자들을 감기 바이러스에 노출시키고 닷새 동안 격리시킨 상태에서 점액 생성과 같은 증상을 관찰했다. 매일 포옹하는 사람들은 아플 확률이 32퍼센트 낮았다. 포옹이 감기에

걸리지 않게 만드는 것이 아니라는 사실도 밝혀졌다. 하지만 감기에 걸린 포옹자들은 덜 아팠다. 그들은 증상이 심하지 않았고 더 빨리 나았다.

10 ⑤ (A) 하이브리드 자동차가 도시 운전자들에게 유용한 경우를 설명하고 있으므로, 연비가 '훌륭한', '뛰어난'의 의미인 'superb'가 적절하다.

(B) 하이브리드 자동차가 고속도로 상에서 전기 모터에 의존할 경우 더 빠른 속도를 낼 수 없다는 의미가 되어야 하므로, 앞의 부정어 'doesn't'와 호응하여 'higher'가 적절하다.

(C) 하이브리드 자동차가 생각한 것보다 친환경적이지 못하다는 내용이 와야 하므로 'less'가 적절하다.

어휘

- hybrid : 잡종, 혼성체
- environmentally : 환경적으로
- rely on : ~에 의지하다, ~을 필요로 하다
- emission : 배출, 배기가스
- stationary : 움직이지 않는, 정지해 있는
- crucially : 결정적으로, 중요하게
- superb : 최고의, 최상의, 뛰어난
- fuel economy : 연비
- fall back on : ~에 기대다[의지하다], 후퇴하다, 물러서다
- petrol engine : 가솔린 기관
- comparable : 비슷한, 비교할 만한
- conventional : 전통적인, 재래식의, 기존의
- petrol-powered car : 가솔린 자동차
- take into account : ~을 고려하다, 계산에 넣다
- manufacturing : 제조업
- decommission : 해체하다, 감축하다

해석

하이브리드 자동차는 정말 친환경적일까? 어떻게 사용하느냐에 달려있다. 하이브리드 자동차가 소음이 적고 배기가스를 발생시키지 않는 전기 모터에 거의 전적으로 의존할 수 있을 때, 차가 정지해 있을 때 완전히 꺼져 결정적으로 (A) 뛰어난 연비를 제공할 때 도시 운전자들에게는 아주 유용하다. 하지만 고속도로 상에서 차를 몰면 전기 모터는 (B) 더 빠른 속도로 차를 운전할 수 있는 동력이나 먼 거리를 달릴 수 있는 에너지가 없기 때문에 하이브리드는 가솔린 엔진에 의존해야 할 것이다. 이러한 경우 하이브리드는 유사한 연비와 동일한 배기가스를 배출하는 기존의 가솔린 자동차와 똑같다. 하이브리드 자동차용 배터리를 제조하려면 많은 에너지가 필요하다는 점도 고려해야 한다. 불과 몇 년 후, 배터리 수명이 다해 그것들을 해체하고 재활용하려면 더 많은 에너지를 필요로 한다.

이러한 점과 개발 영향 때문에 실제로 하이브리드 자동차는 제조업체가 믿길 바라는 것보다 (C) 덜 친환경적이다.

11 ④ (A) 미국 사회의 다양성을 고려할 때 학교 조직과 교육과정을 두고 집단 간에 의견 차이가 있다는 의미가 되어야 하므로, '불일치'나 '의견 차이'를 뜻하는 'disagreements'가 적절하다.

(B) 이익 단체들이 교사, 학교 관계자, 그리고 교과서 출판업자들에게 그들의 관점을 강요한다고 하였으므로 교육과정을 정치에 개입시키는 'politicize'가 들어갈 말로 적절하다.

(C) 이익 집단들이 자신의 의제를 내세우며 극단주의의 선을 넘게 되면 교육과정 전체가 이익 집단들에 의해 좌지우지 되고 공교육이 위협받게 된다는 의미이므로, '취약한'의 의미를 지닌 'vulnerable'이 들어갈 말로 적절하다.

어휘

- given : ~을 고려하면, 특정한, 정해진
- diversity : 다양성
- insulate : 보호하다, 격리하다
- result from : 기인하다, 원인이다
- tension : 긴장감, 긴장 상태
- disagreement : 불일치, 의견 차이
- turn up : 나타나다, 도착하다
- racial segregation : 인종차별
- interest group : 이익 단체[집단]
- retain : 유지하다, 보유하다
- politicize : 정치에 개입시키다, 정치화하다
- impose A on B : B에게 A를 강요하다
- school officials : 학교 관계자
- local school boards : 지역 학교 이사회
- myths and fables : 신화와 우화
- imaginative : 창의적인, 상상력이 풍부한
- inject : 주사하다, 주입하다
- creationism : 천지창조설, 천지창조론
- biology : 생물학
- extremism : 극단주의, 극단론
- agenda : 의제, 강령
- without regard to : ~을 고려하지 않고, ~에 상관없이
- vulnerable : 취약한, 연약한

해석

미국 사회의 다양성을 고려할 때, 학교들을 집단 간의 차이와 긴장으로 인한 압박으로부터 격리시키는 것은 불가능했다. 사람들이 기본 가치관이 다를 때, 그러한 (A) 불일치는 학교가

어떻게 조직되는지 혹은 학교가 무엇을 가르쳐야 하는지에 대한 논쟁에서 조만간 나타난다. 때때로 이러한 논쟁은 인종차별과 같은 끔찍한 불공평을 제거한다. 그러나 때때로 이익 단체들은 교육과정을 (B) 정치화하고 교사, 학교 관계자, 그리고 교과서 출판업자들에게 그들의 관점을 강요하려고 한다. 전국적으로, 심지어 지금도, 이익 단체들은 어린 독자들로부터 신화와 우화 그리고 다른 창의적인 문학들을 없애고 생물학에 창조론의 가르침을 주입하도록 지역 학교 이사회를 압박하고 있다. 집단들이 이성이나 타인을 가리지 않고 자신의 의제를 내세우며 극단주의의 선을 넘을 때, 그들은 공교육 자체를 위협하여 어떤 문제도 정직하게 가르치기 어렵고 교육과정 전체가 정치 운동에 (C) 취약해진다.

12 ② (A) 백상아리가 먹이를 몰래 잡기 위해 색깔을 바꾸는 것이므로, '위장'이나 '변장'의 의미인 'camouflage'가 들어갈 말로 적절하다.

　(B) 연구원들이 바다표범 미끼를 보트 뒤에 매단 것은 상어들을 유인하기 위한 것이므로 '유인하다', '유도하다'의 의미인 'entice'가 들어갈 말로 적절하다.

　(C) 턱에 있는 자국은 해당 상어가 다른 상어들과 구별되는 신체적 특징이므로, '식별할 수 있는'의 의미를 지닌 'identifiable'이 들어갈 말로 적절하다.

어휘

- predatory fish : 포식 어류
- white shark : 백상아리
- impressive : 인상적인, 인상 깊은
- intrigue : 강한 호기심, 흥미진진함
- oceanic beast : 해양 동물
- camouflage : 위장, 변장
- cluster : 무리, 군집
- strategy : 계획, 전략
- sneak up : 살금살금 다가가다, 몰래 다가가다
- prey : 먹이, 희생자
- seal : 바다표범, 물개
- decoy : 미끼
- dispel : 떨쳐 버리다, 없애다
- entice : 유인하다, 유도하다
- identifiable : 알아볼 수 있는, 식별할 수 있는
- jaw : 턱
- verify : 확인하다, 입증하다, 검증하다
- variable : 변수

해석

지구상에서 가장 큰 포식 어류인 백상아리는 300개 이상의 날카로운 이빨로 무장하고 5,000파운드에 달하는 무게로 이

미 인상적이다. 이제, 새로운 연구는 그 해양 동물에게 더 많은 흥미를 더하며, 아마도 먹이를 몰래 잡기 위한 (A) 위장 전략으로 그 동물이 색깔을 바꿀 수 있다는 것을 보여준다. 남아프리카 앞바다의 새로운 실험에서, 연구원들은 바다표범 미끼를 보트 뒤에 매달고 흰색, 회색, 검은색 판으로 특별 제작된 색판 근처에서 물 밖으로 뛰어오르는 몇 마리 상어들을 (B) 유인했다. 연구팀은 상어가 점프할 때마다 사진을 찍으며 하루 종일 실험을 반복했다. 턱에 있는 자국 때문에 쉽게 (C) 식별할 수 있는 한 상어는 어두운 회색과 훨씬 밝은 회색으로 그때그때마다 다르게 나타났다. 과학자들은 컴퓨터 소프트웨어를 사용하여 날씨, 조명 수준, 카메라 설정과 같은 변수들을 수정해 가며 이것을 검증했다.

13 ① 윗글은 비위생적 접촉이 면역력을 강화시킨다는 위생 가설에 대해 설명하고 있다. 즉, 유아기 때 더러워지는 것에 대해 무관심하거나 방치함으로써 비위생적인 접촉에 의해 전염되는 유아기 감염이 튼튼한 면역 체계를 형성하는데 도움이 된다는 설명이다. 그러므로 ①의 'distaste(혐오감)'은 'indifference(무관심)'이나 'negligence(방치)'등으로 바꿔 써야 적절하다.

어휘

- left to one's own devices : 제멋대로 하게 내버려 둔
- hesitate : 주저하다, 망설이다
- doorknob : 문고리, 손잡이
- wipe snot : 콧물을 닦다
- sleeve : 소매
- distaste : 불쾌감, 혐오감
- date to : 연대를 추정하다, ~로 거슬러 올라가다
- allergy : 알레르기
- city slicker : 전형적인 도시인
- epidemiologist : 유행병학자, 전염병학자
- sibling : 형제자매
- susceptible : 민감한, 예민한, 걸리기 쉬운
- hay fever : 꽃가루 알레르기
- eczema : 습진
- infection : 감염, 전염병
- transmit : 전송하다, 전염시키다
- unhygienic : 비위생적인
- foster : 조성하다, 발전시키다
- robust : 튼튼한, 탄탄한
- immune system : 면역 체계
- hygiene hypothesis : 위생 가설
- convenient : 편리한, 적절한, 알맞은
- asthma : 천식
- autoimmune disorder : 자가 면역 질환

- multiple sclerosis : 다발성 경화증
- Crohn's disease : 크론병
- microbiologist : 미생물학자

오답풀이

② foster → 형성하다

③ convenient → 적절한

④ fearful → 겁내는

⑤ active → 작동하다

해석

제멋대로 하게 나두면, 대부분의 아이들은 주저하지 않고 손잡이를 할거나 소매로 코를 닦는다. 하지만 더러워지는 것에 대한 혐오감(→ 무관심)이 그들의 건강에 이로울 수 있다는 생각에 어떤 근거가 있는가? 그 이론은 1800년대까지 거슬러 올라가는데, 농부들이 전형적인 도시인들보다 알레르기로 덜 고생한다는 사실을 유럽의 의사들이 깨달았던 때이다. 하지만 그 이론은 1989년이 되어서야 비로소 폭넓은 관심을 얻기 시작했는데, 영국의 전염병학자인 David Strachan은 손위의 형이나 누나가 있는 어린 아이들이 다른 아이들보다 꽃가루 알레르기와 습진에 덜 걸린다는 사실을 발견했다. Strachan은 "비위생적인 접촉에 의해 전염되는" 유아기 감염이 튼튼한 면역 체계를 형성하는데 도움이 된다고 말했다. 위생 가설이라고 불리는 그의 이론은 알레르기와 천식뿐만 아니라 다발성 경화증과 크론병과 같은 자가 면역 질환이 1950년대 이후 미국에서 300% 이상 증가한 이유에 대해 적절한 설명을 제공한다. 아마도 서구 사회는 자신의 건강을 위해 지나치게 청결했고, 부모들은 조금의 먼지 도 겁내했다. "현대 세계에서 일어나고 있는 일이 무엇이든 간에, 그것은 불필요할 때 면역 체계가 작동하는 원인이 되고 있다"고 런던 대학의 미생물학자인 Graham Rook이 말한다.

14 ④ 생물학적 나이와 실제 나이가 다른 만큼 과학자들이 노화 시계를 개발한 것은 생물학적 나이를 감추기 위해서가 아니라 밝히기 위해서이다. 그러므로 ④의 'veil(감추다)'은 'reveal(드러내다, 밝히다)' 등으로 바꿔 써야 적절하다.

어휘

- clock : 기록하다, 재다, 세다
- cope with : ~에 대처하다[대응하다]
- wear and tear : 마모, 소모, 손상
- factor : 요인, 요소
- biological age : 생물학적 나이[연령]
- chronological age : 실제 나이[연령]
- reflection : 반사, 반영
- mortality : 사망자 수, 사망률
- straightforward : 간단한, 솔직한

- decade : 10년
- assess : 재다, 평가하다, 측정하다
- veil : 베일을 쓰다, 가리다, 감추다
- degrade : 저하시키다, 퇴화시키다

오답풀이

① clocked → 세다

② reflection → 반영

③ straightforward → 간단한

⑤ degraded → 퇴화하다

해석

나이는 당신이 센 생일 숫자보다 훨씬 더 많다. 스트레스, 수면, 그리고 식습관 모두 우리의 장기가 일상생활의 손상에 어떻게 대응하는지에 영향을 미친다. 이와 같은 요소들은 같은 날에 태어난 사람들보다 당신을 더 빨리 혹은 더 천천히 늙게 만들 수도 있다. 그것은 생물학적 나이가 실제 나이, 즉 여러분이 살아온 나이와 상당히 다를 수 있다는 것을 의미한다. 생물학적 나이는 실제 나이보다 신체적 건강과 심지어 사망률을 더 잘 반영한다. 그러나 그것을 계산하는 것은 그리 간단하지 않다. 과학자들은 지난 10년 동안 생물학적 나이를 감추기(→ 밝히기) 위해 신체적 표식을 측정하는 노화 시계라고 불리는 도구를 개발하는데 보냈다. 노화 시계 이면의 큰 개념은 기본적으로 여러분의 장기가 얼마나 퇴화되었는지를 표시하여 건강한 시간이 얼마나 남았는지를 예측하는 것이다.

15 ③ 글의 서두에 도자기 탑(Porcelain Tower)은 15세기 초 중국 명나라 영락제가 그의 어머니를 기리기 위해 세웠다고 서술되어 있다. 그러므로 "It was built to honor the Emperor's mother.(그것은 황제의 어머니를 기리기 위해 세웠다.)"는 ③의 설명이 제시문의 내용과 일치한다.

어휘

- the Yongle Emperor : 영락제(명나라 제3대 황제)
- Ming dynasty : 명 왕조(명나라)
- construction : 건설, 건축
- towering : 우뚝 솟은, 높이 치솟은
- monument : 기념물, 기념비
- Porcelain Tower : 도자기 탑
- imperial capital : 제국의 수도
- Buddhist Temple complex : 불교사원
- white porcelain : 백자, 백자기
- glisten : 반짝이다, 번들거리다
- adorn with : ~으로 꾸미다[장식하다]
- vibrant : 활기찬, 강렬한, 생생한
- glazed : 유약을 바른, 유약을 입힌
- the remnants : 유적, 유물

• replicate : 모사하다, 복제하다

• slab : 평판, 조각

• fade : 바래다, 사라지다

• decade : 10년

• rural : 시골의, 지방의

[오답풀이]

① Its bricks were all the same size.(그것의 벽돌은 크기가 모두 같았다.) → 벽돌의 크기가 모드 같은 것은 아님

② It stood in a temple of a rural area.(그것은 지방의 사원에 세워졌다.) → 황실의 수도인 난징시의 바오엔 불교 사원에 세워짐

④ It was decorated with the shapes of the sun.(그것은 태양 모양으로 장식되었다.) → 동물, 풍경으로 장식됨

⑤ Its porcelain slabs have been successfully replicated today.(그것의 도자기 평판은 오늘날 성공적으로 복제되었다.) → 성공적으로 복제하지 못함

[해석]

15세기 초, 중국 명나라 영락제는 그의 어머니를 기리기 위해 우뚝 솟은 기념비를 세우라고 명령했다. 도자기 탑은 당시 황실 수도였던 난징시에 웅장한 바오엔 불교 사원의 일부로 세워진 거대한 탑이었다. 그 탑은 백자 벽돌로 건축되어 햇빛에 반짝거렸고, 동물, 하층부, 풍경 등이 녹색, 노란색, 갈색의 생생한 유리로 장식되었다. 유물을 연구하는 역사학자들은 유약을 입힌 도자기 벽돌들이 고도의 숙련공들에 의해 만들어졌다고 말하지만, 안타깝게도 그것들을 만드는 방법은 역사 속으로 사라졌다. 가장 큰 벽돌들 중 몇 개는 두께가 50센티미터 이상이고 무게가 150킬로그램이나 나갔으며, 그 색유리는 수 세기 동안 선명하게 남아 있었다. 오늘날 이 도자기 평판들을 복제하려고 하는 노동자들은 5센티미터 이상의 두께로 만들기 위해 애쓰고 있으며 그 색깔은 불과 10년 후에 사라진다.

16 ④ 글의 서두에서 남아프리카 공화국의 소설가 Nadine Gordimer는 뛰어난 문학 능력뿐만 아니라 흑인과 백인을 엄격히 분리하는 제도인 인종 차별 정책에 대해 일관되고 용기 있는 비판으로 1991년 노벨 문학상을 받았다고 서술되어 있다. 그러므로 "She was acknowledged for her strong stance against racial discrimination.(그녀는 인종 차별에 반대하는 강경한 태도로 그 공적을 인정받았다.)"는 ④의 설명이 제시문의 내용과 일치한다.

[어휘]

• apartheid : (남아프리카공화국의) 인종 차별 정책

• segregating : 차별, 분리

• in all spheres of : 모든 영역에서

• racism : 인종 차별 주의, 민족주의

• for one thing : 우선, 첫째로

• racist system : 인종 차별 제도

• in one's own way : 자기 나름대로

• concentrate on : ~에 집중하다, ~에 초점을 맞추다

• moral : 도덕적인, 도덕과 관련된

• dilemma : 딜레마, 진퇴양난

• unambiguous : 모호하지 않은, 분명한

• delicate : 미묘한, 민감한

• inequality : 불평등, 불균등

• injustice : 불공정, 부당함, 불의

• neglect : 방치하다, 소홀히 하다

• ethical : 윤리적인, 도덕적인

• be attributed to : ~의 탓이다, ~의 덕분이다

• be acknowledged for : 공적을 인정받다

• strong stance : 강경한 태도[입장]

• racial discrimination : 인종 차별

[오답풀이]

① Her novels neglected the ethical problems faced by the whites.(그녀의 소설은 백인들이 직면한 윤리적 문제를 소홀히 했다.) → 백인들의 도덕적 딜레마에도 초점을 맞춤

② Her fight against apartheid was mainly driven by political ambition.(인종 차별 정책에 대한 그녀의 투쟁은 주로 정치적 야망에 의해 추진되었다.) → 인간적인 측면에 관심을 둠

③ Her growth as a writer was attributed to her middle-class black parents.(작가로서의 그녀의 성장은 중산층 흑인 부모의 덕분이었다.) → 중산층 백인 부모의 덕분임

⑤ She was praised for her ability to avoid delicate issues on South African politics.(그녀는 남아프리카 공화국의 정치에 관한 민감한 문제를 회피하는 능력으로 칭찬을 받았다.) → 일관되고 용기 있는 비판을 함

[해석]

남아프리카 공화국 소설가 Nadine Gordimer는 뛰어난 문학 능력뿐만 아니라 모든 삶의 영역에서 흑인과 백인을 엄격히 분리하는 제도인 인종 차별 정책에 대해 일관되고 용기 있는 비판으로 1991년 노벨 문학상을 받았다. 인종 차별 정책에 대한 그녀의 투쟁은 주로 정치적 제스처가 아니었다. 소설가로서 그녀는 인종 차별 정책과 민족주의의 인간적 측면에 더 큰 관심을 두었다. 우선 그녀는 남아프리카에 사는 백인 중산층 지식인으로서 그 제도의 혜택을 받았다는 것을 알고 있었다. 그녀는 또한 인종 차별 제도를 유지하는 데 책임이 있는 백인들이 나름대로의 고통을 받았다는 사실도 알고 있었다. 그래서 그녀의 소설이나 단편소설은 남아프리카의 사회적 관계에 의해 개인들에게 부과된 도덕적 딜레마에 초점을 맞추고 있다. 비록 지식인으로서 그녀는 민감한 사회적 문제에 대해 분

명한 정치적 발언을 할 수 있지만, 소설가로서 그녀는 불평등과 불공정에 바탕을 둔 사회에서 살아가는 인간의 보다 불명확한 측면에 더 관심이 많다.

17 ⑤ 칸트의 관점에서는 물에 빠진 아이를 구하는 것이 중요한 것이 아니라, 그들을 구하려는 의지나 의도가 중요하다. 즉, 결과론자가 행위의 결과를 중시하는 반면, 칸트는 행위의 동기를 중시한다고 볼 수 있다. 그러므로 빈칸에는 'motivation(동기)'이 들어갈 말로 적절하다.

[어휘]

- moral : 도덕적인, 도덕상의
- perspective : 관점, 시각
- count : 중요하다
- intention : 의도, 의향
- consequentialist : 결과론자, 결과주의자
- obviously : 분명하게, 명확하게
- be concerned with : ~에 관계가 있다, ~에 관심이 있다
- repression : 탄압, 진압, 억압
- intuition : 직관, 직감
- motivation : 동기

[오답풀이]

① repression → 억압
② decision → 결정
③ intuition → 직관
④ satisfaction → 만족

[해석]

물에 빠진 아이를 구하기 위해 강으로 뛰어든다고 생각해보라. 이것은 아마도 대부분의 사람들에게 좋은 일처럼 보일 것이다. 그러나 칸트에게는 물에 빠진 아이를 구하기 위해 강물에 뛰어들어야 하는 것이 자신의 도덕적 의무라는 것을 알기 때문에 그렇게 하는 것이 좋은 일일 뿐이다. 당신을 멋지게 보이게 할 수도 있고, 친구들에게 감동을 줄 수도 있고, 텔레비전에 나올 수도 있고, 심지어 당신이 아이를 돌봤기 때문에 강물에 뛰어들어 아이를 구한다면, 칸트의 관점에서 그것은 더 이상 도덕적인 행위가 아니다. 칸트에게는 물에 빠진 아이를 구하는 것이 꼭 중요한 일은 아니다. 중요한 것은 그들을 구하려는 의지나 의도이다. 분명한 것은 결과론자가 결과에 주로 초점을 맞추는 반면, 칸트는 선택과 동기에 관심을 갖는다.

18 ⑤ 윗글에 따르면 정보를 측정하고 기록하는 일은 원시 사회와 문명 사회를 구분 짓는 경계선이며, 초기 문명 사회에서 데이터화의 초기 기반이 되었다. 따라서 빈칸에는 정보를 측정하고 기록하는 것이 데이터 생성을 촉진시켰다는 의미가 되어야 하므로 'facilitated'가 들어갈 말로 적절하다.

[어휘]

- demarcation : 경계, 구분
- primitive : 초기의, 원시의
- conceptual : 개념의, 구상의
- millennium : 천년, 새로운 천년이 시작되는 시기
- significantly : 크게, 상당히, 중요하게,
- accuracy : 정확성, 정확도
- evolution : 진화, 발전
- script : 문자
- precise : 정확한, 정밀한
- method : 방법, 수법
- transaction : 거래, 처리
- retrieve : 되찾다, 검색하다
- datafication : 데이터화
- reverse : 뒤바꾸다, 반전[역전]시키다
- imitate : 모방하다, 흉내내다
- hinder : 방해하다, 저지하다
- facilitate : 가능하게[용이하게] 하다, 촉진시키다

[오답풀이]

① complicated → 복잡하게 만들다
② reversed → 뒤바꾸다
③ imitated → 모방하다
④ hindered → 방해하다

[해석]

정보를 기록하는 능력은 원시 사회와 선진 사회의 경계선 중 하나이다. 길이와 무게에 대한 기본적인 계산과 측정은 초기 문명의 가장 오래된 개념적 도구 중 하나였다. 기원전 3천년 경에 기록된 정보에 대한 개념은 인더스 계곡, 이집트, 메소포타미아에서 상당히 발전하였다. 일상생활에서 측정의 사용이 증가함에 따라 정확성이 향상되었다. 메소포타미아에서 문자의 진화는 생산과 사업상 거래를 추적하는 정확한 방법을 제공했다. 문자 언어는 초기 문명이 현실을 측정하고, 기록하고, 나중에 검색할 수 있도록 하였다. 측정과 기록 모두 데이터 생성을 촉진시켰다. 그것들은 데이터화의 초기 기반이다.

19 ③ 기술 기업들이 온라인 광고 시장을 지배하면서 언론 본연의 임무인 진실 보도보다는 상업적으로 돈벌이가 되는 자극적인 낚시성 기사를 우선시 하여 '가짜 뉴스'를 양산하였다. 그러므로 빈칸에는 'boring truth(지루한 진실)'이 들어갈 말로 적절하다.

[어휘]

- bulletin : 뉴스 단신, 공고, 회보
- a profusion of : 많은, 풍성한
- spring up : 휙 나타나다, 갑자기 생겨나다

- compete with : ~와 경쟁하다[겨루다]
- online-only : 온라인 전용
- article : 글, 기사
- curated : 전문적인 식견으로 엄선한, 관장한
- algorithm : 알고리즘
- struggle : 투쟁하다, 몸부림치다
- dominate : 지배하다, 두드러지다
- print circulation : 발행부수
- collapse : 붕괴되다, 폭락하다
- go bust : 파산하다, 망하다
- prioritise : 우선순위를 매기다, 우선적으로 처리하다
- attention-grabbing : 눈길을 끄는, 주목을 끄는
- clickbait : 낚시성 기사, 클릭 미끼
- propel : 추진하다, 나아가게 하다
- declare : 단언하다, 선언하다
- fake news : 가짜 뉴스
- neologism : 신조어, 새로운 표현
- racy : 흥분되는, 짜릿한, 야한
- exaggerated : 과장된, 부풀린

오답풀이

① subjective opinion(주관적인 의견)
② racy headlines(짜릿한 제목)
④ online etiquette(온라인 에티켓)
⑤ exaggerated ads(과장된 광고)

해석

뉴스가 예전 같지 않다. 요즘 대부분의 소비자들은 뉴스 단신의 대부분을 온라인으로 받는다. 온라인 발행이 저렴하기 때문에, 많은 새로운 소식통이 갑자기 생겨난다. 기성 신문이 운영하는 웹사이트는 페이스북과 트위터와 같은 소셜 미디어 사이트의 알고리즘에 의해 엄선된 논평, 디지털 체인 레터 및 기사의 편집은 말할 것도 없고, 보다 새로운 온라인 전용 매체 및 전문(또는 아마추어) 블로그와 경쟁한다. 기성 매체는 어려움을 겪어왔다. 기자들의 월급을 주던 광고의 많은 부분이 온라인 광고 시장을 지배하는 두 개의 큰 기술 회사인 페이스북과 구글에게 돌아갔다. 발행 부수가 폭락했다. 지역 신문들이 특히 큰 타격을 입었고, 많은 신문사들이 파산했다. 소셜 미디어 알고리즘은 지루한 진실보다 눈길을 끄는 낚시성 기사를 우선시하며, 전 세계적으로 말도 안 되는 일을 추진하는 데 일조한다. 사전 편찬사인 콜린스는 "가짜 뉴스"를 2017년 올해의 신조어로 선언했다.

20 ② 범죄가 만연한 거리, 주차장, 쇼핑몰 등에 클래식 음악을 틀어 놓으면, 그러한 음향 환경을 좋아하지 않는 부랑자들이 그곳을 배회하지 않게 됨으로써 범죄를 막을 수 있다는

논리이다. 그러므로 앞의 부정어 'won't'와 호응하여 ②의 'want to loaf around there(그곳에서 배회하고 싶다)'가 빈칸에 들어갈 말로 적절하다.

어휘

- team up : 한 팀이 되다, 협력[협조]하다
- pump : 주다, 공급하다
- crime-ridden : 범죄가 많은, 범죄가 만연한
- deter : 단념시키다, 그만두게 하다, 막다
- pipe : 보내다, 송신하다
- a tube station : 지하철역
- robbery : 강도
- vandalism : 공공 기물 파손 행위
- slice : 썰다, 자르다, 줄어들다
- light-rail : 경전철
- transit hubs : 교통 중심지
- Port Authority : 항만청
- vagrancy : 부랑, 부랑률
- crime-stopping : 범죄 예방
- maestro : 명연주자, 거장
- logic : 논리, 타당성
- calming : 진정, 차분함
- loiter : 어슬렁거리다, 빈둥거리다
- vandalize : 공공 기물을 파손하다
- soundscape : 음향 풍경
- annoy : 괴롭히다, 짜증나게 하다
- apparently : 분명하게, 명백하게
- scare away birds : 새를 놀라게 하여 쫓다
- blare : 요란하게[쾅쾅] 울리다
- stable : 안정된, 차분한
- loaf around : 빈둥거리다, 배회하다

오답풀이

① (won't) get emotionally stable(정서적으로 안정되지 않다)
③ (won't) be in the mood for classical music(클래식 음악을 듣고 싶어 하지 않다)
④ (won't) commit a serious crime on the spot(현장에서 중범죄를 저지르지 않다)
⑤ (won't) pay attention to the music any more(음악에 더 이상 귀를 기울이지 않다)

해석

1990년대 이래로, 기업과 경찰은 범죄가 만연한 거리, 주차장, 쇼핑몰에 클래식 음악을 공급하기 위해 협력해왔다. 왜 그럴까? 그것은 바흐 한 소절이 범죄를 막을 수 있다는 증거가 있기 때문이다. 2005년, 런던 지하철은 특정 지하철역에 클래식 음악을 방송하기 시작했고, 1년 내에 강도와 공공 기물 파

손 행위가 3분의 1로 줄어들었다. 오리건주 포틀랜드의 경전 철 역과 뉴욕 항만청 버스 터미널과 같은 다른 교통 중심지들 도 비발디와 같은 바로크 거장들의 범죄 예방 덕택에 부랑률 이 감소했다고 보도됐다. 원리는? 우선, 클래식 음악은 마음을 진정시킬 수 있다. 그러나 더욱 중요한 것은, 종종 십대들인 어슬렁거리고 공공 기물을 파손하는 이들은 대개 관현악을 즐 기지 않는다는 것이다. 그리고 음향 환경에 짜증이 난다면, 그 곳에서 배회하고 싶지 않을 것이다. 분명 이것은 동물에게도 또한 효과가 있다. 영국 Staverton에 있는 Gloucestershire 공항 에서, 공항 책임자들은 새들을 놀라게 하여 쫓는 가장 좋은 방 법은 티나 터너의 빅 히트곡을 튼 밴을 모는 것이라는 사실을 알고 있다.

21   ③ Kenneth와 Mamie Pipps Clark의 실험에서 흑인 아이들 이 피부색 때문에 스스로를 열등하게 생각한다는 사실 을 알아냈다. 즉, 이것은 흑인 아이들이 피부색 때문에 인 종차별을 받고 있다는 자의식이 내재되어 있다는 증거였 다. 그러므로 ③의 'internalized the social values of their environment(그들 환경의 사회적 가치를 내면화한)'가 빈칸 에 들어갈 말로 적절하다.

어휘

- segregation : 인종 차별
- sense of self : 자아감, 자의식, 자존감
- pale : 창백한, 연한, 옅은
- take A as B : A를 B로 여기다[간주하다]
- internalize : 내면화하다, 내재화하다
- inferior : 못한, 열등한
- attorney : 변호사, 대리인
- lawsuit : 소송 사건
- testify : 증언하다, 증명하다
- self-hatred : 자기 혐오[증오]
- Supreme Court : 대법원
- ruling : 결정, 판결
- integrate : 통합시키다, 합치다
- spur : 원동력이 되다, 박차를 가하다
- burden : 짐을 나르다, 부담을 지우다
- oppressive : 억압하는, 숨이 막힐 듯한
- norm : 표준, 규범, 기준

오답풀이

① felt the need to free themselves to succeed(성공에서 스스 로 벗어날 필요성을 느꼈다)

② were burdened with expectations from their elders(어른들 로부터의 기대감에 부담감을 가졌다)

③ learned how to avoid oppressive norms and conventions

(억압적인 규범과 관습을 피하는 방법을 배웠다)

⑤ had the desire to develop and realize their own potential(잠재력을 개발하고 실현하려는 욕망이 있었다)

해석

아프리카계 미국인 심리학자인 Kenneth와 Mamie Pipps Clark 은 1940년대 인종 차별 속에 살고 있는 흑인 아이들이 어떻게 자의식을 발달시키는지 이해하기 위해 일부는 하얀 피부이고, 일부는 갈색 피부인 아기 장난감 세트를 이용했다. 두 가지 옵 션 모두를 제시받은 흑인 아이들은 피부색이 옅은 인형을 선 호했고, 어떤 인형들이 그들과 닮았는지 물었을 때 심지어 울 기도 했다. Clark 연구원들은 이것을 아이들이 그들 환경의 사 회적 가치를 내면화한 증거로 받아들였다. 즉, 그들은 피부색 때문에 스스로를 열등하다고 생각했다. 이 실험은 유명한 브 라운 대 교육위원회 소송에서 변호사들에게 깊은 인상을 남겼 고, Kenneth는 인종 차별이 자기혐오로 이어졌다고 증언했다. 1954년 대법원의 판결은 마침내 학교들을 통합시켰고 민권 운 동 부흥에 박차를 가했다.

22   ② 중국의 궁정 점성가들은 부정확한 예측을 하게 되면 처형 되었기 때문에, 어떤 점성가들은 단순히 기록을 조작하여 나중에 해당 사건과 일치시켰다. 그러므로 빈칸에는 ②의 'they were in perfect conformity with events(그 기록들이 사건들과 완벽하게 부합하도록 했다)'가 들어갈 말로 적절 하다.

어휘

- astrology : 점성술, 점성학
- contend : 주장하다, 다투다
- constellation : 별자리
- profoundly : 큰, 매우, 완전히
- fate : 운명, 숙명
- Constellation of the Goat : 염소자리
- subtle : 민감한, 예민한
- capital offense : 사형, 죽을 죄
- overthrow : 뒤집다, 전복시키다
- regime : 정권, 정부
- inaccurate : 부정확한, 오류가 있는
- execute : 처형하다, 실행하다
- doctor : 조작하다, 변조하다
- conformity : 순응, 부합
- record-keeping : 기장, 기록 관리
- fuzzy : 흐릿한, 어렴풋한, 모호한
- fraud : 사기, 가짜, 엉터리
- cautious : 조심스러운, 신중한
- descendant : 자손, 후손

① a more cautious position would be adopted(좀 더 신중한 입장을 취할 것이다)

③ people would pay close attention to the stars(사람들은 별에 세심한 주의를 기울일 것이다)

④ descendants could learn from their ancestors(후손들은 그들의 조상들로부터 배울 수 있었다)

⑤ observations of the planets could be encouraged(행성들의 관측은 장려될 수 있었다)

해석

점성술은 여러분이 태어났을 때 행성들이 어느 별자리에 있는지가 여러분의 미래에 큰 영향을 미친다고 주장한다. 수천 년 전에 행성의 움직임이 왕, 왕조, 제국의 운명을 결정한다는 생각이 발달했다. 점성가들은 행성의 움직임을 연구했고, 가령 지난 번 금성이 염소자리에서 떠오를 때 무슨 일이 있었는지 자문했다. 그리고 아마 이번에도 비슷한 일이 일어날 것이다. 그것은 민감하고 위험한 일이었다. 점성가들은 오직 국가에만 고용되었다. 많은 나라에서 공식 점성가가 아닌 다른 사람이 하늘의 징조를 읽는 것은 죽을 죄였고, 정권을 전복시키는 좋은 방법은 그것의 몰락을 예측하는 것이었다. 부정확한 예측을 한 중국 궁정 점성가들은 처형되었다. 다른 이들은 단순히 기록들을 조작하여 나중에 그 기록들이 사건들과 완벽하게 부합하도록 했다. 점성술은 관측, 수학, 그리고 모호한 생각과 거짓으로 신중하게 기록 관리된 이상한 조합으로 발전했다.

23 ② 윗글은 십대들의 침묵에 대해 신뢰, 이해, 유연성의 분위기를 조성해 십대들의 감정을 이해하고 인정하는 방법에 대해 설명하고 있다. 그러므로 빈칸에는 ②의 'Acknowledge and legitimize a teenager's feelings(십대의 감정을 인정하고 정당화하라)'가 들어갈 말로 적절하다.

어휘

• noted : 저명한, 유명한
• reprimand : 질책하다, 문책하다
• suspended animation : 가사상태, 무기력감
• establish : 설립하다, 조성하다
• atmosphere : 대기, 공기, 분위기
• flexibility : 유연성, 신축성
• legitimize : 정당화하다, 합법화하다
• outfit : 옷, 복장
• awful : 끔찍한, 형편없는
• refrain from : ~을 삼가다
• peer : 또래, 친구
• mean : 비열한, 저속한, 못된
• temptation : 유혹, 꾐

• ritual : 의식, 절차
• adolescent : 청소년

① Resist the temptation to control and keep silent(통제하고 싶은 유혹을 뿌리치고 침묵하라)

③ Encourage teens to accept criticism from others(십대들이 다른 사람들의 비판을 받아들이도록 격려하라)

④ Maintain family rituals as a way of staying in touch(연락하고 지내는 방법으로 가족 의례를 유지하라)

⑤ Take adolescent mood swings and silences personally(사춘기의 감정 동요와 침묵을 개인적으로 받아들여라)

해석

십대들은 부모들과 왜 말을 하지 않는가? "기본적으로, 그들은 부모님이 이해하지 못할 거라고 생각합니다."라고 한 저명한 심리학자가 말한다. "계속해서 질책과 지시를 받을 때, 그들은 부모가 자신들의 기분을 신경 쓰지 않는다고 느낄지도 모릅니다." 십대들에게 침묵은 무기다. 그것은 "더 이상 날 통제할 수 없어."라고 말하고 있는 것이다. 하지만 그렇다고 해서 앞으로 수년 간 가사 상태로 살아야 한다는 뜻은 아니다. 그것은 신뢰, 이해, 유연성의 분위기를 조성해야 한다는 것을 의미한다. 십대의 감정을 인정하고 정당화하는 방법은 다음과 같다. 만일 딸이 가장 친한 친구가 자신의 새 옷을 형편없다고 말했다면, "너는 제니퍼의 말에 왜 신경을 쓰니?"라고 말하는 것을 삼가라. 십대들은 자기 또래들이 어떻게 생각하는지 매우 신경을 쓰며, 현명한 부모는 그것을 정상으로 받아들인다. 대신, "그게 너를 마음 아프게 했을 거야. 좋아하는 사람이 못된 말을 하면 마음이 아파."라고 해라.

24 ① 제시문의 마지막 문장에 나와 있는 'Golden Dustmen(황금 청소부)'처럼 빅토리아 시대에 런던에서 부자가 될 수 있는 직업은 석탄 가루를 치우는 청소부였다. 쓰레기통에서 도시 외곽까지 석탄 가루를 나르는 청소부들이 없었다면 도시의 거리가 막혔을 것이다. 그러므로 윗글의 제목으로 ①의 'When Victorians Got Rich on Dust(빅토리아 시대의 사람들이 먼지로 부자가 되었을 때)'가 가장 적절하다.

어휘

• dig through : ~를 파나가다[파헤치다]
• junkyard : 고철상, 고물상
• resell : 되팔다, 전매하다
• scraps of metal : 고철 조각
• rag : 해진 천, 누더기
• furrier : 모피상
• prized : 소중한, 귀중한
• coal dust : 석탄 가루

- brickmaker : 벽돌제조업자, 벽돌공
- clay : 점토, 찰흙, 진흙
- scarce : 부족한, 결핍한
- open-hearth : 평로, 덮개가 없는 난로
- ash : 재, 잿더미
- clog : 막다, 방해하다
- dustman : (옥외 쓰레기를 치우는) 청소부
- lug : 나르다, 끌다
- dustbin : 휴지통, 쓰레기통
- outskirts : 변두리, 근교, 외곽
- thigh-deep : 허벅지 깊이의
- filthy rich : 대단히 부유한
- outstrip : 앞지르다, 능가하다
- tarnish : 흐려지다, 퇴색하다
- foolproof : 극히 간단한, 바보라도 해 낼
- coal mine : 탄광

오답풀이

② A Foolproof Recipe for Brickmaking(아주 손쉽게 벽돌을 만드는 법)

③ How Bad Is Working in a Coal Mine?(탄광에서 일하는 것이 건강에 얼마나 나쁜가?)

④ Child Labor During the Industrial Revolution(산업 혁명 시대의 소년 노동)

⑤ Air Pollution: Why London Struggled to Breathe(대기 오염: 런던이 숨쉬기 힘든 이유)

해석

빅토리아 시대에 런던에서 아이들이 고물상을 파헤치며 되팔수 있는 모든 것을 찾는 것은 드문 일이 아니었다. 단추와 비누를 만드는 데 사용될 수 있는 금속 조각, 누더기, 뼈, 그리고 심지어 죽은 고양이까지 그들은 모피상에게 팔았다. 하지만 가장 귀중한 발견물은 석탄 가루였다. 벽돌을 만들기 위해 그것을 진흙과 섞은 벽돌공들은 석탄 가루에 꽤 많은 돈을 지불했다. 석탄 가루가 부족했던 것은 아니다. 사실 덮개 없는 난로 때문에 재가 사방에 날렸고, 쓰레기통에서 도시 외곽까지 그것을 나르는 청소부들이 없었다면 도시의 거리가 막혔을 것이다. 그 장면은 흡사 여자, 남자, 그리고 아이들이 허벅지까지 먼지를 뒤집어쓰고 일하는 디킨스 소설의 정기적인 재활용 작업처럼 보였다. 그들의 상사들은 엄청 부유했지만 런던의 먼지 공급이 수요를 앞지르면서 수익이 감소했다. 19세기 후반까지, 한때 '황금 청소부'였던 이들에 대한 전망은 이미 퇴색되었다.

25 ① 제시문에 따르면 점점 더 많은 세계적인 회사들이 메타버스 내의 공간을 사들여 상점을 차리고 있고, 그 공간을

지배하기 위해 각축을 벌이고 있다고 설명하고 있다. 그러므로 제시문의 제목으로 ①의 'Setting up Shop in the Metaverse(메타버스에서의 상점 개설)'가 가장 적절하다.

어휘

- metaverse : 가상공간, 메타버스
- eventually : 결국, 드디어
- avatar : 화신, 아바타
- fanciful : 상상의, 허황된, 비현실적인
- retailer : 소매업자, 소매상
- dominant : 우세한, 우성의, 지배적인
- fade away : 사라지다, 쇠퇴하다
- obscurity : 무명, 모호함
- ecosystem : 생태계
- eco-friendly : 친환경적인, 환경 친화적인
- climb the social ladder : 출세하기

오답풀이

② Opening Electronic Bank Branches(전자 은행 지점 개설)

③ Building Virtual Eco-friendly Environments(환경 친화적 가상공간 구축)

④ Climbing the Social Ladder in the Metaverse(메타버스에서 출세하기)

⑤ Dominating the Shopping Space with Avatars(아바타로 쇼핑 공간 장악하기)

해석

이전에 페이스북으로 알려진 이 회사는 메타버스가 인터넷의 미래라고 확신해 작년에 이름을 메타로 바꾸었다. 메타와 그 회사 사장인 마크 주커버그는 결국 우리들 대다수가 메타버스에서 일하고, 놀고, 쇼핑할 것이라고 생각한다. 아니면 적어도 우리의 아바타들이 그럴 것이다. 많은 이들에게 이 모든 것이 허황되게 들리겠지만, 점점 더 많은 회사들이 메타버스 내의 공간을 사들여 그곳에 가게를 차리고 있다. 이 회사들은 아디다스, 버버리, 구찌, 토미 힐피거, 나이키, 삼성, 루이비통 그리고 심지어 HSBC와 JP 모건 같은 은행들도 포함한다. 그러나 그러한 사업체들의 문제는 그들이 어떤 장소를 선택하느냐이다. 현재 메타버스 내에는 샌드박스, 디센트럴랜드, 복셀, 솜니움 스페이스 및 메타 소유의 호라이즌 월드를 포함한 가장 인기 있는 50여 개의 세계적 공급사들이 있다. 소매업체와 다른 투자자들은 이들 중 어떤 업체가 우리의 아바타로부터 가장 많은 방문을 받으며 메타버스의 지배적인 세력이 될 도박을 하고 있다. 그리고 어떤 다른 세계가 무명으로 사라질지 모른다. 더욱이 승리의 생태계 속에서 기업은 가장 인기 있는 영역을 선택하기 위해 노력해야만 한다.

26 ② 제시문에서 화가 많이 난 고객에게 더 많은 보상을 해줄

거라는 일반적인 통념과 달리 문화적 특성과 개인의 수용 수준에 따라 다르다는 것을 실험을 통해 증명하고 있다. 그러므로 제시문의 제목으로는 ②의 "Does the Squeaky Wheel Get the Most Oil?(삐거덕 거리는 바퀴가 기름을 가장 많이 얻을까?)"가 가장 적절하다.

어휘

• compensation : 보상, 배상
• intense : 강한, 강렬한
• service reps : 서비스 직원들
• hierarchy : 계급, 계층
• simulate : 모의 실험하다, 시뮬레이션하다
• service interaction : 서비스 상호작용
• inevitable : 불가피한, 필연적인
• subject : 연구[실험] 대상, 피실험자
• inappropriate : 부적절한, 부적합한
• perception : 지각, 인식, 통찰력
• mitigate : 완화시키다, 경감시키다
• squeaky : 끼익 하는 소리가 나는
• broth : 수프, 죽
• stitch : 바늘땀, (뜨개질의) 코

오답풀이

① Does Time Really Fly When You're Having Fun?(즐거운 시간을 보내면 시간이 정말 빨리 갈까?)
③ Can a Rolling Stone Gather Any Moss?(구르는 돌에 이끼가 낄 수 있을까?)
④ Can Too Many Chefs Spoil the Broth?(요리사가 많으면 스프를 망칠까?)
⑤ Can a Stitch in Time Save Nine?(제때 꿰맨 한 땀이 아홉 땀의 수고를 덜까?)

해석

새로운 연구는 사람들이 서비스 실패 후 더 화가 난 것처럼 보일수록 더 많은 보상을 받을 것이라는 일반적인 통념을 시험하고 종종 그 반대가 사실이라는 것을 보여준다. 연구원들은 강한 분노가 서비스 직원들에게 미치는 영향은 권력 거리 또는 PD로 알려진 문화적 특성, 즉 권력 차이와 위계에 대한 개인의 수용 수준에 따라 다르다는 것을 발견했다. 모의실험을 거친 서비스 상호 작용을 포함한 네 가지 실험에서 PD가 높은 참가자(권력 차이를 자연스러운 또는 불가피한 것으로 받아들인 참가자)는 몹시 화가 난 고객보다 조금 화가 난 고객에게 더 많은 보상을 제공했고, 반면에 PD가 낮은 참가자는 정반대였다. 왜 그럴까? PD가 높은 피실험자들은 강한 분노의 표현을 부적절하다고 보고 그들을 응징한 반면 PD가 낮은 피실험자들은 그 표현을 위협적인 것으로 보고 그들에게 보상을 했다. 그러나 위협에 대한 인식이 완화되었을 때(참가자들

은 고객들이 자신들에게 해를 가할 수 없다고 들었다), PD가 낮은 사람들도 조금 화가 난 고객들에게 더 많은 보상을 해주었다.

27 ③ 세계 각국의 보호무역주의, 전염병과 전쟁으로 인한 공급 부족 및 인플레이션의 심화 등으로 세계화가 정체되면서 각국 정부는 자국의 글로벌 기업들이 우호적인 국가에서 사업하는 것을 선호한다고 하였다. 그러므로 ③의 'the switch to a security-first model of globalisation(세계화의 안보 제일주의 모델로의 전환)'이 제시문의 주제로 가장 적절하다.

어휘

• go-go : 호경기의
• economic integration : 경제 통합
• stall : 멈추다, 지연되다, 지체되다
• aftershock : (큰 지진 후의) 여진
• populist : 포퓰리즘
• revolt : 반란, 혐오
• stagnate : 침체되다, 정체되다
• postpone : 미루다, 연기하다
• give way to : 바뀌다, 대체되다
• wait-and-see : 관망하는
• globalisation : 세계화
• blip : 깜박 신호, 일시적인 상황[문제]
• extinction : 멸종, 소멸
• pandemic : 전국적인 유행병, 전염병
• trigger : 촉발시키다, 방아쇠를 당기다
• reimagine : 재상상하다
• boardroom : 중역 회의실, 이사회실
• trillion : 1조
• inventory : 물품 목록, 재고
• stockpile : 비축하다, 사재기하다
• insurance : 보험, 보장
• prioritise : 우선순위를 매기다, 우선적으로 처리하다
• descend : 내려오다, 내려앉다
• protectionism : 보호주의
• usher : 안내하다, 알려 주다
• efficiency : 효율성, 효율화
• security-first : 안전 제일
• disruption : 방해, 붕괴, 파괴

오답풀이

① the era of globalisation ushered in by new businesses(신생 사업들이 이끄는 세계화 시대)
② the promotion of globalisation through cost efficiency(비용

의 효율성을 통한 세계화 촉진)

④ the disruption of globalisation caused by war(전쟁으로 인한 세계화의 붕괴)

⑤ the threat of globalisation to workers' rights(노동자의 권리에 대한 세계화의 위협)

해석

1990년대와 2000년대의 호경기 이후, 기업들이 금융 위기의 여진, 개방된 국경에 대한 포퓰리즘 반란, 도널드 트럼프 대통령의 무역전쟁으로 어려움을 겪으면서 2010년대에 경제 통합의 속도는 지체되었다. 상품과 자본의 흐름이 정체되었다. 많은 사장들이 해외 투자에 대한 큰 결정을 미루었고, 그에 맞추어 관망하는 쪽으로 선회하였다. 세계화가 일시적인 문제에 직면했는지 아니면 소멸에 직면했는지 아무도 몰랐다. 우크라이나에서 전염병과 전쟁이 한 세대에 한 번꼴로 세계 자본주의를 이사회와 정부에서 재상상하는 계기가 되었기 때문에 이제 기다림은 끝났다. 보이는 모든 곳에서 공급망은 9조 달러의 재고에서 공급 부족과 인플레이션에 대한 보험으로 비축되었고, 글로벌 기업들이 중국에서 베트남으로 옮겨감에 따라 노동자들의 싸움으로 바뀌어 가고 있다. 이러한 새로운 종류의 세계화는 여러분의 정부가 우호적인 국가들에서 여러분이 신뢰할 수 있는 사람들과 사업하는 것을 우선시한다. 그것은 보호무역주의, 큰 정부, 그리고 심화된 인플레이션으로 주저앉을 수 있다.

28 ② 아메리칸 드림은 원래 신분에 관계없이 누구나 열심히 일하면 '무일푼에서 벼락부자로' 성공할 수 있다는 믿음이었으나, 1920년대 이후 미국의 현실과 모순되고 동떨어져 연구원들과 사회 과학자들로부터 비판을 받아왔다고 설명하고 있다. 그러므로 ②의 'the fallacy of the great American Dream(위대한 아메리칸 드림의 오류)'가 제시문의 주제로 가장 적절하다.

어휘

• the Lost Generation : 잃어버린 세대, 가치관을 잃은 세대(제1차 세계 대전 무렵의 환멸과 회의에 찬 미국의 젊은 세대)

• deception : 속임, 기만, 사기

• prominent : 중요한, 유명한

• vast : 방대한, 막대한

• misery : 고통, 빈곤, 비참

• live the dream : 꿈을 성취[실현]하다

• self-sufficient : 자급자족할 수 있는

• stunningly : 놀랍도록, 기막히게

• prosperity : 번영, 번창

• assumption : 추정, 가정

• perseverance : 인내, 참을성

• risk-taking : 위험을 각오한[무릅쓴, 감수한]

• from rags to riches : 무일푼에서 벼락부자로

• mobile : 이동하는, 움직이는

• misplaced : 부적절한, 잘못된

• contradict : 부정하다, 모순되다

• repentance : 뉘우침, 회개

• self-reliance : 자기 의존, 자립심

• fallacy : 오류, 착오

• revision : 수정, 변경

오답풀이

① the repentance of self-reliance through hard work(열심히 일해서 자립한 것에 대한 회개)

③ the revision of the American Dream(아메리칸 드림의 수정)

④ the criticism of material success in America(미국의 물질적 성공에 대한 비판)

⑤ the realization of the Lost Generation's ideals(잃어버린 세대의 이상 실현)

해석

잃어버린 세대의 일원들은 '아메리칸 드림'에 대한 생각을 거창한 속임수로 보았다. F.S. 피츠제럴드의 위대한 개츠비에서 이 이야기의 서술자 닉 캐러웨이가 개츠비의 막대한 재산이 엄청난 고통으로 보상받았다는 것을 깨닫게 되면서 이것은 유명한 주제가 되었다. 피츠제럴드에게, 열심히 일하면 성공한다는 아메리칸 드림의 전통적인 비전은 변질되었다. 잃어버린 세대에게 '꿈을 실현하는 것'은 더 이상 단순히 자급자족하는 삶을 구축하는 것이 아니라, 필요한 어떤 수단을 써서라도 엄청난 부자가 되는 것이었다. '아메리칸 드림'이란 용어는 그들이 어디에서, 어떤 사회 계층에서 태어났는지에 관계없이 누구나 번영과 행복을 추구할 권리와 자유를 가지고 있다는 믿음을 말한다. 아메리칸 드림의 핵심 요소는 열심히 일하고, 인내하고, 위험을 감수함으로써 누구나 '무일푼에서 벼락부자로' 상승하여 재정적으로 부유하고 사회적으로 출세한 성공 비전을 실현시킨다는 가정이다. 1920년대 이후, 아메리칸 드림은 현대 미국의 현실과 모순된 잘못된 믿음으로 종종 연구원들과 사회 과학자들에 의해 의문의 제기와 비판을 받아왔다.

29 ① 반세기 전에 유행했던 오래된 기술이지만 큰 회사나 정부 기관에서 필수적인 기술이었기 때문에 Mooney는 구직 활동 당시 여러 고용주들로부터 고위직을 제안 받았다. 그러므로 ①의 "Old technology can still be of great use. (오래된 기술도 여전히 큰 도움이 될 수 있다.)"가 윗글의 요지로 가장 적절하다.

어휘

• passionate : 열정적인, 열광적인

- Sputnik : 세계 최초의 구소련 인공위성
- stuff : 잡동사니, 하찮은 것
- cool point : 좋은 점수
- insurance : 보험
- government agency : 정부 기관, 정부 당국
- institution : 기관, 시설
- potential : 가능성이 있는, 잠재적인
- expertise : 전문 지식[기술]
- senior position : 상급직, 고위직
- resilience : 회복력, 복원력, 반동
- decades-old : 수십 년 된
- specialize in : ~을 전문으로 하다

오답풀이

② Keep up with the changing times in the tech world.(기술 세계에서 변화하는 시대에 뒤떨어지지 않도록 해라.)

③ The best job is one that makes full use of your abilities.(가장 좋은 직업은 당신의 능력을 최대한 활용하는 것이다.)

④ Silicon Valley is always in the market for new technology. (실리콘 밸리는 항상 새로운 기술을 위한 시장이다.)

⑤ The future of digital technology lies within academic institutions.(디지털 기술의 미래는 학술 기관 안에 있다.)

해석

Caitlin Mooney는 24살이며 스프트닉 시대의 과거 기술에 열정적이다. 최근 뉴저지 공대 컴퓨터 공학과를 졸업한 Mooney는 컴퓨터 메인프레임과 이를 구동하는 코볼이라고 불리는 소프트웨어를 포함하여, 반세기 전에 유행했던 기술의 팬이다. 그런 것들은 실리콘 밸리에서 어떤 좋은 점수도 얻지 못하겠지만, 큰 은행, 보험 회사, 정부 기관 및 다른 큰 기관들에서는 필수적인 기술이다. Mooney의 구직 기간 동안, 잠재적인 고용주들은 그녀의 전문성을 보았고 그녀가 찾고 있던 것보다 더 높은 고위직에 관해 상담하고 싶어 했다. "그 고위직들은 정말 기대됩니다."라고 Mooney는 말했다. 그녀는 지금 여러 일자리 제안 중 하나를 결정하려고 노력하고 있다. 수십 년 된 컴퓨터 기술과 이를 전문으로 하는 사람들의 복원은 새로운 기술이 종종 많은 옛 기술 위에 구축된다는 것을 보여준다.

30 ② Enron 스캔들로 물러난 CEO Jeff Skilling과 7년간 12억 달러의 과다 수익 처리로 불명예 퇴진한 도시바의 Hisao Tanaka의 사례처럼 성공 속에 사기와 기만이 감춰져 있을 수도 있다는 내용이다. 그러므로 ②의 "All that glitters is not gold.(반짝인다고 모두 금은 아니다."가 윗글의 요지로 가장 적절하다.

어휘

- multigenerational : 다세대의, 여러 세대의

- midsize : 중형의, 중견의
- sheer : 순전한, 온전한
- longevity : 장수, 수명
- architect : 건축가, 설계자
- attest to : 증명하다, 증언하다
- navigator : 조종사, 항해사
- sustained : 한결같은, 지속적인
- conceal : 숨기다, 은폐하다
- trickery : 사기, 기만, 속임수
- hail : 환영[환호]하다, 축하하다
- well-regarded : 인정받는, 존경받는
- resign : 퇴임하다, 물러나다
- disgrace : 불명예, 치욕
- overstatement : 과장, 과대
- unearth : 파헤치다, 밝혀내다
- feather : 털, 깃털

오답풀이

① A watched pot never boils.(지켜보는 냄비는 결코 끓지 않는다.)

③ Time and tide wait for no man.(세월은 사람을 기다리지 않는다.)

④ Birds of a feather flock together.(깃털이 같은 새들끼리 모인다.)

⑤ Don't put all your eggs in one basket.(한 바구니에 모든 달걀을 담지 마라.)

해석

과거의 성공을 좋은 판단의 표식이라고 가정하는 것은 유혹적이며, 일부 경우에는 그럴 수도 있다. 다세대에 걸친 몇몇 독일 중견기업의 성공과 워런 버핏의 장기간 투자 실적 등은 자주 인용되는 사례이다. 하지만 성공은 다른 부모를 가질 수 있다. 나폴레옹이 그의 장군들에게 요구했던 것으로 유명한 특성인 행운은 종종 인정받지 못한 성공의 설계자이다. 스포츠인들은 기술뿐만 아니라 행운의 중요성을 증언할 수 있다. 네 번의 아메리카 컵 요트 경기에서 승리한 항해사이자 설계자인 Grant Simmer는 경쟁자들의 실수로 인한 행운의 도움을 인정했다. 때로는 지속적인 성공으로 보이는 것이 속임수를 숨길 수도 있다. Enron 스캔들이 터지기 전인 2001년, CEO Jeff Skilling은 매우 성공적인 리더로 환영받았다. 도시바의 존경받는 상사 Hisao Tanaka는 7년간 12억 달러의 과다 수익이 밝혀진 후 2015년에 불명예 퇴진했다.

31 ③ 머리에 이가 많으면 건강한 사람이라는 뉴헤브리디스 원주민들의 생각은 오랜 관찰 결과 사실이 아닌 걸로 밝혀졌다. 건강한 사람들은 이가 서식하기에 알맞은 체온을 유지했기

때문에 이가 많은 것이지 이가 건강의 원인은 아니다. 그러므로 "이의 증식이 인체의 건강을 증진시키는 데 중요한 결정 요인이었다"는 ③의 내용은 전체적인 글의 흐름과 어울리지 않는다.

> **어휘**

• lice : louse(이)의 복수
• observation : 관찰, 관측
• accurate : 정확한, 정밀한
• statistics : 통계, 통계학
• correlation : 연관성, 상관관계
• proliferation : 급증, 확산, 증식
• determinant : 결정 요인
• flesh : 살, 피부
• scatter : 뿌리다, 흩어지다
• prey on : ~을 먹이로 하다, 잡아먹다

> **해석**

수세기 동안 뉴헤브리디스 제도의 원주민들은 이로 가득 찬 머리를 건강의 표시로 여겼다. "수세기에 걸친 관찰로 건강한 사람들은 대개 이가 있고 아픈 사람들은 그렇지 않은 경우가 많다는 사실을 알게 되었습니다. 관찰 자체는 정확하고 믿을 만 했습니다."라고 Darrell Huff는 「통계로 거짓말하는 방법」이란 책에 썼다. ①그러나 그 상관관계가 이가 건강의 열쇠라는 것을 의미하는 것은 아니었다. 오히려 그 반대였다. ②건강한 사람들은 그들의 몸이 딱 알맞은 온도, 즉 벌레를 위한 완벽한 집이었기 때문에 이가 있었다. ③따라서 이의 증식은 인체의 건강을 증진시키는 데 중요한 결정 요인이었다. ④그러나 사람들이 고열이 날 때, 그들의 몸은 뜨거워졌고 이로 인해 이가 흩어졌다. ⑤이는 건강의 원인이 아니라 건강을 해쳤다.

32 ① 제시문에 따르면 암호화폐는 그동안 실제 거래에서 큰 역할을 한 적이 없으며, 실물 경제에 활용도가 높은 제품을 결코 내놓은 적이 없다고 서술되어 있다. 그러므로 "실제 거래에서 유용함을 충분히 입증한 Venmo와 같은 디지털 결제 앱을 사용한다고 가정하자"는 ①의 설명은 전체적인 글의 흐름과 어울리지 않는다.

> **어휘**

• transaction : 거래, 처리
• much-hyped : 대대적으로 과장된, 엄청 선전된
• bitcoin : 비트코인
• national currency : 자국 통화
• disaster : 재앙, 재난
• payment app : 결제 앱
• amply : 광범위하게, 충분하게
• rein in : 억제하다, 고삐를 죄다

• stablecoin : 가격 변동성을 최소화하도록 설계된 암호화폐
• supposedly : 추정상, 아마
• peg : 정하다, 고정시키다
• unregulated : 비규제의, 규제받지 않는
• cascading : 폭포같은, 계속되는, 연속적인
• collapse : 붕괴, 실패
• reminiscent : 연상시키는, 추억에 잠긴
• the Great Depression : 대공황
• crypto industry : 암호화폐 산업
• come up with : ~을 생산하다, 제시하다
• spectacularly : 눈부시게, 극적으로
• cutting edge : 최첨단
• cultivate : 경작하다, 양성하다
• prominent : 저명한, 유명한

> **해석**

암호화폐는 2009년 무렵부터 있었으며, 그동안 실제 거래에서 큰 역할을 한 적이 없는데도 비트코인을 자국 통화로 만들려는 엘살바도르의 대대적인 시도는 재앙이 되었다. ①예를 들어, 실제 거래에서 유용함을 충분히 입증한 Venmo와 같은 디지털 결제 앱을 사용한다고 가정하자. ②그렇다면 어떻게 암호화폐가 절정에 달했을 때 거의 3조 달러의 가치가 되었을까? ③추정컨대 미국 달러에 고정돼 있었지만 분명 비규제 은행의 모든 위험 대상이었고, 대공황에 일조했던 은행 부도의 물결을 연상시키는 연쇄 붕괴를 경험한 지금 '스테이블코인'을 억제하기 위해 왜 아무런 조치도 취해지지 않는가? ④내 대답은 암호화폐 산업이 실물경제에 활용도가 높은 제품을 결코 내놓은 적이 없지만, 마케팅 자체는 눈부시게 성공해 최첨단이자 존경할 만한 이미지를 만들어냈다는 것이다. ⑤특히 저명한 인물과 기관을 양성함으로써 그렇게 했다.

33 ③ 고생물학자들은 빙하기 황새 렙탑틸로스 로부스투스가 날지 못하는 종(種)이라고 생각했지만, 왕립학회 오픈 사이언스지에 발표된 렙탑틸로스 로부스투스의 날개 뼈 화석을 통해 이 사실이 잘못되었다는 것을 알았다. 그러므로 주어진 문장은 날지 못하는 종(種)이라고 생각했지만, 12피트 길이의 날개폭은 황새가 머리 위로 날아오르도록 했을 것이라고 서술되어 있는 ③에 들어가는 것이 가장 적절하다.

> **어휘**

• analyze : 분석하다, 조사하다
• fossil : 화석
• hobbit : 호빗(가상의 난장이)
• immense : 엄청난, 거대한
• stork : 황새
• tower over : ~보다 훨씬 높다

정답 및 해설

- paleontologist : 고생물학자
- previously : 이전에, 미리
- flightless : 날지 못하는
- wingspan : 날개 길이, 날개폭
- soar : 솟구치다, 날아오르다
- prompt : 즉각[지체 없이] ~하다, 촉발하다
- revise : 변경하다, 개정하다
- anatomy : 해부학
- scavenger : 청소부, 죽은 동물을 먹는 동물
- prehistoric : 선사의, 선사 시대의

해석

> 그러나 오늘 왕립학회 오픈 사이언스지에 발표된 날개 뼈를 포함한 새롭게 분석된 화석들이 이 이야기를 바꾸어 놓았다.

인도네시아 동부의 섬인 고대 플로레스에서, '호빗' 크기의 인간은 거대한 새와 그 풍경을 공유했다. (①) 크기가 5피트 이상인 빙하기 황새 렙탑틸로스 로부스투스는 6만 년 이전에 살았던 3피트 크기의 호모 플로레시엔시스보다 더 컸다. (②) 이전에 고생물학자들은 그 큰 새가 고립된 섬 생태계에 적응해 살아가는 날지 못하는 종(種)이라고 생각했다. (③) 황새의 크기에도 불구하고, 12피트 길이의 날개폭은 황새가 머리 위로 날아오르도록 했을 것이다. (④) 이 새로운 사실에 고생물학자들은 L. 로부스투스의 해부학과 행동에 대해 이전에 생각했던 것을 즉각 수정했다. (⑤) 이 새로운 연구는 그 새가 작은 먹이를 사냥하기보다 아마도 죽은 동물들에게서 먹이를 구했던 것으로 알려진 다른 선사시대의 나는 황새들처럼 청소부였을 거라는 사실을 시사한다.

34 ④ 고대 이집트인들이 사용한 아이라이너의 일반적인 제조법에는 납이 포함되어 있었고, 납 이온은 다른 면에서 여전히 독성이 있지만 박테리아가 눈을 감염시키기 전에 죽이는 활성산소인 일산화질소를 생성하는 데 도움을 주었다. 이러한 사실을 파리의 화학 팀이 밝혀낸 것이므로 주어진 문장은 ④에 들어가는 것이 가장 적절하다.

어휘

- lead ions : 납 이온
- toxic : 독성의, 독이 있는
- nitric oxide : 일산화질소
- free radical : 활성 산소
- infect : 감염시키다, 오염시키다
- rim : 가장자리[테]를 이루다[두르다]
- makeover : 미용, 화장
- ritual : 의식상의, 의례적인

- slaughter : 도살, 학살
- manuscript : 원고, 사본
- wearer : 착용하는 사람, 사용하는 사람
- skeptical : 의심 많은, 회의적인
- formula : 공식, 화학식, 제조법
- scraped : 긁어낸
- onto something : 말이 맞는, 뭔가 이루어낸, 좋은 결과의
- compound : 화합물
- deliberately : 의도적으로, 일부러
- dub : 별명을 붙이다, 재녹음하다

해석

> 납 이온은 다른 면에서 여전히 독성이 있지만 또한 박테리아가 눈을 감염시키기 전에 죽이는 활성산소인 일산화질소를 생성하는 데 도움을 주었다.

이집트인들은 눈가에 검은 화장을 하는 것으로 유명하다. 이 화장은 단지 사람만을 위한 것이 아니라, 기원전 2500년의 예술에서 보듯이 도살 의식에 끌려가는 소들 또한 머리에 칠을 했다. (①) 그 시대의 기록들은 아이라이너가 눈의 감염으로부터 사용자들을 보호한다고 주장했지만, 현대 과학자들은 회의적이었다. (②) 결국 가장 일반적인 제조법에는 납이 포함되어 있었다. (③) 하지만 2009년, 파리의 Pierre와 Marie Curie 대학의 연구원이 이끄는 화학 팀은 무덤에서 긁어낸 샘플을 분석했고 고대인들의 말이 맞다는 것을 발견했다. (④) 게다가, 아이라이너의 일부 화합물은 이집트가 원산지가 아니어서, 연구원들은 이 화장품이 단지 수중에 있었기 때문에 사용된 것이 아니라 의도적으로 제조된 것이라고 믿게 되었다. (⑤) 이 연구의 저자들은 그 아이라이너를 우리에게 알려진 최초의 대규모 화학 제조 공정이라고 이름 붙였다.

35 ④ 고대 그리스는 국민 주권에 대한 개념을 제시한 반면 로마는 공화주의 개념을 제시했다. 즉, 그리스와 로마의 정부 형태는 달랐지만 수세기에 걸쳐 공화주의와 민주주의가 얽히면서 오늘날 우리가 알고 있는 현대 자유민주주의 체제를 만들어냈다. 그러므로 비록 고대 그리스와 로마의 정부 형태는 (A)달랐지만(dissimilar), 그들은 함께 현대 민주주의의 (B)토대(foundation)를 마련했다고 한 문장으로 요약할 수 있다.

어휘

- governing decision : 통치 결정
- lay out : 제시하다, 설계하다
- republicanism : 공화주의
- representation : 대표, 대리
- popular sovereignty : 국민 주권

- derive : 끌어내다, 유도하다, 도출하다
- legislative body : 입법부, 입법 기관
- senate : 원로원
- liberal democracy : 자유민주주의
- intertwine : 뒤얽히다, 엮이다
- regime : 정권, 제도, 체계
- deficiency : 결핍, 결점
- interchangeable : 교환[교체]할 수 있는, 호환할 수 있는
- dissimilar : 다른, 같지 않은
- groundbreaking : 획기적인, 신기원을 이룬

오답풀이

① (A) primitive → 원시적인

  (B) deficiencies → 결점

② (A) interchangeable → 교환할 수 있는

  (B) inspiration → 영감

③ (A) ideal → 이상적인

  (B) riddles → 수수께끼

⑤ (A) groundbreaking → 획기적인

  (B) groundwork → 기반

해석

고대 그리스 민주주의는 대중이 정부의 일에 직접 참여하여 정책을 선택하고 통치 결정을 내리도록 하였다. 이런 의미에서 국민은 국가였다. 이와 대조적으로, 로마 제국은 국가 내의 권력 분립과 선출된 관리들을 통한 대중의 대표성을 강조하는 공화주의의 개념을 제시했다. 따라서 그리스가 국민 주권에 대한 개념을 제시한 반면, 원로원과 같은 입법 기관의 개념을 도출한 것은 로마이다. 그들의 초기 형태에서, 그리스의 민주주의도 로마의 공화주의도 오늘날의 기준으로 자유 민주주의로 정의되지는 않을 것이다. 둘 다 특정한 민주적 요소를 강조했지만 근본적인 방법으로 제한했다. 수세기에 걸쳐 정치적 권리와 제도가 확대되면서 공화주의와 민주주의가 얽혀 오늘날 우리가 알고 있는 현대 자유민주주의 체제를 만들어냈다.

↓

비록 고대 그리스와 로마의 정부 형태는 (A)달랐지만, 그들은 함께 현대 민주주의의 (B)토대를 마련했다.

36 ③ (A) 꽃은 수분을 위해 그리고 양봉가는 꿀을 위해 각각의 입장에서 꿀벌의 목적을 예로 들어 설명하고 있다. 그러므로 (A)에 들어갈 연결어구는 예시의 의미를 나타내는 'For instance(예를 들어)'가 가장 적절하다.

(B) 특정한 목적을 위해 무언가를 이용하고 있지만, 자연에서는 누가 누구를 이용하고 있는지 명확하지 않다고 했으므

로, (B)에는 역접의 의미를 나타내는 'Yet(하지만)'이 들어갈 연결어구로 가장 적절하다.

어휘

- perceived : 인지된, 감지된
- pollinate : 수분하다, 꽃가루를 주다
- beekeeper : 양봉가
- hive : 벌집
- be relative to : 관계가 있다
- exploit : 이용하다, 착취하다
- tick : 진드기
- hide : (짐승의) 가죽
- rhinoceros : 코뿔소
- rid : 없애다, 제거하다

해석

우리가 목적을 바라보는 방법은 종종 인지된 중요성과 관련이 있다. (A)예를 들어, 꽃을 주된 관심의 대상으로 본다면 꿀벌의 목적은 꽃을 수분시키는 것이라고 말한다. 하지만 우리가 양봉가라면, 꿀벌의 목적은 벌집에 공급할 꿀을 생산하는 것이라고 말할 가능성이 더 높다. 여기서 목적은 꽃을 위해 씨앗을 운반하거나 벌집을 위해 꿀을 생산하는 더 큰 맥락과 관련이 있다고 볼 수 있으며, 특정한 목적을 위해 무언가를 착취하거나 이용하는 것과 관련이 있다. (B)하지만, 자연에서는 누가 누구를 이용하고 있는지 종종 명확하지 않다. 코뿔소 가죽의 진드기를 먹는 작은 새는 코뿔소를 모두가 먹을 수 있는 큰 뷔페로 이용하는가, 아니면 코뿔소가 성가신 진드기를 없애는 수단으로 그 새를 이용하는가? 그 둘은 서로가 필요하다. 그래서 목적은 상대적인 것이며, 어떤 사물이나 사람의 상대적인 중요성과 관련이 있다.

37 ⑤ 주어진 문장에서 화자는 최근에 여성 운동이 활발하지 못한 것에 의문을 던졌고, 글 (C)에서 실제 여성 운동이 유럽과 미국 전역에서 폭발했던 당시 상황을 설명하였다. 다음으로 글 (B)의 마지막 문장에서 일본 여성에 대한 사례를 언급했고, 글 (A)에서 그에 대한 구체적인 설명을 제시하였다. 그러므로 주어진 글 다음에 (C) – (B) – (A)의 순으로 글이 이어져야 한다.

어휘

- burst : 터뜨리다, 폭발하다
- enormous : 거대한, 엄청난
- dissipate : 소멸되다, 사라지다
- extremely : 매우, 극도로
- explosion : 폭발, 폭파
- end up with : 결국 ~하게 되다
- narrow section : 좁은 부분

• population : 인구, 주민

ᄒ버ᄉᆨ

> 60년대 이후 여성 운동은 전통적인 남성의 사고방식을 그대로 반영하는 방향으로 발전했다. 그것은 마치 뇌 속으로 타들어가는 모양과 같아서 밖으로 빠져나갈 수 없다. 나는 최근에 왜 여성 운동이 전체적으로 잠재력을 발휘하지 못하는지 생각해 보았다.

(C) 여성 운동은 유럽과 미국 전역에서 엄청난 에너지를 내며 현장에서 폭발했다. 하지만 에너지는 사라졌고, 실제로 성취된 것은 모든 유럽 국가들과 아마도 60년대에 젊고 현재 중년이 된 미국과 캐나다의 중산층 여성들이 오히려 더 잘 해냈다는 것이다.

(B) 그들은 대개 텔레비전과 라디오, 신문 등과 같은 문화적인 일에 좋은 직업을 갖고 있다. 이것은 일본처럼 여성들이 매우 힘든 시간을 보내는 나라들도 또한 사실이다.

(A) 오늘날 일본에는 공적인 생활을 하는 여성이 극히 드물고, 서구의 어느 곳보다 훨씬 적으며, 그들이 있을 때는 거의 항상 문화적인 일에 있다. 그래서 모든 엄청난 에너지의 폭발은 결국 여성 인구의 극히 일부만이 이전보다 더 잘하게 되었다.

38 ⑤ 주어진 글에서 문화를 숙주의 몸 속에 기생하는 기생충에 비유하여 화제를 던지고 있고, 글 (C)에서 한 숙주에서 다른 숙주로 증식하며 퍼지는 기생충의 특성에 대해 설명하고 있다. 글 (B)에서 이런 식으로 문화적인 사상 또한 인간의 마음속에 기생하여 전파된다고 설명하고 있으며, 마지막으로 글 (A)에서 기생충에 잡아먹힌 숙주처럼 인간은 죽지만 그 사상은 퍼지며, 문화는 정신적 기생충이라고 결론을 내린다. 그러므로 주어진 글 다음에 (C) – (B) – (A)의 순으로 글이 이어져야 한다.

어휘

• infection : 감염, 전염병
• parasite : 기생충
• unwitting : 자신도 모르는, 부지불식간의, 무의식적인
• host : 주인, 성체, 숙주
• organic parasite : 유기[생물에서 나온] 기생충
• multiply : 증가하다, 증식하다
• feed off : ~을 먹다
• pass along : 전달하다, 부담시키다, 떠넘기다
• in this fashion : 이런 식으로
• dedicate : 바치다, 헌신하다
• conspiracy : 음모, 모의

• emerge : 나오다, 드러나다

ᄒ버ᄉᆨ

> 점점 더 많은 학자들이 문화를 정신적인 감염이나 기생충의 일종으로 보고 있으며, 인간을 무의식적인 숙주로 여긴다. 바이러스와 같은 유기 기생충은 숙주의 몸 속에 기생한다.

(C) 이 기생충들은 한 숙주에서 다른 숙주로 증식하여 퍼지면서 숙주를 먹고, 약화시키며, 때로는 죽이기도 한다. 숙주가 기생충에게 물려줄 만큼 충분히 오래 사는 한 숙주의 상태는 거의 신경 쓰지 않는다.

(B) 바로 이런 식으로, 문화적인 사상은 인간의 마음속에 살아 있다. 이들은 증식하여 한 숙주에서 다른 숙주로 전파되며, 때로는 숙주를 약화시키고 때로는 죽이기도 한다. 문화적인 사상은 심지어 죽음의 대가를 치르더라도 그 사상을 퍼뜨리기 위해 사람의 생명을 바치도록 강요할 수 있다.

(A) 인간은 죽지만, 그 사상은 퍼진다. 이 접근법에 따르면, 문화는 다른 사람들을 이용하기 위해 어떤 사람들에 의해 꾸며진 음모가 아니다. 오히려 문화는 우연히 나타난 정신적 기생충이며, 그 이후에 감염된 모든 사람들을 이용한다.

[39~40]

어휘

• liberally : 듬뿍, 아낌없이
• troop : 병력, 부대
• overthrow : 타도하다, 전복하다
• be preoccupied with : ~에 골몰하다[몰두하다]
• hyperorganized : 과조직화된
• monarchy : 군주국, 왕정
• side with : ~의 편을 들다, 두둔하다
• the Confederacy : 남부연합(미국의 남북전쟁 당시 북부에 대항하는 남부 연방)
• defeat : 패배시키다, 물리치다
• Latino : (미국에 사는) 라틴 아메리카인
• spontaneous : 자발적인, 즉흥적인
• take place in : ~에서 열리다, 일어나다
• slavery : 노예, 노예제도
• significance : 중요성, 중대성, 의의
• fall by the wayside : 도중에 실패하다, 사라지다
• spirits industry : 양주 산업, 양주 업계
• seize : 붙잡다, 장악하다
• ubiquitous : 어디에나 있는, 도처에 있는

- rage : 노하다, 맹위를 떨치다, 성행하다
- geographically : 지리적으로
- conspiracy : 음모, 모의
- ridden : 시달리는, 사로잡힌
- distorted : 왜곡된, 비뚤어진
- cuisine : 요리, 요리법
- immigration : 이민, 이주
- restoration : 부활, 회복

해석

많은 미국인들에게, 싱코 데 마요는 멕시코 음식을 먹고 아낌없이 마시는 날이다. 그러나 실제 역사는 훨씬 더 정치적 사안이다.

그것은 1860년대에 시작되었다. 프랑스는 멕시코로 제국을 확장하고 싶어 했다. 나폴레옹 3세는 아브라함 링컨이 내전에 몰두하는 동안 멕시코에서 민주적으로 선출된 대통령 베니토 후아레스를 타도하기 위해 그의 군대를 멕시코시티로 진격하도록 명령했다. 과조직화된 프랑스군은 승리할 것으로 크게 기대되었고, 이는 남부연합의 편에 설 새로운 멕시코 군주국을 탄생시켰다.

그러나 1862년 5월 5일, 멕시코군은 푸에블라 전투에서 프랑스를 물리쳤다. 그 뜻밖의 승리는 골드러시 기간 동안 북쪽으로 온 라틴 아메리카인들을 하나로 모았고, 자발적인 축하행사로 이어졌다고 「미국의 전통인 엘 싱코 데 마요」(첫 번째는 캘리포니아의 투올룸네 카운티에서 열렸다.)의 저자 데이비드 E. 헤이스-바티스타는 말한다. 곧 그들은 멕시코와 미국의 두 노예제도에 대항하는 투쟁을 지원하기 위해 단체들을 조직하기 시작했다.

그러나 1930년대에 남북 전쟁에 대한 기억이 더 멀어지면서 민권 공휴일로서의 싱코 데 마요의 중요성은 점차 사라지기 시작했다. 1980년대와 1990년대까지 히스패닉 소비자의 수가 급격히 증가했고, 특히 양주 업계 판매자들이 그 순간을 장악했다. 그들은 그 공휴일을 멕시코-미국 문화의 일반적인 축제로 전환시켜 어디에서나 열었고, 파티는 오늘날에도 성행하고 있다.

39 ② 싱코 데 마요는 푸에블라 전투, 남북 전쟁, 노예제도에 대한 투쟁 등의 역사에 비추어 볼 때, 멕시코-미국 문화의 일반적인 축제 이상의 정치적으로 훨씬 무게가 실린 사안이다. 그러므로 ②의 'politically charged(정치적 사안의)'가 빈칸에 들어갈 말로 가장 적절하다.

오답풀이

① geographically driven(지리적으로 추진된)
③ conspiracy ridden(음모에 사로잡힌)
④ culturally distorted(문화적으로 왜곡된)

⑤ economically balanced(경제적으로 균형 잡힌)

40 ① 제시문에 싱코 데 마요는 멕시코군이 푸에블라 전투에서 프랑스군을 물리친 후 라틴 아메리카인들의 자발적인 축하행사에서 비롯되었고, 이후 1980년대와 1990년대에 히스패닉 소비자의 수가 급격히 증가하면서 양주 업계 판매자들이 그 날을 멕시코-미국 문화의 일반적인 축제로 전환시켰다고 서술되어 있다. 그러므로 ①의 'The Surprising Evolution of Cinco de Mayo(싱코 데 마요의 놀라운 진화)'가 윗글의 제목으로 가장 적절하다.

오답풀이

② The Political Significance of Mexican Cuisine(멕시코 요리의 정치적 중요성)
③ Revisiting the History of Mexican Immigration(멕시코 이민의 역사 다시보기)
④ All Against Slavery: Struggles of the Confederacy(노예 제도에 반대하는 모든 것: 남부 연합의 투쟁)
⑤ The Restoration of Civil Rights Through Cinco de Mayo(싱코 데 마요를 통한 시민권 회복)

[41~42]

어휘

- gasp at : ~에 놀라 숨이 막히다
- glance up : 흘낏[휙] 보다, 언뜻 보다
- shrink : 줄어들다, 움츠리다
- dub : 별명을 붙이다, 더빙하다
- moon illusion : 달 착시
- phenomenon : 현상, 사건
- trickery : 사기, 속임수
- disagree : 의견이 다르다, 일치하지 않다
- deceive : 속이다, 기만하다
- supermoon : 슈퍼문, 초대형 달
- coincide with : ~와 일치하다, 동시에 일어나다
- lunar orbit : 달의 (공전) 궤도
- roughly : 대략, 거의
- naked eye : 육안
- barely : 겨우, 거의
- juxtapose : 병치하다, 옆에 놓다, 나란히 놓다
- foreground : 전경, 앞 경치
- hypothesis : 가설, 추정
- intrigue : 강한 흥미[호기심]
- take the time to : ~하는데 시간을 내다[할애하다]
- savor : 맛, 풍미, 음미

- lunar eclipse : 월식
- breathtaking : 숨이 막히는, 숨이 멎는 듯한
- optical illusion : 착시, 착시 현상

해석

여러분은 밤의 지평선을 보고 엄청나게 큰 달이 뜨는 광경에 가슴이 벅찬 적이 있는가? 몇 시간 후에 하늘을 올려다보면, 대게는 달이 작아진 것처럼 보일 것이다. 달 착시라고 불리는 이 현상은 수천 년 동안 목격되어 왔으며, 모두가 마음속에서 일어나는 시각적 속임수이다. 그리고 그렇게 오랜 시간이 지난 후에도, 과학자들은 여전히 우리의 뇌에서 정확히 무슨 일이 일어나고 있는지에 대해 의견이 분분하다. 그것을 시험해 보려면, 지평선에서 떠오르는 달 사진을 찍어 그날 밤 늦게 찍은 이미지와 비교하면 된다. 눈은 순간적으로 속을지언정, 그 크기는 일정하게 유지될 것이다. (A)마찬가지로 슈퍼문 기간 동안 보름달의 날짜가 달의 궤도에서 지구와 가장 가까운 곳에 일치하고 달이 약 7% 더 크게 보일 때, 비록 다르다고 확신하더라도 육안으로는 그 차이를 거의 볼 수 없다.

그 착각에 대한 일반적인 설명은 달이 지평선 가까이 있을 때, 하늘과 마주하여 나란히 있는 나무나 건물들이 뇌를 속여 달이 지구에 더 가깝고 따라서 더 크다고 인식하는 것이다. (B) 그러나, 궤도상의 우주 비행사들 또한 앞에 물체가 없는데도 달 착시를 목격하기 때문에, 이 설명이 문제를 완전히 해결하지는 못한다. 다른 가설들이 많지만, 달 착시는 여전히 과학자들과 이 달의 신비를 편안히 앉아 음미하는데 시간을 할애하는 사람에게 약간의 흥미를 유발한다.

41 ④ 주어진 제시문은 수천 년 동안 목격된 달의 착시 현상에 대해 설명하고 있으며, 달이 작아지는 것처럼 보이는 이유에 대한 다양한 가설들을 제공하고 있다. 그러므로 ④의 'The Optical Illusion of the Size of the Moon(달의 크기에 대한 착시 현상)'이 윗글의 제목으로 가장 적절하다.

오답풀이

① Traveling to the Moon Made Easy(손쉬운 달 여행)
② Lunar Eclipse During Supermoons(슈퍼문 기간 동안의 월식)
③ The Breathtaking View from Outer Space(우주에서 바라본 숨막히는 광경)
⑤ The Shrinking Universe: A Cause for Worry?(작아지는 우주: 걱정거리인가?)

42 ③ (A) 달 착시를 시험하기 위해 그 결과가 유사한 두 가지 방법을 제시하고 있다. 그러므로 'Similarly(마찬가지로)'가 빈칸 (A)에 들어갈 연결어구로 가장 적절하다.
   (B) 나무나 건물들 때문에 달 착시가 나타난다는 앞의 설명

과 달리 우주 비행사들은 앞에 물체가 없는데도 달 착시를 목격한다고 서술하고 있다. 그러므로 역접의 접속사 'However(그러나)'가 빈칸 (B)에 들어갈 연결어구로 가장 적절하다.

[43~45]

어휘

- be stuck in : ~에 처박혀 있다, ~에 갇히다
- polio : 소아마비
- antidote : 해독제, 해결책
- supposedly : 추측컨대, 아마도
- grab : 붙잡다, 움켜쥐다
- butcher paper : 고기 포장용지
- grasp : 완전히 이해하다, 파악하다
- instruction : 지시, 설명
- delicious-sounding : 맛있는 소리를 내는
- ward : 실, 병동
- keep under wraps : 숨기다, 비밀로 하다
- decade : 10년
- epidemic : 유행병, 전염병
- bowling alley : 볼링장
- moviegoer : 영화 관람객
- wary : 경계하는, 조심하는
- coupled with : ~와 결부된, 동반된
- eradicate : 근절하다, 뿌리 뽑다
- be inducted into : ~에 가입되다, 헌액[추대]되다
- the National Toy Hall of Fame : 국립 장난감 명예의 전당
- humble : 겸손한, 겸허한
- keep a low profile : 겸손함을 유지하다
- devote : 바치다, 헌신하다
- exploration : 탐사, 탐구
- royalty check : 저작권료
- bittersweet : 달콤한, 달콤쌉싸름한
- boost : 높이다, 신장시키다
- arithmetic : 산수, 산술
- be struck with : ~에 휩싸이다
- hospitalize : 입원시키다

해석

(A) 1948년이었고, 엘리너 애벗은 지루했다. 퇴임한 선생님은 그녀처럼 소아마비를 앓고 있는 어린 아이들에게 둘러싸여 샌디에이고 병원에 갇혀 있었다. 아이들은 외롭고 슬퍼했으며, 달리 할 일이 없었던 애벗은 유쾌한 보드 게임이 완벽한 해결책이 될 수 있으리라 생각했다. 그래서 그녀는

아마도 고기 포장용지 한 장을 쥐고 도안을 그리기 시작했다.

(D) 최종 결과 어린 아이들은 대만족이었다. 세거나 읽을 필요 없이, 참가자는 단순히 색을 파악하여 카드 상의 지시에 따라 보드를 여행하고, 도중에 맛있는 소리를 내는 여러 위치에 멈추면 되었다. 그녀는 소아마비 병동의 아이들과 그 게임을 함께 했고, 아이들은 좋아했다. 1년 후 밀턴 브래들리가 그 게임을 사들였는데, 그것은 공전의 히트작인 캔디랜드였다.

(B) 밀턴 브래들리는 수십 년 동안 그 이야기를 비밀에 부쳤지만, 그 게임과 병과의 연관성은 거기서 멈추지 않았다. 소아마비가 캔디랜드를 유명하게 만드는 데 일조했을 가능성이 있다. 1950년대 초, 소아마비 전염병이 전국을 휩쓸었다. 건강을 지키는 가장 좋은 방법은 사람들을 만나지 않는 것이었다. 공공 수영장, 놀이터, 그리고 볼링장은 폐쇄되었다. 영화 관람객들은 극장에서 서로 멀리 떨어져 앉도록 안내 받았다. 조심스러운 부모들은 아이들을 밖에서 놀도록 내버려두지 않았다. 건강하든 아프든, 모두가 시간을 보내는데 도움이 될 오락거리가 필요했다. 전후 미국인들이 그 어느 때보다 많은 돈과 여가 시간을 가졌다는 사실과 더불어, 그것은 어린이 보드 게임이 인기를 끌기 위한 이상적인 조건을 제공했다. 게다가, 그것은 사탕에 관한 것이지 않은가!

(C) 오늘날, 소아마비는 사실상 지구상에서 근절되었다. 그러나 캔디랜드는 계속해서 기부를 하고 있다. 그 게임은 4천만 장 이상이 팔렸고 2005년에 국립 장난감 명예의 전당에 헌액되었다. 하지만 애벗은 남은 여생 동안 겸손함을 유지했다. 뉴욕 로체스터에 있는 박물관인 더 스트롱의 니콜라스 리케츠에 따르면, 애벗은 첫 저작권료를 받았을 때, 그 돈의 상당 부분을 병동에서 만난 아이들에게 바로 돌려주었다. 얼마나 자상한가!

43 ④ 우선 글 (A)에서 앨리너 애벗이 소아마비 병동에서 보드 게임을 만든 상황을 설명하고 있고, 다음으로 보드 게임을 하는 방법에 대해 설명한 글 (D)가 이어져야 한다. 글 (D)의 말미에 밀턴 브래들리가 그 게임을 사들여 히트시킨 것이 캔디랜드였고, 그것이 유명하게 된 이유를 글 (B)에서 설명하고 있다. 마지막으로 글 (C)에서 캔디랜드를 처음 도안한 엘리너 애벗의 훈훈한 미담에 대해 설명하고 있다. 그러므로 글 (A) 다음에 (D)-(B)-(C)의 순서로 글이 이어져야 한다.

44 ② 캔디랜드는 엘리너 애벗이 샌디에이고 병원에 입원중일 때 소아마비에 걸린 아이들을 위해 고안했고, 소아마비가 사라진 이후에도 계속해서 기부를 이어가고 있으며, 애벗이

첫 저작권료를 받았을 때도 그 돈의 상당 부분을 병동에서 만난 아이들에게 돌려주었다고 서술하고 있다. 그러므로 ②의 'The Bittersweet History of Candy Land(캔디랜드의 달콤한 역사)'가 윗글의 제목으로 가장 적절하다.

오답풀이

① How to Play Candy Land with Kids(아이들과 캔디랜드 놀이하는 방법)

③ Using Candy Land as an Educational Tool(캔디랜드를 교육 도구로 사용하기)

④ Candy Land: Boosting Children's Confidence(아이들의 자신감을 높여주는 캔디랜드)

⑤ The Decline of the Popularity of Candy Land(캔디랜드의 인기 하락)

45 ① 글 (D)에서 세거나 읽을 필요 없이, 참가자는 단순히 색을 파악하여 카드 상의 지시에 따라 보드를 여행하고, 도중에 맛있는 소리를 내는 여러 위치에 멈추면 된다고 그 게임에 대해 설명하고 있다. 그러므로 "Candy Land requires basic arithmetic skills.(캔디랜드는 기본적인 산술 능력을 필요로 한다.)"는 ①의 설명은 윗글의 내용과 일치하지 않는다.

오답풀이

② America was struck with an epidemic in the 1950s.(미국은 1950년대에 전염병이 유행하였다.)

③ Eleanor Abbott made Candy Land while hospitalized.(엘리너 애벗은 입원 중에 캔디랜드를 만들었다.)

④ Eleanor Abbott shared her first royalty check with others.(엘리너 애벗은 처음 받은 저작권료를 다른 사람들과 나누었다.)

⑤ At first, Milton Bradley did not reveal the origin story of Candy Land.(처음에 밀턴 브래들리는 캔디랜드의 유래를 밝히지 않았다.)

2023학년도 기출문제 정답 및 해설

제3교시 **수학영역**

01 ①	02 ④	03 ③	04 ⑤	05 ①	06 ③
07 ④	08 ⑤	09 ⑤	10 ③	11 ②	12 ④
13 ②	14 ③	15 ③	16 ①	17 ①	18 ②
19 ④	20 ②	21 146	22 250	23 7	24 14
25 34					

01 $\overline{AB}$, $\overline{AC}$의 길이가 각각 3, 5이고 주어진 삼각형의 넓이가 $5\sqrt{2}$이므로

$$5\sqrt{2}=\frac{1}{2}\times 3\times 5\times \sin A,$$

$$\sin A=\frac{2\sqrt{2}}{3}$$

이때, $\sin^2 A+\cos^2 A=1$이므로

$$\frac{8}{9}+\cos^2 A=1,$$

$$\cos A=\frac{1}{3}$$

따라서 코사인법칙을 이용하여 $\overline{BC}$의 길이를 구하면

$$\overline{BC}^2=3^2+5^2-2\times 3\times 5\times \frac{1}{3}=24,$$

$$\overline{BC}=2\sqrt{6}$$

외접원의 반지름의 길이를 R이라 할 때, 사인법칙을 이용하면

$$2R=\frac{2\sqrt{6}}{\sin A},$$

$$\therefore R=\frac{3\sqrt{3}}{3}$$

02 원점에서 출발하는 두 점 P, Q의 시각 t에서의 위치를 각각 $x_P(t)$, $x_Q(t)$라고 하면

$$x_P(t)=\int_0^t 3t^2+2t-4dt=t^3+t^2-4t$$

$$x_Q(t)=\int_0^t 6t^2-6dt=2t^3-3t^2$$

$$t^3+t^2-4t=2t^3-3t^2,$$

$$t^3-4t^2+4t=0,$$

$$t(t-2)^2=0$$

$$\therefore t=2$$

따라서 $t=2$일 때, 두 점이 처음으로 만나므로 이때의 위치는

$$\therefore x_P(2)=x_Q(2)=4$$

03 $x=a$일 때, P, Q, R의 좌표는 각각 $P(a, 4^a)$, $Q(a, 2^a)$, $R\left(a, -\left(\frac{1}{2}\right)^{a-1}\right)$이다.

이때, $\overline{PQ}:\overline{QR}=8:3$이므로 이를 식으로 나타내면

$$4^a-2^a:2^a+\left(\frac{1}{2}\right)^{a-1}=8:3,$$

$$3(4^a-2^a)=8(2^a+2^{1-a}),$$

$$3\times 2^{3a}-11\times 2^{2a}-16=0,$$

$$(2^a-4)(3\times 2^{2a}+2^a+4)=0,$$

$$\therefore a=2$$

04 집합 A에서 $2\le a\le k$이므로 a는 1보다 큰 자연수이다.

따라서 $\log_a b\le 2$, $b\le a^2$

또한, 자연수 k는 $k\ge 2$이므로 $a=2$부터 집합 A에 차례대로 대입하면

$a=2$일 때, $b\le 4$이므로

$(a, b)=(2, 1), (2, 2), (2, 3), (2, 4)$: 4개

$a=3$일 때, $b\le 9$이므로

$(a, b)=(3, 1), (3, 2), \cdots, (3, 9)$: 9개

$a=4$일 때, $b\le 16$이므로

$(a, b)=(4, 1), (4, 2), \cdots, (4, 16)$: 16개

$a=5$일 때, $b\le 25$이므로

$(a, b)=(5, 1), (5, 2), \cdots, (5, 25)$: 25개

따라서 $a=1$부터 $a=5$까지 원소의 개수의 합이 54이므로 자연수 a와 k의 최댓값은 5, 자연수 b의 최댓값은 25이다.

$$\therefore 5+25+5=35$$

05 주어진 조건에서 사차함수 $f(x)$가 x^3으로 나누어떨어지므로 $f(x)$는 x^3을 인수로 가져야한다.

$$\therefore f(x)=ax^3(x-b)$$

이때, 함수 $f(x)$는 $x=1$에서 극값 2를 가지므로,

$$f'(1)=0, f(1)=2$$

함수 $f(x)$의 양변을 x에 대해 미분하면

$$f'(x)=3ax^2(x-b)+ax^3$$이므로

$$f'(1)=3a(1-b)+a=0,$$

$$f(1)=a(1-b)=2$$

위의 두 식을 연립하여 a, b를 구하면

$$\therefore a=-6, b=\frac{4}{3}$$

따라서 $f(x)=-6x^3\left(x-\frac{4}{3}\right)=-6x^4+8x^3$

한편,

$$\int_0^2 f(x-1)dx=\int_{-1}^1 f(x)dx$$이므로

$$\int_{-1}^1 -6x^4+8x^3 dx=-2\int_0^1 6x^4 dx$$

$$=-2\times\left[\frac{6}{5}x^5\right]_0^1$$

$$=-\frac{12}{5}$$

06

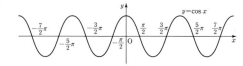

함수 $y=\cos x$그래프에서 $y=0$을 만족시키는 x값은

$$x=\pm\frac{\pi}{2}, \pm\frac{3\pi}{2}, \pm\frac{5\pi}{2}, \pm\frac{7\pi}{2}, \cdots$$이므로

$\cos\dfrac{(a-b)\pi}{2}=0$에서 $(a-b)=\pm($홀수$)$의 값을 만족시켜

야 한다.

따라서 $a^2+b^2\leq13$와 $(a-b)=\pm($홀수$)$를 동시에 만족시키

는 값을 구하면

$a=0$일 때, $b^2\leq13$이므로 순서쌍 (a, b)는

$(0, 1), (0, -1), (0, 3), (0, -3)$

$a=\pm1$일 때, $b^2\leq12$이므로 순서쌍 (a, b)는

$(1, 0), (-1, 0), (1, 2), (-1, 2), (1, -2), (-1, -2)$

$a=\pm2$일 때, $b^2\leq9$이므로 순서쌍 (a, b)는

$(2, 1), (-2, 1), (2, -1), (-2, -1), (2, 3), (-2, 3),$

$(2, -3), (-2, -3)$

$a=\pm3$일 때, $b^2\leq4$이므로 순서쌍 (a, b)는

$(3, 0), (-3, 0), (3, 2), (-3, 2), (3, -2), (-3, -2)$

$\therefore$ 순서쌍 (a, b)는 총 24개

07 최고차항의 계수가 1인 삼차함수 $f(x)$가 $x=1$, $x=-1$에서
극값을 가지므로

$$\therefore f'(x)=3(x-1)(x+1), f(x)=x^3-3x+C$$

(단, C는 적분상수)

한편, $f(x)\leq9x+9$에서 부등호의 양변을 함수 $y=f(x)$, 함
수 $y=9x+9$라 하고, 이를 그래프로 나타내면 다음과 같다.

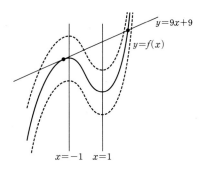

위의 그림에서 $f(x)\leq9x+9$의 값을 만족시키는 구간이
$(-\infty, a]$이므로 경우를 나누어 이를 판단하면

(i) 함수 $y=f(x)$와 함수 $y=9x+9$의 그래프가 서로 다른
세 점에서 만날 때
함수 $y=f(x)$가 함수 $y=9x+9$보다 아래쪽에 위치한
부분이 두 군데 생기므로
$\{x|f(x)\leq9x+9\}=(-\infty, a]$의 조건을 만족시키지 않
는다.

(ii) 함수 $y=f(x)$와 함수 $y=9x+9$의 그래프가 한 점에서
만날 때 (단, a는 양수)
함수 $y=f(x)$가 함수 $y=9x+9$보다 아래쪽에 위치한
부분이 한 군데 생기므로
$\{x|f(x)\leq9x+9\}=(-\infty, a]$의 조건을 만족시키나 a
가 최솟값이 되지 않는다.

(iii) 함수 $y=f(x)$와 함수 $y=9x+9$의 그래프가 두 점에서
만날 때 (단, a는 양수)
함수 $y=f(x)$가 함수 $y=9x+9$보다 아래쪽에 위치한
부분이 한 군데 생기므로
$\{x|f(x)\leq9x+9\}=(-\infty, a]$의 조건을 만족시키며 a
가 최솟값이다.

따라서 함수 $y=f(x)$와 함수 $y=9x+9$의 그래프가 두 점
에서 만날 때, 주어진 조건이 성립하므로 두 함수는 한 점에서
접하고, 다른 한 점에서 만난다.

이때, 접점에서의 접선의 기울기가 9이므로

$$f'(x)=3(x-1)(x+1)=9, x^2=4$$

$$\therefore x=\pm2$$

이때, $x=2$이면, a의 값이 음수가 되므로 $x=-2$이고, 이때
의 교점의 좌표는 $(-2, -9)$이므로 이를

$f(x)=x^3-3x+C$에 대입하면 $C=-7$

따라서 두 함수 $y=f(x)=x^3-3x-7$와 $y=9x+9$의 교점
은

$$x^3-3x-7=9x+9, x^3-12x-16=0$$

$$(x+2)^2(x-4)=0$$

$$\therefore a=4$$

08 주어진 원 $x^2+y^2=r^2$ 위의 점의 좌표가 (a, b)이므로

$$a^2+b^2=r^2$$

이때, 산술기하평균을 이용하면

$$r^2=a^2+b^2\geq2\sqrt{a^2b^2}$$

$$\therefore \frac{r^2}{2}\geq|ab|$$

한편, $\log_r|ab|$에서 r은 1보다 큰 실수이므로 $|ab|$가 최댓값을 가질 때, $\log_r|ab|$도 최댓값을 갖는다. 따라서

$$f(r)=\log_r\frac{r^2}{2}=2-\log_r2$$

$$\therefore f(64)=2-\log_{64}2=2-\frac{1}{6}=\frac{11}{6}$$

09 조건 (나)에서 $\log\{f(1)+f(2)+f(3)\}=\log12$이므로

$$\therefore f(1)+f(2)+f(3)=12$$

따라서 집합 $A=\{1, 2, 3, 4, 5\}$에서 A로의 함수에서
위의 식이 성립할 수 있도록 하는 $f(1), f(2), f(3)$의 값은 다음과 같다.

(i) $f(1), f(2), f(3)$이 $(5, 5, 2)$로 구성되어 있을 때
: 총 3가지

(ii) $f(1), f(2), f(3)$이 $(5, 4, 3)$으로 구성되어 있을 때
: 총 6가지

(iii) $f(1), f(2), f(3)$이 $(4, 4, 4)$로 구성되어 있을 때
: 총 1가지

한편, 조건 (다)에서 $\log\{f(4)f(5)\}\leq1$이므로

$$\therefore f(4)f(5)\leq10$$

따라서 집합 $A=\{1, 2, 3, 4, 5\}$에서 A로의 함수에서
위의 식이 성립할 수 있도록 하는 $f(4), f(5)$의 순서쌍은 다음과 같다.

$(f(4), f(5))=(1, 1), (1, 2), (1, 3), (1, 4), (1, 5),$
$(2, 1), (2, 2), (2, 3), (2, 4), (2, 5),$
$(3, 1), (3, 2), (3, 3),$
$(4, 1), (4, 2),$
$(5, 1), (5, 2)$

: 총 17가지

이때, 조건 (가)에 의해 함수 값이 같은 $\log f(x)$가 적어도 한 개 이상 존재해야 하므로
조건 (나)에서 구한 (i), (iii)의 값들은 이미 조건 (가)를 만족한다.
반면, (ii)는 $(f(4), f(5))=(1, 2), (2, 1)$일 때, 함수 $\log f(x)$가 일대일함수가 되므로 조건 (가)를 만족시키지 않는다.
따라서 위의 조건을 모두 만족시키는 $f(x)$의 개수는

$$\therefore 3\times17+6\times(17-2)+1\times17=158$$

10 주어진 함수 $f(x)$와 직선 $y=mx+4$를 그래프로 나타내면 다음과 같다.

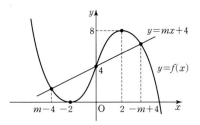

위의 그림에서 $h(m)$은 함수 $f(x)$와 직선 $y=mx+4$로 둘러싸인 영역이다.
이때, 두 영역은 점 $(0, 4)$에 대해 대칭이므로 넓이가 같다.
따라서

$$h(m)=2\int_{m-4}^{0}\{(mx+4)-(x+2)^2\}dx$$

$$=2\times\frac{|-1|}{6}\times(4-m)^3$$

$$=\frac{(4-m)^3}{3}$$

이때, $h(-2)+h(1)$의 값은

$$\therefore \frac{\{4-(-2)\}^3}{3}+\frac{(4-1)^3}{3}=72+9=81$$

11 주어진 수열 $\{a_n\}$의 일반항을 변형하면

$$a_n=\frac{\sqrt{9n^2-3n-2}+6n-1}{\sqrt{3n+1}+\sqrt{3n-2}}$$

$$=\frac{\sqrt{(3n+1)(3n-2)}+(3n+1)+(3n-2)}{\sqrt{3n+1}+\sqrt{3n-2}}$$

이때, 분자와 분모에 $(\sqrt{3n+1}-\sqrt{3n-2})$를 곱하여 유리화하면

$$a_n=\frac{\{\sqrt{(3n+1)(3n-2)}+(3n+1)+(3n-2)\}(\sqrt{3n+1}-\sqrt{3n-2})}{(\sqrt{3n+1}+\sqrt{3n-2})(\sqrt{3n+1}-\sqrt{3n-2})}$$

$$=\frac{(\sqrt{3n+1})^3-(\sqrt{3n-2})^3}{(3n+1)-(3n-2)}$$

$$=\frac{(\sqrt{3n+1})^3-(\sqrt{3n-2})^3}{3}$$

따라서

$$\sum_{n=1}^{16}a_n=\frac{1}{3}\sum_{n=1}^{16}(\sqrt{3n+1})^3-(\sqrt{3n-2})^3$$

$$=\frac{1}{3}\{(\sqrt{4^3}-\sqrt{1^3})+(\sqrt{7^3}-\sqrt{4^3})+\cdots+(\sqrt{49^3}-\sqrt{46^3})\}$$

$$=\frac{1}{3}(\sqrt{49^3}-\sqrt{1^3})=114$$

12 주어진 조건에서 점 $(18, -1)$을 지나면서 곡선 $y=x^2-1$에 만나는 원 C를 그릴 때, 반지름의 길이가 최소가 되는 지점은 원이 곡선 $y=x^2-1$과 접하는 임의의 점 $P(t, t^2-1)$에서의 접선과 원의 지름이 수직을 이룰 때이고, 이를 그래프로 나타내면 다음과 같다.

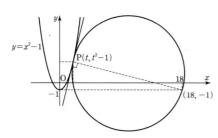

따라서 함수 $y=x^2-1$ 위의 점 $P(t, t^2-1)$에서의 접선의 기울기 $2t$와, 점 $P(t, t^2-1)$과 $(18, -1)$을 지나는 직선의 기울기 $\dfrac{(t^2-1)-(-1)}{t-18}$가 서로 수직이므로,

$$2t \times \dfrac{t^2}{t-18}=-1,$$

$$2t^3+t-18=0,$$

$$(t-2)(2t^2+4t+9)=0$$

$\therefore t=2$이므로 $P(2, 3)$

이때, $P(2, 3)$와 $(18, -1)$의 두 점 사이의 길이는

$$\sqrt{16^2+4^2}=4\sqrt{17}$$

따라서 원 C의 반지름의 길이는

$$\therefore 2\sqrt{17}$$

13 임의의 점 (a, b)에서 함수 $y=x^2$에 그은 접선이 만나는 접점을 (t, t^2)라고 하면

$$\therefore y=2t(x-a)+b$$

이때, 접선 $y=2t(x-a)+b$에서의 기울기 $2t$는 점 (t, t^2)과 점 (a, b) 사이의 기울기와 같으므로

$$\therefore 2t=\dfrac{t^2-b}{t-a}, \ t^2-2at+b=0$$

한편, 접점 (t, t^2)는 곡선 $y=x^2$ 위에 두 군데 생기는 점이므로 이를 각각 $P(m, m^2)$, $Q(n, n^2)$라고 하면

$t^2-2at+b=0$의 두 근이 m, n이므로 근과 계수의 관계에 의해

$$\therefore mn=b$$

또한, 접점 $P(m, m^2)$에서 (a, b)로 그은 접선의 기울기와, 접점 $P(m, m^2)$에서 (a, b)로 그은 접선의 기울기가 각각 $2m, 2n$이고 두 접선은 수직이므로

$$\therefore 2m \times 2n=-1, \ mn=-\dfrac{1}{4}$$

따라서 $b=-\dfrac{1}{4}$

$a^2+b^2 \leq \dfrac{37}{16}$에서 $b=-\dfrac{1}{4}$을 대입하면

$$a^2+\dfrac{1}{16} \leq \dfrac{37}{16}, \ a^2 \leq \dfrac{9}{4}$$

$$\therefore -\dfrac{3}{2} \leq a \leq \dfrac{3}{2}$$

$b=-\dfrac{1}{4}$로 고정된 값이므로 $a+b$는 $a=-\dfrac{3}{2}$일 때 최소가

되고, $a=\dfrac{3}{2}$일 때 최대가 된다.

따라서 $p=\dfrac{5}{4}$, $q=-\dfrac{7}{4}$이므로

$$\therefore pq=-\dfrac{35}{16}$$

14 주어진 식에서 $\dfrac{1}{x}=t$로 치환하면 $t \to 0$이므로

$$\lim_{t \to 0} \sum_{k=1}^{4} \left\{ \dfrac{f(1+3^k t)g(1+3^k t)}{t} \right\}$$

$$=\lim_{t \to 0} \sum_{k=1}^{4} \left\{ f(1+3^k t) \times \dfrac{g(1+3^k t)}{t} \right\}$$

$$=\sum_{k=1}^{4} f(1) \times \lim_{t \to 0} \sum_{k=1}^{4} \left\{ \dfrac{g(1+3^k t)}{t} \right\}$$

이때, $g(1)=0$이므로 위의 식을 변형하면

$$\sum_{k=1}^{4} f(1) \times \lim_{t \to 0} \sum_{k=1}^{4} \left\{ \dfrac{g(1+3^k t)}{t} \right\}$$

$$=\sum_{k=1}^{4} f(1) \times \lim_{t \to 0} \sum_{k=1}^{4} \left\{ \dfrac{g(1+3^k t)+g(1)}{3^k t} \times 3^k \right\}$$

$$=\sum_{k=1}^{4} \left\{ f(1) \times g'(1) \times 3^k \right\}$$

이때, $f(1)=2$, $g'(1)=2$이므로

$$\sum_{k=1}^{4} \left\{ f(1) \times g'(1) \times 3^k \right\}=\sum_{k=1}^{4} 4 \times 3^k$$

$$=4(3+3^2+3^3+3^4)$$

$$=480$$

15 정삼각형 ABC에 내접하는 반지름의 길이가 1인 원 S를 그래프로 나타내면 다음과 같다.

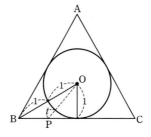

이때, 삼각형 위의 임의의 점 P에서 원 S까지 거리가 실수 $t(0 \leq t \leq 1)$이므로

구간을 나누어 보면 다음과 같다.

(ⅰ) $t=0$일 때, P는 정삼각형 ABC와 원 S가 접할 때의 점

(ⅱ) $0<t<1$일 때, P는 t값이 커질수록 정삼각형 ABC의 꼭짓점에 가까워진다.

(ⅲ) $t=1$일 때, P는 정삼각형 ABC의 꼭짓점

한편 $f(t)$는 점 P부터 원 S까지 거리가 t인 점 P의 개수이므로

(ⅰ), (ⅲ) 즉, $t=0$, $t=1$일 때, 점 P는 3개이므로 $f(0)=3$, $f(1)=3$이고

(ii) 즉, $0 < t < 1$일 때, 점 P는 6개이므로 이때의 $f(t) = 6$이다.

따라서 $f(t)$를 그래프로 나타내면 다음과 같다.

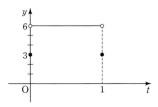

위의 그래프에서 불연속인 지점은 $k = 0$, $k = 1$일 때의 두 곳이므로

$\therefore a = 2$

$\lim\limits_{t \to 1^-} f(t) = 6$이므로

$\therefore b = 6$

따라서 $a + b = 8$

16 주어진 조건에서 정사각형 $ABCD$의 변 위에 점 P가 있고, 내부에 점 (a, b)가 있으므로 이를 그래프로 나타내면 다음과 같다.

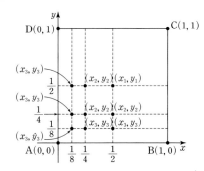

위의 그래프에서 n의 값을 $n = 1$부터 차례대로 대입하면

(i) $n = 1$일 때의 점 (a, b)를 (x_1, y_1)이라 하면,

점 P와 점 (x_1, y_1) 사이의 거리의 최솟값이 $\dfrac{1}{2^1} = \dfrac{1}{2}$이므로

이를 만족시키는 (x_1, y_1)는 $\left(\dfrac{1}{2}, \dfrac{1}{2}\right)$이다.

$\therefore n = 1$일 때 (a, b)의 값은 총 1개이므로 $a_1 = 1$

(ii) $n = 2$일 때의 점 (a, b)를 (x_2, y_2)라 하면,

점 P와 점 (x_2, y_2) 사이의 거리의 최솟값이 $\dfrac{1}{2^2} = \dfrac{1}{4}$이고,

조건 (다)에 의해 x_2와 y_2의 분자는 항상 1의 값을 가지므로

이를 만족시키는 (x_2, y_2)는 $\left(\dfrac{1}{4}, \dfrac{1}{2}\right), \left(\dfrac{1}{4}, \dfrac{1}{4}\right),$

$\left(\dfrac{1}{2}, \dfrac{1}{4}\right)$이다.

$\therefore n = 2$일 때 (a, b)의 값은 총 3개이므로 $a_2 = 3$

(iii) $n = 3$일 때의 점 (a, b)를 (x_3, y_3)이라 하면,

점 P와 점 (x_3, y_3) 사이의 거리의 최솟값이 $\dfrac{1}{2^3} = \dfrac{1}{8}$

이고, 조건 (다)에 의해 x_3와 y_3의 분자는 항상 1의 값을 가지므로 이를 만족시키는 (x_3, y_3)는 $\left(\dfrac{1}{8}, \dfrac{1}{2}\right), \left(\dfrac{1}{8}, \dfrac{1}{4}\right),$

$\left(\dfrac{1}{8}, \dfrac{1}{8}\right), \left(\dfrac{1}{4}, \dfrac{1}{8}\right), \left(\dfrac{1}{2}, \dfrac{1}{8}\right)$이다.

$\therefore n = 3$일 때 (a, b)의 값은 총 5개이므로 $a_3 = 5$

$\vdots$

따라서 일반항 a_n을 구하면 $a_n = 2n - 1$이므로

$\therefore \sum\limits_{n=1}^{10} a_n = \sum\limits_{n=1}^{10} 2n - 1 = 100$

17 주어진 함수 $f(x)$의 주기는 $\dfrac{2\pi}{|a\pi|} = \dfrac{2}{a}$이고, 범위는

$-1 + 2b \leq f(x) \leq 1 + 2b$이므로 이를 그래프로 나타내면 다음과 같다.

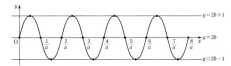

한편, 집합 $\{x \mid \log_2 f(x)$는 정수$\}$에서 $\log_2 f(x) = k$라고 하면 $f(x) = 2^k$(단, k는 정수)이고,

이때, 원소의 개수가 8이 되어야 하므로, 위의 그래프와 직선 $y = 2^k$(단, k는 정수)가 만나는 점의 개수가 8개가 되어야 한다.

a, b가 모두 자연수이므로 위의 그래프에 $b = 1$부터 차례대로 대입하면

(i) $b = 1$일 때, 함수 $f(x)$의 범위는 $1 \leq f(x) \leq 3$

이때, 직선 $y = 2^k$와 접점이 생기기 위한 k값은 $k = 0$, $k = 1$

따라서 함수 $f(x)$와 $y = 2^k$의 접점의 개수가 8개를 만족시키는 a의 값은 5

$\therefore a = 5$

(ii) $b = 2$일 때, 함수 $f(x)$의 범위는 $3 \leq f(x) \leq 5$

이때, 직선 $y = 2^k$와 접점이 생기기 위한 k값은 $k = 2$,

따라서 함수 $f(x)$와 $y = 2^k$의 접점의 개수가 8개를 만족시키는 a의 값은 7

$\therefore a = 7$

(iii) $b = 3$일 때, 함수 $f(x)$의 범위는 $5 \leq f(x) \leq 7$

직선 $y = 2^k$와 접점이 생기기 위한 k값은 존재하지 않는다.

(iv) $b = 4$일 때, 함수 $f(x)$의 범위는 $7 \leq f(x) \leq 9$

이때, 직선 $y = 2^k$와 접점이 생기기 위한 k값은 $k = 3$,

따라서 함수 $f(x)$와 $y = 2^k$의 접점의 개수가 8개를 만족시키는 a의 값은 7

$\therefore a=7$

(v) $b=5$일 때, 함수 $f(x)$의 범위는 $9\leq f(x)\leq 11$

직선 $y=2^k$와 접점이 생기기 위한 k값은 존재하지 않는다.

$$\vdots$$

따라서 $a=5$, $a=7$이외의 다른 a의 값은 존재하지 않으므로 모든 a의 값의 합은

$\therefore 5+7=12$

18 주어진 함수 $g(x)$에 $x=-1$을 대입하면 $g(-1)=0$이고 함수 $g(x)$를 정리하면

$$g(x)=2x\int_{-1}^{x}f(t)dt-\int_{-1}^{x}f(t)^2dt$$이다.

이때, 양변을 x에 대하여 미분하면

$$\therefore g'(x)=2\int_{-1}^{x}f(t)dt+2xf(x)-\{f(x)\}^2$$

한편, 함수 $f(x)$는 x값의 구간에 따라 식이 달라지므로 x값의 범위를 나누어 $g'(x)$를 구하면

(i) $x<-1$일 때, $f(x)=0$

$$g'(x)=2\int_{-1}^{x}0dt+2x\times 0-0^2=0$$

(ii) $-1\leq x<0$일 때, $f(x)=1+x$

$$\begin{aligned}g'(x)&=2\int_{-1}^{x}(1+t)dt+2x(1+x)-(1+x)^2\\&=x^2+2x+1+2x+2x^2-x^2-2x-1\\&=2x^2+2x\end{aligned}$$

(iii) $0\leq x<1$일 때, $f(x)=-x+1$

$$\begin{aligned}g'(x)&=2\int_{-1}^{x}(-t+1)dt+2x(-x+1)-(-x+1)^2\\&=\left\{2\int_{-1}^{0}f(t)dt+2\int_{0}^{x}(-t+1)dx\right\}\\&\qquad\qquad +2x(-x+1)-(-x+1)^2\\&=2\times\frac{1}{2}+2\left(-\frac{1}{2}x^2+x\right)-2x^2+2x\\&\qquad\qquad\qquad\qquad\qquad -x^2+2x-1\\&=-4x^2+6x\end{aligned}$$

(iv) $1\leq x$일 때, $f(x)=0$

$$\begin{aligned}g'(x)&=2\int_{-1}^{1}f(t)dt+\int_{1}^{x}f(t)dx+2x\times 0-0^2\\&=2\times 1+0+0-0=2\end{aligned}$$

따라서 좌표평면에 함수 $y=g'(x)$의 그래프를 그리면 다음과 같다.

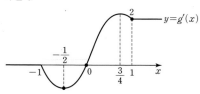

위의 그래프에서 $x=0$일 때, 함수 $g(x)$가 극솟값을 가지므로 $g(0)$일 때 최솟값이다.

따라서

$$\begin{aligned}g(0)&=-\int_{-1}^{0}f(t)^2dt=-\int_{-1}^{0}(1+t)^2dt\\&=-\int_{-1}^{0}t^2+2t+1dt\\&=\left[\frac{1}{3}t^3+t^2+t\right]_{-1}^{0}\\&=-\frac{1}{3}\end{aligned}$$

19 주어진 조건에서 함수 $y=f(x)$의 그래프를 y축에 대칭이동한 함수가 $y=g(x)$이므로 함수 $f(x)$와 함수 $g(x)$는 우함수 관계이다.

$\therefore f(x)=g(-x)$

한편,

조건 (가)에서 $\displaystyle\lim_{x\to 1}\frac{f(x)}{x-1}$의 값이 존재하기 위해서는

(분모)$\to 0$으로 갈 때, (분자)$\to 0$으로 가야하므로

$\therefore f(1)=0$

이와 마찬가지로, 조건 (나)에서 $\displaystyle\lim_{x\to 3}\frac{f(x)}{(x-3)g(x)}$는 임의의 k값으로 수렴하므로 (분모)$\to 0$으로 갈 때, (분자)$\to 0$으로 가야하므로

$\therefore f(3)=0$

조건 (다)에서 $\displaystyle\lim_{x\to -3+}\frac{1}{g'(x)}=\infty$ 즉, 양의 무한대로 발산하므로 $\displaystyle\lim_{x\to -3+}g'(x)=0+$으로 수렴해야한다. 따라서

$g'(-3)=0$

이때, $f(x)=g(-x)$이므로 함수 $f'(x)$와 함수 $g'(x)$는 기함수 관계 즉, $f'(x)=-g'(-x)$

$\therefore g'(-3)=-f'(3)=0, f'(3)=0$

따라서 위의 조건에 따라 함수 $f(x)$를 설정하면

$\therefore f(x)=a(x-1)(x-3)^2\times Q(x)$

(단, a는 양수이고, $Q(x)$는 임의의 다항식)

이를 다시 조건 (나)에 대입하면

$$\begin{aligned}&\lim_{x\to 3}\frac{a(x-1)(x-3)^2\times Q(x)}{(x-3)g(x)}\\&=\lim_{x\to 3}\frac{a(x-1)(x-3)\times Q(x)}{g(x)}=k\end{aligned}$$

또한, $g(x)=f(-x)$이므로

$$\begin{aligned}&\lim_{x\to 3}\frac{a(x-1)(x-3)\times Q(x)}{g(x)}\\&=\lim_{x\to 3}\frac{a(x-1)(x-3)\times Q(x)}{f(-x)}\\&=\lim_{x\to 3}\frac{a(x-1)(x-3)\times Q(x)}{a(-x-1)(-x-3)^2\times Q(-x)}=k\end{aligned}$$

이때, k는 0이 아닌 상수라는 조건을 만족시켜야 하는데, 분자에 $(x-3)$을 인수로 지니고 있으므로 $Q(-x)$는 $(x-3)$을 인수로 지니는 다항식이 되어야 한다.

$\therefore Q(-x)=(x-3)P(x)$ (단, $P(x)$는 임의의 다항식)

즉, $Q(x)=(-x-3)P(-x)=-(x+3)P(-x)$

이므로

$\therefore f(x)=-a(x-1)(x-3)^2(x+3)P(-x)$

함수 $f(x)$의 차수는 임의의 다항식 $P(-x)$가 상수항일 때 최소이므로

$\therefore m=4$

또한, 이때의 k값은

$$\lim_{x \to 3}\frac{a(x-1)(x-3)\times-(x+3)P(-x)}{a(-x-1)(-x-3)^2\times(x-3)P(x)}=\frac{1}{12}=k$$

$\therefore k=\dfrac{1}{12}$

따라서 $m+k=4+\dfrac{1}{12}=\dfrac{49}{12}$

20 곡선 $y=x^3-x^2$ 위의 점 A에 그은 접선의 기울기가 8이므로

$y'=3x^2-2x=8$,

$3x^2-2x-8=0$,

$(3x+4)(x-2)=0$

$x=-\dfrac{3}{4}$ 또는 $x=2$

이때, 점 A는 제 1사분에 있는 점이므로

$\therefore A(2,\ 4)$

한편, 주어진 조건에 따라 점 $B(0,\ 4)$, 원 S, 원위의 임의의 점 X, 그리고 위에서 구한 $A(2,\ 4)$를 좌표평면에 나타내면 다음 그림과 같다.

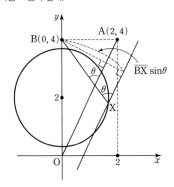

위의 그림에서 두 직선 OA와 BX가 이루는 예각의 크기가 θ이므로,

$\overline{BX}\sin\theta$의 값은 점 $B(0,\ 4)$에서 직선 OA와 평행하면서 X를 지나는 직선에 내린 수선의 발의 길이이다.

따라서 $\overline{BX}\sin\theta$가 최대인 지점은 직선 OA와 평행하면서 X를 지나는 직선이 원에 접할 때이고, 이때 $\overline{BX}\sin\theta$ 값이 $\dfrac{6\sqrt{5}}{5}$이다.

원 S의 반지름의 길이를 r이라 할 때, 삼각형의 닮음을 이용하여 r을 구하면

직선 OA와 평행하면서 원 S와 접하는 접선, 이 접선과 수직이면서 점 $B(0,\ 4)$를 지나는 직선, 그리고 y축으로 이루어진 직각삼각형과 직각삼각형 OAB는 두 각의 크기가 같은 AA 닮음이므로 이때의 삼각형의 비는 $2:1:\sqrt{5}$

이때, 직선 OA와 평행하면서 원 S와 접하는 접선과 y축이 만나는 점을 M이라 하면,

$1:\dfrac{6\sqrt{5}}{5}=\sqrt{5}:\overline{BM}$

$\therefore \overline{BM}=6$

따라서 원의 반지름 r과 y축 그리고 직선 OA와 평행하면서 원 S와 접하는 접선을 각각 한 변으로 하는 직각삼각형의 비도 이와 같으므로

$r:\dfrac{6\sqrt{5}}{5}=4:6$

$\therefore r=\dfrac{4\sqrt{5}}{5}$

21 $\displaystyle\sum_{k=1}^{n}\frac{a_k}{2k-1}=2^n$에서 $n=1$을 대입하면 $a_1=2$

한편, $S_n=\displaystyle\sum_{k=1}^{n}\frac{a_k}{2k-1}=2^n$이므로

$S_n-S_{n-1}=\dfrac{a_n}{2n-1}=2^n-2^{n-1}$

$\therefore S_5-S_4=\dfrac{a_5}{9}=2^5-2^4$, $a_5=9(32-16)$, $a_5=144$

$a_1+a_5=2+144=146$

22 주어진 식을 정리하면,

$\log a+\log b-\log 2=(\log a)(\log b)$,

$\log b+\log c-\log 2=(\log b)(\log c)$,

$\log c+\log a=(\log c)(\log a)$

이때, $\log a=A$, $\log b=B$, $\log c=C$라고 하면

(i) $A+B-\log 2=AB$,

(ii) $B+C-\log 2=BC$,

(iii) $C+A=CA$

위의 식에서 (i)－(ii)를 한 후 양변을 정리하면

$A-C=AB-BC$,

$A-C=B(A-C)$,

$(A-C)-B(A-C)=0$,

$(1-B)(A-C)=0$

따라서 $B=1$ 또는 $A=C$

그러나 $B=1$인 경우 $\log b=1$, $b=10$이므로 a, b, c가 모두 10보다 크다는 조건에 모순이다.

$\therefore A=C$

이를 (iii)에 대입하면 $2A=A^2$이므로,

$\therefore A=2$, $C=2$, $B=2-\log 2$

따라서 $a=100$, $c=100$, $b=500$이므로

$\therefore a+b+c=250$

23 함수 $f(x)$는 최고차항이 1인 이차함수이므로 꼭짓점을 $(t, f(t))$라고 하면,

$$\therefore f(x)=(x-t)^2+f(t)$$

한편, 함수 $g(x)$는 $(x<1)$인 영역에서 함수 $y=-x^2+2x+2=-(x-1)^2+3$이고, $(x\geq1)$인 영역에서 $f(x)$이므로, 이를 그래프로 나타내면 다음과 같다.

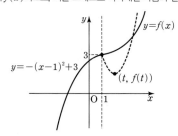

함수 $g(x)$는 $x=1$에서 연속이므로 $f(1)=3$

$f(1)=(1-t)^2+f(t)=3$,

$t^2-2t+1+f(t)=3$,

$$\therefore f(t)=-t^2+2t+2$$이므로 $f(x)=x^2-2tx+2t+2$

또한, t값의 범위가 $1<t$인 경우 감소하는 부분이 존재하므로 실수 전체의 집합에서 증가하는 함수라는 조건에 모순이 생긴다. 따라서 조건을 만족시키는 t값의 범위는 $t\leq1$

$f(x)$에 $x=3$을 대입하면 $f(3)=-4t+11$이므로 $t=1$일 때 최솟값을 갖는다.

$$\therefore f(3)의 최솟값은 7$$

24 $\sin^2x+\cos^2x=1$, $\sin^2x=1-\cos^2x$이므로 주어진 부등식을 정리하면

$(a\sin^2x-4)\cos x+4$

$=\{a(1-\cos^2x)-4\}\cos x+4\geq0$

이때, $\cos x=t$ $(-1\leq t\leq1)$라고 하면

$\{a(1-t^2)-4\}\times t+4\geq0$,

$at-at^3-4t+4\geq0$,

$-at^3+(a-4)t+4\geq0$

$at^3-(a-4)t-4\leq0$

$$\therefore (t-1)(at^2+at+4)\leq0$$

위의 부등식에서 t값의 범위는 $-1\leq t\leq1$이므로 모든 t에 대하여 $(t-1)\leq0$가 성립한다.

따라서 부등식 $(t-1)(at^2+at+4)\leq0$의 조건을 만족하기 위해서는 $(at^2+at+4)\geq0$가 되어야 한다.

함수 $f(t)=at^2+at+4$라고 하면 $f(t)\geq0$,

$$f(t)=a\left(t+\frac{1}{2}\right)^2-\frac{a}{4}+4$$이고,

a의 범위에 따라 함수 $f(t)$의 값이 달라지므로 구간을 나누어 이를 판단하면

(i) $a<0$일 때

함수 $f(t)$의 최고차항의 계수가 음수이므로 위로 볼록한

이차함수며,

t값의 범위가 $-1\leq t\leq1$이므로 이를 그래프로 나타내면 다음과 같다.

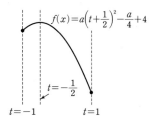

따라서 함수 $f(t)$는 $t=1$에서 최솟값을 가지므로

$f(1)=2a+4$

$$\therefore 2a+4\geq0, -2\leq a<0$$

(ii) $a=0$일 때

함수 $f(t)=4$이므로 $4\geq0$,

$$\therefore a=0일 때 성립$$

(iii) $a>0$일 때

함수 $f(t)$의 최고차항의 계수가 양수이므로 아래로 볼록한 이차함수며,

t값의 범위가 $-1\leq t\leq1$이므로 이를 그래프로 나타내면 다음과 같다.

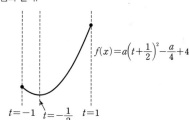

따라서 함수 $f(t)$는 $t=-\frac{1}{2}$에서 최솟값을 가지므로

$$f\left(-\frac{1}{2}\right)=-\frac{1}{4}a+4$$

$$\therefore -\frac{1}{4}a+4\geq0, 0<a\leq16$$

(i), (ii), (iii)에 의해 a의 범위는 $-2\leq a\leq16$이므로 최댓값과 최솟값의 합은

$$\therefore -2+16=14$$

25 삼각형의 빗변을 $\overline{OP}=a$, 빗변 $\overline{OP}$와 x축이 이루는 각을 θ라고 할 때,

점 P의 좌표는 $P(a\cos\theta, a\sin\theta)$이다.

정답 및 해설

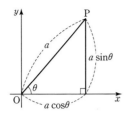

위의 그림을 참고하여 집합 A를 해석하면,

빗변 $\overline{\text{OP}}$의 길이가 2이고, 빗변 $\overline{\text{OP}}$와 x축이 이루는 각이 θ인 삼각형의 점 P의 좌표는

$P(2\cos\theta,\ 2\sin\theta)$이고, 이를 x축의 방향으로 2만큼 y축의 방향으로 2만큼 움직이면

$\therefore P(2+2\cos\theta,\ 2+2\sin\theta)\ \left(\text{단},\ -\dfrac{\pi}{3}\le\theta\le\dfrac{\pi}{3}\right)$

이와 마찬가지로 집합 B를 해석하면,

$P(2\cos\theta,\ 2\sin\theta)$이고, 이를 x축의 방향으로 -2만큼 y축의 방향으로 2만큼 움직이면

$\therefore P(-2+2\cos\theta,\ 2+2\sin\theta)\ \left(\text{단},\ \dfrac{2\pi}{3}\le\theta\le\dfrac{4\pi}{3}\right)$

또한, 집합 C는 두 직선 $y=2+\sqrt{3}$, $y=2-\sqrt{3}$가 $x=-3$부터 $x=3$까지의 영역에서 그려지므로 집합 $A\cup B\cup C$ 즉, 도형 X의 그래프는 다음과 같다.

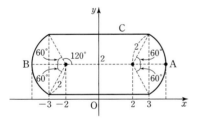

이때, 집합 X로 둘러싸인 부분의 넓이는 α이므로

$\therefore \alpha=6\{(2+\sqrt{3})-(2-\sqrt{3})\}+4\left(\dfrac{1}{2}\times2^2\times\dfrac{1}{3}\pi-\dfrac{\sqrt{3}}{2}\right)$

$=12\sqrt{3}+\dfrac{8}{3}\pi-2\sqrt{3}$

$=10\sqrt{3}+\dfrac{8}{3}\pi$

한편, 곡선 $y=-\sqrt{3}x^2+2$는 꼭짓점의 좌표가 $(0,\ 2)$이고 위로 볼록한 이차함수이므로

도형 X와 곡선 $y=-\sqrt{3}x^2+2$를 그래프로 그리면 다음과 같다.

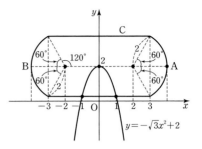

이때, 도형 X와 곡선 $y=-\sqrt{3}x^2+2$가 만나는 점은

$(1,\ 2-\sqrt{3})$, $(-1,\ 2-\sqrt{3})$이므로

$\therefore c=2-\sqrt{3}$

따라서 곡선 $y=-\sqrt{3}x^2+2$와 직선 $y=2-\sqrt{3}$로 둘러싸인 부분의 넓이가 β이므로

$\therefore \beta=\dfrac{|-\sqrt{3}|\times\{1-(-1)\}^3}{6}$

$=\dfrac{4\sqrt{3}}{3}$

따라서 $\alpha-\beta$의 값은

$\alpha-\beta=10\sqrt{3}+\dfrac{8}{3}\pi-\dfrac{4\sqrt{3}}{3}$

$=\dfrac{8\pi+26\sqrt{3}}{3}$

$p=8$, $q=26$이므로

$\therefore p+q=34$

2022학년도 기출문제 정답 및 해설

01 ①	02 ①	03 ②	04 ③	05 ①	06 ①
07 ①	08 ②	09 ②	10 ④	11 ④	12 ④
13 ③	14 ②	15 ⑤	16 ③	17 ③	18 ②
19 ⑤	20 ①	21 ②	22 ②	23 ④	24 ②
25 ①	26 ⑤	27 ⑤	28 ①	29 ②	30 ③
31 ④	32 ④	33 ⑤	34 ③	35 ⑤	36 ⑤
37 ③	38 ③	39 ④	40 ⑤	41 ⑤	42 ①
43 ②	44 ③	45 ④			

[01~05] 문법 – 언어

01 ① 외국인에게 있어 한국어의 어려움은 글의 6문단에서 통사 수준의 어려움은 음운 구조의 어려움보다 훨씬 더하다고 말하고 있다. '통사 구조가 한국어와 꽤 엇비슷한 일본어 화자의 경우'라는 문장에서 통사 구조는 문장에서 문장의 구성 요소들이 문장을 이루는 구조를 뜻한다. 한국어와 일본어의 문장을 이루는 구조는 엇비슷하며, 한국어와 일본어는 어순이 비슷하다는 것을 알 수 있다.

오답풀이

② 외국인이 한국어를 배우는 데 있어 어려움에 대한 것은 서술하고 있지만 배우려는 외국인이 늘고 있다는 내용에 대해선 서술하고 있지 않다.

③ 2문단에서 외국인이 한국어를 배우는 데 있어 음운 구조와 통사 구조가 주류 언어들과 크게 달라 어려움을 겪을 수밖에 없음을 말하고 있지만 음운 구조가 체계적이라는 점은 말하고 있지 않다.

④ 3문단의 한국어의 유성음에 대한 말과 4문단의 무성 평자음이 두 유성을 사이에서 유성 자음으로 변화하는 규칙에 대해 말했다. 5문단에서 대다수 한국인들도 이러한 음운 규칙이 일어나는 이유에 대해서는 모른다고 말하고 있다.

⑤ 2문단에서 많은 외국어는 조음부가 같은 자음에 대해 성대 울림 유무에 따라 변별된다고 말하고 있다. 한국어의 조음부는 공기의 흐름을 어떻게 방해하는지에 따라 이 자음들

을 변별한다고 말하고 있다.

02 ① [A]에서 무성 평자음은 두 유성음 사이에서 유성 자음으로 변하는 규칙이다. 3문단에서 유성 자음에 대해 /ㄴ/ /ㄹ/ /ㅁ/ /ㅇ/ 소리 말고는 유성음 사이의 동화로만 실현되며, 무성 평자음 'ㄱ'은 그것을 둘러싼 모음의 영향을 받으면 유성음으로 변한다고 말하고 있다. 논리[놀리]는 무성 평자음에 해당하는 'ㄱ'이 없기 때문에 적절하지 않다.

오답풀이

② '독립문'에서 '독'의 받침 'ㄱ'에 '립'의 'ㄹ'이 연결되면 [ㄴ]으로 발음되고, 받침 'ㄱ'은 [ㄴ]으로 인해 [ㅇ]으로 발음되어 [동닙]으로 '닙'의 받침 'ㅂ'은 '문'의 'ㅁ'으로 인해 'ㅁ'으로 발음되어 [동남문]으로 발음한다. 이러한 규칙에 따라 '섭리'는 [섬니]로 발음한다.

③ 유음화 현상으로 'ㄹ'과 'ㄴ'이 가까이 있게 되면 'ㄴ'이 'ㄹ'에 동화하여 'ㄹ'로 바뀐다. 그러므로 '칼날'은 [칼랄]로 발음한다.

④ 연음 법칙에 해당하는 사례로, 앞 음절의 모음으로 시작되는 형식 형태소가 이어지면 앞 받침이 뒤 음절의 첫소리로 발음한다. 홑받침 또는 쌍받침이 모음으로 시작되는 조사, 모음으로 시작되는 어미, 접미사와 결합하는 경우와 겹받침의 두 번째 자음이 뒤 음절의 첫소리로 이동하는 경우가 있다.

⑤ 자음이 단어의 끝 또는 다른 자음 앞에 오게 되면 음절 종성에 위치하게 된다. 받침소리는 7개 자음(ㄱ, ㄴ, ㄷ, ㄹ, ㅁ, ㅂ, ㅇ)만 발음할 수 있기 때문에 '갓'과 '갖'의 받침 'ㅅ', 'ㅊ'은 [ㄷ]으로 발음되어 [갇]으로 발음하게 된다.

> **TIP 표준 발음법 제20항**
>
> 'ㄴ'은 'ㄹ'의 앞이나 뒤에서 [ㄹ]로 발음한다.
> 1. 난로[날:로], 신라[실라], 천리[철리], 광한루[광:할루], 대관령[대:괄령]
> 2. 칼날[칼랄], 물난리[물랄리], 줄넘기[줄럼끼], 할는지[할른지]
> [붙임] 첫소리 'ㄴ'이 'ㅀ', 'ㄾ' 뒤에 연결되는 경우에도 이에 준한다.
> 예 닳는[달른], 뚫는[뚤른], 핥네[할레]

03 ② 3문단에서 한국인들은 유성음과 무성 평자음의 변화에 대한 규칙을 깊이 내면화하고 있어 깨닫지 못한 상태에서 실현하지만 외국인은 자신의 모국어에 이러한 규칙이 없다고 말하고 있다. 복잡한 음운규칙의 내면화는 한국어에만 해

당되는 내용으로 외국어를 발음하기 쉽다는 추론은 적절하지 않다.

오답풀이

① 5문단에 외국인의 모국어에 /ㅡ/나 /ㅓ/에 가까운 모음이 없는 경우에는 외국인들이 이 소리를 제대로 익히는 일이 쉽지 않다고 말하고 있다.

③ 6문단에 결론에 외국인들이 통사 구조를 익히는 것만으로 마무리되는 것이 아니라 한국인들도 헷갈릴 만큼 복잡한 경어 체계로 인해 외국인들이 실수로 반말하는 경우가 복잡한 경어 체계 때문이다.

④ 6문단 → 외국인들에게 낯선 주격조사와 보조사
6문단에서 한국어 초보자인 외국인들에게 주격 조사 '이', '가'와 보조사 '은', '는'의 구별은 악몽이라 말하고 있다.

⑤ 1문단에 한국어를 구사하는 외국인들의 모국어가 새로 익힌 한국어에 간섭하고 있다며, 한국인이 외국어를 배울 때에도 생기는 일이라 말한다. "Marry with me."는 한국인의 모국어인 한국어가 간섭한 결과이다.

04　③ 3문단에서 '가구'의 첫 음절과 둘째 음절은 둘 다 'ㄱ'으로 시작하지만 음성 수준에선 각각 [k]와 [g]로 실현된다고 말하고 있다. 〈보기〉에서는 음성은 의미 변별의 기준이 되지 못한다고 서술하고 있다. 그러므로 유성음이 되어 의미 변별이 된다는 것은 적절하지 않다.

오답풀이

① 3문단에서 '가구'의 첫 번째, 두 번째 음절은 둘 다 'ㄱ'으로 이루어져 있으나, [k]와 [g]로 실현된다. 그러므로 외국인들에게는 서로 다르게 들릴 수 있다.

② 〈보기〉에서 음성은 사람이 말할 때 사용 되는 소리를 가리키며 [kaːgu]에서 [k]와 [g]는 말할 때 사용되는 소리이기 때문에 음성에 해당된다.

④ 2문단에 많은 외국어는 성대 울림 유무로 자음을 변별하지만, 한국어는 공기의 흐름을 어떻게 방해하는지에 따라 자음을 변별한다고 말하고 있다. 그러므로 한국어는 성대 울림 유무만으로 단어의 뜻이 변별되는 경우는 없다.

⑤ 〈보기〉에서 음운은 머릿속에서 추상적으로 인식하는 소리라고 서술했다. 최소의 소리 단위로 자음과 모음의 변화가 단어의 의미를 다르게 하는 것이다. 4문단에서 '낯', '낮', '낫'은 자음인 'ㅊ', 'ㅈ', 'ㅅ'으로 의미를 변별하여 음운의 자격을 갖추게 된다.

05　① ㉠ 방해는 '남의 일을 간섭하고 막아 해를 끼치다'라는 의미로, 2문단에서 한국어의 자음은 공기의 흐름을 어떻게 방해하는지에 따라 구별된다고 말하고 있다. ㉡, ㉢, ㉣, ㉤과 달리 ㉠은 '공기의 흐름'을 가리키고 있다.

오답풀이

② ㉡의 넘지 못할 산이 가리키는 것은 자음의 변별에 대해 한국인들에게 너무 쉽지만, 한국어를 배우는 외국인들에게는 극복해야 하는 장애물임을 나타낸다.

③ ㉢의 악몽이 가리키는 것은 주격조사 '이', '가'와 보조사 '은', '는'의 구별은 한국어 초보자인 외국인에게 있어 한국어 공부를 힘들게 할 정도로 어렵다는 것을 나타낸다.

④ ㉣의 괴물이 가리키는 것은 외국인의 모국어에는 없는 문법 개념일 경우에 구별하지 못하게 되면 한국어를 어색하게 구사할 수밖에 없는 어려운 문법 요소임을 나타낸다.

⑤ ㉤의 어려움이 가리키는 것은 외국인이 한국어를 배우는 경우에 겪을 수밖에 없는 모든 어려운 문법 요소이다.

[06~08] 독서 - 기술

06　① 패러다임은 한 시대의 사람들의 견해 또는 사고를 근본적으로 규정하는 테두리로서의 인식 체계이다. 2문단에서 디지털 시대는 글쓰기 조건, 지식 전달 방식, 지식 분배 방식과 대화 구조에서 사용되는 양방향적 채널을 통해 지식을 확대·재생산한다. 그러므로 문맥상 ㉠ 패러다임의 변화의 의미는 디지털 시대의 글쓰기 조건과 방식, 도구, 정보 전달 방향을 포함한 모든 변화이다.

오답풀이

② 3문단의 ㉡ 디지털 시대의 저자는 문자와 개념을 디지털 이미지로 만들어 수용자와 주고받는 사람을 나타낸다. 이미지와 상징을 문자로 표현하는 사람은 디지털 시대 이전의 저자에 해당된다.

③ 4문단에서 ㉢ 기술적 형상은 이전 시대의 주도적 소통 방식인 문자의 개념적 의미를 이미지로 펼쳐 보인 것이라 말하고 있다. 따라서 '디지털 도구나 기계로 만든 대화 구조'라는 의미는 적절하지 않다.

④ 5문단에서 ㉣ 기술적 상상력은 기술적 형상을 이해하고 기술을 이용해 상상과 개념을 종합한 새로운 능력이라 말하고 있다. 그러므로 '문자가 개념화한 의미를 선형적으로 배열하는 능력'에 대한 의미로 적절하지 않다.

⑤ 5문단에서 ㉤ 정보 유희자는 기술적 상상가를 달리 이르는 용어라는 것을 알 수 있다. 1문단과 2문단에서 과거에 일방적이었던 전달 방식에 대해 말하는 내용이 있으며 정보 유희자가 내포하고 있는 의미과 거리가 멀다.

07　① [A]에서 디지털 시대는 글쓰기의 조건, 지식 전달 방식, 지식 분배 방식을 변화시킨다. 디지털 글쓰기의 양방향적 채널은 지식을 확대·재생산하고 '구조화한 지식의 특징을 비판적으로 수용'할 수 있게 한다. 바둑, 장기, 체스 경기 이

해에 필요한 기본 규칙은 구조화한 지식을 비판적으로 수용할 수 없기 때문에 거리가 먼 사례에 해당된다.

(오답풀이)

② 대화 구조에서 사용되는 양방향적 채널에 대해 지식을 확대·재생산 할 수 있으며 과거의 일방적이었던 전달 방식이 구조화한 지식의 특징까지 비판적으로 수용할 수 있다고 말하고 있다. 과거에는 매체, 사건 등을 눈으로 직접 보는 일방적인 전달방식을 취했다면, 디지털 시대에는 먼 거리에서 매체와 사건 등을 통해 개인의 의사를 전달할 수 있다.

③ 디지털 시대는 글쓰기 조건, 지식전달 방식, 지식 분배 방식의 변화는 누구나 글을 올리고 수정할 수 있는 소프트웨어 미디어 위키 등의 매체를 통해 지식을 전달할 수 있음을 알 수 있다.

④, ⑤ 디지털 시대의 조건 및 방식의 변화와 양방향적 채널이 복합적으로 작용한다. 스마트 기기 사용자는 관심 또는 취향에 관련한 검색어 및 선호 매체 등을 저장하여 SNS 알고리즘을 통해 같은 선호 유형을 가진 사용자에게 추천하거나, 새롭게 나온 선호 매체를 추천하여 누구나 정보를 자유롭게 접할 수 있도록 한다.

08 ② 5문단에서 새로운 소통방식인 기술적 형상에 대해 대중이 비판의 필요성을 간과, 무시했을 때, 권력, 자본은 대중 매체를 통해 정보 수용자들을 탈정치화, 탈윤리화, 탈가치화 할 수 있다고 강조한다. 따라서 기술적 발전으로 의미의 해독과 생산을 방해해 탈정치화한다는 근거는 글에서 말하는 논지와 거리가 멀다.

(오답풀이)

① 4문단에서 기술적 발전과 대중 매체 확산에 따른 대중문화 현상들이 인간과 세계를 의미화하는 강력한 방식으로 대두되었다. 기술적 형상은 이전 시대의 소통 방식이었던 문자의 개념적 의미를 이미지로 변환해 수용자에게 빠르게 전달할 수 있다는 내용을 통해 디지털 사회와 깊은 연관성을 갖고 있음을 알 수 있다.

③ 플루서는 1문단에서 저자와 독자의 상호 대화적 관계로의 변화, 2문단의 지식의 전달 및 분배 방식의 변화, 양방향적 채널을 통한 지식의 확대 재생산을 제시하고 있다. 이를 통해 상호 작용성, 지식 개방과 공유, 참여와 협력 등을 내비치고 있음을 알 수 있다.

④ 정보 수용자들이 쉽고 간단한 이미지에 만족해 메시지를 주고받는 것에만 집중하고 비판의 필요성을 간과, 무시한다면 권력, 자본에 의해 탈정치화 될 수 있음을 말하고 있다. 그러므로 디지털 글쓰기 주체들은 협력적으로 지식을 생산, 공유해 저항하는 것은 지지하는 근거로 적절하다.

⑤ 플루서는 디지털 이미지가 은폐와 기만의 작용을 하고 있

으며 우리는 아직 새로운 소통 방식인 기술적 형상에 어울리는 의식을 갖추지 못했다고 주장하고 있다. 이는 권력과 자본이 대중 매체를 이용하여 통제될 수 있음을 암시하기 때문에 새로운 소통 방식(기술적 형상)에 어울리는 의식을 갖추어야 한다.

[09~13] 현대 시 복합

(가) 정지용, 「바다2」
- 갈래 : 서정시, 자유시
- 성격 : 감각적, 역동적
- 제재 : 바다
- 주제 : 밀려오고 밀려나는 바다의 모습
- 특징
  - 역동적 이미지를 부각
  - 색채 대비를 통한 선명한 시각적 표현
  - 현실에서 상상으로 시상이 확장됨

(나) 곽재구, 「사평역에서」
- 갈래 : 서정시, 자유시
- 성격 : 회고적, 애상적
- 제재 : 사평역 대합실의 풍경
- 주제 : 막차를 기다리는 사람들의 애환
- 특징
  - 감각적 표현의 사용으로 삶의 애환을 나타냄
  - 힘겹게 살아가는 사람에 대한 연민을 표현

(다) 김선우, 「단단한 고요」
- 갈래 : 서정시, 자유시
- 성격 : 감각적, 개성적, 산문적
- 제재 : 도토리묵
- 주제 : 도토리묵이 되는 과정에 대한 개성적 통찰
- 특징
  - 의인법을 활용하여 살아있는 존재로 표현함
  - 청각적 심상을 통해 대상을 개성화함
  - 도치법, 역설법을 사용하여 도토리묵을 강조함

09 ② 의인법을 활용하여 살아 있는 것처럼 생동감을 드러내고 있다. (가)는 바다를, (다)는 도토리 알을 소재로 의인법을 사용했다.

(오답풀이)

① 개인의 서정 및 자연을 시어로 활용하고 있으므로 이국적인 것과 거리가 멀다.

③ (나)는 화자가 막차를 기다리며 소외된 사람들에 대한 연민과 삶의 애환이며, (다)는 도토리 알이 도토리묵이 되기까지 다양하고 개성적인 통찰을 정서로 하고 있다.

④ (가), (나), (다)에서 시제 변화를 나타낸 표현을 찾을 수 없다.

⑤ (다)의 외부에서 아궁이로의 시선의 이동에 따른 공간 변화를 제외하면, (가), (나)에서는 화자의 시선 이동으로 인한 공간 변화를 찾을 수 없다.

10 ④ 반어적 표현으로 파도의 흔적을 구체화한 것이 아니라 시각적 표현으로 파도의 흔적을 나타내고 있다.

오답풀이

① 빠르게 움직이는 파도를 '푸른 도마뱀떼'로 비유하였고, 모래사장과 뒤섞이는 파도의 흔적을 '붉고 슬픈 생채기'로 비유하여 다양한 비유 및 선명한 이미지가 사용되었다.

② 4연의 '흰 발톱(파도)에 찟긴'과 파도가 남긴 '산호보다 붉고 슬픈 생채기!'를 통해 색채 대비를 엿볼 수 있다.

③ 7연의 '찰찰 넘치도록'과 '돌돌 구르도록'에서 바다가 밀려오고 밀려나는 것을 음성적인 시어로 나타내고 있다.

⑤ 1연부터 6연까지 바다에서 일어나는 파도를 관찰하는 이미지가 형성되고, 7연과 8연에서 화자의 시상이 확대되면서 상상을 중심으로 시상을 전개하고 있다.

11 ④ '모두들 아무 말도 하지 않았다'는 고단한 삶을 사는 사람들의 모습을 표현한 것으로 서로를 믿지 않음을 암시하는 것으로 적절하지 않다.

오답풀이

① 사람들의 애환이 느껴지는 공간으로 고단한 삶을 살고 있는 사람들이 잠시 머무르다 떠나는 곳이다.

② 막차를 기다리는 사람의 고단한 삶을 위로해주는 소재이다.

③ 고단한 삶에 지친 사람들의 모습을 형상화한다.

⑤ 사람들의 애환에 대한 화자의 연민과 슬픔을 나타낸다.

12 ④ ⓐ <u>단풍잎 같은 몇 잎의 차창</u>에서 원관념은 단풍잎 같은 보조관념은 몇 잎의 차창이 된다. 〈보기〉에서 ⓐ는 원관념과 보조 관념 모두 구상성을 지닌다고 제시한다. 구상성은 사물이나 대상이 갖는 구체적인 성질, 추상성은 실제로 존재하지 않거나 구체적으로 경험할 수 없는 성질을 의미한다. 구상성은 실제로 존재하는 것을 뜻하므로 '푸른 건반인 듯 주름진 계단'이 ⓐ와 유사한 관계를 형성하고 있다.

오답풀이

① 사랑과 숭고한 정념은 실제로 존재하여 구체화되지 않는 성질로 추상성에 해당된다.

② 내 마음같이는 추상성에 해당하며, 푸른 모래밭은 구상성에 해당한다.

③ 추억인 양은 추상성, 내리는 물안개는 구상성에 해당한다.

⑤ 해바라기처럼은 구상성, 타오르는 기도는 추상성에 해당한다.

13 ③ 가슴 동당거리는 소리, 이별 인사 하는 소리, 저토록 시끄러운, 저토록 단단한 등의 시구를 통해 정서를 드러냈음을 알 수 있다. 그러므로 정서를 배제했다는 설명은 적절하지 않다.

오답풀이

① 1연에서 가슴 동당거리는 소리, 어루만져 주는 소리, 이별 인사 하는 소리, 저희끼리 다시 엉기는 소리, 서로 핥아주는 소리 등으로 유사한 시구를 반복적으로 사용하고 있다.

② 3연에서 '저 고요'와 '저토록 시끄러운'은 서로 역설적인 관계로 구성되어 있으며 2연의 '다갈빛 도토리묵', 3연의 '모든 소리들이 흘러들어 간 뒤에 비로소 생겨난 저 고요…'는 도치법이 사용되었다.

④ 멍석 위에 나란히 잠든, 채머리 떠는 소리, 맷돌 속에서 껍질 타지며 가슴 동당거리는 소리 등의 시구를 통해 청각적 감각이 두드러지며 시각적인 감각도 활용하여 도토리의 변화과정을 나타내고 있다.

⑤ 가을에 익어 떨어진 도토리를 모아 햇볕에 말리고, 맷돌로 갈아 가루로 만든 뒤에 아궁이에서 엉기고 단단해져 도토리묵이 되는 과정을 나타내고 있다.

[14~17] 독서 – 철학

14 ② 1문단에서 4문단까지는 플라톤이 주장한 이데아론의 통념을 제시했다. 현실 세계와 이데아 세계의 구분과 이데아에 가까운 것과 멀어진 것을 구분 하는 것이 중요하다는 것이 통념의 요점이 된다.

반면 5문단에서 플라톤이 이데아론을 체계화한 목적은 현실 세계 사물들 사이에 위계를 세우기 위함이었음을 추측하고 있다. 이데아는 허상으로부터 그은 직선을 연장할 때 도달하는 가장 진실한 극점이라 말한다. 역으로 극점에서 직선을 그어 연장했을 때 반대 극점은 허상이 된다고 주장한다. 이를 통해 이데아론이 가치론적 맥락에서 착상되었다는 기존의 통념과 다른 해석 관점을 주장하고 있다.

15 ⑤ 2문단의 '진짜가 존재하고 우리가 그것을 알 수 있다면, 다른 모든 것들은 진짜에 대한 모방의 성공 정도에 입각해 존재론적으로 파악할 수 있다'와 3문단의 '현실 세계의 의자는 의자의 이데아를 모방한 인공물이다' 등을 통해 이데아의 세계가 현실 세계보다 더 가치가 있음을 알 수 있다. 그러므로 현실 세계가 이데아의 세계보다 존재론적으로 가치가 있다는 내용은 일치하지 않는다.

오답풀이

①, ② 3문단에서 인공물인 의자와 의자 그림은 존재론적 위계에서 차이가 난다. 현실 세계의 의자는 의자의 이데아를

모방한 인공물이다. 의자를 그린 그림은 현실 세계의 의자를 모방하였기에 이데아로부터 두 단계나 떨어져 있다고 주장한다.

③ 3문단에 이데아 모방론을 전제할 때, 결론 중 하나는 인공물에 대한 자연물의 존재론적 우위이다. 자연은 이데아를 모방했지만, 인공물은 자연물을 다시 모방한 산물이라는 것을 말하고 있다.

④ 4문단에서 플라톤은 저서인 『소피스트』를 통해 모상술, 사상술, 허상술로 위계화한다. 이데아와 현실을 구분하는 것 못지않게, 이데아로부터 아예 멀어진 것을 구분하는 것이 중요하다고 말한다. 3문단의 현실 세계의 의자와 의자를 그린 그림을 통해 이데아로부터 얼마나 가까운지, 떨어져 있는지를 알 수 있다.

16 ③ 3문단에서 현실 세계의 의자는 이데아를 모방한 것이 되며 의자를 그린 그림은 현실 세계의 의자를 모방하였기 때문에 현실 세계의 의자보다 이데아에서 더 멀어졌다는 통념을 제시하고 있다. '성공한 케이팝 아이돌의 이미지'는 곧 현실 세계의 의자를 모방한 '의자를 그린 그림'에 가까우며 이데아와는 거리가 멀다. 즉, '아이돌'의 원형적인 이미지가 이데아에 가깝다고 할 수 있다.

〔오답풀이〕

① 2문단에서 현실 세계가 제작된 것으로 보는 관점에서 현실 세계가 이데아 세계를 모방하도록 창조되었다는 것을 말하고 있다. 그러므로 실제의 남자 철수와 여자 순이는 남자의 이데아, 여자의 이데아를 모방한 존재이다. 그러므로 남자의 이데아, 여자의 이데아는 현실 세계에 존재할 수 없다.

② 3문단에서 자연은 이데아를 모방한 산물이라는 통념을 통해 비슷한 맥락으로 봤을 때, 인간(자연물)은 신(이데아)를 모방한 창조물이 될 수 있다.

④ 5문단에 이데아는 허상으로부터 직선을 긋고 그 선을 계속 연장할 때 도달하게 되는 가장 진실한 극점이 이데아다. 역으로 이데아라는 극점에서 직선을 긋고 그 직선을 계속 연장했을 때 도달하는 반대 극점은 허상이라는 관점을 제시하고 있다. 이를 통해 원근법, 명암, 투시법은 이데아라는 극점에서 직선을 그어 계속 연장하여 도달한 반대 극점인 허상이 된다.

17 ③ 3문단의 이데아를 모방한 자연, 자연물을 모방한 인공물에 대한 통념을 통해 〈보기〉의 모방 대상을 이데아라고 빗댄다면 '서사시가 역사보다 위대하다.'고 본 것은 모방 대상의 본질을 꿰뚫은 허구(서사시)는 역사보다 모방 대상(이데아)에 더 가깝다는 결론을 내릴 수 있다. 그러므로 '서사시'는 '역사'보다 가치론적으로 우위에 있다고 할 수 있다.

〔오답풀이〕

①. ② 〈보기〉의 시적 진실에 대한 설명에서 '모방 대상의 본질을 꿰뚫은 허구'는 이데아에 가깝다고 말한다. 그러므로 시적 진실은 현실을 모방한 가짜의 극점으로 적절하지 않다.

② 3문단에서 현실 세계의 의자는 '의자의 이데아'를 모방한 인공물이므로 현실 세계에 존재하는 의자는 의자의 이데아에서 한 단계 떨어지는 위계에 있으며, 〈보기〉의 시적 진실에 적용하면 역사보다 이데아에 떨어져 있는 것은 적절하지 않다.

④ 〈보기〉의 내용만으로 허구의 가치가 허상의 위계를 명확히 구분할 수 있는지에 대해 알 수 없다.

⑤ 〈보기〉에서 '서사시와 역사보다 위대하다.'는 문장에서 서사시와 역사가 3문단의 내용처럼 이데아를 모방한 것을 다시 모방했다는 관계를 〈보기〉에서 설명하고 있지 않기 때문에 현실 세계에 대한 폄하가 반영되어 있다는 것은 적절하지 않다.

[18~20] 독서 – 과학

18 ② 3문단에서 꿈꾸는 사람은 외부 세계로 향하던 정신적 에너지를 자아로 되돌려 집중하고, 4문단에서 정신적 에너지를 내면 세계로 집중한다고 말하고 있으므로 정신에너지가 외부로 향한다는 것은 적절하지 않다.

〔오답풀이〕

① 5문단에서 '깨어 있는 의식은 내면 세계를 가리거나 보호해 내면의 관찰을 방해하기 때문이다.'라는 내용을 반대로 본다면, 꿈은 인간의 내면세계를 들여다볼 수 있게 해주는 기제가 된다.

③ 4문단에서 정신적 에너지를 내면 세계로 집중함으로써 평소에 억누르고 있던 내적 욕구나 콤플렉스를 민감하게 느낄 수 있다. 3문단에서 꿈속에서는 모든 감각이 크게 과장되며 이를 꿈의 과장성이라 하며, 그 이유로 정신적 에너지를 자아에 집중하기 때문이라는 것을 말하고 있다.

④ 5문단의 깨어 있을 때는 꿈이 알려 주는 문제를 쉽사리 알아내기 어렵다는 내용이 있다.

⑤ 3문단의 꿈속에서는 모든 감각이 크게 과장되어 있기 때문에 깨어 있을 때보다 더 빨리, 더 분명하게 신체적 이상을 감지할 수 있다는 내용이 있다.

19 ⑤ ⓐ 퇴행은 말을 배우기 전의 유아처럼 스스로 한 행동에 대해 책임을 지지 않아도 되는 상태로 돌아가 자아를 보호하려는 방어기제라고 설명하고 있다. 그러므로 동생이 태어난 후에 정신적인 충격 등으로 대소변을 제대로 못 가리는 아이가 ⓐ에 해당하는 사례로 가장 적절하다.

20 ① 4문단에서 꿈꾸는 사람이 깨닫지 못하는 무의식의 세계를 구체적 형태로 바꾸어서 보여 준다는 점과 정신 분석학에서 무의식의 세계를 외적 형태로 구체화하는 꿈의 역할을 '투사'라 설명하고 있다. 4문단과 〈보기〉의 내용을 참고하면, 꿈은 즉각적인 쾌락을 추구하는 무의식인 이드(id)를 의식 세계와 연결하는 역할을 한다고 이해할 수 있다.

오답풀이

② 1문단의 '자아를 보호하려는 방어기제', 3문단의 '사람이 외부 세계로 향하던 정신적 에너지를 자아로 되돌려 집중하기 때문에 가능하다.' 등의 내용을 통해 '내면'에 가깝다고 볼 수 있으므로 쾌락 원칙으로 해석하기 어렵다.

③ 3문단의 꿈속에서 모든 감각이 크게 과장된 것을 '꿈의 과장성'이라 하였고, 〈보기〉의 초자아는 규범과 가치를 내면화한 의식이며 도덕 원칙을 따른다고 정의하고 있다. 그러므로 초자아는 꿈의 과장성보다 내면 세계를 가리거나 보호하는 '깨어 있는 의식'에 더 가깝다고 볼 수 있다.

④ 쾌락 원칙을 따르는 '이드'는 꿈에 의해 의식 세계와 연결되고, 4문단에서 외부 세계로 향하던 정신적 에너지를 자아(내부)로 집중하기 때문에 정신 작용의 방향을 외부가 아니라 내부로 돌린다고 이해할 수 있다.

⑤ 꿈은 외부가 아닌 내부 세계에 대한 관심이며, 도덕 원칙이 아니라 쾌락 원칙에 해당된다.

[21~25] 현대 소설

> 이동하 「장난감 도시」
> • 갈래 : 현대소설, 연작소설(3부작)
> • 배경 : 6·25전쟁 직후의 도시
> • 성격 : 회고적, 독백적
> • 시점 : 1인칭 주인공 시점
> • 주제 : 도시에서의 암울한 삶을 통한 소년의 의식 성장
> • 구성
>   – 발단 : 6·25전쟁이 끝난 직후, '나'와 가족들은 도시의 판자촌으로 이사함
>   – 전개 : '나'와 가족은 가난한 생활로 도시의 냉혹한 현실을 깨닫고, 아버지는 풀빵과 냉차 장사를 시작함
>   – 위기 : 아버지의 장사는 장마로 인해 끝나고, 형편이 더욱 어려워짐
>   – 절정 : 아버지가 장물인 줄 모르고 나른 짐 때문에 경찰에 의해 유치장으로 끌려감
>   – 결말 : 가족은 해체되고 '나'는 아버지를 잃은 슬픔, 도시 생활에 회의를 느낌

21 ② 화자는 어린 아이이며 6·25전쟁 이후, 가족들과 도시로 이사 온 '나'가 겪은 경험에 대해 서술하고 있다. 그러므로 '인물이 서술자가 되어 자신의 경험을 서술하고 있다'가 가장 적절하다.

22 ② 다른 사람들이 도시로 가는 '나'를 부러워 할 것이라 생각했지만, 도시는 훨씬 가까운 곳에 있어 다른 사람이 작정하면 금방 따라올 것이란 생각을 하게 되고 자존심이 상한 것이다. 그러므로 ⓒ 나는 조금 자존심이 상했다는 스스로 부끄럽게 생각한 것으로 적절하지 않다.

오답풀이

① '도시는 더 멀고 아득한 곳에 있어야 한다'는 내용에서 아무나 갈 수 없는 도시에 대한 이상과 동경을 투영한 것이다.

③ 도시와 도시 생활이 주는 경이와 흥분을 오래도록 느끼고 싶은 마음에 돈을 주고 산 물을 마시지 않은 것이다.

④ 물장수가 컵을 들고 가려는 '나'를 불러 세우자, 스스로 어떤 잘못을 했는지 몰라 당혹해하고 있다.

⑤ 다른 사람들은 쉽게 오기 힘든 도시의 생활에 자부심을 느끼며 행동하고 있었지만, '나'의 실수로 물장수에게 시골출신이라 무안당한 나의 심리가 드러난다.

23 ④ ⓐ는 실수한 '나'가 물장수로부터 시골출신이라며 무안당한 것 때문에 어정거릴(한가하게 이리저리 천천히 걸을) 겨를이 없어질 정도로 부끄러웠던 것이다. 그러므로 비슷한 의미를 지닌 '쥐구멍에라도 들어가고 싶다.'가 적절하다.

오답풀이

① '먹은 것이 적어 먹으나 마나 하다'의 의미를 지니고 있으므로 '나'의 상황과 거리가 멀다.

② 일의 순서가 뒤바뀌어 애쓴 보람이 없거나 뜻하지 않게 이익을 보는 경우를 가리키며, '나'의 상황과 거리가 멀다.

③ 자그마한 나쁜 일도 버릇이 되면 나중에 큰 죄를 저지르게 된다는 뜻으로, '나'가 처한 상황과 거리가 멀다.

⑤ 좋지 않은 어떤 일을 피하려다 더 불행한 일을 만난다는 뜻으로, '나'가 처한 상황에 맞지 않는 표현이다.

24 ② 물을 먹고 탈이 난 '나'는 어지러움을 느끼다 토하게 된다. 그러므로 ⓑ는 '나'가 낯선 도시 생활에 적응하지 못하고 있다는 것을 비유적으로 나타낸 것이다.

오답풀이

① '나'가 물을 잘못 먹고 탈이 났기 때문에 일어난 일로써 가족 간 갈등이 일어날 조짐과는 거리가 멀다.

③ 도시의 물을 비롯하여 주변 환경이 비위생적인 이유로 토한 것이 아니며 그러한 내용으로 볼 수 없다.

④ 도시 위치를 몰랐던 것을 알게 된 이유와 거리가 멀다.

⑤ '나'가 도시를 두려워하거나 피하고 있다고 볼 수 없다.

25 ① 〈보기〉의 도시의 인상과 감정이 시골에서의 추억과 대비되는 장면은 '시골에서 봐왔던 도시 골목에 잔뜩 쌓여 있는 세간살이들은 이물스런 느낌을 준다'는 내용이다. 이물스런 느낌은 시골에서 그대로 가져온 세간살이에 대해 도시와 어울리지 않음을 나타내는 것이다. 그러므로 '나'가 세간살이들이 이사 와서 보니 촌스럽고 보잘것없게 느껴졌다는 것과 거리가 멀다.

오답풀이
② 글 마지막 부분에 공동펌프장에서 길어 온 물로 밥을 지어 노란색을 띠고 녹 냄새가 났다는 내용이 서술되어 있다.
③ 글 중간에 물장수가 컵을 가져가려는 '나'를 불러 시골에서 왔다는 말을 들은 뒤, 이후 도시의 이물스러움을 견디지 못해 속이 가슴이 답답하고, 머리가 어지럽고, 속이 메스껍게 된 것이다.
④ 글 처음에 지금까지 상상해왔던 도시는 급행열차로 하루 낮, 하루 밤은 걸리는 아주 먼 곳이었지만 털털거리는 짐차를 타고 두세 시간 만에 도착 한 것에 '결함처럼 내게는 느껴졌다'라는 장면에서 실망했음을 알 수 있다.
⑤ 글 중간에 좁고 어둡고 질척한 많은 골목들 등의 내용을 통해 코크스 덩어리와 검은 탄가루 등을 통해 시골 교실과 반대되는 풍경임을 알 수 있다.

[26~30] 독서 – 경제

26 ⑤ 글의 서술 방식은 계약 이행에 대한 개념과 사례를 제시하고 있다. (가), (나)의 사례 및 [표]를 통한 예시로 이해를 돕고 있으며, 질문을 통해 설명의 범위를 확장시키고 있다.

오답풀이
① 통계자료와 논지의 신뢰성을 강화하고 있는 내용을 서술하고 있지 않다.
② 계약의 이행, 불이행 등으로 발생하는 사회적 순편익과 신뢰손실에 대해 어떠한 결과가 나오는지 설명하고 있지만 다양한 추론과 해석으로 문제의 원인을 규명하는 것으로 적절하지 않다.
③ 글에서는 가설을 세워 검증하는 내용을 서술하지 않았다.
④ 서로 다른 주장과 사례를 비교하는 내용을 서술하지 않았다.

27 ⑤ ㉠의 의미는 2문단에서 큰 레스토랑을 개업하려고 한빛조명이란 회사와 계약한 A의 사례를 들고 있다. 3문단에서 A가 2백만 원을 지출하여 개업 전단지를 돌렸다. 한빛조명이 계약을 이행하지 않으면 쓸모없는 지출이 될 수 있음에도 A가 계약이 이행될 것이라 믿고 행한 투자를 '신뢰투자'

라고 설명하고 있다. 같은 사례로 해외에 있는 친구가 집을 못 빌려 줄 수 있음에도 비행기표를 <u>미리 구입하는 경우</u>를 ㉠에 해당하는 사례로 볼 수 있다.

오답풀이
① 캠페인에 참가하여 헌혈하는 경우는 계약이행을 위해 투자한 것이 아니기 때문에 신뢰투자로 볼 수 없다.
② 편의점을 임대하고 점포세를 받는 것은 계약이행을 위한 투자의 개념과 거리가 멀다.
③ 지인의 조언으로 부동산을 매입 한 것은 계약을 맺어 자신의 소유로 한 것이기 때문에 계약을 통한 투자의 개념에 해당되지 않는다.
④ 조카에게 게임기를 사 주겠다며 친구와 사이좋게 지내라고 하는 것은 이득을 얻기 위한 투자에 해당되지 않는다.

28 ① 8문단에서 계약을 위반한 측이 손해를 본 측에게 만일 계약이 이행되었더라면 누렸을 효용 수준과 동일한 수준을 보장하는 금액인 ⓐ 기대손실의 원칙, 만약 그 계약이 맺어지지 않았더라면 누렸을 효용 수준과 똑같은 수준의 효용을 보장하는 금액인 ⓑ 신뢰손실의 원칙에 대해 설명하고 있다. 6문단에 있는 [표]에서 구입자의 순편익 항목에 ⓐ를 적용하면 계약 이행시 비용과 손실된 신뢰투자분을 더한 5백만 원을, ⓑ를 적용하면 손실을 입은 신뢰투자분 2백만 원을 A에게 지불해야 한다.

29 ② 5문단에서 한빛조명이 B의 제의를 받아들이고 A의 계약을 불이행하면 이윤은 700만 원이 된다. 문제는 A와 계약을 위반한 것 때문에 어느 정도의 손해배상을 해 주어야 하는가에 있다. 6문단의 [표]에서 계약 불이행시 사회적 순편익은 900만 원이 된다.
그러므로 B의 순편익과 한빛 조명의 이윤을 더한 값이 사회적 순편익이 될 수 없으며, A에게 손해배상 할 신뢰투자분까지 빼야 사회적 순편익이 된다.

오답풀이
① A는 한빛조명과 2천만으로 샹들리에를 계약했지만, 5문단에서 건축업자 B가 A와 계약한 샹들리에를 보고 2천 4백만 원에 샹들리에를 팔라고 제의 한다. 이에 한빛조명이 이윤을 따져 검토를 하게 되면 효율적 계약불이행의 사례가 된다.
③ 6문단의 [표]에서 계약을 이행했을 때, 사회적 순편익은 600만 원이며, 계약 불이행 시 사회적 순편익은 900만 원이므로, 계약 불이행 시의 사회적 순편익이 더 크다.
④ 5문단에서 B가 제안한 샹들리에의 가격은 2천 4백만 원이다. 2문단에서 한빛조명의 샹들리에 제작비는 1천 7백만 원이 된다. 그러므로 A와의 계약을 불이행하면 B가 제안한 2천 4백만 원에서 샹들리에 제작비 1천 7백만 원을 뺀 것이 된다.

⑤ 한빛조명이 B의 제의를 거절해 계약이 불이행된다면, 5문단의 B가 샹들리에 구입에 지불할 용의가 있던 최고 금액인 2천 8백만 원에서 A와 계약한 샹들리에를 보고 지불하겠다고 제의한 2천 4백만 원을 뺀 값이 B의 순편익이 된다.

30 ③ 9문단에서 '(가) 사례의 경우에는 신뢰손실의 원칙이 효율적 계약불이행을 유발하며, 기대손실의 원칙하에서는 계약이 이행되는 비효율적 결과가 나타난다.'라 말하고 있다. 10문단에서는 9문단의 결론을 통해 신뢰손실의 원칙이 언제나 효율적인 계약불이행을 가져다주며, 기대손실의 원칙은 언제나 비효율적인 결과를 유발하지는 않는다고 말한다. 그러므로 어떤 손해 배상의 원칙이 효율적인 결과를 가져오는지는 주변 여건에 따라 달라지지 않는다는 추론은 적절하지 않다.

오답풀이

① 기대손실 원칙, 신뢰손실 원칙 모두 계약을 위반한 측이 손해를 본 측에게 배상하는 것이다. 두 가지 원칙 모두 계약을 위반한 측에게 손해액을 보상받게 되므로, 손해를 본 측은 지연 등의 이유로 나타난 손실을 제외하고 손해를 입을 위험이 없게 된다. 그러므로 과다한 신뢰투자를 유발하게 된다.

② 12문단에서 '한빛조명이 기대손실의 원칙하에서 손해 배상액이 계약파기로 증가하는 이익보다 크므로 계약을 그대로 이행하기로 결정한다.'는 내용에서 기대손실의 원칙이 효율적인 결과를 가져오는 상황으로 반전되었음을 알 수 있다.

④ 9문단에서 A의 계약 불이행으로 인한 손해 배상액이 회사가 얻게 될 추가적 이윤보다 작으면 계약을 파기하면 신뢰손실의 원칙이 효율적인 계약불이행을 유발했다고 볼 수 있다. 신뢰손실의 원칙하에서는 계약 불이행으로 얻는 이익이 더 크므로 과다한 계약 파기 문제, 과소한 계약 이행 문제가 발생한다.

[31~35] 고전 시가 복합

(가) 작자미상, 「만전춘별사」
- 갈래 : 고려속요
- 성격 : 남녀상열지사, 퇴폐적, 노골적
- 주제 : 임과의 영원한 사랑을 소망하는 여인의 모습
- 특징
  - 화자의 임에 대한 사랑을 직접적으로 표현함
  - 과장법을 활용하여 화자의 사랑을 부각시킴
  - 「쌍화점」, 「이상곡」 등으로 대표되는 남녀상열지사 작품 중 하나

(나) 매창, 「이화우 흩날릴 제~」
- 갈래 : 평시조
- 성격 : 애상적, 연정적
- 주제 : 임을 그리는 마음과 이별의 슬픔
- 특징
  - 하강적인 심상의 시어로 화자의 쓸쓸한 감정을 심화함
  - 은유법을 사용하여 임과 이별한 애상적인 분위기를 부각시킴

홍랑, 「묏ㅅ버들 가려 꺾어~」
- 갈래 : 평시조
- 성격 : 애상적, 연정적
- 주제 : 임을 그리는 마음과 이별의 슬픔
- 특징
  - 자연물에 의탁하여 임에 대한 지고지순한 사랑을 노래함
  - 상징법과 도치법을 사용하여 임을 강하게 그리워하고 있음을 표현함

(다) 작자 미상, 「상사별곡」
- 갈래 : 잡가
- 성격 : 비애적, 영탄적
- 주제 : 독수공방의 외로움과 사랑하는 임에 대한 그리움을 표현함
- 특징
  - 4음보 율격 구성으로 운율을 형성하고 있음
  - 자연물을 소재로 임과 이별한 화자의 심정을 상징화
  - 시조의 구성과 유사한 음보 및 단 구조

31 ④ (가), (나), (다)의 공통점은 임을 떠나보낸 화자가 소식이 없는 임에 대한 답답함과 애절함을 나타내고 있다. 화자는 자신을 두고 멀리 떠난 임에 대한 추억과 원망의 감정을 표현하고 있다. 정서적으로, 물리적으로 먼 곳에 있는 임과의 추억과 임을 향한 원망의 감정이 가장 고조되는 밤을 시간대로 삼아 시상을 전개하고 있다.

32 ④ (나)의 '추풍낙엽'과 (다)의 '오동추야'는 가을(秋)이라는 시간대를 나타내고 있으며, '낙엽'과 '오동'으로 대표되는 자연물을 활용하여 임을 떠나보낸 화자의 심정을 드러내고 있다.

오답풀이

① (가)는 극한적인 상황을 표현하여 사랑이 죽음(얼어 죽는 것)보다 강함을 나타냈다. (나)는 임과의 정서적 거리가 천 리만큼 멂을 나타냈다. 그러나 과장된 표현을 반복하여 화자의 심정을 고조시키고 있지 않다.

② (가)의 '아련 비올하'와 (나)의 '피는 불이 일러나면'은 임이 화자로부터 떠나는 것에 대해 원망하는 감정을 드러내는

것으로 풍자적 기법과는 거리가 멀다.

③ (가)의 '보내노라 님의손대'는 어순 도치를 사용했지만, (다)의 '듣고지고 임의 소리'는 앞의 '보고지고 임의 얼굴'을 반복적으로 표현하여 리듬감을 형성하고 있다.

⑤ (나)의 '새 잎 곧 나거든'은 화자를 잊지 말아달라는 임에게 보내는 화자의 소망이 담겨있다. (다)의 '일촌간장 구비 썩어'는 화자의 애타는 심정이 나타나는 표현이다. 그러므로 과거와 현재를 대비하여 화자의 처지를 부각한 것은 적절하지 않다.

33 ⑤ (나)의 [B] '뫼ㅅ버들 가려 꺾어'는 임에 대한 화자의 사랑의 매개체이자 화자의 분신으로 화자의 사랑을 나타낸 표현이다. 그러므로 화자의 원망으로 이해한 것은 적절하지 않다.

> **오답풀이**

① (가)의 '도화'는 단어 그대로 복숭아꽃을 뜻한다. 아름답게 핀 복숭아꽃과 반대로 화자는 임을 떠나보내고 외로워하는 상태이다. 도화는 외로운 상태에 있는 화자의 마음을 아프게 하는 객관적 상관물이 된다.

② (가)의 '넋시라도'에서 넋(마음) 만이라도 임과 함께 살고 싶다고 임과 이별하기 전에 화자가 함께 약속하는 장면이다.

③ (가)의 화자가 상상해 낸 공간으로 임과 다시 만나고픈 화자의 욕망이 직접적으로 드러나는 장소이다.

④ [A]는 화자는 임을 그리워하고 있지만 정서적 거리가 멀다는 것을 알고 있어 임과 다시 만나기 어려울 것이라는 심리가 드러나 있다.

34 ③ '천금주옥(금은보화)'에도 관심 없으며 세사 일부(세상에서 제일가는 부자)에 상관하지 않으며 오직 임만을 생각하는 화자의 사랑이 드러난 부분이다. 그러므로 화자가 임과 이별한 이유를 간접적으로 드러낸 부분으로 적절하지 않다.

> **오답풀이**

① '화자와 임과 만나지 못하는 상태(상사불견)'이며, 내 마음(진정)은 누구도 모른다는 것을 드러내고 있다. ㉠은 작품 전체의 내용과 주제를 압축적으로 제시하고 있다.

② 첩첩한(여러 겹으로 겹침) '산'과 충충(물이 흐리고 침침함) 흘러 '소(늪)'가 되는 물은 모두 임과의 만남을 방해하는 소재이며 화자의 고립감을 부각하고 있다.

④ 적적(조용하고 쓸쓸함), 혼자는 임을 만날 수 없어 화자가 내쉬는 한숨의 의미를 강조하고 있다.

⑤ 화자가 흘리는 눈물로 배를 탈 정도로 화자에 대한 연정을 과장되면서 설의적으로 나타내고 있다.

35 ⑤ (가)의 제6연 중 '아소 님하'는 〈보기〉를 통해 고려 속요에서 발견된다는 내용을 찾아볼 수 없으며, 후렴구는 각 연마

다 반복되는 특징을 지니고 있기 때문에 형식상 특징으로 적절하지 않다.

> **오답풀이**

① 제2연의 '경경 고침상애/어느 즈미 오리오' 등과 제5연의 '남산애 자리 보와/옥산을 벼여 누어' 등을 통해 시조의 4음보 율격이 드러나 있음을 알 수 있다.

② 〈보기〉의 '3단 구성이 보이는 10구체 향가, 시조, 고려 속요' 등의 내용과 제2연, 반복되는 부분을 뺀 제5연은 시조의 3단 구성과 유사하다는 것을 알 수 있다.

③ 제3연의 '넉시라도 님을 ᄒᆞᆫ ᄃᆡ'는 〈보기〉에서 '넉시라도 님은 ᄒᆞᆫ ᄃᆡ 녀져라 아으'에서 확인할 수 있다.

④ 제3연 '녀닛 경(景) 너기더니'는 〈보기〉의 '위~경(景) 긔 엇더ᄒᆞ니잇고'라는 내용을 통해 경기체가의 양식적 특징과 유사함을 알 수 있다.

[36~40] 독서 – 과학

36 ⑤ 1문단에서 과학자들은 유전자를 조작해 해당 종에게 특성을 제공하는 생명 공학을 통해 자연 선택의 법칙을 위반하는 중이며, 자연 선택을 지적 설계로 대체하는 기술로 사이보그 공학, 비유기물 공학 등을 제시했다. 이러한 지적설계는 4문단에서 프로젝트 중 가장 혁명적인 것은 '뇌와 컴퓨터를 직접 연결하는 방법'이라고 제시하고 있다.

> **오답풀이**

① 6문단에서 유전적 프로그래밍의 원형은 컴퓨터 바이러스다. 백신 프로그램까지 피하는 능력이 있는 '변종 바이러스'가 나타난다면 더 잘 살아남을 것이라는 내용이 있다. 그러므로 컴퓨터 바이러스가 백신 프로그램을 무력화할 수 있도록 만들어졌다는 것과 일치하지 않는다.

② 2문단에서 사이보그 공학에서 말하는 사이보그는 생물과 무생물을 부분적으로 합친 존재라 제시하고 있다. 인간이 '사이보그가 되는 경계선'을 넘게 되면 성격, 정체성 등이 달라지게 하는 비유기물적 속성을 갖게 된다. 그러므로 인간은 비유기물적 속성을 선천적으로 갖고 있다는 내용과 일치하지 않는다.

③ 4문단에서 과학자들은 뇌와 컴퓨터를 직접 연결하는 방법을 시도하고 있으며 컴퓨터가 인간의 뇌에 전기 신호를 읽어내는 동시에 뇌가 읽을 수 있는 신호를 내보내는 것을 통해 '뇌 인터넷으로 발전할 수 있을 것'이라 예측하고 있다. 그러므로 스스로 복제할 수 있는 능력이 없다는 것은 글의 내용과 일치하지 않는다.

④ 3문단에서 '광세포'는 감각수용체로서 눈에 비치는 빛을 흡수해 전기 신호로 바꾸는 역할을 한다. 전기 신호는 망막의

손상되지 않은 신경 세포로 전달된다고 제시하고 있다. 그러므로 망막의 신경 세포가 외부의 빛을 전기 신호로 바꾸어 뇌에 보낸다는 것과 일치하지 않는다.

37 ③ 1문단에서 과학자들은 살아 있는 개체의 유전자를 조작해 원래 해당 종에게 없던 특성을 제공하는 것을 ㉠ 생명 공학을 통해 자연 선택의 법칙을 위반하는 중이라 말한다. 뇌의 신경망을 모방한 컴퓨터 전기 회로를 컴퓨터 안에 심는 것은 2문단의 사이보그 공학에 해당되는 내용이므로 ㉠의 예로 적절하지 않다.

오답풀이

①, ②, ④, ⑤ 유전자 변형에 의한 생명공학에 해당한다.

38 ③ 2문단에서 사이보그의 예로 생체 공학적 의수를 지닌 인간을 들었고, 타고난 감각과 기능을 안경, 심장 박동기, 의료 보장구, ㉡ 컴퓨터와 스마트폰으로 보완하고 있다고 말하고 있다. 그러므로 자료 저장 처리의 부담을 덜어준다고 할 수 있다.

오답풀이

① 글에서 인간의 생리 기능 등에 해당하는 내용을 말하고 있지 않다.

② 글에서 인간이 자연 선택 결과에 해당하는 내용을 말하고 있지 않다.

④ 컴퓨터와 스마트폰이 전기적 명령을 해석할 수 있는 생체 공학용 팔의 원시적 형태물이라는 것과 관련된 내용을 말하고 있지 않다.

⑤ 컴퓨터와 스마트폰은 인간의 뇌가해야 하는 저장, 처리 등을 보완하는 역할을 하며, 데이터를 처리하는 능력의 한계와 거리가 멀다.

39 ④ 5문단에서 자연 선택의 법칙을 바꾸는 또 다른 방법은 완전히 무생물적 존재를 제작하는 것으로, 많은 프로그래머들이 창조자에게서 완전히 독립한 상태로 학습, 진화할 능력을 지닌 '프로그램을 창조하는 꿈'을 꾼다고 말하고 있다. 〈보기〉에서 비유기물 공학에서 독립적인 진화가 가능한 대상을 연구하고 있으므로, ㉯에 들어갈 적절한 말은 '컴퓨터 프로그램'이 된다.

40 ⑤ '부분을 맞추어 전체를 꾸며 만들다'의 뜻으로 사용한 ⓐ 짰기는 '만들다' 또는 '여러 요소를 모아 일정하게 짜서 이룸' 등의 어감으로 이해하면, 제작(製作), 구성(構成), 조직(組織), 개발(開發) 등으로 바꿔 쓸 수 있다. 활용(活用)은 '충분히 잘 이용함'의 의미를 지니고 있으므로 ⓐ와 바꿔 쓸 수 있는 말로 적절하지 않다.

TIP 동음이의어 '짜다'

- **짜다¹**
  - 사개를 맞추어 가구나 상자 등을 만듦
  - 실이나 끈 등을 씨와 날로 걸어 천 등을 만듦
  - 머리를 틀어 상투를 만듦
- **짜다²**
  - 누르거나 비틀어 물기나 기름 따위를 빼냄
  - 온갖 수단을 동원해 남의 재물 등을 빼앗음
  - 새로운 것을 생각해 내기 위해 온 힘·정신을 쏟음
- **짜다³** : 소금과 같은 맛이 있음

[41~45] 고전 소설

김시습 「만복사저포기」

- **갈래** : 전기소설, 한문소설
- **성격** : 비극적, 비현실적
- **시점** : 전지적 작가시점
- **배경**
  - 시간적 배경 : 고려 말 공민왕이 재위할 무렵
  - 공간적 배경 : 만복사, 개녕동, 보련사
- **구성**
  - 기 : 양생이 불전에서 소원을 빌다가 부처와 저포 놀이 시합에서 이기고 여인을 만남
  - 승 : 여인(하씨녀)과 절에서 하룻밤을 보내고 서로 손을 잡으며 사랑을 나눔
  - 전 : 양생은 여인이 이 세상 사람이 아닌 것을 알게 되며, 결국 이별하게 됨
  - 결 : 이별한 슬픔을 이기지 못한 양생은 지리산으로 들어가 약초를 캐며 은둔함
- **주제** : 남녀 간의 시공을 초월한 사랑
- **특징**
  - 불교 용어 및 소재를 사용함
  - 한시를 통해 남녀 간의 감정을 은유적으로 전달함
  - 최초의 한문소설이며 몽유록계 소설의 효시

41 ⑤ 여인(하씨녀)의 부모가 은그릇을 들고 길가에서 기다리던 양생을 보고 '여인이 노략질하던 왜구의 손에 죽어 장례를 치르지 못하다 절에서 재(불교에서 죽은 이를 천상에 가도록 기원하는 일)를 베풀어 저승 가는 길을 배웅하려는 참'이라는 대화를 통해 양생은 여인이 장례 후에 저승으로 간다는 사실을 알 수 있다.

오답풀이

① 여인이 양생의 아내가 되어 함께 살다가 죽음을 맞이한 것

이 아니라, 이승에 있는 사람이 아님에도 양생의 아내가 되고 싶었지만 이별할 수밖에 없는 상황에 슬퍼하고 있다.

② 여인은 양생에게 자신이 저승 사람이라는 사실을 고백하지 못하고 있다.

③ 부모가 양생을 만나기 위해 일행을 이끌고 보련사로 향한 것이 아니라, 여인이 길가에서 기다렸다 자신의 부모와 함께 절에 가달라고 양생에게 부탁한 것이다.

④ 지나가는 이들은 양생 옆에 여인이 함께 가는 것을 알지 못한 채로 어디로 가는지 묻고 있으며, 양생은 이들의 질문에 마지못해 대답했다는 서술은 글에서 찾아볼 수 없다.

42 ① [A]는 여인과 양생이 한시로 서로의 감정을 은유적으로 드러내고 있음을 알 수 있다. 〈보기〉에서 한시는 서사적 기능을 담당하며 그 중에서 '등장인물 간 대화를 대신하는 것'이 [A]의 역할로 가장 적절하다.

(오답풀이)

② 여인의 우스갯소리는 양생에게 자신의 감정을 전달하고 있고, 양생 또한 여인에 대한 자신의 감정을 전달하고 있다. 그러므로 남녀 주인공의 감정을 위로하는 것은 적절하지 않다.

③ 내용 상, 남녀 주인공은 이미 절(만복사)에서 하룻밤을 보내고 난 뒤에 해당되며, 첫 만남을 매개하는 것은 적절하지 않다.

④ 경물을 묘사한 것은 사건의 결말을 암시하는 것이 아니라 서로의 감정을 전달하기 위한 매개체이다.

⑤ 이별의 슬픔을 표현하고 있지 않다. 여인이 장난스럽게 한시로 운을 떼고, 이어 양생도 화답하듯 한시로 화답하여 서로 감정을 전달하고 있다.

43 ② 여인의 부모는 양생이 여인과 있었던 일을 말했음에도 의심하는 마음을 지울 수 없어 딸과 함께 절로 와 주기를 청한 것이며, 재를 베풀어 저승길을 배웅하려고 절에 온 것이다.

(오답풀이)

① [앞부분 줄거리]에서 노총각 양생은 법당에서 좋은 배필을 달라고 소원을 빌고, 부처와 저포놀이 시합에서 이긴 것을 통해 여인을 만나기 위한 필요조건이라는 것을 알 수 있다.

③ 양생과 여인이 손을 잡고 하얀 장막 안으로 들어가 밥을 먹기 시작했을 때, 수저 소리가 들리고 그가 한 말이 맞았음을 안 여인의 부모는 그를 믿게 된다.

④ 공자의 시경과 서경은 유교 서적이며 과거시험의 주요 출제 경전으로서, 이를 통해 여인이 명문가 규수로 유교적인 소양을 갖춘 인물임을 알 수 있다.

⑤ '양생의 아내가 되어 평생 도리를 다하고 싶었지만, 정해진 운명은 피할 수 없고 이승과 저승의 경계는 넘을 수 없었다.'는 내용을 통해 여인은 운명론적 세계관을 지니고 있음을 알 수 있다.

44 ③ ⓒ의 여인이 양생과 헤어지기 전 건넨 '은그릇'은 두 남녀의 사랑의 징표이자 여인과 관련 있는 사람임을 알리는 매개체이다. 은그릇은 이어지는 사건 전개에 필연성을 강화하는 소재가 된다.

(오답풀이)

① ㉠의 사건 이해에 필요한 대상의 특징을 묘사하는 상황이 아니라 절에서 마을로 이동하는 공간의 변화를 나타낸 것이다.

② ㉡의 들판을 뒤덮은 쑥과 하늘을 가릴 정도로 가시나무가 뒤덮인 것은 비현실적인 배경을 나타내기 위한 소재에 해당된다.

④ ⓒ의 하인이 한 말은 양생의 비법한 능력을 부각한 것이 아니라 여인이 이미 죽은 존재임을 은유적으로 암시하고 있다.

⑤ ㉣의 다가오고 있는 여자 한 사람과 여종이 이승의 존재가 아님을 직설적으로 드러내는지 알 수 없다.

45 ④ [B]에서 한밤중에 양생에게 나타난 여인이 '규범을 어기면서까지 양생과 사랑을 맺으려 시도했지만, 운명에 의해 이별할 수밖에 없는 것을 슬퍼하는 것'이다. 그러므로 현실 세계의 고달픈 삶을 긍정하는 민중의식으로 이해하는 것은 적절하지 않다.

(오답풀이)

① 명혼(冥婚)은 '부부가 되지 못하고 죽은 남녀'를 위해 인연을 맺게 하는 의식이다. 왜구에 의해 죽은 뒤, 골짜기에 묻힌 여인과 부모를 일찍 여의고 만복사에서 외롭게 지내던 양생은 각자 짝이 없는 결핍 상태에 처해 있다. 두 남녀가 만난 만복사는 현실(양생)과 비현실(여인)이 인연을 맺는 공간이 되며, 결핍 상태(짝이 없음)인 현실 세계의 벗어나고픈 욕망을 형상화한다고 볼 수 있다.

② 이승과 저승 간의 경계를 상징하는 불교 용어로 삼도천, 황천 등이 있다. 두 내(川)에는 이승에서 저승으로 이동하면 돌아올 수 없는 규칙이 있다. 이는 이승에서 저승으로 왕래할 수 없음을 상징한다. 그러므로 이승에 있는 양생과 곧 저승으로 가야하는 여인은 이어질 수 없으며, 양생의 고독은 해소될 수 없음을 의미한다.

③ 여인은 저승으로 갔어야 하지만 이를 어기고 양생과 사랑하고 싶었지만 결국 이별할 수밖에 없는 상황은 죽음을 넘어서고 싶었지만 운명에 의해 실현되지 못한 비극적 아이러니에 해당된다.

⑤ [앞부분 줄거리]에 나온 양생이 불전에서 빈 소원과 [B]의 여인이 고백한 자신의 사연이 담긴 축원문의 바람이 서로 통하여 두 남녀의 인연이 부처에 의해 이루어졌음을 알 수 있다.

2022학년도 기출문제 정답 및 해설

제2교시 영어영역

01 ③	02 ⑤	03 ⑤	04 ①	05 ③	06 ④
07 ④	08 ①	09 ①	10 ③	11 ①	12 ②
13 ④	14 ④	15 ②	16 ⑤	17 ④	18 ④
19 ⑤	20 ⑤	21 ③	22 ⑤	23 ③	24 ①
25 ④	26 ①	27 ③	28 ②	29 ⑤	30 ③
31 ①	32 ②	33 ③	34 ④	35 ①	36 ⑤
37 ②	38 ②	39 ③	40 ⑤	41 ①	42 ②
43 ③	44 ②	45 ②			

01 ③ 'ubiquitous'는 '어디에나 있는, 아주 흔한'이라는 의미로 'omnipresent(어디에나 있는)'와 의미가 가장 유사하다.

오답풀이
① 소리 높여 표현하는
② 모호한
④ 거침없는
⑤ 무료의

어휘
- Track : 추적하다
- stray : (자기도 모르게) 제 위치[길]를 벗어나다
- thanks to : ~의 덕분에, 때문에
- soon : 곧
- microchip : 마이크로칩
- vociferous : 소리 높여 표현하는
- equivocal : 모호한
- inexorable : 거침없는
- complimentary : 무료의

해석
어디에서나 볼 수 있는 마이크로칩 덕분에 길 잃은 개를 추적하는 것이 곧 쉬워질 것이다.

02 ⑤ 'unscrupulous'는 '부도덕한'이라는 의미로 'dishonest(정직하지 못한)'과 가장 의미가 유사하다.

오답풀이
① 신중한
② 비정상적인
③ 근면한
④ 무관심한

어휘
- Through : …을 통해[관통하여]
- public : 일반인[대중]의
- education : 교육
- advocacy : (생각 · 행동 노선 · 신념 등에 대한 공개적인) 지지[옹호]
- protests : 항의[반대/이의] (운동), 시위
- prudent : 신중한

해석
공교육, 정치적 옹호, 시위를 통해 개방된 공간과 숲을 부도덕한 개발자들로부터 보호하고자 했다.

03 ⑤ 'ostracized'는 '외면하다'의 의미로 'excluded(제외되는)'과 가장 의미가 유사하다.

오답풀이
① 당혹한
② 정류한
③ 범람한
④ 스며들다

어휘
- Individual : 각각[개개]의
- risk : 위험
- fellow : 동료
- worker : 노동자
- bewildered : 당혹한
- rectified : 정류한
- inundated : 범람한

해석
그런 행동을 한 개인들은 동료들로부터 외면을 당할 위험이 있었다.

04 ① 'nemesis'는 '강적'의 의미로 'adversary(적수)'와 가장 의미가 유사하다.

(오답풀이)
② 촉매
③ 관습
④ 영재
⑤ 천정

(어휘)
- Stuttering : 말을 더듬는
- embarrassing : 난처한
- struggled : 투쟁[고투]하다
- throughout : 도처에
- childhood : 어린 시절
- catalyst : 촉매
- convention : 관습

(해석)
말을 더듬는 것은 티모시가 어린 시절 내내 고군분투했던 당혹스러운 강적이었다.

05 ③ 'banal'은 '지극히 평범한'이라는 의미로 'ordinary(일상적인)'와 가장 유사하다.

(오답풀이)
① 다정한
② 혐오의
④ 걱정되는
⑤ 과장된

(어휘)
- exchanged : 교환
- climbers : 등반가
- inwardly : 마음속으로
- frantic : 정신없이[미친 듯이]
- affectionate : 다정한
- aversive : 혐오의

(해석)
등반가들과 지극히 평범한 축하 인사를 주고받다 보니 속으로 걱정이 앞섰다.

06 ④ A는 지난밤 국제 우주 정거장을 봤다고 말한다. B의 말에 A는 '나는 쉽게 그것과 별들 사이의 차이점을 쉽게 구별할 수 있어.' 라고 답한다. 따라서 B가 무엇을 물어봤는지 예상할 수 있다. ④의 "How did you know that it was the ISS (어떻게 구별을 했어?)"가 빈칸에 들어갈 말로 가장 적절하다.

(오답풀이)
① ISS와 NASA의 차이점을 설명해줄래?
② 구름의 중심에 있는 별이 보여?
③ ISS를 본 이유가 뭐야?
⑤ 지구에서 얼마나 떨어져 있니?

(어휘)
- International Space Station : 국제 우주 정거장(ISS)
- amazing : (감탄스럽도록) 놀라운
- possible : 가능한
- Earth : 지구, 세상
- across : 건너서
- location : (…이 일어나는 · 존재하는) 장소[곳/위치]
- neat : 정돈된

(해석)
A : 이봐, 그거 알아? 어젯밤에 국제 우주 정거장을 봤어!
B : 정말? 대단해! 정말 ISS를 볼 수 있어? 지구에서?
A : 응. 하늘을 가로지르는 밝은 별처럼 보였어.
B : 어떻게 구별을 했어?
A : 그것은 굉장히 빨리 움직여서 그 주변의 별들 사이에서 쉽게 구별할 수 있었어. ISS 위치를 보려면 NASA 웹사이트에서 확인할 수 있어.
B : 정말 깔끔하게 들리네. 한번 해볼게.

07 ④ B는 블로그를 통해 접한 Nessie라고 불리는 스코틀랜드 호수의 괴물에 대해 이야기 하고 있다. 빈칸 이후 A는 사진이 수정 되었을 수도 있으니 보이는 모든 것을 믿지 말라고 이야기 한다. 따라서 ④의 "There are lots of photos of Nessie, though(하지만 Nessie의 사진이 많아.)"가 적절하다.

(오답풀이)
① 실제로 과학자들은 그것의 존재를 믿었어.
② 하지만 그것은 나의 실수인 것 같아.
③ 괴물은 자연의 질서를 어지럽혀.
⑤ 응, 그것들은 실존함이 입증되었어.

(어휘)
- interesting : 흥미로운
- quite : 꽤
- proven : 입증[증명]된
- modified : 수정된
- approach : 접근법
- reasonable : 타당한
- suspicion : 의심
- authentic : 진본[진품]인

정답 및 해설

A : 뭐 하고 있어?

B : 블로그를 통해 몇 가지 흥미로운 것들에 대해 살펴보고 있어.

A : 뭐가 그렇게 흥미로운데?

B : 이 블로그에 따르면, 스코틀랜드의 한 호수에 Nessie라는 괴물이 살고 있대.

A : 오, 꽤 흥미롭긴 한데, 믿지 않는 게 좋을 거야. 이런 종류의 것들은 증명되지 않았어.

B : 하지만 Nessie의 사진이 많아.

A : 사진이 수정되었을 수 있어. 보이는 모든 것을 믿는 것보다 합리적인 의심을 가지고 접근하는 것이 중요하다고 생각해.

B : 알겠어. 명심할게.

08 ① 능동인지 수동인지 고르는 것이 관건이다. factors가 고려하는 요소인지 고려되는 요소인지 확인해본다. factors는 고려되는 요소이다. 따라서 ①의 'considering'을 'considered'로 고쳐 써야 한다.

어휘

• illness : 병, 아픔

• chemical : 화학의

• imbalance : 불균형

• factors : 요인, 인자

• environment : (주변의) 환경

• injury : 부상

• opinions : (개인의) 의견[견해/생각]

• society : (공동체를 이루는 일반적인) 사회

• supervision : 감독

• psychiatrist : 정신과 의사

• treatment : 치료, 처치

• pioneered : (특정 지식문화 부문의) 개척자[선구자]

• whereby : (그것에 의하여) …하는

• receives : 받다, 받아들이다

• above : (위치나 지위 면에서) …보다 위에[위로]

해석

정신질환은 여러모로 우리에게 수수께끼로 남아 있다. 어떤 과학자들은 그것이 유전적이라고 생각한다. 다른 사람들은 이 것이 신체의 화학적 불균형에 의한 것이라고 생각한다. 고려되는 다른 요인으로는 사람의 환경이나 뇌손상 등이 있다. 전문가들은 무엇이 정신질환을 유발하는지에 대해 각기 다른 의견을 가지고 있고, 그것을 어떻게 치료할지에 대해서는 다른 생각을 가지고 있다. 정신질환자를 병원이나 교도소에 배치해 사회로부터 격리시키는 것도 한 방법이다. 또 다른 방법은 정

신과 의사의 감독 아래 약을 투여해 행동을 수정하는 것이다. 약물 치료를 받고 있는 정신질환자들은 감독된 주택에서 생활하는 경우가 많다. Sigmund Freud가 개척한 또 다른 치료 방법은 정신분석으로, 환자는 정신과에서 많은 시간 동안 상담과 상담치료를 받는 것이다. 위의 치료법들은 종종 결합된다.

09 ① (A) 위험을 향해 달려가는 사람들의 이야기가 전개 되어야 하므로 안전하게 사는 것을 불안해 한다는 문장이 나와야 한다. 'nervous(불안)'이 적절하다.

(B) 과학자들은 왜 고의적으로 상해, 죽음을 얻으려고 하는지 궁금해 하므로 'court(…을 얻으려고 하다)'가 적절하다.

(C) 육체적 또는 정신적으로 스트레스를 받는 상황이 유발되는 것을 의미하므로 'arises(발생하다)'가 적절하다.

어휘

• nervous : 불안해[초조해/두려워] 하는

• relaxed : 느긋한, 여유 있는

• placidly : 잔잔하게

• surely : 확실히

• minuscule : 극소의

• deliberately : 고의로, 의도[계획]적으로

• evade : (어떤 일이나 사람을) 피하다[모면하다]

• interplay : 상호 작용

• ingredient : (특히 요리 등의) 재료[성분]

• adrenaline : 아드레날린

• chemical : 화학의, 화학적인 (변화를 수반한)

• adrenal : 신장 부근의

• arises : 생기다, 발생하다

• disappears : (눈앞에서) 사라지다

• swiftly : 신속히

• forcefully : 힘차게

해석

어떤 사람들은 차분하고 안전하게 살면 (A) 불안해한다. 그들은 대부분의 사람들이 위험으로부터 도망치는 것처럼 확실하게 위험을 향해 달려간다. 번지점프를 하거나 산악자전거를 타고 자갈길을 미끄러져 내려가거나 벼랑 앞 틈에 끼어 손끝으로 매달리거나 심지어 위험한 모험을 하기 위해 안전한 직장을 그만두기도 한다. 그들은 위험을 감수하는 사람들이고, 과학자들은 오랫동안 궁금해해왔다. 왜 고의적으로 상실, 상해, 심지어 죽음에 대한 (B) 구애를 하는지. 그 질문에 대한 대답은 심리적인 요인과 생리적인 요인의 복잡한 상호작용을 포함한다. 위험에 대한 신체의 생리학적 반응의 핵심 요소는 아드레날린이다. 신체는 이 화학물질을 신장의 부신 중앙에서 생산한다. 육체적으로나 정신적으로 스트레스를 받는 상황이

(C) 발생했을 때, 혈류로 흘러 들어가는 아드레날린은 신체가 스스로를 보호하기 위해 신속하고 강력하게 행동할 수 있도록 준비시킨다.

10 ③ (A) 사냥감의 속도와 지구력, 민첩성이라는 지문이 나오므로 'Fleeing(도망치는)'이 적절하다.

(B) 사자, 표범, 치타가 단거리의 폭발적인 스피드만 낼 수 있다는 것을 알고 있다고 했으므로 'panic(허둥지둥함)' 할 일이 거의 없다는 것이 적절하다.

(C) 개들은 고양이만큼 빠르지는 않지만, 몸이 약하거나 늙거나 병든 먹이를 소진시킬 정도로 오랫동안 달릴 수 있다는 의미가 되어야 하므로 'exhaust(소진시키다)'가 적절하다.

어휘

• Fleeing : 도망치는
• Hunting : 사냥
• inspiring : (…하도록) 고무[격려/자극]하는
• endurance : 인내(력), 참을성
• antelopes : 영양
• against : …에 반대하여[맞서]
• hoofed : …한 발굽이 있는
• rarely : 좀처럼 …하지 않는
• idle : 게으른, 나태한
• panic : 허둥지둥함
• predator : 포식자
• deadly : 치명적인
• prey : (사냥 동물의) 먹이[사냥감]
• depend : 의존하다
• endurance : 인내(력)
• exhaust : 다 써 버리다, 고갈시키다
• invigorate : 활성화하다

해석

(A) 도망치는 것은 사냥감의 속도와 지구력, 민첩성의 신화적 수준에 영감을 주며 정교한 예술로 완성되었다. 영양, 가젤, 얼룩말과 같은 평범한 동물들 또한 공격자들의 재능과 자신의 능력을 비교하는 법을 배웠다. 사자, 표범, 치타가 단거리의 폭발적인 스피드만 낼 수 있다는 것을 알고 있는 발굽이 달린 것들은 달리기와 유리한 출발이 가능한 한 고양이를 보고 (B) 허둥지둥 하는 일이 거의 없다. 중요한 것은 맹수가 "기지를 공격"하지 않고 치명적인 전력 질주를 할 수 있을 만큼 가까이 가지 않도록 감시하는 것이다. 그러나 사냥개와 늑대에 맞서는 먹잇감 동물은 지구력만으로는 의존할 수 없다는 것을 알고 있다. 개들은 고양이만큼 빠르지는 않지만, 몸이 약하거나 늙거나 병든 먹이를 (C) 소진시킬 정도로 오랫동안 달릴 수 있다.

11 ① (A) 멜로디가 올라가면 최저음을 떨어뜨리며, 대조적인 모션을 취하고 있으므로 'contrary(대조적으로)'가 적절하다.

(B) 방향이 반대로 가는 것을 의미하므로 'separating(분리시키다)'가 적절하다.

(C) 단 하나의 선이 곡조를 전달하는 것으로 식별될 수 있게 하기 위해 다른 부분은 조화를 이루어야 함을 의미하므로 'harmony(조화)'가 적절하다.

어휘

• struggling : 발버둥이 치는
• contrary : ~와는 다른[반대되는]
• parallel : (두 개 이상의 선이) 평행한
• In other words : 다시 말해서
• fall : 떨어지다, 빠지다, 내리다
• equally : 똑같이, 동일[동등]하게
• separating : 분리
• discord : 불화, 다툼
• harmony : 조화, 화합
• identified : 확인된, 인정된, 식별된
• Somehow : 어떻게든

해석

만약 여러분이 선율적이고 조화로운 결합체에 대해 생각하고 있다면 두 가지 요소들을 결합시키는 방법은 (A) 대조적인 모션을 해야 효과가 있다. 너의 선율이 올라감에 따라 화음진행에 가장 낮은음을 떨어뜨리도록 노력해라. 마찬가지로 너의 멜로디가 떨어질 때 최저음을 위쪽으로 올려라. 대조적인 움직임은 두가지의 파트와 그들사이의 미러가 있다고 상상하고 (B) 분리시켜라. 한 방향으로의 움직임이 유발한다. 다른 부분이 다른 방향으로 움직이도록. 단 하나의 선이 곡조를 전달하는 것으로 확인 될 수 있게 하기 위해 (C) 조화를 이루어야 곡조가 전달이 된다.

12 ② 제시문은 콘벨트에 대한 내용이다. 강우량이 풍부하며, 길고 따뜻한 생장기가 있고 이 모든 것이 땅을 매우 가치 있게 만든다고 했으므로 ②의 'futile(쓸데없는)'이 아니라 'useful(유용한)'등으로 바꿔 써야 적절하다.

오답풀이

① (특히 가축을 도살하기 전에) 살찌우다
③ 소작인
④ 공급하다
⑤ 설치되다

어휘

• running : 운영, 경영

- farm : 농장, 농원
- operation : (대규모) 기업, 사업체
- particularly : 특히, 특별히
- grown : 재배하다
- rainfall : 강우(량)
- valuable : 가치가 큰
- machinery : (특히 큰 기계를 집합적으로 가리켜) 기계(류)
- fertilizer : 비료
- owned : [복합어를 이루어] …이 소유하는
- insurance : 보험
- rent : 임대
- equipped with : …을 갖춘
- electric lighting : 전기 조명
- round-the-clock : 24시간[밤낮 없이] 계속되는

해석

오늘날 중서부에서 농장을 운영하는 것은 매우 돈이 많이 드는 운영이 될 것 같다. 이는 특히 가축의 대부분을 살찌우는 옥수수가 재배되는 콘벨트에서 더욱 그렇다. 콘벨트의 중심은 아이오와, 일리노이, 인디애나에 있다. 토양은 극히 쓸데없고 (→유용하고), 강우량이 풍부하며, 길고 따뜻한 생장기가 있다. 이 모든 것이 땅을 매우 가치 있게 만든다. 토지에 가축, 종자, 기계, 연료, 비료 등의 비용을 더하면 농사는 매우 돈이 많이 드는 운영이 된다. 그러므로 많은 농부들이 소작인들이고 땅의 많은 부분은 은행, 보험 회사 또는 부유한 사업가들이 소유하고 있다. 이 주인들은 일반적으로 기계와 노동력을 제공하는 농부들에게 땅을 임대해준다. 일부 농장은 제분업체와 계약하여 운영된다. 기업들은 농장을 매입하고 경영자를 투입해 농사를 짓게 하고 농사를 지을 수 있는 기계를 공급하며 농산물을 자체 용도로 가져간다. 기계에는 24시간 작동이 가능하도록 전기 조명이 설치되는 경우가 많다.

13　④ 제시문은 디지털 정보와 지식의 불확실성에 대해 설명하고 있다. 지식의 위상이 도전받는 이유는 접근할 수 있는 것의 품질이 종종 알려져 있지 않기 때문이라고 한다. 그러므로 ④의 'unveiled(공개되다)'가 아닌 'cover(감추다)'로 바꿔 써야 적절하다.

오답풀이

① 방해하다
② (통계 조사의) 표본
③ 알려지지 않은
⑤ 상대적인

어휘

- uncertainty : 불확실성, 반신반의
- infinitude : 무한

- response : 대답, 응답
- esoteric : 소수만 이해하는
- disciplines : 규율, 훈육
- stature : 지명도, 위상
- accessed : (장소로의) 입장[접근]
- publisher : 출판인
- affiliation : (개인의 정치·종교적) 소속[가입]
- clearly : 또렷하게
- deliberately : 고의로, 의도[계획]적으로
- simplistic : 지나치게 단순화한
- correct : 맞는, 정확한
- overcome : 극복하다
- nevertheless : 그렇기는 하지만, 그럼에도 불구하고
- caveat : 통고[경고]

해석

디지털 정보는 지식의 불확실성을 증가시키는 데 한몫을 한다. 첫째, 인터넷을 통해 접근할 수 있는 정보의 무한성은 어떤 주제에 숙달하려는 어떠한 시도도 어렵게 만든다. 어떤 분야에서든 무엇이 알려져야 하는지를 더 이상 알 수 없다. 그 응답은 점점 더 좁혀지거나 난해해지는 것에 초점을 맞추는 것이다. 훈련이나 관심사를 인정하거나, 할 수 있는 모든 것은 그 분야를 시도하는 것이다. 둘째, 지식의 위상이 도전받는 이유는 접근할 수 있는 것의 품질이 종종 알려져 있지 않기 때문이다. 인쇄된 책에는 대개 품질 출판사, 저자 소속 등의 표시가 선명하게 표시되어 있다. 그러나 인터넷 정보의 질이 항상 그렇게 명백하고, 때로는 의도적으로 공개되고(→감추어지고), 때로는 단순하지만 시끄럽지는 않다. 백과 사전도 보장되지 않는다. 위키백과는 다음과 같이 주장한다. 누구나 편집할 수 있는 무료 백과사전. 올바른 소재가 대개 잘못된 것을 극복한다는 이론에도 불구하고, 지식은 항상 상대적이라는 주의사항이 있다.

14　④ 카페의 절반 이상의 손님들이 정기적으로 방문 한다고 하였으므로, 'More than half of the customers visit this cafe regularly. (이 카페는 고객의 절반 이상이 정기적으로 방문합니다.)'는 ④의 설명이 제시문의 내용과 일치한다.

오답풀이

① Songbird House는 1904년에 유명한 유적지였다.
② Songbird House에서는 조식이 제공되지 않는다.
③ 신입사원들은 자주 채용된다.
⑤ Songbird House는 거실을 개조하는 회사이다.

어휘

- located : …에 위치한
- historic : 역사적으로 중요한, 역사에 남을 만한, 역사적인

- pastries : 패스트리
- proud : 자랑스러워하는, 자랑스러운
- personally : (다른 사람을 통하거나 하지 않고) 직접, 개인적으로
- assured : 확실한, 확실시 되는
- variety : 여러 가지, 갖가지, 각양각색
- creatives : 창의적인 사람, (창작 활동을 하는) 작가
- nursing mothers : 양모, 수양어머니
- comfortable : 편(안)한, 쾌적한
- extension : (세력·영향력·혜택 등의) 확대
- frequently : 자주, 흔히
- renovates : 개조하다

(해석)

Songbird House는 2012년 7월 23일 오픈하였으며 이 건물은 1904년 지어진 역사적인 집입니다. 저희는 커피와 차에 중점을 두고 있지만, 여러분은 수제 페이스트리와 아침 샌드위치를 좋아하실 것입니다. 우리는 낮은 직원 이직률을 자랑스럽게 여겨서 우리 모두가 고객을 개인적으로 알게 되고 고객은 한결같은 것에 대해 확신하게 됩니다. 우리가 환영하는 얼굴의 60%는 단골들이지만, 우리는 매일 각계각층의 아름다운 다양한 사람들을 만나는 것이 즐겁습니다. 당신이 누구이든, 누구를 사랑하든, 당신이 어디에 있든 간에 방문하세요. 사업가, 학생, 작가, 양모 편안히 계세요. Songbird House는 당신의 거실의 연장선입니다.

15 ② 제시문은 코브라 백합에 대한 내용을 이야기 하고 있다. 코브라 백합은 놀라운 외모와 함께 작은 척추동물뿐만 아니라 곤충도 잡아먹는다고 서술되어 있으므로 'It is eaten by small animals with a backbone. (그것은 척추 동물들에게 먹힌다.)라는 ②의 설명은 제시문의 내용과 일치하지 않는다.

(오답풀이)

① 잎은 코브라의 머리를 닮는다.
③ 습지대에서 종종 발견된다.
④ 그것은 기분 좋은 냄새를 분비하여 곤충을 유인한다.
⑤ 빗물을 모아 먹잇감을 가두지 않는다.

(어휘)

- eye-catching : (단번에) 눈길을 끄는
- dramatic : 극적인
- curling : (둥그렇게) 감기다[감다], (몸이[을]) 웅크러지다[웅크리다]
- foliage : 나뭇잎
- appearance : (겉)모습, 외모
- carnivorous : 〈식물이〉 식충성의
- feed on : ~을 먹고 살다

- insects : 곤충
- distinct : 뚜렷한, 분명한
- boggy : 늪지, 습지, 수렁
- devoid : ~이 전혀 없는
- nutrition : 영양
- attracts : 마음을 끌다
- fuel : 연료
- trapping : 덫, 올가미
- digesting : (음식을) 소화하다[소화시키다], 소화되다
- prey : (사냥 동물의) 먹이[사냥감]
- enzymes : 효소
- rainwater : 빗물

(해석)

코브라 백합은 코브라 뱀의 머리를 닮은 독특한 잎 덕분에 눈길을 끄는 식물이다. 그것의 웅크러진 잎은 식물의 밑부분에서 솟아올라 후드 잎으로 둥글게 된다. 이 육식성 식물은 놀라운 외모와 함께 작은 척추동물뿐만 아니라 곤충도 잡아먹는다. 북아메리카가 원산지인 코브라 백합은 종종 영양이 부족한 습지대에서 뚜렷한 집단으로 자란다. 후드를 쓴 잎은 곤충을 유인하는 향기를 분비하고, 식물이 먹이를 가두고 소화시켜 연료를 모을 수 있게 한다. 일단 안으로 들어가면 곤충들이 탈출하기 어렵고, 식물은 또한 동물성 물질을 분해하는 것을 돕기 위해 소화효소를 분비할 것이다. 그러나 다른 많은 낭상엽 식물들과 달리 코브라 백합 식물들은 먹이를 가두기 위해 빗물을 모을 수 없다.

16 ⑤ 한국음식의 인기와 그에 따른 위기를 설명하고 있는 내용이므로 ⑤의 'Popularity and Crisis of Korea's National Dish (대한민국 국민요리의 인기와 위기)'가장 적절하다.

(오답풀이)

① 김치 : 치솟는 인기
② 김치는 건강에 어떤 영향을 미치나요?
③ 한국, 중국과의 무역전쟁에서 승리하다
④ 김장 : 유네스코 선정

(어휘)

- unmistakable : 오해의 여지가 없는, 틀림없는
- permeates : 스며들다, 침투하다
- admirer : (유명한 사람·물건을) 찬미하는 사람, 팬
- valued : 존중되는, 귀중한, 소중한
- refrigerators : 냉장고
- peninsulA : 반도
- cabbage : 양배추
- traditionally : 전통적으로
- communal : (한 공동체 내의) 집단들이 관련된

• heritage : (국가·사회의) 유산
• copious : 엄청난 (양의), 방대한
• damage : 손상, 피해
• Health : (몸·마음의) 건강
• Award : (부상이 딸린) 상

해석

이 냄새는 출퇴근 시간대에 서울 지하철 객차에 스며들며, 찬미자들은 이 냄새가 지구상에서 가장 건강에 좋은 음식이라고 주장한다. 냉장고가 들어오기 전에 비타민C 의 원천으로 평가받던 김치는 이제 한반도에서 멀리 떨어진 메뉴에서 떠오르고 있다. 맵고 마늘 냄새가 나는 양배추 요리는 영국, 호주, 미국에서 피자 토핑과 소를 채운 타코 음식으로 발견된다. 김치를 담그는 전통적인 공동 행위인 김장은 최근 유네스코로부터 세계문화유산으로 인정받았다. 그러나 로스앤젤레스부터 런던까지 한국 국적의 레스토랑에서 인기가 높아졌음에도 불구하고 요리는 원산지에서 위기에 처해있다. 배추, 마늘, 양념, 고춧가루 등 김치의 기본 재료에 중국과의 무역전쟁이 한국 문화의 정체성에 지속적인 손상을 우려하는 목소리가 더해진다.

17 ④ 제시문은 전체적으로 기술 준비 상태에 도달한 솔루션은 거의 없었고 효율성 및 환경 영향에 대해 검증된 솔루션은 없었다고 한다. 그러므로 제시문의 제목으로는 ④의 'Want to Heal the Ocean? More Work Needed (바다를 치유하고 싶나요? 더 많은 작업이 필요함)'이 적절하다.

오답풀이

① 해양 동물 구하기 : Microlitter 대상 지정
② 해양 발견을 위한 소극적 여정
③ 인류에 대한 해양 위협
⑤ 해양폐기물 재활용의 효용성에 대한 의문

어휘

• Innovative : 획기적인
• solutions : (문제·곤경의) 해법, 해결책
• restore : (이전의 상황·감정으로) 회복시키다
• developed : (산업·경제·기술 등이) 발달한, 선진의
• implemented : 시행하다
• scattered : 산발적인
• accessible : 접근[입장/이용] 가능한
• prevention : 예방, 방지
• wastewater : 폐수, 하수
• inconsistent : 일관성 없는
• harmonization : 조화
• assess : (특성·자질 등을) 재다[가늠하다]
• targeted : 목표가 된
• Overall : 종합[전반]적인, 전체의

• readiness : 준비가 되어 있음
• validated : 적합하며
• environmental : (자연) 환경의

해석

해양 쓰레기를 예방, 감시, 청소하기 위한 혁신적인 솔루션은 건강한 해양을 복원하고 시간이 지남에 따라 그것의 안녕을 유지하기 위해 필요하다. 또한, 이러한 솔루션 중 몇 개가 개발 및 구현되었는지, 플랫폼 전체에 정보가 분산되어 쉽게 액세스할 수 없는 상황에서 어느 정도까지 효과적인지 거의 알려지지 않았다. 글로벌 분석 또한 Nature Sustainability에서도 177개의 PMC 솔루션을 식별한 연구진은 그 중 106개가 모니터링, 33개는 (대부분 폐수 처리를 통해) 33개는 예방, 30개만 청소하는 것으로 나타났다. 그들은 또한 다양한 개발자에 걸쳐 쓰레기 크기 용어의 일관되지 않은 사용을 발견했다. 이는 처리 대상 쓰레기의 유형을 평가하기 위한 조화와 노력이 필요했으며, 이는 해결책 중 137개가 Microlitter를 대상으로 한다는 것을 보여준다. 전체적으로 기술 준비 상태에 도달한 솔루션은 거의 없었고 효율성 및 환경 영향에 대해 검증된 솔루션은 없었다.

18 ④ 제시문은 미국에서 노인들을 대상으로 한 '케어'를 관찰한 결과, 그 문화에서의 개인화는 특정한 상징과 지위의 획득뿐만 아니라 일련의 성공의 성취도 포함한다고 결론지을 수 있을 뿐이라고 이야기 한다. 따라서 제시문의 제목으로는 ④의 'one aspect of personalization in the United States (미국의 개인화의 한 측면)'이 적절하다.

오답풀이

① 개인화의 여러 가지 전략
② 노인에 대한 전형적인 오해
③ 미국의 노인요양문제
⑤ 미국 경제에 대한 소비의 기여

어휘

• observing : 관찰하는
• aged : 고령의, 연로한
• personalization : 개인화, 인격화
• acquisition : 습득
• achievement : 업적, 성취한 것
• a series of : 일련의
• individual : 각각[개개]의
• withdrawn : (뒤로) 물러나다, 철수하다
• displaced : 추방된
• scarcely : 거의 …않다
• symbolize : 상징하다
• retention : 보유

- machinery : 기계 부품들
- adequate : 충분한
- indispensable : 없어서는 안 될

해석

미국에서 노인들을 대상으로 한 '케어'를 관찰한 결과, 그 문화에서의 개인화는 특정한 상징과 지위의 획득뿐만 아니라 일련의 성공의 성취도 포함한다고 결론지을 수 있을 뿐이다. 그 징표에 따르면 성공할 능력이 상실되거나 실패한 개인은 성공 메커니즘에서 물러났기 때문에 덜한 사람으로 간주된다. 미국의 노인들은, 그들이 직업 체계에서 물러났거나 쫓겨났기 때문에, 성공하거나 실패할 수 있는 능력을 박탈당한다; 그들은 여전히 지속적인 소비 능력으로 그들의 과거의 성공을 상징할 수 없는 한, 거의 없는 사람으로 보여진다. 이런 식으로 개인의 소비능력 보유는 성공 시스템에서 물러난 후에도 다음과 같이 받아들여진다. 이러한 소비를 통해, 경제에 없어서는 안 될 서비스가 제공되기 때문에, 성공을 대체할 적절한 수단이 된다.

19 ⑤ 제시문은 어떤 사람들은 주어진 기술을 사용하기로 선택하지만, 다른 사람들은 그렇지 않으며 어떤 기술이든, 개인이 사용하지 않기로 선택하는 경우가 될 수 있다고 하였다. 따라서 ⑤의 'the destiny of a technology determined by individual choices (개인의 선택에 의해 결정되는 기술의 운명)'이 제시문의 주제로 가장 적절하다.

오답풀이

① 자율성에 대한 기술적 비판
② 윤리가 혁신 기술에 미치는 영향
③ 윤리 기술을 이해하고 활용하는 방법
④ 사람들이 좋아하는 기술을 홍보해야 하는 이유

어휘

- unclear : 불확실한, 분명하지 않은
- inevitable : 불가피한, 필연적인
- perspective : 관점, 시각
- autonomous : 자주적인, 자치의
- individuals : 각각[개개]의
- elect : (선거로) 선출하다
- competitor : (특히 사업에서) 경쟁자[경쟁 상대]
- arise : 생기다, 발생하다
- argument : 논쟁; 언쟁, 말다툼
- implemented : 시행하다
- decisions : 결정, 판단
- Insofar : …하는 한에 있어서는
- reflect : 반영하다

해석

적어도 윤리적인 관점에서 기술이 어떻게 불가피할 수 있는지, 어떻게 자율적일 수 있는지 알 수 없다. 어떤 사람들은 주어진 기술을 사용하기로 선택하지만, 다른 사람들은 그렇지 않다. 어떤 기술이든, 모든 개인이 사용하지 않기로 선택하는 경우가 될 수 있다. 경쟁자가 생기거나 도덕적 논쟁이 나타나 다수의 사람들이 더 이상 기술을 사용하지 않도록 설득할 수 있다. 그 기술은 개인의 결정으로 인해 구현되지 않는다. 따라서 기술 또는 적어도 구현이 불가피한 것은 아니다. 그것을 유지하기로 한 개인의 선택에 의존하는 한, 그것은 자율적이지 않다. 기술의 필연성과 자율성을 바탕으로 기술 윤리를 구현하려는 노력은 사람들이 선택을 하는 방식을 반영하지도 않고, 윤리적 의사결정을 내리지도 않으며, 개인과 기술의 전체 관계를 반영하지도 않는다.

20 ⑤ 제시문에 따르면 이민자들이 미국의 어떤 주류 문화를 형성했는지에 대해 설명하고 있다. 그러므로 ⑤의 'The immigrants released their own cultures into the American mainstream. (이민자들은 그들만의 문화를 미국 주류로 내보냈다.)'가 제시문의 요지로 적절하다.

오답풀이

① 미국의 국경들은 예상치 못한 문제들을 극복했다.
② 그 위험한 피해는 새로운 사람들에 의해 일어났다.
③ 다양한 이민자들이 르네상스를 일으켰다.
④ 소문화는 미국의 공공생활에 적합하도록 변화된다.

어휘

- foreign-born : 외국 태생의
- native-born : 토박이
- minority : 소수자의
- professionals : 전문가
- priests : 사제들
- ministers : 장관들
- religions : 종교
- politics : 정치학
- institutions : 기관
- feast : 연회, 잔치
- emptied : 비어 있는, 빈
- Day of Atonement : 속죄일(금식하고 참회의 기도를 드리는 날)
- fraternal : 공제(共濟)의(사상·이해관계가 같은 개인·집단이 서로 돕기 위한 것)
- ghetto : (흔히 소수 민족들이 모여 사는) 빈민가[게토]
- ragtime : 래그타임

정답 및 해설

해석

물밀 듯이 밀려오는 외국태생과 토착태생, 백인, 흑인 등 다양한 인종. 소수만이 전문직 종사자였다: 사업가, 교사, 의사와 변호사, 성직자, 목사, 랍비. 대부분의 사람들은 공장을 가득 채우고, 집을 짓고, 바닥을 닦고, 유복한 자들의 아기들을 돌보는 일꾼들이었다. 그러나 이 새로운 거주자들은 더 많은 것을 도시로 가져왔다. 그들은 그들의 종교, 정치, 제도, 예술을 가져왔다. 그들은 마을 잔치에는 거리를 가득 메웠고 속죄일에는 거리를 비웠다. 그들은 작은 가게 앞 교회와 공제조직을 만들었다. 그들은 유대 연예인들이 그들의 기술을 연마하는 보드빌 극장들과 래그타임 밴드들이 미국 음악의 경계를 허무는 게토 댄스홀로 서둘렀다. 그리고 그들은 도시의 공공의 생활에 나타났다.

21 ③ 제시문은 대등하지 못한 지위를 누리고 있었지만 사과를 함으로써 독일의 도움을 받을 수 있게 된 체코에 대한 내용이다. 그러므로 ③의 'Apologies restore equilibrium in domestic and international relations. (사과는 국내외 관계의 평형을 회복하게 해준다.)'가 제시문의 요지로 가장 적절하다.

오답풀이

① 독일은 체코가 전후 행동에 대해 사과할 때까지 체코 피해자들에게 돈을 주지 않았다.
② 사과는 부유한 나라와 가난한 나라 사이의 분열을 바로잡는 데 도움을 준다.
④ 사과는 사람으로 하여금 지나간 일을 잊게 만든다.
⑤ 미국은 매독 치료를 거부당한 흑인들에게 사과했다.

어휘

• apologies : 사과
• veritable : (강조의 뜻으로 쓰여) 진정한
• Government : 정부, 정권
• demonstrate : 증거[실례]를 들어가며 보여주다, 입증[실증]하다
• wronged : 부당한 취급을 받은, 학대받은
• experiment : (과학적인) 실험
• effective : 효과적인
• restitution : 배상, 보상
• persecution : 박해, 학대
• formally : 정식으로, 공식적으로
• expulsion : (어떤 장소에서의) 축출[추방]
• receiving : 받는
• reparations : 배상금, 배상물
• responded : 대답[응답]하다, 답장을 보내다

해석

배려의 표시로서의 사죄의 힘은 우리가 지금 공식적으로 보고 있는 진정한 사태의 핵심에 있다. 예를 들어, 정부는 1997년 미국이 의학 실험의 일환으로 매독 치료를 거부당한 흑인들에게 사과했을 때처럼 부당했던 집단에 대해 관심이 있다고 발표할 수 있다. 다른 나라에 사과를 하는 것은 향후 협력의 토대를 마련하는 효과적인 방법이다. 1990년대 후반, 체코는 유럽 국가 중 유일한 국가로 남아 있었다. 2차 세계 대전 동안 있던 나치에 박해에 있어 독일이 배상금을 제공하지 않은 유일한 국가는 체코다. 독일은 체코가 전후 Sudetenland에서 독일계 동포를 추방한 것에 대해 공식적으로 사과할 때까지 체코 피해자들에게 배상금을 지불하기를 거부했다. 체코 정부는 1997년 나토 가입에 대한 독일의 지원과 배상금을 모두 받기 위해 사과의 뜻을 밝혔다. 독일은 체코의 이익을 위해 기금을 마련하는 것으로 대응했고, NATO와 유럽연합은 체코를 그들의 멤버에 합류하도록 초청했다.

22 ⑤ 이 제시문은 최악의 실수 중 하나는 당신이 무엇을 하든 모든 전화를 받는 습관을 들이는 것이라고 하며 전화를 다루는 방법에 대해 설명하고 있다. 그러므로 ⑤의 'Insulate yourself as much as possible from interruption. (방해를 받지 않도록 최대한 차단하라)'가 제시문의 요지로 가장 적절하다.

오답풀이

① 편안함과 즐거움을 함께 계획하라
② 성공에 대한 두려움이 사라지지 않도록 주의하라.
③ 자연스러운 최적의 작업 주기를 알아두어라
④ 성공을 최종 목적지가 아닌 과정으로 생각하라

어휘

• jarring : 삐걱거림, 진동; 부조화
• nervous : 신경이 과민한
• repeated : 반복[되풀이]되는
• interruptions : 중단(시키는 것), 중단(된 기간)
• midst : 중앙, 한가운데
• concentrating : (정신을) 집중하다[집중시키다], 전념하다
• worst : 가장 나쁜[못한], 최악의
• segment : 부분
• rude : 무례한, 예의 없는, 버릇없는
• wise : 지혜로운, 현명한, 슬기로운
• victim : (속임수를 당한) 피해자
• consciously : 의식[자각]하여
• enjoyment : 즐거움, 기쁨
• Beware : 조심[주의]하다
• fears : 공포, 두려움

해석

중요한 문제에 집중하고 있을 때 반복되는 방해만큼 신경계에 거슬리는 것은 없다. 최악의 실수 중 하나는 당신이 무엇을 하든 모든 전화를 받는 습관을 들이는 것이다. 전화를 다루는 좋은 방법은 오전 9시에서 10시 사이, 오후 4시에서 5시 사이 등 한 번에 통화를 집중시키는 것이다. 그 시간 동안 당신은 모든 전화를 받고, 당신에게 전화한 사람들에게 다시 전화해라. 바쁘다고 전화를 거절하는 건 무례한 행동이 아니다. 당신은 현명한 것이다. 만약 당신이 전화의 희생자라면, 전화 심사는 당신의 직장생활을 바꿀 수 있다.

23 ③ 제시문에서는 텔레비전이라는 단어를 사용하여 그 묶음의 다양한 부분, 즉 산업, 콘텐츠, 그리고 다른 모든 부분에 대해 이야기하기 때문에 텔레비전을 어렵게 생각할 필요가 없다고 한다. 또한 만약 우리가 삶의 모든 시스템의 모든 세부사항을 항상 생각해야 한다면, 우리는 과다 노출로 기절할 것이라고 했으므로 빈칸에는 'ambiguity(모호함)'이 들어갈 말로 가장 적절하다.

오답풀이

① 일관성
② 글을 읽고 쓸 줄 아는 능력
④ (자유) 재량(권)
⑤ 인기

어휘

• expressed : (감정의견 등을) 나타내다, 표(현)하다
• seems : (…인 · 하는 것처럼) 보이다
• confusing : (무엇이) 혼란스러운
• various : 다양한
• industry : 산업, 공업, 제조업
• content : (어떤 것의) 속에 든 것들, 내용물
• overexposure : 노출 과다
• bundling : 일괄 판매, 시스템 판매
• collect : 모으다, 수집하다
• preserve : (원래 상태좋은 상태를 유지하도록) 보존[관리]하다
• rare : (존재하는 수가 많지 않아서) 진귀한[희귀한]
• first editions : (책의) 초판
• mass-market : 일반 대중을 대상으로 한, 대량 판매 시장용의
• novel : (장편) 소설
• legitimately : 합법적으로, 정당하게

해석

가게에서 텔레비전을 살 수 있기 때문에 집에서 텔레비전을 볼 수 있지만, 당신이 사는 텔레비전은 당신이 보는 텔레비전이 아니며 당신이 보는 텔레비전은 당신이 사는 텔레비전이 아니다. 그렇게 표현하면 혼란스러워 보이지만 일상 생활에서는 전혀 혼란스럽지 않다. 텔레비전이 무엇인지에 대해 너무 어렵게 생각할 필요가 없고, 텔레비전이라는 단어를 사용하여 묶음의 다양한 부분, 즉 산업, 콘텐츠, 가전제품에 대해 이야기하기 때문이다. 언어는 우리가 적절한 수준의 모호함을 가지고 일할 수 있게 해준다. 만약 우리가 삶의 모든 시스템의 모든 세부사항을 항상 생각해야 한다면, 우리는 과다 노출로 기절할 것이다. 이와 같은 객체 및 산업, 제품 및 서비스, 비즈니스 모델의 묶음들은 텔레비전에서만 볼 수 있는 것이 아니다. 희귀한 초판본을 수집 보존하는 사람들, 그리고 대량 판매 시장용의 로맨스 소설을 사서 다음 주에 나눠주는 사람들은 모두 합법적으로 label book 애호가에게 권리를 주장할 수 있다.

24 ① 제시문에서 역사적 증언은 진위에 달려 있기 때문에, 전자 역시 실질적인 기간이 더 이상 중요하지 않게 되면 재생산에 의해 위태로워진다고 말하고 있다. 그러므로 빈칸에는 'authority(권한)'이 들어갈 말로 가장 적절하다.

오답풀이

② 소극성
③ 승진
④ 실적
⑤ 국한

어휘

• situations : 상황, 처지, 환경
• product : (어떤 과정에 의한) 산물
• mechanical : 기계적인
• reproduction : 복사, 복제
• bring : 가져오다, 데려오다
• presence : (특정한 곳에) 있음, 존재(함)
• depreciated : 가치가 떨어지다[절하되다]
• landscape : 풍경
• spectator : 관중
• nucleus : 중심
• interfered : 간섭[개입/참견]하다
• vulnerable : (~에) 취약한, 연약한
• transmissible : 보낼[전할, 전도할] 수 있는; 전염하는
• substantive : 실질적인
• duration : 지속, (지속되는) 기간
• testimony : 증거

해석

기계적 재생산의 산물을 가져올 수 있는 상황은 실제 미술 작품에 영향을 미치지 않을 수 있지만, 그 존재의 질은 항상 절하된다. 이는 영화가 관객보다 먼저 심사하는 풍경은 물론 미

술 작품까지 적용된다. 가장 민감한 중심인 미술 대상의 경우 진위성이 방해받는 반면, 점수에 취약한 자연 대상은 그렇지 않다. 사물의 진위는 그 실체적 지속 시간부터 그 실체적 증언, 그 실체가 경험한 역사까지 모든 것의 본질이다. 역사적 증언은 진위에 달려 있기 때문에, 과거 역시 실질적인 기간이 더 이상 중요하지 않게 되면 재생산에 의해 위태로워진다. 그리고 역사적으로, 정말로 위태로운 것은 증언은 대상의 <u>권한</u>에 영향을 받는다.

25 ④ 제시문은 짝이 없는 자유라디칼에 대해 설명하고 있다. 자유라디칼의 짝이 없는 전자는 원자나 분자를 불안정하게 만든다. 원자들은 다시 안정되기를 원하기 때문에 훔쳐올 무언가를 찾는다고 한다. 그러므로 빈칸에는 ④의 'another electron(다른 전자)'이 들어갈 말로 가장 적절하다.

오답풀이

① 다른 세포
② 강력한 에너지
③ 안정된 핵
⑤ 영양분이 많은 단백질

어휘

- remember : 기억하다
- electrons : 음전하를 가지는 소립자
- orbiting : 궤도를 선회하는
- nucleus : (원자)핵
- atom : 원자
- stable : 안정된
- stability : 안정, 안정성[감]
- depend on : ~에 의존하다
- orbit : (특정 개인조직 등의) 영향권[세력권]
- pairs : (둘씩) 짝을 짓다
- unpaired : 짝이 없는
- superoxide : 슈퍼옥사이드
- molecules : 분자
- free radical : 짝짓지 않은 전자를 가지는 원자단
- steal : 훔치다, 도둑질하다
- instability : 불안정
- fatty acids : 지방산

해석

원자의 핵을 돌고 있는 전자를 기억해라. 이 전자들은 에너지를 포함하고 있지만, 이 에너지가 항상 안정적이지는 않다. 안정성은 원자 안에 있는 전자의 수에 따라 달라진다. 원자는 전자가 짝을 지어 공전할 때 더 안정적이다. 홀수 전자를 가진 원자는 짝이 없는 전자를 가져야 한다. 산소가 짝을 이루지 않은 전자 하나를 가지고 있을 때 그것은 슈퍼옥사이드로 알려져 있다. 짝이 없는 전자를 가진 과산화물과 같은 원자와 분자를 자유라디칼이라고 한다. 자유 라디칼의 짝이 없는 전자는 원자나 분자를 불안정하게 만든다. 원자의 전자는 쌍으로 존재하지 않는다. 짝을 이루지 않은 전자를 가진 원자는 다시 안정되기를 원하기 때문에 다른 원자나 분자로부터 "훔쳐올" 또 <u>다른 전자</u>를 재빨리 찾는다. 활성산소의 불안정성은 DNA, RNA, 단백질, 그리고 지방산과 같은 거대 분자에 위협을 가하는 것이다.

26 ① 귀인 이론이란 자신이나 다른 사람들의 행동의 원인을 찾아내기 위해 추론하는 과정을 설명하는 이론을 뜻한다. 사람들이 자신의 성공과 실패의 원인을 어떻게 설명하느냐에 초점을 맞춘다고 한다. 언어 수업에서 좋은 점수를 받지 못하였을 때 여러 가지 원인에 초점을 맞출 것이다. 그러므로 빈칸에는 ①의 'just plain old bad luck (그저 오래된 불운을 드러내기 위함)'이 들어갈 말로 가장 적절하다.

오답풀이

② 이전의 학습 경험
③ 언어 학습에 대한 지나친 자부심
④ 부적절한 교수법 사용
⑤ 자기 효능감의 부족

어휘

- underlying : (겉으로 잘 드러나지는 않지만) 근본적인[근원적인]
- self-esteem : 자부심
- learning : 학습
- fundamental : 근본적인
- attribution : 귀착시킴, 귀속, 귀인(歸因)
- self-efficacy : 자기 효능감
- failures : 실패
- describes : (~이 어떠한지를) 말하다[서술하다], 묘사하다
- explanations : 해명, 이유; 설명
- ability : (~을) 할 수 있음, 능력
- perceived : 인지된
- luck : 좋은 운, 행운
- internal : 내부의
- dimensions : 면적
- judged : (…로 미루어) 판단하다[여기다]

해석

언어 학습에서 자존감의 역할에 대한 이슈의 근본은 귀속과 자기 효율성의 개념이다. 귀인 이론은 사람들이 자신의 성공과 실패의 원인을 어떻게 설명하느냐에 초점을 맞춘다. Bernard Weiner는 성공 및/또는 실패에 대한 네 가지 설명(능력, 노력, 업무의 어려움 인식, 행운)으로 귀인 이론을 설명한

다. 이 네 가지 요소 중 두 가지는 학습자의 내부 요인, 즉 능력과 노력이다. 그리고 두 가지는 학습자의 내부 요인이다. 학습자 이외의 외부 상황(과제 난이도 및 행운)에 기인한다. Weiner에 따르면, 학습자들은 이 4차원의 과제를 성공적으로 수행했다고 설명하는 경향이 있다고 한다. 개인에 따라 여러 가지 인과적 결정 요인이 인용될 수 있다. 그러므로, 언어 수업 기말고사에서 높은 점수를 받지 못하는 것은 그들의 부족한 능력이나 노력의 결과라고 판단될 수 있고, 다른 사람들은 시험의 난이도가 높다고 여기고, 다른 사람들은 그저 <u>오래된 불운을 드러내기 위해서라고</u> 판단될 수도 있다.

27 ③ 제시문은 히스패닉계의 뉴요커들은 이 도시 인구의 51%를 차지하지만, Covid-19 사망자의 62%를 차지한다고 하며 그것은 그들의 여러 결과의 요인일 수 있음을 강조한다. 적절한 의료 서비스가 부족하며 여러 이유로 진단을 받기를 거부하는 요소들이 나열된다. 그러므로 ③ 'the virus exploits weaknesses (그 바이러스는 나약함을 이용한다)'가 들어갈 말로 적절하다.

오답풀이
① 의사들은 그들의 역할을 하는 것을 꺼린다.
② 소수민족이 적합한 정책을 개발하다.
④ 우리는 긴급한 일을 이해했다.
⑤ Covid-19의 변종에 대한 치료는 교육을 필요로 한다.

어휘
• population : 인구, (모든) 주민
• account for : 설명하다
• compared with : ∼과 비교하여
• adjusted : 조절[조정]된
• disparity : (특히 한쪽에 불공평한) 차이
• strongly : 튼튼하게
• associated : 관련된
• poorly : 좋지 못하게, 저조하게, 형편없이
• Lack of : ∼이 부족하다
• appropriate : 적절한
• health care : 의료 서비스
• trust : 신뢰, 신임
• undiagnosed : 진단 미확정[회피]의
• potentially : 가능성 있게, 잠재적으로; 어쩌면
• diagnosis : 진단
• explanation : 해명, 이유; 설명

해석
흑인 및 히스패닉계 뉴요커들은 이 도시 인구의 51%를 차지하지만, Covid-19 사망자의 62%를 차지한다. 나이를 조절하여 봤을 때 백인에 비해 사망률이 두 배나 된다. 이러한 차이

는 여러 요인의 결과일 가능성이 높다. 고혈압과 당뇨병과 같은 병적 질환은 Covid-19로 인한 사망과 밀접한 관련이 있으며 흑인과 히스패닉의 사회에서 더 흔하다. 하지만 무엇이 고혈압과 당뇨병의 높은 비율을 야기할까? 적절한 의료 서비스가 부족하다. 돈, 시간, 위치 또는 믿음에 대한 이유로 집에 머물며 바이러스를 퍼뜨릴 가능성이 높을 수 있으며 치료와 진단의 지연을 경험할 수 있다. 이 설명은 이탈리아, 뉴올리언스, 그리고 아마도 이란과 같은 뉴욕시에 대해서도 마찬가지다: <u>이 바이러스는 나약함을 이용한다.</u> 건강과 건강관리의.

28 ② 제시문은 창의성을 어떻게 정의해야 하는지 그 어려움에 관해 설명하고 있다. 심리학자와 사회학자들의 예시를 들며 어떤 논쟁을 벌이는지 서술하고 있다. 또한 역사적, 문화적 시대에 따라 그 정의가 달라짐을 설명하고 있다. 그러므로 창의성의 정의에 대해 설명하기 위해서는 그것이 무엇인지 동의해야 함을 이야기 한다. ②의 'first need to agree on what it is (그것이 무엇인지에 대해 동의)'가 들어갈 말로 적절하다.

오답풀이
① 일련의 규칙을 정해야 한다.
③ 이 단어에 대한 광범위한 연구를 해야한다.
④ 그 용어의 심리학적인 결과를 조사한다.
⑤ 주로 그 의미의 본질에 집중한다.

어휘
• sociocultural : 사회 문화적인
• attacking : 공격하다
• creativity : 창조적임, 창조성
• surprisingly : 놀랍게도
• argue : (논거를 들어) 주장하다, 논증하다
• definitions : (어떤 개념의) 의미[정의]
• intelligence : 지능
• institution : (특정 집단 사이에서 오랫동안 존재해 온) 제도 [관습]
• defining : 본질적인 의미를 규정하는
• creative : 창조적인, 창의적인
• complimentary : 칭찬하는
• praise : 칭찬, 찬사, 찬양
• whether : …인지 (아닌지 · (아니면) ∼인지)
• useful : 유용한, 도움이 되는, 쓸모 있는
• scientific : 과학의

해석
사회문화적 접근은 문제의 핵심을 공격하는 것으로 시작된다. 창의성이란 무엇인가? 창의성을 설명하기 위해서는 먼저 <u>그것이 무엇인지에 대해 동의</u>해야 하는데, 이것은 놀랄 만큼 어

려운 것으로 나타났다. 모든 사회과학은 일상적이고 친숙해 보이는 개념을 정의해야 하는 과제에 직면해 있다. 심리학자들은 지능, 감정, 기억의 정의에 대해 논쟁을 벌인다; 사회학자들은 집단, 사회 운동, 그리고 제도의 정의에 대해 논쟁을 벌인다. 하지만 창의성을 정의하는 것은 사회과학이 직면한 가장 어려운 일 중 하나일 수 있다. 왜냐하면 모두가 창의적이라고 믿고 싶어하기 때문이다. 사람들은 일반적으로 "창의력"을 칭찬의 표현으로 사용한다. 역사적, 문화적 시대에 따라 창의적이라고 불리는 것이 달라졌다는 것이 밝혀졌다. 심리학자들은 때때로 우리가 창의성에 대한 합의를 이끌어낼 수 있을지, 심지어 그것이 과학 연구에 유용한 주제일지에 대해서도 궁금해 했다.

29 ⑤ 제시문은 새로운 기술로 사는 것은 사고방식과 행동에 영향을 미친다는 이야기이다. 따라서 사고와 행동에 영향을 미친다는 문장이 나와야 한다. 그러므로 빈칸에는 ⑤ 'how they bias everyday life (기술이 우리의 일상생활에 어떻게 편향시키는가)'가 들어갈 말로 적절하다.

【오답풀이】

① 왜 기술이 과거에 무시당했는지
② 전신이 제 기능을 하는 방법
③ 미래에는 어떤 혁신이 이루어져야 하는가
④ 기술 혁신을 일으키는 요소

【어휘】

• shapes : (중요한 영향을 미쳐서) 형성하다
• cognition : 인식, 인지
• enlarging : 확대[확장]하다, 확대[확장]되다
• knowledge : 지식
• dramatically : 희곡[연극]적으로, 극적으로
• bickered : 다투다
• technological : 과학[공업] 기술의[에 관한], (과학) 기술(상)의
• apocalypse : (성서에 묘사된) 세상의 종말
• pundit : 전문가
• wrong : 틀린, 잘못된
• pushes : (힘으로) 밀어붙이다[젖히다], 밀치다
• nudging : (…을 특정 방향으로) 살살[조금씩] 밀다[몰고 가다]
• familiar : 익숙한, 친숙한
• understanding : (특정 주제·상황에 대한) 이해
• functions : (사람사물의) 기능
• bias : 편견, 편향

【해석】

모든 새로운 기술은 우리의 사고방식을 형성한다. 인쇄된 단어는 우리의 지식을 저장하는 것을 크게 확장시키는 것과 함께 우리의 인식을 선형적이고 추상적으로 만드는 데 도움이

되었다. 신문은 세계를 움츠러들게 만들었다. 그리고 전신은 그것을 훨씬 더 극적으로 축소시켰다. 모든 혁신과 함께, 예언자들은 우리가 기술적 종말론에 직면하고 있는지 아니면 유토피아에 직면하고 있는지에 대해 언행을 했다. 빅토리아 시대 전문가에게 물어본 바에 따르면, 전신은 세계 평화의 시대를 안내하거나 바보 같은 잡동사니로 우리를 빠져들게 할 것이다. 물론 어느 예측도 옳지 않았지만, 어느 것도 틀리지 않았다. 종말론자와 유토피아가 모두 이해하고 동의하는 한 가지는 모든 새로운 기술이 우리를 새롭고 친숙한 행동으로부터 멀어지게 하면서 새로운 형태의 행동으로 내몰고 있다는 것이다. 기술이 우리의 일상생활에 어떻게 편향시키는지 이해하는 것을 의미한다.

30 ③ 제시문은 도덕적인 주장에 관한 설명이다. 도덕적인 논쟁의 혼란은 우리가 다른 사람들에게 강요할 권리가 없다는 생각에서 생겨난다. 즉, 우리의 견해를 다른 사람들에게 강요해서는 안 된다는 하나의 주장이 있다고 설명한다. 도덕적인 논쟁은 입장을 고려하기를 거부할 때 중단된다고 했으므로 빈칸에는 ③의 'that is just your opinion(그것은 단지 당신의 의견)'이 들어갈 말로 가장 적절하다.

【오답풀이】

① 말보다는 행동이 중요하다.
② 당신의 의견에 전적으로 동의한다.
④ 나도 같은 처지야
⑤ 겉만 보고 판단하지 마라

【어휘】

• argument : 논쟁; 언쟁, 말다툼
• stopped : 멈춘, 정지된; 저지된
• refuses : (요청·부탁 등을) 거절[거부]하다
• opinion : (개인의) 의견[견해/생각]
• implication : (행동·결정이 초래할 수 있는) 영향[결과]
• judgement : 판단력
• bearing : 관련, 영향
• similarly : 비슷하게, 유사하게
• implied : 함축된, 은연중의, 암시적인, 언외의
• disapprove : 탐탁찮아[못마땅해] 하다
• relevance : (표현 등의) 적절, 타당성
• confusion : (정신 상태의) 혼란
• deny : (무엇이) 사실이 아니라고 말하다, 부인[부정]하다
• asserting : (사실임을 강하게) 주장하다
• respect : 존중, 정중

【해석】

도덕적인 논쟁은 누군가가 '그것은 단지 당신의 의견'이라고 말하면서 입장을 고려하기를 거부할 때 종종 중단된다. 그 의

미는 누군가의 판단력이 다른 사람만큼 뛰어나고, 아무도 다른 사람에게 말할 권리가 없다는 것이다. 내가 바나나를 좋아하지 않는다는 사실은 나에 대한 사실일 수 있지만, 당신이 무엇을 좋아하는지와는 상관이 없다. 이와 비슷하게, 내가 어떤 것에 동의하지 않는다면, 그것은 나에 대해 말해 줄 수 있지만, 그것은 당신이 해야 할 일과 관련이 없다. 이 모든 것의 혼란은 우리가 다른 사람들에게 말 할 '권리'가 없다는 생각에서 나타난다. 우리는 도덕적 주장이 모두를 구속할 수 있다는 것을 부인하는 동시에, 우리 모두가 존중해야 할, 즉 우리의 견해를 다른 사람들에게 강요해서는 안 된다는 최소한 하나의 도덕적 주장이 있다고 하는 것 같다.

리가 나중에 만들 수 있는 믿음에 강한 영향을 미친다. (A) 예를 들어, 만약 처음에 경험한 애착이 애증이 엇갈리는 감정이었다면, 안전하다고 느끼는 것과 불안하다고 느끼는 것 사이를 왔다갔다 한다면, 그것은 또한 집단에 대한 개인의 헌신이 될 수 있다. 어떤 사람은 마지못해 이익집단에 가입하거나, 잠시 동안 열성적이 되기는 하지만, 그 집단의 다른 구성원들이 초래한 사회적 경시나 지위 상실에 대해 끊임없이 경계하게 된다. 이것은 그만두는 경향으로 이어질 것이다. (B) 이와 비교하여 처음에 경험한 애착이 안정적이었던 사람은 그룹에 가입하고 회원 자격을 합리적으로 확고하게 유지하는 데 직접적인 방법으로 끌릴 수 있다.

31 ① (A) 애착의 성격이 매우 중요하며 나중에 만들 수 있는 믿음에 강한 영향을 미친다고 한다. 처음에 경험한 애착에 관하여 설명하고 있으므로 빈칸에 들어갈 연결어구는 예시의 의미를 나타내는 'for example(예를 들어)'가 가장 적절하다.

(B) 처음 경험한 애착이 애증이 엇갈리는 감정을 느꼈다면 결국 그만두는 경향으로 이어진다고 한다. 이어지는 내용은 안정된 애착을 경험한 사람에 대한 설명이 나오므로 비교의 의미를 나타내는 'In comparison(~와 비교하여)'이 가장 적절하다.

어휘

- initial : 처음의, 초기의
- attachments : 애착
- crucial : 중대한, 결정적인
- development : 발달, 성장
- social : 사회의, 사회적인
- influence : 영향
- ambivalent : 반대 감정이 병존하는, 애증이 엇갈리는
- insecure : (자기 자신에 대해서나 다른 사람과의 관계에 대해) 자신이 없는
- commitment : 헌신
- reluctantly : 마지못해서, 꺼려하여
- enthusiastic : 열렬한, 열광적인
- alert : (문제·위험 등을) 경계하는
- perceived : 인지된
- straightforward : 간단한, 쉬운, 복잡하지 않은
- reasonably : 합리적으로
- steadfast : (태도·목표가) 변함없는
- membership : 회원 (자격·신분)

해석

우리가 삶에서 처음 경험한 애착의 성격은 나중에 우리의 발달과 사회적, 정서적 경험에 매우 중요하다. 이러한 애착은 우

32 ② 제시문은 보편적인 창조예술의 의문에 관해 서술하고 있다. 재즈와 록의 혁신은 인간의 경험에서 더 직접적으로 생겨난다고 하며 해답을 알려줄 수 있을 것이라고 한다. 그러나 ②의 할리우드 작곡가들이 재즈의 어휘와 록의 구조화 모델을 실험하였다는 문장은 전체적인 글의 흐름과 어울리지 않는다.

어휘

- deeper : (위에서 아래까지가) 깊은
- probe : 캐묻다, 캐다, 조사하다
- different : 다른, 차이가 나는
- depth : (위 표면에서 아래쪽 바닥까지의) 깊이
- exploring : 탐구[분석]하다
- causation : (다른 사건의) 야기
- dominated : (...의) 가장 중요한[두드러지는] 특징이 되다
- arising : 생기다, 발생하다
- directly : 곧장, 똑바로
- excavate : 발굴하다, 출토하다
- Nevertheless : 그럼에도 불구하고
- composers : (특히 클래식 음악) 작곡가
- experimenting : 실험하기
- entail : 수반하다
- universal : 보편적인
- evolutionary biology : 진화 생물학
- literate : 글을 읽고 쓸 줄 아는

해석

다른 시각에서 다른 시각으로 더 깊이 들어가 인과관계를 탐구할 때다. 창조 예술이 역사를 통틀어 모든 곳에서 인간의 마음을 빼앗은 이유는 무엇일까? 우리는 최고의 미술관과 심포니 홀에서도 답을 찾지 못할 것이다. ① 재즈와 록의 혁신은 인간의 경험에서 더 직접적으로 생겨나는데, 아마도 우리에게 그 답을 더 잘 알려 줄 것이다. ② 그럼에도 불구하고 할리우드 작곡가들은 재즈의 용어와 록의 구조화 모델을 실험

하기 시작했다. ③ 창조 예술은 보편적이고 유전적인 특성을 수반하기 때문에 답은 진화 생물학에 있다. ④ 호모 사피엔스는 약 10만년 동안 존재해 왔지만 문명 문화는 그 중 10분의 1도 되지 않았다. ⑤ 그래서 왜 보편적인 창조 예술이 있는지에 대한 미스터리는 인간이 존재의 처음 10분의 9동안 무엇을 하고 있었는지에 대한 질문으로 귀결된다.

33 ③ 제시문은 유리가 깨지지 않도록 작업하는 방법에 대해 서술하고 있다. pull-type 스크레이퍼를 사용하며, 유리고정핀을 제거하려면 pull-type 스크레이퍼의 날카로운 모서리를 부드러운 metal points에 걸고 퍼티와 함께 당겨 빼내라고 한다. 그러나 ③의 유리 제조사들이 생산 원가를 줄이기 위해 공장을 동아시아 일부 국가로 이전하기 시작했다는 것은 전체적인 글의 흐름과 어울리지 않는다.

어휘

- keep : (특정한 상태·위치에)계속 있다[있게 하다]
- break : 깨어지다, 부서지다; 깨다, 부수다
- movement : (몸·신체 부위의) 움직임
- parallel : (두 개 이상의 선이) 평행한
- pressure : 압박, 압력
- scraping : (무엇을 긁거나 깎아서 생긴) 부스러기
- scraper : (흙·성에 등을) 긁어내는 도구
- away from : ~에서 떠나서
- glazing points : 유리고정핀(퍼티가 완전히 굳기 전까지 유리를 고정시키기 위해 설치하는 끝이 뾰족한 작은 못)
- manufacture : (기계를 이용하여 대량으로 상품을) 제조[생산]하다
- factories : 공장
- production cost : 생산비
- beside : 옆에
- edge : (가운데에서 가장 먼) 끝, 가장자리, 모서리
- loose : (떨어질 것처럼) 헐거워진[풀린]

해석

유리가 깨지지 않도록 하려면 유리 근처와 유리의 모든 움직임이 평행이어야 하며(긁을 때 유리에 압력을 가하지 않아야 함). 항상 pull-type 스크레이퍼를 사용해야 한다. ① 그렇게 하면 모든 힘이 유리에서 떨어져서 깨지지 않는다. ② 유리고정핀을 제거하려면 pull-type 스크레이퍼의 날카로운 모서리를 부드러운 metal points에 걸고 퍼티와 함께 당겨 빼낸다. ③ 유리 제조사들은 생산 원가를 줄이기 위해 공장을 동아시아 일부 국가로 이전하기 시작했다. ④ 유리 부분이 모두 제거되었는지, 유리 가장자리 옆과 아래에 있는 오래된 퍼티가 느슨한지 다시 확인한다. ⑤ 그렇지 않다면, 당신은 다시 한 번의 열기가 필요하다.

34 ③ 주어진 문장에서 심리학자들과 행동 생태학자들은 유전적 전달보다 학습능력을 우선시 해야 한다고 하였다. 그러므로 글 (B)에서 그러한 전달 수단은 학습 비용을 피하고 자손이 접하는 환경은 부모의 환경과 비슷하기 때문이라고 설명한다. 뒤에 이어질 내용으로 (C) 과거의 경험은 예측 가치가 없고 학습된 반응보다 고정된 반응의 유전적 전달이 선호된다고 한다. 마지막으로 (A) 데이비드 스티븐스는 위와 같은 의견에 동의하면서도 다양한 유형의 안정성은 분리되어야 한다며 환경 안정성에 대한 가정에 이의를 제기해 왔다고 설명하고 있다. 그러므로 주어진 글 다음에 (B) – (C) – (A)의 순으로 이어져야 한다.

어휘

- Psychologists : 심리학자
- ecologist : 생태학자
- favoured : (조건 등이) 좋은
- environment : (주변의) 환경
- often : 자주, 흔히, 보통
- In such a case : 그런 경우
- stable : 안정된, 안정적인
- enough : 필요한 만큼의[충분한]
- stability : 안정, 안정성[감]
- separated : 갈라선
- genetic : 유전의, 유전학의
- rarely : 드물게, 좀처럼 …하지 않는
- learning : 학습
- Past experience : 과거 경험
- predictive : 예측[예견]의
- fixed : 고정된
- Somewhere : 어딘가에[에서/에로]
- worth : …의 가치가 있는[되는]

해석

심리학자들과 행동 생태학자들은 동물이 사는 환경이 자주 변하지만 적당히 변할 때 고정된 특성의 유전적 전달보다는 학습 능력이 우선시 되어야 한다고 생각한다.

(B) 정보는 환경이 거의 변하지 않을 때 유전적 전달에 의해 전달되는 것이 가장 좋다. 왜냐하면 그러한 전달 수단은 학습 비용을 피하고 자손이 접하는 환경은 부모의 환경과 비슷하기 때문이다. 하지만 환경이 끊임없이 변화한다면 배운 것이 다음 상황에서 완전히 무관한 것이므로 배울 가치가 없다.

(C) 따라서 과거의 경험은 예측 가치가 없다. 학습된 반응보다는 고정된 반응의 유전적 전달이 좋다. 변하지 않는 환경과 항상 변하지 않는 환경 사이 어디쯤에서 배움은 학습 비용을 지불할 가치가 있기 때문에 고정된 반응의 유전적

전달보다 좋다.

(A) 이 경우 환경은 학습에 유리할 정도로 안정적이지만 유전적 전달에 유리할 정도로 안정적이지 않다. 데이비드 스티븐스는 위와 같은 의견에 동의하면서도 다양한 유형의 안정성은 분리되어야 한다며 환경 안정성에 대한 가정에 이의를 제기해 왔다.

35 ① 주어진 문장에서 최근 창의성 이론 중 하나는 심리경제학이라고 하였다. 그것은 창의성을 뒷받침하는 교육을 설계하는데 문제의 이유를 명확히 하는데 도움이 된다고 한다. 그에 대한 예시가 나와야 하므로 (A) 예를 들어 교육 목표에 대한 개념을 고려한다고 한다. 이어지는 문장은 커리큘럼이 명확한 보상을 받아야 함을 의미하지만 창의성을 그렇지 않다는 (C)가 와야 한다. 마지막으로 (B) 창의적 사고는 독창적이기 때문에 문제의 효익이 불확실하고 비용을 정당화하기 어렵다는 설명이 있어야 한다. 그러므로 주어진 글 다음에 (A) – (C) – (B)의 순으로 이어져야 한다.

어휘

- psychoeconomic : 심리학과 경제학의 특성을 가지고 있는
- applies : 쓰다, 적용하다
- clarify : 명확하게 하다, 분명히 말하다
- designing : 설계의, 도안의
- creativity : 창조적임, 창조성; 독창력, 창조력
- Consider : 사례[고려/숙고]하다
- educational : 교육의, 교육적인
- objectives : 목적, 목표
- accountability : 책임 (있음), 의무
- original : 독창적인
- definition : (어떤 개념의) 의미[정의]
- educator : 교육자
- open-ended : 제약[제한]을 두지 않은
- uncertain : 불확실한, 불안정한
- justify : 정당화시키다[하다], 해명[옹호]하다

해석

가장 최근의 창의성 이론 중 하나는 심리경제학이다. 이것은 교육에 직접적으로 적용되는 것처럼 들리지는 않겠지만, 실제로 교실에서 해야 할 일이 무엇인지, 그리고 창의성을 뒷받침하는 교육을 설계하는 데 문제가 있는 이유를 명확히 하는 데 도움이 된다.

(A) 예를 들어, 교육 목표에 대한 개념을 고려한다. 교육자들은 학교생활에 많은 시간과 자원을 가지고 있을 뿐이며, 적어도 미국에서는 오늘날의 학교에서는 많은 책임감이 있다.

(C) 이는 커리큘럼이 명확한 보상을 받아야 함을 의미한다. 창

의성은 그렇지 않다. 그것은 종종 학생의 본질적인 동기부여와 개별 학생의 자기표현에 달려있다.

(B) 또한 창의적 사고는 독창적이기 때문에, 교육자가 실제로 창의적 사고를 할 수 있는 열린 과제를 제시한다면 그 결과가 어떻게 될지 알 수 없다. 따라서 문제는 효익이 불확실하고 비용(즉, 시간의 투자)을 정당화하기 어렵다는 것이다.

36 ⑤ 주어진 문장은 일부 사업은 회계기간이 경과함에 따라 각매각을 특정 판매원가와 일치시키는 것이 실용적이지 않다고 한다. 그러므로 판매 수익을 판매 당시 판매된 상품의 원가와 일치시킨다는 문장의 뒤인 ⑤에 위치하는 것이 가장 적절하다.

어휘

- practical : 현실[실질/실제]적인
- figure : (특히 공식적인 자료로 제시되는) 수치
- period : 기간, 시기
- identified : 확인된, 인정된, 식별된
- inclusion : 포함
- income : 소득, 수입
- statement : 성명, 진술, 서술
- retailers : 소매업자, 소매상; 소매업
- devices : 장치
- simultaneously : 동시에
- particular : 특정한
- relatively : 비교적
- revenue : (정부·기관의) 수익[수입/세입]
- accounting : 회계 (업무)
- period : 기간, 시기

해석

그러나 일부 사업(예: 소규모 소매업체)은 회계기간이 경과함에 따라 각 매각을 특정 판매원가와 일치시키는 것이 실용적이지 않다고 생각한다.

기간 동안의 판매원가(또는 판매된 재화의 원가) 수치는 다른 방법으로 식별할 수 있다. (①) 일부 사업장에서는 판매시점에 판매원가를 파악한다. (②) 매출액은 매출원가와 밀접하게 일치하므로 손익계산서에 포함하기 위한 매출원가를 식별하는 것은 문제가 되지 않는다. (③) 많은 대형마트(예: 슈퍼마켓)는 각각의 판매를 기록하는 동시에 특정 판매의 대상이 되는 상품의 원가를 픽업하는 POS(Point-of-Sale) 장치를 보유하고 있다. (④) 상대적으로 적은 수의 고부가가치 품목을 판매하는 다른 사업체들도 판매 수익을 판매 당시 판매된 상품의 원가와 일치시키는 경향이 있다. (⑤) 이들은 회계기간 말에 판매원가를 보다 쉽게 파악할 수 있다.

[37~38]

어휘

- mustered : (특히 병사들이) 소집[동원]되다, 소집[동원]하다
- completing : 완료하다, 끝마치다
- duty : 직무, 임무
- hostility : 적의, 적대감, 적개심
- fellow : 같은 처지에 있는, 동료의
- parades : 열병식
- unpopular : 인기 없는
- incident : (국가 간의, 흔히 무력이 개입되는) 사건[분쟁]
- chain-smoking : 줄담배를 피우다
- isolation : 외로운[고립된] 상태
- appeared : 나타나다, 보이기 시작하다
- timidly : 겁많게, 소극적으로
- gesture : (특정한 감정의도의) 표시[표현]
- undoubtedly : 의심할 여지없이, 확실히
- continuing : 연속적인, 계속적인
- survived : 살아남다, 생존[존속]하다
- stranger : 낯선[모르는] 사람

해석

1970년 6월 23일, 나는 베트남에서 1년간의 군복무를 마치고 막 전역했다. 나는 23세의 육군 참전용사로 캘리포니아 오클랜드에서 텍사스 달라스로 귀국하는 비행기에 타고 있었다.

나는 당시 많은 동포들이 적개심을 느꼈다는 경고를 받았다. 우리가 그 평판이 좋지 않은 전쟁에서 집으로 돌아왔을 때 우리를 위한 고향의 열병식은 없었다. 수만 명의 다른 사람들처럼, 나도 아무런 일도 없이 집에 가려고 했다.

나는 제복을 입고 창가 좌석에 앉아 줄담배를 피우며 동료 승객들과 눈을 마주치지 않았다. 옆자리에 아무도 앉지 않아 고립감을 더했다. 10살이 채 안 된 어린 소녀가 갑자기 통로에 나타났다. 그녀는 미소를 지으며 말없이 소심하게 나에게 잡지 한 권을 건넸다. 나는 그녀의 잡지를 받아들였다. "집에 온 것을 환영한다." 라는 말에 "고맙다"는 말밖에 할 수 없었다. 그녀가 어디에 앉았는지, 누구와 함께 있었는지 모른다. 왜냐하면 그녀에게서 잡지를 받은 직후, 나는 창문 쪽으로 몸을 돌려 눈물을 흘렸기 때문이다. 그녀의 작은 연민의 몸짓은 내가 오랜만에 경험하는 것이었다.

저 어린 소녀는 의심의 여지없이 수년 전 일에 대한 기억이 없다. 나는 그녀가 커서 다른 사람들을 보듬어 주고 그녀의 아이들에게도 똑같이 하도록 가르친다고 생각한다. 어머니로부터 나에게 "선물"을 주라는 말을 들었을 수도 있다는 걸 안다. 그녀의 아버지는 그 시점에 아직 베트남에 있었을 수도 있고 전쟁에서 살아남지 못했을 수도 있다. 그녀가 왜 나에게 그 잡지를 주었는지는 중요하지 않다. 중요한 건 그녀가 그랬다는

사실이다.

그 이후로, 나는 그녀를 본받았고, 다른 방식으로 그들을 위해 똑같이 하려고 노력했다. 오래 전에 비행기를 탔던 나처럼, 그들은 왜 낯선 사람이 시간을 내어 손을 뻗었는지 결코 알 수 없을 것이다. 하지만 그 이후로 내 시도는 모두 그 어린 소녀 때문이라는 것을 알고 있다. 그녀가 지치고 겁에 질려 외로운 군인에게 잡지를 주었다는 것은 내 인생에서 상기된다.

37 ② 제시문은 환영받지 못한 군인에게 베푼 낯선 소녀의 위로에 대한 내용이다. 낯선 소녀의 작은 친절에 군인은 크게 감동을 느끼며 그녀를 본받기 위해 노력한다고 했다. 그러므로 제시문의 제목으로는 ②의 'A Small Act of Kindness Matters (작은 친절의 중요성)'이 가장 적절하다.

오답풀이

① 전투에서 승리할 수 있을까?
③ 용기있는 병사의 승리
④ 참전용사들의 마음의 고통
⑤ 어린 소녀 찾기

38 ② 서술자는 군인 중 한 사람으로 1970년 6월 23일, 베트남에서 1년간의 군복무를 마치고 막 전역했다. 그러므로 ②의 'The narrator had been one of the military personnel. (서술자는 군인 중 한 사람이다.)'은 제시문의 내용과 일치한다.

오답풀이

① 서술자는 한 달 후에 베트남으로 돌아가야 한다.
③ 서술자는 어린 소녀로 하여금 감정적으로 상처를 받았다.
④ 그 어린소녀는 서술자의 좋은 친구였다.
⑤ 어린 소녀는 서술자의 발자취를 따라갔다.

[39~40]

어휘

- twentysomething : 20대 풋내기
- period : 기간, 시기
- adulthood : 성인(임), 성년
- equivalent : (가치·의미·중요도 등이) 동등한[맞먹는]
- quarterlife crisis : 청년위기
- overwhelming : 압도적인, 너무도 강력한[엄청난], 저항[대응]하기 힘든
- instability : 불안정
- apprehension : 우려, 불안
- encounter : (특히 반갑지 않은 일에) 맞닥뜨리다[부딪히다]
- disorientation : 방향 감각 상실, 혼미
- confusion : (정신 상태의) 혼란

- independence : (개인의) 자립
- premature : 너무 이른, 시기상조의
- emerging : 최근 생겨난, 최근에 만들어진
- infinite : (수량이) 무한한[무한정의]
- mind : 마음, 정신
- steel : (~에 대비해서) 마음을 단단히 먹다

(해석)

20대 연령대를 성인이 된 시기라고 부르는 경우가 많다. 어떤 사람들은 30살이 되는 것이 이제 한 세대 전에 21살이 되는 것과 같다고 말한다. 청년 위기라는 용어는 20대들이 직면하고 있는 문제와 문제들을 묘사하기 위해 만들어졌다. 최근 대학 졸업자들에 따르면, 분기별 위기는 "압도적인 불안정성, 끊임없는 변화, 너무 많은 선택, 그리고 극심한 공포의 무력감"이라고 한다. 가족과 대학의 보호 영역을 떠날 때 20대는 정체성, 직업 선택, 생활 준비, 독립성 확립, 삶의 열정을 발견하고 활용하고 새로운 소셜 네트워크를 만드는 것에 대한 방향 감각과 혼란을 겪는다. 주요한 삶의 결정을 내리고 책임을 받아들이는 경험이 거의 없는 20대들은 무엇을 해야 하고, 어디로 가야 하고, 누가 되어야 하는지에 대한 지침을 찾으려는 전환의 영역에 놓여 있다. 시행착오의 시기로 조급한 결심을 하고 때로는 우유부단으로 마비되기도 한다.

39 ③ 제시문은 청년위기라는 용어를 사용하며 20대들이 겪는 불안감에 대해 서술하고 있다. 삶의 결정을 내리고 책임을 받아들이는 경험이 없는 20대들은 전환의 영역에서 큰 혼란스러움을 겪는다고 한다. 그러므로 ③ 'Challenges : What the Emerging Adult Faces (도전 : 성인에 직면하다)'가 제시문의 제목으로 가장 적절하다.

(오답풀이)

① 20대의 전성기
② 20대의 청춘
④ 20대의 무한한 가능성
⑤ 20대의 강한 정신

40 ⑤ 주요한 삶의 결정을 내리고 책임을 받아들이는 경험이 거의 없는 20대들은 무엇을 해야 하고, 어디로 가야하고, 누가 되어야 하는지에 대한 지침을 찾으려는 전환의 영역에 놓여 있다고 한다. 그러므로 빈칸에는 ⑤의 'trial and error(시행착오)'가 들어갈 말로 가장 적절하다.

(오답풀이)

① 몸과 마음
② 원인과 결과
③ 자랑거리
④ 장단점

[41~42]

(어휘)

- filial imprinting : 부모 각인
- range : (변화차이의) 범위[폭]
- elicit : (정보 · 반응을 어렵게) 끌어내다
- imprinting : 각인
- visual : 시각의, (눈으로) 보는
- auditory : 청각의
- olfactory : 후각의
- Movement : (몸 · 신체 부위의) 움직임
- stationary : 움직이지 않는, 정지된
- important : 중요한
- properly : 제대로, 적절히
- individual : 각각[개개]의
- odor : 냄새
- chain : 일련, 띠(처럼 이어진 것)
- demonstrates : 증거[실례]를 들어가며 보여주다, 입증[실증]하다
- shrews : 땃쥐류

(해석)

모체에 대한 반응을 부모 각인이라고 한다.

어린 새들의 접근과 애착을 이끌어낼 수 있는 물체의 범위는 매우 크다. 각인 자극은 시각, 청각 또는 후각일 수 있다. 시각 자극의 범위에는 제한이 없는 것 같다. 움직임은 번쩍이는 불빛처럼 주의를 끌도록 돕는다. 정지된 물체는 배경과 대비되는 경우라면 어린 새들을 유인할 수 있다.

청각 자극은 많은 어린 새들에게 매력적인 것으로 밝혀졌다. 예를 들어, 청둥오리 새끼들에게 있어 소리는 어미를 따라가도록 유도하는 데 매우 중요하다. 미국원앙새는 나무 구멍에 둥지를 튼다. 둥지 구멍 밖의 물에서 어머니의 부름은 어린 아이들이 어머니를 제대로 보지 못했음에도 불구하고 어미에게 다가가게 된다.

냄새 자극의 예는 생후 5일에서 14일 된 아기 땃쥐에 의해 제공된다. 아기 땃쥐들은 그들을 돌보는 어미의 냄새에 각인된다. 어린 땃쥐들은 일찍부터 어미의 냄새를 알게 되어 캐러밴을 형성하게 되며, 그 냄새를 따라가게 된다. 생후 5~6일 된 땃쥐를 다른 종의 어미가 돌보게 되면 이 돌봐준 어미의 냄새가 땃쥐에게 각인된다.

나중에, 그 땃쥐들이 15일이 되면, 그들은 그들의 진짜 어미에게로 돌아간다. 이 형제들은 그녀를 따라가지도 않고, 어떤 형제들에게도 사슬처럼 캐러밴을 형성하지도 않는 것으로 보였다. 하지만, 그들은 그들을 돌봐준 어머니의 냄새가 스며든 천 조각을 따라갔다. 어린 땃쥐들이 어렸을 때 그들을 돌보는 어미의 냄새로 각인된다는 것을 보여주는 반응이다.

41 ① 주절의 주어 'The range'가 단수 이므로 동사도 단수가 되어야 한다. 따라서 'are'는 'is'로 고쳐야한다.

42 ② 아기 땃쥐들은 그들을 돌보는 어미의 냄새에 각인된다. 어린 땃쥐들은 일찍부터 어미의 냄새를 알게 되어 캐러밴을 형성하게 되며, 그 냄새를 따라가게 된다. 생후 5~6일 된 땃쥐에게 다른 종의 어미를 대신하면 이 어미의 냄새가 땃쥐에게 각인된다고 하였으므로 빈칸에는 ②의 'odor of whoever nurses them when they are young (어렸을 때 그들을 돌보는 어미의 냄새)'가 들어가는 것이 가장 적절하다.

〔오답풀이〕

① 그들이 돌봐준 어머니를 따라다니며 보낸 시간
③ 둥지를 떠나기 전에 돌봐주는 어미를 부른다
④ 그들의 친모에 대한 시각적 관심의 양
⑤ 그들이 자라서 친모를 돌본다

[43~45]

〔어휘〕

• handgun : 근접 전투용 · 호신용 총기
• expressionless : 표정[감정]이 없는
• sideways : 옆으로, 옆에서
• awning : (창이나 문 위의) 차양, 비[해] 가리개
• seasick : 뱃멀미
• mottle : 얼룩덜룩하게 하다
• obscured : 잘 알려져 있지 않은, 무명의
• admission : 입장료
• Canadian : 캐나다 사람
• intensity : 강렬함, 강함, 격렬함
• deck : (배의) 갑판
• deprived : 궁핍한, 불우한
• whenever : …할 때는 언제든지
• locker : 로커, (자물쇠가 달린) 개인 물품 보관함
• wristband : 손목 밴드
• warm : (더) 따뜻해지다, 데워지다
• psyched : (특히 곧 있을 일에 대해) 들뜬[흥분한]

〔해석〕

(A) "과일이나 권총을 소지하고 계십니까?"
"물론, 트렁크에는 3킬로그램의 키위가 있고 그녀의 지갑에는 44구경 매그넘이 들어 있습니다."
아니, 국경수비대엔 그렇게 말하지 않았다. 이 사람들하고는 농담하지 않는 게 좋다. 그들은 유머 감각이 별로 없고 차를 뒤지는 것을 좋아한다. 국경수비대는 나를 긴장시킨다. 그 무표정한 눈과 얼어붙은 얼굴을 벗어나자마자 기분

이 좋아졌다.

(B) 비가 옆으로 내리면서 덮개로 쓰려고 했던 비 가리개 안으로 다시 들어가게 된다. 페리가 흔들리기 시작했다. 마가렛은 디젤 연기와 파도로 인해 뱃멀미를 할 때 시칠리아에서 몰타까지 페리를 타고 갔던 이야기를 들려준다. 몇몇 아이들은 플라스틱 시트를 위 아래로 움직이며 장난감 자동차를 운행하고 있다. 빗방울 창을 통해 보는 산꼭대기는 안개 속에 가려져 있다. 곧 우리는 저편 부두로 차를 몰고 들어간다. 배에서 차들이 줄지어 떨어지고, 온천까지 9마일이라는 소리가 들렸다. 캐나다인의 입장료는 $4.00이다.

(C) Kootenai 호수를 따라 50마일을 도는데, 자동차가 전체 길을 통과할 수 있는 지점은 약 3개뿐이다. 우리는 마지막 탑승차였다. 남색 옷을 입은 항해사가 아래쪽 갑판에 있는 주차 공간으로 안내한다. 우리는 승객 층까지 가파른 계단을 오른다. 여객선이 부두에서 벗어나 호수를 가로질러 향할 때 바람과 비가 강렬해진다. 단 1분 동안만, 갑판 위로 걸어갈 뿐이지만.

(D) 하지만 Ainsworth의 여행은 백 명의 국경 수비대를 맞닥뜨릴 가치가 있는 곳이다. Ainsworth Hot Springs. 몇 년 전부터 가고 싶었다. 내가 아는 사람들은 전부 그곳을 방문했다. 누가 Ainsworth 얘기를 할 때마다 박탈감이 들 정도였다. 그래서 내 친구 마가렛과 나는 춥고 비가 오는 11월 화요일에 온천에 가기엔 나쁘지 않은 하루를 보낸다. 캐나다로 몇 마일 들어가면 길이 바뀐다.

(E) 사물함은 없다. 각자 옷을 넣을 비닐봉지를 준비한다. 접수번호가 적힌 벨크로 손목밴드를 나눠주는 점원에게 확인한다. 내 것은 380이다. 수영장으로 향할 때 비가 내 몸에 얼룩덜룩 묻게 내린다. 따뜻한 커다란 수영장, 기분전환하기에 좋은 장소, 위쪽의 수영장과 동굴들. 동굴들! 그게 바로 Ainsworth가 특별한 이유다. 우리는 뜨거운 물을 따라 다시 산중턱으로 노를 저어 들어간다. 희미한 불빛이 놀라운 광경을 보여준다.

43 ③ 국경수비대에게는 농담을 하지 않는 것이 좋다며 여행의 서막을 알리는 지문이 나온다. 하지만 Ainsworth의 여행은 백 명의 국경 수비대를 맞닥뜨릴 가치가 있는 곳이라며 Ainsworth Hot Springs에 대하여 그 가치를 서술하는 (D)가 나오는 것이 적절하다. 캐나다로 몇 마일을 돌면 길이 바뀐다고 하였고 이어지는 (C)로 자동차가 전체 길을 통과할 수 있는 지점은 약 3개뿐이며, 필자는 마지막 탑승차라는 것이 이어짐이 적절하다. 페리가 부두에서 벗어나 호수를 가로질러 향할 때 바람과 비가 강렬해진다고 하였으므로 비가 옆으로 내리면서 필자가 덮개로 쓰려고 하는 비 가리개 안으로 다시 들어가게 된다는 설명의 (B)가 이어지는 것이 적절하다. 마지막으로 (E)의 동굴들! 그게 바로 Ainsworth가

특별한 이유라고 하였다. 마침내 Ainsworth를 마주한 필자의 감동적인 심정이 이어지는 것이 적절하다.

44 ② 필자는 누군가 Ainsworth얘기를 할 때마다 박탈감이 들 정도로 그곳에 가고 싶었다. 따라서 Ainsworth에 가고싶은 마음이 확고하였다(determined). 마침내 Ainsworth에 도착한 순간 신이 나고 흥분한(excited) 모습을 보인다.

오답풀이

① 안도하는 → 정신적으로 긴장한
③ 겁먹은 → 놀란
④ 유감스러워 하는 → 열성적인
⑤ 낙담한 → 무관심한

45 ② Ainsworth가 캐나다 국경에서 얼마나 떨어져 있었는지는 언급되지 않았다. 그러므로 ②의 'Ainsworth was nine miles away from the anadian border. (Ainsworth는 캐나다 국경에서 9마일 떨어져 있었다.)'는 제시문의 내용과 일치하지 않는다.

오답풀이

① 해설자는 국경수비대와 가벼운 대화를 나누지 않았다.
③ 여행객들은 페리에서 폭우와 바람을 만났다.
④ Margaret은 필자와 함께 여행을 갔다.
⑤ 동굴은 Ainsworth를 다른 온천과 구별하게 만든 핵심이다.

2022학년도 기출문제 정답 및 해설

제3교시 **수학영역**

01 ④	02 ②	03 ③	04 ④	05 ①	06 ②
07 ③	08 ①	09 ①	10 ④	11 ⑤	12 ③
13 ⑤	14 ④	15 ②	16 ⑤	17 ③	18 ⑤
19 ②	20 ①	21 12	22 49	23 21	24 5
25 217					

01 $\log_a b = A$로 치환하면 $\log_b a = \dfrac{1}{A}$이므로

$\dfrac{1}{A} + A = \dfrac{1}{5} + 5$로 나타낼 수 있다.

따라서 $\log_a b = 5$이고 $a^5 = b$

문제에서 $ab = 27$이므로

$ab = a \times a^5 = a^6 = 3^3$

$a^2 = 3 \cdots$ ㉠

$b^2 = (a^5)^2 = (a^2)^5 = 3^5$

$b^2 = 3^5 \cdots$ ㉡

㉠, ㉡을 더하여 답을 구한다.

$\therefore a^2 + b^2 = 246$

02 $4\cos^2 A - 5\sin A + 2 = 0$

$4(1 - \sin^2 A) - 5\sin A + 2 = 0$

$4\sin^2 A + 5\sin A - 6 = 0$

$(4\sin A - 3)(\sin A + 2) = 0$

$\sin A = \dfrac{3}{4} (\because -1 \le \sin A \le 1)$

$\dfrac{\overline{BC}}{\sin A} = 2R$ (R은 외접원의 반지름의 길이)이므로

$R = \dfrac{1}{2} \times \dfrac{3}{\frac{3}{4}} = 2$

$\therefore$ 삼각형 ABC의 외접원의 반지름의 길이 = 2

03 $v(1) = a + b = 15 \cdots$ ㉠

$v(2) = 4a + 2b = 20 \cdots$ ㉡

㉠, ㉡을 연립하면 $a = -5$, $b = 20$

즉 $v(t) = -5t(t - 4)$

$t = 1$에서 $t = 5$까지 점 P가 움직인 거리를 S라 하면

$S = \int_1^5 |v(t)| \, dt$

$= \int_1^4 (-5t^2 + 20t) dt + \int_4^5 (5t^2 - 20t) dt$

$= \left[-\dfrac{5}{3}t^3 + 10t^2 \right]_1^4 + \left[\dfrac{5}{3}t^3 - 10t^2 \right]_4^5$

$= \left(-\dfrac{320}{3} + 160 + \dfrac{5}{3} - 10 \right) + \left(\dfrac{625}{3} - 250 - \dfrac{320}{3} + 160 \right)$

$= -\dfrac{10}{3} + 60$

$= \dfrac{170}{3}$

$\therefore t = 1$에서 $t = 5$까지 점 P가 움직인 거리 $= \dfrac{170}{3}$

04 (가)에서 $f(x) - ax^2$의 이차항의 계수가 1이어야 하므로

$f(x)$의 이차항의 계수는 $(a+1)$이다.

$f(x) = (a+1)x^2 + bx + c$로 놓는다.

$\lim\limits_{x \to 0} \dfrac{f(x)}{x^2 - ax} = \dfrac{(a+1)x^2 + bx + c}{x(x - a)} = 2$에서

$x \to 0$일 때 (분모) $\to 0$이고 극한값이 존재하므로

(분자) $\to 0$이어야 한다.

즉 $\lim\limits_{x \to 0}(a+1)x^2 + bx + c = 0 + 0 + c = 0$, $c = 0$

$f(x) = (a+1)x^2 + bx$

$= x\{(a+1)x + b\}$

이를 (나)에 대입하여 계산하면

$\lim\limits_{x \to 0} \dfrac{f(x)}{x^2 - ax} = \lim\limits_{x \to 0} \dfrac{x((a+1)x^2 + b)}{x(x - a)}$

$= \lim\limits_{x \to 0} \dfrac{(a+1)x^2 + b}{(x - a)}$

$= \dfrac{b}{-a}$

$= 2$

즉 $b = -2a$이고 이를 $f(x)$에 대입한다.

$f(x) = (a+1)x^2 + bx = (a+1)x^2 - 2ax$

$f(x)$에 2를 대입하면

$f(2) = 4a + 4 - 4a = 4$

$\therefore f(2) = 4$

05 문제의 조건에 따라 $1 \le a \le 4$, $1 \le b \le 4$이다.

$\log_2(a + b) = k$ (k는 정수) $\to a + b = 2^k$

$2 \le a + b \le 8$이므로 $2 \le 2^k \le 8$

즉 $k=1, 2, 3$

따라서 $(a, b)=(1, 1), (1, 3), (2, 2), (3, 1), (4, 4)$

$(3, 1)$에서 거리의 최솟값을 갖고, $(1, 1), (1, 3)$에서 거리의 최댓값을 갖는다.

$m=\sqrt{(4-3)^2+(2-1)^2}=\sqrt{2}$

$M=\sqrt{(4-1)^2+(2-1)^2}=\sqrt{10}$

$\therefore m^2+M^2=12$

06 $a_1=2a_4=2a_1r^3$

이를 정리하여 r을 구한다.

$r^3=2^{-1}$

즉 $r=2^{-\frac{1}{3}}$

$a_3^{\log_3 3}=3^{\log_3 a_3}=27=3^3$

$\log_2 a_3=3$

$a_3=2^3$

따라서 $a_3=8$

$\log_4 a_n-\log_2 \dfrac{1}{a_n}=\log_2 a_n-\log_2 \dfrac{1}{a_n}$

$\qquad\qquad\qquad\qquad =\dfrac{1}{2}\log_2 a_n-\log_2 1+\log_2 a_n$

$\qquad\qquad\qquad\qquad =\dfrac{3}{2}\log_2 a_n$

$\dfrac{3}{2}\log_2 a_n=k$라 놓으면 $\log_2 a_n=\dfrac{2k}{3}$

$a_n=2^{\frac{2k}{3}}$

k가 자연수가 되기 위해서는 $2k$가 짝수가 되어야 한다.

$a_3=2^3=2^{\frac{9}{3}}$, $a_2=2^{\frac{10}{3}}$, $a_1=2^{\frac{11}{3}}$과 같이 값은 작아지므로 만족하는 a_n은 $2^{\frac{10}{3}}, 2^{\frac{8}{3}}, 2^{\frac{6}{3}}, 2^{\frac{4}{3}}, 2^{\frac{2}{3}}$이다.

따라서 $n=2, 4, 6, 8, 10$으로 총 5개이다.

07 $f(x)=x^3+kx^2+(2k-1)x+k+3$

$\qquad =k(x^2+2x+1)+x^3-x+3$

k값에 관계없이 항상 점 P를 지난다고 했으므로

$x^2+2x+1=0, x=-1$

즉 $P(-1, 3)$

'곡선 $y=f(x)$ 위의 점 P에서의 접선이 곡선 $y=f(x)$와 오직 한 점에서 만난다'의 의미는 곡선 $y=f(x)$의 변곡점에서 접선이라는 의미이다.

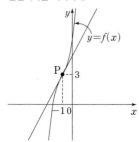

즉 $f''(x)=0$을 만족하는 k값을 구한다.

$f''(x)=6x+2k$

$f''(-1)=-6+2k=0$

$\therefore k=3$

08 $\displaystyle\lim_{x\to\infty}\dfrac{f(x)-x^3}{x^2}=2$에서 분모의 차수가 2인데

극한값이 2로 존재하므로 $f(x)-x^3=2x^2+ax+b$

$f(x)=x^3+2x^2+ax+b$가 된다.

$f(x)=0$의 한 실근을 k라고 가정하면 $g(x)$가 $f(x)=0$이 되는 경계에서 함수가 바뀌므로 $g(x)$가 실수 전체의 집합에서 연속이 되려면 $x=k$에서 좌극한, 우극한, 함숫값이 모두 같아야 한다. 즉 $\displaystyle\lim_{x\to k}\dfrac{x-1}{f(x)}=\dfrac{1}{n}$이어야 한다.

$f(x)=0$의 실근이 하나이고 나머지는 허근일 때 성립한다. (이외의 경우는 발산한다.)

$f(x)=x^3+2x^2+ax+b=(x-k)(x^2+ax+\beta)$

$\displaystyle\lim_{x\to k}\dfrac{x-1}{f(x)}$에서 (분모) $\to 0$인데 극한값이 존재하므로 (분자) $\to 0$으로 간다. 따라서 $k=1$이 된다.

$f(x)=(x-1)(x^2+ax+\beta)$

$f(x)=x^3+(a-1)x^2+(\beta-a)x-\beta$

$\qquad =x^3+2x^2+ax+b$

$a-1=2$

$a=3$

$f(x)=(x-1)(x^2+3x+\beta)$

$x^2+3x+\beta$이 허근이 되어야 하므로 $D<0$이어야 한다.

따라서 $9-4\beta<0$이고 $\beta>\dfrac{9}{4}$가 된다.

$\displaystyle\lim_{x\to 1}\dfrac{x-1}{(x-1)(x^2+3x+\beta)}=\lim_{x\to 1}\dfrac{1}{x^2+3x+\beta}=\dfrac{1}{4+\beta}$

$n=4+\beta$

$\beta>\dfrac{9}{4}$이므로 $n>4+\dfrac{9}{4}(=6.25)$

$\therefore n$의 최솟값 $=7$

09 $f(x)$의 그래프 위의 점 $(t, f(t))$에서의 접선의 방정식은

$y=f'(t)(x-t)+f(t)$

$\qquad =(3t^2+2t)(x-t)+t^3+t^2$

$\qquad =(3t^2+2t)x-2t^3-t^2$

$g_1(t)=-2t^3-t^2$

$f(x)$의 그래프 위의 점 $(t+1, f(t+1))$에서의 접선의 방정식은

$y=f'(t+1)(x-t-1)+f(t+1)$

$\qquad =\{3(t+1)^2+2(t+1)\}\{x-(t+1)\}+(t+1)^3+(t+1)^2$

$\qquad =\{3(t+1)^2+2(t+1)\}x-2(t+1)^3-(t+1)^2$

$g_2(t)=-2(t+1)^3-(t+1)^2$

$$h(t)=|g_1(t)-g_2(t)|$$
$$=|(-2t^3-t^2)-\{-2(t+1)^3-(t+1)^2\}|$$
$$=|-2t^3-t^2+2t^3+6t^2+6t+2+t^2+2t+1|$$
$$=|6t^2+8t+3|$$
$$=\left|6\left(t+\frac{2}{3}\right)^2+\frac{1}{3}\right|$$

∴ 함수 $h(t)$의 최솟값 $=\dfrac{1}{3}$

10 $a_n=\sum\limits_{k=1}^{n}k$

$$=1+2+3+\cdots+n$$
$$=\frac{n(n+1)}{2}\cdots ㉠$$

㉠을 문제의 b_n의 식에 대입한다.

$$b_n=b_{n-1}\times\frac{a_n}{a_n-1}$$
$$=b_{n-1}\times\frac{\dfrac{n(n+1)}{2}}{\dfrac{n(n+1)}{2}-1}$$
$$=b_{n-1}\times\frac{\dfrac{n(n+1)}{2}}{\dfrac{n(n+1)-2}{2}}$$
$$=b_{n-1}\times\frac{n(n+1)}{(n-1)(n+2)}$$
$$\frac{b_n}{b_{n-1}}=\frac{n(n+1)}{(n-1)(n+2)}$$
$$b_{100}=\frac{b_{100}}{b_1}$$
$$=\frac{b_2}{b_1}\times\frac{b_3}{b_2}\times\frac{b_4}{b_3}\times\cdots\times\frac{b_{100}}{b_{99}}$$
$$=\frac{2\times3}{1\times4}\times\frac{3\times4}{2\times5}\times\frac{4\times5}{3\times6}\times\cdots\times\frac{100\times101}{99\times102}$$
$$=\frac{3}{1}\times\frac{100}{102}$$
$$=\frac{50}{17}$$

∴ $b_{100}=\dfrac{50}{17}$

11 원주각의 크기와 호의 길이는 정비례한다.
$\angle A+\angle B+\angle C=180°$, $\angle A:\angle B:\angle C=4:5:3$이므로
$\angle A=60°$, $\angle B=75°$, $\angle C=45°$
삼각형 ABC의 외접원의 반지름의 길이를 R이라 하면
$$2\pi R=3+4+5$$
$$R=\frac{6}{\pi}\cdots ㉠$$
$\overline{BC}=a$, $\overline{AC}=b$라 하면
$$S=\frac{1}{2}ab\sin C$$
$$=\frac{1}{2}(2R\sin A)(2R\sin B)\sin C$$

$$=2R^2\sin A\sin B\sin C$$
$$=2R^2\times\frac{\sqrt{3}}{2}\times\frac{\sqrt{6}+\sqrt{2}}{4}\times\frac{\sqrt{2}}{2}$$

㉠을 대입하여 계산하면
$$S=2\times\frac{36}{\pi^2}\times\frac{\sqrt{3}}{2}\times\frac{\sqrt{6}+\sqrt{2}}{4}\times\frac{\sqrt{2}}{2}$$
$$=\frac{9}{\pi^2}\times\frac{\sqrt{6}(\sqrt{6}+\sqrt{2})}{2}$$
$$=\frac{9}{\pi^2}\times(3+\sqrt{3})$$
$$\frac{\pi^2 S}{9}=\frac{\pi^2}{9}\times\frac{9}{\pi^2}\times(3+\sqrt{3})=3+\sqrt{3}$$

∴ $\dfrac{\pi^2 S}{9}=3+\sqrt{3}$

12 문제의 조건 (가)에서
$$f(x)+x^2+2ax-3=\int_1^x\left\{\frac{d}{dt}(2f(t)-3t+7)\right\}dt$$
$$f(x)+x^2+2ax-3=\int_1^x(2f'(t)-3)dt$$
좌변과 우변을 미분하면
$$f'(x)+2x+2a=2f'(x)-3$$
$$f'(x)=2x+2a+3\cdots ㉠$$
$$\lim_{h\to0}\frac{f(3+h)-f(3-h)}{h}$$
$$=\lim_{h\to0}\frac{f(3+h)-f(3)-(f(3-h)-f(3))}{h}$$
$$=\lim_{h\to0}\frac{f(3+h)-f(3)}{h}-\lim_{h\to0}\frac{f(3-h)-f(3)}{h}$$
$$=f'(3)+f'(3)$$
$$=6$$
$$f'(3)=3$$
이를 ㉠에 대입하면
$$f'(3)=6+2a+3=3$$
$$2a=-6$$
∴ $a=-3$

13 $x=\sqrt[3]{2}$로 치환하면 $r=\dfrac{3}{x^2-x+1}$

식의 우변에 $\dfrac{x+1}{x+1}$을 곱하면
$$r=\frac{3}{x^2-x+1}\times\frac{x+1}{x+1}$$
$$=\frac{3(x+1)}{x^3+1}$$
$$=\frac{3(x+1)}{(\sqrt[3]{2})^3+1}$$
$$=\frac{3(x+1)}{3}$$
$$=x+1$$
$$=\sqrt[3]{2}+1$$

$r-1=\sqrt[3]{2}$

$(r-1)^3=2$

$r-1=t$로 치환하여 $r+r^2+r^3$을 t에 관한 식으로 정리한다.

$r+r^2+r^3=(t+1)+(t+1)^2+(t+1)^3$

$\qquad\qquad=t^3+4t^2+6t+3$

$\qquad\qquad=2+4\sqrt[3]{4}+6\sqrt[3]{2}+3$

$\qquad\qquad=4\sqrt[3]{4}+6\sqrt[3]{2}+5$

$a\sqrt[3]{4}+b\sqrt[3]{2}+c=4\sqrt[3]{4}+6\sqrt[3]{2}+5$

따라서 $a=4$, $b=6$, $c=5$이다.

$\therefore a+b+c=15$

14

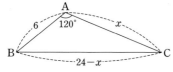

코사인법칙에 의해

$(24-x)^2=x^2+6^2-2\times x\times 6\times\left(-\dfrac{1}{2}\right)$

$x^2-48x+576=x^2+6x+36$

$54x=540$

따라서 $x=10$

코사인법칙 변형에 의해

$\cos B=\dfrac{6^2+14^2-10^2}{2\times6\times14}$

$\qquad=\dfrac{132}{12\times14}$

$\qquad=\dfrac{11}{14}$

$\therefore \cos B=\dfrac{11}{14}$

15 $m<a<b$에서 $\displaystyle\int_a^b(x^3-x^2-px+1)dx>0$을 만족하려면

$m<x$인 모든 실수 x에 대하여

$x^3-x^2\geq px-1$이 되어야 한다.

즉 다음 그림처럼 $y=px-1$이 곡선 $y=x^3-x^2$에 접해야 m이 최소가 된다.

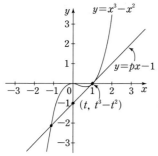

두 그래프의 접점의 좌표를 $(t,\ t^3-t^2)$이라 하면

접점에서의 접선의 식은

$y=(3t^2-2t)(x-t)+(t^3-t^2)$

이 접선은 점 $(0,\ -1)$을 지나므로 대입하면

$-1=-2t^3+t^2$

$2t^3-t^2-1=0$

$(t-1)(2t^2+t+1)=0$

$2t^2+t+1$은 허근을 가지므로 $t=1$

따라서 접점의 좌표는 $(1,\ 0)$이고 $p=1$이다.

$x^3-x^2=x-1$

$x^3-x^2-x+1=0$

$(x-1)^2(x+1)=0$이므로

$x=1,\ -1$

$\therefore m$의 최솟값$=-1$

16 $n=1$부터 대입하여 살펴보면,

(i) $n=1$일 때 $y=\sin(\pi x)$

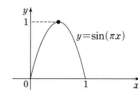

y좌표가 자연수인 점의 개수는 1개 이므로 $a_1=1$

(ii) $n=2$일 때 $y=2\sin(2\pi x)$

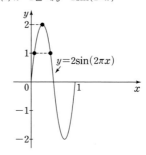

y좌표가 자연수인 점의 개수는 3개 이므로 $a_2=3$

(iii) $n=3$일 때 $y=3\sin(3\pi x)$

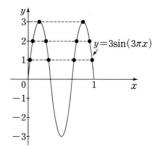

y좌표가 자연수인 점의 개수는 10개 이므로 $a_3=10$

(iv) $n=4$일 때 $y=4\sin(4\pi x)$

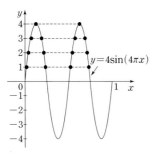

y좌표가 자연수인 점의 개수는 14개 이므로 $a_4=14$

a_1~a_4는 다음과 같이 표현할 수 있다.

$a_1=1$

$a_2=1\times(2\times1+1)$

$a_3=2\times(2\times2+1)$

$a_4=2\times(2\times3+1)$

이어서 a_5부터 a_{10}까지 표현하면 다음과 같다.

$a_5=3\times(2\times4+1)$

$a_6=3\times(2\times5+1)$

$a_7=4\times(2\times6+1)$

$a_8=4\times(2\times7+1)$

$a_9=5\times(2\times8+1)$

$a_{10}=5\times(2\times9+1)$

$a_1+a_2+a_3+\cdots+a_{10}$

$=1+3+10+14+27+33+52+60+85+95$

$=380$

$\therefore \sum_{n=1}^{10}a_n=380$

17 함수 $f(x)=|x^2-4|(x^2+n)$에서 n은 자연수이므로,

$x^2+n>0$

따라서 $f(x)=|(x^2-4)(x^2+n)|$

$\therefore x=2, x=-2$에서 $f(x)$는 극값

함수 $g(x)$를 $g(x)=(x^2-4)(x^2+n)$이라 하면

$f(x)=|g(x)|$

$g(x)=(x^2-4)(x^2+n)$이므로

$g'(x)=2x(x^2+n)+(x^2-4)(2x)$

$\qquad=2x(2x^2+n-4)$

따라서 $g'(x)=0$을 만족하는 x의 값은

$x=0$ 또는 $x=\pm\sqrt{\dfrac{4-n}{2}}$

극값이 4개 이상이라는 조건을 만족해야 하므로 $4-n>0$
이다. 자연수 n의 값은 1, 2, 3이다. n의 값이 클수록 극솟값
$f(0)$의 값이 커지므로, $f(x)$의 모든 극값의 합이 최대가 되
도록 하는 n의 값은 3이다.

18 $f(x)$를 미분하여 0이 되는 x값을 구하면

$f'(x)=6x^2-2(t+3)x+2t$

$\qquad=2\{3x^2-(t+3)x+t\}$

$\qquad=2(3x-t)(x-1)$

$\qquad=0$

$x=\dfrac{t}{3}$, 1이 된다.

이 때 $0<t<3$이므로 $0<\dfrac{t}{3}<1$이다.

따라서 다음 그림과 같은 모양의 그래프가 되고
$x=\dfrac{t}{3}$에서 극댓값을 갖는다.

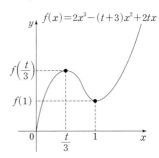

문제에서 $x=a$에서 극댓값을 갖는다고 하였으므로

$\dfrac{t}{3}=a$, $t=3a$

따라서 $g(t)=g(3a)=\dfrac{1}{2}\times a\times f(a)$

문제의 $\displaystyle\int_0^a f(x)dx$을 먼저 계산한 후 대입한다.

$\displaystyle\int_0^a f(x)dx=\left[\dfrac{1}{2}x^4-\dfrac{(3a+3)}{3}x^3+3ax^2\right]_0^a$

$\qquad=\dfrac{1}{2}a^4-a^4-a^3+3a^3$

$\qquad=-\dfrac{1}{2}a^4+2a^3 \cdots \textcircled{\scriptsize{$\bigcirc$}}$

㉠을 구하고자 하는 식에 대입하여 계산한다.

$\displaystyle\lim_{t\to0}\dfrac{1}{g(t)}\int_0^a f(x)dx$

$=\displaystyle\lim_{t\to0}\dfrac{\displaystyle\int_0^a f(x)dx}{g(t)}$

$=\displaystyle\lim_{a\to0}\dfrac{-\dfrac{1}{2}a^4+2a^3}{g(3a)}$

$=\displaystyle\lim_{a\to0}\dfrac{-\dfrac{1}{2}a^4+2a^3}{\dfrac{1}{2}\times a\times(2a^3-(3a+3)a^2+6a^2)}$

$=\displaystyle\lim_{a\to0}\dfrac{-\dfrac{1}{2}a^3(a-4)}{-\dfrac{1}{2}a^3(a-3)}$

$=\displaystyle\lim_{a\to0}\dfrac{a-4}{a-3}=\dfrac{4}{3}$

$\therefore \displaystyle\lim_{t\to0}\dfrac{1}{g(t)}\int_0^a f(x)dx=\dfrac{4}{3}$

19 함수 $f(x)$를 그림으로 나타내면 다음과 같다.

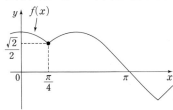

$g(x)=\cos ax$의 주기는 $\dfrac{2\pi}{a}$이다.

닫힌구간 $\left[0, \dfrac{\pi}{4}\right]$에서 $g(x)$의 주기인 $\dfrac{2\pi}{a}$가 $\dfrac{\pi}{4}$보다 작으면 두 곡선 $f(x)$와 $g(x)$의 교점의 개수가 2이상이다. 따라서 $a>8$이다.

이 때, 교점의 개수가 3이 되도록 하는 a가 최솟값이 되려면 $g(x)$가 $\left(\dfrac{\pi}{4}, \dfrac{\sqrt{2}}{2}\right)$를 지나야 하므로 $\cos\dfrac{\pi}{4}a=\dfrac{\sqrt{2}}{2}$

$a=1, 7, 9, 15 \cdots$

따라서 $p=9$이고 다음 그림과 같다.

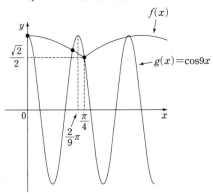

닫힌구간 $\left[0, \dfrac{11}{12}\pi\right]$에서 두 곡선 $y=f(x)$와 $y=\cos9x$를 그리면 다음 그림과 같다.

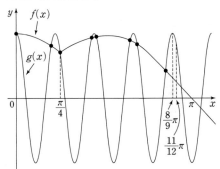

교점의 개수는 8개이므로 $q=8$이다.

$\therefore p+q=17$

20 (가) 조건에 의해 $P(-4)\ne0$, $P(4)\ne0$, $Q(-4)\ne0$이다.

(나) 조건에 의해 $a_1=-2$, $a_2=0$, $a_3=2$이다.

(다) 조건에 의해 $P(x)=(x-a)^2$이다. (a는 -2, 0, 2 중에 하나)

(i) $a=-2$일 때
$$f(x)=(x+4)(x+2)^2$$
$$g(x)=(x-4)x(x-2)$$
다음 그림과 같이 그려지며 교점은 없다.

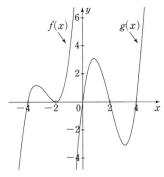

(ii) $a=0$일 때
$$f(x)=(x+4)x^2$$
$$g(x)=(x-4)(x+2)(x-2)$$
다음 그림과 같이 그려지며 교점은 2개이다.

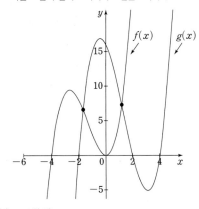

(iii) $a=2$일 때
$$f(x)=(x-2)^2(x+4)$$
$$g(x)=(x-4)x(x+2)$$
다음과 같이 그려지며 교점은 없다.

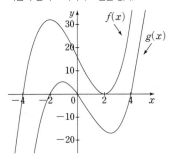

따라서 $f(x)=(x+4)x^2$, $g(x)=(x-4)(x+2)(x-2)$
일 때의 두 교점의 x좌표의 합을 구하면 된다.
$$(x+4)x^2=(x-4)(x+2)(x-2)$$
$$x^3+4x^2=x^3-4x^2-4x+16$$
$$8x^2+4x-16=0$$
$2x^2+x-4=0$에서 근과 계수와의 관계에 의해

두 교점의 x좌표의 합은 $-\dfrac{1}{2}$이다.

21 $\log_2(x+4)+\log_{\frac{1}{2}}(x-4)$
$$=\log_2(x+4)+\log_{2^{-1}}(x-4)$$
$$=\log_2(x+4)-\log_2(x-4)$$
$$=\log_2\dfrac{x+4}{x-4}$$
$$=1$$
$$\dfrac{x+4}{x-4}=2$$
$$x+4=2x-8$$
$$\therefore x=12$$

22 근과 계수와의 관계에 의해 $\alpha+\beta=1$, $\alpha\beta=-10$이다.
(ⅰ) $k=1$일 때
$$a_3=\dfrac{1}{2}(\alpha^3+\beta^3)$$
$$=\dfrac{1}{2}\{(\alpha+\beta)^3-3\alpha\beta(\alpha+\beta)\}$$
$$=2$$
(ⅱ) $k=2$일 때
$$a_6=\dfrac{1}{2}(\alpha^6+\beta^6)$$
$$=\dfrac{1}{2}\{(\alpha^3+\beta^3)^2-2(\alpha\beta)^3\}$$
$$=9$$
(ⅲ) $k=3$일 때
$$a_9=\dfrac{1}{2}(\alpha^9+\beta^9)$$
$$=\dfrac{1}{2}\{(\alpha^3+\beta^3)(\alpha^6+\beta^6)-\alpha^3\beta^3(\alpha^3+\beta^3)\}$$
$$=38$$
$$\therefore \sum_{k=1}^{3}a_{3k}=49$$

23 $\displaystyle\lim_{x\to1}\dfrac{g(x)}{x-1}=2$에서 (분모) $\to 0$이고 극한값이 존재하므로
(분자) $\to 0$이어야 한다.
즉 $g(1)=0$
$g(x)=\displaystyle\int_{-1}^{x}f(t)dt$의 양변에 -1을 대입하면
$$g(-1)=0$$

$g'(x)=f(x)$이므로 $f(x)$는 최고차항의 계수가 1인 이차함
수이므로 $g(x)$는 계수가 $\dfrac{1}{3}$인 삼차함수이다.
$$g(x)=\dfrac{1}{3}(x-1)(x+1)(x+a)$$
$$\lim_{x\to1}\dfrac{g(x)}{x-1}$$
$$=\lim_{x\to1}\dfrac{\dfrac{1}{3}(x-1)(x+1)(x+a)}{x-1}$$
$$=\lim_{x\to1}\dfrac{1}{3}(x+1)(x+a)$$
$$=\dfrac{2}{3}+\dfrac{2}{3}a$$
$$=2$$
$$a=2$$
$$g(x)=\dfrac{1}{3}(x-1)(x+1)(x+2)$$
$$g(x)=\dfrac{1}{3}(x^2-1)(x+2)=\dfrac{1}{3}x^3+\dfrac{2}{3}x^2-\dfrac{1}{3}x-\dfrac{2}{3}$$
$$g'(x)=f(x)=x^2+\dfrac{4}{3}x-\dfrac{1}{3}$$
$$f(4)=16+\dfrac{16}{3}-\dfrac{1}{3}=21$$
$$\therefore f(4)=21$$

24 문제의 조건을 그림으로 표현하면 다음과 같다.

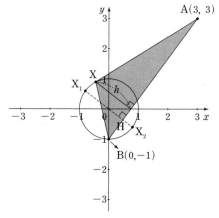

삼각형 ABX의 밑변 $\overline{AB}$의 길이는
$$\overline{AB}=\sqrt{(3-0)^2+(3+1)^2}$$
$$=\sqrt{9+16}$$
$$=5$$
점 A, B를 지나는 직선의 방정식은 $4x-3y-3=0$이므로
원점과 $\overline{AB}$의 사이의 거리 d는
$$d=\dfrac{|-3|}{\sqrt{4^2+3^2}}=\dfrac{3}{5}$$
$\overline{X_1H}$의 거리는 $1+\dfrac{3}{5}=\dfrac{8}{5}$

$\overline{X_2H}$는 반지름의 길이에서 d를 뺀 값이므로 $\frac{2}{5}$가 된다.

위의 그림에서 높이 h는 $0<h\le\frac{8}{5}$이고

$0<t\le4$, $t=\frac{1}{2}\times5\times h$이다.

$0<h<\frac{2}{5}$일 때, $0<t<1$이고 $f(t)=4$

$h=\frac{2}{5}$일 때, $t=1$이고 $f(t)=3$

$\frac{2}{5}<h<\frac{8}{5}$일 때, $1<t<4$이고 $f(t)=2$

$h=\frac{8}{5}$일 때, $t=4$이고 $f(t)=1$

t와 $f(t)$와의 관계를 그래프로 나타내면 다음 그림과 같다.

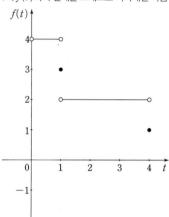

$0<t\le4$에서 함수 $f(t)$가 연속하지 않을 때에는

$t=1$, 4이므로

$\therefore$ 5

p는 100의 양의 약수의 합과 같다.

$p=(1+2+2^2)(1+5+5^2)$

$\quad=7\times31$

$\quad=217$

25 $\log a_n+\log a_{n+1}=2n$

$\log a_n a_{n+1}=2n$

$a_n a_{n+1}=10^{2n}=100^n$

$n=1$부터 대입하여 나열하면

$a_1\times a_2=100$

$a_2\times a_3=100^2$

$a_3\times a_4=100^3$

$\vdots\qquad\vdots$

a_1부터 a_4까지 가능한 수를 정리하면 다음과 같다.

a_1	a_2	a_3	a_4
1	100	100	$10000(=100\times100)$
2	50	200	$5000(=50\times100)$
4	25	400	$2500(=25\times100)$
$\vdots$	$\vdots$	$\vdots$	$\vdots$

집합 Y의 모든 원소는 a_4로 가능한 모든 값들의 합을 의미한다.

$a_4=a_2\times100$이므로

2021학년도 기출문제 정답 및 해설

제1교시 국어영역

01 ②	02 ③	03 ①	04 ②	05 ②	06 ①
07 ④	08 ③	09 ①	10 ⑤	11 ①	12 ⑤
13 ⑤	14 ③	15 ④	16 ⑤	17 ⑤	18 ②
19 ③	20 ④	21 ④	22 ①	23 ③	24 ①
25 ②	26 ③	27 ⑤	28 ②	29 ③	30 ③
31 ⑤	32 ②	33 ①	34 ④	35 ⑤	36 ④
37 ①	38 ⑤	39 ③	40 ⑤	41 ①	42 ④
43 ④	44 ④	45 ⑤			

01 　② 맞춤법에서 ⊙ 표음주의는 소리 나는 대로 적는 것이고 ⓒ 표의주의는 어법에 맞도록 적는 것이다. '쓰레기(쓸-+-에기)'는 발음 나는 그대로 적었으므로 표음주의의 사례이고, '달맞이'는 '달마지'라고 소리나는 대로 적지 않고 어간의 원형을 살려 적었으므로 표의주의의 사례이다.

　• 표음주의 : 무르팍(무릎+-악), 쓰레기(쓸-+-에기), 코끼리 (곻+길-+-이)
　• 표의주의 : 쇠붙이, 달맞이

　오답풀이

　① 쇠붙이는 표의주의의 사례이고 무르팍은 표음주의의 사례이다.
　③ 달맞이와 쇠붙이 모두 표의주의의 사례이다.
　④ 코끼리와 쓰레기 모두 표음주의의 사례이다.
　⑤ 무르팍과 코끼리 모두 표음주의의 사례이다.

　TIP 한글 맞춤법 제19항

　어간에 '-이'나 '-음/-ㅁ'이 붙어서 명사로 된 것과 '-이'나 '-히'가 붙어서 부사로 된 것은 그 어간의 원형을 밝히어 적는다.
　1. '-이'가 붙어서 명사로 된 것
　　예 길이 높이 달맞이 먹이 살림살이 쇠붙이
　2. '-음/-ㅁ'이 붙어서 명사로 된 것
　　예 걸음 믿음 얼음 엮음 웃음 죽음 앎
　3. '-이'가 붙어서 부사로 된 것
　　예 같이 굳이 높이 많이 실없이 짓궂이
　4. '-히'가 붙어서 부사로 된 것
　　예 밝히 익히 작히

다만, 어간에 '-이'나 '-음'이 붙어서 명사로 바뀐 것이라도 그 어간의 뜻과 멀어진 것은 원형을 밝히어 적지 아니한다.
　예 굽도리 무녀리 코끼리 거름(비료) 노름(도박)
[붙임] 어간에 '-이'나 '-음' 이외의 모음으로 시작된 접미사가 붙어서 다른 품사로 바뀐것은 그 어간의 원형을 밝히어 적지 아니한다.
(1) 명사로 바뀐 것
　예 귀머거리 까마귀 너머 무덤 쓰레기 주검
(2) 부사로 바뀐 것
　예 너무 바투 불긋불긋 비로소 차마
(3) 조사로 바뀌어 뜻이 달라진 것
　예 나마 부터 조차

02 　③ '논의'의 '의'는 이중 모음 'ㅢ'로 발음하되, '다만(2)'에 의하여 단어의 첫 음절 이외의 '의'에 해당하므로 [ㅣ]로 발음하는 것도 허용된다. 즉 '논의'는 [노늬] 또는 [노니] 모두 표준 발음이다.

　오답풀이

　① '의식'은 이중 모음 'ㅢ'를 살려 [의식]으로 발음한다.
　② '너희'의 '희'는 자음 'ㅎ'을 첫소리로 가지므로 '다만(1)'을 적용하여 [너히]로 발음해야 한다. [너희]는 틀린 발음이다.
　④ '의의'는 [의의] 또는 [의이]로 발음해야 한다. [으이]는 틀린 발음이다.
　⑤ '너의 (집)'는 이중 모음 'ㅢ'를 살려 [너의]로 발음한다. 그런데 여기서의 '의'는 조사이므로 '다만(2)'를 적용하여 [너에]로 발음해도 옳다.

　TIP '의'의 여러 가지 발음

　• '민주주의의 의의'의 표준 발음
　– [민주주의의 의의]
　– [민주주의의 의이]
　– [민주주이의 의의]
　– [민주주이의 의이]
　– [민주주의에 의의]
　– [민주주의에 의이]
　– [민주주이에 의의]
　– [민주주이에 의이]

03 　① '비+어서 → [벼:서]'는 모음 'ㅣ'와 'ㅓ'가 만나서 'ㅕ[ㅕ:]'로

축약이 된 것이므로 모음이 탈락하였다는 ㉠의 사례로는 적절하지 않다.

（오답풀이）

② 모음 'ㅓ'가 탈락하였다.

③ 모음 'ㅓ'가 탈락하였다.

④ 모음 'ㅡ'가 탈락하였다.

⑤ 모음 'ㅡ'가 탈락하였다.

04 ② 첫 번째 문장에서의 부사어는 부사 '몰래'가 쓰였으나, 두 번째 문장에서 부사어는 '예전에'로, 부사가 아니라 명사 '예전'에 부사격 조사를 붙인 것이다.

（오답풀이）

① 첫 번째 문장에서 '나는/선물을/엄마에게'라는 주어, 목적어, 부사어가 필요한 서술어 '드리다'가 쓰였고, 두 번째 문장 역시 '나는/선생님께/편지를'이라는 주어, 부사어, 목적어가 필요한 서술어 '보내다'가 쓰였다. 그러므로 두 문장 모두 세 자리 서술어가 쓰였다.

③ 객체 높임은 동사의 행위가 미치는 대상을 높이는 표현인데, 첫 번째 문장에서는 '드렸다'가, 두 번째 문장에서는 '께'가 쓰였다.

④ 첫 번째 문장에서는 '정성껏 만든'이라는 선물을 꾸며주는 관형어가, 두 번째 문장에서는 '존경하던'이라는 선생님을 꾸며주는 관형어가 안겨 있다.

⑤ 문법적 관계를 나타내는 품사는 조사인데, 두 문장 모두 조사가 쓰였다.

TIP **문장성분의 종류**

• **주성분**
 – 주어 : 동작이나 상태, 성질의 주체가 되는 문장성분
 – 서술어 : 주어의 동작이나 성질, 상태 따위를 풀이하는 기능을 함
 – 목적어 : 서술어의 동작 대상이 되는 문장성분
 – 보어 : 서술어의 설명의 부족함을 보완해주는 문장성분
• **부속 성분**
 – 관형어 : 체언 앞에서 체언을 수식하는 기능을 함
 – 부사어 : 용언이나 부사 앞에서 이들을 수식하는 기능을 함
• **독립 성분**
 – 독립어 : 홀로 독립하여 쓰이는 문장성분

05 ② '병따개'에는 '–개'라는 접사가 들어있지만 '병'과 '따개'로 쪼개지는 합성어이다. '병'과 '따개' 모두 어근 또는 어근의 자격을 지니고 있기 때문이다.

（오답풀이）

① 나뭇가지 ← 나무＋가지 : 합성어

③ 손가락질 ← 손가락＋–질 : 파생어

④ 아침밥 ← 아침＋밥 : 합성어

⑤ 비웃음 ← 비웃–＋–음 : 파생어

TIP **단어의 형성**

• **어근과 접사**
 – 어근 : 실질적인 의미를 나타내는 부분
 – 접사 : 어근에 붙어 그 뜻을 제한하는 부분
• **합성어** : 둘 이상의 어근이 결합된 복합어 (어근＋어근)
 – 어근이 대등하게 본래의 뜻을 유지하는 합성어
 – 한쪽의 어근이 다른 한쪽의 어근을 수식하는 합성어
 – 어근들이 완전히 하나로 융합하여 새로운 의미를 나타내는 합성어
• **파생어** : 하나의 어근에 접사가 붙어 결합된 복합어 (접사＋어근, 어근＋접사)

06 ① '넣다'는 활용할 때 '넣으니, 넣어, 넣은, 넣으면, 넣어지다' 등으로 'ㅎ'이 탈락하지 않으므로 〈보기〉에서 설명하는 사례에 속하지 않는다.

（오답풀이）

② 울다 : 우니, 운, 웁니다, 우시다, 우오

③ 젓다 : 저어, 저으니, 저은, 저어도, 저었다

④ 벌겋다 : 벌건, 벌거니, 벌거면, 벌게지다

⑤ 잇다 : 이어, 이으니, 이은, 이어도, 이었다

07 ④ 타동사는 동작의 대상인 목적어를 필요로 하는 동사이고, 자동사는 동사가 나타내는 동작이나 작용이 주어에만 미치는 동사를 의미한다. '그가 부르던 노랫소리가 <u>그쳤다</u>.'에서는 노랫소리가 그쳤으므로 자동사로, '그는 하던 일을 갑자기 <u>그쳤다</u>.'에서는 일을 그친 것이므로 타동사로 쓰였다.

（오답풀이）

① '그는 사람들에게 천사로 <u>불렸다</u>.'에서는 '부르다'의 피동사로, '그는 갖은 방법으로 재산을 <u>불렸다</u>.'에서는 '붇다'의 사동사로 쓰였다.

② '그는 수배 중에 경찰에게 <u>잡혔다</u>.'에서는 붙들린다는 뜻인 '잡다'의 피동사로, '그는 자기 집도 저당으로 <u>잡혔다</u>.'에서는 담보로 맡겨진다는 뜻인 '잡다'의 피동사로 쓰였다.

③ '그가 접은 배가 물에 잘 <u>떴다</u>.'에서는 물속이나 지면 따위에서 가라앉거나 내려앉지 않고 물 위나 공중에 있거나 위쪽으로 솟아오른다는 뜻인 '뜨다'의 자동사로, '그는 집에 가기 위해 자리를 떴다.'에서는 다른 곳으로 가기 위하여 있던 곳에서 다른 곳으로 떠난다는 뜻인 '뜨다'의 타동사로 쓰였다. 그러나 이 두 문장에서 쓰인 '뜨다'는 서로 의미가 다른 동음이의어이기 때문에 '동일한' 동사가 아니므로 ㉠의 예로 적절하지 않다.

⑤ '그는 품행이 매우 <u>발랐다</u>.'에서는 말이나 행동 따위가 사회적인 규범이나 사리에 어긋나지 아니하고 들어맞는다는 뜻

인 형용사 '바르다'로, '그는 손에 연고만 발랐다.'에서는 약 따위를 물체의 표면에 문질러 묻힌다는 뜻인 '바르다'의 자동사로 쓰였다.

08 ③ 사람들이 틈(어떤 행동을 할 만한 기회)을 이용하여 도주한 것이므로 어떤 조건이나 시간, 기회 등을 이용한다는 의미의 예문으로 적절하다.

오답풀이
① '바닥이 미끄러운 곳에서 어떤 기구를 이용하여 달리다'의 예문으로 적절하다.
② '다량의 액체에 소량의 액체나 가루 따위를 넣어 섞다'의 예문으로 적절하다.
④ '그네나 시소 따위의 놀이 기구에 몸을 싣고 앞뒤로, 위아래로 또는 원을 그리며 움직이다'의 예문으로 적절하다.
⑤ '바람이나 물결, 전파 따위에 실려 퍼지다'의 예문으로 적절하다.

09 ② 'ㅐ'는 'ㅑ'와 'ㅣ'의 두 글자가 합쳐진 글자이다.

TIP 표준어의 모음
• 표준어의 모음은 다음 21개로 한다.
ㅏ, ㅐ, ㅑ, ㅒ, ㅓ, ㅔ, ㅕ, ㅖ, ㅗ, ㅘ, ㅙ, ㅚ, ㅛ, ㅜ, ㅝ, ㅞ, ㅟ, ㅠ, ㅡ, ㅢ, ㅣ
• 기본모음
ㅏ, ㅑ, ㅓ, ㅕ, ㅗ, ㅛ, ㅜ, ㅠ, ㅡ, ㅣ
• 기본모음 외의 모음

ㅏ ㅑ ㅓ ㅕ	+ ㅣ	ㅐ ㅒ ㅔ ㅖ
ㅗ +	ㅏ ㅐ(ㅏ+ㅣ)	ㅘ ㅙ ㅚ
ㅜ +	ㅓ ㅔ(ㅓ+ㅣ) ㅣ	ㅝ ㅞ ㅟ
ㅡ	+ ㅣ	ㅢ

10 ③ 선혜가 꽃을 사고 싶어했는데, 구이가 이는 대궐에 ⓒ 보내어 부처께 바칠 꽃이라서 안된다고 하였다. 그러므로 ⓒ은 '선혜'를 높이는 말이 아니다.

오답풀이
① 선혜가 정성이 ⊙ 지극하시므로
② 선혜가 … 꽃이 솟아나거늘 좇아서 불러 사고 싶다고 ⓒ 하시니
④ 구이가 (꽃을 사고 싶다는 선혜에게) ② 물으시되

⑤ (선혜가 꽃을 사서) 무엇에 ⑩ 쓰시리?

[11~14] 독서 – 예술

11 ① 주어진 글은 '인공 지능이 그린 그림을 예술품이라고 할 수 있을까?', '적어도 누군가 돈을 주고 샀으니 예술품인 걸까?', '하지만 작품은 언제나 작가에 의해 만들어질까?' 등의 질문을 계속해서 제시하며 쟁점 사항을 구체화하여 설명을 전개하고 있다.

12 ⑤ 주어진 글의 2문단에서 예술에 특별한 의미를 부여하는 사람들은 예술의 가치를 돈으로 평가하는 것 자체에 거부감을 느낄 수도 있다고 하였다.

오답풀이
① 5문단에서 동물은 자신이 그린 그림의 지적 재산권을 가질 수 없다고 하였으므로 침팬지의 그림 역시 지적 재산권을 가질 수 없다.
② 7문단에서 인공 지능의 작품이 예술품이 되지 못하도록 막는 것은 예술은 인간만이 할 수 있다는 근거 없는 믿음이라고 하였다.
③ 2문단에서 인공 지능이 만든 작품의 거래에 있어 그림이 진짜 예술품인지 여부는 중요하지 않다고 하였다.
④ 6문단에서 법인(法人)은 인간이 아니더라도 인간의 법적 권리를 가질 수 있다고 하였다. 재단 법인은 인간의 모든 권리를 갖는 것은 아니더라도 인간의 필요에 의해서 권리의 일부를 부여받을 수 있기 때문이다.

13 ⑤ 주어진 글의 '하는'은 '어떤 직업이나 분야에 종사하거나 사업체 따위를 경영하다'의 의미로 쓰였다. '문학을 하다, 피아노를 하다, 회사를 하다' 등으로 쓰이는데, 이와 문맥적 의미가 가장 가까운 것은 ⑤의 '전공을 했다'이다.

오답풀이
① '표정이나 태도 따위를 짓거나 나타내다'의 의미로 쓰였다.
② '어떤 일을 그렇게 정하다'의 의미로 쓰였다.
③ '먹을 것, 입을 것, 땔감 따위를 만들거나 장만하다'의 의미로 쓰였다.
④ '(간접 인용의 경우에는 '고'가, 직접 인용의 경우에는 '라고'가 쓰인다) 이르거나 말하다'의 의미로 쓰였다.

14 ③ 5문단에서 앤디 워홀이 그의 작품을 직접 제작하지 않았음에도 그의 작품이 예술품이라고 한다면, 인간은 기획이나 지시만으로도 예술품을 만들 수 있다는 말이 된다고 하였다. 즉 인간이 주체라면 의도만으로도 예술품을 만들 수 있

다는 뜻인데, 이는 7문단으로 이어져 인간이 의도를 가지고 인공 지능을 이용하여 작품을 만들면 그것 역시 예술품이 될 수 있다고 본 것이다. 그러므로 앤디 워홀의 기획과 지시를 통해 만들어진 작품이나 인간의 의도가 반영된 인공 지능의 창작이나 같은 맥락으로 볼 수 있다.

오답풀이

① 앤디 워홀과 오비어스의 그림 창작에 들인 공력을 비교할 수는 없다.

② 앤디 워홀이 작품을 직접 제작하지 않았고 오비어스가 그림을 직접 그렸다.

④ 콩고 역시 인간이 아니기 때문에 콩고의 그림 매매와 오비어스의 그림 매매는 서로 같은 문제로 볼 수 있다.

⑤ 오비어스의 그림과 콩고의 그림 수준을 비교할 수는 없다.

[15~19] 현대 시 복합

> **(가) 이상 「거울」**
> • 갈래 : 자유시, 초현실주의 시
> • 성격 : 초현실주의적, 주지적, 실험적, 자의식적
> • 제재 : 거울, 자아의식
> • 주제 : 자아 분열 양상과 현대인의 불안 심리
> • 특징
>   – 자동 기술법 사용으로 초현실주의적 경향을 보임
>   – 역설적 표현으로 자아의 모순성 드러냄
>   – 띄어쓰기를 무시하는 실험성을 드러냄
> • 구성
>   – 1연 : 조용한 거울 속의 세상
>   – 2연 : 현실과 단절된 거울 속의 세상
>   – 3연 : 두 자아의 화해 실패
>   – 4연 : 차단과 만남이라는 거울의 모순성
>   – 5연 : 자아 분열의 심화
>   – 6연 : 서로 완전히 분리된 두 자아에 대한 안타까움
> • 이해와 감상 : '거울'이라는 소재를 통해 현실적 자아(거울 밖의 나)와 내면적 자아(거울 속의 나)의 분열을 보여주는 작품이다. 둘은 서로 화합이 불가능한 상태이며 이때 거울은 차단과 만남이라는 모순성을 지니는 상징물이다. 또한 자동 기술법과 띄어쓰기의 파괴를 통해 무의식의 자유로운 표출과 자아 분열의 양상, 현대인의 불안 심리를 부각시키고 있다.
>
> **(나) 윤동주 「자화상」**
> • 갈래 : 자유시, 서정시
> • 성격 : 성찰적, 고백적
> • 제재 : 우물에 비친 자신의 모습
> • 주제 : 자아 성찰과 자신에 대한 애증
> • 특징
>   – '–ㅂ니다'로 끝나는 구어체의 산문적 표현
>   – 시상 전개에 따른 화자의 심리 변화가 분명히 보임
> • 구성
>   – 1연 : 우물을 들여다보며 자아를 성찰함
>   – 2연 : 우물 속의 아름다운 풍경
>   – 3연 : 자아에 대한 미움
>   – 4연 : 자아에 대한 연민
>   – 5연 : 자아에 대한 미움과 그리움
>   – 6연 : 추억 속 자아에 대한 그리움
> • 이해와 감상 : 이 시의 화자는 우물을 통해 자기 반성과 내면 성찰을 하고 있다. 일제 강점기라는 시대에 적극적으로 대처하지 못하는 지식인의 고뇌와 부끄러움을 드러내고 있으며 자신에 대한 애증을 반복하며 내적 갈등을 해소하고자 한다.
>
> **(다) 최두석 「성에꽃」**
> • 갈래 : 자유시, 서정시
> • 성격 : 감각적, 상징적, 현실 참여적
> • 제재 : 성에
> • 주제 : 어두운 현실을 살아가는 서민들의 삶에 대한 애정
> • 특징
>   – 역설적인 표현의 사용
>   – 촉각적 이미지와 시각적 이미지로 성에를 표현함
> • 구성
>   – 1~4행 : 새벽 시내버스 차창에 핀 성에꽃
>   – 5~19행 : 성에꽃에 나타난 서민들의 삶
>   – 20~22행 : 만날 수 없는 친구에 대한 안타까움
> • 이해와 감상 : 새벽 시내버스의 창가에 낀 성에를 보며 1980년대를 힘겹게 살아가는 서민들의 삶에 대해 노래한 작품이다. 암울한 시대 속 서민들에 대해서 애정과 연민을 보여 주며, '면회마저 금지된'이라는 표현을 통해 자유를 억압받던 시대 상황을 짐작하게 한다.

15 ④ (가), (나) 모두 두 개의 자아가 등장하며 자아 성찰이 이루어지고 있으나, 그 대립과 갈등을 직접적으로 드러냈다고는 볼 수 없다.

오답풀이

① 무의식에서 떠오르는 내용을 그대로 기술하는 '자동 기술법'을 사용하고 띄어쓰기를 무시하는 방식으로 자의식의 세계를 보여 주고 있다.

② 우물 속 아름다운 풍경, 그 속의 사나이(자아) 등을 병렬적으로 나열하여 화자의 현실(일제 강점기를 살아가며 고뇌하는 지식인)과 대비되는 세계를 표현하고 있다.

③ 성에꽃이라는 은유적 표현을 사용하여 시적 대상의 아름다움을 감각적으로 표현하고 있다.

⑤ (나)에서는 자아에 대해, (다)에서는 서민들에 대해 연민의

정서를 드러내고 있다.

16　⑤ 거울은 만남이자 단절의 매개체이기 때문에 '나'는 거울을 통해 거울 속 세상의 자신을 바라볼 수 있다. 그러나 거울을 쳐다보지 않을 때에 거울 속 자신의 모습을 어떻게 생각하는지는 알 수 없다.

오답풀이

① 1~2연에서 거울 속 세상은 조용하며 내 말을 알아듣지 못하는 귀가 있다고 하였으므로 '나'는 거울 속 세상을 아무 소리도 들리지 않는 곳이라고 느끼고 있다.

② 3연에서 거울 속의 나는 '나'의 악수를 받을 줄 모른다고 하였다.

③ 2연에서 '나'의 말을 알아듣지 못한다고 하였으므로 '나'는 거울 속 자신에게 대화를 시도하지만 거울 속의 나에게는 들리지 않음을 알 수 있다.

④ 4연에서 거울 속 나를 만져보지 못한다 하였으므로 '나'는 거울 속 자신과 단절되었다고 생각하면서도 거울이 아니었다면 거울 속의 자신을 만날 수조차 없었을 것이라고 생각하고 있다.

17　⑤ 화자는 우물 속에 보이는 아름답고 평화로운 자연을 통해 과거의 순수했던 자신을 추억하고 있다.

오답풀이

① 화자는 우물을 찾아가 우물 속의 평화로운 풍경을 보며 자아를 성찰하려 하고 있으나, 현실에 비판적인 자신에 대한 부끄러움을 드러내고 있지는 않다.

② 화자는 현실 초월적인 자신의 모습에 슬픔을 느끼거나 공감하고 있는 것이 아니라 초라한 자아에 대해 부끄러움을 느끼고 있다.

③ 화자는 미래를 동경하고 있는 것이 아니라 자아에 연민을 느끼고 있다.

④ 화자는 자신에 대한 애증을 반복하고 있으나 그것을 현실에 대한 타협적인 태도라고 볼 수는 없다.

18　② ⓒ의 엄동 혹한은 고단한 삶을 살아가는 서민들의 암담한 현실을 의미한다.

오답풀이

①·③·④·⑤ 차창에 서린 성에를 의미한다.

19　③ 사람들의 입김 때문에 '차창'에 생긴 성에를 보고 화자는 같은 버스에 앉아 있던 서민들을 생각하게 된다. 창에 닿은 서민들의 입김과 숨결이 성에꽃, 기막힌 아름다움 등으로 감각적이게 표현되며 '차창'이 세상을 바라보게 하는 통로의 역할을 하고 있다.

오답풀이

① '거울'은 사회를 반영하는 대상이 아니라 현실의 자아가 내면의 자아를 들여다볼 수 있게 해주는 매개체이다.

② '우물'은 자신의 내면을 비추는 사물로 자아 성찰의 매개체이지, 양면성을 통해 현대인의 불안 의식을 강조하는 기능을 하고 있지 않다.

④ '거울'과 '차창'은 밖과 안의 대비를 드러내는 소재가 아니다.

⑤ '우물'을 통해 자아 성찰을 하며 내적 갈등을 해소하게 될 수는 있지만, 그것이 자기 자신을 긍정의 대상으로 심화하는 사물이라고 보기는 어렵다.

[20~23] 독서 – 사회

20　④ 주어진 글은 저작권이 적용되는 기준에 대한 설명을 시작으로 더 나아가 저작권법으로 보호될 수 있는 요건을 갖추었더라도 저작권 보호가 부인되는 경우에 대한 설명까지 심화하여 다루고 있다.

21　④ 5문단에서 '사실상의 표준'을 인정하면서 최초 창작자의 권리 역시 충분히 보호받을 수 있도록 해야 한다고 하였으므로 저작권과 무관하다는 설명은 적절하지 않다.

오답풀이

① 1문단에서 아이디어는 제한 없이 공유되고 소통되어야 하므로 저작권이 미치지 않는다고 하였다. 반면에 기술과 산업 분야에서의 착상은 특허법 등 다른 법률에 의해 보호된다고 하였으므로 아이디어와 착상은 법적으로 서로 다르다.

② 3문단에서 저작권법으로 보호될 수 있는 요건을 갖춘 표현이라 할지라도 특정 아이디어를 표현할 수 있는 방법이 매우 제한된 경우에는 저작권 보호가 부인된다고 하였다.

③ 2문단에서 실제 저작물에서 아이디어와 표현을 분리하는 것은 쉽지 않다고 하며 소설을 예로 들었다. 즉, 표현으로 보호하는 범위는 분명하게 정해져 있는 것이 아니라 판단하는 이에 따라 다를 수 있다고 볼 수 있다.

⑤ 1문단에서 저작권의 보호 범위를 판단할 때 표현과 아이디어를 구분해야 한다고 하였는데, 이때 사상과 표현의 자유는 이와 관련이 있다.

22　① 저작권 적용의 여부는 가치 인정에 있는 것이 아니라 표현과 아이디어의 구분에 있다.

오답풀이

② 저작권은 표현에는 적용되고 아이디어에는 적용되지 않는다고 하였는데, 요리책은 저자의 요리 레시피를 소개하여 정식으로 '표현'한 것이고 요리 방법은 '아이디어'에 해당하

므로 이에 따라 각각 저작권 침해의 여부가 갈린다.

③ 가위바위보의 승패 규칙을 설명하는 방식은 지극히 제한되어 있기 때문에 '합체의 원칙'이 적용된다.

④ 현재 가장 보편적으로 쓰이는 컴퓨터 자판 배열은 '쿼티 키보드'인데, 이 배열이 이미 업계의 표준으로 굳어져 통용되고 있으므로 '사실상의 표준'이 적용된다.

⑤ 황량한 들판에서의 총잡이의 결투 장면은 서부 영화에서 전형적으로 등장하는 유형이므로 예술적 저작물에 주로 적용되는 '필수 장면'이 적용된다.

23 ③ ⓒ에서 쓰인 '어떤'의 문맥적 의미는 '주어진 여러 사물 중 대상으로 삼는 것이 무엇인지 물을 때 쓰는 말'이다. 저작권법으로 보호될 수 있는 표현이라 할지라도 <u>어떤</u> 기준에 의하여 판단했을 시 저작권 보호가 부인될 수도 있다는 내용이 3문단에 나오고 그 뒤로 3가지의 기준이 나온다. 그러므로 ⓒ에서 쓰인 '어떤'은 3문단 뒤로 이어지는 기준들 중에 하나를 선택하는 의미로 쓰였다.

오답풀이

① · ② · ④ · ⑤ 여기에서 쓰인 '어떤'은 대상을 뚜렷이 밝히지 아니하고 이를 때 쓰는 말이다.

[24~28] 고전 소설

> 작자 미상 「임진록」
> - **갈래** : 역사 소설, 군담 소설, 영웅 소설
> - **성격** : 전기적, 설화적
> - **시점** : 전지적 작가 시점
> - **배경**
>   - 시간적 배경 : 조선 선조 임진왜란 전후
>   - 공간적 배경 : 조선 및 왜국
> - **주제** : 임진왜란 때 영웅들의 활약상
> - **특징**
>   - 역사적 사실을 바탕으로 설화와 혼용하여 창작됨
>   - 영웅들이 활약하는 애국적 무용담을 순차적으로 엮음
> - **구성**
>   - 기 : 임진왜란이 일어나기 직전의 국내외 형편과 왜의 침략 의도
>   - 승 : 민중의 저항과 통치자들의 무능
>   - 전 : 전쟁에서의 승리
>   - 결 : 왜에 건너가 항복을 받아냄
> - **이해와 감상** : 임진왜란이라는 역사적 사실을 소재로 허구적 요소를 덧붙여 쓴 역사 소설이자 군담 소설로, 실제로는 패전한 전투를 우리의 승리로 바꾸어 적음으로써 허구의 세계에서나마 정신적 위안을 얻고자 하였다.

24 ① 이여송 – 상 – 이항복의 대화, 곽재우의 전투와 곽준의 딸 부부의 죽음, 순신과 진인의 여러 일화 등을 통하여 임진왜란이라는 전체 사건에 대한 여러 모습을 보여 주고 있다.

25 ② 진인은 천성이 강포한 자라 그를 두려워하는 사람이 많았다는 점을 통해 진인의 위세를 등에 업은 진인의 군사가 조선의 관리에게 횡포를 부린 것임을 알 수 있다.

오답풀이

① 임금에게 벌레를 권하는 이여송에게 이항복이 생낙지를 권한 것은 임금이 벌레를 먹지 못하는 것과 마찬가지로 이여송 역시 생낙지를 먹지 못할 것이라 생각했기 때문이다.

③ 진인은 왜군과의 싸움에서 조선을 도우러 온 것이다. '진인이 수십여 척을 머물러 싸움을 돕게 하니라'라고 한 것을 보면 알 수 있다.

④ 진인이 천총을 내친 것은 조선의 군사는 적을 백여 명 죽였으나 천병은 하나도 잡지 못하였다는 보고를 듣고 분노하였기 때문이다.

⑤ 이순신의 이러한 행동은 천병이 민간을 노략하였기 때문이다.

26 ③ 조선 군사는 도적 떼를 물리쳤으나 천병은 그러지 못하였다며 분노하는 진인에게 나의 승리는 곧 당신의 승리라며 위로하고 있는 장면이다.

오답풀이

① 벌레 따위를 왕에게 권하는 제독의 무례함을 넌지시 꾸짖고 있다.

② 상의 질책이 담긴 물음에 제독은 답하지 못하고 멋쩍게 웃고 말을 돌리며 인정하고 있다.

④ 진인은 이순신을 '이야(李爺)'라 일컬었는데 '이(李)'는 순신의 성이고 '야(爺)'는 남자의 존칭으로, 진인이 이순신을 공경하고 있음을 알 수 있다.

⑤ 다른 곳으로 가려는 순신을 진인이 만류하려 하는 행동이다.

27 ⑤ 의병장 곽재우는 물러가는 적의 뒤를 쫓아 그들을 몰아내었다.

오답풀이

① 적이 곽재우가 지키는 화왕산성을 치려다 산세가 험하여 물러가 황석산성을 치는 등 전세의 변화에 따라 적의 행로가 바뀌기도 하였음을 알 수 있다.

② 적이 승승장구하여 각읍 수령이 다 도망하였다고 하였다.

③ 곽준의 딸은 지아비와 아비, 오라비가 모두 죽자 그들을 따라 죽었다.

④ 각읍 수령이 도망하였으나 곽준과 같이 끝까지 남아 항전한 자들도 있었다.

28 ② 여러 장수와 의병들은 나라를 지키기 위해 항전을 치르지만, 왕과 양반들은 도망치기에 급급하였다. 그러므로 '상'은 백성을 위하는 왕이라고 할 수 없다.

오답풀이

① 명의 제독 이여송 등의 부정적 모습을 통해 조선을 직접적으로 공격한 왜군에게뿐만 아니라 원군으로 온 명군에 대한 반감도 드러남을 알 수 있다.

③ 곽준이 죽고 그의 딸마저 따라 죽는 장면은 왜군에 대한 분노가 반영되었다고 볼 수 있다.

④ 이순신의 역량을 인정받는 장면을 통해 조선에 뛰어난 인물이 존재한다는 점을 드러내려 하였다.

⑤ 이순신이 책임감을 느끼는 모습을 통해 백성을 위하는 마음을 엿볼 수 있다.

[29~32] 독서 – 사회

29 ③ 주어진 글은 지역마다 문명 발달의 차이가 생긴 원인에 대해 분석하고 있는데, 4문단에서는 생물학적 관점을. 5문단에서는 환경적 요인에 의한 관점을 제시하고 있다. 그러나 글 전체를 보았을 때 문명 발달을 위해 환경적 제약을 극복해야 한다는 내용은 나타나 있지 않다.

오답풀이

① 주어진 글은 지역에 따라 과학 기술이나 사회 제도의 발달에 차이를 보이게 된 이유에 대해 다루고 있는 글이므로 문명의 발달이 지역에 따라 차등적으로 이루어졌다는 내용을 기본으로 하고 있다.

② 1문단에서 지역의 삶의 방식과 문명의 발달에 따라 약탈과 정복의 역사가 비롯되었다고 하였다.

④ 4문단에서 지역별 인종의 능력 차이는 문명 발달 차이의 원인으로 수용할 수 없다고 하였다.

⑤ 3문단에서 발달된 문명을 가진 지역의 경우에는 과학이 발달해 있고, 정치 체제를 비롯한 사회 구조도 갖추어져 있다고 하였다.

30 ③ 지역에 따라 과학 기술이나 사회 제도의 발달이 차이를 보이게 된 이유를 묻는 질문에 대한 답변을 생물학적 관점과 환경적 관점으로 나누어 소개하고 있다.

오답풀이

① 인용이 나타난 부분은 없다.

② 통계 자료를 인용한 부분은 없다.

④ 다양한 사례로 공통점과 차이점을 설명하고 있지 않다.

⑤ 쟁점에 대한 근본적 원인을 분석하려고는 하고 있으나 일관된 해결책을 정립하는 것이 아니라 관점이 다른 두 가지

의 견해만을 제시하고 있다.

31 ⑤ ⓐ와 ⓑ 모두 자연환경에 따른 사회 · 경제적, 문화적 차이에 대한 내용이다. 토양이 척박한가 비옥한가, 가뭄이 빈번한가 큰 강이 많은가 등은 모두 환경적인 요인이기 때문에 각각의 지역이 처한 생태 환경적 요인으로 인하여 문명 발달의 차이가 나타났다고 설명하는 ⓒ의 사례로 활용될 수 있다.

32 ② 〈보기〉에서 세계사의 서술 대상은 발전된 문명을 가진 경우가 중심이 된다고 하였는데, 이는 왜 이집트나 중국 등은 문명이 발전하였고 아프리카나 오세아니아 등과 같은 지역은 문명이 발달하지 못했는가에 대한 근본적인 이유는 설명하지 못한다. 같은 시기임에도 지역마다 다른 역사가 나타나게 된 것에 대한 이유를 명백히 밝힐 필요가 있다.

[33~37] 고전 시가

작자 미상 「노처녀가」

• **갈래** : 내방가사

• **성격** : 해학적, 독백적

• **주제** : 혼기를 놓친 노처녀의 신세 한탄과 양반의 허위의식 비판

• **특징**

– 대조되는 소재와 대비를 통한 화자의 처지 부각

– 기대와 실망이 반복되는 상황을 해학적으로 그림

• **이해와 감상** : 40세가 되도록 혼인을 하지 못한 양반가 노처녀가 자신의 처지를 한탄하는 가사이다. 화자는 자신이 노처녀가 된 것은 몰락한 양반임에도 허위의식을 버리지 못한 부모 탓이라고 생각하여 원망한다. 시집을 가지 못한 한을 불특정 다수에게 하소연하듯 시작하여 자신의 처지에 대한 한탄과 부모에 대한 원망으로 전개하고 혼기가 다 지나고 늙어가는 것에 대한 슬픔으로 마무리 짓는다.

33 ① 화자가 겪고 있는 시집가지 못한 상황에 대해 반복적으로 제시하며(손님이 오면 중매쟁이로 기대하지만 사실은 관리가 온 것이고, 편지가 오면 청혼서로 기대하지만 사실은 부고였음 등) 한탄을 하고 있다.

오답풀이

② 처음부터 끝까지 화자는 일관되게 시집을 가고 싶어하며 부모를 원망하고 있으므로 시간의 흐름에 따라 화자의 정서가 달라진다는 설명은 적절하지 않다.

③ '아마도 모진 목숨 죽지 못해 원수로다' 등의 표현으로 보아

화자는 미래 상황을 부정적으로 보고 있음을 알 수 있다.

④ 화자는 내면의 심리를 직접적으로 드러내고 있다.

⑤ 화자가 겪어 온 갈등의 양상이 드러나 있지는 않다.

34 ④ 상처(喪妻)했다는 말은 아내가 죽었다는 뜻으로, 아내를 잃은 김동(金童)이나 칠거지악을 저지른 아내를 버린 이동(李童)이 모두 현재 아내가 없기 때문에 화자가 혼인 상대로 바라보고 있는 대상이다.

오답풀이

① 화자가 자신의 사연을 털어놓는 대상은 맞지만, 화자의 고민을 해결해 주는 존재는 아니다.

② 사십이 되도록 시집을 가지 못한 자신과는 달리 이십이 되기도 전에 시집을 간 대상으로 화자의 부러움의 대상이기도 하지만 그의 앞날을 축복하고 있는지는 알 수 없다.

③ 조만간 시집을 가는 이웃으로, 화자와 아픔을 공유해 왔던 친구인지도 알 수 없으며 그를 비난하고 있지도 않다.

⑤ 화자가 아이들과 화해를 시도하고 있다는 설명은 적절하지 않다.

35 ⑤ 화자는 거울에 인격을 부여하여 나나 너나 모두 쓸데없다며 동병상련을 느끼고는 있지만, 대화를 주고받는 것이 아니라 거울을 보며 혼잣말로 신세 한탄을 하고 있다.

오답풀이

① '흐르는 이 세월에 아까울손 나의 거동'이라며 시집을 가지 못한 채 흘러가는 시간을 안타까워하고 있다.

② '감정 암소 살져 있고 봉사 전답 같건마는/사족 가문 가리면서 이대도록 늙히노니'에서 혼인하기 위한 최소한의 경제적 여건은 준비되어 있으나 양반이기 때문에 상대의 가문을 따지느라 시집갈 상황이 되지 않음을 알고 있다.

③ '연지분도 있건마는 성적 단장 전폐하고'를 보면 얼굴을 단장할 도구를 지니고 있지만 성적(成赤) 단장, 즉 혼인날 신부가 얼굴에 분을 바르고 연지를 찍는 일을 전폐한다고 하였다.

④ '원산 같은 푸른 눈썹 세류 같은 가는 허리/아름답다 나의 자태 묘하도다 나의 거동'이라면서 화경 거울 앞에서 자신의 모습에 자부심을 느끼고 있다. 이때 대구법이 사용되었다.

36 ④ '풍헌 약정 환자 재촉'에서 풍헌과 약정은 향약 조직의 임원이고 환자는 환곡, 즉 국가에서 빌려주던 곡식을 의미한다. 그러므로 '풍헌 약정 환자 재촉'은 관리들이 환곡을 받으러 왔다는 뜻은 맞지만, 환곡은 수탈의 도구가 아니라 백성 구휼을 위한 제도이고, ⓔ의 앞뒤 문맥적 상황을 살펴보면 어디서 온 손님이 중매쟁이일 줄 알고 기대하였으나 알

고보니 환곡을 받으러 온 관리여서 실망하였다는 설명이 더 적절하다고 볼 수 있다.

오답풀이

① 혼자 살거나 처녀로 산다고 해서 더 오래 사는 것도 아니라는 자조적 한탄을 통해 본성이 억제된 삶에 대한 부정적 시각을 표출하고 있다.

② 집이 가난함에도 불구하고 양반이라는 지위에 집착하여 딸이 나이가 먹도록 시집을 못 보내고 있는 부모의 허위의식을 폭로하고 있다.

③ 부친은 반편(지능이 보통사람보다 모자라는 사람을 낮잡아 이르는 말)이고 모친은 숙맥불변(사리 분별을 못 하고 세상 물정을 잘 모름을 이르는 말)이라 하며 부모의 절대적 권위에 반발하고 있다.

⑤ 경제적 형편이나 신분에 상관없이 개인이 보기에 인물 풍채 마땅하다면 혼인 상대로 괜찮다는 가치관을 드러내고 있다.

37 ① 화자는 반드시 혼례를 하고 싶어하는 마음을 [B]에서 가상 혼례를 치름으로써 이루어냈다. 그러나 첫 줄에서 '남이 알까 부끄러우나'라고 시작한 것을 보아 자신의 행동을 스스로 자랑스럽게 여긴 것은 아님을 알 수 있다.

[38~40] 독서 – 과학

38 ⑤ 8문단에서 각방을 쓰지 않고 한 방에 두 개씩 들어가는 것은 금지되어있다고 하였다. 먼저 각각의 전자로 모든 방을 완전히 채운 후, 빈방이 없을 때에만 다른 성질의 전자를 각각의 방에 들어가게 할 수 있다.

오답풀이

① 산소는 6개의 전자 중 양쪽 손을 제외한 네 개의 손이 서로 두 개씩 손을 잡고 있어 뼈대를 이루지 못한다고 하였다.

② 물은 산소 1개와 수소 2개가 공유 결합을 하여 이루어진다.

③ 2문단에서 원자들은 가장 바깥 껍질의 전자를 공유하는 방식으로 분자를 구성한다고 하였다.

④ 탄소의 전자들은 같은 성질을 가진 네 개의 전자들이 각 방에 하나씩만 들어가 있다.

39 ③ 주어진 글은 유추를 통해 새로운 이론을 정립하는 글이 아니라 의인화와 예시 등을 사용해 원자의 공유 결합이라는 과학적 현상을 쉽게 풀어 설명하고 있는 글이다.

오답풀이

① 분자를 구성하는 방식에 대해 설명하면서 전자, 공유 결합, 오비탈 등의 용어를 제시하고 있다.

② 원자들이 공유 결합하는 것을 손과 손을 맞잡는 것이라고 의인화를 사용해 표현함으로 이해를 돕고 있다.

④ '도대체 이 능력은 어디에서 온 것일까?', '어떻게 나눠 쓸 수 있을까?' 등의 물음을 던진 후 그에 대한 대답을 설명으로 이어나가고 있다.

⑤ 공유 결합을 설명하면서 물을 예로 들고, 오비탈을 설명하며 호텔방을 예로 들어 이해를 돕고 있다.

40 ⑤ A는 가장 바깥 껍질에 5개의 전자가 있고 방이 5개 있으므로 다른 원자와 공유할 수 있는 전자의 수, 즉 손이 5개이다. B는 가장 바깥 껍질에 7개의 전자가 있고 방이 4개가 있으므로 4개의 전자가 먼저 방을 채우고 남은 3개의 전자가 하나씩 이미 채워져 있는 방에 들어가게 된다. 그러면 전자가 1개만 채워진 방이 하나만 남게 되므로 B는 다른 원자와 공유할 수 있는 전자의 수, 즉 손이 1개뿐이다. 그러므로 A와 B가 결합하면 AB_5와 같은 분자가 만들어진다.

오답풀이

① A는 방도 5개, 전자도 5개이므로 모두 각방을 사용해야 한다.

② 5개의 방에 전자가 1개씩만 들어있으므로 다른 원자와 공유할 수 있는 전자도 5개이다.

③ B는 3개의 방에 전자가 2개씩 들어있고 남은 하나의 방에만 전자가 1개 있으므로 다른 원자와 공유할 수 있는 전자의 수는 1개이다.

④ 7개의 전자가 4개의 방에 들어가야 하므로 각방을 사용하는 것은 1개이다.

[41~45] 현대 소설

김정한 「수라도」
• 갈래 : 중편 소설, 가족 소설
• 배경
  – 시간적 배경 : 일제 강점기부터 광복 직후까지
  – 공간적 배경 : 낙동강 유역의 어느 농촌
• 성격 : 회고적, 고발적
• 시점 : 3인칭 관찰자 시점이지만, 부분적으로 전지적 작가 시점이 섞임
• 주제 : 오봉 선생의 애국심과 가야 부인의 종교적 초월 의지
• 구성
  – 발단 : 손녀 분이가 가야 부인이 시집오던 일을 회상함
  – 전개 : 시조부와 시동생의 사망 후 집안이 흔들리자 불심에 의지하는 가야 부인
  – 위기 : 시아버지 오봉 선생의 투옥과 사망
  – 절정 : 박 서방이 옥이를 구한 후 결혼함

– 결말 : 광복 후에도 가문이 살아나지 못하고 가야 부인은 사망함
• 이해와 감상 : '수라도'는 불교에서 말하는 아수라도(阿修羅道)중 하나로, 교만과 시기심이 많은 사람이 죽어서 가는 곳이다. 작품의 제목이 수라도인 것은 작품 내의 세상이 전쟁과 수탈로 인해 역경을 겪고 있음을 나타낸다. 이러한 역경 속에서 일제에 협력하는 자들을 비판하고 불의에 대항하려는 의지와 당시 우리 민족의 수난사를 보여 주는 작품이다.

41 ① 주어진 글은 3인칭 관찰자 시점과 전지적 작가 시점이 섞여 있는 글로 서술자가 인물의 말과 행동에 내재된 심리를 서술하고 있다.

42 ④ 가까운 미륵당에 시주를 하고 '관세음보살'을 염하며 이웃들을 위로하는 모습을 보아, 가야 부인은 유교를 신봉했다기보다는 불교에 의지하며 한(恨)을 달랬음을 알 수 있다.

오답풀이

① 가족을 잃고 미륵불 앞에서 흐느끼는 이웃들을 위로하는 모습을 보아 알 수 있다.

② 김 진사는 위엄 있는 말씨를 갖춘 기백있는 인물로, 오봉 선생의 상갓집에 와있는 이와모도 참봉에게 호통을 치는 등의 모습을 보아 암울하고 부조리한 현실에 대해 비판적인 태도를 지녔음을 알 수 있다.

③ 김 진사가 자신을 비난하자 상갓집에서 자리를 뜨는 것을 통해 알 수 있다.

⑤ 오봉 선생과 김 진사는 옥중 동지였다고 하였다.

43 ④ 주어진 글은 가족을 잃은 슬픔을 종교에 의탁해 해소하려는 사람들을 비판하려는 작품이 아니다. 오히려 ⓔ은 '수라도'를 걷는 듯한 고통의 삶을 종교적 초월을 통해 헤쳐나가려는 극복 의지를 보여 주는 장면이다.

오답풀이

① ㉠에서 김 진사는 까막소(감옥소)에서 오봉 선생과 아는 사이였음을 드러내고 가야 부인의 친정과 자신의 출신 지역을 언급하며 친밀감을 표출하고 있다.

② 김 진사는 상갓집에 와 있는 이와모도 참봉에게 오봉은 네 자식이 죽인 것이라며 오봉 선생의 죽음에 대한 원인을 직접적으로 언급하며 분노하고 있다.

③ 이와모도 참봉이 오봉 선생의 죽음과 관련이 있음을 드러내며 김 진사와의 갈등에 개연성을 부여하고 있다.

⑤ 시조부와 시동생, 시아버지를 모두 잃은 가야 부인은 자신과 비슷한 처지에 놓인 이웃들에게 동병상련을 느끼며 그들을 위로하고 있다.

44 ④ ⓐ는 오봉 선생과 옥중 동지였던 김 진사가 오봉의 며느리
인 가야 부인을 알아보고 위로하러 온 이유에 대한 설명이
고, ⓓ는 가난한 집 처녀 총각, 젊은 사내들이 기차를 타지
않고 태고나루에서 떼를 지어 짐배를 타고 가는 이유에 대
한 설명이다.

오답풀이

① ⓐ는 인물의 의도라기보다는 인물이 그렇게 행동한 데에
대한 이유라고 볼 수 있다. ⓑ 역시 독자의 궁금증을 유발
하고 있다고 보기는 힘들다.

② ⓒ는 방언과 표준어에 대한 내용이 아니라 일본 원어와 그
에 대한 해석을 달아놓은 것이다.

③ ⓒ는 일본 원어에 대한 의미를 설명해놓은 것이고, ⓓ는 있
는 사실 그대로를 서술한 것이라 문장의 내포적 의미를 상
세하게 풀이하였다고 보기는 어렵다.

⑤ ⓑ와 ⓓ 모두 인물의 행동과 사건의 진행을 직접적으로 지
시한다고 보기는 어렵다.

45 ⑤ "그들은 말없는 미륵불 앞에 엎드리어 떠난 아들딸들이 무
사히 살아 돌아오기를 빌고 또 비는 것이었다."라는 부분은
항일 독립운동 내력을 가진 집안의 모습을 보여 준다기보
다는 일제 치하에서 고통받는 사람들이 불심을 통해 간절
히 희망을 바라고 슬픔을 초월하며 이겨내길 바라는 모습
을 보여 주는 것이라고 할 수 있다.

2021학년도 기출문제 정답 및 해설

제2교시 **영어영역**

01 ②	02 ③	03 ②	04 ③	05 ④	06 ③
07 ⑤	08 ①	09 ①	10 ③	11 ⑤	12 ④
13 ⑤	14 ①	15 ③	16 ⑤	17 ②	18 ⑤
19 ③	20 ④	21 ①	22 ④	23 ②	24 ①
25 ①	26 ②	27 ①	28 ⑤	29 ③	30 ①
31 ②	32 ②	33 ③	34 ④	35 ①	36 ⑤
37 ⑤	38 ④	39 ④	40 ①	41 ③	42 ④
43 ③	44 ④	45 ③			

01 ② 'tawdry'는 '저속한'의 의미로 'immoral(음란한)'과 그 의미가 가장 유사하다.

오답풀이
① 합법적인
③ 열정적인
④ 뜻밖의
⑤ 기이한

어휘
• rock star : 록 스타
• tawdry : (싸구려 티가 나게) 번쩍거리는[야한], 저속한, (도덕적으로) 지저분한
• affair : 일[사건], 불륜(관계), 정사
• shockwave : 충격파, (나쁜 일로 인한) 충격적인 여파
• passionate : 열정적인
• weird : 기이한, 섬뜩한

해석
그 록 스타의 저속한 불륜 소식은 전 세계 팬들을 충격에 빠뜨렸다.

02 ③ 'irk'는 '짜증스럽게 하다'의 의미로 'annoy(짜증나게 하다, 귀찮게 하다)'와 그 의미가 가장 유사하다.

오답풀이
① 몰아내다
② 속임수를 쓰다
④ 실망한
⑤ 설득하다

어휘
• suburb : 교외
• irk : 짜증스럽게[귀찮게] 하다
• apartment : 아파트, 콘도
• neighbor : 이웃, 옆자리 사람
• ousted : 몰아내다

해석
Joanne은 아파트 이웃들에게 쉽게 짜증이 나기 때문에 교외의 한 집으로 이사했다.

03 ② 'parsimonious'는 '(돈에 지극히) 인색한'의 의미로, 'stingy((특히 돈에 대해) 인색한[쩨쩨한])'와 그 의미가 가장 유사하다.

오답풀이
① 무관심한
③ 먼
④ 목적
⑤ 사려 깊은

어휘
• philanthropist : 독지가, 자선가
• pass away : 사망하다
• relative : 친척
• reveal : 드러내다[밝히다/폭로하다]
• parsimonious : (돈에 지독히) 인색한
• lifestyle : 생활 방식
• apathetic : 무관심한, 심드렁한

해석
자선가가 세상을 떠난 후, 가까운 친척들은 그가 자신의 생활 방식에 관해서라면 인색했었다는 것을 밝혔다.

04 ③ 'languid'는 '나른한'의 의미로 'peaceful(평화로운)'과 그 의미가 가장 유사하다.

오답풀이
① 더딘

② 습한
④ 변덕스러운
⑤ 매력적인

어휘

- favorite : 매우 좋아하는
- pastime : 취미
- porch : 현관
- languid : (움직임이) 힘없는, 나른한
- tardy : 더딘, 늦은[지체된]
- capricious : 변덕스러운, 잘 변하는

해석

Brown 씨가 가장 좋아하는 취미 생활은 <u>나른한</u> 여름 오후의 현관에 앉아 있는 것이었다.

05 ④ 'arcane'은 '신비로운'의 의미로 'secretive(비밀스러운)'와 그 의미가 가장 유사하다.

오답풀이

① 동일한
② 향상된
③ 상속한
⑤ 변화가 많은

어휘

- cheesecake : 치즈 케이크
- popular : 인기 있는
- among : ~중에서
- New Yorker : 뉴욕시민
- recipe : 조리[요리]법
- arcane : 신비로운, 불가사의한
- generation : 세대[대]
- identical : 동일한, 똑같은
- inherited : 상속한, 유전의
- diversified : 변화가 많은

해석

Marley의 치즈 케이크는 뉴욕시민들 사이에서 매우 인기가 있으며, 그들의 레시피는 대대로 <u>신비로웠다</u>.

06 ③ Dan's 백화점에 가는 길을 묻는 A에게 B는 처음에는 30분 정도 걸어가야 한다고 말했다. 그러나 A가 너무 멀다며 다른 방법을 묻자 여기서 두 블록 떨어진 곳에서 M11 버스를 타고 가면 된다고 말했다. 그 뒤에 이어지는 A의 질문에 Houston Street 정류장이라고 답하였으므로, ③의 "Where do I get off?(어디서 내려야 하죠?)"가 빈칸에 들어갈 말로 가장 적절하다.

오답풀이

① 버스로 얼마나 걸릴까요?
② 걷기로 하면 어때요?
④ Dan's까지 길을 안내해줄 수 있나요?
⑤ 몇 시에 문을 여는지 아나요?

어휘

- department store : 백화점
- half-hour : 30분
- besides : ~외에, 게다가, 뿐만 아니라
- get off : 떠나다, (타고 있던 것에서) 내리다
- direction : 방향[위치]
- lead : 안내하다[이끌다/데리고 가다]

해석

A : 실례합니다만, Dan's 백화점으로 가는 길을 아십니까?
B : 물론이죠. 하지만 여기서 30분 정도 걸으면 좋아요.
A : 그건 꽤 머네요. 걷는 것 말고 다른 방법은 없을까요?
B : 여기서 두 블록 떨어진 곳에서 M11 버스를 타도 돼요.
A : <u>어디서 내려야 하죠?</u>
B : Houston Street 정류장. Dan's는 거기서 멀지 않아요.
A : 내릴 때 누군가에게 길을 물어볼게요. 정말 고마워요.
B : 괜찮아요. 행운을 빌어요.

07 ⑤ 이제 졸업을 하며 정식으로 경찰이 되어 Tonawanda 경찰서에서 일을 하게 될 Lee 생도에게 Louis 경사가 축하 인사를 전하고 있다. 빈칸에는 마지막으로 자신에게 해줄 지혜로운 말이 있느냐는 Lee 생도의 물음에 대한 답변이 들어가야 한다. 그에 대해서 Lee 생도가 "I won't"라고 하며 항상 시민들을 위해 일을 하겠다고 다짐을 하였으므로 경찰로서의 좌우명을 잊지 말라는 ⑤의 "Never forget our motto, "to serve and to protect.""("봉사와 보호"라는 우리의 좌우명을 절대 잊지 마라.)가 빈칸에 들어갈 말로 가장 적절하다.

오답풀이

① 경찰로서의 특전을 활용하라
② 열심히 하면 훌륭한 경찰이 될 수 있다
③ 누구든 범인이 될 수 있으니 항상 의심하라
④ 이 일이 네게 맞지 않는다면 내게 알려주렴

어휘

- cadet : (경찰·군대의) 간부[사관] 후보생, 생도
- sergeant : 병장, 경사
- deserve : …을 받을 만하다
- parting words : 결별의 인사
- citizen : 시민, 주민

- perk : 특전
- officer of the law : 경(찰)관
- suspicious : 의혹을 갖는, 수상쩍은
- criminal : 범죄의, 범죄자, 범인
- motto : 모토, 좌우명

해석

A : 축하해, Lee 생도.

B : 감사합니다, Louis 경사님.

A : 오늘 졸업식이 끝나면 Tonawanda 경찰서에서 정식으로 경찰관이 될 거야.

B : 네, 스스로 믿겨지지가 않네요.

A : 넌 그럴 자격이 있어. 너 정말 열심히 했잖아.

B : 감사합니다. 해주실 지혜로운 결별 인사가 있으십니까?

A : "봉사와 보호"라는 우리의 좌우명을 절대 잊지 마.

B : 그럴게요. 저는 항상 우리 도시의 시민들을 위해 일할 것입니다.

A : 나는 네가 우리를 자랑스럽게 만들 거라고 확신해.

08 ① 'which' 뒤의 문장이 불완전한 문장이기 때문에 이때의 which는 관계부사로 쓰인 것이 아니다. 그러므로 전치사＋명사절을 만들기 위해서 선행사를 포함하는 관계대명사 what을 써서 ①의 'which'를 'what'으로 고쳐 써야 한다.

어휘

- complicated : 복잡하게 만들다
- intelligent : 총명한, 똑똑한, 지능이 있는
- out of touch with : ~과 동떨어져 있다
- hiccups : 딸꾹질
- singultus : 딸꾹질
- physician : 의사, 내과 의사
- ridiculous : 웃기는, 터무니없는
- diaphragm : 횡격막
- irritate : 짜증나게 하다, 거슬리다, 자극하다
- rapidly : 빨리, 급속히, 신속히, 순식간에
- irregular : 고르지[가지런하지] 못한, 불규칙적인
- distension : 팽창, 확대
- gastric : 위(胃)의
- tobacco : 담배
- excess : 지나침, 과도, 과잉
- excitement : 흥분, 신남

해석

의사들은 복잡한 단어들을 사용하는 것으로 알려져 있는데, 복잡한 단어들은 매우 지능적이거나 대부분의 사람들이 이해할 수 있는 것과 완전히 동떨어지게 들리게 한다. 딸꾹질을 뜻하는 의학 용어인 singultus는 의사들이 우스꽝스럽게 들렸을

때를 보여 주는 완벽한 예다. 딸꾹질은 횡격막이 자극되어 불규칙한 소리를 내는 방식으로 공기를 빠르게 밀어올릴 때 발생한다. 횡격막을 자극하고 딸꾹질을 유발하는 것은 음식, 알코올 또는 공기, 위가 팽창하는 현상, 위 온도의 급격한 변화 또는 알코올 및/또는 담배를 과도하게 사용하는 것이다. 딸꾹질은 또한 흥분이나 스트레스에 의해 유발될 수 있다. 대부분의 딸꾹질은 몇 분밖에 지속되지 않지만, 딸꾹질의 몇몇 경우는 며칠 또는 몇 주 동안 지속될 수 있다. 하지만 이것은 매우 이례적인 일이긴 하지만, 이것은 보통 또 다른 의학적 문제의 징후다.

09 ① 'since' 뒤에 완전한 문장이 왔으므로 이 문장에서 'since'는 '~이후로'의 의미를 지닌 시간의 접속사이다. 이때 주절의 동사는 현재완료 또는 현재완료진행을 쓰고 부사절인 since절에는 과거시제를 써야하므로 'was'로 고쳐 써야 한다.

어휘

- wrench : 확 비틀다, 삐다
- tinker with : …을 서투르게 만지작거리다[손을 대다]
- mechanic : 정비공
- population : 인구, (모든) 주민
- rural area : 시골 지역
- ethos : (특정 집단·사회의) 기풍[정신]
- carry over : (다른 상황에서 계속) 이어지다
- encourage : 격려[고무]하다, 권장[장려]하다

해석

Tim Richardson의 엄마인 Doris Bohannon은 그가 세 살 때부터 자전거를 탔었고 그 후 얼마 되지 않아 비틀거렸다고 말한다. 그리고 그녀는 알아야 한다. 그녀는 쓰레기 더미에서 망가진 자전거를 집으로 가져와 아이들이 만질 수 있도록 그에게 자전거를 고치는 법을 가르쳐준 사람이다. 인구 832명의 웨스트 버지니아 주 Odd에서 자란 Richardson은 "엄마는 집안에서 정비공이다"라고 말한다. "농촌에 살면서 당신은 직접 자전거 수리하는 법을 배웠거나, 타지 않았거나 중 하나이다." 그 정신은 버지니아주 해리슨버그에 있는 그의 자전거 가게인 Shenandoah 자전거 회사로 이어졌고, 그곳에서는 고객들이 그들 자신의 자전거 문제를 알아내도록 격려한다.

10 ③ (A) 8월은 여름이라 덥고 햇빛이 강하기 때문에 아스팔트가 뜨거워진다는 내용이 전개되어야 하므로 'heat(열)'이 적절하다.

(B) 도로의 색을 밝게 하는 것이 지구 온난화를 낮추는 데 도움이 된다는 이야기를 하면서 '알베도'에 대한 설명을 해야 하므로 표면에서 태양 에너지를 'reflective(반사하

는)'가 적절하다.

(C) 뒷부분에 'cool roof'가 냉방비를 20% 이상 줄일 수 있다고 하였으므로 열 흡수율이 낮은 지붕 재질을 선택하면 에너지를 절약할 수 있다는 내용이 되므로 'absorbs(흡수하는)'가 적절하다.

어휘

- parking lot : 주차장, 주차 지역
- blacktop : 아스팔트, 아스팔트 도로
- soak up : 빨아들이다, 흡수하다
- rethink : 다시 생각하다[재고하다]
- pavement : 인도, 보도
- calculate : 계산하다, 산출하다, 추정하다
- keep out of : ~에 들이지 않다
- global warming : 지구 온난화
- billion : 10억
- roughly : 대략, 거의, 거칠게
- equivalent : 동등한[맞먹는]
- elegantly : 우아하게, 고상하게
- albedo : 알베도(달 · 행성이 반사하는 태양 광선의 비율)
- abrasive : 거친, 거슬리는
- reflective : 빛[열]을 반사하는
- consciousness : 의식, 자각
- climate : 기후, 분위기, 풍조
- absorb : 흡수하다, 빨아들이다
- repel : 격퇴하다, 쫓아 버리다
- substantial : 상당한

해석

8월에 주차장을 건넌 사람은 아스팔트가 (A) 열을 많이 흡수한다는 것을 알고 있다. 우리 주변의 표면의 색을 재고하는 것이 지구를 식히는 데 도움이 될 수 있을 것이 드러났다. 지붕과 보도는 도시 지역의 60%를 차지한다. 과학자들은 전세계적으로 그들의 색깔을 밝게 하는 것이 485억 톤의 이산화탄소를 대기 중에 배출하지 못하게 하는 것과 같은 효과를 지구 온난화에 가져올 수 있다고 계산한다. 그것은 대략 18년 동안 세계의 모든 자동차를 도로에서 떼어내는 것과 맞먹는다. 이 우아하고 간단한 해결책은 알베도-표면에서 태양 에너지를 (B) 반사하는 정도의 증가 때문에 효과가 있다. 집으로 갈수록, 색채 의식이 기후변화와 싸우는 것보다 더 많은 것을 한다. 열을 덜 (C) 흡수하는 지붕 재질을 선택하는 것은 상당한 에너지 절감을 의미할 수 있다. "쿨루프"가 냉방비를 20% 이상 줄일수 있다는 연구결과가 나왔다.

11 ⑤ (A) 70억 명의 사람들이 각자 가지고 있는 70억 개의 의제들 중 큰 그림(지구 온난화나 자유 민주주의와 같은)을

생각하는 것은, 당장 하루하루 생존의 위기에 놓인 사람들에게는 부족할 것 없는 자들의 배부른 소리라고 느껴질 수 있으므로 'luxury(사치)'가 적절하다.

(B) 큰 그림을 사치라 말하면서 지금 당장 생존의 위기에 놓인 사람들의 예를 들고 있는 문장이므로 바다 한가운데서 발 디딜 땅을 찾는 'refugees(난민들)'가 적절하다.

(C) 끼니를 걱정하고, 정착할 땅을 찾고, 조금이라도 삶을 더 살아보려는 노력이 지구 온난화나 자유 민주주의와 같은 문제보다 훨씬 생존과 직결되는 문제이므로 'urgent(시급한)'가 적절하다.

어휘

- agenda : 의제[안건]
- relatively : 비교적
- frugality : 절약, 검소
- struggling : 발버둥 치는, 기를 쓰는, 분투하는
- refugees : 난민
- vacationers : 휴가객, 피서객
- Mediterranean : 지중해
- overcrowded : 너무 붐비는, 초만원인
- trivial : 하찮은, 사소한
- urgent : 긴급한, 시급한
- crisis : 위기, 최악의 고비
- liberal democracy : 자유 민주주의

해석

70억의 사람들이 70억의 의제를 가지고 있는데, 큰 그림을 생각하는 것은 비교적 보기 드문 사치다. 뭄바이 빈민가에서 두 아이를 키우느라 고군분투하는 미혼모 한 명이 다음 식사에 집중하고, 지중해 한복판에 있는 배를 탄 난민들이 지평선을 살피며 육지의 흔적을 살피고, 초만원인 런던 병원에서 죽어가는 한 남자가 한 번 더 숨을 들이쉬기 위해 남은 모든 힘을 모은다. 그들 모두는 지구 온난화나 자유 민주주의의 위기보다 훨씬 더 시급한 문제를 안고 있다.

12 ④ 제시문은 해양 플라스틱이 해양에 미치는 환경적 문제에 대한 내용이다. 수많은 해양 동물들이 이로 인해 피해를 보고 있는데, 글쓴이는 이를 하와이의 빅아일랜드에서 해변을 걷다가 플라스틱을 밟으며 심각한 문제로 인식하게 되었다고 하였다. 문맥상 오염되어 있지 않은 해변에서조차 미세플라스틱이 발견되었다는 내용이 와야 하므로 ④의 'tainted(오염된)'을 'untainted(더럽혀지지 않은)' 등으로 바꿔 써야 적절하다.

오답풀이

① 멸종위기에 처한

② 눈에 띄게

③ 크기

⑤ 재앙

어휘

- estimate : 추산[추정]하다
- million : 백만
- marine animal : 해양 동물
- endangered : 멸종위기에 처한
- affected : 영향을 미치다
- visibly : 눈에 띄게, 분명히
- strangle : 교살하다, 옭죄다
- abandon : 버려진, 유기된
- discard : 버리다, 폐기하다
- zooplankton : 동물성 플랑크톤
- microplastic : 미세 플라스틱 조각
- taint : 더럽히다, 오염시키다
- paved road : 포장도로
- ankle-deep : 발목까지 올라오는
- crunch : 으드득[뽀드득], 아작아작 씹다
- looming : 어렴풋이 보이기 시작하는, 무시무시한
- catastrophe : 참사, 재앙
- mention : 말하다, 언급[거론]하다

해석

해양 플라스틱은 매년 수백만 마리의 해양 동물을 죽일 것으로 추정된다. 멸종위기종을 포함한 700여 종이 피해를 본 것으로 알려졌다. 일부는 버려진 어망이나 버려진 6팩 고리에 의해 눈에 띄게 목이 죄인 채 해를 입는다. 아마도 눈에 보이지 않게 해를 입은 경우도 많을 것이다. 동물성 플랑크톤에서 고래에 이르기까지 모든 크기의 해양 종들은 현재 가로 세로 5분의 1인치보다 작은 미세 플라스틱을 먹는다. 하와이 빅아일랜드의, 오염되어온(→ 더럽혀지지 않은) 것 같은 해변에서, 포장도로가 없이 이어진 길을, 나는 발목까지 올라오는 미세 플라스틱 사이로 걸어왔다. 그들은 내 발밑에서 라이스 크리스피처럼 으드득거렸다. 그 후, 나는 왜 몇몇 사람들이 해양 플라스틱을 기후 변화와 같이 언급할만한 다가오는 재앙으로 보는지 이해할 수 있었다.

13 ⑤ 제시문은 위기에 대처하는 자아의 힘에 대해 설명하면서 어떠한 위기 상황에서 자아의 힘이 줄 수 있는 여러 가지 긍정적인 영향을 나열하고 있다. 위기에서 발생하는 두려움을 약화시키는 것도 자아의 힘의 긍정적 영향 중 하나일 것이다. 그러므로 ⑤의 'reinforcing(강화하는)'을 'weakening(약화하는)' 등으로 바꿔 써야 적절하다.

오답풀이

① 광범위한

② 쾌히 받아들이는

③ 인정

④ 용인하다, 참다, 견디다

어휘

- factor : 요인, 인자
- cope : 대처[대응]하다
- crisis : 위기, 최악의 고비
- psychologist : 심리학자
- strength : 힘
- independent : 독립된
- dependent on : …에게 의존하고 있는
- approval : 인정, 찬성, 승인
- tolerate : 용인하다, 참다, 견디다
- perceive : 감지[인지]하다
- accurately : 정확히
- sound : 건전한, 건강한, 소리
- essential : 필수적인
- reinforce : 강화하다
- paralyze : 마비시키다, 무력[무능]하게 만들다
- arise : 생기다, 발생하다

해석

위기에 대처하는 데 중요하고 사람마다 다른 요인은 심리학자들이 '자아의 힘'이라고 부르는 것이다. 그것은 자신감을 포함하지만 훨씬 더 광범위하다. 자아의 힘이란 자기 자신에 대한 감각을 가지고 있고, 목적 의식을 가지고 있으며, 자신을 있는 그대로 받아들이는 것을 의미하며, 인정이나 생존을 위해 다른 사람에게 의존하지 않는 자랑스러운 독립된 인격체로 자신을 받아들이는 것을 의미한다. 자아의 힘은 강한 감정을 참을 수 있고, 스트레스 안에서 집중을 유지할 수 있으며, 자신을 자유롭게 표현하고, 현실을 정확하게 인지하며, 건전한 결정을 내릴 수 있는 것을 포함한다. 그러한 연계된 자질들은 새로운 해결책을 모색하고 위기에서 종종 발생하는 마비되는 두려움을 강화하는 데(→ 약화하는 데) 필수적이다.

14 ① 식당에는 가금류가 들어오는 것이 허용되지 않는 것이 보통이지만, San Marcos 카페는 다양한 가금류가 식당 주변에 돌아다니는 것으로 유명하다. 특히 Buddy라는 레그혼 수탉은 오랫동안 카페에서 비공식 웨이터 주임으로 있었을 정도였으므로, 'Various poultry can be spotted around the cafe. (카페 주변에서 다양한 가금류를 발견할 수 있다)'는 ①의 설명이 제시문의 내용과 일치한다.

② 수탉이 식탁 공간에 들어갈 수 있도록 한다.

③ 수탉 한 마리가 10년 전부터 웨이터 역할을 했다.

④ Buddy의 의상은 빨간 넥타이로 구성되었다.

⑤ 그들은 더 이상 계피롤을 제공하지 않는다.

어휘

- quite : 꽤, 상당히
- mismatched : 짝을 잘못 짓다
- flock : 떼, 무리
- peacock : (수컷) 공작
- peahen : (암컷) 공작
- cavort : 신이 나서 뛰어다니다
- poultry : 가금(닭 · 오리 · 거위 따위)
- tenure : 임기, 재임 기간
- maitre d' : 웨이터 주임, 호텔 지배인
- notwithstanding : …에도 불구하고, 그래도
- cozy : 아늑한, 친밀한
- ranchhouse : 목장주 주택, 랜치 하우스
- spot : 점, 얼룩, 발견하다

해석

San Marcos 카페를 방문했을 때 상당한 인사를 기대하라. 어울리지 않는 수컷 공작과 암컷 공작, 야생 칠면조, 그리고 수탉의 무리들은 모두 식당 앞과 뒤쪽을 돌아다닌다. 식당에는 가금류가 허용되지 않지만, 약 15년 전에 Buddy라는 이름의 아주 유명한 레그혼 수탉 한 마리가 있었는데, 그는 이 식당의 비공식적인 웨이터 주임으로 오랫동안 복역했다. 검은 넥타이를 맨 Buddy는 문앞에서 기분 좋게 손님을 맞았고 아침식사 시간 내내 울었다. 방황하는 닭들에도 불구하고, San Marcos 카페는 진정한 발견이다. 시골 부엌 스타일로 꾸며진 아늑하고 매력적인 목장으로, 최고의 계피롤 중 하나를 제공한다.

15 ③ 제시문은 생태학자이자 생물학자인 Thomas Eisner의 연구들과 업적에 대한 이야기를 하고 있다. 그는 곤충과 절지동물에 대한 연구를 하고 Jerrold Meinwald를 도와 화학 생태학 분야를 연구하는 등의 업적이 많은데, 그의 아내와는 여러 자연 속의 사진을 찍어 Science지에 실리기도 하였다고 서술되어 있다. 그러므로 'His wife founded the field of chemical ecology. (그의 아내와 화학 생태계를 세웠다)'라는 ③의 설명은 제시문의 내용과 일치하지 않는다.

오답풀이

① 파킨슨병 합병증으로 81세에 사망했다.

② 그는 곤충이 먹이를 어떻게 잡는가에 관심이 있었다.

④ 그의 의제는 열대우림의 생물 다양성을 보호하는 것을 포함했다.

⑤ 그의 사진작품은 Science지에 실렸다.

어휘

- ecologist : 생태학자
- evolutionary biologist : 진화 생물학자
- complications : 합병증
- bombardier beetles : 폭탄먼지벌레
- arthropod : 절지동물(곤충, 거미, 게 등)
- capture : 포로로 잡다, 포획하다
- prey : 먹이[사냥감]
- collaborator : 공동 연구자, 합작자
- outspoken : 노골적으로[거침없이] 말하는
- conservationist : 환경 보호 활동가
- biodiversity : 생물 다양성
- larval hook : 유충 갈고리
- grace : 우아함, 품위, 꾸미다[장식하다]

해석

코넬 대학의 생태학자 겸 진화 생물학자인 Thomas Eisner는 지난주 81세의 나이로 파킨슨병으로 인한 합병증으로 사망했다. 거미줄에서부터 폭탄먼지벌레에 이르기까지 다양한 주제에 대한 수백 편의 저널 기사에서, Eisner는 곤충과 절지동물이 어떻게 스스로를 방어하고 먹이를 잡으며 때때로 복잡한 방법으로 짝을 유혹하는지를 탐구했다. 코넬의 협력자 Jerrold Meinwald와 함께, 그는 화학 생태학 분야, 즉 동물과 식물이 어떻게 화학물질을 사용하여 의사소통을 하는지에 대한 연구를 하는 것을 도왔다. 노골적인 환경 보호 활동가인 Eisner는 생물 다양성을 보호하기 위한 기금을 마련하기 위해 기업들이 유용한 화학물질을 얻기 위해 열대우림에서 "생물자원 탐사"를 할 수 있도록 하는 아이디어를 홍보했다. Eisner는 또한 유명한 과학 작가이자 피아니스트였고, 그의 아내 Maria와 함께, 유충 갈고리, 딱정벌레 털, 그리고 다른 미세한 경이로운 사진들로 Science지의 많은 페이지와 표지를 장식했던 자연 사진 작가였다.

16 ⑤ 제시문에 따르면 인플레이션 이후 미국의 평범한 중위 가계소득은 정체되어 있고, 기업들은 생산성과 임금 문제를 더욱 해치고 있다. 그러므로 제시문의 제목으로는 ⑤의 'Economic Outlook for the Average Joe: Cloudy with Rain(평범한 사람의 경제전망: 흐리고 비)'이 가장 적절하다.

오답풀이

① 인플레이션: 경제의 큰 장애물

② 기업투명성에 대한 국민의 요구

③ 테크노크라트가 재채기를 하면 은행들은 감기에 걸릴까?

④ 유럽경제 약세의 나비효과

어휘

- median : 중앙에 있는, 중앙값
- household : (한 집에 사는 사람들을 일컫는) 가정
- income : 수입, 소득
- adjust : 조정하다, 적응하다
- stagnate : 침체되다, 부진해지다
- soar : 급증[급등]하다[치솟다]
- stark : 삭막한[황량한], 냉혹한, 극명한
- direction : (위치·이동의) 방향, (발전·전개해 나가는) 방향
- corporate : 기업[회사]의, 법인(체)의
- productivity : 생산성
- wage : 임금
- accompany : 동반하다
- hollowing : 산업공동화
- democracy : 민주주의
- replacement : 교체, 대체
- hurdle : 허들[장애물]
- demand : 요구, 요구하다, 따지다
- transparency : 투명도[투명성]
- faltering : 비틀거리는
- outlook : 관점, 전망

해석

1967년 이후 인플레이션에 맞춰 조정된 미국의 중위 가계소득은 미국 최고 부자들의 부와 소득이 급증했음에도 불구하고 인구의 하위 60%에 대해 정체되었다. 유럽의 변화는 덜 극명하지만 같은 방향을 가리키고 있다. 기업 이익은 1960년대 이후 최고 수준이지만 기업들은 투자보다는 저축을 선택함으로써 생산성과 임금을 더욱 해치고 있다. 그리고 최근, 이러한 변화들은 민주주의의 공동화와 세계화된 엘리트들에 의한 기술정치적 통치로 대체되는 것을 동반하고 있다.

17 ② 개인 병실에 누워서 Fred에 대해 회고하고 있는 내용이므로, ②의 'Reminiscing About a Bedfellow on a Dark Morning(어두운 아침의 잠동무에 대한 회고)'이 가장 적절하다.

오답풀이

① 책 대 애완동물: 누가 더 좋은 동반자를 만들까?
③ 사랑하는 닥스훈트로부터의 희망의 메세지
④ 예상치 못한 강아지의 도착: 새로운 시작
⑤ 의료정치 이면의 진실

어휘

- starlings : 찌르레기
- vantage : 우세, 유리, 유리한 점[위치]
- democrat : 민주주의자, 민주당원

- lack : 부족, 결핍
- dachshund : 닥스훈트(몸통과 귀가 길고 다리가 짧은 작은 개)
- occasion : 때[기회/경우], 행사
- everlasting : 영원한, 변치 않는, 끊임없는
- attend : 주의를 기울이다, 참석하다
- lecherous : 호색의
- physician : 의사, 내과 의사
- reluctantly : 마지못해서, 꺼려하여
- rumple : 헝클다
- oppressive : 억압적인, 후텁지근한, 답답한
- fraudulent : 사기를 치는
- improvement : 향상, 개선, 호전
- rudeness : 버릇없음, 무례함, 오만함
- pretension : 허세, 가식, 주장, 자처
- versus : …대(對)
- companion : 동반자, 동행
- medical care : 의료, 건강 관리

해석

난 지금 2번가와 3번가 사이에 있는 마을 동쪽에 있는 내 개인 병실에 누워 침대의 유리한 지점에서 찌르레기를 보고 있다. 민주당원 3명: Harry Truman(타임즈의 케케묵은 사본), Adlai Stevenson(하퍼스), Dean Acheson('그의 당을 바라보는 한 민주당원'이라고 불리는 책의)이 나와 함께 침대에 누워 있다. 민주당원들은 닥스훈트가 부족하기 때문에 나와 함께 잠자리에 드는데, 사실 이런 경우에 나는, 몇 년 동안 죽어가고 있는 나의 닥스훈트인 Fred의 유령이 방문할 것을 거의 확신한다. 인생에서 Fred는 항상 병자를 간호했고, 어떤 음란한 늙은 의사처럼 환자와 함께 침대로 바로 올라갔으며, 나쁜 상황을 더 악화시켰다. 이 어두운 아침 내내, 나는 구겨진 담요 위에서 마지못해 그를 즐겁게 해주었고, 그의 강압적인 몸무게를 느꼈으며, 그의 사기 보고를 들었다. 그는 살아있을 때 불편한 침대 동료였다; 죽음은 별로 나아지지 않았다–나는 여전히 붐비고, 그의 타고난 무례함과 그의 가식을 왜 참아냈는지 여전히 궁금하다.

18 ⑤ 제시문에 따르면 정책입안자들은 경제체제의 본질적 취약성을 해결하고 금융시스템의 탄력성을 높이기 위한 개혁을 설계해야 한다고 설명하고 있다. 그러므로 ⑤의 'reforming an economic system to withstand distress(고난에 견딜 수 있는 경제체제 개혁)'가 제시문의 주제로 가장 적절하다.

오답풀이

① 통계에 근거한 경제정책 입안
② 특색있는 사건들을 바탕으로 한 경제 건설
③ 기업보다 사람들의 요구를 앞세우는 것

④ 경제체제의 잠재적 문제점 예측

어휘

- inherent : 내재하는
- fragility : 부서지기 쉬움, 여림, 허약, 허무함
- reform : 개혁[개선]하다, 개혁[개선]
- objective : 목적, 목표, 객관적인
- eliminate : 없애다, 제거[삭제]하다
- failure : 실패
- institution : 기관[단체/협회]
- spur : 박차, 원동력[자극제]이 되다
- efficiency : 능률, 효율(성)
- strive : 분투하다
- enhance : 높이다[향상시키다]
- resilience : 회복력, 탄성, 탄력
- transfer : 옮기다, 이동[이송/이전]하다
- idiosyncratic : 특유한, 기이한, 색다른
- insulated : 절연[단열/방음] 처리가 된

해석

경제체제의 본질적인 취약성은 그것이 더 안전하게 만들어질 수 없다는 것을 의미하지 않는다. 많은 것들이 행해질 수 있고, 행해져 왔으며, 여전히 행해질 수 있다. 그러나 개혁을 설계할 때는 신중하게 목표를 선택하는 것이 중요하다. 개별 은행이나 대형 기관의 부실 위험을 없애는 게 목표가 돼서는 안 된다. 실패에는 장점이 있다. 올바른 인센티브를 창출하고 혁신을 촉진하며 효율성을 촉진하는 것이 중요하다. 오히려 정책입안자들은 보다 광범위한 금융시스템의 탄력성을 높이기 위해 노력해야 한다. 시스템이 극심한 스트레스를 받을 때도 결제, 재산권 처분 서비스 제공, 신용 제공, 리스크 이전 등의 기본적인 기능을 수행할 수 있어야 한다. 즉, 정책입안자들은 독특한 사건이 시스템적인 위기로 바뀌지 않는 시스템을 구축하도록 노력해야 한다. 이는 재정적인 고통의 확률을 낮출 뿐만 아니라 실물경제가 그것으로부터 절연되어 있을 확률을 높이려는 것을 의미한다.

19 ③ 제시문에 따르면 언어가 의사소통 체계로 발전한 후 인간은 꾸준히 음악을 통해 누구와 의사소통을 해야 하는지에 대해 의문을 가져왔다고 하였다. 인간들 사이에서의 의사소통은 음악보다는 언어를 이용하는 것이 훨씬 나았고, 결국 현대인들은 초자연적인 존재들과 소통하기 위해서 음악을 이용하게 되었다고 설명하고 있다. 그러므로 ③의 'music as a means to communicate with the supernatural(초자연적인 사람들과 소통하기 위한 수단으로서의 음악)'이 제시문의 주제로 가장 적절하다.

오답풀이

① 음악이 우리의 초자연적 관점에 미치는 영향
② 언어에 비해 음악의 기능적 다양성
④ 의사소통 수단으로서의 언어의 장점
⑤ 음악이 언어발전에 미치는 영향

어휘

- principal : 주요한, 주된
- communicative : 말을 잘 하는, 의사 전달의
- compulsion : 강요, 충동
- among : …간에, …중에서
- fulfill : 실현[성취]하다
- achieve : 달성하다, 성취하다
- prelinguistic : 전언어적
- infant : 유아, 젖먹이, 아기
- entity : 독립체
- propensity : 경향[성향]
- shaman : 샤먼, 주술사, 무당
- composition : 구성, 작품, 작곡

해석

언어가 현대 인류의 주요 의사소통 체계로 발전한 후, 사람들은 음악을 통해 누구와 의사소통을 해야 하는지에 대한 질문을 남겨두었다. 음악은 결국 '흠'의 파생물로서, 그 자체가 의사소통의 수단으로 진화했기 때문에 의사소통 기능은 쉽게 떨어질 수 없었다: 오늘날에도 여전히 존재하는 것처럼 현대 인간들 사이에는 음악과 의사소통해야 하는 강박 관념이 남아 있었다. 어떻게 이것이 실현될 수 있었을까? 다른 인간들과의 의사소통은 이제 언어 이전기의 유아들을 제외하고, 음악보다는 언어에 의해 훨씬 더 잘 성취되었다. 그러나 현대 인간들의 마음 속에는 이제 그들이 소통할 수 있고 소통해야 할 또 다른 유형의 실체인, 초자연적인 존재들이 있었다. 그래서 음악을 통해 의사소통을 하는 인간의 성향은 무당의 북을 치거나 바흐의 작품을 통해 초자연적인 것에 초점을 맞추게 되었다.

20 ④ 제시문에 따르면 무탄소 문명을 이뤄나가기 위해서는 유럽연합, 미국, 중국 세 나라가 서로 협력하여 규정, 기준 등을 정하고 다른 나라를 이끌어야 한다고 설명하고 있다. 그러므로 ④의 'Cooperation among the key members is essential for a zero-carbon world. (무탄소 세계를 위해서는 주요 구성원 간의 협력이 필수적이다)'가 제시문의 요지로 가장 적절하다.

오답풀이

① 인구 문제는 탄소 시대 이후로 질주하기 전에 해결해야 한다.
② 코끼리 3마리가 모두 동시에 행진하는 상황에서 어느 경쟁자도 우승할 수 없다.

③ 중국의 참여는 배출제로 경제를 위한 낙관적 신호이다.
⑤ 무탄소 문명은 20년 안에 역효과를 낼 운명이다.

어휘

- lead the charge : 먼저 책임을 지고 이끌다, 임무를 선도하다
- emission : 배출, 배출물, 배기가스
- roar : 으르렁거리다, 함성[아우성]을 지르다
- transition : 이행[과도]
- era : 시대
- poised : 태세를 갖추고 있는, 준비가 다 된
- herd : 떼, 사람들[대중]
- marching : 행진하는
- in sync : (동작·작업 등이 속도를 맞추어) 동시에 이뤄지는, 화합하는
- common : 공동의, 공통의
- regulations : 규칙, 법령
- standard : 기준
- humanity : 인류, 인간, 인간성
- fold : 접다, (가축, 특히 양의) 우리
- participation : 참가, 참여
- optimistic : 낙관적인, 낙관하는
- backfire : 역효과를 낳다

해석

5억 1천 2백만 명의 시민이 살고 있는 유럽연합은 최근까지 배출제로의 녹색 경제를 선도했다. 14억에 가까운 인구를 가진 중화인민공화국은 최근 몇 년 동안 탄소 시대 이후로의 전환 계획으로 아우성쳐왔다. 그리고 이제 3억 2천 5백만 명의 시민이 있는 미국은 이 무리에 동참할 준비가 되어 있다. 세 마리 코끼리가 모두 동조하여 행진하고, 우수사례를 공유하고, 공통의 코드, 규정, 기준, 인센티브를 제정하고, 나머지 인류를 우리로 끌어들이기 위해 손을 내밀지 않으면, 20년도 채 안 되어서 무탄소 문명화를 향한 경주에서 우리는 지고 말 것이다.

21 ① 제시문은 내 주변의 사람(배우자와 같은)에 의해서 목표 추구에 영향을 받는다는 내용이다. 특히 행복한 관계에서 오는 안정감은 목표 추구를 더 쉽게 해준다고 하였다. 그러므로 ①의 'The chances of achieving your goals hinge on your spouse. (목표 달성의 가능성은 배우자에게 달려 있다)'가 제시문의 요지로 가장 적절하다.

오답풀이

② 심리적 안정감이 웰빙의 주요 지표다.
③ 현실적인 목표를 설정하는 것은 파트너의 영향을 많이 받는다.
④ 개인적인 감정은 목표를 추구하는 것과 직결된다.

⑤ 배우자의 성실성은 성공적인 결혼으로 이어진다.

어휘

- treat : 대하다, 여기다, 치부하다
- pursuit : 추구, 좇음, 추격
- solitary : 혼자 하는
- endeavor : 노력, 시도, 애씀
- foster : 조성하다, 발전시키다
- impede : 지연시키다[방해하다]
- tofu : 두부
- influence : 영향, 영향력
- conscientious : 양심적인, 성실한
- organized : 조직화된, 조직적인
- reliable : 믿을 수 있는
- predict : 예측[예견]하다
- posit : 사실로 상정하다[받아들이다]
- predictable : 예측[예견]할 수 있는
- feel in control : 무엇이든 할 수 있다고 느끼다, 자신에 차 있다
- hinge on : …에 달려있다
- spouse : 배우자
- psychological stability : 심리적 안정성
- indicator : 지표, 계기[장치]
- conscientiousness : 성실성

해석

전통적으로, 연구는 목표 추구를 독단적인 노력으로 취급해왔다. 그러나 일상적인 경험은 우리의 관계가 우리의 발전을 촉진하거나 방해할 수 있다는 것을 보여 준다. 매일 아침 일찍 일어나려면 밤 10시에 침대 옆 램프를 끄는 배우자와 함께 사는 것이 좋다. 채식주의자가 되고 싶다면 두부 vs 스테이크에 대한 배우자의 감정이 아마도 영향을 미칠 것이다.

현재 연구원들은 그 영향을 조사하고 있다. 워싱턴 대학의 한 연구는 성실한 배우자, 즉 조직적이고 신뢰할 수 있는 자와 결혼하는 것은 미래의 직업 만족도와 더 높은 수입을 예견한다는 것을 발견했다. 독일 쾰른 대학의 Wilhelm Hofmann의 연구는 높은 관계 만족도가 목표 추구에 대한 통제 감정에 긍정적인 영향을 미친다는 것을 보여 준다. Hofmann은 행복한 관계의 안정성이 집중을 더 쉽게 한다고 단언한다. Hofmann에 따르면, "사람들의 일상이 안정되고 예측 가능하다고 느낄 때, 그들은 목표를 추구하는 능력에 대해 더 자신감을 느낀다"라고 한다.

22 ④ 제시문에 따르면 풍차가 매년 최소 4만 5천 마리의 새와 박쥐를 죽이지만 사실 이것은 많은 수가 아니라고 설명하며 그에 대한 방증으로 고양이 한 마리가 죽이는 새의 수

를 보여 주었다. 그러므로 ④의 'Windmills do not threaten avian wildlife as much as outdoor cats. (풍차는 야외 고양이만큼 조류 야생동물을 위협하지 않는다)'가 제시문의 요지로 가장 적절하다.

오답풀이

① 새와 박쥐에 대한 정책은 통계에 근거해야 한다.
② 고양이 주인에게 고양이가 야외에서 자유롭게 돌아다니지 못하게 하기를 권고한다.
③ 풍차는 환경기준에 적합하도록 규제할 필요가 있다.
⑤ 생태적 균형을 위해 야외 고양이 개체 수를 억제해야 한다.

어휘

- windmill : 풍차, 풍차 터빈
- estimate : 추산[추정]하다
- in perspective : 원근법에 의하여, 전체적 시야로, 긴 안목에서
- measure : 측정하다[재다]
- toll : 사용세, 요금, 사상자[희생자] 수
- equivalent to : ~와 같음, 상응함
- statistic : 통계, 통계학
- roam : 돌아다니다, 배회[방랑]하다
- regulate : 규제하다, 조절하다
- avian : 새[조류]의
- curb : 억제[제한]하다

해석

미국에서 풍차는 매년 최소 4만 5천 마리의 새와 박쥐를 죽일 것으로 추정된다. 그것은 많은 수의 새와 박쥐처럼 들린다. 그 숫자를 원근법에 넣기 위해, 주인의 집을 드나드는 것을 허용하는 애완 고양이들이 고양이 한 마리당 평균 300마리 이상의 새를 죽이는 것으로 측정되었다고 생각해 보라. 만약 미국의 야외 고양이 개체 수가 약 1억 마리로 추산된다면, 미국에서는 풍차에 의해 연간 4만 5천 마리의 새와 박쥐가 죽는 것에 비해, 고양이는 최소한 300억 마리의 새를 죽이는 것으로 계산될 수 있다. 그 풍차의 희생자 수는 단지 150마리의 고양이의 일과 맞먹는다.

23 ② 제시문에서 우리가 통계적 샘플을 기하학의 원리나 중력처럼 생각한다고 하였는데, 이들은 결코 변하지 않는 과학적 진리이다. 또한 우리가 그렇게 생각하는 것과는 달리 요즘과 같은 빅데이터의 시대에 통계적 샘플에 의존하는 것은 자동차 시대에 말의 채찍을 잡고 있는 것과 같이 뒤떨어진 행동이라고 말하고 있다. 그러므로 빈칸에는 'immutable(불변의)'이 들어갈 말로 가장 적절하다.

오답풀이

① 무례한

③ 미숙한
④ 임박한
⑤ 공정한

어휘

- statistical : 통계적인, 통계학상의
- bedrock : 기반
- geometry : 기하학
- concept : 개념
- constraint : 제약
- clutch : (꽉) 움켜잡다
- whip : 채찍
- predominant : 두드러진, 뚜렷한, 우세한
- aim : (무엇을 성취하는 것을) 목표하다
- impertinent : 무례한
- immutable : 불변의
- immature : 미숙한
- imminent : 임박한
- impartial : 공정한

해석

우리는 통계적 샘플링을 기하학의 원리나 중력의 법칙과 같이 일종의 불변의 기반이라고 생각하는 경향이 있다. 그러나 그 개념은 1세기도 안 된 것이며, 특정한 기술적 제약 속에서 특정한 순간에 특정한 문제를 해결하기 위해 개발되었다. 그러한 제약조건은 더 이상 같은 정도로 존재하지 않는다. 빅데이터 시대에 무작위 표본에 도달하는 것은 자동차 시대에 말의 채찍을 움켜쥐는 것과 같다. 우리는 여전히 특정 상황에서 샘플링을 사용할 수 있지만, 대규모 데이터 세트를 분석하는 방법이 될 필요는 없으며 앞으로도 없을 것이다. 점점 더 우리는 모든 것을 추구하는 것을 목표로 할 것이다.

24 ① 제시문에 따르면 기술 혁신이 이루어짐에 따라 여성들이 가질 수 있는 임신에 대한 선택권이 확대되었고, 개개인은 기술적 수단을 통해 생물학적 번식을 조절할 수 있게 되었다. 또한 입양과 이혼을 통해 가족의 재구성이 이루어진다고 하였으므로 그동안 널리 통용되던 가족의 의미가 약화되었다고 볼 수 있다. 그러므로 빈칸에는 'undermine(약화시키다)'이 들어갈 말로 가장 적절하다.

오답풀이

② 복사하다
③ 요약하다
④ 통합하다
⑤ 단순화하다

어휘

- fetus : 태아
- invisible : 보이지 않는, 무형의
- innovation : 혁신, 쇄신
- decade : 10년
- physical : 육체[신체]의, 물질[물리]적인
- prevent : 막다[예방/방지하다]
- redefine : 재정립하다
- terminate : 끝내다, 종료하다
- pregnancy : 임신
- conflict : 갈등[충돌]
- contraception : 피임
- abortion : 낙태
- dispute : 분쟁, 논란, 논쟁
- uncouple : 분리시키다
- reproduction : 생식, 번식, 복제, 재생
- parenting : 육아
- artificial insemination : 인공 수정
- in vitro fertilization : 체외 수정
- embryo implantation : 배아 삽입
- reconfiguration : 구조 변경
- adoption : 입양
- divorce : 이혼
- unconventional : 색다른, 독특한
- undermine : 약화시키다
- duplicate : 복사하다
- consolidate : 통합하다

해석

인간 태아는 최근까지 대부분 보이지 않고 말없이 사는 사회 구성원이었다. 지난 몇 십 년 동안의 기술 혁신은 태아에게 더 큰 물리적 현실과 법적 권리에 대한 새로운 주장을 제공하는 동시에 여성들에게 임신을 예방하고, 재정의하며, 심지어 종료할 수 있는 더 많은 근거를 제공했다. 피임과 낙태를 위한 기술적 선택권 확대와 관련된 갈등은 이 문제들에 대한 하나의 유리한 점을 제공한다. 또 다른 일련의 분쟁은 인공수정, 체외수정, 배아삽입과 같은 기술적 수단을 통해 사회적 양육으로부터 생물학적 번식을 점진적으로 분리하는 것에 관한 것이다. 입양과 이혼을 통해 가족의 재구성과 교차하면서, 이러한 색다른 생식 경로는 "어머니", "아버지", "자식", "가족"이라고 통용되는 의미를 약화시키기 시작했다.

25 ① 우리의 눈, 코, 귀, 입 등은 정보를 수집하고, 팔과 다리는 행동을 할 수 있게 해준다. 살아가면서 여러 가지 선택을 하거나 협상을 하게 될 때 우리는 이러한 능력에 의존하게 되는데 진정으로 선택할 수 있으려면 고무망치에 맞은 무

류가 경련을 일으키는 것처럼 단순한 감각정보에 대한 반응 이상을 행해야 한다. 그러므로 빈칸에는 ①의 'reacting to sensory information(감각정보에 대한 반응하기)'이 들어갈 말로 가장 적절하다.

오답풀이

② 극도의 욕망에 굴복하기
③ 가장 유익한 것 선택하기
④ 즉각적인 만족감 찾기
⑤ 타고난 본능 억누르기

어휘

- instrument : 기구, (차량·기계에서 측정용)계기
- capability : 능력, 역량
- negotiate : 협상[교섭]하다
- satiation : 포만감
- vulnerability : 취약성
- twitch : 씰룩거리다, 경련하다, 홱 당겨지다
- mallet : 망치
- evaluate : (양·가치·품질 등을) 평가하다
- vital : 필수적인
- sensory : 감각의
- utmost : 최고의, 극도의
- gratification : 만족감
- instinct : 본능
- suppress : 금하다, 참다[억누르다]

해석

우리가 거울을 볼 때, 우리는 선택에 필요한 몇 가지 "기구"를 본다. 우리의 눈, 코, 귀, 입이 우리의 환경으로부터 정보를 수집하는 반면, 우리의 팔과 다리는 우리가 그것에 대해 행동할 수 있게 해준다. 우리는 배고픔과 포만감, 안전과 취약성, 심지어 삶과 죽음 사이에서조차 효과적으로 협상하기 위해 이러한 능력에 의존한다. 그러나 우리의 선택하기 위한 능력은 단순히 감각정보에 반응하는 것 이상을 포함한다. 의사의 고무망치로 적당한 곳을 맞히면 무릎이 경련을 일으킬 수도 있지만, 아무도 이 반사작용을 선택으로 여기지 않을 것이다. 진정으로 선택할 수 있으려면 가능한 모든 선택권을 평가하고 가장 좋은 선택을 해야 하며, 정신을 육체처럼 선택에 필수적인 것으로 만들어야 한다.

26 ② 젊었을 때 창업을 하는 것이 더 쉬운 것은 사실이지만, 일부 산업에서는 나이로부터 오는 경험 덕분에 젊지 않은 나이에도 창업에 성공하였음을 알 수 있다. 이는 곧 재정적인 자원, 올바른 네트워크, 훌륭한 아이디어를 가지고 있다면 창업을 하는 데에 나이는 상관 없음을 의미한다. 그러므로 빈칸에는 ②의 'age is nothing but a number (나이는 숫자

에 불과하다)'가 들어갈 말로 가장 적절하다.

오답풀이

① 내면의 성공은 보상이다
③ 모든 것이 당신이 아는 사람에게 전해진다
④ 퍼즐의 마지막 조각은 자본이다
⑤ 젊은은 언제나 승리할 수 있는 길을 찾을 것이다

어휘

• responsibility : cordla(맡은 일), 책무
• capitalist : 자본가, 자본주의자
• gush : 솟구치다, 쏟아 내다
• entrepreneur : 사업가[기업가]
• obstacle : 장애물
• founder : 창립자, 설립자
• capital : 수도, 자본금, 자금
• prevail : 승리하다[이기다], 만연[팽배]하다

해석

젊었을 때 창업이 더 쉽다는 것은 의심의 여지가 없다. 비업무에 대한 책임감이 적을수록 새로운 벤처기업에 피와 땀과 눈물을 쏟을 가능성이 높다. 하지만 그렇다고 해서 당신이 어리다고 해서 학교를 떠나거나 회사를 차려야 한다는 뜻은 아니다. 벤처 투자가들은 종종 신선한 고기를 선호한다. 실리콘밸리의 가장 큰 VC 회사 중 하나인 세쿼이아캐피탈의 Michael Moritz는 20대 중후반 기업가들에 대해서 "그들이 넘을 수 없는 경계도, 한계도, 장애물은 없다고 본다"라고 입을 모았다. 그러나 생명공학이나 비즈니스 소프트웨어와 같은 일부 산업의 창업자들은 창업자의 나이와 함께 오는 경험으로부터 우위를 점하고 있다. 한 기술 사업가의 연구에 따르면, 이들 및 기타 고성장 산업에서 성공적인 창업자의 평균 연령은 40세였다. 그것은 만약 여러분이 재정적인 자원, 올바른 네트워크, 그리고 가장 중요한, 훌륭한 아이디어를 가지고 있다면, <u>나이는 숫자에 불과하다</u>는 것을 보여 준다.

27 ① 굴절되지도 않고 피부를 통과하여 뼈 사진을 찍을 수 있게 하는 엑스레이라는 새로운 광선이 발견되자 과학계는 혼란스러우면서도 열띤 연구에 돌입하였다. 뿐만 아니라 이러한 신비한 광선은 광고, 노래, 만화 등에서도 선풍적인 인기를 끌었다. 그러므로 빈칸에는 ①의 'Popular culture was equally mesmerized(대중문화도 똑같이 매혹되었다)'가 들어갈 말로 가장 적절하다.

오답풀이

② 광고주와 정치인이 뒤를 이었다
③ 이 발견은 많은 사람들의 도전을 받았다
④ 금융권에서 충격을 받았다
⑤ 대중적 열풍을 반영하는 경우는 드물다

어휘

• notion : 개념, 관념, 생각
• unrefractable : 굴절되지 않는
• indifferent : 무관심한
• befuddle : 어리둥절하게 하다
• precipitate : 촉발시키다, 치닫게 하다
• feverish : 몹시 흥분한, 과열된
• implication : 영향[결과], 함축, 암시
• mesmerize : 완전 넋을 빼놓다
• penetrate : 관통하다, 침투하다
• flesh : 피부, 살, 고기
• intoxicating : 도취시키는
• prose : 산문
• follow suit : 방금 남이 한 대로 따라 하다
• be taken aback : ～에 깜짝 놀라다[충격을 받다]
• craze : 대유행[열풍]

해석

우르츠부르크 바이에른 대학의 Wilhelm Roentgen 교수는 1895년 12월에 처음으로 엑스레이를 발견했다. 굴절되지 않고 전자기장에 무관한 새로운 종류의 광선의 개념은 과학계를 혼란스럽게 했고 그들의 본성과 빛과 물질의 오랜 이론에 대한 함의에 대한 열띤 연구를 촉발시켰다. 대중문화도 똑같이 매혹되었다. 유리처럼 쉽게 피부를 관통하고 골격의 사진 이미지를 연출할 수 있는 '어두운 빛'이라는 개념은 도취적이었다. 하룻밤 사이에 이 신비로운 광선은 광고, 신문, 노래, 만화에서 끊임없이 마주치는 인기 있는 아이콘이 되었다. 1896년 한 해에만 이 주제에 관한 1,000여 편의 기사와 50여 권의 책이 출판되었다.

28 ⑤ 제시문은 효과적으로 위협하는 발언을 하는 방법에 대한 글이다. 노골적으로 위협하지 않더라도 청자가 스스로 그 위협의 내용을 예측하고 이해한다는 내용이 들어와야 한다. 그러므로 빈칸에는 ⑤의 'negative consequences to the addressee(수신인에게 부정적인 결과)'가 들어갈 말로 가장 적절하다.

오답풀이

① 수족관으로의 다정한 초대
② 향후 조치의 명시적 철회
③ 현황 유지
④ 협력의 무언의 동의

어휘

• threat : 협박, 위협
• utterer : 발언자, 공표자
• utterance : 표현함, 발언

- carry out : 수행하다
- addressee : 수신인
- prompting : 설득[유도]
- forecast : 예측, 예보, 예측[예보]하다
- consequence : 결과, 중요함
- explicitly : 명쾌하게, 명백하게
- remark : 발언[말/논평/언급]
- overtly : 명백히, 공공연하게
- chilling : 으스스한
- imminent : 목전의, 임박한
- doom : 죽음, 파멸, 비운
- cordial : 화기애애한, 다정한
- explicit : 분명한, 명쾌한, 명백한
- withdrawal : 철회, 취소, 기권
- maintenance ; 유지[지속]
- cooperation : 협력, 합동, 협조

해석

위협이 효과적이 되려면, 발언자는 위협을 수행할 수 있는 수단을 가지고 있어야 하며 수신인이 발언의 설득이 없는 경우와는 다르게 행동을 하기를 바란다. 그렇다면 일단 화자가 대상에게 그러한 힘의 위치에 있는 것으로 보이면, 비록 명백하게 발언자 자신의 행동을 수반하는 것으로 프레임을 씌우지 않더라도, 수신인에게 부정적인 결과를 예측하는 어떤 발언도 위협으로 합리적으로 이해될 수 있다. 노골적으로 위협적인 내용이 담기지 않은 발언의 이치다. 예를 들어 영화 속 마피아 보스가 "오늘 밤 물고기들과 함께 자자"고 했을 때, 수족관이 있는 방에 있는 화자의 집에서 자고 가자는 초대장이 아니라, 임박한 파멸의 소름끼치는 메시지로 받아들여진다.

29 ③ 네안데르탈인과 호모 사피엔스와 현대 사람들의 뇌 크기에 대해 설명하면서 뇌 크기와 영리함은 연관이 없다고 하였다. 추운 기후에 사는 사람들은 더 큰 뇌를 가지고 있고, 뼈 역시 그보다 컸으며, 큰 근육이 있으면 지능과는 무관하게 더 큰 뇌를 필요로 한다. 그러므로 빈칸에는 ③의 'is also related to muscularity and climatic conditions (근육 및 기후 조건과도 관련이 있다)'가 들어갈 말로 가장 적절하다.

오답풀이

① 불가피하게 지능과 체중을 결정한다
② 근육 손실 및 영양실조에 대한 보상
④ 서식지와 주변 환경을 나타낸다
⑤ 인류를 위한 지성의 그릇으로 오랫동안 알려져 왔다

어휘

- specimen : 견본, 샘플, 표본, 시료
- clever : 영리한, 똑똑한, 재주가 있는

- massive : (육중하면서) 거대한, 엄청나게 큰
- stocky : (체격이) 다부진
- correlate : (밀접한) 연관성[상관관계]이 있다
- neuroanatomist : 신경 해부학자
- measurement : 측정, 측량, 치수[크기/길이/양]
- independent of : …와는 관계없이, …와는 별도로
- inevitably : 필연적이다시피, 예상한대로, 불가피하게
- determine : 결정하다, 알아내다, 밝히다
- compensation : 보상(금), 보상[이득]
- malnutrition : 영양실조
- muscularity : 근골의 건장함, 강건, 근육질
- indicate : 나타내다[보여 주다], 내비치다[시사하다]
- vessel : (대형) 선박[배], 그릇[용기/통]

해석

네안데르탈인의 뇌 용적은 1,200~1,750 cc로 현대 호모 사피엔스의 초기 및 현재 표본(1,200~1700 cc)과 거의 같은 범위였다. 이것은 그들이 현대인만큼 영리했다는 것을 의미하지는 않는데, 뇌의 크기는 근육과 기후 조건과도 관련이 있기 때문이다. 더 추운 기후에 사는 사람들은 더 큰 뇌를 갖는 경향이 있고 네안데르탈인은 추운 기간 동안 유라시아에서 살았다. 네안데르탈인의 뼈 또한 그들이 거대했다는 것을 보여 준다. 그들은 짧고 다부진 몸매를 가지고 있었는데, 수컷은 아마도 몸무게가 약 145파운드였고 키는 5피트 7인치도 되지 않았다. 또한 뇌 용적은 밀접하게 연관된 종에서 더 무거운 근육과 몸무게와 상관관계가 있다. 독일의 신경 해부학자 Heinz Stephan은 지난 40년 동안 많은 종에서 뇌의 크기와 다양한 부분을 연구해왔다. 그의 세밀한 측정은 큰 근육은 지능과 무관하게 더 큰 뇌를 필요로 한다는 것을 보여준다.

30 ① 제시문에 따르면 기술이 발전하면서 디지털 기계를 이용한 재택근무, 은행 계좌 업무 등이 늘어나고 있다. 그러면서 사람 대 사람으로 처리했던 일들을 기계가 대신하게 되었다. 그러므로 빈칸에는 ①의 'technology is isolating us(기술이 우리를 고립시키고 있다)'가 들어갈 말로 가장 적절하다.

오답풀이

② 직원들이 과로하고 있다
③ 인공 지능은 인간에게 유익하다
④ 재정 관리가 최우선이다
⑤ 인력이 균등하게 배분된다

어휘

- secretary : 비서, 총무[서기]
- accountant : 회계사
- terminals : 단자
- actually : 실제로, 정말로, 사실은

- impersonal : 인간미 없는, 비인격적인
- credit : 신용거래, 입금하다
- eliminate : 없애다, 제거[삭제]하다, 탈락시키다
- paycheck : 급료(지불 수표), 봉급(으로 받는 수표)
- coworker : 함께 일하는 사람, 협력자, 동료
- detache : 떼다[분리하다]
- interact : 소통하다[교류하다]
- deposit : 보증금
- withdraw : 빼내다, 철수하다
- loan : 대출[융자](금), 빌려주다, 대출[융자]하다
- reject : 거부[거절]하다
- isolate : 격리하다, 고립시키다, 분리[구분]하다
- overwork : 과로하다, 혹사하다
- artificial intelligence : 인공 지능
- priority : 우선 사항
- evenly : 고르게, 반반하게, 균등하게
- allocate : 할당하다

해석

비즈니스 세계는 기술이 우리를 고립시키고 있는 한 영역이다. 많은 사람들이 이제 집에서 혼자 일한다. 대형 중앙컴퓨터를 이용할 수 있게 되면서 비서, 보험대리점, 회계사 등 직원들이 자택 내 디스플레이 단말기에서 업무를 수행한다. 그들은 더이상 그들이 상대하는 사람들을 실제로 볼 필요가 없다. 게다가 직원들은 비인격적인 방법으로 급여를 받는 경우가 많다. 근로자의 급여는 자동으로 은행 계좌에 입금돼, 급료 지급 수표가 필요 없게 된다. 급여를 받거나 수표를 현금으로 바꾸기 위해 동료들과 줄을 서는 사람들이 더 적다. 마지막으로 개인 뱅킹은 분리된 과정이 되고 있다. 고객들은 계좌에서 돈을 입출금하기 위해 사람들이 아닌 기계와 교류한다. 심지어 일부 은행 대출도 대출 담당자와의 인터뷰가 아닌 컴퓨터 프로그램에 의해 승인되거나 거부된다.

31 　② (A) 생물학자들은 뇌가 수십억 개의 뉴런에서의 생화학 반응을 통해 마음을 생산한다고 추측한다. 하지만 아직까지 이 추측에 대한 정확한 근거를 찾아내지는 못하였다고 설명하고 있다. 그러므로 빈칸에 들어갈 연결어구는 역접의 의미를 나타내는 'However(그러나)'가 가장 적절하다.

　　(B) 마음이 뇌에서 나온다고 추측하고는 있지만 아직까지 그에 대한 근거를 찾지 못하였기 때문에 실제로 이것이 사실이라 할지라도 적어도 지금으로서는 뇌와 마음을 개별적으로 연구해야 한다고 설명하고 있다. 그러므로 빈칸에 들어갈 연결어구는 인과의 의미를 나타내는 'Hence(이런 이유로)'가 가장 적절하다.

어휘

- neurons : 뉴런
- synapses : 시냅스
- biochemical : 생화학의, 생화학 물질
- subjective : 주관적인
- assume : 추정[상정]하다
- somehow : 어떻게든, 왠지
- reaction : 반응, 반작용
- so far : 지금까지
- absolutely : 전적으로, 틀림없이, 전혀, 극도로
- explanation : 해명, 이유, 설명
- emerge : 나오다, 드러나다, 알려지다, 생겨나다
- particular : 특정한, 특별한
- how come : 어째서, 왜
- clue : 단서, 실마리, 힌트
- undertaking : 일[프로젝트], 약속

해석

많은 과학자들을 포함한 많은 사람들이 뇌와 마음을 혼동하는 경향이 있지만, 그것들은 정말 매우 다른 것이다. 뇌는 뉴런, 시냅스, 생화학 물질의 물질적 네트워크다. 마음은 고통, 쾌락, 분노, 사랑 등 주관적인 경험의 흐름이다. 생물학자들은 뇌가 어떻게든 마음을 생산하고, 수십억 개의 뉴런에서 생화학 반응이 어떻게든 고통과 사랑 같은 경험을 만들어 낸다고 추측한다. (A) 그러나, 지금까지 우리는 뇌에서 어떻게 정신이 나오는지에 대한 아무런 설명도 가지고 있지 않다. 어째서 수십억 개의 뉴런이 특정 패턴으로 전기 신호를 발사하고 있을 때 나는 고통을 느끼고, 뉴런이 다른 패턴으로 발화했을 때 나는 사랑을 느낄 수 있을까? 전혀 감이 안 잡힌다. (B) 이런 이유로, 비록 마음이 실제로 뇌에서 나온다고 해도, 적어도 지금으로서는 마음을 연구하는 것이 뇌를 연구하는 것과는 다른 일이다.

32 　② 제시문은 IoT를 여러 산업 분야에 어떻게 적용할 수 있는지, 그로 인해 얻을 수 있는 혜택은 무엇인지에 대해 설명하고 있다. 그러나 ②는 IoT를 동원할 수 있는 기반시설이 없는 산업도 많다고 하고 있으므로 전체적인 글의 흐름과 어울리지 않는다.

어휘

- revolutionize : 대변혁[혁신]을 일으키다
- landscape : 풍경, 조경을 하다
- bridge : 다리, 가교, 다리를 놓대[형성하다]
- previously : 이전에, 미리
- reliant : 의존[의지]하는
- infrastructure : 사회[공공] 기반 시설
- mobilize : 동원되다, 동원하다

- specific : 구체적인, 명확한
- optimize : …을 최대한 좋게[적합하게] 만들다[활용하다]
- occupancy : 사용
- spoilage : (음식·식품의) 부패[손상]
- generate : 발생시키다, 만들어 내다
- revenue : 수익

해석

사물인터넷(IoT)은 디지털과 물질세계를 연결함으로써 기업과 소비자 지형을 혁신할 수 있다. ① 기존에 인터넷에 연결되지 않았던, 물체를 제작하고, 이동하고, 판매하던 것에 의존하던 산업은 누구나 혜택을 받을 수 있다. ② 그러나 IoT를 동원할 수 있는 5세대(5G) 광대역통신 기반시설이 없는 산업도 많다. ③ IoT가 기업에 가져올 수 있는 구체적인 혜택은 기술 활용 방법에 따라 달라진다. ④ 일례로 센서 활용으로 사용 수준에 따라 조명이나 난방을 최적화하여 폐기물을 줄이거나, 온도 모니터링으로 운반 중인 제품의 변질을 줄일 수 있다. ⑤ IoT는 파이프라인을 통해 활동을 분석하여 출력을 극대화하고 새로운 자원 풀의 식별을 돕는 음향 해상 유전 센서 등 수익 창출과 생산성 향상도 가능하다.

33 ③ 우리가 지금 마약이라고 생각하는 물질들도 처음에는 일반 약물들과 다르게 취급되지 않았고 심지어는 식품첨가물로도 쉽게 구할 수 있었다. 그러다 1914년 해리슨 법이 통과되고 나서부터 본격적으로 마약이 범죄라는 것을 인식하게 되었다고 설명하고 있다. 그러나 지난 40년을 언급하며 특정 약물의 억제를 위해 마약전쟁을 선포했다는 ③은 전체적인 글의 흐름과 어울리지 않는다.

어휘

- criminology : 범죄학, 형사학
- unaware : …을 알지[눈치 채지] 못하는
- criminalization : 유죄로 하기
- construe : ～을 ～으로 이해[해석]하다
- array : 집합체[모음/무리], 배열
- arguably : 주장할 수 있는
- enhance : 높이다, 향상시키다
- hard drug : 중독성 마약
- readily : 손쉽게, 순조롭게
- stimulating : 자극이 되는, 고무적인
- enforcement : 시행, 집행, 강조
- aggressively : 공격적으로
- contemporary : 동시대의, 현대의, 당대의
- opiate : 아편제
- legislation : 제정법

해석

일반 시민뿐 아니라 범죄학 학생들도 마약의 범죄화가 20세기 미국 창작물이라는 사실을 모르는 경우가 많다. 이전에, 우리가 지금 "마약"이라고 해석하는 것은 건강을 해칠(혹은 향상시킬) 가능성이 있는 방대한 양의 다른 물질들과 다르게 다루어지지 않았다. ① 지금 우리가 생각하는 '중독성 마약'은 한때 의약품으로, 식품첨가물로도 쉽게 구할 수 있었다. ② 코카콜라는 코카인을 자극성 재료로 포함시켜 '진짜'라고 광고에 부응한 적이 있으며, 이후 카페인으로 대체되었다. ③ 지난 40년간 법 집행부가 특정 약물을 적극적으로 제거해야 한다는 생각을 근거로 한 '마약 전쟁'이 목격되어왔다. ④ 의회가 1914년 해리슨 법을 통과시키면서 약물에 대한 우리의 현대적 관점은 아편제의 판매와 소유를 효과적으로 범죄화하면서 시작되었다. ⑤ 마리화나를 불법화하는 법률은 1930년까지 16개 주에서, 1937년까지 모든 주에서 시행되었다.

34 ④ 주어진 문장은 애벌레들이 시력이 있든 없든 막대기의 색에 맞추어 자신들의 몸 색깔을 변화시켰다는 실험에 대한 결과이다. 그러므로 실험의 준비단계에 해당하는 문장의 뒤인 ④에 위치하는 것이 가장 적절하다.

어휘

- caterpillar : 애벌레
- vision : 시력, 눈, 시야
- Peppered moth : 얼룩나방
- camouflage : 위장, 위장하다
- blend : 섞다, 혼합하다, 섞이다
- obscure : 보기[듣기/이해하기] 어렵게 하다
- adapt : 맞추다, 적응하다
- finding : (조사·연구 등의) 결과
- evidence : 증거, 흔적
- dermal : 피부의, 진피의
- photoreception : 광선 감수성

해석

> 연구원들이 상자를 열었을 때, 그들은 시력이 있든 없든 거의 모든 애벌레들이 상자 안의 막대기에 맞추어 몸의 색깔을 바꾸었다는 것을 발견했다.

얼룩나방은 위장술의 달인이다. (①) 애벌레 단계에서, 그들은 주변 환경을 보지 않고도 피부색을 그들의 환경에 섞이게 바꿀 수 있다는 새로운 연구결과가 나왔다. (②) 300마리 이상의 얼룩나방 유충을 기른 후 영국 연구진은 검은 페인트로 일부 유충의 시야를 가렸다. (③) 유충은 흰색, 녹색, 갈색 또는 검은 막대기가 들어있는 상자에 넣어 적응할 시간을 부여했다. (④) 연구자들은 그 애벌레들을 두 가지 다른 색깔의

막대기가 들어있는 새 상자로 옮겼고, 약 80%의 곤충들이 자신의 몸 색깔에 맞는 막대기에 의지하여 휴식을 취하기로 선택했다. (⑤) 연구진은 이 연구결과가 얼룩나방 유충이 피부로 볼 수 있는 피부 광선 감각 능력이 있다는 강력한 증거를 제공한다고 밝혔다.

35 ① 주어진 문장에서 미국에 전기가 공급되기 시작하면서 공장이 전기화되고, 자동차를 중심으로 양산품 시대가 문을 열었다고 하였다. 그러므로 전기로 인한 자동차의 대량 생산이 사회의 방향을 바꾸었다고 한 글 (A)가 그 다음에 와야 한다. 글 (C)에서 점점 자동차의 수요가 증가하게 되고, 글 (B)에서 증가한 자동차들을 위한 콘크리트 고속도로가 만들어졌다고 설명하고 있다. 그러므로 주어진 글 다음에 (A) – (C) – (B)의 순으로 이어져야 한다.

어휘

- urban : 도시의, 도회지의
- electrify : 전기를 통하게 하다
- onset : 시작
- rural : 시골의
- kingpin : 중심인물
- affordable : 줄 수 있는, (가격이) 알맞은
- alter : 변하다, 달라지다, 바꾸다
- temporal : 시간의, 시간의 제약을 받는
- spatial : 공간의, 공간적인
- orientation : 방향, 지향, 성향
- stretch : 늘이다, 뻗은 지역
- culminating : 절정에 달하는, 궁극의
- seamless : 아주 매끄러운
- interstate highway : 주간 고속도로
- impetus : 자극, 추진력
- emerge : 나오다, 드러나다
- suburb : 교외
- nascent : 발생기의, 초기의
- rev up : 활성화되다, 활기띠다
- assembly line : 조립 라인

해석

> 1900년부터 대공황이 시작되기 전인 1929년까지 미국의 도시 지역은 전기가 공급되었고, 1936년부터 1949년 사이에 미국의 시골 지역 뒤를 이었다. 공장의 전기화는 자동차를 중심으로 양산품 시대를 열었다.

(A) 전기가 없었다면 Henry Ford는 노동자들에게 일을 제공하고 수백만 명의 미국인들이 사용할 수 있는 적당한 가격의 자동차를 제조할 수 있는 전력 도구가 없었을 것이다. 가

솔린 모델 T 자동차의 대량 생산은 사회의 시간적, 공간적 방향을 바꾸었다.

(C) 수백만 명의 사람들이 말과 벌레를 자동차와 교환하기 시작했다. 증가하는 연료 수요를 충족시키기 위해 초창기 석유 산업은 탐사 및 시추에 박차를 가하고 전국에 송유관을 건설했으며 조립 라인에서 나오는 수백만 대의 자동차에 동력을 공급하기 위해 수천 개의 주유소를 설치했다.

(B) 미국 전역에 콘크리트 고속도로가 설치되었고, 세계 역사상 가장 큰 공공 사업인 미국 주간 고속도로 시스템이 절정에 달해 완벽한 해안 간 도로 시스템을 만들었다. 주간 고속도로는 도시 지역에서 고속도로 출구에서 튀어 나오는 새로 생겨난 교외 지역으로 수백만 가구의 대규모 이주를 촉발했다.

36 ⑤ 주어진 글에서 자신의 감정이 타인에게 미치는 영향에 대해 언급했고, 그 감정이 적절하다 할지라도 문제로 이어질 수 있다고 하였다. 그에 대한 설명이 글 (C)에 나와 있고 감정은 일치하거나 일치하지 않을 수도 있다고 하였으므로 일치하는 경우에 대해 설명한 글 (B)가 다음에 와야 한다. 실제의 감정과 드러난 말과 말투가 다를 때 오는 문제를 글 (A)에서 정리하고 있으므로 주어진 글 다음에 (C) – (B) – (A)의 순으로 이어져야 한다.

어휘

- be aware of : ~을 알다
- appropriate : 적절한
- intensity : 강렬함, 격렬함, 강도
- inappropriate : 부적절한, 부적합한
- recipient : 받는 사람, 수령[수취]인
- facilitate : 가능하게[용이하게] 하다
- derail : 탈선하다[시키다]
- psychotherapy : 심리 요법, 정신 치료
- congruent : 알맞은, 적절한, 합동의
- indicate : 나타내다[보여 주다]
- refer to : 언급하다, …에 적용되다
- verbal : 언어[말]의, 구두의
- incongruent : 맞지 않는, 조화하지 않는

해석

> 모든 사람이 자신의 감정이 인생에서 다른 사람에게 어떤 영향을 미치는지 알고 있는 것은 아니다. 감정이 적절할 때에도, 그들의 강도는 문제로 이어질 수 있다. 물론 어떤 감정은 부적절하다.

(C) 감정이 적절한 것으로 간주되는지 여부는 감정이 표시되는 맥락과 관련된 사람들과 관련이 있다. 감정은 또한 일

치하거나, 일치하지 않을 수도 있다.

(B) 그들이 일치할 때, 그 감정은 전달되고 있는 메시지와 들어맞는다. 어떤 사람들은 그들의 말과 말투로 다른 감정을 나타낼 수도 있다. 때때로 이것은 언어적 행동과 비언어적 행동의 차이점이라고 일컬어진다.

(A) 그러한 메시지는 그 감정의 수신자를 혼란스럽게 하는 경향이 있고 문제를 일으킬 수 있다. 사람들이 감정을 표현할 때, 그들은 관계를 촉진하거나 그들을 탈선시킬 수 있다. 감정표현의 영향을 이해하는 것이 심리치료의 핵심이다.

[37~38]

어휘

- barely : 간신히, 가까스로, 겨우
- fiercely : 사납게, 맹렬하게
- chores : 잡일, 허드렛일
- regardless : 개의치[상관하지] 않고
- hold back : 기다리다, 저지[억제]하다
- velvety : 벨벳같은, 아주 부드러운
- soapy water : 비눗물
- beat : 이기다, 통제[억제]하다
- pitching : 투구
- ranch : 목장
- annual : 연간의, 매년의
- driveway : 진입로[차도]
- platter : 접시
- grin from ear to ear : 활짝 웃다[싱글벙글하다]
- folks : 사람들
- cuisine : 요리법, 요리
- custom : 관습, 풍습

해석

어느 날 아침, 잠에서 깨어 보니 기온이 겨우 5도였고 바람도 매섭게 불고 있었다. 아빠와 다른 카우보이들은 상관없이 집안일을 했지만 엄마는 나를 제지했다. "너와 내가 오늘 초콜릿 케이크를 만드는 게 어때?"라고 그녀가 말했다.

엄마는 내가 찾아야 할 재료들을 말해주셨고 밀가루와 설탕을 그릇에 숟가락으로 떠서 넣기 시작했다. "사용량을 어떻게 알아요?" 하고 나는 물었다. 나는 그녀가 요리 레시피를 보는 것을 본 적이 없다.

"적당한 균형을 찾는 거야. 처음에는 실수를 하겠지만 그렇게 배우는 거란다."라고 말했다.

곧 그 집은 풍성하고 벨벳 같은 초콜릿의 달콤한 향기로 가득 찼다. 오븐에서 나오는 열기는 따뜻하고 반가웠다.

"다음엔 무슨 일이 생길지 알지?" 엄마가 내게 물었다.

"먹어요!" 하고 나는 말했다.

엄마는 웃었다. "먼저 청소를 하러 와야지." 그녀가 싱크대를 뜨거운 비눗물로 가득 채우며 말했다. 음, 심지어 재미있는 일도 힘든 일을 필요로 했다. "요리의 즐거움은 먹는 것에 관한 것이 아니란다. 사람들 얼굴에 비친 미소를 보는 거야."

나는 몇 살 더 먹었을 때까지 미소가 초콜릿 케이크 한 조각을 어떻게 이길 수 있는지 잘 보지 못했다. 나는 15살이었고, 아빠, 오빠, 그리고 나는 친구의 목장에서 이웃집이라고 불리는 연례 행사인 일을 하고 있었다. 한낮쯤, 구슬땀을 얼굴에 흘리는 아빠가, "오늘은 봉급을 잘 받는 게 좋겠다."라 하는 것을 들었다. 와우, 현금 받는구나, 하고 나는 생각했다. 그리고 차도를 따라 내려오는 차를 보기 위해 고개를 들었고, 사람들이 프라이드 치킨 접시와 빵가루 입힌 돼지고기, 각종 샐러드, 케이크와 파이를 들고 왔다. 카우보이들은 활짝 웃고 있었다. 오늘에 이르기까지, 나는 아침에 열심히 일한 후에 먹은 그 음식이 얼마나 맛있었는지 기억한다. 그날 오후, 카우보이들은 웃고 떠들며 두 배나 열심히 일했다. 나는 엄마가 왜 요리하는 것을 좋아했는지에 대해 뭐라고 말했는지 생각해 보았다. 사람들에게 그렇게 많은 즐거움을 줄 수 있다는 건 꽤 특별해 보였다.

37 ⑤ 엄마가 말한 요리의 즐거움은 음식을 먹는 것이 아니고 그 음식을 먹는 사람들의 행복한 얼굴을 보는 것이다. '나'는 이것을 처음에는 이해하지 못하였지만, 나중에 직접 경험해 보고 그 말을 이해하게 된다. 그러므로 제시문의 제목으로는 ⑤의 'A Lesson on the Joy of Cooking(요리의 즐거움에 대한 교훈)'이 가장 적절하다.

오답풀이

① 오래된 습관은 쉽게 사라지지 않음
② 당신이 먹는 것이 당신을 만든다
③ 당신은 좋은 이웃인가?
④ 다양한 카우보이 요리

38 ④ 나는 아버지가 말한 '지불'이 돈인줄 알았으나, 실제로 그들이 받은 것은 맛있는 음식들이었다. 그러므로 ④의 'What the old man meant by payment was the food. (아빠가 말한 지불을 의미하는 것은 음식이었다)'는 제시문의 내용과 일치한다.

오답풀이

① 엄마가 요리를 할 때는 레시피를 충실히 따랐다.
② 엄마는 요리에 있어 가장 중요한 것은 맛이라고 했다.
③ 이웃을 부르는 풍습은 매달 행해졌다.
⑤ 카우보이들은 오후에 일하는 것을 좋아하지 않았다.

[39~40]

어휘

- interface : 인터페이스, 접속기
- exploit : 이용하다, 착취하다
- fort : 보루, 요새, 진지
- arithmetic : 산수, 연산, 계산
- transmission : 전염, 전파, 전송
- outperform : 능가하다
- demonstrate : 증거를 들어가며 보여 주다, 입증하다
- complications : 합병증
- hemorrhage : 출혈
- stimulating : 자극이 되는, 고무적인
- subthalamic nucleus : 시상밑핵
- immobilize : 움직이지 못하게 하다, 고정시키다
- lurk : 숨어 있다
- cognitive : 인식[인지]의
- complaint : 불평[항의], 통증
- alleviate : 완화하다
- functionality : 기능성, 목적, 기능
- breakthrough : 돌파구
- augment : 늘리다, 증가시키다
- dwindle : 줄어들다
- neuroscience : 신경 과학
- deprivation : 박탈[부족]
- authoritative : 권위적인, 권위 있는
- establishments : 시설, 기관, 지배층

해석

때때로 뇌와 컴퓨터 간 직접 연결 체계, 특히 임플란트는 인간이 디지털 컴퓨팅, 즉 완벽한 리콜, 빠르고 정확한 산술 계산, 고대역폭 데이터 전송의 요새를 이용할 수 있게 해줌으로써 결과적으로 하이브리드 시스템이 증강되지 않은 뇌를 획기적으로 능가할 수 있게 해 줄 수 있다고 제안된다. 그러나 인간의 두뇌와 컴퓨터 사이의 직접적인 연결 가능성은 입증되었지만, 그러한 인터페이스가 가까운 시일 내에 향상으로 널리 사용될 것 같지는 않다.

우선, 뇌에 전극을 이식할 때 감염, 전극 변위, 출혈, 인지 저하 등 의학적으로 심각한 합병증의 위험이 있다. 아마도 뇌 자극을 통해 얻을 수 있는 이점에 대한 현재까지 가장 생생한 예시는 파킨슨병 환자들의 치료일 것이다. 파킨슨 임플란트는 뇌와 실제로 소통하는 것이 아니라 단지 시상밑핵에 자극적인 전류를 공급한다는 점에서 비교적 간단하다. 실험 비디오는 실험 대상자가 의자에 털썩 주저앉아 질병에 의해 움직이지 못하다가 전류가 켜졌을 때 갑자기 살아나는 모습을 보여준다: 실험 대상자는 이제 팔을 움직이고, 일어서서 방을 가로

질러 걷고, 돌아서서 피루엣을 공연한다. 그러나 이 특히 간단하고 거의 기적적으로 성공한 절차 뒤에는 부정적인 면이 숨어 있다. 심뇌 임플란트를 받은 파킨슨 환자들에 대한 한 연구는 언어 유창성, 선택적 주의력, 색상 이름 지정, 언어 기억력 등이 대조군에 비해 감소하는 것으로 나타났다. 치료 대상자들은 또한 더 많은 인지적 불만을 보고했다. 그러한 위험과 부작용은 심각한 장애를 완화하기 위해서라면, 이 수술을 사용하는 것을 견딜 수 있을 것이다. 하지만 건강한 피실험자들이 신경외과에 자원하기 위해서는, 정상적인 기능성을 <u>상당히 향상시켜야</u> 할 것이다.

39 ④ 제시문은 뇌 자극을 통해 파킨슨병 환자가 움직임을 보이는 긍정적인 결과가 있는 반면에 언어 유창성, 선택적 주의력, 색상 이름 지정, 언어 기억력 등은 대조군에 비해 감소한다는 것을 언급한다. 그러므로 ④의 'Direct Brain-Computer Interfaces: Pros and Cons(뇌와 컴퓨터 간 직접 연결 체계: 장단점)'이 제시문의 제목으로 가장 적절하다.

오답풀이

① 뇌와 컴퓨터 간 연결 체계를 통한 전체 기능 확보
② 파킨슨병 치료의 돌파구
③ 임플란트를 통한 뇌의 힘 증가시키는 최고의 방법
⑤ 신경 과학에서의 성공에 대한 희망의 감소

40 ① 파킨슨병에 걸린 환자들은 뇌 자극 실험에 여러 가지 부작용이 있음에도 병을 완화시킬 수 있다면 견딜 수 있다고 한다. 하지만 건강한 사람이 이 실험을 하려면 여러 부작용에 대비하여 미리 정상적인 기능들을 향상시켜 놓아야 할 것이다. 그러므로 빈칸에는 ①의 'substantial enhancement(대폭 향상)'가 들어갈 말로 가장 적절하다.

오답풀이

② 보편적 허용
③ 복잡한 업적
④ 완전 박탈
⑤ 권위 있는 시설들

[41~42]

어휘

- disabled : 장애를 가진, 장애인들
- inflict : (괴로움 등을) 가하다
- definition : 정의, 의미
- proof : 증거(물), 증명(서)
- fascinated : 매료된
- obedient : 순종적인, 복종하는

- divine : 신[하느님]의, 신성한
- liberate : (사회적 제약·편견에서) 해방된[자유로운]
- deduce : 추론[추정]하다, 연역하다
- centre : 중심, 중앙, 가운데
- orbit : 궤도, 영향권, 궤도를 돌다
- cast : (빛을) 발하다, (그림자를) 드리우다
- chink : 틈, 가늘게 새어 들어오는 빛
- contemporary : 동시대의, 현대의, 당대의
- stunning : 굉장히 아름다운[멋진], 깜짝 놀랄
- realisation : 깨달음, 자각, 인식, 실현
- decipher : 판독하다, 해독하다
- reveal : 드러내다, 밝히다
- transcend : 초월하다

해석

수세기 동안 나 같은 장애인들은 신이 가한 시련을 받으며 살고 있다고 믿어졌다. 글쎄, 내가 저 위에서 누군가를 (A) 속상하게 했을 가능성이 있다고 생각하지만, 나는 모든 것이 자연의 법칙에 의해 다른 방식으로 설명될 수 있다고 생각하는 것을 선호한다. 만약 당신이 나처럼 과학을 믿는다면, 당신은 항상 지켜지는 어떤 법칙이 있다고 믿는다. 원한다면 율법은 신의 일이라고 할 수 있지만 그것은 신의 존재에 대한 증거라기보다는 신의 정의라고 할 수 있다. 기원전 300년경, Aristarchus라는 철학자는 특히 월식에 매료되었다. 그는 그들이 정말 신들에 의해 야기된 것인지 의문을 제기할 만큼 (B) 용감했다. Aristarchus는 진정한 과학의 선구자였다. 그는 천하를 주의 깊게 연구하여 대담한 결론에 도달했다. 그는 월식이 실제로 달 위를 지나가는 지구의 그림자라는 것과 (C) 신성한 사건이 아니라는 것을 깨달았다. 이 발견으로 자유로워진 그는 머리 위에서 실제로 무슨 일이 일어나고 있는지 알아낼 수 있었고, 태양과 지구와 달의 진정한 관계를 보여주는 도표를 그릴 수 있었다. 거기서 그는 더욱 주목할 만한 결론에 도달했다. 그는 모두가 생각했던 것처럼 지구가 우주의 중심이 아니라 태양을 공전하는 것이라고 추론했다. 사실, 이 배열의 이해는 모든 일식과 월식을 설명한다. 달이 지구에 그림자를 드리울 때, 그것은 일식이다. 그리고 지구가 달을 음영으로 가리면, 그것은 월식이다. 그러나 Aristarchus는 그것을 더 이어나갔다. 그는 그의 동시대인들이 믿었던 것처럼 별들이 천국의 바닥에서 쨍그랑거리는 것이 아니라, 별들은 우리와 같은, 아주 먼 곳에 있는 다른 태양들일 뿐이라고 제안했다. 얼마나 놀라운 현실이었을까. 우주는 인간의 정신으로 이해될 수 있는 원리나 법칙에 의해 지배되는 기계다.

41   ③ (A) 장애는 신으로부터 받은 시련이라고 믿고 있는 사람들이 있다고 하였으므로, 'upset(속상하게 하다)'이 적절하다.

(B) 월식과 같은 자연 현상이 정말로 신들에 의해 야기된 것일지에 대해 의문을 가진 것이므로, 신의 권능에 도전하는 것이라고 볼 수 있다. 그러므로 'brave(용감한)'가 적절하다.

(C) 월식은 신의 능력이 아니라 단지 지구의 그림자가 달을 지나가는 자연적인 현상일 뿐이라는 것을 발견해낸 것이므로, 'divine(신성한)'이 적절하다.

42   ④ 장애나 일식, 월식 등의 자연 현상은 과학이 발전하기 이전에는 인간이 이해할 수 없는 신의 권능이라고 생각되었지만, 여러 연구를 통해 그것들 역시 어떠한 원리나 법칙에 의해 움직인다는 것을 알게 되었다. 그러므로 빈칸에는 ④의 'can be understood by the human mind (인간의 정신으로 이해될 수 있다)'가 들어가는 것이 가장 적절하다.

오답풀이

① 신의 암호를 해독하다
② 신의 존재를 밝혀내다
③ 인간의 과학적 역량을 초월하다
⑤ 신과 자연의 유대를 강화하다

[43~45]

어휘

- frizzy-hair : 곱슬곱슬한 머리
- bachelorette : 미혼[독신] 여성
- variation : 변화, 변형, 변주곡
- composer : 작곡가
- foyer : 로비, 현관[입구]
- opus : 작품
- weasel : 족제비
- experiment : 실험을 하다
- atonal : 무조의
- desperately : 절망적으로, 필사적으로
- exceedingly : 극도로, 대단히
- jackass : 멍청이
- occasional : 가끔의
- allusion : 암시
- dissonance : 불협화음
- brutality : 잔인성, 야만성, 무자비
- commotion : 소란, 소동
- choreographer : 발레 편성가, 안무가
- discordant note : 불협 화음
- jubilant : 승리감에 넘치는, 의기양양한
- impartial : 공정한

- amusing : 재미있는, 즐거운
- candid : 솔직한
- reserved : 내성적인
- dexterity : 재주
- suffer from : ~로 고통받다
- knack : 재주, 요령
- overshadow : 빛을 잃게[무색하게] 만들다
- comprehensive : 포괄적인, 종합적인
- riot : 폭동, 모임[집합]

해석

나는 사실 Stravinsky에 대해 아주 일찍부터 알고 있었다. 나는 12살쯤이었다. 나는 멋지고 곱슬머리에 30대 미혼인 Denise에게서 피아노 레슨을 받고 있었는데, 그는 바흐의 변주곡인 Für Elise와 내 흥미를 유지하기 위한 스타워즈의 테마를 가르쳐 주기 위해 우리 아파트로 오곤 했다. 음악적 재능을 전혀 보이지 않는다는 사소한 문제에도 불구하고, 나는 어떻게든 그것을 다음 단계로 가야겠다고 결심했다. 나는 작곡가가 되어야 했다.

그래서 어느 주에는 매일 오후 몇 시간씩 우리 현관의 피아노 주위를 어슬렁거리고, 메모를 쓰고, 지우고, 또 몇 개 더 썼다. 마침내 금요일에 Denise가 왔고, 나는 그녀를 위해 내 작품을 연주했다. Madison 거리의 교통체증, 팩스기, 그리고 발정난 족제비들이 합쳐진 소리 같았다.

"잘했어, A.J."라고 그녀가 말했다. "너는 무조 구성에서 실험을 하고 있구나."

"네, 저는 무조 구성에 관심이 많아요." 물론, 나는 무조 작곡이 무엇인지 전혀 알지 못했다. 사실, 나는 필사적으로 조성 작곡을 하려고 노력하고 있었다. 단지 (A) 내 귀가 100% 깡통이었던 것이다.

"Stravinsky가 생각나는구나."라고 그녀가 말했다.

"아, 네, Stravinsky." 나는 고개를 끄덕이며 대답했다. Denise는 아주 친절하게 대해주고 있었다. 그녀는 나를 좌절시키고 싶지 않아 했지만, Stravinsky를 떠올릴 수 있는 유일한 방법은 Stravinsky가 우연히 건반에 앉는 것이었다.

그렇게 해서 러시아 거장을 처음 알게 되었다. 그 후, 대학에서는 Stravinsky에 대한 지식을 The Rites of Spring(봄의 제전)이라는 네 단어만큼 넓혔다. 봄의 제전을 쓴 무조 작곡가. 그것이 나의 견해였다.

Britannica로부터 나는 두 가지 중요한 것을 배웠다. 먼저, 봄의 제전이다. 단 하나의 의식이었다. 그래서 내가 Stravinsky를 가끔 넌지시 말할 때 나는 내내 얼간이처럼 들렸었다. 둘째, '봄의 제전'은 1913년 5월 29일 테레 드 샹젤리제스에서 데뷔했을 때 '개야 폭동'을 일으키기에 충분했다.

Stravinsky의 점수는 "스캔들한 불협화음과 율동적인 야만성"으로 시크한 파리 관객들 사이에서 소란을 일으켰다. 소동이

너무 커서 발레 무용수들은 근처 구덩이에서 오케스트라의 소리를 들을 수 없었다. 그러나 무용수들은 어쨌든 무대 옆의 의자에 서서 소리를 지르고 리듬을 흉내내는 안무가의 재촉을 받으며 계속 춤을 추었다.

난 이게 너무 좋다. 1세기 전만 해도 불협화음을 낸 발레가 실제 폭동을 일으킬 수 있다는 사실이 믿기지 않는다. 요즘 발레단의 관객들은 거의 폭동을 일으키지 않는다. 그들은 종종 잠이 들기에 너무 바쁘다. 혹은 그들이 정말로 화가 났다면, 그들은 어디선가 멋진 파스타 저녁을 먹기 위해 첫 번째 연극이 마치고 떠난다.

43 ③ 자신이 연주하는 음악에 대해 표현하는 태도나 불협화음을 내는 무조음악을 듣고 솔직하게 반응했던 1세기 전의 분위기를 사랑했다고 하는 것으로 보아 필자의 태도는 'amusing and candid(재미있고 솔직한)'하다고 할 수 있다.

오답풀이

① 낙천적이고 의기양양한
② 객관적이고 공정한
④ 짜증이 나고 비판적인
⑤ 차분하고 내성적인

44 ④ 제시문에 따르면, '나'는 무조 음악에 대해 알지도 못하였고, 음조 음악을 쓰려고 하였으나 선생님의 귀에는 무조 음악처럼 들렸다. 그러므로 (A)가 의미하는 바로는 ④의 'I could not hear the differences between musical notes. (나는 음악적 음의 차이점을 들을 수 없었다)'가 가장 적절하다.

오답풀이

① 나는 작곡가의 기대에 못 미치는 건반 실력을 가졌었다.
② 나는 내 귀를 향한 Denise의 강타로 고통받았다.
③ 나는 무조 음악과 음조 음악을 작곡하는 데 재주가 있었다.
⑤ 내 연주로 인해 내 작곡 실력은 무색해졌다.

45 ③ 나는 Stravinsky에 대해 원래 알고 있었고, 그에 대해 대학에서는 그의 작품 '봄의 제전'에 대한 지식이 넓어졌다는 서술만 되어있으므로 ③의 'I gained a comprehensive understanding of Stravinsky in college. (나는 대학에서 Stravinsky에 대한 포괄적인 이해를 얻었다)'가 제시문의 내용과 일치하지 않는다.

오답풀이

① 나의 피아노 선생님은 미혼이고 30대였다.
② 나는 피아노로 스타워즈 테마를 배운 적이 있다.
④ Britannica는 Stravinsky에 대한 나의 오해를 깨닫게 해주었다.
⑤ 나는 불협 화음이 폭동을 일으킨 것에 놀랐다.

01 ⑤	02 ②	03 ①	04 ③	05 ④	06 ①
07 ③	08 ②	09 ①	10 ②	11 ⑤	12 ①
13 ④	14 ③	15 ②	16 ③	17 ①	18 ②
19 ④	20 ⑤	21 480	22 13	23 973	24 31
25 3					

01 $\log_3 x = t$라 하면

$\log_3(\log_{27} x) = \log_{27}(\log_3 x)$에서

$\log_3\left(\dfrac{t}{3}\right) = \dfrac{1}{3}\log_3 t$이다.

식을 정리하면

$\log_3 t - 1 = \dfrac{1}{3}\log_3 t$

$\log_3 t = \dfrac{3}{2}$

따라서 $t = 3^{\frac{3}{2}}$이다.

$(\log_3 x)^2 = t^2$

$= (3^{\frac{3}{2}})^2$

$= 3^3$

$= 27$

$\therefore (\log_3 x)^2 = 27$

02 $x = \dfrac{1 + \sqrt{2} + \sqrt{3}}{1 - \sqrt{2} + \sqrt{3}}$에서 양변에 각각 $\sqrt{2}$를 빼면

$x - \sqrt{2} = \dfrac{1 + \sqrt{2} + \sqrt{3}}{1 - \sqrt{2} + \sqrt{3}} - \sqrt{2}$

$= \dfrac{1 + \sqrt{2} + \sqrt{3}}{1 - \sqrt{2} + \sqrt{3}} - \dfrac{\sqrt{2}(1 - \sqrt{2} + \sqrt{3})}{1 - \sqrt{2} + \sqrt{3}}$

$= \dfrac{1 + \sqrt{2} + \sqrt{3} - \sqrt{2} + 2 - \sqrt{6}}{1 - \sqrt{2} + \sqrt{3}}$

$= \dfrac{3 + \sqrt{3} - \sqrt{6}}{1 - \sqrt{2} + \sqrt{3}}$

$= \dfrac{\sqrt{3}(1 - \sqrt{2} + \sqrt{3})}{1 - \sqrt{2} + \sqrt{3}}$

$= \sqrt{3}$

따라서 $x = \sqrt{2} + \sqrt{3}$이다.

$x(x - \sqrt{2})(x - \sqrt{3}) = (\sqrt{2} + \sqrt{3}) \times \sqrt{3} \times \sqrt{2}$

$= \sqrt{12} + \sqrt{18}$

$= 2\sqrt{3} + 3\sqrt{2}$

$\therefore x(x - \sqrt{2})(x - \sqrt{3}) = 3\sqrt{2} + 2\sqrt{3}$

03 어느 대학에 입학하는 학생 한 명의 입학시험점수를 확률변수 X라 하면 확률변수 X는 정규분포 $N(63.7, 10^2)$을 따르고 $Z = \dfrac{X - 63.7}{10}$로 놓으면 확률변수 Z는 표준정규분포 $N(0, 1)$을 따른다.

50명을 모집하는데 5000명이 지원하였고 이 대학에 입학하기 위한 최저점수를 a라 하면

$P(X \geq a) = P\left(Z \geq \dfrac{a - 63.7}{10}\right) = 0.01\left(= \dfrac{50}{5000}\right)$

$P\left(Z \geq \dfrac{a - 63.7}{10}\right) = 0.01 = 0.5 - P\left(0 \leq Z \leq \dfrac{a - 63.7}{10}\right)$

따라서 $P\left(0 \leq Z \leq \dfrac{a - 63.7}{10}\right) = 0.49$

표준정규분포표에서 $P(0 \leq Z \leq 2.33) = 0.490$이므로

$\dfrac{a - 63.7}{10} = 2.33$

$a - 63.7 = 23.3$

$a = 23.3 + 63.7 = 87$

94.6점 이상인 학생이 장학금을 받으므로

$P(X \geq 94.6) = P\left(Z \geq \dfrac{94.6 - 63.7}{10}\right)$

$= P(Z \geq 3.09)$

$= 0.5 - P(0 \leq Z \leq 3.09)$

$= 0.5 - 0.499$

$= 0.001$

즉 상위 0.1%의 학생들이 장학금을 받는다.

5000명 중 0.1%는 5명이므로 $b = 5$

$\therefore a + b = 87 + 5 = 92$

04 $\lim\limits_{x \to 2} \dfrac{f(x)}{x - 2} = 4$에서 $x \to 2$일 때 (분모) $\to 0$이고

극한값이 존재하므로 (분자) $\to 0$이어야 한다.

즉, $f(2) = 0$

이를 $\lim\limits_{x \to 4} \dfrac{f(x)}{x - 4} = 2$에 적용하면 $f(4) = 0$이다.

따라서 $f(x) = (x - 2)(x - 4)Q(x)$ ($Q(x)$는 다항함수)

$\lim\limits_{x \to 2} \dfrac{f(x)}{x - 2} = \dfrac{(x - 2)(x - 4)Q(x)}{x - 2}$

$$=-2Q(2)$$
$$=4$$

따라서 $Q(2)=-2$

$$\lim_{x\to 4}\frac{f(x)}{x-4}=\frac{(x-2)(x-4)Q(x)}{x-4}$$
$$=2Q(4)$$
$$=2$$

따라서 $Q(4)=1$

그런데 $Q(x)$는 다항함수이므로 모든 실수 x에서 연속이다. 이 때 $Q(2)Q(4)<0$이므로 사잇값 정리에 의해 $Q(x)=0$은 구간 $[2,\ 4]$에서 적어도 하나의 실근을 가지므로 방정식 $f(x)=0$은 구간 $[2,\ 4]$에서 적어도 3개의 실근을 갖는다.

05 $f(x)=x^2-1$라 하면 $f'(x)=2x$

점 $(t,\ t^2-1)$에서의 접선의 기울기는 $f'(t)=2t$이므로 접선 l의 접선의 방정식은

$$y-(t^2-1)=2t(x-t)$$
$$y-t^2+1=2tx-2t^2$$
$$y=2tx-t^2-1$$

구하고자 하는 도형의 넓이를 S라 하면

$$S=\int_0^1\{(x^2-1)-(2tx-t^2-1)\}dx$$
$$=\int_0^1(x^2-2tx+t^2)dx$$
$$=\left[\frac{1}{3}x^3-tx^2+t^2x\right]_0^1$$
$$=\frac{1}{3}-t+t^2$$
$$=\left(t-\frac{1}{2}\right)^2+\frac{1}{3}-\frac{1}{4}$$
$$=\left(t-\frac{1}{2}\right)^2+\frac{1}{12}$$

따라서 $t=\frac{1}{2}$일 때 넓이 S의 최솟값은 $\frac{1}{12}$이다.

$$\therefore\ \frac{1}{12}$$

06 첫날에 파란색 밴드를 사용하였으므로 둘째 날에는 파란색 밴드를 제외한 4가지 선택이 가능하다. 셋째 날에는 둘째 날에 사용하지 않은 색을 사용해야 하므로 4가지, 넷째 날에는 셋째 날 사용하지 않은 색을 사용해야 하므로 4가지, 다섯째 날에는 넷째 날에 사용하지 않은 색을 사용해야 하므로 4가지, 즉, 전체 경우의 수는 $4^4=256$가지이다.

구하는 경우의 수는 셋째 날에 파란색 밴드를 사용하는 경우의 수와 사용하지 않는 경우의 수를 더한 것과 같다.

1	2	3	4	5
파란색 밴드		파란색 밴드		파란색 밴드

(ⅰ) 첫째, 셋째, 다섯째 날 파란색 밴드를 사용하면 둘째, 넷째 날에 올 수 있는 경우의 수는 (빨, 주, 노, 초)의 4가지 색이 각각 올 수 있으므로 총 경우의 수는 $4\times 4=16$가지이다.

(ⅱ) 첫째, 다섯째 날에 파란색 밴드를 사용한다면 둘째 날에는 (빨, 주, 노, 초)의 4가지 색을 사용할 수 있다. 또한 넷째 날에는 파란색 밴드를 사용할 수 없다.

둘째 날에 빨간색 밴드를 사용했다고 가정하면

1	2	3	4	5
파란색 밴드	빨간색 밴드			파란색 밴드

셋째 날에는 (주, 노, 초)의 3가지 색을 사용할 수 있다. 셋째 날에 주황색 밴드를 사용했다고 가정하면

1	2	3	4	5
파란색 밴드	빨간색 밴드	주황색 밴드		파란색 밴드

넷째 날에는 (빨, 노, 초)의 3가지 색을 사용할 수 있다. 따라서 총 경우의 수는 $4\times 3\times 3=36$가지이다.

구하는 확률은 $\dfrac{16+36}{4^4}=\dfrac{4\times 13}{4\times 4\times 4\times 4}=\dfrac{13}{64}$

$$\therefore\ \frac{13}{64}$$

07 등비수열 $\{a_n\}$의 첫 번째 항을 a, 등비수열 $\{b_n\}$의 첫 번째 항을 b, 공비를 r이라 하여 일반항을 구하면

$a_n=ar^{n-1}$, $b_n=br^{n-1}$이다.

$a_nb_n=\dfrac{(a_{n+1})^2+4(b_{n+1})^2}{5}$에 대입하여 계산하면

$$abr^{2n-2}=\frac{(ar^n)^2+4(br^n)^2}{5}$$
$$\frac{abr^{2n}}{r^2}=\frac{r^{2n}(a^2+4b^2)}{5}$$
$$\frac{ab}{r^2}=\frac{a^2+4b^2}{5}$$
$$\frac{1}{r^2}=\frac{a^2+4b^2}{5ab}=\frac{a}{5b}+\frac{4b}{5a}$$

$a>0$, $b>0$이므로 산술 · 기하 평균에 의하여

$$\frac{1}{r^2}=\frac{a}{5b}+\frac{4b}{5a}$$
$$\geq 2\sqrt{\frac{a}{5b}\times\frac{4b}{5a}}$$
$$\geq 2\sqrt{\frac{4}{25}}$$
$$\geq \frac{4}{5}$$

$\dfrac{1}{r^2}\geq\dfrac{4}{5}$이므로 $r^2\leq\dfrac{5}{4}$이다.

따라서 $-\dfrac{\sqrt{5}}{2}\leq r\leq\dfrac{\sqrt{5}}{2}$이고 모든 항이 양수라고 하였으므로

r의 범위는 $0 < r \leq \dfrac{\sqrt{5}}{2}$가 된다.

구하는 r의 최댓값은 $\dfrac{\sqrt{5}}{2}$이다.

08 5개의 숫자를 1, 2, 3, x, y라 하면 모든 자리 수의 합이 10이라고 하였으므로 $x + y = 4$이다.

(i) 0, 1, 2, 3, 4가 올 때

다섯 자리 자연수라고 하였으므로 맨 앞에 올 수 있는 숫자의 경우의 수는 4가지이다.

따라서 $4 \times 4 \times 3 \times 2 \times 1 = 96$가지

(ii) 1, 1, 2, 3, 3이 올 때

$\dfrac{5!}{2! \times 2!} = \dfrac{5 \times 4 \times 3 \times 2 \times 1}{2 \times 1 \times 2 \times 1} = 30$가지

(iii) 1, 2, 2, 2, 3이 올 때

$\dfrac{5!}{3!} = \dfrac{5 \times 4 \times 3 \times 2 \times 1}{3 \times 2 \times 1} = 20$가지

따라서 구하는 총 경우의 수는 $96 + 30 + 20 = 146$가지이다.

09 $\dfrac{8}{a_k} = b_k$라 치환하면 주어진 관계식은

$\left(4 - \dfrac{8}{b_{k+1}}\right)\left(2 + \dfrac{8}{b_k}\right) = 8$

$\dfrac{32}{b_k} - \dfrac{16}{b_{k+1}} - \dfrac{64}{b_k b_{k+1}} = 0$에서 양변을 16으로 나누면

$\dfrac{2}{b_k} - \dfrac{1}{b_{k+1}} - \dfrac{4}{b_k b_{k+1}} = 0$을 통분하면

$\dfrac{2b_{k+1} - b_k - 4}{b_k b_{k+1}} = 0$

따라서 $2b_{k+1} - b_k - 4 = 0$이므로 이를 전개하여 정리하면

$b_{k+1} = \dfrac{1}{2} b_k + 2$

$\left(b_{k+1} - 4\right) = \dfrac{1}{2}(b_k - 4)$

$(b_k - 4) = (b_1 - 4)\left(\dfrac{1}{2}\right)^{k-1}$

$b_k = 4 + 4\left(\dfrac{1}{2}\right)^{k-1}$

$\displaystyle\sum_{k=1}^{9} b_k = \sum_{k=1}^{9} 4 + \sum_{k=1}^{9} 4\left(\dfrac{1}{2}\right)^{k-1}$

$\qquad = 36 + 4\displaystyle\sum_{k=1}^{9}\left(\dfrac{1}{2}\right)^{k-1}$

$\qquad = 36 + 4 \times \dfrac{1 - \left(\dfrac{1}{2}\right)^9}{1 - \dfrac{1}{2}}$

$\qquad = 36 + 8 \times \left\{1 - \left(\dfrac{1}{2}\right)^9\right\}$

$\qquad = 44 - \left(\dfrac{1}{2}\right)^6$

따라서 구하는 정수 부분은

$\therefore 43$

10 1쌍의 부부가 상품을 받을 확률은 $\dfrac{1}{3} \times \dfrac{1}{3} = \dfrac{1}{9}$이므로

$\dfrac{57}{32}\left(\dfrac{8}{9}\right)^n$

$= {}_n C_0\left(\dfrac{1}{9}\right)^0\left(\dfrac{8}{9}\right)^n + {}_n C_1\left(\dfrac{1}{9}\right)^1\left(\dfrac{8}{9}\right)^{n-1} + {}_n C_2\left(\dfrac{1}{9}\right)^2\left(\dfrac{8}{9}\right)^{n-2}$

$= \left({}_n C_0 + {}_n C_1\left(\dfrac{1}{9}\right)^1\left(\dfrac{8}{9}\right)^{-1} + {}_n C_2\left(\dfrac{1}{9}\right)^2\left(\dfrac{8}{9}\right)^{-2}\right)\left(\dfrac{8}{9}\right)^n$

$= \left(1 + \dfrac{n}{8} + \dfrac{n(n-1)}{128}\right)\left(\dfrac{8}{9}\right)^n$

$1 + \dfrac{n}{8} + \dfrac{n(n-1)}{128} = \dfrac{57}{32}$

양변에 128을 곱하면

$128 + 16n + n(n-1) = 228$

전개하여 인수분해하면

$128 + 16n + n^2 - n = 228$

$n^2 + 15n - 100 = 0$

$(n + 20)(n - 5) = 0$이고 n은 자연수이므로

$\therefore n = 5$

11 $a_{2k+1} + 2a_m = g(m+k)$에서

$k = 0$, $m = 1$을 대입하면

$a_1 + 2a_1 = g(1) = 3$

$k = 0$, $m = 2$를 대입하면

$a_1 + 2a_2 = g(2) = 7$

$k = 1$, $m = 1$을 대입하면

$a_3 + 2a_1 = g(2)$

$a_3 + 2 = 7$

$a_3 = 5$

$k = 1$, $m = 2$를 대입하면

$a_3 + 2a_2 = g(3) = 11$

즉 $g(k)$는 첫째 항이 3이고 공차가 4인 등차수열임을 알 수 있다.

따라서 $g(k) = 4k - 1$이다.

$\displaystyle\sum_{k=1}^{10} g(k) = \sum_{k=1}^{10}(4k - 1)$

$\qquad = 4\displaystyle\sum_{k=1}^{10} k - \sum_{k=1}^{10} 1$

$\qquad = 4 \times \dfrac{10 \times 11}{2} - 10$

$\qquad = 220 - 10$

$\qquad = 210$

$\therefore \displaystyle\sum_{k=1}^{10} g(k) = 210$

12 $a^x = t$라 하면 $\dfrac{1}{a} \leq t \leq a$이고

$f(t) = t^2 + 4t - 2$

$t = a$에서 최댓값 10을 가지므로

$f(t)=t^2+4t-2$에 a를 대입하면

$a^2+4a-2=10$

$a^2+4a-12=0$

$(a+6)(a-2)=0$

$a=2$이다.$(a>1)$

따라서 최솟값은 $t=\dfrac{1}{a}=\dfrac{1}{2}$일 때이므로

$f\left(\dfrac{1}{2}\right)=t^2+4t-2=\dfrac{1}{4}+2-2=\dfrac{1}{4}$

13 $f(x)=x^3+1$라 하면 $f'(x)=3x^2$

점 $(1,2)$에서의 접선의 기울기는 $f'(1)=3$이므로 접선 l의 접선의 방정식은

$y-2=3(x-1)$

$y-2=3x-3$

$y=3x-1$

이때, 원의 중심에서 점 $(1,2)$에 그은 직선은 l과 수직이므로 그 직선을 m이라 하면

$y=-\dfrac{1}{3}x+\dfrac{7}{3}$

직선 m은 $\left(0,\dfrac{7}{3}\right)$을 지나고, 중심이 y축 위에 있는 원이라고 하였으므로 원의 중심은 $\left(0,\dfrac{7}{3}\right)$이다.

반지름의 길이(r)는 $\left(0,\dfrac{7}{3}\right)$와 $(1,2)$사이의 거리이므로

$r=\sqrt{(0-1)^2+\left(\dfrac{7}{3}-2\right)^2}$

$=\sqrt{1+\dfrac{1}{9}}$

$=\sqrt{\dfrac{10}{9}}$

따라서 구하는 원의 넓이는 $\left(\sqrt{\dfrac{10}{9}}\right)^2\pi$

$\therefore \dfrac{10}{9}\pi$

14 $\{(x+1)-y\}^{n+2}$의 전개식에서 x^ny^2의 계수를 포함한 식은 다음과 같다.

$_{n+2}C_2(x+1)^n(-y)^2$

따라서 $f(n)=_{n+2}C_2=\dfrac{(n+2)(n+1)}{2}$

$\dfrac{1}{f(n)}=\dfrac{2}{(n+2)(n+1)}=2\left(\dfrac{1}{n+1}-\dfrac{1}{n+2}\right)$

$\sum\limits_{n=1}^{2020}\dfrac{1}{f(n)}=\dfrac{1}{f(1)}+\dfrac{1}{f(2)}+\cdots+\dfrac{1}{f(2020)}$

$=2\left(\dfrac{1}{2}-\dfrac{1}{3}+\dfrac{1}{3}-\dfrac{1}{4}+\cdots+\dfrac{1}{2021}-\dfrac{1}{2022}\right)$

$=2\left(\dfrac{1}{2}-\dfrac{1}{2022}\right)$

$=2\times\dfrac{1010}{2022}$

$=\dfrac{1010}{1011}$

따라서 $a=1010$, $b=1011$이다.

$\therefore a+b=1010+1011=2021$

15 점 P는 $y=2^x-\sqrt{2}$ 위에 있고 x좌표가 a_n이라고 하였으므로 $P(a_n,\ 2^{a_n}-\sqrt{2})$

점 P의 x축에 내린 수선의 발을 R이라 하자. 삼각형 PQR은 빗변의 길이가 n이고 점 P, Q를 지나는 직선의 기울기가 -1이므로 직각이등변삼각형이다.

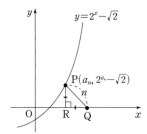

따라서 $\overline{PR}=\dfrac{n}{\sqrt{2}}$이다.

P의 y좌표의 값과 $\overline{PR}$이 같으므로

$2^{a_n}-\sqrt{2}=\dfrac{n}{\sqrt{2}}$

$\sqrt{2}\times(2^{a_n}-\sqrt{2})=n$

$\sqrt{2}\times2^{a_n}=n+2$

$2^{a_n}=\dfrac{n+2}{\sqrt{2}}$

$a_n=\log_2\dfrac{n+2}{\sqrt{2}}$

$=\log_2(n+2)-\log_2\sqrt{2}$

$=\log_2(n+2)-\dfrac{1}{2}$

$\sum\limits_{n=1}^{6}a_n=a_1+a_2+\cdots+a_6$

$=\left(\log_23-\dfrac{1}{2}\right)+\left(\log_24-\dfrac{1}{2}\right)+\cdots+\left(\log_28-\dfrac{1}{2}\right)$

$=\log_2(3\times4\times\cdots\times8)-3$

$=\log_2(2^6\times315)-3$

$=\log_2315+3$

$2^8<315<2^9$이므로 $\log_2315=8.\times\times\times\cdots$

따라서 $\sum\limits_{n=1}^{6}a_n$의 정수 부분은 11이다.

$\therefore 11$

16 $y=2-x^2$ 위의 점 P를 $(t,\ 2-t^2)$이라 하자.

$(\overline{AP})^2=(1-t)^2+(t^2-2)^2\cdots$ ㉠

$=t^2-2t+1+t^4-4t^2+4$

$=t^4-3t^2-2t+5$

$f(t)=t^4-3t^2-2t+5$라 하면

$f'(t)=4t^3-6t-2=2(t+1)(2t^2-2t-1)$

$f'(t)=0$에서 $t=-1,\dfrac{1-\sqrt{3}}{2},\dfrac{1+\sqrt{3}}{2}$

다음 그림과 같이 차례대로 극솟값, 극댓값, 극솟값을 갖는다.

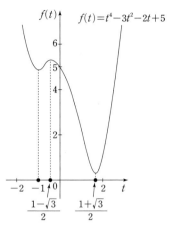

$f(t)$의 최솟값은 $t=\dfrac{1+\sqrt{3}}{2}$일 때이므로

㉠에 대입하여 계산하면

$1-t=\dfrac{1-\sqrt{3}}{2},\ t^2-2=\dfrac{\sqrt{3}-2}{2}$

$(1-t)^2+(t^2-2)^2=\left(\dfrac{1-\sqrt{3}}{2}\right)^2+\left(\dfrac{\sqrt{3}-2}{2}\right)^2$

$\qquad\qquad\qquad=\dfrac{1-2\sqrt{3}+3+3-4\sqrt{3}+4}{4}$

$\qquad\qquad\qquad=\dfrac{11-6\sqrt{3}}{4}$

17 $y=\log_{\frac{1}{2}}(2x-m)$에서 $2x-m=0$이 되는 $x=\dfrac{m}{2}$이 점근

선이고 $2x-m=1$이 되는 $x=\dfrac{m}{2}+1$에서 x축과 만난다.

따라서 $x=n$이 $y=\log_{\frac{1}{2}}(2x-m)$와 만나려면 $x=\dfrac{m}{2}$보다

오른쪽에 있어야 하므로

$\dfrac{m}{2}<n\ \cdots$ ㉠

$y=|2^{-x}-m|$의 그래프의 모양은 다음 그림과 같다.

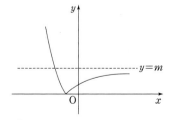

따라서 직선 $y=n$이 그래프와 두 점에서 만나려면

$n<m\ \cdots$ ㉡

㉠, ㉡을 연립하면 m의 범위는

$n<m<2n$

$a_n=(n+1)+(n+2)+\cdots+(2n-1)$

$\qquad=\dfrac{(n-1)(n+1+2n-1)}{2}$

$\qquad=\dfrac{3}{2}n(n-1)$

$\displaystyle\sum_{n=5}^{10}\dfrac{1}{a_n}=\sum_{n=5}^{10}\dfrac{2}{3}\times\dfrac{1}{n(n-1)}$

$\qquad\quad=\dfrac{2}{3}\sum_{n=5}^{10}\left(\dfrac{1}{n-1}-\dfrac{1}{n}\right)$

$\qquad\quad=\dfrac{2}{3}\times\left(\dfrac{1}{4}-\dfrac{1}{5}+\dfrac{1}{5}-\dfrac{1}{6}+\cdots+\dfrac{1}{9}-\dfrac{1}{10}\right)$

$\qquad\quad=\dfrac{2}{3}\times\left(\dfrac{1}{4}-\dfrac{1}{10}\right)$

$\qquad\quad=\dfrac{2}{3}\times\dfrac{3}{20}$

$\qquad\quad=\dfrac{1}{10}$

$\therefore\ \displaystyle\sum_{n=5}^{10}\dfrac{1}{a_n}=\dfrac{1}{10}$

18 접점을 $(t,f(t))$라 하면

$f'(x)=5x^4-4ax^3$일 때 $f'(t)=1$이므로

$5t^4-4at^3=1\ \cdots$ ㉠

$y=x-1$에 접하므로 $f(t)=t-1$

$t^5-at^4=t-1\ \cdots$ ㉡

㉠, ㉡을 a에 대해 정리하면

$\dfrac{5t^4-1}{4t^3}=\dfrac{t^5-t+1}{t^4}$

$5t^5-t=4t^5-4t+4$

$t^5+3t-4=0$

$(t-1)(t^4+t^3+t^2+t+4)=0$

따라서 $t=1$

접점의 좌표는 $(1,0)$이고 $(1,0)$을

$f(x)=x^4(x-a)$에 대입하면

$f(1)=1-a=0$

따라서 $a=1$

$g(x)=k(x-1)(x-b)$의 그래프가

$y=x-1$에 접한다고 하였으므로 $g'(x)=1$

$g'(x)=k\{(x-b)+(x-1)\}=1,$

접점의 좌표가 $(1,0)$이므로

$x=1$을 $g'(x)$에 대입하면

$g'(1)=1=k(1-b)$

$k=\dfrac{1}{1-b}\ \cdots$ ㉢

따라서 $f(x)$와 $g(x)$의 그래프의 모양은 다음 그림과 같다.

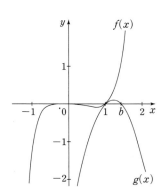

$f(x)$의 그래프와 x축으로 둘러싸인 넓이는

$$\int_0^1 |x^5 - x^4|\,dx = \left| \frac{1}{6} - \frac{1}{5} \right| = \frac{1}{30}$$

$g(x)$의 그래프와 x축으로 둘러싸인 넓이는

$$\int_1^b |k(x-1)(x-b)|\,dx = \frac{|k|(b-1)^3}{6}$$

이 둘의 넓이가 같다고 하였으므로

$$\frac{1}{30} = \frac{|k|(b-1)^3}{6}$$

$$|k|(b-1)^3 = \frac{1}{5}$$

$$|k| = \frac{1}{5(b-1)^3}$$

이를 ⓒ과 연립하여 계산하면

$$\frac{1}{1-b} = -\frac{1}{5(b-1)^3}\,(k<0)$$

$$\frac{1}{b-1} = \frac{1}{5(b-1)^3}$$

$$(b-1)^2 = \frac{1}{5}$$

$$b = 1 \pm \frac{1}{\sqrt{5}}$$

따라서 $b = 1 + \dfrac{1}{\sqrt{5}}\,(b>1)$, $k = -\sqrt{5}$

$$\therefore abk = -1 - \sqrt{5}$$

19 $f'(x)$가 $x = -1$에서 최솟값을 갖는다고 하였다.
따라서 $x = -1$이 축이고 $f(x)$의 변곡점의 x좌표가 -1이다. ($x = -1$의 좌우에서 $f''(x)$의 부호가 바뀌기 때문에)
$f(x) = x^3 + ax^2 + bx + c$라 하면 $f'(x) = 3x^2 + 2ax + b$
$f'(x) = 3(x+1)^2 + d$라 하면
$$3x^2 + 2ax + b = 3(x+1)^2 + d$$
$$3x^2 + 2ax + b = 3x^2 + 6x + 3 + d$$
$$2a = 6, \ b = 3 + d$$
$$a = 3$$
한편, $y = |f(x) - f(-3)|$은 $f(x)$를 $f(-3)$만큼 평행이동 후 x축 아래 부분을 x축에 대칭시켰다. 따라서 $x = -3$에서 x축과 만나므로 $f(-3) = 0$이다.

$f(x) = x^3 + 3x^2 + bx + c$에서
$$f(-3) = -3b + c = 0, \ c = 3b$$
c에 $3b$를 대입하여 인수분해하면
$$f(x) = x^3 + 3x^2 + bx + 3b$$
$$= x^2(x+3) + b(x+3)$$
$$= (x+3)(x^2 - b)$$
(i) $x = -3$에서 접하지 않을 때

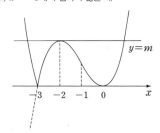

※ 삼차함수의 그래프의 극대(극소)인 점 A에서 그은 접선이 이 삼차함수의 그래프와 점 B에서 만날 때, 선분 AB를 $2:1$로 내분하는 점의 x좌표가 극소(극대)인 점의 x좌표와 같다. (선분 AB의 $1:2$ 내분점은 변곡점이다.)
따라서 $x = -2$에서 극댓값을 갖고 $x = 0$에서 극솟값을 갖는다.
$f(x) = (x+3)(x^2 - b)$에서 $f(0) = 0$이므로 $b = 0$
따라서 (i)의 경우 $f(x) = x^2(x+3)$
이 때 극댓값은 $f(-2) = 4$
$$m = 4$$
(ii) $x = -3$에서 접할 때

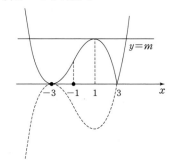

$f(x) = (x+3)(x^2-b)$에서 $f(3) = 0$이므로 $b = 9$
따라서 (ii)의 경우 $f(x) = (x+3)^2(x-3)$
이 때 극솟값은 $f(1) = -32$
$$m = 32$$
(i), (ii)의 경우에서 m의 최댓값은 32

20 선분 DE가 최소가 될 때는 다음 그림과 같이 수선 AH가 원의 지름일 때이다.

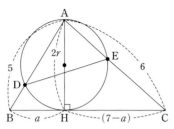

삼각형 ACH에서 $(7-a)^2+(2r)^2=6^2 \cdots$ ㉠

삼각형 ABH에서 $a^2+(2r)^2=5^2 \cdots$ ㉡

㉠−㉡을 하면 $a^2-14a+49-a^2=11$

$14a=38$

$a=\dfrac{19}{7}$

㉡에 대입하여 r을 구하면

$\left(\dfrac{19}{7}\right)^2+4r^2=25$

$4r^2=25-\dfrac{361}{49}=\dfrac{864}{49}$

$r^2=\dfrac{216}{49}$

$r=\dfrac{6\sqrt{6}}{7}$

삼각형 ABC에서

$\cos A=\dfrac{5^2+6^2-7^2}{2\times5\times6}=\dfrac{1}{5}$

$\sin^2 A+\cos^2 A=1$이므로

$\sin^2 A+\dfrac{1}{25}=1$

$\sin^2 A=\dfrac{24}{25}$

$\sin A=\dfrac{2\sqrt{6}}{5}$ (A<180°이므로 $\sin A>0$)

삼각형 ADE의 외접원의 반지름의 길이를 r이라 하면

$\dfrac{\overline{DE}}{\sin A}=2r$이므로

$\overline{DE}=2r\times\sin A=2\times\dfrac{6\sqrt{6}}{7}\times\dfrac{2\sqrt{6}}{5}=\dfrac{144}{35}$

∴ $\overline{DE}$의 최솟값$=\dfrac{144}{35}$

21

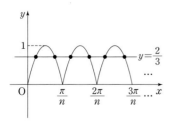

$y=|\sin nx|$의 주기는 $\dfrac{\pi}{n}$이고 한 주기마다 2개의 실근을 가

지므로 $0\leq x\leq2\pi$에서 방정식 $|\sin nx|=\dfrac{2}{3}$의 서로 다른

실근의 개수는

$a_n=2\times\dfrac{2\pi}{\dfrac{\pi}{n}}=4n$

또한 서로 다른 모든 실근의 합은

$b_n=\left(0+\dfrac{\pi}{n}\right)+\left(\dfrac{\pi}{n}+\dfrac{2\pi}{n}\right)+\left(\dfrac{2\pi}{n}+\dfrac{3\pi}{n}\right)+\left(\dfrac{3\pi}{n}+\dfrac{4\pi}{n}\right)$

$\qquad+\cdots+\left\{\left(2\pi-\dfrac{\pi}{n}\right)+2\pi\right\}$

$=\dfrac{\pi}{n}+\dfrac{3\pi}{n}+\dfrac{5\pi}{n}+\dfrac{7\pi}{n}+\cdots+\dfrac{(4n-1)\pi}{n}$

$=\dfrac{\pi}{n}[\{1+5+9+\cdots+(4n-3)\}+\{3+7+11+\cdots$

$\qquad\qquad\qquad\qquad\qquad+(4n-1)\}]$

$=\dfrac{\pi}{n}\{(2n^2-n)+(2n^2+1)\}$

$=\dfrac{\pi}{n}\times4n^2$

$=4n\pi$

$a_5=4\times5=20,\ b_6=4\times6\times\pi=24\pi$

$a_5 b_6=20\times24\pi=480\pi$

∴ $k=480$

22 $h(x)=\begin{cases}f(x) & (f(x)\geq g(x))\\g(x) & (f(x)<g(x))\end{cases}$

$h(x)$가 극솟값 3을 가진다고 하였으므로 $f(x)$, $g(x)$, $h(x)$는 다음 그림과 같다.

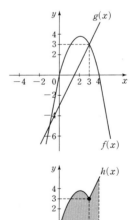

$h(x)$의 극솟값이 3일 때의 x값을 구하면

$-x^2+4x=3$

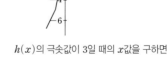

$x^2-4x+3=0$

$(x-1)(x-3)=0$

$x=3$(극솟값이 3)

$(3, 3)$을 $g(x)$에 대입하면

$3=2\times3-a$

$a=3$

위의 그림에서 색칠한 부분의 넓이를 구해야하므로

$$\int_0^4 h(x)dx=\int_0^3 f(x)dx+\int_3^4 g(x)dx$$
$$=\int_0^3(-x^2+4x)dx+\int_3^4(2x-3)dx$$
$$=\left[-\frac{1}{3}x^3+2x^2\right]_0^3+\left[x^2-3x\right]_3^4$$
$$=9+4$$
$$=13$$

$$\therefore \int_0^4 h(x)dx=13$$

23 $\log_a b=\frac{3}{2}$에서 $b=a^{\frac{3}{2}}$

$\log_c d=\frac{3}{4}$에서 $d=c^{\frac{3}{4}}$

$b=a^{\frac{3}{2}}$에서 a를 p^2, b를 p^3으로 치환한다.

$d=c^{\frac{3}{4}}$에서 c를 q^4, d를 q^3으로 치환한다.

문제에서 $a-c=19$라고 하였으므로

$p^2-q^4=19=(p+q^2)(p-q^2)$

a, b, c, d는 모두 자연수이므로

$p=10$, $q=3$이 된다. 이를 대입하여 $b-d$의 값을 구하면

$b-d=p^3-q^3$
$$=10^3-3^3$$
$$=1000-27$$
$$=973$$

$\therefore b-d=973$

24 조건 (가)에 의하여 ab는 12의 약수이고, $c+d+e\geq3$이므로 $ab=1$, $ab=2$, $ab=3$, $ab=4$인 경우로 나누어 생각할 수 있다.

(i) $ab=1$인 경우

(a, b)는 $(1, 1)$의 한 가지

이 각각에 대하여 $c+d+e=12$이고 조건 (나)를 만족시키려면 c, d, e가 모두 짝수이어야 한다.

$c=2c'+2$, $d=2d'+2$, $e=2e'+2$

$(c', d', e'$는 음이 아닌 정수)로 놓으면,

$c'+d'+e'=3$

이를 만족시키는 모든 순서쌍 (c', d', e')의 개수는 서로 다른 3개에서 3개를 택하는 중복조합의 수와 같으므로

${}_3H_3={}_{3+3-1}C_3={}_5C_3=10$

따라서 이 경우의 수는 $1\times10=10$

(ii) $ab=2$인 경우

(a, b)는 $(1, 2)$, $(2, 1)$의 두 가지

이 각각에 대하여 $c+d+e=6$이고 조건 (나)를 만족시키려면 c, d, e가 모두 짝수이거나 c, d, e 중 2개는 홀수, 1개는 짝수이어야 한다.

짝수가 되는 경우는 $(2, 2, 2)$인 경우뿐이다.

c, d, e중에서 홀수가 될 2개를 택하는 경우의 수는

${}_3C_2=3$

이 각각에 대하여 홀수 2개를 $2p+1$, $2q+1$, 짝수 1개를 $2r+2(p, q, r$은 음이 아닌 정수)로 놓으면

$p+q+r=1$

이를 만족시키는 (p, q, r)의 개수는 3가지이므로

이 경우의 수는 $3\times3=9$

따라서 이 경우의 수는 $2\times(1+9)=20$

(iii) $ab=3$인 경우

(a, b)는 $(1, 3)$, $(3, 1)$의 두 가지

이 각각에 대하여 $c+d+e=4$이고 조건 (나)를 만족시킬 수 없다.

(iv) $ab=4$인 경우

(a, b)는 $(1, 4)$, $(2, 2)$, $(4, 1)$에서 조건 (가), (나)를 모두 만족시키는 경우는 (a, b)가 $(2, 2)$일 때 (c, d, e)가 $(1, 1, 1)$뿐이므로 이 경우의 수는 1

(i)~(iv)에 의하여 구하는 순서쌍의 개수는

$10+20+1=31$

25 $\sum_{i=1}^{5}(ax_i+b-y_i)^2$

$=(ax_1+b-y_1)^2+(ax_2+b-y_2)^2+\cdots+(ax_5+b-y_5)^2$

$=(-2a+b-1)^2+(-a+b-2)^2+(b-3)^2$
$\qquad\qquad\qquad +(a+b-2)^2+(2a+b-4)^2$

$=\{(-2a+b-1)^2+(2a+b-4)^2\}+\{(-a+b-2)^2$
$\qquad\qquad\qquad\qquad +(a+b-2)^2\}+(b-3)^2$

$=(8a^2+2b^2-12a-10b+17)+(2a^2+2b^2-8b+8)$
$\qquad\qquad\qquad\qquad +(b^2-6b+9)$

$=10a^2+5b^2-12a-24b+34$

$S=10a^2+5b^2-12a-24b+34$라 하고 식을 정리하면

$S=10a^2-12a+5b^2-24b+34$

$\quad=10\left(a-\frac{12}{20}\right)^2+5\left(b-\frac{24}{10}\right)^2+\frac{16}{10}$

S가 최소가 되기 위해서는 $\left(a-\frac{12}{20}\right)^2=0$, $\left(b-\frac{24}{10}\right)^2=0$을 만족해야 하므로

$a=\frac{12}{20}$, $b=\frac{24}{10}$

$\therefore a+b=3$

2020학년도 기출문제 정답 및 해설

제1교시 **국어영역**

01 ⑤	02 ②	03 ①	04 ⑤	05 ③	06 ①
07 ④	08 ④	09 ②	10 ③	11 ②	12 ②
13 ②	14 ③	15 ④	16 ①	17 ③	18 ③
19 ③	20 ④	21 ②	22 ⑤	23 ①	24 ④
25 ①	26 ③	27 ①	28 ⑤	29 ⑤	30 ②
31 ④	32 ③	33 ①	34 ④	35 ④	36 ⑤
37 ②	38 ①	39 ②	40 ④	41 ①	42 ③
43 ③	44 ④	45 ⑤			

01 ⑤ '굴복하면서'의 '굴복하다'는 '…에'를 필요로 하는 서술어이므로 부사어 '자연에'를 보충하여 '인간은 자연의 위대한 힘과 맞설 때도 있었지만 대개는 자연에 굴복하면서 살아왔다.'로 써야 한다. '섞이다'는 '…과' 또는 '…에'를 필요로 하는 서술어이므로 문맥 상 부사어 '수돗물에'를 보충하여 '대도시의 수도관이 낡고 녹슬어서 수돗물에 녹이 섞이거나, 물이 새는 일이 적지 않다.'로 써야 한다.

> **TIP 문장성분의 호응**
> 주어와 서술어, 주어와 부사어 또는 수식어와 피수식어 사이에 짝이 이뤄져야 한다.
> - 그 일은 담당자에게 상의하십시오.
>   → 그 일은 담당자와 상의하십시오.
> - 어제는 비와 바람이 불었다.
>   → 비가 오고 바람이 불었다.
> - 용감한 그의 아버지는 적군을 향해 돌진했다.
>   → 그의 용감한 아버지는 적군을 향해 돌진했다.
> - 확실한 사실은 그가 지금까지 성실하게 살아왔다.
>   → 확실한 사실은 그가 지금까지 성실하게 살아왔다는 것이다.

02 ② '본따서'는 어법상 틀린 표현이다. '본떠서'는 어간 '본뜨–'에 연결어미 '–어서'가 결합한 말이므로 모음 '–'가 탈락해 '본떠서'로 표기하는 것이 옳다.

> **오답풀이**
> ① '아니예요'는 어간 '아니–'와 어미 '–에요'가 연결된 말로, '아니에요'라고 써야 한다. '아니예요'는 틀린 표현이다.

③ '빨갛다'는 색상을 나타낸 형용사로, 어간 '빨갛–'에 어미 '–네'가 결합한 형태이다. '빨가네'처럼 'ㅎ'이 탈락한 형태도 허용된다.

④ '누레지다'는 '누렇게 되다'의 의미로, 모음 조화에 의해 음성모음은 음성모음끼리 이어져야 하므로 'ㅜ' 뒤에 'ㅔ'가 오는 것이 적절하다. '누래지다'는 틀린 표현이다.

⑤ '가팔라서'는 '가파르–'와 '–아서'가 결합한 말로, '르' 불규칙 활용 때문에 '가팔라서'가 된다.

> **TIP '르' 불규칙 활용**
> 어간의 끝음절 '르'가 어미 '–아', '–어' 앞에서 'ㄹㄹ'로 바뀌는 활용
> 예 '자르–' + '–아' → 잘라
> '부르–' + '–어' → 불러

03 ① '열여섯'은 앞 말이 자음으로 끝나고 뒷 말이 'ㅕ'로 시작하므로 'ㄴ'이 첨가되는 'ㄴ'첨가와 음성의 끝소리 규칙에 의해 '열녀섣'이 된다. 이 과정에서 발생하는 음운 변동은 음운 첨가와 음운 교체이고, 유음화에 의해 'ㄴ'이 'ㄹ'로 변해 '열녀섣'이 [열려섣]으로 발음될 때 발생하는 음운 변동은 음운 교체이다. 즉, ⊙에서는 음운의 첨가와 교체, ⓒ에서는 음운의 교체 현상이 발생한다.

> **TIP 음운의 교체**
> - **음절의 끝소리 규칙** : 음절의 끝에서 'ㄱ, ㄴ, ㄷ, ㄹ, ㅁ, ㅂ, ㅇ'만 발음되는 현상
>   예 웃옷[우돋], 낯[낟]
> - **자음군 단순화** : 음절 끝에 두 개의 자음이 놓일 때 하나의 자음만 남고 나머지 하나의 자음은 탈락하는 현상
>   예 몫[목], 여덟[여덜], 밟고[밥꼬]
> - **된소리되기** : 두 개의 예사소리가 만나 뒤 음절의 첫소리가 'ㄲ, ㄸ, ㅃ, ㅆ, ㅉ'으로 발음되는 현상
>   예 국밥[국빱]
> - **자음 동화** : 음절 끝의 자음이 뒤에 오는 자음과 비슷해지거나 같은 소리로 바뀌는 현상
>   – 비음화 : 'ㅂ, ㄷ, ㄱ' + 'ㄴ, ㅁ' → [ㅁ, ㄴ, ㅇ]
>   예 밥물[밤물], 닫는[단는]
>   – 유음화 : 'ㄴ' + 'ㄹ' → [ㄹ]
>   예 칼날[칼랄], 신라[실라]
> - **구개음화** : 'ㄷ, ㅌ' + 'ㅣ' → 'ㅈ, ㅊ'
>   같이[가치], 굳이[구지]

04 ⑤ ㉤의 '집현전'은 [지편전]으로 발음된다. 그러나 〈보기〉의 4번을 참고하면 '집현전'은 명사이므로 'ㅎ'을 밝혀 적어야 한다. 따라서 '집현전'은 'Jiphyeonjeon'으로 표기해야 한다.

오답풀이

① '신라'는 유음화에 의해 [실라]로 발음되므로 〈보기〉의 1번을 참고하면 'silla'로 표기해야 한다.
② '알약'은 'ㄹ'첨가에 의해 [알략]으로 발음되므로 〈보기〉의 2번을 참고하면 'allyak'으로 표기해야 한다.
③ '같이'는 구개음화에 의해 [가치]로 발음되므로 〈보기〉의 3번을 참고하면 'gachi'로 표기해야 한다.
④ '놓다'는 격음화에 의해 [노타]로 발음되고, 용언이므로 〈보기〉의 4번을 참고하면 'nota'로 표기해야 한다.

TIP 로마자 표기법 제3장

제1항
음운 변화가 일어날 때에는 변화의 결과에 따라 다음 각호와 같이 적는다.
1. 자음 사이에서 동화 작용이 일어나는 경우

| 백마[뱅마] | Baengma | 신문로[신문노] | Sinmunno |
| 왕십리[왕심니] | Wangsimni | 신라[실라] | Silla |

2. 'ㄴ, ㄹ'이 덧나는 경우

| 학여울[항녀울] | Hangnyeoul | 알약[알략] | allyak |

3. 구개음화가 되는 경우

| 해돋이[해도지] | haedoji | 같이[가치] | gachi |

4. 'ㄱ, ㄷ, ㅂ, ㅈ'이 'ㅎ'과 합하여 거센소리로 소리 나는 경우

| 좋고[조코] | joko | 놓다[노타] | nota |
| 잡혀[자펴] | japyeo | 낳지[나치] | nachi |

05 ③ ㉠의 '가는'은 '가다'의 어간 '가-'와 어미 '-는'이 결합한 형태이다. ㉡의 '가는'은 '갈다'의 어간 '갈-'과 '-는'이 결합한 형태이다. ㉢의 '가는'은 '가늘다'의 어간 '가늘-'과 어미 '-는'이 결합한 형태이다. 따라서 적절한 것은 ③이다.

TIP 형태소

• **자립성 유무에 따라**
– 자립 형태소: 독립된 단어가 될 수 있는 형태소
– 의존 형태소: 다른 형태소와 결합할 때 단어가 될 수 있는 형태소
• **의미의 기능 여부에 따라**
– 실질 형태소: 실질적 의미를 가지고 있는 형태소
– 형식 형태소: 문법적인 기능을 하는 형태소
• **형태소의 분석**: 단어의 원형을 밝혀야 한다.
⑩ 떠내려갔다: 뜨-/-어/내리-/-어/가-/-았-/-다 → 7개
여쭤봤다: 여쭈-/-어/보-/-았-/-다 → 5개

06 ① 밑줄 친 '비교적'은 '쉽다'를 수식하고 있고, '쉽다'는 형용

사이므로 용언에 속한다. 용언을 수식하는 품사는 부사이므로 '비교적'은 부사이다.

오답풀이

② 밑줄 친 '비상식적'은 서술격 조사 '-이다' 앞에 결합했으므로 조사와 결합한 '비상식적'은 명사이다.
③ 밑줄 친 '기술적'은 뒤의 체언 '결함'을 수식하므로 관형사이다.
④ 밑줄 친 '전국적'은 조사 '-으로'가 결합했으므로 명사이다.
⑤ 밑줄 친 '평화적'은 뒤의 체언 '방법'을 수식하므로 관형사이다.

07 ④ '-라도'와 '-이라도'는 앞 말의 환경에 따라 다르게 적용되는 이형태 관계이다. '-라도'는 앞말이 모음으로 끝났을 때, '-이라도'는 앞말이 자음으로 끝났을 때 결합하는 조사이다.

TIP 형태소의 이형태

• **음운론적 이형태**: 특정 음운 조건에서 자동으로 변동되어 나타나는 이형태로, 대부분의 조사가 이형태에 해당함
⑩ 선생님이 / 친구가
• **형태론적 이형태**: 특정 형태소와 어울릴 때 변동되어 나타나는 이형태
– 어간의 마지막 말 모음에 'ㅏ, ㅗ'가 있을 때: '-아서'와 결합
– 어간의 마지막 말 모음에 'ㅏ, ㅗ'가 없을 때: '-어서'와 결합
– 어간의 마지막 말 모음에 '-하-'가 있을 때: '-여서'와 결합
⑩ 잡아서, 보아서, 먹어서, 주어서, 하여서

08 ④ ④는 부사절 '누나를 설득하도록'을 포함한 안은문장으로, 밑줄 친 '설득하도록'은 '누나를'이 선행하므로 ㉠【…을】의 용례이다.
㉣의 용례로는 '누나에게 집에 가도록 설득했다'가 있다.

오답풀이

① 밑줄 친 '설득하여'는 '용의자를'이 선행하므로 ㉠【…을】의 용례이다.
② 밑줄 친 '설득하였다'는 '학생들에게 용기를 낼 것을'이 선행하므로 ㉡【…에게 …을】의 용례이다.
③ 밑줄 친 '설득하였다'는 '범인에게 투항하기를'이 선행하므로 ㉢【…에게 -기를】의 용례이다.
⑤ 밑줄 친 '설득하였다'는 '두 사람에게 그만 화해하라고'가 선행하므로 ㉤【…에게 -고】의 용례이다.

09 ② 밑줄 친 '머리에 털 나고'는 '세상에 태어나서'라는 의미이다.

오답풀이

① '손을 떼다'는 '하던 일을 중도에 그만두다'라는 의미이다.
③ '입에 풀칠하다'는 '겨우 목숨이나 부지할 정도로 굶지나

않고 산다'라는 의미이다.

④ '눈에 흙이 들어가다'는 '사람이 죽어 땅에 묻히다'라는 의미이다.

⑤ '가슴에 새기다'는 '잊지 않게 단단히 마음에 기억하다'라는 의미이다.

10 ③ 도서관에서 떠드는 사람에게 "거, 조용히 좀 합시다."라고 하는 것은 조용히 하는 행동의 주체가 청자이므로 ©이 아닌 @의 예시가 된다.

오답풀이

① 문제를 논의하는 행동의 주체가 화자와 청자이므로 ㉠의 예로 적절하다.

② 밥을 먹는 행동의 주체가 청자이므로 ㉡의 예로 적절하다.

④ 길을 비키는 행동의 주체가 청자이므로 @의 예로 적절하다.

⑤ 책을 보는 행동의 주체가 화자이므로 @의 예로 적절하다.

11 ④ '太子'는 사람이고 높임의 대상이다. 관형격 조사 'ㅅ'은 높임의 대상인 유정물에 사용하므로 무정물이라서 관형격 조사 'ㅅ'을 사용했다는 설명은 적절하지 않다.

오답풀이

① '호리이다'는 'ᄒᆞ오리이다'에서 'ㆍ'이 탈락한 것으로 'ᄒᆞ오리이다'에는 선어말어미 '-오-'가 들어 있다.

② '내 롱담ᄒᆞ다라'에서 '-하라'체를 사용한 것을 보면 화자가 청자보다 상위자임을 알 수 있다.

③ '太子'는 주어이므로 '太子ㅣ'의 'ㅣ'는 주격 조사임을 알 수 있다.

⑤ '아니 ᄒᆞ시는'에서 '아니'는 동사 'ᄒᆞ다'를 수식하므로 부사임을 알 수 있다.

12 ② '가다가'의 '-다가'가 연결어미이므로 ㉠의 동일 모음 탈락이 적용된 예로는 적절하지 않다.

오답풀이

① '자도'는 '자-'와 '-아도'의 결합에서 동일 모음 '-아'가 탈락한 것이다. '닫아도', '잡아도' 등은 어간이 자음으로 끝났으므로 '-아'가 탈락하지 않았다.

③ '떠나야'는 '떠나-'와 '-아'의 결합에서 동일 모음 '-아'가 탈락한 것이다. '닫아야', '잡아야' 등은 어간이 자음으로 끝났으므로 '-아'가 탈락하지 않았다.

④ '서서'는 '서-'와 '-어'의 결합에서 동일 모음 '-어'가 탈락한 것이다. '먹어서' '들어서' 등은 어간이 자음으로 끝났으므로 '-어'가 탈락하지 않았다.

⑤ '자'는 '자-'와 '-아'의 결합에서 동일 모음 '-아'가 탈락한 것이다. '문 닫아'의 '닫아'는 어간이 자음으로 끝났으므로 '-아'가 탈락하지 않았다.

[13~17] 독서 – 인문

13 ② 주어진 글은 웃음의 발생 원리와 특징에 대한 다양한 견해를 설명한 글이다. 따라서 ②의 '웃음에 관한 다양한 이해'가 적절한 제목이다.

14 ③ 주어진 글은 3문단부터 웃음 발생에 관여하는 영역, 웃음에 관련된 실험 등에 대한 전문가의 견해를 통해 웃음에 대한 과학적 논의를 설명하고 웃음이 사회적 신호임을 밝히고 있다.

15 ④ 〈보기〉는 인위적인 감정의 변화가 실제 감정의 변화에 영향을 준다는 사실을 설명하고 있다. 따라서 이를 참고해 주어진 글의 '웃음'에 대해 바르게 이해한 것은 ④이다.

16 ① [A]에 따르면 여자들은 같은 여자와 함께 영화를 볼 때보다 남자와 영화를 볼 때 많이 웃으며 낯선 남자와 함께 볼 때 더 크게 웃는 반면 혼자 영화를 보거나 여자들과 영화를 볼 때는 웃음소리가 점점 잦아들었다고 하였으므로 여성은 남성과 개그 프로그램을 볼 때 혼자 볼 때보다 크게 웃을 것이다.

오답풀이

② [A]에 따르면 여자들은 같은 여자와 함께 영화를 볼 때보다 낯선 남자와 함께 볼 때 더 크게 웃는다고 하였으므로 낯선 여성들과 볼 때 조용할 것이다.

③ [A]에 따르면 남자들은 아는 남자와 함께 영화를 볼 때 여성이나 낯선 사람과 영화를 볼 때보다 더 크게 웃는다고 하였으므로 낯선 여성과 볼 때 더 조용할 것이다.

④ 여성이 낯선 남자와 함께 영화를 볼 때 더 크게 웃는다고 하였으므로 아는 남성과 볼 때보다 더 크게 웃을 것이다.

⑤ 남자들은 아는 남자와 함께 영화를 볼 때 낯선 사람과 영화를 볼 때보다 더 크게 웃는다고 하였으므로 아는 남성과 볼 때 더 크게 웃을 것이다.

17 ③ 2문단에서 웃음소리를 들으면 웃음 감지 영역이 자극되고, 신호가 웃음 발생 영역으로 전달되어 따라 웃게 되는 것이라고 하였으므로 자극되는 영역의 순서는 '웃음 감지 영역 → 웃음 발생 영역'이다.

오답풀이

① 4문단에서 웃음 유발 영역이면서 감정적 판단과 의사결정을 관장하는 전두엽은 고등동물일수록 발달된다고 하였으므로 다른 동물들보다 발달했을 것이다.

② 4문단에서 우울증 환자들은 전두엽 하단이 정상적으로 반응하지 않는다고 하였다.

④ 3문단에서 피실험자들에게 다른 사람의 웃음소리를 녹음한 테이프를 들려주고 핵자기공명영상(MRI)을 이용해 뇌의 어떤 부분이 웃음에 관여하는지 실험했다고 하였다.

⑤ 6문단에서 농담을 듣는 사람보다 농담을 하는 사람이 1.5배 더 많이 웃는다고 하였으므로 전두엽 하단이 더 활성화된다.

[18~21] 독서 - 사회

18 ③ 주어진 글은 제2차 세계대전 이후 비트 세대 작가들의 반문화 형성과 그 배경 및 의의를 설명한 글로, 가설을 세워 그 논리를 비교하는 방식은 나타나있지 않다.

> 오답풀이

① 1문단에서 비트 세대 작가들에 대해 제2차 세계대전 이후 1950~60년대 미국의 지배적인 정치, 경제, 문화 상황에 저항하면서 반문화를 형성한 작가들이라고 정의하고 있다.

② 7문단에서 앨런 긴즈버그(Allen Ginsberg)의 대표작 「절규」를 비트 세대 작가들의 저항과 대안 추구의 예로 들어 그 내용을 구체화하고 있다.

④ 3문단에서 로버트 로웰(Robert Lowell)의 견해와 8문단에서 비트 작가인 윌리엄 버로스(William Burroughs), 게리 스나이더(Gary Snyder)의 견해를 소개하면서 설명을 뒷받침하고 있다.

⑤ 6문단에서 미국 사회의 개인이 매체에 의해 쉽게 선동되는 일차원적 인간이 된 것이 자본주의적 경제와 통치의 효율성을 위하여 개인의 사적인 경험, 자율적인 판단, 자유는 억압되거나 유보되었기 때문이라는 원인을 밝히고 있다.

19 ③ 8문단에서 케루악의 방랑이 '정신적 소외, 불안감, 불만'에서 시작된 것이었고 스나이더는 방랑의 시작이 '1950년대 미국의 정신적, 정치적 외로움'이었다고 하였다.

> 오답풀이

① 3문단에서 1950년대 미국 사회가 '진정제 맞은 1950년대'라고 규정되었던 이유는 당시 미국 사회는 순응과 획일성을 강요받아 마치 진정제를 맞은 환자처럼 그저 평온한 사회였기 때문이라고 하였다.

② 6문단에서 미국의 개인주의는 냉전 시기에 그 존립 근거를 상실했다고 하였다.

④ 9문단에서 비트 세대 작가들은 선불교 사상 등을 수용하여 주류문화에 저항하고자 했다고 하였다.

⑤ 10문단에서 비트 세대 작가들은 주류 사회가 강요한 가치들과 대조되는 가치를 추구하여 자아 표현으로 나아가고자 했다고 하였다.

20 ④ 6문단에서 제시된 '일차원적 인간'은 소비로 불안감을 대신하고 대중문화나 매체에 의하여 쉽게 선동되어 스스로 결정을 하지 못하는 인간이라고 하였으므로 사회적 현안에 대해 자신의 관점을 갖지 못하는 경향이 있다는 설명이 가장 적절하다.

21 ② ㉠의 '밝히다'는 '진리, 가치, 옳고 그름 따위를 판단하여 드러내 알리다.', '드러나지 않거나 알려지지 않은 사실, 내용, 생각 따위를 드러내 알리다.'의 의미이므로 ②의 '밝히다'와 의미가 유사하다.

[22~27] 현대 수필

> 김현 「두꺼운 삶과 얇은 삶」
> • 갈래 : 경수필
> • 성격 : 비판적, 사색적, 자기 고백적
> • 제재 : 아파트에서의 삶과 땅집에서의 삶
> • 주제 : 정신적 가치가 살아 있는 삶의 중요성
> • 특징
>   - 땅집에서의 삶과 아파트에서의 삶을 대조하여 주제를 전달함
>   - 현재의 삶을 비판적으로 인식하고 반성함
> • 이해와 감상 : 이 글은 단순한 주거공간으로서가 아닌 인간의 사고 양식으로서의 아파트와 땅집을 대조하고 있다. 글쓴이는 아파트에서의 삶은 인위적이고 표면적으로 드러나는 삶이고, 땅집에서의 삶은 자연적이고 정신적인 가치가 존중되는 삶이라고 말하면서 현대인의 삶에 대한 비판적인 시각을 드러낸다.

22 ⑤ 주어진 글에서는 글쓴이가 '땅집'에 대한 자신의 추억을 이야기하는 부분이 있지만 허구적인 상황을 설정하여 서술의 초점을 이동하고 있지는 않다.

23 ① 글쓴이는 1문단에서 아파트가 비밀을 가질 수 없는 공간인 이유에 대해 '모든 것이 같은 높이의 평면 위에 나열되어 있어 자신을 숨길 데가 없다'고 이야기하고 있다. 아파트가 삶을 효율적으로 만든다는 부분은 제시되어 있지 않다.

> 오답풀이

② 1문단에서 아파트는 같은 높이의 평면 위에 있어 아파트에서의 삶은 입체감을 갖고 있지 않은 반면 땅집은 모든 것이 나름의 두께와 깊이를 가지고 있다고 하였다.

③ 1문단에서 아파트는 모든 방이 한 평면에 나열되어 있어 한눈에 드러난다고 하였고, 4문단에서 땅집이 아름다운 것은

땅집이 아름다운 것은 곳곳에 우물과 같은 비밀스러운 것들이 있기 때문이라고 하였다.

④ 2문단에서 땅집이 아름다운 것은 땅집에서는 모든 것이 자기 나름의 두께와 깊이를 가지고 있기 때문이라고 하였다.

⑤ 2문단에서 글쓴이는 다락방이나 지하실에 혼자 들어가, 낯설지만 흥미로운 것들을 한두 시간 매만지면서 혼자만의 세계에 잠겨 있었을 때와 글쓴이가 태어난 태어난 시골의 외갓집 부엌을 회상하고 있다.

24 ④ 글쓴이는 2문단에서 땅집의 다락방과 지하실에서는 하찮은 것들도 굉장한 신비를 가진 것들로 나타나 우리를 쓰임새의 세계에서 안 쓰임새의 세계로 인도해 간다고 하였으므로 하찮은 것들에도 의미를 부여하는 공간이 '땅집'임을 알 수 있다. 따라서 땅집에서의 삶이 쓸모 있는 것과 쓸데없는 것을 구분해준다는 설명은 적절하지 않다.

오답풀이

① 2문단에 낯설지만 흥미로운 것들을 한두 시간 매만질 때에 행복했다는 것이 제시되어 있다.

② 2문단에 땅집의 다락방과 지하실이 우리를 쓰임새의 세계에서 안 쓰임새의 세계로 인도해 간다고 하였다.

③ 2문단에 황혼이 느리게 내려 모든 것이 있음과 없음의 그 미묘한 중간에 있는 것을 보고 느낄 때의 심정이 제시되어 있다.

⑤ 2문단에 이미 전기가 들어와 바깥은 컴컴하나 안은 눈처럼 밝은 것을 볼 때의 심정이 제시되어 있다.

25 ① 은수저는 '은＋수저'의 의미 구조를 지니며 '은'은 장소의 의미가 아니라 재료의 의미를 지니므로 '땅집'과 의미 구조가 다르다.

오답풀이

② 산돼지는 산에 사는 돼지라는 뜻으로 '장소＋대상'의 의미 구조를 지닌다.

③ 가로등은 길거리에 있는 등이라는 뜻으로 '장소＋대상'의 의미 구조를 지닌다.

④ 북극곰은 북극에 사는 곰이라는 뜻으로 '장소＋대상'의 의미 구조를 지닌다.

⑤ '섬마을'은 섬에 있는 마을이라는 뜻으로 '장소＋대상'의 의미 구조를 지닌다.

26 ⑤ 주어진 글의 글쓴이는 '땅집'이 아름다운 이유에 대해 비밀을 간직한 깊이 있는 공간의 의미를 가지기 때문이라고 설명하고 있다. 이런 점에서 본 〈보기〉의 '골목길'은 옛 추억과 담긴 의미 있는 공간이다. 따라서 적절한 반응은 ⑤이다.

27 ① 등급(정도) 반의어는 두 단어 사이에 중간 단계가 있거나 정도를 나타내는 수식어의 꾸밈을 받을 수 있는 반의어이지만 상보 반의어는 동시에 긍정하거나 부정할 수 없다. ㉠의 '높거나 낮다'는 동시에 긍정 또는 부정이 가능한 반면 ㉡의 '살다 – 죽다'는 '살지도 않고 죽지도 않다'라고 동시에 부정하면 모순되므로 상보 반의어에 속한다.

오답풀이

② '춥다 – 덥다'는 '춥지도 않고 덥지도 않다'로 동시에 부정할 수 있으므로 등급 반의어에 속한다.

③ '좋다 – 싫다'는 '좋지도 않고 싫지도 않다'로 동시에 부정할 수 있으므로 등급 반의어에 속한다.

④ '크다 – 작다'는 '크지도 않고 작지도 않다'로 동시에 부정할 수 있으므로 등급 반의어에 속한다.

⑤ '빠르다 – 느리다'는 '빠르지도 않고 느리지도 않다'로 동시에 부정할 수 있으므로 등급 반의어에 속한다.

TIP 반의 관계의 종류

- **상보 반의어** : 개념 영역이 상호배타적으로 양분되는 반의어로, 한쪽 항이 성립되면 다른 항은 반드시 부정되며 중간항이 있을 수 있다.
- **정도(등급) 반의어** : 반의어의 쌍은 양 극단적 의미 영역이며 중간 영역이 존재한다.
- **방향(대칭) 반의어** : 두 단어가 상대적 관계를 형성하고 있으며, 의미상 대칭을 이루어 일정한 방향성을 가진 대립쌍을 이루고 있다.

[28~32] 고전 소설

작자미상 「운영전」

- **갈래** : 염정 소설, 몽유 소설, 액자 소설
- **성격** : 염정적, 비극적
- **시점**
  - 외화 : 전기적 작가 시점
  - 내화 : 1인칭 주인공 시점
- **배경**
  - 시간적 배경 : 조선 초기~중기
  - 공간적 배경 : 한양의 수성궁, 천상계
- **특징**
  - 액자식 구성으로 되어 있음
  - 궁중을 배경으로 함
  - 고전 소설 중 보기 드물게 비극적 결말을 보임
  - 단순한 액자식 구성이 아닌 '입몽'과 '각몽'의 형태가 다른 구성을 나타냄
- **구성**
  - 발단 : 선비 유영이 안평 대군의 집터에서 홀로 술을 마시

다 잠이 들고, 운영과 김 진사를 만나 그들의 사랑 이야기를 들음
 - 전개 : 안평 대군의 궁녀였던 운영과 시객이었던 김 진사가 우연히 만나 연정을 나누고 밤마다 몰래 만남
 - 위기 : 안평 대군이 운영과 김 진사 사이를 의심하여 두 사람이 만나지 못하게 함
 - 절정 : 안평 대군이 운영과 궁녀들을 문책하자 운영이 자결함
 - 결말 : 유영이 졸다가 깨어 보니 운영과 김 진사의 이야기를 기록한 책만 남아 있음
• 이해와 감상 : 이 작품은 안평 대군의 수성궁을 배경으로 '운영'과 '김 진사'의 사랑 이야기를 그린 애정 소설로, 유영에 대한 외부 이야기와 김 진사, 운영에 대한 내부 이야기로 구성된 액자식 구성 방식으로 사건이 전개되고 있다. 또한 고전 소설에서는 보기 힘든 비극적인 결말을 통해 자유연애에 대한 선구적인 시대 의식도 담고 있다.

28 ⑤ 대군은 궁녀들이 올린 초사를 다 보고 점차 화가 풀려 궁녀들을 풀어준 것이지 '김 진사'와의 의리 때문에 궁녀들을 용서하고 있는 것은 아니다.

오답풀이
① 자란은 "남녀의 정욕이 어찌 유독 저희들에게만 없겠습니까?"라며 본성을 근거로 운영의 사랑을 옹호하고 있다.
② 운영은 "정절을 고수하지 못한 것이 저의 첫 번째 죄입니다.", "끝내 사실대로 아뢰지 못한 것이 저의 두 번째 죄입니다.", "죄 없는 서궁 사람들이 저 때문에 함께 죄를 입게 된 것이 저의 세 번째 죄입니다."라며 모든 잘못을 자기 탓으로 돌리고 있다.
③ 옥녀는 "서궁의 영광을 제가 이미 함께 했는데, 서궁의 재난을 저만 홀로 면하겠습니까?"라며 죄를 함께 받을 것이라는 소신을 밝히고 있다.
④ 유영은 잠에서 깬 뒤 침식을 모두 폐하고 명산을 두루 유람하였다.

29 ⑤ ㉣는 운영과 김 진사의 과거를 회고하는 부분으로, 안평대군이 몰락한 일로 비통해 하는 이유가 나타나 있는 부분은 ㉤이다.

30 ② 궁녀들은 "운영이 하루 저녁에 아침 이슬처럼 스러진다면, 주군께서 비록 측은한 마음을 두시더라도 돌이켜 보건대 어떤 이익이 있겠습니까?"라며 운영의 죽음이 초래할 결과에 대해 일깨워 주고 있다.

31 ④ 유영과 김 진사의 대화에서, 김 진사는 운영과 김 진사는

원래 천상의 선인(仙人)이었으나 김 진사가 옥원의 과실을 운영에게 주었다가 발각되어 인간 세상에 오게 된 것임을 밝히고 있다. ⓐ~ⓔ의 시간적 순서는 'ⓓ → ⓐ → ⓒ → ⓑ → ⓔ'이다.

32 ③ 운영은 수성궁에 다시 와 지난날을 추억하는데 이미 대군이 몰락하여 수성궁에 주인이 없어져 달라져버린 모습에 서글퍼하고 있으므로 '옛 자취 찾노니 눈물이 수건 적심 금치 못하네'를 통해 ③이 유영의 정서와 가장 가까움을 알 수 있다.

오답풀이
① '거문고 타매 한스러움 현(絃)을 울리네, 가슴속 원망 끝이 없어서'를 통해 한의 정서가 나타나 있음을 알 수 있다.
② '바람 맞으며 홀로 설워하나니'를 통해 서러움의 정서가 나타나 있음을 알 수 있다.
④ '기러기는 울며 초나라로 돌아가누나'를 통해 그리움의 정서가 나타나 있음을 알 수 있다.
⑤ '눈 빠지게 기다리나 소식이 없네'를 통해 기다림의 정서가 나타나 있음을 알 수 있다.

[33~37] 고전 시가 복합

(가) 정서 「정과정」
• 갈래 : 고려 가요, 향가계 고려 가요
• 성격 : 애상적
• 제재 : 임과의 이별
• 주제 : 임금을 향한 변함없는 충절
• 특징
 - 형식 면에서 향가의 전통을 이음
 - 감정 이입을 통해 정서를 표출함
• 이해와 감상 : 이 작품은 고려 가요 가운데 작가나 내용이 가장 분명한 작품으로, 화자는 권신들의 세력 다툼 과정에서 고향인 동래로 귀양을 오게 되었으나 아무리 기다려도 왕이 자신을 다시 부르지 않자 결백을 알리기 위해 이 작품을 지었다. 즉, 몸은 떨어져 있지만 마음만은 임금과 함께 한다는 것을 노래하며 다시 자신을 사랑해 주기를 간절히 호소하고 있는 내용이다. 이 작품은 3단 구성으로 되어있다는 점, '아소 님하'와 같은 여음구가 사용되고 있다는 점을 볼 때 10구체 향가의 전통을 잇는 작품으로 평가된다. 내용면에서는 표현의 진솔함과 자유로움이 돋보여 고려 가요의 특징도 가지고 있다고 할 수 있다.

(나) 조위 「만분가」
• 갈래 : 가사, 유배 가사
• 성격 : 한탄적, 원망적

• 제재 : 무오사화로 인한 유배
• 주제 : 귀양살이의 억울함과 연군의 정
• 특징
  – 고사를 활용하여 유배에 대한 억울한 심정을 토로함
  – 자연물에 의탁하여 정서를 드러냄
• 이해와 감상 : 이 작품은 무오사화(戊午士禍)로 인해 유배를 간 화자가 자신의 억울한 심정을 담은 작품으로, 유배생활의 슬픔과 원통함을 선왕(先王)인 성종에게 하소연하는 형식이 나타난다. 또한 이 작품은 조선 전기 유배 가사의 전형적인 형태를 띠고 있으며, 조선 후기 유배 가사의 형성에도 많은 영향을 끼쳤다.

(다) 정철 「속미인곡」
• 갈래 : 서정 가사, 양반 가사, 정격 가사
• 성격 : 서정적, 여성적, 연모적
• 제재 : 임에 대한 그리움
• 주제 : 임에 대한 그리움, 연군지정(戀君之情)
• 구성
  – 서사 : 임과 이별하게 된 사연
    갑녀의 질문 – 백옥경을 떠난 이유
    을녀의 답 – 조물의 탓(자책과 체념)
  – 본사 : 갑녀의 위로와 을녀의 사연
  – 결사 : 을녀의 사설인 임에 대한 죽어서라도 이루려는 사모의 정과 갑녀의 위로로 맺음
• 특징
  – 우리말의 구사가 절묘함
  – 대화 형식으로 되어 있음
  – 은유법, 미화법 등을 사용함
• 이해와 감상 : 이 작품은 '사미인곡'의 속편으로, '사미인곡'과는 다르게 '갑녀'와 '을녀'의 대화체로 구성되어 있으며 '사미인곡'보다 언어의 구사와 시의의 간절함이 더 뛰어나다는 평가를 받는다. 임금을 그리워하는 마음을 노래한 이 작품은 고유어의 미를 살려 소박하고 진실하게 자신의 심정을 표현하고 있다. 또한 작품 속 '갑녀'와 '을녀'는 작자의 분신이면서 작자의 의도를 더 효과적으로 표현하기 위해 등장하는 인물로, '갑녀'는 '을녀'의 하소연을 유도하며 더 극적으로 가사를 종결짓게 하는 역할을 하고 있다.

33   ③ (가)의 '아소 님하 도람 드르샤 괴오쇼셔'를 통해 임이 다시 사랑해 주기를 간절히 바라는 심정이, (나)의 '중의 싸힌 말솜 쓸커시 수로리라'를 통해 자신의 억울함을 하소연하고 싶은 심정이, (다)의 '님다히 쇼식이 더옥 아득ᄒ뎌이고'를 통해 임의 소식을 알고 싶은 심정이 드러난다. 이를 통해 (가)~(다) 화자의 현재 상태를 벗어나고픈 욕망이 드러난다.

① 4음보의 율격으로 화자의 정서를 표출하는 것은 (다)이다.
② '아소'의 감탄사를 사용하여 시상을 집약하며 마무리하고 있는 것은 (가)이다.
④ 화자가 현재 상황에 처하게 된 원인이 제시되어 있는 것은 참소의 말이 거짓임을 드러내고 있는 (가)와 조정의 혼란 탓에 유배에 처하게 된 상황을 드러내고 있는 (나)이다.
⑤ (가), (나), (다) 모두 임을 만나고 싶어 하지만 만날 수 없는 현실에 대해 안타까워하고 있으므로 같은 공간에 놓여 있는 상황이 아니다.

34   ③ (나)의 '천상(天上) 백옥경(白玉京)'은 임금이 계신 곳을, (다)의 '높픈 뫼'는 높은 곳에 있는 임과의 거리를 좁혀 보려는 화자의 끝없는 노력을 의미한다.

① (가)의 '산(山) 접동새'는 화자의 감정 이입 대상을, (나)의 '가태부(賈太傅)의 넋'은 자신의 처지를 비유한다.
② (가)의 '괴오쇼셔'는 '사랑해 주세요'의 뜻으로 임에 대한 사랑의 소망을, (나)의 '꿈'은 꿈에서라도 궁궐에 닿고 싶다는 소망을 담고 있다.
④ (나)의 '구름'은 화자의 심정을 전해주는 것이고, (다)의 '빗길'은 '뱃길'의 뜻으로, 화자가 임을 만나는 소망을 성취할 수 있는 길을 의미한다.
⑤ (다)의 '구름'과 '부람', '믈결'은 모두 화자와 임의 사랑을 방해하는 장애물을 의미한다.

35   ④ 7행의 '과(過)도 허믈도 천만(千萬) 업소이다'는 자신의 억울함을 호소하는 구절로, 왕을 모시고 싶다는 충정은 5행에서 드러난다.

① 1, 2행의 접동새의 울음은 접동새에 감정을 이입하는 것으로 자신의 한스러움과 억울함을 표상하고 있다.
② 4행의 '잔월효성(殘月曉星)'은 '지는 달과 새벽 별'이라는 뜻으로 절대자, 초월적 존재를 의미한다.
③ 5행의 '넉시라도 님은 ᄒ딕 녀져라'는 임을 모시고 싶다는 화자의 충정이 드러난다.
⑤ 10행의 '니미 나롤 ᄒ마 니즈시 니잇가'에서는 원망과 기원의 심정이, 11행의 '도람 드르샤 괴오쇼셔'에서는 임에 대한 그리움의 심정이 드러난다.

36   ⑤ (다)의 보조 화자인 '갑녀'는 주 화자인 '을녀'에게 궂은 비가 되어 임 곁에 있으라는 위로의 말을 건네고 있다. '궂은 비'는 임에 대한 적극적인 사랑을 의미하므로 보조 화자는 주 화자에게 사랑의 표현을 좀 더 적극적으로 할 것을 조

언하고 있는 것이다.

오답풀이

① ㉠의 보조 화자의 조언을 통해 가사의 끝을 맺고 있다.

② ㉠은 죽어서라도 임에게 가고 싶다는 의미이다.

③ ㉠의 조언을 건넨 화자의 발화가 주 화자의 발화보다 강렬하고 의미가 있다는 점을 보아 두 화자 모두 작가의 처지를 대변하고 있음을 알 수 있다.

④ 보조 화자는 주 화자의 죽어서라도 임에게 가고 싶은 심정을 공감하며 ㉠의 조언을 건네고 있다.

37 ② ⓑ의 '황하수(黃河水)'는 고사를 인용하여 화자의 억울함을 강조하기 위한 대상으로 화자의 외로움을 심화시키는 대상은 아니다.

오답풀이

① ⓐ의 '산(山) 접동새'는 화자가 외로운 감정을 이입하는 감정 이입 대상이다.

③ ⓒ의 '빈 배'는 화자의 쓸쓸하고 외로운 마음을 간접적으로 보여 주는 객관적 상관물이다.

④ ⓓ의 '초가집 찬 잠자리'는 임이 곁에 없는 상황을 촉각적 심상을 통해 드러내는 것으로, 화자의 외로움을 심화시킨다.

⑤ ⓔ의 '벽 가운데 걸려있는 등'은 임을 위해 걸어두었으나 임이 오지 않는 상황을 시각적 심상을 통해 드러내는 것으로, 화자의 외로움을 심화시킨다.

[38~41] 현대 시 복합

(가) 전봉건 「사랑」

• **갈래** : 자유시, 서정시

• **성격** : 상징적, 비유적

• **제재** : 사랑, 과목(果木)

• **주제** : 온갖 정성과 마음을 쏟아야 하는 사랑의 참된 의미

• **특징**

  – 수미상관을 통해 시상의 안정감을 부여함

  – 사랑하는 것을 과목을 키우는 행위에 비유함

• **구성**

  – 1~2연 : 과목을 가꾸듯 사랑의 토대를 만들기 위한 과정

  – 3~4연 : 사랑한다는 것은 정성을 다해 곁에서 지켜봐 주는 것

• **이해와 감상** : 이 시의 화자는 '사랑'에 대해 저절로 생겨나는 것이 아니라 온갖 정성과 보살핌을 통해 이루어지는 것이라고 말하고 있다. 또한 '사랑한다는 것'을 과목을 가꾸는 행위에 빗대어 사랑에도 열매 맺기 위한 준비 과정이 중요함을 강조한다. 3연에서는 사랑이란 상대방이 고난과 시련에 흔들

릴 때 옆에서 지켜봐 주는 것이라고 말하고 있다.

(나) 이육사 「교목」

• **갈래** : 자유시, 상징시, 저항시

• **성격** : 지사적, 상징적, 저항적, 현실참여적

• **제재** : 교목(喬木)

• **주제** : 극한 상황 대처를 위한 결의, 부정적 현실에 굴하지 않는 의지

• **특징**

  – 사물을 의인화하여 화자의 태도를 암시적으로 표현함

  – '–라'의 종결어미를 반복하여 주제를 강조함

  – 절제된 언어를 사용함

• **구성**

  – 1연 : 굽힐 수 없는 강인한 의지와 의연한 자세

  – 2연 : 후회 없는 삶의 결의

  – 3연 : 극한 상황에 대한 대결 의지와 결연한 부동의 자세

• **이해와 감상** : 조국 해방을 위한 현실 극복의 의지가 나타나 있는 작품이다. 이 시의 '교목'은 화자 자신, 또는 강인한 의지와 의연한 자세를 가진 사람을 지칭하고 있다. '～라' 형식의 종결어미 또한 부정적인 현실에 대한 저항 의지를 나타내는 요소이다.

(다) 김영랑 「독을 차고」

• **갈래** : 참여시

• **성격** : 상징적, 의지적, 직설적, 참여적

• **제재** : 독(毒)

• **주제** : 죽음을 각오한 현실 저항 의지

• **특징**

  – 내면의 직서적으로 표출함

  – 현실의 상황을 우의적이고 상징적으로 표현함

  – 두 삶의 자세가 대조적으로 드러남

• **이해와 감상** : 일제 강점기의 치열한 삶의 자세와 대결 의지가 나타나는 작품으로, 이 시의 '독'은 현실의 시련 속에서 치열하게 살아가려는 대항 의식이며 의지이다. 화자는 끝이 죽음으로 끝나더라도 무기력하게 생명을 잃어버리고 덧없이 소멸하는 외로움으로부터 자신을 구원할 수 있는 '독'을 품을 수밖에 없음을 말하고 있다.

38 ① (가)의 화자는 마음속에 '밤새 지켜보는 일'인 '사랑'의 가치를 간직하고 있고, (나)의 화자는 부정적인 상황 속에서도 현실과 타협하지 않는 꼿꼿한 기상과 신념을 지니고 있으며 (다)의 화자는 죽음을 각오하고 현실과 대항하려는 강력한 의지를 지니고 있다.

39 ② (가)는 이루어지지 못한 사랑을 의미하는 '뿌리가 썩은 나무', 새로운 사랑을 의미하는 '새 과목', 사랑을 뒤흔드는 시

련과 역경을 상징하는 '비바람이 삼킨 밤' 등의 상반된 의
미의 함축적인 시어를 사용하고 있다.

오답풀이

① (가)의 화자는 성찰적 어조를 통해 대상에 대한 인식을 드
러내고 있다.

③ 비유, 대조의 표현 방법을 사용하고 있지만 두 가지 이상의
감각이 공존하는 공감각적 표현은 나타나지 않는다.

④ 추상적인 것을 '과목'을 가꾸는 행위에 빗대어 나타내고 있
지만 계절의 변화를 드러내는 시어는 사용되지 않았다.

⑤ 수미상관의 구성을 통해 시상을 강조하고 있지만 점층적
표현은 사용되지 않았다.

40   ④ ②의 '검은 그림자'는 암울한 시대적 상황 속 그림자처럼
살 수밖에 없는 자신의 처지를 의미한다.

오답풀이

① ⊙의 '푸른 하늘'은 작가가 염원하는 이상적인 것, 조국 해
방을 의미한다.

② ⓒ의 '낡은 거미집'은 암담하고 부정적인 현실의 모습을 상
징한다.

③ ⓒ의 '끝없는 꿈길'은 끊임없는 조국 해방을 위한 투쟁, 즉
마음속의 이상을 의미한다.

⑤ ⑩의 '바람'은 일제 강점기의 가혹한 탄압, 시련을 의미한다.

41   ① '독'은 일제 강점기라는 암울한 현실 속에서 정신적 순결을
지키려는 의지, 일제에 대한 저항과 대결 의지를 의미한다.

오답풀이

② '독'은 정신적 순결을 지키려는 매서운 지조와 의지로, 독
을 차면 덧없이 소멸하는 외로움으로부터 자신을 구원할
수 있다고 믿었다.

③ '독'은 일제 강점기의 암울한 현실에서 가질 수밖에 없는
화자의 정신적 순결을 지키려는 삶의 태도이다.

④ '독'은 부정적인 현실 속에서 자신을 구원할 수 있는 힘의
원천이다.

⑤ '독'은 '허무한데 독은 차서 무엇하느냐'라고 말하는 허무주
의적인 세계관을 가진 사람들과 갈등을 겪게 한다.

[42~45] 현대 소설

박경리 「불신 시대」
· 갈래 : 단편소설
· 배경
 – 시간적 배경 : 9·28 수복 직후의 혼란기
 – 공간적 배경 : 1950년대 서울

· 성격 : 혼란기 사회의 부정에 대한 고발.
· 시점 : 전지적 작가 시점
· 주제 : 혼란기의 부정적 사회에 대한 분노와 고발.
· 구성
 – 발단 : 전쟁 중 남편과 사별한 진영은 유일한 희망인 아들
 문수마저 의사의 무성의한 치료로 잃게 된다.
 – 전개 : 사회에 대한 진영의 불신은 더욱 증폭된다.
 – 절정 · 결말 : 아들의 명복을 위해 절에 맡겼던 문수의 사
 진과 위패를 되찾아 태움으로써 그녀의 사회에 대한 증오
 는 절정에 달한다.
· 구성
 – 발단 : 전쟁 중 남편과 사별한 진영은 유일한 희망인 아들
 문수마저 의사의 무성의한 치료로 잃게 된다.
 – 전개 : 사회에 대한 진영의 불신은 더욱 증폭 된다.
 – 절정 · 결말 : 아들의 명복을 위해 절에 맡겼던 문수의 사
 진과 위패를 되찾아 태움으로써 그녀의 사회에 대한 증오
 는 절정에 달한다.
· 이해와 감상 : 이 작품은 박경리의 전쟁 체험이 담겨 있는 자
전적 소설로, 전쟁의 상황에서 훼손되는 인간의 존엄성, 그리
고 위선과 허위의 세계를 살아가는 의사나 종교들의 모습
을 통해 전쟁으로 인한 인간성의 황폐화를 우회적으로 형상
화하고 있다. 작품의 마지막 대목에서 주인공 진영은 아들의
위패를 불에 태우는데, 이를 통해 인간성이 황폐화된 사회와
맞서 싸우려는 주인공의 의지가 드러난다.

42   ③ 주어진 작품은 전지적 작가 시점이지만 사건과 상황의 전
개가 주인공 진영의 시각에서 진영의 체험과 의식 위주로
제시되고 있다.

43   ③ 주어진 글의 '창백한 볼이 불그스름해진다. 폐결핵에서 오
는 발열이다.'를 통해 주인공 진영이 폐결핵이라는 병을 앓
고 있음이 드러난다.

오답풀이

① '진영'의 아들은 넘어져 병원에 갔으나 엑스레이도 찍어보
지 않고, 약 준비도 하지 않은 의사의 무관심으로 인해 죽
었다고 하였다.

② '진영'의 어머니는 일찍부터 홀로 되어 외동딸인 진영에게
의지하며 살아왔다고 하였다.

④ '진영'은 연탄가스가 새고 있다고 생각했지만 가스가 가득
차면 죽을 것이라는 생각을 하고 잠에 들었으므로 집을 떠
나고 싶어 하지 않는다.

⑤ 절의 늙은 중에게 아들의 위패를 달라며 쏘아붙이고 있다.

44 ④ ⓔ은 아들의 위패를 가져오겠다는 결심에 찬 모습을 나타
내는 것이지 늙은 중과의 언쟁을 예측할 수 있는 상황이
아니기 때문에 화가 나 있음을 의미하지는 않는다.

(오답풀이)

① 의사의 무관심 속에 발생한 아이의 죽음을 '도수장 속의 망
아지'에 비유하고 있다.

② 아이의 죽음 이후에 눈을 감은 '진영'에게 아이 울음소리의
환청이 들리는 것을 보아 인물이 아이의 죽음을 잊지 못하
고 있음을 알 수 있다.

③ 인물이 괴로운 잠에 들어 '내장이 터진 소년병'의 꿈을 꾸
는 것을 통해 인물이 겪고 있는 심리적 고통이 드러난다.

⑤ 아들의 위패를 가져와 '사진'을 태우고 "내게는 아직 생명
이 남아 있었다."라고 말하는 것을 통해 새로운 삶에 대한
의지를 드러내고 있다.

45 ⑤ [A]는 주인공이 자신이 처한 전후 시대의 황폐화된 현실 내
에서 내면적으로 극복 의지를 갖게 되는 부분이다. 이 작품
에서는 의사뿐만 아니라 종교가들도 위선과 허위의 세계를
살아가는 인물로 그려지므로 종교적 믿음으로 극복 의지를
갖게 된 것은 아니다.

2020학년도 기출문제 정답 및 해설

제2교시 영어영역

01 ②	02 ⑤	03 ①	04 ①	05 ⑤	06 ④
07 ④	08 ⑤	09 ③	10 ④	11 ③	12 ③
13 ①	14 ③	15 ④	16 ②	17 ④	18 ①
19 ⑤	20 ①	21 ②	22 ③	23 ②	24 ⑤
25 ①	26 ③	27 ②	28 ②	29 ⑤	30 ③
31 ②	32 ①	33 ④	34 ①	35 ④	36 ④
37 ③	38 ⑤	39 ⑤	40 ④	41 ⑤	42 ②
43 ②	44 ①	45 ③			

01 ② 'procrastination'은 '미루는 버릇, 지연, 연기'의 의미로 'postponement(지연, 연기, 미루기)'와 그 의미가 가장 유사하다.

오답풀이

① 조급함

③ 자발적임

④ 걱정

⑤ 과장

어휘

• procrastination : 미루는 버릇, 지연, 연기

• slipshod : 대충하는, 아무렇게나 하는

• inadequate : 불충분한, 부적당한

• properly : 제대로, 적절히, 올바르게

• hastiness : 조급함, 성급함, 경솔

• postponement : 지연, 연기, 미루기

• spontaneity : 자발적임, 즉흥적임

• exaggeration : 과장, 허풍

해석

중요한 업무나 책무가 끝나지 않거나 대충 완료되었을 때 그 업무를 제대로 완수하는 데 시간이 부족하기 때문에 미루는 버릇은 직장 생활에서 큰 문제가 된다.

02 ⑤ 'plummeted'는 '곤두박질치다, 급락하다'의 의미로 'drop sharply(폭락하다, 급락[급감]하다)'와 그 의미가 가장 유사하다.

오답풀이

① 갑작스럽게 호황을 맞다

② 다시 회복되다

③ 꼼짝 못하게 되다

④ 차이를 만들다

어휘

• financial crisis : 금융 위기

• the last half : 후반기, 하반기

• currency : 통화, 통용, 유통

• plummet : 곤두박질치다, 급락하다

• boom : 호황을 맞다, 번창[성공]하다

• bounce back : 다시 회복되다

• get stuck : 꼼짝 못하게 되다

• drop sharply : 폭락하다, 급락[급감]하다

해석

세계 금융 위기는 1997년 하반기에 시작되었는데, 그 때 몇몇 아시아 경제의 통화가치가 폭락했다.

03 ① 'abjure'는 '포기하다, 영구히 버리다'의 의미로 'abandon (포기하다, 버리다)'과 그 의미가 가장 유사하다.

오답풀이

② 구성하다

③ 수정하다

④ 영감을 떠올리다

⑤ 정성 들여 만들다

어휘

• quotation : 인용, 인용구[문]

• deftly : 솜씨 좋게, 능숙하게

• fabric : 직물, 구조, 뼈대

• prose : 산문

• abjure : 포기하다, 영구히 버리다

• paraphrase : 다른 말로 바꾸어 표현하다, 바꾸어 쓰다[말하다]

• abandon : 포기하다, 버리다

• brainstorm : 브레인스토밍을 하다, 영감[멋진 생각]을 떠올리다

• elaborate : 정성 들여 만들다, 공들여 해내다

해석

산문의 구조에 능숙하게 인용구를 엮을 수 없다면, 그것들을 모두 버리고 대신 다른 말로 바꾸어 표현하라.

04 ① 'rudimentary'는 '기초적인, 기본적인'의 의미로 'basic(기본적인, 근본적인)'과 그 의미가 가장 유사하다.

오답풀이

② 깊은
③ 최적의
④ 의식하는
⑤ 추상적인

어휘

• application : 응용프로그램
• responsive : 즉각 반응[대응]하는, 호응하는
• spelling checker : 철자법 검사기
• rudimentary : 기초적인, 기본적인
• optimal : 최적의, 최상의
• conscious : 의식하는, 지각하는

해석

개인용 컴퓨터의 성능 향상은 사용자에게 더 똑똑하고 더 즉각 반응하는 응용프로그램의 개발을 가능하게 하고 있다. 철자법이나 문법 검사기를 사용해 본 사람이라면 매우 기초적인 수준에서 이런 유형의 응용프로그램을 경험해 본 적이 있다.

05 ⑤ 'tenacious'는 '질긴, 끈질긴'의 의미로 'persistent(끈질긴, 집요한)'과 그 의미가 가장 유사하다.

오답풀이

① 독단적인
② 믿을 수 있는
③ 유용한
④ 도식의

어휘

• written language : 문어(文語), 문자 언어
• more or less : 거의, 약[대략]
• extremely : 극히, 매우
• tenacious : 질긴, 끈질긴, 집요한
• arbitrary : 제멋대로인, 독단적인
• reliable : 믿을 수 있는, 신뢰할 만한
• persistent : 끈질긴, 집요한

해석

문자 언어가 지금과 거의 비슷해 보일 것이라고 생각하는 한

가지 이유는 지금까지 그것들이 매우 끈질긴 것으로 판명되었기 때문이다. 중국어 체계는 3천 년 이상 거의 변하지 않았고, 현대 그리스어는 거의 오랫동안 사용되어 온 알파벳으로 쓰여 왔다.

06 ④ 'haphazardly'는 '무턱대고, 되는 대로'의 의미로 'randomly(무작위로, 닥치는 대로)'와 그 의미가 가장 유사하다.

오답풀이

① 은밀히
② 변함없이
③ 명쾌하게
⑤ 정확하게

어휘

• formula : 식, 공식, 방식
• reactive : 반응을 보이는
• fall back on : ~에 기대다[의지하다]
• haphazardly : 무턱대고, 되는 대로
• covertly : 은밀히, 몰래, 살며시
• invariably : 변함없이, 언제나
• explicitly : 명쾌하게, 명확하게
• randomly : 무작위로, 닥치는 대로
• precisely : 바로, 꼭, 정확히

해석

결정을 내리는 데 명확한 방식이 부족하면, 우리는 반응을 보이게 되고 무엇을 해야 할지 결정하는 데 익숙하고 편안한 방법에 의지하게 된다. 결과적으로, 우리는 우리의 목표를 지지하지 않는 방법을 무턱대고 선택한다.

07 ④ 'that' 이하의 종속절의 주어는 앞의 'the Description del'Egyptek'이므로, 이를 대신하는 지시대명사는 복수 형태인 'they'가 아니라 단수 형태인 'it'을 사용해야 한다.

오답풀이

① 선행사 'the date'를 수식하기 위한 형용사절로 '전치사 + 관계대명사'의 형태인 'at which'를 사용한 것은 적절하며, 때를 나타내는 관계부사 'when'으로 바꿔쓸 수 있다.
② 'become' 다음에 과거분사가 와서 형용사의 역할을 대신하므로, 과거분사 'transformed'를 사용한 것은 적절하다.
③ 글의 문맥상 '~에서 기인하다[비롯되다]'의 의미인 'result from'을 사용한 것은 적절하다.
⑤ 분사구문의 형태로 현재분사인 'providing'을 사용한 것은 적절하다.

사 'as'를 사용한 것은 적절하다.

- ha : 헥타르(hectare)
- illegal : 불법적인, 비합법적인
- logging : 벌목
- land clearing : 개간, 개척지
- hazard : 위험, 모험
- sub–Saharan : 사하라 사막 이남의
- account for : (부분·비율을) 차지하다
- corrupt : 부패하게 만들다, 타락시키다
- ineffective : 비효과적인, 무능한, 무력한
- poverty : 빈곤, 가난
- civil unrest : 사회 불안
- internal : 내부의, 국내의
- refugee : 난민, 망명자
- drought : 가뭄
- infestation : 침입, 습격, 만연
- catastrophically : 파멸로, 비극으로

해석

화재는 매년 약 3억 5천만 헥타르(1,350 평방미터)의 숲을 파괴한다. 어떤 화재는 사람들이 불법적인 벌목이나 토지 개간을 은폐하기 위해 계획된다. 다른 화재는 자연적인 원인에 의해 시작된다. 세계에서 가장 큰 화재 위험은 전 세계의 약 절반 비율을 차지하는 사하라 사막 이남 아프리카에 있다. 방치된 화재는 부패하거나 무능한 정부 그리고 높은 수준의 빈곤, 시민 불안 및 내부 난민을 가진 나라에서 최악이 되기 쉽다. 세계 기후 변화로 세계 각 지역에 가뭄과 곤충이 들끓음에 따라, 산불이 비극적으로 증가할 우려가 있다.

좌측 컬럼

어휘

- antiquarianism : 골동품 연구[취미]
- supersede : 대체하다, 대신하다
- archaeology : 고고학
- antiquity : 고대, (고대의) 유물
- discipline : 학과, 학문, 지식 분야
- Egyptology : 이집트학
- expedition : 탐험[대], 원정[대]
- remains : 유적, 유물
- pharaonic : 파라오의[같은]
- multi–volume : 권수가 많은, 여러 권으로 된
- accuracy : 정확[도], 정밀[도]
- constitute : 구성하다, 이루다
- internally : 내부로, 내적으로
- consistent : 한결같은, 일관된, 변함없는
- appraisal : 평가[회], 평가제
- assessment : 평가, 부과
- entirety : 전체, 전부 cf) in one's entirety 통째로, 전부

해석

유럽의 골동품 연구가 고고학으로 대체된 날짜의 문제와 마찬가지로, '조기 여행자'의 저술과 이집트 유물의 수집이 현대 이집트 학문 분야에 근접한 것으로 변형된 구체적인 날짜를 제시하기는 쉽지 않다. 그러나 이집트 고고학의 대부분의 역사는 19세기 초 나폴레옹의 탐험을 이집트의 파라오 입석 유적을 기록하고 묘사하려 한 최초의 조직적 시도로 여긴다. 탐험으로 비롯된 여러 권의 출판물인 '델 이집택의 묘사'의 중요성은 높은 수준의 정확성뿐만 아니라 학자들 집단에 의한 지속적이고 내적으로 일관된 평가회를 구성하였다는 사실에 있으며, 이로 인해 고대 이집트에 대한 최초의 실제 평가를 제공했다.

08 ⑤ 선행사 'a worry'를 수식하기 위한 형용사절이 와야 하므로 관계대명사를 사용해야 하고, 종속절이 완전한 문장이므로 '전치사 + 관계대명사'의 형태인 'about which'로 바꿔 써야 한다.

오답풀이

① 'million'은 수의 단위를 나타내며 앞에 수사가 있어도 복수형으로 하지 않는다. 따라서 단수 형태의 'million'을 사용한 것은 적절하다.

② 'half'는 한정사보다 앞에 쓰여서 명사를 수식하는 전치한정사로써 적절하게 사용되었다.

③ 글의 문맥상 'bad'의 최상급 형태인 'worst'를 사용한 것은 적절하다.

④ 글의 문맥상 '~함에 따라(비례 용법)'의 의미를 지닌 접속

우측 컬럼 하단

09 ③ 'Had Clinton not been as agile as ~'는 'If Clinton had not been as agile as ~'에서 접속사 'If'가 생략되고 주어와 동사가 도치된 가정법 과거완료 구문이다. 따라서 주절의 동사인 'would be'도 가정법 과거완료 구문에 해당하는 동사인 'would have been'으로 바꿔 써야 한다.

오답풀이

① 종속절의 주어가 3인칭인 'experience'이므로, 현재완료 시제로 'has + p.p'의 형태인 'has taught'를 사용한 것은 적절하다.

② 동사 'succeed'는 '성공하다'와 '뒤를 잇다'의 두 의미로 사용되는데, 전자의 명사형은 'success(성공)'이며 후자의 명사형은 'succession(연속)'이다. 본문에서 'a succession of'는 '일련의, 연이은'의 의미로 문맥상 올바르게 사용되었다.

④ 'just the opposite'은 '정반대'의 의미로 올바르게 사용되었다.

⑤ 'even if(비록 ~일지라도, ~라 하더라도)'는 양보를 나타내는 접속사로 문맥상 올바르게 사용되었다.

어휘

- contemporary : 동시대의, 현대의, 당대의
- hit the ground running : (성공적으로) 잘 나가다, 의욕적으로 시작하다
- stumble : 비틀거림, 실수, 잘못, 실착
- succession : 연속, 잇따름, 계승
- legislative : 입법의, 입법부의
- debacle : 대실패, 와해, 붕괴
- Congress : 의회, 국회
- agile : 날렵한, 민첩한, 재빠른
- one-term : 한 임기의, 단임의
- transformational : 변형의, 변화의, 변혁적인
- the head of a union : 노조위원장
- stature : 지명도, 위상, 지위
- presidency : 대통령 직[임기], 회장 직[임기]
- evaporate : 증발하다, 사라지다
- Hundred Days : 백일 의회(루즈벨트 대통령의 뉴딩 정책 등 중요 법안 가결)

해석

만약 동시대의 경험이 우리에게 무언가를 가르쳐준다면, 확실히 대통령이 의욕적으로 시작할 필요가 있다. 레이건의 빠른 출발과 클린턴의 비틀거림의 차이로 하나는 입법부의 승리가 계속되는 길에 접어들었고 다른 하나는 의료의 붕괴와 의회의 패배로 가는 길에 들어섰다. 만약 클린턴이 1993년 말에 회복 중에 있는 것만큼 민첩하지 못했더라면, 1995년에 다시 그는 한 임기의 대통령이 되었을 것이다. 그 상황이었다면, 그는 결코 자신이 바라던 변혁적인 인물이 되지 못했다. 대부분의 기관에서 지도자의 권력은 시간이 지남에 따라 커진다. CEO, 대학 총장, 노조위원장은 장기간의 실적을 통해 지위를 얻는다. 대통령직은 정반대이다. 즉, 권력이 빠르게 사라지기 쉽다. 대통령이 그의 첫 100일 동안 프랭클린 루즈벨트에 필적해야 하는 것은 아니지만, 취임 첫 달은 그가 두 번의 임기를 모두 채우더라도, 보통 그에게 열린 가장 넓은 기회의 창이다. 그래서 그는 서둘러 움직여야만 한다.

10 ④ 제시문에 따르면 미래에 대한 예측을 분석하는 방법도 의학과 마찬가지로 엄격하게 적용하기를 바라지만, 20세기 초의 의학이 여전히 증거보다는 주로 명성에 토대를 두고 있었으므로 그것은 쉽지 않은 싸움이 될 것이다. 그러므로 ④의 'easy(쉬운)'는 문맥상 'difficult(어려운)' 등으로 바꿔 써야 적절하다.

오답풀이

① 완전히 발달한
② 무관한
③ 분석하다
⑤ 명성

어휘

- superforecasting : 초예측
- prediction : 예측, 예견
- medicine : 의학, 의술, 의료
- black art : 마법, 마술
- fledged : 깃털이 다 난, 날 수 있게 된 cf) fully fledged 완전히 발달한, 필요한 자격을 다 갖춘
- controversial : 논란이 많은, 논란의 여지가 있는
- qualification : 자격, 자격증
- eminence : 명성, 저명
- confidence : 신뢰, 믿음
- irrelevant : 무관한, 상관없는
- treatment's effectiveness : 치료 효과
- statistically : 통계상으로, 통계적으로
- rigorously : 엄격히, 엄밀히
- bring about : 야기하다, 초래하다
- rigor : 엄격, 준엄, 엄격한 적용
- evidence : 증거, 증언

해석

'초예측 : 예측 기법과 과학'이란 저서는 1909년에 태어난 스코틀랜드 의사인 Archie Cochrane에 대한 토론으로 시작되는데, 그는 아마 누구 이상으로 의학을 마법에서 완전히 발달한 과학으로 탈바꿈시켰다. 반세기 전에 심도 깊은 논란이 되었던 그의 통찰력은 의사의 자격, 명성 및 신뢰는 무관한 것이며 치료 효과에 대한 유일한 시험은 통계적으로나 엄밀하게 효과를 보여줄 수 있는 지의 여부였다. 이 책의 저자인 'Tetlock'씨는 사람들이 미래에 대한 예측을 분석하는 방법도 마찬가지로 엄격하게 적용하기를 희망한다. 그것은 쉬운(→ 어려운) 싸움이 될 것이다. 예측은 20세기 초의 의학과 마찬가지로 여전히 증거보다는 주로 명성에 토대를 두고 있다.

11 ③ 제시문의 마지막 문장에서 응답자의 1/4에서 1/30이 실제로 투표하지 않았을 때 투표했다고 말한 것으로 일관되게 나타났다고 서술되어 있으므로, 응답자들은 자신들이 투표하지 않는다는 것을 인정하지 않을 수도 있다. 그러므로 ③의 'deny(부인하다)'는 'admit(인정하다)' 등으로 바꿔 써야 적절하다.

정답 및 해설

① 진실성

② 가리다

④ 진실성

⑤ 분류하다

• polling : 투표, 여론조사

• wiggle : 흔들림 cf) wiggle room 자유 재량권

• veracity : 진실성, 정직함

• shade : 그늘지게 하다, 가리다, 감추다

• embarrassing : 당혹스러운, 난처한

• overstate : 과장하다, 부풀리다

• integrity : 완전, 무결, 흠 없음

• crucially : 결정적으로, 중요하게

• sort : 분류하다, 구분하다

• pollster : 여론 조사원[조사자]

• self-reported : 자가 보고된, 스스로 보고하는 형식의

• consistently : 지속적으로, 끊임없이, 항상

여론조사는 인터넷 데이트와 같다. 제공된 정보의 진실성에는 약간의 흔들림의 여지가 있다. 특히 질문이 난처하거나 민감할 때, 우리는 사람들이 진실을 가린다는 것을 알고 있다. 응답자들은 그들의 수입을 부풀릴 수 있다. 그들은 자신들이 투표하지 않는다는 것을 부인하지(→ 인정하지) 않을 수도 있다. 그들은 평판이 나쁘거나 사회적으로 용납될 수 없는 견해를 밝히는 데 주저할 수도 있다. 이 모든 이유로, 가장 세심하게 계획된 여론조사조차도 응답자들의 답변의 진실성에 의존한다. 선거 여론조사는 선거일에 투표할 사람과 그렇지 않은 사람을 분류하는 데 결정적으로 달려 있다. 사람들은 여론 조사원들이 듣고 싶은 말이라고 생각하기 때문에 종종 그들이 투표할 거라고 말한다. 자체 보고된 투표 행동과 선거 기록을 비교한 연구에 따르면 응답자의 1/4에서 1/3이 실제로 투표하지 않았을 때 투표했다고 말한 것으로 일관되게 나타난다.

12　③ (A) 불독과 스패니엘처럼 서로 짝짓기를 해서 계속 자손을 번식할 수 있다면 같은 종에 속한다고 할 수 있으므로 'fertile(생식력 있는)'이 적절하다.

　　(B) 말과 당나귀는 서로 다른 두 종(種)이기 때문에 짝짓기를 한다 해도 그 새끼는 번식력이 없으므로 'sterile(불임의)'이 적절하다.

　　(C) 말과 당나귀는 결과적으로 서로 다른 두 종이기 때문에 그 진화 경로가 다르다. 즉 분리된 진화 경로에 따라 움직이므로 'separate(분리된)'가 들어갈 말로 적절하다.

• biologist : 생물학자

• organism : 유기체, 생물

• species : 종(種)

• mate with : ~와 짝짓기하다

• give birth to : 낳다, 출산하다

• fertile : 새끼를 많이 낳는, 번식력이 있는

• sterile : 불임의, 새끼를 낳지 못하는

• offspring : 자식, 새끼

• trait : 특성, 특징

• induce : 유도하다, 유발하다

• mutation : 돌연변이, 변화[변형]

• vice versa : 거꾸로, 반대로

• consequently : 결과적으로, 그 결과

• distinct : 별개의, 서로 다른, 구별되는

• evolutionary : 진화의

• bulldog : 불독

• spaniel : 스패니얼(기다란 귀가 뒤로 쳐져 있는 작은 개)

• pair off with : ~와 짝이 되다

생물학자들은 생물을 종으로 분류한다. 동물들이 서로 짝짓기를 해서 (A) 생식력 있는 새끼를 낳는다면 같은 종(種)에 속한다고 한다. 말과 당나귀는 현세의 공통 조상을 가지고 있고 많은 신체적 특징들을 함께한다. 그러나 그 동물들은 서로에게 성적인 관심을 거의 보이지 않는다. 그 동물들은 그렇게 하도록 유도되면 짝짓기를 하겠지만 그 새끼는 (B) 불임이다. 따라서 당나귀 DNA의 돌연변이는 결코 말에게 건너갈 수 없으며, 그 반대도 마찬가지이다. 이 두 종류의 동물은 결과적으로 서로 다른 두 종으로 여겨지며, (C) 분리된 진화 경로를 따라 움직인다. 이와 대조적으로 불독과 스패니엘은 매우 다르게 보일 수도 있지만, 그 동물들은 같은 종의 일원으로 동일한 DNA 풀을 공유하고 있다. 그들은 행복하게 짝짓기를 할 것이고 그들의 강아지들은 자라서 다른 개들과 짝짓기를 하여 더 많은 강아지를 낳을 것이다.

13　① (A) 정보 범람의 속도가 데이터를 신속하고 효율적으로 처리하는 속도를 넘어서는 것이므로, 'overwhelm(능가하다)'이 적절하다.

　　(B) 빅데이터를 효과적으로 이용하기 위한 방법과 도구들을 찾지 못한다면 정보의 홍수에 계속해서 빠지는 것이므로, 'drown(물에 빠지다)'이 적절하다.

　　(C) 빅데이터의 힘을 성공적으로 이용하기 위해 이미 취해진 조치들과 더불어 지금 취할 수 있는 조치가 많다는 의미이므로, 'harness(이용하다)'가 적절하다.

어휘

- drawback : 단점, 결점, 문제점
- overwhelm : 압도하다, 능가하다
- maximize : 극대화하다
- take action : 조치를 취하다, 행동에 옮기다
- appropriate : 적절한, 타당한
- methodology : 방법론
- evolve : 진화하다, 발달하다
- drown : 물에 빠져 죽다, 익사하다
- security : 보안, 경비, 안전
- adequate : 충분한, 적절한
- deadly : 치명적인, 극도의
- ensure : 보장하다, 보호하다
- harness : 마구를 채우다, 이용하다
- renounce : 포기하다, 단념하다

해석

빅데이터에는 단점이 있다. 정보의 범람은 일부는 유용하고 일부는 그렇지 않은데, 신속하고 효율적으로 데이터를 처리하고 적절한 조치를 취하는 능력을 (A) 능가할 수 있다. 만약 우리가 빅데이터를 효과적으로 이용하기 위해 방법론과 도구를 만들어 활용하지 못한다면, 우리는 계속해서 그 속에 (B) 빠질 지도 모른다. 국가 안보의 맥락에서, 적절한 빅데이터 도구가 없다면 엄청나고 심지어 치명적인 결과를 초래할 수 있다. 하지만, 우리가 빅데이터의 힘을 성공적으로 (C) 이용하기 위해 많은 경우에 이미 취해진 조치들, 즉 지금 취할 수 있는 조치들이 있다.

14 ③ 제시문에 따르면 미국 사회는 인종적, 종교적, 언어적 다양성의 존재를 인정하고 피부색, 성별, 나이에 상관없이 모든 사람들이 동등한 권리를 보장받는다고 서술하고 있다. 그러나 ③은 갈등적 요소에 대해 언급하고 있으므로 전체적인 글의 흐름과 어울리지 않는다.

어휘

- melting pot : 용광로, 도가니
- diversity : 다양성, 포괄성
- attitude : 자세, 태도, 사고방식
- constitutional : 입헌의, 헌법적인
- separation : 분리, 분열
- principle : 원리, 원칙
- guarantee : 보장하다, 약속하다
- worship : 예배, 숭배
- diverse : 다양한, 가지각색의
- conflict : 충돌, 갈등
- regardless of : ~에 상관없이

- gender : 성, 성별
- geographical : 지리학의, 지리적인

해석

미국은 서로 다른 배경의 사람들이 어떤 식으로든 모두 똑같아진다는 점에서 사실 '용광로'가 아니다. 미국은 항상 생각, 태도, 행동의 다양성을 내재하고 있다. ① 예를 들어, 미국의 초기부터 존재한 기본 원칙인 교회와 주(州)의 헌법적 분리는 모든 종교인들이 숭배와 종교 행위에 대해 똑같은 자유와 권리를 갖는다는 것을 보장한다. ② 다양한 종교적 배경을 가진 사람들이 함께 하나의 종교로 '융합'될 것으로 기대되지 않는다. ③ 갈등은 배경이 같든 다르든 간에, 단순히 사람들 사이에서 일어난다. ④ 다른 법들은 피부색, 성별, 나이에 상관없이 모든 사람들의 동등한 권리를 보장한다. ⑤ 미국은 심지어 공식적인 국가 언어조차 가지고 있지 않으며, 다양한 지역에서 많은 정부 간행물과 다른 출판물 또한 다양한 언어로 제공된다. 요컨대, 한 국가로서 미국은 다양성의 현실과 이점을 항상 인식해 왔다.

15 ④ 제시문에 따르면 기계 기술의 발전은 일시적으로 개별 근로자를 대체하여 고용 위기를 불러오지만, 장기적으로 비용과 가격을 낮추고 수요를 증가시킴으로써 새로운 고용 기회를 창출한다고 하였다. 따라서 기계가 인간 기술의 필요성을 감소시킨다는 ④의 내용은 전체적인 글의 흐름과 대치되므로 적절하지 못하다.

어휘

- displace : 대신하다, 대체하다
- obsolete : 더 이상 쓸모가 없는, 한물간, 구식의
- fireman : (증기기관차의) 화부(火夫), 기관 조수
- employee : 종업원, 직원
- shovel : 삽질하다, 삽으로 푸다
- locomotive boiler : 기관차 보일러
- union support : 노조 지원
- cease : 그만두다, 멈추다
- temporary : 일시적인, 임시의
- reduce : 줄이다, 감소하다
- hold down : 억제하다, 견뎌내다
- employment : 고용, 취업
- establish : 설립하다, 구축하다

해석

기계가 특정 직업에서 개별 근로자를 대체하고 단기적으로는 이것이 종종 어려운 문제를 일으킨다는 것에 대해 아무도 의문을 제기하지 않는다. ① 예를 들어, 철도에 디젤 엔진과 전력의 사용으로 화부(火夫), 즉 기차의 증기기관용 증기를 생산하는 기관차 보일러에 삽으로 석탄을 퍼넣는 직원의 자리는

쓸모없게 되었지만, 노조의 지원 때문에 철도회사는 기차에 사용된 증기 동력이 중단된 후 수년 동안 이 자리를 채워야만 했다. ② 그러나 그러한 문제들은 일시적이다. ③ 궁극적으로, 기계 기술의 발전은 비용과 가격을 낮추거나 그것을 억제하는 경향이 있고, 사람들이 더 많은 상품을 구입할 수 있도록 함으로써 새로운 고용 기회를 창출한다. ④ 기계는 <u>인간 기술의 필요성을 감소시킨다.</u> ⑤ 만약 어떤 산업에서 더 적은 노동자를 고용한다면, 다른 산업에서 더 많은 노동자를 고용한다. 동시에 신상품이 도입되고 신산업이 구축된다.

16 ② 제시문은 법적 성인은 어떤 치료도 거부할 권리가 있으나 정신병은 예외적으로 강제적인 치료를 규정하고 있다는 내용이다. 그러므로 빈칸에는 'compulsory(강제적인, 의무적인)'가 들어갈 말로 가장 적절하다.

오답풀이
① 대체 가능한
③ 부가적인
④ 증가의
⑤ 예방을 위한

어휘
- competent : 유능한, 법적 능력[자격]이 있는
- treatment : 치료, 처치
- apply to : ~에 적용되다
- Mental Health Act : 정신보건법
- mental disorder : 정신 장애[이상]
- alternative : 대체 가능한, 대안이 되는
- compulsory : 강제적인, 의무적인, 필수의
- adjunctive : 부속의, 첨부의, 부가적인
- incremental : 증가의, 증대하는
- preventive : 예방[방지]를 위한

해석
법적 성인은 심지어 생명을 구하는 어떤 치료도 거부할 권리가 있다는 것이 많은 법체제의 원칙이다. 이 원칙은 신체 질병의 치료에 적용된다. 그러나 많은 나라에서 정신병을 앓고 있는 사람들에게는 적용되지 않는다. 영국의 경우를 보면, 정신병 환자의 <u>강제적인</u> 치료를 규정한 정신보건법이 있다.

17 ④ 제시문에 따르면 테니스, 수영, 골프, 스키를 포함한 일부 스포츠는 비용이 많이 들어서 주로 부유층이 참여하지만, 축구, 야구, 농구는 모든 소득수준의 사람들이 접할 수 있다고 하였다. 즉, 부의 정도나 사회적 지위에 따라 <u>스포츠의 종류를 선택</u>할 수 있는 것이므로, 빈칸에는 'standing(지위, 평판)'이 들어갈 말로 가장 적절하다.

오답풀이
① 속박
② 요구
③ 유행
⑤ 선호

어휘
- social-conflict : 사회적 갈등
- analysis : 분석
- inequality : 불평등, 불균형
- participation : 참여, 참가
- well-to-do : 부유한, 잘사는
- accessible : 접근 가능한, 이용 가능한
- reflect : 반사하다, 반영하다
- bonds : 구속, 굴레
- standing : 지위, 평판
- preference : 선호, 애호

해석
사회 갈등 분석은 스포츠가 사회적 불평등과 밀접하게 관련이 있다고 지적하는 것에서 시작된다. 테니스, 수영, 골프, 스키를 포함한 일부 스포츠는 비용이 많이 들어서 참여는 주로 부유층에 국한된다. 그러나 축구, 야구, 농구는 모든 소득수준의 사람들이 접할 수 있다. 요컨대, 사람들이 하는 게임은 단순히 선택의 문제가 아니라 사회적 <u>지위</u>를 반영한다.

18 ① 제시문에서 동기부여적 자극은 중간 난이도로 추정되는 작업에서 가장 좋다고 나타나므로, 만약 성공률이 매우 높거나 또는 매우 낮다고 여겨지면 동기부여적 자극은 약해지게 된다. 그러므로 빈칸에는 'weakened(약화시키다)'가 들어갈 말로 가장 적절하다.

오답풀이
② 동원하다
③ 등락을 거듭하다
④ 안정시키다
⑤ 교체하다

어휘
- expectancy : 기대치, 기대하는 것
- motivational : 동기부여적인
- arousal : 자극, 흥분
- assumption : 가정, 추정
- indicate : 나타내다, 보여주다
- moderate : 보통의, 중간의
- difficulty : 어려운 정도, 난이도
- mobilize : 동원하다, 집결시키다

- fluctuate : 변동[등락]을 거듭하다
- stabilize : 안정시키다, 고정시키다
- alternate : 번갈아 나오다, 교대[교체]하다

해석

성공이 동기부여에 미치는 영향은 무엇인가? 동기는 반드시 높여야 하는가? 앞선 주장은 일부 활동에서 성공적인 성과가 목표로 이어진다는 것을 학습자가 깨닫게 되면 기대치가 상승할 가능성이 높다는 것을 시사한다. 이것은 성공이 동기부여를 증가시키는 경향이 있다고 말하는 것처럼 보이지만, 문제는 그렇게 간단하지 않다. 이 주장은 잠재적인 동기는 고려하고 동기부여적 자극은 무시한다. 동기부여적 자극은 활동을 올바르게 수행하기 위해 얼마나 많은 노력이 필요한지에 대한 한 사람의 추정에 근거한다. 연구에 따르면 동기부여적 자극은 중간 난이도로 추정되는 작업에 가장 좋다고 나타난다. 만약 성공률이 매우 높거나 매우 낮다고 여겨지면, 동기부여적 자극은 <u>약해진다</u>. 다시 말해서, 우리가 도전적이라고 생각하지만 거의 불가능하지 않은 것들을 위해 우리는 가장 열심히 노력한다.

19 ⑤ 지네딘 지단은 마르세유에서 태어나고 자란 프랑스인이자 그의 부모가 알제리에서 이민 온 북아프리카 사람이기도 하다. 또한 이슬람교도이자 유명한 축구선수이다. 이러한 지네딘 지단의 정체성은 그가 어디에서 어떻게 생각하느냐에 따라 달라지므로, 그의 정체성은 유동적이라는 것이다. 그러므로 빈칸에 들어갈 말로는 'fluid(유동적인)'가 가장 적절하다.

오답풀이

① 독특한
② 민족의
③ 정치적인
④ 토종의

어휘

- identity : 신원, 신분, 정체성
- tricky : 힘든, 까다로운
- compilation : 편집, 편찬, 편성
- claim : 주장하다, 요청[요구]하다
- impose : 강요하다, 부과하다
- outsider : 외부인, 국외자
- aftermath : 여파, 후유증 cf) in the aftermath of ~의 여파로
- emigrate : 이민을 가다, 이주하다
- reportedly : 전하는 바에 따르면, 들리는 바로는
- fiercely : 사납게, 맹렬하게, 지독하게
- ancestral : 조상의, 전래의
- multifaceted : 다면적인

- unique : 고유의, 독특한
- ethnic : 민족의, 종족의
- indigenous : 토종의, 토착의
- fluid : 유동적인, 가변적인

해석

아프리카의 역사가들에게 정체성은 까다로운 이지적 문제가 될 수 있다. 어느 곳의 사람들과 마찬가지로 아프리카인들은 수많은 정체성을 구성하고 있는데, 그 중 일부는 개인적으로나 집단적으로 주장되고, 다른 일부는 외부인에 의해 강요된다. 만약 사람들에게 누가 현존하는 가장 유명한 아프리카인이냐고 묻는다면, 통상적 대답은 '넬슨 만델라'이다. 그러나 2006년 월드컵의 여파로 이것에 답할 때, 현존하는 가장 유명한 아프리카인이 지네딘 지단이라고 말하는데 충분한 사유가 있다. 이 한 사람을 자세히 살펴보자. 지단이 누구며 어떤 사람인가? 그는 마르세유에서 태어나고 자란 프랑스인이다. 그러나 또한 북아프리카 사람이고, 부모는 알제리에서 이민을 왔다. 그리고 가족의 뿌리인 베르베르족(族)은 카빌 산에 있으며, 들리는 바로는 자기 조상 마을에 대해 매우 자랑스러워한다고 한다. 그는 또한 자신을 이슬람교도라고 설명한다. 그리고 물론 그는 축구선수다. 지단 스스로 선택해 사용할 이 꼬리표 중 어느 것이든 그가 어디에 있는지 그리고 그때 어떻게 생각하고 있는가에 달려 있다. 즉, 정체성은 다면적인 것 만큼 <u>유동적</u>이다.

20 ① 피카소, 마야 안젤로, 아인슈타인 등은 각 분야에서 많은 작품과 논문을 발표했지만 정작 호평을 받은 것은 소수에 불과했다. 즉, 위인의 명성은 하루 아침에 이루어진 것이 아니라 부단한 작품 활동과 끊임없는 연구의 결과이므로, ①의 'do a lot of work (많은 일을 해라)'가 빈칸에 들어갈 말로 가장 적절하다.

오답풀이

② 채무불이행을 거부하다
③ 급진적인 위험을 무릅쓰다
④ 새로운 통찰력을 얻다
⑤ 더 나은 방법을 탐구하다

어휘

- oeuvre : 일생의 작품, 모든 작품, 전작(全作)
- sculpture : 조각, 조소, 조각품
- ceramic : 도자기
- drawing : 그림, 소묘, 데생
- not to mention : ~은 말할 것도 없이, 물론이고
- rug : 깔개, 양탄자, 무릎덮개
- tapestry : 태피스트리(색실로 짠 추단)
- fraction : 부분, 일부

- garner : 얻다, 모으다
- acclaim : 찬사, 칭찬, 호평
- poetry : 시, 시가
- recite : 암송하다, 낭송하다
- memoir : 회고록, 전기
- pay attention to : ~에 주의를 기울이다
- autobiography : 자서전, 수기
- relativity : 상대성, 상대성 이론
- reject : 거부하다, 거절하다
- default : 불이행, 태만
- radical : 과격한, 급진적인

해석

피카소 일생의 작품에는 인쇄물, 러그, 태피스트리는 물론이고, 1,800여 점의 그림, 1,200여 점의 조각품, 2,800여 점의 도자기, 그리고 12,000여 점의 소묘가 포함되어 있는데, 이 중 극히 일부만이 호평을 얻었다. 시 분야에서, 우리가 마야 안젤로의 고전 시인 "Still I Rise"를 낭송할 때, 우리는 그녀가 165편의 다른 시를 썼다는 것을 잊어버리기 쉽다. 우리는 그녀의 감동적인 회고록 "I Know Why the Caged Bird Sings"를 기억하나 그녀의 다른 6편의 자서전에는 관심을 덜 기울인다. 과학 분야에서, 아인슈타인은 물리학에 변혁을 가져온 일반 상대성 이론과 특수 상대성 이론에 관한 논문을 썼지만, 그의 248권의 출판물 중 상당수가 최소한의 영향을 미쳤다. 'This American Life'와 팟캐스트 'Serial'의 제작자인 아이라 글래스는 만약 당신이 독창적인 사람이 되고 싶다면 "당신이 할 수 있는 가장 중요한 일은 <u>많은 일을 하는 것이다</u>."라고 말한다.

21 ② 제시문에서 Witmer가 박사학위를 받을 당시, 심리학은 본질적으로 학문적 연구 분야였지 그 분야를 특징짓는 응용 기능은 거의 없었다고 하였다. 그러므로 빈칸에는 1800년대 후반의 심리학의 특징을 설명한 ②의 "psychologists didn't practice psychology, but studied it (심리학자들은 심리학을 실습하지 않고 연구했다)"이 들어갈 말로 가장 적절하다.

오답풀이

① 실험심리학 분야는 인기가 없었다
③ Lightner Witmer는 독일의 대표적인 심리학자였다
④ 심리학 박사학위를 받는데 많은 노력을 했다
⑤ Wilhelm Wundt는 임상심리학 탄생의 장을 마련했다

어휘

- doctorate : 박사학위
- experimental psychology : 실험심리학
- pioneer : 개척자, 선구자
- essentially : 근본적으로, 본질적으로

- academic discipline : 학과, 교과
- apply : 신청하다, 지원하다, 적용하다
- characterize : 특징짓다, 특징 지우다
- doctoral degree : 박사학위
- set the stage for : ~을 위한 장을 마련하다, ~의 기초를 닦다
- clinical psychology : 임상심리학

해석

Lightner Witmer는 1892년 독일에서 심리학 박사학위를 받았는데, 많은 사람들이 실험심리학의 창시자로 여긴 Willhelm Wundt 수하에 있었다. 그는 또한 실험심리학의 또다른 개척자인 James KcKeen Cattell 수하에서 연구했다. Witmer가 박사학위를 받을 당시, 심리학은 본질적으로 학문 연구 분야였다. 오늘날 그 분야를 특징짓는 응용 기능은 거의 없었다. 요컨대 1800년대 후반에 <u>심리학자들은 심리학을 실습하지 않고 연구했다.</u>

22 ③ 제시문에 따르면 물의 효용성은 생사의 문제가 될 만큼 엄청난 가치를 지니고 있지만 공짜이거나 매우 낮은 가격에 팔리는 반면, 다이아몬드는 필수품이라고 생각하는 사람이 거의 없는데도 매우 높은 가격에 팔린다. 그러므로 ③의 'a good's utility may have little influence on its price(재화의 효용이 가격에 거의 영향을 미치지 않을 수도 있다)' 가 빈칸에 들어갈 말로 가장 적절하다.

오답풀이

① 재화의 가격은 효용성에 달려 있을 수도 있다
② 재화의 가격은 가치와 밀접한 관계가 있을 수도 있다
④ 재화의 효용은 공급과 수요에 달려 있을 수도 있다
⑤ 필요한 재화의 양은 가격에 달려 있지 않을 수도 있다

어휘

- lecture : 강의하다, 강연하다
- demand : 수요, 요구
- pose a puzzle : 수수께끼를 내다
- commodity : 상품, 물품
- utility : 효용, 유용성
- enormous : 거대한, 막대한
- availability : 효용, 유효성, 활용성
- necessity : 필수품, 생필품
- intertwine : 엮다, 뒤얽히다, 밀접하게 관련되다
- quantity : 양, 수량

해석

애덤 스미스는 1760년대에 Glasgow 대학에서 강의할 때, 수수께끼를 내서 수요에 관한 연구를 소개했다. 상식적으로 상품의 가격은 그 재화가 소비자들에게 어느 정도의 가치가 있

느냐 즉, 상품이 제공하는 효용의 양에 달려 있다고 그는 말했다. 그러나 스미스는 일부 사례에서 재화의 효용이 가격에 거의 영향을 미치지 않을 수도 있다고 지적했다. 스미스는 다이아몬드와 물을 예로 들었다. 그는 물은 대부분의 소비자들에게 엄청난 가치를 지니고 있다고 언급했는데 사실, 물의 효용성은 생사의 문제가 될 수 있다. 그럼에도 불구하고 물은 일반적으로 공짜이거나 매우 낮은 가격에 팔리는 반면, 다이아몬드는 필수품이라고 생각하는 사람이 거의 없는데도 매우 높은 가격에 팔린다.

23 ② 제시문에 따르면 받은 편지함의 최신 메일이 항상 맨 앞에 위치한다고 해서 모두 다 중요한 메일은 아니듯, 가장 큰 소리를 낸다고 해서 우선순위가 가장 높은 것은 아니라는 것이다. 그러므로 빈칸에는 ②의 'don't always scream the loudest(항상 가장 큰 소리를 내는 것은 아니다)'가 들어갈 말로 가장 적절하다.

오답풀이

① 쉽게 나쁜 길로 빠지게 할 수 있다
③ 때때로 우리의 성공을 깎아내린다
④ 우리가 가장 먼저 생각했던 것들이다
⑤ 가장 중요치 않은 일에 휘둘리다

어휘

• to-do list : 해야 할 일을 적은 목록
• intention : 의도, 의향 cf) good intention 선의
• tyrannize : 압제[압박]하다, 폭군같이 굴다
• trivial : 사소한, 하찮은
• stuff : 것, 물건, 잡동사니
• obligate to : 어쩔 수 없이[억지로] ～하다
• love-hate relationship : 애증 관계
• priority : 우선순위, 우선권, 상위, 중요함
• inbox : 받은 편지함
• dictate : 받아쓰게 하다, 구술하다, 지시[명령]하다
• masquerade : 가장하다, 꾸미다 cf) masquerade as ～으로 가장하다, ～인 체하다
• tackle : 씨름하다, 태클을 걸다
• squeaky : 끼익 소리가 나는, 삐걱거리는
• deserve : ～을 받을만한 가치가 있다
• grease : 기름, 윤활유
• prime minister : 수상, 총리
• duly : 적당히, 알맞게
• astray : 길을 잃은, 못된 길에 빠진
• undermine : 약화시키다, 깎아내리다, 해치다
• at the mercy of : ～에 좌우되어, ～에 휘둘리는

해석

해야 할 일을 적은 목록은 좋은 의도로 유용한 것을 모아놓는 역할을 하는 반면, 그것들은 또한 목록에 있기 때문에 어쩔 수 없이 해야 하는 사소하고 중요치 않은 일들로 우리를 옥죈다. 그런 연유로 우리들 대부분은 해야 할 일을 적은 목록과 애증 관계에 있다. 허락된다면 그 목록은 받은 편지함이 우리의 하루 일과를 불러줄 수 있는 것처럼 우리의 우선순위를 정한다. 대부분의 받은 편지함은 우선권을 가장한 체 중요하지 않은 이메일로 넘쳐난다. 우리가 받은 순서대로 이 과제들과 씨름하는 것은 마치 삐걱거리는 바퀴에 즉시 기름칠을 하는 것처럼 행동하는 것이다. 그러나 호주 총리 Bob Hawke가 적절하게 언급했듯이, "가장 중요한 것은 항상 가장 큰 소리를 내는 것은 아니다."

24 ⑤ 블록체인이 이중 지출 문제를 방지하기 위해 공유 원장을 제공한 것처럼 부패 또는 사기 행위를 방지하기 위한 효과적인 도구를 제공하기 위해서는 또 하나의 불변성이 필요하다. 그것은 어떤 당사자가 문서 또는 디지털 기록으로 처리할 수 있기 때문에 과거의 입력 내용을 변경하는 것을 방지하는 것이다. 그러므로 빈칸에는 공통으로 ⑤의 'immutability(불변성, 불역성)'이 들어갈 말로 가장 적절하다.

오답풀이

① 활용성
② 혁신
③ 다양성
④ 유연성

어휘

• blockchain : 블록체인(공공 거래 장부)
• bitcoin : 비트코인(디지털 화폐)
• double-spend : 이중 지출의
• digital currency : 디지털 통화[화폐]
• ledger : (거래 내역을 적은) 원장
• ensure : 보증하다, 보장하다
• transact : 거래하다, 사무를 보다
• detect : 알아내다, 감지하다
• fraudulent : 사기를 치는, 정직하지 못한
• premised on : ～을 전제한
• innovation : 혁신, 쇄신
• alter : 바꾸다, 변경하다
• multiplicity : 다수, 다양성
• flexibility : 구부리기 쉬움, 유연성
• immutability : 불변성, 불역성

해석

블록체인은 이중 지출 문제를 방지하기 위해 비트코인에 사용된다. 비트코인 이전의 디지털 화폐의 문제는 누군가가 똑같은 단위의 디지털 화폐를 여러 곳에서 동시에 사용할 수 있다는 것이었다. 블록체인은 공유 원장을 제공함으로써 이러한 문제를 해결하는데, 이것은 모든 사람이 어느 시점에서 사용자들 사이에 얼마나 많은 디지털 화폐가 거래되었는지를 알고 동의하도록 한다. 블록체인은 부패 또는 사기 행위를 알아내고 방지하는 효과적인 도구를 제공할 수 있다고 생각된다. 이러한 생각은 블록체인의 불변성을 전제로 한다. 그 불변성은 어떤 당사자가 문서 또는 디지털 기록으로 처리할 수 있기 때문에 과거의 입력 내용을 변경하는 것을 방지한다.

25　① (A) 일하는 여성이 늘어난 것은 가정을 지키고 다른 식구들을 부양해야 하기 때문이므로, 실제 자신의 필요에 의해서가 아니라 사회적인 필요 때문이라고 설명하고 있다. 그러므로 빈칸에 들어갈 연결어구는 인과관계를 나타내는 'Therefore(그러므로)'가 가장 적절하다.

　　(B) 최근에 일하는 여성이 많이 늘어났지만, 사실 흑인과 다른 소수 여성들에게 일은 백인 여성들보다 훨씬 오래 동안 필수적이었다고 설명하고 있다. 그러므로 빈칸에 들어갈 연결어구는 역접의 의미를 나타내는 'However(그러나)'가 가장 적절하다.

어휘

- former : 이전의, 전자의
- Congresswoman : 여성 하원의원
- pinpoint : 정확히 찾아내다[보여주다]
- workforce : 노동자[직원], 노동인구[노동력]
- unprecedented : 전례[선례, 유례]가 없는, 공전의 cf) unprecedented numbers 엄청난 수
- meet : 충족시키다
- minority : 소수, 소수집단
- female : 암컷, 여성
- working age : 취업 연령
- analyst : 분석가
- high-income : 고소득

해석

Patricia Schroeder 전 하원의원은 유례없이 많은 여성이 이처럼 일을 하는 주된 이유는 가정을 지켜야 하기 때문이라고 주장하면서 여성들이 직장에 들어가는 가장 중요한 이유 중 하나를 정확히 찾아냈다. 많은 가정주부들이 어쩔 수 없이 일을 한다. 비록 가족은 더 작아졌지만, 다른 식구들을 위해 필요한 것은 더 많아졌다. (A) 그러므로 이러한 가정주부들에게 일은 실제 필요한 것이 아니라 사회적 필요이다. 그것은 가족이

자신의 욕구를 충족시킬 수 있는 유일한 방법이다. (B) 하지만 흑인과 다른 소수 여성들에게 일은 백인 여성들보다 훨씬 오래 동안 필수적이었다. 전체 취업 연령 여성 중 일하는 여성의 비율이 1972년 32%에서 2000년대 초반 70% 이상으로 높아졌다. 이러한 추세를 연구하는 분석가들은 일부 고소득 여성들이 일을 그만두고 아이들과 함께 집에 있는 것을 선택할 수도 있지만 자녀를 둔 일하는 여성의 비율은 계속해서 증가할 것으로 예상된다고 말한다.

[26~27]

어휘

- convinced that : ~라고 확신하는
- derive from : ~에서 유래하다, 파생하다
- address : 다루다, 처리하다
- activate : 작동시키다, 활성화시키다
- judiciously : 사려 깊게, 신중하게
- evolve : 진화하다, 발전하다
- cluster : 무리, 송이
- evocative : 생각나게 하는, 환기하는, 연상되는
- spinning wheel : 물레
- ply : 연장을 부지런히 쓰다, 능숙하게 다루다
- rebel : 반란을 일으키다, 저항[반항]하다
- denounce : 맹렬히 비난하다, 고발하다
- dignity : 존엄, 위엄, 가치, 중요성
- rural : 시골의, 지방의
- elite : 엘리트, 정예
- mass : 대중, 무리
- emblem : 상징, 표상
- manual labor : 육체노동
- despise : 경멸하다, 멸시하다
- compassion : 동정, 연민
- proceeds : 수입, 매상
- urge : 재촉하다, 촉구하다
- give away : 주다, 기부하다, 인도하다
- needy : 어려운, 궁핍한
- infinitely : 대단히, 엄청, 무한히
- moral : 도덕상의, 도덕적인
- patronize : 후원하다, 지원하다
- donation : 기부, 기증

해석

인간의 행동이 그들의 감정 에너지를 '심장'으로부터 끌어냈고, 이는 신중하게 선택된 상징들에 의해서만 처리되고 활성화될 수 있다고 확신하면서, 간디는 물레, 소, 그리고 '간디 모

자(그에 의해 대중화된 하얀 면 모자)'를 포함한 문화적으로 연상되는 한 무리의 강력한 상징을 발전시켰다. 예를 들어 간디가 모두에게 부지런히 쓰도록 요구했던 물레는 몇 가지 상징적인 목적을 수행했다. 그것은 현대 기술 문명에 대해 조용하게 저항하고 인도의 농촌 생활 방식의 가치를 비난하는(→ 찬양하는) 방법이었다. 그것은 도시와 마을, 서구화된 엘리트들과 대중들을 하나로 묶었고, '유대감의 상징'이 되었다. 물레는 또한 육체노동과 그것에 종사하는 사람들의 가치를 확립하고 이 둘 모두를 경멸하는 전통적인 인도 문화에 맞섰다. 그것은 사회적 연민을 상징했는데, 그 생산품의 수입을 필요로 하지 않는 사람들이 궁핍한 사람들에게 그 생산품을 나누어주도록 재촉받았기 때문에, 이는 기부금을 후원하는 사람들에게 대단히 우월한 도덕적 행위였다. 그리고 그것은 또한 그 사람을 혼자 있게 둬서 적어도 얼마 동안은 침묵을 지키도록 했다. 간디는 이런 종류의 수많은 상징들을 발전시켰을 뿐만 아니라 스스로도 하나의 상징이 되었다.

26 ③ 간디가 모두에게 부지런히 쓰도록 요구했던 물레는 현대 기술 문명에 대한 조용한 저항과 인도의 농촌 생활 방식의 가치를 찬양하는 상징적인 목적을 수행했다. 그러므로 ③의 'denouncing(비난하는)'은 'admiring(찬양하는)' 등으로 바꿔 써야 적절하다.

오답풀이
① 연상되는
② 저항하는
④ 도전하는
⑤ 후원하는

27 ② ①, ③, ④, ⑤의 'it'은 모두 여러 가지 상징적 의미를 지녔던 'the spinning wheel(물레)'을 가리키나, ②의 'it'은 앞의 'manual labor(육체노동)'을 가리킨다.

28 ② Annemarie는 독일군 병사가 기차 안에까지 있어 긴장했고 어디로 가냐고 검문을 받았을 때 몹시 겁이 났다(terrified). 그러나 분위기를 누그러뜨리는 Kirsti의 유쾌한 대화에 독일군 병사들이 지나가자 안도하였다(relieved).

오답풀이
① 희망적인 → 실망한
③ 흥분된 → 불쾌한
④ 놀란 → 속상한
⑤ 비참한 → 부끄러운

어휘
• tense : 긴장한, 긴박한
• stroll : 거닐다, 산책하다

• glance at : ∼을 힐끗 보다
• stick : 찌르다, 박다
• probe : 캐묻다, 조사하다
• distort : 비틀다, 일그러뜨리다
• frightened : 겁먹은, 무서워하는
• fascination : 매혹, 매료, 심취
• calmly : 고요히, 침착하게, 태연하게
• stare at : ∼을 응시하다, 뚫어지게 쳐다보다
• puzzled : 당황하는, 어리둥절한
• exclaim : 소리치다, 외치다
• sink : 빠지다, 가라앉다
• chatter : 수다를 떨다, 재잘거리다
• chirp : 짹짹거리다, 재잘거리다
• brand-new : 신품의, 신상품의
• chuckle : 빙그레[싱긋] 웃다, 껄껄 웃다
• gaze : 응시하다, 바라보다
• blur : 희미한[흐릿한] 것
• relieved : 안도하는, 안심하는
• offended : 불쾌한, 화가 난
• upset : 속상한, 마음이 상한
• miserable : 비참한, 불행한

해석

기차가 다시 출발했다. 그들의 차량 끝에 있는 문이 열리면서 두 명의 독일군 병사가 나타났다. Annemarie는 긴장했다. 여기 말고 기차에도? 그들은 어디에나 있었다. 병사들은 승객들을 힐끗 보며 함께 차량 안을 거닐었고, 여기저기 멈춰 서서 질문을 던졌다. 그들 중 한 사람은 이빨에 무언가 끼어 있었고, 혀로 더듬느라 자신의 얼굴을 찡그렸다. Annemarie는 두 사람이 다가오자 겁에 질린 표정으로 지켜보았다. 병사들 중 한 명이 따분한 표정을 지으며 내려다보았다. "어디로 갑니까?" 그가 물었다. "Gilleleje"라고 Mama가 침착하게 대답했다. "오빠가 거기 살아요, 그를 방문할 예정이에요." 병사가 돌아서자 Annemarie는 안도했다. 그때 아무런 예고 없이, 그가 뒤로 돌아섰다. "새해를 맞아 오빠를 찾아가는 겁니까?"라고 그가 갑자기 물었다. Mama는 당황한 표정으로 그를 응시했다. "새해?"라고 그녀가 물었다. "이제 겨우 10월이에요." "맞춰 보세요!"라고 Kirsti는 갑자기 큰 목소리로 병사를 바라보며 소리쳤다. Annemarie는 가슴이 철렁 내려앉으며 어머니를 바라보았다. Mama의 눈은 겁에 질려 있었다. "쉬, Kirsti", Mama가 말했다. "그렇게 수다 떨지 마." 그러나 Kirsti는 여느 때처럼 Mama에게 전혀 주의를 기울이지 않았다. 그녀는 쾌활하게 병사를 바라보았고, Annemarie는 그녀가 무슨 말을 하려는지 알았다. 이 애는 우리 친구 Ellen이고 그녀가 새해를 맞아요! 그러나 그녀는 아니었다. 대신에 Kirsti는 그녀의 발을 가리켰다.

"Henrik 삼촌을 만나러 갈 거예요."라고 그녀는 재잘거렸고, "그리고 나는 신상품의 윤이 나는 검은 신발을 신었어요!"라고 말했다. 병사는 껄껄 웃으며 움직였다. Annemarie는 다시 창문을 바라보았다. 해안을 따라 북쪽으로 계속 갈 때, 나무와 발트해 그리고 흐린 10월의 하늘이 희미하게 지나갔다.

29 ⑤ 제시문에 따르면 고양이들은 고기의 다른 맛들을 구별하기 위해 '달콤한' 미뢰를 개조했는데, 이것이 애완 고양이들이 가끔 주인에게 괜찮아 보이는 음식을 멀리하는 이유라고 설명하고 있다. 그러므로 "고양이는 고기의 다른 맛을 구별하지 못한다."는 ⑤의 설명은 제시문의 내용과 일치하지 않는다.

오답풀이

① 고양이의 조상은 수백만 년 전에 유전적 변이를 겪었다.
② 고양이는 많은 양의 동물성 단백질을 필요로 한다.
③ 고양이는 번식에 필수적인 호르몬을 만들 수 없다.
④ 고양이는 설탕 맛을 느끼지 못한다.

어휘

- genetic : 유전의, 유전학의
- felid : 고양이과 동물
- lock : 고정되다
- animal protein : 동물성 단백질
- amino acid : 아미노산
- taurine : 타우린(아미노산의 일종)
- prostaglandin : 프로스타글란딘(호르몬 물질)
- essential : 필수적인, 근본적인
- reproduction : 생식, 번식, 복제
- niacin : 니아신(비타민 B3)
- thiamine : 티아민(비타민 B1)
- retinol : 레티놀(비타민 A)
- extract from : ~에서 뽑아내다, 추출하다
- adapt : 개조하다, 개작하다
- taste bud : 미뢰, 맛봉오리
- flavor : 맛, 풍미
- come to light : 알려지다, 밝혀지다
- captive breeding : 포획 사육
- clouded leopard : 구름무늬 표범, 타이완 표범

해석

수백만 년 전, 대략 열두 번의 유전적 변이가 오늘날의 모든 고양이과 동물 조상에서 일어났는데, 그 이후로 그들은 고기를 먹도록 정해졌다. 모든 고양이들은 먹이에 다량의 동물성 단백질을 필요로 한다. 식물성 단백질에는 고양이가 필요로 하는 타우린과 같은 특정 아미노산이 부족하지만 다른 포유류들(인간 포함)은 그렇지 않다. 고양이들은 번식하는 데 필수적

인 호르몬인 프로스타글란딘을 직접 만들 수 없기 때문에 고기로부터 이것을 얻을 필요가 있다. 다른 포유류들에 비해, 모든 고양이들은 니아신, 티아민, 레티놀과 같은 많은 양의 비타민을 필요로 하는데, 이것은 식물보다 고기에서 추출하는 것이 더 쉽다. 그리고 익은 과일과 익지 않은 과일의 차이를 구별할 필요가 없기 때문에, 고양이들은 설탕 맛을 볼 수 있는 능력을 잃어버렸다. 고양이들은 고기의 다른 맛들을 구별하기 위해 '달콤한' 미뢰를 개조했는데, 이것이 애완 고양이들이 가끔 주인에게 괜찮아 보이는 음식을 멀리하는 이유이다. 이러한 지식은 지난 40년 동안 밝혀졌고, 애완용 고양이뿐만 아니라 구름무늬 표범과 같은 멸종위기에 처한 고양이과 동물의 포획 사육에도 도움을 주었다.

30 ③ 제시문에 따르면 Philip은 이후 20년 동안 홀로 떠나기로 선택한 Sparta를 제외하고 그리스 본토 전체를 조직적으로 정복했다고 서술되어 있다. 그러므로 "Sparta를 정복했다."는 ③의 설명은 제시문의 내용과 일치하지 않는다.

오답풀이

① 창의 길이를 약 18피트로 늘렸다.
② 기병을 전선에 추가하였다.
④ Athens와 Thebes의 연합군을 격퇴했다.
⑤ 그리스 본토를 통합했다.

어휘

- throne : 왕좌, 왕위
- spear : 창, 투창
- sarissa : 사리사(고대 그리스의 마케도니아군이 사용한 창)
- hoplite : (고대 그리스의) 장갑(裝甲) 보병
- retain : 유지하다, 보유하다
- wedge formation : 설대 대형
- cavalry : 기갑부대
- incorporate : 합병하다, 편입하다
- element : (소)부대, 분대
- phalanx : (고대 그리스의) 방진(方陣)
- mainland : 본토
- defeat : 패배시키다, 물리치다, 격퇴하다
- combined forces : 연합군
- era : 시대, 대(代)
- territory : 영토, 영역

해석

왕위에 오르자마자, Philip은 마케도니아 군대를 Thebes에서 보았던 것보다 더욱 성공적인 모습으로 변모시키기 시작했다. Philip은 Thebans가 사용했던 이미 긴 창을 더 길게 늘여, 길이가 약 18피트의 창인 마케도니아의 사리사를 만들었는데, 이는 전통적인 그리스 호블라이트 창의 두 배였다. 그는

Thebans의 설대 대형을 유지하면서도 또한 중무장 기병을 전선에 추가하여, 마케도니아의 가장 강한 부대를 방진(方陣)에 편입시켰다. 그 결과는 자명했는데, Philip은 이후 20년 동안 홀로 떠나기로 선택한 Sparta를 제외하고 그리스 본토 전체를 조직적으로 정복했다. Philip의 마지막 대승은 Chaeronea 전투(B.C. 338년)에서였는데, 이 전투에서 마케도니아 군대는 Athens와 Thebes의 연합군을 격퇴하였다. Philip이 본토 전체를 정복한 것은 한 시대의 끝이었고, 처음으로 영토 전체가 한 왕의 지배 아래 통합되었다.

31 ② 제시문에 따르면 함무라비 법전은 주로 결혼과 상속, 가족 관계, 재산권, 그리고 상업적 관습과 같은 민사 업무를 다루었다고 서술되어 있다. 그러므로 "법전은 형법을 주로 다루었다."는 ②의 설명은 함무라비 법전에 대한 제시문의 내용과 일치하지 않는다.

【 오답풀이 】
① 법전이 새겨진 비석이 19세기에 발견되었다.
③ 신분에 따라 동일 범죄에 대한 처벌이 달랐다.
④ 사형제도가 포함되었다.
⑤ 재판관들은 상해의 고의성 여부를 구별하였다.

【 어휘 】
• the code of laws : 법전
• bear name : 이름을 붙이다
• authority : 권한, 권위
• to that effect : 그런 취지로
• subject : 백성, 국민, 신하
• decree : 법령, 법칙, 판결
• collectively : 집합적으로, 총괄하여, 통틀어
• term : 부르다, 칭하다, 일컫다
• inscribe : 쓰다, 새기다
• stone stelae : 석비(石碑)
• erect : 건립하다, 세우다
• civil affairs : 민정, 민사
• inheritance : 유산, 상속
• property rights : 재산권
• business practice : 상업적 관습, 실무
• criminal offense : 형사 범죄
• severity : 혹독, 엄격
• offender and victim : 가해자와 피해자
• commoner : 평민, 서민
• restitution : 반환, 배상, 보상
• noble : 상류층, 귀족
• trial : 재판, 공판
• ordeal : 시련, 고난

• retribution : 응징, 징벌
• retaliatory action : 보복 행위
• capital punishment : 사형, 극형
• intentional : 의도적인, 고의로 한
• injury : 피해, 상해
• monetary : 화폐의, 통화의, 금전의
• fine : 벌금, 과태료
• malicious : 악의적인, 적의 있는
• intent : 의사, 의도, 목적
• manifest : 나타내다, 드러내 보이다
• morality : 도덕(성), 윤리
• restrict : 제한하다, 한정하다
• application : 적용, 응용
• apply to : ~에 적용하다

【 해석 】
기원전 약 1792년부터 약 1750년까지 메소포타미아를 통치했던 바빌로니아 황제 함무라비는 자신의 이름을 붙인 법전으로 가장 유명한데, 그것은 지금까지 발견된 가장 초기의 법전 중 하나이다. 그의 주된 관심사는 그의 권한을 통해 제국의 질서를 유지하는 것이었는데, 이는 그의 백성들의 요구에 부응하는 것이었다. 그런 취지로, 그는 신하들에게 복잡한 법전을 하사했다. 통틀어 함무라비 법전이라 불리는 282개의 법령은 비석이나 기둥에 새겨졌고 여러 곳에 세워졌다. 하나는 19세기에 페르시아의 Susa에서 발견되었고 현재 파리의 루브르 박물관에 있다.

이 법전은 주로 결혼과 상속, 가족 관계, 재산권, 그리고 상업적 관습과 같은 민사 업무를 다루었다. 형사 범죄는 가해자와 피해자의 사회적 지위에 따라 엄격함의 정도가 다르게 처벌되었다. 상류층의 권리와 평민의 권리는 분명한 차이가 있었다. 일반적으로 귀족들이 평민들에게 입힌 손해에 대한 배상금은 지급이 허용된다. 그러나 귀족에게 손해를 입힌 평민은 죽음으로 지불해야 할지로 모른다. 시련에 의한 재판, 보복 행위에 의한 응징, 그리고 사형은 일반적인 관행이었다. 그러나 재판관은 고의적인 상해와 의도하지 않은 상해를 구별하였고, 금전적인 벌금은 일반적으로 악의적인 의도가 드러나지 않는 처벌에 사용되었다. 종종 함무라비 법전과 관련된 '눈에는 눈'의 도덕성은 그 적용이 상대적으로 제한되었고, 사회적 평등에 반하여 저질러진 범죄에만 적용되었다.

32 ① 제시문에 따르면 동시에 두 가지 일을 하려고 하다가 어느 한 쪽도 제대로 할 수 없다. 즉, 멀티태스킹이 더 많은 일을 할 수 있는 효과적인 방법이라고 생각하지만 그것은 잘못된 생각이라는 것이다. 그러므로 제시문의 제목으로는 ①의 'Fallacy of Multitasking(멀티태스킹에 대한 잘못된 생각)'이 가장 적절하다.

② 멀티태스킹의 기초

③ 멀티태스킹: 이유와 방법

④ 멀티태스킹 수요의 대응 전략

⑤ 위대한 결과 뒤의 단순한 진리: 멀티태스킹

어휘

• chew : 씹다, 깨물다

• repercussion : 영향, 반향

• airliner : 여객기

• clear : 승인하다, 허가하다

• medicine : 약, 약물

• toddler : 유아, 걸음마를 배우는 아이

• unattended : 방치된, 돌보지 않는

• tragedy : 비극

• multitasking : 다중 작업, 멀티태스킹

• get it backward : 거꾸로 하다

• get less done : 덜 끝내다

• fallacy : 틀린 생각, 오류, 착오

• ABC : 기본, 기초, 입문

• coping : 대응[대항]하다, 맞서다

• strategy : 계획, 전략

해석

사람들은 실제로 걷기와 말하기, 껌을 씹고 지도를 읽는 것과 같은 두 가지 이상의 일을 동시에 할 수 있다. 하지만 컴퓨터처럼 우리가 할 수 없는 것은 동시에 두 가지 일에 집중하는 것이다. 우리의 관심은 앞뒤로 왔다 갔다 한다. 이것은 컴퓨터에게는 괜찮지만, 인간에게는 심각한 영향을 미친다. 두 대의 여객기가 같은 활주로에 착륙하도록 허가된다. 어떤 환자에게 약을 잘못 투여한다. 유아가 욕조에 방치된다. 이 모든 잠재적 비극들이 공통적인 것은 사람들이 동시에 너무 많은 일을 하려고 노력하다가 그들이 해야 할 일을 잊어버린다는 것이다. 동시에 두 가지 일을 하려고 할 때, 둘 중 어느 쪽도 할 수 없거나 잘 하지 못할 것이다. 만약 멀티태스킹이 더 많은 일을 할 수 있는 효과적인 방법이라고 생각한다면, 그것을 거꾸로 행한 것이다. 덜 하는 것이 효과적인 방법이다.

33 ④ 제시문에 따르면 통계상 오늘날의 이혼율이 과거보다 높아진 것은 가정 불행의 결과만은 아니며, 이혼한 사람들의 가능성이 높아지고 이혼을 하는 것이 더 쉬워졌기 때문이라고 설명하고 있다. 그러므로 ④의 'cautious interpretation of divorce statistics(이혼 통계에 대한 신중한 해석)'가 제시문의 주제로 가장 적절하다.

① 이혼 통계의 용도

② 이혼 통계의 수집

③ 사람들이 이혼을 하는 이유

⑤ 이혼과 가정 파탄에 대한 대처

어휘

• divorce : 이혼, 분리

• statistics : 통계, 통계 자료

• disorganization : 해체, 분열

• cite : 인용하다, 소환하다

• entirely : 전적으로, 완전히, 전부

• ostracism : 외면, 배척

• poverty : 빈곤, 가난

• route : 길, 노선

• cautious : 신중한, 조심스러운

• interpretation : 해석, 이해, 설명

• cope with : ~에 대처[대응]하다

• breakdown : 고장, 와해, 붕괴, 파탄

해석

이혼 통계는 가족 해체의 척도로 흔히 사용되며, 현재의 높은 이혼율은 미국 가정이 심각한 문제에 처해 있다는 증거로 인용되고 있다. 그러나 오늘날의 이혼율이 과거보다 높아진 것은 전적으로 가정 불행의 결과만은 아니다. 이전 세대에는 결혼 생활이 불행했음에도 불구하고 많은 부부들이 이혼을 피했다. 여성의 경우에 그것은 사회적 외면 혹은 잘 살 수 있는 기회가 거의 없기 때문에 가난을 의미했다. 이혼한 사람들의 가능성이 높아지고 이혼을 하는 것이 더 쉬워지면서, 더 많은 불행한 부부들이 이 길을 택했다.

34 ① 제시문에 따르면 후진국은 유아 사망률이 높은데, 영양 섭취, 건강 관리, 전염병 예방 접종 등으로 유아 사망률이 감소되었을 때 대부분의 지역에서 출산율 하락을 동반했다고 설명하고 있다. 그러므로 ①의 "Infant mortality rates affect birth rates. (유아 사망률은 출생률에 영향을 미친다)"가 제시문의 요지로 가장 적절하다.

② 전 세계의 유아 사망률이 매우 빠르게 감소하고 있다.

③ 부의 불균형은 유아 사망률에 반영된다.

④ 유아 사망률의 주된 원인은 수질이 나쁘기 때문이다.

⑤ 산전 관리를 잘 하면 유아 사망률을 낮출 수 있다.

어휘

• infant : 유아, 젖먹이

• mortality rate : 사망률

- ensure : 보장[보증]하다, 확신하다
- sustained : 지속된, 한결같은, 일관된
- birth rate : 출생률
- precede : 선행하다, ~에 앞서다
- demographically : 인구 통계학상의
- nutrition : 영양, 영양 섭취
- rehydration : 재수화, 복원 cf) oral rehydration therapy 경구 수분 보충 요법(설사로 인한 탈수증 완화 요법)
- immunization : 면역, 예방주사
- infectious disease : 전염병
- reduction : 감소, 축소
- preventable : 막을 수 있는, 예방할 수 있는
- communicable : 전달되는, 전염성의 cf) communicable disease 전염병
- disparity : 차이, 격차
- prenatal : 태어나기 전의, 태아기의 cf) prenatal care 산전 관리

(해석)

개발도상국의 대부분이 그렇듯이 유아 사망률이 높을 때, 부모들은 몇 명의 아이들이 성년기까지 살아남는 것을 보장하기 위해 아이를 많이 갖는 경향이 있다. 유아 사망률이 지속적으로 감소하기 전에 먼저 선행되지 않았던 출생률이 지속적으로 감소한 적은 없었다. 인구 통계학적으로 분류된 세계에서 가장 중요한 차이점 중 하나는 후진국의 유아 사망률이 높다는 것이다. 더 나은 영향 섭취, 개선된 건강 관리, 간단한 경구 수분 보충 요법, 그리고 전염병 예방 접종은 유아 사망률을 획기적으로 감소시켰으며, 이는 대부분의 지역에서 출산율 하락을 동반했다. 쉽게 예방할 수 있는 전염병으로부터 매년 5백만 명의 아이들의 목숨을 구하면 2,000만 명 혹은 3,000만 명의 추가 출산을 피할 수 있을 것으로 추정된다.

35 ④ 주어진 문장에서 'ubiquity(편재성)'란 골고루 있지 않고 하나에 치우쳐 있다는 의미로, 우주 질량의 80% 이상이 암흑 물질로 구성된 것은 암흑 물질의 편재성을 의미한다. 또한 그런 편재성에도 불구하고 천문학자들이 암흑 물질을 구성하는 입자에 대해 실감하지 못하고 있으므로, 주어진 문장은 이를 추정하고 있는 ④에 위치하는 것이 가장 적절하다.

(어휘)

- ubiquity : 도처에 있음, 편재(성)
- astronomer : 천문학자
- constitute : 구성하다, 본질을 이루다
- dark matter : 암흑 물질
- infer : 추론하다, 뜻하다, 암시하다
- gravitational : 중력의

- distribution : 분배, 분포, 유통
- galaxy cluster : 은하단
- mass : 덩어리, (물체의) 질량
- subatomic particle : 아원자 입자(원자보다 작은 입자)
- neutrino : 중성미자, 중성미립자
- hypothetical : 가설의, 가상의
- axion : 악시온(원자보다 작은 입자)
- elude : 피하다, 빠져 나가다
- detection : 발견, 간파, 탐지
- elementary particle : 소립자
- weakly interacting massive particles(WIMPs) : 약한 상호작용을 하는 거대 입자
- apparently : 분명하게, 명백하게
- electromagnetic radiation : 전자기 방사선, 전자기 복사
- conventional : 전통적인, 관례적인

(해석)

> 그러나, 그것의 편재성에도 불구하고, 천문학자들은 무엇이 암흑 물질을 구성하는지에 대해 실감하지 못하고 있다.

암흑 물질을 측정할 수 있지만, 단지 보이지 않을 뿐이다. (①) '어두워서' 보이지 않는다. (②) 천문학자들은 은하가 어떻게 스스로를 지탱하는지, 중력 렌즈가 어떻게 작용하는지 그리고 은하단에서 보이는 고온 가스의 관측된 온도 분포를 설명하기 때문에 암흑 물질의 존재를 추론한다. (③) 결론은 우주 질량의 80% 이상이 우리가 단지 볼 수 없는 형태라는 것이다. (④) 무거운 중성미자와 같은 아원자 입자나 악시온 같은 여타 가상 입자를 포함할 수 있다. (⑤) 그 중 일부는 단지 탐지를 막는 물체에 갇혀 있을 수도 있다. 현재 천문학자들은 대부분의 암흑 물질이 약한 상호작용을 하는 거대한 입자(WIMP)로 불리는 새로운 소립자로 구성되어 있다고 믿는데, 그것은 분명 전자기 방사선이나 원자와 상호작용하지 않는다. 그러므로 그것들은 전통적인 탐지 방법으로 보이지 않는다.

36 ④ 주어진 문장에서 심신이 소모된 근로자들은 그들이 도와야 할 사람들을 비인격화시키고 물건이나 사물로 생각한다고 서술되어 있다. 그러므로 심신이 소모된 사회복지사가 위탁 아동을 대하는 태도를 예로 들어 설명한 ④에 위치하는 것이 가장 적절하다.

(어휘)

- burned-out : 소진된, 녹초가 된
- depersonalize : 비인격화하다, 인격을 박탈하다
- burnout : 극도의 피로, 심신 소모
- afflict : 괴롭히다, 피해를 입히다
- employee : 종업원, 고용인, 직원

147

• day in and day out : 매일, 연일, 언제나

• social worker : 사회복지사

• due to : ~ 때문에, ~에 기인하는

• exhaustion : 탈진, 소진, 고갈

• be worn out : 지치다, 고단하다, 기진맥진하다

• desperate : 필사적인, 절실한

• foster child : 수양 자녀, 위탁 아동

• scared : 겁먹은, 무서워하는

• behavioral : 행동의, 행동에 관한

해석

> 심신이 소모된 근로자들은 때때로 그들이 도와야 할 사람들을 비인격화시키고, 그들을 인간으로 대하기보다 물건이나 사물로 생각한다.

심신 소모는 특별한 종류의 심리적 스트레스 결과로, 연일 연장 근무로 높은 수준의 업무 스트레스를 겪는 일부 직원들을 괴롭힌다. 그것은 특히 직원들이 다른 사람들을 돕거나 보호하거나 돌보는 책임을 질 때 발생할 가능성이 높다. 간호사, 의사, 사회복지사, 교사, 변호사, 경찰관은 직업 특성상 심신 소모로 발전할 위험이 크다. (①) 심신 소모의 세 가지 주요 증상은 낮은 개인적 성취감, 정서적 피로감, 그리고 비인격화이다. (②) 심신이 소모된 근로자들은 종종 자신이 남을 돕거나 해야 할 만큼 성취하지 못하고 있다고 느낀다. (③) 감정상 그들은 때때로 도움이 절실한 사람들을 대해야 하는 끊임없는 스트레스로 지쳐버린다. (④) 예를 들어, 심신이 소모된 사회복지사는 신규 도움이 필요한 위탁 아동을 매우 겁먹은 12살짜리 아이가 아니라 사례 번호로 생각할 수도 있다. (⑤) 이러한 심리적 결과는 심신이 소모된 사회복지사가 아이를 냉담하고 동떨어진 태도로 대할 때 행동 결과로 이어질 수도 있다.

37 ③ 주어진 문장에서 합리적 분석 방식은 의사결정 과정의 속도가 느리므로 속도와 효과의 절충에 대해 언급한 글 (B)가 다음에 와야 한다. 글 (B)에서 직관력이 합리적 모델보다 더 나은 결과를 산출할 수 있다고 하였으므로, 업무 유형에 따라 합리적 의사결정보다 직관이 더 효과적이라고 설명한 글 (C)가 다음에 와야 한다. 마지막으로 글 (C)의 업무 유형은 글 (A)에 설명되어 있다. 그러므로 주어진 글 다음에 (B) – (C) – (A)의 순으로 이어져야 한다.

어휘

• analytic : 분석적인, 분해적인

• superior : 우세한, 우월한

• intuition : 직관(력), 직감

• human resource management : 인적자원 관리

• strategic : 전략상 중요한, 전략적인

• aesthetic : 미학적인, 심미적인

• judgmental : 판결상의, 판단상의, 주관적 판단의

• holistic : 전체론의, 전체론적인

• versus : ~에 비해, ~와 대조적으로, ~대(對)

• trade-off : 균형, 절충

• at hand : 가까운, 머지않은, 당면한

• put simply : 간단히 말해

• prim : 대비시키다, 준비시키다

• subdivide : 더 작게 나누다, 세분하다, 하위 구분하다

• chunk : 덩어리, 상당히 많은 양

해석

> 역사적으로 합리적 분석 방식은 종종 직관에 비해 우세한 결과를 제공하는 것으로 보여지지만, 이러한 의사결정 과정은 훨씬 더 느리다.

(B) 따라서 어떤 사람들은 의사결정에 있어서 속도 대 효과의 절충에 대해 이야기한다. 그러나 의사 결정자의 경험 수준과 당면한 업무의 성격에 따라 직관력이 합리적 모델보다 더 나은 결과를 산출할 수 있다.

(C) 간단히 말해, 특정 분야에서 많은 경험을 가진 개인(즉, 전문가)은 그들이 직면하는 업무의 유형에 따라 합리적인 의사결정을 하는 것보다 직관으로 더 효과적인 대비를 한다. 일반적으로 전문가들은 당면한 업무가 하나 이상의 정답이 있거나 업무를 더 작은 덩어리로 쉽게 세분화할 수 없을 때 직관적인 의사결정의 사용에 가장 효과적이다.

(A) 이러한 유형의 업무는 인적자원 관리, 전략적, 미학적, 투자 결정 등에서 흔히 볼 수 있다. 요컨대, 직관은 전문가들이 판단력이 필요한 전체론적 업무를 수행할 때 가장 효과적이다.

38 ⑤ 주어진 문장에서 효과적인 의사소통의 필요성에 대해 언급했고, 이에 대한 사례를 글 (C)에서 보여주고 있다. 글 (C)에서 에어 플로리다 737기가 Potomac 강 위의 다리와 충돌했을 때의 원인을 글 (B)에서 설명하고 있다. 마지막으로 이에 대한 대책으로 글 (A)에서 효과적인 의사소통 능력을 갖추기 위한 적극성과 감수성 훈련에 대해 설명하고 있다. 그러므로 주어진 글 다음에 (C) – (B) – (A)의 순으로 이어져야 한다.

어휘

• cabin crew : 객실 승무원

• flight attendant : 스튜어디스, 승무원

• vital : 필수적인, 매우 중대한

• Federal Aviation Administration : 미 연방항공국

- assertiveness training : 적극성 훈련
- sensitivity training : 감수성 훈련
- mandatory : 법에 정해진, 의무적인
- investigator : 수사관, 조사관
- crash : 추락, 충돌
- in part : 부분적으로는, 어느 정도는
- copilot : 부[보조] 조종사, 부기장
- engine power readings : 엔진 출력 측정치
- tragic : 비극의, 비극적인
- take off : 이륙하다, 출발하다

해석

> 오늘날 항공사 객실 승무원, 조종사, 승무원 등이 서로 간에 그리고 승객들과 효과적으로 의사소통할 수 있는 능력이 위기를 예방하는 데 필수적이라는 사실을 우리 모두 알고 있다.

(C) 효과적인 의사소통이 아주 중요하다는 것을 보여준 비극적인 사례가 에어 플로리다 737기가 워싱턴 D.C.의 국립 공항에서 이륙한 후 Potomac 강 위의 다리와 충돌했을 때 일어났다.

(B) 미 연방항공국 조사관들은 부기장이 엔진 센서의 얼음으로 인해 발생한 엔진 출력 측정치에 대한 문제를 조종사에게 알리지 않았기 때문에 부분적으로 추락의 결과가 나왔다고 판단했다.

(A) 이 사건과 부족한 의사소통이 원인이 된 다른 위험한 사건들 때문에, 미 연방항공국은 모든 항공사 승무원들이 효과적으로 의사소통할 수 있는 능력을 갖도록 하기 위해 의무적으로 적극성과 감수성 훈련을 실시했다.

[39~40]

어휘

- facilitate : 용이하게 하다, 촉진하다, 조장하다
- festivity : 축제, 행사
- stimulus : 자극, 고무, 격려
- celebrity : 유명 인사, 명사
- pair : 짝을 짓다, 부부가 되다
- evident : 분명한, 눈에 띄는
- relative : 비교상의, 상대적인
- enormous : 거대한, 엄청난
- expose : 드러내다, 노출시키다, 폭로하다
- parental : 부모의, 아버지[어머니]의
- predictor : 예측 변수, 예언자, 예보자
- peer : 또래, 동배

- facilitation : 용이[간편]함, 촉진, 조장
- liking : 애호, 기호, 취향
- internalized : 내면화된, 내재화된
- sensory : 감각의, 감각상의
- property : 특성, 속성
- craving : 욕구, 갈망, 열망
- innate : 타고난, 선천적인
- judicious : 신중한, 판단력 있는
- child rearing : 육아

해석

어린 시절부터 가족 내에서든 다른 집단과이든 사회적 상호작용은 대부분의 음식 경험이 발생하는 맥락을 제공하고, 이에 따라 좋아하는 음식에 대한 학습이 촉진된다. 예를 들어, 친구와 함께 하는 음식 축제와 같은 그러한 상호작용과 관련된 즐거움은 단 것만큼이나 새로운 음식 맛을 위한 조건부 자극에 긍정적일 수도 있다. 따라서 음식점에서 음식에 대한 평가는 요리사의 솜씨와 같은 사회적 환경과 많은 관련이 있을 수도 있다. 아이들의 경우 음식을 친구들의 존재, 좋아하는 유명인 또는 어른들의 관심과 짝을 짓는 것은 모두 이러한 음식에 대한 호감을 증가시키며, 의심의 여지 없이 이 집단들의 긍정적인 가치를 아이에게 반영한다. 이러한 과정은 다양한 사회적 상호작용이 아이들의 음식 선호도에 미치는 상대적인 영향에서 강하게 나타난다. 놀랍게도, 부모들이 먹는 음식을 자녀들이 접할 수 있는 가정에서 엄청난 기회에도 불구하고, 부모의 선호도는 자녀의 음식 선호도의 강한(→ 약한) 예측 변수이다. 사실, 그들은 다른 어른들의 선호도보다 더 나은 예측 변수는 아니다. 이것은 이러한 선호도의 범위가 가족 내의 특정한 음식 습관보다 더 넓은 문화와 관련이 있음을 시사한다. 한 아이의 음식에 대한 호불호는 부모의 음식보다 또래, 특히 특정 친구와 훨씬 더 연관이 있을 가능성이 높다. 음식 선택의 사회적 촉진에 대한 궁극적인 영향은 그 취향이 결국 내면화 된다는 것이다. 즉, 다른 사람들이 그렇게 하기 때문에 선택된 음식들은 그들 자신의 감각적 특성으로 좋아지게 된다.

39 ⑤ 제시문에 따르면 아이들의 음식에 대한 선호도는 다양한 사회적 상호작용에 강하게 영향을 받아 그 취향이 내면화 되는 것이라고 설명하고 있다. 그러므로 ⑤의 "How is Food Preference Socially Constructed? (음식 선호도는 사회적으로 어떻게 만들어지는가?)"가 제시문의 제목으로 가장 적절하다.

오답풀이

① 단 것에 대한 갈망
② 냠냠: 음식에 대한 타고난 반응
③ 새로운 맛을 위한 조건부 자극

④ 육아를 위한 신중한 음식 선택

40 ④ 아이들의 음식 선호도는 다양한 사회적 상호작용의 영향을 강하게 받으므로, 부모의 음식 선호도가 자녀의 음식 선호도에 미치는 영향은 적다는 것이다. 그러므로 (d)의 'strong(강한)'은 'weak(약한)'로 바꿔 써야 한다.

오답풀이

① 촉진되다

② 사회적인

③ 상대적인

⑤ 내면화된

[41~42]

어휘

- meerkat : 미어캣(몽구스의 일종인 남아프리카산의 작은 육식 동물)
- boast : 뽐내다, 자랑하다
- formidable : 가공할, 어마어마한
- rhino's horn : 코뿔소의 뿔
- cheetah : 치타
- subterranean : 지하의
- play host to : ~를 초대하다, ~의 수용처가 되다
- colony : 집단, 군집, 군단
- communally : 공동으로
- mongoose : 몽구스(사향고양잇과의 포유동물)
- claw : 발톱
- acute : 예리한, 예민한, 잘 발달된
- handy : 유용한, 편리한, 가까운
- spot : 발견하다, 찾다, 알아채다
- burrow : 굴을 파다, 파고들다
- sentry : 보초, 감시
- birds of prey : 맹금류
- lookout : 망보는 곳, 망보는 사람, 보초
- shrill : 날카로운, 째는 듯한
- bark : 짖는[우는] 소리, 큰 소리
- make a dash for : ~을 향해 돌진하다
- bolthole : 빠져나갈 구멍, 도피처
- cover : 숨을 곳, 잠복 장소
- signify : 의미하다, 뜻하다, 나타내다
- territorial : 영토의, 세력의
- alpha : 첫째가는 것, 우두머리
- pitch in : 착수하다, 협력하다
- babysit : 아이를 봐 주다

- room : 묵다, 유숙[하숙]하다, 재우다
- pup : 새끼, 아동
- play-fighting : 싸움 놀이
- scorpion : 전갈
- biology : 생물학, 생명 작용[활동]
- harsh : 가혹한, 혹독한, 냉혹한
- vast : 방대한, 막대한, 광대한
- predator : 포식자, 포식 동물
- make a meal of : ~을 먹다
- burrow : 굴, 피난처, 은신처

해석

(A) 미어캣은 아프리카 평원에서 가장 큰 동물이 아닐 수도 있고, 코뿔소의 뿔처럼 특별히 가공할 무기나, 치타의 속도처럼 인상적인 기술을 자랑하는 것처럼 보이지도 않을 것이다.

(D) 그럼에도 불구하고, 강인한 생명력과 영리한 속임수 그리고 독특한 공동체 정신의 결합을 통해, 이 포유류들은 가혹한 환경에 완벽하게 적응했다. 그들은 땅속 굴에서 살며 그들을 잡아먹으려는 많은 포식자들뿐만 아니라 남아프리카의 극한 기온에서 벗어난다.

(B) 이 땅속 굴 중 일부는 보통의 한 군집이 동굴 크기의 약 절반이지만, 두세 가족이 공동으로 함께 생활하며, 최대 50마리 이상을 수용할 수 있다. 몽구스의 일종인 그들은 땅을 파거나 자기방어에 사용되는 뾰족하고 구부러진 발톱과 위험을 알아채는 데 매우 유용한 잘 발달된 시력을 갖추고 있다. 사실 그들이 먹이를 찾아 위험을 무릅쓰고 굴 밖으로 나올 때, 주로 그들의 가장 중요한 적인 맹금류들을 찾아 하늘을 쳐다보며 적어도 한 마리의 미어캣이 바위 위나 덤불 속에서 항상 보초를 설 것이다.

(C) 어떤 위험이라도 감지되는 즉시, 보초가 날카로운 경고음으로 울부짖으면 다른 미어캣들은 즉시 근처 구멍이나 다른 숨을 곳을 향해 돌진할 것이다. 미어캣은 다양한 위험을 알리기 위해 수십 가지의 다른 소리를 내는 것으로 여겨진다. 미어캣은 영역 내에서 함께 사냥을 하는 것뿐만 아니라, 육아 의무도 함께한다. 일반적으로 이 군집의 우두머리 쌍만이 짝짓기를 하지만, 다른 모든 미어캣들도 새끼를 돌보고 재우고 먹이는 것뿐만 아니라, 어디에서 먹이를 구할 것인지, 싸움 놀이를 할 것인지 그리고 전갈의 어느 부분을 먹을 것인지와 같은 소중한 삶의 기술을 보여주기 위해 협력한다.

41 ⑤ 글 (A)에서 평범한 미어캣의 신체적 특성에 대해 설명하고 있고, 글 (D)에서는 그림에도 불구하고 가혹한 환경에 완벽하게 적응했다고 서술되어 있다. 글 (D)에 이어 글 (B)에서 미어캣의 땅굴 생활을 자세히 설명하고 있으며, 글 (B)에

이어 글 (C)에서 위험에 대처하는 미어캣의 생활 모습을 설명하고 있다. 그러므로 글 (A) 다음에 (D) – (B) – (C)의 순서로 이어져야 한다.

42 ② 제시문에 따르면 미어캣은 최대 50마리 이상을 수용할 수 있는 땅속 굴에서 두세 가족이 공동으로 함께 생활한다고 하였다. 그러므로 "미어캣은 일반적으로 독립적인 생활을 한다."는 ②의 설명은 제시문의 내용과 일치하지 않는다.

(오답풀이)

① 미어캣은 몽구스의 한 종류이다.
③ 미어캣은 땅을 파거나 자기방어를 위한 뾰족한 발톱이 있다.
④ 미어캣은 우두머리만 짝짓기를 한다.
⑤ 미어캣은 위협이 있을 경우 보초가 즉시 동료에게 알린다.

[43~45]

(어휘)

• spacial reasoning test : 공간추리 시험
• observation : 관찰[관측], 논평[의견]
• doting : 맹목적으로 사랑하는, 애지중지하는
• around the clock : 24시간 내내, 밤낮으로
• obviously : 확실히, 분명히, 명확히
• suspicious : 의심스러운, 수상쩍은
• evidence : 증거, 증언
• spatial intelligence : 공간 지각 능력
• infant : 유아, 젖먹이
• disconfirm : 확신하지 않다, 부정하다
• narrated story : 구연동화
• alert : 기민한, 민첩한, 주의 깊은
• prodigy : 영재, 천재, 신동
• fidelity : 충실, 충성
• pedagogical : 교육학의
• implication : 암시, 함축, 연루, 관계
• duplicate : 복사[복제]하다, 다시[중복해서] 하다

(해석)

[가] 두 명의 연구원들은 대학생들이 모차르트 피아노 소나타를 듣고 난 후 공간추리 시험에서 더 높은 점수를 받았다고 보고했다. 이 논평이 뉴스에 나간 직후, 맹목적인 부모들은 밤낮으로 그들의 아기에게 모차르트를 들려줬다. 분명 그들은 대학생들처럼 그들의 아기가 더 똑똑해지기를 바랐다. 그러나 부모들은 그러한 마법의 혜택을 제공한다고 주장하는 어떠한 행위도 의심해야 봐야 한다.

[다] '모차르트 효과'의 가장 큰 (B) 문제점은 원래의 실험이 성인에게 이루어졌다는 것이다. 즉, 그것은 우리에게 유아

에 관한 말은 아무것도 없었다. 또한, 이 연구는 다른 유형의 음악을 시험하지 않았다. 왜 그 문제에 바흐나 슈베르트의 음악을 사용하지 않나? 더욱 중요한 물음은 모차르트 효과가 실제로 존재하는가이다.

[나] 그 증거가 시사하는 바는 무엇인가? 몇몇 연구들은 모차르트의 음악을 들은 후 공간 지각 능력이 조금 향상된다는 것을 알았다. 그러나 대부분의 연구원은 그 효과를 (B) 반복할 수 없었다.

[라] 왜 일부 연구들은 그 효과를 지지하고 다른 연구들은 부정하는가? 대부분의 연구는 음악을 들은 학생들과 조용히 쉬는 학생들을 비교했다. 하지만, 두 심리학자는 이야기를 듣는 것도 시험 점수를 향상시킨다는 사실을 발견했다. 이것은 이야기를 듣기 좋아하는 학생들에게 특히 사실이었다. 따라서 모차르트를 듣고 더 높은 점수를 받은 학생들은 그저 더 주의 깊거나 기분이 더 좋을 뿐이었다.

43 ② 글 [가]에서는 대학생들에게 행한 모차르트 효과가 아기들에게도 과연 효과가 있는지 의문을 제기하고 있다. 다음으로 글 [다]에서 이러한 모차르트 효과의 여러 문제점들을 지적하고 있으며, 글 [나]에서는 모차르트 효과가 반복해서 나타나지 않아 우연한 것임을 설명하고 있다. 마지막으로 글 [라]에서 모차르트 효과가 실제로 효과가 없음을 결론 내리고 있다. 그러므로 글 [가] 다음에 전체적인 글의 흐름상 [다] – [나] – [라]의 순서로 배열되어야 한다.

44 ① 제시문은 모차르트 효과의 실효성에 대해 의문을 제기하고 여러 증거들을 통해 모차르트 효과가 실제 효력이 없음을 설명하고 있다. 그러므로 ①의 "Mozart Effect: Nothing Magical (모차르트 효과: 마법은 없다.)"가 제시문의 제목으로 가장 적절하다.

(오답풀이)

② 모차르트: 신동 만들기
③ 클래식 음악이 왜 아기에게 좋은가?
④ 모차르트의 소나타: 최고의 음악적 충실도
⑤ 모차르트 음악과 교육적인 영향

45 ③ (A) 글 [나]에서는 일부 나타난 모차르트 효과도 반복되어 나타나지 않아 우연한 것임을 설명하고 있다. 그러므로 빈칸에는 'duplicate(반복해서 하다)'가 들어갈 말로 가장 적절하다.
(B) 글 [다]에서는 원래의 실험과 그 대상이 다른 것, 모차르트 음악에 한정된 것, 그리고 모차르트 효과의 실효성 여부에 관한 것 등 '모차르트 효과'가 갖는 문제점을 열거하고 있다. 그러므로 빈칸에는 'problem(문제점)'이 들어갈 말로 가장 적절하다.

정답 및 해설

2020학년도 기출문제 정답 및 해설

제3교시 수학영역

01 ②	02 ①	03 ④	04 ④	05 ③	06 ③
07 ⑤	08 ①	09 ④	10 ②	11 ⑤	12 ③
13 ③	14 ①	15 ④	16 ②	17 ②	18 ⑤
19 ⑤	20 ③	21 2	22 4	23 202	24 17
25 23					

01
$2^{3x}=9$에서
$2^{3x}=(2^3)^x=8^x,\ 9=3^2$
$\therefore 3^2=8^x,\ 3^{\frac{2}{x}}=8$

02
$\log_x 1000+\log_{100}x^4=3\log_x 10+2\log_{10}x$
$x>1$이므로 $\log_x 10>0,\ 2\log_{10}x>0$이다.
산술·기하 평균에 의하여
$3\log_x 10+2\log_{10}x\geq 2\times\sqrt{\dfrac{3\log_{10}10}{\log_{10}x}\times\dfrac{2\log_{10}x}{\log_{10}10}}=2\sqrt{6}$
(단, 등호는 $3\log_x 10=2\log_{10}x$일 때이다.)
따라서
$3\log_x 10=2\log_{10}x$를 만족하는 $x=10^{\frac{\sqrt{6}}{2}}$일 때,
$\log_x 1000+\log_{100}x^4$은 최솟값 $2\sqrt{6}$을 갖는다.
$\therefore a=10^{\frac{\sqrt{6}}{2}},\ m=2\sqrt{6}$
$\log_{10}a^m=\log_{10}(10^{\frac{\sqrt{6}}{2}})^{2\sqrt{6}}$
$\qquad\quad=\log_{10}10^6$
$\qquad\quad=6$

03
$\displaystyle\lim_{x\to -1-}f(x)=\lim_{x\to -1-}\left(\lim_{n\to\infty}\frac{x^{2n+1}-2x^{2n}+1}{x^{2n+2}+x^{2n}+1}\right)$
$\qquad\qquad\quad=\lim_{n\to\infty}\left(\lim_{x\to -1-}\frac{x^{2n+1}-2x^{2n}+1}{x^{2n+2}+x^{2n}+1}\right)$
$\qquad\qquad\quad=\lim_{n\to\infty}\left(\lim_{x\to -1-}\frac{x-2+\frac{1}{x^{2n}}}{x^2+1+\frac{1}{x^{2n}}}\right)$
$\qquad\qquad\quad=\frac{-1-2}{1+1}$
$\qquad\qquad\quad=-\frac{3}{2}$

$\displaystyle\lim_{x\to 1-}f(x)=\lim_{x\to 1-}\left(\lim_{n\to\infty}\frac{x^{2n+1}-2x^{2n}+1}{x^{2n+2}+x^{2n}+1}\right)$
$\qquad\qquad\;=\lim_{n\to\infty}\left(\lim_{x\to 1-}\frac{x^{2n+1}-2x^{2n}+1}{x^{2n+2}+x^{2n}+1}\right)$
$\qquad\qquad\;=\frac{1}{1}$
$\qquad\qquad\;=1$
$\therefore a=-\frac{3}{2},\ b=1,\ \frac{b}{a+2}=2$

04
$\displaystyle\sum_{k=308}^{400}{}_{400}C_k\left(\frac{4}{5}\right)^k\left(\frac{1}{5}\right)^{400-k}$가 주어졌고, 400은 충분히 크므로
이항분포 $B\left(400,\frac{4}{5}\right)$는 근사적으로 정규분포 $N(320,8^2)$을
따른다.
평균 $E(X)=400\times\frac{4}{5}=320$
분산 $V(X)=400\times\frac{4}{5}\times\frac{1}{5}=64$
표준편차 $\sigma(X)=\sqrt{64}=8$
$P(X\geq 308)=P\left(Z\geq\frac{308-320}{8}\right)$
$\qquad\qquad\quad=P(Z\geq -1.5)$
$\qquad\qquad\quad=P(0\leq Z\leq 1.5)+0.5$
$\qquad\qquad\quad=0.4332+0.5$
$\qquad\qquad\quad=0.9332$

05
$a_k=\displaystyle\lim_{n\to\infty}\frac{5^{n+1}}{5^n k+4k^{n+1}}$이므로
$a_1=\displaystyle\lim_{n\to\infty}\frac{5^{n+1}}{5^n+4}=5$
$a_2=\displaystyle\lim_{n\to\infty}\frac{5^{n+1}}{2\cdot 5^n+4\cdot 2^{n+1}}=\frac{5}{2}$
$\vdots$
$a_4=\displaystyle\lim_{n\to\infty}\frac{5^{n+1}}{4\cdot 5^n+4^{n+2}}=\frac{5}{4}$
$a_p=\frac{5}{p}(p=1,\ 2,\ 3,\ 4)$
$a_5=\displaystyle\lim_{n\to\infty}\frac{5^{n+1}}{5^{n+1}+4\cdot 5^{n+1}}=\frac{1}{5}$
$a_6=\displaystyle\lim_{n\to\infty}\frac{5^{n+1}}{6\cdot 5^n+4\cdot 6^{n+1}}=0$
$\vdots$

$$a_{10}=\lim_{n\to\infty}\frac{5^{n+1}}{10\cdot 5^n+4\cdot 10^{n+1}}=0$$

$a_q=0(q=6,\,7,\,8,\,9,\,10)$

따라서

$$\sum_{k=1}^{10}ka_k=\sum_{k=1}^{5}ka_k$$

$$=\sum_{k=1}^{4}\left(k\times\frac{5}{k}\right)+5\times\frac{1}{5}$$

$$=\sum_{k=1}^{4}5+1$$

$$=21$$

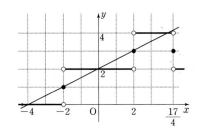

따라서 교점의 개수는 5개이다.

08 $n(A\cap B)=a,\ n(B-A)=b,\ n(U-(A\cup B))=c$라 하면

$a+b+c=4(a,\,b,\,c$는 0 이상의 정수)

따라서 가능한 순서쌍은 $(0,\,0,\,4),\ (0,\,1,\,3),\ (0,\,2,\,2),\ (1,\,1,\,2)$이다.

(i) 순서쌍이 $(0,\,0,\,4)$인 경우

$a,\,b,\,c$ 중 하나가 4이므로 총 3가지

(ii) 순서쌍이 $(0,\,1,\,3)$인 경우

원소 4개를 1개, 3개로 나누는 경우의 수는 $_4C_1$가지, $(a,\,b,\,c)$의 순서쌍의 개수는 $3!$가지이다.

$\therefore {}_4C_1\times 3!=24$가지

(iii) 순서쌍이 $(0,\,2,\,2)$인 경우

원소 4개를 2개, 2개로 나누는 경우의 수는 $_4C_2$가지, $(a,\,b,\,c)$의 순서쌍의 개수는 3가지이다.

$\therefore {}_4C_2\times 3=18$가지

(iv) 순서쌍이 $(1,\,1,\,2)$인 경우

원소 4개를 1개, 1개, 2개로 나누는 경우의 수는 $_4C_1\times{}_3C_1$가지, $(a,\,b,\,c)$의 순서쌍의 개수는 3가지이다.

$\therefore {}_4C_1\times{}_3C_1\times 3=36$가지

구하는 총 경우의 수는 $3+24+18+36=81$가지이다.

06 $f(1)-1=f(2)-2=f(3)-3=k$라고 하면 k의 값은 0, 1, 2 중 하나이다.

(i) $f(1)-1=0$인 경우

$f(1)=1,\,f(2)=2,\,f(3)=3$이고, $f(4)$와 $f(5)$의 값이 될 수 있는 경우는 $5\times5=25$가지이다.

(ii) $f(1)-1=1$인 경우

$f(1)=2,\,f(2)=3,\,f(3)=4$이고, $f(4)$와 $f(5)$의 값이 될 수 있는 경우는 $5\times5=25$가지이다.

(iii) $f(1)-1=2$인 경우

$f(1)=3,\,f(2)=4,\,f(3)=5$이고, $f(4)$와 $f(5)$의 값이 될 수 있는 경우는 $5\times5=25$가지이다.

따라서 조건을 만족하는 함수 f의 개수는 75개이다.

07 $y=|x^2-4|$의 그래프는 다음과 같다.

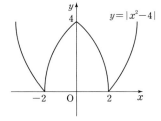

곡선 $y=|x^2-4|$와 직선 $y=x+t$와의 교점을 실수 t에 범위에 따라 함수 $g(t)$로 나타내면

$t<-2,\,g(t)=0$

$t=-2,\,g(t)=1$

$-2<t<2,\,g(t)=2$

$t=2,\,g(t)=3$

$2<t<\dfrac{17}{4},\,g(t)=4$

$t=\dfrac{17}{4},\,g(t)=3$

$\dfrac{17}{4}<t,\,g(t)=2$

함수와 직선의 교점을 구한다.

함수 $y=g(x)$와 직선 $y=\dfrac{x}{2}+2$의 그래프는 다음과 같다.

09 주어진 식을 전개하여 정리한다.

$$\int_0^x(x-t)^2f'(t)dt$$

$$=\int_0^x(x^2-2tx+t^2)f'(t)dt$$

$$=x^2\int_0^xf'(t)dt-2x\int_0^xtf'(t)dt+\int_0^xt^2f'(t)dt$$

$$=\frac{3}{4}x^4-2x^3$$

함수 $f(x)$의 부정적분을 $F(x)$라 하고,

$$x^2\int_0^xf'(t)dt-2x\int_0^xtf'(t)dt+\int_0^xt^2f'(t)dt=\frac{3}{4}x^4-2x^3$$

의 양변을 x에 대하여 미분을 하면

$$2x\{f(x)-f(0)\}+x^2f'(x)-2\{xf(x)-F(x)+F(0)\}$$
$$-2x^2f'(x)+x^2f'(x)$$

$$=-2x+2F(x)-2F(0)$$

$$=3x^3-6x^2(\because f(0)=1)$$

$$\therefore F(x)=\frac{3}{2}x^3-3x^2+x+F(0)$$

$$\int_0^1 f(x)dx=F(1)-F(0)$$

$$=\frac{3}{2}-3+1+F(0)-F(0)$$

$$=-\frac{1}{2}$$

10 17보다 작은 정수의 제곱수는 0, 1, 4, 9, 16이다. 0, 1, 4, 9, 16 중 합이 17이 되는 경우는 (0, 0, 1, 16), (0, 4, 4, 9) 두 가지이다.

(i) (0, 0, 1, 16)의 경우

a, b, c, d 중 두 수는 0이고, 하나는 ±1, 나머지 하나는 ±4이다. 따라서 총 경우는 $_4C_1\times_3C_1\times2\times2=48$가지 이다.

(ii) (0, 4, 4, 9)의 경우

a, b, c, d 중 두 수는 ±2이고, 하나는 0, 나머지 하나는 ±3이다. 따라서 총 경우는 $_4C_1\times_3C_1\times2\times2\times2=96$가 지이다.

따라서 구하는 총 경우의 수는 $48+96=144$가지이다.

11 $P(x)=ax^3+bx^2+cx+d$이므로

$P'(x)=3ax^2+2bx+c$

$0\le x\le1$에서 $|P'(x)|\le1$이므로 $-1\le P'(x)\le1$이다.

$P'(x)=3ax^2+2bx+c$에서 a의 값이 최대가 되기 위해서는 $P'(x)$의 그래프는 아래로 볼록이며, 점 $(0, 1)$, $(1, 1)$을 지나고, $x=\frac{1}{2}$을 축으로 하며 y의 값은 -1이어야 한다.

($\because a$가 최대려면 이차함수의 폭이 좁아야 한다.)

$P'(0)=c=1$, $P'(1)=3a+2b+1=1$,

$P'\left(\frac{1}{2}\right)=\frac{3}{4}a+b+1=-1$

$3a+2b=0$, $\frac{3}{4}a+b=-2$의 식을 연립하면

$a=\frac{8}{3}$, $b=-4$

따라서 a의 최댓값은 $\frac{8}{3}$이다.

12 함수 $g(x)$가 $x=-1$, $x=5$에서 미분이 가능하고 미분계수가 모두 0이므로

$f'(-1)=f'(5)=0$, $f'(x)=3(x+1)(x-5)$

($\because f(x)$의 삼차항의 계수가 1)

$f'(x)=3x^2-12x-15$, $f(x)=x^3-6x^2-15x+C$(C는 상수)

ㄱ. 함수 $f(x)$ 삼차항의 계수가 양수이므로 $x=-1$에서 극

댓값, $x=5$에서 극솟값을 갖는다.

ㄴ. $f(9)=0$이면 $729-486-135+C=0$, $C=-108$이고, $a=|f(-1)|=100$, $b=|f(5)|=208$이므로 $a<b$이다.

ㄷ. $a=b$이면 $|f(-1)|=|f(5)|$, $|C+8|=|C-100|$이다. 따라서 $C=46$이다.

13 $(g\circ f)(x)=g(f(x))=\begin{cases}1\ (f(x)>0)\\0\ (f(x)\le0)\end{cases}$이므로, 합성함수 $(g\circ f)(x)$가 연속이려면 모든 실수 x에 대하여 $f(x)>0$ 또는 $f(x)\le0$이어야한다.

(i) $f(x)>0$

$f(x)=(a-3)(x^2+2bx+c)$의 최고차항의 계수는 양수이고, 이차방정식의 판별식 $\frac{D}{4}=b^2-c<0$을 만족해야 한다.

$a-3>0$이면 $a>3$

$a=4, 5, 6$

$b^2-c<0$이면 $b^2<c$

$b=1$이면 $c=2, 3, 4, 5, 6$, $b=2$이면 $c=5, 6$

따라서 경우의 수는 $3\times(5+2)=21$가지이다.

(ii) $f(x)\le0$

$f(x)=(a-3)(x^2+2bx+c)$의 최고차항의 계수는 음수이고, 이차방정식의 판별식 $\frac{D}{4}=b^2-c\le0$을 만족해야 한다.

$a-3<0$이면 $a<3$

$a=1, 2$

$b^2-c\le0$이면 $b^2\le c$

$b=1$이면 $c=1, 2, 3, 4, 5, 6$, $b=2$이면 $c=4, 5, 6$

따라서 경우의 수는 $2\times(6+3)=18$가지이다.

(iii) $a-3=0$

$a-3=0$인 경우 b, c의 값에 상관없이 합성함수 $(g\circ f)(x)$가 연속이다.

따라서 경우의 수는 $6\times6=36$가지이다.

구하는 총 경우의 수는 $21+18+36=75$가지이다.

따라서 합성함수 $(g\circ f)(x)$가 연속일 확률은 $\frac{75}{6\times6\times6}=\frac{25}{72}$이다.

14 (가)의 모든 실수 t에 대하여 $\int_{a-t}^{a+t}f(x)dx=0$이므로 함수 $f(x)$는 점 $(a, f(a))$를 기준으로 대칭이고, $f(a)=0$이다.

(나)에서 $f(a)=f(0)$이므로 (가)에 의하여

$f(0)=f(a)=f(2a)=0$

$\therefore f(x)=x(x-a)(x-2a)(a>0)$

$$f(x)=x(x-a)(x-2a)$$
$$=x^3-3ax^2+2a^2x$$
$$\int_0^a f(x)dx=\int_0^a(x^3-3ax^2+2a^2x)dx$$
$$=\left[\frac{1}{4}x^4-ax^3+a^2x^2\right]_0^a$$
$$=\frac{1}{4}a^4$$
$$=144$$
$$\therefore a=2\sqrt{6}(\because a>0)$$

15 두 곡선의 교점에 대하여 구한다.

곡선 $y=x^3+4x^2-6x+5$, $y=x^3+5x^2-9x+6$의 교점은
$x^3+4x^2-6x+5=x^3+5x^2-9x+6$, $x^2-3x+1=0$
$x^2-3x+1=0$의 두 근이 두 곡선의 교점의 x좌표인 α, β
이다.

근과 계수와의 관계에 의하여
$\alpha+\beta=3$, $\alpha\beta=1$, $\beta-\alpha=\sqrt{5}(\because \alpha<\beta)$
곡선 $y=6x^5+4x^3+1$과 두 직선 $x=\alpha$, $x=\beta$와 x축으로
둘러싸인 부분의 넓이를 식으로 나타내면

$\int_\alpha^\beta(6x^5+4x^3+1)dx$이다.

$$\int_\alpha^\beta(6x^5+4x^3+1)dx=\left[x^6+x^4+x\right]_\alpha^\beta$$
$$=(\beta^6+\beta^4+\beta)-(\alpha^6+\alpha^4+\alpha)$$
$$=(\beta^6-\alpha^6)+(\beta^4-\alpha^4)+(\beta-\alpha)$$
$$=(\beta^3+\alpha^3)(\beta^3-\alpha^3)+(\beta^2+\alpha^2)(\beta^2-\alpha^2)+(\beta-\alpha)$$
$$=(\beta+\alpha)(\beta-\alpha)(\beta^2+\alpha\beta+\alpha^2)(\beta^2-\alpha\beta+\alpha^2)$$
$$\qquad\qquad +(\beta^2+\alpha^2)(\beta^2-\alpha^2)+(\beta-\alpha)$$
$$=3\times\sqrt{5}\times8\times6+7\times3\times\sqrt{5}+\sqrt{5}$$
$$=166\sqrt{5}$$
$$\therefore a=166$$

16 (가)에서 $f(x)=0$이 서로 다른 세 실근을 가지므로 함수
$f(x)$는 하나의 중근을 갖는다.

(나)에서 두 극솟값의 곱이 0이 아닌 25이므로 a의 값은 2
이다.

$\therefore f(x)=kx(x-1)^2(x-2)(k>0)$
$f(x)=kx(x-1)^2(x-2)$이므로
$f'(x)$
$=k(x-1)^2(x-2)+2kx(x-1)(x-2)+kx(x-1)^2$
$=2k(x-1)(2x^2-4x+1)$

따라서 $x=1\pm\frac{1}{\sqrt{2}}$일 때, 극솟값을 갖고, 두 극솟값의 곱은
25이다.

$f\left(1+\frac{1}{\sqrt{2}}\right)\times f\left(1-\frac{1}{\sqrt{2}}\right)$

$$=k^2\left(1+\frac{1}{\sqrt{2}}\right)\left(\frac{1}{\sqrt{2}}\right)^2\left(-1+\frac{1}{\sqrt{2}}\right)\left(1-\frac{1}{\sqrt{2}}\right)\left(\frac{1}{\sqrt{2}}\right)^2$$
$$\left(-1-\frac{1}{\sqrt{2}}\right)$$
$$=\frac{1}{16}k^2$$
$$=25$$
따라서 k는 20이다.
$$\therefore a=2, k=20, ak=40$$

17 $f(x-y)=f(x)-f(y)+3xy(x-y)$에
$y=0$을 대입하면
$f(x)=f(x)-f(0)$, $f(0)=0$
$f(x-y)-f(x)+f(y)=3xy(x-y)$
$f(x-y)-f(x)+f(y)-f(0)=3xy(x-y)$
양변을 0이 아닌 y로 나누면
$$\frac{f(x-y)-f(x)}{y}+\frac{f(y)-f(0)}{y}=3x(x-y)$$
위의 식을 y가 0으로 가는 극한을 취하면
$$\lim_{y\to0}\frac{f(x-y)-f(x)}{y}+\lim_{y\to0}\frac{f(y)-f(0)}{y}$$
$$=\lim_{y\to0}3x(x-y)$$
$$-f'(x)+f'(0)=3x^2$$
$$\therefore f'(x)=-3x^2+f'(0)$$
함수 $f(x)$가 $x=2$에서 극댓값을 가지므로
$f'(2)=-12+f'(0)=0$, $f'(0)=12$
$f'(x)=-3x^2+12$이므로
$f(x)=-x^3+12x(\because f(0)=0)$
함수 $f(x)$는 $x=2$에서 극댓값 16을 가진다.
$$\therefore a=16, b=12, b-a=4$$

18 a_1부터 a_{12}까지의 자연수 중 a_1과 a_{12}는 한 번씩만 연산이 되
므로 1과 12의 가운데 두 수 6과 7을 a_1, a_{12}로 놓으면
$|a_1-a_2|+|a_2-a_3|+|a_3-a_4|+\cdots+|a_{11}-a_{12}|$의 값
이 최대가 된다.

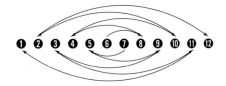

$a_1=6$이면 $a_{12}=7$, $a_2=8$이면 $a_{11}=9$, $\cdots$
수의 나열은 6, 8, 4, 10, 2, 12, 1, 11, 3, 9, 5, 7이다.
따라서
$|a_1-a_2|+|a_2-a_3|+|a_3-a_4|+\cdots+|a_{11}-a_{12}|$의 최
댓값은 71이다.

19 $\log_2(x+\sqrt{2}y)+\log_2(x-\sqrt{2}y)=2$이므로

$\log_2(x^2-2y^2)=2$

$x^2-2y^2=4(x>|\sqrt{2}y|)$

$|x|-|y|=k$로 치환하여 $x^2-2y^2=4$에 대입하면

$x^2-2(x^2-2k|x|+k^2)=4$

$-x^2+4k|x|-2k^2-4=0$

$x^2-4k|x|+2k^2+4=0$

이차방정식이 실수인 근을 가지므로 판별식 $D \geq 0$이다.

$\dfrac{D}{4}=(2k)^2-2k^2-4=2k^2-4 \geq 0$

$\therefore k \geq \sqrt{2}, |x|-|y| \geq \sqrt{2}$

---

20 $\dfrac{1}{a}+\dfrac{1}{b} \leq 4$, $a+b \leq 4ab$

$(a-b)^2=(a+b)^2-4ab=16(ab)^3$

$(a+b)=x$, $ab=y$로 치환을 하면

$x \leq 4y$, $x^2-4y=16y^3$, $x^2=16y^3+4y$

$x \leq 4y$이므로 $x^2 \leq 16y^2$, $x^2=16y^3+4y$을 대입하면

$16y^3+4y \leq 16y^2$

$16y^3-16y^2+4y \leq 0$

$4y(4y^2-4y+1) \leq 0$

a, b가 양수이므로 y도 양수이다.

따라서 $(4y^2-4y+1) \leq 0$을 만족하는 y의 값은 $\dfrac{1}{2}$이다.

$\therefore y=ab=\dfrac{1}{2}$, $x=a+b=2$

---

21 $x^3+ax-1=0(a>0)$의 실근이 r이므로

$r^3+ar-1=0$

$\displaystyle\sum_{n=1}^{\infty} r^{3n-2}$이 수렴함을 이용해 a를 구한다.

$\displaystyle\sum_{n=1}^{\infty} r^{3n-2}=r+r^4+r^7+\cdots=\dfrac{1}{2}$

$\displaystyle\sum_{n=1}^{\infty} r^{3n-2}$이 수렴하므로 r^3의 범위는 $-1<r^3<1$이다.

$\therefore \displaystyle\sum_{n=1}^{\infty} r^{3n-2}=\dfrac{r}{1-r^3}=\dfrac{1}{2}$

$\dfrac{r}{1-r^3}=\dfrac{1}{2}$이므로

$2r=1-r^3$, $r^3+2r-1=0$

$\therefore a=2$

---

22 상자 A에서 검은 공이 나올 확률 $P(A)$는 $\dfrac{2}{4}=\dfrac{1}{2}$이다.

상자 B에서 검은 공이 나올 확률 $P(B)$는 $\dfrac{1}{4}$이다.

구하는 확률 $P(B|A \cup B)$는

$P(B|A \cup B)=\dfrac{P(B)}{P(A)+P(B)}=\dfrac{\frac{1}{4}}{\frac{1}{2}+\frac{1}{4}}=\dfrac{1}{3}$

$\therefore p=1, q=3, p+q=4$

---

23 $\left|n-\sqrt{m-\dfrac{1}{2}}\right|<1$이므로

$-1<n-\sqrt{m-\dfrac{1}{2}}<1$

$-1-n<-\sqrt{m-\dfrac{1}{2}}<1-n$

$n-1<\sqrt{m-\dfrac{1}{2}}<n+1$

$(n-1)^2+\dfrac{1}{2}<m<(n+1)^2+\dfrac{1}{2}$

$\therefore a_n=(n+1)^2-(n-1)^2=4n$

$\dfrac{1}{100}\displaystyle\sum_{n=1}^{100} a_n=\dfrac{1}{100}\sum_{n=1}^{100} 4n$

$\qquad =\dfrac{1}{100}\times 4 \times \dfrac{100 \times 101}{2}$

$\qquad =202$

---

24 $S_n=\displaystyle\sum_{k=1}^{n}\dfrac{1}{\sqrt{2k+1}}$의 일반항 $a_n=\dfrac{1}{\sqrt{2n+1}}$이다.

$\dfrac{1}{\sqrt{2n+1}}<\dfrac{1}{\sqrt{2n-1}}$이므로

$\dfrac{1}{\sqrt{2n+1}}<\dfrac{2}{\sqrt{2n-1}+\sqrt{2n+1}}=\sqrt{2n+1}-\sqrt{2n-1}$

$\dfrac{1}{\sqrt{2n+1}}>\dfrac{1}{\sqrt{2n+3}}$이므로

$\dfrac{1}{\sqrt{2n+1}}>\dfrac{2}{\sqrt{2n+1}+\sqrt{2n+3}}=\sqrt{2n+3}-\sqrt{2n+1}$

따라서 일반항 a_n의 범위는

$\sqrt{2n+3}-\sqrt{2n+1}<\dfrac{1}{\sqrt{2n+1}}<\sqrt{2n+1}-\sqrt{2n-1}$

S_{179}, S_{180}의 범위를 구하면

$\displaystyle\sum_{k=1}^{179}(\sqrt{2k+3}-\sqrt{2k+1})=\sqrt{361}-\sqrt{3}$

$\sqrt{1}=1$, $\sqrt{4}=2$이므로

$19-2<\sqrt{361}-\sqrt{3}<S_{179}<S_{180}$

$\displaystyle\sum_{k=1}^{180}(\sqrt{2k+1}-\sqrt{2k-1})=\sqrt{361}-1=18$

$\therefore 17<S_{179}<S_{180}<18$

따라서 S_{180}의 정수 부분은 17이다.

---

25 $g(a)$를 간단한 표현으로 나타낸다.

$g(a)$

$=\displaystyle\lim_{n\to\infty}\dfrac{f(a)+f\left(a-\frac{2}{n}\right)+\left(a-\frac{4}{n}\right)+\cdots+f\left(a-\frac{2(n-1)}{n}\right)}{n}$

$=\displaystyle\lim_{n\to\infty}\dfrac{\sum_{k=1}^{n} f\left(a-\frac{2(k-1)}{n}\right)}{n}$

$=\displaystyle\lim_{n\to\infty}\sum_{k=1}^{n} f\left(a-\dfrac{2(k-1)}{n}\right)\cdot\dfrac{2}{n}\cdot\dfrac{1}{2}$

$=\dfrac{1}{2}\displaystyle\int_{a-2}^{a} f(x)dx$

$$f(x)=\begin{cases}\dfrac{[x]^2+x}{[x]} & (1\le x<3)\\[2mm]\dfrac{7}{2} & (x\ge3)\end{cases}\text{이므로}$$

$$f(x)=f(x)=\begin{cases}1+x & (1\le x<2)\\[2mm]\dfrac{4+x}{2} & (2\le x<3)\\[2mm]\dfrac{7}{2} & (x\ge3)\end{cases}$$

함수 $f(x)$의 그래프는 다음과 같다.

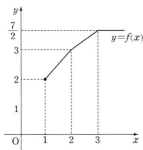

$$g(3)=\frac{1}{2}\int_1^3 f(x)dx$$

$$=\frac{1}{2}\int_1^2 f(x)dx+\frac{1}{2}\int_2^3 f(x)dx$$

$$=\frac{1}{2}\left\{\frac{1}{2}\times(2+3)+\frac{1}{2}\times\left(3+\frac{7}{2}\right)\right\}$$

$$=\frac{23}{8}$$

$$\therefore\ 8\times g(3)=8\times\frac{23}{8}=23$$

2019학년도 기출문제 정답 및 해설

제1교시 **국어영역**

01 ③	02 ⑤	03 ②	04 ③	05 ④	06 ③
07 ⑤	08 ①	09 ③	10 ①	11 ⑤	12 ④
13 ③	14 ③	15 ⑤	16 ⑤	17 ③	18 ②
19 ②	20 ④	21 ④	22 ④	23 ②	24 ②
25 ③	26 ④	27 ③	28 ⑤	29 ①	30 ③
31 ⑤	32 ③	33 ④	34 ①	35 ⑤	36 ③
37 ④	38 ③	39 ①	40 ①	41 ⑤	42 ②
43 ③	44 ①	45 ②			

01 ③ '동일 하자로 고장 발생 시 3회까지는 무료로 수리해 드립니다.' 라는 문장은 문장 성분 간의 호응과 단어의 쓰임이 적절하므로 어법에 맞는 자연스러운 문장이다.

오답풀이

① 웃으면서 다가오는 주체가 누구인지 알 수 없는 중의적 표현이다.

② 필요한 문장 성분이 생략되었으므로 어법에 맞지 않는 문장이다.

④ 목적어와 서술어의 호응이 적절하지 않은 문장이다.

⑤ 단어의 쓰임이 적절하지 않은 문장이다.

02 ⑤ 부사격조사 중 '에게', '한테', '더러', '보고'에서, '에게'는 주로 문어체나 공식적인 대상에 쓰인다. '한테', '더러', '보고'는 주로 친근한 대상에게 쓰이며 공식적인 대상에 대해서는 잘 쓰이지 않는다. 따라서 구어체를 문어체로 수정한 문장으로 가장 적절한 것은 ⑤이다.

03 ② '지팡이>지팽이'는 'ㅣ'모음 역행 동화 현상으로 'ㅣ'모음이 앞의 모음 'ㅏ, ㅓ, ㅗ, ㅜ'에 영향을 주어 'ㅐ, ㅔ, ㅚ, ㅟ'로 변하게 하는 현상이다. 따라서 혀의 전후 위치가 달라진다.

오답풀이

① '그리고>그리구'는 입술 모양과 혀의 전후 위치가 달라지는 변동이다.

③ '블>불'은 입술 모양이 달라지는 변동이다.

④ '거죽>가죽'은 혀의 높낮이가 달라지는 변동이다.

⑤ '윗어른>웃어른'은 혀의 전후 위치가 달라지는 변동이다.

> **TIP** 모음동화
>
> • 전설모음 'ㅣ'앞 혹은 뒤에서 모음이 변화하는 현상. 수의적 변화이며 표준발음으로 인정하지 않는다.
> • 모음동화는 다음의 두 가지 환경에서 일어난다.
> 1) 'ㅣ'소리 앞에서('ㅣ'모음 역행동화/전설모음화/움라우트) : [ㅏ, ㅓ, ㅗ, ㅜ]→[ㅐ, ㅔ, ㅚ, ㅟ]
>   예 손잡이 → [손잽이], 먹이다 → [멕이다], 고기 → [괴기], 죽이다 → 주기다 → [쥐기다]
> 2) 'ㅣ'소리 뒤에서 : [ㅓ, ㅗ]→[ㅕ, ㅛ]
>   예 기어 → [기여], 먹이었다 → [머기옅따], 미시오 → [미시요], 당기시오 → [당기시오]
> ※모음동화에 의한 발음은 표준 발음으로 인정하지 않지만, 예외적으로 표준 발음으로 인정하는 단어들도 있다. 예 냄비, 멋쟁이, (불을)댕기다. 서울내기, 풋내기, 멋쟁이, 소금쟁이, 담쟁이덩굴, 되어[되어/되여], 피어[피어/피여], 이오[이오/이요], 아니오[아니오/아니요]

04 ③ ⓒ에 들어갈 어형은 '핥이다'이며 'ㄾ' 받침 뒤에 조사나 접미사의 '-이, -히'가 결합되는 구조이다.

오답풀이

① 종속적 관계란, 형태소 연결에 있어서 실질 형태소인 체언, 어근, 용언 어간 등에 형식 형태소인 조사, 접미사, 어미 등이 결합하는 관계를 말한다.

② '맏이', '핥이다'는 품사의 변화가 일어나지 않았다.

④ '같이', '끝이'는 선행 음절의 받침이 같고 '가치', '끄치'와 같이 구개음이 같게 실현된다.

⑤ '훑이다'는 '부푼 듯하고 많던 것이 다 빠져서 졸아들다.'라는 뜻으로 '훑다'의 피동사이다.

05 ④ '값'은 '값이'에서는 '값'으로, '값도'에서는 '갑'으로, '값만'에서는 '감'으로 소리가 다르게 나타난다. 이때 '값', '갑', '감'을 형태소 '값'의 이형태라고 한다.

06 ③ 사잇소리 현상은 두 개의 형태소 또는 단어가 합쳐져 합성명사를 만들 때, 앞말의 끝소리가 울림소리이고, 뒷말의 첫

소리가 안울림 예사소리이면 뒤의 예사소리가 된소리로 변하는 현상을 말한다. '빨랫줄'은 사잇소리를 첨가하여 표기하고 된소리로 발음한다. '빨래집게'는 사잇소리 현상이 나타나지 않는다.

(오답풀이)

① ㉠, ㉡, ㉢은 모두 둘 이상의 어근이 결합되거나 어근과 접사가 결합되어 이루어진 단어인 복합어이다.

② ㉠, ㉡, ㉢은 모두 직접 구성 요소 중 앞의 요소인 '빨래'가 뒤의 요소를 꾸며준다.

④ '빨랫줄'과 '빨래터'를 이루는 직접 구성 요소들은 모두 어근에 해당한다.

⑤ '빨래집게'는 '빨래', 동사인 '집다', 접미사인 '－게'가 결합되어 세 개의 구성요소로 이루어졌다.

TIP 복합어

복합어를 구성하고 있는 둘 이상의 형태소의 성격이 무엇인가에 따라 합성어와 파생어로 구분된다.
- **합성어** : 둘 이상의 실질형태소가 결합된 것(어근＋어근)
  예 집안, 소나무, 작은형, 높푸르다
- **파생어** : 실질형태소에 형식형태소가 결합된 것(어근＋접사)
  예 맏아들, 맨손, 풋사랑, 먹이다

07 ⑤ 파생 접미사 '－음'과 명사형 전성 어미 '－음'은 문장에서의 역할에 따라 구별하여야 한다. 일반적으로 파생 접미사와 명사형 전성 어미는 주어가 있거나, 서술성이 있거나, 부사의 수식을 받거나, 선어말 어미가 쓰일 수 있으면 명사형 전성 어미이고, 이것들이 모두 불가능하면 파생명사이다.

(오답풀이)

①·②·③·④ 용언의 명사형 → '－음/－ㅁ'이 붙어서 명사로 된 것

08 ① 혼자서는 쓰이지 못하고 반드시 다른 용언의 뒤에 붙어서 의미를 더하여 주는 용언을 보조용언이라 한다. 보조용언은 기본적으로 선행하는 본용언의 어미가 '－아/－어, －게, －지, －고'로 한정되나 '－ㄴ/은가, －ㄹ/을까, －(으)면' 등이 오기도 한다.
- 밖의 날씨가 매우 더운가 <u>보다</u>.
- 이 부분을 소리 내어 읽어 <u>보렴</u>.

TIP 본용언과 보조용언의 구별

- 용언이 두 개 이상 연이어 있을 때 맨 앞의 것이 무조건 본용언이다.
- 둘째 이하의 용언 중, 다음의 경우는 보조 용언이다.(홑문장)
  – 단독으로 서술어가 될 수 없는 경우
  – 단독으로 서술어가 될 수 있어도 본래 의미를 상실하는 경우
- 두 번째 이하의 용언이 단독으로 서술어가 되어도 의미 변화가 없으면 본용언이고 이때는 문장의 이어짐이다. 본용언＋본용언(겹문장)
- 본용언＋보조용언은 하나의 서술어로 간주한다.

09 ③ '다'문장은 대상의 일부로 그 전체를 나타내는 제유법에 해당하며, '마'문장은 대상과 관련된 속성으로 그 대상 자체를 나타낸 환유법에 해당한다. 따라서 ㉠, ㉡에 해당하는 용례를 바르게 짝 지은 것은 ③이다.

(오답풀이)

가. 주전자 안에 들어 있는 내용물이 끓는 것을 의미하는 환유법이다.

나. 대유법이 사용되지 않은 문장이다.

라. 대유법이 사용되지 않은 문장이다.

10 ① 문장 유형과 발화 의도가 일치하는 발화를 직접 발화라고 하고, 문장의 유형과 발화 의도가 일치 하지 않는 발화를 간접 발화라고 한다. 간접 발화는 수행하고자 하는 기능과 다른 문장 유형을 사용하기 때문에 상황에 따라 구체적인 의미가 달라진다. ①의 발화는 명령형 어미를 사용하여 명령행위를 하고 있으므로 직접적인 발화이다.

(오답풀이)

② 아이가 늦게 들어온 것에 대해서 어머니가 비난하고 경고하는 의도를 담고 있다.

③ 비가 많이 오니 우산을 들고 가라는 의미를 담고 있으므로 간접화법에 해당한다.

④ 지갑을 까먹고 안 가지고 왔으므로 대신 계산을 부탁한다는 의미를 담고 있다.

⑤ 음악 소리를 줄여 달라는 의미를 담고 있으므로 간접화법에 해당한다.

TIP 직접발화와 간접발화

- **직접발화** : 문장 유형과 발화 의도가 일치하며 상황보다 의도가 우선적으로 고려됨
- **간접발화** : 문장 유형과 발화 의도가 불일치

11 ⑤ '－샤'는 주체 높임 선어말어미에 연결어미 '－아'가 결합된 형태로, 현대국어의 '－시어'에 대응된다.

[12~14] 독서 – 인문

12 ④ 지라르는 욕구는 본능적으로 실제 대상을 향하는 실질적인 것인 반면, 욕망은 실제 대상 그 자체보다는 그 대상과 관련된 것을 향하는 관념적인 것이라고 보았다.

> 오답풀이

① 지라르는 심층적으로 보면 나의 비밀과 타인의 비밀 사이의 차이는 없으며, 한 사람의 심층적 자아는 보편적 자아라고 할 수 있다고 하였다.
② 우구를리엥은 주변 사람들과의 대칭적 교환과 만남의 한가운데에서 일어나는 지속적 창조 행위의 결과가 우리의 자아라고 주장하였다.
③ 프로이트의 심리학은 욕망이 주체의 타고난 본능에서 나온다고 보았다.
⑤ 우구를리엥은 자아가 고정된 것이 아니며 궁극적으로 유동적이고 가변적인 운동 상태라고 보았다.

13 ③ 지라르의 주장에 따르면 욕망이란 욕망 주체와 욕망 대상 사이의 2자 관계에서 나오는 게 아니라 욕망 주체와 이 주체가 본받고 싶어 하는 모델, 그리고 욕망 대상의 삼각관계에서 나온다고 주장하였다. 즉 인간이 욕망하는 것이 사실은 중개자의 욕망을 모방한다고 보았으므로 칸트를 흠모하는 철학도가 매일 규칙적으로 생활하는 것은 ⊙의 사례를 이해한 것으로 적절하다.

14 ③ 〈보기〉에서는 중개자를 통해 욕망하던 대상이 제한적일 경우, 주체가 중개자를 존경의 대상이 아닌 경쟁자나 적으로 인식하기도 한다고 하였다. 즉 타인이 욕망의 매개로 개입하여 욕망하는 주체와의 모방적 경쟁관계를 통해 욕망을 부추긴다고 보았으므로 중개자가 주체의 일상 안에 들어온 경우, 욕망의 주체는 대상이 희소성을 띨수록 중개자와 갈등 관계에 놓일 가능성이 높다는 것은 옳은 추론이다.

[15~19] 현대 시

(가) 정지용, 「인동차(忍冬茶)」
- **갈래** : 자유시, 서정시
- **성격** : 감각적, 회화적, 관조적, 탈속적
- **제재** : 인동차
- **주제** : 정신적 고결함을 지키면서 혹독한 현실을 견디는 삶의 자세
- **특징**
  - 시적 화자의 감정을 절제하여 대상을 객관적으로 표현함
  - 눈 내리는 겨울, 깊은 산중이라는 탈속의 공간을 배경으로 하고 있음
  - 주로 시각적 이미지의 시어를 사용하였으며, 색채의 대비가 돋보임
- **구성**
  - 1연 : 인동차를 마시는 노주인
  - 2연 : 자작나무의 붉은 불
  - 3연 : 추위 속에 돋아난 무순
  - 4연 : 풍설 소리에 잠착함
  - 5연 : 눈 덮인 산중

(나) 이성부, 「누룩」
- **갈래** : 자유시, 서정시
- **성격** : 상징적, 의지적, 희망적, 참여적
- **제재** : 누룩
- **주제**
  - 공동체를 위한 희생의 역설
  - 민중에 대한 기대와 신뢰감
- **구성**
  - 1연 : 누룩이 뜨는 까닭에 대한 인식(=민중의 연대감)
  - 2연 : 누룩이 겪는 고통과 시련(=민중의 강인한 의지)
  - 3연 : 누룩의 기다림(=민중의 인내)
  - 4연 : 누룩의 발효(=희생을 통해 가치를 이룩하는 민중)
  - 5연 : 누룩 냄새의 확산(=민중 세력에 대한 기대감)
- **이해와 감상** : 이 시는 술을 담글 때 쓰이는 '누룩'을 의인화하여 민중의 저력을 형상화하고 있다. 알맞은 바람을 만나고 좋은 물을 만나 썩어 문드러짐을 통해 다른 누군가를 기쁘게 하는 누룩의 속성을 통해 자신을 희생하고 사회적 연대를 통해 억압된 현실을 극복해가는 민중의 모습을 그리고자 하였다.

(다) 박성우, 「애호」
- **갈래** : 자유시, 서정시
- **성격** : 자연친화적, 성찰적
- **제재** : 호박넝쿨
- **주제** : 호박에서 본 자연 본연의 생명력
- **특징**
  - '애호'라는 시어의 이중적 의미를 통해 의외로 자연 본연

의 생명력을 깨달음을 전달함

– 어법에 맞지 않은 연 구분으로 화자의 놀라는 마음을 전달함

• **이해와 감상** : 이 작품은 인간의 손에서 벗어난 존재인 호박 넝쿨을 통해 자연을 인간의 시점이 아닌 그 자체로서 보여주는 작품이다. 화자는 자신이 심은 소나무 전체를 덮어버린 호박넝쿨을 통해 인간의 의도와 무관한 자연 본연의 생명력을 깨닫는다.

15 ⑤ (가)는 노주인의 태도를 통해 바깥 세상에 초연한 채 몸을 다스리고, 정신적 고결함을 지키면서 혹독한 현실을 견디고자 하는 의지를 드러내고 있으며, (다)는 인간의 의도와는 무관한 자연 본연의 생명력을 나타내고 있다. 따라서 자연의 변화가 눈앞의 현실과 지향하는 현실 사이의 대립을 초래하고 있다는 설명은 적절하지 않다.

오답풀이

① (가)는 초연한 자세로 혹독한 현실의 시련을 견뎌내는 고결한 삶의 자세를 그리고 있다.

② (나)는 고통과 핍박을 이겨내고 새로운 시대를 만들어가는 민중의 힘을 형상화하였다.

③ (다)는 소나무와 호박 넝쿨을 통해 경계에 길들여진 인간의 식을 성찰하고 있다.

④ (가)와 (나)는 자연의 생명력에 빗대어 암담하고 절망적인 상황에서도 좌절하지 않고 인내심을 가지면 현실을 이겨낼 수 있으리라는 의지와 소망이 담겨 있다.

16 ⑤ ㉠, ㉡, ㉢, ㉣의 시어는 일제 강점하의 현실을 견디게 하는 인내와 기다림의 힘, 역경에 굴하지 않는 강인한 생명력 등을 상징하며 ㉤ 하이얀 삼동은 일제 강점하의 험난한 현실을 상징한다.

TIP「인동차(忍冬茶)」의 감상

이 시는 정지용의 동양 고전에 대한 관심을 보여 주는 작품이다. 인동차를 마시며 살아가는 노주인인 작중 인물은 바로 시인 자신이며, 그가 마시는 인동차는 겨울로 표상된 일제 치하를 견디게 하는 인내와 기다림의 힘을 상징한다. 특히 2연과 3연은 어떤 역경에도 굴하지 않는 강인한 생명력을 상징한다. 즉 꺼진 줄 알았던 자작나무 덩그럭 불이 도로 피어 붉고 마당 한 구석에 묻어 둔 무가 순 돋아 파릇한 모습은 암담하고 절망적인 상황에서도 좌절하지 않고 인내심을 가지고 생활하면 현실의 상황(겨울)도 충분히 이겨낼 수 있으리라는 시인의 의지와 소망이 상징적으로 담겨 있다고 할 수 있다. 현실은 비록 삼동이 하이얀 시절(험난한 시절)이지만 흙냄새가 훈훈히 김도 사라졌다가 바깥 풍설 소리에 잠착하듯 굳은 인내심을 가지면 언젠가 이 겨울 같은 모진 시련을 벗어날 수 있으리라는 기대와 믿음을 저버리지 않는 것이다.

17 ③ (나)는 술을 빚는 데 사용하는 발효제인 누룩을 이용하여 술을 만드는 과정을 보면서, 이를 민중의 연대와 사랑, 새로운 시대를 열기 위한 그들의 저항과 실천에 연결시키고 있으며, (다)는 호박 넝쿨의 모습에서 자연은 인간의 시점이 아닌 그 자체로서의 주체임을 깨닫고 있다. 따라서 (나)와 (다) 모두 대상의 외적 모습에서 화자의 내적 변화를 이끌어 내고 있다.

18 ② (나)의 시적 화자는 누룩을 이용하여 술을 만드는 과정을 보면서, 이를 민중의 연대와 사랑, 새로운 시대를 열기 위한 그들의 저항과 실천에 연결시키고 있다. 민초는 고통과 핍박 속에서 누룩처럼 썩어가지만, 절망하고 죽는 것이 아니라 새로운 시대에 대한 각자 나름대로의 응어리진 기다림을 추구한다. 그러다가 이들이 좋은 기회를 만나 서로 뭉치고 연대하여 새로운 시대를 열어나간다는 것이다. 즉 새로운 시대를 여는 것은, 스스로 썩고 희생하며 서로 뭉쳐 싸워나가는 민중에 의해 실현된다는 시인의 믿음이 표현되어 있으므로 제재의 부정적 속성을 강조한다는 설명은 적절하지 않다.

19 ② 박성우 시에서의 공동체에 대한 탐구는 인간 중심의 문화를 근본적으로 성찰하는 문제의식으로 심화되며, 모든 인간적 시점을 뒤로한 채 자연 그 자체를 주체로 세운다고 하였으므로 인간 중심의 문화에 대한 화자의 초월적 태도를 보여준다는 설명은 적절하지 않다.

[20~23] 독서 – 사회

20 ④ 윗글의 필자는 여러 학자들의 이론을 검토한 뒤 라드브루흐의 이론을 바탕으로 자신의 입장을 정리하고 있다.

21 ④ 옐리네크(㉠)는 법과 도덕을 포함 관계로 설정하고 법은 도덕 가운데에서 특별히 그 실현을 강제할 필요가 있는 경우에 한하여 성립한다고 보았으며, 슈몰러(㉡)는 법의 효력을 중시하여, 법에는 강제력이 있으므로 도덕보다는 실효성이 확고하다고 보았다.

오답풀이

① 옐리네크(㉠)는 도덕중에서 실현을 강제할 필요가 있는 경우를 택하여 법으로 성립해야 한다고 보았다. 따라서 슈몰러(㉡)에 비해 법 규범의 제정에 보다 신중할 것이다.

② 슈몰러(㉡)는 도덕적 가치의 실현이 법을 통해 가능하다고 보았으므로 법 규범의 효과에 대해 확신하는 태도를 보일 것이다.

③ 라드브루흐(㉢)는 '법은 도덕을 실현할 가능성과 동시에 부

정답 및 해설

도덕을 실현할 가능성도 지닌다.'라고 하였으며 옐리네크
(㉠)와 달리 법과 도덕의 영역을 포함 관계로만 생각하지
않았다.

⑤ 옐리네크(㉠), 슈몰러(㉡), 라드브루흐(㉢)는 모두 법과 도덕
이 적절한 관계를 유지해야 한다는 데에 동의하였다.

22 ④ ㉯ 간통죄 위헌 결정은 부부 간의 정조 의무를 위반한 행
위가 비도덕적이기는 하나 법으로 처벌할 사항은 아니
라고 보았으므로, 도덕적으로 허용되지 않는 행위가 반
드시 위법한 행위가 된다고 본다는 설명은 적절하지 않
다.

오답풀이

① 착한 사마리아인의 법은 '위기에 빠진 사람을 외면해서는
안 된다'는 근본적으로 도덕적 · 윤리적 문제 아래 시행되
는 법이다.

② ㉮는 도덕적 차원의 문제를 법의 강제력으로 실현하려 하
였다는 점에서 프로이센 '일반란트법'의 제179조나 미국의
'금주법'과 그 취지가 상통하다고 볼 수 있다.

③ ㉯ 간통죄 위헌 결정은 도덕의 영역이 법의 영역보다 더
크다는 전체를 바탕으로 하였다.

⑤ ㉮와 ㉯는 도덕과 법이 공통의 목적과 사명을 띠고 있다는
전제를 바탕으로 한다.

23 ② ⓑ '자체'는 '바로 그 본래의 바탕'이라는 뜻으로 밑줄 친
'자체'와 그 문맥적 의미가 일치한다.

오답풀이

① ⓐ **지지** : 어떤 사람이나 단체 따위의 주의 · 정책 · 의견 따
위에 찬동하여 이를 위하여 힘을 쓰다.

지지 : 무거운 물건을 받치거나 버티다.

③ ⓒ **차원** : 사물을 보거나 생각하는 처지. 또는 어떤 생각이
나 의견 따위를 이루는 사상이나 학식의 수준.

차원 : 기하학적 도형, 물체, 공간 따위의 한 점의 위치
를 말하는 데에 필요한 실수의 최소 개수.

④ ⓓ **허용** : 허락하여 너그럽게 받아들임.

허용 : 주로 각종 경기에서, 막아야 할 것을 막지 못하여
당함. 또는 그런 일.

⑤ ⓔ **기초** : 사물이나 일 따위의 기본이 되는 토대.

기초 : 글의 초안을 잡다.

[24~28] 고전 산문

> 작자미상 「적벽가」
>
> • **갈래** : 판소리 사설
> • **성격** : 풍자적, 해학적, 희화적
> • **시점** : 전지적 작가 시점
> • **배경** : 중국 후한 말, 양자강 적벽 일대
> • **주제** : 적벽 대전 영웅들의 활약상과 전쟁으로 인한 하층민의
> 고통
> • **특징**
>   – '삼국지연의'의 '적벽 대전'을 바탕으로 함
>   – 조조로 표상되는 당대 양반층에 대한 민중의 신랄한 저항
>   정신을 표출함
>   – 군사들을 통해 서민들의 고통과 전쟁의 참혹함을 드러냄
> • **이해와 감상** : 적벽가는 '삼국지연의(三國志演義)' 중 적벽 대
> 전의 이야기를 바탕으로 한 판소리 사설로, 재창조 과정에서
> 원작을 새롭게 해석하여 우리 실정에 맞게 주체적으로 재구
> 성하여 우리 민족의 주체성과 감각을 살리고 있는 작품이다.
> '삼국지연의'는 영웅을 중심으로 한 이야기이지만 '적벽가'는
> 영웅이 아닌 전쟁에 강제 동원된 병사들이 전장에서 겪는 고
> 통의 이야기를 첨가하여 해학적인 희극미를 형상화하고 있
> 다. 또한 영웅적 인물 '조조'를 졸장부로 희화화하여 기성 권
> 위와 권력을 비판 · 풍자하고 있다.

24 ② [A]에서 고사를 활용하여 발화자의 행위를 구체적으로 묘
사하고 있는 부분은 나타나지 않는다.

오답풀이

① '공든 탑이 무너지며 심든 남기가 꺾어지랴.', '자식밖에 또
있느냐.' 등에서 설의적 표현을 통하여 발화자의 판단을 강
조하고 있다.

③ '터덕터덕', '방긋방긋', '도리도리' 등 의태어를 활용하여 인
물에 대한 애정을 드러내고 있다.

④ '여봐라, 군사들아'에서 청자들을 호명하여 주의를 끌고
있다.

⑤ '위국땅 백성들아, 적벽으로 싸움 가자. 나오너라.'에서 발
화 속에 등장하는 인물의 말을 직접 인용하여 생동감을 높
이고 있다.

25 ③ 윗글에서 '아내'는 '날 죽이고 가오, 살려 두고는 못 가리다.
이팔홍안 젊은 년을 나 혼자만 떼어 놓고 전장을 가랴시
오.'라며 전장에 나가려는 남편을 붙잡고 있다. 따라서 국
가에 대한 책무보다는 자신과 가족의 소중함을 앞세우고
있다.

① '한 군사'는 고향에 두고 온 자식을 그리는 사연을 이야기 하며 자신의 처지가 서러움을 표현하고 있다.

② '또 한 군사'는 고향의 아내를 그리는 사연으로 생사가 조석이라 하였다. 따라서 공을 세울 수 있다는 확신을 지닌다는 설명은 적절하지 않다.

④ 윗글에서 조조는 엎어지고 자빠지며 황급히 도망가고 있으므로 일시적인 패배를 만회할 기대를 품고 있다는 설명은 적절하지 않다.

⑤ 정욱과 조조는 함께 도망가는 상황이며 적대감을 직설적으로 표출하여 갈등을 빚는 부분은 나타나지 않는다.

26 ④ 적벽가는 외래문화를 주체적으로 변용하여 수용하였으며, 징발되어 가는 백성들을 통해 서민들의 고통과 전쟁의 참혹함을 드러내며 조조로 표상되는 당대 양반층에 대해 민중의 신랄한 저항 정신을 표출하고 있다. 그러나 윗글에서 백성들은 적국에 대한 적개심 보다는 부모와 아내, 자식들과의 이별에 대한 설움을 표현하고 있으므로 외세에 대한 비판 의식이 팽배했을 것이라는 추론은 적절하지 않다.

27 ③ ⓒ은 과거에 아내의 손을 뿌리치고 전장으로 나온 일을 떠올리며 세월이 지나도 끝나지 않는 전쟁 상황에 대한 한탄을 표출하고 있다.

① ㉠은 고향에 두고 온 자식을 그리워하며 서러워하는 군사에게 나머지 군사들이 꾸짖고 있는 부분이다.

② ㉡은 아내가 전장에 나가는 남편을 붙잡는 모습으로 행동에 포함된 허위를 드러내고 있다는 설명은 적절하지 않다.

④ ㉣은 조조가 정욱과 함께 도망가는 장면을 과장되게 묘사한 것으로 사건 전개에 개연성을 부여하는 것과 상관이 없다.

⑤ ㉤은 전쟁에서 지고 생사가 위태로이 도망가는 처지에 술안주를 생각하는 조조를 해학적으로 나타내는 부분이다. 따라서 상대의 처지에 공감한다는 설명은 적절하지 않다.

28 ⑤ [B]는 전쟁에서 패배하여 생사가 위태로운 처지에 놓인 조조가 정욱과 함께 도망가는 상황이다. 이러한 처지에도 술안주를 떠올리는 조조의 모습을 풍자와 해학으로 표현하고 있다. 〈보기〉는 지은이가 황진이를 생각하며 지은 시조로 임이 오지 않으리라는 생각 속에서도 안타깝게 기다리는 그리운 마음을 드러내고 있다.

TIP 서경덕, 「마음이 어린 후니」

- **갈래**: 평시조, 정형시, 서정시
- **성격**: 감상적, 낭만적
- **제재**: 기다림
- **주제**: 임을 기다리는 마음
- **해석**: 마음이 어리석으니 하는 일이 모두 어리석구나.
  구름이 겹겹이 쌓여 험난하고 높은 이 산 중으로 어느(어찌) 임이 나를 찾아오겠는가 마는.
  떨어지는 나뭇잎 소리와 바람 부는 소리에 혹시 임이 오는 소리가 아닌가 하노라.

[29~31] 독서 – 예술

29 ① 윗글은 고려청자와 조선백자를 비교·대조하는 방식으로 조선백자의 아름다움을 표현한 글이다. 그러나 조선백자를 유형별로 세분화하여 종류와 특징을 구체적으로 나열하는 부분은 나타나지 않는다.

30 ③ 고려청자(㉠)는 고려의 귀족 문화를 그대로 반영한 듯 섬세함과 유려함이 있고 명성만큼이나 화려하지만, 조선백자(㉡) 역시 고려청자에 필적할 만큼 기술력이 뛰어나고 예술성은 어떤 의미에선 고려청자보다 훨씬 높은 경지에 있다고 하였으므로 기술력의 차이가 두드러지게 드러난다는 설명은 적절하지 않다.

① 고려청자(㉠)는 모양이나 상감된 문양에 섬세함과 유려함, 거기에 기기묘묘함까지 깃들어 있어 고려 시대 문학사에서 하나의 지평을 열었다는 이규보는 고려청자의 아름다움을 하늘의 조화를 빌려 빚은 '천공술(天工術)'이라고 극찬한 바 있다고 하였다.

② 조선백자(㉡)의 형태는 단순하고 빛깔은 소박하여 단순미와 평범함을 미학적 자질로 삼는 아름다움의 세계를 담고 있다.

④ 조선백자(㉡)는 고려청자(㉠)와 달리 안으로 착 가라앉은 듯 순하고 부드러운 빛깔을 지니며 어떤 의미에서는 고려청자보다 훨씬 높은 경지에 있다고 하였다.

⑤ ㉠과 ㉡은 모두 동아시아 도자 문화사에서 기술력이 아주 뛰어난 예술로 손꼽힌다.

31 ⑤ 〈보기〉에서 글쓴이는 조선의 도자기에 재현된 평범함은 생래적인 아름다움이라고 생각하며 단순한 미적 가치를 퇴색하고 싶지 않아한다. 윗글에서도 조선 예술이 평범한 점을 들어 미적 요소가 부족한 것으로 인식하는 것을 생각하면 가슴 한 켠이 답답해진다고 하였으므로 윗글에 나타난 예술관을 추론한 것으로 가장 적절한 것은 ⑤이다.

[32~36] 고전 시가 복합

(가) 송순, 「면앙정가」
- **갈래** : 서정 가사, 양반 가사, 은일 가사
- **율격** : 3(4)·4조, 4음보
- **어조** : 풍류를 즐기는 호방한 어조
- **구성**
  - 서사 : 제월봉의 위치와 형세, 면앙정의 모습
  - 본사1 : 면앙정 주변의 풍경(근경에서 원경으로 시선 이동)
  - 본사2 : 사계절에 따른 면앙정의 주변 풍경
  - 결사 : 풍류와 호연지기 및 군은(君恩)
- **주제** : 아름다운 대자연 속의 풍류 생활
- **이해와 감상** : 이 작품은 작가가 벼슬에서 물러나 고향인 담양에 머물던 시기에 창작한 작품으로, 작가는 면앙정의 경치를 묘사하면서 아름다운 자연에서 얻은 흥취를 사계절의 변화에 따라 서술하였다. 또한 이 작품은 비유, 대구 등의 다양한 표현법과 우리말의 아름다움을 잘 살려 문학적 가치가 높은 작품으로 평가받는다.

(나) 정철, 「성산별곡」
- **갈래** : 서정 가사, 양반 가사
- **성격** : 전원적, 풍류적, 묘사적
- **주제** : 당시의 문인 김성원이 세운 서하당(棲霞堂)·식영정(息影亭)을 중심으로 성산의 풍물과 김성원의 풍류를 예찬
- **구성**
  - 서사 : 김성원의 풍류를 즐기는 모습과 식영정 주변의 모습
  - 본사1 : 성산의 봄 풍경
  - 본사2 : 성산의 여름 풍경
  - 본사3 : 성산의 가을 풍경
  - 본사4 : 성산의 겨울 풍경
  - 결사 : 전원생활의 멋과 풍류
- **이해와 감상** : 이 작품은 담양군에 있는 '성산'의 사계절 풍경과 식영정 정자, 서하당 정자에 대한 내용으로, 사계절에 따른 그 곳의 풍물과 김성원에 대한 흠모의 정을 노래한 작품이다. 한자어의 사용이 많고 한 개인의 칭송에 치우친 점이 있지만 전원 생활의 흥취와 개성이 잘 드러난 작품이다.

(다) 작자미상, 「백사장 홍료변에」
- **갈래** : 평시조
- **성격** : 세태가
- **주제** : 인생살이가 힘들고 어려움을 탄식함
- **이해와 감상** : 세상살이의 어려움을 백로를 통해 우의적으로 표현하고 있다. 먹고살기 위해 온갖 어려움을 참고 견디며 살아가는 우리 인간들의 삶의 모습을 신랄하게 풍자하고 있는 작품이다.

32 ③ (가)는 면앙정에서 작가의 풍류 생활과 임금의 은혜에 감사하는 마음을 노래하고 있으며, (나)는 자연에 묻혀 풍류를 향유하는 식영정의 주인을 칭송하며 전원생활의 멋을 노래하고 있다. 따라서 계절감을 지닌 소재들을 활용하여 계절의 변화를 묘사하고 있다는 설명은 적절하지 않다.

33 ④ (가)의 '누으락 안즈락'에서는 누웠다가 앉았다가 하며 화자가 흥취를 즐기는 모습이 나타난다. 또한 (나)의 '일락 배락'의 현대어 풀이는 '흥했다가 망했다가'로서 세상의 흥망성쇠에 대한 화자의 의식이 투영되었다.

[오답풀이]
① (가)에서는 술과 노래로 태평성대를 구가하는 생활의 흥취를 즐기고 있으며, (나)에서 역시 술잔을 기울이니 마음에 맺힌 시름이 조금이나마 덜어진다고 하였다.
② (가)는 벗과 함께 술을 마시고, 노래를 부르고 악기를 타며 취흥을 즐기고 있으며 (나)에서 벗의 부재를 아쉬워하는 부분은 나타나지 않는다.
③ (가)에서는 모든 시름을 잊고 전원생활의 즐거움을 만끽하고 있으며, (나)에서는 인간의 흥망성쇠에 애달픔을 느끼며 험한 세상에 시름하고 있다.
⑤ (가)의 '나의 이 삶이야말로 신선의 삶이로다'에서 화자가 신선과 일체감을 느끼고 있다는 것을 알 수 있다. (나)에서는 신선같이 풍류를 즐기며 사는 주인의 모습을 '진선(학)'에 비유하며 칭송하였다.

34 ① 〈보기〉의 화자는 가난하지만 풍월을 벗하며 사는 삶은 어떤 부귀영화와도 바꿀 수 없다는 자연에 대한 애착과 그 속에서 사는 즐거움을 노래하고 있다. (가)에는 자신의 세계관을 타인과 공유하는 부분이 나타나지 않는다.

> **TIP** 조찬한, 「빈천을 팔랴 하고」
> - **갈래** : 평시조, 서정시
> - **성격** : 풍자적
> - **제재** : 자연애(自然愛)
> - **주제** : 강산풍월을 벗삼아 살고자 함. 자연 속에 묻혀 사는 즐거움

35 ⑤ ⓜ '힝혀 아니 만나신가'의 현대어 풀이는 '혹시 만나지 않았는가'로서 세속을 떠나 신선 같은 삶을 사는 주인을 진선(학)에 비유해 칭송하며 달 아래에서 혹시 만난 적이 있지 않느냐고 묻는 부분으로, 대상과 재회하고자 하는 기대감이 나타났다고 할 수 없다.

36 ③ (다)는 백로를 통해 세상사의 어려움을 우의적으로 표현하고 있는 작품이다. 즉 먹고 살기 위해 온갖 어려움을 참으며 살아가고 있는 인간들의 모습을 먹이를 찾아 먹기 위해

다. 따라서 일상적으로 자행되던 탐욕에 대한 묘사라는 설명은 적절하지 않다.

오답풀이

① 〈보기〉에서 조선 후기 시조는 삶의 체험을 다루는 쪽으로 조절되는 양상이 두드러졌다고 하였으므로 '백사장 홍료변'은 일상생활 공간으로서의 의미를 지닌다고 볼 수 있다.

② '굶느러 먹는 져 빅노'는 하루하루 먹고 살아가기 위해 고군분투하는 인간의 모습을 표현하고 있다.

④ (다)의 화자는 '우리도'라는 말을 통해 화자가 속한 인간들의 처지가 '백로'의 처지와 같다고 하여 일상적 삶에 대한 성찰을 집약하고 있다.

⑤ '구복이 웬슈'란 입으로 먹고 배를 채우는 일이 원수 같다는 뜻으로, 당시 삶의 고달픔을 강조하기 위한 표현이라고 볼 수 있다.

[37~40] 독서 – 과학

37 ④ 윗글은 빙하의 변화, 이동과정 등의 현상이 발생하는 원인을 유추의 방식으로 설명하고 구체적 수치를 자료로 활용하여 빙하에 대한 개념을 소개함으로써 독자들의 이해를 돕는 글이다. 그러나 동일한 현상을 설명하는 상반된 이론의 특징을 대비하는 부분은 나타나지 않는다.

38 ① 눈이 얼음 결정을 이루면서 새 빙하가 생성되는 시기를 집적대. 얼음 결정이 기화 또는 액화되면서 빙하의 규모가 줄어드는 시기를 소모대라 한다. 150만 년 전에는 빙하의 비율이 지금보다 2배 이상 높았고 이후 확장과 축소를 20번 넘게 반복하였다고 하였으므로 집적대보다 소모대가 항상 우세하였다는 설명은 적절하지 않다.

오답풀이

② 보통 기후 조건에 따라 빙하의 변동 폭에 차이가 생기며 소모대에 비해 집적대가 확장될 경우 빙하가 성장하고, 반대일 경우 빙하의 규모는 자연히 줄어든다고 하였다.

③ 빙하의 무게로 발생하는 압력이 높아지면 빙하의 표면과 지면 사이에 충돌이 격화되고 그 결과 빙하가 이동하게 된다고 하였다.

④ 액화 현상이 빙하와 지면 사이의 마찰을 줄이면서 빙하의 이동을 가속화하는 결정적인 원인이 된다고 하였다.

⑤ 빙하의 침식 작용은 암석 덩어리에 분열이 일어나면서 파편이 되는 것과, 작은 암석 퇴적물이 빙하 아래의 기반암을 사포로 긁어내듯 갈아 내는 것이 있다.

39 ① 수위가 높으면 대류가 잘 일어나고 대류가 잘 일어나면 물이 움직이므로 얼음이 잘 얼지 않아 빙하가 생성되기 어렵다. 〈보기〉에서 대류의 규모는 수위와 비례한다고 하였으므로 다른 조건들이 모두 같다면 수위가 높은 바닷물에서는 빙하가 생성되기 어려울 것이라고 추론할 수 있다.

오답풀이

② 기온이 내려가면 물 분자가 압력을 받으면서 협소해진 공간 안에 있던 물의 분자 구조가 재결정 작용이 일어난다고 하였으므로 어는점이 낮은 바닷물은 얼음 입자들이 생기는 데 불리할 것이다.

③ 바닷물 속에 포함된 염분 때문에 어는점이 낮다고 하였으므로 다른 조건들이 모두 같다면 염분이 높은 바닷물 보다는 염분이 낮은 바닷물에서 빙하가 생성되기 더 쉬울 것이다.

④ 바닷물이 얼어서 빙하가 만들어지는 경우는 눈의 무게가 없어 빙하의 생성이 어렵다.

⑤ 흐르는 물에서는 물의 분자 구조가 재배치되기 어려워 빙하가 잘 만들어지지 않는다고 하였으므로 바다에서는 대류 현상 때문에 물 분자가 압력을 받는데 불리할 것이다.

40 ① ⓐ의 '이른다.'는 어떤 대상을 무엇이라고 이름 붙이거나 가리켜 말한다는 뜻으로 그 문맥적 의미가 같은 것은 ① 이다.

오답풀이

② 어떤 사람의 잘못을 윗사람에게 말하여 알게 하다.

③ 무엇이라고 말하다.

④ 잘 깨닫도록 일의 이치를 밝혀 말해 주다.

⑥ 책이나 속담 따위에 예부터 말하여지다.

[41~45] 현대 소설

김정한, 「사하촌」

• **갈래** : 단편소설, 농민소설

• **배경** : 일제시대, 관과 절의 횡포와 수탈의 대상이 되고 있는 사하촌 성동리

• **시점** : 전지적 작가 시점

• **의의** : 농민 다수를 주동 인물로 설정하여 농민 문제 해결책 암시.

• **주제** : 부조리한 농촌 현실과 농민들의 저항 의지

• **구성**

  – 발단 : 극심한 가뭄으로 인한 궁핍한 농촌의 삶 묘사

  – 전개 : 가뭄과 지주들의 횡포로 인한 농민과 농민, 지주와 소작인 간의 갈등

  – 위기 · 절정 : 간평원을 통한 지주의 횡포와 농민들의 불만

고조

– 결말 : 농민들의 소작 쟁의

• **이해와 감상** : 이 작품은 보광리와 성동리 마을을 배경으로, 친일 세력과 보광사 중들로 이루어진 지주 계층에게 수탈당하는 농민의 저항 의식을 사실주의적 수법으로 나타낸 작품이다. 농민들의 끈질긴 삶을 통해 이 땅의 민중에 대한 애정을 보여주고 있으며, 모순에 맞서는 민중의 모습을 인상적으로 제시하고 있다. 작가는 극중 친일 세력과 농사 조합 평의원, 보광사 중들로 이루어진 지주 계층과 현실 속에서 고통을 겪는 농민들의 대립을 통해 자연 재해와 소작 제도의 모순을 보여 준다.

41 ⑤ 이 작품은 절 소유의 농토를 부쳐 먹고 사는 가난한 농민들의 고통스런 삶을 제재로 하여, 수탈과 착취의 사회상을 그리고 있는 현대 소설로 서술자가 현실 문제를 객관적으로 관찰하고 보고하는 형식으로 상황을 설명하고 있다는 것은 적절하지 않다.

42 ② 치삼 노인은 젊었을 때 중의 꾐에 빠져 보광사에 논을 기부하고는 이제 그 논을 소작하는 신세로, 딱한 살림에 아들 보기에 여간 미안스러운 일이 아니라고 하였다. 따라서 자신의 과거 행동으로 인해 지금의 상황을 초래한데 대한 미안함을 가지고 있다는 설명이 적절하다.

43 ③ 가을이 되었으나 추수할 것이 없을 정도의 흉작이었으므로 ©은 아들에 대한 두려움으로 쉽게 말을 꺼내지 못하는 것이 아니라 상황이 안 좋다는 대답이 나올 것을 알기에 대답을 두려워하는 것으로 보는 것이 적절하다.

44 ① 개미떼는 농민들의 삶을 궁지에 몰아넣는 사람들이고 지렁이는 그들의 무관심과 횡포에 의해 더욱 찌들어 가는 농민을 상징한다. 따라서 지렁이는 들깨에 적용할 수 있으며 개미떼는 보광사의 중들에 적용할 수 있다.

45 ② '기사년'이란 그들의 기억 속에 있는 극심한 가뭄이든 해를 말한다. 지금의 가뭄이 그때보다 더 심함을 말한 것이다. 농민들 간의 대립이 첨예화된 현재의 원인과 당시의 상황이 발생한 원인이 같다고 생각하고 있다는 설명은 적절하지 않다.

2019학년도 기출문제 정답 및 해설

✎ 제2교시 **영어영역**

01 ④	02 ⑤	03 ④	04 ①	05 ②	06 ④
07 ⑤	08 ③	09 ④	10 ⑤	11 ③	12 ⑤
13 ⑤	14 ④	15 ⑤	16 ⑤	17 ①	18 ②
19 ⑤	20 ②	21 ④	22 ①	23 ③	24 ②
25 ①	26 ④	27 ②	28 ①	29 ②	30 ⑤
31 ③	32 ④	33 ③	34 ①	35 ③	36 ④
37 ③	38 ④	39 ②	40 ②	41 ⑤	42 ①
43 ③	44 ③	45 ③			

01 ④ 'pensive'는 '깊은 생각에 잠긴, 수심 어린'의 의미로 'thoughtful(생각에 잠긴, 심사숙고하는)'과 그 의미가 가장 유사하다.

오답풀이

① 명시적인, 공공연한
② 지나친, 과도한
③ 만연하는, 스며드는
⑤ 낙관적인, 낙천적인

어휘

• pensive : 깊은 생각에 잠긴, 수심 어린
• gentleness : 상냥함, 온화함, 관대함
• overt : 명시적인, 공공연한
• excessive : 지나친, 과도한
• pervasive : 만연하는, 스며드는

해석

수심에 잠긴 온화함에도 불구하고, 이 편지의 어조보다 더 단호한 것은 없다.

02 ⑤ 'exhaustive'는 '철저한, 완전한'의 의미로 'thorough(빈틈없는, 철두철미한)'와 그 의미가 가장 유사하다.

오답풀이

① 보람 있는, 수익이 많이 나는
② 혁명적인, 획기적인
③ 관대한, 온화한
④ 독립적인, 독자적인

어휘

• assert : 주장하다, 단언하다
• genome : 게놈, 유전체
• by no means : 결코 …이 아닌
• exhaustive : 철저한, 완전한
• rewarding : 보람 있는, 수익이 많이 나는
• revolutionary : 혁명적인, 획기적인
• lenient : 관대한, 온화한
• independent : 독립적인, 독자적인
• thorough : 빈틈없는, 철두철미한

해석

그 의사는 인간 게놈에 관한 자신의 평생 연구가 결코 완전하지 못했다고 단언했다.

03 ④ 'conundrum'은 '난제, 수수께끼'의 의미로 'puzzle(퍼즐, 수수께끼)'와 그 의미가 가장 유사하다.

오답풀이

① 기구, 도구
② 강도, 강탈
③ 범인, 범죄자
⑤ 시위, 설명

어휘

• conundrum : 난제, 수수께끼
• instrument : 기구, 도구
• robbery : 강도, 강탈
• criminal : 범인, 범죄자
• puzzle : 퍼즐, 수수께끼
• demonstration : 시위, 설명

해석

이 수수께끼는 그 경찰관들이 이전에 직면했던 것과는 전혀 달랐다.

04 ① Jack과의 다툼 후 A의 말에 B가 그것은 용기가 필요하다고 했으므로, ①의 "It's never too late to apologize(사과하

기에는 결코 늦지 않았어)"가 빈칸에 들어갈 말로 가장 적절하다.

오답풀이

② 항상 모든 사람들을 기쁘게 할 수는 없어

③ 때로는 다툼이 팀에 도움이 되기도 해

④ 다른 것들과 마찬가지로, 시간이 모든 상처를 치유해 주지

⑤ 말하기에 앞서 생각해야 하는 이유야

어휘

• ounce : 온스, 아주 적은 양

• apologize : 사과하다, 사죄하다

• quarrel : 다툼, 언쟁, 싸움

• heal : 고치다, 치료하다

• wound : 상처, 부상

해석

A : 어제 데이트는 어땠어?

B : 최악이었어.

A : 무슨 일이 있었어?

B : 내가 해서는 안 된 말을 해서 Jack은 이제 나랑 말도 안 해.

A : 사과하기에 결코 늦지 않았어.

B : 그렇게 하려면 모든 용기를 끌어 모아야 해.

---

05 ② Mills 형사가 범죄현장에서 나온 지문과 용의자의 지문을 대조해 보지 않은 상태에서 목격자의 진술로만 체포 영장을 발부받기에는 충분하지 않다고 했으므로, ②의 "We move on evidence, not feelings(느낌이 아니라 증거로 움직입니다.)"가 빈칸에 들어갈 말로 가장 적절하다.

오답풀이

① 바로 체포 영장을 청구할게요

③ 이미 필요한 모든 증거를 확보했다고 생각해요

④ 목격자의 진술에 집중합시다

⑤ 우리의 주 임무는 시민의 안전을 보장하는 것입니다

어휘

• detective : 형사, 수사관, 탐정

• print : 흔적, 자국, 지문

• the scene of the crime : 범죄현장

• witness : 목격자, 증인

• description : 묘사, 서술, 인상착의

• arrest warrant : 체포 영장, 구속 영장

• perpetrator : 가해자, 범인

• concentrate on : ~에 집중하다

• ensure : 보장하다, 확실하게 하다

해석

A : Mills 형사님, 이 사람이 우리가 찾고 있는 사람인거 같아요.

B : 그의 지문을 범죄현장에서 나온 것과 대조해 봤나요, Flaherty 경관님?

A : 결과가 아직 나오지 않았지만, 두 명의 목격자가 그와 같은 인상착의를 지닌 사람을 봤다고 말했어요.

B : 그것만으로 체포 영장을 발부받기에는 충분하지 않아요.

A : 하지만, 난 이 사람이 범인이라고 확신해요.

B : 우리는 느낌이 아니라 증거로 움직입니다.

A : 알겠어요. 그렇다면 감식반에서 나올 결과를 기다려야겠군요.

---

06 ④ 'those'는 앞의 'standpoint(견지, 관점)'를 받는 지시대명사로 단수이기 때문에 'that'으로 고쳐 써야 옳다.

어휘

• recurrent : 되풀이되는, 반복되는, 재발되는

• court : 법정, 법원

• adopt : 택하다, 채택하다

• disclose : 밝히다, 폭로하다, 공개하다

• medical practitioner : 의사, 개업의

• specialty : 전공

• be grounded in : ~에 근거하다

• therapeutic : 치료상의, 치료법의

• privilege : 특권, 특전

• preeminent : 탁월한, 현저한

• withhold : 보류하다, 주지 않다

• deferential : 경의를 표하는, 공손한

• standpoint : 견지, 관점

• adequacy : 적절, 타당성

해석

법정에서 반복되는 이슈는 환자들의 의학적 치료에 관해 얼마만큼 환자들에게 공개해야 하는지를 결정하는 데 있어 누구의 관점을 선택하느냐 하는 것이다. 대다수의 주(州)들은 전문가들을 선호하며, 같은 공동체와 같은 전공 내의 '합리적인 의사'에 의해 합리적이라고 여길 만큼만 의사들이 공개에 책임이 있다는 입장을 취한다. 이러한 접근법은 소위 치료적 특권에 근거하며, 환자에게 해가 될 수 있는 어떤 정보도 알려주지 않을 의사의 현저한 특권을 인정한다. 이를 덜 옹호하는 소수자의 규칙은 공개의 적절성이 '합리적인 의사'의 관점에서가 아니라 '합리적인 환자'의 관점에서 결정되어야 한다는 입장을 취한다. 비록 이러한 일반적인 규칙들이 잘 정착된다 하더라도, 공개의 타당성에 관한 의문들은 여전히 제기된다.

07 ⑤ 'make + 목적어 + 목적보어'의 구문에서 목적보어인 'satisfy' 의 형태는 'the practice of raku'가 사물이므로 'satisfying(만 족시키는)'이 적절하다. 목적어가 사람이라면 만족하는 것 이므로 수동의 의미인 과거분사 'satisfied'가 와야 한다.

(어휘)

- low-temperature : 낮은 온도, 저온
- fast-firing : 급속으로 굽는
- chance : 우연한
- ceramic ware : 도자기류, 세라믹 제품
- crackle : 잔금, 잔금을 넣어 구운 도자기
- glaze : 유약
- humble : 변변치 않은, 작은
- sculptural : 조각의, 조각술의
- abstract : 추상적인, 관념적인
- figurative : 구상의, 조형의
- vibrant : 활기찬, 생기가 넘치는
- infinite : 무한한, 한계가 없는
- ceramist : 도예가, 요업가
- relatively : 비교적, 어느 정도

(해석)

라쿠는 도자기 제품에 흥미롭고 우연한 표면 효과를 내며 저 온에서 급속으로 굽는 대중적인 공정이다. 소박한 하얀 잔금 무늬 유약에서 놀랄 말한 스펙트럼 색상까지, 그리고 작은 찻 잔에서 추상적이고 구상의 조각 형태에 이르기까지, 라쿠 작 업에 존재하는 가능성과 혁신의 범위는 그것을 항상 참신하고 생기 넘치게 해준다. 그것의 목적과 마찬가지로, 이 고대 공정 의 현대적인 서구식 작업은 동양의 뿌리와는 다르지만, 다양 성, 에너지 그리고 미(美)에 있어서 라쿠의 결과는 여전히 무 한하다. 일본과 서양 라쿠는 도예가에게 굽기의 최종 결과물 을 비교적 단기간에 경험할 기회를 제공해주며, 바로 이러한 특징이 라쿠 작업을 매우 만족스럽게 만든다.

08 ③ (A) 해마의 꼬리가 지속적인 손상 없이 평상시 크기의 절반 까지 줄어드는 것이므로 '확장되는(expanded)'이 아니 라 '압축되는(compressed)'이 들어갈 말로 적절하다.

(B) 해마는 4개의 골 판으로 된 약 36개의 정사각형 마디 구조로 인해 그것의 꼬리가 평상시 크기의 절반까지 압 축되었다가 다시 회복하는 것이므로 'resilience(복원력)' 가 들어갈 말로 적절하다.

(C) 척추의 등뼈를 콜라겐으로 연결하여 해마의 척추를 안 전한 상태로 유지하는 것이므로 'safe(안전한)'가 들어 갈 말로 적절하다.

(어휘)

- manta ray : 쥐가오리

- crush : 으스러뜨리다, 쭈그러뜨리다
- armor : 갑옷, 철갑
- compress : 압축하다, 꾹 누르다
- expand : 확장하다, 넓히다
- resilience : 회복력, 복원력, 탄성, 탄력
- rigidity : 단단함, 강직, 경직
- approximately : 대략, 대충, 약
- segment : 부분, 조각, 마디
- bony plate : 골 판
- spinal column : 척추
- vertebrae : 척추뼈, 등골, 등뼈
- collagen : 콜라겐
- glide : 미끄러지다
- spine : 척추, 등뼈
- vulnerable : 취약한, 연약한
- mimic : 흉내 내다, 모방하다
- flexible : 신축성 있는, 유연한
- excursion : 유람, 여행
- detonate : 폭발시키다, 터뜨리다

(해석)

게, 새, 쥐가오리가 저녁거리로 해마를 계속해서 으스러뜨리 려 하지만, 해마는 독특한 보호 갑옷을 입고 있다. 해마의 꼬 리는 지속적인 손상 없이 평상시 크기의 절반까지 (A) 압축될 수 있는 것으로 샌디에이고에 있는 캘리포니아 대학 연구원들 이 최근 밝혀냈다. 그 꼬리의 (B) 복원력은 각각 4개의 골 판 으로 만들어진 약 36개의 정사각형 마디인 그것의 구조에서 비롯된다. 그 판은 척추의 등뼈를 콜라겐과 연결하고, 척추를 (C) 안전한 상태로 유지하면서 서로 미끄러질 수 있다. 궁극적 으로 연구원들은 3D 프린터로 해마의 유연하고 튼튼한 꼬리 를 모방한 로봇 팔을 만들고 싶어 하며, 수중여행을 위해 또는 폭탄을 폭발시키기 위해 그것을 사용하고 싶어 한다.

09 ④ (A) 윗글은 점화 효과의 예시로 투표소의 위치나 노출이 투 표 행위에 영향을 미친다는 내용이다. 그러므로 점화 효과로 인해 개인의 자아를 '확인하는(confirm)' 것이 아 니라 '위협하게(threaten)' 된다.

(B) 투표는 정책에 대한 가치와 평가를 반영하며 이와 관련 이 없는 것으로부터 영향을 받아서는 안 되는 행위이 다. 그러므로 '무관한 것(irrelevancies)'이 들어갈 말로 적절하다.

(C) 점화 효과에 따라 교실과 학교 사물함의 모습을 공개 하는 것은 참석자들이 학교 법안 발의를 지지하는 경 향을 '감소시킨(minimized)' 것이 아니라 '증가시켰음 (increased)'을 보여준다.

어휘

- priming effect : 점화 효과
- confirm : 사실임을 보여주다, 확인해 주다
- autonomous : 자주적인, 자율적인
- vote : 투표
- deliberate : 사려 깊은, 신중한
- assessment : 평가, 사정
- consensus : 의견 일치, 합의
- irrelevancy : 논외, 무관함
- affect : 영향을 미치다, 발생하다
- polling station : 투표소
- precinct : 구역[지구], 선거구
- proposition : 제안, 제의, 과제
- expose : 드러내다, 폭로하다, 노출시키다
- tendency : 성향, 기질, 경향
- initiative : 주민 법안 발의

해석

점화 효과에 대한 연구는 우리의 판단과 선택에 대한 의식적이고도 자율적인 작가로서 우리의 자아상을 (A) 위협하는 발견을 낳았다. 예를 들어, 우리들 대부분은 투표를 정책에 대한 가치와 평가를 반영하며 (B) 무관한 것에 의해 영향을 받아서는 안 되는 신중한 행위라고 생각한다. 예를 들어, 투표는 투표소의 위치에 의해 영향을 받아서는 안 되지만, 그것은 영향을 받는다. 2000년에 애리조나 선거구에서의 투표 패턴에 관한 연구는 투표소가 가까운 곳에 위치해 있을 때보다 학교 내에 위치해 있을 때, 학교 기금을 늘리자는 제안에 대한 지지가 훨씬 더 크다는 것을 보여주었다. 또 다른 실험에서 교실과 학교 사물함의 모습을 공개하는 것이 참석자들이 학교 법안 발의를 지지하는 경향을 (C) 증가시켰음을 또한 보여주었다. 그 이미지의 효과는 부모들과 다른 투표자들 간의 차이보다 더 컸다.

10 ⑤ 어떤 해답이 폭넓은 이론화를 위한 구축물의 역할을 한다는 의미로만 즉시 사용되는 곳에서 추가 작업이 그 자체로 중요하고 긴급한 경우, 조금이라도 더 빨리 해답을 구하는 것이 대단히 가치 있는 경우이므로 문맥상 'later(나중에)'가 아니라 'earlier(더 일찍)'가 적절하다.

어휘

- point in time : 때, 어떤 시점
- elude : 피하다, 빠져나가다
- benefit : 유익하다, 유용하다
- slightly : 약간, 조금
- immensely : 엄청나게, 대단히
- plausible : 그럴듯한, 이치에 맞는

- deploy : 배치하다, 효율적으로 사용하다
- serve as : …의 역할을 하다
- theoretical : 이론적인, 이론상의
- urgent : 긴급한, 시급한, 다급한

해석

'발견'을 더 나중의 시점에서 더 이른 시기로 정보의 도달을 옮기는 행위라고 생각해보라. 발견의 가치는 발견된 정보의 가치와 ① 동등하지 않으며, 오히려 그렇지 않았을 때보다 더 일찍 이용 가능한 정보를 소유하는 가치와 동등하다. 과학자나 수학자는 많은 사람들이 ② 회피한 해답을 찾는 데 첫 번째 존재가 됨으로써 위대한 기술을 보여줄 지도 모르나, 그 문제가 어떤 식으로든 빨리 풀리게 된다면, 그 일은 아마도 세상에 많은 ③ 도움이 되지 못했을 것이다. 조금이라도 더 빨리 해답을 구하는 것이 대단히 가치 있는 경우가 있지만, 그러나 이것은 그 해답이 즉각 활용될 때 가장 그럴듯하며, 몇몇 실용적인 목적을 위해 ④ 효율적으로 사용되거나 혹은 더 나아가 이론적인 작업의 토대 역할을 한다. 그리고 후자의 경우 어떤 해답이 폭넓은 이론화를 위한 구축물의 역할을 한다는 의미로만 즉시 사용되는 곳에서, 추가 작업이 그 자체로 중요하고 긴급한 경우에만 해답을 조금 더 ⑤ 나중에 얻는 것이 엄청난 가치가 있다.

11 ③ 과학은 항상 확률적이고 수정의 대상이며, 언제라도 우리의 이해에 대한 망설임과 불확실성을 인식하고 있는 가치 시스템이라고 했으므로, 세상에 대한 '확고부동한(steadfast)' 일반화가 아니라 '변경 가능한(changeable)' 일반화이다.

어휘

- be committed to : ~에 헌신[전념]하다
- persuade A of B : A에게 B를 확신시키다
- and therefore : 그 때문에
- tacitly : 암암리에, 암묵적으로
- validity : 유효함, 타당성
- theorem : (수학) 정리(定理), 일반 원리, 법칙
- be entitled to : ~할 권리가 있다
- observation : 관찰, 감시
- steadfast : 변함없는, 확고부동한
- dazzling : 눈부신, 휘황찬란한
- manipulate : 조작하다, 처리하다
- albeit : 비록 …일지라도
- probabilistic : 개연론의, 확률적인, 가망성의
- revision : 수정[정정], 검토
- institution : 기관, 단체, 협회
- evaluate : 평가하다, 감정하다

- candidate : 후보자, 지원자
- cognizant of : …를 인식하고 있는
- tentativeness : 시험[실험]적임, 망설임
- uncertainty : 불확실성, 반신반의

해석

우리는 이성에 전념한다. 만일 우리가 질문을 하고, 가능한 대답들을 평가하고, 다른 사람들에게 그러한 대답들의 가치를 확신시키려고 노력한다면, 그 때 우리는 추론하게 되고 그 때문에 이성의 ① 타당성에 대해 암묵적으로 동의하게 된다. 우리는 수학과 논리의 정리(定理)처럼 이성의 세심한 적용에서 나오는 결론은 무엇이든 또한 전념하게 된다. 비록 우리가 물리적인 세계에 관한 어떤 것도 논리적으로 ② 입증할 수 없더라도, 그것에 관한 어떤 믿음에 확신을 가질 권리가 있다. 세상에 대한 ③ 확고부동한 일반화를 발견하는 이성과 관찰의 적용은 우리가 과학이라 부르는 것이다. 세상을 설명하고 조작하는 데 눈부신 성공을 거둔 과학의 진보는, 비록 항상 확률적이고 수정의 대상이지만 우주에 관한 지식이 ④ 가능함을 보여준다. 과학은 사실 우리가 지식을 얻는 방법에 대한 패러다임이며, 이는 과학의 특정한 방법이나 제도들이 아닌, 말하자면 세상에 대한 설명을 추구하고, 후보 설명들을 ⑤ 객관적으로 평가하며, 언제라도 우리의 이해에 대한 망설임과 불확실성을 인식하고 있는 가치 시스템이다.

12 ⑤ 야생동물에게 미치는 플라스틱의 피해 사례로, 수년 간 질긴 플라스틱에 옥죄어 거북의 껍데기가 상처가 없는 (unscathed) 것이 아니라 상처가 생긴 것이므로 'scathed' 또는 'wounded'를 사용해야 한다.

어휘

- biologist : 생물학자
- plier : 집게, 펜치
- extract : 추출하다, 뽑다
- nostril : 콧구멍
- writhe in agony : 고통으로 몸부림치다
- profusely : 풍부하게, 잔뜩
- tick : 째깍[똑딱]거리다, 작동하다
- log : 기록하다, 항해[비행]하다
- desperate : 필사적인, 발악하는
- dislodge : 제거하다, 내몰다, 쫓아내다
- raw : 날것의, 가공되지 않은
- lay bare : 발가벗기다
- toll on : (~에 끼치는) 피해, 손해
- albatross : 알바트로스 새, 신천옹
- burst with : …으로 터질 듯하다
- refuse : 쓰레기, 찌꺼기

- stuck : 움직일 수 없는, 꼼짝 못하는, 갇힌
- unscathed : 다치지 않은, 상처 없는
- strain : 잡아당기다, 죄다
- snare : 덫, 올가미
- discard : 버리다, 폐기하다

해석

코스타리카에서 떨어진 보트 위에서, 어떤 생물학자가 바다거북의 콧구멍에서 플라스틱 빨대를 뽑아내기 위해 스위스 군용 칼의 집게를 사용하고 있다. 그 거북이는 잔뜩 피를 흘리며 고통으로 ① 몸부림을 치고 있다. 고통스러운 8분 동안 유튜브 비디오가 작동하고, 시청하기가 아주 힘들지만 2천만 명 이상의 시청 ② 기록을 달성했다. 결국, 점점 더 필사적인 생물학자들이 그 동물의 코에서 4인치 길이의 빨대 한 개를 간신히 ③ 제거한다. 야생동물에게 끼치는 플라스틱의 피해를 ④ 발가벗기는 이와 같은 가공되지 않은 장면들에 익숙해지고 있다. 배가 쓰레기로 터질 듯이 죽은 신천옹, 수년 간 질긴 플라스틱에 옥죄어 ⑤ 상처 없는 껍데기가 여섯 개의 팩 고리에 갇힌 거북이, 버려진 어망에 잡힌 바다표범. 누구에게 책임이 있는가? 거울을 잘 들여다보라.

13 ⑤ 지구가 다양한 생물들을 수용하는 유일한 존재인지 아니면 우리가 지구에 존재하는 것들만큼이나 복잡한 생명체로 가득한 우주에 살고 있는 지에 대한 물음에 후자가 점점 가능성이 높아지고 있다고 답하고 있다. 또한 우주에는 잠재적으로 사람이 거주할 수 있는 무수히 많은 외계행성과 외계위성들이 존재한다고 설명하고 있으므로, ⑤의 'Is Anybody Out There? (밖에 누구 있어요?)'가 윗글의 제목으로 가장 적절하다.

오답풀이

① 지구, 그 놀라운 서식지
② 은하계 사이의 초고속도로
③ 미생물이 정말 우리의 조상인가?
④ 우주 동물원: 엄청난 속임수

어휘

- rare : 드문, 진귀한, 희귀한
- exceptional : 예외적인, 이례적인, 특출한
- pretty much : 거의
- diversity : 다양성, 포괄성
- microbe : 미생물
- teem with : 바글[와글]거리다, 풍부하다, 가득하다
- vast : 방대한, 막대한
- rage : 몹시 화를 내다, 격노하다
- exoplanet : 태양계 외 행성, 외계행성
- trillions of : 무수히 많은

- habitable : 거주할 수 있는, 살 수 있는
- exomoon : 외계위성
- emerge from : ~에서 벗어나다, 나오다
- property : 속성, 특성
- intergalactic : 은하계 사이의
- hoax : 농간, 거짓말, 속임수

【해석】

우리는 진귀한 지구에 살고 있는가? 다른 행성들이 기껏해야 단순한 미생물의 서식지가 될 때, 아주 이례적으로 생명체의 풍부한 다양성을 수용하는 거의 유일한 존재인가? 또는 우리가 거대한 우주 동물원의 일부로 존재하는 것을 의미하면서, 여기에 존재하는 것들만큼이나 복잡한 생명체로 가득한 우주에 살고 있는가? 이에 관한 논쟁이 한창이지만, 우리는 후자가 매우 가능성이 높다는 것을 받아들일 때가 되었다고 말한다. 지금까지 우리는 적어도 3,700개의 외계행성에 대해 알고 있으며, 잠재적으로 거주할 수 있는 무수히 많은 외계행성들과 외계위성들이 우리 은하계 내에 그리고 그 너머에 존재하는 것 같다. 우리는 생명체가 보통 그 행성 위에서 어떻게 생겨나는지 모르지만, 많은 과학자들은 그것이 어떤 적합한 행성의 화학적이고 물리적인 특성에서 아마 생겨났을 거라고 생각한다.

14 ③ Frank O'Connor는 1931년부터 미국에서 잡지를 정기적으로 발행하였고 몇 년 동안 하버드와 노스웨스턴 대학에서 가르쳤다. 이 때부터 그의 작가 경력이 자리 잡기 시작했으므로 "His writing career in the US took off in the early 1930s. (그의 작가 경력은 1930년대 초반 미국에서 시작했다.)"는 ③의 설명이 윗글의 내용과 일치한다.

【오답풀이】

① 그는 하버드 대학에서 학위를 딴 아일랜드 극작가이다.
② 그는 Abbey 극장에서 무대 요원의 일원이었다.
④ 그는 이야기꾼의 목소리에서 리듬을 모호하게 하였다.
⑤ 그의 이야기는 초기 미국의 관습과 관련이 있다.

【어휘】

- struggle for independence : 독립 투쟁
- briefly : 대략, 잠시, 잠깐
- librarian : 사서
- declared : 공표한, 선언한, 공언한
- prolific : 다작의, 다산의
- playwright : 극작가, 각본가
- stage crew : 무대 요원, 무대계원
- take off : 도약하다, 출발하다
- blur : 흐릿해지다, 희미해지다

【해석】

Frank O'Connor는 너무 가난해서 대학교육을 시켜줄 수 없었던 아일랜드 Cork의 한 가정에서 태어났다. 아일랜드의 독립 투쟁 동안에 그는 잠시 아일랜드 공화국 군대의 일원이었다. 그 후 그는 Cork와 Dublin에서 도서관 사서로 일했으며, 단편소설의 작가로 자리 잡기 전까지 Abbey 극장의 감독이었다. 1931년부터 그는 미국에서 잡지를 정기적으로 발행하였으며, 몇 년 동안 하버드와 노스웨스턴 대학에서 가르쳤다. 그가 공언한 목표는 소재를 만드는 데 있어 이야기꾼의 목소리에서 자연스러운 리듬과 강세를 찾는 것이었다. 그는 사실 아일랜드의 관습과 아일랜드의 인물에 관한 다작의 역사가였다.

15 ⑤ 윗글의 마지막 문장에서 세계 야생동물 기금(WWF)은 그 종들이 발견되거나 소생될 경우를 대비하여 양쯔강돌고래가 서식 가능한 어떤 지역이든 보존을 요청하였다고 서술하고 있으므로, "The World Wildlife Fund has given up all hope in reviving the species. (세계 야생동물 기금은 그 종을 소생시키려는 모든 노력을 포기했다.)"는 ⑤의 설명은 윗글의 내용과 일치하지 않는다.

【오답풀이】

① 그것의 유일한 서식지는 양쯔강이었다.
② 그것은 중국의 흰색 돌고래와 혼동되지 않는다.
③ 산업화는 그것의 개체수를 감소시키는 역할을 하였다.
④ 그것은 2006년 탐사 기간 동안 나타나지 않았다.

【어휘】

- baiji : 민물돌고래, 양쯔강돌고래
- extinct : 멸종된, 사라진
- freshwater : 담수, 민물
- be confused with : ~과 혼동되다
- drastically : 과감하게, 철저하게
- decade : 10년
- hydroelectricity : 수력 전기
- extinction : 소멸, 멸종
- conserve : 아껴 쓰다, 보호[보존]하다
- expedition : 탐험, 탐사, 원정
- reportedly : 전하는 바에 따르면, 소문에 의하면
- preservation : 보존, 보호, 유지
- habitat : 서식지
- revive : 회복하다, 소생하다
- decline : 감소하다, 줄어들다
- population : 인구, 개체수

【해석】

양쯔강돌고래는 이전에 중국의 양쯔강에서만 발견된 담수 돌

고래로 기능상 멸종된 종이다. 그것은 또한 중국의 민물고래로 불린다. 그것은 중국의 흰색 돌고래와 혼동되지 않는다. 중국이 산업화가 되고 어획, 운송, 수력전기를 위해 강을 과도하게 사용하게 됨에 따라 양쯔강돌고래의 개체수는 수십 년간 급격히 감소했다. 양쯔강돌고래는 역사상 인간이 멸종으로 내몬 첫 번째 돌고래 종이 될 수도 있었다. 그 종들을 보존하기 위한 노력이 있었지만, 2006년 후반 탐사대는 그 강에서 한 마리의 양쯔강돌고래도 발견하지 못했다. 2007년 8월, 소문에 의하면 한 중국인 남성이 양쯔강에서 헤엄치고 있는 양쯔강돌고래로 추정되는 커다란 하얀 동물을 촬영했다고 한다. 세계 야생동물 기금(WWF)에서는 그 종들이 발견되거나 소생될 경우를 대비하여, 양쯔강돌고래가 서식 가능한 어떤 지역이든 보존을 요청하고 있다.

16 ⑤ 윗글은 새로 이사 온 이웃의 십대 아이들이 음악을 크게 틀어 놓아서 이웃 주민 중 한 사람이 그 부모에게 볼륨을 줄여달라고 정중히 부탁하는 내용이다. 그러므로 ⑤의 'to complain about a neighbor's loud music (이웃의 큰 음악 소리에 대해 항의하기 위해)'가 윗글의 목적으로 가장 적절하다.

오답풀이
① 어려운 이웃을 위한 기부를 요청하기 위해
② 주민 파티에 이웃을 초대하기 위해
③ 떠나는 가족에게 행복을 빌기 위해
④ 더 좋은 스테레오 스피커로 교환을 요구하기 위해

어휘
• opportunity : 기회
• address as : …라고 부르다[호칭하다]
• unofficial : 비공식적인, 공인되지 않은
• appreciate : 고마워하다, 감사하다
• turn down : (볼륨을) 줄이다, 낮추다
• solicit : 간청[요청]하다, 얻으려고 하다
• donation : 기부, 기증
• a block party : 주민 파티

해석
이번 기회에 제 소개를 하며 이웃으로 오신 것을 환영합니다. 새로 이사 온 집의 도로 바로 위에 있는 19번지에서 제 아내 Monica와 제가 살고 있습니다. 우리는 Meadow Street에서 지난 20년간 살아왔습니다. 아마도 제가 이 주변에 있는 모든 사람들보다 나이가 더 많기 때문에, 마을의 비공식적인 '시장'으로 종종 불립니다.
저는 당신이 이사 온 이래 발생한 문제들에 관하여 우리의 몇몇 이웃들로부터 그들의 요청을 전해달라는 부탁을 받았습니다. 우리 모두 음악을 사랑하고 우리 중 대부분은 10대 자녀가

있거나 생길 겁니다. 그래서 당신의 십 대 자녀에게 볼륨을 줄여달라고 부탁하면 감사하겠습니다.
제대로 정착이 된 후 우리 모두 만나서 인사할 것을 고대합니다.

17 ① 윗글은 진지함만을 토대로 하는 관계 보다는 웃음을 기반으로 하는 관계가 유익하다고 설명하고 있다. 그러므로 ①의 "A key to a healthy relationship is laughing together. (유익한 관계의 핵심은 함께 웃는 것이다.)"가 윗글의 요지로 가장 적절하다.

오답풀이
② 말뿐인 실천은 관계 실패의 근원이다.
③ 진지한 말은 끊임없이 서로를 비판하게 된다.
④ 놀라움이 당신의 관계에 웃음을 준다.
⑤ 많이 웃어라, 그러면 결국 새로운 관계를 형성할 것이다.

어휘
• laughter : 웃음
• compatibility : 양립[공존] 가능성, 호환성
• child : 만들어낸 것, 소산
• beware of : …에 주의하다
• intimate : 친한, 친밀한, 사적인
• dour : 시무룩한, 재미없는
• seed : 씨, 씨앗, 종자
• end up with : 결국 ~하게 되다

해석
웃음은 양립 가능한 하나의 실마리이다. 웃음은 장기간에 걸쳐 얼마나 서로 어울릴지를 말해준다. 만일 당신과 함께한 웃음이 다른 이들을 상하게 하지 않으면서 유익하고 건강하다면, 당신은 세상과 좋은 관계를 맺고 있는 것이다. 웃음은 놀라움의 소산이다. 만일 서로를 웃게 만들 수 있다면, 당신은 항상 서로를 놀라게 할 수 있다. 만일 당신이 서로를 항상 놀라게 할 수 있다면, 당신 주변의 세계를 새롭게 할 수 있다. 웃음이 없는 관계를 조심하라. 단지 진지함을 토대로 한 가장 친밀한 관계조차도 시무룩하게 되는 경향이 있다. 시간이 지남에 따라, 세상에 관한 공통의 진지한 관점을 공유하는 것은 당신으로 하여금 같은 관점을 공유하지 않는 사람들에게서 등을 돌리게 하는 경향이 있으며, 당신의 관계는 함께 비판적인 것에 근거할 수 있다.

18 ② 아프리카의 해안선이 아메리카의 해안선과 일치하는 이유에 대해 지리학자뿐만 아니라 지질학자와 물리학자도 동원되므로, 이를 설명하기 위해 모든 과학자가 필요하다는 의미이다. 그러므로 빈칸에는 'dispensable(불필요한)'이 들어갈 말로 가장 적절하다.

① 무죄의, 결백한

③ 꼼꼼한, 세심한

④ 자격이 있는, 제한적인

⑤ 연결된, 접촉된

어휘

• reductionism : 환원주의, 환원론

• unify : 통합하다, 통일하다

• put …under the microscope : …을 철저히 조사하다

• geographer : 지리학자

• coastline : 해안 지대, 해안선

• landmass : 광대한 토지, 대륙

• adjacent : 인접한, 가까운

• drift : 떠돌다, 표류하다

• geologist : 지질학자

• upwelling : 용승

• push apart : 떠밀다

• innocent : 무죄의, 결백한

• dispensable : 없어도 되는, 불필요한

• meticulous : 꼼꼼한, 세심한

• qualified : 자격이 있는, 제한적인

해석

훌륭한 환원주의란 한 분야의 지식을 또 다른 지식으로 대체하는 것이 아니라 그것들을 연결하거나 통합하는 형태로 이루어진다. 한 분야에 사용된 빌딩블록은 다른 분야에 의해 철저히 조사된다. 어떤 지리학자는 아프리카의 해안선이 아메리카의 해안선과 꼭 맞는 이유를 대륙이 한 때 인접해있었으나 서로 떨어져 각기 다른 판에 안착했다고 설명할 수도 있다. 그 판들이 이동하게 된 이유를 묻는 질문은 그 판들을 떠미는 마그마의 용승에 호소하는 지질학자들을 거쳐 가게 된다. 마그마가 어떻게 그렇게 뜨거워졌는지에 대해 말하면, 그들은 지구의 핵과 맨틀에서의 반응을 설명하기 위해 물리학자들을 소환한다. 과학자들 중 어느 누구도 <u>불필요한</u> 사람은 없다.

19 ⑤ 미국이 세계에서 가장 부유한 경제대국이 될 수 있었던 핵심은 최근의 중국처럼 고속 성장에 있는 것이 아니라 두 세기 동안 소득성장률을 꾸준히 유지한 것에 기인한다. 그러므로 빈칸에는 'consistency(지속성)'가 들어갈 말로 가장 적절하다.

오답풀이

① 속도, 속력

② 독창성, 창의력

③ 투명성, 투명도

④ 유동성, 환금성

어휘

• annual : 매년의, 연례의

• sustain : 계속시키다, 지속시키다

• per capita : 1인당

• twenty-five-fold : 20배

• spectacularly : 구경거리로, 극적으로

• velocity : 속도, 속력

• originality : 독창성, 창의력

• transparency : 투명성, 투명도

• liquidity : 유동성, 환금성

• consistency : 일관성, 지속성

해석

연간 경제성장률의 작은 차이조차도, 수십 년 또는 수 세기 동안 지속된다면 결국 경제적 행복의 수준도 엄청난 차이가 난다. 예를 들어 미국의 1인당 국민 총생산(GNP)은 1820년에서 1998년의 기간 동안 해마다 연 1.7%씩 성장했다. 이것은 생활수준에서 25배의 증가를 가져왔는데, 이는 1820년도에 1인당 약 1,200 달러에서 오늘날 1990년의 달러로 약 30,000 달러의 1인당 소득이 증가한 것이다. 미국이 세계에서 가장 부유한 경제대국이 된 핵심은 연간 8퍼센트의 성장을 보이는 중국의 최근 실적처럼 극적인 빠른 성장에 있지 않다. 그 핵심은 <u>지속성</u>이며, 이는 미국이 거의 두 세기 동안 소득성장률을 유지했다는 사실이다.

20 ② 어떤 이유에 관한 믿음을 추론할 때 그 자체가 반드시 분명하지는 않더라도 자기 자신의 믿음에 관한 이성적인 설명을 표현하는 능력을 필연적으로 수반한다고 하였으므로, 빈칸에는 ②의 "need not be the result of any conscious process at all (어떤 의식적인 과정의 결과일 필요가 전혀 없다)"가 들어갈 말로 가장 적절하다.

오답풀이

① 종종 상호 반박의 상황에 기인한다

③ 어떤 결론을 검토하는 그 주제의 능력 속에 있을 수도 있다

④ 전제와 결론의 존재를 거의 부정한다

⑤ 관련 원칙에 따라 지속적으로 중재되어야만 한다

어휘

• explicit : 분명한, 명쾌한

• introspection : 자기 성찰, 반성

• self-observation : 자기 성찰

• relevant : 관련 있는, 연관된

• manifest : 나타나다, 분명해지다

• expressive : 표현적인, 표현이 풍부한

- self-explanation : 자기 설명
- mutual : 서로의, 상호간의
- contradiction : 모순, 반박
- premise : 전제, 근거
- constantly : 지속적으로, 거듭, 한결같이
- mediate : 중재하다, 조정하다

해석

이유에 관한 믿음은 <u>어떤 의식적인 과정의 결과일 필요가 전혀 없다.</u> 나는 내 이웃이 아무도 그를 방문한 적이 없다는 이유로 친구가 거의 없다고 믿을지도 모른다. 나는 결코 이러한 추론을 나 자신이나 그 밖의 다른 누구에게도 명백히 해본 적이 없을 수도 있다. "왜 당신은 그가 친구가 거의 없을 거라고 생각하나요?"라고 묻는다면, 여전히 나는 어떠한 반성이나 자기 성찰 없이 대답할 수 있다. "왜냐하면 아무도 그를 방문한 적이 없으니까요."라고 말이다. 어떤 주제가 연관된 상황 속에 있다는 것은 그 추론을 의식적으로 검토할 때, 반드시 그 자체가 분명하지는 않지만, 입증의 형태 그리고 표현이 풍부한 자기 설명의 형태로, 즉 사람이 그저 할 수 있는 자기 자신의 믿음에 관한 이성적인 설명을 표현하는 능력을 필연적으로 수반한다.

21 ④ 인간 공학이 몇몇 분야에서는 이미 진화보다 훨씬 뛰어나며 남은 영역에서도 머지않아 뛰어나게 될 것이므로, 진화가 지능을 만들었듯이 마찬가지로 인간 공학도 그렇게 할 수 있다는 것이다. 그러므로 빈칸에는 ④의 'soon be able to do the same (곧 같은 일을 할 수 있다)'가 들어갈 말로 가장 적절하다.

오답풀이

① 슈퍼지능과 경쟁하다
② 진화 과정보다 훨씬 뒤처지다
③ 스스로 사람 수준의 인공지능으로 위장하다
⑤ 비슷한 실수를 반복하다

어휘

- blind : 눈이 먼, 맹목적인
- evolutionary : 진화의, 진화적인
- foresight : 예지력, 선경지명
- genetic : 유전적인
- efficiency : 효율, 능률
- theoretically : 이론적으로, 이론상
- feasible : 실현가능한, 그럴듯한
- vastly : 대단히, 엄청나게
- compete against : ~과 경쟁하다
- lag behind : …보다 떨어지다, 뒤처지다
- disguise : 변장[위장]하다, 숨기다

해석

우리는 맹목적인 진화의 과정이 인간 수준의 보통 지능을 만들어낼 수 있다는 사실을 안다. 왜냐하면 한 때 적어도 이미 그렇게 해봤기 때문이다. 예지력이 있는 진화 과정, 즉 지적인 인간 프로그래머에 의해 설계되고 유도된 유전적 프로그램은 훨씬 더 효율적으로 비슷한 결과를 도출할 수 있어야만 한다. 인간 수준의 인공지능이 이론상 가능할 뿐만 아니라 금세기 내에 실현가능하다고 주장하는 몇몇 철학자들과 과학자들에 의해 이러한 관찰이 행해졌다. 그 개념은 우리가 진화와 지능을 만들어내는 인간 공학의 상대적인 역량을 추정할 수 있다는 것이며, 그리고 인간 공학이 몇몇 분야에서는 이미 진화보다 훨씬 뛰어나며 남은 영역에서도 머지않아 뛰어나리라는 것을 알게 된다는 것이다. 진화가 지능을 만들어 냈다는 사실인 즉 인간 공학이 곧 같은 일을 할 수 있을 것임을 시사한다.

22 ① 전기 자동차의 폭발적인 증가로 인한 배터리 재활용 문제를 언급하고 이로 인한 환경오염 문제를 나열하고 있으므로, 빈칸에는 ①의 "This has an environmental cost (이것은 환경상의 대가가 따른다)"가 들어갈 말로 가장 적절하다.

오답풀이

② 더 많은 조치가 금지되었다
③ 그 원인을 파악했다
④ 이것은 파리 기후 협약을 비준한다
⑤ 이것은 현 에너지 정책을 지지한다

어휘

- International Energy Agency(IEA) : 국제 에너지 기구
- Paris climate agreement : 파리 기후 협약
- give off : 발산하다, 방출하다
- toxic : 유독성의
- ingredient : 재료, 성분, 구성 요소
- finite : 한정된, 유한한
- extraction : 뽑아냄, 추출
- depletion : (자원의) 고갈, 소모
- prohibit : 금지하다, 못하게 하다
- take steps : 조치를 취하다
- identify : 확인하다, 알아보다
- ratify : 비준하다, 인준하다

해석

전 세계의 전기 자동차 수는 작년에 2백만 대를 넘어섰으며 만일 국가들이 파리 기후 협약의 목표치를 충족시킨다면, 국제 에너지 기구는 2030년까지 전 세계적으로 1억 4천만 대의 차량이 될 것으로 추산한다. 이러한 전기 자동차 호황은 지금부터 2030년 사이에 재활용이 필요한 소모된 리튬이온 전지

1100만 톤이 남게 될 수 있다. 그러나 EU에서는 겨우 5%의 리튬이온 전지들만이 재활용된다. <u>이것은 환경상의 대가가 따른다.</u> 전지들이 만약 손상될 경우 유독 가스를 방출하는 위험을 수반할 뿐만 아니라, 리튬과 코발트와 같은 핵심 성분들은 유한하고 추출은 수질 오염과 다른 환경적 결과들 사이에서 자원의 고갈을 야기할 수 있다.

23 ③ 전자는 거대한 대양의 한 방울의 물처럼 그리고 밤중에 몰아치는 바람 속의 돌풍처럼 그 위치를 알아낼 수 없는 자기장의 일부라고 했으므로, 빈칸에는 ③의 "they have no identity of their own (그것들은 자신만의 독자성을 갖지 못한다)"가 들어갈 말로 가장 적절하다.

오답풀이

① 그것들은 우주의 중심에 매개체를 제공한다
② 그것들은 양자기장에서 파급 효과를 생성한다
④ 그것들은 완벽한 전위(電位)를 하지 못한다
⑤ 그것들은 기폭제로서 여러 반응을 제공한다

어휘

- electromagnetic field : 전자기장
- electron : 전자
- identical : 동일한, 똑같은
- quantum field : 양자기장
- macroscopic : 육안으로 보이는, 거시적인
- gust : 세찬 바람, 돌풍
- localize : …의 위치를 알아내다
- mingle : 섞다, 어울리다
- entity : 실재, 존재, 독립체
- vector : 벡터, 매개체, 진로
- ripple effect : 파급 효과
- identity : 정체, 독자성
- potential : (물리) 전위(電位), 자위(磁位)
- catalyst : 촉매, 기폭제

해석

전자기장은 어디에나 있으며 우주에 존재하는 모든 단일 전자는 그곳에 속할 뿐만 아니라 언제 어디서든 다른 전자와 정확히 동일하다. 그것들 중 두 개를 교환해보라, 그러면 우주는 알아차리지 못할 것이다. 그런 이유로, 그것들이 표출하는 양자기장 때문에, 전자는 육안으로 보이는 물체를 묘사하는 것처럼 묘사될 수 있다. 그것들은 그 자기장에 속해 있다. 그것들은 거대한 대양의 한 방울의 물처럼, 혹은 밤중에 몰아치는 돌풍처럼, 그 위치를 알아낼 수 없는 한 방울 혹은 하나의 돌풍 같은 자기장의 일부이다. 하나가 보이지 않는 한, 방울들과 돌풍들은 바람이나 대양 그 자체와도 같다. 그것들 자신보다 훨씬 더 거대한 실체에 섞인 채, <u>그것들은 자신만의 독자성을</u>

<u>갖지 못한다.</u>

24 ② 생산비 개념은 전체 경제에 대한 이해에서 그다지 유용하지 않은 요소인데, 비경제학자들은 생산비에 대한 지나친 의존으로 생산비를 한정된 분석이 아니라 하나의 목표로 여기게 된다. 그러므로 빈칸에는 ②의 'an end rather than a tool with limited analytic capability (한정된 분석적 능력을 가진 도구라기보다는 하나의 목표)'가 들어갈 말로 가장 적절하다.

오답풀이

① 농업 투자 결정에 쓸모 있는 자원
③ 장기간의 시장 성장에 가장 미약한 지수 중 하나
④ 연관 산업의 합동 평가에 관한 시험
⑤ 시장 자산에 관한 모호한 측정

어휘

- appropriate : 적절한, 적합한
- comparison : 비교, 비유
- reliance : 의존, 의지
- inherent : 내재하는, 타고난, 본질적인
- devote to : …에 전념하다[쏟다]
- relate well to : ~을 잘 이해하다
- length-of-run : 실행 기간
- obvious : 분명한, 명확한
- instrumental : 쓸모 있는, 도움이 되는
- analytic : 분석적인
- indices : 지수(index의 복수)
- inter-industry : 연관 산업
- collaboration : 공동 작업[연구], 협력
- assessment : 평가, 사정
- obscure : 모호한, 막연한
- asset : 자산, 재산

해석

생산비 개념은 마치 피자를 만드는 비용이 피자 산업을 이해하는데 그다지 유용하지 않은 것처럼, 농업경제학을 이해하는데 그다지 유용하지 않다. 농업에 있어서 공동 생산의 본질을 고려해 볼 때, 더 적절한 비유는 피자의 생산 비용과 외식산업의 구조적 이해와의 관계이다. 뒤 이은 분석의 내재적 취약성 때문에 생산비에 대한 지나친 의존은 위험한데, 다른 곳에서 더 잘 사용될 수 있는 생산비에 몰입하는 자원들, 그리고 생산비의 강조가 원인이 될 수 있는 문제들의 제한된 집중이 그것이다. 표면적으로 볼 때, 생산비는 경제학적 분석에서 유용하고 기본적인 요소처럼 보인다. 더욱이 공급함수, 투입 수요함수, 실행 기간과 다른 중요한 사안들은 덜 명확한 개념인 반면에, 비경제학자들은 생산비의 개념을 잘 이해한다. 그 결과 생

산비는 종종 한정된 분석적 능력을 가진 도구라기보다는 하나의 목표로 간주된다.

25 ① 윗글에서 먹을 수 있는 유아식이 모유 밖에 없는 수렵채집인들의 양육 기간은 그렇지 않은 사람들보다 더 길었다고 설명하고 있다. 그러므로 ①의 'relationship between the age of weaning and available food (젖을 떼는 나이와 먹을 수 있는 음식 사이의 관계)'가 윗글의 주제로 가장 적절하다.

오답풀이
② 수렵채집 사회에서 일찍 젖을 떼야 할 필요성
③ 아이들의 건강에 있어 젖떼기의 역할 논쟁
④ 아이들이 일찍 젖을 떼기 위한 농사 독려
⑤ 농부와 수렵채집인 사이의 인구학적 비교

어휘
- proportion : 부분, 비율, 몫
- infant : 유아, 아기, 젖먹이
- nurse : 양육하다, 기르다
- wean : 젖을 떼다, 이유를 시작하다
- hunter-gather : 수렵채집인
- baby formula : 유아용 유동식, 분유
- replacement : 교체품, 대체물
- nourish : 영양분을 공급하다, 키우다
- chew : 씹다, 깨물다, 물어뜯다
- controversy : 논란, 논쟁
- demographic : 인구학의
- contrast : 대조, 비교

해석
미국에서 어머니에 의해 조금이라도 양육된 유아의 비율과, 그렇게 양육된 유아가 젖을 때는 연령은 20세기 대부분 감소했다. 예를 들어, 1970년대까지 미국 아이들 중 5%만이 6개월의 나이에 양육을 받았다. 그와 달리, 농부들과 접촉하지 않고 경작된 식품을 이용하지 못한 수렵채집인들 사이에서, 유아는 6개월 이상 양육을 받는다. 왜냐하면 그들이 먹을 수 있는 적합한 유아식은 모유뿐이기 때문이다. 그 유아들은 젖소의 우유, 아기용 분유, 부드러운 음식 대체품에 접근할 수 없다. 7개월 이상의 수렵채집인 집단에서 젖을 때는 평균 연령은 약 3살이며, 이는 아이들이 충분히 딱딱한 음식을 씹어 마침내 영양공급을 스스로 할 수 있는 연령이다.

26 ④ 채무 불이행으로 인한 피해액이 채권시장의 0.1%에 불과하고, 중국 정부가 어려움에 빠진 큰 회사를 지원할거라고 설명하고 있으므로, ④의 'the unwarranted concern about China's bond market (중국의 채권시장에 대한 불필요한

걱정)'이 윗글의 주제로 가장 적절하다.

오답풀이
① 중국 경제의 복병
② 중국의 사회기반시설에 대한 위험한 투자
③ 중국 정부 개입의 비판 필요성
⑤ 중국 누적 부채의 암울한 미래

어휘
- bond market : 채권 시장
- default : 채무 불이행
- second quarter : 2분기
- cost of credit : 대손비용
- shoot up : 급증하다, 급등하다
- state-owned company : 국영 기업
- infrastructure : 사회기반시설
- sacrosanct : 신성불가침의, 아주 신성한
- backlog : 잔무, 재고
- casualty amount : 피해액
- rescue : 구조하다, 구출하다
- recent past : 가까운 과거
- a hidden pitfall : 숨어있는 함정, 복병
- intervention : 개입, 간섭
- unwarranted : 불필요한, 부적절한
- doomed : 불운한, 어두운, 암울한

해석
중국의 채권시장이 이렇게 폭풍우가 몰아치는 봄을 맞이한 적은 없었다. 이미 2분기에 채무 불이행 기록을 달성했다. 기업에 대한 대손비용은 급증했다. 심지어 사회기반시설에 투자하는 신성불가침의 국영 기업들조차 위험해 보인다. 무엇이 잘못되었을까? 질문에 대한 답은 전혀 없다. 채무 불이행은 중국을 위한 발전이며, 이는 누적 부채의 잔고를 정리할 필요가 있다. 올해 피해액은 채권시장의 0.1%에 불과하다. 하지만 투자자들이 정부가 어려움에 빠진 큰 회사를 지원할거라고 예상할 때, 그것은 여전히 가까운 과거에 대한 향상이다.

27 ② (A) 타고난 재능 중 부족한 점은 노력을 통해 보완할 수 있는데, 명작을 읽고 사고하는 것이 그 작품을 창작한 많은 기술을 이해할 수 있는 것처럼 노력을 통해 재능을 습득할 수 있다. 그러므로 'create(창조하다, 만들다)'가 빈칸에 들어갈 말로 적절하다.
(B) 우리가 위대하고 특별한 재능이라고 부르는 것은 보통 질적인 것이라기보다는 속도의 우월성을 의미하지만, 과학자의 경우 생산 속도가 아니라 품질로 그 결과물을 판단한다. 그러므로 'speed(속도)'가 빈칸에 들어갈 말로 적절하다.

정답 및 해설

(B) 반감

⑤ (A) 불일치

　(B) 열정

어휘

- deficiency : 부족, 결핍
- innate : 타고난, 선천적인
- compensate for : 보상하다, 보충하다, 보완하다
- persistent : 끈질긴, 집요한, 지속[반복]되는
- concentration : 집중, 전념
- substitute : 대리자, 대용품, 대체품
- provided that : 만약 ~하다면, ~을 전제로
- plasticity : 가소성, 신축성
- assimilate : 완전히 이해하다, 동화하다
- expeditious : 신속한, 급속한, 빠른 속도의
- qualitative : 질적인
- undertaking : 일, 사업, 업적
- suppress : 진압하다, 억제하다

- expertise : 전문 지식[기술]
- prestige : 위신, 명성, 선망
- autonomy : 자치권, 자주성, 자율성
- dignity : 존엄, 위엄, 품위
- incompatible : 양립할 수 없는, 공존할 수 없는
- purge A of B : A에게서 B를 제거하다
- party hack : 정당의 일꾼, 정치인
- librarian : 도서관 사서
- censor : 검열관, 감시관
- ideologue : 이론가, 공상[몽상]가
- bureaucracy : 관료제, 관료주의, 관료정치
- impediment : 장애, 방해, 걸림돌
- federal : 연합의, 동맹의
- bluntly : 직설적으로, 노골적으로
- resistance : 저항, 반대
- antipathy : 반감, 증오
- congruence : 일치, 조합, 합동
- affinity : 친밀감, 친화력
- incompatibility : 양립할 수 없음, 불일치, 상반성
- aspiration : 열망, 포부

해석

타고난 능력 중 부족한 점은 지속적인 노력과 집중을 통해 보완될 수 있다. 노력은 재능을 대신하는 것이거나, 더 나아가 노력이 재능을 (A) 만든다고 누군가 말할 수도 있다. 자신의 능력을 향상시키기로 확고히 결심한 사람은 그렇게 할 것이며, 이는 신경 세포의 신축성이 크게 감소하는 시기에, 교육이 너무 늦게 시작되지 않는다는 것을 전제로 한다. 명작을 읽고 사고하는 것이 그 작품을 창작한 많은 기술을 이해시킨다는 것을 잊지 마라. 물론 저자의 통찰력, 지도 원칙, 심지어 스타일까지 결론을 넘어 확장시키는 것을 전제로 한다. 우리가 위대하고 특별한 재능이라고 부르는 것은 보통 질적인 것이라기보다는 속도의 우월성을 의미한다. 그러나 과학적 업적에서 예술가처럼 과학자들은 생산 (B) 속도가 아니라 그들이 생산한 것의 품질에 의해 판단되기 때문에 느린 것이 빠른 것만큼이나 유용한 것으로 판명된다.

해석

직업은 전문 지식, 명성, 자율성, 품위 및 정규 학습, 정치와 종종 양립할 수 없는 가치를 구현한다. 스스로 정치와 단절하기 위한 공공 직업의 역사적 투쟁, 예를 들어 도시 관리자 대 정치인들, 도서관 사서 대 무지한 검열관, 환경 과학자 대 정치적 몽상가, 모두는 이러한 (A) 저항을 반영한다. 전문가들 또한 관료주의를 좋아하지 않는데, 그들은 관료주의를 종종 자신의 전문 분야를 자유롭게 행사하는 데 장애로 여긴다. 연방 정부에서 근무하는 과학자 및 기술자와 같은 특수한 전문가들은 연방 행정관보다 업무에 대한 만족도가 훨씬 낮다. 직설적으로 말해서, 공직을 선택하는 전문가는 종종 공직의 두 가지 주요 특징인 정치와 관료주의에 대한 (B) 반감을 극복해야 한다.

28 ① (A) 직업은 정치와 종종 양립할 수 없는 가치를 구현하는데, 스스로 정치와 단절하기 위한 공공 직업들 모두 이러한 투쟁을 해왔다. 그러므로 빈칸에는 'resistance(저항)'가 들어갈 말로 적절하다.

　(B) 전문가들 또한 관료주의를 좋아하지 않는데, 공직을 선택하는 전문가는 정치와 관료주의에 대한 좋지 않은 감정을 극복해야 한다. 그러므로 빈칸에는 'antipathy(반감)'가 들어갈 말로 적절하다.

오답풀이

② (A) 일치

　(B) 친밀

③ (A) 저항

　(B) 친밀

④ (A) 일치

29 ② 호기심은 다루기 힘든 것이라고 제시문에서 설명한 후 글 (B)에서 그것의 특성을 열거하여 서술하고 있다. 이어 글 (A)에서 역사적인 인물들을 들어 이를 요약한 후 글 (C)에서 진보, 혁신, 창의력을 믿는 사회에서의 호기심에 대한 대처 방식을 보여주고 있다. 그러므로 (B) - (A) - (C)의 순으로 글이 배열되는 것이 적절하다.

- distraction : 주의산만, 혼란
- corrosive : 좀먹는, 갉아 먹는
- unruly : 다루기 힘든, 제멋대로의
- deviant : 벗어난, 일탈적인
- be liable to : ~할 것 같다
- attest : 증명하다, 증언하다, 입증하다
- provisional : 임시의, 일시적인, 잠정적인
- laceration : 괴롭힘, 상처
- disdain : 무시하다, 멸시하다, 경시하다
- diversion : 전환, 바꾸기
- excursion : 여행, 유람
- impulsive : 충동적인, 충격적인
- constitute : 구성하다, 여겨지다
- probe : 조사하다, 살피다, 탐색[탐구]하다
- stamp on : ~을 짓밟다, 각인시키다

대부분의 서양 역사에서, 호기심은 기껏해야 주의 산만이며, 최악의 경우 영혼과 사회를 좀먹는 독약이다. 이것에는 이유가 있다. 호기심은 다루기가 힘들기 때문이다.

(B) 그것은 규칙을 싫어하며, 적어도 모든 규칙은 임시적이라고 생각하여 아직 아무도 물어볼 생각을 하지 못한 현명한 질문에 상처를 낸다. 그것은 승인된 경로를 무시하고, 전환, 계획되지 않은 여행, 충동적인 좌회전을 선호한다.

(A) 요컨대, 호기심은 일탈적이다. 그것을 추구하는 것은 갈릴레오에서 찰스다윈과 스티브 잡스에 이르기까지 모든 이들이 입증했던 것처럼, 어느 시점에서 권위와 충돌하게 한다. 무엇보다 질서를 중시하는 사회에서는 호기심을 억누르려고 애쓸 것이다.

(C) 그러나 진보, 혁신, 창의력을 믿는 사회는 사람들의 탐구심이 사회의 가장 중요한 자산을 구성함을 인정하면서, 그것을 육성할 것이다. 계몽주의 시대까지 유럽 사회는 그들의 미래가 호기심에 있다는 것을 알고 그것을 짓밟기 보다는 탐구하는 질문을 독려했다.

30 ⑤ 제시문에서 드론을 비행하는 것은 법적으로 숙련된 기사가 하도록 되어 있다고 설명한 후 글 (C)에서 법적 안정성 고지에 대해 서술하고 있다. 또한 글 (B)에서는 글 (C)에서 언급한 '무인상자'에 대한 용어를 설명하고 있으며, 마지막으로 글 (A)에서 드론의 역할에 대해 설명하고 있다. 그러므로 (C) – (B) – (A)의 순으로 글이 배열되는 것이 적절하다.

- maintenance : 지속, 유지 보수
- autonomously : 자체적으로, 독자적으로
- remotely : 원격으로
- operative : 직공, 정보원, 첩보원
- aspire : 열망하다, 염원하다
- associated : 관련된, 연합의[지지의]
- a base station : 기지국
- implication : 함축, 암시, 내포된 뜻
- be up to : ~에 달려 있다, ~가 할[결정할] 일이다
- hence : 이런 이유로, 이로부터

대부분의 기존 드론은 숙련된 기사가 비행을 조정해야 한다. 사실, 법도 이것을 종종 요구한다. 또한 드론은 기술적인 지원과 유지 보수가 필요하다.

(C) 그리고 드론을 조종하는 사람들은 하는 일에 대한 법적 안전성 고지를 이해하도록 권고 받는다. 이런 까닭에 '무인 상자'에 매력이 있다.

(B) 이것은 관련 걱정 없이 드론의 장점을 판매하기를 열망하는 몇몇 회사의 제공품에 적용되는 용어이다. 문제의 상자는 드론을 보관하고, 그것을 재충전하며, 드론이 수집한 데이터를 고객에게 전송하는 기지국이다.

(A) 드론은 미리 프로그램 된 일정에 따라 독자적으로 비행할 수 있으며, 방문하도록 명령을 받은 지점까지 자동으로 그것의 경로를 찾거나, 지구 어느 곳에서나 통제 센터에서 시스템을 공급하는 회사 직원에 의해 원격으로 조종될 수 있다.

31 ③ 윗글은 생존을 위해 피를 서로 빌려주는 흡혈박쥐의 습성에 대해 설명하고 있다. 그러므로 진화와 관련된 설명을 한 ③의 내용은 글 전체의 흐름과 연관성이 떨어진다.

- loan : 대출, 대부, 대여
- lender : 빌려주는 사람, 대출자
- vampire bat : 흡혈박쥐
- congregate : 모으다
- prey : 먹이, 사냥감, 희생자[피해자]
- incision : 절개, 벤 자리, 벤 상처
- suck : 빨다, 흡입하다
- victim : 피해자, 희생자, 제물
- cope with : …에 대처[대응]하다, …에 대항하다
- uncertainty : 불확실성, 반신반의

- alleviate : 완화하다, 가볍게 하다
- regurgitate : 토하다, 게우다
- debtor : 채무자, 빚쟁이
- reciprocate : 화답하다, 응답하다
- favour : 호의, 친절

해석

많은 동물들은 효과적으로 협력하고, 몇몇 동물들은 심지어 빌려주기도 한다. 자연에서 가장 유명한 대출자는 흡혈박쥐이다. 이 박쥐들은 동굴 내부에 수천 마리가 모여 매일 밤 먹이를 찾아 날아다닌다. 잠자는 새나 부주의한 포유류를 발견하면, 그것의 피부에 작은 상처를 내고 피를 빨아먹는다. ① 하지만 모든 흡혈박쥐가 매일 밤 먹이를 구하는 것은 아니다. ② 불확실한 삶에 대처하기 위해, 흡혈귀들은 피를 서로에게 빌려준다. ③ (그러나 흡혈귀들은 진화적 압박을 완화하고자 대출을 하지 않는다.) ④ 먹이를 구하는 데 실패한 흡혈귀는 둥지로 돌아와 좀 더 운이 좋은 친구가 훔친 피를 게워내도록 부탁할 것이다. ⑤ 흡혈귀들은 피를 빌려준 녀석을 아주 잘 기억하여, 그래서 나중에 그 친구가 배가 고파 둥지로 돌아오면, 그 호의를 빚진 녀석에게 다가갈 것이다.

32 ④ 윗글은 철의 녹과 물의 관계를 예로 들어 풀의 색깔과 녹색의 관계에 대한 인식의 전환에 대해 설명하고 있다. 즉, 녹슨 것이 실제로 물 자체의 속성이 아니라 물이 철과 반응한 속성임을 볼 때, 녹색은 풀에서 방출한 빛이 뇌의 신경세포와 반응할 때 생기는 경험이라고 서술하고 있다. 이것은 인간의 인식이므로 주어진 문장은 ④에 들어가는 것이 가장 적절하다.

어휘

- A is no more B than C is D : A가 B가 아닌 것은 C가 D가 아닌 것과 같다
- property : 속성, 특성
- rustish : 녹이 슨
- perception : 지각, 자각, 인식
- a bar of : (금, 철, 비누 등) 한 덩이의, 한 개의
- inconvenient : 불편한, 곤란한
- perspective : 관점, 시각
- bounce off : 튀어나오다, 방출하다
- neuron : 뉴런, 신경 세포
- rust : 녹

해석

당신이 풀을 녹색으로 볼 때, 녹슨 것이 물의 속성이 아니듯 녹색은 풀의 속성이 아니다.

당신이 한 조각의 철이라고 상상해보라. 그래서 물 한 방울이 다가올 때, 당신은 평소처럼 아무것도 하지 않고 앉아 있다. 당신은 그 물에 대해 어떻게 인식할 것인가? 물론 한 덩이의 철은 뇌가 없고, 전혀 인식하지 못할 것이다. 하지만 그 불편한 사실을 무시하고, 한 조각의 철이 물을 감지할 수 있다면 어떤 기분이 들지 상상해보자. 한 조각의 철의 관점에서 볼 때, 물은 우선 녹이 슬게 하는 것이다. (①) 이제 인간의 관점으로 돌아가라. (②) 녹슨 것이 실제로 물 자체의 속성이 아니라 물이 철과 반응한 속성임을 안다. (③) 인간의 인식도 마찬가지이다. (④) 녹색은 풀에서 방출한 빛이 뇌의 신경세포와 반응할 때 생기는 경험이다. (⑤) 녹이 철 조각에 들어 있는 것처럼 녹색은 우리 내부에 있다.

33 ① 필자가 브뤼셀을 향해 기차를 타고 가던 중에 주머니에 숨긴 반지를 독일 세관원에게 들킬까봐 불안감이 극에 달했으나, 무사히 지나치자 조용한 안도의 한숨이 입에서 흘러나왔다. 그러므로 필자의 심경은 불안하고 초조한 (nervous) 마음에서 안도의(relieved) 마음으로 바뀌었다.

오답풀이

② 기쁜 → 낙담한
③ 무관심한 → 격분한
④ 짜증 난 → 무서운
⑤ 놀란 → 실망한

어휘

- distressing : 괴로움을 주는, 고통스러운
- customs officials : 세관원
- forewarn : 미리 경고하다, 미리 주의를 주다
- initial : 이름의 첫 글자
- anxiety : 근심, 걱정, 염려
- unbearable : 참을 수 없는, 견딜 수 없는
- undisturbed : 방해받지 않은, 평온한
- faint : 희미한, 약한
- sigh : 한숨, 탄식
- discouraged : 낙담한, 실망한
- outraged : 화가 난, 격분한
- irritated : 짜증 난, 귀찮은

해석

나는 1939년 4월 기차 편으로 브뤼셀을 향해 떠났다. 내가 겨우 아홉 살 때, 부모님을 두고 떠난 것은 몹시 괴로웠다. 독일과 벨기에 사이의 국경에 다다랐을 때, 기차는 잠시 멈추었고 독일 세관원들이 탑승했다. 그들은 내가 가진 보석과 다른 귀중품들을 보여 달라고 요구했다. 나는 함께 여행 중인 젊은 여성으로부터 이러한 요청에 대해 미리 경고를 받았다. 그래서 나는 내 이니셜이 적힌 작은 금반지를 주머니에 숨겨두었는

데, 그것은 일곱 번째 생일 선물로 받은 것이었다. 그들이 기차에 탑승했을 때, 나치 장교들이 모습을 드러내자 불안감은 거의 극에 달했고, 그들이 반지를 발견할까봐 나는 두려웠다. 다행히도 그들은 내게 거의 관심을 기울이지 않았고, 내가 방해받지 않은 채로 가게 해주었다. 그들의 발소리가 점차 희미해짐에 따라, 조용한 한숨이 입에서 흘러나왔다.

[34~35]

어휘

- extract : 추출하다, 뽑다
- mental model : 심성 모형
- mastery : 숙달, 통달, 지배
- representation : 묘사, 표현
- instant : 순간, 찰나
- decipher : 판독하다, 해독하다
- subtle : 민감한, 예민한, 미묘한
- seam : 솔기, 이음매, 접합선
- winnow : 골라내다, 추려내다
- extraneous : 관련 없는
- perceptual : 지각의, 인지의
- distraction : 주의산만, 혼란
- variation : 변화, 변형
- stay on top of : ~을 잘[훤히] 알다, 최신 정보를 알다
- cull out : 골라내다, 발췌하다, 제외하다
- identifying : 감별, 확인, 식별
- split-second : 순식간의, 눈 깜짝할 사이의
- go wild : 미쳐 날뛰다, 미친 듯이 열중하다
- baseball 101 : 야구의 기초[기본]
- anatomy : 해부, 분석
- endowment : 기부, 기금
- de facto : 사실상의, 실질적인

해석

새로운 자료로부터 핵심 아이디어를 추출하여 심성 모형을 조직하고 기존 지식에 이 모형을 연결하는 법을 배우는 사람들은 복잡한 숙달 과정을 배우는 데 있어 유리함을 보여준다. 심성 모형은 어떤 외부 현실의 정신적 표현이다. 투구를 기다리는 야구 타자를 생각해 보라. 그는 그것이 커브볼인지, 체인지업인지, 아니면 다른 볼인지를 해독하는데 찰나도 걸리지 않는다. 어떻게 그럴 수 있는가? 투수가 예비동작을 하는 방식, 던지는 방식, 공의 솔기 회전 등 몇 가지 미묘한 신호가 도움이 된다. 훌륭한 타자는 아무 관련 없는 지각의 산만함을 골라내고, 투구에서의 이러한 변화만을 보며, 연습을 통해 각 종류의 투구에 대한 다른 단서들을 기반으로 뚜렷한 심성 모형을

형성한다. 그는 볼의 구질을 잘 알기 위해서, 타격 자세, 스트라이크 존 및 스윙에 관해 그가 알고 있는 것과 이 모형을 연결한다. 이것들은 선수 위치에 따라 심성 모형과 연결한다. 즉, 1위와 2위를 차지한 사람을 주자로 두었다면, 아마도 그는 주자를 전진시키기 위해 희생 플레이를 할 것이다. 그는 각 종류의 투구를 식별하고 응답하는 가장 중요한 요소를 제외한 모든 요소를 골라내고, 그 학습으로부터 심성 모형을 구축하고, 이 복잡한 게임의 다른 필수 요소에 대한 숙달 과정에 그러한 모형을 연결했기 때문에, 전문 선수는 매번 플레이트에 올라갈 때마다 직면한 거대하고 가변적인 정보를 이해할 수 없는 경험이 부족한 선수보다 득점을 올릴 확률이 더 높다.

34 ① 야구의 타자는 투수가 던지는 볼의 구질이 커브볼인지, 체인지업인지, 아니면 다른 볼인지를 순간적으로 파악하여 기존의 지식과 연결한다. 이렇게 함으로써 훌륭한 타자는 불필요한 요소를 골라내고 투구에서의 변화에만 집중하여 심성 모형을 구축한다. 그러므로 윗글의 제목으로는 ①의 'Split-Second Decisions Made Easy (순간의 결정이 일을 쉽게 만든다)'가 가장 적절하다.

오답풀이

② 야구 선수가 미친 듯이 열중할 때
③ 야구의 기본: 오른손 타자를 선택하라
④ 야구 투수에 대한 분석
⑤ 타자가 볼을 얼마나 멀리 칠 수 있는가?

35 ③ 야구의 타자가 투수가 던지는 볼의 구질을 파악하기 위해 타격 자세, 스트라이크 존, 스윙 등 기존에 알고 있던 지식을 동원하는 것처럼, 새로운 자료로부터 핵심 아이디어를 추출하여 심성 모형을 조직하고 기존 지식에 이 모형을 연결하는 법을 배우는 사람들은 복잡한 숙달 과정을 배우는 데 있어 유리함을 보여준다. 그러므로 ③의 'prior knowledge (기존 지식)'이 빈칸에 들어갈 말로 가장 적절하다.

오답풀이

① 향후의 사건 경로
② 운동선수의 기부
④ 실질적인 원칙
⑤ 통제된 동기부여

[36~37]

어휘

- vernacular : 사투리, 방언, 자국어
- take exception to : ~에 반대하다, ~에 이의를 제기하다

• relentlessly : 가차 없이, 용서 없이, 끊임없이

• wage : 벌이다, 계속하다

• in full swing : 한창 진행 중인, 무르익은

• reiterate : 반복하다, 되풀이하다

• contentment : 만족, 자족

• encapsulate : 요약하다, 압축하다

• spectacularly : 구경거리로, 극적으로

• dialect : 방언, 사투리

• extinction : 멸종, 소멸

• diversity : 다양성, 포괄성

• for one's sake : ~을 위해

• prestige : 위신, 명성, 품위

해석

사실 세계의 영어권 지역의 대부분이 그렇듯이, 내가 자란 서부 뉴욕 주에서는 'doesn't'의 형태가 모국어에는 (a) 거의 존재하지 않는다. 내가 어디 출신인지에 대해 거의 모든 사람이 'It don't matter' 그리고 'He don't need that'이라고 말한다.

물론, 고등학교 영어 선생님인 Breck 부인은 이러한 어법을 강하게 반대했으며, 이에 대한 자신만의 작은 전쟁을 끊임없이 (b) 벌였다. 나는 그녀의 캠페인이 한창 진행 중인 어느 날 수업 시간에 앉아 있던 것이 잘 기억난다. 그날 나의 반 친구 노먼이 700번째로 "그는 그걸 몰라요(don't)"처럼 말하는 것을 듣고 그녀는 지적하기로 결심했다. "그는 그걸 몰라(doesn't)란다. 노먼" 노먼은 "네, 그게 맞아요."라고 대답했다. Breck 부인은 얼굴에 흥분한 표정을 지으며 "he don't."의 "dont'가 아니야, 노먼" "그는 그걸 몰라(DOESN'T)라고 말해"라고 반복해서 말했다. "하지만… 하지만…" 노먼의 얼굴에 (c) 만족스러운 모습이 나타났다. "하지만 그것은 올바르게 들리지 않아요(don't)!"

이 작은 에피소드는 우리가 표준 영어라고 부르는 특정 형태의 영어와 우리가 통틀어 비표준 영어라고 칭하는 모든 다양한 다른 영어 사이의 (d) 대조를 아주 깔끔하게 요약한다. 대다수의 영어 사용자는 표준 영어와는 거의 항상 상당히 다르고, 때때로 극적으로 다른 (e) 현지 자국어 형태의 영어를 배우고 말하면서 자란다.

36 ④ 윗글은 부정문에서 3인칭 단수 현재일 때 대동사 'doesn't'를 사용해야 하는데, 'don't'를 사용하는 문제를 두고 표준영어와 비표준영어의 사용에 대한 에피소드를 전하고 있다. 그러므로 ④의 "Standard vs. Non-standard English: Don't It Matter? (표준영어 대 비표준영어: 'Don't'가 문제인가요?)"가 윗글의 제목으로 가장 적절하다.

오답풀이

① 좋았던 옛 시절: 나의 영어 선생님의 모습

② 다양성을 위해 방언의 소멸을 막아라

③ 올바른 소리: 정책 입안자를 위한 딜레마

⑤ 자국어 대 정통 영어 : 그 전쟁의 결말

37 ③ 반 친구 Norman이 선생님의 지적에 틀린 말 같다고 수긍하지 못하는 표정을 짓고 있으므로, (c)의 'contentment(만족)'은 'discontent(불만족)'으로 고쳐 써야 옳다.

[38~39]

어휘

• induce : 설득하다, 유도[유발]하다

• soothing : 달래는, 위로하는, 진정하는

• despondency : 낙담, 의기소침, 허탈감

• duration : 지속, 지속 기간

• questionnaire : 설문지, 질문지

• dismiss : 물러가게 하다, 해산시키다

• experimenter : 실험자

• volunteer : 자원봉사자, 지원자

• adverse : 부정적인, 불리한

• instill : 스며들게 하다, 서서히 주입시키다

• assistance : 도움, 원조

• contradict : 부정[부인]하다, 반박하다

해석

음악이 좋은 기분을 유발함으로써 협력과 도움을 증대시킬 수 있다는 사실이 실험으로 입증되었다. Rona Fried와 Leonard Berkowitz는 Wisconsin 대학에서 학생들과 함께 연구에 착수했다. 그들은 4개 그룹으로 나누고 그들 중 3그룹에 다양한 음악 작품을 연주하여 각기 다른 분위기를 유도했다. 멘델스존의 'Songs Without Words'에서 두 곡이 한 그룹에 차분한 분위기를 심어주기 위해 선택되었다. 듀크 엘링턴의 'One O'clock Jump'는 다른 그룹에 신나는 기분이 들도록 연주되었다. 존 콜트레인의 'Meditations'은 세 번째 그룹에서 슬픔과 낙담의 부정적인 감정을 주입하는 데 사용되었다. 네 번째 통제 그룹은 음반이 연주되는 7분 내내 침묵 속에 앉아 있었다. 학생들은 음악을 듣기 전과 후의 기분에 관한 설문지를 작성해야 했으며, 이것은 음악으로 인해 그들의 감정에 상당한 차이를 보였음을 확인했다.

그들이 해산되기 직전에 실험자들은 지원자들에게 15분에서 2시간 정도의 시간을 필요로 하는 전혀 무관한 다른 실험을 도와달라고 부탁했다. 그들은 도울 준비가 되었는지를 명시하기 위해 양식을 작성하도록 요구받았고, 만약 그렇다면 총 시간의 양도 함께 작성하도록 요구받았다. 물론 이것은 실험자가 그들이 들었던 음악 유형에 따라 도움을 주려는 의지가 네 그

룹에서 변경되었는지를 알아내려는 도움에 관한 실험이었다. 이것은 <u>사실로 판명되었다</u>. 두 번째 실험을 도울 의지와 도와줄 준비가 되어 있는 시간의 길이를 측정했을 때, 멘델스존의 음악 작품을 들은 사람들이 가장 도움이 되는 것으로 나타났다. 두 가지 측정 모두에서 부정적인 감정을 주는 콜트레인의 음악을 들은 학생들이 도움이 될 의지가 가장 적었다.

38 ④ 윗글은 실험을 통해 차분한 음악인 멘델스존의 음악을 들은 사람들이 부정적인 감정을 주는 음악인 콜트레인의 음악 유형보다 남을 도우려는 의지가 강했음을 밝히고 있다. 그러므로 ④의 "Types of music influenced people's willingness to help. (음악의 유형은 돕고자 하는 사람들의 의지에 영향을 미쳤다.)"가 윗글의 요지로 가장 적절하다.

(오답풀이)

① 협력 그룹은 멘델스존의 음악을 선호하는 경향이 있다.
② 고전 음악은 사람들에게 차분한 분위기를 심어준다.
③ 협력과 도움은 음악적인 재능에 의해 영향을 받는다.
⑤ 신나는 기분은 사람들에게 더 많은 도움을 준다.

39 ② 음악 유형에 따라 도움을 주려는 의지가 변경되었는지를 파악하기 위한 두 번째 실험 결과 그것이 사실로 나타났으므로, 빈칸에는 ②의 'proved to be the case (사실로 판명되었다)'가 들어갈 말로 가장 적절하다.

(오답풀이)

① 사전에 검증되었다
③ 많은 이들에게 도전 받았다
④ 앞선 결과들을 반박했다
⑤ 더 많은 지지를 필요로 했다

[40~42]

(어휘)

- insignificant : 대수롭지 않은, 사소한, 하찮은
- dominate : 지배하다, 군림하다
- elusive : 찾기 힘든, 파악하기 어려운
- ingredient : 재료, 성분, 구성 요소
- correlation : 연관성, 상관관계
- aptitude : 소질, 적성
- flunk : 낙제하다, 떨어지다
- push up the daisy : 죽다, 사라지다
- in no time : 곧, 즉시
- acute : 뾰족한, 날카로운, 예리한
- stone–tipped : 돌로 깎은, 돌로 다듬은

- spear : 창
- mammoth : 맘모스, 매머드
- dexterous : 솜씨 좋은, 능수능란한
- crucial : 중대한, 결정적인
- nimble–fingered : 손이 빠른
- chimp : 침팬지
- crafty : 술수가 뛰어난, 교활한
- deft : 날랜, 재빠른, 능숙한
- eternally : 영원히, 영구히
- prey : 먹이, 사냥감, 희생자[피해자]
- split : 쪼개다, 찢다
- flint stone : 부싯돌
- uranium : 우라늄
- dexterity : 재주, 솜씨

(해석)

지능에 관한 대부분의 정의에 따르면, 100만 년 전 인류는 세계의 1등 도구 제작자였을 뿐만 아니라 이미 지능이 가장 높은 동물이었지만, 주변 생태계에 거의 영향을 미치지 못하는 하찮은 생명체였다. 그들은 지능과 도구 제작 이외의 몇 가지 핵심 특징이 분명히 부족했다.

어쩌면 인류는 결국 지구를 지배하게 되었는데, 그것은 어떤 찾기 힘든 세 번째 핵심 요소 때문이 아니라, 단지 훨씬 높은 지능과 훨씬 우수한 도구 제작 능력의 진화 때문일까? 그렇게 보이지는 않는다. 왜냐하면 역사적 기록을 조사할 때, 우리는 인간 개인의 지능 및 도구 제작 능력과 전체로서의 우리 종의 능력 사이의 직접적인 연관성을 보지 않기 때문이다. 2만 년 전, 평균적인 사피엔스는 오늘날의 평균적인 사피엔스보다 더 높은 지능과 더 나은 도구 제작 능력을 지녔다. 현대의 학교와 고용주들은 때때로 우리의 소질을 시험할 수 있지만, 아무리 불량하더라도 복지국가는 항상 기본적인 필수품은 보장한다. 석기시대에 자연의 선택은 매일 매 순간마다 당신을 시험했고, 만일 무수히 많은 시험들 중 하나에서 떨어지면, 즉시 <u>데이지 꽃을 들어 올렸</u>을 것이다. 그러나 석기시대 조상들의 뛰어난 도구 제작 능력과 날카로운 정신 및 훨씬 더 예리한 감각에도 불구하고, 2만 년 전 인류는 오늘날보다 훨씬 약했다. 이렇게 2만 년 이상 인류가 돌로 다듬은 창으로 매머드를 사냥하는 것에서 우주선으로 태양계를 탐험한 것은 더 솜씨 좋은 손이나 더 큰 두뇌의 진화 덕분이 아니다. 대신 우리가 세상을 정복하는 데 중요한 요소는 많은 인간들을 서로 연결하는 능력이었다. 오늘날 인간은 지구를 완전히 지배하고 있는데, 이는 인간 개개인이 침팬지나 늑대보다 훨씬 영리하고 손이 더 빠르기 때문이 아니라, 지구상에서 호모 사피엔스가 유연하게 수없이 협력을 할 수 있는 유일한 종이기 때문이다. 지능과 도구 제작 역시 분명히 매우 중요했다. 그러나 만약 인간

이 수없이 유연하게 협력하는 법을 배우지 못했다면, 우리의 뛰어난 두뇌와 솜씨 좋은 손은 여전히 <u>우라늄 원자가 아닌 부싯돌을 쪼개고</u> 있을 것이다.

40 ② 밑줄 친 (A) 'were pushing up the daisies in no time(즉시 데이지 꽃을 들어 올렸을 것이다.)'의 의미는 죽음을 의미한다. 즉, 석기시대에 인간은 자연의 선택에 따라 매 순간 시험을 치렀고, 그 시험에 떨어지면 도태되어 살아남지 못했을 거라는 의미이므로 ②의 'would die soon(곧 죽었을 것이다)'을 뜻한다.

오답풀이

① 영원히 번영을 이루었다

③ 도구를 천천히 갈았다

④ 꽃들을 빨리 꺾었다

⑤ 결국 농부가 되었다

41 ⑤ 본문에서 인간이 침팬지나 늑대보다 훨씬 영리하고 손이 빠르기 때문이 아니라, 유연하게 무수히 협력을 할 수 있는 유일한 종이기 때문에 지구를 지배하는 것이 가능했다고 설명하고 있다. 그러므로 빈칸에는 인간이 협력하는 법을 배우지 못했다면 있을 수 있는 일을 추론해야 하므로, ⑤의 'splitting flint stones rather than uranium atoms (우라늄 원자가 아닌 부싯돌을 쪼개다)'가 빈칸에 들어갈 말로 가장 적절하다.

오답풀이

① 훨씬 더 예리한 감각을 키우다

② 생태계에 중요한 영향을 미치다

③ 야생에서 수많은 난관을 극복하다

④ 무리지어 쉽게 먹이를 구하다

42 ① 호모 사피엔스의 세계 (D) 지배에서 핵심적인 역할을 한 것은 더 높은 지능이나 더 나은 (C) 솜씨가 아니라, 대대적인 유연한 협동 능력이다.

오답풀이

② (C) 솜씨

　(D) 탐험

③ (C) 진화

　(D) 경작

④ (C) 복지

　(D) 지배

⑤ (C) 복지

　(D) 탐험

[43~45]

어휘

• in perspective : 전체적 시야로, 긴 안목에서

• innocent : 순수한, 결백한

• be weighed down : 억제받다, 짓눌리다

• a day-care center : 아동, 노인 탁아시설

• relate : …에 대하여 이야기하다[들려주다]

• annual : 매년의, 연례의

• multicultural : 다문화의

• diversity : 다양성, 포괄성

• enthusiasm : 열광, 열정

• in the midst of : ~중에[가운데에]

• commotion : 소란, 소동, 야단법석

• get out of : 회피하다, 버리다

• charge down : 몸으로 막다

• in advance : 미리, 사전에

해석

(A) 어린아이 같은 세계관이 자주 어른의 삶을 긴 안목에서 볼 수 있게 한다는 사실을 알고 있는가? 아이들의 순수한 관점은 어른들이 그들의 문제에 짓눌리지 않는데 도움이 될 수 있다. 탁아소의 관리자인 Nancy Craver는 아이의 관점이 어떻게 큰 문제를 작은 문제로 바꾸는 데 (a) 그녀에게 도움이 되었는지 다음 이야기를 통해 들려준다. 그 일은 탁아소의 연례행사인 다문화 저녁 식사에서 있었던 일인데, 부모와 자녀 및 직원이 그들의 다양성과 모두가 일을 잘 할 수 있는 능력을 축하하기 위해 마련되었다.

(C) 작년의 축하 행사는 Nancy가 마치 새로운 관리자로 고용된 것처럼, 그녀에게는 크나 큰 도전이었다. 올해 (d) 그녀는 안심하고 저녁 식사에 참여할 수 있도록 일찌감치 계획을 세웠다. 처음에는 단지 사소한 일들이 잘못되었다. 그 후 누군가가 저녁 식사 후 프레젠테이션에 사용될 예정이었던 슬라이드 프로젝트를 떨어뜨렸다. 바로 그 저녁 식사가 끝났을 때, 아이들을 다른 곳으로 데려가 놀게 하려고 고용된 여자가 나타나지 않았다. 아이들은 쉬지 않고 뛰어다니기 시작했다.

(D) 이렇게 소동이 벌어지는 가운데, 어떤 노인이 주차장에서 자기 차를 막고 있는 차를 이동시켜 달라고 누군가에게 말했다. 긴장과 체온이 상승한 Nancy는 그가 주차장에서 빠져나가도록 도우러 갔다. (e) 그녀가 막 건물로 돌아오는 순간, 어린아이 하나가 계단을 몸으로 막고 그녀에게 몸을 던졌다. 아이가 공중에 떠올랐을 때, Nancy의 마음속에 문득 떠오른 상상은 다친 아이, 충격을 받은 부모, 그리고 사람들이 "거봐. 그녀는 우리 아이들을 통제하거나 보호조차 할 수 없어!"라고 말하는 내용이 포함되어 있었다.

(B) (b) 그녀가 본능적으로 팔을 뻗었을 때, 그 어린아이를 잡았을 뿐만 아니라 웃음과 흥분 또한 붙잡았다. 즉시 그러한 첫 번째 끔찍한 상상들이 사라졌다. (c) 그녀를 흔들면서, Nancy는 아이의 열정으로 이것이 축하 행사라는 생각이 떠올랐다. 그녀의 웃음과 놀이는 상황을 바꾸지는 못했지만, 그러나 그 일은 Nancy의 관점을 바꾸었다. 그리고 저녁은 그녀와 주변 사람들을 위해 계속해서 더욱 잘 진행되었다.

43 ③ 글 (D)의 'commotion(소동)'이란 글 (C)의 슬라이드 프로젝트가 떨어지고, 아이들을 돌봐줄 사람이 나타나지 않고, 아이들이 쉬지 않고 뛰어다니기 시작하는 것을 말하므로 글 (C) 다음에 글 (D)가 와야 한다. 그리고 계단을 몸으로 막고 Nancy에게 몸을 던져 공중에 떠오른 아이를 글 (B)에서 Nancy가 본능적으로 팔을 뻗어 그 아이를 잡았으므로 글 (D) 다음에 글 (B)가 와야 한다. 그러므로 글의 배열순서는 (C) − (D) − (B) 순이다.

44 ③ (c)의 'her'는 Nancy가 붙잡은 어린 여자 아이를 가리키며, (a), (b), (d), (e)는 모두 Nancy를 지칭한다.

45 ③ 윗글은 탁아소의 관리자인 Nancy가 겪은 경험담을 서술한 글로, 그녀가 언제 관리자가 되었는지는 글에 나타나 있지 않다. 그러므로 ③의 "She became the director three years ago. (그녀는 3년 전에 관리자가 되었다.)"라는 설명은 윗글의 내용과 일치하지 않는다.

오답풀이

① 그녀는 탁아소의 책임을 맡고 있었다.
② 그녀는 공중에 떠 있는 아이를 붙잡았다.
④ 그녀는 올해의 저녁 식사를 미리 준비했다.
⑤ 그녀는 주차 문제를 도와주었다.

경찰대학 기출백서 ▼

2019학년도 기출문제 정답 및 해설

제3교시 **수학영역**

01 ②	02 ④	03 ⑤	04 ④	05 ④	06 ③
07 ②	08 ②	09 ⑤	10 ⑤	11 ①	12 ④
13 ⑤	14 ③	15 ①	16 ⑤	17 ①	18 ②
19 ①	20 ③	21 7	22 13	23 172	24 3
25 40					

01 등차수열 $\{a_n\}$에서 첫째항을 a_1, 공차를 d라고 하면
$a_1+a_3=10$에서 $a_1+(a_1+2d)=10$
$a_1+d=5$
$a_6+a_8=40$에서 $(a_1+5d)+(a_1+7d)=40$,
$a_1+6d=20$
두 식을 연립하면 $a_1=2$, $d=3$
$a_{10}+a_{12}+a_{14}+a_{16}$
$=(a_1+9d)+(a_1+11d)+(a_1+13d)+(a_1+15d)$
$=4a_1+(9+11+13+15)d$
$=4a_1+48d$
$=4\times2+48\times3$
$=8+144$
$=152$

02 $1\leq a\leq|b|\leq|c|\leq7$을 만족하는 모든 순서쌍
$(a, |b|, |c|)$의 개수는 1, 2, 3, 4, 5, 6, 7 중에서 중복을 허락하여 3개를 택하는 중복조합의 수와 같으므로
$_7H_3={}_{7+3-1}C_3={}_9C_3=\dfrac{9\times8\times7}{3\times2\times1}=84$
이때 정수 b, c는 각각 절댓값이 같고 부호가 다른 두 개의 값을 가질 수 있으므로 순서쌍의 개수는 $84\times2\times2=336$

03 $x^2-x-6\leq0$을 만족하는 모든 실수가 $x^2-2x+k\leq0$을 만족하지 않는다.
즉, $-2\leq x\leq3$인 모든 실수가 $x^2-2x+k>0$을 만족한다.
$y=x^2-2x+k$
$=(x^2-2x+1)-1+k$
$=(x-1)^2+k-1$

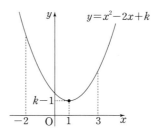

즉 이차함수의 최솟값 $k-1$은 항상 양수이어야
$-2\leq x\leq3$에서 모든 실수가 $x^2-2x+k>0$을 만족한다.
$k>1$이므로 정수 k의 최솟값은
$\therefore$ 2

04 $(3x+2y)^2=9x^2+12xy+4y^2$
$=36\left(\dfrac{x^2}{4}+\dfrac{y^2}{9}\right)+12xy$
$=36+12xy$
$\dfrac{x^2}{4}+\dfrac{y^2}{9}\geq2\sqrt{\dfrac{x^2}{4}\times\dfrac{y^2}{9}}$
$1\geq2\times\dfrac{x}{2}\times\dfrac{y}{3}$
$xy\leq3$
따라서 $(3x+2y)^2\leq36+12\times3$, $(3x+2y)^2\leq72$
$\therefore$ 최댓값 $=72$

다른풀이

코시-슈바르츠 부등식을 이용하면
$(3x+2y)^2\leq(6^2+6^2)\left\{\left(\dfrac{x}{2}\right)^2+\left(\dfrac{y}{3}\right)^2\right\}$
이때, $\dfrac{x^2}{4}+\dfrac{y^2}{9}=1$이므로
$(3x+2y)^2\leq72\times1$
$\therefore$ 최댓값 $=72$

05 $n(A\cap B)\leq2$의 만족하는 집합 B를 찾기 위해
$n(A\cap B)=0$, $n(A\cap B)=1$, $n(A\cap B)=2$로 나눠 구해보자.
먼저 $n(A\cap B)=0$의 경우 $A=\{1, 2, 3\}$이므로
집합 B는 4, 5 원소만으로 이루어져야 한다.
즉 집합 B의 개수는 $2^2=4$
$n(A\cap B)=1$의 경우 $A\cap B$가 될 수 있는 집합은

186

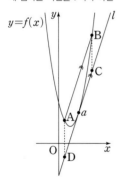

{1}, {2}, {3}로 3가지이고

이 경우 $n(A \cap B) = 0$에서 구한 집합들과 합집합도

$n(A \cap B) = 1$을 만족한다.

{1}의 경우 집합 B가 될 수 있는 집합은

{1, 4}, {1, 5}, {1, 4, 5}, {1}로 4가지

마찬가지로 {2}, {3}의 경우도 각각 4가지

따라서 만족하는 집합 B의 개수는 $3 \times 4 = 12$

$n(A \cap B) = 2$의 경우 $A \cap B$가 될 수 있는 집합은 $_3C_2$

{1, 2}, {1, 3}, {2, 3}

또한 $n(A \cap B) = 0$, $n(A \cap B) = 1$과의 합집합이 모두

$n(A \cap B) = 2$를 만족하므로 집합 B의 개수는

$3 \times 4 = 12$

$\therefore 4 + 12 + 12 = 28$

06　$\log_{ab}3 = x$, $\log_{bc}3 = y$, $\log_{ca}3 = z$라고 하면

$\begin{cases} \log_{ab}3 + \log_{bc}9 = 4 \quad x + 2y = 4 \\ \log_{bc}3 + \log_{ca}9 = 5 에서 \ y + 2z = 5 \\ \log_{ca}3 + \log_{ab}9 = 6 \quad z + 2x = 6 \end{cases}$

세 방정식을 연립하면

$x = 2, y = 1, z = 2$

$\log_{ab}3 = 2$, $\log_{bc}3 = 1$, $\log_{ca}3 = 2$

$ab = \sqrt{3}$, $bc = 3$, $ca = \sqrt{3}$

세 수를 모두 곱하면 $(abc)^2 = 9$

$\therefore abc = 3$

07　선분 AB와 평행하고 포물선 $y = f(x)$ 위의 점 a(a는 실수)

에 접하는 직선을 l이라 하면

$f(x) = x^2 - 4x + 7$

$f'(x) = 2x - 4$

직선 AB의 기울기는 $\dfrac{19 - 4}{6 - 1} = \dfrac{15}{5} = 3$

포물선 위의 점 a에서의 접선 l의 기울기도 3임을 알 수 있다.

즉, $f'(a) = 3$, $2a - 4 = 3$, $a = \dfrac{7}{2}$

$f\left(\dfrac{7}{2}\right) = \left(\dfrac{7}{2}\right)^2 - 4 \times \dfrac{7}{2} + 7 = \dfrac{21}{4}$

따라서 접선 l은 $y = 3\left(x - \dfrac{7}{2}\right) + \dfrac{21}{4}$

$y = 3x - \dfrac{21}{4}$

점 D는 접선 l과 $x = 1$이 만나는 점이므로

$3 \times 1 - \dfrac{21}{4} = -\dfrac{9}{4}$

점 D의 좌표는 $\left(1, -\dfrac{9}{4}\right)$이므로

$\overline{AD}$의 길이는 x의 좌표가 같으므로

$4 - \left(-\dfrac{9}{4}\right) = \dfrac{25}{4}$

따라서 평행사변형 ABCD의 넓이는 $\overline{AB} \times \overline{AD}$이므로

$\therefore (6 - 1) \times \dfrac{25}{4} = \dfrac{125}{4}$

08　주머니 A에는 1, 2, 3, 4

주머니 B에는 1, 2, 3, 4, 5가 적힌 공이 있을 때,

확률변수 X는 주머니 A, B에서 공을 꺼내어 나오는 두 자연

수 중 작지 않은 수이므로

즉, 두 자연수 중 크거나 같은 수를 X라 하고

X는 1, 2, 3, 4, 5가 된다.

$X = 1$을 만족하는 (A, B)의 순서쌍은 $(1, 1)$이므로

$P(X = 1) = \dfrac{1}{4} \times \dfrac{1}{5} = \dfrac{1}{20}$

$X = 2$을 만족하는 (A, B)의 순서쌍은

$(2, 1), (1, 2), (2, 2)$이므로

$P(X = 2) = \dfrac{1}{20} \times 3 = \dfrac{3}{20}$

$X = 3$을 만족하는 (A, B)의 순서쌍은

$(3, 1), (3, 2), (3, 3), (1, 3), (2, 3)$이므로

$P(X = 3) = \dfrac{1}{20} \times 5 = \dfrac{5}{20}$

$X = 4$을 만족하는 (A, B)의 순서쌍은

$(4, 1), (4, 2), (4, 3), (1, 4), (2, 4), (3, 4), (4, 4)$

이므로

$P(X = 4) = \dfrac{1}{20} \times 7 = \dfrac{7}{20}$

$X = 5$을 만족하는 (A, B)의 순서쌍은

$(1, 5), (2, 5), (3, 5), (4, 5)$이므로

$P(X = 5) = \dfrac{1}{20} \times 4 = \dfrac{4}{20}$

확률 $P(X = x)$의 값을 이산확률분포표로 정리하면

X	1	2	3	4	5	계
$P(X = x)$	$\dfrac{1}{20}$	$\dfrac{3}{20}$	$\dfrac{5}{20}$	$\dfrac{7}{20}$	$\dfrac{4}{20}$	1

$E(X)$

$= \dfrac{1}{20}\{(1 \times 1) + (2 \times 3) + (3 \times 5) + (4 \times 7) + (5 \times 4)\}$

$$=\frac{70}{20}=\frac{7}{2}$$

09 함수 $f(x)=(x-1)^3+(x-1)$의 그래프는

$y=x^3+x$를 x축 방향으로 $(+1)$ 평행이동한 그래프이다.

또한 $y=g(x)$는 $y=f(x)$의 역함수이므로 나타내면

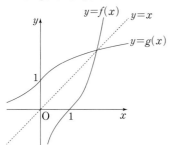

$\int_2^{10} g(x)dx$의 값은 원래 함수 $g(x)$의 식을 구해야 하지만

함수 $f(x)$의 역함수임을 이용하면 더 쉽게 구할 수 있다.

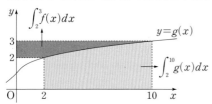

구하고자 하는 값은

$$\int_2^{10} g(x)dx$$

$$=(10\times3)-(2\times2)-\int_2^3 f(x)dx$$

$$=30-4-\int_2^3\{(x-1)^3+(x-1)\}dx$$

$$=26-\left[\frac{1}{4}(x-1)^4+\frac{1}{2}(x-1)^2\right]_2^3$$

$$=26-\left\{\frac{1}{4}(2^4-1^4)+\frac{1}{2}(2^2-1^2)\right\}$$

$$=26-\frac{21}{4}$$

$$=\frac{83}{4}$$

10 곡선 $y=x^2-8x+17$을 정리하면

$y=(x-4)^2+1$

꼭짓점의 좌표는 $(4, 1)$

$1\le t\le3$에서 삼각형 PQR을 나타내면

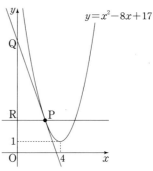

점 Q의 좌표는 접선의 방정식의 y절편이므로

$f(x)=x^2-8x+17$이라 하면

$f'(x)=2x-8$

$f'(t)=2t-8$

접선의 방정식을 구하면

$y=(2t-8)(x-t)+t^2-8t+17$

$\quad=(2t-8)x-t^2+17$

즉, Q$(0, -t^2+17)$이므로

$\overline{QR}=(-t^2+17)-(t^2-8t+17)$

$\quad\quad=-2t^2+8t$

$\overline{PR}=t$이므로

넓이 $S(t)=\frac{1}{2}\times t\times(-2t^2+8t)=t^2(4-t)$

$S(t)=t^2(4-t)$

$S'(t)=t(8-3t)$

$S'(t)=0$이 되는 $t=0$ 또는 $t=\frac{8}{3}$

$S(t)$의 그래프를 나타내면

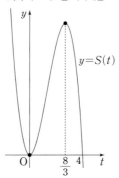

주어진 t의 범위 $1\le t\le3$에서

$S(t)$가 최대가 되는 t의 값$=\frac{8}{3}$

11 백인 → 백, 흑인 → 흑, 동양인 → 동이라고 하면

P(백)=0.8, P(흑)=0.1, P(동)=0.1

P(백|백)=0.9, P(흑|흑)=0.9, P(동|동)=0.9

P(동|백)=0.1, P(동|흑)=0.1

목격자가 동양인이라고 진술한 범인이 실제로 동양인일 확률은

$$\frac{P(동) \cdot P(동|동)}{P(백) \cdot P(동|백) + P(흑) \cdot P(동|흑) + P(동) \cdot P(동|동)}$$

$$= \frac{0.1 \times 0.9}{(0.8 \times 0.1) + (0.1 \times 0.1) + (0.1 \times 0.9)}$$

$$= \frac{9}{8 + 1 + 9} = \frac{1}{2}$$

12 $f(x) = \dfrac{ax+b}{x+c} = a + \dfrac{b - ac}{x+c}$

두 교점 P, Q의 좌표를 이용하면

$f(0) = \dfrac{b}{c} = 1$, $b = c$

$f(3) = \dfrac{3a+b}{3+c} = 4$

$\dfrac{3a+b}{3+b} = 4$

$3a + b = 12 + 4b$

$a - b = 4$

$f(x) = a + \dfrac{b-ac}{x+c}$ 와 $y = x + 1$의 교점을 P, Q라 하고,

곡선 $y = f(x)$ 위의 다른 두 점을 R, S라고 하면

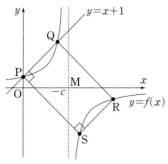

직사각형 PQRS의 넓이가 30이므로

$\overline{PQ} \times \overline{PS} = 30$

$\overline{PQ} = \sqrt{3^2 + (4-1)^2} = 3\sqrt{2}$이므로

$\overline{PS} = \dfrac{30}{3\sqrt{2}} = 5\sqrt{2}$

이때, $\overline{PQ} \perp \overline{PS}$이므로 기울기의 곱$=-1$

$\overline{PQ}$의 기울기는 1이므로 $\overline{PS}$의 기울기는 -1

특수각의 삼각비를 이용하면

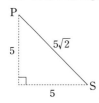

$S(0+5, 1-5) = (5, -4)$

마찬가지 방법으로 점 R의 좌표는

$R(3+5, 4-5) = (8, -1)$

직사각형 PQRS의 대각선의 교점이 두 점근선의 교점 M과 동일하므로 M의 좌표를 알 수 있다.

M=점 P와 R의 중점=점 Q와 S의 중점

$(-c, a) = (4, 0)$

$c = -4$, $a = 0$, $b = -4$

따라서 $f(x) = \dfrac{-4}{x-4}$이므로

$\therefore f(-2) = \dfrac{2}{3}$

13 $a_n = \dfrac{(n!)^4}{(pn)!}$

$a_{n+1} = \dfrac{\{(n+1)!\}^4}{\{p(n+1)\}!}$

$\dfrac{a_n}{a_{n+1}}$

$= \dfrac{(n!)^4}{(pn)!} \times \dfrac{\{p(n+1)\}!}{\{(n+1)!\}^4}$

$= \dfrac{n! \times n! \times n! \times n! \times \{p(n+1)\}!}{(n+1)! \times (n+1)! \times (n+1)! \times (n+1)! \times (pn)!}$

$= \dfrac{1}{(n+1)^4} \times \dfrac{(pn+p)!}{(pn)!}$

$= \dfrac{1}{(n+1)^4} \times \dfrac{1 \times 2 \times \cdots \times pn \times (pn+1) \times \cdots \times (pn+p)}{1 \times 2 \times \cdots \times pn}$

$= \dfrac{(pn+1) \times (pn+2) \times \cdots \times (pn+p)}{(n+1)^4}$

$\dfrac{a_n}{a_{n+1}} = \dfrac{(pn+1) \times (pn+2) \times \cdots \times (pn+p)}{(n+1)^4}$

극한이 존재하려면 분자, 분모의 차수가 같아야 하므로

$p = 4$

즉, $\lim\limits_{n \to \infty} \dfrac{a_n}{a_{n+1}}$

$= \lim\limits_{n \to \infty} \dfrac{(4n+1) \times (4n+2) \times (4n+3) \times (4n+4)}{(n+1)^4}$

$= \lim\limits_{n \to \infty} \dfrac{4^4 n^4 + \cdots}{n^4 + \cdots}$

$= 4^4$

따라서 $\alpha = 4^4$이므로 $\log_2 \alpha = \log_2 4^4$

$\therefore 8$

14 원 위에 일정한 간격으로 8개의 점이 있다고 하면

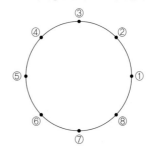

이때 세 개의 점을 연결하여 삼각형을 만드는 경우의 수는
$_8C_3=56$
①이 둔각이 되는 꼭짓점일 때 그릴 수 있는 삼각형은 다음과
같다.

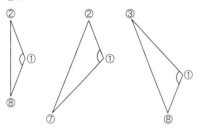

즉, 각 꼭짓점마다 3개의 둔각삼각형을 그릴 수 있으므로
$8\times3=24$
따라서 구하는 확률은
$$\therefore \frac{24}{56}=\frac{3}{7}$$

15 조건 (나)에서 네 수의 곱이 15의 배수라고 했으므로
5와 3의 배수 3, 6, 9 중 적어도 한 개가 뽑혀야 한다.
또한 조건 (가)에서 네 수의 합이 홀수이므로 5 이외의 3개의
합은 짝수이어야 한다.
따라서 5와 다른 합이 짝수인 경우를 구하고 이 중 3의 배수
가 뽑히지 않은 경우를 제외하여 사건의 경우의 수를 구할 수
있다.
(ⅰ) 5를 제외한 홀수는 1, 3, 7, 9
　　짝수는 2, 4, 6, 8에서
　　홀수 2개, 짝수 1개인 경우 : $_4C_2\times_4C_1=24$
　　홀수 0개, 짝수 3개인 경우 : $_4C_3=4$
(ⅱ) 3의 배수가 뽑히지 않은 경우는
　　홀수는 1, 7과 짝수는 2, 4, 8에서
　　홀수 2개, 짝수 1개인 경우 : $_2C_2\times_3C_1=3$
　　홀수 0개, 짝수 3개인 경우 : 1
사건의 경우의 수는 (ⅰ)−(ⅱ)이므로
$(24+4)-(3+1)=24$
전체 경우의 수는 총 9개의 공 중 임의로 4개의 공을 동시에
꺼내므로 $_9C_4=126$
따라서 구하는 확률은
$$\therefore \frac{24}{126}=\frac{4}{21}$$

16 일반항 t^{n-1}로 주어지는 등비수열에서
$P_0 \rightarrow P_1 \rightarrow P_2 \rightarrow \cdots \rightarrow P_n$의 총 경로의 길이는 등비급수
가 된다.
무수히 많은 점들이 변 DA 위에 있다는 말은 급수의 합이 3
보다 크고 4보다 작다는 의미이다. 또는 급수의 합이 7보다
크고 8보다 작거나, 11보다 크고 12보다 작아도 모두 만족한

다. A → B → C → D → A로 한 바퀴를 돌고나서 다시 선
분 DA에 위치할 수 있기 때문이다.
급수의 합은 $\dfrac{1}{1-t}$
$k<t<\dfrac{39}{40}$에서
$1-k>1-t>1-\dfrac{39}{40}$
$\dfrac{1}{1-k}<\dfrac{1}{1-t}<40$
위의 부등식은 39보다 크고 40보다 작다는 것을 의미하므로
$\dfrac{1}{1-k}=39$
$$\therefore k=\frac{38}{39}$$

17 $y=x^3+1$에서 $y'=3x^2$
곡선 위의 점 $(t,\ t^3+1)$(t는 실수)에서 그은 접선의 방정식은
$y=3t^2(x-t)+t^3+1$
　$=3t^2x-2t^3+1$
이때 점 $(a,\ b)$가 이 접선을 지나므로
$b=3t^2a-2t^3+1$을 만족하는 t가 3개가 존재해야 한다.
$2t^3-3t^2a=1-b$에서
$g(t)=2t^3-3t^2a$라 하면
$g(t)=t^2(2t-3a)$

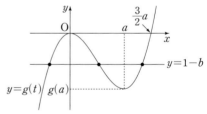

$y=1-b$가 $g(a)$와 0 사이의 범위에 있어야 실근이 3개가
된다.
즉 $g(a)<1-b<0,\ -a^3<1-b<0,\ 1<b<a^3+1$
이때, a, b의 좌표평면에 $1<b,\ b<a^3+1$의 영역을 나타내면

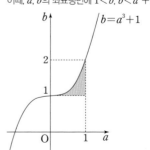

주어진 $0\le a\le1$의 범위를 만족하는 영역은
$$\therefore \int_0^1(x^3+1)dx-1=\frac{1}{4}$$

18 함수 $y=[4x]$, $y=[6x]$, $y=\left[\dfrac{x}{2}\right]$, $y=\left[\dfrac{x}{4}\right]$의

불연속인 점을 살펴보면

$y=[4x]$에서 불연속이 되는 x의 값은 $\dfrac{1}{4}$, $\dfrac{2}{4}$, $\dfrac{3}{4}$, $\dfrac{4}{4}$, $\cdots$

$y=[6x]$에서 불연속이 되는 x의 값은 $\dfrac{1}{6}$, $\dfrac{2}{6}$, $\dfrac{3}{6}$, $\dfrac{4}{6}$, $\cdots$

$y=\left[\dfrac{x}{2}\right]$에서 불연속이 되는 x의 값은 2, 4

$y=\left[\dfrac{x}{4}\right]$에서 불연속이 되는 x의 값은 4

x의 범위를 나눠보면

(i) $0<x<2$에서 $\left[\dfrac{x}{2}\right]-\left[\dfrac{x}{4}\right]=0$으로 일정

$\quad$ $[4x]$의 불연속인 점은 7개

$\quad$ $[6x]$의 불연속인 점은 11개

$\quad$ 이때, $[4x]$, $[6x]$가 $x=\dfrac{1}{2}$, 1, $\dfrac{3}{2}$에서

$\quad$ 동시에 정수가 되는 순간 연속이므로 $3\times2=6$개를

$\quad$ 빼주면

$\quad$ $7+11-6=12$개

(ii) $x=2$에서

$\quad$ $f(x)=[4x]-[6x]+\left[\dfrac{x}{2}\right]-\left[\dfrac{x}{4}\right]$

$\quad$ $\displaystyle\lim_{x\to2-}f(x)=7-11+0+0=-4$

$\quad$ $\displaystyle\lim_{x\to2+}f(x)=8-12+1+0=-3$

$\quad$ $\displaystyle\lim_{x\to2-}f(x)\neq\lim_{x\to2+}f(x)$이므로 불연속이다.

(iii) $2<x<4$에서 $\left[\dfrac{x}{2}\right]-\left[\dfrac{x}{4}\right]=1$로 일정

$\quad$ 불연속인 점은 $0<x<2$와 같이 12개

(iv) $x=4$에서

$\quad$ $f(x)=[4x]-[6x]+\left[\dfrac{x}{2}\right]-\left[\dfrac{x}{4}\right]$

$\quad$ $\displaystyle\lim_{x\to4-}f(x)=15-23+1-0=-7$

$\quad$ $\displaystyle\lim_{x\to4+}f(x)=16-24+2-1=-7$

$\quad$ $f(4)=16-24+2-1=-7$

$\quad$ $\displaystyle\lim_{x\to4-}f(x)=\lim_{x\to4+}f(x)=f(4)$이므로 연속이다.

(v) $4<x<5$에서 $\left[\dfrac{x}{2}\right]-\left[\dfrac{x}{4}\right]=1$로 일정

$\quad$ 불연속인 점은 $0<x<1$과 같이 6개

(i)$\sim$(v)를 통해 함수 $f(x)$가 불연속이 되는 실수 a의 개수는

$\therefore$ $12+1+12+6=31$

19 함수 $f(x)$에서 극한값은 x^{2n}, x^{-2n}꼴로 되어있으므로 x는

$|x|$를 기준으로 범위를 나눠 구한다.

(i) $0<|x|<1$일 때,

$\quad$ $\displaystyle\lim_{n\to\infty}x^{2n}=0$, $\lim_{n\to\infty}x^{-2n}=\infty$이므로

$$f(x)=\lim_{n\to\infty}\frac{x(x^{2n}-x^{-2n})\div(x^{-2n})}{(x^{2n}+x^{-2n})\div(x^{-2n})}$$

$$=\lim_{n\to\infty}\frac{x(x^{4n}-1)}{x^{4n}+1}$$

$$=-x$$

(ii) $|x|>1$일 때,

$\quad$ $\displaystyle\lim_{n\to\infty}x^{2n}=\infty$, $\lim_{n\to\infty}x^{-2n}=0$이므로

$$f(x)=\lim_{n\to\infty}\frac{x(x^{2n}-x^{-2n})\div(x^{2n})}{(x^{2n}+x^{-2n})\div(x^{2n})}$$

$$=\lim_{n\to\infty}\frac{x(1-x^{-4n})}{1+x^{-4n}}$$

$$=x$$

(iii) $|x|=1$일 때, $f(x)=0$

(i)$\sim$(iii)에서 함수 $f(x)$의 식은

$$f(x)=\begin{cases}-x & (0<|x|<1)\\ x & (|x|>1)\\ 0 & (|x|=1)\\ 0 & (x=0)\end{cases}$$

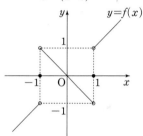

방정식 $f(x)=(x-k)^2$에서 서로 다른 실근의 개수가 3이므로 함수 $y=f(x)$와 함수 $y=(x-k)^2$가 만나는 교점의 개수가 3개라는 의미이다.

$y=(x-k)^2$는 $y=x^2$을 x축으로 k만큼 평행이동한 그래프이므로 나타내보면

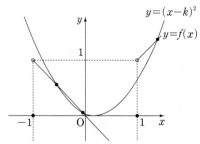

$y=(x-k)^2$ 그래프가 $(-1, 1)$, $(0, 0)$, $(1, 1)$을 지나서 처음으로 교점이 3개가 되고,

$y=-x$와 접하기 바로 전까지 교점이 3개가 된다.

(i) $y=(x-k)^2$ 그래프가 $(-1, 1)$, $(0, 0)$, $(1, 1)$을 지날 때

$\quad$ $(0, 0)$을 기준으로 대칭이므로 $y=x^2$

$\quad$ 따라서 $k=0$

(ii) $y=(x-k)^2$ 그래프가 $y=-x$와 접할 때

$\quad$ $x^2-2kx+k^2=-x$

$x^2-(2k-1)x+k^2=0$

판별식 $D=0$을 이용하면

$(2k-1)^2-4k^2=0,\ k=\dfrac{1}{4}$

(ⅰ), (ⅱ)을 통해 실수 k의 범위는

$0<k<\dfrac{1}{4}$에서 $a=0,\ b=\dfrac{1}{4}$이므로

$\therefore\ a+b=\dfrac{1}{4}$

20 집합 $X=\{1,\ 2,\ 3,\ 4,\ 5\}$에서

$\{(f\circ f)(x)\,|\,x\in X\}\cup\{4,\ 5\}=X$

즉, $\{1,\ 2,\ 3\}\subset f(f(X))\subset f(X)$

(ⅰ) $f(X)=X$인 경우

$\{1,\ 2,\ 3,\ 4,\ 5\}\rightarrow\{1,\ 2,\ 3,\ 4,\ 5\}$에서 $5!=120$가지

(ⅱ) $f(X)=\{1,\ 2,\ 3,\ 4\}$인 경우

$f(f(X))=\{1,\ 2,\ 3\}$일 때,

$f(5)=4$로 1가지

$\{1,\ 2,\ 3,\ 4\}\rightarrow\{1,\ 2,\ 3\}$인 경우는 $3\times\dfrac{4!}{2!}=36$가지

$f(f(X))=\{1,\ 2,\ 3,\ 4\}$일 때,

$f(5)$의 값은 $\{1,\ 2,\ 3,\ 4\}$ 모두 가능하므로 4가지

$\{1,\ 2,\ 3,\ 4\}\rightarrow\{1,\ 2,\ 3,\ 4\}$에서 $4!=24$가지

경우의 수는 $4\times24=96$가지

(ⅲ) $f(X)=\{1,\ 2,\ 3,\ 5\}$인 경우는 (ⅱ)의 경우와 마찬가지이다.

(ⅳ) $f(X)=\{1,\ 2,\ 3\}$인 경우

$f(f(X))=\{1,\ 2,\ 3\}$이므로

$f(4),\ f(5)$의 값은 $\{1,\ 2,\ 3\}$ 모두 가능하므로

$3\times3=9$가지

$\{1,\ 2,\ 3\}\rightarrow\{1,\ 2,\ 3\}$에서 $3!=6$가지

경우의 수는 $9\times6=54$가지

(ⅰ)~(ⅳ)을 통해 구하는 함수 f의 개수는

$\therefore\ 120+2(36+96)+54=438$

21 $\displaystyle\lim_{n\to\infty}\dfrac{1}{n^3}\{(n+3)^2+(n+6)^2+\cdots+(n+3n)^2\}$

$=\displaystyle\lim_{n\to\infty}\dfrac{1}{n}\left\{\left(1+\dfrac{3}{n}\right)^2+\left(1+\dfrac{6}{n}\right)^2+\cdots+\left(1+\dfrac{3n}{n}\right)^2\right\}$

$=\displaystyle\lim_{n\to\infty}\dfrac{1}{n}\sum_{k=1}^{n}\left(1+\dfrac{3k}{n}\right)^2$

이때, $1+\dfrac{3k}{n}=x$라 하면 $\dfrac{3}{n}=dx$이므로

$\dfrac{1}{3}\displaystyle\int_1^4 x^2\,dx=\dfrac{1}{3}\left[\dfrac{1}{3}x^3\right]_1^4=7$

22 $S_n+S_{n+1}=(a_{n+1})^2$에서

$n=1$일 때, $S_1+S_2=a_2^2$

$S_1=a_1$이므로

$a_1+(a_1+a_2)=a_2^2$

$a_2^2-a_2-2a_1=0$

$a_2^2-a_2-20=0$

$(a_2-5)(a_2+4)=0$

따라서 $a_2=5$

$(S_{n+1}+S_{n+2})-(S_n+S_{n+1})=(a_{n+2})^2-(a_{n+1})^2$

$\cdot\ (S_{n+2}-S_{n+1})+(S_{n+1}-S_n)=a_{n+2}+a_{n+1}$

두 식을 빼주면

$a_{n+2}+a_{n+1}=(a_{n+2})^2-(a_{n+1})^2$

$a_{n+2}^2-a_{n+2}-a_{n+1}(a_{n+1}+1)=0$

$(a_{n+2}+a_{n+1})\times\{a_{n+2}-(a_{n+1}+1)\}=0$

이때, 항상 $a_n>0$이므로

$a_{n+2}-a_{n+1}=1$

따라서 $n\geq2$인 수열 $\{a_n\}$은 공차가 1인 등차수열이다.

$\therefore\ a_{10}=a_2+8=5+8=13$

23 $10^{10}\leq2^x5^y$

양변에 상용로그를 취하면

$\log10^{10}\leq\log2^x5^y$

$10\leq x\log2+y\log5$

$y\geq-\dfrac{\log2}{\log5}x+\dfrac{10}{\log5}$

$y=-\dfrac{\log2}{\log5}x+\dfrac{10}{\log5}$의 윗부분을 만족하는 $(x,\ y)$에

대해서 x^2+y^2의 최솟값이므로

$x^2+y^2=r^2(r$은 실수$)$라고 하면

중심이 $(0,\ 0)$이고 반지름의 길이가 r인 원이므로

원점에서 직선 $y=-\dfrac{\log2}{\log5}x+\dfrac{10}{\log5}$까지 거리의 제곱이

m이다.

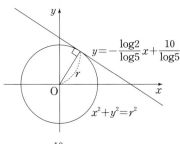

$r=\dfrac{10}{\sqrt{(\log2)^2+(\log5)^2}}$

$m=r^2=\dfrac{100}{(\log2)^2+(\log5)^2}$

$\qquad=\dfrac{100}{(0.3)^2+(0.7)^2}$

$\qquad=\dfrac{100}{0.09+0.49}$

$\qquad=\dfrac{100}{0.58}≒172.413$

$\therefore m$의 정수부분$=172$

24 함수 $f(x)$가 연속일 조건을 이용하면

$x=0$에서 $g(0)=1$

$x=2$에서 $g(2)=1$

함수 $f(x)$가 미분가능할 조건을 이용하면

$x=0$에서 $g'(0)=1$

$x=2$에서 $g'(2)=k$

함수 $g(x)$에 대해 $\frac{1}{4}<g(1)<\frac{3}{4}$이므로

함수 $f(x)$의 그래프를 그려보면

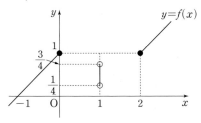

이때 다항함수 $g(x)$는 삼차함수라 하면

$g(x)=ax^3+bx^2+cx+d$ (a,b,c,d는 실수)

$g'(x)=3ax^2+2bx+c$

$g(0)=d=1$

$g'(0)=c=1$

$g(x)=ax^3+bx^2+x+1$

$g'(x)=3ax^2+2bx+1$

또한 $g(2)=8a+4b+3=1$에서 $8a+4b=-2$

$g'(2)=12a+4b+1=k$에서 $4a+(8a+4b)+1=k$

$4a-2+1=k, k=4a-1$

$\frac{1}{4}<g(1)<\frac{3}{4}$에서

$\frac{1}{4}<a+b+2<\frac{3}{4}$

$1<4a+4b+8<3$

$1<-4a+6<3$

$3<4a<5$

$2<4a-1<4$

$2<k<4$인 자연수 k의 값은

$\therefore 3$

25 가로로 한 칸 가는 것을 a

세로로 한 칸 가는 것을 b라고 하면

A → B로 가는 모든 경우의 수는

a가 5번, b가 3번

a, a, a, a, a, b, b, b

$\frac{8!}{5!3!}=56$

가로 또는 세로의 길이가 3이상인 직선 구간은

$a, b, \underline{a, a, a}, b, b, a$

또는 $a, a, a, \underline{b, b, b}, a, a$

a가 3개 인접해있거나 b가 3개 인접해있는 경우를 말한다.

이때 여사건을 이용하면

a가 동시에 3개가 인접하지 않고, b도 동시에 3개가 인접하지

않는 경우를 생각해보자.

(i) $a, a, a, (a, a)$의 경우

(a, a)를 하나로 보고 배열하면 $\frac{4!}{3!}=4$가지

그 사이사이가 떨어져 있어야 하므로

$a, \boxed{b}, a, \boxed{b}, a, \boxed{b}, (a, a)$

위의 경우처럼 b의 배열은 1가지만 가능하다.

따라서 경우의 수는 $4\times1=4$가지

(ii) $a, (a, a), (a, a)$의 경우

(a, a)를 하나로 보고 배열하면 $\frac{3!}{2!}=3$

그 사이사이가 떨어져야 하고

$\boxed{}, a, \boxed{\blacksquare}, (a, a), \boxed{\blacksquare}, (a, a), \boxed{}$

특히 색칠된 두 곳은 반드시 b가 있어야 하므로

남은 1개의 b는 네 자리 중 어느 곳에 들어가도 된다.

가능한 b의 배열은 4가지

따라서 경우의 수는 $3\times4=12$

(i), (ii)를 통해 구하는 경우의 수는

$\therefore 56-4-12=40$

2018학년도 기출문제 정답 및 해설

제1교시 국어영역

01 ①	02 ②	03 ⑤	04 ③	05 ②	06 ③
07 ②	08 ①	09 ②	10 ①	11 ⑤	12 ③
13 ①	14 ②	15 ③	16 ⑤	17 ②	18 ④
19 ④	20 ④	21 ⑤	22 ⑤	23 ④	24 ⑤
25 ④	26 ③	27 ⑤	28 ③	29 ④	30 ③
31 ①	32 ①	33 ④	34 ②	35 ④	36 ①
37 ④	38 ③	39 ④	40 ④	41 ②	42 ⑤
43 ②	44 ①	45 ③			

01 ① '졸임'은 '속을 태우다시피 초조해하다'는 뜻의 '졸이다'의 명사형이고, '조림'은 '양념을 한 고기나 생선, 채소 따위를 국물에 넣고 바짝 끓여서 양념이 배어들게 하다'는 뜻의 '조리다'의 명사형이다. ①의 문장에서는 문맥상 '조림'으로 표기하는 것이 옳다.

> ㉔ 오늘 저녁에는 생선으로 조림을 만들었다.
> 그녀는 마음을 졸이며 그가 오기를 기다렸다.

오답풀이

② '졸다'의 어간 '졸–' 뒤에 명사형 어미 '–ㅁ'이 붙으면, '졺'의 형태가 되므로, '수업 시간에 졺'과 같이, '졺'으로 적는 것이 옳다.

③ '만듦새'는 '물건이 만들어진 됨됨이나 짜임새'를 뜻하는 말로, 올바른 표기이다.

④ '알음'은 '사람끼리 서로 아는 일'을 뜻하는 말로, 올바른 표기이다.

⑤ '엶'은 '열다'의 명사형으로 'ㄹ' 받침인 용언의 어간 '열–' 뒤에 붙어 그 말이 명사 구실을 하게 하는 어미 '–ㅁ'이 붙어 만들어졌다.

TIP 졸이다/조리다

- **졸이다** : 1. 바짝 태워 안타깝고 초조해하다.
  2. 담은 그릇을 가열하여 물의 양이 적어지게 하다.
- **조리다** : 양념한 뒤 국물이 졸아들어 간이 스며들도록 바짝 끓이다.
- **졸이다** : 고기나 생선, 야채 등을 양념하여 국물이 거의 없게 바짝 끓이는 조리법

02 ② '더펄이'는 '더부룩한 물건 따위가 조금 길게 늘어져 자꾸 바람에 흔들리다. 또는 그렇게 되게 하다'라는 뜻의 '더펄거리다'의 어근 '더펄'에 접미사 '–이'가 붙어 생성된 말로, 한글맞춤법 제23항에 따라 그 원형을 밝혀 적어야 하므로 '더펄이'가 옳다. '꽹과리'는 '–하다'나 '–거리다'가 붙을 수 없는 어근에 '–이'나 또는 다른 모음으로 시작되는 접미사가 붙어서 명사가 된 것은 그 원형을 밝히어 적지 아니한다는 [붙임] 규정에 의해 '꽹과리'로 적는 것이 옳다.

오답풀이

① 오뚜기 → 오뚝이 : '오뚝이'는 '작은 물건이 도드라지게 높이 솟아 있는 상태'를 나타내는 형용사 '오뚝하다'의 어근 '오뚝'에 접미사 '–이'가 붙은 것이므로 '오뚝이'로 적는 것이 옳다.

③ 깔쭈기 → 깔쭉이 : '깔쭉이'는 '거칠고 깔끄럽게 따끔거리다'라는 뜻의 '깔쭉거리다'의 어근 '깔쭉'에 접미사 '–이'가 붙은 것이므로 '깔쭉이'로 적는 것이 옳다.

④ 얼룩이 → 얼루기 : 한글맞춤법 제23항에 따르면, '–하다'나 '–거리다'가 붙는 어근에 '–이'가 붙어서 명사가 된 것은 그 원형을 밝히어 적는다. 그러나 '–하다'나 '–거리다'가 붙을 수 없는 어근에 '–이'나 또는 다른 모음으로 시작되는 접미사가 붙어서 명사가 된 것은 그 원형을 밝히어 적지 아니한다는 [붙임] 규정에 따라 '얼룩이'는 '얼루기'로 적는 것이 옳다.

⑤ 삐주기 → 삐죽이 : '삐죽이'는 '비웃거나 언짢거나 울려고 할 때 소리 없이 입을 내밀고 실룩거리다'는 뜻의 '삐죽거리다'의 어근 '삐죽'에 접미사 '–이'가 붙은 것이므로 '삐죽이'로 적는 것이 옳다.

03 ⑤ '이 정보가 누구에게 도움이 되다'에서 주체는 '정보'인데, 이는 무생물이므로 높임의 대상이 될 수 없기 때문에 주체 높임 선어말 어미 '–시'를 붙이지 않는 것이 옳다. 따라서 국어 생활과 관련된 질문에 대한 답으로 적절한 것은 ⑤이다.

오답풀이

① '부끄럽다'는 형용사로, 부정 표현은 '부끄럽지 않다'이고 '부끄러워하다'는 동사로, 부정 표현은 '부끄러워하지 않다'이다. '부끄러워 않다'는 '부끄러워하지 않다'의 줄임 표현에 해당한다.

② 한자어나 복합어에서 모음과 'ㅎ' 또는 'ㄴ, ㅁ, ㅇ, ㄹ'과

'ㅎ'이 결합된 경우에는 'ㅎ'을 본음대로 발음함이 원칙이다. 따라서 '안녕히'는 [안녕히]로, '전화'는 [전화]로 발음하는 것이 옳다.

③ '쏘이어'의 준말로 '쐬어', '쏘여' 두 가지 모두가 가능하다. 피동접미사 '-이-'가 앞 음절에 붙으면서 줄어드는 경우(쐬어)와 뒤 음절에 붙으면서 줄어드는 경우(쏘여)가 있다. 따라서 '쏘였다'와 '쐬었다' 모두 표준 발음으로 인정한다.

④ '시래기죽'은 '시래기'와 '죽'이 결합되어 생성된 말로 [시래기쭉/시래긷쭉]으로 발음하지 않고 [시래기죽]으로 발음하므로 사이시옷을 적지 않고 '시래기죽'으로 적는 것이 옳다.

04 ③ 부사어 '비단'은 부정하는 말 앞에서 '다만', '오직'의 뜻으로 쓰이는 말로, 뒤에 부정의 뜻을 지닌 서술어와 호응한다. 즉 '비단~가 아니다'와 같은 구조로 사용되어야 하므로 ③의 예문은 '그가 남긴 작품은 비단 이 그림 한 가지뿐이 아니었다.'가 되어야 한다.

오답풀이

① '결코'는 '어떤 경우에도 절대로'라는 뜻의 부사어로, '아니다', '없다', '못 하다' 따위의 부정어와 함께 쓰인다.
② '절대로'는 '어떠한 경우에도 반드시'라는 뜻의 부사어이다.
④ '오직'은 '여러 가지 가운데서 다른 것은 있을 수 없고 다만'이라는 뜻의 부사어로, '~만', '~뿐'이 붙은 명사와 함께 쓰인다.
⑤ '반드시'는 '틀림없이 꼭'이라는 뜻의 부사어이다.

TIP 부사어의 종류
* **성분부사** : 용언, 다른 부사, 일부 체언을 수식하는 부사
  - 성상부사 : 용언의 내용을 실질적으로 꾸미는 부사
    예) 잘, 다, 멀리, 많이, 너무, 홀로, 오직, 단지, 겨우, 아주, 특히
  - 지시부사 : 특정 대상(시간, 공간)을 가리키는 부사
    예) 이리, 저리, 일찍이, 언제, 아까, 곧, 이미, 앞서, 매일
  - 부정부사 : 부정의 뜻을 가진 부사
    예) 못, 안(아니)
  - 의성부사 : 사물의 소리를 흉내 내는 부사
    예) 쾅쾅, 철썩철썩, 딸랑딸랑
  - 의태부사 : 사물의 모양을 흉내 내는 부사
    예) 데굴데굴, 느릿느릿, 울긋불긋
* **문장부사** : 문장 전체를 수식하는 부사
  - 양태부사 : 화자의 태도를 나타내는 부사
    예) 과연, 분명히, 도리어, 다행히
  - 접속부사 : 단어나 문장의 앞뒤를 이어주는 부사
    예) 그리고, 즉, 또한, 및, 그러나, 게다가, 하지만, 더욱이

05 ② '붙다'의 반의어에는 '떨어지다', '뜨다'가 있다. '벗다'의 반의어에는 '(옷을) 입다', '(모자, 안경을) 쓰다', '(시계, 칼을) 차다', '(양말, 신발을) 신다', '(장갑을) 끼다', '(짐을) 지다'가 있다.

TIP 반의어의 종류
* **상보 반의어** : 개념적 영역이 상호 배타적이고 중간항이 없는 반의어
  예) 살다 - 죽다, 남자 - 여자, 합격 - 불합격
* **방향 반의어** : 방향상의 대립관계를 나타내는 반의어
  예) 가다 - 오다, 들어가다 - 나오다, 머리 - 발끝
* **등급 반의어** : 정도나 등급을 나타내는 반의어
  예) 길다 - 짧다, 두껍다 - 얇다, 좋다 - 나쁘다

06 ③ '다' 문장에서 이번 순서의 바로 뒤가 노래할 순서라고 하였으므로 '다음'은 '이번 차례의 바로 뒤'의 의미로 사용되었음을 알 수 있다.

오답풀이

① '가'의 문장을 통해 '얼마의 시간이 지난 뒤'의 공통된 의미 영역을 지니고 있음을 알 수 있다.
② '나'에서 '나중'은 '얼마의 시간이 지난 뒤' 즉 미래의 한 시점을 의미한다. 따라서 '알지 못하는 동안에 어느덧'이라는 의미로 쓰였다는 설명은 적절하지 않다.
④ '라'에서 순서를 전제로 하고 있는 것은 '나중'이 아니라 '다음'이다.
⑤ '마'에서 '다음'은 '이번 차례의 바로 뒤'를 뜻한다.

TIP '다음'과 '나중'의 뜻
* **다음**
  1) 이번(어떤) 차례의 바로 뒤
  2) 어떤 시일이나 시간이 지난 뒤
  3) 나란히 잇는 사물의 바로 인접한 것
  4) (동사의 관형사형 어미 '-ㄴ' 뒤에 쓰여)어떤 일이나 과정이 끝난 뒤
* **나중**
  1) 얼마의 시간이 지난 뒤
  2) 다른 일을 먼저 한 뒤의 차례
  3) 순서상이나 시간상의 맨 끝

07 ② '대학의 재정 상태', '대학의 학과별 인원'은 대학의 객관적 정보에 관한 것으로, '성공적인 대학 생활'이라는 주제에 어긋나는 내용이다.

오답풀이

① 주제가 '신입생의 성공적인 대학 생활을 위하여'이므로 예상 독자는 예비 대학생과 대학 신입생이 된다.
③ 전공별 교과 과정, 학교 편람, 대학생 동아리 안내, 장학 안내 등은 신입생들이 알아야 할 중요한 사항들이므로 성공적인 대학 생활에 필요한 요소들로 볼 수 있다.
④ 예상 독자인 대학 신입생들은 고등학교를 갓 졸업한 사람들이 대다수이기 때문에 고등학교와의 공부 방식의 차이를

통해 설명한다거나, 대학생으로서 가장 관심 가질 만한 전
공별 특성, 자기 주도적 시간 활용 등의 내용을 통해 설명
해볼 수 있다.

⑤ 전문인으로서의 능력과 교양인으로서의 소양을 함께 갖출
수 있도록 전략적으로 안내하는 것은 좋은 강조점이 될 수
있다.

> **TIP** 작문 시의 내용 생성 방안
>
> • 글의 제목과 중심 내용을 바탕으로 삼아 체계적이며 창의적인 사
> 고 활동을 전개한다.
> • 작문 상황 및 작문 계획에 맞게 글의 중심 내용을 조정하고 구체
> 화한다.
> • 작문 계획과 생성한 내용을 비교·검토하여 생성한 내용을 수
> 정·보완한다.
> • 작문 상황에 적합한 전략을 활용하여 중심 내용을 뒷받침할 세부
> 내용을 생성한다.
> • 생성된 내용을 검토하여 작문 계획을 조정하고 구체화한다.

08 ① (가)에 제시된 글자들은 중국어에서의 치두음과 정치음을
표기한 것이다. 이는 중세국어에는 없는 발음이어서 중국
어를 통하여 썼다고 하였고, 현대 국어에 또한 없는 발음이
다. 따라서 현대 국어에는 없는 발음이 중세 국어에는 있었
다는 설명은 적절하지 않다.

> 오답풀이

② (가)는 (나)의 앞부분에 실린 내용이라고 하였으므로 (가)에
서 각 글자들의 쓰임을 제시하고 (나)에서 글자들을 소개하
고 있는 것으로 볼 수 있다.

③ (가)에서 중국어의 잇소리는 치두음과 정치음 두 종류로 구
분한다고 하였다.

④ (가)에 제시된 글자들은 중국 소리를 적기 위한 글자이지,
우리말을 적기 위한 글자는 아니었다.

⑤ (가)에 제시된 글자들은 훈민정음의 자음의 형태와 다른 것
을 알 수 있다. 이를 통해 중국 소리를 적기 위해 형태를
약간씩 변형했음을 알 수 있다. 따라서 창제 당시의 훈민정
음은 글자의 모양을 바꿀 수 있는 가능성도 열려있었다고
볼 수 있다.

09 ② '광우리'는 '광주리'의 잘못된 표현으로 '광주리'만 표준어
로 삼는다.

> 오답풀이

① '서럽다'와 '섧다'는 모두 표준어로 인정한다. 이 둘은 모두
'ㅂ불규칙 용언'으로 각각 '서러워', '설워'와 같이 활용한다.

③ '가엾다'와 '가엽다'는 '마음이 아플 만큼 안되고 처연하다'
라는 뜻으로, "한 가지 의미를 나타내는 형태 몇 가지가 널
리 쓰이며 표준어 규정에 맞으면 그 모두를 표준어로 삼는

다."는 표준어 규정 제3장 제5절 제26항에 따라 둘 다 표준
어로 인정한다.

④ '모쪼록'과 '아무쪼록'은 표준어 규정 제3장 제5절 제26항
에 따라 둘 다 표준어로 인정한다.

⑤ "어감의 차이를 나타내는 단어 또는 발음이 비슷한 단어들
이 다 같이 널리 쓰이는 경우에는 그 모두를 표준어로 삼
는다"는 표준어 규정 제2장 제5절 제19항에 따라 '거슴츠레
하다'와 '게슴츠레하다' 모두 표준어로 인정한다.

> **TIP** 복수로 인정되는 표준어
>
> • **표준어 규정 제3장 제5절 제19항** : 어감의 차이를 나타내는 단어
> 또는 발음이 비슷한 단어들이 다 같이 널리 쓰이는 경우에는, 그
> 모두를 표준어로 삼는다.
>
> | 거슴츠레-하다/게슴츠레-하다, 구린-내/쿠린-내, 고까/꼬까, 꺼림-하다/께름-하다, 고린-내/꼬린-내, 나부랭이/너부렁이 |
> |---|
>
> • **표준어 규정 제3장 제5절 제26항** : 한 가지 의미를 나타내는 형태
> 몇 가지가 널리 쓰이며 표준어 규정에 맞으면, 그 모두를 표준어
> 로 삼는다.
>
> | | |
> |---|---|
> | 가는-허리/잔-허리 | 극성-떨다/극성-부리다 |
> | 가뭄/가물 | 기세-부리다/기세-피우다 |
> | 가엾다/가엽다 | 기승-떨다/기승-부리다 |
> | -거리다/-대다 | 넝쿨/덩굴 |
> | 게을러-빠지다/게을러-터지다 | 녘/쪽 |
> | 곰곰/곰곰-이 | 눈-대중/눈-어림/눈-짐작 |
> | 관계-없다/상관-없다 | 신/신발 |
> | 다달-이/매-달 | 아래-위/위-아래 |
> | -다마다/-고말고 | 아무튼/어떻든/어쨌든/하여튼/ 여하튼 |
> | 뒷-말/뒷-소리 | |
> | 들락-거리다/들랑-거리다 | 어기여차/어여차 |
> | -뜨리다/-트리다 | 보-조개/볼-우물 |
> | 만큼/만치 | 보통-내기/여간-내기/예사- 내기 |
> | 말-동무/말-벗 | |
> | 멀찌감치/멀찌가니/멀찍이 | 뾰두라지/뾰루지 |
> | 모쪼록/아무쪼록 | 어림-잡다/어림-치다 |
> | 민둥-산/벌거숭이-산 | 어이-없다/어처구니-없다 |
> | 밑-층/아래-층 | 어저께/어제 |
> | 바른/오른[右] | 옥수수/강냉이 |
> | 버들-강아지/버들-개지 | 욕심-꾸러기/욕심-쟁이 |
> | 벌레/버러지 | -이에요/-이어요 |
> | 삽살-개/삽사리 | 재롱-떨다/재롱-부리다 |
> | 성글다/성기다 | 척/체 |
> | -(으)세요/-(으)셔요 | 한턱-내다/한턱-하다 |

10 ① '비록'은 '아무리 그러하더라도'의 뜻을 지닌 부사로, '-ㄹ지
라도', '-지마는'과 같은 어미가 붙는 용언이다. ①의 문장
에서는 '비록'과 '~일지라도'가 호응관계를 이루고 있으므
로 어법에 맞고 자연스럽게 쓰였다.

② 문장의 주어는 '항상 가슴에 명심하여야 할 것은'이므로 서술어가 '∼것이다'가 되어야 호응 관계가 성립한다. 따라서 문장을 옳게 고치면 '항상 가슴에 명심하여야 할 것은 열심히 공부해야 한다는 것이다.'이다.

③ '들려서는 '들리다'의 어간 '들리–'에 '–어서'가 결합한 것으로, '들리다'는 '병이 들리다', '소리가 들리다', '가방이 들리다'의 경우에 쓰이는 피동사이다. 해당 문장에서는 '방문'의 의미를 지니는 '들르다'의 활용형인 '들러서'를 써야 옳다.

④ '환기'는 '탁한 공기를 맑은 공기로 바꿈'이라는 뜻으로, '공기를 환기하다'는 표현은 의미상 중복이 되므로 '춥더라도 자주 창문을 열어 환기해야 해.'가 적절한 표현이다.

⑤ '–든지'는 나열된 동작이나 상태, 대상들 중에서 어느 곳이든 선택될 수 있음을 나타내는 연결어미이고, '–던지'는 회상을 나타내는 것으로, 막연한 의문이 있는 채로 그것을 뒤절의 사실이나 판단과 관련시키는 데 쓰는 연결 어미이다. 해당 문장에서는 선택적 상황을 나타내고 있으므로 '든지'를 사용하는 것이 옳다.

11 ⑤ 겹받침 'ㄳ', 'ㄵ', 'ㄼ, ㄽ, ㄾ', 'ㅄ'은 어말 또는 자음 앞에서 각각 [ㄱ, ㄴ, ㄹ, ㅂ]으로 발음한다는 표준발음법 제10항에 따라 'ㄾ'은 'ㄹ'로 발음하여야 하므로, 경음화 현상에 의해 최종적으로 [할따]로 발음하는 것이 옳다.

① 표준발음법 제10항에서 '넓–'은 다음과 같은 경우에 [넙]으로 발음한다고 하였는데, 그러한 경우에 해당하는 것이 '넓죽하다[넙쭈카다]'이다.

② 표준발음법 제10항에 따라 '외곬'은 [외골]로 발음하여야 한다.

③ 표준발음법 제10항에 따라 '없다'의 'ㅄ'은 'ㅂ'으로 발음하여야 하므로 최종적으로 '업따'로 발음하는 것이 옳다.

④ 표준발음법 제10항에 따라 '여덟'은 [여덜]로 발음하여야 한다.

TIP 겹받침의 발음

앞 자음이 발음되는 경우			뒤 자음이 발음되는 경우		
표기	발음	예	표기	발음	예
ㄳ	ㄱ	넋[넉]	ㄻ	ㄱ	닭[닥]
ㄵ	ㄴ	앉다[안따]	ㄻ	ㅁ	삶[삼]
ㄼ	ㄹ	여덟[여덜]	ㄿ	ㅍ[ㅂ]	읊다[읍따]
ㄽ	ㄹ	외곬[외골]			
ㄾ	ㄹ	핥다[할따]			
ㅄ	ㅂ	값[갑]			
ㄶ	ㄴ	않고[안코]			
ㅀ	ㄹ	싫다[실타]			

12 ③ ⓒ의 문장에서 〈에그몬트〉, 〈코리올란〉, 〈레오노레 제3번〉, 〈휘델리오〉이 4곡은 고금의 명곡으로서, 희곡이나 오페라의 내용과 정신을 정확하게 표현하였고, 음악적으로도 매우 훌륭하다고 하였다. 즉, 곡의 표현적 측면과 음악적 측면 모두를 이야기하는 것이므로 '게다가'의 의미를 지니는 '∼할 뿐만 아니라'로 문장을 연결시키는 것이 적절하다.

① '못지않다'는 '못지아니하다'의 준말로, 붙여 적는 것이 옳다.

② ⓒ은 베토벤의 교향곡을 평가하고 있는 내용으로, 서곡에 대해 설명하고 있는 글의 전체 내용과 문맥상 어울리지 않는다. 따라서 뒤의 문장과 위치를 바꾸는 것이 아니라 삭제하는 것이 적절하다.

④ ⓔ은 앞뒤 문맥을 고려했을 때 역접 관계나 인과 관계로 볼 수 없다. 따라서 '그래서', '그렇지만'과 같은 접속어가 오기에 적절하지 않다.

⑤ '하였다'는 주체의 능동형 서술어이고 '되었다'는 주체의 수동형 서술어이다. 문맥상 ⓜ에는 '되었다'를 사용하는 것이 적절하다.

[13~16] 독서 – 과학

13 ① 마지막 문단에서 우주선은 무게를 줄여야 하고 극단적으로 높고 낮은 외부 온도에도 견뎌야 한다고 언급하였다. 부피가 작아야 한다는 내용은 윗글을 통해 알 수 없다.

② 2문단을 통해 그물 안의 액체는 표면장력 때문에 바깥으로 새지 않아 그 형태를 유지할 수 있음을 알 수 있다.

③ 6문단을 통해 실리카에어로겔은 만드는 비용이 비싸서 잊혔음을 알 수 있다.

④ 마지막 문단에서 과학자들은 실리카에어로겔이 포획한 혜성의 우주 먼지를 분석하여 태양계 형성의 비밀을 파헤치고 있다고 하였으므로 혜성의 우주 먼지는 태양계 형성 연구의 재료가 됨을 알 수 있다.

⑤ 6문단에서 키스틀러는 실리카에어로겔의 쓰임새를 단열재로 보았는데, 실리카에어로겔은 작고 가벼우면서도 단열을 효율적으로 할 수 있다고 하였으므로 키스틀러가 자신의 발명품이 실용적 용도가 있다고 보았음을 알 수 있다.

14 ② 1문단에서 실리카에어로겔은 $1cm^3$ 안에 수십 억 개의 자잘한 그물망이 거품 모양으로 엉켜 있다고 하였다. 그러나 젤라틴 겔이 전체적으로 커다란 거품의 모양인지에 대해서는 알 수 없다.

① 3문단에서 액체가 증발하는 힘에도 젤라틴 그물망이 쉽게 쪼그라들어 버린다고 하였으므로 견고하지 않아서 충격에 약하다는 것을 알 수 있다.

③ 3문단에서 젤리 속 액체가 그대로 기체가 되게 한 후 젤리에서 천천히 기체가 빠져나오게 한다고 하였으므로 속에 든 액체를 빼는 과정을 거쳐 만들어진다는 것을 알 수 있다.

④ 3문단에서 알코올을 넣은 젤리를 압력 용기에 넣고 용기를 가열하여 끓는점을 넘도록 한다고 하였으므로 적절한 열과 압력을 이용하여 만들어진다는 것을 알 수 있다.

⑤ 2문단에서 젤라틴은 원래 고체이지만 물 같은 액체에 닿으면 분자 결합이 느슨하게 풀려서 그물을 이루고 그 안에 물을 가두게 된다고 하였으므로 액체에 닿아서 분자 결합이 변화한 결과임을 알 수 있다.

15 ③ 1문단에서 실리카에어로겔은 빠른 속도로 움직이는 우주 먼지들을 낱낱이 거품 속으로 파고들게 해서 붙잡는 일을 성공적으로 수행했다고 하였다. 따라서 빠른 속도로 움직이는 물체들을 한곳으로 모아서 원형 그대로 붙잡을 수 있다는 설명은 옳지 않다.

① 4문단에서 실리카에어로겔은 유리의 주재료인 이산화규소(실리콘)로 만들어져서 젤라틴 겔보다 단단하고 가볍다고 하였으므로 유리 성분이 주원료여서 젤라틴 겔보다 형태 보존성이 좋음을 알 수 있다.

② 4문단에서 실리카에어로겔은 젤라틴 겔과 같은 원리를 이용하여 만들었다고 하였는데, 3문단에서 젤라틴 겔은 액체가 임계온도를 넘기면 기체로 변하는 현상을 이용하여 만들었다고 하였으므로 적절한 설명이다.

④ 4문단에서 공기가 전체 부피의 99.8%를 차지한다고 하였으므로 고체 형태보다 그 속에 포함된 기체의 부피가 훨씬 커서 보기보다 매우 가볍게 느껴진다는 것을 알 수 있다.

⑤ 6문단에서 유리창을 약간씩 띄워서 겹겹이 배치하면 단열이 되는 것과 같은 이치라고 하였으므로 적절한 설명이다.

16 ⑤ 5문단에서 빛이 약한 곳에 두면 푸른 빛으로 보이고 밝은 곳에서는 거의 보이지 않는다고 하였다. 이를 통해 빛을 세게 쪼이면 거의 보이지 않는다는 것을 알 수 있다. 따라서 빛을 세게 쪼이면 빛의 꺾임 현상이 겔 안에서 크게 일어나 푸르게 보일 것이라는 추론은 적절하지 않다.

(가) 함형수, 「해바라기의 비명–청년 화가 L을 위하여」
- 갈래 : 자유시, 서정시
- 성격 : 정열적, 의지적, 낭만적
- 제재 : 해바라기
- 주제 : 죽음을 넘어선 열정적인 삶의 추구
- 특징
  - 단호한 명령형 어조를 사용해 화자의 의지를 강조함
  - 대립적인 시어를 사용하여 시상을 전개함
  - 상징적 시어를 통해 주제의식을 드러냄
  - 색채 대비를 통해 풍부한 생명력을 표현함
  - 행의 길이가 점점 길어지는 점층적 전개를 통해 화자의 의지를 강조함
- 이해와 감상 : 이 작품에서 비명은 비석에 새긴 글을 말하는 것으로, 시적화자는 죽음이라는 절망적 상황 앞에서 오히려 열정적인 삶을 상징하는 '해바라기'를 통해 죽음을 초월하려는 정열과 의지를 강렬히 드러내고 있다. 그리고 부제 '청년 화가 L을 위하여'를 붙인 것에서 알 수 있듯이 죽음을 초월한 예술가의 열정과 의지를 형상화한 작품이다. 또한 이 작품에서는 비생명성을 상징하는 '차가운 빗돌'을 거부하고 생명성을 상징하는 '해바라기, 보리밭, 태양, 노고지리'를 지향하는 태도를 통해 생명에 대한 강한 의지를 표출하고 있다. 그리고 단호한 명령형 종결 처리법을 통해 죽음의 세계를 부정하고, 생에 대한 욕망을 표출하려는 화자의 내면 심리를 효과적으로 드러내고 있다. 이처럼 이 작품은 시각적인 이미지와 단호한 어조를 통해 죽음을 초월하여 진정한 예술 세계에 도달하려는 예술가의 생명 의지를 나타내고 있다.

(나) 유치환, 「생명의 서」
- 갈래 : 자유시, 서정시
- 성격 : 의지적, 상징적, 관념적
- 제재 : 생명
- 주제 : 생명의 본질을 추구하는 강한 의지
- 특징
  - 관념적 어휘와 어려운 한자어의 사용이 빈번함
  - 내적 독백의 다짐과 강한 의지를 표출함
  - 인생의 허무함을 극복하고자 극한 상황을 설정함
- 이해와 감상 : 이 시는 생명의 본질을 강인한 의지로 추구하고 있는 작품이다. 생명의 본질적이고 순수한 모습을 찾기 위해서는 자신의 목숨까지도 버릴 각오가 되어 있다고 화자는 결연한 어조로 말한다. 시적 화자는 자신이 현실적으로 지니고 있는 지식이나 감정으로는 생명의 본질을 깨우칠 수 없음을 알고서 '병든 나무'처럼 고통스럽게 살아간다. 생명 본연의 존재 이유에 대해 회의를 품

고, 삶의 허무와 회의감에 빠져 살아가는 것이다. 그러나 화자는 이러한 좌절에만 머물러 있지 않는다. 화자는 허무감에 빠진 현실적 자아를 버려야만 본질적 자아에 이를 수 있다는 사실을 깨닫고 아라비아 사막으로 떠나게 된다. 그곳은 '영겁의 허적'과 관련된 '알라의 신'만이 존재하는 절대적 공간이고, 일체가 사라져 버린 죽음의 공간으로, '일체'는 화자가 현실적으로 지니고 있는 모든 것을 가리킨다. 시적 화자는 바로 이러한 역설적 공간으로서의 아라비아 사막에서 치열하게 생명의 본질을 추구하면서, 참되고 순수한 생명의 모습을 찾을 수 없다면 차라리 죽음을 택하겠다고 결연한 의지를 다진다.

(다) 백석, 「남신의주 유동 박시봉방」
- 갈래 : 자유시, 서정시
- 성격 : 서사적, 독백적, 반성적, 의지적
- 제재 : 떠도는 자의 삶
- 주제 : 무기력한 삶에 대한 반성과 새로운 삶의 의지
- 특징
  - 시간과 정서의 추이에 따라 시상을 전개함
  - 사투리와 토속적 소재를 사용하여 향토적 정서를 환기하고 일제 강점 하 민족의 주체 의식을 간접적으로 드러냄
  - 객관적 상관물을 통해 화자의 의지를 나타냄
  - 편지글의 형식으로 자신의 근황을 드러냄
  - 산문적 진술이나, 쉼표를 통해 내재율을 획득함
- 이해와 감상 : 이 시는 일제 식민지 치하에 창작된 작품으로 무기력하게 살고 있는 지식인이 자신의 삶을 반성하고 새로운 삶의 의지를 다짐하는 내용을 담고 있다. 제목이 편지 형식으로 되어 있고 산문으로 길게 늘어 쓴 이 시는 주로 순간적 감정을 전달하는 시 장르적 특징을 벗어나 우리들에게 한 사람의 삶의 스토리와 그가 느끼는 생각들을 차근차근 전달하고 있다. 우리는 그의 이야기를 들으면서 자신의 의지와 다르게 만들어진 화자의 비참하고 무기력한 생활을 보게 되고 그가 얼마나 큰 슬픔과 자괴감, 부끄러움을 느꼈을지 짐작해 볼 수 있다. 그러나 정한 갈매나무를 생각하는 화자의 마지막 말에서 어떠한 환경과 운명의 장난 속에도 굳세고 깨끗한 삶을 살아보겠다는 화자의 새로운 의지도 엿볼 수 있다.

17 ② (가)의 화자는 죽음을 초월하려는 정열과 의지를 강렬히 드러내고 있으므로 삶에 대한 희망적 태도를 드러내고 있다고 볼 수 있다. 그러나 (다)의 화자는 죽음까지 생각하게 하는 절망적 상황에 처해지지만, 홀로 눈을 맞으며 서 있는 굳고 정한 '갈매나무'를 떠올리며 갈매나무처럼 맑고 꼿꼿하게 시련을 이겨나가겠다는 의지를 다진다. 따라서 (다)의

화자가 삶에 대한 절망적인 관점을 벗어나지 못하고 있다고 볼 수 없다.

오답풀이
① (가)의 시적 화자는 자신이 죽은 후 다른 사람들이 자신을 '해바라기', '노고지리'를 통해 기억하기를 바라고 있다. 여기서 '해바라기'는 화자의 정열적 사랑을, '노고지리'는 화자가 간직했던 꿈과 이상을 상징한다. 반면 (나)의 시적 화자는 나약한 자신의 모습을 변화시키고자 극한의 공간인 '아라비아 사막'에서 시련과 고뇌를 통한 자기 단련과 성찰을 통해 본질적 자아를 찾고자 한다.
③ (나)의 화자는 원시적 생명력을 가진 자아를 찾기 위해서는 극한적 상황에 처해 있어야 함을 깨닫고 고난을 능동적으로 받아들이는 태도를 드러내고 있는 반면, (다)의 화자는 시련과 고난으로 인해 죽음을 생각할 정도로 나약하고 무기력한 태도를 드러내고 있다.
④ (가)의 화자는 자신이 죽은 뒤 무덤 앞에 빗돌 대신에 노란 해바라기를 심어달라고 하면서 사랑과 꿈을 실현하고자 하는 의지를 드러내는 반면 (다)의 화자는 남신의주 유동에서 머물면서 차분히 자신의 삶을 반성하고 굳은 갈매나무와 같은 삶을 살겠다고 다짐하고 있지만 자신의 꿈을 실현하려는 의지를 명시적으로 드러내고 있지는 않다.
⑤ (가), (나), (다) 모두 시련과 절망의 상황 속에서 자신의 모습을 성찰하고 삶을 보다 의미 있는 방향으로 발전시키고자 하는 의지와 다짐을 드러낸다.

18 ④ (가)는 단호하면서도 명령적인 어조를 사용하고 있고, (나)는 남성적이고 의지적인 어조를 사용하고 있다. 또한 (다)는 독백체의 성찰적 어조를 사용하고 있다.

오답풀이
① '노오란', '푸른'과 같은 강렬한 색채 심상을 통해 열정적 삶에 대한 소망을 드러내고 있다.
② '나는 가자'와 같은 1인칭 청유형의 시적 허용 수법을 사용함으로써 시적 화자의 단호한 의지를 보여주고 있다.
③ 편지형식으로, 주로 호흡이 긴 문장을 사용하여 화자의 내면의식을 드러내고 있다.
⑤ (가)에서는 '태양같이', (나)에서는 '병든 나무처럼, 불사신같이', (다)에서는 '소처럼'을 사용하였으므로 모두 직유를 통해 시상을 전개하고 있다고 볼 수 있다.

19 ④ ㉠은 '정렬적인 사랑'을, ㉡은 '꿈과 이상'을, ㉢은 '원시적 생명력을 지닌 존재의 본질'을, ㉤은 '굳고 정결한 삶'을 나타낸다. 즉 ㉠, ㉡, ㉢, ㉤은 모두 화자가 지향하는 것들을 상징한다. ㉣은 시적 화자의 자아인식 즉, 운명론적 세계관을 뜻하는 것이다. 따라서 의미가 가장 이질적인 것은 ㉣이다.

199

20 ④ ⓐ '저 머나먼 아라비아 사막(沙漠)'은 극한의 공간으로, 성
찰의 공간이자 생명의 본질을 구하고자 하는 곳을 의미한
다. ⓑ '이 습한 나는 춥고, 누긋한 방'은 열악하고 누추한
환경으로, 어렵고 힘든 화자의 현실을 의미한다. ⓑ는 지나
온 삶에 대한 회한의 공간이기도 하므로, 시대적 불의에 항
거하는 원동력이 된다는 설명은 적절하지 않다.

오답풀이

① ⓐ는 소멸, 무생명을 상징하는 극한의 공간으로, 비현실성
을 띠는 공간이다.

② ⓐ는 시련을 통해 화자를 변화시키는 공간으로, 존재의 본
질을 탐색하기 위한 전제가 된다.

③ ⓑ는 화자가 지내온 열악한 공간으로, 어렵고 힘든 화자의
처지를 상징한다.

⑤ ⓐ의 공간에서 화자는 자아의 본질을 모색하고자 하고, ⓑ
의 공간에서 화자는 지난날의 어리석음을 반성한다. 따라
서 ⓐ와 ⓑ 모두 정신적인 재탄생이 이루어지는 공간이다.

21 ⑤ (다)의 시적 화자는 '절망'(유랑하는 무기력하고 무의미한
삶 → 자살 충동 → 삶에 대한 체념과 운명론적 태도)에서
'희망'(굳고 정한 갈매나무를 생각하며 의지를 다짐)으로 그
태도를 변화시킨다. 전반부에서는 방에 누워 울기도 하며
괴로워 하지만 '고개를 들어, 허연 문창을 바라보든가 또
눈을 떠서' 등의 행위를 통해 슬픔을 극복하고 굳고 정한
갈매나무와 같이 굳세게 살 것을 다짐한다. 따라서 시적 화
자는 신체적 자세 변화를 통해 현실을 대하는 정신적 변화
를 보여 주고 있다고 볼 수 있다.

TIP 남신의주 유동 박시봉방의 시상전개

• 1~8행 : '아내도 없고', '집도 없어지고'를 통해 가족과 고향을 상
실하고 떠돌아다니는 쓸쓸한 삶을 드러내고 있다.

• 9~15행 : '슬픔이며 어리석음이며를'에서 자신이 살아 온 삶에 대
한 비애와 탄식을 보이고 있고, '쌔김질'은 화자가 그 감정에 빠져
들어가고 있음을 보여 준다.

• 16~19행 : '나는 내 슬픔이며 – 없는 것을 느끼는 것이었다.'에서 모
진 운명에 대한 체념이 잘 나타나 있다.

• 20~끝 : 혹독한 운명임에도 불구하고 굳고 강하게 살겠다는 다짐
을 보이고 있다. '굳고 정한 갈매나무'처럼 굳세고 깨끗하게 살아
갈 것을 다짐하고 있다.

[22~24] 독서 – 예술

22 ⑤ 4문단에서 종묘는 제사를 통해 효 윤리가 실현되었던 유교
적 문화 공간이라고 하였고, 5문단에서 사직은 유교 문화
의 경제적 기반이었던 농업과 밀접한 관련이 있는 곳이라
고 하였다. 따라서 사직을 유교 윤리의 실현에 맞게 개편한

것이라는 설명은 옳지 않다.

오답풀이

① 4문단을 통해 유교의 핵심적인 윤리인 '효'는 종묘를 통해
실현되었음을 알 수 있다.

② 마지막 문단에서 종묘와 사직은 동아시아의 보편적 문화와
더불어 조선만의 독특한 유교 문화, 왕실 문화, 농경문화가
집약되어 있는 곳이라고 하였다.

③ 1문단에서 종묘와 사직은 모두 국가에서 주관하는 제사를
시행하던 공간이라고 하였다.

④ 2문단에서 국왕은 남면을 하고, 종묘는 궁궐의 왼쪽에 세
우고, 사직은 궁궐의 오른쪽에 세운다고 하였다.

23 ④ 3문단에서 삼강오륜 중에서 가장 중요한 것이 '효'와 '충'인
데 부모에 대한 효가 사회·국가적 차원으로 확장된 것이
충이라고 하였다. 이러한 효와 충은 마음과 정성을 다해 웃
어른을 공경하는 자세를 기초로 한다. 또한 윗사람은 아랫
사람에게 은혜를 베풂으로써 상호 간 사랑과 정성으로 도
리를 다해야 한다. 따라서 부모는 자식에 대해, 국왕은 백
성에 대해 군림하는 존재라고 한 것은 윗사람이 아랫사람
에게 지켜야 할 마땅한 도리를 행한 것으로 볼 수 없으므
로 옳지 못한 설명이다.

오답풀이

① 부모 자식 간의 관계가 사회적으로 확장된 것으로, 윗사람
은 아랫사람에게 은혜를 베푸는 존재이다.

② 임금과 백성의 관계는 더 넓은 의미에서 부모 자식 간의
관계로 볼 수 있다.

③ 부모 자식 간의 관계가 사회적으로 확장된 것이 임금과 백
성 간의 관계이다.

⑤ 부모에 대한 효가 사회·국가적 차원으로 확장된 것이 충
이므로 부모에 대한 소임을 다하는 자식처럼 국왕에 대해
백성도 그렇게 할 수 있다.

24 ⑤ ㉡에서 제사를 거행할 때는 반드시 음악이 연주되었는데,
'예(禮)'와 '악(樂)'이라는 유교 원칙에 따라 거행되었다고
하였다. 〈보기〉에서 종묘 제례악은 종묘에서 제사를 지낼
때 기악, 노래, 춤을 갖추고 종묘 제례 의식에 맞추어 연행
하는 음악이라고 하면서 음악 연주에 사용되는 다양한 악
기들을 소개하였다. 이는 모두 종묘의 음악적 측면을 드러
낸 것으로, 종묘 음악은 다양한 악기를 사용하여 유교 문화
의 원칙을 충실히 구현한다고 이해할 수 있다.

[25~29] 고전 시가

(가) 월명, 「제망매가」
- 갈래 : 10구체 향가, 서정시
- 성격 : 추모적, 애상적, 불교적
- 제재 : 누이의 죽음
- 주제 : 죽은 누이에 대한 추모
- 특징
  - 누이의 죽음과 관련된 내용을 비유적으로 표현함
  - 10구체 향가의 전형적인 특징인 낙구(감탄사)가 나타남
  - 불교의 윤회사상이 반영됨
  - 현재(1~4구) - 과거(5~8구) - 미래(9~10구)의 3단 구성에 따라 시상이 전개됨
- 이해와 감상 : 이 시는 신라 35대 경덕왕 때 승려인 월명사가 죽은 누이를 추모하여 지은 작품으로, 서정성이 뛰어나며 상징성이 두드러진다. 누이의 죽음을 가을에 떨어지는 나뭇잎에 비유하고, 한 부모님이 낳은 오누이의 관계를 같은 가지에서 나온 것으로 인식하여 비유한 표현법이 탁월하다. 불교의 윤회 사상을 바탕으로 새로운 만남을 기약하고 있는데, 이는 인간적인 슬픔을 종교적 믿음으로 정화하여 극복하고자 하는 숭고한 정신의 표현이라 할 수 있다.

(나) 성삼문, 「이 몸이 죽어 가셔~」
- 갈래 : 평시조, 서정시
- 성격 : 의지적, 지사적, 절의적
- 제재 : 낙락장송
- 주제 : 죽어서도 변할 수 없는 절개, 임금에 대한 충절
- 이해와 감상 : 이 시조는 단종의 복위를 꾀하려다가 실패하고 죽임을 당할 때 읊은 시조로 온 세상이 다 세조를 섬기는 세상이 되더라도 자신만은 남산 위에 우뚝 솟은 소나무처럼 단종만을 받들어 절개를 지키겠다는 심정을 토로한 것으로 가상적인 전제로 이루어진 이 시조에서 '낙락장송'은 '굳은 절개'를 '백설이 만건곤할 때'는 '수양대군의 득세'를 '독야청청하리라'는 '시류에 휩쓸리지 않고 홀로라도 지조를 지키겠다'는 굳은 결의를 상징하는 것으로 그의 죽음은 이러한 단호함과 지조에 연유한다고 할 수 있다.

(다) 작자 미상, 「바리공주」
- 갈래 : 무가(巫歌), 서사무가
- 성격 : 신화적, 교훈적, 비현실적, 서사적
- 제재 : 바리공주의 일생
- 주제 : 부모에게 효도하려는 바리공주의 고난과 성취
- 특징
  - 죽음을 주관하는 신의 유래를 밝힌 본풀이임
  - 한국 서사문학의 한 특징인 영웅 설화적 구조를 지님
  - 주술성을 지닌 구비문학임
- 이해와 감상 : 이 작품은 죽은 이의 영혼을 위로하고 저승으로 인도하기 위해 베풀어지는 사령제이다. 전국 각지에서 수십 편이 채록되어 있는데, 각 편은 전승 지역마다 많은 차이를 보이며, 구연자가 누구냐에 따라서도 세부적인 면에서는 많은 차이가 있다. 그러나 각 편들이 공유하고 있는 서사적 구조는 일관성을 유지하고 있다. 이 작품의 신화적 성격에는 다음과 같은 특징이 있다. 바리데기가 사령을 통제하는 신이면서 동시에 죽음이라는 현상을 관장하는 신이라는 데에 있으며, 개인적인 효녀로서의 바리데기가 국가의 공신으로서 집단적 추앙을 받는 영웅이 되고, 다시 모든 사람의 죽음을 관장하는 신이 되어 영속적인 신앙의 대상이 되었다는 것이다. 이러한 이중적 성격은 죽음에서 다시 살아나기를 바라는 마음과 죽음과 동시에 이승과는 단절해야 한다는 인간의 이중적 심리가 함께 반영되어 있는 것으로 볼 수 있다.

25 ④ (가)는 누이의 죽음에 대한 애통함을 미타찰(극락세계)에서 다시 만날 것을 기대하며 종교적으로 승화하고자 하는 윤회사상을 드러내고 있으며 (나)는 죽어서 소나무가 되어 영원히 푸르겠다고 하면서 저승에 가서라도 충정을 다하겠다는 굳은 절개를 드러내고 있다. 또한 (다)는 바리공주가 죽지 않고 살아나 부모를 살리는 구원자가 되는 과정을 통해 초월적 세계의 모습을 드러내고 있다. 따라서 (가)~(다) 모두 이승의 삶 이후 상황을 상정하고 주제를 형상화하고 있다고 볼 수 있다.

[오답풀이]

① (가)에서는 앞부분에서 슬픔이 점차 고조되다가 시상의 전환이 이루어져 슬픔을 극복하고자 하는 다짐을 드러냄으로써 미적 쾌감을 불러일으킨다. (나)와 (다)에는 이러한 특징이 나타나지 않는다.

② (다)는 서사무가로서 인물과 배경이 설정되어 사건 전개가 이루어진다. (가)와 (나)에는 이러한 특징이 나타나지 않는다.

③ (나)는 4음보의 평시조로 일정한 율격으로 편안하고 안정된 느낌을 준다. (가)와 (다)에는 이러한 특징이 나타나지 않는다.

⑤ (가)~(다) 모두 동적 이미지와 정적 이미지를 대비시킨 부분은 없다.

26 ③ (나)의 화자는 혼탁한 세태에 휩쓸리지 않는 꿋꿋한 절개와 정신적 승리를 드러냄으로써 자신이 처한 현실에 의연하게 대처하였다. '백설이 만건곤홀 제 독야청청 ᄒ리라'에서 외로운 길을 택한 화자의 의연한 태도를 알 수 있다. 〈보기〉

의 화자는 자신의 결백함을 자연물을 통해 호소하였다. '잔월효성이 아르시리이다'에서 '잔월효성'은 천지신명으로, 시적 화자의 결백을 알고 있는 존재이다. 따라서 〈보기〉는 시적 대상에게 자신의 억울함을 호소하였다고 볼 수 있다.

오답풀이

① (나)에는 미래에 대한 희망이 나타나있지 않고 〈보기〉에는 현재 처지에 대한 슬픔이 나타나 있다.

② (나)의 화자는 의지적 태도를 보이고 있지만 실제로 그것을 구현하려는 것은 아니다. 〈보기〉의 화자는 자신의 감정을 직설적으로 드러내고 있다.

④ (나)에는 자연의 풍광이 실제로 제시되어 있는 것이 아니라 화자의 내면을 자연에 빗대어 표현한 것이다. 〈보기〉에는 자연 속에서의 삶을 동경하는 모습이 나타나있지 않다.

⑤ (나)의 화자는 자유로운 세상을 추구하는 것이 아니라 지조와 절개를 지키고자 하는 마음을 드러냈다. 〈보기〉의 화자는 지위 상승을 추구하고 있지 않다.

TIP 정서, 「정과정」 작품해제

- **갈래** : 향가계 고려가요, 향가계 여요(10구체), 유배 시가
- **성격** : 충신연주지사
- **제재** : 연군지정
- **주제** : 임을 향한 변함없는 마음. 임금을 향한 충절
- **특징**
    - 비연시(비분절체)의 형식을 취함
    - 향가의 영향을 받음(3단 구성, 감탄사의 존재)
    - 조선시대까지 궁중 음악으로 불림
    - 충신연주지사의 원류가 되어 후대의 시가에 영향을 줌
- **이해와 감상** : 이 노래는 향찰로 표기되어 전해지는 '향가'는 아니지만, 형식면에서 볼 때 10구체 향가의 파격으로 되어 있어서 향가의 전통을 잇는 향가계 여요(麗謠)로 분류되는 작품이다. 인종의 총애를 받다가 의종이 즉위하자 조정의 참소(讒訴 남을 헐뜯어서 없는 죄를 있는 듯이 꾸며 고해바치는 일)로 귀양(자신의 고향인 동래를 간 정서(鄭敍)가 오랜 세월이 흘러도 자신을 불러 주지 않는 임금에 대한 억울한 심정과 연모의 정을 전하기 위하여 지었다는 노래이다. 유배 문학의 원류(源流)로, 정철의 〈사미인곡(思美人曲)〉, 〈속미인곡(續美人曲)〉과 맥을 같이 하는 충신연주지사(忠臣戀主之詞)이다.

---

27 ⑤ '저히고'는 '두렵다'는 의미이고 '머뭇그리고'는 '머뭇거리고'라는 의미이므로 그 뜻이 서로 다르다.

28 ③ ⓒ은 죽은 누이를 나타내는 시어로, 삶과 죽음에 대한 허무함과 무상감을 나타낸다. 누이를 '떨어질 잎'이라고 표현한 것은 혈육 간의 이별로 인한 삶의 고뇌와 인생무상을 나타내는 것이다. ⓒ은 꿋꿋한 절개를 나타내는 것으로, 어떤 상황에서도 굽힐 수 없는 화자의 정신적 자세와 단호한 의

지를 드러낸다. 따라서 더 능동적인 의지가 반영되어 있는 것은 ⓒ이 아니라 ⓒ이다.

오답풀이

① ⓒ은 가지의 '잎'을 ⓒ은 '소나무'를 나타내는 것으로 둘 다 식물적인 이미지를 표현하였다.

② ⓒ은 '죽은 누이'를 빗대어 표현한 것이고 ⓒ은 '화자 자신의 절개'를 빗대어 표현한 것으로 둘 다 원관념에 대한 보조 관념에 해당한다.

④ ⓒ은 바람이 불 때 가지에서 쉽게 떨어져 버리는 잎으로 볼 수 있고 ⓒ은 가지가 늘어질 만큼 오래되고 큰 소나무로, 오랜 시간 같은 모습을 유지하고 있는 것으로 볼 수 있다. 그러므로 ⓒ은 ⓒ에 비해 동적인 성격이 두드러지게 나타난다.

⑤ ⓒ은 한겨울의 추위에도 잎이 지지 않고 늘 푸르름을 간직하고 있으므로 ⓒ에 비해 색채 이미지가 시상 전개에 중요한 역할을 한다고 볼 수 있다.

29 ④ ⓓ 바로 뒤에 '하도 무서웁고 끔찍하여 물러나 삼배를 드리니'라고 말한 것으로 보아 묘사된 무상 신선은 두렵고 무서운 존재임을 알 수 있다. 친근한 느낌을 준다는 설명은 적절하지 않다.

오답풀이

① 청의동자는 아기를 버린 죄로 옥황상제의 명을 받아 양전마마의 명패를 풍도 섬에 가두러 왔다고 말하고 있다. 이는 양전마마가 벌을 받아 동시에 죽는다는 뜻으로 이해할 수 있다.

② 태어나자마자 부모에게 버림받았지만, 열 달 동안 품어주고 낳아준 정을 생각하여 효행길에 나서겠다는 뜻으로 이해할 수 있다.

③ 양전마마의 수결은 무엇인가를 증명할 때 필요한 것이므로 왕과 왕비의 명령과 결정에 의한 행동이라는 점을 증명한다고 볼 수 있다.

⑤ 바리공주가 부모를 살리기 위해 감수해야 할 고난의 시간을 의미하므로, 부모 봉양을 위해 희생해야 할 시간과 노력이 필요하다는 뜻으로 이해할 수 있다.

[30~32] 독서 – 인문

30 ③ 5문단에서 새벽녘에는 사물과 접하지 않아서 그 기운이 청명할 때에는 양심이 발현되지만, 낮에 행하는 불선(不善)으로 인해 그것이 없어지기도 한다고 하였다. 따라서 청명한 기운으로 양심이 일어나면 나쁜 행위는 저절로 사라진다는 설명은 적절하지 않다.

오답풀이

① 3문단에서 공자의 말을 인용하여 '잡으면 보존되고 놓아 버리면 없어져서 나가고 들어옴이 일정한 때가 없어 방향을 알 수 없는 것이 오직 사람의 마음이라 할 것이다.'라고 한 것을 통해 알 수 있다.

② 5문단에서 밤에는 그 기운이 청명하여 양심이 발현되지만 낮에 행하는 불선(不善)이 잇따라서 질곡하여 없어지게 한다고 한 것을 통해 알 수 있다.

④ 7문단에서 마음을 잡는 방법은 공경하여 그것을 곧게 하는 것일 따름이라고 한 것을 통해 알 수 있다.

⑤ 마지막 문단에서 범순부의 딸이 '마음이 어찌 나가고 들어옴이 있겠는가' 라고 한 것을 통해 알 수 있다.

31 ① 1문단에서 맹자는 우산(牛山)은 본래 아름다웠으나 사람들이 도끼와 자귀로 매일 나무를 베어 감으로 인해 헐벗게 되고 사람들은 그 헐벗은 것이 우산의 본성이라 여긴다고 하면서, 그러한 상황을 인간의 본성에 빗대어 표현하였다. 인간의 본성도 그와 같이 본래는 인의로우나 낮의 소행이 양심을 잃어버리게 하여 본성이 금수 같다고 여긴다고 하였다. 즉, 맹자는 주장에 상응하는 비유를 통해 설득하기의 말하기 방식을 사용하고 있다.

32 ① 맹자와 주자는 인간은 본래 선한 마음을 지니고 있으나 낮의 소행이 그것을 잊어버리게 만든다고 하면서, 본성을 잊어버리지 않거나 양심을 기르기 위해 의식적으로 노력해야 한다고 하였다. '마음에서 일어나는 감정을 솔직하게 인정하고 실행에 옮기고자 하였다.'는 것은 본성을 잊어버리지 않기 위한 노력으로 볼 수 없으므로 윗글의 내용을 실천한 사례로 볼 수 없다.

오답풀이

② 본래의 마음이 낮의 소행으로 인해 사라진다고 하였으므로 본래의 마음을 찾고자 하는 노력을 스스로 포기하지 않으려 한 것은 윗글의 내용을 실천한 사례로 적절하다.

③ 본래의 마음은 선하므로 항상 깨어 있고자 하는 것은 본래의 선한 마음을 지키고자 하는 행위이다. 따라서 윗글의 내용을 실천한 사례로 적절하다.

④ 정자는 공경하는 마음으로 그것을 곧게 하는 것이 중요하다고 하였으므로 모든 일에 대해 공경하는 자세로 마음을 바르게 갖고자 한 것은 윗글의 내용을 실천한 사례로 적절하다.

⑤ 혼자 있을 때에도 삼가고 조심하는 것은 본래의 선한 마음을 유지하고자 하는 노력이므로 윗글의 내용을 실천한 사례로 적절하다.

[33~37] 고전 소설

김만중, 「사씨남정기」
- **갈래** : 고전 소설, 국문 소설, 가정 소설
- **성격** : 풍간적(諷諫的), 가정적
- **배경** : 명나라 초기, 중국 북경 금릉 순천부
- **시점** : 전지적 작가 시점
- **구성**
  - 발단 : 명나라 유현의 아들 연수는 15세에 한림학사가 됨
  - 전개 : 유한림과 결혼한 사씨는 아기를 낳지 못하자 교씨를 첩으로 들이게 함
  - 위기 : 교씨는 한림에게 사씨에 대한 온갖 참소를 함
  - 절정 : 교씨는 자기 아들을 죽여 사씨를 모함하고 정실이 된 후 한림을 참소하고 갖은 악행을 저지름
  - 결말 : 교씨의 모든 악행이 드러나고 한림과 사씨가 해후하여 교씨를 처형함
- **주제** : 처첩 간의 갈등과 사씨의 고행, 권선징악(勸善懲惡)
- **특징**
  - 대화를 통해 사건을 전개하고 갈등을 사실적으로 표현함
  - 선인과 악인의 대립적 구도를 통해 사건을 전개함
  - 까다로운 한문투의 표현을 피하고 구어체를 사용함
  - 속담이나 격언 등을 적절히 활용하여 우리말을 능숙하게 구사함
- **이해와 감상** : 이 작품은 중국 명나라 때 양반 사대부인 유한림의 가정에서 벌어진 처첩 간의 갈등을 그려 축첩 제도의 문제점을 드러내고 비판한 가정 소설로, 가정 소설이라는 하나의 유형을 제시한 작품이다. 치밀한 구성과 섬세한 심리 묘사로 당대의 현실을 사실적으로 그려 내고 있으며, 후처(교씨)의 모략으로 고생하던 본처(사씨)가 고생 끝에 남편의 사랑을 되찾는다는 권선징악의 교훈을 준다. 이 작품에서 작가는 정실 부인 사씨를 고매한 부덕(婦德)의 소유자로, 첩 교씨를 간교한 여인으로 설정하고 있다. 이와 같은 대립적 인물 설정은 주인공 사씨의 인격을 강조하기 위한 것으로, 인현 왕후를 옹호하다 귀양을 가게 된 김만중이 인현 왕후 폐위의 부당성을 풍자한 것으로 볼 수 있다. 그러나 사씨 부인의 성격을 지나치게 이상적으로 묘사함으로써, 작가의 가치관이 봉건적 도덕성을 옹호하고자 했다는 한계를 보인다.

33 ④ 본문에서 유 한림이 교씨에게 명하여 노래를 부르라고 한 것으로 보아 교씨와 거리를 두는 사이가 아님을 알 수 있다. 또한 유 한림이 사 부인을 대하는 태도는 윗글에 제시된 바가 없으므로 알 수 없다.

오답풀이

① 본문의 내용을 살펴보면 사 부인은 교씨를 하대하고, 교씨

는 사 부인에게 존대를 하고 있다. 이를 통해 사 부인과 교씨는 유 한림에게 처와 첩인 관계임을 알 수 있다.

② 교씨는 사 부인에게 존댓말을 사용하고, 사 부인은 교씨에게 하게체를 사용하고 있다.

③ 교씨는 유 한림과 그의 처인 사 부인 앞에서 공손한 태도를 보이고 있다.

⑤ 본문에서 사 부인이 춘낭에게 명을 내리는 것으로 보아 춘낭은 사 부인을 주인으로 모시고 있음을 알 수 있다.

TIP 「사씨남정기」의 인물 유형

- **사씨** : 유 한림의 본처. 현모양처(賢母良妻)로서 유교적 여성관을 드러내는 전형적인 인물이다.
- **교씨** : 유 한림의 첩. 자신의 이익과 행복을 위해서는 수단과 방법을 가리지 않는 악인의 전형적인 인물이다.
- **유 한림** : 본성은 착하나 판단력이 부족하고, 양반 사대부가의 봉건적 사고방식을 지닌 전형적인 인물이다.
- **두(杜) 부인** : 유연수의 고모. 유순하면서도 덕이 있으며 사리 판별이 뛰어난 인물로 다가올 일을 암시하는 복선의 역할을 한다.
- **유 소사** : 유연수의 부친. 당대 사회에서 존경받는 인물로 사씨의 재능을 알고 아들 유 한림과 혼인시킨다.

34 ② '그대의 거문고 소리와~합당하지 못할 것이네.', '남자라도 거문고를 타는 것은~하는 바이라.'라는 말을 통해 사 부인은 음악에 심취하는 것은 여자의 도리에 합당하지 않다고 생각하고 있음을 알 수 있다.

오답풀이

① '이 곡조를 요즘 사람이 많이 타나~이는 망국의 음악이라 본디 취할 것이 아니네.'라고 말한 것으로 보아, 요즘 사람들은 음악의 유래를 모르고 즐긴다는 것을 알 수 있다.

③ 사람의 감정을 숨김없이 표현한 음악이 좋은 음악이라고 언급한 부분은 찾아볼 수 없다.

④ 혼자서 조용하게 음악을 감상하는 것이 올바른 태도라고 언급한 부분은 찾아볼 수 없다.

⑤ 아내로서 남편의 즐거움을 위해 음악을 연주하는 것은 필요하다고 언급한 부분은 찾아볼 수 없다.

35 ④ ㉠은 교씨가 겉으로는 사 부인이 지적한 자신의 잘못을 인정하고 받아들이고 있으나, 속으로는 자신을 지적한 사 부인에게 앙심을 품고 앙갚음을 하겠다는 이면적 의미가 담겨져 있다고 볼 수 있다. 또한 〈보기〉에서 '벽계수'는 시냇물을 의미하지만 사람의 이름이기도 하고, '명월'은 밝은 달을 의미하지만 황진이의 호를 의미하기도 한다. 즉, 표면적 주제는 인생무상을 나타내고 있지만 그 이면에는 황진이가 벽계수를 유혹하는 내용이 담겨져 있는 것이다. 따라서 두 작품은 모두 문면에 나타난 의미 외에 숨겨진 의미가 있다고 볼 수 있다.

오답풀이

① ㉠과 〈보기〉 모두 감정의 노출은 드러나 있지 않다.

② ㉠과 〈보기〉 모두 화자의 의도가 분명하게 드러나 있지 않다.

③ ㉠과 〈보기〉 모두 인물의 형상화에 초점을 맞추고 있지 않다.

⑤ ㉠은 상대에게 높임말을 사용하였고 〈보기〉에서는 낮춤말을 사용하였다.

TIP 황진이, 「청산리 벽계수야~」 작품해제

- **갈래** : 평시조
- **성격** : 감상적, 낭만적
- **제재** : 벽계수, 달
- **주제** : 인생의 덧없음과 향락의 권유
- **이해와 감상** : 황진이가 지향하는 문학적 가치관의 일부를 보여주는 작품으로 초중장에서 인생의 덧없음을 전제한 뒤, 종장에서 인생을 즐겁게 살아가고 호소하고 있는 작품이다. 많은 사람들에 의해 애창되는 이 작품은 황진이가 왕족인 벽계수를 유혹하고자 불렀다고 한다. 한 번 바다로 흘러가면 다시는 돌아올 수 없다는 논리로 벽계수를 유혹하면서 종장에서 밝은 달과 자신으로 시상(詩想)을 자연스럽게 연결시킨 기지가 돋보이는 작품이다. 세월은 빠르고 인생은 덧없는 것이니, 인생을 즐겁게 살아가는 시조로 교훈적이고 유교적인 인습에 젖어 있던 당시의 사대부들에게 무엇인가를 일깨우는 작품이다. 여기서 주의할 것은 중의법으로 쓰인 '벽계수'는 흐르는 물과 왕족인 벽계수(碧溪水)를, '명월'은 달과 황진이 자신을 동시에 의미한다.

36 ① '연목구어'는 나무에 올라 고기를 얻으려고 한다는 뜻으로, 불가능한 일을 굳이 하려 함을 비유하는 말로, 자신의 행복을 위해서는 수단과 방법을 가리지 않는 악인의 전형인 교씨를 비판하는 말로는 적절하지 않다.

오답풀이

② 적반하장(賊反荷杖) : 도둑이 도리어 몽둥이를 든다는 뜻으로, 잘못한 사람이 도리어 잘 한 사람을 나무하는 경우를 비유적으로 이르는 말이다.

③ 교언영색(巧言令色) : 말을 교묘하게 하고 얼굴빛을 꾸민다는 뜻으로, 다른 사람의 환심을 사기 위해 말을 번지르르하게 하고 표정을 그럴싸하게 지어 아첨하고 알랑거리는 태도를 말한다.

④ 침소봉대(針小棒大) : 작은 바늘을 큰 몽둥이라고 한다는 뜻으로, 작은 일을 크게 부풀려서 말함을 비유적으로 이르는 말이다.

⑤ 표리부동(表裏不同) : 겉과 속이 같지 않다는 뜻으로, 속마음과 다르게 말하거나 행동하는 것을 말한다.

37 ④ ㉢에서 유 한림은 교씨의 계략을 제대로 판별하지 못하여, 사 부인이 전에는 투기함 없이 교씨의 단점을 이야기한 적이 없었으나 사 부인이 자기 모르게 교씨를 박대하는 것은

아닌가 하고 사 부인의 말과 행동에 의심을 품게 되었다.

TIP 「사씨남정기」의 인물 분석

	긍정적 측면	부정적 측면
사씨	후덕한 인품을 지니고 있고 명분을 중시함	일을 슬기롭게 처리하지 못해서 아들이 시련을 겪게 되고 집안의 혼란을 초래함
교씨	나타나지 않음	정실부인을 모해하고, 여러 남자들과 사통하고, 책임을 다른 사람에게 전가함 → 간교하고 사악함
유 한림	교씨의 죄상을 알고 죄목 열 가지를 들면서 엄히 징치함 → 악행에 대해서 단호하게 처벌함	교씨의 계략을 제대로 판별하지 못하고 가정의 혼란을 초래함 → 판단력이 부족해서 악인의 계략에 넘어가 가정에 우환이 생기게 함

[38~40] 독서 – 사회

38 ③ 4문단에서 유권자들은 소외, 이탈, 자기만족 등을 겪으면서 정치 과정에서의 단절감을 드러낸다고 하였다. 따라서 단절감을 극복하기 위해 자기만족을 추구한다고 볼 수 없다.

오답풀이

① 2문단에서 '합리적인' 정치적 의사나 판단은 세 가지 기준, 즉 '사실을 중시'하고 '미래를 중시'하고 '타인을 중시'하는 것이어야 한다고 하였으므로 정치적 판단이 사실에 대해 무지하거나 장래의 일까지 생각하지 못한다면 결함이 있는 것이라는 주장은 ㉠의 주장과 일치한다.

② 3문단에서 오페와 프로이스는 '참여가 증가하는 만큼 합리성도 증가하는 것은 아니다'라고 했다고 하였으며 현재 과제는 '숙고를 거친, 사회적으로 입증되고 정당화될 수 있는 선호가 형성되도록 장려하는 제도나 절차의 도입'에 관한 것이라고 하였으므로 숙고를 거쳐 사회적으로 정당화될 선호가 형성되도록 해야 한다는 주장은 ㉠의 주장과 일치한다.

④ 4문단에서 유권자들은 소외, 이탈, 자기만족 등을 겪으면서 정치 과정에서의 단절감을 드러내고, 유명인사의 인기가 신념에 입각한 정치 주장을 대체한다고 하였으므로 유권자들이 정치 과정에서 소외되고 정치인의 인기도가 정치적 주장을 대체하고 있다는 주장은 ㉡의 주장과 일치한다.

⑤ 7문단에서 숙의는 어떤 우월적 규범이나 권위에 의해 제약되지 않을 때 자유로울 수 있으며 이런 이상이 실현되려면 권력, 부, 교육 등 자원의 불평등에 따른 왜곡에 의해서가 아니라 합리적 동기에 의한 합의가 필요하다고 하였으므로 정책 수립은 어떤 규범이나 권위에 제약되지 않는 숙의 과정을 통해 합리적 동기에 따른 합의가 요구된다는 주장은 ㉢의 주장과 일치한다.

39 ⑤ '숙의 민주주의'는 '정제되고 사려 깊은 선호'를 중시하며 동시에 '숙고를 거친, 사회적으로 입증되고 정당화될 수 있는 선호가 형성되도록 장려하는 제도나 절차의 도입'을 중시한다. 즉 참여가 증가한다고 해서 합리성도 증가하는 것은 아니며 시민들의 선호는 항상 달라질 수 있으므로 결론 도출의 과정에 있어서의 합리적이고 정당한 방법이 필요하다는 것이다. 또한 6문단에서 숙의 민주주의자들은 정치적 정통성이 투표 결과에 달려 있다기보다는 공적 결정에 대해 옹호 가능한 이유와 설명을 제시하는 데 있다고 본다고 하였다. 그러므로 다수파가 누가 되든지 그것은 논의의 균형을 보여 주는 지표일 뿐, 지속된 논의를 통해 제도를 정당화하는 것이 합리적이라는 주장이 ⓐ의 입장을 지지하는 견해이다.

오답풀이

① 7문단에서 숙의는 어떤 우월적 규범이나 권위에 의해 제약되지 않을 때 자유로울 수 있다고 하였다. 그런데 독특한 사회 관습이나 규칙, 관습적인 인간관계의 방식에 따라 논쟁이 달라진다는 것은 규범이나 권위에 의해 제약되는 것으로 볼 수 있다.

② 숙의 민주주의의 목표는 자유로운 숙의를 통해 합리적인 판단을 하는 것이다. 이기적인 정치 행위자가 이타적인 인간으로 바뀌는 것과는 연관성이 없다.

③ 숙의 민주주의는 이전의 개념 선택에 의해 좌우되는 것이 아니다.

④ 불편부당함의 기준을 두고 토론하면서 좀 더 나은 결론을 추구한다고 해서 상대방이 가진 충분한 이유와 근거를 인정할 수 없는 것은 아니다. 숙의 민주주의가 지향하는 바는 상대방의 근거가 옳고 그른지 판단하는 것이 아니라 공적 선호를 추구하는 것이기 때문이다.

40 ④ ⓑ는 '숙고를 거친, 사회적으로 입증되고 정당화될 수 있는 선호가 형성되도록 장려하는 제도'를 의미한다. ④에서 육아 설비 실태를 재검토하여 남성뿐만 아니라 여성도 공적 생활에 참여할 수 있는 기회를 가질 수 있게 한다고 한 것은, 숙고를 거치지 않았고 사회적으로 입증되고 정당화될 수 있는 선호인지 알 수 없다.

오답풀이

① 후보 선택에 대해 논의하였으므로 숙고 과정을 거쳤고 이에 대한 결과는 정당한 선호가 된다.

② 공적 논증과 정치적 선택에 필요한 능력을 계발하는 데 기여할 수 있는 교육은 시민들에게 선호가 형성될 수 있도록 장려하는 절차이다.

③ 인터넷을 활용하여 시민들이 제기하고 검증한 혁신 방안은 숙고를 거친 것이고 이를 제도화하는 것은 정당한 선호가

반영된 것이다.

⑤ 쟁점에 대해 전문가의 견해를 참조하고 토의한 것은 숙고를 거친 것이므로 이를 통한 여론 조사는 정당한 선호가 될 것이다.

[41~45] 현대 소설

손창섭, 「비 오는 날」
• **갈래** : 단편 소설, 전후 소설
• **성격** : 냉소적, 비극적, 실존적, 허무적
• **배경** : 6·25 전쟁 중의 장마철, 피난지 부산의 변두리 마을
• **시점** : 전지적 작가 시점
• **구성**
 – 발단 : 비가 내리는 날이면 원구에게는 동욱 남매의 음산한 생활 풍경이 회상됨
 – 전개 : 원구는 황폐한 동욱의 집을 방문하여 동욱과 그의 누이동생 동옥을 만남
 – 위기 : 미군들의 단속이 심해지면서 부대에 들어갈 수가 없게 되자 동욱 남매는 유일한 생계 수단인 초상화 작업을 못하게 됨
 – 절정 : 동옥은 노파에게 돈을 떼이고, 세 들어 살던 집마저 떠나게 됨
 – 결말 : 원구가 그 집을 방문했을 때 이미 그들은 떠나고, 그는 자책감에 빠져 돌아옴
• **제재** : 피난민의 무기력한 삶
• **주제** : 전쟁의 극한 상황이 가져온 인간의 무기력한 삶과 허무의식
• **특징**
 – 종결어미를 사용하여 사건을 간접적으로 제시함
 – '원구'라는 인물이 '동욱' 남매의 불구적 삶을 회상하는 구성으로 전개됨
 – 사회적 배경과 상황적 배경, 시·공간적 배경이 적절히 배합되어 생존의 비극성을 밀도 있게 구현함
• **이해와 감상** : 이 작품은 전후소설을 대표하는 것으로, 절망의 시대 분위기가 빚어낸 비인간적이며 무기력하고 참담한 모습을 그려내고 있다. 절망적인 상황과 비정상적인 인간들의 삶을 통해 전쟁이 가져다 준 물질적·정신적 상처와 참상을 고발하고 있다. 즉, 전쟁이라는 극한 상황이 인간을 얼마나 무기력하고 황폐하게 만드는가를 적나라하게 보여주며 그로 인한 절망이 단순한 인간애로 극복될 수 없다는 인식을 드러내고 있다. 특히 '비'는 단순한 비가 아니라 이 소설의 전체적인 분위기를 지배하고 있다. 그리고 이 비는 등장인물이 처해 있는 전후시대의 상황을 상징적으로 그린 것이다. 질척거리면서 거리에 내리는 비는 시대적 부정성을 뜻한다. 청명

한 날이 없는 시대, 그들을 계속 무겁게 누르는 불운을 비의 이미지를 통해 드러낸 것이다. 작가는 절망의 시대를 껴안은 채 고통 받는 존재들을 질척거리는 비를 맞고 사는 것으로 극화한 것이다.

41 ② 이 소설은 전지적 작가 시점으로서, '원구'라는 인물의 시각을 통해 '동욱' 남매의 참담한 삶을 보여주고 있다.

오답풀이

① 액자식 구성을 취하고 있지 않고 인물의 과거를 폭로하고 있지도 않다.
③ 서술자의 논평이 드러난 부분은 찾을 수 없다.
④ 인물 간의 대화가 직접적으로 드러나 있지 않다.
⑤ 반어적으로 묘사된 부분은 찾을 수 없다.

42 ⑤ 원구는 상대방을 조롱하는 것 같은 닝글닝글한 웃음을 이전부터 몹시 꺼려했다고 하면서 그러한 웃음이 원구에게 어떤 운명적인 중압을 암시하여 감당할 수 없이 마음이 무거워졌다고 하였다. 그럼에도 원구는 동욱을 아껴줘야겠다고 생각한다. 따라서 원구는 동욱에게 마음에 안 드는 점이 있어도 그를 인간적으로 배려하고 있다는 설명은 적절하다.

오답풀이

① 동옥은 생활고를 해결하기 위해 미군 부대를 돌아다니며 초상화 주문을 받으면서 생활하였다.
② 원구는 동옥을 볼 때마다 마음이 차츰 끌리게 되지만 서로 사랑하는 사이는 아니다.
③ 동욱과 동옥이 서로에게 책임을 미루는 태도는 나타나있지 않다.
④ 동욱은 원구에게 신세 한탄을 하기도 하고 어깨가 축 늘어져서 걸어가는 초라한 뒷모습을 보이기도 하는 것으로 보아 밝은 웃음을 잃지 않고 낙관적으로 살고자 한다고 볼 수 없다.

TIP 「비 오는 날」의 등장인물

• **동욱** : 전쟁으로 인해 월남하여 동생이 그린 초상화를 미군 부대에 팔아 생활하고 있다. 동생 동옥이를 박대하고 험한 말을 내뱉는 것 같으나, 친구 원구에게 동옥이를 아내로 맞이할 것을 당부하는 것으로 보아, 속으로는 정이 많은 인물임을 알 수 있다.
• **동옥** : 오빠를 따라 월남하여 그림을 그리며 살고 있으며, 결혼 적령기임에도 결혼을 하지 못하고 있다. 불편한 다리 때문에 세상에 대해 경계심을 지니고 살지만 오빠의 친구인 원구에게는 차츰 마음을 열어 놓는다.
• **원구** : 동욱의 친구로, 동옥을 알게 되고 냉랭하던 그녀가 차츰 생기를 찾아가는 것을 보고 마음이 끌리나, 그녀와의 결혼에 관한 결단을 결국 내리지 못하는 우유부단한 성격이다.

43 ② 본문에서 동욱은 별로 원구와 동옥을 인사시키거나 소개하려 하지 않았다고 설명한 것으로 보아 동욱이 원구에게 결혼을 강요하려고 한 것은 아님을 알 수 있다. 단지 동옥의 처지를 딱하게 여겨 원구와 결혼했으면 하는 동욱의 작은 바람이 담긴 것으로 볼 수 있다.

[오답풀이]

① 영문과를 졸업했는데 미군 부대를 찾아다니며 초상화의 주문을 맡는 자신의 처지를 자조적으로 표현한 것이므로, 동욱이 자신이 하는 일을 마음에 들어 하지 않음을 알 수 있다.

③ 종잡을 수 없는 동욱의 말에 원구는 무슨 영문인지도 모르면서 '암 그럴 테지' 하며 동조하는 것으로 보아 원구는 동욱의 처지를 동정하여 무슨 말이든 일단 동조해주는 태도를 드러내고 있음을 알 수 있다.

④ 원구는 동욱의 과거와 그 집안을 그려 보며 그의 모순된 태도를 이해하고 그를 아껴 줘야겠다고 하는 것으로 보아, 동욱의 모순된 태도가 현실에서의 삶의 어려움에 기인한 것임을 알 수 있다.

⑤ 동옥의 태도가 결코 호의적이지 않음에도 찾아가지 않을 수 없다고 하였으므로 원구 자신도 그 이유를 명확히 깨닫지 못한 채 행동하는 것임을 알 수 있다.

44 ① 동욱 남매가 사는 방을 '무덤 속 같은 이 방'이라고 표현한 것은 남매의 삶이 죽음보다 못할 만큼 힘겹다는 것을 뜻한다. 따라서 ⓐ는 삶의 안정감 없이 살아야 하는 인물들의 비참한 상황을 상징한다고 볼 수 있다.

45 ③ 동옥의 태도는 원구가 찾아갈 때마다 달라지는데, 이는 동옥이 원구에게 좋은 감정을 느끼게 된다는 것을 의미한다. 따라서 동옥은 〈보기〉에서 가난하고 소외된 사람들이 힘겹게 살아가는 곳을 뜻하는 '가장 낮은 곳'에 사는 '잠 못 든 이'로 볼 수 있고, 원구는 그러한 사람들에게 희망과 위로를 전하는 '함박눈'으로 볼 수 있다.

[오답풀이]

① 동욱은 동옥을 떠나려 하고 있지 않고, 그녀는 '흩날리는 진눈깨비'처럼 고통을 주는 존재도 아니다.

② 동욱은 동옥을 1·4후퇴 당시 데리고 왔는데 요새 와서는 짐스러워 후회될 때가 있다고 하였으므로 동옥이 동욱에게 정신적인 의지처가 되고 있다고 볼 수 없다.

④ 동옥이 그림을 그리는 것은 동욱에게 위안을 주기 위함이 아니라 생계를 위함이었다.

⑤ 원구는 동욱을 이해해주는 친구이지만, 동욱의 결정에 대하여 '새 살'처럼 용기를 주고 있지는 않다.

TIP 안도현, 「우리가 눈발이라면」의 시어 및 시구 풀이

- **우리가 눈발이라면** : 가정형 서술로, 장차 미래에 이루어질 그 무언가를 상징함으로써 부정적 현실에 대해 간접적으로 비판하는 효과를 줌
- **허공에서 쭈빗쭈빗 흩날리는** : 의미 없는 공간에서 머뭇거리기만 하는 상태를 나타냄
- **진눈깨비** : 부정적인 이미지로, 다른 사람들을 힘들게 하는 대상이며, 함박눈과 대조적인 의미를 지님
- **세상이 바람 불고 춥고 어둡다 해도** : 힘들고 고달픈 삶의 조건과 상황을 나타냄
- **사람이 사는 마을 / 가장 낮은 곳** : 가난하고 소외된 상태로 외롭고 힘겹게 살아가는 사람들이 모여 있는 곳. 사람의 따뜻한 정과 사랑이 없는, 희망을 잃어버린 곳을 상징함
- **따뜻한 함박눈** : 긍정적인 이미지로 진눈깨비와 대조가 되며, 다른 사람들에게 희망과 위로가 되는 존재를 상징함
- **잠 못 든 이** : 힘든 세상살이로 인해 마음에 상처를 안고 괴로워하는 사람을 상징함
- **편지** : 위로와 희망이 될 수 있는 존재를 상징함
- **깊고 붉은 상처** : 현실로 인한 고통과 절망을 상징함
- **새살** : 부스럼이나 상처가 난 자리에 새로 돋아난 살로, 희망, 치유를 상징하는 긍정적 대상

2018학년도 기출문제 정답 및 해설

01 ②	02 ①	03 ④	04 ①	05 ④	06 ②
07 ⑤	08 ⑤	09 ②	10 ④	11 ④	12 ②
13 ①	14 ④	15 ⑤	16 ⑤	17 ③	18 ③
19 ①	20 ⑤	21 ①	22 ⑤	23 ①	24 ④
25 ①	26 ③	27 ③	28 ②	29 ⑤	30 ②
31 ③	32 ②	33 ①	34 ④	35 ②	36 ⑤
37 ④	38 ③	39 ①	40 ⑤	41 ⑤	42 ①
43 ③	44 ③	45 ③			

01 ② 'vanguard'는 '선봉, 선두'의 의미로 'forefront(맨 앞, 선두)'와 그 의미가 가장 유사하다.

오답풀이

① 혼란, 소란

③ 보호, 보장

④ 반대, 항의

⑤ 준비, 대비

어휘

• deceive into : 속여서 ~하게 하다

• vanguard : 선봉, 선두

• turmoil : 혼란, 소란

• forefront : 맨 앞, 선두

• preparation : 준비, 대비

해석

그 시위에 참여한 학생들은 속아서 그들이 혁명의 선봉에 있다고 생각했다.

02 ① 'collude'는 '공모하다', '결탁하다'는 뜻으로 'collaborate(협력하다, 협업하다)'와 그 의미가 가장 유사하다.

오답풀이

② 제안하다, 제의하다

③ 가장하다, ~인 체하다

④ 의도하다, 작정하다

⑤ 개입하다, 끼어들다

어휘

• collude : 공모하다, 결탁하다

• minor : 미성년자

• collaborate : 협력하다, 협업하다

• intervene : 개입하다, 끼어들다

해석

정부는 제조사들이 미성년자들에게 제품을 판매하기 위해 결탁했다고 결론지었다.

03 ④ 'penchant'는 '기호, 애호'의 뜻으로 'inclination(성향, 경향)'과 그 의미가 가장 유사하다.

오답풀이

① 고정 관념, 집착

② 소질, 적성

③ 비난, 책망

⑤ 낭비, 사치

어휘

• penchant : 기호, 애호

• demise : 종말, 죽음, 사망

• obsession : 고정[강박] 관념, 집착

• aptitude : 소질, 적성

• reproach : 비난, 책망

• inclination : 의향, 성향, 경향

• extravagance : 낭비, 사치

해석

살면서 더 좋은 것만을 추구하는 그의 성향 때문에 가족의 재산을 탕진했다.

04 ① 'cabin'은 '오두막 집[좁은 곳]에 가두다'라는 뜻의 동사로, 'confine(가두다, 국한시키다)'와 그 의미가 가장 유사하다.

오답풀이

② 비난하다, 꾸짖다

③ 소개하다, 도입하다

④ 보호하다, 보장하다

⑤ 예시하다, 예증하다

어휘

- stern : 엄중한, 심각한
- cabin : 오두막 집[좁은 곳]에 가두다
- relevant : 관련 있는, 적절한
- confine : 넣다[가두다], 국한시키다
- rebuke : 비난하다, 꾸짖다
- safeguard : 보호하다, 보장하다
- exemplify : 예시하다, 예증하다

해석

롤스에게 가장 엄격한 비평가들은 종종 그를 "단지 미국인이나 기껏해야 영국계 미국인 독자에게만 관계된 것"으로 국한시키려고 노력했다.

05 ④ 'circumlocutory'는 '빙 둘러 말하는', '완곡한'의 뜻으로 'roundabout(우회적인, 둘러대는)'와 그 의미가 가장 유사하다.

오답풀이

① 명백한, 분명한
② 간결한, 간략한
③ 근거 없는, 사실 무근의
⑤ 달래는, 회유적인

어휘

- pending lawsuit : 계류[심리] 중인 소송
- circumlocutory : 빙 둘러 말하는, 완곡한
- pharmaceutical : 약학의, 제약의
- representative : 대표, 대리인
- unequivocal : 명백한, 분명한
- succinct : 간결한, 간략한
- unfounded : 근거 없는, 사실 무근의
- roundabout : 우회적인, 둘러대는
- conciliatory : 달래는, 회유적인

해석

심리 중인 소송에 관한 심문은 제약 회사 대표의 우회적인 답변에 부딪혔다.

06 ② ②의 'announce'는 해당 문장에서 '이름을 말하다[부르다], 호명하다'는 뜻의 타동사로 사용되었는데, 뒤에 목적어가 없으므로 'was announced'의 수동태 형태로 쓰여야 한다.

오답풀이

① 'where'는 앞의 'the Gold Room'을 선행사로 하는 관계부사의 계속적 용법으로 사용되었으며, 'in which'로 바꿔 쓸

수 있다.

③ 'that'은 앞의 'walk'를 선행사로 하는 주격 관계대명사로 사용되었다.
④ 'making'은 현재분사의 형태로 능동형 분사구문을 이끈다.
⑤ 'the other'는 둘 중의 다른 하나로, 해당 문장의 'the other end'는 '반대편'을 의미한다.

어휘

- legislative staff : 국회 보좌진, 의회 보좌진
- incoming : 새로 당선[선출]된
- House and Senate members : 상원과 하원 의원들
- sixteen hundred hours : 16:00, 오후 4시
- on the dot : 제 시간에, 정각에
- announce : 이름을 말하다[부르다], 호명하다
- podium : 연단, 강단
- vigorous : 활발한, 격렬한, 활기찬
- jaunty : 의기양양한, 쾌활한
- determined : 단호한, 완강한, 단단히 결심한
- on a schedule : 일정대로, 예정대로
- detour : 둘러 가는 길, 우회로
- refreshment : 다과, 가벼운 식사, 음료

해석

나는 백악관의 의회 보좌진에게 직접 인사를 받고 Gold Room으로 안내되었다. 그곳에는 새로 당선된 대부분의 상하원 의원들이 이미 모여 있었다. 오후 4시 정각에, Bush 대통령이 호명되어 연단으로 걸어 나왔다. 활기차고 건강한 모습이었으며, 의기양양하면서도 단호한 걸음걸이로 그는 예정대로 진행할 것이며 우회 수단은 최소한도로 유지하고 싶다고 말했다. 십여 분에 걸쳐 그는 몇 마디 농담과 함께 국가의 단합을 요구하며 그 방에서 연설을 했고, 이에 앞서 다과와 함께 대통령 내외와 함께 사진을 찍도록 백악관 반대편으로 우리를 초대했다.

07 ⑤ ⑤의 문장은 'without(~이 없었더라면)'과 함께 과거사실의 반대를 나타내는 가정법 과거완료 구문이므로, 'would have + p.p' 형식에 따라 'be'를 'have been'으로 고쳐 써야 옳다.

오답풀이

① 'offers'는 관계대명사 'which'의 선행사인 'deck'이 단수이므로, 3인칭 단수 현재 시제에 맞게 수와 시제가 일치되었다.
② 'where'는 관계부사로 뒤에 완전한 문장이 왔으므로 옳게 사용되었다.
③ 'as'는 'name A as B(A를 B로 임명[지명]하다)' 구문으로 옳게 사용되었다.
④ 'has been'은 현재완료 시제로 해당 문장의 내용상 과거부터 지금까지 '동화 같은 한 시즌을 보냈다'는 의미이므로

경찰대학 **기출백서**

209

옳게 사용되었다.

어휘

- the Fourth of July : (7월 4일의) 독립기념일
- firework : 폭죽, 불꽃놀이
- rooftop deck : 옥상
- a breathtaking view : 너무나 아름다운 전망
- landmark : 역사적인 건물[장소], 랜드마크
- toast : 건배하다, 축배를 들다
- improbable : 사실[진실] 같지 않은, 있을 것 같지 않은
- itinerant : 떠돌아다니는, 순회하는
- chronicle : 연대기
- candidate : 출마자, 후보자
- ERA earned run average : (투수의) 방어율
- accomplishment : 업적, 공적, 성적
- overshadow : 그늘지게 하다, 가리다, 무색하게 하다
- toil : 수고, 노력, 고역
- odyssey : 오디세이, 대서사시, 긴 모험

해석

샌프란시스코 자이언츠의 투수인 Ryan Vogelsong과 그의 부인인 Nicloe은 아파트 옥상에서 독립기념일에 하는 불꽃놀이를 구경했는데, 그곳은 Baby Bridge, Alcatraz Island와 Coit Tower와 같은 랜드마크 건물들의 너무나 아름다운 전망을 제공했다. 또한 그곳에서 그들은 적어도 지금까지는 없을 법한 떠돌이 경력의 정점인, National League의 올스타 팀에 선정된 것을 샴페인으로 축하하고 있었다. 샌프란시스코 자이언츠의 크로니클은 최근에 그를 사이영 상 후보로 지명했다. 34살의 Vogelsong에게는 일종의 동화 같은 한 시즌이었는데, 그는 월드시리즈 결승전에서 8대 1의 스코어와 방어율 2.23을 기록했다. 비록 올해의 성적이 Vogelsong이 야구에서 이전에 이루었던 모든 성적을 무색하게 했지만, 그 성적은 샌프란시스코, 피츠버그, 일본, 베네수엘라에 더해 10개의 마이너리그 도시들에서 체류한 극적인 노력이 없었다면 불가능했을 것이다.

08 ⑤ ⑤ 'have me'는 앞의 'the impressions'와 'other people' 사이에 목적격 관계대명사 'that' 또는 'which'가 생략되어 있으므로, 'have' 다음에 목적어가 생략되어 있어야 한다. 즉, 'have the impressions of me'의 구조가 되어야 하므로 'have me'는 'have of me'로 고쳐 써야 옳다.

오답풀이

① 'have evolved'는 앞의 'yet'과 함께 현재완료 시제로 사용되었으며, 뒤의 'the mind'를 목적어로 취한다.

② 'wins'는 앞의 'a quality'가 주어이므로 3인칭 단수 현재의 형태가 알맞다.

③ 'that'은 명사절을 이끄는 접속사로 뒤에 완전한 문장이 왔

으므로 맞게 사용되었다.

④ 'what'은 뒤의 'think'의 목적어에 해당하는 의문사로 맞게 사용되었다.

어휘

- comparison : 비교, 비유
- crucial : 중대한, 결정적인
- sustained : 지속된, 한결같은
- evolve : 발달하다, 진화하다
- inequality : 불평등, 불균등
- get to the point : 핵심에 이르다, 요점을 언급하다
- be derived from : ~로부터 파생되다[나오다]

해석

루소에게 중요한 것은 자연 상태와 비교되지 않는 것이다. 지속적인 유대 관계 없이 사는 피조물은 아직까지 지성이 사람과 대등할 정도로 진화될 수 없을 거라고 주장하며 루소는 두 가지 결론을 이끌어 냈다. 첫째, 더 센 체력, 더 좋은 목소리, 더 나은 지능과 같은 타고난 불평등은 우리가 우연히 소유한 특질이 타인의 시각에서 존경, 칭찬, 가격, 가치를 얻을 때만 중요하다. 두 번째 결론은 혼자 있는 자연인만이 순수하다는 것이다. 항상 남이 우리를 어떻게 생각할지 신경 써야 되는 사회 속에서, 우리는 다른 사람으로부터 명예와 존경을 얻으려고 무언가를 행한다. 나의 자의식은 타인이 나에 대해 가지고 있는 인상에서 비롯된다는 점이 바로 핵심이다.

09 ② (A) 정서적인 삶과 육체적인 삶이 다르지 않다는 의미가 되어야 하는데, 앞에 부정어 'no'가 사용되었으므로 'distinct(별개의)'가 들어갈 말로 가장 적절하다.

(B) 다음에 오는 문장이 역접의 의미인 'On the contrary(반대로)'로 시작되고 그 내용이 긍정적이므로, (B)에는 부정적인 어휘인 'despair(절망)'가 들어갈 말로 가장 적절하다.

(C) 만족시킬 수 없는 욕망과 죽음에 대한 두려움은 이성의 실행을 통해 극복될 수 있다고 했으므로, (C)에는 극복되기 위한 객체인 'obstacles(장애물)'이 들어갈 말로 가장 적절하다.

어휘

- realization : 깨달음, 자각, 인식
- void : 빈 공간, 진공
- providential : 신의, 섭리의, 신의 뜻에 의한
- distinct : 뚜렷한, 분명한, 별개의
- indistinct : 분명하지 않은, 희미한
- mortal : 죽을 운명의, 영원히 살 수 없는
- grasp : 완전히 이해하다, 파악하다
- unappeasable : 만족시킬 수 없는, 채울 수 없는

- path : 길, 방향
- obstacle : 장애(물), 방해(물)
- surmount : 극복하다, 이겨내다
- reason : 이성, 사고, 판단

해석

우주가 원자와 빈 공간으로 구성되어 있으며 다른 무엇도 없다는 깨달음, 세상이 우리를 위해 창조주의 섭리로 만들어진 것이 아니라는 깨달음, 우리가 우주의 중심이 아니라는 깨달음, 정서적인 삶이 육체적인 삶과 (A) 별개의 것이 아니며 다른 모든 피조물의 육체적인 삶과 다를 바 없다는 깨달음, 우리의 정신은 우리의 몸과 마찬가지로 물질적인 것이며 영원히 살 수 없다는 깨달음 – 이 모든 것들이 (B) 절망의 원인은 아니다. 반대로 상황을 있는 그대로 이해하는 것은 행복의 가능성으로 가는 중요한 단계이다. 인간이 행복한 삶을 사는 것은 가능하지만, 그것은 그들이 우주의 중심이라고 생각하기 때문이 아니다. 만족시킬 수 없는 욕망과 죽음에 대한 두려움은 인간의 행복에 대한 주요한 (C) 장애물이지만, 그것들은 이성의 실행을 통해 극복될 수 있다.

10 ④ (A) 윗글은 음악이 환자의 치료에 어떤 효과를 보이는지 의학적 특성을 설명한 글이므로, (A)에는 'medicinal(의학적)'이 들어갈 말로 가장 적절하다.
  (B) 제2차 세계대전 동안 일부 군대 병원과 공장에서 이용했던 음악 치료는 이제 환자들에게 보편적으로 이용되고 있으므로, (B)에는 'widely(널리)'가 들어갈 말로 가장 적절하다.
  (C) 지금은 음악 치료가 보편화 되어 음악이 긴장완화에 효과가 있다는 내용이 되어야 하므로, (C)에는 'conducive(도움이 되는)'가 들어갈 말로 가장 적절하다.

어휘

- therapy : 치료, 요법
- explicit : 분명한, 명쾌한
- physiological : 생리학의, 생리적인
- cognitive : 인지의, 인식의
- the wounded : 부상자들
- aesthetic : 심미적, 미학적
- medicinal : 약효가 있는, 치유력이 있는
- property : 속성, 특성
- disability : 상해, 장애
- surgery : 수술, 진료
- notably : 특히, 현저히, 뚜렷이
- dental : 치아의, 치과의
- burns : 화상
- coronary : 관상동맥의

- attest : 증명[입증]하다
- legato passage : 부드러운 음조
- predictable : 예측[예견]할 수 있는
- detrimental : 해로운, 불리한
- conducive to : ~에 도움이 되는, ~에 좋은
- relaxation : 휴식, 긴장완화

해석

명백한 의료 행위인 음악 치료는 20세기, 특히 제1차 세계대전 동안 서양에서 처음 발전했는데, 그때의 의사와 간호사들은 음악이 부상자들의 심리적, 생리적, 인지적, 감정적 상태에 미치는 효과를 목격했다. 음악의 (A) 의학적 특성에 관한 최초의 주요 연구는 1948년에 발표되었는데, 제2차 세계대전 동안 일부 군대 병원과 공장에서 계속 이용한 음악 치료 반응이었다. 음악 치료는 이제 정신적 혹은 신체적 장애나 병이 있는 사람들에게 (B) 널리 이용된다. 음악 치료의 가장 중요한 기능들 가운데 하나는, 특히 치과나 화상 그리고 관상동맥 치료에서 수술을 준비하거나, 수술을 하거나, 수술에서 회복중인 환자들의 긴장을 풀어주는 것이다. 지금은 느리고 안정된 템포, 부드러운 음조, 온화한 리듬, 예측 가능한 변화와 단순하게 지속되는 멜로디의 음악이 긴장완화에 (C) 도움이 된다는 사실이 충분히 입증되었다.

11 ④ 현실에서 영적인 것은 복잡하고 다차원적인 현상이므로, 영적인 것에 대한 이해를 넓히기 위해서는 폭넓은 해석을 포함해야 한다. 그러므로 ④의 'excludes'는 '포함하다'는 의미를 지닌 'includes'로 수정해야 옳다.

어휘

- spiritual dimension : 영적 차원
- controversial : 논쟁상의, 논란이 많은
- a holistic approach : 전체론적 접근법
- be identified as : ~로써 판명되다[밝혀지다]
- vital : 필수적인, 중요한, 중대한
- spirituality : 영적인 것, 영혼, 정령
- resilience : 회복력, 탄력, 탄성
- single entity : 단일 실체
- multi-dimensional : 다차원의
- exclude : 배제하다, 제외하다
- appropriate : 적절한, 적당한, 타당한
- anti-discriminatory : 반차별적인

해석

비록 영적 차원은 노동의 육체적, 정신적 그리고 감정적 측면에 큰 영향을 미치는 ① 중요한 요소로 점차 밝혀지고 있지만, 그것은 복잡하고 논란의 소지가 많은 영역이며, 종종 전체론적 접근법 내에서는 간과된다. 유감스럽게도 영적인 것과

회복력을 탐구하는 대다수 연구들이 영적인 것을 ② 쉽게 측정되고 통제되는 단일 실체로 취급하고 있다. 현실에서 영적인 것은 복잡하며, ③ 다차원적인 현상이다. 따라서 영적인 것의 폭넓은 해석을 ④ 배제하는 연구는 우리의 이해를 넓히는 데 중요하다. 영적인 것을 단지 종교적 정의만을 사용하여 해석하는 사람들이 있다. 영적인 것에 대한 이러한 ⑤ 협의의 종교적 해석은, 종종 미국이나 영국에서 보는 기도교적인 해석으로, 반차별적 관행을 과시하는 정부 기관들에게는 적합하지 않다.

12 ② 모든 사람이 모든 주제에 대해 똑같은 사고방식과 신념을 가지게 된다면 의사소통의 필요성이 없게 되므로, 그 대화는 생동감이 있는 것이 아니라 지루해질 것이다. 그러므로 ②의 'lively(생동감 있는)'는 'bored(지루한)' 또는 'dull(따분한)'로 수정해야 옳다.

- pervasive : 넘치는, 충만한, 만연한
- attitude : 태도[자세], 사고방식
- in almost every respect : 거의 모든 면에서
- dissimilar : 같지 않은, 다른
- common ground : 공통점, 공통적인 입장
- at hand : 직접적인, 당면한
- prevail : 만연[팽배]하다, 퍼지다

한 이론에 따르면, 특정 범위 내에서 의사소통자들이 더 동일할수록, 그들의 의사소통은 더욱 효율적이 된다. 한 가지 제한적인 조건은 사람들 사이의 동일성이 너무 ① 만연해서 그들이 모든 주제에 똑같은 사고방식과 신념을 가지게 된다면, 의사소통의 필요성이 없어진다. 예를 들면, 누구나 다 영화부터 정치까지 모든 주제가 일치하는 파티에서, 대화는 아마 ② 생동감이 있을 것이다. 반면에, 거의 모든 면에서 ③ 일치하지 않는 사람들은 공통점, 즉 경험을 공유하고 생각을 교환하는 근거가 부족할 것이다. 이 이론에 따르면, 이상적인 상황은 사람들이 많은 동일성을 가지고 있지만 당면한 주제에 대해서는 그들의 사고방식으로 소통하고 어쩌면 서로의 사고방식에 영향을 미칠 수 있을 만큼 일치하지 않는 상황이다. 그러나 동일성은 분명 ④ 만연하게 된다. 결국, 사고방식이 영향을 미치는 목표는 당신의 사고방식과 점점 ⑤ 닮아가도록 다른 사람의 사고방식을 변화시키는 것이다.

13 ① 윗글에서 현대전의 양상이 점차 예측할 수 없는 방법으로 전술들이 결합되면서 그 성격이 변질되고 있다고 하였으므로, 전쟁과 평화의 구별 그리고 누가 호전적이고 비호전적인지 구별하는 것은 명확한 것이 아니라 불명확하다. 그

러므로 ①의 'clarified(명확한)'는 'vague(불명확한)' 또는 'ambiguous(애매모호한)'로 수정해야 옳다.

- distinction : 구별, 차별, 차이
- combatant : 전투적인, 호전적인
- noncombatant : 비전투적인, 비호전적인
- principally : 주로
- recruit : 뽑다, 모집하다
- hybrid : 잡종, 변종, 혼합
- be associated with : ~와 관련[연관]되다
- non-state actor : 비국가 활동 세력
- fuse : 융합되다, 결합되다
- unpredictable : 예측[예상]할 수 없는
- magnitude : 규모, 중요도
- appreciate : 진가를 알아보다, 인정하다

4차 산업혁명은 갈등의 성격뿐만 아니라 갈등의 크기에도 영향을 미칠 것이다. 전쟁과 평화의 구별 그리고 누가 호전적이고 비호전적인지 구별하는 것은 불편하게도 ① 명확해지고 있다. 마찬가지로 전쟁터는 점차 국지적인 동시에 세계화 되고 있다. ISIS와 같은 조직들은 중동의 한정된 지역에서 ② 주로 활동했지만 그들은 또한 대게 소셜 미디어를 통해 100개 이상의 나라에서 투쟁자들을 모집하고 있고, 반면에 테러리스트 관련 공격은 지구상 어디에서든지 발생할 수 있다. 현대의 갈등은 재래식 전술과 이전에 주로 비국가 무장 세력과 관련 있던 요인들과 결합하면서, 점차 그 성격이 ③ 변질되고 있다. 그러나 점차 예측할 수 없는 방법으로 전술들이 ④ 결합되고 국가와 비국가 무장 세력이 서로 알게 되면서, 변화의 가능성의 크기는 아직까지 널리 ⑤ 알려지지 않고 있다.

14 ④ 윗글에서 게르는 크기에 따라 다르지만, 하나의 게르가 한 시간에서 세 시간 내에 조립될 수 있다고 서술하고 있다. 그러므로 "It can be built in three hours or less. (게르는 세 시간 이내에 지을 수 있다.)"는 ④의 설명이 윗글의 내용과 일치한다.

① 대부분의 몽고인들은 게르를 'yurt'라고 부르기를 원한다.
② Ulaan Baatar라는 도시 지역에서만 게르를 볼 수 있다.
③ 게르는 목재와 벽돌로 지어진다.
⑤ 게르를 지금의 여행객에게는 권하지 않는다.

- ger : 게르(몽고인의 둥근 주거 천막)
- identifiable : 인식 가능한, 알아볼 수 있는

- offend : 불쾌감을 주다, 비위를 거스르다
- nationalistic : 국수주의적인, 민족적인
- sensibility : 감정, 감성, 감수성
- steppe : 스텝(나무가 없는 대초원) 지대
- hide : 가죽
- nomadic : 유목의, 방랑의
- flexible : 융통성 있는, 유연한
- assemble : 모으다, 조립하다

해석

몽골 전역에서 볼 수 있는 게르라고 부르는 크고 흰 천막은 아마 그 나라의 가장 대표적인 상징물이다. ('yurt'라는 단어는 러시아 사람에 의해 서양에 소개된 터키의 단어이다. 몽고인들의 민족적인 감성을 자극하고 싶지 않다면, 'ger'라는 단어를 사용해라.) Ulaan Baatar라는 교외지역에서 조차, 대부분의 몽골 사람들은 여전히 게르에 살고 있다. 그리고 그 이유를 이해하기란 어렵지 않다. 특히 대초원의 외부 지역에서 목재와 벽돌은 귀하고 비싸지만, 동물의 가죽은 싸고 쉽게 구할 수 있다. 유목민들은 분명 유연성 및 기동성이 있어야 했고 게르는 쉽게 옮길 수 있다. – 크기에 따라 다르지만, 하나의 게르가 한 시간에서 세 시간 내에 조립될 수 있다. 만약 기회가 생긴다면, 게르를 방문하거나 체류해 볼 초대를 놓치지 말아야 한다.

15 ⑤ 윗글에서 1967년에 사람들이 혐오하여 공원 관리국이 엘크의 사살을 멈추었다고 했으므로, "여론 때문에 늑대 사살이 중단되었다. (Public opinion halted the shooting of wolves.)"는 ⑤의 설명은 옳지 못하다.

오답풀이

① 야생동물은 1900년대에 과학적으로 관리되기 시작했다.
② 1872년에 정확한 동물 개체수는 알려지지 않았다.
③ 천적이 없어진 후에 엘크가 번성했다.
④ 총 4,619마리의 엘크가 1962년에 사살되었다.

어휘

- geyser basin : 간헐천 지대
- feeding behavior : 섭식 행동
- ranger : 공원 관리원[경비원]
- elk : 엘크(북 유럽이나 아시아에 사는 큰 사슴)
- bison : 들소
- federal : 연합의, 동맹의, 연방 정부의
- directive : 지시, 명령
- eliminate : 제거하다, 없애다
- overpopulate : 인구가 넘치다, 과밀화하다
- distaste : 불쾌감, 혐오감
- flourish : 번창하다, 번성하다
- predator : 포식자, 포식[육식] 동물

cf. natural predator : 천적
- halt : 멈추다, 중단하다
- public opinion : 여론

해석

옐로우스톤 국립공원은 간헐천 지대를 보호하기 위해 1872년에 설립되었다. 그러나 200만 에이커에 달하는 공원 때문에 정부는 야생 동물 관리를 시작했고, 불행히도 과학적인 야생 동물 관리는 반세기가 지나고 난 후에야 시작되었다. 그 공원이 설립될 당시에 그 지역 동물들의 개체수와 섭식 행동에 대한 세부 기록이 없었다. 초창기 관리원들은 소에게 먹이를 주는 것처럼 엘크나 들소에게 먹이를 주었고 늑대들을 사살하기 시작했다. 1926년까지, 연방 정부의 지시에 따라 마지막 늑대들이 사살되었다. 그 이후 엘크는 풀과 덤불 그리고 닿는 곳이라면 나무의 어느 부분이든 다 먹어 치우면서 공원에 넘쳐났다. 그래서 1934년에 관리원들은 엘크들도 사살하기 시작했고, 기록에 의하면 1962년에만 4,619마리의 엘크가 사살 당했다. 1967년에 사람들의 혐오로 공원 관리국은 사살을 멈추었다. 그러나 그 공원은 회복되지 않았다.

16 ⑤ 수십억 달러의 초현대적 장비인 로켓을 발사하기 위한 최적지가 바로 세계에서 가장 빈곤한 지역이라는 것은 직관에 반하는 모순이므로, 빈칸에 들어갈 말로는 ⑤의 'counterintuitive(반 직관적인, 직관에 어긋나는)'가 가장 적절하다.

오답풀이

① 장엄한, 위풍당당한
② 순식간의, 잠깐 동안의
③ 대재앙의, 파멸의
④ 보편적인, 일반적인

어휘

- launch : 출시, 진수, 발사
- unpopulated : 사람이 살지 않는, 무인의
- patch : 작은 땅, 지역
- preferable : 더 좋은, 나은, 선호하는
- get showered with : ~의 공세를 받다, 쏟아져 내리다, 퍼붓다
- wayward : 변덕스러운, 불규칙한, 불안정한
- flaming : 격렬한, 불타는
- equator : 적도
- axis : 축
- rocket booster : 로켓 추진체
- oomph : 정력, 활력, 박력
- futuristic : 초현대적인, 미래의
- rainforest : 열대우림

- shantytown : 판자촌, 빈민가
- majestic : 장엄한, 위풍당당한
- fleeting : 순식간의, 잠깐 동안의
- catastrophic : 대재앙의, 파멸의
- counterintuitive : 직관에 반대되는[어긋나는], 납득이 잘 안 되는, 감이 잘 오지 않는

해석

좋은 로켓 발사 장소는 몇 가지 중요한 특징들을 가지고 있다. 해안가 근처 사람이 거주하지 않는 지역이 좋은데, 아무도 어느 방향으로 날아올지 모르는 불타는 금속 파편을 뒤집어쓰지 않아도 되기 때문이다. 만일 그곳이 적도상이라면 또한 좋다. – 축으로 도는 모든 회전체처럼, 지구도 중간 부분이 가장 빨리 도는데, 그것이 로켓 추진체에 추가 화력을 제공한다. 다시 말하면, 가장 좋은 장소는 멀리 떨어진 열대지역이다. 그러한 장소가 또한 세계에서 가장 빈곤한 지역이라는 사실은 많은 로켓 발사 즉, 열대우림과 빈민가 위로 쏘아 올린 초현대적 장비에 들어간 수십억 달러의 돈에 반(反) 직관적인 느낌이 든다.

17 ③ 윗글은 분석가들조차 사실과 추론을 구별하지 못하거나 논리적인 증명을 거치지 않고 결론을 도출하는 등 잘못된 추론을 하고 있음을 설명하고 있다. 그러므로 빈칸에 들어갈 말로는 ③의 'Examples of the inability to reason well abound (추론을 잘못하는 사례들이 많다)'가 가장 적절하다.

오답풀이

① 용어의 혼동은 논리적인 결함을 더욱 가중시킨다.
② 논리적인 사고는 과학적인 연구를 선도한다.
④ 일반화는 엄격한 시험을 거친다.
⑤ 귀납적 논리가 학계에 만연하다

어휘

- inference : 추론, 추리, 추정
- assumption : 가정, 추정
- inductively : 귀납적으로
  cf. reason inductively : 귀납적으로 추론하다
- be subject to : ~의 대상이다, ~을 거치다[당하다]
- alien concept : 이상한[생소한] 개념
- infer : 추론하다, 뜻하다, 암시하다
- terminology : 술어, 전문 용어
- unfamiliarity : 잘 모름, 생소, 낯설음
- underlying : 근본적인, 근원적인
- confusion : 혼란, 혼동
- aggravate : 악화시키다, 가중시키다
- flawed : 결함[결점/흠]이 있는
- precursor : 선도자, 선구자
- inability : 무능, 불능

- rigorous : 철저한, 엄격한
- prevail : 퍼지다, 만연[팽배]하다
- academia : 학계

해석

추론을 잘못하는 사례들은 많다. 사실과 추론을 구별하지 못하는 분석가들을 발견하거나 추론이 사실이라는 가정 하에 일을 처리하는 분석가들을 발견하는 것은 특별한 일이 아니다. 분석가들이 비록 귀납적으로 도달한 일반화가 논리적인 증명을 거친 것이 아니라고 할지라도, 그의 결론이 증거로부터 '논리적으로' 도출된 것이라고 말하는 것을 듣는 것은 특별한 일이 아니다. 각기 다른 종류의 탐구는 각기 다른 종류의 '증명'을 거쳐야 한다는 사실은 많은 연구가들에게 생소한 개념이다. 그리고 '추론하다'와 '함축하다'라는 단어의 빈번한 오용은 용어에 관한 지식 부족뿐만 아니라 논리의 기본 개념에 익숙하지 않음을 보여준다.

18 ③ 윗글은 사실을 호도하기 위한 정부의 이중화법에 대한 사례들을 예시한 글로, 한 공무원이 월급 인상을 요구했을 때 '증액을 지지하는 것은 금전상 부적절하다'는 말은 '월급 인상이 없다'는 것을 의미하는 이중화법에 해당된다. 그러므로 빈칸에 들어갈 말로는 ③의 'no pay raise(임금 인상은 없음)'가 가장 적절하다.

오답풀이

① 해고 통지서
② 전체 청원 중단
④ 신규 일자리가 없음
⑤ 조기 퇴직

어휘

- doublespeak : 이중화법, 사실을 호도하기 위한 말, 모호한 말, 돌려 말하기
- the Bureau of Land Management : (내무부의) 토지 관리국 (BLM)
- a press release : 보도 자료, 언론 발표
- administrative procedure : 행정절차
- compliance : 준수, 승낙, 이행
- statutory : 법에 명시된, 법률상의
- rulemaking : 규칙제정, 입법
- federal : 연방제의, 연방 정부의
- lease : 임대차 계약
- qualification : 자격, 자질
- crack down : 엄중 단속, 강력 탄압
- the Department of Commerce : 상무부, 상무국
- fluctuational : 끊임없이 변동하는[오르내리는]
- predisposition : 성향, 경향

- juxtaposed with : 병치된, 나란히 놓인
- monetarily : 화폐로, 금전상으로
- injudicious : 지혜롭지 못한, 부적절한, 무분별한
- advocate : 지지하다, 옹호하다
- increment : 임금 인상, 증가, 증액
- pink slip : 해고 통지서
- petition : 진정, 탄원, 청원
- suspend : 유예[중단]
- early retirement : 조기 퇴직

（해석）

정부에 있는 사람들이 대중에게 이야기 하든 서로에게 이야기 하든, 이중화법이 정부에 넘쳐나고 있다. 토지 관리국은 1986년에 "법률 요건을 이행하려는 행정절차를 포함하기 위해, 내무부의 토지 관리국이 오늘 연방 정부의 석탄 임대차 계약 자격에 관한 규칙 제정을 발간했다."는 말로 시작하는 언론 발표를 했다. 이러한 이중화법은 간단히 토지 관리국이 석탄의 임대를 엄중 단속하겠다는 것을 의미한다. 월급 인상을 요구했던 상무부의 한 공무원은 "정부 기준과 병치되는 것으로 귀하의 직위상 생산 능력의 변동성 때문에, 증액을 지지하는 것은 금전상 부적절하다."라는 말을 들었다. 바꾸어 말하면, 임금 인상은 없다는 것이다.

19 ① 윗글은 나이든 쥐에게 오스테오칼신이라는 호르몬을 투여했을 때 젊은 쥐들처럼 다시 근력이 회복되는 연구 결과를 설명한 글이다. 그러므로 빈칸에 들어갈 말로는 ①의 'Wind back the clock(시간을 되돌려라)'이 가장 적절하다.

（오답풀이）

② 제때의 바늘 한번이 아홉 바느질을 던다. → 호미로 막을 데를 가래로 막는다.
③ 세월은 사람을 기다리지 않는다.
④ 노인들을 공경하라.
⑤ 시간을 단축하라.

（어휘）

- rejuvenate : 다시 젊어보이게 하다, 활기를 되찾게 하다
- Osteocalcin : 오스테오칼신
- secrete : 분비하다
- boost : 북돋우다, 부양하다, 촉신시키다
- inject : 주사하다, 주입하다
- counterpart : 상대, 한 짝[쌍]
- stitch : 바늘, 바늘땀, 바늘코

（해석）

시간을 되돌려라. 우리는 나이든 쥐들의 근육을 회복시켜 주는 호르몬을 발견했다. 뼈에서 분비되는 호르몬인 오스테오칼

신이 연료를 태우고 에너지를 발생시키기 위한 근력을 촉진시킨다고 콜럼비아 대학의 연구진들이 발견했다. 연구팀이 나이든 쥐들에게 그 호르몬을 투여했을 때, 그 동물들은 쥐들의 나이에서는 오랜 시간인 한 살이나 나이를 먹었음에도 불구하고, 젊은 쥐들이 달리는 만큼 멀리 달릴 수 있었다. 그 호르몬을 투여 받지 못한 늙은 쥐들은 반 밖에 달리지 못했다. 오스테오칼신 수치는 사람과 쥐 둘 다 나이를 먹어감에 따라 감소하는데, 그 연구팀은 이제 그 호르몬이 사람의 경우에도 또한 근육의 기능을 향상시킬 수 있는지 실험을 계획하고 있다.

20 ⑤ 창의력과 혁신 또한 제도화된 과학과 학문의 영역에서 특정 성취 기준에 맞추어야 한다고 했으므로, 현대 세계의 과학도 또한 앞의 '자본주의 철창'처럼 감옥이 되어 가고 있다는 것이다. 그러므로 빈칸에는 ⑤의 'the prison house of the mind(지성의 감옥)'가 들어갈 말로 가장 적절하다.

（오답풀이）

① 지성의 길에서 빛나는 횃불
② 관료주의적 요구로부터 해방된
③ 어떤 공격에도 끄떡없는 난공불락의 요새
④ 당면한 도덕 문제에 취약한

（어휘）

- exigency : 긴급 사태, 급박
- domain : 영역, 분야, 범위
- institutionalized : 제도화된
- accommodate : 수용하다, 부응하다, 적합하다
- criteria : 표준, 기준
- discipline : 규율, 훈련
- torchlight : 불빛, 횃불
- emancipate : 해방시키다, 자유를 주다
- bureaucratic : 관료적인, 요식적인
- a fortress impregnable : 난공불락의 요새
- vulnerable : 취약한, 연약한

（해석）

인간의 욕구가 급박한 생산으로 희생되는 자본주의 철창처럼, 어떤 의미에 있어서 현대 세계의 과학은 또한 지성의 감옥이 되어 가고 있다. 즉, 제도화된 과학과 학구적인 학문의 영역에서, 창의력과 혁신은 다양한 전문적 훈련을 지배하는 특정 성취 기준에 적합해야만 한다.

21 ① '방귀쟁이' Joseph Pujol은 대포 같은 방귀 소리를 내거나 직장(直腸)으로 15피트의 거리까지 물줄기를 뿜어내는 등 마음대로 방귀를 뀌는 능력을 소유하고 있었다. 그러므로 빈칸에 들어갈 말로는 ①의 'at will(마음대로)'이 가장 적절하다.

② 말없이, 조용히

③ 간헐적으로, 간간히

④ 보람 없이, 헛되이

⑤ 무심코, 우연히

어휘

• fart : 방귀를 뀌다

• anus : 항문, 똥구멍

• fartiste : 방귀쟁이

• rumble : 우르르[우르릉]거리는 소리를 내다

• cannon–fire : 대포

• spectacularly : 구경거리로, 볼만하게

• rectally : 직장(直腸)으로

• punctuate : 간간이 끼어들다

• intermittently : 간헐적으로, 쉬엄쉬엄, 간간히

• to no avail : 보람 없이, 헛되이

• inadvertently : 무심코, 우연히

해석

19세기 후반에서 20세기 초반 동안에, 프랑스 사람인 Joseph Pujol은 공기를 그의 항문으로 빨아들여 마음대로 방귀를 뀌는 능력으로 유명했다. 그는 자신을 프랑스어로 '방귀쟁이'를 의미하는 Le Pétomane라 칭하며, 무대 위에서 쇼를 펼쳤다. 격식을 갖춰 옷을 입고서, 그는 우르르 울리는 대포 같은 방귀 소리로 쇼를 시작하곤 했다. 다양한 프로그램들이 뒤를 이었고, 가장 볼만한 것은 1906년의 샌프란시스코 지진을 흉내 낸 것이었다. 그는 직장(直腸)으로 거의 15피트의 거리까지 물줄기를 뿜어낼 수 있었고, 쇼를 마칠 때에는 다양한 동물 소리처럼 들리는 방귀소리를 간간히 내며 농장 노래를 불렀다.

22 ⑤ (A) 똑같은 과거의 일이라도 (A) 앞의 내용은 시간을 거슬러 기억력을 재구성해야 되지만, (A) 뒤의 내용은 '섬광 기억'이라고 해서 원래 사건에 대한 기억이 촬영된 것처럼 완벽히 남아 있다고 설명하고 있다. 그러므로 빈칸 (A)에는 역접의 접속 부사 'However(그러나)'가 들어가는 것이 알맞다.

(B) 섬광 기억에 대한 첫 연구 사례로 John F. 케네디 대통령의 암살 사건을 예로 들어 설명하고 있으므로, 빈칸 (B)에는 'For example(예를 들어)'이 들어갈 말로 알맞다.

어휘

• reconstruct : 재건하다, 재구성하다

• flashbulb memory : 섬광 기억

• charged : 열정적인, 격렬한, 흥분된

• vivid : 생생한, 선명한

• incident : 일, 사건

• assassination : 암살, 시해

해석

과거의 인생 경험 대부분이라면, 아마도 기억력을 재구성해야 한다는 것에 동의할 것이다. 예를 들어, 누군가가 3년 전에 생일을 어떻게 축하했었는지 물어본다면, 뒤로 시간을 거슬러 올라가 그 상황을 재구성하려 할 것이다. (A) 그러나 사람들의 기억력이 원래 사건에 완벽히 충실하게 남아 있다고 믿는 몇 가지 상황이 있다. 이러한 형태의 기억들을 섬광 기억이라고 부르는데, 사람들이 감정적으로 흥분된 사건을 경험했을 때 발생한다. 즉, 사람들의 기억들이 너무나 생생해서 그 기억들은 원래의 사건이 거의 촬영이 된 것처럼 보인다. 섬광 기억에 관한 첫 연구는 공적인 사건들에 대한 사람들의 회상에 초점을 맞추었다. (B) 예를 들어, 연구원들은 참가자들에게 John F. 케네디 대통령의 암살 사건에 대해 처음에 어떻게 알게 되었는지 물어보았다. 80명의 참가자들 가운데 한 사람을 제외하고 모든 사람들이 생생한 회상을 전했다.

23 ① (A) 학생들에게 매트와 쿠션뿐만 아니라 음식과 음료를 가져오게 함으로써 교실 분위기가 바뀐 것이므로, 빈칸 (A)에는 'altered(변경되었다)'가 들어갈 말로 가장 적절하다.

(B) 사회 문화적 대화에 활기를 주는 음식과 음료는 공동체의 유대 관계를 결속시키는 중요한 역할을 하므로 빈칸 (B)에는 'cement(결속시키다)'가 들어갈 말로 가장 적절하다.

	(A)	(B)
②	유지되다	용해되다
③	변경하다	약화되다
④	유지되다	굳어지다
⑤	수정하다	늦춰지다

어휘

• engagement : 관계, 참여, 유대

• pillow : 베개

• stuffed toy : 봉제 완구

• slumber party : 파자마 파티

• strategically : 전략상, 전략적으로

• draft : 원고, 초안

• vital : 활기 있는, 생생한

• sociocultural : 사회문화적인

• enhance : 높이다, 향상시키다, 강화하다

• atmosphere : 대기, 공기, 분위기

• communal bond : 공동체[유대] 관계

- alter : 바꾸다, 변경하다
- cement : 시멘트를 바르다, 접합하다, 결속시키다
- dissolve : 녹다, 용해되다
- solidify : 굳어지다, 응고하다

해석

학생들의 사회적 유대를 촉진시키기 위해, 나는 그들에게 매트와 쿠션뿐만 아니라 음식과 음료를 교실로 가져오라고 독려했다. 이러한 물품들 덕에, 교실 공간은 '사회적' 측면을 획득했기 때문에 형태와 기능이라는 면에서 (A) 변경되었다. 반사 운동을 하는 동안에, 나는 비록 학생들이 파자마 파티에 참석하고 있는 중이었지만, 어떻게 학생들이 매트와 쿠션뿐만 아니라 베개와 봉제 인형을 가지고 오는지 관찰했다. 매트와 쿠션이 사용되지 않을 때, 학생들은 서로의 원고에 대해 토론하거나 평가하면서, 테이블 주변에 전략적으로 배치된 의자에 앉아 먹고 마셨다. 음식과 음료가 어떠한 사회 문화적 대화에서도 활기를 주므로, 음식과 음료는 사교적인 분위기를 강화시키는 데 도움을 주었고, 공동체 유대 관계를 (B) 결속시키고, 학생들의 동질감을 높였다.

24 ④ 윗글은 유럽의 주요 철광석 매장 지역 중의 하나인 독일의 Augsburg에서 광업과 갑옷 사업이 번창했던 이유를 설명하고 있다. 그러므로 ④의 'Germany, the Hub of Armor Technology(갑옷 기술의 중심지, 독일)'가 윗글의 제목으로 가장 적절하다.

오답풀이

① 무기와 갑옷과의 고별
② 갑옷 사업의 과거와 미래
③ 석기 대 철기 : 분명한 선택
⑤ 고품질 저가의 양날 검

어휘

- mining : 채굴, 광산
- armor : 갑옷, 철갑
- coincidence : 우연의 일치, 동시 발생
- deposit : 매장층, 광상
- iron ore : 철광석
- feudal state : 봉건 국가
- annoyance : 짜증, 성가심
- alternative : 대안, 선택 가능한 것
  cf. have no alternative : 선택의 여지가 없다, 대안이 없다
- sally : 돌격하다, 출격하다
- underwrite : 서명하다, 동의하다
- lavish : 풍성한, 엄청난, 막대한
- extensive : 아주 넓은[많은], 대규모의
- visor : 복면, 가면, (투구의) 면갑

- double-edged : 양날의, 서로 상반된

해석

광산과 갑옷 기술의 중심은 독일의 Augsburg였는데, 그것은 우연의 일치가 아니었다. Augsburg는 유럽의 주요 철광석 매장 지역 중의 하나로, 갑옷을 입은 기사들로 군사력을 강화시킨 봉건 국가들의 금속 수요 때문에 광업이 호황을 이루고 갑옷 사업도 또한 빠르게 번창하였다. 봉건 유럽 전체가 짜증을 낼 정도로, 독일인들은 손님들이 다른 대안이 없다는 것을 알고 있었으므로, 매우 높은 가격을 책정했다. 독일의 갑옷은 세계에서 최고였고, 만약 손님들이 그 가격이 맘에 들지 않는다면, 그 손님은 다음 전쟁에서 막대기와 돌을 들고 앞으로 돌격할 수밖에 없었다. 이렇듯 막대한 이익을 낸 독일의 갑옷 제조업자들은 광범위한 연구와 개발 노력을 할 수 있었다. 그것은 결과적으로 더 강력한 갑옷, 예를 들어 머리 전체를 덮으면서 움직이는 면갑이 있는 강철 투구를 만들어 냈다.

25 ① 윗글은 흥정을 시도한 사람들이 흥정을 하지 않은 사람들에 비해 상당한 비용을 절약했다고 설명하고 있다. 또한 윗글의 마지막 문장에서 값을 흥정하지 않는 사람들은 테이블 위에 돈을 버리고 있는 것과 마찬가지라고 하였으므로, ①의 'Can't Hurt to Ask(물어본다고 손해날 건 없어)'가 윗글의 제목으로 가장 적절하다.

오답풀이

② 흥정의 기초 입문
③ 가구 흥정 수월하게 하기
④ 쇼핑하기 : 보상받기
⑤ 흥정이 실제로 물가를 올리는가?

어휘

- haggle : 값을 깎다, 흥정을 하다
- bargain : 상당하다, 흥정하다
- chicken : 겁쟁이
- health-related charge : 의료비
- inflate : 부풀리다, 올리다

해석

흥정하기가 싫으시죠? 당신 혼자만 그런 것은 아니다. 국가 통계 조사에 따르면 과거 3년 동안 모든 재화와 용역에 대해 단지 48%의 쇼핑객들만이 더 나은 거래를 하기 위해 흥정을 시도했고, 그 수치는 2007년의 61%에서 감소된 것이다. 그러나 겁쟁이라면, 당신이 흥정에서 진 것이다. 흥정을 한 사람들 가운데 89%는 적어도 한번은 보상을 받았다. 성공적인 가구 흥정가들은 평균 300$를 아꼈으며, 의료비에 의문을 제기한 사람들도 마찬가지였다. 휴대폰 요금에 흥정을 시도했던 사람들도 80$를 아꼈다. 분명히 말하자면, 값을 흥정하지 않는 사람

들은 테이블 위에 돈을 버리고 있는 것이다.

26 ③ 윗글에서는 어떤 세속적인 직업을 갖고 상거래를 하는 것이 헌신의 증거이기 때문에 개신교의 믿음이 자본주의 경제 사회를 이끌었다고 보고 있다. 그러므로 ③의 'influence of Protestantism on economic ideals(개신교가 경제 사상에 미친 영향)'이 윗글의 주제로 가장 적절하다.

오답풀이

① 사회적 평등을 위한 종교의 역할
② 개신교 믿음이 흥성한 이유
④ 경제 활동에서 도덕의 중요성
⑤ 개신교와 가톨릭의 차이점

어휘

• Catholicism : 가톨릭교, 천주교
• God-given : 하느님이 주신, 천부적인
• vocation : 직업, 천직
• priesthood : 사제직
• Protestant : 개신교
• be called to : 신의 뜻에 따라 ~을 맡다[하다]
• secular : 세속적인, 종교와 관련 없는
• craft : 재주, 기술, 직업
• fervor : 열렬, 열정
• inevitably : 필연적으로, 불가피하게
• devotion : 헌신, 전념
• morally : 도덕상, 도덕적으로
• greed : 탐욕, 욕심
• predestination : 운명, 숙명, 운명예정설
• morality : 도덕, 도덕성

해석

가톨릭은 하나님이 주신 유일한 천직은 사제직이라고 생각하나, 개신교는 사람들이 신의 뜻에 따라 어떤 세속적인 직업이나 상거래를 할 수도 있다고 생각한다. 그들이 하나님을 섬긴다는 믿음은 더 많은 재화를 생산하고 더 많은 돈을 벌면서, 종교적인 열정을 가지고 일하도록 격려한다. Weber는 개신교의 믿음이 결국 자본주의 경제 사회를 이끌었다고 믿었는데, 왜냐하면 그 믿음이 도덕적으로 탐욕이나 야망과 같은 동기들을 의심하는 증거라기보다는 헌신의 증거로 이익을 추구할 기회를 제공했기 때문이다. 운명예정설에 관한 생각은 또한 신자들이 사회적 불평등과 가난에 대해서 걱정할 필요가 없다는 것을 의미하는데, 물질적인 부유함이 영적인 부유함을 상징하기 때문이다.

27 ③ 윗글은 최초의 상업용 유리 거울이 베니스에서 만들어졌고, 오늘날 사용하는 은도금 방식의 유리 거울은 독일 화학

자에 의해서 개발되었다고 설명하고 있다. 그러므로 ③의 'development of commercial glass mirror technology(상업용 유리 거울 기술의 발전)'가 윗글의 주제로 가장 적절하다.

오답풀이

① 거울을 발명하게 된 숨은 경제적 동기
② 독일 화학자의 뛰어난 업적
④ 상업용 유리 거울 속에 감춰진 인간의 욕망
⑤ 유럽 고대 거울 기술의 공통성

어휘

• vanity : 자만심, 허영심
• polish : 닦다, 광[윤]을 내다
• blow : 불다, 날리다
• flatten : 납작하게 하다, 반반하게 만들다
• coat with : ~을 바르다, ~을 씌우다
• amalgam : 아말감, 혼합물, 결합물
• mercury : 수은
• tin : 주석
• come up with : ~를 생각해내다
• silvering : 은박, 은도금
• compound : 복합체, 화합물
• agent : 물질, 제
• invert sugar : 전화당
• Rochelle salt : 로셀염
• formaldehyde : 포름알데히드
• metallic : 금속성의, 금속이 함유된
• a pane of glass : 창 유리 한 장
• commonality : 공통성, 공용성

해석

호기심, 허영심 아니면 아직까지 탐구되지 않은 이유에서든, 사람들은 여러 시대에 걸쳐 자신의 반사된 모습을 보고 싶어 했다. 기원전 2,500년 초기 이집트인들은 대개 청동이지만, 가끔 은이나 금으로 만들어진 아주 광이 나는 금속 거울을 지니고 있었다. 최초의 상업용 유리 거울은 1564년에 베니스에서 만들어졌다. 이 유리 거울은 입으로 불어 납작해진 유리로 만들었고 수은과 주석의 혼합물로 코팅되었다. 베니스인들은 유럽에 수세기동안 거울을 공급하면서 발전했다. 1840년이 되고 나서야 Justus Liebig라는 독일 화학자가 우리가 오늘날 사용하는 은도금 방식을 생각해 냈다. 이 기술에 의해, 은과 암모니아의 화합물이 전화당, 로셀염, 포르말알데히드와 같은 불순물을 감소시키는 화학 반응을 거치게 되었고, 그 결과 금속성의 은이 매끄러운 판유리 뒷면에 고르게 발라졌다.

28 ② 윗글은 나이가 들거나 또는 근육이나 관절에 문제가 있는 애완동물에게 치료용 침대가 도움이 된다는 내용이다. 그

러므로 ②의 'to promote specialized pet furniture(애완용 전문 가구를 판촉하기 위해)'가 윗글의 목적으로 가장 적절하다.

오답풀이

① 가축의 학대를 막기 위해

③ 숙면이 주는 이점을 설명하기 위해

④ 애완동물 소유자에게 가구의 위험성을 알리기 위해

⑤ 애완동물 소유자에게 애완동물의 나쁜 잠버릇을 경고하기 위해

어휘

• curl up : 몸을 웅크리다, 몸을 동그랗게 말다

• blissful : 더없이 행복한, 즐거운

• restful : 편안한, 평화로운

• muscular : 근육의, 근육질의

• joint : 관절, 연결 부위

• pace : 서성거리다, 왔다 갔다 하다

• relocate : 이전[이동]하다, 새 자리로 옮기다

• companion : 동지, 동반자, 반려 동물

• therapeutic : 치료상의, 치료법의

• impromptu : 즉흥적으로, 즉석에서

• muscular–skeletal : 근육과 뼈의 근골격계의

• rejuvenate : 다시 젊어 보이게 하다, 활기를 되찾게 하다

• healing : 치유, 치료

• abuse : 남용, 오용, 학대

• hazard : 위험, 모험

해석

개나 고양이가 웅크리며 꿀잠을 자는 것보다 더 편안한 것은 무엇일까? 개와 고양이 둘 다 하루 중의 거의 절반을 잠을 자면서 보낸다. 그러나 모든 잠이 휴식을 주는 것은 아니다. 나이 든 동물들, 근육이나 관절에 문제가 있는 동물들 또는 매우 활동적인 개들은 자주 왔다 갔다 하거나 자리를 새로 옮긴다. 만일 당신의 반려동물이 이 부류 중 하나에 해당된다면, 치료용 침대가 도움이 될 수 있다. 이러한 전문 제품은 일반 침대나 즉석 잠자리와 달리 도움과 편안함을 준다. 나이와 건강과는 상관없이, 훌륭한 침대는 근골격계의 건강을 향상시키며 더불어 활력과 치유의 이점을 제공한다.

29 ⑤ 윗글은 크리스마스 계절을 맞이하여 주변의 불우한 이웃들을 보살펴줌으로써 그들이 행복을 찾도록 도와주라는 내용이다. 그러므로 ⑤의 'Find happiness by helping the needy around you(주변의 곤궁한 사람들을 도와 행복을 찾아라)'가 윗글의 요지로 가장 적절하다.

오답풀이

① 선의의 행동으로 진정한 행복 수치를 측정하라

② 지역 사회에서 행복 바이러스를 붙잡아라.

③ 이웃에게 자기의 행복을 강요하지 마라.

④ 정신 건강을 위해 자기만족을 연습하라.

어휘

• secure : 획득하다, 확보하다

• contentment : 만족, 만족감

• ill–fate : 나쁜 운명, 불행

• in need : 어려움에 천한, 궁핍한

• the needy : 빈곤한 사람들, 영세민

해석

행복을 살 수는 없다. 가장 가까운 식료품 가게에 가서 1파운드의 버터를 주문하듯이 1파운드의 행복을 주문할 수는 없다. 그러나 행복은 내부로부터 오는 것이기 때문에, 자신의 행동을 통해 행복의 척도를 확보할 수 있다. 불우한 동료들을 도와줌으로써 만족감을 느낄 수 있다. 그들과 함께 나누지 않는다면 불행으로 인해 행복한 크리스마스를 보낼 수 없는 사람들을 도울 수 있다. 이 평화와 선의의 계절에, 어려움에 처한 사람들에게 우리의 눈을 통해 행복을 보도록 강요하지 맙시다. 오히려 그들이 자신의 눈을 통해 행복을 보고 찾도록 도와줍시다. 지역 사회의 불행을 반드시 살핍시다.

30 ② 윗글은 불굴의 의지로 스스로를 독려하며 영국 해협을 헤엄쳐 횡단하는 필자의 심경을 표현한 글이다. 그러므로 윗글에 나타난 'I'의 심경은 ②의 'determined and persistent (결연하고 끈기 있는)'이다.

오답풀이

① 좌절했지만 회복이 빠른

③ 기죽고 실망한

④ 놀랐지만 유쾌한

⑤ 위축되고 낙담한

어휘

• sprinting : 스프린팅, 전력질주

• stroke : 스트로크, 수영법

• summit : 정상, 산꼭대기

• frustrated : 실망한, 좌절한

• resilient : 회복력 있는, 회복이 빠른

• persistent : 불굴의, 끈기 있는

• daunted : 겁먹은, 기죽은

• exhilarated : 기분이 들뜬, 유쾌한

• overwhelmed : 압도된, 위축된

해석

깊은 숨을 들이마시고, 나는 다시 전속력으로 역주를 시작했다. 스트로크 횟수를 세면서 나는 스스로에게 천 번의 스트로크로 수영을 할 때까지 다시는 위를 쳐다보지 않겠다고 말했다. 나는 천천히 한걸음씩 시작해서 몇 백 야드를 나아갔다. 이제 나는 영국 해협이 왜 수영을 하는데 에베레스트 산과 같은 존재인지 깨달았다. 비록 모든 사람의 목표가 정상에 도달하는 것이지만, 산꼭대기는 공기가 희박하고 모든 것이 도전적이 된다. 500번의 스트로크를 할 때까지는 위를 쳐다보지 마라. 가능한 한 빨리 가라. 힘껏 밀어라. 전력을 다해 팔을 저어라. 킥을 해라. 그래. 다리를 킥해라. 더 깊게 더 빨리 저어라. 자, 힘내자. 저어라.

31 ③ 윗글에 따르면 의사가 되는 것은 선택 사항이지만, 일단 의사가 되어 환자들과 직업적인 관계를 시작하게 되면 그들의 치료에 최선을 다해야 하는 것이 의사들의 의무이다. 그러므로 의사가 환자를 치료하는 데 갈등이 생긴다는 것은 의사의 의무에 반하는 것이므로, ③의 내용은 전체적인 글의 흐름과 어울리지 않는다.

어휘

• as a rule : 대체적으로, 통례로, 통상
• physician : 의사, 내과 의사
• altruistic : 이타적인
• altruism : 이타주의
• discharge : 면하게 하다, 해제하다
• obligation : 의무, 책무
• compromise : 타협[절충]하다, 위태롭게 하다
• integrity : 고결, 성실, 청렴
• therapeutic : 치료상의, 치료법상의
  cf. therapeutic treatment : 치료적 처우
• transfer : 옮기다, 이동하다
• obligatory : 의무적인, 이행해야 할

해석

통상 의사들은 환자들의 최선의 이익을 위해 행동할 때 보통 이타주의와 관련된 행동에 선택의 여지가 없기 때문에 이타적으로 여겨져서는 안 된다. 의사들은 환자들에게 선택의 문제로 면할 수 없는 직업적인 의무가 있다. 물론 의사가 되어 환자들과의 직업적인 관계를 시작하는 것은 선택적인 행위이다. ① 그러나 일단 의사가 이러한 관계를 시작하면, 의무를 선택할 수는 없다. ② 의사는 만일 치료를 하는 것이 개인적이고 직업적인 고결함을 위태롭게 한다면 특별한 상황에서 특정 환자를 치료하지 않을 선택을 할 수 있다. ③ 따라서 환자를 치료적 처우가 필요한 개인으로 보는 의사에게는 잠재적인 갈등이 발생한다. ④ 그러나 의사는 환자의 치료가 다른 의사에게

전달되도록 보장해야만 한다. ⑤ 일단 의사가 되면, 그 사람은 자기 환자에 대해 의학적인 최선의 이익을 다하겠다고 약속을 한다. 이것은 선택이 아니라, 의무이다.

32 ② 윗글은 열로 인한 물의 부피 팽창과 빙하가 녹는 것이 해수면 상승의 원인이라고 설명하고 있다. 그러므로 해수면 상승을 막기 위해 물의 분자 구조를 이해하는 것이 가장 중요하다는 ②의 내용은 전체적인 글의 흐름과 어울리지 않는다.

어휘

• molecular : 분자의, 분자로 된
• sink into : ～에 빠져들다, 가라앉다
• mercury : 수은
• thermal : 열의, 보온성이 좋은
• account for : ～을 차지하다
• mountain glacier : 산악 빙하
• ice sheet : 빙상, 대륙 빙하
• Antarctica : 남극 대륙

해석

다른 기후 문제와 달리, 해수면 상승에 관한 과학은 매우 간단하다. ① 해수면은 여러 상황으로 인해 주로 열이 물에 가하는 작용 때문에 상승한다. ② 해수면 상승을 막기 위해서는 물의 분자 구조를 이해하는 것이 가장 중요하다. ③ 지구의 온도가 상승함에 따라, 약 90%인 대기권에서 초과된 열의 대부분은 바다에 흡수된다. ④ 물이 따뜻해짐에 따라, 물은 온도계의 수은처럼 팽창한다. ⑤ 이러한 열의 팽창은 해수면 상승의 3분의 1을 차지한다. 나머지 3분의 2는 산악 빙하 그리고 그린랜드와 남극의 빙상이 녹은 것이다.

33 ① 윗글에 따르면 동물을 대상으로 한 실험적 연구는 윤리적인 문제가 발생하기는 하지만, 각종 질병을 예방하고 치료하는 의학 분야의 발전에 중요한 도구가 되었다. 그러므로 빈칸 (A)에는 'experimental(실험적인)', 빈칸 (B)에는 'instrumental(도구적인)'이 들어갈 말로 가장 적절하다.

오답풀이

	(A)	(B)
②	통계적인	성공적인
③	분야	중요한
④	발전적인	그럴 듯한
⑤	실험실	사소한

어휘

• diet : 식사, 음식, 식습관
• electrode : 전극

- implantation : 이식, 전이
- injection : 주사, 주입
- experimentation : 실험, 실험법
- prevention : 예방, 방지
- polio : 소아마비
- diabetes : 당뇨병
- measles : 홍역
- smallpox : 천연두
- massive burns : 중증 화상
- stroke : 뇌졸중
- disorder : 장애, 질병
- ethical : 윤리적인, 도덕적인
- statistical : 통계적인, 통계의
- plausible : 정말 같은, 그럴 듯한
- negligible : 무시해도 될 정도의, 보잘 것 없는, 사소한

해석

어떠한 경우에, 연구원들은 하루 중 다른 시간, 년 중 다른 계절, 식습관의 변화 등등의 목적으로 자연에 있는 동물을 단순히 관찰한다. 이러한 과정은 어떠한 윤리적인 문제도 발생하지 않는다. 그러나 다른 연구들에서, 동물들은 뇌 손상, 전극 이식, 약이나 호르몬 투여 그리고 분명 동물들에게는 이익이 되지 않는 다른 과정을 당했다. (과학자를 포함하여) 양심이 있는 사람은 누구든지 이러한 사실에 괴로워한다. 그럼에도 불구하고 동물 실험은 소아마비, 당뇨병, 홍역, 천연두, 중증 화상, 심장병 그리고 다른 심각한 병세의 예방과 치료 방법을 이끄는 의학 연구에 매우 중요했다. 대부분의 노벨 물리학상이나 의학상들은 인간이 아닌 동물들을 대상으로 한 연구에 수여되었다. AIDS, 알츠하이머 병, 뇌졸중 그리고 많은 다른 질병들을 치료하거나 예방하는 방법을 찾을 수 있는 희망은 주로 동물 연구에 달려있다. 의학과 생물심리학의 여러 분야에서, 동물들이 없었다면 연구는 느리게 진척되거나 전혀 진척될 수 없었을 것이다.

단순히 관찰만 하는 연구와 달리, 비록 몇몇 동물들을 대상으로 한 (A) 실험적인 연구는 윤리적인 문제가 발생하기는 하지만, 그 연구들은 다양한 의학 분야의 발전을 이루는데 (B) 도구적인 것들이었다.

34 ④ 윗글에 따르면 지도는 그 목적에 적절하지 않다고 여기는 엄청난 양의 정보를 단순화시키는데, 주어진 문장에서 지도는 적절한 정보는 유지하고 가끔은 더 심하게 단순화시킨다고 하였으므로 그에 대한 예시들을 설명한 ④에 들어가는 것이 가장 적절하다.

- representation : 묘사, 표현
- relevant : 관련 있는, 적절한
- assumption : 가정, 추측
- constraint : 제약, 제한, 통제
- tractability : 순종, 유순, 다루기 쉬움, 용이성
- abstract : 추출하다, 요약하다
- tremendous : 거대한, 엄청난
- deem : 여기다, 생각하다, 간주하다
- irrelevant : 무관한, 상관없는
- topology : 위상 기하학, 지세학
- architectural : 건축학의, 건축술의
- blueprint : 계획, 청사진
- prototype : 원형, 모형

해석

그것은 적절한 정보는 유지하고, 가끔은 더 심하게 단순화시킨다.

일반적으로 말하면, 모델은 어떤 목적에 부합하도록 만든 실물의 단순화된 표현이다. (①) 그것은 특정 목적에 무엇이 중요하고 중요하지 않은지에 관한 몇 가지 가정에 근거하여, 혹은 가끔 정보의 제약이나 용이성에 근거하여 단순화되었다. (②) 예를 들면, 지도는 현실 세계에 대한 모델이다. (③) 그것은 지도 제작자가 그 목적에 적절하지 않다고 여기는 엄청난 양의 정보를 요약시켜 버린다. (④) 예를 들면, 도로 지도는 도로, 기본 지세, 사람이 가고 싶은 장소와 도로와의 관계, 그리고 다른 관련 정보를 기록하고 강조한다. (⑤) 여러 전문직들은 잘 알려진 모델 유형 즉, 건축물의 청사진, 공학적인 모형 등을 가지고 있다. 이들 각각은 주된 목적에 적절하지 않은 세부사항은 요약하고 적절한 것은 유지한다.

35 ② 윗글은 판례법에 대한 서술인데, 글 (B)에서 판례법이 판사들에게 중요한 이유를 설명하고 있고, 글 (A)에서 낙태법을 예로 들어 판사들의 역할인 법 해석에 대해 서술하고 있다. 마지막으로 글 (C)에서 그로 인한 판결의 결과를 설명하고 있으므로, 글의 흐름상 (B) – (A) – (C)의 순으로 이어져야 한다.

- common law : 관습법, 불문법
- case law : 판례법
- ruling : 결정, 판결
- precedent : 선례, 판례, 전례
- be bound by : 묶이다, 얽매이다, 구속되다

- Parliament : 의회, 국회
- Abortion Act : 낙태법
- secretary : 서기, 비서, 사무관
- decline to : ~을 거부[거절]하다
- referral : 소개, 추천, 위탁
- termination : 임신 중절 수술, 인공 유산, 낙태
- take into account : ~을 고려하다, 참작하다
- plug the gap : 틈새를 메우다
- enact : 법을 제정하다, 입법하다
- procedure : 절차, 방법, 수술

해석

> 관습법은 판례법이라고도 알려져 있는데, 그 법은 특정 사건을 판결(혹은 선고)하는 판사들에 의해 발달된 법이다. 판사들은 이전의 학설이나 원칙을 따르는데, 이것은 이전에 선고된 '선례'에 구속된다는 것을 의미한다.

(B) 이 법은 본질적으로 과거에 판결되었던 유사한 판례들, 특히 최상급 법원에서 판결된 판례들을 고려해야 한다는 것을 뜻한다. 이렇게 판사가 제정한 법은 국회가 법을 제정하지 않아 판사들이 그 틈을 메울 책임을 떠안을 상황이 되기 때문에 중요하다.

(A) 마찬가지로 판사들은 가끔 국회가 통과시킨 법들을 해석해야만 한다. 한 가지 사례가 1967년에 제정된 낙태법이다. 한 비서가 양심적으로 낙태에 참여하는 것을 반대할 권리가 그녀의 낙태 거부를 보호한다고 주장하면서, 낙태 추천 서류의 타이핑을 거부했다.

(C) 판사들은 '참여'라는 단어를 보았고 그 비서는 그 수술과 연관성이 부족하기 때문에, 죄가 없다고 판결했다.

36 ⑤ 윗글에 따르면 로봇시대의 성공 여부는 로봇을 대하는 문화의 차이에 달려 있다고 설명하고 있다. 글 (C)에서 서양과 동양의 문화가 로봇을 대하는 방식이 다르다고 정의하고, 이어 글 (B)에서 일본 문화의 예를 든 다음, 글 (A)에서 그 결과에 대해 설명하고 있다. 그러므로 글의 흐름상 (C) – (B) – (A)의 순으로 이어져야 한다.

어휘

- robotics : 로봇 공학
- companion : 동반자, 동료, 친구
- soulless : 영혼[정신]이 없는, 비열한
- differentiate : 구별하다, 구분 짓다
- predisposition : 성향, 경향, 기질

해석

> 로봇 공학이 확산됨에 따라, 어느 나라가 로봇시대에 성공할지의 여부는 문화적으로 사람들이 로봇을 그들의 삶에 얼마나 잘 받아들이는가에 달려 있다.

(C) 서양과 동양의 문화는 로봇을 대하는 방식이 매우 다르다. 일본은 로봇에 대해 경제적인 필요성과 기술적인 노하우를 가지고 있을 뿐만 아니라, 문화적인 성향도 또한 가지고 있다.

(B) 80%의 일본인들이 믿었던 고대 Shinto 종교는 사물과 인간 모두에 영혼이 있다는 애니미즘을 신봉하고 있다.

(A) 결과적으로 일본 문화는 로봇을 영혼이 없는 기계로 보는 서양 문화보다 로봇 친구를 실제 친구만큼이나 더 잘 받아들이는 경향이 있다.

[37~38]

어휘

- yearn for : ~을 그리워하다, 동경하다
- sous chef : 부주방장
- chop : 썰다, 다지다
- eggplant : 가지
- zucchini : 애호박
- chore : 집안일, 허드렛일
- peel : 껍질을 벗기다[깎다]
- faucet : 수도꼭지
- nope : 아니, 아니오
- executive chef : 주방장
- be confronted with : ~에 직면하다, 맞서다
- versus : ~대, ~에 비해, ~와 대조적으로
- gender : 성, 성별
- end in a draw : 동점으로 끝나다, 무승부로 끝나다
- aftermath : 여파, 후유증
- attest : 증명하다, 입증하다

해석

우리는 미국으로 돌아왔지만, Julie의 마음은 여전히 이탈리아에 있었다. 그녀는 이탈리아의 피자를 조금 더 그리워하고 있었다. 그녀는 나를 부주방장으로 여기고 피자를 직접 만들기로 결심했다. 나는 가지와 애호박을 썰었다. 우리 둘 다 조용히 일에 집중했다. 다음으로 양파를 썰 차례이다. 나는 양파 껍질을 벗기고 씽크대로 가져가 수도꼭지를 틀고 흐르는 물속에서 양파를 썰기 시작했다.
"뭐하고 있어?"

"물속에서 양파를 썰고 있어."

"왜?"

"눈물을 흘리지 않으려면 그렇게 하라고 브리태니커 백과사전에 나와 있어."

이것은 브리태니커 백과사전에 수록된 유용한 팁 중의 하나인 Heloise식 팁이었고, 나는 그것을 실행해 보는 것에 꽤나 신이 나 있었다.

"안 돼, 너무 불안해."

"그러나 브리태니커 백과사전에 그렇게 나와 있어."

"안 돼, 내가 주방장이고 당신이 부주방장이야."

여기서 나는 불행한 상황에 닥치게 된다. 바로 브리태니커 백과사전 대 내 아내. 거대한 두 권력이다. 난 어느 것을 선택해야 할까? 자, 브리태니커 백과사전은 꽤 신뢰할만하다. 그러나 내가 아는 한, 브리태니커 백과사전이 내 아이를 업어주거나 며칠 동안 나를 모른척하거나 싫어하는 티셔츠를 버릴 수는 없다.

그래서 나는 Julie가 브리태니커 백과사전을 이겼다고 결정했다. 물 없이 양파를 썰어야 했고 나는 울어야 했다.

37 ④ 윗글은 가정에서 아내의 말을 들을 수밖에 없는 한 남편의 처지를 다룬 재미있는 에피소드로, ④의 'Real Boss in My Home(우리 집 진짜 보스)'가 윗글의 제목으로 가장 적절하다.

[오답풀이]

① 눈물 없이 물속에서 양파 까기

② 무승부로 끝난 성(性) 대결

③ 이탈리아 요리 팁의 후유증

⑤ 브리태니커의 부주방장

38 ③ 바로 앞 문장에서 아내 Julie가 브리태니커 백과사전을 이겼다고 결정했으므로, 빈칸에는 아내의 주장을 수용하는 내용이 와야 한다. 그러므로 ③의 "The onion will be cut without water and I will cry(물 없이 양파를 썰어야 했고 나는 울어야 했다)."가 빈칸에 들어갈 내용으로 가장 적절하다.

[오답풀이]

① 여성들이 얼마나 강도 높게 일하는지를 증명하는 것은 어느 것인가.

② 나는 수정사항 때문에 브리태니커 백과사전에 전화를 해야만 했다.

④ 나는 다음 며칠 동안 아내를 모른 척 할 것이다.

⑤ 그러나 나는 내일 주방장이 될 것이다.

[39~40]

[어휘]

• raven : 큰까마귀

• birdbrain : 새대가리, 멍청이, 바보

• spot : 발견하다, 찾다, 알아채다

• cache : 은닉하다, 숨겨두다, 저장하다

• deceive : 속이다, 기만하다

• twist : (예상 밖의, 뜻밖의) 전환[전개], 반전

• cognitive : 인식의, 인지의

• replicate : 모사하다, 복제하다

• pellet : 알갱이, 작은 알[공], 둥글게 뭉친 것

• distracter : 정답 이외의[틀린] 선택지

• bulky : 부피가 큰, 덩치가 큰

• barter with : ~와 교환[교역]하다

• pass up : 거절하다, 퇴짜놓다, 포기하다

• treat : 대접, 한턱, 선물

• emergency : 비상사태, 돌발 사건

[해석]

우리는 오랫동안 큰까마귀가 바보가 아니라는 것을 알고 있었다. 큰까마귀는 매달려 있는 먹이를 잡아당기기 위해 끈을 모으고 심지어 서로를 속이기 위해 노력하면서, 나중을 위해 먹이를 숨겨두는 일이 목격되었다. 사이언스 지(紙)에 오늘 발표된 한 연구는 특히 인상적인 예상 밖 반전을 보여준다. 즉, 큰까마귀는 자연에서 결코 접하지 못했던 장래에 필요한 것들을 계획할 수 있다.

그 새로운 연구는 스웨덴의 인지 동물학자들이 주도하였는데, 그들은 이전에 유인원들의 계획능력을 테스트하기 위해 사용했던 일련의 실험들을 이번에는 큰까마귀를 이용하여 똑같이 따라했다. 큰까마귀들은 처음에 퍼즐 박스로부터 둥글게 뭉친 먹이를 부수기 위해 돌을 사용하는 것을 배웠다. 다음날 박스가 없었을 때, 그 새들에게 돌로 된 도구와 너무 가볍고 부피가 커서 도구로 사용할 수 없는 장난감인 '틀린 선택지' 중에서 고르도록 했다. 박스는 선택 후 15분 뒤에 다시 가져왔다. 비록 늦긴 했지만, 큰까마귀들은 당시에 거의 80%가 올바른 도구를 선택했고, 당시에 선택한 도구의 86%를 성공적으로 사용했다. 그 새들은 실험자에게 먹이 한 덩이를 교환하는 대가로 병뚜껑을 주어야 했을 때도 거의 잘 수행했다. 그 새들은 비록 그것을 교환하기 위해 15분을 기다려야 했지만, 거의 항상 잘못된 선택지보다 병뚜껑을 선택했다. 곧 필요해질 물건에 대한 선호는 큰까마귀들이 도구나 교환할 징표 중의 하나를 위해 더 작은 것을 포기해야 했을 때, 그리고 각 물건을 17시간이 지나고 나서야 사용할 수 있게 되었을 때조차도 계속되었다.

39 ① 'be used to 동사원형'은 '~하기 위해 사용되다'는 의미이고, 'be used to ~ing'는 '~하는데 익숙하다'는 의미이다. 해당 문장은 문맥상 전자에 해당하므로 ①의 'testing'은 'test'로 고쳐 써야 옳다.

40 ⑤ 윗글에 따르면 큰까마귀는 즉각적인 보상이나 필요성이 없어도 장차 무엇이 필요한지 이해하고 준비할 수 있는 '계획 능력(planning abilities)'을 소유하고 있음을 실험을 통해 알 수 있었다. 그러므로 빈칸에 들어갈 말은 ⑤의 'plan for future needs(장래에 필요한 것들을 계획하다)'이다.

오답풀이

① 돌발 상황을 위해 도구를 지키다
② 상황을 대비해 무리지어 일하다
③ 앞으로 일어날 사건을 예측하다
④ 잠재적인 경쟁자들을 속이다

[41~42]

어휘

• reed : 갈대
• swamp : 늪, 습지
• mud : 진흙
• solid : 확실한, 중단 없는, 한결같은
• interrupt : 방해하다, 가로막다, 중단시키다
• right off : 즉각, 곧
• chickabiddy : 삐약삐약, 병아리
• ornery : 성질 더러운, 성미 고약한
• stubborn : 완고한, 고집스러운

해석

난 가기로 결정했고 갈 것이며, 어머니 생일 때까지 그곳에 가야만 했다. 이것은 굉장히 중요했다. 나는 어머니를 집으로 데리고 올 기회가 있다면 어머니 생일날이어야 한다고 믿었다. 만일 이 내용을 우리 아버지나 조부모님에게 큰 소리로 말하면, 내가 공중에서 고기를 잡는 편이 더 낫다고 말씀하셨을 것이다. 그래서 나는 그 말을 크게 하지는 않았다. 그러나 나는 그것을 믿었다. (①) 우리 아버지는 내가 부러진 갈대에 기대고 있고 언젠가 늪의 진흙이 얼굴을 다 덮을 거라고 말씀하신다.
마침내 Gram과 Gramps Hiddle 그리고 내가 여행의 첫째 날을 시작했을 때, 나는 처음 30분 동안 중단 없이 기도했다. 나는 사고가 나지 않게 해달라고 기도했고 (나는 차와 버스를 무서워했다), 7일이 남은 어머니 생일 날 거기에 도착할 수 있게 해달라고 기도했고, 어머니를 집에 데리고 올 수 있

게 해달라고 기도했다. 반복해서 나는 똑같은 기도를 했다. 나는 나무들에게도 기도했다. 이것이 하느님께 직접 기도하는 것보다는 쉬웠다. 거의 항상 근처에 나무들이 있었다. 하느님의 모든 창조물들 가운데 가장 평평하고, 가장 똑바른 길인 Ohio Turnpike에 다다랐을 때, Gram이 내 기도를 막았다. "Salamanca". (②)
나는 즉시 내 진짜 이름이 Salamanca Tree Hiddle임을 설명해야만 했다. 내 부모님은 Salamanca가 우리 증조할머니가 속한 인디언 부족의 이름이라고 생각했다. (③) 우리 부모님은 실수를 했다. 그 부족의 이름은 Seneca였지만 부모님들이 내가 태어나고 나서야 실수를 발견했기 때문에, 그때까지 내 이름으로 사용되었고, 여전히 Salamanca로 남아있었다. (④) 내 가운데 이름은 Tree인데, 그것은 우리 어머니가 너무 아름다워 하셔서 내 이름의 일부로 만든 나무의 이름에서 따온 것이다. 그녀는 더욱 구체적이길 원해서 가장 좋아하는 Sugar Maple Tree를 사용했지만, Salamanca Sugar Maple Tree Hiddle은 그녀에게는 훨씬 더 평범했다. (⑤) 우리 어머니는 나를 Salamanca라고 부르곤 했지만 그녀가 떠난 후, 단지 Hiddle 조부모님들만 나를 Salamanca(그들이 나를 병아리라고 부르지 않고 있었을 때)라고 불렀다. 대부분의 다른 사람들에게 나는 Sal이었고, 특별히 재미있다고 생각하는 몇몇 소년들에게 나는 Salamander였다.

41 ⑤ 윗글의 마지막 줄에서 대부분의 다른 사람들에게 나는 Sal이었고, 특별히 재미있다고 생각하는 몇몇 소년들에게 나는 Salamander였다고 했으므로, 대부분의 사람들이 그녀를 Salamanca 또는 Salamandar라고 불렀다는 ⑤의 내용은 옳지 못하다.

오답풀이

① 그녀의 여행 목적은 어머니를 집으로 데리고 오는 것이었다.
② 그녀의 조부모님들은 그녀의 여행에 동행했다.
③ 그녀는 신보다 나무에게 기도하는 것이 더 쉽다고 생각했다.
④ 그녀의 부모님들은 그녀의 이름을 지었을 때 오해가 있었다.

42 ①

> 때때로 나는 늙은 당나귀처럼 성미가 고약하고 고집이 세다.

다른 사람들은 어머니를 생일날 집으로 데리고 오는 것을 불가능하다고 생각하지만, 그녀는 그렇지 않다고 굳게 믿고 있는 것에서 필자의 고집과 완고함을 엿볼 수 있다. 그러므로 그녀가 부러진 갈대에 기대고 있고 언젠가 늪의 진흙이 얼굴을 다 덮을 거라고, 아버지가 그녀의 고집 센 성격을 언급한 ①에 들어가는 것이 가장 적절하다.

[43~45]

만일 그 표지판이 내게 진정한 기쁨을 불러 일으켰다면, 그것은 부분적으로 내가 다른 어딘가에 도착했다는 첫 번째 결정적인 증거를 제공했기 때문이다. 그것은 해외에 있다는 상징이다. 평상시의 눈에 특별하게 보이는 것 같지는 않지만, 그러한 표지판은 우리나라에서는 결단코 이러한 형태로 존재하지 않는다. 우리나라에서는 노란색이 덜 했고, 서체는 더 부드럽고 향수를 불러일으켰으며, 외국인들의 혼동에 너무 무관심한 나머지 자막도 없었고, 그 언어는 내가 다른 역사나 사고방식의 존재를 혼란스럽게 느끼는 반복인, as를 두 번 쓰는 일도 없다.

표지판이 다른 장소에서 다를 수도 있다는 것은 단순하지만, 즐거운 생각이란 증거이다. 즉, 나라는 다양하고, 국경을 건너 관습은 변화한다. 그러나 다르다는 것 하나만으로 기쁨을 이끌어 내기에는 충분하지 않고, 오래가지도 못한다. 그 상이함은 내 나라가 개선할 수 있는 것처럼 보인다. 만일 내가 Schipol 표지판을 이국적이라고 부른다면, 그것은 모호하지만 강렬하게, 표지판을 만들고 uitgang 너머에 위치한 그 나라가 결정적인 방법으로 우리나라보다 나의 성품이나 관심사에 더 적합하다는 것을 입증하는데 성공했기 때문이다. 그 표지판은 행복의 징표이다.

43   ③ 윗글은 암스테르담의 Schipol 공항에 도착한 필자가 단순하고 평범해 보이지만 기분 좋고 특별해 보이는 표지판을 보고, 자신의 나라에서는 결코 볼 수 없는 이국적인 느낌을 서술하는 글이다. 그러므로 ③의 'Sweet Bewilderment: Am I Elsewhere? (기분 좋은 어리둥절함 : 내가 있는 곳은 어디인가?)'가 윗글의 제목으로 가장 적절하다.

44   ③ 암스테르담의 Schipol 공항의 표지판에 대한 자국 표지판의 다른 점 중의 하나는 다른 언어로 된 자막이 없다는 것이므로, 이는 외국인들의 혼동에 무관심하다는 의미이다. 그러므로 빈칸에는 ③의 'confusion(혼동)'이 들어갈 말로 가장 적절하다.

45 ③ 필자는 Schipol 공항의 표지판에 대해 단순하고 평범해 보임에도 불구하고 나를 기쁘게 했고 이국적이라고 표현했다. 그러므로 그 표지판의 단순함이 이국적인 정취를 느끼는 주요 이유라는 ③의 설명은 윗글의 내용과 일치하지 않는다.

오답풀이

① 그 표지판의 폭은 높이의 두 배이다.

② 그 표지판은 두 가지 언어로 적혀 있다.

④ 그 표지판은 다른 나라에 도착했다는 증거를 제시한다.

⑤ 필자는 집으로 돌아와서 그와 같은 표지판을 볼 수 없었다.

2018학년도 기출문제 정답 및 해설

01 ②	02 ①	03 ④	04 ③	05 ②	06 ④
07 ①	08 ①	09 ②	10 ⑤	11 ③	12 ②
13 ⑤	14 ④	15 ⑤	16 ④	17 ①	18 ③
19 ①	20 ⑤	21 9	22 297	23 81	24 20
25 57					

01 일반항을 구하면

$$\frac{1}{(n+1)\sqrt{n}+n\sqrt{n+1}}$$
$$=\frac{(n+1)\sqrt{n}-n\sqrt{n+1}}{(n+1)^2 n-n^2(n+1)}$$
$$=\frac{1}{\sqrt{n}}-\frac{1}{\sqrt{n+1}}$$

따라서 주어진 식의 값은

$$\sum_{n=1}^{120}\left(\frac{1}{\sqrt{n}}-\frac{1}{\sqrt{n+1}}\right)$$
$$=\frac{1}{\sqrt{1}}-\frac{1}{\sqrt{121}}$$
$$=1-\frac{1}{11}=\frac{10}{11}$$

02 $\dfrac{i}{z-1}$이 양의 실수이므로

$z-1=$(양의 실수)i

$z=1+$(양의 실수)i

즉 $a=1$이고, $a^2+b^2=4$에서 b는 양의 실수이므로 $b=\sqrt{3}$

따라서 $z=1+\sqrt{3}i$이므로

$\therefore z^2=(1+\sqrt{3}i)^2=-2+2\sqrt{3}i$

03 A학과에 합격하기 위한 최저점수를 X라 하면

X는 정규분포 $N(500, 30^2)$을 따르고

A학과에 합격하기 위해서는 상위 $\dfrac{35}{500}=0.07=7\%$안에 들어야 한다.

따라서 표준정규분포표에서 $P(0\le Z\le 1.5)=0.43$이므로

$Z=\dfrac{X-500}{30}=1.5$

$\therefore X=500+1.5\times 30=545$

04 점 P를 지나고 직선 $y=\dfrac{1}{2}(x+1)$에 수직인 직선은

$$y=-2(x-t)+\frac{t+1}{2}$$

이때 직선과 y축과 만나는 점을 Q라 할 때,

$$Q\left(0, \frac{5}{2}t+\frac{1}{2}\right)$$

따라서 $\overline{AQ}=\sqrt{1+\left(\dfrac{5}{2}t+\dfrac{1}{2}\right)^2}$

$\overline{AP}=\sqrt{(t+1)^2+\left(\dfrac{t+1}{2}\right)^2}$이므로

$\therefore \lim\limits_{t\to\infty}\dfrac{\overline{AQ}}{\overline{AP}}=\sqrt{5}$

05 a, b, c가 자연수이므로 밑수의 크기가 큰 항끼리 비교해보면

ⅰ) $a=b=c$일 때, $(a, b, c)=(1, 1, 1)$

ⅱ) $a^2=c>b^2$일 때, $(a, b, c)=(2, 1, 4), (3, 1, 9), (3, 2, 9)$

ⅲ) $b^2=c>a^2$일 때, $(a, b, c)=(1, 2, 4), (1, 3, 9), (2, 3, 9)$

따라서 ⅰ)~ⅲ)에서 순서쌍 (a, b, c)의 개수는 7개이다.

06 $ab+a+2b=7$을 정리하면

$a+ab+2+2b=7+2$, $(a+2)(b+1)=9$

이때, $\alpha=a+2$, $\beta=b+1$이라 하면

$ab=(\alpha-2)(\beta-1)$
$=\alpha\beta+2-\alpha-2\beta$
$=11-(\alpha+2\beta)$ $(\because \alpha\beta=9)$

따라서 ab의 최댓값은 $\alpha+2\beta$의 값이 최소일 때이므로

산술, 기하평균을 이용하면

$\alpha+2\beta\ge 2\sqrt{2\alpha\beta}=6\sqrt{2}$

$\therefore ab$의 최댓값은 $11-6\sqrt{2}$

07 다항식 $x^{10}+x^5+3$을 주어진 식들로 나눈 몫을 각각 Q_1, Q_2, Q_3이라 하면

ⅰ) $r_1(x)$일 때,

$x^{10}+x^5+3=(x^2+x+1)Q_1+r_1(x)$

이때, $x^2+x+1=0$인 x의 값은 $x^3=1$, $x^2=-x-1$

양변에 대입하면 $r_1(x)=-1+3=2$

ⅱ) $r_2(x)$일 때,

$x^{10}+x^5+3=(x^2-x+1)Q_2+r_2(x)$

이때, $x^2-x+1=0$인 x의 값은 $x^3=-1$, $x^2=x-1$

양변에 대입하면 $r_2(x)=-x-(x-1)+3=-2x+4$

iii) $r_3(x)$일 때,
$$x^{10}+x^5+3=(x^2+x+1)(x^2-x+1)Q_3+r_3(x)$$
$$=(x^4+x^2+1)Q_3+r_3(x)$$
이때, $x^4+x^2+1=0$인 x의 값은 $x^6=1$, $x^4=-x^2-1$
양변에 대입하면 $r_3(x)=-x^3-x^2-x+2$
따라서 i)~iii)을 통해 $r_1(x)r_2(x)r_3(x)$를 $x-1$로 나눈 나머지는 $r_1(1)r_2(1)r_3(1)=-4$

08 점 $P(t, 2t^2)$ (t는 실수)
$f(x)=\overline{OP}^2+\overline{AP}^2$라 하면
$$f(x)=t^2+(2t^2)^2+(t-3)^2+(2t^2)^2$$
$$=8t^4+2t^2-6t+9 \cdots \bigcirc$$
$$f'(x)=2(16t^3+2t-3)=2(2t-1)(8t^2+4t+3)$$
따라서 $t=\dfrac{1}{2}$일 때 $f(x)$가 최솟값이므로 $\bigcirc$에 대입하면
$$\dfrac{1}{2}+\dfrac{1}{2}+6=7$$

09 함수와 직선이 한 점에서 만나므로
$$\dfrac{1}{x+1}=mx+n$$
$$(x+1)(mx+n)=1$$
$$mx^2+(m+n)x+n-1=0$$
$$D=(m+n)^2-4m(n-1)$$
$$=m^2+n^2-2mn+4m=0 \cdots \bigcirc$$
또한 $y=mx+n$과 좌표축으로 둘러싸인 삼각형의 넓이가 1이므로
$$-\dfrac{1}{2}n\left(\dfrac{n}{m}\right)=1,\ n^2=-2m \cdots \bigcirc$$
$\bigcirc$, $\bigcirc$을 연립하면
$$n^4+4n^3-4n^2=0$$
이때, $n>0$이므로 $n^2+4n-4=0$
$$n=-2+2\sqrt{2}$$
$$m=-\dfrac{n^2}{2}=-\dfrac{1}{2}(-2+2\sqrt{2})^2=-6+4\sqrt{2}$$
$$\therefore m+n=-8+6\sqrt{2}=2(3\sqrt{2}-4)$$

10 이차방정식 $x^2-2px+p-1=0$에서
근과 계수와의 관계를 보면
$\alpha+\beta=2p$, $\alpha\beta=p-1$
이차함수 $y=x^2-2px+p-1$의 그래프는
대칭축이 $x=p$이므로
이 이차함수의 그래프와 $y=|x-p|$의 그래프를 그려보면

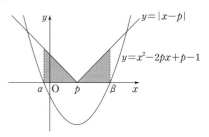

따라서 구하는 정적분의 값은
$$\int_\alpha^\beta |x-p|dx=\left(\dfrac{\beta-\alpha}{2}\right)^2$$
$$=\dfrac{1}{4}(\alpha+\beta)^2-\alpha\beta$$
$$=p^2-(p-1)$$
$$=\left(p-\dfrac{1}{2}\right)^2+\dfrac{3}{4}$$
따라서 최솟값은 $p=\dfrac{1}{2}$일 때 $\dfrac{3}{4}$

11 선분 AB의 기울기는 $\dfrac{4}{3}$이고,
기울기가 $\dfrac{4}{3}$인 직선이 각각의 이차함수에 접할 때,
삼각형 ABP의 넓이의 최대와 최소이다.

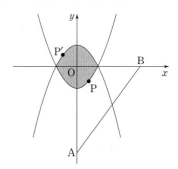

즉 점 P를 지날 때 삼각형 ABP의 넓이가 최소,
점 P'를 지날 때 삼각형 ABP'의 넓이가 최대가 된다.
선분 PP'의 거리를 d라고 하면
$\overline{AB}=5$에서 구하는 값은 $M-m=\dfrac{5}{2}d$
이제 d의 값을 구해보면
$y=\dfrac{4}{3}x+k$ (k는 실수)와 $y=x^2-1$에서
$$4x+3k=3x^2-3$$
$$3x^2-4x-3k-3=0$$
$$\dfrac{D}{4}=4+3(3k+3)=0$$
$k=-\dfrac{13}{9}$이므로 $y=\dfrac{4}{3}x-\dfrac{13}{9}$
따라서 $d=2\times\dfrac{|-13|}{\sqrt{9^2+12^2}}=\dfrac{26}{15}$

$$\therefore M - m = \frac{13}{3}$$

12 주어진 식을 보면

$$\sum_{k=1}^{30} \log_2 a_k = \log_2 a_1 + \log_2 a_2 + \cdots \log_2 a_{30}$$
$$= \log_2 a_1 a_2 a_3 \cdots a_{30}$$

즉 720의 모든 양의 약수의 곱을 구해보면
720의 약수가 30개이므로 약수의 크기 순서대로 재배열한
$a_1 a_2 a_3 \cdots a_{30}$에 대하여
$a_1 a_{30} = 720$, $a_2 a_{29} = 720$, $\cdots$, $a_{15} a_{16} = 720$
따라서

$$\log_2 a_1 a_2 a_3 \cdots a_{30} = \log_2 720^{15}$$
$$= \log_2 (2^4 \cdot 3^2 \cdot 5)^{15}$$
$$= 15(4\log_2 2 + 2\log_2 3 + \log_2 5)$$
$$= 143$$

13 5개의 공의 합은 15이므로 한 상자에 넣으면 안 된다.
4개의 공 중 $1+2+3+5=11$, $1+2+3+4=10$이므로 합이 11이하인 경우는 두 가지이고, 상자 A, B, C에 4개, 1개, 0개를 넣는 경우의 수는 $2 \times 3! = 12$
3개의 공 중 $3+4+5=12$만 아니면 합이 11이하이므로 5개에서 3개를 뽑는 경우의 수는 $_5C_3 = 10$가지 중 9가지만 가능하고, 상자 A, B, C에 3개, 2개, 0개 또는 3개, 1개, 1개를 넣는 경우의 수는 $9 \times (3! + 3!) = 108$
2개, 2개, 1개씩 넣는 경우의 수는 $3 \times \frac{5!}{2!2!} = 90$

$$\therefore 12 + 108 + 90 = 210$$

14 n회째 1의 눈이 나와 시행을 멈출 확률을 a_n이라 하면 그전까지 시행을 멈추면 안 되므로 $n-1$번까지의 확률은 각각 $\frac{1}{2}$
따라서 $a_n = \left(\frac{1}{2}\right)^{n-1}\left(\frac{1}{6}\right)$이므로

$$\sum_{k=1}^{10} \left(\frac{1}{2}\right)^{k-1}\left(\frac{1}{6}\right) = \frac{1}{6} \times \frac{2^{10}-1}{2^9} = \frac{341}{1024}$$

15 주어진 방정식을 정리하면
$$2x^2 - x = 3[x]$$
즉 $y = 2x^2 - x$와 $y = 3[x]$의 그래프가 만나는 점이 실근이다.

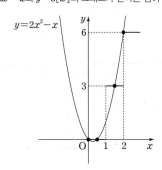

그래프를 살펴보면 실근의 개수 $p = 4$
이때 실근의 합을 구하기 위해 각각의 근을 구해보면

i) $2x^2 - x = 0$인 경우

   $x(2x-1) = 0$, $x = 0$, $\frac{1}{2}$

ii) $2x^2 - x = 3$인 경우

   $(2x-3)(x+1) = 0$, $x = \frac{3}{2}$

iii) $2x^2 - x = 6$인 경우

   $(2x+3)(x-2) = 0$, $x = 2$

i)~iii)을 통해 $q = \frac{1}{2} + \frac{3}{2} + 2 = 4$

$$\therefore pq = 16$$

16 도형 R_n에서 검은 부분의 넓이를 S_n, 흰 부분의 넓이를 T_n이라 하면

$$S_n + T_n = 1$$

$$S_{n+1} = \frac{3}{4}S_n + \frac{1}{4}T_n$$

$$T_{n+1} = \frac{1}{4}S_n + \frac{3}{4}T_n$$

즉 $S_1 - T_1 = -\frac{1}{2}$

$$S_{n+1} - T_{n+1} = \frac{1}{2}(S_n - T_n)$$

따라서 $S_n + T_n = 1$, $S_n - T_n = -\left(\frac{1}{2}\right)^n$이므로

$$2S_n = 1 - \left(\frac{1}{2}\right)^n$$

$$\therefore S_{10} = \frac{1}{2}\left(1 - \frac{1}{2^{10}}\right) = \frac{1023}{2048}$$

17 $P_n(x)$에서 홀수차수 항을 제거한 우함수를 $h_n(x)$ 짝수차수 항을 제거한 기함수를 $g_n(x)$라 하면
이때, (나)에서 $m=0$이라 하면

$$\int_{-1}^{1} P_n(x)dx = 0$$에서

$$\int_0^1 h_n(x)dx = 0 \cdots \text{㉠}$$

또한 (나)에서 $m=1$이라 하면

$$\int_{-1}^{1} xP_n(x)dx = 0$$에서

$$\int_0^1 xg_n(x)dx = 0 \cdots \text{㉡}$$

$P_3(x) = x^3 + ax^2 + bx + c$ (a, b, c는 실수)라 하면
$h_3(x) = ax^2 + c$, $g_3(x) = x^3 + bx$
이때 ㉠, ㉡을 이용하면

$$\int_0^1 h_3(x)dx = 0$$

$$\int_0^1 xg_3(x)dx = \int_0^1 (x^4 + bx^2)dx = \frac{1}{5} + \frac{b}{3} = 0$$

이므로 $b=-\dfrac{3}{5}$

$$\therefore \int_0^1 P_3(x)dx$$
$$=\int_0^1\left(x^3-\dfrac{3}{5}x\right)dx+\int_0^1 h_3(x)dx$$
$$=\left(\dfrac{1}{4}-\dfrac{3}{10}\right)+0=-\dfrac{1}{20}$$

18 ㄱ. (참)

$\dfrac{4}{3}=1.333\cdots$이고,

$0\le k\le 66$일 때, $\left[x+\dfrac{k}{100}\right]=1$

$67\le k\le 99$일 때, $\left[x+\dfrac{k}{100}\right]=2$

따라서 $f\left(\dfrac{4}{3}\right)=67\times 1+33\times 2=133$

ㄴ. (참)

i) $n=2m$ (짝수, m은 실수)라면

$\left[x+\dfrac{n}{2}\right]=\left[x+m+\dfrac{k}{100}\right]=m+\left[x+\dfrac{k}{100}\right]$이므로

$f\left(x+\dfrac{n}{2}\right)=100m+f(x)=50n+f(x)$

ii) $n=2m-1$ (홀수, m은 실수)라면

$\left[x+\dfrac{n}{2}\right]=\left[x+m-\dfrac{1}{2}+\dfrac{k}{100}\right]$의 값은

$0\le k\le 49$일 때, $m-1+\left[x+\dfrac{k+50}{100}\right]$

$50\le k\le 99$일 때, $m+\left[x+\dfrac{k-50}{100}\right]$이므로

$f\left(x+\dfrac{n}{2}\right)=50(m-1)+50m+f(x)$
$=50n+f(x)$

ㄷ. (참)

$f(x)$는 정수이므로

$f(f(x)-1)=100(f(x)-1)=nf(x)-1$,

$f(x)=\dfrac{99}{100-n}$

$100-n$이 99의 약수이면 $\dfrac{99}{100-n}$는 정수

$n=1$일 때, $\dfrac{1}{100}\le x<\dfrac{2}{100}$이므로 $f(x)=1$로 성립

$n=99$일 때, $\dfrac{99}{100}\le x<1$이므로 $f(x)=99$이므로 성립

즉 주어진 식을 만족하는 자연수 n은 적어도 2개 존재한다.
따라서 옳은 것은 ㄱ, ㄴ이다.

19 $f(x)=\sum\limits_{n=1}^{17}|x-a_n|$은 중앙값인 $a_9=r^8$에서 최소이므로

$r^8=16$, $r=\sqrt{2}$

따라서

$$f(16)=\sum_{n=1}^{17}|x-a_n|$$
$$=(16-1)+(16-\sqrt{2})+\cdots+(16-8\sqrt{2})+0$$
$$\quad+(16\sqrt{2}-16)+(32-16)+\cdots+(256-16)$$
$$=\dfrac{16\sqrt{2}(\sqrt{2^8}-1)}{\sqrt{2}-1}-\dfrac{\sqrt{2^8}-1}{\sqrt{2}-1}$$
$$=15(31+15\sqrt{2})$$
$$\therefore rm=15(30+31\sqrt{2})$$

20 $\lim\limits_{x\to 0}\dfrac{g(x)-1}{x}=0$에서 $g(0)=1$, $g'(0)=0$

$f(1+0)=f(1)g(0)+f(0)g(1)$에서 $f(0)g(1)=0$

$g(1+0)=g(1)g(0)+f(1)f(0)$에서 $f(1)f(0)=0$

$f(1)=1$이므로 $f(0)=0$

ㄱ. (참)

$$f'(x)=\lim_{y\to 0}\dfrac{f(x+y)-f(x)}{y}=f'(0)g(x)$$

ㄷ. (참)

$$\dfrac{g(x+y)-g(x)}{y}$$
$$=\dfrac{g(x)g(y)+f(x)f(y)-g(x)}{y}$$
$$=g(x)\dfrac{g(y)-1}{y}+\dfrac{f(y)}{y}f(x)$$이므로

$$g'(x)=\lim_{y\to 0}\dfrac{g(x+y)-g(x)}{y}=f'(0)f(x)$$

$h(x)=\{g(x)\}^2-\{f(x)\}^2$이라 하면

$h'(x)=2g(x)g'(x)-2f(x)f'(x)$
$=2g(x)f'(0)f(x)-2f(x)f'(0)g(x)=0$

따라서 $h(x)$는 상수함수이고, $h(x)=h(0)=1-0=1$

이므로 $\{g(x)\}^2-\{f(x)\}^2=1$

ㄴ. (참)

ㄷ에서 $\{g(x)\}^2=1+\{f(x)\}^2\ge 1$이므로 $x=0$을 포함

하는 열린구간에서 $0<g(x)\le 1$인 점이 없다.

따라서 이 열린구간에서 $g(x)\ge 1=g(0)$이므로

$x=0$에서 극솟값 1을 갖는다.

따라서 옳은 것은 ㄱ, ㄴ, ㄷ이다.

21 $\log_m 2=\dfrac{n}{100}$에서 $2=m^{\frac{n}{100}}$이므로 $2^{100}=m^n$

따라서 n은 100의 양의 약수이므로

이를 만족하는 (m, n)의 순서쌍은 9개이다.

22 $\dfrac{1}{a_1}=1$, $\dfrac{1}{a_{n+1}}=1+\dfrac{1}{a_n}$이므로 $\dfrac{1}{a_n}=n$

$$A=\sum_{k=1}^{9}a_k a_{k+1}=\sum_{k=1}^{9}\dfrac{1}{k(k+1)}=\sum_{k=1}^{9}\left(\dfrac{1}{k}-\dfrac{1}{k+1}\right)$$
$$=1-\dfrac{1}{10}=\dfrac{9}{10}$$

$B=\sum_{k=1}^{9}\frac{1}{a_k a_{k+1}}=\sum_{k=1}^{9}k(k+1)=\frac{9\times10\times11}{3}=330$

$\therefore AB=\frac{9}{10}\times330=297$

23 $(f\circ f\circ f)(x)=x$를 만족하는 경우는

ⅰ) $f(a)=a$

ⅱ) $f(a)=b, f(b)=c, f(c)=a$ (a, b, c는 실수)

이때 6개 모두 ⅰ)의 경우일 때, 1가지

3개가 ⅰ)이고 3개가 ⅱ)인 경우일 때, 우선 3개를 뽑고 대응순서가 abc, acb인 두 가지 경우가 있으므로

$_6\mathrm{C}_3\times2=40$

3개씩 두쌍인 ⅱ)인 경우일 때, 3개씩 분할하고 대응순서가 각각 두 가지씩 있으므로

$_6\mathrm{C}_3\times_3\mathrm{C}_3\times\frac{1}{2!}\times2\times2=40$

따라서 함수 f의 개수는 $1+40+40=81$

24 $f(x)$가 0에서 극댓값을 갖기 위한 $y=f'(x)$의 그래프를 그려보면

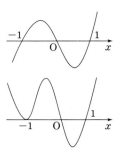

즉 k는 자연수, l, m은 홀수임을 알 수 있다.

이때, $1\le k< l< m\le10$이므로 l은 3이상의 홀수이므로

가능한 순서쌍은

$(k, 3, m)$일 때 $2\times3=6$가지

$(k, 5, m)$일 때 $4\times2=8$가지

$(k, 7, m)$일 때 $6\times1=6$가지

따라서 순서쌍의 개수는 총 20가지

25 주어진 식에 $x=0$을 대입하면 $g(0)=1$

$f(x)=g(x)+\int_0^x(x-t)^2h(t)dt$

$\qquad=g(x)+x^2\int_0^x h(t)dt-2x\int_0^x th(t)dt+\int_0^x t^2h(t)dt$

양변을 x에 대해 미분하면

$f'(x)=g'(x)+2x\int_0^x h(t)dt-2\int_0^x th(t)dt$

이때 $x=0$을 대입하면, $g'(0)=-3$

식을 다시 한 번 x에 대해 미분하면,

$f''(x)=g''(x)+2\int_0^x h(t)dt$

다시 $x=0$을 대입하면, $g''(0)=4$

따라서 $g(x)=2x^2-3x+1$, $g(2)=3$

$f''(x)$의 식을 다시 한 번 x에 대해 미분하면

$f'''(x)=2h(x)$이므로 $h(2)=54$

$\therefore g(2)+h(2)=57$

2017학년도 기출문제 정답 및 해설

제1교시 국어영역

01 ①	02 ③	03 ②	04 ②	05 ②	06 ②
07 ①	08 ①	09 ④	10 ④	11 ⑤	12 ⑤
13 ③	14 ①	15 ①	16 ②	17 ③	18 ⑤
19 ①	20 ⑤	21 ②	22 ④	23 ④	24 ②
25 ③	26 ⑤	27 ④	28 ③	29 ③	30 ⑤
31 ①	32 ①	33 ⑤	34 ④	35 ④	36 ②
37 ⑤	38 ②	39 ③	40 ③	41 ⑤	42 ④
43 ④	44 ⑤	45 ④			

01 ① '경신'은 '이미 있던 것을 고쳐 새롭게 함'이라는 뜻으로, '우리 선수가 드디어 종전 최고 기록을 경신했다.'는 어법상 자연스러운 문장이다.

㉫ 그는 마라톤 경기에서 신기록을 경신하였다.

국제 시장에서 원자재 가격이 연일 최고가를 경신하였다.

연일 최고 기온이 경신되는 무더위로 전력 사용량이 급증하고 있다.

㉪ 갱신 : 법률관계의 존속 기간이 끝났을 때 그 기간을 연장하는 일

㉫ 신용카드 유효기간이 만료되어 갱신해야 한다.

그는 운전면허를 갱신하였다.

보증기간을 갱신할 수 있다.

오답풀이

② '잊혀지지 않는'에서 '잊혀지지'는 '잊다'라는 동사에 피동 접미사 '-히'와 피동 표현 '~어지다'가 붙어서 생성된 이중 피동의 표현이다. 이중피동은 문법적으로 허용되지 않으므로 '잊히지 않는'으로 고쳐 써야 옳다.

③ 문장 전체에서 목적어와 서술어가 호응 관계를 이루고 있지 않다. '보았다.'라는 서술어는 '물질적 피해를'이라는 목적어와만 호응하고 '큰 정신적 충격을'과는 호응하지 않는다. 따라서 '큰 정신적 충격을 받았고 물질적 피해를 보았다.' 또는 '큰 정신적 충격과 물질적 피해를 입었다.'라고 고쳐 써야 옳다.

④ '어떤 일이 생기기 전에. 또는 어떤 일을 하기에 앞서'라는

뜻의 부사 '미리'와 '미리 헤아려 짐작함'이라는 뜻의 '예측하다'의 의미가 중복되므로 '미리'를 삭제하는 것이 옳다.

⑤ '반드시 의논을 하는 것이 좋다.'에서 '~와'에 해당하는 필수 성분이 생략되어 있어 문장의 호응 관계가 성립되지 않는다. '누가 누구와 무엇을 의논하다'의 문형으로 써야 한다. 따라서 '자신의 진로를 스스로 결정하기 어려울 때는 반드시 ~와 의논을 하는 것이 좋다.'로 고쳐 써야 옳다.

02 ③ 표준발음법 제6항에 따르면 용언의 활용형에서 음절이 축약된 경우에는 긴소리로 발음하는 것이 일반적이나, '오아 → 와, 지어 → 져, 찌어 → 쪄, 치어 → 쳐'는 예외적으로 짧게 발음한다. 그러므로 '쪄'는 [쩌]로 짧은소리로 발음하는 것이 옳다.

오답풀이

① 용언의 활용형에 나타나는 '져, 쪄, 쳐'는 [저, 쩌, 처]로 발음한다. 따라서 '다쳐서'는 [다처서]로 발음하는 것이 옳다.

② '기어'는 [기어]로 발음함을 원칙으로 하되, 반모음 'ㅣ'가 첨가된 음운의 첨가 현상으로 [기여]로 발음함도 허용한다.

④ 표준발음법 제6항에 따르면 용언의 단음절 어간에 어미 '-아/-어'가 결합되어 한 음절로 축약되는 경우에는 긴소리로 발음한다. 따라서 '되어'는 '돼'로 축약되고 [돼:]와 같이 긴소리로 발음한다.

⑤ '쐬어도'는 모음 축약 현상으로 인해 '쐐도'가 되는데, '돼'와 마찬가지로 용언의 단음절 어간에 어미 '-아/-어'가 결합되어 음절이 축약된 경우이므로 [쐐:도]와 같이 긴소리로 발음한다.

03 ② 'ㅅ'과 'ㅌ'은 조음의 위치상 잇몸소리(치조음)이고, 'ㅈ'과 'ㅊ'은 센입천장소리(경구개음)이다. [낟]에서 'ㄷ'의 조음 위치는 잇몸소리(치조음)이므로, '낫, 낯'은 원래의 자음과 다른 조음 위치의 예삿소리로 바뀌어 발음된다고 볼 수 있다.

TIP | 조음 위치에 따른 자음의 분류

종류	소리 나는 위치	해당 자음
입술소리(순음)	두 입술	ㅁ, ㅂ, ㅃ, ㅍ
잇몸소리(치조음)	윗잇몸과 혀끝	ㄴ, ㄷ, ㄸ, ㅌ, ㄹ, ㅅ, ㅆ
센입천장소리 (경구개음)	센입천장과 앞혓바닥	ㅈ, ㅉ, ㅊ
여린입천장소리 (연구개음)	여린입천장과 뒷혓바닥	ㄱ, ㄲ, ㅋ, ㅇ
목청소리(후음)	목청	ㅎ

04 ② '데'가 '곳, 장소, 일, 것, 경우' 등의 의미로 쓰일 때는 의존 명사가 된다. ⓒ에서 사용된 '데'는 의존명사로서, 자유롭게 홀로 쓰이지 못하고, 그 앞에 꾸며 주는 말을 거느려야 한다. 따라서 '그리는 데'와 같이 앞말과 띄어 쓰는 것이 옳다.

오답풀이

① ㉠에서의 '만큼'은 앞말과 비슷한 정도나 한도임을 나타내는 격 조사로, '생각만큼'과 같이 붙여 쓰는 것이 옳다.
③ ⓒ에서의 '대로'는 어떤 모양이나 상태와 같음을 나타내는 의존명사로, 띄어 쓰는 것이 옳다.
④ ⓔ에서의 '-ㄹ수록'은 앞 절 일의 어떤 정도가 그렇게 더하여 가는 것이, 뒤 절 일의 어떤 정도가 더하거나 덜하게 되는 조건이 됨을 나타내는 연결 어미로, 앞말과 붙여 쓰는 것이 옳다.
⑤ ⓜ에서의 '-는지'는 막연한 의문이 있는 채로 그것을 뒤 절의 사실이나 판단과 관련시키는 데 쓰는 연결 어미로, 앞말과 붙여 쓰는 것이 옳다.

TIP | 조사와 의존명사

일반적으로 조사는 앞말에 붙여 쓰고 의존명사는 띄어 쓴다.
① '만'
　　– 조사 : 난 여행만 좋아한다. 하나만 알고 둘은 모른다.
　　– 의존명사 : 떠난 지 삼일 만에 돌아왔다.
② '대로'
　　– 조사 : 처벌하려면 법대로 해라. 너는 너대로 나는 나대로 그곳으로 가자
　　– 의존명사 : 시키는 대로 하겠다. 될 수 있는 대로 빨리 오세요.
③ '뿐'
　　– 조사 : 이 학교는 남자뿐이다.
　　– 의존명사 : 그녀는 웃을 뿐 말이 없다.
④ '만큼'
　　– 조사 : 나도 너만큼 친구가 좋다.
　　– 의존명사 : 노력한 만큼 대가가 있다. 까다롭게 검사하는 만큼 잘 해야 한다.

05 ② ㄴ의 '넓적하다'는 [넙쩌카다]로 발음하고, ㄹ의 '굵다랗다'는 [국: 따라타]로 발음한다. 따라서 어간의 겹받침은 모두

발음되기도 하고 일부만 발음되기도 하는 것이 아니라, 일부만 발음한다.

06 ② ⓒ에서 '-게'는 하게할 자리에 쓰여, 손아래나 허물없는 사이에 무엇을 시키는 뜻을 나타내는 종결 어미로 사용되었다. ⓒ은 '아범'에게 하는 말로 '아범'은 '사랑사람'보다 손아래이거나, '사랑사람'과 허물없는 사이임을 알 수 있다. 그런데 뒤에 오는 대화에서 '이 양반'을 '이 어른'이라고 지칭하였고 '드리다'라는 객체 높임 표현을 사용한 것으로 보아 ⓒ는 ⓑ보다 ⓐ를 높이고 있음을 알 수 있다.

오답풀이

① ㉠과 ⓒ에서 사용된 '-게' 모두 하게할 자리에 쓰여, 손아래나 허물없는 사이에 무엇을 시키는 뜻을 나타내는 종결 어미이므로, 경어법상 잘 어울린다.
③ ⓒ의 '드리게'와 ⓕ의 '드려'는 모두 ⓒ가 ⓑ에게 한 말인데, '드리게'는 어느 정도의 격식을 갖춘 표현이지만 '드려'는 명령적 어조로 볼 수 있다. 따라서 경어법에 변화가 나타난다.
④ '-께서'는 주체인 '영감'을 높이는 주체 높임의 조사이고, '-시-' 또한 '내주다'의 높임 표현으로, 주체 높임의 선어말 어미이다. 따라서 ⓜ의 '-께서'와 ⓗ의 '-시-'는 경어법상 잘 어울린다.
⑤ ⓒ에서는 높임을 나타내는 보조사 '-요'를 사용하였고 ⓗ에서는 보조사 '-요'보다는 격이 낮은 접미사 '-ㅂ쇼'를 사용하였다. 따라서 ⓒ에 대한 ⓑ의 경어법에 변화가 나타난다.

07 ① '버스에 타는 시간이 길어 늘 피곤하다.'에서 '타다'는 '탈 것이나 짐승의 등 따위에 몸을 얹다.'의 의미이고, 두 번째 '타다'는 '바람이나 물결, 전파 따위에 실려 퍼지다.'의 의미로 두 낱말은 다의어 관계이다.
②·③·④·⑤ 소리는 같고 뜻은 전혀 다른 동음이의어 관계이다.

TIP | 동음이의어와 다의어

• 동음이의어 : 두 개 이상의 낱말이 우연히 소리만 같을 뿐 전혀 다른 뜻으로 사용되는 낱말
• 다의어 : 하나의 낱말이 두 가지 이상의 관련된 의미로 쓰이는 낱말

08 ① '어떤 시련이 닥쳐와도 내 힘으로 반드시 이겨 내겠다'에서 '-겠-'은 주체의 의지를 나타내는 어미로 사용되었다. '동생은 혼자 정상에 오르겠다고 떼를 쓴다.'에서 역시 '-겠-'이 주체의 의지를 나타내는 어미로 사용되었다.

오답풀이

② '오래 살다 보니 별 이상한 일을 다 '보겠다.'에서 '-겠-'은 '헤아리거나 따져 보면 그렇게 된다.'는 뜻을 나타내는 어

233

미로 사용되었다.

　　예 세월이 가면 잊히겠지.

③ '밤이 늦었으니 이제 그만 돌아가 주시겠어요?'에서 '-겠-'은 완곡하게 말하는 태도를 드러내는 어미로 사용되었다.

　　예 내가 말해도 되겠니?

④ '이 정도 문제는 고등학생이라면 누구나 풀겠다.'에서 '-겠-'은 가능성이나 능력을 나타내는 어미로 사용되었다.

　　예 기름 1리터로 10km는 넉넉히 가겠다.

⑤ '지금쯤 내가 살던 고향에서는 벌써 추수를 끝냈겠다.'에서 '-겠-'은 추측이나 판단을 나타내는 어미로 사용되었다.

　　예 지금 떠나면 새벽에 도착하겠구나.

09　④ ⓔ 같이는 '어떤 상황이나 행동 따위와 다름이 없이'의 의미를 나타내는 '부사'이다.

오답풀이

① ㉠은 수단·도구를 나타내는 격 조사로, 용언을 수식하는 역할을 한다.

② ㉡은 체언에 조사 '의'가 결합하여 뒷말을 수식하는 관형어의 역할을 하며, ㉢은 체언에 조사 '과'가 결합하여 다른 것과 비교하거나 기준으로 삼는 대상임을 나타낸다.

③ ㉡은 관형어로서 체언을 수식하고, ㉣은 형용사로서 체언을 수식한다.

⑤ ㉤은 관형격 조사 '의'가 붙으면 관형어가 될 수 있고, '의'가 생략되면 부사어가 될 수 있다.

10　④ ⓔ의 전후 맥락을 살펴볼 때, '반증'이 아닌 '방증'이 오는 것이 적절하다.

・방증 : 사실을 직접 증명할 수 있는 증거가 되지는 않지만, 주변의 상황을 밝힘으로써 간접적으로 증명에 도움을 줌. 또는 그 증거

・반증 : 어떤 사실이나 주장이 옳지 아니함을 그에 반대되는 근거를 들어 증명함. 또는 그런 증거

11　⑤ 수정 후의 문장 역시 수정 전과 동일하게 선생님이 전체 학생 중 일부의 학생과만 인사를 한 게 아쉬운 것인지, 어떤 학생과도 인사를 하지 못한 게 아쉬운 것인지 불분명하다. 상황을 고려하여 적절히 수정하려면, '선생님은 모든 학생과 빠짐없이 인사하지 못한 게 아쉬웠다.' 혹은 '선생님은 일부의 학생과 인사하지 못한 게 아쉬웠다.'라고 고쳐 써야 한다.

오답풀이

① 울고 있는 주체가 '나'인지 '그녀'인지에 대한 중의성이 해소되었다.

② 네가 내가 아닌 그녀를 더 좋아하는 것이 싫은 것인지, 내가

그녀를 좋아하는 정도보다 네가 그녀를 더 좋아하는 정도가 더 강한 것이 싫은 것인지에 대한 중의성이 해소되었다.

③ 군복을 이미 입고 있는 상태인 것인지, 군복으로 갈아입고 있는 중인지에 대한 중의성이 해소되었다.

④ 친구가 새로운 것인지, 친구의 집이 새로운 것인지에 대한 중의성이 해소되었다.

12　⑤ ㉢에서 세대 간 갈등의 원인은 '연결 고리의 부재'라고 하였다. 이를 통해 중간세대가 신세대와 구세대를 이어주는 연결 고리의 역할을 한다는 것을 알 수 있다. 그러므로 ⓜ에는 '눈치 보기와 비위 맞추기'가 아닌 '다리 역할 하기' 혹은 '올바른 연결 고리가 되기'와 같은 소제목을 넣는 것이 적절하다.

오답풀이

① 세대 간 갈등의 문제를 명확하게 보여주기 위하여 문제 제기 내용을 추가하는 것이 적절하다.

② ⓔ에서 갈등의 원인으로 '배려의 부족'을 제시하였고, Ⅳ에서 세대 간 갈등의 해결을 위한 구세대의 태도에서 '눈높이 맞추기'를 제시하였다. 이를 통해 볼 때 ㉠에는 '저 나이 때 나는 안 그랬는데'라는 소제목이 들어가는 것이 적절하다.

③ 다른 부분의 소제목들은 모두 신세대, 구세대, 중간세대의 항목을 포함하고 있으므로 ㉡에도 '중간세대'에 해당하는 내용이 추가되어야 한다.

④ 다른 부분들은 모두 신세대, 구세대, 중간세대의 순서로 내용을 제시하고 있으므로 Ⅲ에서 ㉢과 ⓔ의 순서를 맞바꾸는 것이 적절하다.

13　③

・**공모의 취지에 맞도록 문장을 작성할 것** : '응원'을 촉구하는 메시지가 담겨져 있다.

・**모두의 참여와 단합의 중요성을 강조할 것** : 응원의 열기가 모두의 올림픽을 만든다고 하면서 참여와 단합의 중요성을 강조하였다.

・**연쇄적 표현을 사용할 것** : 뜨거운 응원이 메달의 등급을 높이고, 높아진 메달의 등급이 응원의 열기를 돋운다고 하며 연쇄적 표현을 사용하였다.

・**대구적 표현을 사용할 것** : '뜨거운 응원이~높이고, 높아진 등급이~돋울 때'와 같이 앞뒤의 문장이 유사한 구조를 반복함으로써 대구를 이루고 있다.

오답풀이

① 연쇄적 표현이 사용되지 않았다.

② 공모의 취지에 맞지 않고, 참여와 단합의 중요성을 강조하지 않았다.

④ 연쇄적 표현과 대구적 표현이 사용되지 않았다.

⑤ 공모의 취지에 맞지 않고, 연쇄적 표현과 대구적 표현이 사용되지 않았다.

막생쥐는 인지적 지도가 있는 부위를 더 크게 갖고 태어난다고 하였다. 이를 토대로 ⊙과 ⓒ에 해당하는 사례를 구분해보면, ⊙ – ㄱ, ㄴ, ㄹ, ㅁ, ⓒ – ㄷ이 된다.

[14~16] 비문학 – 과학

14 ① 6문단에서 '인간의 뇌는 외관상 완벽한 축소판으로 보이는 유인원의 뇌와 뉴런들의 연결 패턴이 다르다는 점이 중요하다.'고 하였다. 이를 통해 인간의 뇌와 유인원의 뇌는 작은 성분들의 조합과 배열에 있어서 차이가 있음을 알 수 있다.

오답풀이

② 3문단에서 인간의 뇌는 태아기의 뇌 성장이 출생 후 1년 동안 연장됨으로써 폭발적으로 성장한다고 하였다.
③ 1문단에서 포유동물 간의 뚜렷하고 큰 차이는 부분들의 팽창이나 축소에서 발견된다고 하였다.
④ 1문단에서 포유동물의 신체가 그러하듯이 포유동물의 뇌도 공통적인 설계를 따른다고 하였으므로 뇌의 구조도 어느 정도 공통점이 있음을 알 수 있다.
⑤ 4문단에서 복잡한 형식을 처리하는 이후의 영역들은 시각 정보를 언어와 개념 영역들로 돌리는 영역들처럼 크기가 확대되었다고 하였다.

15 ① 인간과 원숭이의 뇌를 비교·대조하여 그 공통점과 차이점을 진술한 글이다. 과정을 통해 변화의 단계를 제시하고 있지는 않다.

오답풀이

② 2문단에서 원숭이, 박쥐, 사막생쥐의 예시를 통해 특출한 재능이 뇌 전체 구조에 반영됨을 설명하였고, 6문단에서 컴퓨터 프로그램, 마이크로칩, 책, 비디오테이프의 예시를 통해 인간과 유인원의 뇌의 뉴런들의 연결 패턴이 다르다는 점을 설명하였다.
③ 1문단에서 인간과 유인원의 뇌의 가장 큰 차이가 무엇인지 설명하고 있으며, 5문단과 6문단에서 특정 영역과 관련해서 인간과 원숭이의 뇌의 차이점을 대조하여 설명하였다.
④ 3문단과 4문단에서 동일 부류인 인간과 원숭이의 뇌의 공통적인 특성을 비교하여 설명하였다.
⑤ 3문단에서 인간의 뇌가 원숭이나 유인원보다 약 세 배가량 크다는 점을 통해 영장류의 뇌가 크게 개량되어 결국 인간의 뇌가 되었음을 유추하고 있다.

16 ② ⊙ 팽창은 중요한 역할을 하는 부위가 확대된 것이고 ⓒ 축소는 덜 중요한 역할을 하는 부위가 줄어든 것이다. 4문단을 통해 후각 영역은 축소되었고, 시각 영역, 청각 영역, 전전두엽은 팽창되었음을 알 수 있다. 또한 2문단에서 사

[17~21] 갈래 복합

(가) 정철, 〈관동별곡〉
• **갈래** : 양반가사, 정격가사, 기행가사
• **성격** : 유교적, 도교적
• **운율** : 3·4조 음수율, 4음보 음보율
• **주제** : 관동 지방의 절경 유람과 연군지정
• **특징**
– 시적 화자의 정서적 추이와 갈등을 함축적으로 드러냄
– 시간적, 공간적 순서에 따른 추보식 구성
– 작가의 정서 변화와 갈등을 함축적으로 표현함
– 직유법, 대구법, 상징법 등 다양한 수사법을 사용함
• **이해와 감상** : 조선시대의 대표적인 가사로, 송강 정철이 강원도 관찰사로 부임하면서 관동팔경과 해금강 등을 둘러보고 여행의 경로와 풍경을 자신의 감정과 결부시킨 노래이다. 더불어 임금에 대한 충성심과 애민의 정서를 드러낸다. 3·4조의 가사로 순수한 우리말 표현이 많으며, 송강 정철의 웅장하고 명쾌한 문장이 돋보인다.

(나) 이중환, 〈택리지〉
• **갈래** : 인문 지리서
• **구성**
– 사민 총론 : 사·농·공·상의 유래 및 사대부의 역할과 사명
– 팔도 총론 : 조선 팔도의 위치, 역사적 배경, 지리적 특성과 지역성
– 복거 총론 : 사람이 살 만한 네 가지 조건(지리(地理), 생리(生利), 인심(人心), 산수(山水))
• **이해와 감상** : 조선후기 실학자인 이중환이 지은 인문 지리서로, 전국 8도의 살기 좋은 곳을 선택하여 풍수지리설에 입각하여 설명하였고, 그 지방의 지역성을 정치, 경제, 사회, 문화, 인물 등과 관련하여 서술하였다.

17 ③ (가)는 작가가 강원 관찰사의 배명을 받아 부임하여 관동팔경과 금강산을 유람하며 자연의 아름다운 경치와 임금에 대한 충성, 그리고 백성에 대한 선정의 포부를 드러내고 있는 작품으로, 다양한 표현 기법을 사용하여 자신이 체험한 바를 생동감 있게 그리고 있다. (나)는 지방의 지역성을 토대로 지형과 풍습을 묘사함으로써 정보 전달에 초점을 두고 있다.

① 관동 지방의 풍물과 관습에 대해 말하고 있는 것은 (나)이다. (가)는 관동 지방의 절경 유람과 연군, 애민의 정에 대해 말하고 있다.

② 관동 지방을 여행하는 모습은 (가)에만 나타난다. (나)는 현지답사를 토대로 지역의 특성을 서술하고 있다.

④ (가)는 (나)와 달리 열거한 대상의 일부를 부각하여 설명하고 있다.

⑤ (가)는 비유적 표현을 사용하여 대상을 묘사하였고, (나)는 답사한 것을 토대로 대상을 설명하고 있다.

18 ⑤ (가)의 화자는 금강산과 관동 팔경을 두루 유람한 후에 아름다운 경치와 그에 대한 느낌을 표현하고 있다. 또한 아름다운 자연의 경관을 노래하면서 연군과 애민의 정서를 드러내며 선정을 베풀겠다는 포부를 다짐하고 있다. 웅장한 자연 속에서 인간의 왜소함을 인식하고 있지는 않다.

TIP 〈관동별곡〉에 나타난 작가의 마음
- **연군지정** : 임금을 그리워하는 마음
- **우국지정** : 나랏일을 걱정하고 근심하는 마음
- **인생무상** : 인생이 덧없음을 깨닫는 마음
- **유교사상** : 임금에 대한 충성과 관직자로서의 포부
- **도교사상** : 신선적 풍모

19 ① (나)는 1문단에서 '지리적 위치와 소속 고을에 대해 설명하였고, 2문단에서 자연 경치에 대해, 3문단에서 민풍에 대해 설명하였다.

20 ⑤ [A]에서 '취선'은 '취한 신선'으로 화자 자신을 가리키는 것이므로 스스로에 대한 자긍심이 나타난다고 볼 수 있다. 〈보기〉는 벼슬을 버리고 강호에 노니는 강호한정의 심정을 드러낸 시조로, 화자는 관직 세계의 놀란 물결이 강호에까지 미칠 리 없다면서 자연 속에서 흰 갈매기와 벗하며 살고자 하는 마음을 드러낸다. 임금에 대한 걱정을 나타내고 있지는 않다.

① [A]는 스스로를 신선에 빗대어 자연 속으로 향하는 모습을 나타냈고, 〈보기〉는 관직에서 떠나 자연 속에서 살고자 하는 마음을 나타냈으므로 모두 자연 친화적인 관점을 드러내고 있다고 볼 수 있다.

② [A]와 〈보기〉 모두 '백구(흰 갈매기)'에 감정 이입을 함으로써 자연 친화적인 태도를 드러내고 있다.

③ [A]에서 '바다흘 겻틱 두고'라고 하였으므로 바닷가를 배경으로 하고 있음을 알 수 있고, 〈보기〉에서는 '강산에 말 업

시 누엇시니'라고 하였으므로 일반적인 자연을 배경으로 하고 있음을 알 수 있다.

④ [A]에서는 '빅구야'라고 하며 대상에게 말을 건네는 돈호법을, 〈보기〉에서는 '~가'의 어미로 끝내는 설의법을 사용하여 강호한정에 대한 의미를 강조하고 있다.

21 ③ 2문단에서는 동해의 자연 경치를 묘사하면서 산과 바다 사이에 기이하고 훌륭한 경치가 많다고 하였다. 이를 통해 볼 때, '선인(仙人)의 이상한 유적'은 자연과 벗하며 사는 상상 속 인물이 만들어낸 자연 경관을 의미한다고 볼 수 있다. ⓒ은 바위에 새긴 붉은 글씨로, '영랑을 비롯한 무리들이 남쪽으로 향함'이라는 내용을 담고 있다. 이는 ⓐ에서 말하는 유적과 거리가 멀다.

[22~24] 비문학 – 사회

22 ④ 이 글은 출근 시 일반 근로자 사망 사건에 대한 대법원의 판결이 국회의 법 개정의 방향을 좌우하게 된 예를 들면서, 사회권적 기본권에 대한 판결의 내용과 그것이 입법에 끼친 영향에 대해 이야기하고 있다.

23 ② '사안과 연관된 국가의 경제적 수준의 중요도를 판단하는 문제'에 대하여 '다수 의견'은 사회권적 기본권을 실현하는 데 있어서 국가의 경제적 수준에 따른 재원 확보 가능성을 먼저 고려해야 한다고 하였고, '반대 의견'은 경제 수준을 감안하더라도 입법적으로 해결하는 것이 가장 바람직하다고 하였다. '일반 근로자와 공무원의 산재 인정 범위를 서로 다르게 판단하는 문제'에 대하여 '다수 의견'은 공무원과 일반 근로자에 대한 재해 보상법이 법적으로 다른 것을 재정적 부담 규모의 현격한 차이, 보험 주체의 차이와 기여금의 불입 등을 고려한 입법 정책의 차이로 보았다. 그러나 '반대 의견'은 이것이 공무원과 일반 근로자를 불합리하게 차별하는 것으로 보았다.

ㄷ. 4문단에서 '다수 의견과 반대 의견 모두 현재 입법부와 행정부가 출퇴근 재해를 업무상 재해에 포함하려는 절차를 진행하고 있는 점을 높이 평가하고 기대한다는 뜻을 명시적으로 담고 있다.'고 하였으므로 '출퇴근 사고를 근로자의 처지에서 당할 수밖에 없는 재해라고 판단하는 문제'는 ㉠과 ㉡ 간의 쟁점이라고 볼 수 없다.

24 ② 5문단에서 국회와 행정부는 대법원의 기대와 달리 출퇴근 재해에 대해 종전의 입장을 고수하는 데 머물렀을 뿐 아니라 오히려 다수 의견의 판결문을 인용해 법률을 개정했다

고 하였다. 당시 산재보험법에 출퇴근 재해에 대한 명시적인 규정이 없던 것을 제37조에서 '사업주가 제공한 교통수단이나 그에 준하는 교통수단을 이용하는 등 사업주의 지배 관리하에서 출퇴근 중 발생한 사고'를 업무상 재해로 본다고 규정한 것이다. 이는 대법원의 판결에 근거하여 이제껏 애매했던 산재 범위를 분명히 정함으로써 분쟁을 막고자 한 것으로 볼 수 있다.

(오답풀이)

① 대법원의 기대와 달리 종전의 입장을 고수하는 데 머물렀을 뿐 아니라 좀 더 진전된 해석을 간단히 폐기하고 말았다.
③ 명시적인 규정이 없던 것은 제37조로 명시하여 규정하면서 행정부의 재량권이 축소되었다.
④ 서로 합의하지 못한 부분에 대해 종래의 해석을 답습한 다수 의견을 그대로 받아들였다.
⑤ 반대 의견은 법조문에 반영되지 않았다.

[25~29] 고전 산문

(가) 작자미상, 〈춘향전〉
• **갈래** : 국문 소설, 애정 소설, 판소리계 소설, 염정 소설
• **성격** : 해학적, 풍자적
• **배경** : 조선 후기, 전라도 남원
• **주제** : 신분을 초월한 남녀 간의 사랑(표면적), 신분의 제약을 극복한 인간의 해방(이면적)
• **특징**
 – 해학과 풍자에 의한 골계미가 나타남
 – 서술자의 편집자적 논평이 드러남
 – 판소리의 영향으로 운문체와 산문체가 혼합됨
• **이해와 감상** : 이 작품은 전승 과정에서 판소리로 불리다가 소설로 정착된 판소리계 소설로, 이본(異本)이 120여 종에 이를 정도로 많은 사랑을 받은 우리 민족의 대표적인 고전 소설이다. 작품의 표면적 주제는 남원 부사의 아들 이몽룡과 퇴기 딸 춘향의 신분을 초월한 사랑인데, 그 이면에는 양반과 상민 사이의 신분 차별에 대한 저항 의지가 깔려 있다고 볼 수 있다. 암행어사 출도 부분에는 탐관오리의 횡포에 대해 저항하는 사회적 의식도 드러난다.

(나) 임방, 〈천예록〉
• **갈래** : 야담, 애정 소설
• **주제** : 신분을 초월한 남녀 간의 사랑
• **이해와 감상** : 야담으로 전해지던 것이 후대에 소설로 정착된 것으로, 양반과 천한 기생의 사랑을 다루고 있다는 측면에서 '기녀신분갈등' 유형에 해당하는 작품이다. 애정 지상주의와 신분 상승의 요소를 적절히 섞어 중세적

신분 질서를 부정적으로 보는 독자층의 기대를 충족시키려는 의도가 있는 작품으로 볼 수 있다. '옥소선'은 〈천예록〉에 실려 있는 것으로, 〈천예록〉에는 귀신, 신선, 특이한 사람들이 만들어내는 기이한 이야기들이 소개되어 있다.

25 ③ (가)에서는 재치 있는 표현과 언어유희로 해학적인 분위기를 조성한 반면, (나)에는 해학적인 분위기가 드러나지 않는다.

(오답풀이)

① (가)는 농부들이 일하는 곳에서 춘향의 집으로, (나)는 서울에서 평양으로의 공간적 배경의 변화가 나타나 있다.
② 사건의 흐름이 시간에 따라 순차적으로 진행되고 있다.
④ (가)는 춘향과 이몽룡의 사랑을 주제로, (나)는 생과 자란의 사랑을 주제로 사건이 전개된다.
⑤ (가)에서는 '이몽룡'에게 (나)에서는 '생'에게 초점을 맞추어 사건을 진행하고 있다.

26 ⑤ (가)는 이몽룡이 장원 급제하여 암행어사가 된 후, 걸인행색을 하고 남원으로 왔다가 춘향의 모를 만나는 과정을 보여주고 있다. 춘향의 모는 걸인행색을 한 이몽룡을 보고 놀라하지만, 극적 반전을 통해 사건을 마무리하고 있지는 않다.

(오답풀이)

① 4 · 4조 중심의 운문체 어투로 문장이 리듬감 있게 구성되어 있다.
② 걸인행색을 한 이몽룡의 외양에 대한 묘사가 나타나 있다.
③ 농부의 말 속에 비속어가 사용되고 있다.
④ 이몽룡과 춘향 모의 대화를 통해 춘향 모의 심리가 드러나고 있다.

27 ④ ㉮는 농부의 말을 들은 이몽룡의 반응으로, 춘향에 대한 인식과 여론에 대해 안도하는 한편, 그런 춘향을 버리고 간 자신에 대한 안 좋은 평판에 멋쩍어 하고 있다.

(오답풀이)

① 농부의 말이 모두 사리에 맞다고 여기지만, 멋쩍어 할 뿐 반박할 수 없음에 애태우고 있는 것은 아니다.
② 사또의 위세에 눌리고 있는 모습을 나타내는 것은 아니다.
③ 농부의 말을 통해 춘향이 처한 상황을 깨닫고 안도하였을 뿐, 농부에게 멸시를 당했다고 여겨 분노하고 있지는 않다.
⑤ 상황을 모면하고자 한 말이 아니다.

28 ③ 'ⓐ 춘향의 모'는 춘향과 이몽룡의 관계를, 'ⓑ 그 어미(자란의 모)'는 자란과 생의 관계를 염두에 두고 상대방을 대하고 있다.

오답풀이

① ⓐ는 상대방을 인식한 후, 상대방에 대한 태도가 변하였지만 ⓑ는 상대방을 인식한 후에도 상대방에 대한 태도에 변함이 없었다.

② ⓐ와 ⓑ는 인물 사이에 직접적으로 개입하여 인물 간 갈등을 해소하는 역할을 하고 있지 않다.

④ 걸인이 되어 돌아온 이몽룡을 보고 기가 막혀 하는 것으로 보아 ⓐ는 상대방에 대한 기대가 높았고, 생을 대하는 태도로 보아 ⓑ는 상대방에 대한 기대가 낮았음을 알 수 있다.

⑤ '수원수구를 할까마는 내 딸 춘향 어쩔남나.'라고 한 것으로 보아, ⓐ는 누구를 원망하거나 탓할 것 없이 딸 춘향을 걱정하는 마음을 앞세우고 있다. ⓑ는 자람을 찾아온 생에게 자람의 상황을 설명하며 생을 딱하게 여기고 있다. 자신의 상황을 회피한다고 볼 수는 없다.

29 ③ 'ⓒ 털모자'는 '생'이 평양으로 향하기에 앞서 챙겨 입은 것으로, 명주옷, 가죽신과 함께 귀한 신분과 부유함을 상징한다. 이와 반대로 나머지 ㉠, ㉡, ㉢, ㉤은 모두 굶주림과 고단함, 고생을 상징한다.

[30~32] 비문학 – 사회

30 ⑤ 폭력적 세계와 비폭력적 세계를 보여주는 것이 아니라, 폭력적 세계에서 살아가고 있는 폭력적 성향의 인물(크리스티안)과 비폭력적 성향의 인물(안톤). 이 두 세계를 보여주고 있는 것이다.

오답풀이

① 엘리아스의 학교가 폭력의 시작이고, 크리스티안의 폭력이 폭력의 결과임을 보여 주고 있다.

② 안톤의 비폭력이 정당하다는 것을 암시하면서 끝맺지만, 폭력으로 인한 엘리아스의 비참함과 안톤의 무력감, 아이들의 울분과 같은 문제들을 그냥 참고 넘길 수 있는가에 대한 문제가 남는다. 또한 폭력을 징치하는 사회의 제도마저 폭력이 될 수 있다는 의문점이 제기된다.

③ 엘리아스의 동생이 또래 아이와 사소한 시비가 붙게 되고, 이어 또래 아이의 아버지가 등장해 안톤에게 더 큰 폭력을 휘두르는 과정이 제시된다.

④ 폭력적 상황에서, 폭력에 대응하는 강력한 폭력을 휘두르는 크리스티안과, 폭력에 맞서지 않고 비폭력으로 대응하는 안톤의 상반된 대처 방식을 보여 주고 있다.

31 ① 지역 군벌의 우두머리가 폭력을 반복하면서, 비폭력을 주장해왔던 안톤은 그러한 폭력의 상황 속에서 딱히 대책이 없는 자신의 모습에 대하여 회의를 느꼈을 것이다. 그러나

비폭력적 대응이 피해자를 방관하고자 한 것은 아니며, 이로 인해 회의를 느꼈다고 볼 수 없다.

② · ③ · ④ · ⑤ 모두 비폭력에 대한 소신으로 안톤이 느꼈을 회의로 볼 수 있다.

32 ① 엘리아스는 학교 폭력으로 고통을 당해 왔을 뿐, 그러한 경험이 비폭력의 중요성을 깨닫게 해준 것은 아니다.

오답풀이

② 크리스티안은 엘리아스를 돕고자 엘리아스를 괴롭힌 학생들에게 폭력을 휘둘러 승리를 거둔 듯 보였지만, 이는 폭력에 대응하기 위해서는 그보다 더 큰 폭력을 가해야만 한다는 인식을 가져다주었다고 볼 수 있다.

③ 폭력을 폭력으로 대처하는 것은 모두에게 파멸을 가져다주는 잘못된 방식이므로 우리가 지양해야 할 대처 방식이다.

④ 엘리아스가 당한 폭력에 대한 크리스티안과 안톤의 대처는 모두 개인적 차원의 대처 방식이므로, 사회적 차원의 대처 방식에 대한 논의도 필요하다고 볼 수 있다.

⑤ 안톤은 폭력으로서 복수를 다짐하다가 실패한 크리스티안을 포용함으로써 비폭력이 모든 문제를 해결하지는 못하지만 그래도 그 방향으로 나아가야 함을 보여준다.

[33~37] 현대 시

(가) 서정주, 〈자화상〉
• 갈래 : 자유시, 서정시
• 성격 : 고백적, 회고적, 상징적
• 제재 : 자화상(유소년기의 경험)
• 주제 : 과거에 대한 성찰과 치열한 삶의 의지
• 특징
 – 고백적 어조와 직설적 표현을 혼용함
 – 자신의 삶을 성찰하면서 동시에 강한 삶의 의지를 드러냄
• 이해와 감상 : 시인이 23세 되던 해에 지은 작품으로, 역사적 변혁기에 고난과 시련의 삶을 살아온 자신의 인생을 회고하면서 그러한 고난을 강렬한 생명력으로 승화시키고자 하는 의지를 표명한 작품이다. 시적 화자는 봉건적이고 부정적인 사회 현실 속에 매몰되지 않고 그러한 사회와 대결하고자 하는 강한 저항의지를 표출하고 있다.

(나) 윤동주, 〈쉽게 씌어진 시〉
• 갈래 : 자유시, 서정시
• 성격 : 고백적, 반성적, 의지적, 미래지향적
• 제재 : 어두운 현실 속의 무기력한 삶
• 주제 : 현실의 고뇌와 자기 성찰을 통한 극복 의지

- **특징**
  - 고백적 어조를 통해 자기 성찰과 극복 의지를 보여줌
  - '밝음'과 '어둠'의 시각적 이미지를 대비시켜 부정적 현실과 그 극복의지를 부각시킴
  - 시행을 바꾸어 반복함으로써 현실 상황에 대한 화자의 인식을 보여줌
- **이해와 감상** : 이 시는 윤동주가 일본 유학 중에 쓴 것으로, 어두운 시대 현실에 대한 고뇌와 자신에 대한 부끄러움, 그리고 그 부끄러움을 미래에 대한 희망과 의지로 극복하고자 하는 마음이 잘 드러나 있는 시이다. 시적 화자는 식민지 지식인으로서, 나라를 빼앗긴 채 현실에 안주하여 무기력한 삶을 살고 있음을 인식하고 부끄러워한다. 그리고 이 '부끄러움'을 통하여 '시대처럼 올 아침'을 생각하고 '등불'로서 '어둠'을 몰아내고자 하는 실천적 지식인으로 거듭난다. 이에 악수를 통해 무기력한 자아를 떨쳐내고자 하는 내면적 자아의 갈등을 해소하고 미래의 의지와 희망을 내비춘다.

(다) 김광균, 〈노신〉
- **갈래** : 자유시, 서정시
- **성격** : 고백적, 의지적, 상징적
- **제재** : 가난한 현실과 노신
- **주제** : 현실과 이상 사이에서의 갈등과 그 극복 의지
- **특징**
  - 현실 공간과 상상 공간의 이중 구조를 보임
  - 화자의 내면의 갈등과 고뇌를 담담한 어조로 표현함
  - 자신의 상황을 중국의 문인 노신과 동일시함으로써 인식 전환의 계기를 마련함
- **이해와 감상** : 이 시는 시인으로서의 신념과 생계에 대한 책임이 충돌하여 갈등하는 화자의 내면을 보여준다. 시적 화자는 잠든 가족의 모습을 보며 고통을 가해 오는 생계의 부담에 괴로워하고, 비굴한 삶을 생각하지 않고 지조를 지키기를 원하고 있다는 점에서 현실 공간과 상상의 공간의 이중구조를 보이고 있다. 이러한 현실과 이상 사이에서 갈등하는 화자의 고뇌를 담담한 어조로 그리고 있으며, 참신한 비유를 통한 이미지 제시와 현실에서 느끼는 감회에 대한 진솔한 표현이 나타나 있다. 또한 화자는 가난하지만 한평생 신념을 지키며 살아간 중국 문인 '노신'의 삶을 떠올리며 노신과 자신을 동일시함으로써 인식 전환의 계기를 맞이하고 고뇌에서 벗어나고자 하는 의지를 다지게 된다.

33 ⑤ (다)에는 '여기 하나의 상심(傷心)한 사람이 있다.'와 '여기 하나의 굳세게 살아온 인생이 있다.'의 두 행에서 대구적 표현이 드러나고, 이는 시인의 처지를 드러낸다. (나)에는 대구적 표현이 드러나지 않는다.

오답풀이
① (가)에서 '손톱이 까만 에미의 아들', '시의 이슬', '몇 방울의 피', '병든 수캐' 등의 상징적인 시어와 화자의 모습을 빗댄 표현을 통해 화자 자신의 모습을 그리고 있다.
② (나)에서 화자는 '나는 무얼 바라 / 나는 다만 홀로 침전하는 것일까?'라고 하며 의문의 형식으로 자신의 고뇌를 토로하고 있다.
③ (다)에서 '노신이여'라고 하며 화자에게 등불과 같은 존재인 노신을 부르는 돈호법을 사용하여 시적 감정을 드러냈고, '먹고 산다는 것 / 너는 언제까지 나를 쫓아오느냐'라고 하며 '힘겨운 생계'를 의인화하여 표현함으로써 시적 감정을 드러냈다.
④ (가)의 화자는 단정적이고 솔직한 어조로 힘겹게 살아온 자신의 삶을 회고하며 성찰하고 있으며, (나)의 화자는 차분하고 고백적인 어조로 자아성찰과 현실 극복의지를 드러내고 있다.

34 ④ (나)에서는 '인생은 살기 어렵다는데 / 시가 이렇게 쉽게 씌여지는 것은'이라고 하였고, (다)에서는 '시(時)를 믿고 어떻게 살아가나'라고 하였다. 이를 통해 (나)와 (다)는 시에 대한 의구심을 바탕으로 시상을 전개하고 있음을 알 수 있다. 그러나 (가)에서는 이러한 부분을 찾아볼 수 없다.

35 ④ (다)에서 화자는 경제적으로 궁핍하여 힘겨운 삶을 살고 있지만, 항일 투쟁에 나섰다가 일본에 쫓기는 삶을 살았던 노신을 생각하며 어려움을 극복하고 굳은 의지로 흔들리는 마음을 다잡고 있다. 노신을 본받아 생활고에서 벗어나려하고 있지 않다.

36 ② '바람'은 고난과 시련으로 점철된 '부정적인 현실'을 의미한다. 그런데 '어매는 달을 두고 풋살구가 꼭 하나만 먹고 싶다 하였으나'라는 구절을 통해 '풋살구'를 지향하는 바, 소망, 이상 등으로 해석할 수 있다. ㉠, ㉡, ㉢, ㉣은 모두 화자가 처한 고된 현실을 의미한다.

37 ⑤ '등불'은 새 시대를 향한 노력과 극복 의지이고, '아침'은 '어둠'과 대립되는 이미지로, 개인적 번민으로부터의 해방 혹은 새로운 시대를 의미한다. 또한 '최후의 나'는 굳은 의지를 지닌 또 다른 시적 자아를 가리킨다. 이 시적 자아는 어두운 시대에 적극적으로 맞서지는 못하지만 굳은 의지와

희망을 간직하고 있음을 알 수 있다.

오답풀이

① 부정적인 현실이 절정에 달한 상태에서 자기정화와 새로운 시대를 위한 노력을 다짐하고 있는 것이다.

② 불의와 맞서지 못했던 부끄러운 자신의 과거를 떠올리며 최후의 노력을 기울이고 있는 것이다.

③ 희망적인 자세로 시대처럼 올 아침을 기다리는 모습이다.

④ 부끄러웠던 지난날을 깨우치고 새롭게 의지를 다지는 모습이다.

[38~41] 비문학 – 인문

38 ② 2문단을 통해 비트겐슈타인은 가치에 관한 실재론을 부정했음을 알 수 있다. 그는 경험주의를 바탕으로 사실에서 가치가 직접 검증되거나 추론될 수 없다고 밝힘으로써 가치의 존재성을 부정하였다.

오답풀이

① 1문단에서 플라톤은 현상계에는 가치의 객관성이 존재하지 않으므로 가치의 실재함을 입증하기 위해 이데아의 세계를 구상하게 된다고 하였다.

③ 2문단에서 논리실증주의자들은 경험주의에 바탕을 두고 있는데, 경험주의자들은 사실과 가치를 엄격히 구분하는 데서 논의를 시작했다고 하였다.

④ 3문단에서 퍼트넘은 "가치와 규범을 벗어나서는 어떤 사실에 대한 판단도 불가능하다."라고 말하면서 '사실의 가치 의존성'이라는 명제를 제시한다고 하였다.

⑤ 4문단에서 존 설은 "가치 명제를 보조 전제로 도입해야만 사실 명제에서 가치 명제를 도출할 수 있다."라는 논리실증주의자들의 주장을 비판했다고 하였다. 이는 사실과 가치 사이의 상관성을 부정하는 견해를 논박한 것이다.

39 ③ 이 글은 가치의 실재론적 철학에 대한 여러 이론에 대하여, 반론하는 입장(논리실증주의자)과, 이를 재반론 하는 입장(퍼트넘, 존 설)을 제시하면서 글을 전개해나가고 있다.

오답풀이

① 다양한 관점들을 제시하고 새로운 관점으로 논의할 필요성을 제시할 뿐, 여러 사실을 종합하는 귀납적인 방법으로 주장을 제시하고 있지 않다.

② 그동안의 이론들을 긍정적으로 검토하여 최종 결론을 내린 것이 아니라 그동안의 이론들을 통해 더 깊은 차원의 논의가 필요함을 주장하고 있다.

④ 논의의 흐름을 반론과 재반론 식으로 전개하고 있는 것이지, 연대순으로 소개하고 있는 것은 아니다.

⑤ 논제에 대한 다양한 관점들을 제시하고 있는 것이지, 논제를 논하는 큰 원칙을 제시하고 세부 사항들을 분석하고 있는 것은 아니다.

40 ③ ㄱ~ㅁ은 가치 평가와 관련된 진술이나 도덕적 원리가 개입하지 않고서도 사실 명제에서 가치 명제가 나오는 한 사례로, 평가적 진술 없이 사실 명제에서 가치 명제가 도출되는 과정을 보여 준다.

오답풀이

① ㄱ은 사실 명제에 해당한다.

② 사실 명제를 긍정적으로 판단하면 가치 명제로 바뀌는 것이 아니라, 사실 명제가 자연스럽게 가치 명제를 도출해낼 수 있다는 것을 보여 준다.

④ ㄹ은 ㄱ~ㄷ으로부터 직접 추론된 가치 명제이다.

⑤ 경험주의자의 논리에 따르면 가치 문장이 사실 문장에서 직접 추론될 수 없으므로, ㄷ~ㅁ은 가치 명제가 사실 명제로 전환된 것이라고 볼 수 없다.

41 ⑤ 마지막 문단에서 '우리는 사실 명제와 가치 명제를 판단하는 것이 문장 자체로만 이루어질 수 없으며, 그 문장을 둘러싼 상황과 맥락, 나아가 그 문장의 사용자가 지닌 목적과 의도 등을 포괄할 수밖에 없다는 점을 이해할 수 있다.'고 하였으므로 실재성에 대한 새로운 관점의 내용은 ⑤가 된다.

[42~45] 현대 소설

조세희, 〈뫼비우스의 띠〉

- **갈래** : 단편 소설, 액자 소설, 연작 소설, 모더니즘 소설
- **성격** : 사회비판적, 고발적
- **배경** : 1970년대, 도시 재개발 지역
- **시점** : 외부 이야기 – 3인칭 관찰자 시점 / 내부 이야기 – 전지적 작가 시점
- **주제** : 산업화의 과정에서 인간의 가치가 소외되는 사회 현실, 사물에 대한 고정 관념 경고
- **이해와 감상** : 이 작품은 조세희의 연작 소설 '난쟁이가 쏘아 올린 작은 공'의 12편 중 첫 번째 작품이다. 다른 연작과 달리 작품의 내용이 수학 교사가 학생들에게 이야기하는 과정 속에 제시되는 액자 소설의 형태를 보여 준다는 점에서 특징적이다. 1970년대의 사회 구조적인 현실을 작가는 수학 교사를 통해 제시하고 있다.

42 ④ 사나이에게 사기를 당하고, 그에게 보복을 하고자 하는 꼽추와 앉은뱅이의 행위와 대화를 짧은 문장으로 서술하여

사건의 긴장감을 높이고 있다.

(오답풀이)

① 작중 인물이 아닌 전지적 작가 시점에서 사건이 서술되고 있다.

② 앉은뱅이와 사나이의 갈등 상황이 드러나고 있지만, 인물의 심리 변화가 세밀하게 서술되고 있는 것은 아니다.

③ 인물 자체가 상징성을 지니고 있는 것은 맞지만, 서술 방식에 있어서 비유와 상징을 활용하여 사건의 정황을 압축적으로 서술한 것은 아니다.

⑤ 전지적 작가 시점에서 인물의 행위와 심리가 묘사되고 있지만, 편집자적 논평을 가하여 인물의 선악 판단을 유도하고 있지는 않다.

43 ④ ㉠, ㉡, ㉢, ㉤은 앉은뱅이가 한 말이고, ㉣은 꼽추가 한 말이다.

44 ⑤ 주도적으로 중심 사건을 이끌고 있는 인물은 앉은뱅이이다. 앉은뱅이는 부동산 업자로부터 사기당한 돈을 돌려받기 위해 부동산 업자를 납치하여 목적을 달성한 뒤, 차와 함께 불태워 버린다. 꼽추는 돈을 돌려받기 위해 앉은뱅이와 함께 행동하지만, 앉은뱅이의 잔혹한 행동을 보고 그를 떠나기로 결심한다.

(오답풀이)

① 앉은뱅이와 꼽추는 사나이에게서 함께 돈을 되찾는 과정에서 서로 도우며 동료 의식을 드러낸다.

② 사나이를 죽인 후 "모터가 달린 자전거를 사야 돼. 그 다음에 강냉이 기계를 사야지."라고 하는 앉은뱅이의 말을 통해 그가 강냉이 기계를 사서 생활할 계획을 구체적으로 세워 놓고 있음을 알 수 있다.

③ 사나이는 앉은뱅이와 꼽추를 속여 입주권을 헐값에 팔게 하였다.

④ 꼽추는 "내가 무서워하는 것은 자네의 마음이야"라고 하며 자신이 저지른 일에 대하여 죄책감을 느끼지 못하는 앉은뱅이의 행위가 잘못되었음을 꼬집는다.

45 ④ 〈보기〉를 근거로 소설의 제목인 '뫼비우스의 띠'의 의미를 이야기에 적용해보면, 앉은뱅이와 꼽추는 피해자가 될 수도, 가해자가 될 수도 있다. 자신들의 돈을 되찾기 위해 사람을 죽인 행위는 분명히 범죄이고 잘못된 행위이다. 그러나 앉은뱅이는 그러한 행위를 정당화하며 여전히 자신을 피해자라고만 생각하여 죄책감을 전혀 느끼지 못하였다. 따라서 꼽추가 무서워하는 것은, 죄책감을 느끼지 않는 앉은뱅이의 마음이라고 볼 수 있다.

2017학년도 기출문제 정답 및 해설

✎ 제2교시 **영어영역**

01 ①	02 ③	03 ①	04 ①	05 ⑤	06 ④
07 ②	08 ②	09 ①	10 ③	11 ④	12 ②
13 ④	14 ②	15 ⑤	16 ⑤	17 ⑤	18 ④
19 ②	20 ③	21 ①	22 ①	23 ④	24 ④
25 ③	26 ③	27 ①	28 ②	29 ⑤	30 ②
31 ⑤	32 ④	33 ④	34 ③	35 ⑤	36 ③
37 ①	38 ④	39 ②	40 ②	41 ④	42 ②
43 ②	44 ③	45 ④			

01 ① 'categorically'는 '절대적으로', '명확히'의 뜻으로 내용상 가장 비슷한 단어는 'unequivocally(모호하지 않게, 명백히)'이다.

【오답풀이】
② 전형적으로, 보통
③ 버릇없이, 무례하게
④ 마지못해서, 꺼려하여
⑤ 악의를 갖고, 심술궂게

【어휘】
• devise : 창안[고안]하다, 궁리하다
• attorney : 변호사, 법률 대리인

【해석】
변호사들이 우리의 제안을 명확히 거절했으므로 새로운 행동 계획을 궁리할 시간이다.

02 ③ 'opulent'는 '부유한', '호사스러운'의 의미로 글의 내용상 'luxurious(사치스러운, 호화로운)'와 가장 유사한 뜻이다.

【오답풀이】
① 비도덕적인, 부도덕한
② 자랑스러운, 자부심이 강한
④ 건강에 해로운, 유해한
⑤ 무능한, 쓸모없는

【어휘】
• emerge : 나타나다, 출현하다
• victorious : 승리한, 승리를 거둔
• long-fought : 장기 투쟁
• bout : 한바탕, 병치레
• cancer : 암
• tycoon : 거물, 대군
• turn over a new leaf : 새사람이 되다
• denounce : 맹렬히 비난하다, 고발하다

【해석】
암과의 긴 투병에서 승리를 거둔 후, 언론계의 거물인 그는 호사스러운 생활 방식을 자책하고 새사람이 되려고 노력했다.

03 ① 'contentious'는 '논쟁을 초래할', '논쟁하기 좋아하는'의 의미로 'controversial(논란이 많은, 논쟁을 좋아하는)'과 그 의미가 동일하다.

【오답풀이】
② 복잡한, 복합의
③ 찾기 힘든, (교묘히) 피하는
④ 비밀스러운, 숨기는
⑤ 성과 없는, 헛된

【어휘】
• sanction : (국제법을 위반한 국가에 대하여 국제 연합이 취하는) 제재, 처벌
• issue : 문제, 쟁점, 사안

【해석】
그 나라에 대한 제재는 가장 논쟁을 초래할 쟁점이 될 것으로 예상된다.

04 ① 'be numbered'는 숫자가 다 세어졌다는 의미로 해당 문장에서 '얼마 남지 않은', '한정된'의 뜻으로 사용되었다. 그러므로 'limited(제한된, 한정된)'가 가장 비슷한 단어이다.

【오답풀이】
② 오래 계속되는, 장기적인
③ 보존된, 저장된
④ 속도가 붙은, 가속된

⑤ 겹쳐진, 포개진

어휘

- capitalism : 자본주의
- capitalist : 자본주의자, 자본가
- era : 시대, 시기
- give way to : 양보하다, ~로 바뀌다[대체되다]
- socialism : 사회주의
- assumption : 가정, 추정
- intellectual : 지식인, 지성인

해석

자본주의 시대가 얼마 남지 않았고, 자본주의자 시대가 이제 사회주의로 바뀌어야만 한다. 이러한 추정이 대서양 양쪽 지식인들에게 폭넓게 퍼졌다.

05 ⑤ 'presumptuous(주제넘은, 건방진)'의 뜻으로 풀어서 설명하면 'arrogant and disrespectful(오만하고 무례한)'과 같은 의미이다.

오답풀이

① 주의를 기울이고 경계하는
② 정확하고 정밀한
③ 근면 성실하고 부지런한
④ 성취할 수 있고 실용적인

어휘

- politician : 정치인, 정치가
- hegemony : 패권, 헤게모니
  cf. economic hegemony : 경제패권

해석

많은 정치인들은 그 나라의 경제패권을 주제넘다고 보았다.

06 ④ recovering → recovered

지구로부터 '재생된' 화석 연료이므로 수동의 의미를 지닌다. 그러므로 수동의 의미를 나타내는 과거분사 'recovered'를 사용해야 한다.

such fossil fuels (which are) <u>recovered</u> from the earth.

어휘

- interruption : 중단, 방해, 두절
- apparently : 분명하게, 명백하게
- marine organism : 해양 생물
- exceed : 넘다, 초과[초월]하다
- decomposer : 분해자(박테리아 · 균류 등)
- accumulate : 쌓다, 축적하다

- coal : 석탄
- overlie : (지층이 다른 지층의) 위에 겹치다, ~의 위에 눕다
- molecular : 분자의, 분자로 된
- release : 풀어 주다, 석방[해방]하다, 방출하다
- immense : 엄청난, 어마어마한
- fossil fuel : 화석 연료
- environment : (주변의) 환경
- atmosphere : 대기, 공기, 분위기
- carbon dioxide : 이산화탄소
- be removed from : ~로부터 제거되다

해석

육지 식물과 해양 생물의 성장이 재생하기 위한 분해 능력을 초과했을 때, 수백만 년 전에 평상시의 에너지 흐름에 중대한 중단이 분명 발생했다. 에너지가 풍부한 유기체의 축적된 층들이 점차 겹겹이 쌓인 땅의 압력을 받아 석탄과 석유로 변했다. 우리가 이제 연소시켜 방출할 수 있는 에너지가 석탄과 석유의 분자 구조 속에 저장되어 있다. 그리고 우리의 현대 문명은 지구로부터 재생된 그러한 화석 연료에서 나오는 엄청난 양의 에너지에 의존하고 있다. 화석 연료를 연소시킴으로서 우리는 대부분의 저장된 에너지를 최종적으로 주변 환경에 열로 내보낸다. 우리는 또한 수백만 년에 걸쳐 천천히 제거되어 왔던 엄청난 양의 이산화탄소를 상당히 짧은 시간에 대기 중에 돌려보내고 있다.

07 ② which → of which

'be composed of(~으로 구성되어 있다)'의 목적어에 해당되는 'the elements'가 관계대명사 'which'의 선행사이므로, 전치사 + 관계대명사의 형태인 'of which'를 사용해야 문법적으로 옳다.

어휘

- readily : 손쉽게, 쉽사리
- renewable : 재생 가능한, 갱신할 수 있는
- comprise : ~으로 구성되다[이뤄지다]
- property : 재산, 소유물, 속성, 특성
- element : 요소, 성분
- compose : 구성하다, 조립하다
- abundance : 풍부, 부유
- range from A to B : 범위가 A에서 B에 이르다, A에서 B까지 다양하다
- unlimited : 무제한의, 무한정의
- extract : 뽑다, 얻다, 추출하다
- industrial material : 공업 원료
- copper : 구리, 동
- deplete : 덜다, 줄이다, 고갈시키다

지구는 인간 생활에 매우 중요한 자원을 많이 가지고 있다. 일부는 손쉽게 재생이 가능하고, 일부는 재생하는 데 상당한 비용이 들며, 일부는 전혀 재생할 수 없다. 지구는 매우 다양한 광물들로 구성되어 있는데, 그 광물들의 특성은 광물들을 구성하고 있는 성분뿐만 아니라 그 광물들이 어떻게 형성되었는지 그 역사에 따라서도 달라진다. 광물들의 양은 희소한 것부터 거의 무제한까지 다양하다. 그러나 자연 환경으로부터 그 광물들을 추출해 내는 어려움은 그 광물들의 양만큼이나 중요한 문제이다. 매우 다양한 광물들은 가령 철, 알루미늄, 마그네슘, 구리와 같은 필수적인 공업 원료를 위한 자원들이다. 상당수의 최고의 자원들이 고갈되어 가고 있고, 그 광물들을 구하기가 점점 더 어려워지고 비용이 많이 들고 있다.

08 ② being noted → noting

주어인 J.S. Mill이 언급된 것이 아니라 Wilhelm von Humboldt를 언급한 것이므로, 수동태 분사구문인 'being noted'는 능동 형태의 'noting'으로 바꿔 써야 옳다.

- continent : 대륙, 본토
- reject : 거부하다, 거절하다
- utilitarian : 공리주의의, 실용적인
- liberalism : 자유주의, 진보[개혁]주의
- put forward : 제안하다, 내세우다, 지명하다
- compatible : 호환이 되는, 양립될 수 있는
- autonomy : 자치권, 자주성, 자율성
- inspiration : 영감, 고취, 격려
- liberal : 자유주의의, 개혁주의의
- frontispiece : (책의) 권두 삽화, 머리 그림
- contemporary : 동시대인, 동년배
- convergence : 집중, 수렴, 통합
- deficiency : 결핍, 부족, 결점, 결함
- ethic : 윤리, 도덕
- individualism : 개성, 개인주의
- transmission : 전달, 전송, 전파
- rival : 경쟁[대항]하다, ~에 필적하다[비할 만하다]

유럽 대륙에서 Kant는 자유주의의 공리주의 옹호를 거부했지만 바른 생활에 관한 자신만의 생각을 자유롭게 선택할 수 있는 사람에게만 오는 자율성과 양립 가능한 경우를 내세웠다. J.S. Mill은 다른 독일 자유주의자들에게 영감을 스스로 얻었고, 「자유론」이란 저서의 권두 삽화에서 동시대 사람인 Wilhelm von Humboldt를 언급했다. 그러나 독일과 영미 자유주의에 집중하던 시기는 곧 지나갔다. Hegel, Marx 그리고 독일 지식

인들은 자유주의 사회의 특징을 보여준 개인주의의 도덕 결함을 집중적으로 탐구했다. Kant에서 Hegel과 Marx에 이르는 사상의 전파는 Plato에서 Aristotle과 Augustine에 이르는 초기 사상의 흐름과 견줄만큼 매우 극적이다.

09 ① (A) 광대역 인터넷을 사용하는데 통신 회사와 소비자 사이에 갭이 발생하는 이유는 통신회사들은 멀리 떨어진 가정에 비용 때문에 설치를 꺼리고, 반면에 저소득 가정은 감당하기에 요금이 비싸기 때문이다. 그러므로 'prohibitive(엄두를 못 낼 정도로 비싼)'이 적합하다.

(B) 현대 생활의 중요한 도구인 고속 인터넷을 통해 아이들이 배우고 어른들이 일하는 것을 가능하게 한다는 의미이므로, 'enabling'이 적합하다.

> - enable + 목적어 + to 부정사 : ~가 ~하는 것을 가능하게 하다
> - constrain + 목적어 + to 부정사 : ~가 ~하는 것을 못하게 하다

(C) 진정한 해결책은 가격을 낮추고 서비스를 높이기 위해 통신 회사 간 경쟁을 유도하는 것이므로, 'increased(증가된)'가 적합하다.

- broadband : 광대역, 고속 데이터 통신망
- take for granted : ~을 당연하게 여기다
- the Federal Communications Commission (FCC) : 연방 통신 위원회
- rural : 시골의, 지방의
- telecom company : 통신 회사
- balk : 멈칫하다, 꺼리다
- wire : 전선을 연결[가설]하다, 배선 공사를 하다
- far-flung : 먼, 멀리 떨어진
- low-income : 소득이 낮은, 저소득의
- fee : 요금, 수수료
- prohibitive : (가격·비용이) 엄두도 못 낼 정도로 높은[비싼]
- affordable : (가격이) 구입할 수 있는, 알맞은
- stream : 데이터 전송을 연속적으로 이어서 하다
- critical : 비판적인, 대단히 중요한[중대한]
- constrain : 제한[제약]하다, 못하게 하다
- digitally : 숫자로, 디지털 방식으로
- cloud : 클라우드 서비스(인터넷으로 연결된 데이터센터에 소프트웨어와 콘텐츠를 저장해 두고 필요할 때마다 꺼내 쓸 수 있는 서비스)
- subsidy : 보조금, 장려금
- competition : 경쟁, 대회, 시합

- notoriously : (나쁜 뜻으로) 유명하게, 악명 높게
- consolidated : 합병된, 통합된

해석

우리들 대부분은 광대역 인터넷을 당연한 것으로 여기지만, 그러나 거의 미국인 5명 중 1명은 그것에 접속하기가 어렵다고 연방 통신 위원회는 말한다. 교외 지역에서 통신 회사들은 멀리 떨어진 가정에 비용 때문에 설치를 꺼리는 반면에, 저소득 가족은 요금이 (A) 너무 비싸다고 한다. 광대역의 격차를 좁히는 것은 최신의 TV 드라마를 전송하는 것 이상으로 중요하다. 고속 인터넷은 현대 생활의 중요한 도구이며, 아이들이 디지털 방식으로 배우고 어른들이 클라우드 서비스를 통해 일하는 것을 (B) 가능하게 한다. 연방 통신 위원회는 최근에 소형 광대역 보조금을 승인했지만, 진짜 해결책은 악명 높은 합병 회사의 경쟁을 (C) 고조시키는 데 있다.

10 ③ (A) 후천적으로 획득된 것이 아니라, 개인들이 세상에 태어날 때부터 가지고 나오는 아이디어와 성향이므로, 'innate (선천적인, 타고난)'가 적합하다.

(B) 인간의 뇌는 선천적인 성향(호기심) 때문에 다른 모든 것을 무시하고 단지 가장 중요하고 흥미로운 것에만 관심을 보이므로, 'ignore(무시하다)'가 적합하다.

(C) 다른 모든 것을 무시하고 중요하고 흥미로운 것에 집중하는 능력이므로, 구별해 내는 유전자의 본성을 말한다. 그러므로 'discriminating(구별해 내는)'이 적합하다.

어휘

- evolutionary : 진화의, 진화론에 의한
- organism : 유기체, 생물
- conserve : 아껴 쓰다, 보호[보존]하다
- selectively : 선택적으로, 선별적으로
- criteria : 표준, 기준, 규준
- collective : 수집된, 모여진, 집합적인
- gene pool : 유전자 풀, 유전자 공급원
- species : 종(種)
- dole out : ~을 조금씩 나눠 주다
- innate : 선천적인, 타고난
- acquired : 후천적인, 획득한
- predisposition : 성향, 경향
- savannah : 사바나, 대초원
- adopt : 채택하다, 취하다
- home in on : ~을 향해 곧장 나아가다
- spear : 창, 작살
- annoyingly : 성가시게, 귀찮게
- infinite : 무한한, 한계가 없는
- trail : 흔적, 자취, 길

- in vain : 헛되이, 보람 없이
- worthwhile : 가치[보람] 있는, ~할 가치가 있는
- discriminating : 구별해 내는, 식별력[분별력]이 있는, 안목 있는
- integrating : 통합의
- grab : 붙잡다, 움켜잡다

해석

진화론 학자인 Henry Plotkin이 말하기를, 유기체가 수많은 세대를 거쳐 세상의 지식을 획득하면서, 진화는 필요의 기준에 따라 선택적으로 관련 지식을 보존하고, 그 수집된 지식은 종의 유전자 풀 내에 보관된다. 그렇게 수집된 지식은 개인에게 조금씩 나눠지고, 그 개인들은 특정한 방법으로 어떤 것들을 배우기 위해 (A) 타고난 아이디어와 성향을 가지고 세상에 태어난다. 바꾸어 말하면, 당신이 사바나에서 사냥을 하든 혹은 유튜브에서 수백만의 비디오들 중에서 고르든 간에, 당신의 뇌는 거의 모든 것을 (B) 무시하고 오로지 가장 중요하고 흥미로운 것을 향해 곧장 나아가도록 프로그래밍 되어 있다. 그와 달리, 당신은 마치 귀찮다는 듯이 아무 나무나 바위에 창을 찌르는 것처럼 무한한 비디오 링크들 속에서 길을 잃고 그 중 가치 있는 것을 찾아내기를 헛되이 바란다. 유전자의 (C) 구별해 내는 본성을 이해함으로써, 우리는 기억 속에 남아 관심을 사로잡을 만한 이야기의 토대를 구축하기 시작한다.

11 ④ drop → rise

그린란드와 남극 대륙의 대규모 빙상이 녹으면 가장 가까운 곳의 해수면이 가장 크게 상승할 것이라고 생각하기 쉽다. 그런데 글의 마지막 부분에서 '그것은 정말로 놀랍고 다소 직관에 반하는 결과'라고 했으므로, 인근의 해수면은 오히려 낮아지고 빙하가 녹는 곳으로부터 가장 멀리 떨어진 곳의 해수면이 가장 크게 상승한다는 것을 알 수 있다. 그러므로 ④의 'drop'은 'rise'로 바꿔 써야 옳다.

어휘

- sea level : 해수면
- globe : 지구, 지구본
- stretch of coast : 길게 펼쳐진 해안가
- ice bucket : 얼음 통
- Antarctica : 남극 대륙
- massive : 거대한, 엄청나게 큰
- exert : 가하다[행사하다], 노력하다, 애쓰다
- gravitational pull : 중력
- attraction : 끌어당기는 힘, 인력
- burden : 짐, 부담
- uplift : 들어 올리다, 융기하다
- diminish : 줄어들다, 약해지다

정답 및 해설

- meltwater : 해빙수, 빙하수
- counterintuitive : 반직관적인, 직관에 어긋나는
- geophysicist : 지구 물리학자

해석

어느 길게 펼쳐진 해안가를 따른 해수면의 상승은 지구의 커다란 두 얼음 통인 그린란드와 남극 대륙으로부터 해안이 얼마나 멀리 떨어져 있는가에 달려 있다. 가장 가까운 나라들이 빙상이 녹을 때 가장 크게 상승하리라는 것은 쉽게 생각할 수 있지만, 그것은 그리 간단하지만은 않다. 그린란드와 남극 대륙의 대규모 얼음덩이는 그 주위 바다에 강력한 중력을 가하지만, 빙하가 녹을 때 끌어당기는 힘이 약화되어 인근의 해수면이 낮아진다. 게다가 빙상의 무게에 대한 하중이 없어지면서 육지가 상승하고, 수면 위로 약간 올라오게 된다. 그 효과는 거리가 멀어지면 약해지는 데, 실제로 빙하가 녹는 곳으로부터 가장 멀리 떨어진 곳의 해수면이 가장 크게 <u>상승</u>하는 것을 볼 수 있다. "그것은 정말로 놀랍고 다소 직관에 반하는 결과이지만, 그것은 사실이다."라고 Harvard 대학의 지구 물리학자인 Jerry Mitrovica가 말한다.

12 ② endangers → defines

Adelie 펭귄들은 남극 대륙의 추운 바다 속에서 크릴새우를 먹이로 완벽하게 적응하여 살고 있으므로, 빙하가 그들의 존재를 위험에 빠뜨리는 것이 아니라 분명하게 드러내는 것이다. 그러므로 ②의 'endangers'는 'defines'로 바꿔써야 옳다.

어휘

- pop up : 튀어나오다, 불쑥 나타나다
- simultaneously : 동시에, 일제히
- surround : 둘러싸다, 에워싸다, 포위하다
- as far as the eye can see : 끝이 안 보이게, 끝도 없이
- hesitate : 주저하다, 망설이다
- reluctant : 꺼리는, 주저하는
- watery : 물의, 물기가 많은
- effortlessly : 노력 없이, 쉽게
- endanger : 위험에 빠뜨리다, 위태롭게 만들다
- leap : 뛰어오르다, 껑충 뛰다
- excitedly : 흥분[격분]하여, 기를 쓰고
- frigid : 몹시 추운, 냉랭한
- literally : 문자[말] 그대로
- frozen : 냉동된, 얼어붙은
- microscopic : 현미경으로만 볼 수 있는, 미세한
- algae : 말, 조류(물속에 사는 하등 식물의 한 무리)
- in profusion : 풍부하게
- graze : 풀을 뜯다, 방목하다

- dense : 빽빽한, 밀집한
- swarm : 떼, 무리
- krill : 크릴새우
- shrimplike : 작은 새우 같은
- crustacean : 갑각류 동물(게·가재·새우 등)

해석

네 개의 작은 머리들이 끝도 없이 빙하로 둘러싸인 짙은 남빛 바다 속에서 동시에 튀어 오른다. 그들은 물고기만큼이나 쉽게 헤엄을 칠 수 있으므로 수중 세계를 떠나는 것을 망설이고 주저한다. 그들은 Adelie 펭귄이며, 빙하는 그들의 존재를 <u>분명하게 드러낸다</u>. 펭귄들은 촘촘한 원을 이루어 기를 쓰듯 뛰어오르고, 남극 대륙의 해안가를 둘러싼 이 추운 바다 속에서 완벽하고 쉽게 물속을 들락거린다. 펭귄의 먹이는 말 그대로 꽁꽁 얼어붙은 바다에 묶여 있다. 해빙의 층 속으로, 햇살이 넘칠 흐를 때 미세한 조류들이 풍부하게 꽃을 피운다. 여름이 시작될 무렵 해빙이 녹을 때, 얼음 속 조류는 물속에서 나와 작은 새우 모양의 갑각류 형태인 빽빽한 크릴새우 떼에게 뜯어 먹힌다. 크릴새우는 차례로, Adelie 펭귄의 주요 먹이 거리가 된다.

13 ④ unpredictable → predictable

사람의 성격이나 특징은 후천적인 환경에 의해서가 아니라 선천적인 유전적 요인에 의해 결정되며, 따라서 생애 초기에 나타나는 사람의 기질과 성격은 평생 동안 꽤 <u>예측 가능한</u> 상태로 남아 있다는 것이다. 그러므로 ④의 'unpredictable'은 'predictable'로 바꿔 써야 옳다.

어휘

- genome : 게놈(세포나 생명체의 유전자 총체)
- enormous : 거대한, 엄청난
- construction : 건설, 건축, 구조
- organism : 유기체, 생물
- gene : 유전자
- cognition : 인식, 인지
- psychological trait : 심리적 특성
- variation : 변화, 변형, 차이
- identical twins : 일란성 쌍생아
- fraternal twins : 이란성 쌍생아
- biological siblings : 생물학적 형제자매
- adoptive siblings : 입양으로 맺어진 형제자매
- raise : 기르다, 키우다
- temperament : 성질, 기질
- emerge : 나타나다, 출현하다
- unpredictable : 예측할 수 없는, 예측이 불가능한
- lifespan : 수명

- rear : 기르다, 양육하다
- neuroscience : 신경 과학
- architecture : 건축학, 건축 양식
- genetic : 유전의, 유전학의

해석

인간 게놈은 복잡한 생명체의 구조를 알려줄 엄청난 양의 정보를 포함하고 있다. 상당수의 경우, 특정 유전자들은 인지적 측면, 언어적 측면, 그리고 성격적 측면과 연관 지을 수 있다. 심리적 특성이 다를 때, 그 차이의 상당수는 유전자의 다름에서 온다. 즉, 함께 자랐던 따로 자랐던 간에, 일란성 쌍둥이가 이란성 쌍둥이보다 더 비슷하고, 생물학적 형제자매가 입양으로 맺어진 형제자매보다 더 비슷하다. 사람의 기질과 성격은 생애 초기에 나타나며 평생 동안 꽤 예측 가능한 상태로 남는다. 성격과 지능 둘 다 문화 내의 아이들의 특정 가정환경에 거의 영향이 없음을 보여준다. 동일한 가족 내에서 자란 아이들이 비슷한 것은 대게 공유된 유전자 때문이다. 더욱이 신경 과학은 뇌의 기본 구조가 유전적 통제 하에 발달된다는 것을 보여준다.

14 ② 의사 Walter Reed는 1869년에 Virginia 대학에서 의학 박사 학위를 수료했고, 1870년에 New York 대학의 Bellevue 의학 단과 대학에서 두 번째 의학 박사 학위를 취득했다.

오답풀이

① yellow fever가 모기에 의해 전염된다는 사실을 밝혀냈을 뿐, 백신을 개발했다는 내용은 없다.
③ 중국 아이가 아니라, 아메리카 원주민 소녀를 입양했다.
④ 그가 curator를 역임한 곳은 후에 국립 의료 박물관이 된 군 의학 박물관이다.
⑤ 그가 쿠바에 간 이유는 황열병을 연구하기 위해서이다.

어휘

- army physician : 군의관
- yellow fever : 황열병
- transmit : 전염시키다, 전송하다
- mosquito : 모기
- species : 종(種)
- M.D. degree : 의학 박사 학위
- adopt : 입양하다
- curator : 큐레이터(박물관·미술관 등의 전시 책임자)
- station : 배치하다, 주둔시키다, 가 있다, 보내다
- confirm : 확인하다, 확정하다
- commemorate : 기념하다
- achievement : 업적, 성취, 달성
- name after : ~의 이름을 따서 짓다[명명하다]

해석

의사 Walter Reed는 미국의 군의관으로 1901년에 황열병이 특정 모기 종에 의해 전염된다는 사실을 발견했다. 그는 Virginia에서 태어나 1869년에 Virginia 대학에서 의학 박사 학위를 수료했다. Reed는 1870년에 New York 대학의 Bellevue 의학 단과 대학에서 두 번째 의학 박사 학위를 취득했다. Reed는 의사로서 미군에 입대했다. 그리고 1876년에 결혼했다. 그 부부는 아들과 딸을 하나씩 두었고, 후에 아메리카 원주민 소녀를 입양했다. 그는 또한 나중에 국립 의료 박물관이 된 군 의학 박물관에서 큐레이터를 역임했다. 그는 황열병을 연구하기 위해 Cuba로 갔는데, 그 병으로 수천 명의 병사들이 숨졌다. 다른 의사들의 도움으로, Reed는 그 질병이 모기에 의해 전염된다는 사실을 확인했다. 이 발견으로 무수히 많은 생명을 구했다. 그의 업적을 기념하기 위해, 많은 미국의 병원들이 Reed의 이름을 따서 지어졌다.

15 ⑤ 탐사 중에 Sacajawea라는 16살 난 아메리카 원주민 여성을 알게 되었고, 그녀의 도움으로 인디언으로부터 말들을 얻어 아무런 문제없이 인디언 지역을 통과했다.

오답풀이

① 미국은 영국이 아니라 프랑스로부터 Louisiana 지역 전체를 매입했다.
② 미시시피 강이 어디서 시작되고 로키 산맥이 정확히 어디에 위치하는지 아무도 확신하지 못했다.
③ 탐사 대원들은 추천이 아닌 자발적인 미군 지원자들로 구성되었다.
④ 탐사는 1804년 5월부터 1806년 9월까지 계속되었으므로, 모든 탐사를 마치기까지 2년 4개월의 기간이 걸렸다.

어휘

- purchase : 구입하다, 매입하다
- territory : 지역, 영토, 영역
- commission : 의뢰하다, 주문하다
- expedition : 탐험, 탐사, 원정
- comprise : ~으로 구성되다[이뤄지다]
- captain : (미국 육군·공군·해병대의) 대위
- a first(second) lieutenant : 중(소)위
- volunteer : 지원자, 자원 봉사자
- command : 관할부대, 지휘부, 사령부
- perilous : 아주 위험한
- objective : 목적, 목표
- depart : 출발하다, 떠나다
- become acquainted with : ~을 알게 되다, ~와 아는 사이이다

해석

1803년에 미국 정부는 프랑스로부터 Louisiana 지역 전체를 매입했다. 그 지역은 미시시피 강에서 로키 산맥의 중앙에 이르지만, 미시시피 강이 어디서 시작되고 로키 산맥이 정확히 어디에 위치하는지 정말 아무도 확신하지 못했다. Thomas Jefferson 대통령은 이 지역에 탐사를 의뢰했다. 탐사대는 대위 Meriwether Lewis와 소위 William Clark의 통솔 하에 미군 지원자들의 선발팀으로 구성되었다. 그들의 위험한 탐사는 1804년 5월부터 1806년 9월까지 계속되었다. 그들의 주요 목적은 새로 얻은 영토를 탐험하고 지도를 만들어, 그 대륙의 서쪽 절반을 가로지르는 실제 길을 찾아내는 것이다. Lewis와 Clark은 43명의 사람들과 출발해 2년 동안 지원했다. 그들은 Bird Woman이란 의미인 Sacajawea라는 16살 난 아메리카 원주민 여성을 알게 되었다. 그녀의 도움으로 Lewis와 Clark은 인디언으로부터 말들을 얻어 아무런 문제없이 인디언 지역을 통과했다.

16 ⑤ Halibut은 현재 태평양(The Pacific) 지역이 아니라, 대서양 (The Atlantic) 지역 사람들에 의해 남획으로 고갈되어 멸종위기 종으로 공표되었다.

어휘

- principally : 주로
- apply to : ~에 적용되다
- flatfish : 넙치류 생선
- flounder : 가자미과의 바닷물고기
- underbelly : 아랫배 부분
- scale : 비늘
- naked eye : 육안, 나안
- embedded : 내장된, 삽입된
- migrate : 이동하다, 이주하다
- boiled : 끓은, 삶은
- deep-fried : 튀긴
- grilled : 석쇠에 구운
- salmon : 연어
- ultra-low fat : 초저지방
- depleted : 열화된, 감손된
- overfishing : 남획
- declare : 선언하다, 공표하다

해석

Halibut은 북대서양과 북태평양에 서식하는 오른 눈 가자미 과의 양눈 넙치과 생선에 주로 붙여지는 이름이다. Halibut은 위쪽은 어두운 갈색이고 아랫배 부분은 하야며 껍질에 박혀서 육안으로는 잘 보이지 않는 아주 작은 비늘이 있다. 부화할 때, 그것은 머리 양쪽에 눈이 달려 있다. 6개월 후 한 쪽 눈이 다른 쪽 눈으로 이동한다. Halibut은 신선할 때 삶거나 튀기거나 구워 먹는다. Halibut은 지방 함유량이 매우 낮기 때문에 연어보다 훈제하기는 더 어렵다. 현재 대서양 사람들의 남획으로 고갈되어 멸종위기 종으로 공표되었다.

17 ⑤ 마지막 문장에서 Rosenzweig 교수가 비록 왜래종이 멸종을 초래하더라도, 결국 그 멸종 단계는 끝나며, 새로운 종이 진화를 시작할 것이라고 설명하고 있으므로 ⑤의 설명은 윗글의 내용과 일치하지 않는다.

어휘

- alien species : 외래 종
- ecologist : 생태학자, 생태[환경] 운동가
- define : 정의하다, 규정하다, 분명히 밝히다
- inadvertently : 무심코, 우연히, 부주의로
- deliberately : 고의로, 의도적으로
- habitat : 서식지
- ecology : 생태(계), 생태학
- evolutionary biology : 진화 생물학
- appearances : 외모, 외관, 모습
- deceive : 속이다, 기만하다
- caution : 조심, 경고, 주의
- exotics : 외래종
- non-native : 토종이 아닌, 외래종의
- innocuous : 악의 없는, 무해한
- decades : 10년
- invasive : 급속히 퍼지는, 침투[침략]하는
- uncertainty : 불확실성, 반신반의
- approach : 접근법, 처리 방법
- natural ecosystem : 자연 생태계
- roll back : 되돌리다, 복원하다
- impractical : 터무니없는, 비현실적인
- a prevailing view : 우세한 견해
- biodiversity : 생물의 다양성
- extinction : 멸종, 소멸
- phase : 국면, 단계
- evolve : 진화하다, 발달하다

해석

생태학자들은 일반적으로 외래종을 사람들이 무심코 혹은 일부러 새로운 장소로 옮겨놓은 것이라고 규정하고 있다. "아주 소수의 왜래종도 새로운 서식지에서 문제를 일으킨다."라고 어는 생태학 교수이자 진화 생물학자가 말한다. 그럼에도 불구하고 겉모습에 속기 쉽고, 생태학자들이 이러한 외래종의 상당수가 단지 아무런 해를 끼치지 않은 것으로 보고되었다는 이유만으로 받아들여도 된다고 경고했다. 더욱이 이 외래

종은 수십 년 동안 무해한 모습으로 있다가 돌연 급속히 퍼질 수 있다. 그러한 불확실성 때문에, 많은 생태학자들은 강한 조치가 취해져야 한다고 주장한다. 그들의 처리 방법은 자연 생태계에서 왜래종을 제거하는 것이다. 그러나 많은 전문가들은 더 자연적이었던 때로 생태계 복원을 시도하는 과학적 지식에 의문을 제기한다. 심지어 생태계에서 모든 외래종을 제거하고자 하는 많은 생태학자들도 이런 목표가 비현실적이라는 것을 인정한다. 나아가 Arizona 대학의 Rosenzweig 교수는 침투 왜래종이 생물의 다양성을 감소시킨다는 다수의 견해를 반박한다. 왜래종은 자연 환경에서 종(種)의 수를 증가시킨다. 비록 왜래종이 멸종을 초래하더라도, 결국 그 멸종 단계는 끝나며, 새로운 종이 진화를 시작할 것이라고 그는 설명한다.

18 ④ 지역사회가 200년 전에 기술된 헌법에 의해 통제받는 것이 늘 반가운 것은 아니지만, 헌법을 개정하는 절차가 워낙 까다롭기 때문에 기존의 헌법을 <u>유연하게</u> 해석하여 사용토록 압박을 받는다는 의미이므로, 빈칸에 들어갈 말로는 'flexible(유연한, 융통성 있는)'이 가장 적절하다.

오답풀이

① 더 이상 쓸모가 없는, 한물간
② 번역된, 번안된
③ 간결한, 축약된
⑤ 재판의, 판결의

어휘

- judge : 판사, 심판
- statute : 법규, 법령
- constitution : 헌법, 규칙, 규약
- devise : 창안[고안]하다
- refine : 개선하다, 개량하다
- a rule of conduct : 행동 강령
- have a significant impact on : 중대한 영향을 미치다
- procedure : 절차, 방법
- amend : 개정[수정]하다
- cumbersome : 다루기 힘든, 번거로운
- interpretive : 해석상의, 설명을 제공하는
- original document : 원문

해석

판사들은 지역사회의 복지에 중대한 영향을 미칠지도 모르는 행동 강령을 창안하고 개선하는 데 도움이 되고자 법규와 헌법을 판독한다. 그 지역사회는 200년 전에 살았던 사람들이 기술한 헌법에 의해 선택을 통제받는 것을 늘 달가워하는 것은 아니다. 그러나 헌법을 개정하는 과정은 매우 번거로워서 판사들은 원문을 <u>유연하게</u> 해석하는 과정을 이용하도록 큰 압박을 받는다.

19 ② 윗글의 요지는 좋은 것을 혼자서 경험하기 보다는 친구와 나누는 것이 배가된다는 의미이다. 즉, 본문의 내용상 친구와 Grand Canyon을 함께 보는 즐거움이 서로 다른 날에 각자 보는 즐거움을 <u>합친 것보다 크다</u>는 의미이다. 그러므로 빈칸에는 'is more than the sum of(합친 것 이상이다.)'가 들어가는 것이 가장 적합하다.

오답풀이

① 나눌 수 있다.
③ 합친 양과 같다.
④ 더 오래 동안 기억 속에 지속될 수 있다.
⑤ 고려할 필요가 없다.

어휘

- share A with B : A를 B와 공유하다[나누다]
- on separate days : 별도의 날에, 서로 다른 날에
- divide into : ~으로 나누다
- combined : 결합된, 합한
- take into consideration : ~을 고려[참작]하다

해석

가령, 내가 Grand Canyon에 간다. 그 광경에 너무 즐거워 친한 친구에게 "네가 여기 있었으면 정말 좋았을 텐데"라고 간단한 메시지를 적은 엽서를 보낸다. 이런 친숙한 말을 하는 의미는 무엇일까? 내가 친구와 함께 그 광경을 공유했다면 Grand Canyon을 보는 즐거움이 훨씬 더 컸을 거라는 의미이다. 내가 의미하는 것은 혼자 Grand Canyon에 있어 좋은 것보다, 친구와 함께 이 경험을 공유할 수 있다면 훨씬 더 좋다는 것이다. 바꾸어 말하면, 내 엽서는 친구들이 특별한 의미에서 Grand Canyon을 함께 보는 즐거움을 공유하는 것이 서로 다른 날에 Grand Canyon을 보는 나와 친구의 즐거움을 <u>합친 것 이상</u>이라고 말하고 있는 것이다.

20 ③ 빈칸의 다음 문장에서 "코요테는 항상 굶주린다. 항상 빈곤하고 불운하고 친구가 없다."고 서술하고 있으므로, 굶주림, 빈곤 등과 관련된 단어를 유추해 보면 'want(부족, 결핍, 가난, 빈곤)'와 상통한다. 그러므로 'allegory of want(빈곤의 풍자)'가 들어갈 말로 가장 적합하다.

오답풀이

① 분노의 전형
② 가학의 비유
④ 능률의 상징
⑤ 지배의 비유

어휘

- coyote : 코요테
- slim : 가냘픈, 호리호리한, 마른

- sorry-looking : 초라해[불쌍해] 보이는
- skeleton : 뼈대, 골격, 해골
- tolerably : 상당히, 어지간히
- bushy : 숱이 많은, 무성한
- sag : 축 처지다, 늘어지다
- furtive : 은밀한, 엉큼한, 음흉한
- slink : 살금살금[슬그머니] 움직이다
- mean : 천박한, 하찮은, 보잘 것 없는
- despise : 경멸하다, 멸시하다
- flea : 벼룩
- desert : 버리다, 떠나다
- in a blink of an eye : 눈 깜박할 사이에
- epitome : (본)보기, 전형
- wrath : 분노, 노여움
- analogy : 비유, 유추
- sadism : 사디즘, 가학증
- allegory : 우화, 풍자
- efficiency : 효율, 능률
- metaphor : 은유, 비유
- dominance : 우월, 지배

해석

코요테는 길고 마르고 병들고 앙상한 뼈대에, 회색 늑대 가죽으로 덮여 있고, 항상 축 늘어진 숱이 무성한 꼬리와, 음흉하고 사악한 눈, 그리고 살짝 입술을 들어 이빨을 드러낸 채 길고 날카로운 얼굴을 하고 있다. 코요테는 줄곧 살금살금 움직이는 표정을 짓는다. 코요테는 살아 숨 쉬는 빈곤의 풍자이다. 코요테는 항상 굶주린다. 항상 빈곤하고 불운하고 친구가 없다. 가장 하찮은 생물체도 코요테를 깔보는 데, 벼룩조차 눈 깜박할 사이에 떠나버린다.

21 ① 식품 제조사들이 호두까기에 성공했을 경우에는 온전한 호두를 '온전한 호두'라는 라벨이 붙은 병에 넣고, 그렇지 못한 경우에는 껍질로부터 호두를 분리하여 '호두 조각들'이라는 라벨을 붙인 병에 넣는 것이므로, 그들이 행한 어떤 일이란 호두까기의 결과물들을 선별하는 작업이다. 그러므로 빈칸에는 'selected their results(그들의 결과물들을 선별했다.)'가 들어가는 것이 적절하다.

오답풀이

② 특별한 종류의 호두를 재배했다.
③ 새로운 상표의 장비를 사용했다.
④ 판매용 호두와 섞었다.
⑤ 교훈을 어렵게 배웠다.

어휘

- impress : 깊은 인상을 주다, 감명[감동]을 주다

- walnut : 호두
- crack : 깨뜨리다, 부수다
- shell : 껍데기, 껍질
- intact : 온전한, 손상되지 않은
- manage to : 가까스로 ~하다, 간신히 ~하다
- manufacturer : 제조자[사], 생산업자
- stick : 집어넣다[놓다]
- breed : 사육하다, 재배하다

해석

어렸을 때 나는 식품 제조사들이 어떻게 온전한 호두를 병에 채울 수 있는지 깊은 인상을 받았다. 그들은 어떤 식으로든 호두가 손상되지 않도록 껍질을 깰 수 있다. 내가 그것을 여러 번 시도해 보았지만, 결국에 껍질과 호두가 섞이고 말았고, 대략 열 번 중 겨우 한 번만 온전한 호두를 간신히 얻었다. 그러나 나중에 비록 제조사들이 나보다 성공 확률이 더 높지만, 그들도 종종 껍질과 호두가 섞인다는 사실을 알았다. 그러나 나는 또한 그들이 그밖에 어떤 일을 한다는 것을 알았다. 즉, 그들은 그들의 결과물들을 선별했다. 그들이 성공했을 경우에, 온전한 호두를 '온전한 호두'라는 라벨이 붙은 병에 넣는다. 그리고 다른 경우에, 그들은 껍질로부터 호두를 분리하고 '호두 조각들'이라는 라벨을 붙인 병에 넣는다.

22 ① 빈칸의 앞 문장에서 나와 전쟁을 벌일 당신의 생존권을 기꺼이 포기하는 정도라면, 나도 당신과 전쟁을 벌일 나의 생존권을 기꺼이 포기할 것이라고 했다. 즉, 상호간에 (reciprocally) 전쟁을 포기하는 것이므로 '상호 무장해제 (mutual disarming)'에 해당된다. 그러므로 ①의 내용이 빈칸에 들어갈 말로 가장 적합하다.

오답풀이

① 이러한 상호 무장해제는 각 개인 자신의 이익을 위해서다.
② 이러한 공유된 무관심은 사회의 평화를 촉진한다.
③ 이러한 상호 권리 포기는 적대감의 조장을 의미한다.
④ 이러한 사회적 타협은 자연 법칙을 강화하는데 공헌한다.
⑤ 이러한 전쟁 발발의 규제는 약자들의 편에 정말로 이롭다.

어휘

- natural rights : 자연권, 생존권
- vital : 생명의, 생명유지에 필요한
- derive A from B : B에서 A를 얻다[끌어내다]
- surrender : 항복하다, 굴복하다
- wage : (전쟁·전투 등을) 벌이다[계속하다]
- to the extent that : ~할 정도까지, ~한 결과로
- reciprocally : 서로, 호혜적으로, 상호간에
- individually : 개별적으로, 각각 따로
- security : 보안, 안보

- mutual : 서로의, 상호간의
- disarming : 상대방을 무장해제 시키는
- self-interest : 자신의 이익, 사익, 사리사욕
- indifference : 무관심
- promote : 촉진하다, 고취하다
- reciprocal : 상호간의
- foster : 조성[조장]하다, 촉진하다
- animosity : 반감, 적대감
- compromise : 타협, 절충
- be conducive to : ~에 공헌하다, 이바지하다
- reinforce : 강화하다, 보강하다
- restraint : 규제, 통제, 제한

[전역]

Hobbes의 특정 어휘인 '생존권'은 우리가 이미 자연 상태에서 소유하고 있는 것이다. 즉, 우리의 생명 활동을 보호하는 어떤 일을 할 수 있는 권리이다. Hobbes는 자연 상태에서 죽음에 대한 공포로부터 첫 번째 자연법칙을 끌어낸다. 그는 첫 번째 법칙으로부터 두 번째 법칙을 끌어낸다. 즉, 상호간에 나와 전쟁을 벌일 당신의 생존권을 기꺼이 포기하는 정도라면, 나도 당신과 전쟁을 벌일 나의 생존권을 기꺼이 포기할 것이다. 이러한 상호 무장해제는 각 개인 자신의 이익을 위해서다. 각각이 개별적으로 전쟁의 권리를 포기하는데 동의하면서 '자신에게 이로운 것'을 추구하고, 이런 이로움은 오로지 '개인 한 사람의 안전'뿐이다.

23 ③ 윗글은 문화 학습에 대해 설명하고 있는데, 마지막 문장에서 문화 학습은 학습자가 다른 사람으로부터가 아니라 다른 사람을 통해 배우려고 시도하는 학습이라고 했으므로, 학습자가 다른 사람의 활동을 직접 배우는 것에 국한되지 않고 그들이 그런 활동을 하는 방식과 관점까지도 학습하는 것이라고 볼 수 있다. 그러므로 ③의 내용이 빈칸에 들어갈 말로 적합하다.

[오답풀이]

① 그들은 다른 사람들을 이해하기 위해 자신의 통찰력에 의존한다.
② 그들은 전반적인 문화 융통성을 광범위하게 향상시킨다.
③ 그들은 다른 사람들이 그것을 바라보는 방식이 어떤 상황인지 보려고 시도한다.
④ 그들은 다른 사람들의 숨은 의도를 추측하는 것을 배운다.
⑤ 그들은 스스로 자율 학습에 참여하도록 권한을 부여한다.

[어휘]

- stimulus : 자극, 고무, 격려
- enhancement : 강화, 증대, 인상
- indispensable : 없어서는 안 될, 필수적인

- cognitive development : 인지 발달
- species : 종(種)
- qualitatively : 질적으로
- engage in : ~에 관여[참여]하다
- direct one's attention to : ~에 주의를 돌리다, 눈길을 돌리다
- extensively : 널리, 광범위하게
- enhance : 높이다, 향상시키다, 강화하다
- flexibility : 융통성, 유연성
- second-guess : 예측[추측]하다, 사후에[뒤늦게] 비판하다
- hidden agenda : 숨은 의도, 비밀 의제
- empower : 권한을 주다[부여하다]
- autonomous learning : 자율 학습

[전역]

자극 혹은 지역 강화의 형태로서의 사회적 학습은 많은 사회적 종들의 인지 발달에서처럼, 인간 발달에 있어 필수적인 역할을 한다. 그러나 어떤 경우에, 인간은 서로로부터 질적으로 다른 방식으로 배운다. 때때로 인간은 소위 문화 학습이라 부르는 것에 참여한다. 문화 학습에서 학습자는 그들의 관심을 다른 개인의 활동에만 두는 것이 아니라, 오히려 그들은 다른 사람들이 그것을 바라보는 방식이 어떤 상황인지 보려고 시도한다. 문화 학습은 학습자가 다른 사람으로부터가 아니라 다른 사람을 통해 배우려고 시도하는 학습이다.

24 ④ (A) However
경제학자들이 경제 발전을 측정하는 데 사용하는 가장 보편적인 도구가 국내 총생산(GDP)이라는 앞의 내용과 GDP 통계는 꽤 오해의 소지가 있을 수 있다는 뒤의 내용이 서로 상반되므로 역접의 접속사 'However(그러나)'를 사용해야 한다.

(B) Moreover
GDP 통계는 꽤 오해의 소지가 있을 수 있다는 근거로 우선 국가 간 상대적 생활비용 차이를 하나의 사례로 들었고, 다음에 국가 통화 간 환율 문제를 추가적인 근거로 설명하고 있다. 그러므로 부연 설명을 위해 'Moreover(더욱이)'가 들어가는 것이 적절하다.

[어휘]

- criterion : 표준, 기준, 척도
- gross domestic product (GDP) : 국내 총생산
- benchmark : 기준(점), 표준
- per capita : 1인당
- statistics : 통계, 통계학
- misleading : 호도[오도]하는, 오해의 소지가 있는
- raw figure : 원 수치, 실제 수치
- take into account : ~을 고려하다, ~을 계산에 넣다

- relative : 비교상의, 상대적인
- exchange rate : 환율, 외환 시세
- currency : 통화, 통용, 유통

해석

국가를 비교하기 위한 기본 척도의 하나가 경제 발전 수준이다. 경제학자들이 경제 발전을 측정하는 데 사용하는 가장 보편적인 도구가 국내 총생산(GDP)이다. GDP는 한 국가의 1인당 평균 소득의 기본적 기준점을 제공한다. (A) 그러나 GDP 통계는 꽤 오해의 소지가 있을 수 있다. 우선 사람들이 어떤 국가에서 다른 나라 사람들보다 훨씬 더 많이 돈을 벌수도 있지만, 그 원 수치가 그 국가에서 사는 데 필요한 상대적 비용을 고려하지는 않는다. (B) 더욱이 국가 통화 간 환율이 오르고 내릴 때, 국가들은 실제보다 더 부유하거나 더 가난해 보일 수 있다.

25 ③ 윗글에 따르면 과체중일 때 건강관리를 시작하면, 진료실 뿐만 아니라 옷을 구입하는데 그리고 생명 보험을 드는데 추가로 비용이 들어간다고 설명하고 있다. 그러므로 ③의 'The Price You Pay for Extra Pounds(과체중으로 지불하는 비용)'이 윗글의 제목으로 가장 적절하다.

오답풀이

① 건강관리 비용의 증가
② 살을 빼라, 그러면 병의 위험도 낮아진다.
④ 비만인 사람들이 옷을 사는데 더 많은 돈을 쓰는가?
⑤ 체질량 지수(BMI) : 정확한 몸무게 지표는 아니다.

어휘

- extra pounds : 과체중
- body mass index (BMI) : 체질량 지수
- annual : 매년의, 연간의
- deem : ~로 여기다, 생각하다
- obese : 비만인
- the lower end : 하단부
- add-on : 부가물, 추가물
- estimate : 평가하다, 추산[추정]하다
- aggregate : 종합하다, 총계 ~이 되다
- insurance : 보험, 보험료
- accurate : 정확한, 정밀한
- indicator : 지표, 계기[장치]

해석

과체중일 때 건강관리를 시작하면 추가로 비용이 든다. 2013년 Duke의 연구에서, 연구원들은 체질량 지수(BMI) 수치에 따라 드는 건강관리 비용을 조사했다. 저체중인 체질량 지수(BMI)가 19인 사람의 평균 연간 비용은 2,541달러였다. 과체중이라고 생각되는 체질량 지수(BMI)가 25인 사람은 2,893달러였다. 비만이라 여겨지는 체질량 지수(BMI)가 33인 사람은 3,439달러로 비용이 가장 높았다. "정상 체중의 하단부에서부터 병의 위험도는 이미 증가하기 시작한다."고 대표 연구원인 Truls Ostbye는 말한다. 추가 비용은 진료실에서만 끝나지 않는다. 2010 McKinsey 연구는 비만인 미국인들이 추가로 옷을 사는데 들어가는 비용이 총 300억 달러에 이를 것으로 추산했다. 또한 비만인 40세 남성이 생명 보험에 내는 비용이 두 배에 이를 것으로 추산했다.

26 ③ 매년 자동차 경쟁 시장에서 정상에 오르기 위해 새로운 디자인과 보다 큰 모델을 출시하던 진부한 관행에서 벗어나, Volkswagen사의 크지 않고 효율적인 소형 자동차를 알리기 위한 솔직하고 재미있는 광고 기법을 소개하고 있다. 그러므로 ③의 'New Ad : Step Down From Your Ladders(새로운 광고 : 사다리에서 내려오기)'가 윗글의 제목으로 가장 적절하다.

오답풀이

① 어려운 경제 시대 : 작게 생각하라.
② 자동차 경쟁 사다리의 정상에서
④ 자동차가 사회적 지위를 나타내는가?
⑤ 국제 자동차 전쟁 : 크기의 중요성

어휘

- ladder : 사다리, 단계(조직·활동 분야 등에서 성공하기 위해 밟고 올라가는)
- employ : 고용하다, 이용하다, 쓰다
- perceived : 인지된, 감지된
- obsolescence : 노후화, 진부화
- roll out : (신상품을) 출시하다, 시작하다
- embarrassing : 난처한, 당혹스러운, 쑥스러운
- worn-out : 닳아 해진, 낡은, 헌
- provoke : 유발[도발]하다, 야기하다, 짜증나게 하다
- anxiety : 불안, 염려, 근심
- seemingly : 외견상으로, 겉보기에는
- out of nowhere : 어디선지 모르게, 아무 데도 없는 곳에서
- unadorned : 아무런 장식[꾸밈]이 없는
- modest : 보통의, 크지 않은, 겸손한, 수수한
- efficient : 능률적인, 효율적인
- flivver : 싸구려 소형 자동차
- contemporary : 동시대의, 당대의, 현대의
- slang : 속어, 은어
- junk : 고물, 폐물, 쓰레기
- shockingly : 깜짝 놀랄 만큼, 엄청나게
- hilarious : 아주 우스운, 재미있는

- publicly : 공공연하게, 공개적으로
- unnamed : 이름이 없는, 익명의, 무명의
- instill in : ～에게 심어주다, 주입하다
- Who cares? : 누가 상관이냐 한대[알 게 뭐야]?
- represent : 대표[대신]하다, 표현하다, 나타내다
- status : 지위, 신분
- warfare : 전쟁, 전투, 투쟁

해석

자동차 사다리를 오르는 일은 힘들며, 정상을 유지하기란 더욱 힘들었다. 매년 오래된 관행에 따라 Chevrolet는 전체를 새롭게 디자인하고, 보통 더 큰 모델을 출시했다. 어제 최신식이었던 자동차는 내일은 작고 쑥스럽고 구식처럼 보였다. 상상하는 것처럼, 이 모든 것이 미국 사회 전반에 걸쳐 불안감을 야기했다. 그런데 1959년에 외견상으로 어디선지 모르게, 단순한 전면 신문 광고가 "작게 생각하라."는 헤드라인과 아무런 장식이 없는 Volkswagen사의 Beetle 자동차 이미지와 함께 실리기 시작했다. 그 광고는 자동차가 크지 않고 효율적이라는 것을 제외하고는 그 이상 말하지 않았고, 심지어 Beetle 자동차를 고물덩어리라는 당시 속어인 'flivver(싸구려 소형 자동차)'라 불렀다. 사람들은 그 광고가 깜짝 놀랄 만큼 솔직하고 재미있으며, 마케팅 담당자들이 수년 동안 그들 마음속에 품어왔던 남모르는 불안감을 공개적으로 표출했다고 생각했다. 내가 사다리 꼭대기에 올라가야만 하는가? 누가 상관하겠는가?

27 ① 윗글에 따르면 보통 어린 아이들이 특정 야채 먹기를 강하게 거부하는 데는 합당한 이유가 있는데, 그것은 혐오감이 낯설거나 해로운 물체에 대한 보호 메커니즘으로 작용하여 위험물의 섭취를 막을 뿐 아니라 사람들이 잠재적으로 전염 가능한 상황에 빠지지 않도록 해준다고 설명하고 있다. 그러므로 윗글의 주제로는 ①의 'the role of disgust in keeping people safe(사람들을 안전하게 지키는 혐오감의 역할)'이 적절하다.

오답풀이

② 적당한 영양분 섭취의 유익함
③ 위험과 전염의 차이점
④ 해로운 물질을 피하는 중요함
⑤ 유익한 위생 활동의 연습 필요성

어휘

- disgust : 혐오감, 역겨움, 질색
- be associated with : ～와 관련되다
- obdurate : 고집 센, 완고한
- refusal : 거절, 거부
- absurd : 우스꽝스러운, 터무니없는, 불합리한

- nutritious : 영양분이 많은, 영양가가 높은
- hygienic : 위생적인
- contend : 주장하다, 다투다
- protective : 보호하는, 방어하는
- mechanism : 기계 장치[기구], 방법, 메커니즘
- harmful : 해로운, 유해한
- deter : 단념시키다, 그만두게 하다
- ingestion : 섭취
- dissuade : ～를 설득[만류]하다, 권하다, 충고하다
- potentially : 가능성 있게, 잠재적으로
- contagious : 전염되는, 전염성의
- declare : 선언[단언]하다, 공표하다
- railcar : 철도 차량
- lice : (louse의 복수) 이
- wasp : 말벌
- contagion : 전염(병), 감염

해석

혐오감에 대한 정서적 반응은 보통 어린 아이들이 특정 야채 먹기를 강하게 거부하는 것과 관련이 있다. 그런 혐오감이 아이들에게 영양이 높은 음식을 먹이려고 하는 부모들에게는 터무니없는 일처럼 보이지만, 위생적인 행동에 관심이 있는 과학자들은 합당한 설명을 하고 있다. 이 이론은 사람들이 혐오감을 낯설거나 해로울 법한 물체에 대한 보호 메커니즘으로 발전시킨다고 주장했다. 최근의 연구는 혐오감이 위험물의 섭취를 막을 뿐 아니라 사람들이 잠재적으로 전염 가능한 상황에 빠지지 않도록 해준다고 말한다. 예를 들어 그 연구 대상자들은 사람들로 붐비는 철도 차량이 텅 빈 차량보다 더 혐오스러우며 이가 말벌보다 더 혐오스럽다고 단언했다.

28 ② 과학자로서 논문이 출판되었다고 성공한 것은 아니며 동료들이 그 논문을 이해하고 동기를 얻기 위해 인용할 때 비로소 성공한 것이라고 했으므로, ②의 'the importance of influencing others in scientific writing(과학 논문이 다른 사람들에게 미치는 영향의 중요성)'이 윗글의 주제에 해당된다.

오답풀이

① '더 많이 쓸수록, 더 좋다.'는 오래된 신념
③ 미지의 영역에서 연구를 계속해야 할 필요성
④ 저널 수록에 필요한 우호적인 동료들의 견해
⑤ 출판에 있어서 직업윤리와 엄격한 자질 통제

어휘

- perish : 죽다, 소멸하다, 사라지다
- dominate : 지배[군림]하다, 억제하다
- cite : 인용하다, 예로 들다
- define : 정의하다, 규정하다, 분명히 밝히다

• peer : 또래, 동년배

• enduring : 오래가는, 지속되는

• pursue : 추구하다, 추적하다

• unexplored : 탐험[탐구]되지 않은, 미지의

• favorable : 우호적인, 찬성하는

• acceptance : 수용, 수락, 동의, 승인

• ethics : 윤리학

해석

과학자로서의 성공 여부는 단순히 머릿속에 가지고 있는 아이디어나 혹은 손에 주고 있는 정보의 기능뿐만이 아니라 그것들을 기술하는 데 사용하는 언어의 기능에 달려 있다. 우리 모두는 '출판하거나 혹은 도태되거나'가 현실이며 전문가의 삶을 지배한다고 알고 있다. 그러나 '출판하거나 혹은 도태되거나'는 생존에 관한 것이지 성공에 관련된 것은 아니다. 과학자로서 논문이 출판되었다고 성공한 것은 아니다. 그 논문이 인용되어야 과학자로서 성공한 것이다. 당신의 일을 중요하게 만드는 것이 중요하다. 성공은 인쇄한 페이지 수에 의해 정의되는 것이 아니라 그 논문의 영향력에 의해 정의된다. 동료들이 여러분의 작품을 이해하고 그들이 직접 동기를 얻는데 사용할 때 비로소 당신은 성공한 것이다.

29 ⑤ 장수를 하기 위해 엄격한 채식주의자가 되거나 철저한 운동과 명상 등을 하지 않고 아주 작은 변화만으로도 건강한 삶을 유지할 수 있다고 설명하고 있으므로, 윗글의 요지는 ⑤의 "Achieving longevity is not as difficult as one might imagine.(장수를 하는 것은 상상하는 것만큼 어렵지는 않다.)"이다.

오답풀이

① 건강한 생활 방식으로 살아가기가 말처럼 쉽지는 않다.

② 식단의 중요한 변화는 오래 사는 데 도움이 된다.

③ 주로 앉아서 생활하는 사람들에게 운동은 중요하다.

④ 육체적 그리고 정신적 행복은 열심히 일하는 가운데 성취할 수 있다.

어휘

• vegan : 엄격한 채식주의자

• pledge : 약속, 맹세, 서약

• allegiance : 충성

• cult : 추종, 숭배, 동경, 예찬, 제례[의식]

• meditator : 묵상가, 명상가

• longevity : 장수, 오래 지속됨

• extend : 늘이다, 연장하다, 확장[확충]하다

• attainable : 이룰 수 있는, 달성할 수 있는

• miserable : 비참한, 우울한

• logging : (컴퓨터)log하기, 로그인, 접속하여 시작하기

• gym : 체육관

• counteract : 대응하다, 거스르다, 방해하다

• fidget : 꼼지락거리다, 가만히 못 있다

• excruciating : 몹시 고통스러운, 극심한

• sedentary : 주로 앉아서 하는

해석

건강한 습관으로 장기간 지속되는 혜택을 얻으려고 엄격한 채식주의자가 되거나 운동 예찬에 충성 맹세를 하거나 온종일 명상가가 될 필요는 없다. 사실 최신 과학에서 정 반대의 결과를 보여주었다. 즉, 건강한 삶을 확충하는 것은 우리들 대부분이 아주 작은 변화만으로도 이룰 수 있고, 이러한 변화는 특히 어렵다거나 우울하게 만드는 것은 아니다. 연구원들은 예를 들면 체육관에 가는 시간이 장기간 앉아 있는 부정적인 영향을 대응할 수는 없지만 몸을 조금씩 움직이는 단순한 동작만으로도 가능하다는 것을 알아냈다. 그들은 또한 얼마큼 많이 먹는 것을 줄여야 하는지 고통스러워할 필요가 없고 그것이 장수할 수 있는 가능성을 높일 수 있다는 사실을 밝혀냈다.

30 ② David가 악몽과 같았던 직장을 그만두고 새로운 시작의 가능성을 열기 시작했으므로, David의 심경은 '안도와 희망적(relieved and hopeful)'이라고 말할 수 있다.

오답풀이

① 슬프고 불안한

③ 지루하고 무관심한

④ 긴장되고 혼란스러운

⑤ 공허하고 절망적인

어휘

• descent : 내려가다, 하강하다

• spinning : 방적, 회전, 어지러움

• nausea : 욕지기, 메스꺼움

• vanish : 사라지다, 없어지다

• nightmare : 악몽, 아주 끔직한 일

• spine : 척추, 기개, 기골, 근성

  cf. find a spine : 용기를 내다

• gloomy : 우울한, 침울한

• grin : (이를 드러내고) 방긋 웃다, 히죽거리다

• dart : 쏜살같이 달리다[움직이다], 날아가다

• direction : 쪽, 방향, 방위

• everything is under control : 만사가 순조로운

• dreary : 음울한, 황량한

• agitated : 불안해하는, 동요된

• relieved : 안도하는, 다행으로 여기는

엘리베이터가 내려가기 시작했을 때, 미소가 활짝 David의 얼굴에 퍼지기 시작했다. 어지러움과 메스꺼움이 사라졌다. 가슴을 짓누르던 압박감도 사라졌다. David가 해내고 있었다. 그는 직장을 그만두고 악몽과 작별을 고했다. 그는 우울한 아침으로부터 벗어나기 위해 용기를 냈다. David는 텅 빈 엘리베이터에 서서 층 번호인 선홍색 디지털 숫자가 내려갈 때마다 활짝 웃으며 지켜보았다. 그 엘리베이터는 건물의 중간층을 통과할 때 살짝 흔들렸다. 엘리베이터가 멈추자, David는 내려서 하강하는 에스컬레이터에 쏜살같이 올라탔다. 누군가가 "어이, David, 어디 가니?"라고 불렀고 David는 마치 만사가 순조로운 듯 웃으며 그 목소리 방향으로 손을 흔들었다. 그는 밖으로 나갔고, 너무 일찍 축축하고 음울해 보였던 공기가 이제는 새로운 시작의 가능성을 열기 시작했다.

31

⑤ 파스타가 중국에서 유래했다는 학설이 Polo's Travels란 책의 유명한 구절을 잘못 오역한데서 기인했다고 했으므로, "파스타가 중국에서 유래했다는 부인할 수 없는 증거를 제시했다."는 ⑤번 문장은 글의 전체 흐름과 대치된다.

- ethnic roots : 인종적 뿌리
- debate : 논의하다, 논쟁하다
- put forward : 제안하다, 내세우다
- notably : 특히, 현저히, 뚜렷이
- far-fetched : 믿기지 않는, 설득력 없는
- enduring : 오래가는, 지속되는
- myth : 신화, 근거 없는 믿음
- misinterpretation : 오해, 오역
- sago palm : 사고 야자
- starchy food : 녹말이 많은 음식
- undeniable : 부인할 수 없는, 명백한
- originate : 비롯되다, 유래하다

파스타의 인종적 뿌리는 오랫동안 논란이 되어 왔다. ① 많은 학설들이 거론되었고, 일부 학설들은 전혀 설득력이 없었다. ② 13세기 탐험가 Marco Polo의 작품을 근거로, 파스타가 중국에서 이탈리아로 왔다는 오랜 근거 없는 믿음은 Polo's Travels란 책의 유명한 구절을 잘못 오역한데서 기인했다. ③ 그 책에서 Polo는 파스타처럼 생긴 어떤 것이 열리는 나무를 언급했다. ④ 그것은 아마도 사고 야자로, 파스타와 유사한 녹말이 많은 음식을 만들지만 파스타는 아니다. ⑤ 이 나무는 아시아가 원산지이며, 파스타가 중국에서 유래했다는 부인할 수 없는 증거를 제시했다.

32

④ 서구에서는 관습, 법, 종교적 믿음을 꽤 다른 것으로 생각하지만, 비서구 문화에서 관습, 법, 종교적 믿음에 거의 구분이 없다는 것이 윗글의 요지이다. 도둑을 예로 들어, 세계의 대부분이 도둑을 범죄자로 보지만, 공동체 생활을 하고 물건들을 공유하고 있는 작은 마을에서 도둑이란 단어는 거의 의미가 없을 수도 있다고 했다. 그런데, ④번 문장에서 "강력한 처벌의 역할을 하고 범죄를 강력히 제지하는 역할을 한다."고 했으므로 앞 문장의 내용과 대치된다.

- custom : 관습, 풍습, 습관
- contrast : 차이, 대조, 대비
- sin : 죄, 죄악
- non-Western : 비서양의, 비서구의
- separation : 분리, 구분
- separate from : ～에서 분리하다[떼어 놓다]
- socially : 사회적으로, 사교상
- acceptable : 용인되는, 받아들여지는
- criminal : 범인, 범죄자
- considerable : 상당한, 많은
- communal living : 공동체[집단] 생활
- disapproval : 반감, 못마땅함, 불만
- serve as : ～의 역할을 하다
- punishment : 벌, 처벌, 형벌
- deterrent : 제지하는 것, 억제력
- impolite : 무례한, 버릇없는

정의란 개념에 있어서 또 다른 차이점은 법이 무엇인가에 대한 사회의 다양한 견해에 있다. 서구에서, 사람들은 '법'과 '관습'을 꽤 다른 것으로 생각한다. 또한 '죄' (종교적 법을 어기는 것)와 '범죄' (정부의 법을 어기는 것) 사이에도 큰 차이가 있다. ① 그러나 많은 비서구 문화에서 관습, 법, 그리고 종교적 믿음에는 거의 구분이 없다. 다른 문화에서 이 세 가지는 서로 잘 구분될 수도 있지만, 그러나 여전히 서구의 것들과는 매우 다르다. ② 이런 이유로 어떤 행동은 한 국가에서 범죄로 간주될 수 있지만 다른 국가에서는 사회적으로 용인될 수도 있다. ③ 예를 들어, 세계의 대부분이 도둑을 범죄자로 보지만, 공동체 생활을 하고 물건들을 공유하고 있는 작은 마을에서 도둑이란 단어는 거의 의미가 없을 수도 있다. ④ 작은 마을에서는 모든 사람이 어떤 의미에서 판사가 된다. 그러한 사회에서 사람들의 행동에 대한 사회적 반감은 강력한 처벌의 역할을 하고 범죄를 강력히 제지하는 역할도 한다. ⑤ 묻지 않고 어떤 물건을 가져간 사람은 그저 무례한 사람으로 여길 뿐이다.

33 ④ 카멜레온이 자동으로 주변 환경과 어울리기 위해 자신의 색깔을 바꾸는 것처럼, 사람들도 또한 주위 사람들과 어울리기 위해 자동으로 자신의 행동을 조절한다고 해야 글의 흐름이 자연스러우므로, 주어진 문장은 ④에 들어가는 것이 가장 적절하다.

어휘

- adjust : 조정[조절]하다, 적응하다
- blend with : ~와 섞다, ~와 어울리다
- interact with : ~와 상호 작용을 하다, ~와 교감[교류]하다
- mimic : 모방하다, 흉내를 내다
- unconsciously : 무의식적으로, 무심코
- mimicry : 모방, 흉내
- speculate : 추측하다, 짐작하다
- social glue : 사회적 유대감[결속력]
- identical : 동일한, 똑같은

해석

> 사람들도 또한 주위 사람들과 어울리기 위해 자동으로 자신의 행동을 조절한다.

당신이 다른 사람과 교류할 때, 어떤 식으로든 그들을 모방하고 있다는 사실을 스스로 깨달을 것이다. (①) 예를 들어, 당신은 무의식적으로 친구의 말 패턴과 억양을 따라한다. (②) 사회 심리학자들은 이런 형태의 모방을 카멜레온 효과라고 이름 붙였다. (③) 카멜레온은 자동으로 주변 환경과 어울리기 위해 자신의 색깔을 바꾼다. (④) 이런 형태의 모방 기능은 '사회적 유대감'의 한 종류로 추측된다. (⑤) 동일한 행동을 취함으로써, 사람들은 스스로를 자신의 주변에 있는 다른 사람들과 더욱 비슷하게 만든다.

34 ③ 윗글에 따르면 나이키 퍼터를 사용하고 있다고 생각한 사람들은 실제로 공을 홀에 넣기 위해 평균적으로 더 적은 퍼팅을 했고, 수학 시험을 치르는 동안 3M 귀마개를 착용하고 있다고 생각한 참가자들은 정답을 더 많이 맞혔다고 서술되어 있다. 그러므로 윗글은 "참가자들이 더 (B) 유명한(prominent) 상표를 사용하고 있다고 믿었을 때 시험 참가자들의 수행능력이 평균적으로 더 (A) 향상되었다(enhanced)."고 한 문장으로 요약할 수 있다.

오답풀이

	(A)	(B)
①	향상되었다	포괄적인
②	향상되었다	육상의
④	감소되었다	인기 있는
⑤	감소되었다	평범한

어휘

- placebo effect : 플라시보 효과(가짜 약으로 치료하는 심리 효과)
- participant : 참가자, 참여자
- identical : 동일한, 똑같은
- putter : (골프) 퍼터
- earplug : 귀마개
- putt : (골프) 퍼팅하다
- sink a ball : (골프) 공을 홀에 넣다
- initial : 처음의, 초기의
- subtle : 미묘한, 감지하기 힘든
- enhance : 높이다, 향상시키다
- generic : 포괄적인, 통칭[총칭]의
- athletic : 탄탄한, 육상의
- prominent : 중요한, 유명한
- diminish : 줄어들다, 약해지다

해석

특정 상표의 제품이 특히 효과적일 것이라는 생각은 일종의 플라시보 효과를 낼 수도 있다고 연구원들이 밝혔다. 일련의 연구에서, 참가자들은 골프와 수학 능력 시험을 위해 거의 동일한 도구를 지급받았다. 유일한 차이점은 절반의 퍼터는 나이키 상표가 붙었고, 반면에 시험 응시자들에게 주어진 귀마개 세트의 절반은 3M에서 만들어졌다고 말해주었다. 나이키 퍼터를 사용하고 있다고 생각한 사람들은 실제로 공을 홀에 넣기 위해 평균적으로 더 적은 퍼팅을 했고, 수학 시험을 치르는 동안 3M 귀마개를 착용하고 있다고 생각한 참가자들은 정답을 더 많이 맞혔다. 처음에는 자신의 능력에 자신감이 바닥이었던 사람들도 약간의 업그레이드를 통해 큰 자신감을 얻은 것으로 밝혀졌다.

> 연구에 따르면, 참가자들이 더 (B) 유명한 상표를 사용하고 있다고 믿었을 때 시험 참가자들의 수행능력이 평균적으로 더 (A) 향상되었다.

35 ⑤ 주어진 글의 다양한 입맛에 대한 예로 [C]에서 매운 맛을 사례로 들어 설명하고 있다. [C]에서 음식에 대한 선호도는 생애 초기에 경험한 맛의 차이로 결정된다고 했고 [B]에서 그 선호도는 자궁 내에서 형성된다고 설명하고 있다. [B]에서 사람들마다 미뢰의 숫자에 현저한 차이를 보인다고 했고 [A]에서 미뢰의 밀도 차이는 유전되어 나타난다고 설명하고 있다. 그러므로 주어진 글 다음에 이어질 글의 순서는 전체적인 글의 흐름상 [C] – [B] – [A] 순으로 이어진다.

어휘

- taste preference : 맛 선호도, 입맛
- taste bud : (혀의) 미뢰[맛봉오리]
- supertaster : 미각이 뛰어난 사람
- variation : 변화, 변형, 차이
- density : 밀도, 농도
- genetic : 유전의, 유전학의
- flavor : 맛, 풍미
- amniotic fluid : 양수
- in utero : 자궁 내에
- spicy food : 양념 맛이 강한, 매운
- shudder : 몸을 떨다, 몸서리치다
- hot pepper : 고춧가루

해석

가족이나 친구들과 함께 식사를 하다보면, 아마 사람들이 매우 다른 입맛을 가지고 있다는 사실을 알게 될 것이다.

[C] 예를 들면 일부 사람들은 매운 맛을 좋아하고, 반면에 다른 사람들은 고춧가루만 생각해도 몸서리를 친다. 일부 선호도는 생애 초기에 사람들이 경험한 맛의 차이로 설명된다.

[B] 사실 엄마가 먹는 음식은 양수의 맛을 변화시켜서, 일부 음식에 대한 선호도는 자궁 내에서 형성된다. 그러나 사람들 또한 그들이 가지고 있는 미뢰의 숫자에서 현저한 차이를 보인다.

[A] 평균적인 수보다 상당히 많은 미뢰를 가진 사람들의 집합을 슈퍼테스터(미각이 뛰어난 사람들)라고 부른다. 각 사람들의 혀에 있는 미뢰의 밀도 차이는 유전되어 나타난다. 여성들은 남성들보다 훨씬 더 슈퍼테스터일 것이다.

[36~37]

어휘

- conversion : 전환, 전향, 개조
- depression : 불경기, 불황
- vent : (감정·분통을) 터뜨리다, 발산하다
- greedy : 탐욕스러운, 욕심 많은
- undermine : 약화시키다, 해치다
- thwart : 좌절시키다, 꺾다
- lofty : 고귀한, 숭고한
- contend : 주장하다, 다투다
- pecuniary : 금전의, 금전상의
- parochial : 좁은, 편협한, 지역적인

- transform into ~로 변형시키다
- internal : 내부의, 내적인
- bickering : 말다툼, 언쟁, 논쟁
- splinter : 쪼개지다, 분열[분리]되다, 갈라지다
- faction : 파벌, 파당
- meteoric : 일약 ~한
- Reich : (독일) 제국, 영지, 국가
- fanatical : 광신적인, 열광적인
- obsession : 강박 상태, 집착
- efficiency : 효율, 능률
- second thought : 재고, 숙고
- technocrat : 테크노크라트, 기술관료(기술자 출신 관리자)
- dictatorship : 독재 정부[국가]
- setback : 역행, 퇴보
- abruptly : 갑자기, 불쑥, 뜻밖에
- techno-utopian : 기술-유토피아적
- constant : 끊임없는, 거듭되는
- reminder : 상기시키는[생각나게 하는] 것
- awesome : 무시무시한, 가공할
- technocracy : 테크노크라시, 기술관료제(과학 기술 분야 전문가들이 많은 권력을 행사하는 정치 및 사회 체제)
- technocratic : 기술관료제의
- downfall : 몰락, 파멸
- inevitable : 불가피한, 필연적인
- belligerent : 공격적인, 적대적인
- imbalance : 불균형, 불안정

해석

1929년에 대공황이 닥쳤을 때조차도 새로운 공학으로의 대전환의 가치가 매우 효과적이어서, 미국인들은 계속해서 기술적 전망을 옹호했다. (①) 그들은 대신 국가의 새로운 영웅들인 공학자들의 숭고한 목적과 목표를 약화시키고 좌절시키는 탐욕스러운 사업가들에 대한 분노와 두려움을 터뜨렸다. (②) 소수의 미국인들은 경제학자이자 사회학자인 Thorstein Veblen의 초창기 비판에 동의했다. 그는 1921년에 국가 경제를 고귀한 기준을 금전과 편협한 관심 우위에 둔 전문 공학자들에게만 맡김으로써 경제를 살리고 국가를 새로운 Eden 동산으로 바꾸자고 주장했다. (③) 그 지도자들 사이의 내부적 논쟁은 파당끼리 싸우는 분열의 움직임으로 이어졌다. (④) 그때 또한 Hitler가 일약 권력으로 떠오르고 제3제국의 기술적 효용성에 열광적으로 집착하는 것은 많은 사회 사상가들이 미국 내에서 기술적 독재 정부에 대한 테크노크라트(기술관료)들의 요구를 재고하도록 했다. (⑤) 기술 중심 세상에 대한 시각은 1945년에 미국의 비행기가 일본 도시들에 원자 폭탄을 투하했을 때 훨씬 더 비판적인 퇴보를 겪었다. 즉, 전 세계는

정답 및 해설

갑자기 기술–유토피아적 전망의 어두운 측면을 보게 된 것이다. 전후 세대는 현대 기술의 가공할 힘이 미래를 창조할 뿐만 아니라 파괴할 수도 있음을 끊임없이 상기하며 살아가야 하는 첫 세대가 되었다.

36

> 그러나 기술관료제의 성공은 오래가지 못했다.

③ 기술관료제(technocracy)란 과학 기술 분야의 전문가들이 많은 권력을 행사하는 정치 및 사회 체제를 말하는데, ③의 앞 문장에서는 기술관료제가 경제를 살리고 새로운 세상을 열거라는 전망을 내놓지만, ③의 뒤 문장에서는 지도자들 사이의 파당과 분열로 이어졌다는 내용이 오므로 "기술관료제의 성공은 오래가지 못했다."는 내용은 글의 흐름상 ③에 들어가야 적절하다.

37　① 윗글의 마지막 문장에서 전후 세대는 현대 기술의 가공할 힘이 미래를 창조할 뿐만 아니라 파괴할 수도 있음을 끊임없이 상기하며 살아가야 한다고 했으므로, 기술관료제의 양면성에 대해 설명하고 있다. 그러므로 ①의 'the technocratic vision and its downfall(기술관료제의 전망과 몰락)'이 윗글의 주제로 타당하다.

오답풀이

② 민주주의와 기술의 짧은 밀월
③ 기술 중심 세상에 대한 시각의 필연적 도래
④ 더 나은 사회를 위한 기술관료들의 공격적 접근
⑤ 기술관료제의 긍정적 측면과 부정적 측면의 불균형

[38~39]

어휘

- take over from : ～로부터 인계받다
- victim : 피해자, 희생자
- aggression : 공격, 침략
- aggressor : 공격자, 가해자
- evolve : 발달하다, 진화하다
- alleviate : 완화하다, 경감하다
- revenge : 복수, 보복, 설욕
- retribution : 응징, 징벌
- retaliation : 보복, 앙갚음
- bloodthirsty : 피에 굶주린, 잔인한
- connotation : 함축, 암시
- reduce : 줄이다, 축소하다
- likelihood : 그럴듯함, 가능성, 공산
- overreaction : 과잉 반응, 지나친 감정표현

- engender (감정·상황을) 낳다, 불러일으키다
- feud : 불화, 반목
- composition : (채권자와 채무자 사이의) 화해, 화의, 보상금
- blood money : 피 묻은 돈, (살해된 사람의 유족에게 주는) 보상금
- in compensation for : ～의 보상으로
- discharge : 갚다, 면하다, 변제하다
- injurer : 가해자
- liability : 책임, 부담, 의무
- transfer : 이동, 이전, 이체
- violence : 폭력, 폭행
- inflict : 해를 끼치다, 가하다
- net : (돈의 액수에 대한) 순, 실, 최종적인
- provoke : 유발[도발]하다, 야기하다, 짜증나게 하다
- institution : 제도, 관습
- bilateral : 쌍방의, 쌍무적인
- kinship : 친족, 친척[혈족] 관계
- reckon : 생각하다, 인정하다, 추정[추산]하다
- credibility : 신뢰성, 진실성
- deterrent : 제지하는 것, 억제력
- disputant : 논쟁자, 토론자, 논객
- kin : 친족, 친척
- dispute : 분쟁, 분규, 논란, 논쟁
- pity : 동정, 연민
- empathy : 감정이입, 공감
- savagery : 야만성, 흉포성

해석

국가나 사회 조직이 공격의 피해자와 그들의 가족으로부터 가해자를 붙잡아 벌을 주는 책임을 인계받기도 전에 보복 관행의 몇몇 문제를 완화시키는 관습은 진화했다. 이 중 응징의 원칙은 눈에는 눈과 같이 잘못에 대한 정확한 보복이다. 잔인하다기 보다는 오히려, 그 단어의 현대적 함축이며, 응징은 불화를 야기할 것 같은 과잉행동(내 눈에 네 목숨)의 가능성을 줄인다. 또 다른 (A) 온건한 원칙은 '보상금'(피 묻은 돈)인데, 그것으로 가해자의 책임을 면하며 피해자 또는 피해자의 가족이 피해에 대한 보상으로 돈을 받으라고 요구받거나 적어도 권고 받는다. 돈 또는 상품의 이전은 폭력 행위보다 대체적으로 사회에 비용이 덜 들며, 게다가 폭력 행위는 단순히 한 사람이 다른 사람에게 돈을 주는 것보다 사회적 순손실을 끼치고 더한 폭력을 유발할 수도 있다. 또 다른 (B) 온건한 관습은 쌍방의 친족 관계이다. 아이슬란드인들은 아버지와 어머니(많은 사회가 오직 아버지를 통해서만 그리고 일부 사회는 오직 어머니를 통해서만 그것을 인정한다.) 둘 다를 통해 친족 관계를 인정한다. 이것은 가족을 강화시킴으로써 공격을 제지하는 것

으로 보복에 대한 신뢰성을 높일 뿐만 아니라 논쟁자가 논쟁의 양 당사자 모두와 친족이 될 가능성을 높인다. Iliad에서는 연민과 공감이 보복의 야만성을 제한할 가능성이 훨씬 더 많음을 암시했다.

38 ④ 윗글은 글의 서두에서 언급한 것처럼 보복의 관행을 완화시키는 관습에 대해 설명하고 있다. 첫 번째 응징의 원칙에 비해 두 번째의 보상금과 세 번째의 쌍방의 친족 관계는 보복이나 응징에 대한 정도가 점점 약화되고 있는 원칙 또는 관습이므로, 빈칸 (A)와 (B)에 들어갈 말로는 'moderating(온건한)'이 가장 적절하다.

> **오답풀이**
> ① 수정하는
> ② 처벌하는
> ③ 모순되는
> ⑤ 사로잡는

39 ② 응징의 원칙은 눈에는 눈과 같이 잘못에 대한 정확한 보복으로, 불화를 야기할 것 같은 과잉행동의 가능성을 줄인다고 했으므로, '눈에는 눈' 원칙은 피해자의 과잉대응 가능성을 줄였다는 ②의 설명은 윗글의 내용과 일치한다.

> **오답풀이**
> ① 국가가 가해자를 처벌할 책임을 맡기 전 보복은 폭력보다는 보상금이나 이를 완화시키는 관습에 의해 이루어졌다.
> ③ 피해자에 대한 물질적인 보상은 공동체가 아니라 가해자가 부담했다.
> ④ 가족을 강화시킴으로써 공격을 제지하는 것으로 보복에 대한 신뢰성을 높인다고 했으므로, 폭력에 대한 책임을 질 필요가 없는 것은 아니다.
> ⑤ 연민과 공감이 보복의 야만성을 제한할 가능성이 훨씬 더 많으므로, 보복의 가능성을 줄이는 데 도움이 된다.

[40~42]

> **어휘**
> • sole : 혼자의, 단독의
> • cyclist : 사이클 타는 사람
> • steadfastly : 확고하게, 변함없이, 부단히
> • ridicule : 비웃다, 조롱[조소]하다
> • eloquent defense : 능숙한 변호[변론]
> • bourgeois : 중산층의, 물질만능주의적인, 부르주아적인
> • in the first place : 우선, 첫째로, 맨 처음에
> • be engaged in : ~으로 바쁘다, ~에 종사하고 있다

> • daredevil : 저돌적인[무모한] 사람
> • in terms of : ~면에서, ~에 관하여
> • reckless : 무모한, 신중하지 못한
> • extreme example : 극단적인 예
> • egoist : 이기주의자, 자기중심주의자
> • swerve : 방향을 바꾸다[틀다]
> • involve : 수반[포함]하다, 관련[연루]시키다
> • trauma : 부상, (정신적) 외상, 트라우마
> • minister to : ~에 도움이 되다
> • medic : 의대생, 의사
> • EMT : 전문 응급 구조사
> • subsidize : 보조금[장려금]을 지급하다
> • victim : 피해자, 희생자
> • stuff : 채워 넣다, 쑤셔 넣다
> • brain tissue : 뇌 조직
> • crack : 갈라지다, 금이 가다
> • skull : 두개골, 머리
> • insurance rate : 보험료, 보험요율
> • psyche : 마음, 정신, 심령
> • recipe : 조리법, 요리법, 비결, 방안
> • risk taker : 모험을 좋아하는 사람, 위험을 무릅쓰는 사람
> • at the expense of : ~의 비용으로, ~의 희생으로
> • controversial : 논란이 많은, 논쟁을 좋아하는
> • regulation : 규정, 규제, 통제
> • violator : 위반자, 위배자

> **해석**
> [A] 미국의 많은 주(州)에서 오토바이를 타는 동안 개인이 헬멧을 쓰는 것이 법이다. 이런 법들은 유일한 목적이 오토바이를 타는 사람들이 부상당하는 것을 보호하기 위한 것뿐이라는 이유로 종종 부딪힌다.
> [B] 대학에 다닐 때 헬멧 쓰기를 부단히 거부하며 오토바이를 타는 친구가 있었다. 그는 종종 이와 같이 다소 능숙한 변론을 하는 어리석음 때문에 나머지 친구들로부터 비웃음을 샀다. "봐, 나는 이런 부르주아적 생활에 싫증이 났어. 나는 모험을 하려고 나왔고, 이것이 내가 오토바이를 타는 첫 번째 이유야. 나는 위험해지기를 원해. 스릴은 위험한 거야. 위험이 클수록 스릴은 더 커지지."
> [D] 헬멧 없이 오토바이를 타겠다는 내 친구의 결정은 오직 자신에게만 영향을 미칠까? 길에서 돌멩이나 다른 물체가 갑자기 날아들어 그가 다른 곳으로 방향을 바꿀 수도 있다. 심지어 본인 자신이 직접 부상을 당하고, 헬멧을 썼으면 피할 수 있었던 머리 외상도 수반될 수 있다. 그때 내 친구는 혼자 내버려두지 않고 구급차의 운전자, 의사, 그리고 전문 응급 구조사의 도움을 받기를 기대할 것이다.

정답 및 해설

소중한 시간과 돈이 그의 스릴을 쫓는데 보조로 쓰일 것이다. 의사들은 그의 갈라진 두개골 내부의 뇌 조직을 원상복구 하느라 바빠서 제시간에 다른 피해자를 받을 수 없을지도 모른다. 병원 공간과 재원 또한 세금으로 충당되며, 의사들이 요청되고, 의료보험과 자동차 보험 요율 모두가 우리에게 인상된다.

[C] 그 에피소드로부터 헬멧을 쓰지 않은 오토바이 운전자는 결국 연관된 다른 행동으로 분주할 것으로 보인다. 대중이 염려하는 것은 그 오토바이 운전자에게 무슨 일이 일어났는가가 아니다. 무모한 사람의 행동으로 인해 나머지 사람이 떠안을 비용을 걱정한다. 모든 사람의 생활방식이 그가 공공 자원에 부여하는 부담 또는 세금 면에서 동일하지는 않다. 내 무모한 친구는 그냥 자기를 혼자 내버려둘 뿐만 아니라, 그의 선택을 옹호할 것을 대중에게 요구하는 이기주의자의 극단적인 사례처럼 보인다.

40 ② [A] 논지 제시: 오토바이를 탈 때 반드시 헬멧을 써야 하는 법에 대한 반감

↓

[B] 사례 예시 : 오토바이를 탈 때 헬멧을 쓰는 것을 거부하는 친구(사례 예시)

↓

[D] 주장 전개 : 헬멧을 쓰지 않은 친구가 사고를 당할 경우 본인과 주위에 미치는 영향

↓

[C] 결론 도출 : 무모한 오토바이 운전자에 대한 에피소드를 통해 얻을 수 있는 결론

41 ④ 헬멧을 쓰지 않고 오토바이를 운전하는 무모한 친구의 사례를 예로 들어, 그 친구가 사고를 당할 경우 구급차의 운전자, 의사, 그리고 전문 응급 구조사의 지원과 세금을 비롯해 의료보험과 자동차 보험 요율의 인상 등 다른 사람이 떠안을 사회적 비용에 대해 설명하고 있다. 그러므로 ④의 'personal freedom at the expense of others(타인의 희생으로 누리는 개인의 자유)'가 윗글의 주제로 가장 적절하다.

오답풀이
① 헬멧을 쓰지 않은 오토바이 운전자의 정신 상태
② 사고 없는 사회를 위한 방안
③ 모험을 좋아하는 사람과 좋아하지 않는 사람의 생활방식
⑤ 교통법규 위반자들에 대한 논란 많은 규제

42 ② (a), (c), (d), (e)는 모두 헬멧을 쓰지 않고 오토바이를 운전하는 무모한 친구를 가리키지만, (b)의 'he'는 앞의 'everyone'을 지칭한다.

[43~45]

어휘
• handkerchief : 손수건, 화장지
• vanish : 사라지다, 없어지다
• shuffle : (카드를) 섞다, 이리저리 바꾸다
• a deck of cards : 카드 한 벌[질]
• alter : 바꾸다, 변경하다
• prestigious : 명망 있는[높은], 일류의
• illusion : 착각, 환상, 환각
• encounter : 우연히 만나다, 마주치다
• significant : 중요한, 의미심장한
• career direction : 진로결정, 직업선택
• crucial : 중대한, 결정적인
• impact : 영향, 충격, 충돌
• untold : 말로 다 할 수 없는, 아무에게도 들려주지 않은
• influential : 영향력이 있는, 유력한
• serendipity : 우연한 것[일], 뜻밖의 재미[기쁨]
• serendipitous : 우연히 일어나는, 뜻밖의 재미있는
• ubiquitous : 어디에나 있는, 아주 흔한
• junior reporter : 수습기자
• diligence : 근면, 성실
• pay off : 성공하다, 성과를 올리다
• anecdote : 일화, 에피소드
• prestige : 위신, 명망
• preconceive : 미리 생각하다, 예상하다

해석
나는 항상 마술에 흥미가 있었다. 10살쯤 되었을 때, 나는 손수건을 사라지게 하고 카드의 순서를 바꾸지 않고 완전히 섞을 수 있었다. 10대 초반에는 런던에 있는 세계적으로 유명한 마술 협회에 가입했다. 20대 초반까지 나는 일류 쇼에서 공연을 하기 위해 여러 번 미국에 초청받았다.

이 매혹적인 속임수와 환상의 세계에 대한 나의 애정은 우연한 기회에 시작되었다. 8살이 되었을 때 나는 체스 역사에 관한 학교 프로젝트를 완성해야 했다. 성실한 어린 학생이었던 나는 그 주제에 맞는 책을 찾으러 지역 도서관을 방문하기로 결심했다. 나는 서가를 잘못 찾았고 마술에 관한 책 몇 권을 우연히 보게 되었다. 나는 호기심이 생겼고, 마술사들이 불가능한 것을 해내는 비밀에 관한 모든 것을 읽기 시작했다. 만일 내가 올바른 서가를 찾아 체스 책들을 찾았다면 무슨 일이 일어났을지 모른다.

많은 사람들이 종종 낯선 사람과의 계획되지 않은 우연한 만남이 어떻게 직업 선택에 중대한 변화를 초래했는지 보고했다. 우리들 각자가 중대하고 계획되지 않은 사건들이 주요 직업에 어떻게 영향을 미쳤는지 그리고 수많은 사소한 계획되지

않은 사건들이 최소한도의 작은 영향을 미쳤는지에 관해 이야
기할 수 있다. 영향력이 큰 계획되지 않은 사건들은 <u>드물지 않
다.</u> 즉, 그 사건들은 매일 일어난다. 우연한 일은 우연히 일어
나는 것이 아니다. 우연한 일은 어디에나 있다.

Joseph Pulitzer를 예로 들어 보자. 그는 헝가리에서 태어났다.
젊었을 때 Pulitzer는 허약한 건강과 극히 나쁜 시력으로 고생
했다. 17살이 되었을 때, 그는 더 나은 삶을 위해 미국에 왔다.
하지만 그는 그곳에서 직업을 구할 수 없었다. Pulitzer는 지역
도서관에서 체스를 두며 많은 시간을 보냈다. 그러던 중 그는
우연히 지역 신문사의 편집장을 만났다. 이런 예상치 못한 만
남으로 Pulitzer는 수습기자로 일하게 되었다. 그는 신문사에서
꽤 성공을 거두었고, 편집장이 되고, 마침내 당대에 유명한 두
신문사의 소유주가 되었다.

43 ② 윗글은 필자가 어릴 적 우연히 도서관에서 접한 마술 관련
    책들을 보고 세계적인 마술사가 된 것과 Joseph Pulitzer
    가 젊은 시절 우연히 만난 지역 신문 편집장에 의해 당대
    의 유명한 편집장이 된 것처럼, 뜻밖에 찾아오는 우연한
    기회들이 후에 직업을 결정할 만큼 큰 기회를 가져온다고
    설명하고 있다. 그러므로 ②의 'Chances Are It's a Great
    Chance(기회들이 모여 큰 기회를 만든다.)'가 윗글의 제목
    으로 가장 적절하다.

    오답풀이

    ① 성실함은 항상 성공의 대가가 온다.
    ③ Joseph Pulitzer : 알려지지 않은 일화
    ④ 명성과 직업 선택
    ⑤ 오래 기억되는 마법의 순간

44 ③ 빈칸의 다음 문장에서 사건들은 매일 일어나며, 우연한 일
    은 우연히 일어나는 것이 아니라 어디에나 있다고 했으
    므로, 빈칸에는 '흔한 일이다.'라는 의미인 ③의 'are not
    uncommon(드물지 않다.)'가 들어가는 것이 적절하다.

    오답풀이

    ① 예상된다.
    ② 환영받지 못한다.
    ④ 미래를 예측할 수 있다.
    ⑤ 영향력을 상실할 수 있다.

45 ④ Joseph Pulitzer가 17살 때 미국에서 직업을 구할 수가 없어
    지역 도서관에서 체스를 두며 많은 시간을 보내던 중 우연
    히 지역 신문사의 편집장을 만나 수습기자로 일하게 되었
    다는 내용은 있지만, 프로 체스 기사가 되었다는 내용은 서
    술되어 있지 않다.

2017학년도 기출문제 정답 및 해설

✏️ 제3교시 **수학영역**

01 ④	02 ③	03 ②	04 ③	05 ②	06 ①
07 ④	08 ②	09 ④	10 ③	11 ②	12 ⑤
13 ③	14 ⑤	15 ②	16 ③	17 ①	18 ④
19 ⑤	20 ①	21 150	22 325	23 510	24 15
25 120					

01 $\log a = 3 - \log(a+b)$에서 $\log a = \log 10^3 - \log(a+b)$,

$\log a = \log \dfrac{1000}{a+b}$이므로

$a = \dfrac{1000}{a+b}$, $a(a+b) = 1000 = 2^3 \times 5^3$ (단, a, b는 정수)

a, $a+b$는 진수로써 $a > 0$, $a+b > 0$이므로 a와 $a+b$는 1000의 양의 약수이다.

따라서 순서쌍 (a, b)는 1000의 양의 약수의 개수만큼 존재하므로 $(3+1) \times (3+1) = 4 \times 4 = 16$

02 $\triangle OAG = \dfrac{1}{4} \triangle OAB$에서 $\triangle OAB = \dfrac{1}{2}$이므로

$\triangle OAG = \dfrac{1}{4} \times \dfrac{1}{2} = \dfrac{1}{8}$이다.

직선 AB의 방정식은 $y = -x + 1$이므로 점 P의 좌표는 $(a, -a+1)$라 하면 구하고자 하는 값은 a이다.

이때, 삼각형 OAP의 무게중심 G의 좌표는

$\left(\dfrac{a+1}{3}, \dfrac{-a+1}{3} \right)$

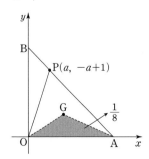

따라서 $\triangle OAG$의 넓이는

$\dfrac{1}{2} \times 1 \times \left(\dfrac{-a+1}{3} \right) = \dfrac{-a+1}{6}$

$\therefore \dfrac{-a+1}{6} = \dfrac{1}{8}$이므로 $a = \dfrac{1}{4}$

03 한 개의 주사위를 72번 던질 때, 3의 배수의 눈이 나오는 횟수를 확률변수 X라고 하자.

이때, 주사위를 한 번 던져서 3의 배수가 나올 확률은 $\dfrac{2}{6} = \dfrac{1}{3}$

이고, 확률변수 X는 이항분포 $B\left(72, \dfrac{1}{3}\right)$을 따른다.

이때, 시행횟수 72는 충분히 크므로 X는 근사적으로 정규분포 $N\left(72 \times \dfrac{1}{3}, 72 \times \dfrac{1}{3} \times \dfrac{2}{3}\right) = N(24, 4^2)$을 따른다.

$Z = \dfrac{X-24}{4}$임을 이용하면

$P(30 \leq X \leq 36) = P\left(\dfrac{30-24}{4} \leq Z \leq \dfrac{36-24}{4} \right)$

$= P(1.5 \leq Z \leq 3)$

$= P(0 \leq Z \leq 3) - P(0 \leq Z \leq 1.5)$

$= 0.4987 - 0.4332 = 0.0655$

04 한 개의 주사위를 두 번 던져 나온 눈이 a, b이므로 전체 경우의 수는 $6 \times 6 = 36$가지이다.

$z = a + 2bi$를 $z + \dfrac{z}{i} = z + \dfrac{zi}{i^2} = z - zi$에 대입하면

$(a + 2bi) - (ai + 2bi^2) = a + 2bi - ai + 2b$

$= (a + 2b) + (2b - a)i$

즉, $(a + 2b) + (2b - a)i$가 실수가 되려면 허수부분이 0이어야 한다.

따라서 $2b - a = 0$, $a = 2b$이므로

이를 만족하는 순서쌍 $(a, b) = (2, 1)$, $(4, 2)$, $(6, 3)$으로 3가지이다.

따라서 구하고자 하는 확률은 $\dfrac{3}{36} = \dfrac{1}{12}$

05 $A \cup B = B$이므로 $A \subset B$이고,

이를 만족하려면 직선 $y = kx$와 $x + y = k$의 교점이 원 $x^2 + (y-k)^2 = k^2$ 내부의 점(경계선 포함)이면 된다.

먼저 두 직선의 교점을 구해보면

$kx = -x + k$, $kx + x = k$, $(k+1)x = k$,

$x = \dfrac{k}{k+1}$이므로 $y = \dfrac{k^2}{k+1}$

따라서 교점 $\left(\dfrac{k}{k+1},\ \dfrac{k^2}{k+1}\right)$을 원의 방정식에 대입해보자.

$$\left(\frac{k}{k+1}\right)^2+\left(\frac{k^2}{k+1}-k\right)^2\le k^2$$

$$\frac{k^2}{(k+1)^2}+\left(\frac{-k}{k+1}\right)^2\le k^2$$

$$2\frac{k^2}{(k+1)^2}\le k^2$$

$$2\le(k+1)^2$$

$$k+1\le-\sqrt{2}\ \text{또는}\ k+1\ge\sqrt{2}$$

양수 k이므로 $k\ge\sqrt{2}-1$만 성립한다.

$$\therefore\ k\text{의 최솟값}=\sqrt{2}-1$$

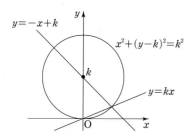

06 함수 $f(x)$가 $x=c$에서 연속이려면
$\displaystyle\lim_{x\to c}f(x)=f(c)$이 성립해야 한다.

$\displaystyle\lim_{x\to c}f(x)=\lim_{x\to c}\frac{x^2-a}{\sqrt{x^2+b}-\sqrt{c^2+b}}$에서

$\displaystyle\lim_{x\to c}\sqrt{x^2+b}-\sqrt{c^2+b}=0$이므로

$\displaystyle\lim_{x\to c}(x^2-a)=0$이다. 즉, $c^2-a=0,\ a=c^2$

$\displaystyle\lim_{x\to c}\frac{x^2-a}{\sqrt{x^2+b}-\sqrt{c^2+b}}$를 분모의 유리화하면

$\displaystyle\lim_{x\to c}\frac{(x^2-a)(\sqrt{x^2+b}+\sqrt{c^2+b})}{(\sqrt{x^2+b}-\sqrt{c^2+b})(\sqrt{x^2+b}+\sqrt{c^2+b})}$

$\displaystyle=\lim_{x\to c}\frac{(x^2-a)(\sqrt{x^2+b}+\sqrt{c^2+b})}{(x^2+b)-(c^2+b)}$

$\displaystyle=\lim_{x\to c}\frac{(x^2-a)(\sqrt{x^2+b}+\sqrt{c^2+b})}{x^2-c^2}$

이때, $a=c^2$을 분자에 대입하면

$\displaystyle\lim_{x\to c}\frac{(x^2-c^2)(\sqrt{x^2+b}+\sqrt{c^2+b})}{x^2-c^2}$

$\displaystyle=\lim_{x\to c}(\sqrt{x^2+b}+\sqrt{c^2+b})$

$=\sqrt{c^2+b}+\sqrt{c^2+b}$

$=2\sqrt{c^2+b}$

따라서 $2\sqrt{c^2+b}=f(c)=4c$이므로

$c=\dfrac{1}{2}\sqrt{c^2+b}\ge0,\ c\ge0$

양변을 제곱하면 $c^2=\dfrac{1}{4}(c^2+b),\ b=3c^2$

따라서 $a+b+c=c^2+3c^2+c=4c^2+c$

$c\ge0$일 때, $4c^2+c\ge0$이므로 $a+b+c\ge0$

$$\therefore\ a+b+c\text{의 최솟값}=0$$

07 $g\circ f:A\to C$가 역함수를 갖기 위해서는 $g\circ f:A\to C$가 일대일 대응이어야 한다.
즉, 집합 A의 원소가 집합 B에 일대일로 대응될 때, 집합 B에서 대응된 원소 역시 집합 C의 원소와 일대일로 대응되어야 하므로 $_4\mathrm{P}_3$
이때, 집합 B에서 집합 A의 원소와 대응되지 않은 원소가 반드시 하나 생기는데, 이 원소는 집합 C의 원소 중 어느 것과 대응되어도 함수 $g\circ f$의 역함수는 존재하므로 $_3\mathrm{P}_3\times3$
따라서 구하고자 하는 순서쌍 (f,g)의 개수는
$$_4\mathrm{P}_3\times{_3\mathrm{P}_3}\times3=24\times18=432$$

08 구하고자 하는 수의 개수는
$n(\text{홀수})-n(\text{홀수인 3의 배수})-n(\text{홀수인 5의 배수})+n(\text{홀수인 15의 배수})$

1부터 1000까지 홀수의 개수는 $\dfrac{1000}{2}=500$

1부터 1000까지 3의 배수의 개수는 333개이고, 이때 3의 배수는 홀수와 짝수가 반복되므로, 홀수인 3의 배수는 짝수인 3의 배수보다 1개 더 많다.

즉, $\dfrac{333}{2}=166.5$이므로 $166+1=167$

1부터 1000까지 5의 배수의 개수는 200개이고, 이때 5의 배수는 홀수와 짝수가 반복되므로 홀수인 5의 배수와 짝수인 5의 배수의 수가 같으므로, 홀수인 5의 배수의 개수는

$\dfrac{200}{2}=100$

1부터 1000까지 15의 배수는 66개 있고, 이때 15의 배수는 홀수와 짝수가 반복되므로 홀수인 15의 배수와 짝수인 15의 배수의 수가 같으므로, 홀수인 15의 배수의 개수는

$\dfrac{66}{2}=33$

$$\therefore\ 500-167-100+33=266$$

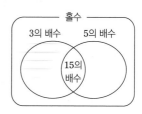

09 구하려는 최단경로의 개수는
$n(\text{A부터 B까지 최단경로})-n(\text{A에서 B까지 최단경로 중 P에서 좌회전하는 경로})-n(\text{A에서 B까지 최단경로 중 Q를 지나는 경로})+n(\text{A에서 B까지 최단경로 중 P에서 좌회전하}$

고 Q를 지나는 경로)

A부터 B까지 최단경로는 $\dfrac{13!}{5!8!}=1287$

A에서 B까지 최단경로 중 P에서 좌회전하는 경로는

$\dfrac{4!}{3!1!}\times\dfrac{7!}{1!6!}=4\times7=28$

A에서 B까지 최단경로 중 Q를 지나는 경로는

$\dfrac{7!}{2!5!}\times\dfrac{6!}{3!3!}=21\times20=420$

A에서 B까지 최단경로 중 P에서 좌회전하고 Q를 지나는 경로는 없다.

$\therefore 1287-28-420=839$

10 좌표평면에 문제에 주어진 조건들을 그려보면

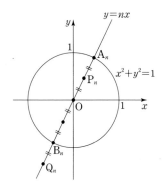

이제 점 B_n의 좌표를 구해보자.

원 $x^2+y^2=1$와 직선 $y=nx$의 교점 중 하나이므로

$x^2+(nx)^2=1, (1+n^2)x^2=1,$

$x^2=\dfrac{1}{1+n^2}$에서 $x=\pm\dfrac{1}{\sqrt{1+n^2}}$

점 B_n의 x좌표는 음수이므로

$x=-\dfrac{1}{\sqrt{1+n^2}}, y=-\dfrac{n}{\sqrt{1+n^2}}$

따라서 점 $B_n\left(-\dfrac{1}{\sqrt{1+n^2}}, -\dfrac{n}{\sqrt{1+n^2}}\right)$

$\overline{A_nP_n}=\overline{B_nQ_n}$이므로 점 Q_n은 선분 OB_n을 3:1로 외분한 점이다.

$Q_n\left(\dfrac{3\left(-\dfrac{1}{\sqrt{1+n^2}}\right)}{3-1}, \dfrac{3\left(-\dfrac{n}{\sqrt{1+n^2}}\right)}{3-1}\right)$

따라서 $a_n=\dfrac{3}{2}\left(-\dfrac{1}{\sqrt{1+n^2}}\right), b_n=\dfrac{3}{2}\left(-\dfrac{n}{\sqrt{1+n^2}}\right)$

$\displaystyle\lim_{n\to\infty}|na_n+b_n|=\lim_{n\to\infty}\left|\dfrac{-3n}{2\sqrt{1+n^2}}+\dfrac{-3n}{2\sqrt{1+n^2}}\right|$

$=\displaystyle\lim_{n\to\infty}\dfrac{3n}{\sqrt{1+n^2}}$

$\dfrac{\infty}{\infty}$꼴이므로 분모의 최고차항으로 나눈다.

$\therefore 3$

11 $g(x)=\displaystyle\int_0^x|f(t)-2t|\,dt$

$g'(x)=|f(x)-2x|$

실수 전체 집합에서 미분가능하려면,

모든 실수 x에 대해 $f(x)-2x\geq0$이어야 한다.

따라서 $f(1)-2\geq0, f(1)\geq2$

$\therefore f(1)$의 최솟값$=2$

12 $f(x)=x+(x-1)(x-2)(x-3)(x-4)$에서

$p(x)=(x-1)(x-2)(x-3)(x-4)$로 치환하면

$f(x)=x+p(x), p(x)=f(x)-x$

$\{f(x)\}^2-x^2f(x)$

$=\{x+p(x)\}^2-x^2\{x+p(x)\}$

$=x^2+2p(x)x+\{p(x)\}^2-x^3-x^2p(x)$

$=p(x)\{2x-x^2+p(x)\}-x^3+x^2$

이때, $p(x)=f(x)-x$을 이용하면

$\{f(x)-x\}\{2x-x^2+p(x)\}-x^3+x^2$이므로

$\{f(x)\}^2-x^2f(x)$를 $f(x)-x$로 나눈 나머지는

$-x^3+x^2$이다.

$r(x)=-x^3+x^2, r'(x)=-3x^2+2x$

$r'(x)=0$을 만족하는 값을 구하면

$-3x^2+2x=0, x(-3x+2)=0, x=0, \dfrac{2}{3}$

따라서 $x=0, \dfrac{2}{3}$에서 극값을 가지므로

극댓값과 극솟값의 합은

$r(0)+r\left(\dfrac{2}{3}\right)=0+\left\{-\left(\dfrac{2}{3}\right)^3+\left(\dfrac{2}{3}\right)^2\right\}=\dfrac{4}{27}$

13 서로 다른 6개의 물건을 서로 다른 3개의 상자에 임의로 분배하는 경우의 수는 3^6

이때, 빈 상자가 없도록 분배하는 경우는

$(1, 1, 4), (1, 2, 3), (2, 2, 2)$로 3가지가 있다.

ⅰ) $(1, 1, 4)$인 경우

$_6C_1\times_5C_1\times_4C_4\times\dfrac{3!}{2!}=30\times3=90$

ⅱ) $(1, 2, 3)$인 경우

$_6C_1\times_5C_2\times_3C_3\times3!=60\times6=360$

ⅲ) $(2, 2, 2)$인 경우

$_6C_2\times_4C_2\times_2C_2=90$

따라서 $90+360+90=540$

$\therefore \dfrac{540}{3^6}=\dfrac{20}{27}$

14 두 곡선과 기울기가 양수인 직선 l을 그려보면

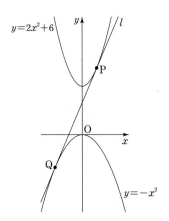

직선 l의 식을 구해보면

i) 점 P에서의 접선의 방정식

$y=2x^2+6$의 도함수 $y'=4x$이므로

점 $P(p,\ 2p^2+6)$에서의 접선의 기울기는 $4p$

접선의 방정식은 $y=4p(x-p)+2p^2+6$,

$y=4px-2p^2+6$

ii) 점 Q에서의 접선의 방정식

$y=-x^2$의 도함수 $y'=-2x$이므로

점 $Q(q,\ -q^2)$에서의 접선의 기울기는 $-2q$

접선의 방정식은 $y=-2q(x-q)-q^2,\ y=-2qx+q^2$

i), ii) 모두 직선 l의 식이므로

$4px-2p^2+6=-2qx+q^2$은 x에 대한 항등식이다.

$4p=-2q,\ -2p^2+6=q^2$을 연립하면

$-2p^2+6=(-2p)^2,\ 6p^2=6,\ p=\pm1$

점 P는 제1사분면에 위치하므로 $p=1,\ q=-2$

따라서 점 P의 좌표는 $(1,\ 8)$, 점 Q의 좌표는 $(-2,\ -4)$

$\therefore \overline{PQ}=\sqrt{3^2+12^2}=3\sqrt{17}$

15 주어진 방정식 $|x^2-2x-6|=|x-k|+2$가 서로 다른 세 실근을 갖는다는 것은 함수 $y=|x^2-2x-6|$, $y=|x-k|+2$의 교점이 3개라는 의미이다.

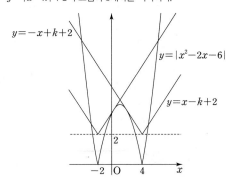

교점이 3개라면 두 함수가 한 곳에서는 접해야 한다.

따라서 $-x^2+2x+6=-x+k+2$와

$-x^2+2x+6=x-k+2$의 두 방정식은 중근을 가져야 한다.

i) $-x^2+2x+6=-x+k+2$일 때,

$x^2-3x+k-4=0$

$D=9-4(k-4)=0,\ k=4+\dfrac{9}{4}=\dfrac{25}{4}$

ii) $-x^2+2x+6=x-k+2$일 때,

$x^2-x-k-4=0$

$D=1-4(-k-4)=0,\ k=-4-\dfrac{1}{4}=-\dfrac{17}{4}$

i), ii)에 의해 모든 실수 k의 합은 2이다.

16 조건 (가), (나)를 통해 $\triangle ABC$, $\triangle ABP$의 넓이가 같으므로 밑변을 $\overline{AB}$로 생각하면 높이 즉, 점 C, P의 y좌표가 같아야 한다.

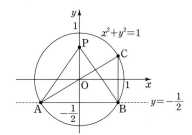

따라서 $f(t)$는 $y=t$와 $y=t$를 $y=-\dfrac{1}{2}$에 대칭시킨 직선이 원 $x^2+y^2=1$과 만나는 교점의 개수와 같다.

$$f(t)=\begin{cases} 0 & (t>1) \\ 1 & (t=1) \\ 2 & (0<t<1) \\ 3 & (t=0) \\ 4 & \left(-\dfrac{1}{2}<t<0,\ -1<t<-\dfrac{1}{2}\right) \\ 3 & (t=-1) \\ 2 & (-2<t<-1) \\ 1 & (t=-2) \\ 0 & (t<-2) \end{cases}$$

$f(-1)+\displaystyle\lim_{t\to-1^-}f(t)=3+2=5$이므로 $a=-1$

$\displaystyle\lim_{t\to0^-}f(t)=4$이므로 $b=4$

$\therefore a+b=-1+4=3$

17 a_{n+1}의 식을 정리해보면

$\dfrac{9}{8}\left(\dfrac{9}{8}+9\right)\left(\dfrac{9}{8}+9+9^2\right)\cdots\left(\dfrac{9}{8}+9+9^2+\cdots+9^n\right)$

$=\left(1+\dfrac{1}{8}\right)\left(\dfrac{9^2-1}{9-1}+\dfrac{1}{8}\right)\left(\dfrac{9^3-1}{9-1}+\dfrac{1}{8}\right)\cdots\left(\dfrac{9^{n+1}-1}{9-1}+\dfrac{1}{8}\right)$

$=\dfrac{9}{8}\times\dfrac{9^2}{8}\times\dfrac{9^3}{8}\times\cdots\times\dfrac{9^{n+1}}{8}$

정답 및 해설

$$=\frac{9^{\frac{(n+1)(n+2)}{2}}}{8^{n+1}}$$

즉, $a_{n+1}=\dfrac{9^{\frac{(n+1)(n+2)}{2}}}{8^{n+1}}$이므로 $a_n=\dfrac{9^{\frac{n(n+1)}{2}}}{8^n}$

$$\log a_k=\log\frac{9^{\frac{k(k+1)}{2}}}{8^k}=\log9^{\frac{k(k+1)}{2}}-\log8^k$$

$$=\log(3^2)^{\frac{k(k+1)}{2}}-\log2^{3k}$$

$$=k(k+1)\log3-3k\log2$$

따라서 $\displaystyle\sum_{k=1}^{10}\frac{\log a_k}{k}$의 값에 대입하면

$$\sum_{k=1}^{10}\left\{\frac{k(k+1)\log3-3k\log2}{k}\right\}$$

$$=\sum_{k=1}^{10}\{(k+1)\log3-3\log2\}$$

$$=\sum_{k=1}^{10}\{k\log3+(\log3-3\log2)\}$$

$$=\frac{10\times11}{2}\log3+10(\log3-3\log2)$$

$$=\log3^{55}+\log3^{10}-\log2^{30}=\log\frac{3^{65}}{2^{30}}$$

$$\therefore A=\frac{3^{65}}{2^{30}}$$

18 $\sqrt{4+y^2}=\sqrt{(0-2)^2+\{(y+2)-2\}^2}$이므로
점 $(0, y+2)$와 점 $(2, 2)$ 사이의 거리이다.
$\sqrt{x^2+y^2-4x-4y+8}=\sqrt{(x-2)^2+(y-2)^2}$이므로
점 (x, y)와 점 $(2, 2)$ 사이의 거리이다.
$\sqrt{x^2-10x+29}=\sqrt{(x-5)^2+4}$
$\qquad\qquad\qquad\quad=\sqrt{(x-5)^2+\{y-(y-2)\}^2}$
이므로 점 (x, y)와 점 $(5, y-2)$ 사이의 거리이다.
따라서 세 식의 합은 네 점 $(0, y+2)$, $(2, 2)$, (x, y),
$(5, y-2)$이 일직선상에 있을 때 최솟값이 된다.
즉, 최솟값은 점 $(0, y+2)$와 점 $(5, y-2)$ 사이의 거리와
같으므로
$$\sqrt{(0-5)^2+\{(y+2)-(y-2)\}^2}$$
$$=\sqrt{25+16}=\sqrt{41}$$

19 $h(x)=f(x)-g(x)$라 하면
$f(x)$는 사차함수이고, $g(x)$는 이차함수이므로 $h(x)$는 사차
함수이고, $f(x)$의 사차, 삼차의 계수를 따라간다.
즉, $h(x)=x^4-6x^3+\cdots$
$h(\alpha)=f(\alpha)-g(\alpha)$이므로 $h(\alpha)=0$
$h(\alpha+1)=f(\alpha+1)-g(\alpha+1)$이므로 $h(\alpha+1)=0$
$h'(\alpha)=f'(\alpha)-g'(\alpha)$이므로 $h'(\alpha)=0$
$h'(\alpha+1)=f'(\alpha+1)-g'(\alpha+1)$이므로 $h'(\alpha+1)=0$
따라서 $h(x)=(x-\alpha)^2\{x-(\alpha+1)\}^2$
이때, $h(x)$는 $f(x)$의 사차, 삼차의 계수를 따라가므로 근과
계수와의 관계를 이용해 $h(x)$의 삼차항의 계수를 구해보자.

사차함수 $h(x)$의 네 근은 α가 중근, $\alpha+1$이 중근이므로
$-\{\alpha+\alpha+(\alpha+1)+(\alpha+1)\}=-4\alpha-2$,
$-4\alpha+2=-6$, $\alpha=1$
따라서 $h(x)=(x-1)^2(x-2)^2$
주어진 함수 $f(x)$를 이용해
$f(1)=0$이므로 $g(1)=0$,
$f(2)=1$이므로 $g(2)=1$,
$f'(2)=0$이므로 $g'(2)=0$
이때, $g(x)$는 $(2, 1)$을 꼭짓점으로 하는 위로 볼록인 이차함
수임을 알 수 있다.
또한 모든 실수 x에 대해서 $h(x)\geq0$이므로
$f(x)-g(x)\geq0$, $f(x)\geq g(x)$이다.

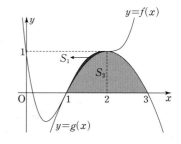

구하고자 하는 $\dfrac{S_2}{S_1}$을 구해보면

$$S_1=\int_1^2\{f(x)-g(x)\}dx=\int_1^2 h(x)dx$$

$$=\int_1^2(x-1)^2(x-2)^2 dx$$

이때, $x-1=t$로 치환하면

$$\int_0^1 t^2(t-1)^2 dt=\int_0^1(t^4-2t^3+t^2)dt$$

$$=\left[\frac{1}{5}t^5-\frac{1}{2}t^4+\frac{1}{3}t^3\right]_0^1$$

$$=\frac{1}{5}-\frac{1}{2}+\frac{1}{3}=\frac{1}{30}$$

$$S_2=\int_1^3 g(x)dx=2\int_1^2 g(x)dx$$

$$=2\int_1^2\{f(x)-h(x)\}dx$$

$$=2\left\{\int_1^2 f(x)dx-\int_1^2 h(x)dx\right\}$$

$$=2\left\{\int_1^2(x^4-6x^3+12x^2-8x+1)dx-\frac{1}{30}\right\}$$

$$=2\left(\frac{7}{10}-\frac{1}{30}\right)=2\times\frac{2}{3}=\frac{4}{3}$$

$$\therefore \frac{S_2}{S_1}=\frac{\frac{4}{3}}{\frac{1}{30}}=40$$

다른풀이

사차함수 $h(x)=(x-1)^2(x-2)^2$에서
$h(x)=(x^2-2x+1)(x^2-4x+4)$

$$= (x^4 - 4x^3 + 4x^2 - 2x^3 + 8x^2 - 8x + x^2 - 4x + 4)$$
$$= x^4 - 6x^3 + 13x^2 - 12x + 4$$

이때, $h(x) = f(x) - g(x)$이므로 $g(x) = -x^2 + 4x - 3$

구하고자 하는 $\dfrac{S_2}{S_1}$을 구해보면

$$S_1 = \int_1^2 \{f(x) - g(x)\}dx = \int_1^2 h(x)dx$$
$$= \int_1^2 (x-1)^2(x-2)^2 dx$$

이때, $x - 1 = t$로 치환하면

$$\int_0^1 t^2(t-1)^2 dt = \int_0^1 (t^4 - 2t^3 + t^2)dt$$
$$= \left[\frac{1}{5}t^5 - \frac{1}{2}t^4 + \frac{1}{3}t^3 \right]_0^1$$
$$= \frac{1}{5} - \frac{1}{2} + \frac{1}{3} = \frac{1}{30}$$

$$S_2 = \int_1^3 (-x^2 + 4x - 3)dx$$
$$= \left[-\frac{1}{3}x^3 + 2x^2 - 3x \right]_1^3$$
$$= -\frac{1}{3}(27-1) + 2(9-1) - 3(3-1)$$
$$= \frac{-26 + 30}{3} = \frac{4}{3}$$

$$\therefore \frac{S_2}{S_1} = \frac{\frac{4}{3}}{\frac{1}{30}} = 40$$

20
$$a = \sum_{k=1}^{100} \frac{1}{2k(2k-1)} = \sum_{k=1}^{100} \left(\frac{1}{2k-1} - \frac{1}{2k} \right)$$
$$= \left(1 - \frac{1}{2}\right) + \left(\frac{1}{3} - \frac{1}{4}\right) + \left(\frac{1}{5} - \frac{1}{6}\right) + \cdots + \left(\frac{1}{199} - \frac{1}{200}\right)$$
$$= \left(1 + \frac{1}{3} + \frac{1}{5} + \cdots + \frac{1}{199}\right) - \left(\frac{1}{2} + \frac{1}{4} + \cdots + \frac{1}{100}\right)$$
$$= \left(1 + \frac{1}{2} + \frac{1}{3} + \frac{1}{4} + \cdots + \frac{1}{200}\right) - 2\left(\frac{1}{2} + \frac{1}{4} + \cdots + \frac{1}{100}\right)$$
$$= \left(1 + \frac{1}{2} + \frac{1}{3} + \cdots + \frac{1}{200}\right) - \left(\frac{1}{1} + \frac{1}{2} + \frac{1}{3} + \cdots + \frac{1}{100}\right)$$
$$= \frac{1}{101} + \frac{1}{102} + \frac{1}{103} + \cdots + \frac{1}{200}$$

$$b = \sum_{k=1}^{100} \frac{1}{(100+k)(201-k)}$$
$$= \frac{1}{301} \sum_{k=1}^{100} \left(\frac{1}{k+100} + \frac{1}{201-k} \right)$$
$$= \frac{1}{301} \left\{ \left(\frac{1}{101} + \frac{1}{200} \right) + \left(\frac{1}{102} + \frac{1}{199} \right) + \cdots + \left(\frac{1}{200} + \frac{1}{101} \right) \right\}$$
$$= \frac{2}{301} \left(\frac{1}{101} + \frac{1}{102} + \frac{1}{103} + \cdots + \frac{1}{200} \right)$$
$$= \frac{2}{301} \times a$$

$$\therefore \left[\frac{a}{b} \right] = \left[\frac{a}{\frac{2a}{301}} \right] = \left[\frac{301}{2} \right] = [150,5] = 150$$

21
$$60^a = 5 \Rightarrow a = \log_{60} 5$$
$$60^b = 6 \Rightarrow b = \log_{60} 6$$

$12^{\frac{2a+b}{1-a}}$ 에서 지수의 값을 먼저 계산해보면

$$\frac{2a+b}{1-a} = \frac{2\log_{60}5 + \log_{60}6}{1 - \log_{60}5} = \frac{\log_{60}5^2 \times 6}{\log_{60}\frac{60}{5}}$$
$$= \frac{\log_{60}150}{\log_{60}12} = \log_{12}150$$

$$\therefore 12^{\frac{2a+b}{1-a}} = 12^{\log_{12}150} = 150^{\log_{12}12} = 150$$

22
$(x+y+z)^2 = x^2 + y^2 + z^2 + 2(xy+yz+zx)$이므로
$$5^2 = 15 + 2(xy+yz+zx), \quad xy+yz+zx = 5$$
$$x^3 + y^3 + z^3$$
$$= (x+y+z)(x^2+y^2+z^2-xy-yz-zx) + 3xyz$$
$$= 5(15-5) + 3(-3) = 41$$
$$(x^2+y^2+z^2)(x^3+y^3+z^3)$$
$$= x^5 + y^5 + z^5 + x^2y^2(x+y) + y^2z^2(y+z) + z^2x^2(z+x)$$
$$= x^5 + y^5 + z^5 + x^2y^2(5-z) + y^2z^2(5-x) + z^2x^2(5-y)$$
$$= x^5 + y^5 + z^5 + 5(x^2y^2 + y^2z^2 + z^2x^2) - xyz(x+y+z)$$
$x^2y^2 + y^2z^2 + z^2x^2$의 값을 구하면
$$(xy+yz+zx)^2 = x^2y^2 + y^2z^2 + z^2x^2 + 2xyz(x+y+z)$$
$$5^2 = x^2y^2 + y^2z^2 + z^2x^2 + 2(-3)5$$
$$x^2y^2 + y^2z^2 + z^2x^2 = 25 + 30 = 55$$
따라서 $x^5 + y^5 + z^5 = (x^2+y^2+z^2)(x^3+y^3+z^3)$
$$-5(x^2y^2 + y^2z^2 + z^2x^2) + xyz(x+y+z)$$
$$= 15 \times 41 - 5 \times 55 + (-3) \times 5$$
$$= 5(123 - 55 - 3) = 5 \times 65$$
$$= 325$$

23 친구 A, B, C를 초대한 횟수는
$(3, 3, 0), (1, 2, 3), (2, 2, 2)$의 세 가지 경우가 가능하다.
i) $(3, 3, 0)$인 경우
   3번씩 초대할 친구 둘을 선택하는 경우의 수 $_3C_2 = 3$,
   초대하는 순서를 정하는 경우의 수 $_6C_3 \times _3C_3 = 20$이므로
   $3 \times 20 = 60$
ii) $(1, 2, 3)$인 경우
   친구 셋의 초대 횟수를 정하는 경우의 수 $3! = 6$,
   초대하는 순서를 정하는 경우의 수 $_6C_1 \times _5C_2 \times _3C_3 = 60$
   이므로 $6 \times 60 = 360$
iii) $(2, 2, 2)$인 경우
   친구 셋의 초대 횟수는 모두 같으므로 초대하는 순서를 정
   하는 경우의 수 $_6C_2 \times _4C_2 \times _2C_2 = 90$
   i), ii), iii)에 의해 모든 경우의 수는 $60 + 360 + 90 = 510$

24 점 $A(0, 1)$을 직선 $y = -2x + k$에 대한 대칭점

$A'\left(\dfrac{4k-4}{5}, \dfrac{2k+3}{5}\right)$

점 $A(0, 1)$을 x축에 대한 대칭점 $A''(0, -1)$

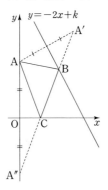

이때, 빛이 이동한 거리

$\overline{AB}+\overline{BC}+\overline{CA}=\overline{A'A''}=\sqrt{5}$이므로

$\overline{A'A''}^2=5$,

$\overline{A'A''}^2=\left(\dfrac{4k-4}{5}\right)^2+\left(\dfrac{2k+3}{5}+1\right)^2$

$\qquad\quad = \dfrac{1}{25}(20k^2+80)=5$,

$k^2=\dfrac{9}{4},\ k=\dfrac{3}{2}\ (k>0)$

$\therefore 10k=10\times\dfrac{3}{2}=15$

25 등차수열 $\{a_n\}$이므로

$\displaystyle\sum_{k=n}^{2n} a_k = a_n + a_{n+1} + \cdots + a_{2n}$

$\qquad = \dfrac{(2n-n+1)(a_n+a_{2n})}{2}$

$\qquad = \dfrac{(n+1)\{a_1+(n-1)d+a_1+(2n-1)d\}}{2}$

$\qquad = \dfrac{(n+1)\{2a_1+(3n-2)d\}}{2}$

조건 (나)에 의해

$\dfrac{(n+1)\{2a_1+(3n-2)d\}}{2}=0$인 자연수 n이 존재한다.

$2a_1+(3n-2)d=0\ (\because n+1\neq 0)$

$(3n-2)d=-2a_1=2\times 2016=2^6\times 3^2\times 7$

이때, $3n-2$는 3의 배수가 아니므로 3^2는 무조건 d의 약수이
어야 한다.

i) $3n-2$가 홀수라면

$\quad 2^6$도 d의 약수이어야 하고,

$\quad 7$이 d의 약수일 때, $3n-2=1$, $n=1$이므로

$\qquad d=2^6\times 3^2\times 7$

$\quad 7$이 d의 약수가 아닐 때, $3n-2=7$, $n=3$이므로

$\qquad d=2^6\times 3^2$

ii) $3n-2$가 짝수라면

$2^2, 2^4, 2^6, 2^2\times 7, 2^4\times 7, 2^6\times 7$을 만족하는 자연수 n이 존
재하므로

d는 $2^4\times 3^2\times 7$, $2^2\times 3^2\times 7$, $3^2\times 7$, $2^4\times 3^2$, $2^2\times 3^2$, 3^2

i), ii)에 의해 모든 d의 합

$k=3^2(2^6\times 7+2^6+2^4\times 7+2^2\times 7+7+2^4+2^2+1)$

$\quad = 3^2\{7(1+2^2+2^4+2^6)+(1+2^2+2^4+2^6)\}$

$\quad = 3^2(7+1)(1+2^2+2^4+2^6)$

$\quad = 9\times 8\times\dfrac{1(4^4-1)}{4-1}$

$\quad = 3\times 8\times 255$

$\quad = 6120$

$\therefore k$를 1000으로 나눈 나머지는 120

시스컴은
여러분을
응원합니다

2024

경찰대학 기출문제 풀이의 지침서

경찰대학 기출백서

국어 · 영어 · 수학

책 속의 책
정답 및 해설

KOREAN NATIONAL POLICE UNIVERSITY

나두공

써머리 노트
Summary Note

**필수
5과목을
한 번에 잡자**

- ✅ 공통 3과목(국어 / 영어 / 한국사) + 직렬별 전문 2과목 반영
- ✅ 과목별로 분권화된 교재로 해당 직렬 완벽 대비
- ✅ 알찬 이론 + 최신기출 해설 + 친절한 강의로 공무원 시험의 시작과 끝을 한 번에!
- ✅ 직렬별 패스로 5과목 강의를 전부 합쳐 50,000원에 수강하자

다채로운
해설과
꼼꼼 핵심 정리로
마지막까지
확실하게

체계적인
단계별 학습을
통해 더욱
가까워지는
합격의 길

전문
강사진의
실력 up 시켜주는
강의로 꿈을
이루자

개념,
기출, 해설
3대장과 함께
하면 공부
시너지 up